AF872072

Bayerische Bauordnung

vom 17. Februar 1901.

in der jetzt geltenden Fassung.

Mit Erläuterungen
und den wichtigsten einschlägigen Vorschriften

herausgegeben von

Dr. **Georg Heilmann** und Dr. **Karl Weinisch**
Oberregierungsrat Bezirksamtmann

Dritte
vermehrte und verbesserte Auflage

1931

München, Berlin und Leipzig

J. Schweitzer Verlag (Arthur Sellier).

Druck von Dr. F. P. Datterer & Cie., Freising-München.

Vorwort zur ersten Auflage (1924).

Die mehrfachen Abänderungen der Bauordnung, insbesondere durch die Verordnung vom 10. Juli 1918 ließen in der Praxis das Bedürfnis nach einer Ausgabe der Bauordnung nach dem heutigen Stand entstehen. Die vorliegende Bearbeitung der Bauordnung hat es sich deshalb zur Aufgabe gemacht, die derzeitige Rechtslage unter besonderer Berücksichtigung der Bedürfnisse der Praxis nach dem neuesten Stande der Rechtsprechung darzustellen.

Besonderes Gewicht wurde auf die Wiedergabe der sonst nicht allgemein zugänglichen Ministerial-Entschließungen gelegt. Diese wurden seitens des Staatsministeriums des Innern in entgegenkommender Weise zur Verfügung gestellt. Es sei uns deshalb an dieser Stelle gestattet, dem Staatsministerium des Innern unsern ergebenen Dank auszusprechen.

Die Verfasser.

Vorwort zur zweiten Auflage.

Die zweite Auflage des Buches wurde nach dem Stande der Gesetzgebung und Rechtsprechung bis zum Oktober 1926 ergänzt und erweitert. Die Aufnahme der baupolizeilichen Nebengesetze, insbesondere technischen Inhalts entspricht einem Bedürfnisse der Praxis.

Möge unser Buch in seiner 2. Auflage die gleiche freundliche Aufnahme finden wie bei der ersten.

Oktober 1926.

Die Verfasser.

Vorwort zur dritten Auflage.

Unsere „Bauordnung" hat solchen Anklang gefunden, daß sie nunmehr schon in 3. Auflage erscheinen kann. Das beweist uns, daß wir bei der Abfassung des Buches den richtigen Weg beschritten haben. Die 3. Auflage wurde dem neuesten Stande der Gesetzgebung und der Rechtsprechung angepaßt und durch weitere Aufnahme wichtiger oft gebrauchter Bestimmungen vervollständigt. Diese Erweiterung des Kommentars zur Bauordnung zu einem Handbuch des bayerischen Baupolizeirechts wird der Praxis die Anwendung des letzteren erleichtern helfen.

Und so hoffen wir, daß auch die 3. Auflage ihre Freunde finden möge wie die beiden ersten Auflagen.

September 1930.

Die Verfasser.

Inhaltsübersicht.

Abkürzungen.

AG.	=	Ausführungsgesetz zum
BGB.	=	Bürgerliches Gesetzbuch.
BO. (MBO.)	=	Bauordnung (Münchner Bauordnung)
EG.	=	Einführungsgesetz zum
GemO.	=	Gemeindeordnung.
GewO.	=	Gewerbeordnung.
GBBl.	=	Gesetz- und Verordnungsblatt.
JMBl	=	Justizministerialamtsblatt.
KMBl.	=	Kultusministerialamtsblatt.
KostG.	=	Kostengesetz
KrABl.	=	Kreisamtsblatt.
MABl.	=	Amtsblatt des Ministeriums des Innern.
MB.	=	Ministerialbekanntmachung.
ME	=	Ministerialentschließung.
OV	=	Oberpolizeiliche Vorschrift.
PStrGB.	=	Polizeistrafgesetzbuch.
RGBl.	=	Reichsgesetzblatt.
RStGB.	=	Reichsstrafgesetzbuch.
StAnz.	=	Staatsanzeiger.
V.	=	Verordnung.
VGG.	=	Verwaltungsgerichtsgesetz
WG.	=	Wassergesetz.
OLG.	=	Sammlung von Entscheidungen des Oberlandesgerichtes München in Strafsachen.
ObstLG.	=	Sammlung von Entscheidungen des obersten Landesgerichtes.
RG.	=	Entscheidungen des Reichsgerichtes.
VGH.	=	Sammlung von Entscheidungen des bayerischen Verwaltungsgerichtshofes.
VerwBl. oder Bl. f. adm. Pr.	=	Bayerische Verwaltungsblätter; früher Blätter für administrative Praxis
Bl. f. RA	=	Blätter für Rechtsanwendung.
BayZ.	=	Zeitschrift für Rechtspflege in Bayern.
Reger	=	Entscheidungen der Gerichte und Verwaltungsbehörden.
Soergel	=	Jahrbuch der Rechtsprechung zum Verwaltungsrecht von 1906 ab. Stuttgart, Deutsche Verlagsanstalt

Literatur.

Baltz-Fischer, Preußisches Baupolizeirecht, 5. Aufl. Heymann, Berlin 1926.

Borscht, W. v., Münchener Bauordnung. C. H. Beck, München 1896.

Brandt, Landesplanung, Schriften des deutschen Vereins für Wohnungsreform, Heft 5, Verlag Heymann, Berlin 1929.

Dyroff, Bayerisches Verwaltungsgerichtsgesetz, 5. Aufl. Brügel & Sohn, Ansbach 1917.

Englert, F. v., Bauordnung, 6. Aufl. neubearbeitet von O. Schmitt und A. Staufer, Beck, München 1929.

Fleiner, Fr., Institutionen des Deutschen Verwaltungsrechts. 8. Aufl. Tübingen 1918.

Frank, Kommentar z. RStGB. 15. Aufl. Tübingen 1925.

Ganghofer-Weber, Kommentar zum Forstgesetz. 4. Aufl. Beck, München 1904.

Hammelbeck, Landesrechtliche Grundeigentumsbeschränkung ohne Entschädigung. Jahrbuch der Bodenreform, 4. Heft, 1929.

Helmreich-Rock, Bay. Gemeindeordnung, 8. Aufl. Ansbach 1928.

Helmreich-Schels-Steinhauser, Münchener Baupolizeirecht, Schweitzer Verlag, München 1927.

Henle, W. v., Die Zwangsenteignung von Grundeigentum in Bayern, 2. Aufl. Beck, München 1911.

Henle-Schmitt, Grundbuchordnung. Beck, München 1911.

Henle-Schneider, Die bay. Ausführungsgesetze zum Bürgerlichen Gesetzbuch, 2. Aufl. C. H. Beck, München 1909.

Herrmann, v., Die Bauordnung, 4. Aufl. München 1894.

Jellineck, Schriftenreihe des deutschen Städtetages, Heft 7, 1929; Selbstverlag des deutschen Städtetages, Berlin.

Kahr, G. v., Bayerische Gemeindeordnung. München 1896/1898.

Krais-Brettreich-Henle, Handbuch der inneren Verwaltung für Bayern rechts des Rheins unter Zugrundelegung der Werke von Krais, Pechmann und Brettreich herausgegeben von Julius von Henle.

Laforet-Ziegler, Bayr. Zwangsabtretungsgesetz. München 1910/1918.

Laforet-v. Jan-Schadenfroh, Bayr. Gemeinde-, Bez.- und Kreisordnung. Schweitzer Verlag.

Landmann, v., Kommentar z. Gewerbeordnung, 7. Aufl. Beck, München 1917/25.

Loesti, Zum Vollzug der Bauordnung (Sammlung der ME. seit 1916). München 1923.
Martius, Städtebau und Verwaltungsrecht in Bayern; Abh. in den bayrischen Verwaltungsblättern 1928.
Maurer, Bayr. Kirchenvermögensrecht, Bd. III. Enke, Stuttgart 1919.
Meisner, Nachbarrecht, 3. Aufl. Schweitzer Verl., München 1923.
Oertmann, Bayr. Landesprivatrecht. Halle a. S. 1903.
Olshausen, Kommentare zum RStGB., 10. Aufl. Berlin 1916.
Reger-Stöhsel, Gewerbeordnung, 6. Aufl. Ansbach 1916/1925.
Reger-Dames, Polizeistrafgesetzbuch, 3. Aufl. Ansbach.
Riedel-Sutner, Bayr. Polizeistrafgesetzbuch, 6. Aufl. Beck, München 1903.
Roth, Badische Landesbauordnung, 3. Aufl., Bensheimer, Mannheim 1925.
Schiedermair, Polizeistrafgesetzbuch, Schweitzer, München 1923.
Seydel, M. v., Bayr. Staatsrecht, bearbeitet von Graßmann-Piloty, Tübingen 1913.
Staudinger, Kommentar zum BGB. Schweitzer, München, 7. und 8. Aufl.
Steinmetz, Grundlage für das Bauen in Stadt und Land, 3. Aufl. Berlin, München, 1925.
Stenger, Bau- und Wohnungsrecht, Kommunalschriften-Verlag, München.
Stöhsel-Stenger, Bayr. Gemeindeordnung, Bayr. Kommunalschriften-Verlag, München 1928.
Verhandlungen der Kammer der Abgeordneten 1877—1881, Beilagenband 12 Abt. I S. 303; 1889—1890, Beilagenband 8 S. 647.
Weinisch, Polizeistrafgesetzbuch. Kommunalschriften-Verl., 2. Aufl. München 1924.
Wörner, Bayr. Gewerbeordnung, Beckscher Verlag, München 1928.

Einleitung.

1. Geschichte.

In der Geschichte des bayerischen Baupolizeirechts sind zwei Hauptabschnitte zu unterscheiden: die Zeit vor der Erlassung der ersten allgemeinen Bauordnung vom 30. Juni 1864 und die Zeit des Ausbaues dieser BO. bis in die jüngste Zeit.

a) Die Zeit vor 1864 ist durch das Fehlen einer einheitlichen Kodifizierung des damals geltenden Baupolizeirechts gekennzeichnet. Wie bereits im Mittelalter eine große Anzahl, zum Teil sehr ausgebildeter Statutarrechte baupolizeilicher Natur bestand, so finden wir vor 1864, in der Zeit des Königreichs, in unübersichtlicher Zersplitterung eine Reihe baupolizeilicher Vorschriften, die in zahlreichen Verordnungen, landesherrlichen Reskripten und Regierungsentschließungen, provinzialen und lokalen Anordnungen enthalten sind. Der große Teil dieser Vorschriften war inhaltlich durchaus brauchbar, zum Teil besser als später erlassene Vorschriften. Eine Zusammenstellung der hauptsächlichsten dieser Bestimmungen findet sich in Döllingers Verordnungssammlung Bd. 13 S. 993; Bd. 16 S. 1106; Bd. 29 S. 489; Bd. 31 S. 407. Eine umfassende systematische Darstellung enthält Max von Schmädels „Handbuch der im Gebiete der Baupolizeiverwaltung und des Baurechts bestehenden Gesetze und Verordnungen", Augsburg 1846. —

b) Das PStGB. v. 10. Nov. 1861 gab den Anstoß zu einer einheitlichen Regelung des bayr. Baupolizeirechts; seine Art. 180 ff. die Rechtsgrundlage für die „Allgemeine Bauordnung für die Haupt- und Residenzstadt München" v. 2. Okt. 1863 (RegBl. S. 1697) und die „Allgemeine Bauordnung" v. 30. Juni 1864 (Reg.-Bl. S. 817; Änderungen 1866 S. 393; 1872 S. 385). Letztere hat in der Folge mehrfache Änderungen erfahren, bildet aber in der Hauptsache nach Einteilung und Wortlaut Vorbild und Fundament aller folgenden und auch der heutigen BO.

Die Einführung des RStGB. v. 15. Mai 1871 und die Erlassung des bayr. PStGB. v. 26. Dez. 1871 stellten die BO. auf eine neue Rechtsgrundlage (Art. 101). Am 16. Mai 1876 erging die K. V. betr. die Aufführung von Gebäuden im offenen

Bausystem (GVBl. S. 347; wieder aufgehoben durch Ziff. III der V. v. 3. Aug. 1910; s. § 11 BO.); am 30. Aug. 1877 eine neue „allgemeine Bauordnung" (GVBl. S. 461). Deren strenge Vorschriften wurden für Bauten auf dem Lande gemildert in der K. V. v. 19. Sept. 1881, die allgem. BO. betr. (GVBl. S. 1241). Nach einer Änderung des Art. 101 PStGB. durch Art. 8 der Novelle zum Brandversicherungsgesetz v. 5. Mai 1890 (GVBl. S. 223) folgte die K. V. v. 31. Juli 1890 die BO. betr. (GVBl. S. 331) und die BO. für die Pfalz v. 30. Aug. 1890 (GVBl. S. 583). Für beide brachte die K. V. v. 21. März 1900 (GVBl. S. 217) einige Änderungen. Am 10. Febr. 1901 erging auf Grund des Art. 73 II und III PStGB. die K. V. die Wohnungsaufsicht betr. (GVBl. S. 73).

Die K. V. v. 17. Febr. 1901, die BO. betr. (GVBl. S. 87), schuf endlich ein einheitliches Baupolizeirecht für Bayern rechts des Rheins (mit Ausnahme von München) und für die Pfalz. — Auf Grund des geänderten Art. 101 PStGB. wurde durch das Gesetz v. 6. Juli 1908 (GVBl. S. 353) der Art. 22b in das PStGB eingefügt. Durch die V. v. 1. Dez. 1902 wurde die Dispensbefugnis des Staatsministeriums des Innern nach § 65 Abs. II den Kreisregierungen übertragen. Die V. v. 3. Aug. 1910, die BO. betr. (GVBl. S. 403), und endlich die V. v. 10. Juli 1918 (GVBl. S. 359) brachten wesentliche Änderungen, insbesond. zur Begünstigung und Erleichterung des Kleinwohnungsbaues. — Zu erwähnen ist ferner die V. über die Gebühren für die Prüfung von Bauplänen v. 10. Sept. 1925 (GVBl. S. 247) s. § 78 BO.

Die heute geltende BO. ist zu bezeichnen als die bayr. Bauordnung v. $\frac{\text{17. Febr. 1901}}{\text{3. Aug. 1910}}$ in der Fassung vom 10. Juli 1918.

2. Geltendes Baupolizeirecht; seine Rechtsgrundlage und sein Geltungsbereich.

Die Freiheit des Grundeigentümers, auf seinem Grund und Boden zu bauen, kann durch Normen des Privatrechts beschränkt sein. Das BGB. hat — hauptsächlich in seinen nachbarrechtlichen Bestimmungen — ein gemeinsames deutsches Privatbaurecht geschaffen. Dieses scheidet hier aus der Betrachtung aus. Soweit Eigentumsbeschränkungen im öffentlichen Interesse notwendig werden, gelten die Normen des Baupolizeirechts. Unter diesem versteht man den Inbegriff der Sätze des öffentlichen Rechts, durch welche die Baufreiheit des Grundeigentümers zur Verhütung oder

Beseitigung der Gefahren, die durch die Aufführung oder den baulichen Zustand von Bauwerken für einzelne Personen oder für das Gemeinwesen entstehen können, beschränkt wird (ObstLG. 12, 346*).

---

*Über die Aufgaben der Baupolizei und einzelne allgemeine Fragen äußert sich die ME. vom 5. Aug. 1929, Nr. 3650 a 23 (MABl. 1929 S. 114) wie folgt:

I.

Die Baupolizei hat den Zweck, das Bauen in geordnete Bahnen zu lenken. Bei ihrem Vollzug muß aber grundsätzlich alles vermieden werden, was das Bauen erschweren könnte. Die Allgemeine bayerische Bauordnung, die Münchener Bauordnung und die Münchener Staffelbauordnung und die örtlichen Bauvorschriften sind beweglich. Sie bieten eine große Zahl von Möglichkeiten, das Bauen zu erleichtern und den Bauwerbern entgegenzukommen. Im baupolizeilichen Verfahren ist von diesen Möglichkeiten weitgehend Gebrauch zu machen. Ganz besondere Rücksicht muß in der gegenwärtigen Zeit der wirtschaftlichen Not auf die wirtschaftlichen Verhältnisse genommen werden. Der Baupolizei muß deshalb eine verständnisvolle, von Wohlwollen getragene Bauberatung zur Seite stehen.

Diese Dinge sind selbstverständlich; sie müssen überall beachtet werden.

II.

Aus diesem Anlaß ergehen ferner noch folgende Weisungen:

1. Wiederholt wird auf die Bestimmung in §§ 65/I und 83/I der beiden Bauordnungen hingewiesen, wonach im Interesse der Beteiligten die Verhandlungen in baupolizeilichen Angelegenheiten tunlichst zu beschleunigen sind;

2. die Gebühren in Baupolizei-Angelegenheiten sollen so gehalten werden, daß sie auch den wirtschaftlichen Verhältnissen der Bauwerber entsprechen;

3. im Vollzuge der §§ 62 und 81 der beiden Bauordnungen soll in Ansehung der Straßensicherung soweit irgend möglich entgegengekommen werden.

Ziffer 2 und 3 gelten insbesondere für wirtschaftlich schwächere Unternehmer, für gemeinnützige Baugenossenschaften usw.

III.

In vollster Wahrung der Verantwortung der Baupolizeibehörde für die Sicherheit der Bauführungen soll gegenüber bewährten Ersatzbauweisen eine leichtere Handhabung Platz greifen.

Es wird endlich noch darauf hingewiesen, daß im baupolizeilichen Genehmigungsverfahren die Regierungen zweite und letzte Instanz sind.

Das Baupolizeirecht war eine **unbestrittene Domäne des Landesrechts**; lediglich in strafrechtlicher Hinsicht bestand schon bisher eine konkurrierende Gesetzgebungszuständigkeit des Reichs. Nunmehr besteht aber auch nach der Reichsverfassung in polizeilicher Hinsicht eine Zuständigkeit des Reichs. Nach § 9 Nr. 2 Reichsverfassung hat das Reich die Gesetzgebung über „den Schutz der öffentlichen Ordnung und Sicherheit", „soweit ein Bedürfnis für den Erlaß einheitlicher Vorschriften vorhanden ist" (Bedarfskompetenz). Kräfte aus verschiedenen Richtungen drängen schon heute auf Erlaß eines baupolizeilichen Reichsgesetzes. Auch der **Reichstag** hat in seiner Plenarsitzung vom 17. Dezember 1929 eine Entschließung angenommen, in der die Reichsregierung ersucht wird, „dem Reichstag bald den Entwurf eines Rahmengesetzes über baupolizeiliche Vorschriften vorzulegen, durch den das Verfahren der mit dem Bauverfahren befaßten öffentlichen Verwaltungsstellen vereinfacht, beschleunigt und verbilligt wird." (Dieser Beschluß geht zurück auf die immer wiederkehrenden Beschwerden über Verzögerung und Verteuerung des Wohnungsbaues durch das baupolizeiliche Verfahren.)

Die bayr. BO. v. $\frac{\text{17. Febr. 1901}}{\text{3. Aug. 1910}}$ in der Fassung v. 10. Juli 1918 ist eine baupolizeiliche **Verordnung**. Von der Erlassung eines Baupolizei**gesetzes** (wie in anderen deutschen Ländern) wurde bisher abgesehen. Sollte künftig an eine Reform des Baupolizeirechts in Bayern gegangen werden, so wäre der Weg durch ein Gesetz zu empfehlen (schon im Hinblick auf die Anzweiflung der Rechtsgültigkeit einzelner derzeitiger verordnungsmäßiger Bestimmungen).

Die Verordnung ist erlassen auf Grund Art. 2 Ziff. 11 und 14, Art. 73 Abs. I und Art. 101 PStGB. und enthält nur öffentliches Recht, nur die materiellen und formellen Bau- und Verfahrensvorschriften, keine Strafbestimmungen. Diese sind im PStGB. bzw. im RStGB. enthalten.

Die BO. ist keine Kodifikation des gesamten in Bayern geltenden Baupolizeirechts; aber sie statuiert die baupolizeilichen **Mindestforderungen**, andere auf Grund des PStGB. ergehende ober-, bezirks- oder ortspolizeiliche Vorschriften können **weitergehende** Bestimmungen als die BO. treffen, nicht aber die Vorschriften der BO. aufheben, einschränken oder mildern.

Die gesetzliche Gültigkeit der BO. und aller baupolizeilichen Vorschriften (Verordnungen, ober-, bezirks- oder ortspolizeiliche Vorschriften) unterliegt dem Prüfungsrecht der Gerichte; ebenso die Gültigkeit der besonderen Anordnungen der Behörden, zu denen diese für einzelne Fälle durch die baupolizeilichen Vorschriften ermächtigt sind.

Die räumliche Geltung der BO. erstreckt sich über das rechtsrheinische Bayern mit Ausnahme von München und über die Pfalz.

Neben den baupolizeilichen landesrechtlichen Vorschriften haben die mit Baupolizei befaßten Behörden auch reichsrechtliche Bestimmungen anzuwenden; hieher gehören insbesondere Vorschriften der Reichsverfassung, des RStGB., der RGewerbeO. usw. (Soweit sie für das bayerische Baupolizeirecht Bedeutung haben, sind sie in den Anmerkungen oder im Anhang erwähnt.)

In den sachlichen Geltungsbereich der BO. fallen Hochbauten, deren bauliche Zugehörungen und Hilfsbauten. Bei den Hochbauten sind zu unterscheiden: Gebäude und bauliche Anlagen (deren Begriffsbestimmung s. § 1 Anm. 6).

Subjekt der baupolizeilichen Vorschriften sind in erster Linie die Bauherren, dann aber auch die Bauleiter, Baumeister, Bauunternehmer, Bauhandwerker (deren Begriff s. § 72 Anm. 6).

3. Gliederung und kurzer Inhalt der BO.

Die §§ 1—5 enthalten die Bestimmungen über die Baulinien, Höhenlagen und Baubeschränkungen, die §§ 6—11 die über Baugenehmigung und Baupläne, die §§ 12—57 geben die technischen Vorschriften über die Bauführung und in den §§ 58—79 ist die Zuständigkeit und das Verfahren behandelt.

a) Zu §§ 1—5: Erste Aufgabe der Baupolizei ist die Bestimmung des Geländes, auf dem gebaut werden und der Bedingungen, unter denen die Bebauung stattfinden darf. Alle die in dieser Hinsicht von den Behörden zu treffenden Vorkehrungen schließt der Begriff der „Erschließung des Baugeländes“ in sich. Sie erfordert insbesondere die Sicherstellung der für den Gemeinbedarf (d. i. der Bedarf für den notwendigen öffentlichen Verkehrsraum und für die sonstigen aus Gründen des Gemeinwohls von der Bebauung freizuhaltenden Flächen) erforderlichen Flächen und die Gewinnung zweckmäßiger Bauplätze. Die Frage der Erschließung des Baugeländes wurde außerhalb der BO. in sehr zweckmäßiger Weise durch das Gesetz über die Erschließung von Baugelände vom 4. Juli 1923 (s. unten IV. Teil; dort auch hiezu die Vollzugsbekm. v. 19. Sept. 1923) gelöst. Innerhalb der BO. wird sie in §§ 1—5 und in dem hieher gehörigen § 62 behandelt. Das System der Baulinien dient sowohl der Regelung einer zweckmäßigen Bebauung der Grundstücke nach neuzeitlichen, städtebaulichen Grundsätzen als auch der Schaffung der erforderlichen Verkehrswege. Baulinien sind wirtschaftlich Grenzlinien für die bauliche Grundstücksausnützung und zugleich Straßenlinien. Sie sind dort zu ziehen, wo ein öffentliches Bedürfnis für sie, insbes. bei gesteigerter Bautätigkeit, besteht, ohne Unterschied, ob es sich um Städte, Märkte oder ländliche Siedlungen handelt. Erforderlichenfalls ist die Festsetzung der Baulinien durch Generalbaulinienpläne oder Wirtschafts-, Siedlungs- und Nutzungspläne vorzubereiten. Diese vorbereitenden Pläne stellen in der Regel nur die Hauptgrundzüge für die Bebauung eines größeren Komplexes dar. Für alle öffentlichen Plätze, Straßen oder Wege, an denen Gebäude oder bauliche Anlagen des § 8 errichtet werden sollen, müssen Baulinien bestehen. Solange sie fehlen, dürfen — von Ausnahmen abgesehen; § 1 Abs. II und IV — Gebäude an diesen Verkehrswegen nicht errichtet oder gewisse Änderungen an ihnen vorgenommen werden (§ 1). Ist eine Baulinie noch nicht gegeben oder soll von ihr abgewichen werden, so ist vor Erteilung der Baugenehmigung die Baulinie durch die Regierung (bei unmittelbaren Städten) bzw. durch die Bezirksverwaltungsbehörden festzusetzen (§ 1, 58). Mit der Bestimmung der Baulinien ist auch — hiefür wird zunächst ein Bedürfnis bestehen — die Bestimmung der Höhenlage zu verbinden. Die nötigen Baubeschränkungen sind festzustellen. Hiebei ist den Forderungen des Verkehrs, der Gesundheit, Feuersicherheit und Schönheit Rechnung zu tragen.

Durch die Baubeschränkungen (§ 2) kann insbes. angeordnet werden, ob für ein zu bebauendes Gelände das offene oder geschlossene Bausystem zu gelten hat (s. § 2 Anm. 3).

In neuen Bauanlagen dürfen Bauführungen erst genehmigt werden, wenn die Herstellung des Straßenkörpers für den entsprechenden Teil der Straße gesichert ist (§ 62). Die Erledigung von Grundabtretungen für öffentliche Verkehrswege ist dem Übereinkommen zwischen der Gemeinde und den Beteiligten überlassen; nur für gewisse Fälle besteht ein Zwangsenteignungsrecht (§ 62).

Zur Frage der Entschädigung für baupolizeiliche Eigentumsbeschränkungen vgl. Vorbemerkung zu § 1.

b) Zu §§ 6—11: Für gewisse, jedoch nicht alle Bauführungen besteht die Verpflichtung zur vorherigen Einholung der baupolizeilichen Genehmigung, um der Baupolizeibehörde die Kontrolle der Einhaltung der baupolizeilichen und sonst etwa einschlägigen Vorschriften zu ermöglichen.

Über die Baugenehmigung und ihre Rechtsnatur s. § 6 Anm. 1.

Welche Bauführungen (Neubauten und Veränderungen) genehmigungspflichtig sind, bestimmen die §§ 6—8. Es sind dies: die Herstellung von neuen Haupt- und Nebengebäuden (Ausnahmen: § 6 Abs. II), deren Verlegung an einen anderen Ort, die Vornahme von Hauptänderungen und Hauptreparaturen an ihnen (§§ 6, 7). Für bestimmte bauliche Anlagen kann durch ortspolizeiliche Vorschrift eine Genehmigungs- oder auch nur eine Anzeigepflicht angeordnet werden (§ 8). Eine baupolizeiliche Genehmigung ist ferner nach der V. v. 27. März 1919 (GVBl. S. 119) für die Errichtung, Abänderung usw. von Denkmälern einzuholen (s. VI. Teil und § 6 BO. Anm. 4) — s. auch die Genehmigungspflicht nach Art. 46 des Baugeländeerschließungsgesetzes vom 4. Juli 1923 (s. IV. Teil) und die Anzeigepflicht nach den oberpol. Vorschriften über Betonbau v. 12. Febr. 1926 (s. VII. Teil). Keine Genehmigungspflicht besteht für Bauführungen auf Kosten des Staates usw. (§ 10); hier ist lediglich Mitteilung an die Baupolizeibehörde zwecks Erinnerungsabgabe erforderlich. Der Genehmigung bedürfen auch beabsichtigte Abänderungen eines bereits genehmigten Bauplanes (§ 75). Zum Zwecke der Genehmigungserteilung sind die Baupläne der Baupolizeibehörde vorzulegen (§ 9).

c) Zu §§ 12—57: In 17 Unterabteilungen enthält der Abschnitt III der BO. die näheren Vorschriften über die Bauführung.

Allen diesen Vorschriften liegt der Gedanke zugrunde, daß alle Bauarbeiten bei Bauführungen jeder Art (insbesondere auch an Gerüsten und anderen provisorischen Bauvorrichtungen, die nur vorübergehend während und zum Zweck der Bauführung angewendet werden), fest und sicher sein und den Rücksichten auf Leben und Gesundheit entsprechen müssen. Diese Bauarbeiten müssen nach Maßgabe des genehmigten Planes und der etwaigen besonderen Anordnungen, sowie unter Einhaltung sämtlicher baupolizeilicher Vorschriften ausgeführt werden. Wer bei der Leitung oder Ausführung eines Baues wider die allgemein anerkannten Regeln der Baukunst handelt, daß hieraus für andere Gefahr entsteht, macht sich strafbar (§ 330 RStGB.). Es handelt sich hiebei um den Schutz des öffentlichen Verkehrs und um die Verhütung von Bauunfällen, ferner soll den Bewohnern ein gesunder und sicherer Aufenthalt gewährleistet werden. Daher wird verlangt, daß das Baumaterial, dessen Wahl übrigens dem Bauherrn anheimgegeben ist, diejenigen Dimensionen und jene Beschaffenheit haben muß, welche eine feste und feuersichere, sowie den gesundheitspolizeilichen Anforderungen entsprechende Bauführung, insbesondere die Herstellung trockener Wände ermöglichen. Zu beachten ist, daß für Baumaterialien und

Baukonstruktionen zunächst die Vorschriften der BO. selbst maßgebend sind. Wo z. B. Backsteinbrandmauern in der BO. verlangt sind, ist die Verwendung anderen Materials als Backstein (z. B. Bruchstein usw.) unzulässig. Doch kann durch die BO. selbst ein Ersatz durch anderes Material zugelassen werden und zudem kann durch Ministerialvorschrift bestimmt werden, welche weiteren Materialien und Konstruktionen als den in der Bestimmung der BO. genannten gleichwertig zum Ersatz derselben verwendet werden dürfen. Von dieser Befugnis hat das Ministerium des Innern auch in zahlreichen Fällen Gebrauch gemacht. Zur Verwendung eines durch das Ministerium zugelassenen Ersatzes ist im Einzelfalle eine baupolizeiliche Genehmigung nicht mehr nötig; doch hat die Baupolizeibehörde darüber zu wachen, daß die betreffenden Materialien und Konstruktionen die vorgeschriebenen Eigenschaften besitzen.

Alle massiven Mauern eines Gebäudes, diejenigen Hofmauern und sonstigen Schutz- und Einfriedigungsmauern, welche den Boden um mehr als 2 Meter überragen, ferner alle Stützmauern, Tragpfeiler und Säulen müssen auf festem natürlichen oder künstlich befestigtem Grund unter Frosttiefe fundiert werden. Bezüglich der Stärke der Umfassungs- und Tragmauern der Gebäude vgl. § 15.

Besonders wichtig sind die Vorschriften über die Brandmauern, das sind Mauern, die zugleich die massive Umfassungsmauer zwischen 2 zusammenhängend zu bauenden Gebäuden mit Feuerstätten bilden und bei einem entstehenden Brande das Übergreifen des Feuers abhalten sollen. Sie sind stets in ordnungsmäßigem Zustande zu unterhalten. Eine vorschriftsmäßig hergestellte Brandmauer darf nicht in einer Weise abgeändert werden, daß sie den Vorschriften der BO. nicht mehr entspricht. Zur Neuherstellung und Veränderung von Brandmauern ist baupolizeiliche Genehmigung an sich nicht erforderlich vgl. § 7 BO. Brandmauern werden verlangt in §§ 16, 40, 41, 44, 45, 47 und 48.

Die Vorschriften über die Kamin- und Feuerstätten haben eine besondere Bedeutung für eine möglichst wirtschaftliche Ausnützung der Brennstoffe durch zweckmäßige Anwendung. Es werden besteigbare (deutsche) und unbesteigbare (russische) Kamine unterschieden (s. §§ 17, 18). Offene Feuerstätten dürfen nur an massiven Mauern angebaut werden; sie sind unzulässig in Räumen, in welchen leicht entzündliche Stoffe lagern. Bezüglich der Zimmeröfen und geschlossenen Herde, Räucherkammern, Backöfen und Malzdörren vgl. §§ 21—24.

Ein Gebäude darf nicht willkürlich hoch gebaut werden. Die Gebäude an den Baulinien sowohl wie abseits von denselben dürsen nur eine solche Höhe erhalten, daß mit Rücksicht auf die anliegenden Straßen, freien Plätze, Hofräume und dergl. keine Gefährdung der Gesundheit zu befürchten ist und die Anwendung der Feuerlöschgerätschaften gesichert erscheint. Die Höhe der Privatgebäude an einer Straße darf die Breite der Straße mit Einschluß der Trottoire und etwaiger Vorgärten nicht überschreiten. Die für Kirchen, Staatsgebäude usw. zulässige Höhe und der zu fordernde Abstand von anderen Gebäuden wird von den zur Würdigung der Pläne berufenen Behörden festgestellt. Im übrigen vgl. §§ 25 ff.

Neben den gesundheitspolizeilichen Vorschriften des § 29 über die Höhe und über die Fenster von Wohn- und Arbeitsräumen können weitergehende Vorschriften über die Beschaffenheit von Wohnungen und Wohnräumen sowie über die Belegung von solchen auf Grund des Art. 73 Abs. II PStGB. durch V., ober- oder ortspolizeiliche Vorschriften geschaffen werden. Zu beachten ist, daß bei Neubauten, bei neuen An- oder Aufbauten sowie beim Umbau bestehender Gebäude jeder Wohnraum, jedes Schlafgemach, jede Küche und jeder Abtritt mindestens ein unmittelbar ins Freie gehendes Fenster von ausreichender Größe und entsprechender Lage erhalten muß.

Die Stärke des Dachstuhlgebälkes, die Form und Höhe der Dächer muß u. a. so bemessen werden, daß nicht eine übermäßige Höhe bei entstehendem Feuer die Gefahr vermehrt. Über der zulässigen Fronthöhe der Gebäude dürfen die Dächer nicht steiler als 60° sein. Zur Eindeckung darf im allgemeinen nur feuersicheres Material verwendet werden, worüber die Baupolizeibehörde entscheidet. Ausnahmen sind zugelassen. Vgl. § 31, § 56.

Neue Kellerwohnungen dürfen nur bei günstigen Bodenverhältnissen und in der Regel nur in solchen Straßen, in denen die Höhe der Gebäude die Straßenbreite nicht überschreitet, unter bestimmten Voraussetzungen hergestellt werden (s. § 33).

Hinsichtlich der Dachwohnungen oder einzelner heizbarer Lokale im Dachraum, die nur in Gebäuden von nicht mehr als drei Stockwerken über dem Erdgeschoß und unter bestimmten Bedingungen zulässig sind, vgl. § 34.

Für äußere Aufgangsstiegen, Erker und Oberlichtschachte ist nähere Bestimmung in den §§ 35—37 getroffen, für Altanen, Balkone und Galerien in den §§ 38, 39.

Eingehend geregelt sind Bauten mit Feuerstätten (§§ 40 mit 43) und Bauten ohne Feuerstätten (§§ 44, 45).

Grundsätzlich gilt die Regel, daß Bauten mit Feuerstätten mit massiven Umfassungen von Stein oder Eisen auszuführen sind und, wenn sie mit anderen Gebäuden zusammenhängend gebaut werden sollen, von diesen durch Brandmauern zu trennen sind. Stallungen oder Lagerplätze für Futter und dergl., welche in Gebäuden mit Feuerstätten angebracht werden, müssen von den daneben befindlichen Wohnräumen durch Mauern getrennt sein. In diesem Falle genügen statt Brandmauern einfache Mauern, die bis zur Höhe der zu trennenden Räume reichen. Von dem Grundsatze des Massivbaues sind Ausnahmen zugelassen für bestimmte Gebäude, § 41; desgleichen für Bauten in Märkten mit nicht geschlossener Bauweise und auf dem Lande. Hier genügt es, wenn die Umfassungswände des Erdgeschosses der Wohngebäude massiv hergestellt werden, während die oberen Stockwerke auch mit Umfassungswänden von ausgemauertem Fachwerk oder Riegelwerk ausgeführt werden. Im übrigen vgl. § 42, ferner § 43. Für Bauten ohne Feuerstätten im allgemeinen und für solche in Märkten mit nicht geschlossener Bauweise und auf dem Lande sind wesentliche Erleichterungen vorgesehen.

Bei Bauten von mehr als gewöhnlicher Ausdehnung und Brandgefahr, also bei Neubauten, deren obere Stockwerke zu größeren Versammlungen oder öffentlichen Lustbarkeiten bestimmt sind, wird verlangt, daß die Zugänge zu den Versammlungs- oder Gesellschaftsräumen mit unverbrennlichen Treppen versehen werden. Soweit Gebäude zur Herstellung, Bearbeitung oder Lagerung größerer Quantitäten leicht entzündlichen oder schwer zu löschenden Materials bestimmt sind, müssen sie mit massiven Mauern umgeben und, wenn sie mit anderen Gebäuden zusammenhängend gebaut werden sollen, von diesen durch Backsteinbrandmauern getrennt werden. Besondere Regelung ist vorgesehen bei Theatern mit Schnürboden und Versenkungen. Im übrigen vgl. §§ 46, 47, 48.

Nach § 49 sind Winkel und Reihen, sog. „enge Reihen" zwischen den einzelnen Bauten, wo nur immer möglich, zu vermeiden, unter allen Umständen aber sind diese so zu pflastern, daß ein entsprechender Wasserablauf ermöglicht ist. Zwecks Vermeidung von Winkeln und engen Reihen sind von bestehenden Bauten entsprechende Abstände einzuhalten. Es darf auch von der Anwesensgrenze nicht in einem Abstand gebaut werden, daß dadurch die Entstehung einer engen Reihe vorbereitet wird. Vgl. im übrigen die Ausführungen zu § 49. Die privatrechtlichen Verhältnisse an engen Reihen bestimmen sich nach den Vorschriften des BGB. Vgl. §§ 921, 922.

Bei allen Wohnhausneubauten müssen Hofräume vorhanden sein, die in einer den Anforderungen der Feuersicherheit und Gesundheitspflege entsprechenden Größe, die nicht auf weniger als ein Viertel der zur Überbauung bestimmten Fläche zu bemessen ist, nicht überbaut werden dürfen. Vgl. §§ 50, 51.

Hinsichtlich der Abtritte, Dung- und Versitzgruben vgl. § 52.

Die 17. Unterabteilung des III. Abschnittes enthält besondere Bestimmungen:

α) für Städte und Märkte mit geschlossener Bauweise §§ 53, 54;

β) für Märkte mit nicht geschlossener Bauweise und für Bauten auf dem Lande, dann im Hochgebirge usw. §§ 55, 56;

γ) für Villenbauten, Landhäuser § 57.

Bezüglich dieser besonderen Bestimmungen wird auf die bei den einschlägigen Paragraphen gemachten Anmerkungen verwiesen.

d) Zu §§ 58—79: Die §§ 58—64 behandeln die Zuständigkeit und das Verfahren bei Festsetzung der Baulinien, Höhenlagen und Baubeschränkungen. Danach sind Beschlußbehörde bei Festsetzungen in unmittelbaren Städten die Regierungen in erster, das Staatsministerium des Innern in 2. Instanz, in den übrigen Gemeinden die Bezirksämter in erster, die Regierungen in 2. Instanz. Die Beteiligten sind zu hören; sie haben ein Einspruchsrecht. Die Verbescheidung über Baulinien usw. erfolgt im Beschlußwege. In § 62 ist (wie bereits oben erwähnt) die wichtige Frage der Grundabtretungen für öffentliche Verkehrswege und der Bauführungen in neuen Bauanlagen behandelt.

Zuständigkeit und Verfahren bei Baugenehmigungsgesuchen regeln §§ 65—67. Zuständig zur Genehmigung sind die Bezirksverwaltungsbehörden in erster, die Kreisregierungen in zweiter Instanz. Außer der Vorbehandlung und Verbescheidung der Baugesuche obliegt den Baupolizeibehörden erster Instanz aber auch die Überwachung der plangemäßen Ausführung genehmigter Bauvorhaben; zu diesem Zwecke haben sie geeignete Sachverständige (Amtstechniker) aufzustellen.

Wer um Baugenehmigung nachsucht, muß die erforderlichen Pläne einreichen (§ 67). Bauherr, Planfertiger und die beteiligten Nachbarn müssen, letztere zum Zeichen der Anerkennung, die Pläne unterschreiben.

Wird die Unterschrift durch die Nachbarn verweigert, so hat die Baupolizeibehörde zu prüfen, ob das Baugesuch trotz des Einspruchs genehmigt werden kann. Grundsätzlich sind hiebei privatrechtliche Verhältnisse unberücksichtigt zu lassen; die Beteiligten sind zur Austragung der Einsprüche auf den Zivilrechtsweg zu verweisen. Nur unter gewissen Voraussetzungen können auch privatrechtliche Einsprüche im Genehmigungsverfahren gewürdigt und berücksichtigt werden (§ 69 Anm. 1). Bei gewissen Bauführungen (die insbes. staatliche oder fiskalische Interessen berühren, (f. § 68) sind die betreffenden Behörden mit ihren Erinnerungen zu hören; werden solche erhoben und von der Baupolizeibehörde nicht berücksichtigt, so steht den betr. Behörden das Recht der Beschwerde (gleich sonstigen Nachbarn) zu. Bei Fragen gesundheitspolizeilicher Natur sind auch die Medizinalbehörden gutachtlich zu hören (§ 70).

Nach erledigter Vorbehandlung ist das Baugesuch beschlußmäßig zu bescheiden. Hiebei getroffene besondere Anordnungen sind in den Genehmigungsbeschluß aufzunehmen und geeignetenfalls in die Pläne einzuzeichnen.

Vor Rechtskraft der Baugenehmigung darf mit den Bauarbeiten (auch der Herstellung der Baugrube) nicht begonnen werden. Der Baubeginn ist der Orts- und der Bezirkspolizeibehörde anzuzeigen. Vor Baubeginn hat auch die Ortspolizeibehörde für Aussteckung der Baulinie Sorge zu tragen.

Ebenso ist bei Bauvollendung Anzeige zu erstatten (§ 73); der Amtstechniker hat hierauf die Schlußkontrolle über die plan- und vorschriftsgemäße Bauführung vorzunehmen. Das Beziehen neuer Wohnungen ist nur nach polizeilicher Genehmigung statthaft (§ 74 BO. und § 9 der V. v. 10. Febr. 1901 betr. die Wohnungsaufsicht).

Eine genehmigte Baubewilligung wird unwirksam, wenn nicht binnen zwei Jahren seit Rechtskraft des Genehmigungsbeschlusses mit dem Bau begonnen wird; ausnahmsweise kann die Genehmigung um ein weiteres Jahr verlängert werden (§ 76).

Bei Vorliegen besonderer Verhältnisse kann die Regierung bzw. in Einzelfällen die hiezu ermächtigte Bezirksverwaltungsbehörde gem. § 65 II von den materiellen Vorschriften der BO. dispensieren; es dürfen hiebei aber weder öffentliche Interessen noch Rechte Dritter verletzt werden. —

In allen Bausachen steht das Recht der Beschwerdeführung binnen einer Frist von 14 Tagen zu (§ 77), ein verwaltungsrechtlicher Rechtszug ist nicht gegeben.

§§ 78 und 79 behandeln die Gebühren der Sachverständigen und Bauaufseher und die Kosten des Verfahrens. —

4. Das Baupolizeistrafrecht.

Strafrechtliches Einschreiten in Bausachen kann veranlaßt sein entweder bei Bauen ohne Genehmigung (= eigenmächtiges Bauen) oder bei Bauen unter Verletzung baupolizeilicher Vorschriften (= fehlerhaftes Bauen). Hier einschlägig sind insbesondere die

§§ 330; 367 Ziff. 12—15; 368 Ziff. 3, 4, 8; 369 Ziff 3 RStGB. und Art. 22 b, 73, 101, 103, 104 PStGB. (s. II. Teil).

In den Fällen des § 367 Ziff. 13—15 und § 368 Ziff. 3 und 4 RStGB. und des Art. 101 PStGB. ist der Richter verpflichtet im Urteil auszusprechen, daß die Polizeibehörde berechtigt ist, die Beseitigung des ordnungswidrigen Zustandes anzuordnen und zu diesem Zwecke die Sicherstellung, Abänderung, den gänzlichen oder teilweisen Abbruch des betr. Bauwerks oder der betr. Vorrichtung zu verfügen (s. Art. 101 und auch Art. 16, 18 PStGB.). Entsprechendes gilt für die Fälle des Art. 73 PStGB. Der Ausspruch der Beseitigungsbefugnis ist keine Nebenstrafe.

Nach § 73 Abs. II BO. ist in den Fällen der dort angeführten Strafbestimmungen die Baupolizeibehörde, soweit nötig, insbesondere bei Gefahr im Verzuge, zur vorläufigen Einschreitung berechtigt (s. die Anm. zu § 73 II BO.; Art. 20 und 105 PStGB.), dies aber nur unter dem Vorbehalt der nachträglichen Strafverfolgung.

(Im übrigen s. die Anm. zu § 73 BO. und Art. 105 PStGB.) —

I. Teil.

Die allgemeine Bauordnung.

I. Königlich Allerhöchste Verordnung, die Bauordnung betreffend.

(Vom $\frac{\text{17. Februar 1901}}{\text{3. August 1910}}$ / 10. Juli 1918 [GVBl. S. $\frac{87}{403}$ / 359] geändert d. V. v. 10. Sept. 1925 [GVBl. S. 247]).

Im Namen Seiner Majestät des Königs.

Luitpold,

von Gottes Gnaden Königlicher Prinz von Bayern, Regent.

Zum Zwecke der einheitlichen Gestaltung der baupolizeilichen Vorschriften für die Landesteile rechts des Rheins und die Pfalz finden Wir Uns bewogen, im Hinblick auf § 367 Ziff. 15 und § 368 Ziff. 3 und 8 des Strafgesetzbuches für das Deutsche Reich, auf Grund des Art. 2 Ziff. 11 und 14, des Art. 73 Abs. I und des Art. 101 des Polizeistrafgesetzbuches für Bayern vom 26. Dezember 1871 in der Fassung des Gesetzes vom 22. Juni 1900 (Gesetz- und Verordnungsblatt S. 484), dann auf Grund des § 4 des letzteren Gesetzes für den Umfang des Königreiches mit Ausnahme der Haupt- und Residenzstadt München zu verordnen, was folgt:

I. Baulinien, Höhenlagen, Baubeschränkungen; Pläne hierüber und Bauplätze.

§ 1. [I] Wer an bestehenden oder neu anzulegenden öffentlichen Plätzen, Straßen oder Wegen ein Gebäude oder eine bauliche Anlage der im § 8 bezeichneten Art neu aufführen oder an der Umfassung bestehender Gebäude oder baulicher Anlagen gegen die Straßenseite eine Hauptreparatur oder

Hauptänderung vornehmen will, hat die Baulinie (§ 4 Abs. II) einzuhalten. Als öffentlich gelten die Plätze, Straßen und Wege, die dem allgemeinen Verkehre dienen oder zu dienen bestimmt sind.

II Von Einhaltung der Baulinie kann bei Hauptreparaturen oder Hauptänderungen, welche sich nicht auf die ganze Umfassung gegen die Straßenseite erstrecken, Umgang genommen werden, wenn das Fundament der Umfassung noch tragfähig ist, und nicht die ganze Umfassung der betreffenden Gebäudeseite nach ihrer baulichen Beschaffenheit derselben Hauptreparatur oder Hauptänderung bedarf.

III Wenn eine Baulinie noch nicht gegeben ist, oder wenn von der bereits gegebenen abgewichen werden soll, so ist vor Erteilung einer Baugenehmigung die Baulinie festzusetzen.

IV Von der Festsetzung von Baulinien kann Umgang genommen werden, wenn für eine hinreichende Zufahrt gesorgt ist und die Festsetzung weder von den Beteiligten angestrebt wird, noch im öffentlichen Interesse geboten ist.

V In den Fällen des Abs. IV müssen die Gebäude und die baulichen Anlagen von den öffentlichen Plätzen, Straßen und Wegen so weit abgerückt werden, als es im einzelnen Falle die Rücksicht auf diese und auf den Verkehr erfordert. Die Bestimmung des hienach einzuhaltenden Abstandes und der Stellung der Gebäude und der baulichen Anlagen obliegt der Baupolizeibehörde. Diese hat hiebei auf eine später etwa in Betracht kommende Baulinienziehung Bedacht zu nehmen und auf bestehende Gebäude angemessene Rücksicht zu üben.

§ 2. I Bei der Bestimmung der Baulinie ist auch auf die Höhenlage und auf etwaige Baubeschränkungen (offene Bauweise, Gebäudeabstand, Gebäudehöhe, Hofraumgröße, Ausschluß lästiger Anlagen und dergl.) Rücksicht zu nehmen.

II Die Höhenlage und die Baubeschränkungen sind im Falle des Bedürfnisses festzusetzen; weitergehende Baubeschränkungen durch distrikts- oder ortspolizeiliche Vorschriften bleiben vorbehalten.

§ 3. I Bei der Festsetzung der Baulinien und der Höhenlagen sowie der Baubeschränkungen muß auf Sicherheit und Bequemlichkeit des Verkehrs gesehen sowie den Wohnungsverhältnissen, den Anforderungen der Gesundheit, der Feuersicherheit und Schönheit tunlichst Rechnung getragen werden. Insbesondere ist darauf zu achten, daß die neuen Bauanlagen mit den schon bestehenden gut verbunden werden und daß die Grundstücke zweckmäßig bebaut werden können.

II Bei der Festsetzung der Höhenlagen ist außerdem besonders auf Schutz gegen Überschwemmungen, auf den höchsten bekannten Grundwasserstand, auf möglichst geringe Steigungen sowie auf zweckmäßigste Entwässerung der Gebäude und des sie umgebenden Bodens (rasche Abführung in Gossen, Abzugskanälen oder Sielen und möglichst erleichterten Anschluß der einzelnen Grundstücke) Bedacht zu nehmen.

§ 4. I Behufs der Festsetzung neuer und der Abänderung bestehender Baulinien und Höhenlagen sind Pläne vorzulegen, welche in den einer Kreisregierung unmittelbar untergeordneten Städten nach dem Maßstabe von 1:1000, in den übrigen Städten, dann in Märkten und auf dem Lande im Maßstabe von 1:2500 in doppelter Fertigung herzustellen sind; die Steuerkatasterblätter können, wo sie diesen Maßstäben entsprechen, hierzu gleichfalls angewendet werden.

II Die Baulinienpläne haben die Grundfläche mit den Grenzen der Grundstücke, den Namen der Eigentümer und den Plan- und Hausnummern, ferner die hierauf befindlichen Bauwerke, Wege und Wasserläufe, die aufzuhebenden, die neu beantragten und die unverändert bleibenden Baulinien, endlich Angaben über den Planmaßstab und die Himmelsrichtung zu enthalten. Die Pläne müssen ersehen lassen, ob die beantragten Baulinien als Straßenbegrenzungslinien, als Vorgartenlinien, als Gebäudefluchtlinien, als vordere, seitliche oder rückwärtige Bebauungsgrenzen gelten sollen.

III Die Höhenlagepläne sollen die Höhenlage der Grundfläche in Beziehung zu den nächst gelegenen, genau zu bezeichnenden Fixpunkte sowohl für die Mitte der Straße als auch für die beiderseitigen Trottoire, sowie die Kanäle und Wasserabzugsrinnen darstellen.

IV Bei unebenem Gelände kann die Eintragung von Höhenkurven gefordert werden, welche die Geländegestaltung ersehen lassen.

§ 5. I Alle Bauplätze, welche zur Aufführung neuer Wohngebäude bestimmt sind, müssen den Anforderungen der öffentlichen Gesundheitspflege entsprechen oder entsprechend gemacht werden.

II Die Landesgrenze darf bei Herstellung von neuen Gebäuden oder Anbauten nicht überbaut werden.

II. Baugenehmigung und Baupläne.

§ 6. I Baupolizeiliche Genehmigung ist zu erholen: zur Herstellung von neuen Haupt- und Nebengebäuden, zur Verlegung von solchen an einen anderen Ort, sowie zur Vornahme einer Hauptreparatur oder Hauptänderung an denselben.

II Baupolizeiliche Genehmigung ist nicht erforderlich:

a) in Städten für die Herstellung von Kegelstätten und Sommerhäuschen ohne Feuerungsanlagen, von offenen Schutzdächern, unheizbaren Federviehställen, Taubenschlägen und dergleichen geringfügigen Bauwerken für wirtschaftliche Zwecke;

b) in Märkten und auf dem Lande außerdem:

1. für offene oder nur mit Latten und dergleichen geschlossene Schupfen, Holzhütten und Remisen, für gewöhnliche Schweineställe und für sonstige Bauten ohne Feuerungsanlagen mit nur einem Geschosse und höchstens 70 qm Grundfläche, sofern solche Bauten nicht zur Lagerung besonders feuergefährlicher Materialien, wie Pech, Petroleum, Spiritus und dergleichen bestimmt sind, dann mit Ausnahme der Feldkapellen;

2. für Ziegeltrockenstädel und Getreide- und Heuschupfen außerhalb der Ortschaften, für Alpen-, Jagd- und Waldhütten.

§ 7. Als Hauptreparaturen oder Hauptänderungen an Bauten sind zu betrachten:

1. die Veränderung der Höhe, Länge oder Breite eines Gebäudes;
2. die Schwächung, Versetzung, Beseitigung oder Erneuerung von Umfassungen, soferne die Änderung auf eine ganze Gebäudeseite sich erstreckt oder von solcher Bedeutung ist, daß bei ordnungsmäßigem Verfahren besondere technische Vorsichtsmaßregeln hierzu erforderlich werden;
3. die Anlegung neuer und die Versetzung oder konstruktive Änderung bestehender Feuerstätten oder Kamine, soweit es sich nicht lediglich um das Setzen von Öfen oder Herden zum häuslichen Gebrauch handelt;
4. in Städten und in Märkten mit geschlossener Bauweise die Erneuerung oder konstruktive Änderung eines Dachstuhles, sowie die Wohnbarmachung von Räumen im Kellergeschosse oder im Dachraume;
5. die bauliche Änderung der Fassaden von Gebäuden an Straßen und öffentlichen Plätzen in Städten von mehr als 20000 Seelen und auch in anderen Orten, insoferne im Interesse der Verschönerung baupolizeiliche Vorschriften erlassen sind (Art. 101 Abs. III des Polizeistrafgesetzbuches).

§ 8. Durch ortspolizeiliche Vorschrift kann angeordnet werden, daß auch zur Herstellung oder wesentlichen Veränderung von Brunnenschachten, Kellern, Haus- und Straßenkanälen, von Abtritten, Dung- und Versitzgruben, von Zäunen und Einfriedungen aus Mauer- oder geschlossenem Holzwerk oder Metall an öffentlichen Plätzen, Straßen oder Wegen, oder wo Baulinien in Frage kommen, dann in Städten zum Anbau von Balkonen, Altanen, Erkern, Galerien und Gängen polizeiliche Genehmigung zu erwirken, oder daß der Ortspolizeibehörde zur Wahrung bestehender Vorschriften binnen bestimmter Frist vor dem Beginne der Ausführung dieser baulichen Anlagen Anzeige zu erstatten ist. Als wesentliche Veränderungen baulicher Anlagen sind Änderungen anzusehen, die nach § 7 bei Gebäuden als Hauptreparatur oder Hauptänderung zu betrachten wären.

§ 9. I Zur Erlangung der baupolizeilichen Genehmigung ist die Vorlage von Plänen notwendig, welche zu enthalten haben:

a) bei Neubauten
   1. die Lage nach allen Seiten, soweit sie zur richtigen Erkennung und Bestimmung der Stellung des Baues erforderlich ist, mindestens in einem Umkreise von 25 m, mit Darstellung der in demselben befindlichen Gebäude, Straßen und Grundstücke und mit Angabe der betreffenden Eigentümer;
   2. den Grundriß und Durchschnitt aller Stockwerke des Gebäudes von der Kellersohle bis zum Dachfirste, mit Angabe der Einteilung der Räume, der wesentlichen Maße, der Feuerungseinrichtungen und des Bau- und Eindeckungsmaterials; bei außergewöhnlichen Konstruktionen entsprechende Detailzeichnungen;
   3. die Fassade des Baues von der Straßenseite aus und bei offener Bauweise auch die Seitenfassaden;

b) bei Hauptreparaturen oder Hauptänderungen an bestehenden Gebäuden
   die Zeichnungen des betreffenden Baubestandteiles, wie derselbe zur Zeit ist und wie er werden soll, sowie diejenigen der vorbezeichneten Vorlagen, welche zur Beurteilung des Unternehmens notwendig sind.

II Bei diesen Plänen sind folgende Maße einzuhalten:
bei den Lageplänen . . . . 1 : 1000,
bei den Grundriß-, Durchschnitts- u. Fassadeplänen 1 : 100,
bei den Detailplänen nicht kleiner als . . . 1 : 50.

§ 10. Bei Bauführungen auf Kosten der Zivilliste, des Staatsärars usw., welche nach den desfalls bestehenden besonderen Vorschriften einer höheren technischen Prüfung unterliegen, sind der Baupolizeibehörde die Entwürfe zur Erinnerung in Bezug auf Baulinien, Höhenlage und sonstige bau- und gesundheitspolizeiliche Verhältnisse mitzuteilen.

[**§ 11.***) Die Verpflichtung zur Einhaltung des offenen (Pavillon-) Bausystems bemißt sich nach den auf Grund der Verordnung vom 16. Mai 1876 (Gesetz- und Verordnungsblatt S. 347) erlassenen oder künftig ergehenden Vorschriften. Die Bestimmungen der genannten Verordnung treten auch für die Pfalz in Kraft.]

III. Vorschriften für die Bauführung.

1. Allgemeine Vorschriften.

§ 12. I Sämtliche Bauarbeiten bei Bauführungen jeder Art, insbesondere auch an Gerüsten und anderen provisorischen Bauvorrichtungen müssen fest und sicher und den Rücksichten auf Leben und Gesundheit entsprechend nach Maßgabe des genehmigten Planes und der etwaigen besonderen Anordnungen und unter Einhaltung sämtlicher baupolizeilicher Vorschriften ausgeführt werden.

II Die in den bestehenden Verordnungen oder ortspolizeilichen Vorschriften begründeten baupolizeilichen Anordnungen müssen auch bei solchen Bauten eingehalten werden, zu deren Herstellung, Reparatur oder Abänderung eine polizeiliche Genehmigung oder eine vorgängige Anzeige nicht erforderlich ist.

2. Baumaterial.

§ 13. I Die Wahl des Baumaterials ist dem Bauherrn anheimgegeben; das gewählte Material muß jedoch diejenigen Dimensionen und jene Beschaffenheit haben, welche eine feste und feuersichere, sowie den gesundheitspolizeilichen Anforderungen entsprechende Bauführung, insbesondere die Herstellung trockener Wände ermöglichen.

---

*) Aufgehoben durch die V. vom 3. Aug. 1910 (GVBl. S. 403).

II Solid hergestellte sogenannte Schwemmsteine sind den Ziegelsteinen gleich zu achten.

III Welche weiteren Materialien und Konstruktionen, als den in nachstehenden Bestimmungen genannten gleichwertig, zum Ersatz derselben verwendet werden dürfen, wird durch Ministerialvorschrift bestimmt.

3. Fundierung und Stärke der Mauern.

§ 14. I Sämtliche massive Mauern eines Gebäudes, diejenigen Hof- und sonstigen Schutz- und Einfriedungsmauern, welche den Boden um mehr als 2 m überragen, dann alle Stützmauern, Tragpfeiler und Säulen müssen auf festem natürlichen oder künstlich befestigtem Grunde unter Frosttiefe fundiert werden.

II Bei Kleinhausbauten kann von der Fundierung bis unter Frosttiefe bei massiven Mittelmauern abgesehen werden, ferner auch bei Umfassungsmauern, soweit es sich um Fachwerksbauten handelt, die lediglich aus einem Erdgeschoß und Dachgeschoß bestehen.

III Kleinhausbauten im Sinne des Abs. II sind Einfamilien- und Mehrfamilienhäuser (Einzelhaus, Doppelhaus und Reihenhaus), die nur aus höchstens zwei Vollgeschossen (Erdgeschoß und Obergeschoß oder Erdgeschoß und ausgebautem Dachgeschoß) bestehen und als Mehrfamilienhäuser in jedem Vollgeschoß höchstens 3 Kleinwohnungen im Sinne des § 62 Abs. VI Ziff. 2 enthalten. Dabei dürfen Dachgeschosse über zwei Vollgeschossen nur bis zur Hälfte der Dachraumfläche zu Wohnräumen ausgebaut sein, die lediglich als Zubehör der Geschoßwohnungen, nicht aber als selbständige Wohnungen dienen.

§ 15. I Die Stärke der Umfassungs- und Tragmauern der Gebäude ist vorbehaltlich weitergehender, durch den Zweck oder die besondere Beschaffenheit eines Gebäudes gerechtfertigter Anforderungen nach folgenden Grundsätzen zu bemessen:

a) die Umfassungsmauern mehrstöckiger Wohngebäude müssen im obersten Stockwerke bei Anwendung von Ziegel-

oder Quadersteinen eine Stärke von mindestens 0,38 m (1½ Stein) erhalten; bei Anwendung von Bruchsteinen ist ein Mindestmaß von 0,45 m anzuwenden und auch dieses nur unter der Voraussetzung zulässig, daß dieselben lagerhaft sind und die Herstellung eines schichtenmäßigen Gemäuers in entsprechendem Verbande ermöglichen.

Diese Vorschrift gilt auch für einstöckige Wohngebäude, deren Stockwerkshöhe 3,50 m und deren freitragende Balkenlänge 6 m überschreitet.

b) Für die Umfassungsmauern einstöckiger Wohngebäude, deren Stockwerkshöhe und freitragende Balkenlänge die vorbezeichneten Ausmaße nicht überschreitet, ist im ersten Stockwerke eine Mauerstärke von 0,25 m (1 Stein) bei Anwendung von Ziegel- oder Quadersteinen zulässig; bei Verwendung von Bruchsteinen muß auch hier die geringste Stärke von 0,45 m eingehalten werden.

Die Erdgeschoßmauern solcher Wohngebäude müssen eine Stärke von 0,38 m bei Anwendung von Ziegel- oder Quadersteinen und eine solche von 0,52 m bei Verwendung von Bruchsteinen erhalten.

c) Bei Wohngebäuden, welche lediglich aus einem Erdgeschoß bestehen und welche weder die unter lit. a Abs. II bezeichneten Ausmaße überschreiten noch eine außergewöhnlich große Belastung zu erhalten bestimmt sind, darf bei Verwendung von Ziegeln oder Quadern die Mauerstärke auf 0,25 m abgemindert werden. Bruchsteinmauern müssen auch in diesem Falle 0,45 m stark ausgeführt werden. Die gleiche Abminderung ist bei Kleinhausbauten (§ 14 Abs. III) im Erdgeschoß und Obergeschoß zulässig.

d) Auf Gebäude, welche Wohnzwecken nicht dienen, finden im allgemeinen vorstehende Bestimmungen ebenfalls Anwendung; jedoch kann von der Baupolizeibehörde im einzelnen Falle unter Berücksichtigung der Höhe der Gebäude, des Baumaterials, der Verbindung, in welcher die Mauern zueinander stehen, der Bestimmung der Gebäude und der Konstruktion der Decken auch eine größere oder geringere Stärke der massiven Mauern festgesetzt werden.

e) Mittelmauern, die durch Balkenlagen belastet sind, müssen im obersten Stockwerk in einer Stärke von mindestens 0,25 m ausgeführt werden und nach unten von zwei zu zwei Stockwerken um mindestens 0,13 m (½ Stein) zunehmen. Wenn sie durch Balkenlagen nicht belastet sind oder wenn bei ebenerdigen oder einstöckigen Gebäuden die freitragende Balkenlänge 5 m und die Zimmerhöhe 3 m nicht überschreiten, so genügt eine Stärke der Mittelmauern von 0,12 m.

Die Baupolizeibehörde kann für Mittelmauern eine geringere Stärke zulassen, wenn durch eine statische Berechnung die genügende Tragfläche nachgewiesen wird. Insbesondere können bei Kleinhausbauten (§ 14 Abs. III) durch Balken belastete Mittelmauern in einer Stärke von 0,12 m und durch Balken nicht belastete Mittelmauern in einer Stärke von 0,07 m (gestellter Stein) zugelassen werden, letztere, wenn sie in jedem Stockwerk entsprechend verspannt sind.

f) Soll ein Gebäude zu ebener Erde massiv und in den oberen Stockwerken aus Riegelwerk ausgeführt werden, so haben die Umfassungsmauern bei Anwendung von Ziegeln oder Quadern

α) wenn nur ein Stockwerk aus Riegelwänden aufgesetzt wird, eine Stärke von mindestens 0,25 m,

β) wenn mehrere Stockwerke aus Riegelwänden aufgesetzt werden, eine Stärke von mindestens 0,38 m zu erhalten.

Bei Anwendung von Bruchsteinen muß die Umfassungsmauer auch in dem Falle unter lit. a mindestens 0,45 m stark sein.

g) Die Stärke der Umfassungsmauern aller mehrstöckigen Wohngebäude muß von oben nach unten bei Anwendung von Ziegeln oder Quadern von zwei zu zwei Stockwerken um wenigstens 0,13 m (½ Stein) und bei Anwendung von Bruchsteinen von Stockwerk zu Stockwerk um wenigstens 0,07 m zunehmen.

h) Riegel- oder Fachwerk muß in jedem Stockwerke wenigstens 0,12 m stark sein.

i) Stockwerksaufsetzungen auf bestehende Gebäude sind nur dann zulässig, wenn die in Vorstehendem unter lit. a mit h festgesetzten geringsten Stärken ohne Anblendung von Steinen an die bestehenden Mauern noch eingehalten werden können.

II Bei sämtlichen vorstehend bestimmten Mauerstärken darf der Verputz nicht mitgerechnet werden.

III Eine Abweichung von den Vorschriften über Verstärkung der Mauern von oben nach unten kann bei Stockwerksaufsetzungen, dann beim Wiederaufbau abgebrannter oder aus anderen Anlässen teilweise abgebrochener Gebäude gestattet werden, wenn das in Verwendung kommende Baumaterial und die Beschaffenheit des bestehenden Gemäuers auch bei einer geringeren Stärke desselben vollständige Gewähr für die Festigkeit und Dauerhaftigkeit des Gesamtbaues bietet.

IV Bei Anwendung besonderer Konstruktionen und Materialien (Eisen, Beton) können ferner Abweichungen von den vorgeschriebenen Mauerstärken durch die Baupolizeibehörden bewilligt werden, wenn genügende Festigkeit und Tragfähigkeit nachgewiesen ist.

§ 16. 1. Brandmauern müssen in der Stärke der Umfassungsmauern hergestellt, noch am Firste unter der Dachfläche bei Verwendung von Ziegeln oder Quadern 0,25 m, bei Bruchsteinen aber mindestens 0,45 m stark gehalten und bis dicht unter die Dacheindeckung aufgeführt werden.

Die Baupolizeibehörde kann bei Brandmauern die nach § 15 Abs. I erforderliche Mauerverstärkung ganz oder teilweise erlassen, wenn die Standfestigkeit gewährleistet ist und durch eine statische Berechnung genügende Tragfähigkeit nachgewiesen wird. Auch in diesem Falle hat am Firste unter der Dachfläche die Mauerstärke noch mindestens 0,25 m zu betragen.

Bei Gebäuden, die unter § 47 fallen, bei Gebäuden mit mehr als zwei Obergeschossen, wobei ein bewohnbares Dachgeschoß als Obergeschoß anzusehen ist, und bei Gebäuden, die nicht vollständig mit Stein oder Metall eingedeckt sind, müssen die Brandmauern in den im Abs. I angegebenen Stärken 0,30 m über die Dachfläche geführt werden; zu ihrer Abdeckung darf nur feuersicheres Material mit Ausschluß aller Holzteile verwendet werden.

2. Auf Brandmauern darf der Dachfuß nur dann aufgelegt werden, wenn durch geeignete Vorkehrungen ein entsprechender Schutz gegen Feuerübertragung geschaffen wird. Zu diesem Zwecke muß die von der Brandmauer aufsteigende Dacheindeckung aus unverbrennlichem Materiale hergestellt und mindestens auf eine Entfernung von 3,5 m, wagrecht vom Mittel der Brandmauer an gemessen, mit einem dauerhaften, gegen Witterungseinflüsse widerstandsfähigen, unverbrennlichen Material unmittelbar unterlegt werden. Dachöffnungen müssen feuersicher hergestellt und abgeschlossen werden; unterhalb der Dachtraufe angebrachte Gesimse sind aus unverbrennlichem Materiale, Dachrinnen aus Eisen- oder Kupferblech herzustellen. Die Baupolizeibehörde kann von der Forderung der Dachunterlegung absehen, wenn für den betreffenden Teil der Dacheindeckung diese selbst sicheren Schutz gegen Feuerübertragung gewährt.

3. Werden an den Brandmauern Blindfeldungen, Sitzbänke, Wandkästchen, Nischen, Kamine oder dgl. angebracht, so müssen die Brandmauern an den entsprechenden Stellen immer noch wenigstens 0,25 m stark sein.

4. Öffnungen in Brandmauern sind im allgemeinen unzulässig. Die Baupolizeibehörde kann jedoch, wenn ein Bedürfnis hiezu nachgewiesen ist, Öffnungen bei Gebäuden gestatten, die nicht zur Herstellung, Bearbeitung oder Lagerung größerer Mengen leicht entzündlichen oder schwer zu löschenden Materials (§ 47) bestimmt sind. Die Öffnungen dürfen im Lichten höchstens 2 qm Fläche erhalten; sie müssen im Erdgeschoß auf einer, in den oberen Stockwerken auf jeder Seite der Brandmauer dicht verschließbar gemacht werden, und zwar entweder durch starke, fest versteifte Türen oder Läden aus unverbrennlichem Material oder durch Holztüren (= Läden) von mindestens 3 cm gleichmäßiger Stärke, die in Nut und Feder zusammenfügt, fest versteift und all-

seitig, also auch an den Rändern mit einer wenigstens 1 mm starken Eisenblechverkleidung versehen sind. Die Türen (Läden) müssen allseitig mindestens 6 cm breite Stein-, Beton- oder Eisenfälze überdecken. Die Kegel müssen haltbar eingekittet sein; zu ihrer Befestigung darf leicht schmelzbares Material, wie Schwefel, Blei und dergleichen nicht verwendet werden. Bei Hauptreparaturen oder Hauptänderungen im Sinne des § 7 Ziff. 1—3 können solche Verschlüsse auch für bereits bestehende Brandmaueröffnungen angeordnet werden.

5. Die Dacheindeckung ist mit der Brandmauer dicht und dauerhaft zu verbinden; Dachlatten und Dachverschalungen dürfen weder über die Brandmauer hinweg-, noch durch diese hindurch geführt werden; sie sind durch die Brandmauer in deren ganzer Stärke zu trennen.

Holzbalken, Holzschwellen, Holzpfetten, Holzsparren und sonstige Holzteile dürfen durch Brandmauern nicht hindurch geführt werden und in diesen sich nicht berühren; sie müssen an den Enden, selbst im Dachraume noch, durch ein wenigstens 0,12 m starkes Mauerwerk verdeckt oder geschieden sein. Auch dürfen Hölzer der Länge nach nur dann in die Brandmauer eingefügt werden, wenn hiedurch die Standfestigkeit im Brandfalle nicht gefährdet wird. Eiserne Träger und Stützen dürfen in Brandmauern nur dann eingefügt werden, wenn sie glutsicher ummantelt sind.

6. Wo Brandmauern vorgeschrieben sind, müssen sie auch die Dach- und Gesimsvorsprünge, Dachrinnen und dergl. vollständig trennen. Die Baupolizeibehörde kann Ausnahmen zulassen, wenn die Dach- und Gesimsvorsprünge durchaus massiv und die Dachrinnen aus Kupfer- oder Eisenblech hergestellt sind. Auch bei hölzernen Dachvorsprüngen kann die Baupolizeibehörde von der Trennung durch die Brandmauer Umgang nehmen, wenn die über die Umfassung vortretenden Teile der Sparren und der Dachverschalung zu beiden Seiten der Brandmauer auf eine Länge von mindestens je 2,5 m aus Eichenholz hergestellt werden.

7. Die Brandmauern und die Einrichtungen, die sonst nach den vorstehenden Ziffern 2, 4—6 zur feuersicheren Abtrennung der Gebäude geboten sind, müssen stets in bauordnungsmäßigem Zustand unterhalten werden.

4. Feuerstätten und Kamine (Schornsteine).

§ 17. 1. Kamine sind aus gelegten Backsteinen auf feuerfester Unterlage mindestens 0,80 m über die Dachfläche zu mauern, im einzelnen Falle aber soweit über die Dachung hinauszuführen, als es die Baupolizeibehörde aus feuer- oder gesundheitspolizeilichen Rücksichten, sowie zur Fernehaltung erheblicher Belästigung der Nachbarschaft fordert; sie sind innen und außen auf die ganze Höhe zu verputzen und feuersicher abzudecken; sie dürfen horizontal ineinander nicht eingeleitet werden. Im Kellergeschoß dürfen Kamine aus Beton hergestellt werden, soweit dort keine Feuerungen eingeleitet sind. Treten Kamine am First oder in unmittelbarer Nähe des Firstes aus der Dachfläche, so genügt eine Hinausführung über die Firstlinie auf 0,40 m Höhe.

2. Holzteile dürfen in Kaminmauern nicht eingefügt, Holzverschalungen an denselben nicht angebracht werden und allenfallsige eiserne oder steinerne Träger der Kamine nicht auf den Balkenlagen aufruhen.

3. Freistehende und außerhalb der Gebäude befindliche Kamine für Fabriken und sonstige industrielle Unternehmungen dürfen mit baupolizeilicher Bewilligung auch von Eisen hergestellt werden.

4. Die Stärke der Kaminmauern ist nach der Lage und Höhe derselben und nach der Stärke und Zahl der einmündenden Feuerungen zu bemessen und darf bei außergewöhnlichen Feuerungen nicht unter 0,25 m, bei den gewöhnlichen Feuerungen nicht unter 0,12 m betragen.

5. Die innere Weite der besteigbaren Kamine muß mindestens 0,50 m im Quadrate betragen.

6. Schlotmäntel und Rauchkutten sind aus unverbrennlichem Materiale herzustellen.

§ 18. Bei Anwendung nicht besteigbarer Kamine sind nachstehende besondere Vorschriften zu beobachten:

1. solche Kamine müssen eine Lichtweite von nicht unter 0,15 m und nicht über 0,33 m je nach der Stärke und Zahl der einmündenden Feuerungen erhalten;

2. metallene Rauchrohre müssen, wo es die Feuersicherheit erfordert, in einem Abstande von 0,03 m mit einem Eisenblechrohre umgeben und die Zwischenräume mit Asche, Zement, Sand u. dgl. ausgefüllt werden;

3. Die Stärke der Zungen darf nicht unter 0,10 m betragen;

4. in der Regel sind solche Kamine an Mauerwerk zu stellen; wo sie freistehen, müssen sie mit Strebepfeilern versehen oder durch Eisenwerk mit massiven Mauern verbunden werden, wenn der freistehende Teil des Kamins das Zehnfache der unteren äußeren Stärke übersteigt;

5. die Putzöffnungen der Kamine müssen mit genau schließenden, versperrbaren Doppeltürchen aus Eisenblech geschlossen werden;

6. der unter diesen Putzöffnungen befindliche Bretterboden muß auf 0,45 m Entfernung mit Metall belegt werden;

7. zwischen je zwei Putzöffnungen darf die Form und Weite der Kamine nicht geändert werden.

§ 19. I Rauchrohre müssen von Holzteilen 0,45 m, von mit Mörtel verputzten hölzernen Decken 0,25 m abstehen.

II Rauchrohre sind in Kamine einzuleiten; Ausnahmen kann in Notfällen die Baupolizeibehörde in widerruflicher Weise bewilligen.

§ 20. Offene Feuerstätten dürfen nur an massiven Mauern angebaut werden und müssen, wenigstens soweit Funken und Flammen reichen, mit feuersicherem Boden umgeben und mit Rauchkutten versehen sein, soferne sie nicht eingewölbt sind.

§ 21. 1. Zimmeröfen und geschlossene Herde dürfen nicht auf hölzerne Gestelle aufgesetzt werden.

Wenn sie auf Bretterboden oder Balkenlagen zu stehen kommen, müssen sie gemauerte Sockel oder eiserne, auf einer Pflasterung oder auf Stein- oder Metallplatten ruhende Gestelle haben.

2. Werden Zimmeröfen und geschlossene Herde in Räumen mit Fach- oder Riegelwänden oder mit Wänden aus verputztem Lattenwerk errichtet, so müssen diese Wände in der Richtung gegen die Heizöffnungen auf 0,60 m, nach allen übrigen Richtungen aber auf mindestens 0,30 m Entfernung, von den Enden der Ofen- oder Herdseiten an gerechnet, durch massives Mauerwerk ersetzt werden.

3. Die Heiz- und Aschenabfallöffnungen der Öfen und Herde müssen durch metallene, gut schließende Türchen, die Vorgelegeöffnungen der Kamine unter allen Umständen mit wohlverschließbaren, eisenblechenen Türen abgeschlossen sein.

Der Boden vor den Heiz- und Aschenabfallöffnungen muß gepflastert oder mit Metall belegt oder sonstwie feuersicher sein.

4. Die Heizung darf keine Gefahr für die Gesundheit bieten.

Die Anbringung von Sperrklappen in den Rauchabzugsrohren, welche einen Zimmerofen mit einem Kamine verbinden, ist verboten. Die Vorrichtungen zur Regulierung des Zuges sind lediglich an den Heiztüren anzubringen.

§ 22. I Räucherkammern sind auf feuerfester Unterlage an Wänden und Decken massiv auszuführen und die Öffnungen mit eisenblechenen Türen dicht zu schließen.

II Kommen die Räucherkammern auf den Dachraum zu stehen, so müssen überdies Doppeltüren von Eisenblech an den Eingängen dieser Kammern angebracht und die vor dem Eingange befindlichen Bodenteile feuersicher hergestellt werden.

§ 23. I Backöfen müssen feuersicher hergestellt sein und Kamine und Vorgewölbe erhalten.

II Von dem Erfordernisse der Kamine und Vorgewölbe kann je nach der Größe, dem Zwecke und der Einrichtung der Backöfen Umgang genommen werden, wenn hiedurch die Feuersicherheit nicht beeinträchtigt wird.

§ 24. I Neu anzulegende Malzdörren müssen mit gut fundierten Mauern in einer Stärke von mindestens 0,25 m bei Ziegeln oder Quadern und 0,45 m bei Bruchsteinen umgeben und gewölbt werden.

II Sämtliche Öffnungen in den Umfassungen des Dörrraumes müssen steinerne Wandungen und feuersichere Verschlüsse erhalten, die allseitig mindestens 6 cm breite Steinfälze überdecken.

III Der Dunstkamin darf nur in Stein oder Metall ausgeführt werden und ist mit einer im Brandfalle selbstschließenden, metallenen Klappe zu versehen.

5. Höhe der Gebände und deren Abteilnng in Stockwerke.

§ 25. I Die Gebäude an den Baulinien sowohl als abseits von denselben dürfen nur eine solche Höhe erhalten, daß mit Rücksicht auf die anliegenden Straßen, freien Plätze, Hofräume und dergleichen keine Gefährdung der Gesundheit zu befürchten ist und die Anwendung der Feuerlöschgerätschaften gesichert erscheint; insbesondere darf die Höhe der Privatgebäude an einer Straße, sie mögen neu errichtet oder durch Stockwerkaufsetzung erhöht werden, die Breite der Straße mit Einschluß der Trottoire und etwaiger Vorgärten nicht überschreiten. Ist die Straße ungleich breit, so ist die mittlere Breite zwischen den beiden nächsten Querstraßen maßgebend.

II Ausnahmsweise kann eine größere Höhe von der Baupolizeibehörde mit Rücksicht auf bereits bestehende Nachbargebäude oder beim Wiederaufbau eines Gebäudes mit Rücksicht auf die frühere Höhe desselben gestattet werden.

III In Straßen unter 12 m Breite kann, abgesehen von vorstehender Ausnahme, eine Höhe bis zu 12 m bewilligt werden.

IV Als Maximalhöhe für Wohngebäude werden 22 m festgesetzt: auch dürfen dieselben nicht mehr als 5 Geschosse einschließlich etwaiger Zwischengeschosse und Mansardenwohnungen enthalten.

V Bei Eckhäusern ist für die zulässige Gebäudehöhe die breitere der angrenzenden Straßen maßgebend; in der engeren Straße darf aber diese Höhe nur auf die Länge von 18 m beibehalten werden.

VI Die Höhe eines Gebäudes wird in der Mitte der Front von der Unterkante des Sockels bis zur oberen Kante des Dachgesimses gemessen. Wird der Aufbau von Giebeln, Türmen, Dacherkern usw. auf der Frontwand über die hienach zulässige Höhe hinaus beabsichtigt, so werden diese Aufbauten nach dem Durchschnitt ihrer Fläche in die zulässige Gebäudehöhe eingerechnet.

§ 26. I Die Abteilung der Gebäude in Stockwerke muß in vollkommen sicherer Weise durch Einwölbung oder entsprechend starke Balkenlagen geschehen.

II Die Balken dürfen nicht weiter auseinander gelegt werden, als nach deren Tragkraft und mit Rücksicht auf den Zweck des Gebäudes zulässig ist.

III Dieselben müssen genügend oft auf Tragmauern oder festen Durchzügen ruhen.

IV Wenn zur Scheidung der Stockwerke in Gebäuden mit Feuerstätten nicht wegen besonderer Verhältnisse Einwölbung angeordnet wird, müssen die zur Abteilung der Stockwerke dienenden Balkenlagen in den mit Feuerstätten versehenen Lokalitäten entweder Weißdecken oder Holzdecken mit an den Fugen aufgenagelten Leisten erhalten.

V Zwischen diesen Decken und den Fußböden der unmittelbar darüber befindlichen Räume sind Fehlböden anzubringen und diese Fehlböden nach erfolgtem Verstriche der Fugen 6—8 cm hoch mit reinem, trockenem und unverbrennlichem Material auszufüllen; Urbau darf hiezu nicht verwendet werden.

VI Auf gleiche Weise oder durch einen Estrichboden sind auch die Speicherräume von den unmittelbar darunter liegenden Räumen mit Feuerstätten zu trennen.

VII Die Vorschriften der Abs. V und VI sind für Bauten

in Märkten und auf dem Lande sowie für Kleinhausbauten (§ 14 Abs. III) nicht bindend.

§ 27. Die Fußböden der ebenerdigen Wohn- und jener Arbeitsräume eines neuen Gebäudes, bei welchen es der Betrieb des Geschäftes zuläßt, müssen das Niveau des anstoßenden natürlichen Geländes mindestens um 0,30 m überragen und es kann, wenn es nach der Bodenbeschaffenheit aus gesundheitspolizeilichen Rücksichten notwendig erscheint, auch verlangt werden, daß solche Fußböden, insoweit sie nicht unterkellert sind, entweder um mehr als 0,30 m über das natürliche Gelände gelegt oder von demselben durch eine Betonlage isoliert werden.

§ 28. I Unter Wohnräumen befindliche Keller, Stallungen, Futterräume und Waschküchen, dann Lokale mit starken Feuerungen müssen eingewölbt werden und es ist bei denselben weiter noch für den nötigen Luftwechsel durch Anlage entsprechender Vorrichtungen zu sorgen.

II In Märkten mit nicht geschlossener Bauweise und auf dem Lande kann bei kleineren unter Wohnräumen befindlichen Stallungen oder Futterräumen (nicht über 30 qm Grundfläche) von Einwölbung Umgang genommen werden; dieselben müssen aber von den Wohnräumen durch Weißdecken, Lehmwickeldecken oder Holzdecken mit an den Fugen aufgenagelten Leisten abgeschieden werden.

III Bei Kleinhausbauten (§ 14 Abs. III) kann für Keller und Waschküchen unter Wohnräumen statt Einwölbung eine Holzbalkenlage mit Fehlboden und Weißdecke oder eine gleichwertige Bauart zugelassen werden.

6. Höhe und Fenster der Wohn- und Arbeitsräume.

§ 29. I Die lichte Höhe der Wohnräume und der Arbeitsräume muß bei Neubauten, bei neuen An- oder Aufbauten sowie beim Umbau bestehender Gebäude in Städten mit mehr als 10000 Einwohnern auf mindestens 2,60 m bemessen werden. In den anderen Städten und in Märkten mit geschlossener Bauweise genügt eine Höhe von 2,40 m, in anderen Orten eine solche von 2,20 m. Bei Gebäuden, die nur Kleinwohnungen im Sinne des § 62 Abs. VI Ziff. 2 enthalten, sowie bei Kleinhausbauten (§ 14 Absatz III) genügt in Städten und in Märkten mit geschlossener Bauweise für alle Wohngeschosse eine lichte Höhe von 2,30 m.

II Bei den in Abs. I bezeichneten Bauführungen muß jeder Wohnraum, jedes Schlafgemach, jede Küche und jeder Abtritt mindestens ein unmittelbar ins Freie gehendes Fenster von ausreichender Größe und entsprechender Lage erhalten.

7. Dachungen.

§ 30. I Die Stärke des Dachstuhlgebälkes, dann die Form und Höhe der Dächer muß nach Lage, Höhe, Tiefe, Breite und Tragkraft der Gebäude, sowie mit Rücksicht darauf bemessen werden, daß nicht eine übermäßige Höhe bei entstehendem Feuer die Gefahr vermehre.

II Über der zulässigen Fronthöhe der Gebäude dürfen die Dächer nicht steiler als 60° sein.

§ 31. I Zur Eindeckung der Gebäude darf im allgemeinen vorbehaltlich der in Abs. 5 und § 56 zugelassenen Ausnahmen nur feuersicheres Material verwendet werden.

II Diese Bestimmung ist vorbehaltlich der erwähnten Ausnahmen auch für bestehende Gebäude maßgebend, wenn an denselben eine Erneuerung oder konstruktive Änderung des Dachstuhles vorgenommen, oder wenn mindestens die Hälfte einer Dachseite neu eingedeckt wird und die baulichen Zustände des Gebäudes die Eindeckung mit ortsüblichem feuersicheren Material gestatten.

III Insoferne nach Vorstehendem die Reparatur oder teilweise Erneuerung einer nicht feuersicheren Eindeckung zulässig ist, sind die Strohdächer den Schindeldächern gleich zu achten.

IV Bei neuen Ziegeldachungen sind Unterlagen von sog. Strohfiedern unzulässig.

V Für die in § 6 Abs. II bezeichneten Bauten ist in den betreffenden Ortschaften die Eindeckung mit nicht feuersicherem Material gestattet, wenn dieselben nicht mehr als 30 qm Grundfläche einnehmen oder außerhalb der Ortschaften aufgeführt werden; Ziegeltrockenstädel sind jedoch auch in letzterem Falle feuersicher einzudecken.

§ 32. I Bei Dachvorsprüngen und bei überhängenden Gespärren dürfen zwischen den Sparren in der Ebene der Umfassungswände keine Öffnungen belassen werden.

II Hölzerne Dachgesimse müssen durch einen Metallüberzug oder durch Mörtelverputz oder feuersicheren Anstrich gesichert werden und dürfen beim Anschluß an Nachbargebäude mit ihren Holzteilen nicht unmittelbar aneinander stoßen, sondern müssen beiderseits auf je 0,25 m Länge durch feuersicheres Material getrennt werden. Bei Kleinhausbauten (§ 14 Abs. III) ist die feuersichere Trennung von hölzernen Dachgesimsen beim Anschluß an Nachbargebäude nur bezüglich des Anschlusses an die nach § 40 Abs. III vorgeschriebene Brandmauer notwendig.

III Bei zusammenhängenden Gebäuden in Städten und Märkten dürfen Dachrinnen nur aus feuersicherem Material hergestellt werden.

8. Kellerwohnungen.

§ 33. I Neue Kellerwohnungen dürfen nur bei günstigen Bodenverhältnissen und in der Regel nur in solchen Straßen, in denen die Höhe der Gebäude die Straßenbreite nicht überschreitet, unter der Voraussetzung hergestellt werden, daß

1. deren Fußböden mindestens 0,50 m über den höchsten Wasserstand zu liegen kommen;
2. die Wohnräume eine Höhe von mindestens 2,60 m erhalten;
3. die Fensterbrüstungen wenigstens 0,30 m über dem anstoßenden Grunde oder der Sohle eines gehörig entwässerten Lichtschachtes und die Decken wenigstens 1,50 m über ersterem angebracht werden;
4. die Mauern bei feuchtem Boden durch äußere Isolierungsmauern gegen das Eindringen der Feuchtigkeit geschützt, und die Fußböden auf eine 0,15 m hohe Beton-

schichte oder ein doppeltes in Zementmörtel gemauertes Backsteinpflaster gelegt werden, endlich

5. für guten Abfluß des Regenwassers und der Hauswässer vom Gebäude gesorgt ist.

II Die nämlichen Bestimmungen gelten für Küchen-, Arbeits- und Wirtschaftsräume im Kellergeschosse. Für Waschküchen im Kellergeschosse sind sie nur dann anwendbar, wenn es sich um gewerbliche Anlagen handelt.

9. Dachwohnungen.

§ 34. I Dachwohnungen oder einzelne heizbare Lokale im Dachraume sind nur in Gebäuden von nicht mehr als drei Stockwerken über dem Erdgeschoß und nur unter folgenden Bedingungen zulässig:

1. Die lichte Höhe solcher Räume muß in Städten mit mehr als 10000 Einwohnern wenigstens 2,50 m und in allen anderen Orten wenigstens 2,30 m betragen und zwar mindestens für die Hälfte der Fußbodenfläche jeder einzelnen Räumlichkeit. Bei Gebäuden, die nur Kleinwohnungen im Sinne des § 62 Abs. VI Ziff. 2 enthalten, sowie bei Kleinhausbauten (§ 14 Abs. III) genügt es auch in Städten mit mehr als 10000 Einwohnern, wenn jeder Wohnraum im Dachgeschoß eine lichte Höhe von 2,30 m auf mindestens die Hälfte der Fußbodenfläche erhält;

2. die einzelnen heizbaren Lokale, sowie die sämtlichen, eine Dachwohnung bildenden Räume müssen von gehörig fundierten, massiven oder doch ausgemauerten Fach- oder Riegelwerkwänden umschlossen sein. Scheidewände aus verputztem Lattenwerk sind nur zulässig, wenn die Herstellung vorschriftsmäßiger Scheidewände nach der Besonderheit des Falles nicht tunlich ist;

3. jedes Gemach muß durch mindestens ein Fenster gehöriges Licht erhalten. Auf eine Gangbelichtung kann verzichtet werden;

4. der Zugang zu solchen Gelassen darf nicht durch einen offenen Dachraum führen, sondern muß nach Ziff. 2 umschlossen und mit einer Decke nach Vorschrift der Ziff. 7 versehen sein;

5. die Stiege muß in Städten und in Märkten mit geschlossener Bauweise den Anforderungen des § 54 entsprechen;

6. jede Feuerung muß zur Ableitung des Rauches mit einem Kamine in Verbindung gebracht werden;

7. die Decken der Gemächer müssen nach Vorschrift des § 26 hergestellt werden, während die schrägen Flächen mit Brettern und Lattenverputz oder mit Holzstückung, Lehmumwickelung und Rohrverputz herzustellen sind; am Dachfuß muß für den gehörigen Abfluß des Regenwassers gesorgt werden;

8. die Festigkeit des Dachstuhles darf durch die Herstellung von Dachzimmern oder Dachwohnungen nicht benachteiligt werden.

II Sollen solche in bereits bestehenden Gebäuden eingerichtet werden, so kann in Orten von nicht mehr als 10000 Seelen, wenn gesundheitliche Erwägungen nicht entgegenstehen, das Mindestmaß der lichten Höhe baupolizeilich bis zu 2,20 m zurückgeführt werden.

III Die Herstellung von Dachwohnungen oder einzelnen heizbaren Lokalen über dem Kehlgebälk ist untersagt.

10. Äußere Aufgangsstiegen, Erker und Oberlichtschachte.

§ 35. I Hölzerne äußere Aufgangsstiegen sind nur ausnahmsweise bei freistehenden Gebäuden bis zum ersten Stock (über eine Stiege) zulässig und müssen, wenn sie einer Dachung bedürfen, feuersichere Eindeckung erhalten.

II In bestehenden Wohngebäuden sind solche Aufgangsstiegen, wenn sie zu höheren Stockwerken führen, bei Vornahme von Hauptreparaturen oder Hauptänderungen in das Innere der Gebäude zu verlegen und in Städten und in Märkten mit geschlossener Bauweise nach Vorschrift des § 54 herzustellen.

§ 36. I Hölzerne Erker sind in der Regel unzulässig.

II Nur bei freistehenden Gebäuden kann deren Herstellung gestattet, zugleich aber Metallüberzug oder feuersicherer Anstrich vorgeschrieben werden.

§ 37. I Oberlichtschachte müssen mit Mauern oder ausgemauertem und verputztem Riegel- oder Fachwerk oder in Eisen ausgeführt werden.

II Die Lichtöffnungen in den Dachräumen und die sog. Aufzüge müssen mit einem Verschlusse versehen sein. Ihre Größe kann mit Rücksicht auf die Feuersicherheit und die Benützungsweise der Dachräume bei den Plangenehmigungen ausdrücklich bestimmt werden.

11. Altane, Balkone und Galerien.

§ 38. I Altanen, Balkone und Galerien dürfen über die Baulinie nicht mehr als 1,30 m vorspringen, nur in Straßen, welche einschließlich der Trottoire eine Breite von wenigstens 12 m haben, und nur in einer Höhe von mindestens 3,50 m unter dem darunter befindlichem Trottoir oder öffentlichen Wege angebracht werden.

II Sind Vorgärten von mindestens 5 m Tiefe vorhanden, so kann von der Baupolizeibehörde die Herstellung solcher Vorbauten von Grund auf, jedoch höchstens bis 2,50 m über die Baulinie hinaus gestattet werden.

III Erfolgt die Herstellung nicht von Stein oder Metall und stehen die Gebäude nicht frei und entfernt von der Straße, so müssen wenigstens die Untersicht und das Geländer feuersicher gemacht werden.

§ 39. I Galerien und Gänge, welche sonst nicht zugängliche Wohnräume unter sich oder mit der Stiege, oder welche zwei Gebäude miteinander verbinden, müssen, wenn sie nicht von unten auf massiv fundiert sind, aus unverbrennlichem Material ausgeführt werden.

II Andere Galerien und Gänge müssen von unten mit Lattenverputz, und wenn sie unbedeckt sind, mit feuersicherem Boden und Geländer, wenn sie aber gedeckt sind, mit einer feuersicheren Eindeckung versehen sein, die mindestens 0,05 m unter dem Dachgesimse anzubringen ist.

III Bei Gebäuden von nicht mehr als einem Stockwerk über dem Erdgeschoß ist die Herstellung aus Holz gestattet, jedoch die etwaige Eindeckung feuersicher herzustellen.

12. Bauten mit Feuerstätten.

§ 40. [I] Bauten mit Feuerstätten sind vorbehaltlich der §§ 41 und 42 mit massiven Umfassungen von Stein oder Eisen auszuführen und, wenn sie mit anderen Gebäuden zusammenhängend gebaut werden sollen, von diesen durch Brandmauern (§ 16) zu trennen.

[II] Das letztere hat auch dann zu geschehen, wenn ein bestehendes Gebäude in mehrere selbständige Anwesen abgeteilt wird.

[III] Bei Reihenhäusern, die mit Einschluß des Dachgeschosses nicht mehr als 2 bewohnbare Obergeschosse haben oder die nur Kleinwohnungen im Sinne des § 62 Absatz VI Ziff. 2 enthalten, kann die Baupolizeibehörde die Herstellung von Brandmauern innerhalb eines Abstandes von 25 m erlassen, doch müssen die einzelnen Gebäude durch Mauern getrennt sein, die bis zur Dachfläche reichen. Bei Kleinhausbauten (§ 14 Abs. III) kann der Abstand der Brandmauern bis auf 40 m vergrößert werden; die einzelnen Gebäude sind jedoch durch Mauern zu trennen, die in einer durchgehenden Stärke von mindestens 0,12 m bis zur Dachfläche reichen.

[IV] Stallungen oder Lagerplätze für Futter und dergleichen, welche in Gebäuden mit Feuerstätten angebracht werden, müssen von den daneben befindlichen Wohnräumen durch Mauern getrennt sein.

§ 41. Ausnahmen von Massivbau sind zulässig:

1. bei kleinen Nebengebäuden bis zu 50 qm Grundfläche und einer Wandhöhe bis zu 6 m; diese dürfen aus ausgemauertem Fachwerk hergestellt werden;

2. bei Kleinhausbauten (§ 14 Abs. III); hier dürfen Erdgeschoß und Obergeschoß in ausgemauertem Fachwerk auf gemauertem Sockel hergestellt werden; soweit es die klimatischen Verhältnisse erfordern, kann entweder Verputz der Außenseite oder Isolierung der Innenseite oder beides verlangt werden;

3. bei Fabrikgebäuden und bei Gebäuden für Werkstatt- und Arbeitsräume, welche mindestens 10 m von der Nach-

bargrenze und 5 m von anderen Gebäuden entfernt sind oder an überragende Brandmauern angebaut werden; diese Gebäude dürfen, sofern nicht § 47 Anwendung findet, ebenfalls aus ausgemauertem Fachwerk hergestellt werden;

4. bei Gebäuden zu vorübergehenden Schaustellungen und anderen vorübergehenden Zwecken; diese dürfen mit besonderer Genehmigung von Holz, jedoch stets nur in provisorischer Weise errichtet werden. Notstandsbauten für Zwecke der Kleinwohnungen sind hierher zu rechnen.

§ 42. I In Märkten mit nicht geschlossener Bauweise und auf dem Lande brauchen nur die Umfassungswände des Erdgeschosses der Wohngebäude massiv hergestellt zu werden, während die oberen Stockwerke auch mit Umfassungswänden von ausgemauertem Fach- oder Riegelwerk ausgeführt werden dürfen.

II Überdies kann in Märkten mit nicht geschlossener Bauweise und auf dem Lande nach Umständen gestattet werden, daß die Umfassungswände des Erdgeschosses der Wohngebäude auf gemauertem Sockel von ausgemauertem Fach- oder Riegelwerk, die Umfassungswände der oberen Stockwerke dagegen, insoweit letztere nicht zu Wohnräumen bestimmt sind, in gestücktem und verputztem Fach- oder Riegelwerk oder auch als Blockwände mit oder ohne Verschalung, Verschindelung oder Verschieferung hergestellt werden.

§ 43. I Scheidewände aus Holz sind in Gebäuden mit Feuerstätten nur insoweit zulässig, als auch die Umfassungswände von Holz aufgeführt werden dürfen.

II Scheidewände, welche keine Tragmauern bilden und an ihren beiden Enden an massive Mauern anstoßen, dann von Feuerstätten und Kaminen mindestens 0,45 m entfernt sind, können aus verputztem Lattenwerke hergestellt werden.

III Abteilungen in Dachräumen, ferner die Umfassungen kleiner verschlagartiger Räume dürfen aus Latten oder Brettern errichtet werden.

13. Bauten ohne Feuerstätten.

§ 44. I Bauten ohne Feuerstätten, welche nicht zur Herstellung, Bearbeitung oder Lagerung größerer Quantitäten leicht entzündlichen oder schwer zu löschenden Materials bestimmt sind, können mit ausgemauertem Fach- oder Riegelwerk auf gemauertem Sockel hergestellt werden.

II Nach Umständen sind auch Umfassungen aus gestücktem und verputztem Fach- oder Riegelwerke auf gemauertem Sockel zulässig.

III Stoßen solche Bauten an Gebäude mit Feuerstätten, so müssen sie durch Brandmauern von denselben getrennt werden.

IV Liegen dieselben von anderen Gebäuden mindestens 5 m und von der Nachbargrenze 2,50 m entfernt, so ist deren Herstellung auch mit Holzwänden auf gemauertem Sockel gestattet.

V Die in § 6 Abs. II bezeichneten Bauten dürfen in den betreffenden Ortschaften ohne Rücksicht auf die Entfernung aus Holz hergestellt werden.

§ 45. In Märkten mit nicht geschlossener Bauweise und auf dem Lande treten folgende Erleichterungen ein:

1. Werden an Wohngebäude, Stallungen, Scheunen oder Schupfen angebaut, so dürfen diese Anbauten aus Holz auf gemauertem Sockel hergestellt werden.

Erfolgt der Anbau unter einem Winkel, so muß, soweit eine Brandmauer geboten ist, die an dieselbe anstoßende Umfassung der Anbauten im einspringenden Winkel auf die Entfernung von 5 m mindestens mit ausgemauertem Fach- oder Riegelwerk hergestellt werden.

Eine Brandmauer ist nicht geboten, wenn die Grundfläche der Anbauten nicht mehr als 200 qm beträgt; in diesem Falle genügt statt der Brandmauer eine Mauer, welche bis zur Höhe der Wohnräume reicht.

Beträgt die Grundfläche der Anbauten über 200 qm, jedoch nicht mehr als 400 qm und stößt an die Brandmauer ein gewölbter Raum an, so ist zu ebener Erde ein feuersicherer Tür- und Fensterverschluß der Brandmaueröffnungen nicht geboten.

2. Wenn Stallungen, Scheunen oder Schupfen nicht an das Wohnhaus angebaut werden und von diesem oder ande-

ren Gebäuden weniger als 5 m oder von der Nachbargrenze weniger als 2,5 m entfernt sind, so müssen nur diejenigen Teile der Umfassungen, welche die vorgeschriebene Entfernung von 5 m bzw. 2,5 m nicht haben, auf die ganze Höhe des Gebäudes mindestens mit ausgemauertem Fach- oder Riegelwerk hergestellt werden, und auch dies ist nicht geboten, wenn entweder ein solches Nebengebäude nicht mehr als 200 qm Grundfläche einnimmt, oder wenn an einer der sich gegenüber liegenden Gebäudeseiten eine massive Mauer ohne Holzvorsprung vorhanden und das Gebäude feuersicher eingedeckt ist.

14. Bauten von mehr als gewöhnlicher Ausdehnung und Brandgefahr.

§ 46. I Bei Neubauten, deren obere Stockwerke zu größeren Versammlungen oder öffentlichen Lustbarkeiten bestimmt sind, müssen die Zugänge zu den Versammlungs- oder Gesellschaftsräumen mit unverbrennlichen Treppen versehen werden.

II Dasselbe kann bei Fabrikgebäuden von mehr als einem Geschosse gefordert werden.

III Die Baupolizeibehörde kann für die in Abs. I und II bezeichneten Gebäude im Interesse der Gesundheitspflege auch die zur Sicherung einer entsprechenden Ventilation erforderlichen Vorkehrungen anordnen, ohne Rücksicht darauf, ob die fraglichen Lokalitäten sich im Erdgeschosse oder in oberen Stockwerken befinden.

IV Bei derartigen Gebäuden von geringerem Umfange dürfen hölzerne Treppen zugelassen werden, deren Wangen aus Mauerwerk oder anderem unverbrennlichen Materiale bestehen.

V Wohn- und Fabrikgebäude von größerer Ausdehnung müssen auf angemessene Entfernung von der Hauptstiege mit Nebentreppen versehen werden, deren Zahl und Lage die Baupolizei zu bestimmen hat.

VI Wohngebäude von der im § 25 Abs. IV als zulässig erklärten Maximalhöhe müssen bis zum Dachboden in massiv gemauerten Stiegenhäusern liegende Treppen von unverbrennlichem Material erhalten.

VII Alle Lokale, welche für größere Versammlungen oder öffentliche Lustbarkeiten bestimmt sind, müssen eine entsprechende Anzahl von Ausgängen erhalten, welche leicht und schnell nach außen sich öffnen lassen. Von den Ausgängen solcher Räume bis zu den Ausgangstüren aus den Gebäuden ins Freie müssen die Hausfluren, Gänge und Treppen eine angemessene Breite, massive Umfassungen und gewölbte Decken erhalten. Die Anzahl der Ausgänge, sowie die Breite derselben, dann die Breite der Gänge, Hausfluren und Treppen hat in jedem einzelnen Falle die Baupolizeibehörde festzusetzen.

VIII Vorstehende Bestimmungen finden auch auf schon bestehende Lokale und Gebäude Anwendung, welche für die bezeichneten Zwecke eingerichtet werden sollen.

§ 47. I Gebäude, welche zur Herstellung, Bearbeitung oder Lagerung größerer Quantitäten leicht entzündlichen oder schwer zu löschenden Materials bestimmt sind, müssen mit massiven Mauern umgeben und, wenn sie mit anderen Gebäuden zusammenhängend gebaut werden sollen, von diesen durch die Backsteinmauern getrennt werden.

II Es kann aber auch eine allseitig freie Lage bis zu 9 m Entfernung von anderen Gebäuden, die Einwölbung, unverbrennliches Stiegenwerk, dann ein Verschluß der Brandmaueröffnungen nach § 16 Ziff. 4, ein feuerfester Boden und, wenn solche Gebäude mehr als 400 qm Grundfläche haben, deren Abscheidung durch Backsteinbrandmauern in Einzelräume, wie sie dem Betriebe des Geschäfts und der Konstruktion des Baues angemessen sind, gefordert werden.

III Die durch Brandmauern getrennten Räume dürfen verbunden werden:

a) mittels eines unter Ausschluß aller Holzteile aus Eisen oder Stein und Glas konstruierten Balkones, welcher durch in die Langmauer eingefügte Türen von der in § 16 Ziff. 4 Abs. IV näher beschriebenen Beschaffenheit zugänglich ist;

b) durch einen an die Brandmauer anstoßenden Einbau,

der den mittelbaren Zugang in den abgetrennten Gebäudeteil ermöglicht; dieser Einbau ist aus mindestens 0,25 m starkem Backsteinmauerwerk herzustellen und in allen Stockwerken zu wölben; derselbe darf weder eine Stiege noch Holzteile enthalten und auch nicht zur Lagerung irgend welcher Stoffe dienen.

Die Türen des Einbaues müssen die in § 16 Ziff. 4 Abs. IV vorgeschriebene Beschaffenheit erhalten und im rechten Winkel zur Türe in der Brandmauer stehen; etwaige Fenster sind in der Langmauer anzubringen und deren Stöcke und Rahmen aus unverbrennlichem Materiale herzustellen.

Öffnungen zur unmittelbaren Verbindung der zu trennenden Räume sind in der Brandmauer nur insoweit gestattet, als sie zur Führung von Transmissionswellen unumgänglich nötig sind. Solche Öffnungen müssen an beiden Seiten durch Büchsen geschlossen werden, deren Flanschen in die Brandmauer eingeschraubt sind. Zwischen den Büchsen und der Peripherie der Transmissionswelle ist ein Spielraum von höchstens 15 mm zulässig.

IV Vorstehende Bestimmungen finden keine Anwendung auf Stallungen, Scheunen und Schupfen.

§ 48. Bei Theatern mit Schnürböden und Versenkungen kann gefordert werden:

a) Trennung des Bühnen- und Zuschauer-Raumes durch zwei mindestens 1 m voneinander entfernt stehende, mindestens 1 m starke und ebenso hoch über die Dachfläche reichende Backsteinbrandmauern, die im Proszeniumsausschnitte durch Backsteingewölbe oder Eisenkonstruktionsteile verbunden sind; — eine weitere Verbindung beider Räume ist nur nach § 47 Abs. III lit. a zulässig;

b) die Aufsetzung von Blitzableitern;

c) die Herstellung und Einwölbung von Vorfluren, Treppenräumen, Gängen und Dachaustritten in genügender Menge, ferner die Herstellung und Einwölbung von eigenen Gebäuden oder Räumen für Gasometer und Heizungsanlagen;

d) die Herstellung von Gangböden und Treppen aus unverbrennlichem Materiale;

e) die Verwendung von Gaslicht oder elektrischer Beleuchtung, von Dampf- oder Heißwasserheizung und die Herstellung von eisernen Vorhängen, Ventilationsapparaten und Löschvorrichtungen.

15. Winkel, Hofräume und Rückgebäude.

§ 49. I Winkel und sog. Reihen (Ehegräben usw.) zwischen den einzelnen Bauten müssen, wo nur immer möglich, vermieden, unter allen Umständen aber so gepflastert werden, daß ein entsprechender Wasserablauf ermöglicht ist.

II Vorrichtungen zur Einleitung des Inhaltes von Abtritten in solche Reihen sind unzulässig und zur Einleitung von Schmutzwasser nur dann erlaubt, wenn eine hinreichende Spülung mit reinem Wasser bewirkt werden kann.

§ 50. I Bei allen Wohnhausneubauten müssen Hofräume vorhanden sein und sollen sowohl die neu anzulegenden, als auch die bereits bestehenden Hofräume in einer den Anforderungen der Feuersicherheit und Gesundheitspflege entsprechenden Größe, welche in jedem einzelnen Falle nach dem Umfange und der Höhe der Gebäude, jedoch nicht auf weniger als ein Viertel der zur Überbauung bestimmten Fläche zu bemessen ist, unüberbaut erhalten werden.

II Solche Hofräume dürfen auch nicht durch Bauten, welche nach § 6 Abs. II polizeilicher Genehmigung nicht bedürfen, weiter verkleinert werden.

III Die Überdachung eines Hofraumes mit Glas kann unter besonderen Verhältnissen gestattet werden.

§ 51. I Alle Hofräume, in welchen Rückgebäude zur Benützung als Wohnungen, Arbeitslokalitäten, Magazine oder Stallungen sich befinden oder hergestellt werden, müssen eine den Verhältnissen angemessene Zufahrt von der Straße aus haben, welche mindestens 2,30 m Breite und 2,70 m Höhe erreichen muß.

II Bei unbewohnten kleineren Rückgebäuden genügt ein äußerer Zugang von 2 m Breite, doch darf die Höhe dieses Zuganges nicht unter 2,70 m betragen.

III Desfallsigen Mängeln bei bestehenden Bauanlagen muß bei Hauptreparaturen oder Hauptänderungen des an die Zufahrt anstoßenden Gebäudeteils abgeholfen werden.

IV Die Baupolizeibehörde kann nach Lage der Verhältnisse gebotene Erleichterungen für Kleinhäuser (§ 14 Absatz III) zulassen.

16. Abtritte, Dung- und Versitzgruben.

§ 52. I Für die Anlage, Einrichtung oder Abänderung, sowie für die Entleerung und bauliche Instandhaltung von Abtritten, Dung- und Versitzgruben in Wohngebäuden oder in unmittelbarer Nähe von Wohnungen, Brunnen oder Brunnenquellen sind die auf Grund des Art. 73 Abs. I des Polizeistrafgesetzbuches erlassenen oder künftig ergehenden Vorschriften maßgebend.

II Dung- und Versitzgruben müssen unter allen Umständen mindestens 1 m von den Umfassungswänden bewohnter Gebäude entfernt hergestellt und erstere überdies so angelegt werden, daß ihr etwaiger Überlauf sich nicht dem Wohnhause nähert.

17. Besondere Bestimmungen.

a) Für Städte und Märkte mit geschlossener Bauweise.

§ 53. I An bestehende oder nach den Baulinienplänen neuanzulegende öffentliche Plätze, Straßen und Wege sollen in der Regel nur Hauptgebäude gestellt werden; wegen besonderer Verhältnisse können Ausnahmen gestattet werden.

II Bei dem Anstrich der Gebäude ist die Anwendung der reinen Kalkweiße sowie aller grellen Farben untersagt.

III Wettermäntel von Holz sind nur bei freistehenden Gebäuden oder an Mauern ohne Fenster- und Türöffnungen zulässig.

IV In Städten von mehr als 20000 Seelen ist bei allen Neubauten und Hauptreparaturen an der Straßenseite den Anforderungen der Ästhetik zu genügen. Dieser Anforderung zuwiderlaufende Pläne sind abzuändern und festzusetzen, ohne daß jedoch durch die für notwendig erkannten Abänderungen die Kosten der Bauführung wesentlich vermehrt werden dürfen.

§ 54. I Die Räume, in welche hölzerne Haupttreppen in Wohngebäuden zu stehen kommen, müssen mit massiven Mauern von mindestens 0,25 m Stärke umgeben und von den Speichern nach § 26 Abs. V und VI getrennt, die Treppen aber von unten mit einer verputzten Decke versehen werden.

II Auch die vom obersten Stockwerke zu dem Dachraume führenden Treppen müssen zwischen massiven Mauern von vorbezeichneter Stärke liegen.

III Bei Kleinhausbauten (§ 14 Abs. III) kann für Treppenraummauern, an die sich hölzerne Stockwerkstreppen bzw. deren Wangen anlehnen, eine Ziegelmauerstärke von 0,12 m zugelassen werden. Beim Einzelhaus können massive Treppenmauern und Trennung von den Speichern nach § 26 Abs. V und VI erlassen werden; die Herstellung einer verputzten Treppenuntersicht ist nur insoweit notwendig, als die Treppe den Abschluß gegen den Keller bildet.

IV Haupttreppen müssen in jedem Stockwerk mit mindestens einem leicht zu öffnenden Fenster von gehöriger Größe versehen sein, welches direkt ins Freie geht.

V Diese Vorschriften sind auf bestehende Gebäude, wo es möglich ist, dann anzuwenden, wenn wenigstens ein ganzes Stockwerk eine wesentliche Umgestaltung erhält.

VI Die Baupolizeibehörde kann bei Einfamilienhäusern, die mit Einschluß des Dachgeschosses nicht mehr als zwei bewohnbare Obergeschosse haben, dann bei Miethäusern, die mit Einschluß des Dachgeschosses nur ein bewohnbares Obergeschoß haben, die nach den gegebenen Verhältnissen und mit Rücksicht auf die Sicherheit der Personen tunlichen Erleichterungen gewähren.

b) **Für Märkte mit nicht geschlossener Bauweise und für Bauten auf dem Lande, dann im Hochgebirge usw.**

§ 55. In Märkten mit nicht geschlossener Bauweise und auf dem Lande sind zwar gleichfalls die Rücksichten auf Feuersicherheit, Festigkeit der Bauführung und auf Gesundheit im allgemeinen maßgebend, jedoch kann von den Bestimmungen der §§ 25, 32, 33, 34, 35, 36, 38 und 39 insoweit Umgang genommen werden, als dies mit Rücksicht auf die Baulinie, die Feuersicherheit und Gesundheit nach den örtlichen Verhältnissen von der Baupolizeibehörde für zulässig erachtet wird.

§ 56. I Im Hochgebirge, im Bayerischen Wald, in den mit diesem Walde oder mit dem Böhmerwalde in gleicher Höhenlage befindlichen und denselben klimatischen Verhältnissen unterliegenden Waldbezirken der Oberpfalz, im Fichtel- und Rhöngebirge, im Spessart, Odenwalde und im fränkischen Walde kann gestattet werden, daß Wohn- und Nebengebäude in Dörfern mit nicht geschlossener Bauweise, in Weilern und Einöden auch aus Blockwänden mit oder ohne Verschalung, Verschindelung oder Verschieferung auf gemauertem Sockel ausgeführt werden. Bei Nebengebäuden ohne Feuerstätten kann auch von Blockwänden abgesehen werden.

II In den in Abs. I bezeichneten Gegenden kann in Dörfern mit nicht geschlossener Bauweise, dann in Weilern und in Einöden die Verwendung von Holzschindeln zur Eindeckung von Gebäuden von der Baupolizeibehörde unter der Voraussetzung gestattet werden, daß die mit diesem Material einzudeckenden Bauten mindestens 30 m von fremden Gebäuden entfernt sind.

III Die gänzliche oder teilweise Erneuerung einer nicht feuersicheren Eindeckung an bestehenden Gebäuden in den in Abs. I bezeichneten Gegenden ist allgemein ohne Unterscheidung der Eigenschaft und der Bauart der Ortschaften und ohne Rücksicht auf das Eindeckungsmaterial sowie auf die Entfernung der Gebäude unter sich zulässig.

IV Unter „Hochgebirge“ werden beim Vollzuge vorstehender Bestimmungen alle Gegenden der Alpen und Voralpen sowie des ihnen angeschlossenen gebirgigen Vorlandes verstanden, bei denen die Höhenlage und die klimatischen Verhältnisse in ähnlicher Weise wie in den übrigen in Abs. I bemerkten Gegenden gestaltet sind.

c) Für Villenbauten (Landhäuser).

§ 57. Bei freistehenden Villen darf mit baupolizeilicher Bewilligung ausnahmsweise von den bestehenden Vorschriften abgewichen werden, wenn hierdurch keinerlei Gefahr für Nachbargebäude erwächst und die Festigkeit der Bauführung nicht beeinträchtigt wird; die Bestimmungen über Feuerstätten und Kamine müssen aber auch in diesem Falle eingehalten werden.

IV. Zuständigkeit und Verfahren.

§ 58. I Die Anträge und Entwürfe wegen Festsetzung oder Abänderung von Baulinien, Höhenlagen oder Baubeschränkungen (§§ 1, 2) werden von den Distriktsverwaltungsbehörden vorbehandelt.

II Sie werden beschieden

1. für kreisunmittelbare Städte von den Regierungen, Kammern des Innern, in erster, vom Staatsministerium des Innern in zweiter und letzter Instanz,
2. im übrigen von den Bezirksämtern in erster, von den Regierungen, Kammern des Innern, in zweiter und letzter Instanz.

III In der Pfalz steht die Instruktion der bezeichneten Anträge und Projekte für Städte mit mehr als 10000 Einwohnern den Gemeindebehörden zu. Die Bescheidung erfolgt für die vorbezeichneten Städte durch die Kreisregierung, Kammer des Innern. Zu diesem Behufe sind die Akten und Pläne von der Gemeindebehörde mit Gutachten dem Bezirksamte und von diesem mit etwa veranlaßten Erinnerungen der Regierung vorzulegen. Für alle übrigen

Gemeinden steht die Instruktion und Bescheidung den Bezirksämtern zu.

§ 59. I Im Falle des Bedürfnisses ist die Festsetzung der Baulinie durch die Aufstellung eines Generalbaulinienplanes vorzubereiten. Dabei finden die §§ 2 und 3 entsprechende Anwendung.

II Wo die Baulinie, die Höhenlage oder die Baubeschränkungen noch nicht bestimmt sind, hat deren Festsetzung, soweit hiezu überhaupt ein Bedürfnis besteht (§§ 1, 2) von Amts wegen zu geschehen; die Gemeinde hat die erforderlichen Pläne und sonstigen Behelfe einzubringen. Das gleiche gilt für die im öffentlichen Interesse gebotenen Baulinienänderungen und für die Aufstellung von Generalbaulinienplänen.

§ 60. Wer die Abänderung einer Baulinie, einer Höhenlage oder einer Baubeschränkung (§§ 1, 2) beantragt, hat die Pläne und die sonstigen Behelfe beizubringen.

§ 61. I Vor der Bescheidung der in §§ 59, 60 bezeichneten Anträge und Entwürfe sind die Pläne während einer angemessenen Frist füv die Beteiligten zur Einsichtnahme aufzulegen. Wer nicht innerhalb der Auflagefrist Einspruch erhebt, gilt als zustimmend. Die Auflage ist vorher öffentlich bekanntzugeben und außerdem den aktenmäßig bekannten Beteiligten durch besondere Zuschrift mitzuteilen. In der öffentlichen Bekanntgabe und in der besonderen Mitteilung ist auf die Folge der Versäumung der Einspruchsfrist hinzuweisen; auch ist darin anzugeben, ob eine Abänderung der Baubeschränkungen beabsichtigt ist.

II Handelt es sich bei derartigen Anträgen und Projekten um Bauanlagen in der Nähe der Gemeindegrenze, so ist auch die beteiligte Nachbargemeinde zu hören.

§ 62. I Die Erledigung von Grundabtretungen zu öffentlichen Plätzen, Straßen oder Wegen fällt dem Übereinkommen der Gemeinden mit den Beteiligten anheim.

II Wenn ein Übereinkommen nicht erzielt wird, so können die Gemeinden angehalten werden, die Entwehrung nach

Art. I A Ziff. 5 und Buchstabe b mit Art. IV des Zwangsabtretungsgesetzes vom 17. November 1837 in der Fassung des Gesetzes vom 9. Mai 1918 (GVBl. 1918 S. 289) in Anspruch zu nehmen.

III Bauführungen in neuen Bauanlagen dürfen erst dann bewilligt werden, wenn die Herstellung des Straßenkörpers für den entsprechenden Teil der Straße von einer Querstraße bis zur nächsten Querstraße und für die Verbindung mit einer bereits bestehenden Straße gesichert oder wenigstens Sicherheit dafür geleistet ist, daß diese Herstellung binnen einer zu bestimmenden Frist erfolge. Ist eine Straße bereits zum Teil mit fertigen Bauten besetzt, ohne daß bisher die Herstellung des Straßenkörpers gesichert worden ist, so hat der Unternehmer von neuen Bauführungen für die Herstellung des Straßenkörpers nur insoweit Sicherheit zu leisten, als die eigenen und die noch unbebauten fremden Grundstücke reichen.

IV Wurde infolge dieser Auflage der Straßenkörper auf Kosten eines Bauunternehmers über dessen Bauanlage hinaus längs fremden Grundstücken hergestellt oder gesichert, so darf einem anderen Bauunternehmer ein Neubau auf solchen weiteren Grundstücken nur bewilligt werden, wenn Ersatz für den auf Herstellung der Straße längs dieser Grundstücke gemachten oder aus der Sicherung der Straßenherstellung erwachsenen, notwendigen Aufwand geleistet oder durch Kaution gesichert ist. Die gleiche Ersatzpflicht tritt ein, wenn der Straßenkörper auf Kosten der Gemeinde hergestellt worden ist.

V Die Verpflichtung zur Ersatzleistung erstreckt sich jedoch für die nur an einer Straßenseite angrenzenden Eigentümer nicht auf mehr als die Hälfte der für Herstellung der entsprechenden Straßenstrecke aufgewendeten Kosten. Bei nur einseitig bebaubaren Straßen haben die Anbauenden Ersatz der Straßenherstellungskosten für die ganze Breite der auf sie entfallenden Straßenstrecke zu leisten.

VI Von den Bestimmungen der Abs. III, IV und V kann die Baupolizeibehörde nach Einvernahme der Gemeindebehörde Erleichterungen gewähren,

1. wenn gemäß § 1 Abs. IV von der Festsetzung der Baulinie Umgang genommen wird,
2. bei Gebäuden für Wohnungen, die höchstens vier Haupträume mit nicht mehr als 70 qm Gesamtfläche umfassen, gegenseitig vollständig abgeschlossen sind und höchstens zu dreien in jedem Stockwerk auf das nämliche Treppenhaus angewiesen sind.

VII Der Betrag der zu ersetzenden notwendigen Auslagen wird durch die Baupolizeibehörde auf Grund der vorzulegenden Nachweise festgestellt.

§ 63. Sind die Vorlagen den gegebenen Vorschriften nicht entsprechend, oder zeigen sich in denselben Fehler, durch welche eine Änderung der gestellten Anträge bedingt wird, so sind sie den Antragstellern unter genauer Bezeichnung der Mängel oder Fehler zur Berichtigung zurückzugeben.

§ 64. I Von den ergehenden Bescheiden ist der betreffenden Gemeinde und den sämtlichen Beteiligten Kenntnis zu geben.

II Ein Exemplar der genehmigten Baulinienpläne ist in der Gemeinderegistratur zu bewahren.

§ 65. I Die Instruktion und Bescheidung der Gesuche wegen Herstellung von Neubauten oder Vornahme von Hauptreparaturen oder Hauptänderungen an vorhandenen Gebäuden steht den Distriktsverwaltungsbehörden in erster, den Kreisregierungen, Kammern des Innern, in zweiter und letzter Instanz zu. In den Städten der Pfalz mit mehr als 10000 Einwohnern steht die Instruktion der Gesuche den Gemeindebehörden zu. Im Interesse der Beteiligten sind die Verhandlungen tunlichst zu beschleunigen.

II Die Kreisregierungen, Kammern des Innern, können beim Vorhandensein ganz besonderer Verhältnisse von einzelnen Bestimmungen der Bauordnung dispensieren; hiebei dürfen jedoch weder öffentliche Interessen, noch Rechte oder erhebliche Interessen eines Dritten beeinträchtigt werden.

§ 66. I Für die technische Prüfung der Baupläne, sowie für die Überwachung der plan- und vorschriftsgemäßen Bauführung muß bei den Baupolizeibehörden erster Instanz durch Aufstellung befähigter Sachverständiger gesorgt werden.

II Zur Überwachung der plan- und vorschriftsgemäßen Ausführung haben die Sachverständigen alle genehmigungspflichtigen Neubauten einschließlich der bedeutenderen Hauptreparaturen und Hauptänderungen nach erfolgter Vollendung zu besichtigen. Bei sonstigen vollendeten Bauführungen hat eine Besichtigung nur insoweit zu erfolgen, als es gelegentlich anderer Dienstgeschäfte und ohne Verursachung besonderer Kosten tunlich erscheint.

III Die Sachverständigen haben auch während der Bauausführung, namentlich bei allen größeren und schwierigeren Bauten, desgleichen bei umfangreicheren mit genehmigungspflichtigen Bauführungen zusammenhängenden Abbruchsarbeiten, je nach Bedürfnis wiederholt, Nachschau zu halten. Bei einfachen Bauführungen auf dem Lande hat diese Nachschau nur insoweit zu erfolgen, als es gelegentlich anderer Dienstgeschäfte und ohne Verursachung besonderer Kosten tunlich erscheint. Die Sachverständigen haben die Sicherheit der Bauführung zu überwachen und die schleunige Abstellung wahrgenommener Zuwiderhandlungen gegen baupolizeiliche Vorschriften oder Anordnungen sowie die Beseitigung der das Leben, die Gesundheit oder die Sittlichkeit gefährdenden Zustände durch Benehmen mit den Bauleitern, nötigenfalls durch Anzeige bei der Baupolizeibehörde, auf kürzestem Wege herbeizuführen.

IV Als Gehilfen der Sachverständigen zur Erfüllung der in Abs. III bezeichneten Aufgaben, soweit dieselben nicht eine höhere technische Vorbildung voraussetzen, sind nach Bedürfnis Bauaufseher aus dem Arbeiterstande aufzustellen. Ein Bedürfnis hiezu ist vorwiegend in Gemeinden mit stärker entwickelter Bautätigkeit als gegeben zu erachten. Über das Bestehen eines Bedürfnisses ist erforderlichenfalls im Instanzenwege zu entscheiden.

V Die Aufstellung der erforderlichen Zahl verlässiger und befähigter Bauaufseher erfolgt von Amts wegen durch die Baupolizeibehörde; welche bezügliche aus den Kreisen der

Arbeitgeber und Arbeiter gemachten Vorschläge entsprechend zu würdigen hat.

VI Die Bauaufseher sind amtlich zu verpflichten und unterstehen in bezug auf Dienstaufsicht und Disziplin der Baupolizeibehörde, welche deren Dienstverhältnis durch besondere Vorschrift näher zu regeln hat. In der Dienstvorschrift ist den Bauaufsehern für die Dauer ihrer Funktion die Ausübung eines Bauhandwerks zu untersagen und überhaupt Vorsorge zu treffen, daß den Bauaufsehern eine von den Arbeitgebern und Arbeitern unabhängige Stellung gesichert bleibe.

VII In den Städten der Pfalz mit mehr als 10000 Einwohnern steht die Aufstellung der erforderlichen Sachverständigen und Bauaufseher behufs der technischen Prüfung der Pläne bzw. der Überwachung der Bauführung den Gemeindebehörden unter Mitwirkung des Bezirksamtes zu, von welchen Behörden auch die Regelung der Bezüge sowie die Festsetzung, Einhebung und Verwendung der Gebühren zu betätigen ist.

§ 67. I Jeder nach § 9 einzureichende Bauplan muß mit einem Duplikate versehen und jedes der beiden Exemplare von dem Bauherrn, den beteiligten Nachbarn und dem Planfertiger zum Zeichen der Anerkennung unterschrieben sein.

II Die Unterschrift der beteiligten Nachbarn haben auch die im § 10 bezeichneten Entwürfe zu erhalten.

III Die Ortspolizeibehörde hat, soferne sie nicht selbst zur Bescheidung des Baugesuches zuständig ist, die Vollständigkeit und Richtigkeit der auf dem Plane befindlichen Unterschriften der Beteiligten zu bestätigen und die vom Standpunkte der Ortspolizei etwa veranlaßten Erinnerungen beizufügen.

IV Verweigern die beteiligten Nachbarn die Planunterschrift, so ist solches auf den Plänen zu bemerken.

V Den gegebenen Vorschriften nicht entsprechende oder fehlerhafte Pläne sind zur Ergänzung oder Berichtigung zurückzugeben.

§ 68. [1] Bei folgenden Bauführungen sind die betreffenden Behörden unter Mitteilung der Pläne mit ihren Erinnerungen zu hören, wenn nicht die Zustimmung dieser Behörden schon von den Gesuchstellern beigebracht wird:

1. Bei Bauten in der Umgebung von Besitzungen der Zivilliste der k. Oberſthofmeisterstab, Bauabteilung;
2. bei Bauten in der Umgebung von Privatbesitzungen des Königs das Hofsekretariat;
3. bei Bauten in der Umgebung von Militäreigentum und innerhalb eines Festungs-Rayons-Bezirkes die betreffende Kommandantur (vgl. Reichsgesetz vom 21. Dezember 1871, Reichsgesetzbl. S. 459 ff.);
4. bei Bauführungen an Staatsstraßen, öffentlichen Flüssen, Kanälen, oder in der Nähe von Staatsgebäuden das betreffende Bauamt; an anderweitem zivilärarialischem Eigentum die betreffende Aufsichtsbehörde;
5. bei Bauten an Eisenbahneigentum oder in einer Entfernung von weniger als 60 m vom nächstgelegenen Schienengeleise die einschlägige Eisenbahnbehörde;
6. bei Bauten in der Umgebung von Gebäuden für Zwecke der Wissenschaft oder Kunst und von monumentalen Bauwerken die Aufsichtsbehörde;
7. in den Landesteilen rechts des Rheins bei Bauten in Waldungen oder weniger als 437,8 m (1500 Fuß bayrisch) von solchen entfernt, das einschlägige k. Forstamt (Art. 47 des Forstgesetzes in der Fassung vom Jahre 1896, Gesetz- und Verordnungsblatt S. 336); in der Pfalz ist für isolierte Bauführungen in Waldungen oder in einer Entfernung von weniger als 500 m von der Grenze derselben Art. 37 und 38 des revidierten Forststrafgesetzes für die Pfalz in der Fassung vom Jahre 1879 (Gesetz- und Verordnungsblatt Seite 1433) maßgebend; die in Art. 37 des Gesetzes vorbehaltene Genehmigung wird durch die Distriktsverwaltungsbehörde nach Einvernehmen des einschlägigen Forstamtes erteilt;

8. bei Bauführungen im Sinne der §§ 46, 47 und 48 die k. Versicherungskammer, Abteilung für Brandversicherung;
9. bei Bauführungen für gewerbliche Zwecke, bei welchen Anordnungen zum Schutze der Arbeiter in Frage kommen können, der Fabriken- und Gewerbeinspektor.

II Wenn den Erinnerungen der voraufgeführten Behörden nicht entsprochen wird, so ist ihnen von dem betreffenden Beschlusse zur Wahrung des Beschwerderechts Kenntnis zu geben.

§ 69. Werden gegen ein baupolizeilich statthaftes Baugesuch Einsprüche aus Privatrechtstiteln erhoben, so haben die Behörden erster Instanz eine gütliche Ausgleichung unter den Beteiligten zu versuchen, bei deren Erfolglosigkeit den baupolizeilichen Bescheid zu erteilen, für Austragung jener Einsprüche aber den Rechtsweg vorzubehalten.

§ 70. Bei allen Baugesuchen, bei welchen es sich um gesundheitspolizeiliche Fragen handelt, ist vor der Sachbescheidung das Gutachten der einschlägigen Medizinalbehörde einzuholen.

§ 71. I Bei Genehmigung der Baugesuche sollen die allenfalls veranlaßten besonderen Anordnungen nicht bloß durch deutliche Einzeichnung in die Pläne, sondern auch durch ausdrückliche Aufnahme in die Ausfertigung der Genehmigung dem Bauunternehmer kundgegeben werden.

II Sind vom Planrevisor auf dem Bauplane Erinnerungen vorgetragen, so kann auf dieselben in der Ausfertigung der Genehmigung Bezug genommen werden.

§ 72. I Erst wenn die Bescheidung eines Baugesuches rechtskräftig ist, darf mit den Bauarbeiten, zu denen auch die Herstellung der Baugruben zu rechnen ist, begonnen werden.

II Von dem Beginn jedes genehmigungspflichtigen Baues und jeder umfangreicheren mit einer genehmigungspflichtigen Bauführung zusammenhängenden Abbruchsarbeit hat der Bauherr sowohl der Orts- als auch der Distriktspolizeibehörde vorherige Anzeige zu erstatten. Zugleich ist, falls dies nicht bereits mit der Einreichung des Bauplanes geschehen ist, der mit der Bauleitung betraute Baumeister oder Bauhandwerker namhaft zu machen. Dieser hat die Verantwortung durch unterschriftliche Erklärung zu übernehmen.

III Die Baupolizeibehörde kann die als Bauleiter namhaft gemachte Person beanstanden, wenn diese die für eine sichere Bauführung erforderliche Verlässigkeit nicht besitzt. Bis zur Behebung des Anstandes kann die Inangriffnahme oder Fortsetzung der Bauarbeiten untersagt werden.

IV Die Ortspolizeibehörde hat unter Zuziehung des Bauherrn und Bauleiters für die Aussteckung der Baulinie zu sorgen; wenn besondere Umstände es erfordern, kann die Ortspolizeibehörde auch den in § 66 Abs. I bezeichneten Sachverständigen beiziehen.

§ 73. I Die Orts- und Distriktspolizeibehörden haben die Einhaltungen der Baulinien und der Höhenlagen, sodann bei Privatbauten den Vollzug der baupolizeilichen Vorschriften und Anordnungen sowie der Maßregeln zum Schutze des Lebens, der Gesundheit und der Sittlichkeit zu überwachen. Binnen acht Tagen nach Vollendung jeder genehmigungspflichtigen Bauführung ist durch den Bauherrn der Ortspolizei- und durch diese der Distriktspolizeibehörde Anzeige zu erstatten, damit die plan- und vorschriftsgemäße Bauführung durch den in § 66 Abs. I bezeichneten Sachverständigen kontrolliert und je nach dem Ergebnisse weitere Verfügung getroffen werden kann. Bei größeren und schwierigen Bauten kann durch die Baupolizeibehörde eine gleiche Anzeige auch für den Zeitpunkt der Vollendung der Grundmauern und des Dachstuhles angeordnet werden.

II Bei Zuwiderhandlungen, welche nach § 330, § 367 Ziff. 14 und 15 und § 368 Ziff. 3 und 8 des Strafgesetzbuches für das Deutsche Reich, dann nach Art. 73 Abs. I und Art. 101 des Polizeistrafgesetzbuches mit Strafe bedroht sind, steht den Behörden erster Instanz gemäß Art. 20 Abs. I und Art. 105 Abs. II des Polizeistrafgesetzbuches zu, vorbehaltlich der späteren Strafverfolgung, soweit nötig die Einstellung der Bauarbeiten und die Beseitigung des ordnungswidrigen Zustandes zu verfügen.

§ 74. Die Zulässigkeit des Beziehens neuhergestellter Wohnungen und Wohnungsräume bemißt sich nach den auf Grund des Art. 73 Abs. II des Polizeistrafgesetzbuches erlassenen oder künftig ergehenden Vorschriften.

§ 75. Werden während der Ausführung eines genehmigten Bauplanes solche Abänderungen beabsichtigt, welche zu ihrer Vornahme einer baupolizeilichen Genehmigung bedürfen würden, wenn sie an dem planmäßig hergestellten Bauwerke vorgenommen werden wollten, so müssen über diese Abweichungen neue Pläne oder Tekturen zu den bisherigen Plänen gefertigt und wie letztere der instanziellen Bescheidung unterstellt werden.

§ 76. I Die erteilte Baubewilligung wird unwirksam, wenn mit dem Baue nicht binnen zwei Jahren von der Zeit der erteilten Genehmigung an begonnen wird.

II In solchen Fällen kann, je nach Umständen, entweder eine neue Instruktion und Bescheidung des Gesuches stattfinden, oder auch nach Konstatierung des unveränderten Fortbestandes der einschlägigen Verhältnisse die Erneuerung der Baugenehmigung durch die zuständige Behörde auf ein weiteres Jahr ausgesprochen werden.

III Die auf Grund unrichtiger Pläne erteilte Baugenehmigung ist unwirksam und kann zu jeder Zeit zurückgenommen werden.

§ 77. I Bei Beschwerdeführungen in Bausachen muß eine Frist von 14 Tagen bei Vermeidung des Ausschlusses eingehalten werden.

II Das Beschwerderecht steht nicht nur den Bauunternehmern, sondern auch sämtlichen Beteiligten zu.

§ 78. I Bezüglich der Gebühren für die Revision der Pläne über Baulinien und Bauführungen sind die Vorschriften der Verordnung vom 26. Juli 1873 (Regierungsblatt S. 1185) maßgebend. An die Stelle der dort in § 3

Abs. II angegebenen Verordnung vom 18. Februar 1872 tritt die Verordnung vom 11. Februar 1875 (GVBl. S. 105).

II Der Anspruch der zur Mitwirkung bei der Aussteckung der Baulinie und zur Kontrolle der Bauführung aufgestellten Sachverständigen, sowie der Bauaufseher auf Tagegelder und Reisekosten bei auswärtigen Dienstgeschäften bemißt sich für die im öffentlichen Dienste angestellten Sachverständigen und die Bauaufseher nach den für dieselben jeweils geltenden Diäten-Regulativen; für die übrigen Sachverständigen haben die Vorschriften der Verordnung vom 11. Februar 1875 analog in Anwendung zu kommen, wobei diese Sachverständigen den in § 6 lit. f dortselbst aufgeführten Beamten und Bediensteten beizuzählen sind.

III Für die Vornahme von Dienstgeschäften am Wohnsitze oder in einer Entfernung von weniger als 3 Kilometer von demselben können die im Abs. II bezeichneten Sachverständigen sowie die Bauaufseher mit Rücksicht auf die Dauer der hierauf verwendeten Zeit eine Gebühr von 1 bis 6 Mark ansprechen, welche von der Baupolizeibehörde festzusetzen ist. Die Festsetzung kann auch im Wege eines Gebühren-Regulatives erfolgen. Eine anderweitige Regelung der gesamten Bezüge der Sachverständigen und Bauaufseher im Wege des Dienstvertrages bleibt vorbehalten.

IV Die amtlichen Ärzte können für Gutachten, welche sie auf Grund des § 70 abgeben, eine Gebühr in der Regel nicht beanspruchen.

V Müssen dieselben behufs der Abgabe des Gutachtens einen Augenschein oder eine Reise vornehmen, so haben sie Anspruch auf Entschädigung für Zeitaufwand und Ersatz der Reisekosten nach Maßgabe der Verordnung vom 20. Dezember 1885, die Vergütung für ärztliche Amtsgeschäfte betreffend (Gesetz- und Verordnungsblatt S. 859).

VI Die Baupolizeibehörde ist berechtigt, die Ausfertigung der Pläne von der Errichtung der treffenden Gebühren und Auslagen sowie von der Erlegung eines angemessenen Vorschusses für die Kosten der Baukontrolle abhängig zu machen.

§ 79. I Die Kosten der Anfertigung und Revision der Pläne über Baulinien hat derjenige zu tragen, dem nach gegenwärtiger Verordnung die Vorlage solcher Pläne obliegt. Im übrigen fallen die Kosten des Verfahrens einschließlich der Kosten für die Anfertigung und Revision der Pläne über Bauführungen sowie für die Aussteckung der Baulinie und für die Kontrolle der Bauführung im Sinne der §§ 66 und 73 dem Bauunternehmer zur Last.

II Hinsichtlich der Gebührenpflicht der amtlichen Verhandlungen finden die Bestimmungen des Gesetzes über das Gebührenwesen in der Fassung vom Jahre 1899 (Gesetz- und Verordnungsblatt S. 904) Anwendung. Hienach besteht eine gesetzliche Gebührenfreiheit im allgemeinen und abgesehen von den Fällen des Art. 3 Ziff. 2 und des Art. 231 des Gebührengesetzes für jene Amtshandlungen, welche unabhängig von dem Verschulden einer Partei im öffentlichen Interesse von Amts wegen gepflogen werden (Art. 3 Ziff. 1 a. a. O.).

III Kosten, welche durch unbegründete Einsprüche veranlaßt wurden, können demjenigen zur Last gelegt werden, welcher den Einspruch erhoben hat.

V. Schlußbestimmungen.

§ 80. Aufgehoben sind die Verordnung vom 31. Juli 1890 die Bauordnung betreffend (Gesetz- und Verordnungsblatt S. 531), die Verordnung vom 30. August 1890, die Bauordnung für die Pfalz betreffend (Gesetz- und Verordnungsblatt S. 583), dann Abschnitt I und II der Verordnung vom 21. März 1900, die Abänderung und Ergänzung der Bauordnungen betreffend (Gesetz- und Verordnungsblatt S. 217), ferner alle der gegenwärtigen Verordnung entgegenstehenden oder durch dieselbe ersetzten sonstigen Bestimmungen.

§ 81. Der Zeitpunkt, von welchem ab der Art. 102 des Polizeigesetzbuches außer Kraft und der Art. 191 des Polizeistrafgesetzbuchs in der Pfalz in Kraft tritt, wird auf den

1. Mai 1901 festgesetzt. Am gleichen Tage tritt gegenwärtige Verordnung in Wirksamkeit.

§ 82. In der Pfalz gelten für die Ausführung von Neubauten und Baureparaturen, welche vor dem Inkrafttreten gegenwärtiger Verordnung begonnen worden sind, noch die bisherigen Vorschriften.

München, den 17. Februar 1901.

Luitpold,

Prinz von Bayern,

des Königreichs Bayern Verweser.

Dr. Frhr. v. Feilitzsch.

Auf Allerhöchsten Befehl:

Ministerialrat v. Kopplstätter.

Königlich Allerhöchste Verordnung, die Bauordnung betreffend.

Im Namen Seiner Majestät des Königs.

Luitpold,

von Gottes Gnaden Königlicher Prinz von Bayern, Regent.

Zum Zwecke der einheitlichen Gestaltung der baupolizeilichen Vorschriften für die Landesteile rechts des Rheins und die Pfalz finden Wir Uns bewogen, im Hinblick auf § 367 Ziff. 15 und § 368 Ziff. 3 und 8 des Strafgesetzbuches für das Deutsche Reich, auf Grund des Art. 2 Ziff. 11 und 14, des Art. 73 Abs. I und des Art. 101 des Polizeistrafgesetzbuches für Bayern vom 26. Dezember 1871 in der Fassung des Gesetzes vom 22. Juni 1900 (Gesetz- und Verordnungsblatt S. 484), dann auf Grund des § 4 des letzteren Gesetzes für den Umfang des Königreiches mit Ausnahme der Haupt- und Residenzstadt München zu verordnen, was folgt:

I. Baulinien, Höhenlagen, Baubeschränkungen; Pläne hierüber und Bauplätze.

§ 1.

I [1]) Wer an [2]) bestehenden oder neu anzulegenden [3]) öffentlichen [4]) Plätzen, Straßen oder Wegen [5]) ein Gebäude [6]) oder eine bauliche Anlage [7]) der im § 8 bezeichneten Art neu aufführen oder an der Umfassung [8]) bestehender Gebäude oder baulicher Anlagen gegen die Straßenseite eine Hauptreparatur [8]) oder Hauptänderung vornehmen will [9]), hat die Baulinie (§ 4 Abs. II) einzuhalten [10]). Als öffentlich gelten die Plätze, Straßen und Wege, die dem allgemeinen Verkehre dienen oder zu dienen bestimmt sind.

II Von Einhaltung der Baulinie kann bei Hauptreparaturen oder Hauptänderungen, welche sich nicht auf die ganze Umfassung gegen die Straßenseite erstrecken[11]) Umgang genommen werden[12]), wenn das Fundament der Umfassung noch tragfähig ist und nicht die ganze Umfassung der betreffenden Gebäudeseite nach ihrer baulichen Beschaffenheit derselben Hauptreparatur oder Hauptänderung bedarf.

III Wenn eine Baulinie noch nicht gegeben ist, oder wenn von der bereits gegebenen abgewichen werden soll, so ist vor Erteilung einer Baugenehmigung die Baulinie festzusetzen[13]).

IV Von der Festsetzung von Baulinien kann Umgang genommen werden, wenn für eine hinreichende Zufahrt gesorgt ist und die Festsetzung weder von den Beteiligten angestrebt wird, noch im öffentlichen Interesse geboten ist[14]).

V [15]) In den Fällen des Abs. IV müssen die Gebäude und die baulichen Anlagen von den öffentlichen Plätzen, Straßen und Wegen so weit abgerückt werden, als es im einzelnen Falle die Rücksicht auf diese und auf den Verkehr erfordert. Die Bestimmung des hienach einzuhaltenden Abstandes[16]) und der Stellung der Gebäude und der baulichen Anlagen obliegt der Baupolizeibehörde. Diese hat hiebei auf eine später etwa in Betracht kommende Baulinienziehung Bedacht zu nehmen und auf bestehende Gebäude angemessene Rücksicht zu üben[17]).

Vorbemerkung zu den §§ 1, 2, 3 und 59.

Baulinien, Höhenlage, Baubeschränkungen, Generalbaulinienpläne.

Die Vorschriften der BO. über Baulinien, Höhenlage, Baubeschränkungen und Generalbaulinienpläne sind die einzigen städtebaulichen Vorschriften des bayerischen Baupolizeirechts. Sie bieten die rechtliche Grundlage für die Erschließung des Baugeländes. Auch das bayerische Gesetz über die Erschließung von Baugelände vom 4. Juni 1923 (GVBl. S. 273 — s. Anhang) setzt Baulinienpläne voraus und gibt gesetzliche Handhaben für die Geländeerschließung lediglich in einer Richtung, nämlich durch Neueinteilung des Geländes im Wege der Umlegung. Die Baugeländeerschließung nach dem genannten Gesetz soll nur dann eintreten, wenn und soweit innerhalb eines Baugeländes die Erschließungszwecke im Verfahren zur Festsetzung von Baulinien nicht ausreichend erzielt werden können — s. Vollzugsbekanntmachung vom 14. Sept. 1923, zu Art. 1 Ziff. 2 (s. Anhang). —

Die Fragen des Städtebaues haben in der neueren Zeit an Bedeutung ganz wesentlich zugenommen. Die städtebauliche Wissenschaft hat in dem letzten Jahrzehnt eine erhebliche Vertiefung erfahren. Infolge des Umformungsprozesses der Wirtschaft und der Änderung der Struktur des Bevölkerungsaufbaues können städtebauliche Fragen allgemein nicht mehr auf Gemeindebezirke beschränkt werden; sie greifen über diese Gebiete vielfach hinaus. Heute genügt in vielen Fällen nicht mehr eine Planung für die einzelne Gemeinde, es werden vielmehr durch die veränderten Verhältnisse Planungsmaßnahmen für größere Gebietsteile bzw. für das ganze Land erforderlich. Die zwischengemeindliche Planung ist auch für das bayerische Rechtsgebiet von nicht zu unterschätzender Bedeutung, wenn sie hier auch nicht mit so unaufschiebbaren Forderungen in die Erscheinung tritt, wie dies in West- und Mitteldeutschland der Fall ist. Auf die Grundsätze, deren Beachtung bei der Gebiets- und Landesplanung wesentlich ist, kann hier nicht näher eingegangen werden. Es sei nur auf einige besonders zu beachtende Gesichtspunkte hingewiesen: Einteilung des Planungsgebiets in Wirtschaftsbezirke, Verkehrsflächen (Straßen, Bahnen, Kanäle usw., in den neueren Gesetzen als „Verkehrsbänder" bezeichnet), Freiflächen und Grünflächen, Fragen der Wohnungsfürsorge und Gesundheit, der Feuersicherheit, der Erhaltung des Landschaftsbildes, weiter bodenpolitische Fragen (Einwirkung auf den Grundstückspreis durch Herabzonung) usw.

Zu den Fragen der Landes- und Stadtbauplanung haben übrigens auch die vom Reichsarbeitsministerium aufgestellten „Reichsrichtlinien für das Wohnungswesen", die der Reichstag in seiner Sitzung vom 17. Dez. 1929 angenommen hat, wie folgt Stellung genommen:

„Die Verhältnisse der gewerblichen und landwirtschaftlichen Gütererzeugung und die Möglichkeit häufiger und starker Umschichtungen erfordern eine grundsätzliche Beeinflussung der Standortauswahl sowohl in der ländlichen Siedlung, namentlich bei der Ansetzung von Landarbeitern, vor allem aber bei der Ansetzung oder Verlegung von Einrichtungen der gewerblichen Gütererzeugung. Es empfiehlt sich, über den Kreis der geschlossenen Gemeinde hinaus — Landesplanung — die Bestände des vorhandenen Altwohnraums und die Neubaumöglichkeiten bei der Feststellung des Standortes gewerblicher Erzeugung zu beachten und gleichzeitig die Möglichkeiten der Verkehrserleichterung zwischen Arbeitsstätte und Wohnstätte zu prüfen.

Bei der Stadt- und Gemeindebauplanung ist daher eine Zusammenfassung der Bauvorhaben unter entsprechender Berücksichtigung der maßgebenden Standorte der gewerblichen Gütererzeugung und sonstiger Beschäftigungsstätten sowie der schnellsten Verkehrsmöglichkeiten weitgehendst zu fördern. Bauvorhaben außerhalb stadtbauplanmäßig angelegter Straßen und Verkehrsverbindungen sollen mit öffentlichen Mitteln nicht unterstützt werden. Andererseits soll die Erweiterung des Stadtbauplans und die Ausdehnung der Verkehrsanlagen dem wachsenden Siedlungsbedürfnis rechtzeitig Rechnung tragen."

Wegen der grundsätzlichen Fragen der Gebiets- und Landesplanung sei hier verwiesen auf die Schrift von Dr. Brandt: Landesplanung, Schriften des Deutschen Vereins für Wohnungsreform, Heft 5 (Carl Heymanns Verlag, Berlin 1929). Diese Schrift enthält ein ausführliches Literaturverzeichnis für das ganze in Frage kommende Gebiet, auch ausländische Literatur; vgl. weiter die gesamte Literatur zum Preuß. Städtebau-Gesetz, insbesondere die Begründung zu diesem Gesetz (Drucksache des Preußischen Landtags, 3. Wahlperiode, 1. Tagung 1928/29 Nr. 3015); ferner die auf bayerische Verhältnisse abgestellte Abhandlung von Martius: Städtebau- und Verwaltungsrecht in Bayern, bayerische Verwaltungsblätter 1928, Heft 7 Nr. 114.

Man kann sagen, daß die bayerischen Vorschriften über Baulinien usw. für die Praxis bisher ausgereicht haben. Für den Fall gesetzgeberischer Neuerungen allerdings erscheinen ausführlichere Vorschriften, die der neuzeitlichen Entwicklung Rechnung tragen, notwendig. Richtlinien für das Baulinien- und Erschließungsverfahren haben die verschiedenen (im Anhang abgedruckten) Ministerialentschließungen gegeben. Sie tragen im wesentlichen der Entwicklung der Verhältnisse Rechnung, stellen allerdings in der Hauptsache die Bedeutung der Verkehrsregelung allzusehr in den Vordergrund; so auch die neuere Ministerialentschließung vom 2. Sept. 1926 (Nr. 3694 b 4), betreffend Generalbaulinienpläne.

Anläßlich der Beratungen des Preuß. Städtebaugesetzes im Preuß. Landtag, das in seinem ersten Abschnitt die Frage der Flächenaufteilung grundsätzlich behandelt, wurde die reichsrechtliche Regelung der Grundfragen dieses Gebiets verschiedentlich für notwendig erklärt. Der beim Reichsarbeitsministerium bestehende „Ständige Ausschuß für Heimstättenwesen" (der für das Ministerium lediglich die Stelle eines Gutachters einnimmt) hat auch den Entwurf eines „Wohnheimstättengesetzes" aufgestellt, der ebenfalls die grundsätzlichen Fragen der Planung behandelt. Der Reichstag hat hierzu in seiner Entschließung vom 26. Juni 1929 die Reichsregierung ersucht, den Entwurf eines Wohnheimstättengesetzes im Sinne dieses Entwurfs dem Reichstage vorzulegen. In Ausführung dieser Entschließung hat das Reichsarbeitsministerium einen Entwurf eines Baulandgesetzes aufgestellt, in dem die Fragen der Gebietsplanung ebenfalls grundsätzlich behandelt werden. Die Verhandlungen über diesen Entwurf sind noch nicht so weit, daß Näheres hierzu gesagt werden kann.

Grundsätzlich wird im allgemeinen die Aufstellung von Baulinien- usw. Plänen in der Weise zu geschehen haben, daß, soweit dies nötig ist, für größere Gebiete ein Besiedlungs- oder Wirtschaftsplan aufgestellt wird, sodann für engere Gebietsteile ein Generalbaulinienplan oder Baulinienpläne, verbunden jedoch gleichzeitig notwendigerweise mit der Aufstellung der Baubeschränkungen. Erst auf dieser Grundlage werden dann detaillierte Einzelbaulinienpläne erstellt werden können. Wegen der Einzelheiten des Verfahrens muß hier auf die erschöpfende, bereits genannte Abhandlung von Martius — bayerische Verwaltungsblätter 1928, Heft 7, S. 113 ff. — verwiesen werden. (Der Ansicht von Martius, daß der Bauordnung kein Zwang angetan werde, wenn der in § 59 erwähnte Generalbaulinienplan mit seiner Vorstufe, dem Wege- und Siedlungsplan begrifflich zusammengefaßt wird, kann in dieser Allgemeinheit allerdings nicht zugestimmt werden. Reine Wege- und Siedlungspläne können mit irgend welchen Rechtsfolgen vorläufig nicht ausgestattet werden. Sollen die §§ 2 und 3 gemäß § 59 Abs. 1 Satz 2 entsprechende Anwendung finden, so ist das Vorliegen eines Generallinienplanes [im Wortsinne, also mit Einzeichnung von Baulinien im Sinne der Bauordnung] erforderlich.)

Ergänzende gesetzliche Handhaben zur Durchführung von Planungsmaßnahmen geben außer den Vorschriften der Bauordnung und dem bereits genannten Gesetze über die Erschließung von Baugelände vom 4. Juli 1923 hauptsächlich noch folgende Gesetze: die Bekanntmachung über Zwangsenteignung zur Beschaffung von Arbeitsgelegenheit vom 23. Dez. 1918/31. März 1919 — GVBl. 1918 S. 1280, 1919 S. 122 — (für Straßenflächen); das Zwangsabtretungsgesetz vom 17. Nov. 1837, geändert durch Gesetz vom 13. Aug. 1910 (GVBl. S. 621) und 9. Mai 1918 (GVBl. S. 289), (für Eisenbahnen, Häfen, Kanäle usw.); die Verordnung zur Behebung der dringendsten Wohnungsnot vom 9. Dez. 1919 — (RGBl. S. 1968); das Luftverkehrsgesetz vom 1. Aug. 1922 — (RGBl. I S. 681), § 15 (für Flugplätze).

Eigentumsbeschränkungen durch baupolizeiliche Vorschriften; Entschädigung hierfür.

Die Frage der Entschädigungspflicht für Eigentumsbeschränkungen durch baupolizeiliche Vorschriften und Maßnahmen, insbesondere infolge von Planungen, Baulinienfestsetzungen, Flächenausweisungen usw., ist seit dem Inkrafttreten der neuen Reichsverfassung besonders akut geworden. In der vorweimarischen Zeit bestimmte sich die Entschädigungspflicht lediglich nach Landesrecht. Seit dem Inkrafttreten der Reichsverfassung hat das Reich zwar von der ihm zustehenden Gesetzgebungszuständigkeit für das Enteignungsrecht (Art. 7 Ziffer 12 RV.), was das Gebiet der Baupolizei und des Städtebaues anlangt, keinen Gebrauch gemacht. Es gilt aber gleichwohl hinsichtlich der Entschädigungspflicht die Vorschrift des Art. 153 der Reichsverfassung.

Die Frage der Entschädigungspflicht hat in neuerer Zeit in der Literatur eine eingehende Erörterung erfahren, veranlaßt durch die in der Auslegung des Begriffs der Enteignung weitgehende Rechtsprechung des Reichsgerichts. Es sei hier auf die einschlägigen Entscheidungen des Reichsgerichts verwiesen, insbesondere auf die vier in dieser Frage grundlegenden Entscheidungen, nämlich das Urteil des 5. Zivilsenats vom 13. Dez. 1924 (RGZ. 109, 310), des 6. Zivilsenats vom 11. März 1927 (RGZ. 116, 268), die Entscheidung des Staatsgerichtshofs für das Deutsche Reich vom 23. März 1929 (RGZ. 1924 Anhang S. 19) und endlich das nachstehend auszugsweise wiedergegebene Urteil des 12. Zivilsenats vom 28. Febr. 1930.

Die Rechtsprechung des Reichsgerichts auf dem Gebiete der Enteignung ist keine neue; sie bewegt sich auf der seit Jahrzehnten eingehaltenen Linie. Die von ihm vertretenen Grundsätze können rein rechtlich nicht beanstandet werden, wenn auch betont werden muß, daß sie zum Teil den praktischen, nicht verzichtbaren Erfordernissen des Städtebaues nicht Rechnung tragen und auch dem in der Reichsverfassung zum Durchbruch gekommenen Gedanken einer Sozialgebundenheit des Eigentums gegenüber dem römischrechtlichen individualistischen Eigentumsbegriff nicht genügend entgegenkommen.

Hinsichtlich der Frage des Vorliegens einer Enteignung und damit im Zusammenhang der Frage der Entschädigung sind zu unterscheiden:

1. Maßnahmen auf dem Gebiete des Städtebaues (im weitesten Sinne), die sich als rein polizeiliche Maßnahmen darstellen. Hierher werden insbesondere auch zu rechnen sein die Maßnahmen der Herabzonung. Soweit alle diese Maßnahmen polizeilicher Natur sind, steht auch das Reichsgericht auf dem Standpunkt, daß sie eine Enteignung nicht darstellen (vgl. das Urteil vom 28. Febr. 1930). Es ist deswegen auch für die Anwendung des Art. 153 Abs. 2 Satz 2 der Reichsverf. kein Raum.

2. Gesetze und Maßnahmen, die Beschränkungen des Eigentums durch Baulinienfestsetzung, Freiflächenausweisung usw. zur Folge haben. Hier ist wieder folgendes zu unterscheiden: Gesetze im weitesten Sinne (hierunter fällt auch die Bauordnung), die Baubeschränkungen in diesem Sinne vorsehen, sind an sich keine Anordnungen, die als Enteignungen anzusehen sind. Solche Gesetze bringen eine allgemeine Regelung, enteignen aber nicht (Urteil des Reichsgerichts vom 28. Febr. 1930, Urteil des Staatsgerichtshofs vom 23. März 1929). Solche Eigentumsbeschränkungen durch allgemeine gesetzliche Anordnung sind nicht als Enteignung, sondern lediglich als Bestimmung des Inhalts und der Schranken des Eigentums im Sinne des Art. 153 Abs. 1 der Reichsverf. anzusehen. Hinsichtlich der Baulinienfestsetzung kommt hier in Betracht Art. 111

des EG.z.BGB., nach dem „die landesgesetzlichen Vorschriften unberührt bleiben, welche im öffentlichen Interesse das Eigentum in Ansehung tatsächlicher Verfügungen beschränken". Art. 111 des EG.z.BGB. ist die reichsrechtliche Grundlage für Art. 101 Pol.-StGB., auf dem wieder die Vorschriften der Bauordnung über die Baulinien beruhen. In diesen letzteren Vorschriften kann also keine Enteignung erblickt werden.

Anders dagegen ist die Rechtslage bei dem Vorgange der Baulinienfestsetzung, Freiflächenausweisung usw. im Einzelfalle. Während die Bauordnung den Gemeinden ein allgemeines Recht auf die Baulinienziehungen und -festsetzungen gibt, ohne daß nach dem Ausgeführten eine Enteignung vorliegt, ist die Anwendung des Baulinienfestsetzungsverfahrens usw. auf einzelne bestimmte Grundstücke eine Enteignung. Die durch die Baulinienfestsetzung erfolgte Belastung des unbebaubaren Teiles des Grundstückes mit der Dienstbarkeit der Unbebaubarkeit bedingt eine Entschädigung. Die Baulinienfestsetzung ist eine Enteignung. Diesen Rechtsstandpunkt hat das Reichsgericht von jeher vertreten; so bereits in der Entscheidung vom 11. Mai 1906 (RGZ. 63, 289 und 300) und neuerdings ausdrücklich in der Entscheidung vom 28. Febr. 1930. Wenn auch die bayerische Bauordnung zu der Frage der Entschädigung aus Anlaß der Baulinienfestsetzung überhaupt keine Stellung nimmt und die Entschädigungsfrage erst aus Anlaß der Grundabtretung im § 62 BO. geregelt ist, so kann doch nicht verkannt werden, daß derzeit nach der Rechtsprechung des Reichsgerichts für die Beschränkung des Eigentums von der Baulinienfestsetzung an bis zur Abnahme des Grundstücks durch die Gemeinde eine Entschädigungspflicht besteht. Gegen diese Auffassung des Reichsgerichts kann vom rein rechtlichen Standpunkte aus nichts gesagt werden. Sache des Reichsgesetzgebers wird es sein, hier auf dem Wege der Gesetzgebung den unbedingt erforderlichen städtebaulichen Notwendigkeiten, die die Rechtsprechung des Reichsgerichts nicht genügend berücksichtigt, Rechnung zu tragen. In dem im Reichsarbeitsministerium aufgestellten Entwurf eines Baulandgesetzes ist eine entsprechende Regelung der Entschädigungsfrage bereits vorgesehen.

[In Rechtsprechung und Literatur wurde in neuerer Zeit vielfach ein der Auffassung des Reichsgerichts nicht entsprechender Standpunkt eingenommen. Es sei hier verwiesen auf die Entscheidung des Bayerischen Gerichtshofs für Kompetenzkonflikte vom 13. Okt. 1927 Nr. 97, abgedruckt in den Bayerischen Verwaltungsblättern 1928, Heft 3, S. 57 ff., weiter auf die bereits genannte Abhandlung von Martius, dann auf die Begründung zum Entwurf des Preußischen Städtebaugesetzes, auf das im Auftrag des Deutschen Städtetags erstattete Rechtsgutachten von Professor Jellinek, Heidelberg: Entschädigung für baurechtliche Eigentumsbeschränkungen (Schriftenreihe des Deutschen Städtetags, Heft 7, 1929, Selbstverlag des Deutschen Städtetags, Berlin), das eine ausführliche Aufzählung der bestehenden wissenschaftlichen Lehrmeinungen zu dieser Frage enthält, endlich auf die Abhandlung von Dr. Hamelbeck: Landesrechtliche Grundeigentumsbeschränkung ohne Entschädigung, Jahrbuch der Bodenreform 4. Heft, 1929, S. 210 ff.]

Nachstehend wird das, in seinen Auswirkungen äußerst weittragende Urteil des Reichsgerichts vom 28. Febr. 1930 (III 87/1929) auszugsweise wiedergegeben. Das Urteil hat zwar das preußische Fluchtliniengesetz vom 2. Juli 1875 (GS. S. 561) zum Gegenstand; seine grundsätzlichen Ausführungen sind aber auch für das bayerische Recht geltend.

Aus den Entscheidungsgründen:

„Diese besondere Lage des zu entscheidenden Einzelfalls kann indessen ganz auf sich beruhen bleiben. Denn der Satz, in dem die Ausführungen des Berufungsrichters in ihrem zweiten Teile gipfeln, daß in der Festsetzung von Fluchtlinien niemals eine Enteignung liegen könne, trifft überhaupt nicht zu. Sie ist vielmehr eine Enteignung, anders allerdings als das ortsstatutarische Bauverbot auf Grund von § 12 FlLG.

Wird nach § 12 ein Ortsstatut erlassen, welches bestimmt, daß an Straßen oder Straßenteilen, welche noch nicht gemäß den baupolizeilichen Bestimmungen des Orts für den öffentlichen Verkehr und den Anbau fertig hergestellt sind, Wohngebäude, die nach dieser Straße einen Ausgang haben, nicht errichtet werden dürfen, so tritt damit eine Änderung des in der Gemeinde geltenden öffentlichen Baurechts ein, dessen Bestandteil Ortsstatute des gedachten Inhalts bilden (RGZ. 63, 108). Ein solches Ortsstatut trägt nicht etwa den Charakter eines Verwaltungsakts, sondern ist Gesetz im weiteren Sinne (RGU. vom 30. April 1909 VII 230/08, abgedruckt PrVerwBl. Bd. 31 S. 363). Es regelt den Inhalt des Eigentums an allen Grundstücken, bei denen die in § 12 FlLG. aufgestellten Voraussetzungen vorliegen. Die dem Eigentümer eines derartigen Grundstücks an sich zustehende Befugnis, darauf nach seinem Belieben zu bauen, wird in gewisser Hinsicht eingeengt. Die Regelung der Baubeschränkungen, die dem Eigentümer im öffentlichen Interesse aufzuerlegen sind, ist Sache der Landesgesetzgebung (Art. 111 EG.z.BGB.). Preußen hat niemals ein völlig unbegrenztes Baurecht des Eigentümers gekannt (vgl. §§ 65 ff. ALR. I 8). Der Eigentumsinhalt hat in dieser Beziehung stets besonderer gesetzlicher Ordnung unterlegen. Glieder dieser Ordnung bilden nicht bloß § 12 FlLG., sondern ebenso die nach ihm erlassenen Ortsgesetze. Diese fallen auch nicht unter den Begriff der Enteignung im Sinne des Art. 153 RVerf. Ihre räumlich begrenzte Wirkung kann dafür nicht angeführt werden. Diese folgt aus der notwendig auf den eigenen Bezirk beschränkten Rechtsetzungsbefugnis der Gemeinden. Innerhalb dieses Bezirks trifft ein solches Ortsstatut aber sämtliche Grundstücke, die an einer unfertigen Straße liegen, nicht einzelne

Grundstücke oder einen engen Kreis von ihnen, sondern eine unbeschränkte Zahl nach Lage und Umfang völlig unbestimmter Grundflächen. Ein solches Gesetz bringt eine allgemeine Regelung, enteignet nicht (Urteil des Staatsgerichtshofs für das Deutsche Reich vom 23. März 1929 StGH. 8/28, abgedr. RGZ. Bd. 124 Anh. S. 33). Das von der Revision angezogene Urteil RGZ. 116, 268 behandelt einen anders liegenden Fall. Damals war nicht eine Enteignung durch Gesetz, wie sie im Falle des § 12 FlLG. allein in Frage kommen könnte, sondern ein Verwaltungsakt (S. 270: Eintragung in die Denkmalsliste) auf seine rechtliche Bedeutung zu prüfen.

§ 13 Abs. 1 FlLG. versagt dem Eigentümer eine Entschädigung nicht bloß wegen der nach § 12 eintretenden Beschränkung der Baufreiheit, sondern auch wegen der Beschränkung des von der Festsetzung neuer Fluchtlinien betroffenen Grundeigentums, insoweit allerdings unter Festsetzung bestimmter, jedoch eng begrenzter Ausnahmefälle. Mit der Offenlegung eines Fluchtlinienplans gemäß § 8 FlLG. tritt nach § 11 das. die Beschränkung des Grundeigentums, daß Neubauten, Um- und Ausbauten über die Fluchtlinie hinaus versagt werden können, endgültig ein (vorläufig schon mit der ersten Offenlegung des Plans nach § 7). Die Auferlegung dieser Beschränkung ist — anders als die nach § 12 durch Ortsstatut erfolgende — rechtlich eine Enteignung.

Gegen diese Annahme scheint zu sprechen, daß § 13 Abs. 1 FlLG., wie schon bemerkt, beide Arten von Baubeschränkungen nebeneinander behandelt. Und aus den Vorarbeiten zum Fluchtliniengesetz ergibt sich auch, daß der preußische Gesetzgeber in der Verpflichtung des Eigentümers, gewisse künftighin zu Straßen und Plätzen bestimmte Flächen unbebaut zu lassen, ebenfalls eine gesetzliche Einschränkung des Eigentums gesehen hat, die deshalb keinen Entschädigungsanspruch auslösen dürfe (Motive zum Entwurf des Fluchtliniengesetzes in Drucks. des Abgeordnetenhauses 1875 Nr. 23 S. 12 flg., deren Standpunkt von der Kommission des Abgeordnetenhauses gebilligt worden ist, das. Nr. 279 S. 6 zu II). Die Rechtsprechung des Reichsgerichts hat sich diese Auffassung aber nicht zu eigen gemacht. Nach ihr ist das Fluchtlinienfestsetzungsverfahren ein Enteignungsverfahren. Das Fluchtliniengesetz hat sämtlichen Gemeinden ein allgemeines Enteignungsrecht für die Anlegung und Veränderung von Straßen und Plätzen verliehen (RGZ. 69, 73). Die Anwendung dieses allgemeinen Enteignungsrechts der Gemeinde auf einzelne bestimmte Grundstücke setzt deren Festsetzung in einem besonderen Verfahren, eben dem Fluchtlinienfestsetzungsverfahren, voraus (S. 76 das.). Die in die festgesetzte Fluchtlinie fallende Grundfläche kann die Gemeinde für sich in Anspruch nehmen (§ 13 Abs. 1 Nr. 1 FlLG.), d. h. sie dem Eigentümer enteignen. Dieser Vollenteignung voraus geht aber die schon mit der Offenlegung des endgültig festgesetzten Plans eintretende Baubeschränkung nach § 11 FlLG. Das Grundstück wird bereits in diesem Augenblick zugunsten der Gemeinde mit der Dienstbarkeit der Unbebaubarkeit belastet. Diese Belastung ist, wie in RGZ. 63, 300 unten zutreffend ausgesprochen worden ist, ihrem Wesen nach nichts anderes als eine Teilenteignung. Es handelt sich bei der Pflicht des Eigentümers, das in eine Fluchtlinie fallende Gelände nicht zu bebauen, nicht um eine allgemeine, alle Eigentümer beim Vorliegen gewisser Voraussetzungen treffende Pflicht. Ebensowenig trägt die Fluchtlinienfestsetzung polizeilichen Charakter. Eine solche Belastung einzelner oder mehrerer einzelner bestimmter Grundstücke (vgl. RGZ. 53, 407), die unmittelbar anknüpft an die Festsetzung des Fluchtlinienplans, also an einen Verwaltungsakt, und die erfolgt für das öffentliche Unternehmen der Anlegung oder Änderung von Straßen und Plätzen, ist vielmehr als Enteignung zu kennzeichnen. Dies galt schon vor Erlaß der Reichsverfassung nach dem damaligen preußischen Recht (ebenso Dernburg, PrPrivR. 5. Aufl. Bd. 1 § 218 Nr. 1b S. 514 und neuestens Holstein, Enteignungsrecht an Friedhöfen? in Verw.-Arch. Bd. 35 S. 113), das übrigens, wie noch näher dargelegt werden wird, unerachtet der Vorschrift des § 13 FlLG. den Eigentümer keineswegs ohne Entschädigung für diese Beschränkung ließ. Aber auch eine Enteignung im Sinne von Art. 153 Abs. 2 RV. ist im Falle des § 11 FlLG. gegeben. Die Tragweite des Enteignungsbegriffs der Reichsverfassung ist zwar lebhaft umstritten. Daß sie aber mindestens Grundstücksbelastungen der vorstehend beschriebenen Art umfaßt, ist unzweifelhaft.

Nach Art. 153 Abs. 2 Satz 2 RV. erfolgt eine Enteignung gegen angemessene Entschädigung, soweit nicht ein Reichsgesetz etwas anderes bestimmt. Es fragt sich, ob § 13 Abs. 1 FlLG., der nur eine beschränkte Entschädigung des Grundstückseigentümers für die mit der Offenlegung des festgesetzten Fluchtlinienplanes eintretende Teilenteignung kennt, mit dieser Verfassungsvorschrift vereinbar ist. Deren Anwendung kann nicht schon deshalb abgelehnt werden, weil das Fluchtliniengesetz bei Erlaß der Reichsverfassung bereits in Geltung stand. Die Ansicht, daß der Schutz des Privateigentums durch Art. 153 RV. grundsätzlich nach der Rechtslage des Jahres 1919 zu bestimmen sei, entbehrt der gesetzlichen Unterlage. Der Art. 153 Abs. 2 RV. enthält unmittelbar anwendbares Recht und greift daher auch älteren Landesgesetzen gegenüber Platz. Nur bei Inkrafttreten der Reichsverfassung bereits vollzogene Enteignungen bemessen sich in ihren Wirkungen ausschließlich nach altem Recht (WarnRspr. 1924 Nr. 182). Zu ihnen gehören Fluchtlinienfestsetzungen, die in Plänen enthalten sind, welche vor dem 14. August 1919 zur zweiten Auslegung nach § 11 FlLG. gelangt sind. Die infolge solcher Auslegung bei Inkrafttreten der Reichsverfassung bereits vorhandenen Baubeschränkungen werden auch hinsichtlich der dafür zu zahlenden Entschädigung nicht mehr durch Art. 153 RV. berührt. Abs. 1 Satz 2 das. kann nur für spätere Fluchtlinienpläne in Frage kommen. Das trifft im vorliegenden Fall aber zu. Der Kläger stützt seine Ansprüche auf einen erst im Jahre 1925 aufgestellten Plan, über dessen endgültige Festsetzung das angefochtene Urteil allerdings nichts ersehen läßt.

Der Satz der Reichsverfassung, daß eine Enteignung gegen angemessene Entschädigung erfolgt, gilt nicht, soweit ein Reichsgesetz etwas anderes bestimmt. Die Beklagte will für diese Vorschrift Reichsgesetzen Landesgesetze gleichstellen, wenn ihnen die Regelung des einschlägigen Rechtsgebiets vom Reichsgesetzgeber überlassen worden ist, was hinsichtlich der Fluchtliniengesetzgebung durch Art. 109 EG.z.BGB. — und durch Art. 111 das. — geschehen sei. Diese Auffassung widerlegt sich schon dadurch, daß dann die Beschränkung der Zulassung anderweiter Regelung durch Reichsgesetz in Art. 153 Abs. 1 Satz 2 Halbsatz 2 keinen Sinn hätte. Da die Landesgesetzgebung nur auf den ihm durch die Reichsgesetzgebung, insbesondere die Reichsverfassung, belassenen Gebieten überhaupt tätig werden kann, würde bei der von der Beklagten vertretenen Verfassungsauslegung „Reichsgesetz" an der angeführten Stelle dasselbe bedeuten wie „Gesetz". Wäre das gewollt, so würde dort zweifellos nicht von Reichsgesetz, sondern einfach von Gesetz gesprochen worden sein. Art. 153 enthält eben die reichsgesetzliche Regelung einzelner Punkte des nach Art. 7 Nr. 12 RV. überhaupt der Reichsgesetzgebung unterstehenden Enteignungsrechts, durch die die den Ländern bis zum Erlaß eines umfassenden Enteignungsgesetzes des Reichs noch zustehende Gesetzgebungsbefugnis auf diesem Gebiete bereits eingeengt wird (ebenso RGZ. 116, 273). Die von der Beklagten angezogene, oben schon erwähnte Entscheidung des Staatsgerichtshofs vom 23. März 1929 erkennt nur an, daß die Landesgesetzgebung auf den ihr vorbehaltenen Rechtsgebieten Inhalt und Schranken des Eigentums regeln könne, lehnt aber ein Eingehen auf die Entschädigungsfrage ausdrücklich ab (a. a. O. S. 33, 34). Sie bezieht sich also nur auf Art. 153 Abs. 1 RV., nicht auch auf Abs. 2 das.

Nach § 13 FlLG. wird eine Entschädigung wegen der Beschränkung des von der Festsetzung neuer Fluchtlinien betroffenen Grundeigentums nur unter bestimmten Voraussetzungen gewährt (vgl. RGZ. 28, 273). Der nach dem Wortlaut dieser Vorschrift naheliegende Schluß, daß in anderen Fällen der Grundeigentümer für eine derartige Beschränkung überhaupt nicht entschädigt würde, ist indessen unrichtig. Die Entschädigung erfolgt auch sonst, aber erst mit der Abtretung der zu Straßen und Plätzen bestimmten Flächen an die Gemeinde. Unter Aufgabe seines früheren abweichenden Standpunkts hat das Reichsgericht (RGZ. Bd. 53, S. 133 und Bd. 74, S. 20) ausgesprochen, daß bei einer Enteignung von Grundstücksteilen, die nach einem veröffentlichten Fluchtlinienplan zu Straßenland bestimmt waren und daher nach § 11 FlLG. nicht mehr bebaut werden dürften, ihre Eigenschaft als Bauland zu bemessen sei nach dem Wert, den sie zur Zeit der Enteignung besessen haben würden, wenn keine Fluchtlinienfestsetzung erfolgt wäre. Die Entschädigung für die zu enteignenden Flächen wird in einem Posten, der Enteignungsentschädigung, für das als unbelastet gedachte Grundstück gewährt (RGZ. 63, 300/301). Darin ist der Ersatz für die durch die Belastung mit der Unbebaubarkeit eingetretene Wertminderung mitenthalten. Die Ausgleichung dieses Nachteils wird dem Eigentümer also auch in den Fällen, die nicht zu den im Gesetz besonders genannten Ausnahmefällen gehören, nicht dauernd versagt. Sie wird aber hinausgeschoben bis zur Übernahme der Grundfläche selbst durch die Gemeinde. Eine solche Regelung tut indessen der Reichsverfassung nicht genüge.

Art. 153 Abs. 2 Satz 2 RV. fordert die Gewährung einer angemessenen Enteignungsentschädigung. Die nähere Regelung dieser Angemessenheit liegt auf den der Landesgesetzgebung überlassenen Gebieten ihr ob. Ein gewisser Spielraum freien Ermessens muß ihr hierbei eingeräumt werden. Der Richter darf der landesrechtlichen Regelung nur dann die Gültigkeit versagen, wenn die Grenze solchen Ermessens offensichtlich überschritten ist, wenn das, was sie dem Enteigneten gewährt, unzweifelhaft nicht mehr als angemessenes Entgelt für das, was ihm genommen wird, angesehen werden kann. Es ist deshalb nicht zu beanstanden, wenn der Grundstückseigentümer für die Beschränkung der Baufreiheit nur in der Art entschädigt wird, daß er sein Grundstück selbst hergeben muß, dessen Bewertung dann aber so erfolgt, als ob eine Fluchtlinie nicht vorhanden wäre. Auch muß nicht schon jede Hinausschiebung der Zahlung der Entschädigung als reichsverfassungswidrig gelten. Genügen würde jedenfalls, wenn der Enteignete es in der Hand hätte, die Fälligkeit der zunächst versagten Gewährung einer Entschädigung dadurch herbeizuführen, daß er von der Gemeinde die Übernahme der in ihrer Bebaubarkeit beschränkten Grundfläche gegen Ersatz ihres Werts verlangte. Dieses Recht hat der Grundstückseigentümer aber nach dem preußischen Fluchtliniengesetz grundsätzlich nicht, auch nicht nach dessen von der Revisionsbeklagten hierfür angezogenen Abs. 3 des § 13, der die Gemeinde nur unter gewissen Voraussetzungen zur Übernahme eines Restgrundstücks zwingt. Die Gemeinde ist lediglich in den Ausnahmefällen des Abs. 1 Nr. 2 und 3 des § 13 auf Verlangen des Eigentümers verpflichtet, ihm die zu Straßen und Plätzen bestimmte Grundfläche abzunehmen (RGZ. 63, 174). Im übrigen hängt es ausschließlich von ihrem Willen ab, ob sie sich eine derartige Fläche vom Eigentümer für die öffentliche Benutzung abtreten lassen will (§ 13 Abs. 1 Nr. 1). Von den erwähnten Ausnahmefällen abgesehen, ist es ihrer eigenen Entschließung überlassen, ob sie den Eigentümer für die Dienstbarkeit der Unbebaubarkeit seines Grundstücks entschädigen will, welche Entschädigung sie erst mit der Entschädigung für die Grundfläche selbst zu zahlen braucht. Der Enteignete als Gläubiger ist regelmäßig völlig vom Belieben des Schuldners, der enteigneten Gemeinde, abhängig. Er selbst hat in der weit überwiegenden Zahl der Fälle keine Möglichkeit, sie unabhängig von der in ihrer Hand liegenden Abtretung der Grundfläche zu zwingen, ihn wenigstens für deren Unbebaubarkeit zu entschädigen. Dieser Rechtszustand entspricht nicht der Reichsverfassung. Eine Entschädigung, deren Zahlungszeit von dem freien Ermessen des Enteignenden abhängt, ist keine angemessene mehr. Als Grund für sie kann auch nicht das Wohl der Allgemeinheit angeführt werden, das nach Art. 153 RV. zwar eine Enteignung rechtfertigt, auf die Bemessung der Entschädigung dafür jedoch ohne Einfluß sein muß. Auch aus Art. 155 RV. läßt sich keine Rechtfertigung für die in § 13 FlLG. angeordnete Beschränkung der gemeindlichen Entschädigungspflicht gewinnen.

§ 13 FlLG. verstößt sonach deshalb gegen die Reichsverfassung, weil er dem Grundstückseigentümer in der Regel die Möglichkeit verschließt, für die mit der endgültigen Festsetzung der Fluchtlinie verknüpfte Belastung seines Grundstücks mit der Dienstbarkeit der Unbebaubarkeit, die eine Teilenteignung ist, sei es auch nur auf dem Wege der Überlassung der belasteten Grundfläche an die Gemeinde, eine Entschädigung zu erhalten. Im Umfange dieses Verstoßes ist die Vorschrift seit Inkrafttreten der Reichsverfassung, die für jede Enteignung die Gewährung einer angemessenen Entschädigung vorschreibt, ungültig. Daraus folgt, daß der Eigentümer, sofern weder die Gemeinde die Abtretung der in die Fluchtlinie fallenden Fläche beansprucht, noch einer der Ausnahmefälle vorliegt, in denen er diese Abtretung fordern kann, unmittelbar einen Anspruch auf Entschädigung für die eingetretene Unbebaubarkeit erwirbt. Dieser nicht unter § 14 Abs. 1 FlLG. fallende Anspruch ist auch nicht etwa im Verfahren nach dem Enteignungsgesetz vom 11. Juni 1874 geltend zu machen. Sollte es später zur Hergabe der Grundfläche an die Gemeinde selbst kommen, so erhält der Eigentümer nur noch dessen durch die Unbebaubarkeit geminderten Wert ersetzt, da er für ihre Folgen schon früher entschädigt worden ist. Die Entschädigung zerfällt dann in zwei Teile, ganz ebenso, wie das in RGZ. 63, 301 für die Ausführung älterer Bebauungspläne dargelegt worden ist."

1. Baulinien: § 1 enthält eine der wichtigsten Beschränkungen des aus dem Eigentum entspringenden Verfügungsrechtes des Grundeigentümers (§ 903 BGB.) im öffentlichen Interesse. Die Forderungen des Städtebaues und der Ästhetik (vgl. § 53 Abs. II und IV), der Gesundheitspflege, der Wohnungsfürsorge, der Feuersicherheit, des Heimat- und Naturschutzes, der wirtschaftlichen Entwicklung und des Verkehrs verlangen hinsichtlich der Bebauung der Grundstücke zum Teil tiefe Eingriffe in die Privatrechte.

Die Baulinien dienen der flächenmäßigen Abgrenzung der Bebauungsfähigkeit der Baustelle und damit auch der Erschließung des Baugeländes. Die Baulinienfestsetzung kann heute allerdings nicht mehr die einzige Grundlage für eine den wirtschaftlichen und öffentlichen Interessen gleichmäßig Rechnung tragende Bebauung sein.

Die BO. geht allgemein von dem Grundsatz aus, daß die im öffentlichen Interesse gebotenen Anforderungen bei der Baulinienfestsetzung berücksichtigt werden müssen, überläßt es aber im übrigen durch gegen früher wesentliche Erweiterung der Ermessensfreiheit dem Vollzuge, die Aufgabe jeweils aus den örtlichen Bedürfnissen und den gegebenen Verhältnissen zu lösen. —

§ 1 ist eine rein baupolizeiliche Vorschrift; weitergehende straßenpolizeiliche Vorschriften können auf Grund des § 366 Ziff. 10 RStGB. und Art. 90 PStGB. erlassen werden. —

§ 1 bestimmt:

1. daß die Baulinie unter bestimmten Voraussetzungen einzuhalten ist (Abs. I);
2. wann nach dem Ermessen der Baupolizeibehörde von der Einhaltung der Baulinie Umgang genommen werden kann (Abs. II);
3. wann eine Baulinie festzusetzen ist (Abs. III);
4. wann und unter welchen Bedingungen von deren Festsetzung abgesehen werden kann (Abs. IV und V). —

Die Novelle vom 3. Aug. 1910 brachte bezüglich der Baulinien tiefgreifende Änderungen. Von der bisherigen Forderung einer möglichsten Geradeleitung der Straßen (wie die früheren BO. vom 30. Juni 1864, 30. Dez. 1877, 19. Sept. 1881 und 31. Juli 1890) geht die Novelle vom 3. Aug. 1910 ab und beschränkt sich lediglich auf Aufstellung der im § 3 enthaltenen Grundsätze. Schon vorher wies die ME. v. 22. Sept. 1895 Nr. 17134 auf die Berücksichtigung ästhetischer Forderungen hin und die ME. v. 1. Jan. 1904 (MABl. S. 1) betr. Denkmalspflege und Pflege der heimischen Bauweise (s. VI. Teil) verlangt Festsetzung von Baulinien unter Vermeidung endloser Geradlinigkeit und unter tunlichster Schonung aller den Plätzen und Straßen zum Schmucke gereichenden Gebäude, Anlagen, Bäume[1]) und dergl. und unter Rücksichtnahme auf die umgebende Landschaft.

Die grundlegende ME. v. 18. Juli 1905 (MABl. S. 317) betr. die Herstellung von Baulinienplänen (s. IV. Teil) weist nachdrücklich darauf hin, daß das bisher geübte Verfahren der tunlichsten Geradeleitung der Straßen nicht den Absichten der BO. entsprechende, unwirtschaftlich sei und zu unnötigen und unverantwortlichen Eingriffen in das fremde Eigentum führe. Sie verwirft die schablonenhafte Anlage schnurgerader, gleichbreiter Normalstraßen mit dem ausnahmslosen Rechteckschema und betont die hervorragende schönheitliche Bedeutung der Baulinienführung. Sie empfiehlt für Orte mit starker baulicher Entwicklung die Anlage von Generalbaulinienplänen, jedoch nur da, wo wirklich Anlaß und Bedürfnis besteht. — Die gleichen Ziele hinsichtlich des Schutzes des Orts- und Landschaftsbildes verfolgt der durch Gesetz v. 6. Juli 1908 geschaffene Art. 22b PStGB. — Eingehend behandelt die Baulinien die ME. v. 3. Aug.

---

[1]) MB. v. 30. Aug. 1909 betr. Schutz der Alleen (MABl. S. 714).

1910 (MABl. S. 477) betr. Vollzug der Bauordnungen (s. IV. Teil in Ziff. 1—4). — Endlich s. auch MB. v. 14. Sept. 1923 zum Vollzug des Gesetzes über die Erschließung von Baugelände: Ziff. 11 zu Art. 1. Ziff. 5, 6 zu Art. 2 (GVBl. S. 317, — s. IV. Teil).

Die BO. (§ 4 Abs. II) unterscheidet folgende Arten von Baulinien:

1. Straßenbegrenzungslinien: sie bestimmen, ohne im Zusammenhang mit einer anderen Baulinie zu stehen, die mit Rücksicht auf den Verkehr nötige Straßenbreite; grenzen also die Straße gegen ein baulich nicht weiter auszunützendes Gelände ab. Wird eine Einzäunung hergestellt, wozu keine Verpflichtung besteht, so ist sie unmittelbar an der Straßenbegrenzungslinie zu errichten;
2. Vorgartenlinien: sie sind ebenfalls Straßenbegrenzungslinien, stehen aber im Gegensatz zu diesen in notwendigem Zusammenhang mit hinter ihnen verlaufenden Gebäudefluchtlinien (s. Ziff. 3). Eine Bebauung der zwischen der Vorgartenlinie und der dahinter verlaufenden Gebäudefluchtlinie liegenden Fläche mit Gebäuden oder baulichen Anlagen der im § 8 bezeichneten Art ist ausgeschlossen. Wird eine Einzäunung hergestellt, so ist sie unmittelbar an der Vorgartenlinie zu errichten. Eine Verpflichtung zur Errichtung besteht ebensowenig wie eine solche zur Verwendung der Vorgartenfläche in einer bestimmten Richtung. — Polizeiliche Vorschriften, die die Verwendung als lediglich gartenmäßige Anlage vorschreiben, können auf Art. 94 PStGB. gestützt werden (ObLG. v. 14. Dez. 1925, Verwaltungsbl. 1926 S. 174).
3. Gebäudefluchtlinien: sie haben die rechtliche Wirkung, daß die vordere Gebäudeflucht unmittelbar an diese Linie herangerückt werden muß;
4. vordere, seitliche und rückwärtige Bebauungsgrenzen: sie haben die rechtliche Wirkung, daß Gebäude entweder an diese Baulinien gestellt oder in einem beliebigen Abstand hinter ihnen errichtet werden dürfen. Innerhalb dieser Grenzen ist die Ausnützung des Baugeländes frei, soferne nicht anderweitige polizeiliche Anordnungen entgegenstehen.

(Zu Ziff. 1—4 s. ME. v. 3. Aug. 1910 im IV. Teil).

Die Straßenbegrenzungs- und die Vorgartenlinien werden, unter der Bezeichnung Einfriedigungslinien, die Gebäudefluchtlinien und die Bebauungsgrenzen unter der Bezeichnung Gebäudelinien zusammengefaßt.

Unter Baulinien im engeren Sinne werden die Gebäudefluchtlinien verstanden. —

2. Für die Entscheidung der Frage, ob ein Bauwerk „an" einer Straße usw. liegt, kann lediglich das Merkmal der Entfernung von der Straße von Bedeutung sein. Andere Gesichtspunkte

(z. B. Lage des Bauwerks „im Wirkungsbereich der Baulinie") sind praktisch nicht verwertbar. —

An der Straße liegt ein Bauwerk, wenn es unmittelbar an der Straßengrenze errichtet wird; weiter aber auch dann, wenn es zwar in einer Entfernung von der Straße errichtet wird, diese Entfernung aber nicht so groß ist, daß die Errichtung eines Vordergebäudes mit einem dem § 50 entsprechenden Hofraum zwischen Straße und Bauwerk möglich ist. Ist das Bauwerk noch weiter von der Straße entfernt, so lassen sich bestimmte allgemeine Anhaltspunkte nicht mehr geben; die Entscheidung liegt hier im Ermessen der Behörde.

3. Die Gegenüberstellung von „bestehenden" und „neu anzulegenden" Plätzen usw. zeigt, daß hier „neu anzulegende" nichts anderes als „künftige" bedeuten soll. Es soll nicht etwa zum Ausdruck gebracht werden, daß Staat oder Gemeinde bereits Schritte unternommen haben, um den Platz usw. als öffentlichen zu übernehmen.

4. Abs. I Satz 2 gibt eine Legaldefinition: „Als öffentlich gelten die Plätze, Straßen und Wege, die dem allgemeinen Verkehr dienen oder zu dienen bestimmt sind". Dieser Begriff des öffentlichen Weges des § 1 BO. deckt sich nicht mit dem verwaltungsrechtlichen Begriff des öffentlichen Weges.

Öffentliche (öffentlich-rechtliche) Wege, Straßen und Plätze im Verwaltungsrechtssinne sind Einrichtungen, die der Staat oder die Gemeinde dem öffentlichen Verkehr darbieten, die dem allgemeinen Gebrauch offen stehen und dienen, weil sie durch einen ausdrücklichen oder stillschweigenden Akt der zuständigen Verwaltungsbehörde hiezu bestimmt, „gewidmet" worden sind. Die Schaffung und der Bestand der öffentlich-rechtlichen Eigenschaft einer Straße usw. hat zur unerläßlichen Voraussetzung, daß die öffentliche Gewalt, die eine solche Verwaltungseinrichtung ins Leben ruft, nach dem bürgerlichen Rechte ein unbestrittenes Verfügungsrecht über den hiezu dienenden Grund und Boden hat. Nicht die Tatsache, daß die Straße von der Gemeinde dem öffentlichen Verkehr freigegeben ist, ist für das Vorhandensein einer öffentlich-rechtlichen Straße maßgebend, sondern ausschließlich der Umstand, daß die Gemeinde kraft eines im bürgerlichen Rechte begründeten Titels über den Grundstreifen verfügen und deswegen diesen dem öffentlichen Verkehr übergeben konnte (ObstLG. Bd. 13 S. 427).

Dagegen hängt nach § 1 BO. die Eigenschaft der Öffentlichkeit nicht davon ab, daß eine öffentliche Korporation, Gemeinde usw. oder eine Privatperson eine Straße, einen Weg oder Platz dem allgemeinen Verkehr gewidmet hat; entscheidend ist vielmehr der Umstand, daß die Straße, der Weg oder Platz tatsächlich öffentlich sind. Öffentliche Straße usw. im Sinne des § 1 BO. ist sohin jede Straßen- usw. Fläche, die für jedermann frei zugänglich ist und tatsächlich dem öffentlichen Verkehr dient (oder zu dienen bestimmt ist), ohne daß es darauf ankommt, in wessen Eigentum der Straßenkörper steht und ob diesem die Eigenschaft einer öffentlichen Straße durch den Eigentümer der Grundfläche jederzeit wieder entzogen werden kann oder nicht (vgl. auch ObstLG. Bd. 6 S. 179).

Es fallen also unter die öffentlichen Straßen, Wege und Plätze im Sinne des § 1 sowohl die öffentlich-rechtlichen als auch die im Privateigentum stehenden tatsächlich öffentlichen Straßen usw. —

Ein öffentlicher Weg verliert seine Eigenschaft nicht dadurch, daß er nur von wenigen Personen benutzt wird oder den Interessen von nur wenigen Personen dient oder zu dienen bestimmt ist. Solange er von der Allgemeinheit ohne weiteres benützt werden darf, tritt eine Änderung seiner rechtlichen Eigenschaft nicht ein. Eine solche Änderung kann vielmehr nur dadurch herbeigeführt werden, daß der öffentliche Weg der Benützung durch die Allgemeinheit entzogen wird und sodann den einzelnen etwa an ihm Interessierten besondere privatrechtliche Befugnisse hiezu eingeräumt werden (ObstLG. Urt. vom 28. April 1908 MABl. S. 266).

Öffentlicher Weg kann auch ein Fußsteig sein (OLG. München Bd. 6 S. 119). —

Privatwege scheiden bei der Frage der Verpflichtung zur Baulinieneinhaltung aus; sie sind nach Maßgabe der zivilrechtlichen Verhältnisse entweder als selbständige Grundstücke oder als Teile von solchen zu betrachten.

Für die Frage des Baulinienzwanges ist nur zu prüfen, ob die Wegfläche oder die Fläche des zugehörigen Gesamtgrundstückes in Beziehung zu einer öffentlichen Straße usw. steht. —

Grundsätzlich werden alle Gebäude, welche nicht an einer öffentlichen Straße liegen, im allgemeinen als Rückgebäude zu betrachten sein; die Errichtung von Rückgebäuden setzt aber das Vorhandensein eines dem § 50 BO. entsprechenden Hofraumes voraus (vgl. § 25 Abs. I). Solche den Anforderungen der Feuersicherheit und Gesundheit entsprechende und in ihrem Bestand gesicherte Hofräume müssen vor allem in denjenigen Umfassungsmauern des Rückgebäudes sich befinden, welche mit Fenstern versehen sind. Daher ist ein Anbauen an eine schmale Privatstraße nur dann zulässig, wenn dieselbe auf eine der Höhe des Baues entsprechenden Breite durch Zurückrücken von der Weggrenze gebracht ist (ME. vom 19. Okt. 1904 Nr. 21393). —

Wenn zwischen einer Gemeinde und einem Privaten Streit darüber entsteht, ob die im Eigentum des Privaten stehende, vor der festgesetzten Baulinie an einer öffentlichen Straße liegende Grundfläche wie diese Straße dem öffentlichen Verkehr zu dienen hat, so ist eine Streitsache nach Art. 8 Ziff. 34 VGG. gegeben (VGH. 22, 85). —

5. Durch die V. v. 3. Aug. 1910 kamen hier die folgenden Worte: „in Städten, Märkten oder zusammenhängend gebauten Dörfern, dann an einer Staats- oder Distriktsstraße oder an einem Gemeinde-

verbindungswege" in Wegfall; die ME. v. 3. Aug. 1910 (s. IV. Teil) bemerkt hiezu: „Diese Änderung soll im Zusammenhalte mit den Bestimmungen in den §§ 2 und 3 für alle Fälle außer Zweifel stellen, daß durch die Festsetzung von Baulinien- und Generalbaulinienplänen auch abseits geschlossener Ortschaften in freiem Gelände, namentlich in Gegenden, die wegen ihrer landschaftlichen Schönheit für Ansiedelungen gesucht sind und des Schutzes bedürfen, ein wildes, rücksichtsloses Bauen hintangehalten werden kann und so beliebte, seit Menschengedenken der Allgemeinheit offenstehenden Höhen- und Uferwege, Aussichtspunkte und dergl. der Allgemeinheit erhalten werden können."

Es gelten also die Bestimmungen der BO. über Baulinien, wie überhaupt alle Bestimmungen der BO. und der auf Grund dieser erlassenen polizeil. Vorschriften, uneingeschränkt, auch für das freie Gelände abseits und außerhalb geschlossener Ortschaften.

(Die Entscheidung ObstLG. 11, 167, wonach die Bestimmungen der BO. sich regelmäßig nur auf die bebauten Teile der Städte und Ortschaften und diejenigen Gebiete beziehen, deren Bebauung in absehbarer Zeit zu erwarten ist, Bauvornahmen also außerhalb der Ortschaften und ihres voraussichtlichen Bebauungsgebietes in der Regel den Vorschriften der BO. nicht unterstellt sind, ist nicht haltbar. — S. auch Martius: „Geltungsbereich baupolizeilicher Vorschriften" in Bayer. GemVerwZtg. 1925 S. 377.) —

6. Weder § 1 noch § 6 BO. geben eine Begriffsbestimmung; auch die Bestimmungen des RStGB. (§§ 330, 367 Ziff. 13, 14, 15) enthalten eine solche nicht. Es ist deshalb der Begriff nach seiner landläufigen und rein sprachlichen Bedeutung, sowie im Einklang mit der Rechtsprechung zu bestimmen (ObstLG. 2, 122).

„Bauwerk" im Sinne der baupolizeilichen Vorschriften ist nach der Rechtsprechung des RG. und des ObstLG. eine unbewegliche, von Menschenhand hergestellte Sache, die sich als ein selbständiges, in sich abgeschlossenes und für eine gewisse Dauer bestimmtes Ganze darstellt; so RG. Rechtspr. Bd. 6 S. 477; RG. Bd. 15 S. 263; Bd. 30 S. 246; RG. Civ. Bd. 56, S. 41; ObstLG. Bd. 2 S. 122 und Bd. 10, S. 289; Unter Bauwerk ist zu verstehen „eine unbewegliche, durch Verbindung von Arbeit und Material in dauernder Verbindung mit dem Erdboden hergestellte Sache, die sich als selbständiges, in sich abgeschlossenes Ganze darstellt". —

„Gebäude" im Sinne der BO. sind Hochbauten aus beweglichen Baustoffen, die entweder im Erdboden befestigt oder so mit ihm verbunden sind, daß sich die Unbeweglichkeit von Grund und Boden naturgemäß darauf überträgt, oder ihnen doch, wenn sie auch nicht mit dem Boden fest zusammenhängen, nach ihrer ganzen Anlage, nach ihrer Länge, Höhe und Tiefe die Eigenschaft der Unbeweglichkeit innewohnt (so die ständige Rechtsprechung: Urt. des bayr.

Oberst. Gerichtshofs, Sammlung 5, 26; 6, 281; OLG. München, Sammlung 5, 140; 9, 52; ObstLG. 2, 122, 245, 289; 6, 208; 12, 358). — Ein Tor, das sich aus 2 Betonsäulen und einer schmiedeeisernen Türe zusammensetzt, ist kein „Gebäude" i. S. des § 6 BO. (ObstLG. v. 19. Jan. 1928 in BVerwBl. 1929 S. 108).

Ein „Gebäude" setzt eine Fundierung nicht voraus; vielmehr kommt es darauf an, daß das Bauwerk nicht ohne Zerlegung von der Stelle gebracht werden kann (ObstLG. 12, 358). Die durch die Schwere des Bauwerks hergestellte Verbindung mit dem Boden ist für genügend anzusehen (s. RG. Strafs. 10, 103). — Einem Gebäude kann dadurch, daß es zur Umgehung baupolizeilicher Bestimmungen auf Räder gesetzt wird, nicht die Eigenschaft eines Gebäudes genommen werden. Das preuß. Oberverwaltungsgericht hat in solchen Fällen entschieden (Sammlung Bd. 4 S. 392; Bd. 4 S. 538), daß diese baulichen Anlagen, wenn aus den gesamten Umständen die Absicht der dauernden Belassung auf dem gewählten Standorte hervorgehe, als Gebäude zu betrachten seien; die Räder seien hier nur an Stelle einer als Fundament dienenden Unterlage. —

Eine **dauernde** Verbindung mit dem Boden erscheint für den Begriff des Gebäudes und Bauwerkes (im Gegensatz zu der oben zitierten Entscheidung ObstLG. Bd. 10 S. 289) nicht erforderlich, da der Sprachgebrauch auch Bauwerke, die wie z. B. Ausstellungsgebäude nur vorübergehenden Zwecken dienen, als Gebäude bezeichnet.[1])

7. D. s. alle im § 8 aufgezählten Anlagen, soweit sie nicht unter den Begriff des „Gebäudes" fallen; die Aufzählung im § 8 ist eine erschöpfende.

8. Als Hauptreparatur oder Hauptänderung der Umfassungsmauer **an der Straßenseite** ist nicht nur nach § 7 Ziff. 2 die Schwächung, Versetzung, Beseitigung oder Erneuerung der Umfassung, sondern auch die Veränderung ihrer Höhe oder Länge unter den dort aufgeführten Voraussetzungen zu betrachten, da eine Hauptreparatur nach § 7 Ziff. 1 auch in einer Veränderung der Umfassungsmauern nach Höhe oder Länge bestehen kann. — Im übrigen s. § 7. —

9. Eine Verpflichtung zur Vorlage von Plänen oder zur An-

---

[1]) v. Borscht MBO. § 10 Anm. 1 bezeichnet die Begriffsbestimmung der Rechtsprechung als zu eng. Ausschlaggebend soll sein, ob nach Art und Weise der Verbindung die Annahme gerechtfertigt erscheint, daß es sich um eine provisorische Aufstellung auf einem bestimmten Platz handelt, der je nach Umständen verlassen wird. Eine Marktbude, die ihren Standpunkt stets wechsle, sei kein Gebäude; dieselbe Bude sei aber Gebäude, sobald sie an einem Platz dauernd Aufstellung finde. — Diese Ansicht dürfte dem Sprachgebrauch nicht entsprechen.

zeigeerstattung an die Baupolizeibehörde begründet § 1 bei Bestehen von Baulinien nicht. Eine solche kann jedoch aus anderen Gründen (z. B. § 9) nötig sein. Soweit es sich um genehmigungspflichtige Bauführungen handelt, wird die Baupolizeibehörde die Einhaltung der Baulinie anläßlich der Einreichung der Pläne prüfen. Dagegen ist ihr Tätigwerden bei Bauführungen nach § 1 Abs. I, die jedoch nicht genehmigungspflichtig sind, nicht erforderlich; dem Gesetz wird hier durch tatsächliches Einhalten der Baulinie genügt. Ist bei letzteren Bauführungen eine Abweichung von der Baulinie beabsichtigt, so ist vorher deren Abänderung zu beantragen oder um Befreiung nach Abs. II nachzusuchen (vgl. ME. v. 13. März 1897 Nr. 4883). —

10. Was unter „Einhaltung" der Baulinie zu verstehen ist, ergibt sich aus der Art der in Frage stehenden Baulinie und aus § 53 Abs. I; s. auch Ziff. 4 der ME. v. 3. Aug. 1910 (s. IV. Teil). Danach sollen in Städten und Märkten mit geschlossener Bauweise an die Baulinien nur Hauptgebäude gestellt werden; sonstige Bauwerke sollen für die Regel nur auf den rückwärtigen Teilen der Baugrundstücke errichtet werden. Bei vorderen, seitlichen und rückwärtigen Bebauungsgrenzen müssen sich die Gebäude und baulichen Anlagen innerhalb dieser Grenzen halten; dagegen dürfen sie bei Vorgartenlinien und Gebäudefluchtlinien diese weder überschreiten noch hinter ihnen zurückbleiben (vgl. ObstLG. 5, 210). Bei Einfriedigungslinien müssen die Einfriedigungen auf den Baulinien errichtet werden.

Eine Verpflichtung zur Errichtung von Einfriedigungen ergibt sich aus § 1 nicht; eine solche kann aber auch nicht auf Grund des Art. 101 Abs. III PStGB. festgesetzt werden, denn unter baupolizeilichen Vorschriften im Sinne des Art. 101 Abs. III sind nur solche polizeiliche Verordnungen zu verstehen, welche die äußere Gestaltung eines Bauwerks zum Gegenstand haben; weder Bebauungsgebote noch -verbote können auf Art. 101 Abs. III gegründet werden. Dies ergibt der Wortlaut des Gesetzes und auch seine Entstehungsgeschichte (s. Verhandlg. des gesetzgebenden Ausschusses der Kammer der Abgeordneten 1871/72 Bd. II, S. 52/53; ObstLG. 11, 340; 13, 7; 14, 70; 15, 188). Unter Umständen wird jedoch eine Verpflichtung zur Herstellung von Einfriedigungen gem. Art. 2 Ziff. 6 PStGB. aus § 306 Ziff. 10 RStGB., Art. 90 und 94 PStGB. hergeleitet werden können.

Die Baulinie hat in der Gebäudeflucht über dem Sockel (d. i. im sog. Mauerleib) zu verlaufen. Bei bestehenden Straßen kann die Häuserflucht nicht ohne weiteres als Baulinie betrachtet werden; es obliegt vielmehr der Baupolizeibehörde zu bestimmen, ob die Häuserflucht als Baulinie anzuerkennen oder beizubehalten ist oder ob die Festsetzung einer neuen Baulinie angezeigt erscheint.

Für die Fälle, in denen ein Vortreten, (Vorspringen, Ausladen) einzelner Gebäudeteile über die Baulinie oder das Zurücktreten von solchen hinter die Baulinie beabsichtigt ist, bestimmt die generalisierte ME. v. 14. Juli 1902 Nr. 11966:

„1. Für Vorsprünge, welche bis zum Erdboden reichen, wie Sockel, Risalite, Erker, Lisenen und dergl. kann eine Ausladung bis zu 15 cm über die Baulinie von der Baupolizeibehörde gestattet werden. Bei größeren Ausladungen ist die Mauerflucht entsprechend hinter die Baulinie zurückzurücken, sofern nicht im einzelnen Fall durch das K. Staatsministerium des Innern (nunmehr Regierung, K. d. J.) auf Grund des § 65 Abs. II der BO. Dispensation von § 1 Abs. I erteilt wird.

2. Bei vorspringenden Gebäudeteilen, welche nicht bis zum Erdboden reichen, wie Altanen, Balkonen, Galerien, Gesimsen, Verdachungen, Fensterbänken, Tür- und Fenstergewänden und dergl. kommt weniger die Einhaltung der Baulinie als die Rücksichtnahme auf die Sicherheit des Verkehrs, auf den erforderlichen Lichtzutritt und auf die ästhetische Erscheinung in Betracht.

Hinsichtlich der Altanen, Balkonen und Galerien ist im § 38 der BO. eine allgemeine Regelung erfolgt, von welcher Abweichungen selbstverständlich nur im Wege der Dispensation stattfinden können.

In Ansehung der übrigen Ausladungen dieser Art steht der Baupolizeibehörde zu, im einzelnen Fall nach einigem Ermessen unter Beachtung der vorbezeichneten Rücksichten zu entscheiden. Auch bleibt unbenommen, hierüber durch ober- und ortspolizeiliche Vorschriften nähere Regelung zu treffen.

3. Das Zurücktreten einzelner Bauteile hinter die Baulinie ist seitens der Baupolizeibehörden nicht zu beanstanden; jedoch ist bei Bauten im geschlossenen Bausystem darauf zu bestehen, daß im Anschluß an die Nachbargebäude die Baulinie wieder eingehalten wird. Auch in bezug auf das Zurücktreten von Bauteilen hinter die Baulinie bleibt indessen die Erlassung ober- oder ortspolizeilicher Vorschriften unbenommen." —

Ein Zurückbleiben hinter der Baulinie ist dann nicht gegeben, wenn das Bauwerk überhaupt nicht als an der Straße errichtet anzusehen ist. Ist aber ein Bauwerk als an der Straße errichtet zu betrachten (s. oben Anm. 2), dann muß es entweder die Baulinie einhalten oder soweit zurückbleiben, daß zwischen ihm und der Baulinie noch ein den örtlichen Verhältnissen entsprechendes Hauptgebäude hergestellt werden kann; zwischen diesen beiden Grenzlinien kann ohne Dispens ein Gebäude nicht errichtet werden. Stößt ein Baugrundstück nicht an die Baulinie, so ist entweder Erwerbung des vorliegenden Grundstücks oder entsprechendes Zurückbleiben von der Baulinie nötig. —

Aussteckung der Baulinie: s. § 72 Abs. 4. —

Die Einhaltung der Baulinie ist auch bei ärarialischen usw. Bauführungen zu beachten; für diese ist lediglich die Ausnahmebestimmung des § 10 geschaffen; hievon abgesehen, unterliegen sie aber den materiell-rechtlichen Bestimmungen der BO. ebenso wie private Bauführungen; jedoch findet § 65 Abs. II (Dispens) keine Anwendung. —

Eine Verpflichtung zur Abtretung der außerhalb der Baulinie liegenden, zur Straße fallenden Fläche kann aus § 1 nicht hergeleitet werden (a. M. Vorscht MBO. § 5 Anm. 3 S. 33ff.); s. § 62 BO.; und auch Art. 46 d. Ges. über die Erschließung von Baugelände (GVBl. 1923 S. 280).

Nur die Errichtung von Gebäuden und baulichen Anlagen der im § 8 bezeichneten Art (— gleichgültig, ob eine ortspolizeiliche Vorschrift nach § 8 ergangen ist oder nicht —) oder die Vornahme einer Hauptreparatur oder Hauptänderung an deren Umfassung unterliegt dem Baulinienzwang. Die Vorschrift des § 1 Abs. I schließt jeden Zweifel aus; ausschlaggebend sind für die Frage des Baulinienzwanges die Begriffe „Gebäude“ und „bauliche Anlage des § 8“; das Merkmal der Genehmigungspflicht hat hier völlig auszuscheiden. Die in der ME. v. 3. Aug. 1910 Ziff. 1 letzter Abs. (s. IV. Teil) vertretene Ansicht, daß § 1 nur genehmigungspflichtige Bauten treffe und somit auf die baulichen Anlagen des § 8 nur anwendbar sei, wenn hiefür die Genehmigungspflicht durch ortspolizeiliche Vorschrift angeordnet ist, hat im Wortlaut des § 1 keine Stütze; vgl. auch ME. v. 29. Dez. 1910 Nr. 4050d 23 Vollzug der BO. betr. („Bereits festgesetzte Baulinien sind deshalb nach wie vor nicht nur bei allen genehmigungspflichtigen Bauten, sondern auch bei allen nicht genehmigungspflichtigen baulichen Anlagen [§ 8 der BO.] einzuhalten).

Die BO. unterscheidet zwischen Baulinienzwang und Genehmigungspflicht. Welche Bauwerke dem Baulinienzwang unterliegen, ist ausschließlich in § 1 Abs. I und II bestimmt; die Genehmigungspflicht behandeln die §§ 6, 7, 8. § 1 schließt die Annahme aus, daß auch die in § 6 Abs. II genannten baulichen Anlagen die Baulinie einzuhalten haben. Letztere Ansicht ist nur soweit richtig, als die in § 6 Abs. II bezeichneten Bauten sich als „Gebäude“ darstellen. — Denkbar sind Bauwerke, die zwar die Baulinie einzuhalten haben, aber nicht genehmigungspflichtig sind (z. B. in Märkten und auf dem Lande die in § 6 Abs. II b 1 genannten Bauwerke, soweit sie Gebäude sind), ebenso wie solche, die zwar genehmigungspflichtig sind, dagegen nicht dem Baulinienzwang unterliegen (z. B. in Städten, die im § 6 Abs. II b 1 genannten Bauwerke, soweit sie nicht Gebäude sind). —

Wer — abgesehen von den Fällen des Abs. II — von der Baulinie abweichen will, hat entweder deren Abänderung zu beantragen oder Dispens gem. § 65 (die im Gegensatz zu den Fällen des Abs. II möglich ist) nachzusuchen.

11. Als solche sind auch Stockwerksaufbauten, die sich nicht auf die ganze Umfassung gegen die Straßenseite erstrecken, anzusehen (ME. v. 10. April 1891 Nr. 5665; ME. v. 29. Juli 1903 Nr. 17233).

12. Die Entscheidung hat nach dem Ermessen der Baupolizeibehörde im geordneten Instanzenweg zu erfolgen; Dispens nach § 65 kommt daher nicht in Frage (ME. v. 2. März 1901 Nr. 4236). Unter Ermessen ist das pflichtgemäße Ermessen unter Berücksichtigung aller einschlägigen Verhältnisse zu verstehen. —

13. Die Festsetzung erfolgt nach Maßgabe des Bedürfnisses und des öffentlichen Interesses von Amts wegen. Dritte Personen können Anträge auf Festsetzung stellen; diese Anträge Beteiligter (Grundbesitzer, Bauherren usw.) können im administrativen Beschwerdeweg verfolgt werden; ein Rechtsanspruch auf Festsetzung steht den Beteiligten jedoch nicht zu (BGH. 32, 29). Trotzdem erscheint es als eine Pflicht der nach § 58 zuständigen Stelle, die Baulinie festzusetzen, es sei denn, daß sie von § 1 Abs. 4 Gebrauch machen oder daß die Bebauung des Platzes überhaupt aus wichtigen Gründen verhindert werden will. Da § 1 Abs. 3 nur die Bebauung solcher Gebiete regeln will, die baulinienmäßig tatsächlich aufgeschlossen werden sollen, besteht eine Pflicht der Baupolizeibehörde zur Baulinienfestsetzung da nicht, wo aus irgend welchen, dem pflichtmäßigen Ermessen der Behörde anheimgestellten Gründen die Bebauung eines Gebietes ausgeschlossen werden soll.

§ 1 Abs 3 gibt daher der Baupolizeibehörde die Handhabe, die Bebauung eines Geländes, das nach der Planung unbebaut bleiben soll, im Wege der Verweigerung der Baulinienfestsetzung auszuschließen und zu verhindern.

Abs. III gilt nur für genehmigungspflichtige Bauten, also auch nicht für solche, deren Pläne nach § 10 zur Erinnerung vorzulegen sind. Unter Abweichung von der gegebenen Baulinie ist nicht nur deren Abänderung, sondern auch deren Aufhebung verbunden mit Festsetzung einer neuen Linie zu verstehen.

Sobald die Baulinien festgesetzt und damit den künftigen Bauprojekten und Baugesuchen für eine Straße oder einen Platz eine bestimmte Richtung gegeben ist, haben die beteiligten Grundbesitzer Anspruch darauf, daß bei Neuaufführung von Bauwerken die Baulinie eingehalten wird und daß eine Abweichung von ihr nur mit beschlußmäßiger Genehmigung der nach § 58 zuständigen Stelle nach Durchführung des vorgeschriebenen Verfahrens, bei dem alle Beteiligten zu hören sind, stattfindet. —

Über das Verfahren s. §§ 58 ff.

14. Abs. IV kommt nur zur Anwendung, wenn das in Frage stehende Gelände für eine Bebauung vorgesehen ist; er gilt ebenfalls nur für genehmigungspflichtige Bauten. Dispens kommt nicht in Frage; da die Umgangnahme ins pflichtmäßige Ermessen der genehmigenden Stelle gestellt ist, hat diese nur in den Fällen von der Festsetzung Abstand zu nehmen, in denen die Voraussetzungen des Abs. IV erfüllt sind. Die Bestimmung der Art und Weise der Ermittlung der Voraussetzungen ist der zuständigen Stelle überlassen; Verfahrensvorschriften bestehen nicht.

In allen Fällen muß für eine den Verhältnissen entsprechende Zufahrt gesorgt sein; insbesondere muß sie die Anwendung von Feuerlöschgeräten ermöglichen. Dazu ist weiter erforderlich, daß entweder die Beteiligten die Festsetzung nicht anstreben oder ein öffentliches Interesse an ihr nicht vorliegt. Den Beteiligten wird Gelegenheit zur Stellungnahme zu geben sein. Als beteiligt sind die Grundeigentümer, etwaige dinglich Berechtigte, die Gemeinde, an Staatsstraßen auch der Fiskus (Straßen- und Flußbauamt) zu betrachten. Der Kreis der Beteiligten läßt sich nicht fest umschreiben; ihre Ermittlung ist Sache der Behörde. Sie wird auch zu entscheiden haben, ob die Festsetzung „von den Beteiligten" angestrebt ist oder nicht. An sich müßte nach dem Wortlaut der Vorschrift die Festsetzung von allen Beteiligten angestrebt sein; dies dürfte jedoch, gerade im Hinblick auf die Unbestimmtheit des Kreises der Beteiligten, nicht der Sinn des Gesetzes sein. Es wird genügen, wenn die Hauptbeteiligten, ja selbst nur einer von diesen, die Festsetzung anstreben, es sei denn, daß dessen Rechtsausübung offenbar als Schikane zu betrachten sei.

15. Auch Abs. V findet nur auf genehmigungspflichtige Bauwerke Anwendung. Es muß bei Verzicht auf Festsetzung von Baulinien die gleiche ordnungsmäßige Bebauung des Geländes erfolgen wie bei deren Festsetzung.

16. Als Anhalt können allenfalls auch die Bestimmungen des § 25 dienen. — Die Bestimmungen über Abstand, Stellung der Gebäude usw. werden am besten als Bedingungen in die zu erteilende Baugenehmigung aufgenommen.

17. Die an die Baugenehmigung zu knüpfenden Bedingungen müssen die spätere Durchführung von Baulinien nach Möglichkeit sichern. Eine wesentliche Erleichterung werden hier schon bestehende Generalbaulinienpläne oder auch nur allgemeine Richtlinien für die Bebauung gewähren. —

§ 2.

I Bei der Bestimmung der Baulinie ist auch auf die Höhenlage [1]) und auf etwaige Baubeschränkungen [2]) (offene Bauweise [3]), Gebäudeabstand [4]), Gebäudehöhe [5]), Hofraumgröße [6]), Ausschluß lästiger Anlagen [7]) und dergl.) Rücksicht zu nehmen.

II Die Höhenlage und die Baubeschränkungen sind im Falle des Bedürfnisses festzusetzen [8]); weitergehende Baubeschränkungen durch distrikts- oder ortspolizeiliche Vorschriften bleiben vorbehalten [9]).

1. Vor Bestimmung der Baulinie ist, soweit hiezu überhaupt im einzelnen Fall ein Bedürfnis besteht, die Höhenlage (das Niveau) zu bestimmen. Durch vertikale Messungen werden die Punkte festgelegt, die die bebauungsfähige Fläche bestimmen.

2. Baubeschränkungen sind nicht nur Beschränkungen hinsichtlich der Bebauungsdichtigkeit, sondern solche jeder Art, insbesondere hinsichtlich der Art der Bebauung und der Verwendung der Bauwerke. Weiter sind hier nur Baubeschränkungen öffentlichrechtlicher Natur, nicht privatrechtliche, zu verstehen (obwohl nichts im Wege steht, auch auf letztere Rücksicht zu nehmen; vgl. z. B. Vollz.-Vorschr. zur MBO. v. 29. Mai 1896 § 3 Abs. III). — Durch Bebauungsvorschriften können u. a. aus Gründen der Gesundheit und des Städtebaues getrennte Viertel für reine Wohnzwecke und andererseits für Zwecke der Industrie und des Gewerbes geschaffen werden. — (S. auch § 10 Abs. 6 der ME. v. 30. Dez. 1909 betr. Wirtschaftsgewerbe [MABl. 1910 S. 1]: Abortanlagen von Gastwirtschaften dürfen nicht an oder in der Nähe der Baulinie oder Baufluchtlinie sein.)

Bis zur Novelle von 1910 konnten Baubeschränkungen nur nach Art. 101 Abs. II und III PStGB. durch Verordnung, ober-, bezirks- oder ortspolizeiliche Vorschrift angeordnet werden. Seit der Novelle von 1910 besteht neben der bisherigen Möglichkeit noch die der beschlußmäßigen Festsetzung der Baubeschränkungen nach §§ 2, 58 ff. BO.

Die BO. selbst enthält eine Anzahl von Einschränkungen hinsichtlich der Bebauung; so in §§ 14 (Kleinhausbauten), 25 Gebäudehöhe), 49 (Winkel und Reihen)), 50 (Hofraumgröße), 53 (Bauen an der Baulinie). Diese Beschränkungen sind jedoch nicht „Baubeschränkungen" im Sinne des § 2; unter letzteren versteht man vielmehr nur solche Vorschriften, die über die Forderungen der BO. hinausgehen.

Die vorstehenden Vorschriften der BO. sind Mindestforderungen; sie können durch weitergehende Vorschriften ergänzt werden. — Die Aufzählung in Abs. I ist nicht erschöpfend. —

3. Hinsichtlich des Bebauungssystems unterscheidet die BO. zwischen offener und geschlossener Bauweise. Das offene (Pavillon-) Bausystem war bisher durch § 11 BO. geregelt. Nunmehr können diesbezügliche Vorschriften auf Grund des § 2 beschlußmäßig oder durch bezirks- oder ortspolizeiliche Vorschriften gegeben werden.

Bei der offenen Bauweise müssen die einzelnen Gebäude voneinander einen durch die diesbezüglichen Anordnungen, die den Forderungen der Gesundheit, Ästhetik und Feuersicherheit Rechnung tragen, bestimmten Mindestabstand einhalten, im Gegensatz zur geschlossenen Bauweise, bei der die einzelnen Gebäude aneinander gebaut werden dürfen oder nur durch enge Reihen voneinander getrennt sind. Im einzelnen läßt der Begriff der offenen Bauweise den weitesten Spielraum; er schließt z. B. die Anlage von Doppelhäusern, ja ganzen Gebäudegruppen nicht aus (vgl. Vollz.Vorschr. zur MBO. v. 29. Mai 1896 § 3).

In einem Orte oder einem Stadtteil können offene und geschlossene Bauweise nebeneinander vorkommen (gemischte Bauweise). Für die Frage, ob der Ort oder Stadtteil als im offenen oder geschlossenen Bausystem gebaut zu betrachten ist, ist das Vorwiegen der einen oder anderen Bauweise entscheidend; im Einzelfall unterliegt sie der Würdigung durch die Baupolizeibehörde.

(Aus §§ 7 Ziff. 4; 28 Abs. II; 29 Abs. I und aus der Überschrift zu §§ 53 und 54 darf nicht geschlossen werden, daß die BO. die offene Bauweise für Städte nicht kennt). —

Die offene Bauweise kann nicht nur kraft ausdrücklicher ortspolizeilicher Vorschrift, sondern auch kraft örtlicher Übung als Baunorm gelten. Dabei kann als offene Bauweise auch die Bausitte erachtet werden, jeweils die eine Grenze zu bebauen und den ganzen Gebäudeabstand auf die andere Gebäudeseite zu nehmen und so Gebäude—Hof, Gebäude—Hof usw. durch die Zeile sich folgen zu lassen (ME. v. 13. Dez. 1912 Nr. 4064 a 9).

Für das offene Bausystem sind nicht nachbarrechtliche, sondern gesundheitspolizeiliche Gesichtspunkte maßgebend. Es erscheint deshalb bei bestehendem Verbot des Überbauens des Zwischenraumes dessen Überbauung auch dann unzulässig, wenn die beiden Grundstücke dem gleichen Eigentümer gehören (s. ObstLG. v. 17. Febr. 1927 in BayrVerwBl. 1927 S. 346).

4. Unter Gebäudeabstand ist die Entfernung zu verstehen, die ein Gebäude von einem andern oder unter Umständen von der Nachbargrenze einzuhalten hat. Die Vorschrift über den Gebäudeabstand regelt an sich noch nicht die Frage der Überbauungsfähigkeit des Zwischenraumes. — Im übrigen s. § 49.

5. S. § 25.

6. S. § 50.

7. Hierunter sind nicht nur Anlagen nach §§ 16 und 17 GewO. zu verstehen, sondern alle gesundheitsschädlichen, lärmenden usw. Anlagen. Durch Baubeschränkungen kann nur die Errichtung, nicht etwa auch der Weiterbetrieb schon bestehender Anlagen verboten werden. Die Baubeschränkungen müssen sich im Rahmen des Art. 101 PStGB. halten; da Art. 101 PStGB. sich nur auf die äußere Gestaltung des Bauvorhabens bezieht, kann ein Ausschluß lästiger Anlagen, der sich nicht auf eine Bauvornahme bezieht, nicht auf Art. 101 PStGB. gegründet werden (vgl. ObstLG. 9, 121). Reichsrechtliche Grundlage ist hier § 23 Abs. 3 RGewO.

Art. 101 Abs. II PStGB. mit §§ 2, 3, 59, 36 geben die Möglichkeit durch baupolizeiliche Vorschriften im Zusammenhang mit einem Generalbaulinienplan für Pelztierzuchtfarmen als lästige Anlagen

Baubeschränkungen zum Schutze der Gesundheit vorzusehen. (Vgl. ME. vom 5. Febr. 1929 Nr. 5337 c 1 betr. Pelztierzuchtfarmen).

8. Über das Verfahren s. §§ 58 ff.

9. Eine Ergänzung des § 2 Abs. II stellt der Art. 1 Abs. III des Gesetzes über die Erschließung von Baugelände vom 4. Juli 1923 (s. IV. Teil) dar: „Die Bebauungsweise des zu erschließenden Baugeländes ist nach Bedarf durch Bebauungsvorschriften zu regeln.“ —

§ 3.

I Bei der Festsetzung der Baulinien und der Höhenlagen sowie der Baubeschränkungen muß auf Sicherheit und Bequemlichkeit des Verkehrs[1]) gesehen sowie den Wohnungsverhältnissen[2]), den Anforderungen der Gesundheit[3]), der Feuersicherheit und Schönheit[4]) tunlichst Rechnung getragen werden[5]). Insbesondere ist darauf zu achten, daß die neuen Bauanlagen mit den schon bestehenden gut verbunden werden und daß die Grundstücke zweckmäßig bebaut werden können.

II Bei der Festsetzung der Höhenlagen ist außerdem besonders auf Schutz gegen Überschwemmungen[6]), auf den höchsten bekannten Grundwasserstand, auf möglichst geringe Steigungen sowie auf zweckmäßigste Entwässerung[7]) der Gebäude und des sie umgebenden Bodens (rasche Abführung in Gossen, Abzugskanälen oder Sielen und möglichst erleichterten Anschluß der einzelnen Grundstücke) Bedacht zu nehmen.

1. Aus diesem Grunde wird auch die Entstehung von Sackgassen in verkehrsreichen Ortsteilen, wenn auch nicht in den reinen Wohnvierteln, zu vermeiden sein; s. § 62 Abs. III und ME. v. 20. Jan. 1898 Nr. 430 und v. 28. April 1904 Nr. 9917.

Bei der Festsetzung von Baulinien in der Nähe von Wegkreuzungen und Bahnübergängen ist, wenn mit einem stärkeren Verkehr, insbesondere Kraftwagenverkehr, gerechnet werden muß, auf die Schaffung einer guten Übersicht besonders zu achten (ME. vom 10. Nov. 1928 StAnz. Nr. 262).

Über die Beschaffung des notwendigen öffentlichen Verkehrsraums (öffentlicher Straßen, Wege, Fußwege, Radfahrwege, Promenadewege, Verkehrsplätze einschl. der sog. Inseln und etwaiger Fahrzeughalteplätze) s. § 62 und die Anm. hiezu und weiter das Gesetz über die Erschließung von Baugelände v. 4. Juli 1923 und die Vollzugsbekm. hiezu v. 14. Sept. 1923 (beide s. IV. Teil).

2. S. ME. v. 18. Juli 1905 die Herstellung von Baulinien betr. (s. IV. Teil).

3. In Orten mit starker Bautätigkeit ist genügend Platz für Anlagen und freie Plätze zu lassen (ME. v. 26. Nov. 1898 Nr. 21 837 und v. 13. Juli 1900 Nr. 11 107). Die Freihaltung von Grünplätzen im Baublockinnern kann durch Festsetzung von Bebauungsgrenzen errichtet werden (ME. v. 3. Aug. 1910 Ziff. 3; s. IV. Teil).

Über den Gemeinbedarf an aus Gründen des Gemeinwohls von der Bebauung freizuhaltenden Flächen s. das Gesetz über die Erschließung von Baugelände v. 4. Juli 1923 und die Vollzugsbekm. hiezu v. 14. Sept. 1923 (s. IV. Teil).

Danach gehören hieher: Grünplätze, Baum- und gärtnerische Anlagen, Parkanlagen, Sport- und Spielplätze mit ihren notwendigen Anlagen, öffentliche Brunnenanlagen, Schutzgebiete für Naturschönheiten und hervorragende Naturgebilde, Aussichtspunkte, Uferstreifen an Seen und Flüssen, allenfalls auch Flächen für öffentliche Bedürfnisanstalten. —

4. S. Anm. 3 und im IV. Teil: ME. v. 18. Juli 1905 und 3. Aug. 1910.

5. Die Aufzählung der zu beachtenden Gesichtspunkte ist keine erschöpfende.

6. Nach Art. 76 WG. hat die Verwaltungsbehörde für alle öffentlichen Flüsse und für die Privatflüsse und -Bäche mit erheblicher Hochwassergefahr die Grenzen des Überschwemmungsgebietes festzusetzen. Innerhalb dieser Grenzen dürfen ohne Erlaubnis der Verwaltungsbehörde weder Anlagen und Bauten errichtet, noch Änderungen daran vorgenommen werden, die auf den Lauf des Wassers oder auf die Höhe des Wasserstandes Einfluß haben können. Nach Art. 85 WG. ist das Überschwemmungsgebiet auch von anderen Hindernissen, Zäunen, Einfriedigungen usw. freizuhalten. —

Voraussetzung ist, daß das Überschwemmungsgebiet schon festgesetzt ist (Urt. des ObstLG. in Bl. f. RA. Jahrg. 75 S. 577); wenn nicht, ist das wasserrechtliche Verfahren vor der Baulinienfestsetzung durchzuführen.

Im nach Art. 76 WG. festgesetzten Überschwemmungsgebiet ist eine Baulinienfestsetzung nicht möglich.

7. Ein Verbot von Sammel- und Versitzgruben für Entwässerungszwecke enthält Abs. II nicht (ME. v. 2. Febr. 1886 Nr. 885). — S. auch Art. 19 und 37 ff. WG. —

§ 4.

I Behufs der Festsetzung neuer und der Abänderung bestehender Baulinien und Höhenlagen sind Pläne vorzulegen[1]), welche in den einer Kreisregierung unmittelbar untergeordneten Städten nach dem Maßstabe von 1:1000, in den übrigen Städten, dann in Märkten und auf dem Lande im Maßstabe von 1:2500 in doppelter Fertigung herzustellen sind[2]); die Steuerkatasterblätter[3]) können, wo sie diesen Maßstäben entsprechen, hierzu gleichfalls angewendet werden.

II Die Baulinienpläne haben die Grundfläche mit den Grenzen der Grundstücke, den Namen der Eigentümer und den Plan- und Hausnummern, ferner die hierauf befindlichen Bauwerke, Wege und Wasserläufe[4]), die aufzuhebenden, die neu beantragten und die unverändert bleibenden Baulinien, endlich Angaben über den Planmaßstab und die Himmelsrichtung zu enthalten. Die Pläne müssen ersehen lassen, ob die beantragten Baulinien als Straßenbegrenzungslinien, als Vorgartenlinien, als Gebäudefluchtlinien, als vordere, seitliche oder rückwärtige Bebauungsgrenzen gelten sollen[5]).

III Die Höhenlagepläne sollen die Höhenlage der Grundfläche in Beziehung zu den nächst gelegenen, genau zu bezeichnenden Fixpunkten sowohl für die Mitte der Straße als auch für die beiderseitigen Trottoire, sowie die Kanäle und Wasserabzugsrinnen darstellen.

IV Bei unebenem Gelände kann die Eintragung von Höhenkurven gefordert werden, welche die Geländegestaltung ersehen lassen.

1. Von der Gemeinde bzw. dem Antragsteller (§§ 59 II, 60); im übrigen s. wegen des Verfahrens §§ 58 ff.; wegen der Kosten §§ 78 ff.

2. Der Maßstab ist auf den Plänen anzugeben; die Pläne sollen in Aktenformat eingereicht werden.

3. Die FinMinBekm. v. 14. Dez. 1923 (StAnz. Nr. 290) über den Bezug von Katasterplänen und Übersichtskarten bestimmt:

1. Vom Landesvermessungsamt, dem das Vervielfältigungsrecht an den bayerischen Katasterplänen und den hiezu gehörigen Übersichtskarten zusteht, können bezogen werden:

a) Flurblätter, die in der Regel im Maßstab 1:5000 oder 1:2500 und ausnahmsweise bei einzelnen Neumessungen im Maßstab 1:1000 hergestellt sind, ferner Flurblattbeilagen verschiedenen Maßstabes,

b) Orts- und Stadtblätter im Maßstab 1:2500,

c) Orts- und Stadtblätter von neugemessenen Orten und Städten im Maßstab 1:1000,

d) Amtsgerichtsübersichtskarten im Maßstab 1:100000, Kreisübersichtskarten im Maßstab 1:400000 und Landesübersichtskarten im Maßstab 1:800000.

2. Der Preis beträgt für jedes Blatt zu Ziff. 1a: 3 Goldmark, zu Ziff. 1b: 4 Goldmark, zu Ziff. 1c und d: 5 Goldmark. In dem Preise sind die Verpackungskosten nicht inbegriffen.

3. Bestellungen von Katasterplänen und Übersichtskarten sind an die Kasse des Landesvermessungsamts in München, Alexanderstraße 4, zu richten.

4. Auf Antrag können vom Landesvermessungsamt auch Katasterpläne im verkleinerten oder vergrößerten Maßstab und mit besonderen Einträgen im Schwarz- oder Farbendruck gegen Ersatz der Herstellungskosten geliefert werden. Diesbezügliche Anträge sind unmittelbar an das Landesvermessungsamt zu richten.

5. Die seitherigen Bestimmungen über den Bezug von Katasterplänen und Übersichtskarten treten außer Wirksamkeit."

Jede unbefugte Vervielfältigung von Katasterplänen verstößt gegen das Reichsgesetz v. 19. Juni 1901 (RGBl. S. 227) betr. das Urheberrecht an Werken der Literatur und der Tonkunst (FinMin.-Bekm. v. 9. April 1913 Nr. 37832).

4. Auch diejenigen Baulichkeiten, Ausblicke und dergl., welche bei den Bauführungen berücksichtigt und geschont werden sollen, sind auf den Baulinienplänen zu vermerken (ME. v. 18. Juli 1905 Abs. VII; s. IV. Teil).

5. Darstellung der Baulinien (nach der ME. vom 3. Aug. 1910 Ziff. 7; s. IV. Teil):

„In den Baulinienplänen sollen die Baulinien künftig durch schwarze, mit Farbe hinterlegte Linien dargestellt werden. Für die Gebäudefluchtlinien ist rote, für die Straßenbegrenzungs- und Vorgartenlinien grüne, für die vorderen Bebauungsgrenzen blaue, für die seitlichen und rückwärtigen Bebauungsgrenzen violette Farbe anzuwenden und zwar in der Weise, daß die neuen Baulinien durch ununterbrochene Farbbänder, die unverändert bleibenden mit durch Punkten unterbrochenen Farbbändern (), die aufzuhebenden durch unterbrochene (), Farbbänder, gekennzeichnet werden. Baulinien, die zwar in Aussicht genommen sind, aber vorerst noch nicht festgesetzt werden sollen, sind durch nicht hinterlegte Strichlinien (—— —— —) von entsprechender Farbe zu kennzeichnen.

Fallen aufzuhebende und beantragte Baulinien zusammen, indem z. B. eine vordere Bebauungsgrenze in eine Gebäudefluchtlinie oder eine Gebäudefluchtlinie in eine Vorgartenlinie umgewandelt werden soll, so kann dies in der Weise dargestellt werden, daß die schwarze Linie mit entsprechender Farbe hinterlegt und zugleich ein entsprechendes, unterbrochenes Farbband vorgelegt wird.

Die Maße für die bestehenden Straßen- und Vorgartenbreiten sind schwarz, die Veränderungen dieser Breiten rot einzuschreiben."

Die Eigentumsgrenzen, sofern sie nicht schon auf andere Weise deutlich hervorgehoben, sind durch dunkelgrüne — nicht hinterlegte und nicht schraffierte — Linien zu bezeichnen (ME. v. 5. Jan. 1914 Nr. 4050 d 2). —

§ 5.

I Alle Bauplätze, welche zur Aufführung neuer Wohngebäude bestimmt sind, müssen den Anforderungen der öffentlichen Gesundheitspflege entsprechen oder entsprechend gemacht werden [1]).

II Die Landesgrenze darf bei Herstellung von neuen Gebäuden oder Anbauten nicht überbaut werden.

1. § 5 gibt die Möglichkeit, eine Bebauung von Bauplätzen, die nicht den Anforderungen der öffentlichen Gesundheitspflege entsprechen, zu verhindern. Dispens von § 5 kann nicht stattfinden. Die gesundheitspolizeiliche Überwachung fertiggestellter Wohnungen regelt die V. v. 10. Febr. 1901 die Wohnungsaufsicht betr. (s. VIII. Teil); s. auch § 70 (bezüglich des amtsärztlichen Gutachtens)) sowie §§ 12, 27.

Insbesondere wird bei Neubauten eine entsprechende Entwässerungsanlage zu verlangen sein. Jedoch darf die Baugenehmigung nicht deshalb verweigert werden, weil der Neubau nicht an einer kanalisierten Straße liegt (ME. v. 29. Nov. 1889 Nr. 10483); auch deswegen nicht, weil ein Bauplatz einen verhältnismäßig hohen Grundwasserstand hat und ein Straßenkanal nicht vorhanden ist; jedoch muß in letzterem Falle gefordert werden, daß die zur Trockenhaltung des Baues erforderlichen technischen Hilfsmittel angewandt werden —

Bei Lage des Bauplatzes im Überschwemmungsgebiet wird schon aus wasserrechtlichen Gründen die Bebauung ausgeschlossen sein (s. § 3 Anm. 6).

Vgl. auch § 8 MBO.: „Alle Bauplätze, welche zur Aufführung neuer zum Wohnen oder zum dauernden Aufenthalte für Menschen bestimmter Gebäude benützt werden sollen, müssen den Anforderungen der öffentlichen Gesundheitspflege entsprechen oder entsprechend gemacht werden, zu welchem Zwecke die Entwässerung des gesamten Baugrundes angeordnet werden kann.

Insbesondere sind unreine Ablagerungen und Aufschüttungen zu entfernen, oder es muß die gesamte Baufläche durch eine Betonschicht von mindestens 0,15 m Stärke abgeschlossen werden, die zur Auffüllung von Bauplätzen verwendeten Materialien müssen frei von verwesenden und verfaulenden oder sonstigen den Boden und das Grundwasser verunreinigenden Bestandteilen sein." —

Das Baugrundstück muß auch gegen allenfallsige Erdbewegungen (Senkung, Einsturz, Erdrutsch, Unterspülung usw.) gesichert sein. Wohnungsbauten sind da, wo wegen der Gefahr von Felsstürzen usw. die öffentliche Sicherheit nicht gewährleistet ist, zu verbieten (ME. v. 17. Juni 1903 Nr. 13268).

Sollte auch nach Vornahme der technisch möglichen Verbesserungen der Bauplatz den gesundheitlichen Anforderungen nicht entsprechen, so ist ein Bauverbot möglich und angezeigt (ME. v. 2. Juni 1908 Nr. 13474). — S. auch Art. 46 Abs. II des Gesetzes über die Erschließung von Baugelände (GVBl. 1923 S. 280; s. IV. Teil).

II. Baugenehmigung und Baupläne.

§ 6.

I Baupolizeiliche Genehmigung 1) ist zu erholen:

zur Herstellung 2) von neuen 3) Haupt- und Nebengebäuden 4), zur Verlegung 5) von solchen an einen anderen Ort, sowie zur Vornahme einer Hauptreparatur 6) oder Hauptänderung 6) an denselben.

II Baupolizeiliche Genehmigung ist nicht erforderlich 7):

a) in Städten 8) für die Herstellung von Kegelstätten und Sommerhäuschen ohne Feuerungsanlagen 9), von offenen Schutzdächern 10), unheizbaren Federviehställen 11), Taubenschlägen 11) und dergleichen 12) geringfügigen Bauwerken 13) für wirtschaftliche Zwecke 14);

b) in Märkten und auf dem Lande außerdem:

1. für offene 15) oder nur mit Latten und dergleichen geschlossene Schupfen, Holzhütten und Remisen für gewöhnliche Schweineställe und für sonstige Bauten 16) ohne Feuerungsanlagen 9) mit nur einem Geschosse 17) und höchstens 70 qm Grundfläche 18), sofern solche Bauten nicht zur Lagerung besonders feuergefährlicher Materialien 19), wie Pech, Petroleum, Spiritus und dergleichen bestimmt sind, dann mit Ausnahme der Feldkapellen 20);

2. für Ziegeltrockenstädel 21) und Getreide- und Heu-

schupfen außerhalb der Ortschaften[22]), für Alpen-, Jagd- und Waldhütten.

1. Die Baugenehmigung: Die BO. unterscheidet zwei Arten von Verpflichtungen für den Bauenden zur Herbeiführung der Stellungnahme der Baupolizeibehörde zu einer Bauführung: die Pflicht zur Einholung einer Genehmigung und die Anzeigepflicht (wegen des Sprachgebrauchs s. § 12 Abs. II). Der Unterscheidung kommt jedoch nur geringe Bedeutung zu, da eine Anzeigepflicht nur in § 8 BO. vorgesehen ist (die Anzeigepflicht der §§ 72 II, 73 I gehört nicht hierher).

Baugenehmigung ist die Erklärung der zuständigen Behörde, daß und nötigenfalls unter welchen Bedingungen der Ausführung des beabsichtigten Baues in dem zur Zeit der Genehmigung geltenden öffentlichen Rechte keine Hindernisse entgegenstehen (so die auch auf das bayerische Baupolizeirecht anwendbare Definition des preußischen Oberverwaltungsgerichts in seiner Rechtsprechung OVG. 2, 353; 5, 367; 12, 369; 13, 394; 19, 367; 20, 395; 24, 364; 32, 343).

Das BGB. stellt in § 903 den Grundsatz der Verfügungsfreiheit des Eigentümers auf, wonach dieser über sein Eigentum nach Belieben verfügen kann, soweit nicht das Gesetz oder Recht Dritter entgegenstehen. Parallel mit diesem Grundsatz vertritt das Bayr. Baupolizeirecht den Grundsatz der Baufreiheit, wonach der Grundeigentümer beliebig bauen kann und in der er nur durch Sätze des öffentlichen Rechts beschränkt werden kann (vgl. Vorbemerkung zu § 1). Auf die möglichen Beschränkungen durch Sätze des Privatrechts kann hier nicht eingegangen werden. Soweit also nicht das geltende öffentliche Recht Schranken setzt, kann nach Belieben gebaut werden. Diese öffentlich-rechtlichen Schranken sind aber nicht nur Sätze des Baupolizeirechts, sondern auch andere (verkehrs-, gesundheitspolizeiliche) öffentlich-rechtliche Normen.

Soweit der Bauende die geltenden öffentlich-rechtlichen Bestimmungen einhält, können ihm von Polizei wegen Pflichten nicht auferlegt werden.

Da die Baugenehmigung sohin lediglich die Erklärung ist, daß öffentlich-rechtliche Hindernisse dem Bau nicht entgegenstehen, ist es ausgeschlossen, in der Baugenehmigung eine Erlaubnis etwa im Sinne des Wassergesetzes oder der Gewerbeordnung zu sehen; die Baugenehmigung gibt kein neues Recht dem Bauenden, sie bestätigt vielmehr das ihm an sich schon zustehende Recht.

Die erteilte Baugenehmigung verpflichtet den Bauenden nicht zu bauen, wohl aber, wenn er baut, genehmigungsgemäß zu bauen.

Die Baupolizeibehörde dagegen ist verpflichtet, die Baugenehmigung zu erteilen, wenn öffentlich-rechtliche Hindernisse nicht entgegenstehen; denn sie kann nur in diesem Falle die Baufreiheit im öffentlichen Interesse beschränken.

Die Prüfung der Baupolizeibehörde, ob öffentlich-rechtliche Hindernisse bestehen, beschränkt sich nicht lediglich auf die Beachtung der baupolizeilichen Vorschriften jeder Art. Soweit es zur Wahrung der sich hiebei ergebenden polizeilichen Gesichtspunkte nötig ist, hat die Baupolizeibehörde die erforderlichen Bedingungen zu stellen oder die Genehmigung ganz zu versagen (letzteres z. B. wenn der Bauplatz den gesundheitlichen Forderungen nicht entsprechend gestaltet werden kann, § 5 BO.; bei Lage im Überschwemmungsgebiet, Art. 76 Wassergesetz; bei Lage unterhalb von einsturzgefährdeten Felspartien usw.).

Lassen sich die polizeilichen Interessen durch Stellung von Bedingungen wahren, so darf nicht eine Versagung der Genehmigung stattfinden, da von mehreren zur Verfügung stehenden polizeilichen Maßnahmen grundsätzlich die den Betroffenen am wenigsten belastende zu wählen ist. —

Hinsichtlich der Berücksichtigung privatrechtlicher Interessen s. § 69. —

Wird die Baugenehmigung ohne gerechtfertigten Grund versagt, so kann unter Umständen dem Grundeigentümer ein Recht auf Entschädigung bzw. Schadensersatz zustehen (vgl. RG. Ziv. 44, 71; Reger Sammlg. 39, 342). —

Baugenehmigung kann auch nachträglich, also während oder nach Fertigstellung des Baues, nachgesucht und erteilt werden (wegen der Strafbarkeit des Bauens ohne Genehmigung s. § 367 Ziff. 15 RStGB). —

Maßgebend sind für die Baugenehmigung die zur Zeit der Genehmigung geltenden öffentlich-rechtlichen Bestimmungen, nicht etwa die zur Zeit der Einreichung des Baugesuchs oder bei nachträglicher Genehmigung die bei Baubeginn geltenden. —

Steht von vornherein fest, daß die Genehmigung zu einem Bau in Wahrung öffentlicher Interessen zu versagen ist, so ist die Baupolizeibehörde berechtigt, schon die technische Prüfung des Baugesuches abzulehnen.

Das gleiche muß gelten, wenn nach Sachlage feststeht, daß ein Bau, für den Genehmigung nachgesucht wurde, in absehbarer Zeit überhaupt nicht errichtet werden wird und kann, da es nicht Sache der Polizeibehörde ist, durch das öffentliche Interesse vorläufig nicht veranlaßte Erklärungen abzugeben. —

Eine erteilte Baugenehmigung gilt nur für den Bauplatz, für den sie erteilt ist. Eine Verschiebung des Baues an eine andere Stelle oder eine Vertauschung zweier genehmigter Bauvorhaben hinsichtlich des Bauplatzes bedarf erneuter Genehmigung.

Jede erteilte Baugenehmigung läßt die Privatrechte Dritter unberührt; sie wird in jedem Falle unbeschadet der Rechte

Dritter erteilt, auch wenn dies nicht, wie im Falle des § 69 BO. vorgeschrieben, in der Genehmigung ausgesprochen ist.

Die Genehmigung kann auch unter Bedingungen erteilt werden. Die BO. begreift diese Genehmigungsbedingungen unter der Bezeichnung „besondere Anordnungen" (§ 12 Abs. I, § 71 Abs. I).

In der Praxis ist es üblich, einzelne baupolizeiliche Vorschriften, insbes. wenn der Plan dagegen verstoßen hat, in die Baugenehmigung ausdrücklich aufzunehmen; diese Hinweise werden vielfach als „Auflagen" oder „Bedingungen" bezeichnet, sind ihrer Rechtsnatur nach jedoch keine solchen, sondern lediglich Einschärfungen auch ohne besondere Kundgabe verbindlicher Vorschriften (OLG. München 9, 356); gegen ihre Aufnahme in den Plan oder den Genehmigungsbeschluß bestehen jedoch keine Bedenken (ObstLG. 4, 150); eine Verpflichtung zu derartigen meist sehr zweckmäßigen Hinweisen besteht nicht.

Der Bauende hat einen Anspruch auf bedingungslose Genehmigung seines Bauvorhabens nur, wenn dieses in jeder Hinsicht den bestehenden öffentlich-rechtlichen Bestimmungen entspricht. Ist dies nicht der Fall, so wird die Baupolizeibehörde entweder die Baugenehmigung ganz versagen oder diese von Bedingungen abhängig machen. Von der Versagung wird die Baupolizeibehörde dann Gebrauch machen, wenn das ganze Bauvorhaben an sich unzulässig erscheint oder der Plan derart grobe Verstöße gegen die baupolizeilichen Vorschriften aufweist, daß die Herbeiführung einer Übereinstimmung mit diesen unverhältnismäßig schwer ist. In allen anderen Fällen bei Verstößen geringfügiger Art, die nicht das ganze Bauvorhaben berühren, ist die Stellung von Bedingungen am Platze, die das Bauvorhaben mit den Bauvorschriften in Einklang zu bringen haben.

Bedingungen = besondere Anordnungen im Sinne der §§ 12 und 71 BO. sind nur dann zulässig, wenn sie den Zweck haben, mit ihrer Erfüllung den Vorschriften des öffentlichen Rechts zu genügen. Sie sind weiter nur zulässig, wenn sie die Bauführung als solche betreffen und auf die Bestimmungen der BO. selbst, einer sonstigen Verordnung oder einer ober- oder ortspolizeilichen Vorschrift gestützt werden können (ObstLG. 8, 285; 9, 24; 11, 386; 21, 346; 14, 70 und Urt. v. 30. April 1925 in Verwaltungsblättern 1925 S. 245); sie müssen ihre Rechtsgrundlagen in den bestehenden materiell-rechtlichen Bestimmungen haben. —

Die Zulässigkeit der besonderen Anordnungen ist vom Richter selbständig zu prüfen. —

Wird die Baugenehmigung unter Bedingungen erteilt, so bleibt es dem Bauenden überlassen, von der bedingten Baugenehmigung Gebrauch zu machen oder darauf zu verzichten. Auch die Baupolizeibehörde kann, wenn der Bauende die Bedingungen ablehnt, die Genehmigung wieder von sich aus zurücknehmen, da sie nur unter der Voraussetzung der Annahme der Bedingungen erteilt wurde. —

Gegen die Festsetzung von Bedingungen steht das Recht der Beschwerde nach §§ 65, 77 zu. —

Hat der Bauende gegen die Bedingungen keine Beschwerde erhoben, sie aber beim Bau nicht berücksichtigt und eingehalten, so stellt sich dieser Vorstoß als ein planwidriges Bauen i. S. des § 367 Nr. 15 RStGB. dar, gegen das mit den hiegegen gegebenen Mitteln eingeschritten werden kann (s. die Anmerkungen zu § 367 Nr. 15 RStGB. im II. Teil).

Möglich ist aber auch der Fall, daß die Baubedingung die weitergehende Bedeutung hat, daß bei ihrer Nichterfüllung die erteilte Baugenehmigung als nicht erteilt angesehen werden soll, daß also die Nichterfüllung die Genehmigung ganz aufhebt (Resolutivwirkung).

Die Erfüllung der Baugenehmigungsbedingungen kann vom jeweiligen Eigentümer des Baugrundstückes, also auch vom Rechtsnachfolger des Erbauers ebenso wie von diesem verlangt werden, soweit die Nichterfüllung der Bedingung einen bauordnungswidrigen Zustand darstellt. — (ME. v. 11. März 1921 Nr. 4059 b 2: Die Wirksamkeit einer erteilten Baugenehmigung wird durch einen Besitzwechsel nicht berührt; der neue Besitzer tritt in die Rechtsstellung des früheren ein und ist sämtlichen Auflagen unterworfen, die dem Rechtsvorgänger auferlegt waren.)

Außer der bedingten Genehmigung sind auch widerrufliche Genehmigungen (s. § 19 Abs. II und die Anm. hiezu) und zeitlich begrenzte Genehmigungen (s. § 41 Ziff. 4) möglich. —

Eine Baugenehmigung erlischt dadurch, daß von ihr Gebrauch gemacht wird. Ist der Bau plangemäß hergestellt und fertig, so ist damit die Genehmigung erloschen; sie kann nicht etwa für einen anderen gleichwertigen Bau verwendet werden, da sich die Baugenehmigung ja nur auf ein ganz bestimmtes Grundstück bezieht. Zweifel können entstehen bei nur teilweiser Ausführung des Bauvorhabens. An sich ist der Bauende nicht verpflichtet, das ganze genehmigte Bauvorhaben auf einmal auszuführen. Es erscheint zulässig, daß er nur einen Teil ausführt und auf Ausführung eines anderen Teiles verzichtet. Dies gibt der Bauende dadurch zu erkennen, daß er die Bauarbeiten einstellt und Bauvollendungsanzeige nach § 73 erstattet. Dieses Recht der teilweisen Ausführung hat der Bauende; die Baupolizeibehörde kann hier allerdings dem Bauherrn noch weitere, eben durch die teilweise Ausführung nötig gewordenen Bedingungen auferlegen, unter denen der nur teilweise Bestand des Bauvorhabens geduldet wird. Liegt der Fall so, so ist die Baugenehmigung als durch Gebrauch untergegangen anzusehen. Will der Bauherr später den früher genehmigten Teil des Baues nachholen, so hat er neue Genehmigung nachzusuchen, da sonst eine polizeiliche Überwachung unmöglich ist.

Bei anderen Fällen, in denen es sich um längere Einstellung der Bauarbeiten handelt, ist eine Entscheidung über das Weiterbestehen der Genehmigung nur von Fall zu Fall auf Grund der Sachlage möglich. Denkbar ist der Fall, daß auch dann, wenn eine Bauvollendungsanzeige nicht erstattet wird, aber der Bau auf verhältnismäßig lange Zeit hinaus abgeschlossen werden muß, eine Fertigstellung mit Untergang der Genehmigung angenommen werden muß.

Im übrigen hat die Baupolizeibehörde es jederzeit in der Hand, bei einer zeitweiligen Baueinstellung bei Wiederaufnahme der Arbeiten erneut Bedingungen zu stellen. —

Über die Endigung der Baugenehmigung durch Nichtgebrauch s. § 76 mit Anm.

Bei widerruflich genehmigten Bauten endigt die Genehmigung durch den Widerruf, bei zeitlich befristeten durch den Zeitablauf. —

Ein Eigentums- oder Besitzwechsel hat auf eine erteilte Genehmigung keinen Einfluß. —

Wie jede baupolizeiliche Verfügung kann die Baugenehmigung auch unter Umständen einseitig durch die Baupolizeibehörde zurückgenommen werden. Dies ist immer dann möglich, wenn der Antragsteller der Baupolizeibehörde bei Einreichung des Baugesuches wissentlich unwahre Angaben gemacht und diese sohin getäuscht hat. Wenn in diesem Falle die Baugenehmigung bei Kenntnis des richtigen Sachverhalts nicht oder nur unter Bedingungen hätte erteilt werden können, kann die Baugenehmigung ohne weiteres zurückgenommen werden; s. die ausdrückliche Bestimmung in § 76 Abs. III BO. und § 64 Anm. 1.

Eine Abänderung und nötigenfalls eine Zurücknahme der Baugenehmigung ist aber auch möglich wegen nach der Genehmigung eingetretener Änderung der rechtlichen oder tatsächlichen Verhältnisse. Die Genehmigung verleiht, wie schon gesagt wurde, kein neues subjektives Recht, sie ist nur der Ausspruch, daß im Zeitpunkt der Genehmigung öffentlich-rechtliche Hindernisse nicht bestehen. Ändert sich das bestehende geltende Recht nach der Genehmigung oder die für die Genehmigung maßgebenden tatsächlichen Verhältnisse, so besteht für die Baupolizeibehörde jederzeit das Recht zur Abänderung oder Zurücknahme der Genehmigung. Und zwar ist es gleich, ob der Bau begonnen ist oder nicht (RGZiv. 34, 242). Die Möglichkeit der Zurücknahme besteht bis zur Fertigstellung des Baues, nicht mehr nach dieser.

Da die Zurücknahme der Baugenehmigung eine in das Privatinteresse tief einschneidende Maßnahme ist, so darf von ihr nur Gebrauch gemacht werden, wenn die öffentlichen Interessen so gewichtig sind, daß die Zurücknahme nötig ist, und ein anderer Weg, auf dem ihnen Rechnung getragen werden könnte, nicht besteht. —

Über die Erfordernisse des Baugesuchs s. § 9; über das Verfahren §§ 65 ff. — Hinsichtlich etwa erforderlicher wasser- und gewerbepolizeilicher Genehmigung s. § 65 Anm. 7. —

Ob eine Bauvornahme einer baupolizeilichen Genehmigung bedarf, ist nach der Gesamtheit der in Aussicht genommenen Bauarbeiten zu beurteilen; es darf nicht etwa zwischen den einzelnen Teilen eines und desselben Bauvorhabens unterschieden werden (ObstLG. 4, 365; 12, 346; 20, 385, Reger Sammlg. 43, 65). — S. auch § 367 Ziff. 15 StGB. Anm. 18 (s. II. Teil).

Wann eine baupolizeiliche Genehmigung (= polizeiliche Genehmigung des § 367 Nr. 15 RStGB.) einzuholen ist, kann, soweit dies nicht durch Gesetz geschieht (z. B. Ges. v. 4. Juli 1923 über die Erschließung von Baugelände, Art. 46, Abs. 2), nach Art. 2 Ziff. 11 PStGB. nur durch Verordnung bestimmt werden; solche sind z. B. die Bauordnung und die VO. v. 27. März 1919 über die Errichtung von Denkmälern u. v. 5. Mai 1922 über die Errichtung von Bauten für Umspanner (Transformatoren). Auf Grund des Art. 101 PStGB. erlassene ober-, bezirks- oder ortspolizeiliche Vorschriften können eine Genehmigungspflicht nicht anordnen. Die nach WG. geforderte „Erlaubnis" ist keine baupolizeiliche Genehmigung, zur Errichtung einer Brücke ist daher eine baupolizeiliche Genehmigung nicht erforderlich (ObstLG. 14, 89).

Keine Genehmigung ist erforderlich zur Vornahme von Bauarbeiten bei augenblicklicher Einsturzgefahr; jedoch darf hier kein endgültiger Zustand geschaffen werden; für letzteren muß auf alle Fälle vorher Genehmigung erholt werden (ObstLG. 24, 72; Verwaltungsblätter 1925 S. 246/247). —

Über die Genehmigungspflicht für sog. „fliegende Bauten" bestimmt die ME. v. 6. Juli 1929 — Nr. 3743a6 — StAnz. Nr. 156 (MABl. S. 109):

„In letzter Zeit wurde wiederholt die mangelhafte Standfestigkeit verschiedener bei festlichen Anlässen (Volksfesten, Jahrmärkten, Dulten usw.) zur Aufstellung gelangender sogen. fliegender Bauten (Bierbuden, Tribünen, Festsäle, Zirkusse, Schaubuden, Rutschbahnen, Gebirgsbahnen, Achterbahnen, Schiffsschaukeln, Karussells u. a.) festgestellt. Es liegt im Interesse des Publikums und der bei diesen Unternehmungen beschäftigten Personen, daß der Prüfung der Standfestigkeit solcher Bauten künftig mehr Augenmerk als bisher zugewendet wird. Infolgedessen ergehen folgende Weisungen:

1. Soweit es sich bei den fliegenden Bauten um „Gebäude" im Sinne der Bauordnung handelt, ist für sie nach Maßgabe der Bestimmungen der §§ 6 ff. der Allgem. und der §§ 10 ff. der Münchener BO. die baupolizeiliche Genehmigung zu erholen. (— Hier folgt eine Definition des Begriffs „Gebäude", die sich mit der in § 1 Anm. 6 gegebenen deckt —.)

Die Prüfung der Standfestigkeit der baulichen Teile dieser Bauten ist Sache der Baupolizeibehörde bei Würdigung des Antrags auf Erteilung der baupolizeilichen Genehmigung. Die Baupolizeibehörde hat bei der Prüfung die Oberpolizeilichen Vorschriften über die Aufstellung und Prüfung von Tragfähigkeitsnachweisen bei Bauwerken

v. 25. März 1918 (GVBl. S. 251) zugrunde zu legen und insbesondere von der in § 3 S. 2 a. a. O. eingeräumten Befugnis, einen Tragfähigkeitsnachweis auch für Bauwerke zu verlangen, die vorübergehenden Zwecken dienen sollen, in zweifelhaften Fällen Gebrauch zu machen.

2. Für die nicht als „Gebäude" anzusehenden fliegenden Bauten ist eine baupolizeiliche Genehmigung nicht erforderlich. Das gleiche gilt von den nichtbaulichen, insbesondere den maschinellen Teilen der unter Ziffer 1 gen. Bauten. Die einschlägigen Unternehmungen werden aber in der Regel gem. Art. 32 des PStGB. oder § 33b bzw. 60a der ReichsgewO. einer Erlaubnis der Ortspolizeibehörde bedürfen. Die Erteilung dieser Erlaubnis liegt im freien Ermessen der Ortspolizeibehörde. Sie kann daher auch von Bedingungen abhängig gemacht werden.

Die Ortspolizeibehörden werden angewiesen, die vorgenannte Erlaubnis nur unter der Bedingung zu erteilen, daß in technischer Hinsicht, vor allem wegen der Standfestigkeit, gegen die Aufstellung der fliegenden Bauten keine Erinnerung zu erheben ist. Diese Voraussetzung ist als gegeben zu erachten, wenn der Unternehmer sich im Besitze einer von dem Bayer. Revisionsverein, dem Pfälz. Revisionsverein oder der Bayer. Landesgewerbeanstalt in Nürnberg oder deren Zweigstellen ausgestellten, nicht länger als zwei Jahre zurückliegenden Bescheinigung befindet, nach welcher die in ihren wesentlichen Teilen kurz beschriebene Anlage als einwandfrei angesehen werden kann. Liegt eine solche Bescheinigung nicht vor, so darf die Erlaubnis grundsätzlich nur dann erteilt werden, wenn nach der eigenen pflichtgemäßen Überzeugung der Ortspolizeibehörde oder nach dem Zeugnis eines als zuverlässig bekannten Sachverständigen die Anlage hinsichtlich ihrer Standfestigkeit zu Zweifeln keinen Anlaß gibt.

3. Soweit nach Vorstehendem bei der Prüfung der Standfestigkeit eines Bauwerkes mehrere Behörden beteiligt sind (Baupolizeibehörde und Ortspolizeibehörde), wird engstes Zusammenarbeiten zur Pflicht gemacht."

2. Herstellung ist die Tätigkeit, die auf die Schaffung der durch den Begriff des Gebäudes (s. § 1 Anm. 6) im Sinne der BO. bedingten Voraussetzungen gerichtet ist. Es ist deshalb bei Gebäuden, die in Einzelteilen hergestellt und lediglich an Ort und Stelle zusammengesetzt werden, nicht schon die Fertigung der Teile eine Herstellung im Sinne des § 6, sondern erst deren Aufstellung und Zusammensetzung an Ort und Stelle und ihre Verbindung mit dem Boden.

3. Ein „neues" Gebäude entsteht auch dann, wenn es sich um den Wiederaufbau eines zerstörten Gebäudes mit den Bestandteilen des bisherigen Gebäudes handelt (ObstLG. 3, 69; 6, 421).

4. Begriff des Gebäudes s. § 1 Anm. 6. Gärtnerische

Behelfsbauten ohne festes Fundament, bewegliche, leicht zusammensetzbare, gewächshausähnliche Überdachungen, welche mit Hilfe sogen. Fensterverbinder aus Frühbeetfenstern aufgebaut werden, sind keine Bauwerke im Sinne des Bayer. Baupolizeirechts. Sie sind daher genehmigungsfrei. So auch ME. v. 5. April 1930 Nr. 3650 a/c 1.

Nach der Verordnung v. 27. März 1919 (GVBl. S. 119) betr. die Errichtung von Denkmälern (s. VI. Teil) und der Vollzugsbekm. hiezu v. 31. Juli 1920 (KultMinABl. S. 353 — s. VI. Teil) bedarf auch die Errichtung, Wiederherstellung, Instandsetzung, Änderung oder Beseitigung von Denkmälern an öffentlichen Straßen usw. und von Denkmälern in Friedhöfen der baupolizeilichen Genehmigung. Zuständig sind die Bezirkspolizeibehörden. Über das Verfahren und die Erfordernisse s. die Vollzugsbekm. vom 31. Juli 1920 und die MB. v. 26. Febr. 1920 betr. die Errichtung von Denkmälern (KMBl. S. 99, s. VI. Teil). Denkzeichen im Innern von Kirchen unterliegen nicht dem baupolizeilichen Verfahren und sind nicht genehmigungspflichtig (KME. v. 4. Juni 1926 Nr. 15 793).

Baupolizeiliche Genehmigungspflicht kann weiter angeordnet werden nach § 8 BO. für die dort bezeichneten Anlagen und nach Art. 46 Abs. II des Gesetzes über Erschließung von Baugelände (s. IV. Teil) für die Anlegung von Kies-, Sand-, Kalk-, Ton- usw. Gruben und für alle Veränderungen der Erdoberfläche, welche die Aufschließung von Baugelände erschweren können.

Über die — nicht in allen Fällen erforderliche — baupolizeiliche Genehmigung für Bauten für Umspanner (Transformatoren) s. ME. v. 28. Aug. 1920 Nr. 4049 e 8, B. v. 5. Mai 1922 (GVBl. S. 277); MB. v. 15. Mai 1922 (StAnz. Nr. 113) und v. 3. Nov. 1922 (StAnz. Nr. 259); weiter das Urt. des ObstLG. v. 16. Jan. 1922 RevReg. II Nr. 415/1921; über Dachformen für Umspanner s. ME. v. 31. Okt. 1924 Nr. 3650 a 5 (general.) —

5. S. auch ME. v. 4. Jan. 1910 (MABl. S. 44) betr. Hebungs- und Verschiebungsarbeiten.

6. S. § 7.

7. Zu beachten jedoch § 12 Abs. II.

8. Als „Stadt" im Sinne des § 6 Abs. II hat nicht der ganze Stadtbezirk zu gelten, vielmehr sind für die Entscheidung der Frage, ob ein Bau „in der Stadt" oder „auf dem Lande" liegt, die Umstände des einzelnen Falles, insbesondere die Lage des Baugrundstückes zu den städtischen Bauquartieren maßgebend. Liegt ein Bau mitten unter Wiesen und Feldern und weit entfernt von den bewohnten Stadtquartieren und den Teilen des städtischen Gebietes, die in absehbarer Zeit zu städtischen Bauquartieren werden, so hat der Bau, auch wenn er im städtischen Burgfrieden liegt, als „auf dem Lande" liegend zu gelten (ObstLG. 10, 366). Wesentliche Voraussetzung für die Lage „auf dem Lande" ist außer der großen

Entfernung des Grundstücks von bewohntem Stadtgebiet und außer dem ausschließlich ländlichen Charakter des Grundstücks und seiner nächsten Umgebung auch die weitere Feststellung, daß nach Lage des Grundstückes und den Entwicklungsaussichten der Stadt die Einbeziehung des Grundstücks in das städtische Bauquartier in absehbarer Zeit überhaupt nicht zu erwarten, vielmehr mit der Fortdauer des ausschließl. ländlichen Charakters und der ausschließlich landwirtschaftlichen Benützung des Grundstückes noch für lange Zeit zu rechnen ist (ObstLG. v. 22. Febr. 1926, Verwaltungsblätter 1926 S. 173).

9. Begriff der Feuerungsanlage: s. § 7 Anm. 9.

10. „Schutzdach" ist eine Eindeckung, die den Zweck hat, Personen oder Gegenstände vor schädlichen Einflüssen, insbesondere der Witterung, zu schützen. — „Offen" ist ein Schutzdach, wenn der Raum unter dem Dach frei zugänglich ist (s. OLG. München 7, 401; ObstLG. 16, 94; 17, 57). — Dadurch, daß ein offenes Schutzdach nach einer oder mehreren Seiten hin abgeschlossen oder eingeplankt ist, verliert es seinen freien Zugang noch nicht. Oberstrichterlich ist sogar anerkannt (OberstLG. 4. 164), daß die nur nach einer Seite hin offene Überdachung eines Hofraumes ein offenes Schutzdach bilden kann. Entscheidend bleibt stets die freie Zugänglichkeit, mag sie auch nur von einer Seite her bestehen (OLG. München 7, 46); der Raum unter dem Dach muß wenigstens auf einer Seite ohne Hindernis betreten werden können. Den Gegensatz zum offenen Schutzdach bildet der „umschlossene Raum", ein nach allen Seiten hin mit Abschließungen umgebener Teil der Oberfläche, dessen Umschließung die Absicht des Eigentümers ersehen läßt, das Eindringen Unberechtigter durch Bereitung von Hindernissen abzuhalten. Während das ObstLG. in seiner Rechtsprechung anfänglich, insbes. in den Urteilen ObstLGSt. 4, 164; 7, 402; 10, 18 u. 92, eine dem Sinne des § 6 entsprechende Auslegung des Begriffs „offenes Schutzdach" fand, erweiterte es in seiner späteren Rechtsprechung diesen Begriff (s. Urteile 16, 94; 17, 60). Gegen diese spätere Rechtsprechung wendet sich mit Recht die ME. v. 25. Juni 1927 Nr. 3667 b 1, die darlegt, daß es sich nur dann um ein offenes Schutzdach handeln könne, wenn nur das Dach allein errichtet werde; seien aber dazu noch eine oder mehrere Wände vorhanden, so handle es sich um offene Schupfen, Hütten oder Remisen, nicht aber um offene Schutzdächer.

An der Natur einer Gartenhalle als offenes Schutzdach ändert es nichts, wenn sie während des Winters, also nur vorübergehend und zu einer Zeit, wo sie ihrer Zweckbestimmung nicht dienen kann, auf allen Seiten abgeschlossen wird (ObstLG. 17, 57).

Offene Schutzdächer bedürfen der baupolizeilichen Genehmigung nicht, gleichviel ob sie geringfügige Bauwerke für wirtschaftliche Zwecke sind oder nicht; so die ständige Rechtsprechung des ObstLG. (ObstLG. 10, 16; 10, 92; 11, 436; 14, 154; 16, 94; 7, 57).

Die Begründung der Ansicht der Rechtsprechung des ObstLG. geht dahin, daß es dahingestellt bleiben kann, ob sich aus dem Umstand, daß in § 6 II a das Wort „von" zwar vor „offenen Schutzdächern", nicht aber vor „unheizbaren Federviehställen" wiederholt ist, der Schluß ziehen läßt, daß sprachlich „geringfügige Bauwerke für wirtschaftliche Zwecke" sich auch auf die offenen Schutzdächer bezieht; daß es vielmehr ausschlaggebend ist, daß sich die Schlußworte des Buchstaben a „für wirtschaftliche Zwecke" sprachlich und sachlich nur auf die den Federviehställen und Taubenschlägen gleichzuachtenden Bauwerke beziehen können; denn offene Schutzdächer dienen nicht immer wirtschaftlichen Zwecken. Ferner müssen gerade auch die Entstehungsgeschichte des jetzigen Textes, insbesondere die Streichung des früheren Höchstmaßes von 20 qm bei den Schutzdächern zugunsten der vollen Baufreiheit für die Schutzdächer verwertet werden.

Gegenüber den gegenteiligen Ansichten verdient die Rechtsprechung des ObstLG. den Vorzug, zumal sie auch dem Grundsatze der BO., nur da Einschränkungen eintreten zu lassen, wo das öffentliche Interesse solche unbedingt erfordert, Rechnung trägt.

Die Vorschrift, daß Bauten, die zur Herstellung, Bearbeitung oder Lagerung größerer Quantitäten leicht entzündlichen oder schwer zu löschenden Materials bestimmt sind, mit massiven Mauern zu umgeben sind, und, wenn sie mit anderen Gebäuden zusammenhängen, von diesen durch Backsteinmauern getrennt werden müssen (§§ 44, 47 I BO.), gilt für offene Schutzdächer nicht (ObstLG. 10, 92).

11. Sie müssen sich als „geringfügige Bauwerke" darstellen, sonst sind sie nach Abs. I genehmigungspflichtig.

12. Bezieht sich nur auf die Federviehställe und Taubenschläge. Das Wort „dergleichen" besagt, daß das Bauwerk den unheizbaren Federviehställen und Taubenschlägen gleichen, von der gleichen Bedeutung wie diese sein muß (ObstLG. 11, 436, ObstLG. v. 15. Juni 1925, Verwaltungsblätter 1925 S. 246).

13. Ob ein geringfügiges Bauwerk im Sinne des § 6 II a vorliegt, ist von Fall zu Fall festzustellen; eine Begriffsauslegung gibt die BO. nicht; jedoch ist das Ermessen insoferne begrenzt, als der Maßstab für die Prüfung (unheizbare Federviehställe und Taubenschläge) gegeben ist. Weitere Anhaltspunkte, insbesondere ein Flächenhöchstmaß, können nicht gegeben werden (s. ObstLG. 5, 228; 11, 436). Änderungen an den Bauwerken, die ihnen die Eigenschaft der Geringfügigkeit nehmen, sind genehmigungspflichtig.

Bauwerke mit Feuersgefahr (z. B. Lager feuergefährlicher Gegenstände) sind nicht geringfügig (ME. v. 24. Mai 1911 Nr. 4137 a 3).

Wellblechbuden, die als Garagen benützt werden, dürften im allgemeinen genehmigungspflichtig sein. Neuerdings werden aber kleine Wellblechgaragen für nur einen Kraftwagen hergestellt, die zerlegt und unzerlegt leicht an einen anderen Platz verbracht werden können. Hier ist es unsicher, ob es sich um „Gebäude" im Sinne der BO. handelt. Da nach § 1 der VO. vom 10. Mai 1927 aber die Einstellung von Kraftwagen anzeigepflichtig ist, haben die Bezirkspolizeibehörden hier Gelegenheit, auch die erforderlichen baupolizeilichen Anordnungen zu treffen. Garagen müssen im allgemeinen feuerhemmende Wände haben; Wellblechwände gelten nicht als feuersicher. Kleine Wellblechbuden können jedoch nach § 5 a. a. O. zugelassen werden, wenn sie freiliegen oder an überragende Brandmauern angebaut sind. Welche Entfernung von anderen Gebäuden oder von der Grenze einzuhalten ist, ist in der BO. nicht festgelegt. Nach Ansicht der Versicherungskammer dürften als Richtmaß 2,5 m Abstand von der Grenze und 5 m von anderen Gebäuden gelten (ME. v. 26. Nov. 1927 Nr. 3737 f 25 und ME. v. 16. Mai 1929 Nr. 3650 a 13).

14. Das sind wirtschaftliche Zwecke jeder Art; also für landwirtschaftliche, gewerbliche, industrielle usw. Zwecke.

15. Die Worte „offene oder nur mit Latten und dergl. geschlossene" beziehen sich nicht nur auf Schupfen, sondern auch auf Holzhütten und Remisen.

Offen sind die genannten Bauwerke auch dann, wenn sie auch nur auf einer Seite offen sind. Selbst wenn sie an einer Seite an einem Gebäude angebaut sind und zwei weitere Seiten mit Brettern geschlossen sind, ist eine Genehmigungspflicht nicht gegeben (gl. OLG. München 7, 46); — dagegen ist eine auf allen Seiten mit Brettern verschlossene Schupfe, bei der auch noch die Fugen mit Latten beschlagen sind, genehmigungspflichtig, es sei denn, daß sie sich als sonstiger einstöckiger Bau ohne Feuerungsanlage mit höchstens 70 qm Grundfläche darstellt (OLG. München 9, 367).

16. Die Worte: „ohne Feuerungsanlagen mit nur einem Geschosse und höchstens 70 qm Grundfläche" beziehen sich nur auf „sonstige Bauten".

Wenn die offenen usw. Schupfen, Holzhütten und Remisen begriffsnotwendige Eigenschaften verloren haben, so sind sie immer noch als „sonstige Bauten" genehmigungsfrei, wenn sie ohne Feuerungsanlage mit nur 1 Geschoß und höchstens 70 qm Grundfläche errichtet sind.

17. Die Frage, ob ein Gebäude mit einem sog. Kniestock oder Überbau als ein- oder mehrgeschossig zu erachten ist, ist nach Beschaffenheit des einzelnen Falles zu beurteilen und im vorgeschriebenen Instanzenzug zu entscheiden (ME. v. 18. März 1898 Nr. 4879).

Auch Dachräume können unter Umständen als Geschoß zu betrachten sein.

18. Wird die Grundfläche durch einen Anbau oder Erweiterungsbau über das Höchstmaß von 70 qm hinaus vergrößert, so ist der gesamte Bau genehmigungspflichtig. — Beträgt die Grundfläche des Erweiterungsbaues über 70 qm, so ist nicht nur dieser, sondern auch der schon bestehende Bau mit einer Grundfläche unter 70 qm zusammen als Ganzes genehmigungspflichtig. — Dagegen sind Bauten ohne Feuerungsanlagen mit nur 1 Geschoß und unter 70 qm Grundfläche auch dann nicht genehmigungspflichtig, wenn sie an ein anderes Gebäude angebaut werden.

19. Die Lagerung landwirtschaftlicher Vorräte, wie Stroh, Heu usw. fällt nicht hierunter. — S. auch V. v. 19. März 1874 betr. die Verhütung von Feuersgefahren durch leicht Feuer fangende Gegenstände (GVBl. S. 109 — § 4 Ziff. 9).

20. S. auch Kirchengemeindeordnung Art. 77.

21. „Außerhalb der Ortschaften" bezieht sich auch auf Ziegeltrockenstädel; innerhalb der Ortschaften sind sie entweder genehmigungspflichtig oder nach Ziff. 1 genehmigungsfrei.

Dagegen sind Feldziegelöfen (auch außerhalb der Ortschaften) genehmigungspflichtig (ObstLG. 5, 307). Zu ihrer Errichtung ist auch noch Genehmigung nach § 16 GewO. erforderlich (ObstLG. 7, 12 stellt fest, daß neben rechtskräftiger Verurteilung wegen Erbauung eines Ziegelofens ohne baupolizeiliche Genehmigung nach § 367 Nr. 15 RStGB. weitere Verurteilung aus §§ 16, 147 I Ziff. 2 GewO. denkbar ist; vgl. jedoch BlAdmPr. 44, 385).

22. Mit Ziff. 2 soll nicht gesagt sein, daß die Ziegeltrockenstädel, Getreide- und Heuschupfen nur dann genehmigungsfrei seien, wenn sie außerhalb der Ortschaften liegen. Sie sind vielmehr nicht genehmigungspflichtig auch dann, wenn sie innerhalb der Ortschaften liegen und sich als eines der nach Ziff 1 genehmigungsfreien Bauwerke darstellen. Außerhalb der Ortschaften sollen sie nach Ziff. 2 genehmigungsfrei sein, auch wenn sie die Beschränkungen nach Ziff. 1 nicht einhalten.

Ob ein Bauwerk innerhalb einer Ortschaft gelegen ist, ist von Fall zu Fall zu entscheiden. Allgemeine Regeln lassen sich nicht geben. Z. B. hat OLG. München 6, 596 (auch MABl. 1891, S. 388) eine Heuschupfe, die vom äußersten Gebäude der Ortschaft 16,50 m entfernt war, jedoch mit einer Wand an die Gartenmauer eines zum Orte gehörigen Anwesens angebaut war, nicht als „außerhalb der Ortschaft" gelegen erachtet. — Für die Beurteilung können insbesondere auch feuerpolizeiliche Erwägungen ausschlaggebend sein.

§ 7.

Als Hauptreparaturen oder Hauptänderungen an Bauten [1]) sind zu betrachten:

1. die Veränderung der Höhe, Länge oder Breite eines Gebäudes [2]);

2. die Schwächung[3]), Versetzung[4]), Beseitigung[5]) oder Erneuerung von Umfassungen, soferne die Änderung auf eine ganze Gebäudeseite[6]) sich erstreckt oder von solcher Bedeutung ist, daß bei ordnungsmäßigem[7]) Verfahren besondere technische Vorsichtsmaßregeln[8]) hierzu erforderlich werden;
3. die Anlegung neuer und die Versetzung oder konstruktive Änderung bestehender Feuerstätten[9]) oder Kamine[10]), soweit es sich nicht lediglich um das Setzen von Öfen oder Herden[11]) zum häuslichen Gebrauch handelt[12]);
4. in Städten und in Märkten mit geschlossener Bauweise[13]) die Erneuerung oder konstruktive Änderung eines Dachstuhles, sowie die Wohnbarmachung[14]) von Räumen im Kellergeschosse[15]) oder im Dachraume[16]);
5. die bauliche Änderung[17]) der Fassaden[18]) von Gebäuden an Straßen[19]) und öffentlichen Plätzen in Städten von mehr als 20000 Seelen[20]) und auch in anderen Orten, insoferne im Interesse der Verschönerung[21]) baupolizeiliche Vorschriften erlassen sind (Art. 101 Abs. III des Polizeistrafgesetzbuches).

1. „Bauten" ist hier gleichbedeutend mit Gebäuden (Haupt- und Nebengebäuden), da § 6 nur die Hauptreparaturen und Hauptänderungen an solchen für genehmigungspflichtig erklärt und über die wesentlichen Veränderungen an baulichen Anlagen § 8 bestimmt.

2. Hierunter fallen alle Anbauten und Aufbauten, vor allem Stockwerksaufbauten; aber auch die Aufbauten nach § 25 Abs. VI Ziff. 2 (ME. v. 15. Okt. 1906. Nr. 18632). — Über Gebäudehöhe s. § 25.

3. Hierunter fällt nicht die Entfernung des Verputzes, da die Vorschrift offenbar nur die Prüfung der vorschriftsmäßigen Beschaffenheit der Umfassungen, soweit sie statisch in Anspruch genommen sind, ermöglichen will, hier aber die Verputzstärken nicht mitgerechnet werden (s. § 15, insbesondere Abs. II).

Eine Schwächung kann nicht nur in der Verringerung der Mauerstärke, sondern auch im Ausbrechen von Fenster-, Tor- oder sonstigen Öffnungen bestehen (s. ObstLG. 9, 4).

4. Nur einzelne Teile der Umfassung. Die Versetzung der gesamten Umfassung ist als „Verlegung" des Gebäudes nach § 6 I genehmigungspflichtig. — Über Hebungs- und Verschiebungsarbeiten s. ME. v. 4. Jan. 1910 MABl. S. 44.

5. Auch nur von Teilen der Umfassung. Ausbrüche und Durchbrüche in der Umfassung fallen hierunter, sofern sie sich nicht schon als „Schwächung" der Mauer darstellen, wenn sie besondere technische Vorsichtsmaßregeln erfordern, was meist der Fall sein wird; möglicherweise sind sie aber auch als bauliche Änderungen im Sinne der Ziff. 5 zu betrachten.

Die Beseitigung sämtlicher Umfassungen, also der vollständige Abbruch eines Gebäudes, ist nicht genehmigungspflichtig, da § 7 Ziff. 2 das Bestehen eines Gebäudes voraussetzt, hier aber dieses gerade beseitigt wird.

6. Auch wenn die Änderung zur Umgehung der Genehmigungseinholung nicht auf einmal, sondern in Abschnitten vorgenommen wird. Maßgebend ist der Gesamtvorsatz des Bauherrn; ging dieser schon von Anfang an auf Änderung der gesamten Gebäudeseite, so ist Genehmigung einzuholen.

7. D. i. bei gewissenhafter Beachtung aller bautechnischen Gesichtspunkte und Erwägungen.

8. Z. B. Abholzungen, Abspriezungen, Hängevorrichtungen usw. (OberstLG. 6, 23; 9, 4).

9. Feuerstätten, Feuerungsanlagen: „Feuerungsanlagen" in § 6 Abs. II a und b 1 deckt sich mit dem Begriff der „Feuerstätte" in § 368 Ziff. 3 und 4 RStGB.; im § 7 Ziff. 3 ist der Begriff „Feuerstätte" etwas enger gefaßt, weil hier die „Kamine" aus dem Begriffe der Feuerstätte ausgeschieden und gesondert genannt sind. Abgesehen von dieser Trennung im § 7 Ziff. 3 sind wir berechtigt, im Gebiete der BO. die Begriffe „Feuerstätte" und „Feuerungsanlage" einander gleichzusetzen.

Unter Feuerstätte i. S. der BO. sind nun alle Teile der gesamten Feuerungsanlage zu verstehen, also nicht allein die eigentlichen „Feuerstellen", sondern auch die dazu gehörigen Schutzeinrichtungen, wie Kamine, Herdwände, Rauchrohre usw. (s. ObstLG. 21, 314 und die dort angeführten Stellen; Reger Sammlg. 43, 288).

Schwierigkeiten bereitet die Frage, welche Anlagen unter „Feuerstätte" i. S. der §§ 6 und 7 und der Abschnitte III, 4, 12 und 13 BO. zu verstehen sind. Eine Aufzählung, auch nur der wichtigsten hierher gehörigen Anlagen ist in der BO. nicht gegeben.

Aus dem Sprachgebrauch der Worte „Feuerstätte" oder „Feuerungsanlage" kann hier eine brauchbare Definition nicht gewonnen werden, dazu ist es vielmehr nötig, auf den Zweck der Bestimmungen über die Feuerstätten in der BO. zurückzugehen. Die BO. hat Vorschriften über Feuerstätten nun erlassen nicht allein, wenn auch wohl hauptsächlich, zu dem Zwecke der Gewährung der nötigen Feuersicherheit der Bauten, sondern auch aus gesundheitspolizeilichen und polizeilichen Rücksichten allgemeiner Art. (Vgl. § 17 Ziff. 1: „Kamine .... sind soweit über die Dachung hinauszuführen, als es die Baupolizeibehörde aus feuer- und gesundheitspolizeilichen Rücksichten, sowie zur Fernhaltung erheblicher Belästigung der Nachbarschaft fordert", und § 21 Ziff. 4: „Die Heizung darf keine Gefahr für die Gesundheit bieten". Vgl. ferner Art. 101 PolStGB., auf dem die VO. beruht.)

Zweck der die Feuerstätten betreffenden Vorschriften der VO. ist also, nur die Feuerungseinrichtungen zu treffen, die ihrer Natur nach aus feuer- oder gesundheitspolizeilichen oder polizeilichen Rücksichten allgemeiner Art polizeiliche Maßnahmen erfordern.

Danach sind Feuerstätten oder Feuerungsanlagen i. S. der VO. Einrichtungen, die infolge der in ihnen stattfindenden Verbrennungsvorgänge oder durch die Art der durch sie erzeugten Verbrennungsprodukte geeignet sind, feuer- oder gesundheitsgefährliche oder die Umgebung erheblich belästigende Zustände zu schaffen und daher polizeiliche Maßnahmen notwendig machen.

Als Feuerstätten sind zu betrachten: Stubenöfen, Koch- u. Kesselherde, Backöfen, Schmelz- u. Lötöfen, Essen, Malzdarren, Räucherkammern, Trockenräume, Brennereien ebenso Sauggasanlagen (ME. v. 5. März 1909 MABl. S. 245), nicht dagegen elektrische Heizanlagen. Bei Gasverbrennungseinrichtungen: diese werden als Feuerstätten dann zu betrachten sein, wenn die Verbrennungsprodukte in solcher Menge anfallen, daß durch sie gesundheitliche Schäden zu erwarten sind und daher eine Ableitung durch Abzugsrohre usw. notwendig ist; es werden also „Feuerstätten" sein: Gasbadeöfen, große Gaskochherde und Gasöfen, die Abzugsleitungen bedingen, dagegen nicht kleine Gasöfen, Gasbrenner, alle Gasbeleuchtungskörper, soweit bei ihnen die Abgase eine gesundheitliche Schädigung erfahrungsgemäß nicht hervorrufen.

Das gleiche gilt von Petroleumöfen usw. — Die ME. v. 10. Juni 1908 Nr. 26435 erblickt in der Aufstellung eines Benzinmotors keine Anlegung einer Feuerstätte. Bei Sammelheizungen (Heißluft-, Warmwasser- oder Dampfheizungen) sind nur die Feuerungsanlagen und die dazu gehörigen Kesselanlagen als Feuerstätten zu betrachten, nicht aber die einzelnen Heizkörper oder die Verteilungsleitungen.

Hinsichtlich der Verwendung flüssiger Brennstoffe ordnet die VO. v. 10. August 1928 (GVBl. S. 354) an, daß Einrichtungen zu Koch- und Heizzwecken, bei denen flüssige Stoffe benützt werden, die bei einem Barometerstand von 760 mm und bei einer Erwärmung auf weniger als 21° C entflammbare Dämpfe erzeugen (z. B. Benzin, Benzol, Dapolin, Gasolin, Monopolin, Motalin), in Wohngebäuden nicht verwendet werden dürfen. Das

Verbot gilt nicht für Koch- und Heizeinrichtungen für Spiritus. Das Staatsmin. d. Innern kann jedoch vom Verbot Ausnahmen zulassen (hierüber s. MinE. v. 7. November 1928, StAnz. Nr. 259).

Über die Genehmigungspflicht bei Dampfkesselanlagen s. BRB. v. 17. Dez. 1908 (RGBl. S. 3, 51), bayr. BO. v. 24. Nov. 1909 (GBBl. S. 861), ferner MinBek. v. 12. Jan. 1910 (GBBl. S. 15) und ME. v. 9. Juni 1926 (MABl. S. 67). —

Feuerbestattungsanlagen, ihre Einrichtung und ihr Betrieb müssen den bau-, feuer- und gesundheitspolizeilichen Anforderungen entsprechen. Vgl. dazu die oberpol. Vorschr. über die Feuerbestattung vom 11. März 1920 (GBBl. S. 57) nebst MBek. dazu vom 11. März 1920 (GBBl. S. 57 ff.)

§ 7 Ziff. 3 BO. bezieht sich (ebenso wie § 368 Ziff. 3 RStGB.) nur auf Feuerstätten in oder an Gebäuden, dagegen nicht auf solche abseits der Gebäude. —

10. Anlegung eines neuen Kamins ist auch der Wiederaufbau eines Kamins, dessen über das Dach hinausragender Teil abgebrochen worden war, da die unterhalb des Daches stehen gebliebenen Mauerteile für sich allein einen Kamin nicht mehr darstellten (ObstLG. 3, 100).

11. Unter Öfen und Herden sind Zentralheizungsanlagen nicht zu verstehen (ObstLG. 4, 325).

12. In diesem Falle ist baupolizeiliche Genehmigung nicht erforderlich, auch der Anschluß eines Ofens oder Herdes an einen schon bestehenden Kamin (Rohreinleitung) ist nicht genehmigungspflichtig; es sind jedoch nach § 12 II die Vorschriften über die Feuerstätten — §§ 19 ff. — zu beachten. — S. auch § 368 Ziff. 4 RStGB.

13. S. § 2 Anm. 3.

14. Wohnbarmachung bezieht sich ausschließlich auf bauliche Vornahmen, Konstruktionsänderungen, Schaffung oder Änderung wesentlicher Baubestandteile, nicht aber auf sonstige Maßnahmen zur Wohnbarmachung; insbesondere nach § 7 Ziff. 3 auch nicht auf das Setzen eines zum häuslichen Gebrauch bestimmten Herdes (ObstLG. 15, 70; vgl. auch ObstLG. 16, 60). — Über Genehmigungspflicht bei Wohnbarmachung von Räumen im Dachraum s. ObstLG. v. 12. April 1928 in BayVBl. 1928 S. 446.

Die Wohnbarmachung ist nicht als solche, sondern nur dann genehmigungspflichtig, wenn damit die Anlegung einer neuen Feuerstätte oder sonst eine genehmigungspflichtige Bauvornahme verbunden ist. Wo diese Voraussetzung nicht vorliegt (z. B. nach § 7 Ziff. 3 bei Setzen eines Herdes und Einleiten einer Rohrleitung in eine schon bestehende Kaminanlage), kommt eine Strafbarkeit erst bei Benutzung der Räume zu Wohnzwecken in Frage, und zwar nicht aus § 367 Nr. 15 RStGB. oder Art. 101 PStGB., sondern aus Art. 73 II PStGB. mit § 9 der V. v. 10. Febr. 1901 die Wohnungsaufsicht betr.

15. S. § 33. — Wer bei Ausführung eines Neubaues von dem genehmigten Bauplan abweichende Kellerräume zu Wohnzwecken einrichtet, macht sich damit nicht notwendig nach § 367 Nr. 15 RStGB. strafbar, auch dann nicht, wenn er Ofen und Herd in den Räumen setzt (ObstLG. 15, 89).

16. S. § 34. — S. auch ObstLG. 7, 358.

17. Nicht jede Änderung, sondern nur bauliche Änderungen. Letzteres liegt vor bei Durchbrechungen der Umfassungsmauer, Versetzung oder Neuerrichtung von Fenstern. Die Fassade selbst (die Bauteile) müssen geändert werden, nicht bloß Änderungen an der Fassade vorgenommen werden. Die Herstellung architektonischer Fensterumrahmungen aus Verputz sind keine Änderung der Fassade im Sinne der Ziff. 5 (ObstLG. 6, 23 und ObstLG. v. 31. Okt. 1929, abgedr. in BayVBl. 1930 S. 14). — S. auch § 53 Abs. IV. —

18. Fassade ist die freistehende Außenseite eines Gebäudes (ObstLG. 6, 179 und MABl. 1905 S. 557).

19. Es handelt sich hier um Ortsstraßen, worunter diejenigen öffentlichen Wege verstanden werden, welche dazu bestimmt sind, den Verkehr innerhalb einer zusammenhängend gebauten Ortschaft zu vermitteln (ObstLG. 6, 23; auch 6, 179).

20. Maßgebend ist die Bevölkerungsziffer zur Zeit der Vornahme der Änderung. In der Regel wird das Ergebnis der letzten allgemeinen Volkszählung zu Grunde zu legen sein, soferne die Einwohnerzahl nicht auf andere Weise festgestellt ist (z. B. durch fortlaufende Zählung durch die Stadt).

21. S. ObstLG. v. 26. Febr. 1914 MABl. S. 203 (BayGemVZ. 1914, 235).

Als baupolizeiliche Vorschriften im Interesse der Verschönerung können nur solche Polizeiverordnungen gelten, welche die äußere Gestaltung eines Bauwerks zum Gegenstand haben. Bebauungsverbote können auf Art. 101 III PStGB. nicht gegründet werden (ObstLG. 13, 7). Aus der Entstehungsgeschichte des Art. 101 III PStGB. (Verhandlg. des gesetzg. Aussch. d. Kammer der Abg. 1871/21 Bd. II S. 52/53) geht auch hervor, daß solche Polizeivorschriften nicht als unmittelbare Weisungen an die Bauherren usw., sondern nur als gesetzliche Grundlage für die Anordnungen der Baupolizeibehörde ergehen können.

§ 8.

Durch ortspolizeiliche Vorschrift kann angeordnet werden [1]), daß auch zur Herstellung [2]) oder wesentlichen Veränderung [3]) von Brunnenschachten [4]), Kellern, Haus- und Straßenkanälen [5]), von Abtritten [6]), Dung- und Versitzgruben [7]), von Zäunen [8]) und Einfriedungen [9]) aus

Mauer- oder geschlossenem Holzwerk[10]) oder Metall[11]) an öffentlichen[12]) Plätzen, Straßen oder Wegen, oder wo Baulinien in Frage kommen[13]), dann in Städten zum Anbau von Balkonen[14]), Altanen[14]), Erkern[15]), Galerien[16]) und Gängen[17]) polizeiliche Genehmigung[18]) zu erwirken, oder daß der Ortspolizeibehörde[19]) zur Wahrung bestehender Vorschriften[20]) binnen bestimmter Frist[21]) vor dem Beginne der Ausführung dieser[22]) baulichen Anlagen Anzeige zu erstatten[23]) ist. Als wesentliche Veränderungen baulicher Anlagen sind Änderungen anzusehen, die nach § 7 bei Gebäuden als Hauptreparatur oder Hauptänderung zu betrachten wären.

1. Sowohl in Städten als auch in Märkten und auf dem Lande. — Die Aufzählung der baulichen Anlagen in § 8 ist erschöpfend; die ortspolizeilichen Vorschriften können nicht auch noch auf andere als die hier aufgezählten baulichen Anlagen ausgedehnt, wohl aber kann die Genehmigungs- oder Anzeigepflicht auf einzelne der genannten baulichen Anlagen beschränkt werden. — Hieher auch ME. v. 23. Okt. 1924, Abs. 7 und 8 (Staatsanz. Nr. 248), in der die Bezirksämter angewiesen werden, wegen der zunehmenden Pfuscharbeit im Baugewerbe auf die Erlassung von ortspol. Vorschriften hinzuwirken.

Ein Zwang zur Erlassung von ortspol. Vorschriften kann nicht ausgeübt werden; die Gemeinden können von Aufsichts wegen weder zur Erlassung genötigt noch von der Aufhebung bestehender ortspol. Vorschriften abgehalten werden (s. ObstLG. 26, 274). —

Die in § 8 vorgesehenen Anordnungen können nur durch die Ortspolizeibehörde, nicht auch durch die Bezirkspolizeibehörde getroffen werden. Denn eine allgemeine Vorschrift des Inhalts, daß die Bezirkspolizeibehörden die Materien, die durch ortspol. Vorschriften geregelt werden können, an sich ziehen und zum Gegenstand bezirkspolizeilicher Vorschriften machen können, besteht nicht. Dies ergibt sich auch aus Art. 5 PStGB. (ObstLG. v. 13. Dez. 1926 — BayGemVZ. 1927 S. 180).

Wegen des Erlasses von ortspolizeilichen Vorschriften nach § 8 für nichtgenehmigungspflichtige Bauführungen in der Nähe schienengleicher Bahnübergänge s. ME. v. 10. Nov. 1928 (StAnz. Nr. 262); abgedr. bei § 68 Anm. 9.

2. = Neuerrichtung. Eine solche liegt auch dann vor, wenn z. B. zur Herstellung eines Zaunes Material und Teile eines früheren Zaunes Verwendung gefunden haben (ObstLG. 2, 231; 20, 251).

Wiederherstellung einer baulichen Anlage, die durch einen

andern eigenmächtig zerstört wurde, in den früheren Zustand, ist ebenfalls genehmigungspflichtige Herstellung (ObstLG. 6, 421).

3. Der Begriff „wesentliche Veränderung" im Sinne des § 8 in der Fassung v. 17. Febr. 1901 wurde in der Rechtsprechung verschieden ausgelegt (vgl. OLG. München 7, 53; 9, 160 und ObstLG. 2, 231; 2, 238; 8, 346). Um eine Übereinstimmung des § 8 und § 7 herbeizuführen, wurde durch die V. v. 3. Aug. 1910 dem § 8 der Schlußsatz angefügt, der nunmehr eine Definition im Sinne der Hauptreparatur oder Hauptänderung des § 7 gibt (s. auch ObstLG. 20, 251 und ME. v. 3. Aug. 1910 Ziff. 5; s. IV. Teil).

Über wesentliche Veränderungen an einem Zaun sagt das Urt. des ObstLG. v. 20. Juni 1908: Der Begriff „wesentliche Veränderung" erfordert nach seinem Wortlaut eine Änderung, die das Wesen des Zaunes erfaßt, sei es, daß er versetzt wird, oder daß eine Erneuerung des Zaunes unter Verwendung anderen Materials erfolgt, oder daß die bestehende Form eine augenfällige Änderung (z. B. hinsichtlich der Höhe oder der Struktur) erfährt; nicht aber schon dann, wenn der bisher bestehende Zaun, sei es aus altem oder neuem Material der gleichen Art, aber unter Beibehaltung der bisherigen Erscheinungsform teilweise erneuert wird. — Über Auswechslung der Holzpfosten eines Zaunes, ObstLG. 27, 268; Bay.-VBl. 1928 S. 203.

4. Unter „Schacht" ist eine senkrechte Öffnung des Bodens von entsprechender Tiefe, gleichviel, ob mit oder ohne Vermauerung oder Verschalung, zu verstehen. Im Einzelfall kommt es lediglich auf die Beurteilung an, ob die Ausgrabung tief genug erscheint, um als „Schacht" zu erscheinen. Ob der Schacht mit dem festen Entschluß gegraben wurde, einen Brunnen zu errichten, oder nur zu dem vorläufigen Zwecke, das Vorhandensein von Wasser zu ermitteln, ist gleichgültig, da die BO. keinen Unterschied zwischen Probe- und endgültigen Schächten macht (Urt. des OLG. München v. 15. Juni 1886 (MABl. S. 208). — Vgl. auch Art. 20 WG.).

5. Nicht genehmigungspflichtig ist die Herstellung von Grundstücksdrainagen (s. aber Art. 160 WG.).

6. Ihre Errichtung wird meist schon nach §§ 6 und 7 genehmigungspflichtig sein. — Im übrigen s. §§ 52, 29, 49 BO.

7. Andere Gruben, wie Bau-, Kalkgruben usw., gleich welcher Art und Größe, sind nicht genehmigungspflichtig.

8. S. Anm. 3 — sog. „lebende Zäune" (Hecken, Einfriedung aus Gesträuch) sind nicht genehmigungspflichtig (ObstLG. v. 19. Jan. 1928 in BayVBl. 1929 S. 108). Sind solche „lebende Zäune" stellenweise durch Draht oder Gitter oder Holz verstärkt, so wird im Einzelfall hinsichtlich der Genehmigungspflicht der überwiegende Charakter der Einfriedung zu entscheiden haben.

9. Unter Einfriedung eines Grundstücks ist eine Anlage zu verstehen, die bestimmt ist, das Grundstück gegen das Eindringen von Menschen oder Tieren zu schützen. Eine Einfriedigung im Sinne des § 8 erfordert, daß sie aus Mauer- oder geschlossenem Holzwerk oder aus Metall besteht (ObstLG. 9, 231). Mauern, die nicht den Schutz eines Grundstücks in vorstehendem Sinne bezwecken, sondern lediglich zur Stützung von Böschungen und zur Erhaltung von Erdabschnitten dienen, sind keine Einfriedigungen (ME. v. 5. Jan. 1886 Nr. 16832).

10. Einfriedigung aus geschlossenem Holzwerk sind nicht nur Bretterzäune, d. h. Einfriedigungen, welche aus mehr oder weniger eng aneinander angereihten, durch Pfosten miteinander fest verbundenen Brettern gebildet werden, sondern auch Lattenzäune, d. h. Einfriedigung, welche aus mehr oder weniger enge gereihten, durch Querleisten miteinander verbundenen Latten bestehen (OLG. München 1, 194; 2, 41; ObstLG. 2, 231).

11. Eine Einfriedigung aus Metall liegt auch dann vor, wenn zwischen Pfosten einzelne Drähte gespannt sind (ObstLG. 11, 12); auch wenn bei Einfriedigungen aus Metall Holzteile (z. B. als Stützen) Verwendung finden, sind diese doch als Einfriedigung aus Metall zu betrachten (ObstLG. 9, 231 und MABl. S. 371; ObstLG. 11, 12). Über Stacheldrahtzäune s. oberpol. Vorschrift v. 28. Aug. 1909 (GVBl. S. 668).

12. S. § 1 Anm. 4. — Die Worte „an öffentlichen Plätzen usw. ... in Frage kommen" beziehen sich nur auf die Errichtung von Zäunen und Einfriedigungen (Urt. des Oberst. Gerichtshofs Sammlg. Bd. 7 S. 81 ff.).

13. D. i. dann der Fall, wenn die Baulinien — wenn auch nur vorläufig — festgesetzt sind oder ihre Festsetzung eingeleitet ist (OLG. München 2, 51 und OLG. München Urt. v. 4. Mai 1883 MABl. S. 206; ObstLG. 27, 268, BayGemVZ. 1928, 152, BayVBl. 1928 S. 203). Hiezu wird aber auch noch zu verlangen sein, daß die Einfriedigung die Abschließung des Grundstücks gegen die Baulinie zu darstellt; Einfriedigungen, selbst wenn sie aus Mauerwerk bestehen, als Abgrenzung gegen die Nachbargrundstücke oder im Innern des Grundstückes, dürften nicht als genehmigungspflichtig anzusehen sein.

14. S. § 38.

15. S. § 36.

16. S. §§ 38, 39.

17. S. § 39.

18. Zuständig ist die Bezirkspolizeibehörde, § 65 I. — Planvorlage nach § 9 nötig (ObstLG. 11, 376).

19. D. i. in den unmittelbaren Städten der Stadtrat; in allen übrigen Gemeinden der 1. Bürgermeister allein. GemO. 1927 Art. 51 und 54.

20. D. s. außer der BO. alle in Verordnungen, ober- und ortspolizeilichen Vorschriften enthaltenen Anordnungen.

21. Diese muß eine angemessene, im Interesse der Bauherrn möglichst kurze sein.

22. Der Verputz eines Gebäudes zählt nicht zu den in § 8 aufgeführten baulichen Anlagen, für die nach dieser Bestimmung eine Anzeigeerstattung vor Beginn der Ausführung durch ortspolizeiliche Vorschrift zur Pflicht gemacht werden kann. (Vgl. dazu ObstLG. v. 31. Okt. 1929, abgedr. in BayVBl. 1930 S. 14.)

23. Die Verpflichtung zur Vorlage von Plänen kann damit nicht verbunden werden.

§ 9.

I Zur Erlangung der baupolizeilichen Genehmigung ist die Vorlage von Plänen [1]) notwendig, welche zu enthalten haben:

a) bei Neubauten

1. die Lage [2]) nach allen Seiten, soweit sie zur richtigen Erkennung und Bestimmung der Stellung des Baues erforderlich ist, mindestens in einem Umkreise von 25 m, mit Darstellung der in demselben befindlichen Gebäude, Straßen und Grundstücke und mit Angabe [3]) der betreffenden Eigentümer;
2. den Grundriß und Durchschnitt aller Stockwerke des Gebäudes von der Kellersohle bis zum Dachfirste, mit Angabe der Einteilung der Räume, der wesentlichen Maße [4]), der Feuerungseinrichtungen und des Bau- und Eindeckungsmaterials; bei außergewöhnlichen Konstruktionen entsprechende Detailzeichnungen;
3. die Fassade des Baues von der Straßenseite aus und bei offener Bauweise [5]) auch die Seitenfassaden;

b) bei Hauptreparaturen oder Hauptänderungen an bestehenden Gebäuden

die Zeichnungen des betreffenden Baubestandteiles, wie derselbe zur Zeit ist und wie er werden soll, sowie diejenigen der vorbezeichneten Vorlagen, welche zur Beurteilung des Unternehmens notwendig sind.

II Bei diesen Plänen sind folgende Maße einzuhalten[6]):
bei den Lageplänen . . . . 1 : 1000,
bei den Grundriß-, Durchschnitts- u. Fassadeplänen 1 : 100,
bei den Detailplänen nicht kleiner als . . . 1 : 50.

1. Verfahren s. §§ 65 ff., insbesondere § 67 über die weiteren Erfordernisse der Pläne.

Vgl. auch die Anmerkungen zu § 4. — Es ist unzulässig, wenn in einer ortspolizeilichen Vorschrift ausgesprochen ist, daß bei Ausführung von Gebäuden usw. die Baupläne vor der baupolizeilichen Bescheidung dem Stadt- oder Gemeinderat zur Genehmigung vorzulegen seien. Eine solche Bestimmung ist unvereinbar mit den Zuständigkeitsbestimmungen der BO. —

Unbedenklich wäre es, wenn das Wort „Genehmigung" durch „Äußerung" ersetzt würde (ME. v. 9. Juni 1911 Nr. 4054 f 6).

Auf jedem Plane soll das Einlaufsdatum oder diejenige Einlaufsnummer, welche dem bei Einreichung des Planes aufgenommenen Protokolle oder Vermerke oder dem einschlägigen schriftlichen Einlaufe entspricht, vorgetragen und überdies auf den über eingereichte Pläne aufgenommenen Vermerken oder Protokollen die Überschrift der Pläne bzw. der Baugegenstand, auf den sie sich beziehen, bezeichnet werden (ME. v. 19. Mai 1899 Nr. 10344). — Farbige Ausführung des Planes ist nicht vorgeschrieben; sie sollte der Übersichtlichkeit wegen aber in der Praxis gefordert werden. In jahrzehntelanger Übung haben sich folgende Farben eingeführt:

rot für neues Mauerwerk,

schwarz (oder grau) für stehenbleibendes, schon vorhandenes Mauerwerk,

gelb für zu beseitigendes Mauerwerk.

2. Der Lageplan muß eine Übersicht über die Umgebung des Bauplatzes im Umkreis von 25 m, d. h. über einen Kreis mit einem Radius von 25 m ergeben. Die Einzeichnung der Nachbargrundstücke und die Angabe der Eigentümer ist wegen §§ 67 und 68 besonders wichtig. Die Eigentumsgrenzen sollen dunkelgrün eingezeichnet werden (ME. v. 5. Jan. 1914 Nr. 4050).

3. Auch die Angabe der Zweckbestimmung (vgl. MBO. § 14 A Ziff. 2) wird insoweit zu verlangen sein, als je nach der Art der Verwendung des Baues (z. B. zur Lagerung feuergefährlicher Gegenstände; in den Fällen der §§ 46—48) besondere baupolizeiliche Vorschriften bestehen.

Hiezu s. auch ME. vom 13. Okt. 1926 (StA. Nr. 240) über Bauführungen nächst Starkstromleitungen.

„Die große Anzahl der das Gelände überziehenden Starkstromleitungen macht Maßnahmen zum gegenseitigen Schutze der Bauführungen nächst solchen Starkstromleitungen, der Menschenleben sowie der Starkstromleitungen selbst notwendig.

Zu diesem Zwecke ergeht folgende Anordnung:

I. Die Gemeindebehörden haben dafür zu sorgen, daß in jedem nach §§ 9/14 der beiden Bauordnungen einzureichenden Bauplane etwaige den geplanten Bau gefährdende Starkstromleitungen nach ihrem Verlauf und nach ihrer Höhe über dem Baugrundstück eingetragen werden. Hierbei ist die elektrische Spannung dieser Leitungen in Volt anzugeben.

II. Die Baupolizeibehörden haben bei der Genehmigung von Bauführungen, in deren Nähe gefährdende Starkstromleitungen vorhanden sind, durch entsprechende Auflagen den Vollzug des § 22 b (ersten Satzes) der Vorschriften für die Errichtung und den Betrieb elektrischer Starkstromanlagen (Errichtungsvorschriften) des Verbandes deutscher Elektrotechniker (V. D. E.) sicherzustellen.

Diese Vorschrift lautet:

„Freileitungen, sowie Apparate an Freileitungen sind so anzubringen, daß sie ohne besondere Hilfsmittel weder vom Erdboden noch von Dächern, Ausbauten, Fenstern oder anderen von Menschen betretenen Stätten aus zugänglich sind."

Die ME. v. 5. Juni 1928 Nr. 3650 a 11 über Bauführungen nächst Starkstromleitungen (StAnz. Nr. 131) weist auf die vom Verband deutscher Elektrotechniker aufgestellten Vorschriften hin und ordnet an: „Unter Bezugnahme auf die ME. v. 13. Okt. 1926 über Bauführungen nächst Starkstromleitungen (StAnz. 240) werden die Baupolizeibehörden angewiesen, bei der Genehmigung von Bauführungen, in deren Nähe gefährdende Starkstromleitungen vorhanden sind, durch entsprechende Auflagen auch den Vollzug der vorstehend bekannt gegebenen Vorschriften sicherzustellen.

Damit die Baupolizeibehörden in der Lage sind, in diesem Sinne Maßnahmen zu treffen, werden die Gemeindebehörden wiederholt angewiesen, dafür zu sorgen, daß in jedem nach §§ 9/14 der beiden Bauordnungen einzureichenden Bauplan etwaige, den geplanten Bau gefährdende Starkstromfreileitungen nach ihrem Verlauf und nach ihrer Höhe über dem Baugrundstück eingetragen werden. Hierbei ist die elektrische Spannung dieser Leitung in Volt anzugeben.

Bei der Wichtigkeit dieser Eintragung für den Schutz der Menschenleben, der Bauführungen und der Starkstromfreileitungen ist dieser Eintragung besonderes Augenmerk zuzuwenden."

4. Soweit dies zur baupolizeilichen Würdigung notwendig ist. — Vgl. § 14 A Ziff. 2 der MBO.: „2. Die Grundrisse aller Geschosse des Gebäudes vom Keller bis zum Dachraum mit Angabe der Einteilung und Zweckbestimmung der Räume, dann alle zur Deutlichkeit erforderlichen Längen- und Querschnitte, endlich bei

außergewöhnlichen Konstruktionen entsprechende Detailzeichnungen; in allen diesen Plänen sind die Maße der Mauern, Gewölbe, Balken, Träger, Sparren, Säulen, Pfosten, Durchzüge der Häng- und Sprengwerke, der Längen-, Tiefen- und Höhenmaße der einzelnen Räume, soweit diese Angaben zur baupolizeilichen Beurteilung erforderlich sind, sowie der Breiten der Treppen und Gänge, dann die Form und Weite und der Zug der Kamine, sowie deren Höhe über der Dachung genau anzugeben; besondere Konstruktionen müssen unter Angabe des Materials in den Plänen deutlich eingetragen werden; auch sind auf Verlangen die erforderlichen Tragfähigkeitsberechnungen beizubringen."

Auch nach der allgemeinen BO. hat die Baupolizeibehörde die Befugnis, Tragfähigkeitsberechnungen zu verlangen. — S. oberpolizeil. Vorschrift v. 25. März 1918 für die Aufstellung und Prüfung von Tragfähigkeitsnachweisen bei Bauwerken (GVBl. S. 251, s. VII. Teil) und v. 13. Aug. 1921 (GVBl. S. 404). — Nach der ME. v. 28. März 1925 Nr. 3676 a dürfen die Baupolizeibehörden die Genehmigung erst erteilen, wenn die Tragfähigkeitsnachweise erbracht sind. Die Baupolizeibehörden werden vielfach nicht in der Lage sein, komplizierte Tragfähigkeitsnachweise nachzuprüfen. Wenn auch nach § 11 der oberpol. V. v. 25. März 1918 verantwortlich für die Beachtung der Vorschriften und für die Richtigkeit der statischen Berechnung die Verfasser des Nachweises sind, so kann dies doch im Falle unrichtiger Berechnung die Polizeibehörde nicht von ihrer Haftung befreien. Es ist daher notwendig, daß die Baupolizeibehörde die Berechnungen nachprüft. Ist sie dazu nicht imstande, so muß sie die Nachprüfung durch einen Sachverständigen vornehmen lassen; die Verantwortung bleibt aber bei ihr. (In Preußen bedienen sich die Baupolizeibehörden zu diesem Zwecke vielfach der sog. Prüfingenieure.)

ME. vom 2. Mai 1918 (MABl. S. 89) über Schaffung einer amtlichen Stelle bei der Landesgewerbeanstalt Nürnberg zur Prüfung von Plänen und Berechnungen für statisch besonders beanspruchte Bauwerke und Bauteile. —

Über gewerbliche und technische Prüfämter s. MB. v. 12. Jan. 1928 und über gemeindetechnische Beratungsstellen MB. v. 14. Jan. 1928 (MABl. 1928 S. 1 u. 4). Über Materialprüfungsanstalten in Württemberg, Baden u. Hessen s. ME. v. 11. Okt. 1929 Nr. 3649 f 14 (StAnz. Nr. 238); Gutachten der dort genannten Anstalten über Materialprüfungen sind auch in Bayern ohne weiteres anzuerkennen.

Nach der ME. vom 15. April 1930 Nr. 3649 f 18 (StAnz. Nr. 92) werden auch die Prüfungszeugnisse der bayerischen Prüfämter in Württemberg, Baden und Hessen anerkannt. Nach der MBek. vom 12. Jan. 1928 Nr. 303 (MABl. S. 1) kommen als solche das Materialprüfamt der bayerischen Landesgewerbeanstalt in Nürnberg, ferner das mechanisch-technische und das bautechnische Laboratorium der Technischen Hochschule München in Betracht. — Nach der ME. vom

30. April 1930 Nr. 3649 f 19 (StAnz. Nr. 101) nimmt in Württemberg auch die Chemische Anstalt des Württembergischen Landesgewerbeamtes Prüfungen von Baustoffen vor. Es sind deshalb auch Gutachten dieser Anstalt über Materialprüfungen in Bayern ohne weiteres anzuerkennen.

S. ferner ME. v. 5. Febr. 1916 über landwirtschaftliche Bauberatung (MABl. S. 12); ME. v. 17. Juni 1920 über landwirtschaftliche Bauberatung bei den Landbauämtern (StAnz. Nr. 147); ME. v. 1. Okt. 1920 (MABl. S. 384) betr. gewerbliche und technische Auskunftsstellen (Ziff. 8: die landwirtschaftliche Bauberatungsstelle in München [Zweigstelle der Landesgewerbeanstalt] bietet fachmännische Beratung und Auskunfterteilung, Anfertigung von Plänen, Kostenvoranschlägen, Überwachung von Bauführungen usw.) ferner die general. ME. v. 11. Juli 1922 Nr. 9098 f 81 und v. 6. Juni 1924 Nr. 9098 f 48 über landwirtschaftl. Bauberatung.

Bei Theaterbauten: Beratungsstelle der bayer. Landesbühne zu hören (ME. v. 26. Febr. 1926 MABl. S. 32, StA. 57).

Luftfahrthindernisse: Hiezu bestimmt die ME. v. 20. Juni 1929 Nr. 2547 k 9 (StAnz. Nr. 141):

„Es ist geboten, bei der Genehmigung von Bauten, die sich über eine gewisse Höhe erheben, auf die Luftschiffahrt Rücksicht zu nehmen. Da die Gefährdung nicht nur für die Flugzeuge, sondern auch für das Gebäude besteht, ergeht die Weisung, bei Hochbauten, die sich mehr als 50 Meter über ihren Fußpunkt erheben, die zuständige Flugüberwachung als begutachtende Stelle zu hören.

Als solche kommen in Betracht:

a) für Bayern südlich der Donau und die an der Donau gelegenen Ortschaften die Flugüberwachung Bayern-Süd in Schleißheim,

b) für das übrige Bayern (nördlich der Donau) die Flugüberwachung Bayern-Nord in Fürth i. B.“

5. S. § 2 Anm. 3.

6. Maßstab und Himmelsrichtung ist auf den Plänen anzugeben.

§ 10.

[1]) Bei Bauführungen [2]) auf Kosten der Zivilliste, des Staatsärars usw.[3]), welche nach den desfalls bestehenden besonderen Vorschriften einer höheren technischen Prüfung unterliegen, sind der Baupolizeibehörde die Entwürfe [4]) zur Erinnerung [5]) in bezug auf Baulinien, Höhenlage und sonstige bau- und gesundheitspolizeiliche Verhältnisse mitzuteilen.

1. § 10 hat ausschließlich die formelle Bedeutung einer Zuständigkeitsvorschrift (ME. v. 7. Juli 1904 Nr. 14704). Bei den hier genannten Bauführungen ist, sofern sie einer höheren technischen Prüfung unterliegen, die Zuständigkeit der Baupolizeibehörden ausgeschlossen; ihnen steht lediglich eine gutachtliche Erinnerungsabgabe zu.

Die Vorschrift hat ihre Begründung in der staatsrechtlichen Erwägung, daß die Verwaltungsressorts einander nicht untergegeordnet sein können, sondern selbständig nebeneinander wirken, und daß der Staat gegen sich selbst keine Polizeigewalt übt (s. Seydel, bayer. Staatsrecht Bd. 5 S. 658). Daraus folgt, daß die Baupolizeibehörden nicht berechtigt sind, dem Staate als Bauherrn Weisungen zu geben, und daß dieser keiner baupolizeilichen Genehmigungspflicht untersteht. Trotzdem ist aber auch der Staat als Bauherr verpflichtet, die materiell-rechtlichen Bestimmungen der BO. genau so einzuhalten wie ein privater Bauherr. Die BO. ist eine „allgemein verbindliche Vorschrift" im Sinne des Art. 1 Abs. I PStGB.; ihr sind nicht nur die Staatsbürger, sondern auch die Staatsbehörden unterworfen, es sei denn, daß die Vorschrift selbst eine Ausnahme zugelassen hätte. Eine solche Befreiung ist jedoch nirgends vorgesehen. Die materiell-rechtlichen Bestimmungen der BO. haben für sämtliche staatlichen Ressorts Geltung (es sind also auch bei Staatsbauten insbesondere die Vorschriften über Baulinien, über Straßenherstellung und -Sicherung usw. einzuhalten).

Aus dem Grundsatze, daß der Staat gegen sich selbst keine Polizeigewalt übt, folgt, daß § 65 Abs. II BO. (Dispens) auf Bauten des Staates keine Anwendung findet.

Verstöße gegen die materiell-rechtlichen Vorschriften der BO. bei Staatsbauführungen begründen disziplinäre, unter Umständen auch strafrechtliche Verantwortung der mit der Bauführung befaßten Beamten.

Bauführungen des Reiches genießen nach den bayerischen Bauvorschriften für die baupolizeiliche Behandlung keine Vorzugsstellung, sondern stehen den Privatbauten gleich. § 10 findet (nach seinem Wortlaut und seiner Entstehungsgeschichte) auf sie keine Anwendung. Nach der bisherigen Reichsverfassung war ein Bedürfnis für eine Sonderstellung auch nicht gegeben, da die Eisenbahn-, Post-, Finanz- und Heeresverwaltung unter bayerischer Hoheit stand und den § 10 für sich in Anspruch nehmen konnte. Mit dem Übergang dieser Verwaltungen auf das Reich ist jedoch die Frage einer Sonderregelung für dessen Bauführungen aufgetaucht.

Für die Bauführungen der Reichseisenbahnverwaltung hatte daher die ME. v. 19. Okt. 1921 Nr. 4090 a 5 und die ME. v. 13. Jan. 1922 Nr. 4090 a 1 die Regelung getroffen, daß bei Behandlung der Baugesuche des Reichsverkehrsministeriums bis auf weiteres der bisher gegenüber den Baugesuchen des früheren bayerischen Verkehrsministeriums eingenommene Standpunkt hinsichtlich des § 10 einzunehmen ist. Dieser Standpunkt ist nunmehr auch bis auf weiteres gegenüber den Baugesuchen der Deutschen Reichsbahngesellschaft einzunehmen (ME. v. 12. Jan. 1925 Nr. 3600 a 12 und v. 3. Juni 1925 Nr. 3650 a/a 3.

Die gleiche Anordnung ist mit ME. v. 24. März 1922 Nr. 4090a6 für die Baugesuche des Reichspostministeriums, Zweigstelle Bayern, ergangen.

Bei Baugesuchen beider Verkehrsverwaltungen sind wichtigere Entwürfe, hauptsächlich solche, die das Orts- und Landschaftsbild beeinflussen, vor Abgabe der Erinnerung nach § 10 BO. dem Staatsministerium des Innern zur Einsicht vorzulegen.

Die damit der Reichsbahngesellschaft und dem Reichspostministerium eingeräumte Ausnahmestellung gründet sich in der Hauptsache auf § 12 [1]) des Staatsvertrags über den Übergang der Staatseisenbahnen auf das Reich v. 31. März 1919 (RGBl. S. 778 in Verbindung mit § 17 [2]) des Reichsbahngesetzes v. 30. Aug. 1924 [RGBl. II S. 272] und auf § 1 [3]) des Staatsvertrags über den Übergang der Post- und Telegraphenverwaltung Bayerns an das Reich vom 29./31. März 1920 (RGBl. S. 644). (Zur Frage „Baupolizei und Reichsbahn-Gesellschaft" siehe die — nicht unmittelbar auf Bayern anwendbaren — Abhandlungen im RVerwBl. und PrVerwBl. 1929 Bd. 50 Nr. 37 S. 603; Nr. 46 S. 745.)

Diese Sonderstellung bezieht sich nicht auf andere Verwaltungen des Reichs (Finanzverwaltung, Reichswehr, Reichsbank usw.); für sie findet § 10 keine Anwendung (ME. v. 24. März 1922 Nr. 4090 a 6 und ME. v. 25. Febr. 1922 Nr. 4020 a 5).

---

[1]) „§ 12: Rechtsstellung der Reichseisenbahnbehörden. Den Reichseisenbahnbehörden stehen alle Befugnisse öffentlich-rechtlicher Art zu, die bisher den Eisenbahnbehörden der Länder zugestanden haben."

[2]) „§ 17 Satz 1 u. 2: Die Stellen der Deutschen Reichsbahn-Gesellschaft sind keine Behörden oder amtlichen Stellen des Reichs. Sie behalten jedoch die öffentlich-rechtlichen Befugnisse in gleichem Umfang, wie sie bisher den Stellen des Unternehmens ‚Deutsche Reichsbahn' zustanden."

[3]) „§ 1. Die Verwaltung und das gesamte Eigentum der bayerischen Posten und Telegraphen werden dem Reiche vom 1. April 1920 an als Ganzes mit allen Rechten und Pflichten öffentlich-rechtlicher und privatrechtlicher Art übertragen. Das Reich tritt zu diesem Zeitpunkt in die laufenden Verträge, Rechte und Pflichten öffentlich-rechtlicher und privatrechtlicher Art ein, die für die bayerische Post- und Telegraphenverwaltung bestehen und durch deren Übergang auf das Reich nicht kraft Gesetzes wegfallen ..."

2. Hierunter fallen nicht nur die Vornahmen von Neubauten und Umbauten, sondern alle baulichen Vornahmen, für welche nach den Vorschriften der BO. oder sonstiger Vorschriften baupolizeiliche Genehmigung erforderlich ist; also insbesondere Bauvornahmen nach § 6 und § 7 bzw. bei bestehenden ortspolizeilichen Vorschriften auch nach § 8 (ME. v. 18. Okt. 1897 Nr. 22866).

3. Der § 7 der allgemeinen BO. v. 30. Juni 1864 zählte hier namentlich auf die Gebäude, „welche auf Kosten der Zivilliste, des Staatsärars, einer Kreis-, Distrikts- oder Einzelgemeinde oder der Stiftungen ausgeführt werden."

Nunmehr ist zu unterscheiden: Bei Bauten auf Kosten des Staates steht der Baupolizeibehörde in allen Fällen nur das Recht der Erinnerungsabgabe nach § 10 zu, also kein Recht der Bescheidung und Aufsicht über die Bauführung. Bei Bauten der Gemeinden und Stiftungen jedoch ist dies nur dann der Fall, wenn sie einer höheren technischen Prüfung unterliegen; in sonstigen Fällen ist die ordentliche Zuständigkeit der Baupolizeibehörde gegeben. Bauten der ehemaligen Zivilliste werden wie Bauten des Staates behandelt, wenn die Bauten der Krongutsverwaltung unterstehen oder auf den Wittelsbacher Ausgleichsfonds übergegangen sind (Ges. v. 9. März 1923, GVBl. S. 101), sonst wie Bauten Privater.

Bauführungen der Bayerischen Berg- Hütten- und Salzwerke AG. sind den Bauführungen des Staatsärars im Sinne des § 10 gleich zu achten (ME. 9. Aug. 1929 Nr. 3650 a/10 StAnz. Nr. 108).

Bei Bauten der unmittelbaren Stiftungen bei denen nach § 73 Format. V. v. 17. Dez. 1825 (RBl. S. 1049) die Würdigung und Bescheidung der Pläne auf Grund höherer technischer Prüfung auch in baupolizeilicher Hinsicht erfolgt, findet § 10 Anwendung; bei den Mitteilungen an die Baupolizeibehörde gem. § 10 soll (nach der ME. v. 29. Aug. 1906 Nr. 18123) jeweils ausdrücklich bemerkt werden, daß die Pläne auch nach der baupolizeilichen Seite hin geprüft und zur Ausführung geeignet befunden wurden.

S. auch §§ 76, 77 KirchGemO. und Meurer, Kirchenvermögensrecht Bd. III § 97 ff.

Die von der Kreisregierung von Schulaufsichts wegen erteilte Genehmigung für Schulhausbauten der Gemeinden ersetzt die baupolizeiliche Genehmigung nicht. — Bezüglich der Erbauung und Einrichtung der Schulhäuser für die Volksschulen gelten die Vorschriften der ME. v. 15. April 1913 betr. bauliche Anlage und Einrichtung der Schulhäuser und Gesundheitspflege in denselben (KMBl. S. 115); wesentliche Erleichterungen für Schulhausneu- und Umbauten bringt die ME. v. 19. Aug. 1924 (MABl. S. 125). — (Beide s. X. Teil.)

Soweit die Zuständigkeit der Baupolizeibehörde durch § 10 ausgeschlossen ist, wird sie auch nicht dadurch begründet, daß ein

Dritter Einspruch gegen den Bau erhebt (Bl. f. a. Praxis Bd. 47 S. 132).

Hochbauten der Privateisenbahnen fallen nicht unter § 10 (ME. v. 31. Juli 1901 Nr. 17 217); wegen der Tiefbauten dieser Bahnen s. B. v. 20. Juni 1855 (RBl. S. 653) und MB. v. 25. März 1910 (MABl. S. 243).

4. S. § 67 Abs. II (Unterschrift der Nachbarn).

5. Gegen deren Nichtbeachtung steht Beschwerderecht im Aufsichtsverfahren zu.

§ 11.[1])

Die Verpflichtung zur Einhaltung des offenen (Pavillon-)Bausystems bemißt sich nach den auf Grund der Verordnung vom 16. Mai 1876 (Gesetz- und Verordnungsblatt S. 347) erlassenen oder künftig ergehenden Vorschriften. Die Bestimmungen der genannten Verordnung treten auch für die Pfalz in Kraft.

1. § 11 wurde durch die B. v. 3. Aug. 1910 (GVBl. S. 403) im Zusammenhang mit der Neufassung des § 2 aufgehoben und die B. v. 16. Mai 1876 außer Kraft gesetzt. Nach der B. v. 3. Aug. 1910 Abschn. III bleiben jedoch die gem. d. B. v. 16. Mai 1876 erlassenen ortspolizeil. Vorschriften bis zu ihrer Änderung so in Kraft, als ob sie auf Grund des nunmehrigen § 2 Abs. II erlassen wären.

III. Vorschriften für die Bauführung.

1. Allgemeine Vorschriften[1]).

§ 12.

I Sämtliche Bauarbeiten bei Bauführungen jeder Art[2]), insbesondere auch an Gerüsten und anderen provisorischen Bauvorrichtungen[3]) müssen fest und sicher und den Rücksichten auf Leben und Gesundheit entsprechend[4]) nach Maßgabe des genehmigten Planes[5]) und der etwaigen besonderen Anordnungen[6]) und unter Einhaltung sämtlicher baupolizeilicher Vorschriften[7]) ausgeführt werden[8, 8a]).

II Die in den bestehenden Verordnungen oder ortspolizeilichen Vorschriften begründeten baupolizeilichen Anordnungen[9]) müssen auch bei solchen Bauten eingehalten werden, zu deren Herstellung, Reparatur oder Abänderung eine polizeiliche Genehmigung oder eine vorgängige Anzeige nicht erforderlich ist[10]).

1. In 16 Unterabteilungen (§§ 12—52) enthält der Abschnitt III der Bauordnung die Richtlinien darüber, wie bei Beachtung der

allgemeinen Regeln der Baukunst im speziellen Falle den zu stellenden Anforderungen auf Bestandsfestigkeit, Feuersicherheit, den Rücksichten auf Leben und Gesundheit, des Verkehrs und Wohnungswesens Rechnung zu tragen ist. Die 17. Unterabteilung (§§ 53—57) gibt besondere Bestimmungen für Städte und Märkte mit geschlossener Bauweise, für Märkte mit nicht geschlossener Bauweise und für Bauten auf dem Lande, dann im Hochgebirge usw. und für Villenbauten (Landhäuser).

Diese Vorschriften für die Bauführung sind bei der Herstellung von Neubauten wie auch bei baulichen Änderungen an Gebäuden zu beachten.

Abgesehen hiervon können feuergefährliche und gesundheitsgefährliche Zustände unter Umständen auch auf Grund anderer Bestimmungen beseitigt werden. Vgl. z. B. § 8 bes. Abs. 4 der V. v. 10. Febr. 1901, die Wohnungsaufsicht betreffend, (GVBl. S. 73): „Werden bei Ausübung der Wohnungsaufsicht Mißstände wahrgenommen, so ist deren Abstellung zunächst im Wege der Belehrung und Mahnung zu versuchen. Ist die Beseitigung beanstandeter Mißstände auf diese Weise nicht zu erreichen, so haben da, wo besondere Organe mit Ausübung der Wohnungsaufsicht betraut sind, diese an die Ortspolizeibehörde Anzeige zu erstatten. Die Ortspolizeibehörde hat hinsichtlich der zu ihrer Kenntnis gelangenden Mißstände, soweit dieselben auf vorstehende Weise nicht beseitigt werden können, nach Maßgabe der gesetzlichen Bestimmungen oder der vorliegenden besonderen Verhältnisse weitere Verfügung zu treffen. Müssen althergebrachte Verhältnisse und Zustände aus gesundheitlichen Rücksichten beanstandet werden, so ist deren allmähliche Beseitigung unter Vorsteckung einer entsprechenden Frist ins Auge zu fassen." (S. VIII. Teil.) — Dann: §§ 10 und 14 V. über die Feuerbeschau v. 17. Juni 1898 (GVBl. S. 332).[1]) Nach der Vorschrift in § 10 daselbst werden seitens der Bezirksverwaltungsbehörden die Feuerbeschauprotokolle einer Durchsicht unterzogen und die erforderlichen Verfügungen getroffen zur Beseitigung derjenigen Mängel, welche inhaltlich der Feuerbeschauprotokolle und nach den etwa weiter gepflogenen Erhebungen

---

[1]) Vgl. hiezu die Richtlinien für die Vornahme der Feuerbeschau, aufgestellt von der Versicherungskammer, Abteilung für Brandversicherung und gebilligt vom Staatsministerium d. Innern mit ME. vom 1. Juli 1926 Nr. 3744 a 38. Dazu noch die ME. v. 1. Juni 1928 Nr. 3757 a/413 über Maßnahmen gegen Brandfälle (StAnz. Nr. 126) hier betr. Weisungen für die Vornahme der Feuerbeschau bei Blitzschutzanlagen und elektrischen Inneneinrichtungen für die Feuerbeschaukommissionen. Diese Weisungen wie auch die eben genannten Richtlinien sind den Gemeinden durch Vermittlung der Bezirksverwaltungsbehörden zugegangen.

der Abhilfe bedürfen. Die Besitzer von Gebäuden und Anwesen beziehungsweise deren Stellvertreter in der Verwaltung oder Benützung derselben sind auch in denjenigen Fällen, welche nicht durch anderweitige feuerpolizeiliche Anordnungen im Sinne des Art. 2 Ziff. 14 des PStGB. getroffen werden verpflichtet, den Verfügungen der Bezirkspolizeibehörde in bezug auf Abstellung feuergefährlicher Zustände in oder an den Gebäuden und Anwesen innerhalb der hiefür von der Behörde festgesetzten Frist nachzukommen. Strafvorschrift: § 14. Vgl. dazu auch ObstLG. 8 S. 285; 5 S. 202. — Insbesondere hat der Richter in den Fällen des Art. 73 Abs. 1 und 2 PStrGB. zu erkennen, daß die Polizeibehörde berechtigt ist, die Beseitigung des vorschriftswidrigen Zustandes bzw. die Räumung der vorschriftswidrigen Wohnung zu verfügen. Art. 73 Abs. III PStGB. — Dann s. § 368 Nr. 4 StGB.

Für die Abstellung **sicherheitsgefährlicher** Baugebrechen sind also die hiefür bestehenden Sondervorschriften maßgebend. Eine Bestrafung wegen Nichtbefolgung der hierwegen ergangenen Anordnungen kann nicht auf Grund des § 368 Nr. 8 StGB. erfolgen, es sei denn, daß der sicherheitsgefährliche Zustand zugleich auch eine Feuersgefahr begründet. Vgl. Urt. d. ObstLG. vom 16. April 1925, RevReg. II Nr. 96/25. (Abgedr. in Bay. Verwaltungsblätter 1925 S. 247.) —

2. § 12 spricht den allgemeinen Grundsatz aus, daß sämtliche Bauarbeiten bei Bauführungen jeder Art fest und sicher und den Rücksichten auf Leben und Gesundheit entsprechend ausgeführt werden müssen. Es müssen daher alle Regeln der Baukunst, die für die Sicherheit und Festigkeit in Frage kommen, eingehalten werden. Hierin liegt für den Bauherrn auch ohne besondere Anordnung die Verpflichtung zur Herstellung der Mauern in regelrechtem Verbande unter Vermeidung der Anblendung begründet. Die BO. enthält deshalb selbst keine weiteren allgemeinen Bestimmungen in dieser Richtung. Nur in § 15 Buchst. i ist das Verbot der Anblendung besonders erwähnt. Vgl. § 15 Anm. 17. —

Bezüglich der Begriffe „Bauwerk“ und „Gebäude“ vgl. die Anm. 6 zu § 1. Da nun, wie oben bemerkt, unter einem Bauwerk im Sinne der baupolizeilichen Vorschriften eine unbewegliche, durch Verwendung von Arbeit und Material in dauernder Verbindung mit dem Erdboden hergestellte Sache zu verstehen ist, die sich als selbständiges, in sich abgeschlossenes Ganzes darstellt, ist die bloße Wegnahme von Erdreich von der Bodenfläche zur Verwendung an einem andern Ort nicht als eine Bauführung im Sinne der BO. zu verstehen. Vgl. ObstLG. 2 S. 125; 10 S. 289; RG. 30 S. 246; RG. Zivilf. 56 S. 41.

Nach dem Wortlaute des § 12 kann nur hinsichtlich solcher Bauarbeiten bei Bauführungen, die sich aus dem Baue selbst, nicht aus einem im Baue stattfindenden Betriebe ergeben, baupolizeilich gegen sicherheits- und gesundheitswidrige Zustände eingeschritten werden. —

Im übrigen erstreckt sich die polizeiliche Regelung der Bauführung nicht nur auf Hochbauten, sondern auch auf gewisse Tiefbauten wie Brunnenschacht, Keller und dergl. ObstLG. 10 S. 289.

3. D. s. alle vorübergehenden Maßnahmen während der Bauausführung. Alle zur Verwendung kommenden Materialien, Geräte und Maschinen müssen sich stets in gutem, vollkommen gebrauchsfähigem Zustande befinden. Vgl. hiezu die im IX. Teil abgedruckten oberpolizeilichen Vorschriften zum Schutze der bei Tiefbauten beschäftigten Personen v. 4. Sept. 1905, GVBl. S. 567, und oberpolizeilichen Vorschriften zum Schutze der bei Bauten beschäftigten Personen v. 21. Aug. 1909, GVBl. S. 655, deren gewissenhafter Vollzug namentlich durch tunlichst häufige, verlässige und sachkundige Baukontrolle laut ME. v. 26. Aug. 1909, MABl. S. 710 und ME. v. 21. Juni 1926 (Staatsanz. Nr. 140) den Polizeibehörden besonders eingeschärft ist. Auch die Bauämter sind angewiesen diesen Vorschriften bei der Ausführung von Staatsbauten den Vollzug zu sichern. Vgl. dazu auch ME. v. 21. Mai 1900, MABl. 357. Die Baukontrolle hat sich dabei nicht darauf zu beschränken, die plan- und bauordnungsgemäße Ausführung der genehmigten Bauten zu überwachen, sie hat vielmehr weiterhin darauf zu sehen, ob seitens der Bauleitung alle Maßnahmen getroffen sind und beobachtet werden, welche mit Rücksicht auf Leben und Gesundheit der Arbeiter geboten erscheinen. Vgl. ME. über den Vollzug der Baukontrolle v. 12. Dez. 1908, MABl. 642. — Vgl. ferner die folgende Anmerkung 4.

Die Gewerbe- und Baupolizeibehörden sowie die Gewerberäte werden durch ME. v. 4. Aug. 1910, MABl. S. 502 beauftragt, den mit dem Lastentransport auf Baustellen und Lagerplätzen, sowie beim Betrieb von Lehm-, Kies- und Sandgruben verbundenen Unfallsgefahren ihr stetes Augenmerk zuzuwenden und veranlaßten Falles im Wege der Verfügung für einzelne Anlagen gemäß §§ 120 c, 120 d GewO. die Ausführung der erforderlichen Maßnahmen insbesondere die Herstellung und Unterhaltung einer festen Fahrbahn von der An- und Abfahrtsstelle der Betriebsstätte bis zur nächsten befestigten Straße anzuordnen oder die Erlassung solcher Verfügungen bei der zuständigen Behörde anzuregen.

In diesem Zusammenhang soll auch die ME. vom 24. Juli 1929 Nr. 3650 a 18 über Tierschutz bei Bauarbeiten (StAnz. Nr. 171) erwähnt werden. Die Bezirksverwaltungsbehörden haben ihr Augenmerk darauf zu richten, daß Tierquälereien beim Abfahren des Erdaushubes aus den Baugruben vermieden werden. Es läßt sich dies auch dadurch erreichen, daß bei der Herstellung der Baugruben zur Ermöglichung einer besseren Ausfahrt die Ausfuhrrampen nicht zu steil angelegt und die Ausfahrtwege genügend gefestigt werden. —

Hier ist die ME. vom 31. Juli 1928 Nr. 3676 c 6 über Bauunfälle (StAnz. Nr. 177) zu bringen: „Bei der Feststellung der Ursachen von Bauunfällen ist es von großer Bedeutung, daß die Gerüstteile und Materialien, die zu den Unfällen Veranlassung gegeben haben, (Stangen, Riegel, Bretter, Ketten, Seile, Bindestricke, Leitern, Klammern usw.) sofort in amtliche Verwahrung genommen und damit die etwa notwendigen Beweismittel sichergestellt werden.

Auf Ersuchen der Bayer. Baugewerksberufsgenossenschaft ergeht daher die Weisung in vorkommenden Fällen dafür zu sorgen, daß diese Beweismittel durch sofortige amtliche Verwahrung sichergestellt werden. Es ist ferner einwandfrei sicherzustellen, daß die verwahrten Gegenstände mit den Gegenständen, die zum Unfall geführt haben, identisch sind. Hiernach ist das weitere zu veranlassen."

Vgl. ferner ME. vom 30. April 1928 Nr. 32 f 1 betr. Statistik der Unfälle bei Eisenbetonbauten (MABl. S. 53, unten abgedr. im IX. Anhang Nr. 4).

4. Bezüglich der Beschaffenheit der Bauplätze vgl. § 5 Abs. I BO. — Durch Anwendung der allgemein anerkannten Regeln der Baukunst soll jegliche Gefahr während der Bauvornahme für die Arbeiter usw. wie nach Fertigstellung für die Bewohner von vorneherein ausgeschaltet werden. Mißachtung dieser Gesichtspunkte macht unter Umständen strafbar nach §§ 330, 367 Ziff. 14 RStGB. S. II. Teil. Für den Fall, daß gesundheitsschädliche Stoffe, die zur Aufschüttung eines Grundstückes gedient haben, nicht entfernt werden können, z. B. wegen erheblicher Tiefe, so ist, um eine Bebauung zu ermöglichen, wohl auch zu gestatten, daß die zu bebauende Fläche durch eine entsprechende Betonschicht abgeschlossen wird. (Vgl. auch Roth, Badische Bauordnung 1925 S. 103.) Die Sicherheit des Baugrundstückes (z. B. gegen Senkungen, Erdrutsch, Unterspülungen usw.) muß, wenn sie nicht schon durch die natürliche Beschaffenheit des Baugrundstückes gegeben ist, durch geeignete Vorkehrungen geschaffen werden. Vgl. auch § 5 nebst Anm. § 14 Anm. 3.

Bezüglich der Anwendung von Hauskläranlagen vgl. ME. v. 22. Aug. 1927 Nr. 5337 d 10 betr. Vollzug des Art. 37 WG., hier Hauskläranlagen, sowie das Merkblatt der Bay. Landesstelle für Gewässerkunde. —

Die Bauarbeiten müssen fest und sicher sein also tragfähig, witterungsbeständig, dauerhaft. Vgl. auch ME. v. 21. Aug. 1919 Nr. 17951 a/31 MABl. S. 195 betr. Unfallschutz der bei Bauten beschäftigten Personen, nach der verlangt wird, daß in Fällen, in denen auch nur der geringste Zweifel an der einwandfreien Beschaffenheit des notgedrungen zu verwendenden Strickmaterials bestehen kann, unter allen Umständen besondere Sicherheitsmaßnahmen durch Anbringen von Unterstützungsstangen an den Seitenstangen oder in anderer Weise getroffen werden müssen. Im übrigen sind alle Bestimmungen der oberpolizeilichen Vorschriften vom 21. Aug. 1909 GVBl. S. 655 gewissenhaft zu beachten. (S. Anm. 3.) —

Vgl. ferner: Oberpolizeiliche Vorschriften betreffend die Beschäftigung von Arbeiterinnen auf Bauten v. 21. Nov. 1908 GVBl. S. 990, teilweise ersetzt durch § 137 Abs. VII GewO. Sie dürfen auf Baugerüsten überhaupt nicht beschäftigt und nicht zum Transport von Materialien bei Bauten aller Art verwendet werden. Hierdurch wird jede räumliche Veränderung, wie das Tragen und Schaufeln von Mörtel, Sand, Steinen usw., das Schieben derselben mit Schubkarren bei Hoch- und Tiefbauten verboten. Soweit diese oberpolizeilichen Vorschriften noch gelten, werden sie durch die Strafvorschrift des § 147 Abs. 1 Ziff. 4 GewO. geschützt. Zuwiderhandlungen gegen § 137 GewO. unterliegen der strengen Strafvorschrift des § 146 Abs. 1 Ziff. 2 GewO. Dem Verbot des § 137 Abs. 7 GewO. ist mit Nachdruck die Beachtung zu sichern. Vgl. ME. v. 20. Febr. 1912 MABl. S. 322.

Bei Bauten aller Art dürfen nach § 4 des Kinderschutzgesetzes v. 30. März 1903 (RGBl. 1, 113) Kinder nicht beschäftigt werden. —

Zur Erhöhung der Sicherheit empfiehlt sich die Herstellung wirksamer Blitzableiter besonders auf Gebäuden, in denen Erntevorräte gelagert werden sollen. Ein allgemeiner Zwang, Blitzableiter zu errichten, besteht selbstverständlich zurzeit nicht. Doch können Blitzableiter für bestimmte Gebäude oder Anlagen vorgeschrieben werden (z. B. Bauten nach § 48 BO.; Turmkamine, Sprengstoff-, Zellhorn-, Mineralölbetriebe usw., größere kirchliche Gebäude). In diesen Fällen sind nach der MB. vom 3. April 1929 Nr. 3758 b 3 über Blitzschutzanlagen (StAnz. Nr. 77) Blitzschutzanlagen nach den Richtlinien des Ausschusses für Blitzableiterbau „Blitzschutz" (zu beziehen durch die Geschäftsstelle Berlin-Schöneberg, Hauptstraße 161) auszuführen. —

Zur Förderung des Blitzschutzes werden Zuschüsse gewährt. Vgl. dazu MB. vom 29. Oktober 1925 Nr. 3758 b 5 über Vorschüsse und Zuschüsse zur Förderung des Blitzschutzes (StAnz. Nr. 251) mit Bek. der Versicherungskammer vom 18. Juli 1929 über Förderung des Blitzschutzes (StAnz. Nr. 168):

Künftig werden zur Herstellung von Blitzschutzanlagen nur mehr Zuschüsse nach Maßgabe der verfügbaren Mittel und zwar in der Regel nur für besonders blitzgefährdete Gebäude, z. B. landwirtschaftliche Betriebsgebäude, gewährt. Vorschüsse (unverzinsliche Darlehen) kommen demnach in Wegfall. Um die verfügbaren Mittel möglichst gleichmäßig auf das ganze Land verteilen zu können, werden die eingelaufenen Gesuche jeweils nach Ablauf eines

Kalendervierteljahres verbeschieden. Soweit es die Mittel gestatten, werden die Zuschüsse 20 vom Hundert, in besonderen Fällen bis zu 25 vom Hundert der Herstellungskosten betragen. Zuschüsse für schon ausgeführte Anlagen werden nicht gewährt. Die Bewilligung von Zuschüssen wird ausdrücklich an die Bedingung geknüpft, daß der in Aussicht gestellte Zuschuß nicht an andere Personen übertragen wird. Die Gebäude, die mit Blitzschutzanlagen versehen werden sollen, müssen mit dem vollen Werte der Baunotversicherung (bewegliche Teuerungsversicherung) versichert sein.

Gesuche um Zuschüsse zur Herstellung von Blitzschutzanlagen sind mit den vorgeschriebenen Formblättern, die von der Versicherungskammer kostenlos abgegeben werden, beim zuständigen Brandversicherungsamt einzureichen. Dem Gesuche sind maßstäblich gefertigte Pläne der Draufsicht und Aufrisse der Gebäude (M. 1:100 oder 1:200) sowie Kostenanschläge in doppelter Ausfertigung beizugeben.

Die Blitzschutzanlagen müssen nach dem vereinfachten System, also ohne Auffangstangen und mit Erdringleitung hergestellt werden. Mit der Ausführung der Blitzschutzanlagen darf erst begonnen werden, wenn das Gesuch von der Versicherungskammer verbeschieden ist. Die Blitzschutzanlagen müssen innerhalb eines Jahres vom Tage der Genehmigung des Zuschusses an gerechnet, ausgeführt werden. Zur Ausführung von Blitzschutzanlagen, zu deren Herstellung Zuschüsse gewährt werden, sind alle Blitzableitersetzer berechtigt, die an einem Blitzableitersetzerkurs teilgenommen und die damit verbundene Prüfung bestanden haben. — Die Gesuche um Gewährung von Zuschüssen für die Herstellung von Blitzschutzanlagen sind nicht mehr bei der Versicherungskammer, sondern bei den zuständigen Brandversicherungsämtern einzureichen. (Bek. der Versicherungskammer vom 8. Sept. 1926, StAnz. Nr. 208.)

Nach der erwähnten MBek. vom 29. Okt. 1925 werden zur möglichst raschen und weiten Verbreitung des Blitzschutzes diese Unterstützungen wie bisher nur dann gewährt, wenn die Anlagen nach dem vereinfachten Verfahren (Findeisen-Ruppel) ohne Auffangstangen mit niederen Auffangsvorrichtungen gemäß der ME. v. 6. Juli 1912 (MABl. S. 767) ausgeführt werden und wenn die Pläne und Kostenanschläge vor der Ausführung der Blitzschutzanlage der Versicherungskammer zur Prüfung vorgelegt werden.

Zur weiteren Verbilligung empfiehlt es sich, bei Neu- und Umbauten schon durch geeignete Anlage und richtige Ausmaße der metallenen Dachrinnen und Regenabfallrohre, der First- und Kehlbleche, der Wasserleitung und dergl. den vereinfachten Blitzschutz vorzubereiten. Auch die gemeinsame Anlage von Blitzableitern für Gebäudegruppen insbesondere für mehrere benachbarte Anwesen und größere Ortsteile, vermindert die Kosten.

Die Versicherungskammer ist außerdem auch fernerhin bereit, auf Wunsch Pläne und Kostenanschläge sowie die Ausführung vereinfachter Blitzableiter kostenlos zu prüfen, auch wenn keine Vor- und Zuschüsse beansprucht werden. Das Verfahren bemißt sich nach der MB. v. 4. April 1913 (MABl. S. 256).

Die Bezirksverwaltungsbehörden sind beauftragt, diese Bekanntmachung bei jeder Gelegenheit, insbesondere bei Einreichung von Baugesuchen bekannt zu geben.

Hinzuweisen ist noch auf die MB. vom 11. Febr. 1930 Nr. 3734 aa 4 über die Lagerung leichtentzündlicher Flüssigkeiten (StAnz. Nr. 37). Die zur Lagerung leichtentzündlicher flüssiger Stoffe verwendeten Tanks müssen zum Schutze gegen Blitzgefahr mit dem Erdboden in gut leitende Verbindung gebracht werden (§ 35 DB. vom 9. Juni 1902, GVBl. S. 211). Die hiernach bei jeder Tankanlage erforderliche Blitzschutzeinrichtung ist nach den nachstehend abgedruckten Leitsätzen des Ausschusses für Blitzableiterbau auszuführen. Soweit bei bereits bestehenden Tankanlagen die Blitzschutzanlagen in anderer Weise ausgeführt worden sind, hat es hiebei sein Bewenden, sofern die Blitzschutzanlage nicht zu Bedenken Anlaß gibt. Diese Leitsätze lauten:

Der elektrische Schutz von Tankanlagen.

(Mineralöl-Lagerstätten.)

Allgemeines. Tankanlagen sind in doppelter Hinsicht gegen schädliche Einflüsse der Elektrizität zu schützen, und zwar:

1. gegen atmosphärische Entladungen (Blitzgefahr) und ihre Nebenerscheinungen;
2. gegen statische Ladungen, welche auf den Oberflächen der Gefäße durch die Bewegung der Flüssigkeit entstehen.

Bei unterirdischen Anlagen ist ein besonderer Blitzschutz nicht notwendig. Befindet sich über der Anlage eine geschlossene Halle mit Zapfstellen im Gebäude, so ist diese Halle als besonders gefährdetes Gebäude zu betrachten und nach den diesbezüglichen Richtlinien mit einer Blitzableiteranlage zu versehen. Die unterirdischen metallenen Tanks sind dann mit dem Erdungssystem der Blitzableiteranlage zu verbinden.

Gegen die schädlichen Wirkungen der statischen Ladungen schützt man sich, indem man an dem Tank eine metallische Leitung von dem Querschnitt, der für unverzweigte Blitzableiterleitungen vorgeschrieben ist, anschließt und im Erdreich unterhalb des Tanks endigen läßt. Für die Verbindung und die Verlegung sind die für den Gebäudeblitzschutz maßgebenden Gesichtspunkte zu beachten.

Bei oberirdischen Tankanlagen ist zunächst zu prüfen, ob sie in größerer Ausdehnung auf dem gewachsenen Boden aufgelagert sind oder ob sie sich mit ihren Röhrenleitungen in geringer Höhe über dem Erdboden befinden.

Bei Tankanlagen ersterer Art, d. h. solchen, die auf gewachsenem Boden stehen und deren Röhrenleitungen in der Erde verlegt sind, sind besondere Schutzmaßnahmen nicht erforderlich. Bei den Tankanlagen, die sich in einigem Abstand von der Erdoberfläche befinden, sind die unterstützenden Fundamente durch besondere Erdleitungen zu überbrücken. Für diese Leitungen ist aus Gründen der Haltbarkeit der Querschnitt für unverzweigte Leitungen zu wählen. Auch die Rohrleitungen sind in Abständen von 10 bis 15 m mit besonderen Erdungsdrähten auszurüsten.

Zur Erdung sollen Wasserleitungen, die nicht weiter als 10 m von der Anlage entfernt sind, mitbenutzt werden (siehe Richtlinien usw.). Im übrigen sind für die Erdung die im Blitzableiterbau maßgebenden Richtlinien zu beachten.

Für fahrbare Tankanlagen (Tankwagen) ist eine Erdung (durch Kette oder Fallbügel) vorzusehen, welche zu betätigen ist, bevor eine Verbindung zwischen der fahrbaren und einer festen Tankanlage hergestellt wird.

Vgl. ferner B. vom 15. März 1922 betr. vorbeugenden Brandschutz, StAnz. Nr. 64 und ME. v. 10. Mai 1897, MABl. S. 145; besonders gilt dies für die gefährlichsten und in erster Linie gefährdeten Gebäude und Anlagen wie Theater, Konzert- und Versammlungssäle, Lichtspielhäuser, Zirkusbauten aller Art usw. S. ferner die bedeutsame ME. vom 14. Juli 1926 Nr. 3744 a 54 über Maßnahmen gegen Brandfälle (StAnz. Nr. 161). Bezüglich der Lichtspieltheater vgl. B. v. 20. April 1926, GVBl. S. 299 über die Sicherheit bei Lichtspielvorführungen (s. V. Teil). Über die genannte ME. v. 10. Mai 1897 hinaus muß sich der vorbeugende Brandschutz auch auf die gewerblichen und industriellen Betriebe (Fabriken, Warenhäuser [ME. v. 7. Okt. 1903 MABl. S. 425], Filmlager, Speicher usw.), die öffentlichen Gebäude und die Gesamtheit der Privatgebäude erstrecken. Grundlage hiefür bietet im wesentlichen die B. vom 17. Juni 1898 über die Feuerbeschau GVBl. S. 332. Der vorbeugende Brandschutz hat sich nicht nur auf die Feuerbeschaukommissionen zu beschränken. Es haben vielmehr die Baupolizeibehörden mit ihren Hilfskräften aus Anlaß der Bauplanprüfung und der Baukontrolle dem vorbeugenden Brandschutz besonderes Augenmerk zu schenken.

Die ME. v. 13. Juni 1923 Nr. 4306 a I 8 über Wärmewirtschaft StAnz. Nr. 161 weist auf die dringende Notwendigkeit der rechtzeitigen Überwachung der Kaminbauten hin mit der strengen Weisung in dieser Richtung den bestehenden Vorschriften genauesten Vollzug zu sichern und die Bauhandwerker und Bauunternehmer entsprechend anzuweisen und zu überwachen. Die rechtliche Grundlage zur Invollzugsetzung der von der Versicherungskammer, Abteilung für Brandversicherung, herausgegebenen Merkblätter über die Kehrfristen, insbesondere § 11, wonach jede neue Kaminanlage vom Kaminkehrer sowohl im Rohbau als auch nach

Einleitung der Rauchrohre abzuziehen und auf Feuersicherheit und Wärmewirtschaftlichkeit zu untersuchen ist, und der Baumeister oder der Hausbesitzer den Kaminkehrer von der Fertigstellung der Kamine im Rohbau zu verständigen hat, bildet § 2 Abs. XIII der V. vom 26. März 1903. Hiernach bleibt es den Bezirksverwaltungsbehörden vorbehalten, die Tätigkeit der Kaminkehrer durch Dienstvorschrift zu regeln.

Erwähnt soll hier noch werden die Bek. vom 6. April 1925 Nr. 9109 d d 102 betr. Erste Erhebungen bei sog. elektrischen Bränden und Unfällen (StAnz. Nr. 87) und ME. vom 9. April 1925 Nr. 3757 a 8 über die Feststellung von Brandursachen und von Ursachen von elektrischen Unfällen. (StAnz. Nr. 87.) Bei allen Brandfällen sind die Ursachen beschleunigt, genau und eingehend zu ermitteln und beim Vorliegen vorsätzlicher oder fahrlässiger Brandstiftung die Feststellung der Täter mit allem Nachdruck zu betreiben (vgl. auch ME. v. 16. Dez. 1924 Nr. 2600 a 27). — Bei ersten Erhebungen von Bränden bei elektr. Anlagen sind die Merkblätter, die von der bayerischen Landesgewerbeanstalt in Nürnberg herausgegeben sind, zu beachten. (Bezüglich der Bauunfälle s. oben Anm. 3 am Ende.)

Laut ME. v. 6. Febr. 1923 Nr. 4050 d 21/22 u. 2/1923 betr. Errichtung baulicher Anlagen in der Nähe von Munitionsaufbewahrungsräumen haben die Baupolizeibehörden schon bei der Bescheidung von Baulinienplänen, sowie bei der Prüfung von Gesuchen um Bewilligung von Bauvorhaben in der Umgebung von solchen Lagerräumen auf etwa vorhandene Munitionslagerräume besondere Rücksicht zu nehmen und dafür zu sorgen, daß bauliche Anlagen mit Räumen zum dauernden Aufenthalt von Menschen oder mit Feuerstätten oder von größerer Ausdehnung und Feuersgefahr vom Lagerraume einen die Sicherheit der Bewohner des geplanten Gebäudes und der Bevölkerung gewährleistenden Abstand einhalten. Vorbehaltlich der Prüfung im einzelnen Fall und vorbehaltlich der Bestimmungen über die Lagerung von Sprengstoffen im allgemeinen soll zur Vermeidung der Gefährdung durch Zerknallen von Munitionsaufbewahrungsräumen der beabsichtigte Bau mindestens 500 m von einem vorhandenen Munitionsaufbewahrungsraum entfernt werden. Soweit die BO. nicht selbst die nötige Handhabe zur Durchsetzung der Innehaltung eines solchen Abstandes bietet, wird das Vorhandensein oder die Neuanlage einer Munitionsanlage allenfalls Anlaß zum Erlaß von Polizeivorschriften auf Grund des Art. 101 PStGB., der §§ 367 Ziff. 14, 368 Ziff. 8 RStGB. zur Sicherung der nötigen Mindestentfernungen geben. Die gesundheitlichen Interessen sind dabei von Fall zu Fall zu würdigen.

Zur Vorbeugung vor den Gefahren beim Betrieb der Sauggaskraftanlagen, zum Schutz der Anwohner vor Belästigungen ist bei der veranlaßten baupolizeilichen Würdigung auf den Arbeiterschutz (§§ 120 ff. GewO.) sowie die gesundheits- und feuerpolizeilichen Rücksichten zu achten. Dabei sind die Grundsätze für die Aufstellung und den Betrieb von Sauggaskraftanlagen besonders zu berücksichtigen. Vgl. ME. v. 5. März 1909 MABl. S. 245. — Die mit dem Vollzug der Bau-, Feuer- und Gewerbepolizei betrauten Behörden haben bei der Beaufsichtigung dieser Anlagen die in den für die Errichtung und den Betrieb von Luftgasanlagen zur Verhütung von Feuersgefahr gebotenen Sicherheitsmaßregeln ergangene Anleitung zu beachten. ME. v. 30. Sept. 1909 Nr. 26082 MABl. S. 797.

Bezüglich der Berechnung der Standfestigkeit von Fabrikschornsteinen und anderen Turmschornsteinen vgl. ME. v. 16. Okt. 1929 Nr. 3673 e 2, StAnz. Nr. 242 (s. Anhang VII. Teil). Dazu noch ME. v. 29. Jan. 1924 Nr. 4153 b 1 über Turmkamine, StAnz. Nr. 25, abgeändert durch ME. v. 7. Febr. 1929 Nr. 3754 a 1 über Turmkamine, StAnz. Nr. 35 (s. Anhang VII. Teil).

Für die Berechnung ebener Decken aus Ziegelsteinen mit Eiseneinlagen war die autogr. ME. v. 14. Okt. 1921 Nr. 4071 b 23 maßgebend. Nach den oberpolizeilichen Vorschriften vom 12. Febr. 1926 (GVBl. S. 235) Buchstabe B sind die „Bestimmungen für Ausführung von Bauwerken aus Eisenbeton" auch für ebene Decken aus Steinen mit Eiseneinlagen anzuwenden, wenn in den GVBl. S. 258 aufgeführten Bestimmungen nichts anderes vorgeschrieben ist (s. VII. Teil).

Daraus, daß alle Bauarbeiten fest und sicher und den Rücksichten auf Leben und Gesundheit entsprechend ausgeführt werden müssen, folgt, daß die Baupolizeibehörde auch berechtigt ist, alle im Interesse der Festigkeit, Sicherheit und Gesundheit notwendigen Anordnungen zu treffen (so auch ObstLG. 5 S. 107) und, falls nötig, noch weitergehende Beschränkungen im Rahmen der Bestimmungen anzuordnen. Eine dem Bauplan aus diesen Gründen zugefügte Bedingung: „Dachabwässer oder sonstige Flüssigkeiten dürfen nicht gegen die Staatsstraße oder in den Straßengraben geleitet werden", ist zulässig.

Die Einwendung, die Durchführung des Bauplanes in seiner polizeilich genehmigten Form sei unmöglich, kann vom Strafrichter daher auch nicht berücksichtigt werden. Vgl. OLG. München 4 S. 388.

5. Vgl. Anm. 4 letzter Satz und § 75 nebst Anmerkungen. Maßgebend ist der genehmigte Plan. Besteht die Absicht, während der Bauführung nicht nach voller Maßgabe des genehmigten Bauplanes sondern teilweise mit einer Abänderung des Planes den Bau auszuführen, so ist ein neuer Plan der Behörde zur Genehmigung der Abänderung vorzulegen, vorausgesetzt, daß die beabsichtigte Abänderung der Genehmigung bedürfte, wenn sie an dem planmäßig hergestellten Bauwerk vorgenommen werden wollte. Vgl. ObstLG. 12 S. 346; 15 S. 70, 89, 93; 17 S. 57. Nicht jede Abweichung von dem genehmigten Plan ist eigenmächtig und

strafbar; Voraussetzung für die Anwendbarkeit des § 367 Nr. 15 StGB. ist, daß es sich, wie in den angeführten Entscheidungen dargetan wird, um eine solche Änderung des Bauplanes handelt, zu der nach dem maßgebenden Landesrecht eine baupolizeiliche Genehmigung überhaupt erforderlich ist (vgl. auch ObstLG. 2 S. 341/343). Mit Recht wird die vor allem in ObstLG. 4 S. 231, 8 S. 69 vertretene Anschauung, daß jede Abweichung von dem genehmigten Plan eigenmächtig und daher strafbar sei, auch wenn sie eine Änderung betrifft, die der baupolizeilichen Genehmigung nicht bedarf, wenn sie an einem fertigen Gebäude vorgenommen werden will, als nicht zutreffend aufgegeben. Abgesehen von den Vorschriften des § 75 BO., der nur für eine solche Abänderung die Vorlegung von Tekturplänen fordert, die bei Vornahme an dem planmäßig hergestellten Bauwerke der baupolizeilichen Genehmigung bedürfte, spricht auch die Erwägung gegen die in ObstLG. 4 S. 231 vertretene Auffassung, daß eine Änderung, die an dem fertigen Bauwerk ohne Genehmigung erfolgen darf, auch nicht eigenmächtig und demgemäß verboten sein kann, wenn sie schon während des Baues vorgenommen wird. Wenn z. B. ein im genehmigten Bauplan nicht vorgesehenes Fenster eingebaut wird, so wird damit zweifellos von dem genehmigten Bauplan abgewichen; aber die Anbringung eines Fensters in einem Bau bedarf, wenn sie für sich allein erfolgt, nicht unter allen Umständen einer baupolizeilichen Genehmigung. Eine solche kann nur dann verlangt werden, d. h. sie ist notwendig, wenn sich die Anbringung des Fensters als Hauptreparatur oder als Hauptänderung im Sinne des § 7 BO. darstellt. (S. hierüber die Ausführungen bei § 7.) Abweichungen vom genehmigten Bauplan bleiben also straflos, wenn sie sich auf Bauvornahmen beschränken, die für sich allein keiner Genehmigung bedürfen. (So auch die Entsch. des ObstLG., abgedr. in BayGem.-BZ. 1928 Sp. 76.)

Wo jedoch Genehmigung notwendig ist, kann eine strafbare Fahrlässigkeit, namentlich für einen Baumeister, in Frage kommen, wenn der Täter es unterläßt, über die Genehmigungspflicht einer Abweichung von dem durch die Behörde genehmigten Bauplan Erkundigungen bei der zuständigen Behörde einzuziehen, und sich mit der mündlich erteilten Erlaubnis des Bezirkstechnikers begnügt. (Entsch. des ObstLG. in StrS. vom 2. März 1925 abgedruckt in der BayGemBZ. 1925 S. 543.)

6. Zunächst hat der Bauherr und Baumeister die allgemeinen Verpflichtungen aus §§ 12ff. BO. zu beachten. In zweiter Linie hat er aber auch bei der Bauführung die etwa veranlaßten besonderen Anordnungen einzuhalten, die im Baubescheid auf Grund der Vorschriften der BO. oder sonstigen Verordnungen, auf Grund oberpolizeilicher oder ortspolizeilicher Vorschriften mit Bezug auf die Bauführung erlassen werden. Soweit besondere Anordnungen nicht maßgeben, ist der

Bauherr innerhalb des Rahmens der für die Bauführung geltenden allgemeinen Vorschriften (§§ 13—57 BO.) einer weiteren Beschränkung — natürlich unter der Bedingung der Einhaltung des genehmigten Bauplanes — nicht unterworfen. Gemäß § 71 sollen bei Genehmigung der Baugesuche die allenfalls veranlaßten besonderen Anordnungen nicht nur durch deutliche Einzeichnung in die Pläne, sondern auch durch ausdrückliche Aufnahme in die Ausfertigung der Genehmigung dem Bauunternehmer kund gegeben werden. Sie bilden einen wesentlichen Bestandteil der Genehmigung. Im Zusammenhalt mit § 5 ist daher neuerlich die Genehmigung auch zu einer Bauvornahme zu erholen, die sachlich zu einem Ergebnis führt, das in baulicher Hinsicht von demjenigen verschieden ist, was durch die Ausführung der erlassenen besonderen Anordnungen bewirkt werden würde. ObstLG. 12 S. 346. Eine eigenmächtige Abweichung macht also nur unter der Voraussetzung nach § 367 Ziff. 15 RStGB. strafbar, daß es sich um eine solche Abänderung des Bauplanes handelt, zu der nach den bestehenden Vorschriften eine baupolizeiliche Genehmigung überhaupt erforderlich ist, und daß die bezügliche Anordnung der Baupolizeibehörde eine genügende Grundlage in den einschlägigen Gesetzen und Verordnungen hat, siehe Anmerkung 5. Die Nachprüfung dieser Voraussetzung ist Sache des Strafrichters; ob sie sonst gerechtfertigt ist, ist Sache der Baupolizeibehörde. ObstLG. 14 S. 70. Vgl. auch ObstLG. Urteil vom 30. April 1925 RevReg. II Nr. 119/25. Abgedr. Verwaltungsbl. 1925 S. 246.

Eine nach § 367 Ziff. 15 strafbare Abweichung ist auch die Nichtbeachtung einer bei Genehmigung des Bauplanes nach § 12 BO. beigefügten besonderen Anordnung, soweit diese Anordnung die technische Ausführung des Baues betrifft. § 367 Nr. 15 ist also nicht anwendbar auf die Nichtbeachtung einer bei der Bauplangenehmigung erlassenen besonderen Anordnung, die die Verwendung des Baues betrifft. Wenn z. B. in einer der bei der Plangenehmigung vom Bezirksamt aufgestellten Bedingungen bestimmt ist, daß das Dachgeschoß zu selbständigen Wohnungen nicht ausgebaut werden darf und daß die im Dachgeschoß geplanten Zimmer nur als Zubehör zu den unteren Wohnungen verwendet werden dürfen, so ist damit ein Ausbauen des Dachgeschosses zu bewohnbaren Räumen nicht untersagt, vielmehr ist nur die Verwendung dieser bewohnbaren Räume zu selbständigen Wohnungen untersagt. Dies ist aber nur eine Anordnung über Verwendung von Räumen, keine solche über deren bauliche Ausführung. Vgl. ObstLG. 15 S. 70; 17 S. 16.

Die Anordnungen im Sinne des § 12 Abs. I müssen, wie hervorgehoben wird, die Ausführung des Baues betreffen, mit einer Bauführung also im Zusammenhang stehen. Ein solcher Zusammenhang zwischen Anordnung und Bauführung liegt nach der Rechtsprechung des ObstLG. vor, wenn die baupolizeiliche Genehmigung unter einer Auflage erteilt wird, wodurch die durch die Bauvornahme notwendig werdende Einhaltung der Baulinie nicht sofort verlangt wird, sondern zunächst nur sichergestellt und der derzeitige baulinienwidrige Zustand zwar nicht sogleich in vollem Umfang beseitigt, aber doch wenigstens vorerst dem Maße nach gemindert werden soll. (Vgl. Entsch. d. ObstLG. vom 29. Nov. 1928, abgedr. in BayGemVZ. 1929 Sp. 814 ff.) —

Mit der Auflage der Benutzung von Torfmull zum Streuen in einem Stall z. B. kann nicht eine bei der Bauausführung zu beachtende Anordnung getroffen werden. Vgl. ObstLG. 9 S. 24.

Als eine Anordnung im Sinne des § 12 ist die der Plangenehmigung beigefügte Bedingung anzusehen, daß die Räume im ersten Stockwerk weder bewohnbar noch heizbar gemacht werden dürfen; ObstLG. 3 S. 131; ebenso die bei der Plangenehmigung für den Wiederaufbau eines Hauses getroffene Anordnung, das bereits vorhandene Rückgebäude künftig nicht mehr zu Wohnzwecken zu benützen. Wenn auch die Ausführung des neugebauten Hauses dem genehmigten Plan entspricht, so erscheint doch die Unterlassung der rechtzeitigen Räumung des Rückgebäudes von Mitbewohnern, weil nach dem genehmigten Bauplan ohne diese Räumung die Ausführung des Neubaues nicht gedacht werden darf, als eine eigenmächtige Abweichung. ObstLG. München 5 S. 216.

Dagegen kann aus § 12 nicht die Befugnis der Bezirkspolizeibehörde abweichend von der Vorschrift des § 1 BO., wonach seit der Abänderung der BO. im Jahre 1910 nunmehr Baulinien überall festgelegt werden können und also Baulinienzwang auch für nicht zusammenhängend gebaute Dörfer besteht, besondere Anordnungen über die Festsetzung und Einhaltung der Baulinie zu treffen, abgeleitet werden. Die besonderen Anordnungen können sich nur auf die Bauführung im technischen Sinne beziehen. Die Vorschriften über die Festsetzung und Einhaltung der Bau- und Vorgartenlinie sind erschöpfend im 1. Abschnitt der BO. geregelt.

Gegen die getroffenen Anordnungen besteht das Beschwerderecht nach §§ 65, 77 BO.

7. Baupolizeirecht ist der Inbegriff der Sätze des öffentlichen Rechtes, durch welche die Baufreiheit des Grundeigentümers zur Verhütung oder Beseitigung der Gefahren beschränkt wird, die durch die Aufführung oder den baulichen Zustand von Bauwerken für einzelne Personen oder für das Gemeinwesen entstehen können. ObstLG. 10 S. 346. —

Unter den baupolizeilichen Vorschriften im Sinne des § 12 sind zumeist die Bestimmungen der BO. selbst, dann alle die in sonstigen Verordnungen, ober-, bezirks- oder ortspolizeilichen Vorschriften enthaltenen Bestimmungen zu verstehen. Sie sind für den Bauherrn, Baumeister und Bauhandwerker maßgebend. ObstLG. München 9 S. 356.

8. Der Tatbestand des Art. 101 Abs. I PStGB. und der §§ 12, 14 BO. deckt sich nicht mit dem Tatbestand des § 330 RStGB. Wenn die unter Anklage gestellte Handlung sowohl § 330 als auch die des Art. 101 verletzt, liegt Idealkonkurrenz vor. Vgl. auch ObstLG. 8 S. 298. — Bezüglich des Dispensationsrechtes vgl. § 65 Abs. II.

8a. Über die Frage, innerhalb welcher Zeit ein begonnener Bau vollendet werden muß und wann und in welcher Reihenfolge die einzelnen Bauarbeiten vorzunehmen sind, enthält die BO. abgesehen von § 76 (s. die Ausführungen das.) keine Vorschriften. Für die Reihenfolge der Arbeiten sind eben die allgemein anerkannten Regeln der Baukunst, unter Umständen auch Unfallverhütungsvorschriften der zuständigen Bauberufsgenossenschaft oder gemäß § 12 BO. oder gemäß § 367 Nr. 14 StGB. (vgl. hiezu Zuständigkeitsverordnung vom 4. Jan. 1872 § 12, RGBl. S. 25) — getroffenen Anordnungen der Bezirkspolizeibehörde maßgebend. Wenn gewisse Bauteile innerhalb einer bestimmten Frist nicht ausgeführt werden, so liegt noch keine Planabweichung vor, wenn die fehlenden Arbeiten bis zur Vollendung des Baues noch nachgeholt werden können. Wenn z. B. ein Bau wegen Mangels an Mitteln eingestellt wird, und einzelne Bauteile nicht hergestellt wurden, so liegt noch keine Strafbarkeit nach § 367 Nr. 15 StGB. vor. Selbstverständlich müssen, wenn ein Bau wegen Mangels an Mitteln eingestellt wird, zur Sicherung des unfertigen Gebäudes alle nach den allgemein anerkannten Regeln der Baukunst oder nach sonstigen Vorschriften erforderlichen oder von der zuständigen Bezirkspolizeibehörde auf Grund der bestehenden Vorschriften, namentlich nach § 367 Nr. 14 StGB. angeordneten Maßregeln vorgenommen werden. (Vgl. Entsch. d. ObstLG. vom 10. Febr. 1927, abgedr. in BayVerwBl. 1927 S. 345.)

9. Hier handelt es sich nicht um besondere Anordnungen im Sinne des Abs. I, weil ja keine Genehmigung oder vorgängige Anzeige erforderlich ist, sondern es sind die baupolizeilichen Vorschriften im Sinne des Art. 101 Abs. II und III PStGB. gemeint. Siehe auch § 1 Anm. 10.

10. Abs. II will die Anwendung der Bauvorschriften auch in den Fällen sichern, in welchen baupolizeiliche Genehmigung oder Anzeige nicht vorgeschrieben ist. Diese Vorschriften sind also auch in allen in §§ 6—8 nicht aufgeführten oder ausgenommenen Bauten einzuhalten. —

Ein bewegliches Sommerhäuschen ist ein Hochbau, da ihm zu einem „Gebäude", abgesehen von der Unbeweglichkeit, keine charakterisierende Eigenschaft fehlt. § 12 II findet also auch Anwendung, wenn man unter den in § 6 Abs. II Buchst. a genannten Sommerhäuschen nur unbewegliche versteht. Dies ist von Bedeutung, wenn durch ein Sommerhäuschen die Entstehung einer engen Reihe (§ 49) herbeigeführt wird.

2. Baumaterial.

§ 13.

I Die Wahl des Baumaterials ist dem Bauherrn anheimgegeben[1]); das gewählte Material muß jedoch diejenigen Dimensionen und jene Beschaffenheit haben, welche eine feste und feuersichere, sowie den gesundheitspolizeilichen Anforderungen entsprechende Bauführung, insbesondere die Herstellung trockener Wände ermöglichen[2]).

II Solid hergestellte sogenannte Schwemmsteine sind den Ziegelsteinen gleich zu achten[3]).

III Welche weiteren Materialien und Konstruktionen, als den in nachstehenden Bestimmungen genannten gleichwertig, zum Ersatz derselben verwendet werden dürfen, wird durch Ministerialvorschrift bestimmt[4]).

1. Die BO. bezeichnet selbst in einzelnen Bestimmungen, was zunächst als Baumaterial in Betracht kommt. Soweit die BO. die Verwendung eines ganz bestimmten Materials nicht vorschreibt, hat der Bauherr die Wahl unter den zulässigen Baumaterialien und Konstruktionen. Soweit die Verwendung eines bestimmten Materials vorgeschrieben ist, vgl. z. B. § 47, dann ist an sich die Verwendung eines anderen Materials unzulässig; doch kann, wie sich aus dem § 13 Abs. II und III ergibt, durch die BO. selbst oder durch eine Ministerialvorschrift Ersatz durch andere Materialien zugelassen werden (vgl. dazu auch ME. v. 17. Dez. 1908 Nr. 30956).

Hingewiesen soll hier noch werden auf die MB. vom 3. März 1925 Nr. 4020 über die Prüfung von Baustoffen StA. Nr. 54, in welcher zum Ausdruck gebracht wird, daß bei der Beurteilung der Eignung von Gesteinen zu technischen Zwecken, insbesondere zu Bausteinen und Pflastermaterial die sachgemäße öffentliche Untersuchung ihres Vorkommens durch einen erfahrenen Geologen die unerläßliche Grundlage bildet. Ihm wäre zweckmäßigerweise auch die Auswahl von Probestücken zu übertragen, die in den dazu eingerichteten Instituten nach der üblichen Methode auf Festigkeit, Wetterbeständigkeit u. dgl. untersucht werden.

2. Das gewählte Material muß den in § 13 gestellten Bedingungen entsprechen. Es muß also eine feste, dauerhafte und witterungsbeständige, tragfähige feuersichere sowie den gesundheitspolizeilichen Anforderungen entsprechende Bauführung ermöglichen. Damit die Baupolizeibehörde nach dieser Richtung hin prüfen kann, ist ihr gemäß

§ 9 Ziff. 2 bei der Vorlage der Pläne auch das Bau- und Eindeckungsmaterial zu bezeichnen. Bei Verwendung fehlerhaften Materials bei der Bauausführung wäre unter Umständen der Bau einzustellen.

Den Nachweis, daß der gewählte Baustoff den Anforderungen nach § 13 BO. entspricht, hat der Bauherr zu erbringen. Mit ME. vom 28. März 1925 Nr. 3676a 1 über die Einreichung statischer Berechnungen (StA. Nr. 74) sind die Baupolizeibehörden angewiesen, die Baugenehmigung erst zu erteilen, wenn dieser Nachweis, soweit er überhaupt nach den Bestimmungen der BO. notwendig ist, erbracht ist.

Daß die Bayerische Landesgewerbeanstalt in Nürnberg eine amtliche Stelle für die Prüfung von Plänen und Berechnungen von statisch besonders beanspruchten Bauwerken und Bauteilen namentlich aus Eisenbeton, Eisen und Holz errichtet hat, wurde schon erwähnt.

Vgl. bezüglich der Ausführung von eisernen Brücken und Hochbaukonstruktionen ME. vom 16. März 1912, Normen über die zulässige Beanspruchung von Baumaterialien betr. MABl. 1912 S. 495, geändert durch ME. vom 20. Juni 1913, MABl. S. 583 und vom 28. Okt. 1918, MABl. S. 332, besondere Vertragsbedingungen für die Ausführung eiserner Brücken und Hochbaukonstruktionen betr.

Die BO. selbst enthält keine Bestimmungen über die Zubereitung des Mörtels. Vgl. dazu ME. vom 7. Juli 1908 Nr. 15804 Mörtelmischungen mit Traßmehl betr., MABl. 1908 S. 347; ferner ME. vom 10. Nov. 1908 Nr. 29296, Bestimmungen für die Vorbereitung, Ausführung und Prüfung von Bauten aus Stampfbeton betr., MABl. 1908 S. 603; ME. vom 17. März 1910 Nr. 9100/4b, deutsche Normen für einheitliche Lieferung und Prüfung von Portlandzement betr. MABl. 1910 S. 235. —

Aus Anlaß der sich ausbreitenden Eisenbetonbauweise wurden oberpolizeiliche Vorschriften vom 12. Februar 1926 (GVBl. S. 235) geändert durch oberpol. Vorschr. vom 21. Dezember 1927 (GVBl. S. 360), erlassen für A. Ausführung von Bauwerken aus Eisenbeton; B. Ausführung ebener Steindecken; C. Ausführung von Bauwerken aus Beton; D. Druckversuche an Würfeln bei Ausführung von Bauwerken aus Beton und Eisenbeton. — Diese oberpolizeilichen Vorschriften traten am 1. April 1926 in Kraft. Mit dem gleichen Zeitpunkt traten die oberpolizeilichen Vorschriften vom 25. März 1918 für die Ausführung von Bauwerken aus Eisenbeton samt Anhang (GVBl. 1918 S. 225 bis 247) außer Kraft. Laut ME. vom 1. April 1926 Nr. 3671 b b 3 betr. Vorschriften über Beton und Eisenbeton (StAnz. Nr. 77) bleiben die oberpolizeilichen Vorschriften für die Aufstellung und Prüfung von Tragfähigkeitsnachweisen bei Bauwerken vom

25. März 1918 (GVBl. S. 251—264), die lediglich in ihrem Abschnitt III Buchstabe d „Beton" eine Ergänzung durch die Bestimmungen in Buchstabe C § 4 der neuen oberpolizeilichen Vorschriften vom 12. Febr. 1926 erfahren haben, bis auf weiteres in Kraft. (S. VII. Teil.)

§ 13 verlangt auch Feuersicherheit des Baumaterials. Hierüber ist folgendes zu bemerken:

Die **Feuersicherheit** von Baumaterial besteht darin, daß es einerseits den Ausbruch von Feuer verhindert, selbst nicht brennt und sich auch trotz der Einwirkung des Feuers und des Löschwassers nicht wesentlich ändert, andererseits aber bei einem Brande gegen die Weiterverbreitung des Feuers wenigstens einige Zeit schützt, also einige Zeit nicht selbst brennt. Im ersteren Falle spricht man von feuerbeständigen und im letzteren Falle von feuerhemmenden Baustoffen.

Die Bauordnung selbst gibt über diese Begriffe keine Vorschriften. In den Fußnoten zu der V. über die Einrichtung und den Betrieb von Aufzügen (Aufzugsordnung) vom 18. Jan. 1927 (GVBl. S. 9) und der V. und oberpolizeilichen Vorschriften über Einstellräume für Kraftfahrzeuge und über die Einstellung von solchen vom 10. Mai 1927 (GVBl. S. 129) sind für feuerbeständige und feuerhemmende Baustoffe folgende Beispiele gegeben:

Als **feuerbeständig** gelten z. B.:

gemauerte, mindestens 12 cm starke Wände,

10 cm starke Betonwände,

6 cm starke Eisenbetonwände,

ausgemauertes Eisenfachwerk, dessen Eisenteile glutsicher ummantelt sind,

Eisenbetondecken, 12 cm starke Ziegelsteindecken, deren etwaige Eisenteile, Unterzüge und Stützen glutsicher ummantelt sind,

Fußböden aus Beton,

Elektrofließen oder Drahtglas, das 5 cm tief in die Mauer eingreift,

Treppen aus Eisenbeton,

Dächer aus Eisenbeton oder Eisen, wenn sämtliche Eisenteile glutsicher ummantelt sind.

Als **feuerhemmend** gelten z. B.:

Wände aus ausgemauertem und verputztem Fachwerk,

glutsicher ummanteltes Holzwerk,

Rabitzdecken und -wände; Zement- und Gipsdielen; Weißdecken; Holzzement; Zementestrich auf Holzunterlage,

Türen, die hinsichtlich ihrer Bauart dem § 16 der BO. entsprechen; Treppen aus Stein, Eichenholztreppen mit verputzter Untersicht. —

Doch ist hier noch zu bemerken, daß die Bauordnung selbst auch in verschiedenen Bestimmungen Erleichterungen bezüglich der Forderung der Feuersicherheit unter bestimmten Voraussetzungen zuläßt. Vgl. z. B. §§ 41, Ziff. 4; 42 Abs. II; 43 Abs. II und III; 44 Abs. V; 45, 56 BL. Vgl. auch die Leitsätze der Versicherungskammer für die Errichtung elektrischer Starkstromanlagen in der Landwirtschaft (in Kraft seit 1. Jan. 1926, abgedruckt bei Hofmiller, Sammlung feuerpolizeilicher Vorschriften 1929 S. 179). Nach § 7 ist in Räumen mit leichtentzündlichem Inhalt (Heu- und Strohlager usw.) das Aufstellen von Motoren mit ihren Anlassern, Schaltern und Sicherungen möglichst zu vermeiden, oder es sind die Motoren nebst Zubehör innerhalb dieser Räume in besondere feuersichere Kammern einzubauen, die ausreichend zu bemessen oder durch besondere Lüftung zu kühlen sind usw.

Abhebbare oder sonstige nicht ortsfeste Schutzkästen (auch mit unverbrennlicher Verkleidung) gelten nicht als Kammern im Sinne dieser Bestimmung.

Die Wände, Decken, Böden und Türen der Kammern müssen aus feuerbeständigen oder mindestens feuerhemmenden Baustoffen bestehen. Als feuerhemmend gelten bei derartigen Kammern die eben erwähnten Wände usw.

Abgesehen von Stein und Metall bezeichnet die Instruktion zum Vollzug des Brandversicherungsgesetzes vom 30. Juni 1875 MABl. S. 237 in § 7 Ziff. 7 auch Stein- und Lederdachpappe, Zement und Glas als feuersicher. Als Steindachpappe ist dabei eine Dachpappe zu verstehen, die durch Tränken einer zähen, langfaserigen Lumpenpappe in heißem Steinkohlenteer hergestellt ist. Bezüglich der sog. harten Bedachungen vgl. Anm. 1 zu § 31. —

Als feuersicher sind anerkannt die Simonsschen feuerfesten Baumaterialien. ME. vom 27. Juli 1899 MABl. S. 405; Thümelitschiefer laut ME. vom 27. Sept. 1906 Nr. 20692. — Von der Verwendung von Dachziegeln aus porösem Material sind nur die auszuschließen, die in Teer getaucht oder allseitig mit demselben bestrichen sind, nicht aber solche, die nur auf ihrer oberen Seite und an ihren Rändern mit Teer bestrichen sind. ME. vom 14. Dez. 1901 Nr. 26876 MABl. S. 573 und vom 1. Febr. 1901 MABl. S. 68.

Das Material muß ferner gesundheitspolizeilichen Anforderungen entsprechen, muß also auch Schutz gegen Feuchtigkeit usw. gewähren. — Nicht nur eine sparsame Brennweise, sondern vor allem auch gesundheitliche Interessen verfolgt die Einrichtung der Beratungs-, Auskunfts- und Prüfungsstelle des bayerischen Wärmewirtschaftsverbandes (München, Liebherrstraße 13) ME. vom 27. März 1923 Nr. 4306 a III 3.

S. auch MB. vom 7. Jan. 1930 Nr. 9100 f. 44 betr. Normung der Regeln für die Berechnung der Wärmeverluste und Heizkörpergrößen von Warmwasser- und Niederdruckdampfheizungsanlagen. (StAnz. Nr. 9.) Die in den Regeln angegebenen Zahlenwerte gewährleisten eine bessere und den jeweils örtlichen Verhältnissen entsprechendere Berechnung des Wärmebedarfs, als es nach den bisherigen Regeln möglich war. Es handelt sich um die in den technischen Vorschriften für Bauleistungen der Reichsverd.-Ordnung unter 1 f der Gruppe XVI angeführten Regeln, die nach Überarbeitung vom deutschen Normenausschuß als DIN 4701 übernommen wurden. DIN 4701 wurde mit sofortiger Wirksamkeit für den Bereich der bayer. Staatsbauverwaltung übernommen und ist allen einschlägigen Ausschreibungen und Auftragsvergebungen zugrunde zu legen.

Die Zulassung von Mauersteinen aus Zementbeton ist Sache der Baupolizeibehörde. Bei Verwendung von massiven Betonsteinen zu Außenmauern von Wohngebäuden in den zulässigen Mindeststärken wird in vielen Fällen die Anbringung eines besonderen Wärmeschutzes zur Ermöglichung eines gesunden Wohnens zu verlangen sein. ME. vom 22. Dez. 1921 Nr. 4071 b 46. —

Absolut unzulässig ist die Verwendung von Straßenkot zur Mörtelbereitung. Hier würde es sich um eine Verletzung des § 13 BO. handeln.

Gem. § 26 Abs. V sind die Fehlböden mit reinem, trockenem und unverbrennlichem Material auszufüllen.

Die Prüfung der Frage, ob das vom Bauherrn gewählte Baumaterial auch die vom § 13 verlangten Bedingungen erfüllt, obliegt in jedem einzelnen Falle der Baupolizeibehörde. Vgl. ME. vom 21. April 1914 Nr. 4071 b 1. — § 9 Ziff. 2 BO. schreibt zur Erlangung der baupolizeilichen Genehmigung ausdrücklich auch die Angabe des Bau- und Eindeckungsmaterials vor. Es können daher je nach Bedürfnis besondere Anordnungen über die nach § 13 Abs. I verlangte Beschaffenheit von Aufsichts- oder Oberaufsichtswegen erlassen werden.

In einer Reihe von Ministerialentschließungen ist die Prüfung, daß die Materialien Gewähr für Festigkeit, Feuersicherheit und Gesundheit bieten, durch die Baupolizeibehörden vorgesehen, insoweit eine Zulassung nach § 13 Abs. III nicht ausgesprochen wurde. Z. B. ME. vom 6. Juli 1922 betr. Zulassung der Zementhohlsteine des Kunststeinwerkes Eibach. Die Zulassung kommt hier nur in Betracht, soweit nicht die Verwendung bestimmter Baustoffe zwingend vorgeschrieben ist. — Ferner: ME. vom 15. April 1922 Nr. 4071 b 22 über die sog. Peri-Bauweise zur Verwendung für solche Mauern, für die die BO. keine zwingenden Vorschriften über die Wahl des Baustoffes aufstellt. Die Festigkeit der Perischlackenkohlensteine wird je nach dem Mischungsverhältnis und verwendetem Schlackenmaterial verschieden sein und ohne Anwendung eines tragenden Eisenbetongerüstes nur für kleinere Gebäude hinreichen, für die nach § 41 BO. Ausnahmen vom Massivbau zulässig sind. Festigkeitsnachweis ist durch Druckprobe an einzelnen Steinen wie durch Probebelastung eines ganzen stockwerkshohen Wandstücks zu erbringen. — Bei der von der gemeinnützigen Vereinigung „Heimkultur“ in Wiesbaden, Adolfshöhe, empfohlenen

Lehmdraht-Betonbauweise System Beetz ist der Nachweis über ausreichende Tragfähigkeit sowie die Frage zu prüfen, ob den Bestimmungen der §§ 15 und 17 BO. entsprochen wird. ME. vom 10. April 1919 Nr. 4071 b 10. — Bei der Prüfung der Zulassung der Kastenhohlsteine der pfälzischen Schnellbaugesellschaft ist die Anwendung bei 25 cm starken Brandmauern von einer Brandprobe abhängig zu machen. Auf eine gute Verankerung der Wände untereinander ist Bedacht zu nehmen. ME. vom 24. Sept. 1919. — Die Anwendbarkeit der Porös-Bauweise Stengel und Hofer (ME. vom 1. März 1918) sowie die Schnellbauweise Immobiliar-Abutt ist an Hand einer statischen Berechnung zu prüfen (ME. vom 1. März 1919). Ebenso bei der Eisenbetonfachwerk-Isolierwerkstein-Konstruktion. ME. vom 30. Okt. 1918. — Laut ME. vom 27. Okt. 1921 können Torfsteine vorbehaltlich der baupolizeilichen Prüfung im Einzelfalle Verwendung finden als Hintermauerung hinter Ziegel- oder Betonwänden, beiderseits verputzt zum Aufmauern von Scheidewänden, die keine Tragmauern bilden, zur Ausmauerung von Fachwerksscheidewänden in Fachwerksbauten. Hinter Öfen und Herden sind aber Backsteine oder Tonplattenverkleidungen erforderlich. Für Außenmauern und Fachwerks-Außenwände werden sie nicht zugelassen. — Bezüglich der Schlackenbetonsteine der Fa. Held, Donhauser, Schwandorf vgl. ME. v. 19. Juni 1925 Nr. 3671 b I 13. (S. u. Anm. 2 zu § 17 u. Anm. 4 § 47. Vgl. im übrigen die Zusammenstellung von Stadtbaurat Loesti, zum Vollzug der BO., Sonderdruck aus der Süddeutschen Bauzeitung; München, Süddeutsche Verlagsanstalt G. m. b. H. — ME. vom 7. Jan. 1924 Nr. 4071 b 14. Die Luftkammersteine D.R.P. Nr. 320 102 können vorbehaltlich der baupolizeilichen Prüfung im Einzelfalle, daß sie Gewähr für Festigkeit, Feuersicherheit und Gesundheit bieten, für solche Mauern angewendet werden, für die die BO. keine zwingenden Vorschriften über die Wahl des Baustoffes aufstellt. Ihre weitergehende Verwendung auf Grund § 13 III BO. ist vorläufig nicht gestattet. Für die von den Baupolizeibehörden im Einzelfall vorzunehmende Prüfung gilt: die Festigkeit der Luftkammersteine wird je nach dem Mischungsverhältnis und dem verwendeten Material (Kies, Bimskies oder Schlackenbeton) verschieden sein und ohne Anwendung von Eisenbetonpfeilern für kleinere Gebäude hinreichen, für die nach § 41 BO. Ausnahmen vom Massivbau zulässig sind. Zur Ausschaltung der exzentrischen Druckverteilung und zur gleichmäßigen Übertragung der Decken- und Dachlast auf die Kastenhohlsteinwände ist jedoch stets die Herstellung einer Mauerlatte aus Eisenbeton zu fordern, die in dem Hohlraum der umgekehrt versetzten obersten Steinschicht einbetoniert werden kann. Bei Gebäuden mit mehr als zwei Geschossen und größeren Lasten ist die Anwendung eines tragenden Eisenbetongerüstes nach jeweiliger besonderer Berechnung vorzusehen. Die Verwendung der Luftkammersteine für Brandmauern und Kamine erscheint nach den Erfahrungen mit anderen Hohlbetonsteinen unzulässig. Der Wärmeschutz der mit Luftkammersteinen hergestellten Wände kann als ausreichend erachtet werden. —

Nach der ME. vom 19. Mai 1926 Nr. 3671 b I 5 über die Zulassung von Zementschlackensteinen zu Brandmauern werden im allgemeinen Schlackensteine zur Verwendung für Bauteile ohne außergewöhnliche Belastung, für leichte Gewölbe und für Fachwerksausmauerungen zugelassen werden können, wenn eine entsprechende Druckfestigkeit nachgewiesen ist. Um stets Gewähr zu haben, daß immer gleich gut hergestellte Zementschlackensteine verwendet werden, werden sich die Baupolizeibehörden vorbehalten, erforderlichenfalls auf Kosten des Bauherrn oder des Herstellers die zur Verwendung gelangenden Steine durch eine amtliche Baustoffprüfungsanstalt (Bayer. Landesgewerbeanstalt, Nürnberg; Technische Hochschule, München) auf ihre Druckfestigkeit prüfen zu lassen. Bei belasteten Bauteilen ist in jedem einzelnen Falle statischer Nachweis darüber zu bringen, daß die Beanspruchung $^1/_{10}$ der nachgewiesenen Druckfestigkeit nicht überschreitet und in keinem Falle mehr als 4 kg/qcm beträgt. Mauerwerk aus Zementschlackensteinen ist beiderseits dauerhaft zu verputzen. Dies gilt insbesondere für Brandmauern. Zur Herstellung von solchen Brandmauern, für welche die Bauordnung ausdrücklich gebrannte Backsteine vorschreibt, sowie zur Herstellung von Kaminen dürfen Zementschlackensteine nicht verwendet werden. Nach der aut. ME. vom 11. März 1926 Nr. 3671 b 10 kann die „Siedelungsbauweise" des Albert Wagner in Ludwigshafen a. Rhein, bei welcher die Außenwände und inneren Tragwände aus einer in sich verbundenen Eisenkonstruktion bestehen, die mit Bimsbeton-Hohlsteinen System Albert Wagner ausgemauert wird, und die Zwischendecken aus Spezial A. W.-Trägern mit Bimsbetonhohlsteinen gebildet werden, vorbehaltlich baupolizeilicher Prüfung im Einzelfalle nach der Richtung, ob die Bauweise Gewähr für Festigkeit, Feuersicherheit und Gesundheit bietet, für solche Mauern angewendet werden, für welche die Bauordnung keine zwingenden Vorschriften über die Wahl des Baustoffes aufstellt. Für Brandmauern und für Gebäude, die nach §§ 46, 47 u. 48 BO. (oder §§ 51—54 MBO.) zu beurteilen sind, darf die Bauweise nicht verwendet werden. Die Kamine sind den Vorschriften der Bauordnung entsprechend aus gelegten Backsteinen herzustellen. — Auch die Fulgersteine können laut aut. ME. vom 14. Jan. 1925 Nr. 3671 b 15 vorbehaltlich der baupolizeilichen Prüfung im Einzelfalle, daß sie Gewähr für Festigkeit, Feuersicherheit und Gesundheit bieten, für solche Mauern angewendet werden, für die die BO. keine zwingenden Vorschriften über die Wahl des Baustoffes aufstellt. — Das gilt ferner laut ME. vom 16. Juli 1924 Nr. 3671 b 6 für die „Aristosbauweise". Vgl. dazu auch aut. ME. vom 7. August 1925 Nr. 3671 b 9 und § 17 Anm. 2.

3. Schwemmsteine sind sohin als Ersatz für Ziegelsteine zugelassen. Voraussetzung ist immer solide Herstellungsweise. Ihre Verwendung zu Kaminen ist nicht zugelassen, § 17, da hier die Verwendung „gelegter Backsteine" ausdrücklich verlangt ist. —

4. Im Interesse einer einheitlichen Regelung technischer Neuerungen für das ganze Land kann durch Ministerialvorschrift bestimmt werden, was als Ersatz für in der BO. bezeichneten Materialien gelten kann. In diesem Falle ist zur Verwendung von Fall zu Fall eine baupolizeiliche Genehmigung nicht mehr erforderlich. ME. vom 18. Juni 1901 Nr. 13675. Aber immerhin haben die Baupolizeibehörden darüber zu wachen, ob die als Ersatz zugelassenen Materialien auch tatsächlich die vorausgesetzten Eigenschaften besitzen; verneinenden Falles wäre der vorgesetzten Stelle Mitteilung zu machen zwecks Rückgängigmachung der Zulassung.

Auf Grund des Art. 13 Abs. III ergingen eine Reihe von Zulassungen, von denen die wichtigsten erwähnt werden sollen. (Vgl. auch die Zusammenstellung von Stadtbaurat Loesti.) Die ME. vom 17. Mai 1919 Nr. 4071 b 12 läßt die Kalksandsteine des oberbayerischen Hartsteinwerkes Fürstenfeldbruck (früher Reginasteinwerk Emmering) zu Kaminen als Ersatz für Backsteine, nicht aber zu Backsteinbrandmauern zu. — Widerrufliche Zulassung ist erfolgt für die Zellen-Hohlsteinbauweise, System Krämer für Kleinhausbauten, Barackenbauten, kleinere landwirtschaftliche und ähnliche Gebäude unter Ausschluß der Brandmauern, Kamine und Treppenhausmauern. ME. vom 27. Juni 1919.

Die von der Bausteingesellschaft für Ingolit und Wetterstein m. b. H. München aus Sägemehl mit einem Bindemittel hergestellten und unter dem Namen Ingolitsteine in den Handel gebrachten Mauersteine werden laut ME. vom 1. Febr. 1923 Nr. 4071 b 42 widerruflich und unter bestimmten Bedingungen zugelassen. Zur Herstellung von Kaminen, Brandmauern und von Kellermauerwerken dürfen die Steine nicht verwendet werden. Die Mauern aus Ingolitsteinen sind innen und außen zu verputzen. Sie sind den Einwirkungen der Bodenfeuchtigkeit, auch der Jauche in Ställen und ähnlichen Einflüssen dadurch zu entziehen, daß sie auf genügend hohem mit einer Isolierschicht versehenen Sockel aus anderem Material errichtet werden. Die leicht gepreßten Steine können nur für Mauerwerk von nicht über $\frac{3\,\text{kg}}{\text{cm}\,2}$ Beanspruchung zugelassen werden. Als schlechte Wärmeleiter besonders zur Ausmauerung von Fachwerk, Hintermauerung von Untersteinmauerwerk, Errichtung von Scheidewänden, von Fall zu Fall auch für Außenmauern von Kleinhausbauten im Sinne des § 14 Abs. III BO. Die schwergepreßten Steine sind hinsichtlich der Festigkeit den Ziegelsteinen gleich zu achten. Sie werden unter obigen Voraussetzungen zur Herstellung von Außen- und Tragmauern von Kleinhausbauten, Ställen und sonstigen ländlichen und landwirtschaftlichen Gebäuden ohne erhöhte Brandgefahr zugelassen. — Widerruflich und unter bestimmten Bedingungen wird gemäß ME. vom 1. Mai 1920 Nr. 4071 b 20 StAnz. Nr. 106, MABl. S. 149 das Holzstabgewebe des Holzmattenwerkes Werner Heyd in Freilassung (Oberbayern) und das Baculagewebe der deutschen Bacula-Industrie Ziegler und Etsch in Mainz als Ersatz für Rabitzgewebe und als glutsichere Ummantelung zugelassen. —

Verputztes Holzstabgewebe kann verwendet werden als feuersicherer Verputz z. B. als Ersatz für Weißdecken (§§ 26, 34, 54 usw. BO.) und als Ersatz für Rabitz, dann als glutsichere Ummantelung bei Erfüllung bestimmter Bedingungen sowie für Fachwerksscheidewände, die beiderseits mit verputztem Holzstabgewebe versehen werden. Letztere Konstruktionen können die Baupolizeibehörden bei freistehenden Einfamilienhäusern auch als Außenwände zulassen, wenn solche Häuser aus nicht mehr als Erdgeschoß und ausgebautem Dachgeschoß bestehen und für genügenden Wärmeschutz gesorgt wird. ME. vom 9. Febr. 1922. Die Bauweise mit den von den Sola-Werken, A.-G. in München, hergestellten Sola-Baumatten gleicht im wesentlichen den Holzstabgewebe-Bauweisen. Für die Verwendung der Sola-Baumatten gilt daher sinngemäß ME. vom 2. Febr. 1922 (StA. 38) mit dem Abmaß, daß an Stelle der Ziff. 2 a folgende Forderung tritt: „Die Holzstäbe müssen mindestens 8×8 mm stark sein. Als Einlage für die Holzwollstäbe ist verzinkter, geglühter Draht von mindestens 0,8 mm Stärke zu verwenden.“ (ME. vom 19. Jan. 1924 Nr. 4071 b 1. — Die Elektroglasfließen der deutschen Luxfer-Prismen-Gesellschaft dürfen in Ergänzung der ME. vom 3. Mai 1901 Nr. 3254 zum Verschluß größerer Fensteröffnungen bis 1 qm Fläche widerruflich verwendet werden, wenn sie mindestens 20 mm stark sind. ME. vom 16. Okt. 1919 Nr. 4071 b 32. —

Die Thielsche Wand II, ein Riegelgerippe mit auf beiden Seiten vorgemauerten Hourdis wird als Ersatz für gemauertes Fach- oder Riegelwerk im Sinne des § 41 BO. und § 48 MBO. zugelassen. ME. vom 23. Sept. 1920 Nr. 4071 b 44. —

Die Wärmeregulierungsvorrichtung „Hyp“ System Vogel (DRGM. Nr. 710 192) wird in jederzeit widerruflicher Weise als Rauchrohrklappe für Öfen und Herde zugelassen. ME. vom 24. Febr. 1920 Nr. 4071 b 10.

Laut MB. vom 17. Dez. 1925 Nr. 3671/11 über den Vollzug der BO., hier Zementputzschieber Keiner und Heysinger, Gera, werden die von der Bauwarengroßhandlung Keiner und Heysinger in Gera aus Zement hergestellten Zement-Schornsteinverschlüsse als Ersatz für die genau schließenden, versperrbaren Doppeltürchen aus Eisenblech zugelassen. Über etwaige ungünstige Erfahrungen haben die Baupolizeibehörden zu berichten. (MABl. 1925 S. 187.) S. § 18 Anm. 4.

Die ME. vom 9. Febr. 1922 bestimmt für die feuersicheren Verglasungen künftig allgemein 1 qm Fläche. In besonderen Fällen können die Baupolizeibehörden auch größere Flächen zulassen, wenn die Fenster doppelt werden und den Anforderungen des einzelnen Falles genügen. Nach ME. vom 15. Febr. 1928 Nr. 3671 b 8 (StAnz. Nr. 39) wird das von der Schlesischen Spiegelglasmanufaktur Karl Tielsch G. m. b. H. in Waldenburg-Altwasser hergestellte 7 mm starke, beiderseits geschliffene und polierte Drahtspiegelglas mit Drahtgeflechteinlage von etwa 2 cm Maschenweite und 0,5 mm Drahtstärke zum Verschluß von höchstens 1 qm großen Öffnungen in Brandmauern zugelassen, sofern die Öffnungen doppelt verschlossen werden, so daß zwischen den beiden Scheiben ein Luftraum von 12 cm verbleibt, die Scheiben ringsum 5 cm tief in die Mauer eingreifen und durch Entlastungsbögen oder Stützen gegen Druck geschützt sind. — Die Verwendung der Glaseisenbeton-Konstruktion System Keppler der deutschen Luxfer-Prismen-Gesellschaft m. b. H. in Weißensee-Berlin als feuersichere Abschlüsse von Lichtöffnungen in Brandmauern und Massivdecken wird widerruflich zugelassen. ME. vom 15. Okt. 1919. — Das Luftisoliermauerwerk System Kaiser des Architekten Heinrich Kaiser in Halle a. S. wird widerruflich zugelassen als Ersatz für massives Mauerwerk und für Wohngebäude aus Erdgeschoß und einem Obergeschoß unter Ausschluß für Brandmauern. Bei Auflegung schwerer Träger ist statischer Nachweis zu erbringen, bei mehr als 1,5 m Abstand der Betonsäulen sind besondere Binderbetonsteine anzuordnen. ME. vom 3. Febr. 1916. — Laut ME. vom 2. Sept. 1916 ist die Isolierwandkonstruktion nach dem System des Maurermeisters Chr. Groll in Nürnberg als Ersatz massiver Umfassungs- und Scheidewände nur für eingeschossige Wohngebäude kleineren Umfangs zugelassen. Als solche Wohngebäude sind auch die mit ausgebauten Dachgeschossen, nicht aber jene anzusehen, bei denen es sich um ein verkleidetes volles Obergeschoß handelt. — Für die Herstellung von Kaminen als Ersatz für Backsteine werden die Zementschlackensteine der bayer. A.-G. für chemische und landwirtschaftliche chemische Erzeugnisse in Hersfeld in widerruflicher Weise unter bestimmten Bedingungen zugelassen. ME. vom 9. Nov. 1915 Nr. 4071 b 23. — Vgl. ferner ME. vom 24. Mai 1909 MABl. S. 400 bezüglich der Lugino-Plattenwand, als feuerfeste Scheide- und Trennungswand zugelassen zum Ersatz für die in § 34 Abs. I Ziff. 2 und § 37 Abs. I, vorgeschriebenen Materialien. — Die von der Firma H. Georg Herzberg u. Co., Düsseldorf, hergestellten „Idealglasbausteine" werden in der gleichen Weise wie die Glasbausteine „Patent Falconier", die hohlen, auswechselbaren Glasbausteine der A.-G. für Glasindustrie in Dresden, DRGM. Nr. 165 325 und die von der A.-G. „Sächsische Glaswerke" in Deuben hergestellten Hartglasbausteine „Faust" als Ersatz für Backsteine und anderes Mauerwerk unter der Bedingung zugelassen, daß sie nur an solchen Stellen in Mauern oder Gewölbe eingebaut werden, wo ihre Druckfestigkeit mit höchstens 2 kg auf den qcm beansprucht werden, daß sie in Brandmauern nur in Flächen von geringer Ausdehnung bis zu höchstens 0,5 qm zur Verwendung gelangen und daß letzterenfalls vor der lichtgebenden Fläche noch Drahtgitter angebracht wird. ME. vom 29. Jan. 1909 Nr. 776 MABl. S. 161.

3. Fundierung und Stärke der Mauern.

§ 14.

I Sämtliche massive Mauern[1]) eines Gebäudes, diejenigen Hof- und sonstigen Schutz- und Einfriedungsmauern[2]), welche den Boden um mehr als 2 m überragen, dann alle Stützmauern, Tragpfeiler und Säulen müssen auf festem natürlichen oder künstlich befestigtem Grunde[3]) unter Frosttiefe[4]) fundiert werden[5]).

II [6]) Bei Kleinhausbauten[7]) kann von der Fundierung bis unter Frosttiefe bei massiven Mittelmauern abgesehen werden, ferner auch bei Umfassungsmauern, soweit es sich um Fachwerksbauten handelt, die lediglich aus einem Erdgeschoß und Dachgeschoß bestehen.

III [6]) Kleinhausbauten im Sinne des Abs. II sind Einfamilien- und Mehrfamilienhäuser (Einzelhaus, Doppelhaus und Reihenhaus), die nur aus höchstens zwei Vollgeschossen (Erdgeschoß und Obergeschoß oder Erdgeschoß und ausgebautem Dachgeschoß) bestehen und als Mehrfamilienhäuser in jedem Vollgeschoß höchstens drei Kleinwohnungen im Sinne des § 62 Abs. VI Ziff. 2 enthalten. Dabei dürfen Dachgeschosse über zwei Vollgeschossen nur bis zur Hälfte der Dachraumfläche zu Wohnräumen ausgebaut sein, die lediglich als Zubehör der Geschoßwohnungen, nicht aber als selbständige Wohnungen dienen.

1. Vgl. auch die Anmerkungen zu § 13, § 15 Abs. I Buchst. a, § 40 Abs. I. Hiernach versteht die BO. unter Massivbau den Bau aus Stein oder Eisen. Auch Eisenfachwerkbau fällt sohin darunter. Der Massivbau verlangt vor allem auch die Sicherung gegen Feuersbrünste; durch den Massivbau der Außenwände wird einerseits die Entzündung von außen, anderseits ein rascher Zusammenbruch der brennenden Gebäude vermieden.

2. Einfriedigung ist jede die Grundstücksoberfläche überragende Vorrichtung, die ein Grundstück nach außen zwecks Sicherung gegen unbefugtes Betreten und Eindringen von Menschen und Tieren abschließen und vom öffentlichen Verkehrsraum wie von den Nachbargrundstücken abgrenzen soll. Es ist notwendig, daß sie rings um das ganze Grundstück geht und es vollständig abschließt; doch kann auch unter Umständen eine Anlage genügen, die das Grundstück nur auf einer Seite abschließt, wo die Gefahr des Eindringens besonders häufig eintritt, z. B. auf der Straßenseite gegen das Eindringen von Tieren (vgl. ObstLG. vom 22. Okt. 1912 Recht 1913, Soergel 1913 S. 354). Im übrigen gilt auch für § 14 das in § 8 Anm. 9ff. ausgeführte.

3. Der Baugrund ist auf seine Tragfähigkeit zu untersuchen, da jedes Gebäude auf einer festen und unverrückbaren Unterlage ruhen muß. Besonders sorgfältige Untersuchung ist notwendig an den Stellen, die stärkere Belastung erhalten sollen. Zur Untersuchung des Baugrundes gehört auch die Ermittelung des Grundwasserstandes. —

Fester natürlicher Grund ist ein Boden, der für das betreffende Bauwerk tragfähig ist, wobei die Ansprüche an die Tragfähigkeit je nach der Höhe des Gebäudes verschieden sind. Der beste natürliche Grund ist der Fels. Wie tief im übrigen die Fundamentmauern unter das Niveau der Straße zu liegen kommen, bestimmt sich nach der Stärke und Belastung der Mauern. Hiefür hat die Bautechnik bestimmte, vom Bauunternehmer zu beachtende Regeln aufgestellt. —

Künstliche Befestigung ist erforderlich bei schlechtem Baugrund, also Bodenarten, die bei jedem stärkeren Drucke seitlich ausweichen und nicht tragfähig sind. Z. B. feiner Sand, nasser Ton oder Lehm, Torf- und Moorboden; aufgefüllter Boden, Humusboden. Die künstliche Befestigung kann z. B. bestehen aus Pfahlrammungen aus Holz oder Beton, Rosten aus Holz oder Platten aus Eisenbeton, die rostartig gestaltet werden können mit oder ohne darunter geschlagenen Pfählen. Das Baugrundstück muß eben so beschaffen sein, daß die darauf zu errichtenden Bauten nicht durch Senkungen, Erdrutsch, Unterspülungen und dergleichen gefährdet werden, der Untergrund darf nicht in einer Weise mit schädlichen Stoffen durchsetzt oder verunreinigt sein, daß die Gesundheit von Menschen dadurch gefährdet erscheint. Ist diese Sicherheit nicht schon durch die natürliche Beschaffenheit des Baugrundstückes gegeben, so muß dieselbe durch geeignete Vorkehrungen herbeigeführt werden. — Vgl. im übrigen Anmerkungen zu § 5 BO. Anm. 4 § 12.

4. Der Grund unter Frosttiefe ist gegeben je nach den klimatischen Verhältnissen zwischen 1,20—1,50 Meter unter der Erdoberfläche.

5. Beachtung verdient hiebei auch die Bestimmung der MBO. § 18, die sagt: „Die sämtlichen Grundmauern von Gebäuden, welche im Erdgeschosse Wohn- oder Arbeitsräume enthalten, müssen von den darauf ruhenden Mauern durch eine wasserundurchlässige Isolierschicht getrennt werden." § 14 BO. verlangt eine solche Isolierung nicht, doch empfiehlt sich ihre Vornahme zwecks Verhinderung des Aufsteigens der Erdfeuchtigkeit. Isolierschichten gegen senkrecht aufsteigende Erdfeuchtigkeit werden z. B. hergestellt aus geteerter Dachpappe, die in eine Mauerfuge horizontal eingebettet wird. Noch besser dürften sich Bleiplatten in einem Rost von Gußeisen bewähren, während Asphaltpappe oder Bleiplatten allein von dem Mauergewicht leicht zerdrückt werden können. Abhaltung der Erdfeuchtigkeit von vertikalen Wänden erfolgt am besten durch Zementmauerputz.

6. Abs. II und III neu eingefügt durch V. vom 10. Juli 1918 GVBl. S. 359.

7. Mit Rücksicht auf die zurzeit bestehende Wohnungsnot wurden auch weiterhin die baupolizeilichen Bestimmungen tunlichst erleichtert, um mit geringstem Aufwand vor allem die Herstellung von Kleinwohnungen und Kleinwohnhäusern zu ermöglichen. Diese Kleinwohnhäuser im Sinne des § 62 Abs. 6 Ziff. 2, die beliebig viel Geschosse besitzen können, abgesehen von etwaigen Baubeschränkungen, sind scharf zu unterscheiden von den Kleinhausbauten mit höchstens zwei Vollgeschossen. Unbeschadet der vom Standpunkt der Bausicherheit und Gesundheitspflege gebotenen Rücksichten kommen für die Gebäude mit Kleinwohnungen, d. h. Wohnungen, die höchstens 4 Haupträume mit nicht mehr als 70 qm Gesamtfläche umfassen, gegenseitig vollständig abgeschlossen sind und höchstens zu Dreien in jedem Stockwerk auf das nämliche Treppenhaus angewiesen sind, § 62 Abs. VI Ziff. 2, weitere Erleichterungen nur durch Abminderung der lichten Höhe der Wohnräume und durch Verminderung der Zahl der erforderlichen Brandmauern bei Reihenhäusern in Frage. Dem ist Rechnung getragen in § 29 Abs. I und § 34 Abs. I Ziff. 1 bezüglich der Höhe der Wohnungen und in § 40 Abs. III BO. bezüglich der Brandmauern.

Weitere Begünstigungen werden für Bauten vorgesehen, die die BO. unter dem Begriff „Kleinhausbauten" zusammenfaßt. Es kommen hiefür in Betracht Vereinfachungen und Erleichterungen hinsichtlich der Fundierung unter Frosttiefe § 14 Abs. II; der Stärke der Umfassungs- und Mittelmauern § 15; der Scheidung der Stockwerke § 26; der Einwölbung und Lüftung § 28; der lichten Höhe der Wohnräume § 29 und § 34 Abs. 1 Ziff. 1; der Trennung der Dachgesimse bei Anschluß an das Nachbarhaus § 32; der Brandmauer § 40; der Hofzufahrten § 51; der Treppenraummauern § 54 und hinsichtlich des Erfordernisses der massiven Bauweise § 41. Die nähere Bestimmung über die „Kleinhausbauten" enthält § 14 Abs. III.

§ 15.[1])

I Die Stärke der Umfassungs-[2]) und Tragmauern[2]) der Gebäude ist vorbehaltlich weitergehender, durch den Zweck oder die besondere Beschaffenheit eines Gebäudes gerechtfertigter Anforderungen[3]) nach folgenden Grundsätzen zu bemessen:

a) die Umfassungsmauern mehrstöckiger[4]) Wohngebäude müssen im obersten Stockwerke bei Anwendung von Ziegel- oder Quadersteinen eine Stärke von mindestens 0,38 m (1½ Stein) erhalten[5]); bei Anwendung von Bruchsteinen ist ein Mindestmaß von 0,45 m anzuwenden und auch dieses nur unter der Voraussetzung zulässig, daß dieselben lagerhaft sind und die Herstellung eines schichtenmäßigen Gemäuers in entsprechendem Verbande ermöglichen[6]).

Diese Vorschrift gilt auch für einstöckige Wohngebäude, deren Stockwerkshöhe 3,50 m und deren freitragende Balkenlänge 6 m überschreitet[7]).

b) Für die Umfassungsmauern einstöckiger Wohngebäude, deren Stockwerkshöhe und[7]) freitragende Balkenlänge[7]) die vorbezeichneten Ausmaße nicht überschreitet, ist im ersten Stockwerke eine Mauerstärke von 0,25 m (1 Stein) bei Anwendung von Ziegel- oder Quadersteinen[8]) zulässig[9]); bei Verwendung von Bruchsteinen muß auch hier die geringste Stärke von 0,45 m eingehalten werden.

Die Erdgeschoßmauern solcher Wohngebäude müssen eine Stärke von 0,38 m bei Anwendung von Ziegel- oder Quadersteinen und eine solche von 0,52 m bei Verwendung von Bruchsteinen[10]) erhalten.

c) Bei Wohngebäuden, welche lediglich aus einem Erdgeschoß bestehen und welche weder die unter lit. a Abs. II bezeichneten Ausmaße[7]) überschreiten, noch eine außergewöhnlich große Belastung zu erhalten bestimmt sind, darf bei Verwendung von Ziegeln oder Quadern die Mauerstärke auf 0,25 m abgemindert werden; Bruchsteinmauern müssen auch in diesem Falle 0,45 m stark ausgeführt werden. Die gleiche Abminderung ist bei Kleinhausbauten[11]) (§ 14 Abs. III) im Erdgeschoß und Obergeschoß zulässig.

d) Auf Gebäude, welche Wohnzwecken nicht dienen, finden im allgemeinen vorstehende Bestimmungen ebenfalls Anwendung; jedoch kann von der Baupolizeibehörde im einzelnen Falle unter Berücksichtigung der Höhe der Gebäude, des Baumaterials, der Verbindung, in welcher die Mauern zueinander stehen, der Bestimmung der Gebäude und der Konstruktion der Decken auch eine größere oder geringere Stärke der massiven Mauern festgesetzt werden[12]).

e) Mittelmauern, die durch Balkenlagen belastet sind, müssen im obersten Stockwerk in einer Stärke von mindestens 0,25 m ausgeführt werden und nach unten von zwei zu zwei Stockwerken um mindestens 0,13 m (1/2 Stein) zunehmen. Wenn sie durch Balkenlagen nicht belastet sind oder wenn bei ebenerdigen oder einstöckigen Gebäuden die freitragende Balkenlänge[7]) 5 m und[7]) die Zimmerhöhe 3 m nicht überschreiten, so genügt eine Stärke der Mittelmauern von 0,12 m.

Die Baupolizeibehörde kann für Mittelmauern eine geringere Stärke zulassen, wenn durch eine statische Berechnung die genügende Tragfähigkeit nachgewiesen wird. Insbesondere können bei Kleinhausbauten (§ 14 Abs. III) durch Balken belastete Mittelmauern in einer Stärke von 0,12 m und durch Balken nicht belastete Mittelmauern in einer Stärke von 0,07 m (gestellter Stein) zugelassen werden, letztere, wenn sie in jedem Stockwerk entsprechend verspannt sind[13]).

f) Soll ein Gebäude zu ebener Erde massiv und in den oberen Stockwerken aus Riegelwerk[14]) ausgeführt werden, so haben die Umfassungsmauern bei Anwendung von Ziegeln oder Quadern

α) wenn nur ein Stockwerk aus Riegelwänden aufgesetzt wird, eine Stärke von mindestens 0,25 m,

β) wenn mehrere Stockwerke aus Riegelwänden aufgesetzt werden, eine Stärke von mindestens 0,38 m zu erhalten.

Bei Anwendung von Bruchsteinen muß die Umfassungsmauer auch in dem Falle unter lit. a mindestens 0,45 m stark sein[15]).

g) Die Stärke der Umfassungsmauern aller mehrstöckigen Wohngebäude muß von oben nach unten bei Anwendung von Ziegeln oder Quadern von zwei zu zwei Stockwerken um wenigstens 0,13 m (1/2 Stein) und bei Anwendung von Bruchsteinen von Stockwerk zu Stockwerk um wenigstens 0,07 m zunehmen[16]).

h) Riegel- oder Fachwerk muß in jedem Stockwerke wenigstens 0,12 m stark sein.

i) Stockwerksaufsetzungen auf bestehende Gebäude sind nur dann zulässig, wenn die in Vorstehendem unter lit. a mit h festgesetzten geringsten Stärken ohne Anblendung von Steinen an die bestehenden Mauern noch eingehalten werden können[17]).

II Bei sämtlichen vorstehend bestimmten Mauerstärken darf der Verputz nicht mitgerechnet werden.

III Eine Abweichung von den Vorschriften über Verstärkung der Mauern von oben nach unten kann bei Stockwerksaufsetzungen[18]), dann beim Wiederaufbau abgebrannter oder aus anderen Anlässen teilweise abgebrochener Gebäude gestattet werden[19]), wenn das in Verwendung kommende Baumaterial und die Beschaffenheit des bestehenden Gemäuers auch bei einer geringeren Stärke desselben vollständige Gewähr für die Festigkeit und Dauerhaftigkeit des Gesamtbaues bietet.

IV Bei Anwendung besonderer Konstruktionen und Materialien (Eisen, Beton)[20]) können ferner Abweichungen von den vorgeschriebenen Mauerstärken durch die Baupolizeibehörden bewilligt werden, wenn genügende Festigkeit und Tragfähigkeit nachgewiesen ist.

1. § 15 erfuhr durch die V. vom 10. Juli 1918 eine Abänderung in Abs. I Buchst. c und e.

Die Bauordnung enthält keine Bestimmung über die Stärke der Grundmauern, d. h. die Keller- und Sockelmauern, die nach dem Wortlaut der BO. nicht zu den Umfassungen zu zählen sind. Die Vorschrift in § 19 Ziff. 9 der MBO., nach der die Grundmauern um mindestens 0,13 m (1/2 Stein) zu verstärken sind, kann auch für die Allgem. BO. als anwendbar bezeichnet werden, da alle Bauarbeiten fest und sicher ausgeführt werden müssen (§ 12 Abs. I BO.). Im übrigen wird sich die Stärke der Grundmauern ganz nach den Bedürfnissen der Praxis richten müssen. So kann es kommen, daß der Fundamentsohlenvorsprung noch breiter ist als der Sockelvorsprung.

Aus § 15 ergibt sich, daß es sich bei den Maßen in § 15 um solche auf Vollmauerwerk handelt. Daß auch Lochziegel unter Umständen den Vollziegeln als gleichwertig betrachtet werden können, zeigt die MB. vom 22. März 1927 Nr. 3671 b I 5 (StAnz. Nr. 245). Hiernach werden die von den Süddeutschen Ziegelwerken, Lochhausen bei München hergestellten gebrannten Lochziegel widerruflich zur Verwendung bei der Errichtung von Brandmauern und Kaminen zugelassen. —

2. Die Umfassungsmauer schließt das Gebäude oder einen Gebäudeteil gegen das Freie hin ab. ObstLG. 1 S. 25. Die Tragmauer ist eine durch Gebälke oder Gewölbe belastete Mauer.

Bezüglich der Umfassungswände der Lichtspieltheater vgl. § 8 der V. vom 20. April 1926 (GVBl. S. 299) über die Sicherheit bei Lichtspielvorführungen: Die Umfassungswände der Lichtspieltheater, die Wände aller notwendigen Treppen, Flure, Zu- und Durchfahrten, die Wände von Rauch- und Luftabzügen, sowie von Oberlichten zwischen Decke und Dach müssen aus Stein oder aus anderen im Feuer gleichwertigen Baustoffen in bauordnungsgemäßer Stärke und Beschaffenheit hergestellt sein. Die Wände von Rauch- und Luftabzügen müssen 30 cm über Dach geführt werden. Tür- und Fensteröffnungen in den Umfassungswänden müssen von Nachbargrenzen, anderen Baulichkeiten auf dem Grundstück und gegenüberliegenden Teilen des eigenen Gebäudes einen Abstand von mindestens 6 m wahren, soweit die Bauordnungen nicht größere Abstände vorschreiben. (Im übrigen siehe V. Teil.)

3. Die Beurteilung liegt im pflichtgemäßen Ermessen der Baupolizeibehörde; bezüglich der Gebäude, die Wohnzwecken nicht dienen, vgl. lit. d.

4. Das einstöckige Wohnhaus besteht aus dem Erdgeschoß und einem Stockwerk über dem Erdgeschoß; mehrstöckig ist es, wenn das Gebäude mindestens 2 Stockwerke über dem Erdgeschoß hat.

5. Nach dem in Deutschland für Ziegelsteine (auch Backsteine oder Hintermauerungsstein genannt) eingeführten Normalformat, welches auch der BO. zugrunde liegt, ist der Ziegelstein 25 cm lang, 12 cm breit und 6,5 cm stark; sein Gewicht beträgt rund

3,3 kg. Außer diesem Reichsformat sind auch noch größere Formate gebräuchlich, deren Verwendung nichts im Wege steht, da die Bauordnung von einer Zwangseinführung des Reichsformates absieht und nur von Mindestmaß spricht. Auch die Verwendung von einem kleineren Format ist möglich. So ist das Format der sog. Klinkersteine meistens etwas kleiner als das der gewöhnlichen Mauersteine. Sie sind besonders stark gebrannte Ziegelsteine, die außerordentlich hart und wasserundurchlässig sind. Sie werden verwendet zu Sockel und Fundamentmauerwerk, zu Pflasterungen, zum Ausmauern von Abortgruben usw.; aber immer ist das Mindestmaß zu beachten.

6. Soweit nicht besondere Anforderungen nach Abs. I zu stellen sind, ist bei der Verwendung verschiedenen Materiales bei den einzelnen Stockwerken für jedes Mauerwerk diejenige Steinstärke anzuwenden, die notwendig ist, falls das ganze Gebäude aus dem betreffenden Material hergestellt worden wäre. Bei der Anwendung von Bruchsteinen, die in Steinbrüchen gewonnen werden, wird verlangt, daß sie lagerhaft sind und die Herstellung eines schichtenmäßigen Gemäuers in entsprechendem Verbande ermöglichen. Die lagerhaften Bruchsteine haben zwei ebene, mehr oder weniger parallele Seiten, kommen in größerer Menge und gleicher Stärke vor und lassen sich während des Mauerns mit dem Maurerhammer an ihren Lagerflächen so bearbeiten, daß die Fugen möglichst regelmäßig sind und eine schichtenweise Aufmauerung erfolgen kann. Die Steine behalten ihre rauhe Kopffläche. Die Lagerfugen sind wagrecht durch die ganze Mauerlänge durchzuführen. Die Schichten können gleich hoch oder auch verschieden hoch sein. Innerhalb der Schichten sind die Steine verschieden groß. S. auch Anm. 8.

7. Freitragende Balkenlänge ist die zwischen zwei Stützpunkten liegende freie Länge des Balkens. Es entspricht der allgemeinen Anschauung, daß es zur Anwendung der strengeren Bestimmungen genügt, wenn eines der in Buchst. a Abs. II bezeichneten Ausmaße überschritten wird. Das Wort „und" ist also im Sinne von „oder" zu verstehen.

8. Die gebrochenen Steine werden entweder nicht oder nur teilweise mit dem Hammer bearbeitet und als sog. Bruchsteine zu dem Bruchsteinmauerwerk verwendet, oder sie erhalten durch besondere Steinhauerwerkzeuge eine bestimmte Form und dienen dann zur Herstellung des Werkstein- oder Quadermauerwerkes.

9. Aus dem Worte „zulässig" folgt, daß die hier vorgeschriebene Mauerstärke von 0,25 überschritten werden kann.

10. Auch hier ist zu verlangen, daß die Bruchsteine lagerhaft sind und die Herstellung eines schichtenmäßigen Gemäuers in entsprechendem Verbande ermöglichen.

11. Siehe Anm. bei § 14 Abs. II. Letzter Satz wurde eingefügt durch V. vom 10. Juli 1918.

12. Auf Giebelaufbauten haben im allgemeinen die Bestimmungen des § 15 Abs. I Anwendung zu finden; es besteht jedoch keine Erinnerung dagegen, den Giebelaufbau als Bestandteil des darunter befindlichen Stockwerkes anzusehen und demnach bei der Berechnung der Mauerstärke nach § 15 Buchstabe g BO. den Giebelaufbau außer Betracht zu lassen, sofern dieser durch Balkenlagen nicht belastet ist oder sofern bei dem mit einer Balkenlage belasteten Giebelaufbau der Nachweis der Standfestigkeit durch eine statische Berechnung beigebracht wird. Ferner besteht keine Erinnerung dagegen auf solche Giebelaufbauten, hinter denen sich keine Wohnräume befinden, die Bestimmung in § 15 Buchst. d sinngemäß anzuwenden und demgemäß die Mauerstärken der Giebelaufbauten nur nach statischen Rücksichten zu bemessen. Vgl. Aut. ME. vom 11. Dezember 1914 Nr. 4049 c 2/1914.

13. Der erste Satz dieses Absatzes wurde eingefügt durch die Novelle vom 3. Aug. 1910, Satz 2 durch V. vom 10. Juli 1918. Alle Treppenhausmauern, die durch Balkenlager, Treppenstufen oder Treppenpodeste belastet sind, sind nach der für belastete Mittelmauern geltenden Bestimmung in § 15 Abs. I Buchst. e zu beurteilen. Unter die Stärke von 0,25 m kann dabei im Hinblick auf § 54 Abs. I BO. nicht herabgegangen werden; dagegen kann die Baubehörde von einer Verstärkung nach unten ganz oder teilweise Abstand nehmen, wenn durch statische Berechnung die genügende Tragfähigkeit der Treppenhausmauer nachgewiesen wird. Vgl. Aut. ME. vom 11. Dez. 1914. Insbesondere gilt dies zur Förderung des Kleinwohnungsbaues und für Kleinhausbauten, wenn die Tragfähigkeit vom Baugesuchsteller nachgewiesen wird. ME. vom 3. Juli 1910 Nr. 4035/8 MABl. S. 477. Vgl. dazu § 54 Abs. III BO.

14. Also eine aus Kreuzhölzern zusammengesetzte Holzkonstruktion. Mauerwerk wird hiebei nur bei Ausfüllung der einzelnen Fache verwendet.

15. Das Mindestmaß für aus Bruchsteinen hergestellte Mauern ist nach § 15 Abs. I Buchst. a, b, c, f lediglich für die Umfassungsmauern vorgeschrieben.

Tragmauern aus Bruchstein sind wie Umfassungsmauern zu behandeln. Vgl. im übrigen Anm. 13 am Ende.

16. Sohin ergibt sich, daß z. B. bei einem vierstöckigen Wohngebäude die Umfassungsmauer mindestens folgende Stärke haben muß: Im Erdgeschoß 0,64 m = $2\frac{1}{2}$ Stein, im 1. und 2. Stockwerk je 0,51 m = 2 Steine, im 3. und 4. Stockwerk je 0,38 m = $1\frac{1}{2}$ Stein. — Bezüglich der Verwendung des Giebelaufbaues als Bestandteil eines darunter befindlichen Stockwerkes s. oben Anm. 12.

17. Nach technischen Begriffen entspricht eine durch Anblendung verstärkte Mauer statisch nicht den gleichen Anforderungen wie eine in regelrechtem Verbande hergestellte Mauer. Die Mauern müssen daher — nach technischen Begriffen ist dies selbstverständlich — in regelrechtem Verbande hergestellt werden und dürfen nicht durch Anblendung die vorgeschriebene Stärke erhalten. Mit Rücksicht auf die sich aus der Vorschrift des § 12 BO. von selbst auch ohne besondere Anordnung ergebende Verpflichtung zur Herstellung der Mauern in regelrechtem Verbande, enthält die BO. auch keine weiteren allgemeinen Bestimmungen in dieser Richtung. Lediglich in § 15 Buchst. i ist das Verbot der Anblendung besonders erwähnt, weil es bei Stockwerksaufsetzungen nahe lag, daß der Bauherr zur Erreichung der vorgeschriebenen Mauerstärke zwecks Kostenersparnis unter Umständen nur anblenden könnte und allenfallsige Mißverständnisse von Anfang an ausgeschlossen werden wollten. Es ist davon auszugehen, daß nicht nur bei Stockwerksaufsetzungen auf bestehende Gebäude die Anblendung verboten ist, und daß überall, wo für Mauern in der BO. ein bestimmtes Maß vorgeschrieben ist, für dieses Maß statische Erwägungen maßgebend waren, denen die Annahme zugrunde gelegt ist, daß die Mauern in regelrechtem Verbande hergestellt werden und nicht ihre Stärke durch statisch ungleichwertige Anblendung erhalten, und daß mithin eine Anblendung in allen diesen Fällen, sonach auch in den Fällen des § 54 unzulässig ist. Vgl. ME. vom 15. Juli 1897 Nr. 12515, 18. S. § 7 Anm. 3.

18. Die MBO. schreibt hier in § 19 Abs. II vor: Das Aufsetzen von Stockwerken auf bestehende Gebäude ist nur dann zulässig, wenn die für Umfassungsmauern festgesetzten Stärken ohne Anblendung von Steinen an die bestehende Mauer noch eingehalten werden können. Ausnahmsweise kann indessen, soferne die Beschaffenheit des bestehenden Gemäuers vollständige Gewähr für die Festigkeit und Dauerhaftigkeit des Gesamtbaues bietet, die Aufsetzung des Stockwerkes auf ein bestehendes Gebäude auch dann gestattet werden, wenn dessen Umfassungsmauer nach Maßgabe der früheren BO. in den beiden oberen Stockwerken nur eine Stärke von 1 ½ alten Steinen = 0,45 m und in den beiden nach unten folgenden Geschossen eine solche von 2 alten Steinen = 0,60 m besitzen. In diesem Falle müssen die Umfassungsmauern des aufgesetzten Stockwerkes mindestens 0,38 m stark sein.

19. Nach pflichtgemäßem Ermessen besonders dann, wenn sich in irgendeiner Richtung eine Verbesserung erzielen läßt.

20. Nur beispielsweise Aufzählung. Es kommen auch andere Materialien und Konstruktionen in Frage. —

Die nach der Bauweise „Anstback" aus Vollziegeln hergestellten Hohlmauern sind als massiv im Sinne des § 40 BO. anzusehen und bedürfen daher keiner besonderen ministeriellen Zulassung. Da sie aber eine besondere Bauweise darstellen, können die Baupolizeibehörden nach § 15 Abs. IV BO. von sich aus Abweichungen von den vorgeschriebenen Mauerstärken bewilligen, wenn im einzelnen Falle genügende Festigkeit und Tragfähigkeit nachgewiesen ist (aut. ME. vom 18. Dez. 1925 Nr. 3671 b 23). Bezüglich der für diese Bauweise zu beachtenden Richtlinien vgl. Anm. 3 zu § 40 BO., wo auch noch andere Fälle erwähnt sind.

§ 16[1]).

1. Brandmauern[2]) müssen in der Stärke der Umfassungsmauern[3]) hergestellt, noch am Firste[4]) unter der Dachfläche bei Verwendung von Ziegeln oder Quadern 0,25 m, bei Bruchsteinen aber mindestens 0,45 m stark gehalten und bis dicht unter die Dacheindeckung aufgeführt werden[5]).

Die Baupolizeibehörde kann bei Brandmauern die nach § 15 Abs. I erforderliche Mauerverstärkung ganz oder teilweise erlassen, wenn die Standfestigkeit gewährleistet ist und durch eine statische Berechnung genügende Tragfähigkeit nachgewiesen wird. Auch in diesem Falle hat am Firste unter der Dachfläche die Mauerstärke noch mindestens 0,25 m zu betragen[6]).

Bei Gebäuden, die unter § 47 fallen, bei Gebäuden mit mehr als 2 Obergeschossen, wobei ein bewohnbares Dachgeschoß als Obergeschoß anzusehen ist, und bei Gebäuden, die nicht vollständig mit Stein oder Metall eingedeckt sind, müssen die Brandmauern in den im Abs. I angegebenen Stärken 0,30 m über die Dachfläche geführt werden; zu ihrer Abdeckung darf nur feuersicheres[7]) Material mit Ausschluß aller Holzteile verwendet werden.

2. [8]) Auf Brandmauern darf der Dachfuß nur dann aufgelegt werden, wenn durch geeignete Vorkehrungen ein entsprechender Schutz gegen Feuerübertragung geschaffen wird. Zu diesem Zwecke muß die von der Brandmauer aufsteigende Dacheindeckung aus unverbrennlichem[9]) Materiale hergestellt und mindestens auf eine Entfernung von 3,5 m, wagrecht vom Mittel der Brandmauer an gemessen, mit einem dauerhaften, gegen Witterungseinflüsse widerstandsfähigen, unverbrennlichen[9]) Material unmittel-

bar unterlegt[10]) werden; Dachöffnungen müssen feuersicher[7]) hergestellt und abgeschlossen werden; unterhalb der Dachtraufe angebrachte Gesimse sind aus unverbrennlichem[9]) Materiale, Dachrinnen aus Eisen- oder Kupferblech herzustellen. Die Baupolizeibehörde kann von der Forderung der Dachunterlegung absehen, wenn für den betreffenden Teil der Dacheindeckung diese selbst sicheren Schutz gegen Feuerübertragung gewährt.

3. Werden an den Brandmauern Blindfeldungen, Sitzbänke, Wandkästchen, Nischen, Kamine oder dgl. angebracht, so müssen die Brandmauern an den entsprechenden Stellen immer noch wenigstens 0,25 m stark sein[10]).

4. Öffnungen in Brandmauern sind im allgemeinen unzulässig[11]). Die Baupolizeibehörde kann jedoch, wenn ein Bedürfnis hiezu nachgewiesen ist, Öffnungen bei Gebäuden gestatten, die nicht zur Herstellung, Bearbeitung oder Lagerung größerer Mengen leicht entzündlichen oder schwer zu löschenden Materials (§ 47) bestimmt sind[11a]). Die Öffnungen dürfen im Lichten[12]) höchstens 2 qm Fläche erhalten; sie müssen im Erdgeschoß auf einer, in den oberen Stockwerken auf jeder Seite[13]) der Brandmauer dicht verschließbar gemacht werden, und zwar entweder durch starke, fest versteifte Türen oder Läden aus unverbrennlichem[9]) Material oder durch Holztüren (= Läden) von mindestens 3 cm gleichmäßiger Stärke, die in Nut und Feder zusammengefügt, fest versteift und allseitig, also auch an den Rändern mit einer wenigstens 1 mm starken Eisenblechverkleidung versehen sind. Die Türen (Läden) müssen allseitig mindestens 6 cm breite Stein-, Beton-[14]) oder Eisenfälze[14]) überdecken. Die Kegel müssen haltbar eingekittet sein; zu ihrer Befestigung darf leicht schmelzbares Material, wie Schwefel, Blei und dergleichen nicht verwendet werden. Bei Hauptreparaturen oder Hauptänderungen im Sinne des § 7 Ziff. 1—3 können solche Verschlüsse auch für bereits bestehende Brandmaueröffnungen angeordnet werden[15]).

5. Die Dacheindeckung ist mit der Brandmauer dicht und dauerhaft zu verbinden; Dachlatten und Dachverscha-

lungen dürfen weder über die Brandmauer hinweg-, noch durch diese hindurch geführt werden; sie sind durch die Brandmauer in deren ganzer Stärke zu trennen[16].

Holzbalken, Holzschwellen, Holzpfetten, Holzsparren[16] und sonstige Holzteile dürfen durch Brandmauern nicht hindurch geführt werden und in diesen sich nicht berühren; sie müssen an den Enden, selbst im Dachraume noch, durch ein wenigstens 0,12 m starkes Mauerwerk verdeckt oder geschieden sein. Auch dürfen Hölzer der Länge nach nur dann in die Brandmauer eingefügt werden, wenn hiedurch die Standfestigkeit im Brandfalle nicht gefährdet wird[16]. Eiserne Träger und Stützen dürfen in Brandmauern nur dann eingefügt werden, wenn sie glutsicher ummantelt sind[16][17].

6. Wo Brandmauern vorgeschrieben sind, müssen sie auch die Dach- und Gesimsvorsprünge, Dachrinnen und dergl. vollständig trennen. Die Baupolizeibehörde kann Ausnahmen zulassen, wenn die Dach- und Gesimsvorsprünge durchaus massiv und die Dachrinnen aus Kupfer- oder Eisenblech hergestellt sind[16]. Auch bei hölzernen Dachvorsprüngen kann die Baupolizeibehörde von der Trennung durch die Brandmauer Umgang nehmen, wenn die über die Umfassung vortretenden Teile der Sparren und der Dachverschalung zu beiden Seiten der Brandmauer auf eine Länge vom mindestens je 2,5 m aus Eichenholz hergestellt werden[16].

7. Die Brandmauern und die Einrichtungen, die sonst nach den vorstehenden Ziffern 2, 4—6 zur feuersicheren Abtrennung der Gebäude geboten sind, müssen stets in bauordnungsmäßigem Zustand unterhalten werden[18].

1. Durch V. vom 3. Aug. 1910 erfuhr § 16 eine umfassende Änderung, die wesentliche Erleichterungen gegenüber früher und die Voraussetzungen vorsieht, unter denen die Erleichterungen gewährt werden können.

2. Das dichte Zusammenwohnen birgt die Gefahr der leichten Übertragung von Feuersbrünsten in sich. Die Baupolizei hat weder die Möglichkeit noch die Aufgabe jegliches Brandunglück zu verhüten, wohl aber hat sie dafür zu sorgen, daß größeren Brandfällen möglichst vorgebeugt wird. Dem dienen die Vorschriften über die Errichtung von Brandmauern. Die Baupolizeibehörde hat das Recht und die Pflicht gegen vorschriftswidrige Anlagen einzuschreiten.

Als gute Brandmauern sind die aus gutgebrannten Backsteinen zu bezeichnen, während die Kalk- und Sandsteine und auch Granit durch die bei einem Brandfalle entstehende Hitze und durch die Bespritzung mit dem Löschwasser zerspringen und die Mauer zum Einsturz bringen.

Unter Brandmauer versteht man eine zugleich die massive Umfassungsmauer zwischen zwei zusammenhängend zu bauenden Gebäuden mit Feuerstätten zu bildende Mauer, die bei einem entstehenden Brand das Übergreifen des Feuers von dem einen Gebäude auf das andere abhalten soll. Um dieses zu erreichen, ist sie besonderen Bestimmungen unterstellt. Vgl. OLG. München 6 S. 674; ObstLG. 2 S. 263. Urteil d. ObstLG. vom 2. März 1925, RevReg. II Nr. 43/25, abgedr. in Verwaltungsbl. 1925 S. 245.

§ 16 bestimmt nun, in welcher Weise, insbesondere in welcher Stärke Brandmauern aufgeführt werden müssen. In dem hierin enthaltenen Gebote liegt zugleich das Verbot der Abänderung einer vorschriftsmäßig hergestellten Brandmauer in einer Weise, daß sie den Vorschriften der BO. nicht mehr entspricht. ObstLG. 7 S. 279; 4 S. 150. Im übrigen wird auf die §§ 40 Abs. III, 44 Abs. III mit 45 Ziff. 1, 47, 48 BO. verwiesen, in denen die näheren Voraussetzungen enthalten sind, unter denen Brandmauern zu errichten sind.

Über Kommunmauern vgl. Art. 68 mit 70, 77 u. 78 AG.BGB. Dazu auch die Abhandl. in der „Zeitschrift für Rechtspflege in Bayern" Bd. XI S. 65 ff, 84 ff., 211.

3. Auch dann, wenn sie nicht durch Balkenlager belastet sind. — S. § 15.

4. Der First ist die obere in der Regel wagerechte Begrenzung der Dachfläche oder die Schnittlinie zweier Dachflächen, deren Traufen in der Regel parallel sind. Die Traufe ist die untere in der Regel wagerechte Begrenzung der Dachfläche. Firste und Traufen sind aber nicht immer wagrecht. Es gibt natürlich auch Firste bei sich schneidenden Dachflächen, deren Traufen nicht parallel sind.

5. Während nach den früheren Bestimmungen die Brandmauer bei allen Gebäuden 0,30 m über die Dachfläche geführt werden mußte und bei einfachen ländlichen Verhältnissen die Höherführung der Mauer über die Dachfläche auf dem Dispenswege erlassen wurde, vorausgesetzt, daß das Dachgesims unter Ausschluß jeglicher Holzteile feuersicher hergestellt wurde (vgl. ME. vom 2. Juli 1902 Nr. 15007 und 30. Juli 1903 Nr. 13085), gilt dies seit der V. vom 3. Aug. 1910 nicht mehr; lediglich für Gebäude mit mehr als 2 Obergeschossen, wobei ein bewohnbares Dachgeschoß als Oberge-

schoß anzusehen ist, und bei Gebäuden, die nicht vollständig mit Stein oder Metall gedeckt sind, sowie für Gebäude mit besonderer Feuersgefahr (§ 47) wurde im Interesse der Feuersicherheit die Vorschrift der Überdachführung der Brandmauer beibehalten. Vgl. § 16 Ziff. 1 Abs. III. Die Überdachführung der Brandmauer wurde aufgehoben, weil vor allem bei mangelhafter Bauführung das Eindringen von Regen und Schneewasser in die anstoßenden Gebäudeteile erleichtert wurde. Die seit 1910 ermöglichten Erleichterungen kommen vor allem dem Kleinhausbau zugute. Vgl. ME. vom 3. Juli 1910 Nr. 4035/8 Vollz. der BO. betr. MABl. S. 477.

Laut aut. ME. vom 7. August 1925 Nr. 3671 b 9 wird die „Aristosbauweise" für Brandmauern in widerruflicher Weise zugelassen, wenn die Mauern beiderseits sorgfältig verputzt werden und die vorgeschriebene Mindeststärke von 25 cm eingehalten wird. Die Zulassung erstreckt sich nicht auf Brandmauern bei Gebäuden nach § 47 BO. Vgl. § 17 Anm. 2. — Über die Anwendung der Heraklithbauweise s. ME. vom 4. Juli 1929 (s. oben § 13) zur Herstellung von Brandmauern, und überall da, wo feuerbeständige Bauweise vorgeschrieben ist, kommt Heraklith nicht in Frage. —

6. Dieser Absatz wurde eingefügt durch V. vom 3. Aug. 1910.

7. Also schwer entzündbares Material. Gegensatz unverbrennliches Material. Vgl. hiezu § 13 Anm. 2.

8. Neu eingefügt durch V. vom 3. Aug. 1910.

9. S. § 13 Anm. 2.

10. Vgl. hiezu Ziff. 5 Abs. II.

11. Auch Maueröffnungen, die als Fenster der Licht- und Luftzuführung oder als Türen der Verbindung von Räumen nebeneinander bzw. des Gebäudes mit der Außenwelt dienen. —

Die Frage, ob derjenige, der zuerst an der Grenze baut, die Umfassungsmauer an der Grenze als Brandmauer herzustellen hat, ist nicht ohne weiteres zu verneinen. Es ist zu bemerken, daß nicht unter allen Umständen jede an der Grenze zu errichtende Umfassung eines Gebäudes mit Feuerstätte als Brandmauer herzustellen ist. Siehe im übrigen Anm. 5 zu § 40 BO. Es wäre auch rechtsirrig anzunehmen, daß jede Öffnung in einer solchen Mauer als ein bauordnungswidriger Zustand sich darstelle, dessen Beseitigung von der Polizeibehörde bedingungslos verfügt werden könnte. Hat der Erstbauende ohne Verstoß gegen die bau- und feuerpolizeilichen Vorschriften die Grenzmauer nicht als Brandmauer aufgeführt und mit Öffnungen gegen das Nachbargrundstück versehen, so wird die Mauer nicht dadurch bauordnungswidrig, daß der Besitzer des Nachbargrundstücks in späterer Zeit auf diesem einen Bau mit einer Feuerstätte aufführt. Auch entsteht dadurch nicht an dem Gebäude des Erstbauenden ein feuergefährlicher Zustand. Vielmehr hat der Anbauende unter Beobachtung der Vorschriften der BO. bei der Aufführung seines Baues jede Feuersgefahr für das Nachbaranwesen auszuschließen und nach § 40 Abs. II eine Brandmauer herzustellen. Vgl. § 40 nebst Anm.; ferner ObstLG. 11 S. 232 und 249. — Es läßt sich in der Praxis sehr häufig nicht vermeiden, daß ausnahmsweise bei engen Reihen Fensteröffnungen unter den Voraussetzungen des § 16 Ziff. 4 gestattet werden.

Da § 16 Abs. IV lediglich dem Schutz der Feuersicherheit in Gebäuden dient, hat er mit der Verhütung von Unfällen nichts zu tun. Diese Bestimmung gehört daher auch nicht zu den in § 120 GewO. bezeichneten Vorschriften.

11a. Bezüglich Anlage und Einrichtung von Lichtspieltheatern vgl. V. vom 20. April 1926 (GVBl. S. 299) über die Sicherheit bei Lichtspielvorführungen (s. V. Teil). Bei günstigen Verhältnissen kann eine Verbindungstüre, welche den in (§ 21 Abs. IV der Münchener und) § 16 Ziff. 4 der allgemeinen Bauordnung angegebenen Anforderungen entspricht, von den Lichtspielräumen zu den übrigen Räumen des Hauses mit Ausnahme von Wohnräumen zugelassen werden, wenn diese Türe in einen Vorplatz führt, als Notausgangstüre für den Bildwerferraum nicht in Betracht kommt und in keiner Weise die Sicherheit der Hausbewohner gefährdet. (§ 7 Abs. 3 d. V.)

12. D. i. der kürzesten Entfernung zwischen den Gemäuern (= seitlicher Begrenzung der Öffnungen) und der Begrenzung oben und unten.

13. Gem. § 13 Abs. III können jedoch auch Türkonstruktionen mit einseitigem Verschlusse gestattet werden. Vgl. z. B. ME. vom 5. Juli 1905, MABl. S. 270; 28. Okt. 1905, MABl. S. 515; ME. vom 1. Febr. 1906, MABl. S. 545.

Mit ME. vom 28. Okt. 1914 Nr. 4071 b 62 wurden in widerruflicher Weise die Türen nach dem System der Firma Georg Lörner in München, hergestellt aus einer einzigen gepreßten Duroplatte als Füllung und zwei in einem eisernen Rahmen befestigten Eisenbleche als Verkleidung außer für die Fälle des § 47 BO. und § 53 MBO. zum einseitigen Abschluß von Brandmaueröffnungen zugelassen. Die Türen müssen einschließlich des Rahmens 36 mm stark und mit einem Kastenschloß versehen sein. Die Stärke der Füllung hat 30 mm, die der Eisenblechverkleidung je 2 mm zu betragen.

Die ME. vom 25. Sept. 1925 Nr. 3671/3 über den Vollzug der Bauordnung, MABl. S. 162, läßt auf Grund des § 13 Abs. 3 BO. (und § 17 Abs. 3 MBO.) die von der Firma Eisenwerk Elsa G. m. b. H. in Bad Aibling hergestellte eiserne doppelwandige Türe mit Asbesteinlage in der unten beschriebenen Bauart als feuersicheren Abschluß im Sinne des § 16 Ziff. 4 BO. und §§ 21 Abs. IV, 38 Abs. III MBO. zu unter der Voraussetzung, daß die Bestimmungen der Bauordnungen über Falzbreite und Befestigung der Kegel eingehalten werden.

In jenen Fällen, in denen die Bauordnungen einen Verschluß auf beiden Seiten der Mauern vorschreiben, müssen die vorerwähnten Türen ebenfalls auf beiden Seiten angebracht werden.

Bauart: Eiserne, doppelwandige Türe, mit 6 mm Asbest-Einlage: Türstock und Türrahmen bestehen aus Z-Eisen NP 4, die Wandung beiderseits aus 1,5 mm Schwarzblech, welches durch entsprechende Besatzrahmen aus Flacheisen, sowie U- oder Winkeleisen-Traversen und Diagonalen zwischen beiden Wandungen versteift wird. Zur Erhöhung der Feuersicherheit sind Asbest-Tafeln eingelegt oder gleichwertiges loses Material oder Asche in den Hohlraum eingefüllt. — Ebenso werden laut ME. vom 8. Juli 1925 Nr. 3671/1 (MABl. S. 128) die als „feuerbeständige Stahltüren System Peltz" bezeichneten, von der Firma Geldschrankwerke H. F. Peltz in Düsseldorf hergestellten Stahltüren in der unten beschriebenen Bauart als feuersicherer Abschluß im Sinne des § 16 Ziff. 4 BO. und §§ 21 Abs. IV, 38 Abs. III MBO. unter der Voraussetzung, daß die Bestimmungen der Bauordnungen über Falzbreite und Befestigung der Kegel eingehalten werden, zugelassen. In jenen Fällen, in denen die Bauordnungen einen Verschluß auf beiden Seiten der Mauern vorschreiben, müssen die zum Verschluß verwendeten feuerbeständigen Stahltüren System Peltz ebenfalls auf beiden Seiten angebracht werden.

Bauart: Die Türe besteht aus zwei 0,2 cm dicken Blechen, die durch einen aus Winkel- und T-Eisen mit Asbestzwischenlage zusammengesetzten Rahmen gefaßt sind. Der Hohlraum zwischen den Blechen ist mit Platten aus einer porösen, rötlichen Masse ausgefüllt, die Fugen zwischen den Platten sind mit einer besonderen Masse ausgestrichen.

Mit ME. vom 7. Febr. 1929 Nr. 3671/4 (MABl. S. 10) werden die Feuerschutz-Imperial-Stahltüren der Deutschen Metallwerke August Schwarze in Brackwede in der nachstehend beschriebenen Herstellung als feuersicherer Abschluß im Sinne des § 16 Ziff. 4 der allgemeinen Bauordnung und des § 21 Abs. IV der Münchener Bauordnung mit der Maßgabe zugelassen, daß bei ihrer Verwendung auf den in den vorgenannten Bestimmungen geforderten beiderseitigen Türverschluß verzichtet werden kann. Die Türen müssen als Imperial-Stahltüren durch die Aufschrift „Imperial-Stahltüre Nr. Tb 4183/a" besonders gekennzeichnet sein.

Die Feuerschutz-Imperial-Stahltüre der Deutschen Metallwerke August Schwarze in Brackwede besteht nach der Zeichnung Tb 4183/a aus einem geschweißten U-Eisenrahmen, der auf der Innenseite mit 1 mm starkem und auf der Außenseite mit 1,5 mm starkem Siemens-Martin-Stahlblech glatt überzogen ist. Der Zwischenraum zwischen den beiden Blechwandungen beträgt 28 mm und ist mit Asbest-Platten dicht ausgefüllt. Die Türränder werden durch ein zweites, an den Ecken geschweißtes U-Eisen eingefaßt. Zur besseren Versteifung der Türe ist an der Außenseite ein 3 mm starker, an den

Ecken verstärkter Eisenrahmen geführt, der zugleich den Türfalz überdeckt. Die Türe schlägt in einen 6 cm breiten Winkel-Eisenfalz.

Durch die ME. vom 9. Mai 1930 Nr. 3671/3 (MABl. S. 14) werden die von der Firma G. Schnizer A.-G. in Ludwigsburg (Württemberg) hergestellten Stahltüren „Original Schnizer Type 700 mit 6 cm-Feuerfalz" als feuersicherer Abschluß mit der Maßgabe zugelassen, daß bei ihrer Verwendung auf den in den vorgenannten Bestimmungen geforderten beiderseitigen Türverschluß verzichtet werden kann. Die Türe muß als Stahltüre „Original Schnizer Type 700 mit 6 cm-Feuerfalz" besonders gekennzeichnet sein. —

14. Eingeführt durch V. vom 3. Aug. 1910.

15. Durch eine Reihe von ME. wären früher auf Grund des § 13 Abs. III besondere Türkonstruktionen als gleichwertig zugelassen worden. Die Notwendigkeit ergab sich eben auf Grund der damaligen Fassung: „Die Öffnungen ... müssen im Erdgeschosse auf einer, in den oberen Stockwerken auf jeder Seite der Brandmauer durch starke, fest versteifte, in allen Teilen eiserne Türen ... dicht verschließbar gemacht werden." Vgl. z. B. ME. vom 13. Aug. 1908 (MABl. S. 390); ME. vom 28. Okt. 1908 (MABl. S. 559); ME. vom 13. Nov. 1909 (MABl. S. 928); ME. vom 23. April 1910 (MABl. S. 327); ME. vom 2. Juni 1910 (MABl. S. 393). — Seit der BO. von 1910 gestattet Ziff. 4 nunmehr die Prüfung der Baupolizeibehörde, ob und welche Türkonstruktionen, abgesehen von den auf Grund des § 13 Abs. III genehmigten, die in Ziff. 4 verlangten Vorschriften erfüllen. — Eine Ausnahme von der Verschlußbarmachung enthält § 45 Ziff. 1 Abs. IV BO.

16. Eingefügt durch V. vom 3. Aug. 1910.

17. Verputztes Holzstabgewebe kann als glutsichere Ummantelung zugelassen werden, wenn folgende Bedingungen erfüllt sind:

a) Das zur Verwendung kommende Gewebe muß aus Holzstäben bestehen, die mindestens 8×8 mm stark sind; die einzelnen Stäbe müssen durch verzinkten, geglühten Bindedraht von mindestens 0,8 mm Stärke mit mindestens 1,8 mm starken verzinkten Führungsdrähten, die in einem Abstand von höchstens 20 cm gezogen sind, fest verwoben sein.

b) Der zur Verwendung kommende Putzmörtel darf kein schlechteres Mischungsverhältnis haben als 1:2:3 bei Verwendung von Gipskalkmörtel, 1:3 bei Verwendung von Zementmörtel, 1:2:6 bei Verwendung von verlängertem Zementmörtel.

c) Die Mörtelschicht muß mit Einschluß des Holzstabgewebes mindestens 3 cm, die reine Mörtelschicht mindestens 2 cm stark sein. ME. vom 9. Febr. 1922 StAnz. Nr. 38 betr. den Vollzug der BO., hier Verwendung von Holzstabgeweben. —

Nach ME. vom 4. Juli 1929 (MABl. S. 63) wird die Verwendung der Heraklith-Bauweise zur glutsicheren Ummantelung tragender Eisenteile widerruflich gestattet. Das Heraklith muß 15 cm stark verputzt werden (im übrigen s. die bei § 13 abgedr. ME.).

18. Die Brandmauern müssen stets in bauordnungsmäßigem Zustand unterhalten werden. Es ist daher jede Abänderung einer Brandmauer, die den Vorschriften gemäß hergestellt wurde, derart, daß sie diesen Vorschriften nicht mehr entspricht, unzulässig. Vgl. ObstLG. 6 S. 279.

An sich sind für Brandmauern, die nach den früheren Vorschriften aufgeführt wurden, diese älteren Bestimmungen maßgebend insoweit, als die gegenwärtigen Bestimmungen strengere Anforderungen stellen. Doch können bei Hauptreparaturen oder Hauptänderungen im Sinne des § 7 Ziff. 1—3 Vorschriften im Sinne des § 16 Ziff. 4 auch für bereits bestehende Brandmaueröffnungen angeordnet werden.

4. Feuerstätten[1a]) und Kamine (Schornsteine).

§ 17.

1. Kamine[1]) sind aus gelegten Backsteinen[2]) auf feuerfester Unterlage mindestens 0,80 m über die Dachfläche zu mauern[3]), im einzelnen Falle aber soweit über die Dachung hinauszuführen, als es die Baupolizeibehörde aus feuer- oder gesundheitspolizeilichen Rücksichten, sowie zur Fernehaltung erheblicher Belästigung der Nachbarschaft fordert[4]); sie sind innen und außen auf die ganze Höhe zu verputzen[5]) und feuersicher abzudecken; sie dürfen horizontal ineinander nicht eingeleitet werden. Im Kellergeschoß dürfen Kamine aus Beton hergestellt werden, soweit dort keine Feuerungen eingeleitet sind. Treten Kamine am First oder in unmittelbarer Nähe des Firstes aus der Dachfläche, so genügt eine Hinausführung über die Firstlinie auf 0,40 m Höhe[6]).

2. Holzteile dürfen in Kaminmauern nicht eingefügt, Holzverschalungen an denselben nicht angebracht werden und allenfallsige eiserne oder steinerne Träger der Kamine nicht auf den Balkenlagen aufruhen[7]).

3. Freistehende und außerhalb der Gebäude befindliche Kamine für Fabriken und sonstige industrielle Unternehmungen dürfen mit baupolizeilicher Genehmigung auch von Eisen hergestellt werden[8]).

4. Die Stärke der Kaminmauern ist nach der Lage und Höhe derselben und nach der Stärke und Zahl der einmünden-

den Feuerungen zu bemessen und darf bei außergewöhnlichen Feuerungen nicht unter 0,25 m, bei den gewöhnlichen Feuerungen nicht unter 0,12 m betragen[9]).

Die innere Weite der besteigbaren Kamine muß mindestens 0,50 m im Quadrate betragen[10]).

6. Schlotmäntel und Rauchkutten sind aus unverbrennlichem Materiale herzustellen[11]).

1a. S. § 7 Anm. 9.

1. Kamine (Schornsteine) dienen zur Abführung der Feuergase und zur Herstellung des zum Verbrennen notwendigen Luftzuges. Der Luftzug bildet sich infolge der ungleichen Schwere von kalter und warmer Luft. Die Kamine sind Bestandteile der Gesamtfeuerungsanlage, Feuerstätten.

Man unterscheidet weite oder besteigbare Schornsteine und enge oder unbesteigbare Schornsteine (russische Schornsteine). Die besteigbaren Schornsteine kommen für die Regel nur bei größeren offenen Feuerungen in Betracht; bei den gewöhnlichen Wohnhausbauten kommen lediglich die unbesteigbaren Kamine zur Anwendung. —

Nach der ME. vom 16. Okt. 1929 Nr. 3673 c 2 (StAnz. Nr. 242) haben als Grundlagen für die Berechnung der Standfestigkeit hoher freistehender Schornsteine mit sofortiger Wirkung Din. 1056 zu gelten. Die im StAnz. Nr. 207/1921 abgedruckte ME. vom 3. Sept. 1921 Nr. 4073 c 2 tritt damit außer Kraft. — Din. 1056 kann vom Deutschen Normenausschuß, Anschrift Dinorm Berlin, NW. 7, Dorotheenstraße 47, bezogen werden. — Vgl. auch ME. vom 11. März 1925 Nr. 3673 c 2. Mit Rücksicht auf die allgemeine Zulassung der Errichtung von Fabrik- und anderen Turmschornsteinen aus Eisenbeton besteht zu einer besonderen Zulassung des Verbundbauverfahrens der Fa. Christoph Hermann u. Sohn, Mannheim, kein Anlaß. Die Prüfung, ob bei diesem Verfahren die besonderen Bedingungen der vorher angeführten ME. vom 3. Sept. 1921 (nun 16. Okt. 1929) eingehalten sind, muß jeweils der Baupolizeibehörde überlassen bleiben.

Hinsichtlich der Kamine von **Dampfkesseln und Dampfgefäßen** gilt § 7 der V. vom 24. Nov. 1909 (GVBl. S. 861), der folgendermaßen lautet:

I. Die Feuerung feststehender Dampfkessel ist so einzurichten, daß eine möglichst rauchfreie Verbrennung stattfindet.

II. Die Weite des Schornsteins bleibt der Bestimmung des Unternehmers überlassen; bezüglich der Höhe kann die Behörde Anordnungen treffen. Werden in der Nähe des Schornsteins leicht entzündliche Stoffe gelagert, so kann die Behörde die Anbringung einer wirksamen Einrichtung zur Vermeidung des Funkenauswurfs anordnen.

III. Im übrigen finden auf die Anlegung von Schornsteinen für feststehende Dampfkessel die einschlägigen baupolizeilichen Vorschriften Anwendung.

IV. Falls das Schornsteinrohr aus Eisen und innerhalb eines Gebäudes ausgeführt wird, muß es bei größeren Anlagen eine Verkleidung von Backsteinen bis zur Höhe von 0,80 m über der Dachfläche in einer der Höhe angemessenen Stärke erhalten; dabei muß eine Luftschicht von mindestens 80 mm zwischen dem Rohr und seiner Umfassung belassen werden. Bei kleineren Anlagen sowie da, wo der Dampfkesselraum ohne Zwischendecke oder mit einer unverbrennbaren Zwischendecke überdacht ist, genügt es, wenn das eiserne Schornsteinrohr in einem Abstand von 50 mm mit einem Eisenblechrohr umgeben und der Zwischenraum mit Schlacken, Zement, Sand oder dergleichen unverbrennlichen, die Wärme schlecht leitenden Stoffen ausgefüllt wird, oder wenn das eiserne Schornsteinrohr von Holzteilen allseitig mindestens 450 mm absteht. Auch kann die Behörde andere Erleichterungen zulassen.

V. Treten nach der Inbetriebnahme des Dampfkessels infolge seiner Feuerung erhebliche Gefahren, Nachteile oder Belästigungen für die Nachbarn hervor, so ist der Unternehmer verpflichtet, sie nachträglich zu beseitigen. —

Im übrigen enthält § 17 die generellen Vorschriften für alle Kaminanlagen, wobei die Ziff. 5 besondere Bestimmung für die besteigbaren Kamine trifft. Für die nicht besteigbaren Kamine ist Sonderregelung in § 18 BO. getroffen.

Als Hauptreparatur oder Hauptänderung an einem Bau wird gem. § 7 Ziff. 3 die Anlegung neuer und die Versetzung oder konstruktive Änderung bestehender Feuerstätten oder Kamine, soweit es sich nicht lediglich um das Setzen von Öfen oder Herden zum häuslichen Gebrauch handelt, bezeichnet und bedürfen daher nach § 6 der baupolizeilichen Genehmigung. Bei der nach § 3 vorgeschriebenen Vorlage von Plänen sind darin auch die Feuerungseinrichtungen anzugeben. § 9 Buchst. a Ziff. 2. —

Nach § 368 Ziff. 4 RStGB. sind die Feuerstätten in baulichem und brandsicherem Zustand zu unterhalten und zur rechten Zeit zu reinigen. —

Der Kaminkehrer hat bei Ausübung seines Geschäfts der Feuersicherheit der Kamine und Feuerstätten volle Aufmerksamkeit zuzuwenden. Er hat insbesondere darauf zu achten, daß

1. die Rauchrohre und die Feuerzüge der Heizungen entsprechend gereinigt sind,

2. die Kamine und Feuerstätten sich in gutem baulichen und brandsicheren Zustand befinden,

3. angeblich unbenützte Kamine tatsächlich nicht benützt werden,

4. bei Neu- und Umbauten die Kamine ordnungsmäßig ausgeführt werden.

Auf wahrgenommene Mängel ist der Besitzer aufmerksam zu machen. Feuergefährliche Befunde sind der Ortspolizeibehörde, bei Gefahr im Verzug auch der Bezirksverwaltungsbehörde anzuzeigen (§ 4 Abs. II der V. über das Kaminkehrwesen vom 16. Juni 1930 GVBl. S. 173).

Mängel, die unter § 17 fallen, sind, von Verstößen gegen gesundheits- oder reinlichkeitspolizeilichen Rücksichten abgesehen, solche bauliche Mängel, die vom feuerpolizeilichen Gesichtspunkt aus zu beanstanden sind. Die Vorschriften in § 17 sind hauptsächlich vom feuerpolizeilichen Gesichtspunkt aus getroffen.

2. Diese Vorschrift ist eine im Interesse der Feuersicherheit der Kamine als der feuergefährlichsten Teile des Bauwerkes erlassene Sonderbestimmung, die an sich die Anwendung der allgemeinen Vorschriften über das Baumaterial ausschließen will. Denn aus dem Verhältnis des § 17 zu § 13 BO. ergibt sich, daß in § 17 Ziff. 1 eine Ausnahme von der Regelung in § 13 Abs. 1 u. 2 gemacht ist für Kamine, abweichend von den allgemeinen Bestimmungen über das Baumaterial im Interesse der Sicherheit gegen Feuersgefahr und die Verwendung von gelegten Backsteinen zugelassen und die Verwendung anderer (künstlicher oder natürlicher) Steine, demgemäß auch der Ersatz der gelegten Backsteine durch Schwemmsteine nach § 13 Abs. II ausgeschlossen ist. Die Gleichstellung der Schwemmsteine mit den Ziegelsteinen in § 13 Abs. II hat demnach für Kaminbauten keine Geltung. (ObstLG. 22 S. 154; Reger, Sammlung 44 S. 144.)

Materialien, wie Beton, Eisenbeton sowie alle aus verschiedenen Stoffen zusammengesetzten Baumaterialien, deren Güte und Widerstandsfähigkeit von den verschiedensten Umständen abhängt und daher keine genügende Gewähr für Feuersicherheit bieten, können auch nicht ohne weiteres auf Grund des § 13 Abs. III BO. zum Ersatz von Backsteinen zugelassen werden. Vgl. ME. vom 8. Jan. 1909 Nr. 29738. Dies wurde überdies in einer Reihe von ME. bezüglich solcher aus oben genanntem Material hergestellten Kunststeinen ausgesprochen. Laut aut. ME. vom 19. Juni 1925 Nr. 3671 b I 13 werden die Schlackenbetonsteine der Fa. Gebr. Donhauser, Schwandorf zu Kaminbauten nicht zugelassen. Dies gilt auch bezüglich der sog. Scagliolfabrikate: ME. vom 19. Mai 1926 Nr. 3671 b 16.

Doch werden laut ME. vom 8. Febr. 1915 Nr. 4071 b 2, vom 9. März 1915 Nr. 4071 b 9 und 9. Nov. 1921 Nr. 4071 b 38 gem. § 13 Abs. III als gleichwertiges Material in widerruflicher Weise und unter folgenden Bedingungen die Kunstersatzsteine zu Kaminbauten folgender Firmen zugelassen:

	Name	Kennzeichen
1.	Bayer. Kunstsandsteinwerk G. m. b. H. in Behringersdorf	zwei eiförmige Vertiefungen.
2.	Gräfl. Giechsch. Kalksandsteinfabrik Thurnau	Wollschere.
3.	Hartsteinfabrik G. m. b. H. Wemding	G HW.
4.	Kalksandsteinfabrik G. m. b. H. Roding	R.
5.	Reichelsdorfer Kunstbackstein-Werk Jean Leipold in Nürnberg	zwei kreisrunde Vertiefungen von 2 cm Durchmesser.
6.	Kalksandsteinwerk Milbertshofen AG.	kreisrunde Einbuchtung von 3 cm Durchmesser in der Mitte des Steines.
7.	Baumeister Xaver Schmidt, Markt Oberndorf	X. S.
8.	Hartsteinwerk Fürstenfeld-Bruck (Reginasteinwerk Emmering)	zwei vertiefte Schraubenköpfe.
9.	Industriewerk Lohwald bei Augsburg	O (40/55 mm).
10.	Gebr. Willersinn, Kom. G. Oppau	quadratische seitlich am Stein angebrachte Vertiefg. (mit ME. vom 20. Mai 1925 Nr. 3671 b I 10).
11.	Tonwerk A. u. K. Schell, Ludwigsburg (ME. v. 14. März 1929 StAnz. Nr. 64, MABl. S. 27)	Aufdruck: „Schellkaminformstein".
12.	Kalksteinfabrik Winden in Aiga, Bezirksamt Pfaffenhofen (ME. v. 27. März 1929 Nr. 3671 b I 5)	die Buchstaben W u. A in folgender Form VA mit einer Höhe von 5 cm.

Bedingungen: 1. Die Steine müssen unter Dampfdruck erhärtet sein. 2. Sie müssen mindestens das sogenannte Reichsformat haben. 3. Ihre Druckfestigkeit muß mindestens 140 kg/cm betragen. 4. Den Steinen muß die Bezeichnung der Fabrik (Fabrikzeichen) aufgepreßt sein. 5. Die Kunstersatzsteine dürfen als Ersatz für Backsteine in Gebäuden mit erhöhter Brandgefahr (§§ 47, 48) nicht verwendet werden.

Laut aut. ME. vom 7. Aug. 1925 Nr. 3671 b 9 wird gemäß § 13 Abs. III der Allgem. Bauordnung (und § 17 Abs. III der Münchener Bauordnung) für die Herstellung von Kaminbauten die Aristosbauweise in widerruflicher Weise unter folgenden Bedingungen zugelassen:

1. Es ist nur gut gebranntes Material zu verwenden.

2. Die Lichtweite der Kamine muß der Bauordnung entsprechen, es sei denn, daß ein eigens berechneter Zentralheizungskamin vorliegt. Die Bestimmungen der Bauordnungen über das Gleichbleiben des Querschnittes und über die Putzöffnungen sind einzuhalten. Die Kamine sind innen zu verputzen, außen wenigstens gut zu verfugen.

3. Nachdem die Festigkeit des Materiales kleiner ist als die von gewöhnlichen Backsteinen, sollen die Kamine über Dach bei über 1 m Höhe verankert werden; es empfiehlt sich die größeren Hohlräume der über Dach liegenden Aristosziegel auszubetonieren. Die Einforderung einer Kantendruckberechnung bleibt vorbehalten.

Die Aristosbauweise wird für Brandmauern im Sinne des § 16 der Allgemeinen (und § 21 der Münchener) Bauordnung in widerruflicher Weise zugelassen, wenn die Mauern beiderseits sorgfältig verputzt werden und die vorgeschriebene Mindeststärke von 25 cm eingehalten wird.

Die Zulassung erstreckt sich nicht auf Brandmauern bei Gebäuden nach § 47 der Allgemeinen (und § 53 der Münchener) Bauordnung.

Laut aut. ME. vom 18. Juli 1919 Nr. 4073 c 8 wurde „Schofers Verbund-, Rauch- und Lüftungskamin" in jederzeit widerruflicher Weise als gleichwertige Konstruktion unter den folgenden Bedingungen zugelassen:

1. Die Kaminsteine müssen aus Ziegelsteinkleinschlag von nicht über 4 mm Korngröße, Portlandzement und Eiseneinlagen hergestellt sein.

2. Der Querschnitt der Rauchkanäle muß mindestens 14 × 14 cm betragen.

3. Für die Wandungen der Kaminsteine einschließlich der Luftschächte ist bei gewöhnlichen Hausfeuerungen eine Gesamtstärke von 0,10 m, bei stärkeren Feuerungen eine solche von 0,15 m einzuhalten.

4. Bei Brandmauern und massiven Mauern, die wie Brandmauern herzustellen sind, muß auf die Breite des Kamins eine Mauerstärke von mindestens 0,25 m durchgeführt werden.

5. Bei allen anderen massiven Mauern, bei denen eine durchgehende Mindeststärke von 0,25 m nicht eingehalten werden kann, sind in Höhenabständen von höchstens 2,0 m Bindersteine einzusetzen.

6. Lagerfugen im Kamin sind innerhalb der Stockwerkdecken zu vermeiden.

7. Soweit Schoferkamine auf mehr als Stockwerkshöhe frei stehen, sind sie durch Eiseneinlagen in den Eckhohlräumen zu verstärken.

Das Herstellungsrecht für die patentierten Schoferkamine besitzt für Bayern die Tonwarenfabrik Schwandorf. —

Nach MB. vom 22. März 1927 Nr. 3671 b I 5 (StAnz. Nr. 245) werden die von den Süddeutschen Ziegelwerken Lochhausen bei München hergestellten gebrannten Lochziegel widerruflich zur Verwendung bei der Errichtung von Kaminen zugelassen. —

Nach der MB. vom 4. Juli 1929 Nr. 3671 b I 18 (MABl. S. 109) werden die von dem Architekten A. Feifel in Schwäbisch-Gmünd aus Ziegelgries und Portlandzement hergestellten Kaminformsteine (sog. Feifelsteine) als den gelegten Backsteinen gleichwertig in stets widerruflicher Weise unter folgenden Bedingungen zugelassen:

1. Die Steine müssen aus Ziegelgries und Portlandzement, mit innen runder, außen viereckiger Form, 24 cm hoch hergestellt sein.

2. Die Wandstärke muß mindestens 10 cm betragen; die Innenwand muß glatt sein.

3. An den Stoßfugen sind halbkreisförmige, 2 cm breite Rillen anzubringen, die satt mit Mörtel auszugießen sind; die Steine sind in verlängertem Zementmörtel zu versetzen und erforderlichenfalls geeignet zu verankern.

4. Im übrigen gelten, soweit nicht nach Ziff. 1 mit 3 Ausnahmen ausdrücklich zugelassen sind, die Bestimmungen der beiden Bauordnungen. Dieses gilt insbesondere für die Lichtweite der Kamine.

5. Bei Kaminen für gewerbliche Feuerungen dürfen die Steine nicht verwendet werden. —

3. Mit Rücksicht auf die Wahrnehmung, daß in Gegenden, wo das Backsteinmaterial weniger gut ist, **betonierte Kaminköpfe** sich besser bewähren als die aus gelegten Backsteinen hergestellten und ungenügend abgedeckten Kaminendigungen, wurde durch ME. vom 28. Sept. 1922 Nr. 4071 b 38 (StAnz. Nr. 227) auf Grund des § 13 Abs. III BO. (§ 17 Abs. III MBO.) allgemein zugelassen, daß die Kaminendstücke von der Oberkante bis auf 50 cm herab in gutem Beton oder wetterfestem Naturstein hergestellt werden, während sonst Kamine mindestens 80 cm über die Dachfläche oder 40 cm über den First aus gelegten Backsteinen gemauert werden müssen. Das äußere Verputzen der Kamine über Dach kann entfallen, wenn der verwendete Baustoff wetterfest und dicht ist und die Fugen sorgfältig verstrichen werden.

4. Vgl. § 7 der V. vom 24. Nov. 1909 GVBl. S. 861 bezüglich der Dampfkesselfeuerungen. Treten nach der Inbetriebnahme trotz der in dieser Bestimmung vorgesehenen Sicherungsmaßnahmen Gefährdungen oder Belästigungen der Nachbarschaft ein, so ist der Unternehmer verpflichtet, sie nachträglich zu beseitigen.

Bezüglich der Dampfbacköfen vgl. Anm. zu § 23 BO.

Soweit Kamine mehr als 0,80 m über die Dachfläche gemauert sind, steht einer Herstellung derselben aus Eisenblech nichts im Wege. Die Bestimmung in Abs. III kommt zur Beurteilung dieser Frage nicht in Betracht, da es sich hier um freistehende und außerhalb der Gebäude befindliche Kamine für Fabriken und sonstige industriellen Unternehmungen handelt. Vgl. hiezu auch § 17 der VollzVorschr. zur MBO.: „Die Anbringung von sogenannten Blechrohrstützen auf gemauerten Kaminen wird nur für bereits bestehende Kamine in solchen Fällen gestattet, wo die erforderliche Erhöhung des Kamins im Mauerwerk aus statischen Rücksichten unmöglich ist.

In solchen Fällen sind diese Aufsatzrohre aus doppeltem Eisen- oder Kupferblech herzustellen.

Ventilationshüte und Rauchsauger bedürfen einer besonderen Genehmigung nicht, müssen jedoch aus feuersicherem Material hergestellt werden."

5. Aus Gründen der Feuersicherheit sowie zum Schutz gegen die Einwirkung der Hitze, die sich bildenden wässrigen Niederschläge, sowie zum Schutz gegen die Beschädigung beim Reinigen der Kamine. Von der Herstellung des erforderlichen Innenverputzes kann wohl abgesehen werden, wenn die Stoß- und Lagerfugen des Kaminmauerwerkes vollständig dicht mit Mörtel ausgefüllt werden, die Steine gegen die Kaminröhre zu glatte Flächen besitzen und die Fugen in der Kaminröhre mit Portlandzement so ausgefüllt werden, daß in demselben keine Vertiefungen und Erhebungen entstehen. Auch außerhalb des Hauses sind die Kamine gut zu verputzen; denn eine sorgfältige Herstellung wie auch Unterhaltung der Kamine außerhalb des Daches ist wegen der Gefahr der Durchfeuchtung des Daches und der dadurch veranlaßten Beeinträchtigung der Zugverhältnisse notwendig.

6. Die beiden letzten Sätze wurden neu eingefügt durch die V. vom 10. Juli 1918. Die Ausbrennung von Kaminen mit Betonierung im Keller darf erst vom Erdgeschosse aus erfolgen. Der Beton darf durch die hiebei entstehende Hitze nicht gefährdet werden. (S. ME. vom 17. Aug. 1918 Nr. 4050 d 7 StAnz. Nr. 194.) —

7. Laut ME. vom 23. Febr. 1911 Nr. 4049 a 3 ist die Zulassung der Abelschen Bauweise bei freistehenden Landhäusern gem. § 57 BO. im einzelnen Falle dem Ermessen der Baupolizeibehörde überlassen, wobei die §§ 17, 18, 19, 21 BO. genauestens zu beachten sind. Werden Feuerungskamine in die Umfassungs- und Scheidewände derartiger Gebäude eingebaut, so sind die Holzteile dieser Wände von den Kaminmauern durch mindestens 0,12 m starkes Mauerwerk zu trennen. An die Verschalung derartiger Wände dürfen Feuerungskamine nicht unmittelbar angemauert werden, sondern es ist zwischen Verschalung und Kamin ein Abstand von wenigstens 10 cm einzuhalten und der so geschaffene Zwischen-

raum durch Einstampfen einer unverbrennlichen fugenlosen Masse wie Beton, Mörtel und dergl. auszufüllen. —

Die Ursache vieler Fehlbodenbrände liegt erfahrungsgemäß in der nachlässigen Anbringung der Bretter der Fehlböden und der Weißdecken, da diese häufig bis hart an das noch unverputzte Kaminmauerwerk herangeführt oder gar zur Erzielung besseren Haltes in dessen Fugen eingeklemmt werden. Laut ME. vom 29. Sept. 1914 MABl. S. 463 werden daher die Bezirksverwaltungsbehörden angewiesen, durch die Baukontrollorgane mit allem Nachdruck auf die sorgsame Ausführung der Kamine und die sorgfältige Anbringung der in ihrer Nähe befindlichen Holzteile den hiefür geltenden Vorschriften entsprechend dringen zu lassen. Als eine zweckmäßige Maßnahme ist es dabei zu erachten, wenn der Raum zwischen Kamin und Gebälk mit Beton oder steifem Mörtel und dergl. aufgefüllt wird, da hiedurch der Fehlboden an dieser Stelle entbehrlich wird, ferner wenn die Schalbretter für die Weißdecke in der unmittelbaren Nähe des Kamins durch Rabitzgewebe ersetzt wird. — Es ist auf die Einhaltung dieser allgemeinen Vorschriften strenge zu achten. Die Strafbarkeit der Bauherrn hängt nicht davon ab, daß jene Anordnungen in dem Plan oder in dem ihn genehmigenden Beschluß der Baubehörde ersichtlich gemacht sind. ObstLG. München 9 S. 335. —

Heraklith darf als Ersatz für Weißdecken verwendet werden. Es muß 15 mm stark verputzt werden. ME. vom 4. Juli 1929 (MABl. S. 63, abgedr. oben bei § 13).

8. Vgl. § 18 Anm. 2.

9. Es gilt auch für diese Mauerstärke das Reichsziegelformat. Das Auflagern der Träger von Massivdecken auf die Feuerungskaminmauern sowie das Hindurchführen solcher Träger durch derartige Mauern kann nur dann gestattet werden, wenn diese Träger von der Kaminröhre durch ein wenigstens 0,12 m starkes Backsteinmauerwerk getrennt werden. ME. vom 8. Jan. 1909 Nr. 29738. —

Gem. § 13 Abs. III werden als gleichwertige Konstruktion Kamine aus Formbacksteinen von Stadtbauassessor M. Wieselsberger in Würzburg (vgl. ME. vom 30. Mai 1910 Nr. 4036/5) mit 0,12 m Mindestwandstärke bei einer Mindestlichtweite von 0,14 m oder mit 0,11 m Mindestwandstärke bei einer Mindestlichtweite von 0,15 m zugelassen. ME. vom 23. Juli 1914 Nr. 4073 c 6.

10. Zwecks Erleichterung des Kehrens der Kamine, wobei bezüglich der besteigbaren Kamine zu beachten ist, daß sie, falls sie von unten geschlossen sind, entweder an ihrer untersten Stelle mit einer seitlichen mittelst einer eisernen Türe verschließbaren Einsteigöffnung oder an ihrer Sohle mit einem horizontalen verschließbaren Falltürchen aus Eisenblech (Falle) versehen werden müssen. Vgl. ME. vom 29. Okt. 1901 MABl. S. 523.

Ein besteigbarer Kamin darf für die Abführung der Abgase aus Gasgeräten nur in der Weise benützt werden, daß in einer Ecke dieses Kamins ein eigenes Abgasrohr hochgeführt wird, wenn die Platzverhältnisse das gestatten. Ziff. 5 der MB. vom 21. Juni 1929 Nr. 4306 a I 9 über die Abführung der Abgase von Gasgeräten (StAnz. Nr. 143), vgl. Abdruck am Ende der Anm. zu § 18. —

11. Die Rauchkutten oder Schlotmäntel haben vor allem den Zweck, über offenem Feuer die Funken zu sammeln. Ungünstige Sonne oder Windeinflüsse auf die Kaminköpfe werden durch besondere Vorkehrungen wie Kaminaufsätze, Rauchsauger, Kaminhauben, Kaminhüte usw. bezweckt.

§ 18.

Bei Anwendung nicht besteigbarer Kamine sind nachstehende besondere Vorschriften zu beobachten:

1. solche Kamine müssen eine Lichtweite von nicht unter 0,15 m und nicht über 0,33 m je nach der Stärke und Zahl der einmündenden Feuerungen [1]) erhalten;
2. metallene Rauchrohre müssen, wo es die Feuersicherheit erfordert, in einem Abstande von 0,03 m mit einem Eisenblechrohre umgeben und die Zwischenräume mit Asche, Zement, Sand und dergl. ausgefüllt werden [2]);
3. die Stärke der Zungen [3]) darf nicht unter 0,10 m betragen;
4. in der Regel sind solche Kamine an Mauerwerk zu stellen; wo sie freistehen, müssen sie mit Strebepfeilern versehen oder durch Eisenwerk mit massiven Mauern verbunden werden, wenn der freistehende Teil des Kamins das Zehnfache der unteren äußeren Stärke übersteigt;
5. die Putzöffnungen der Kamine müssen mit genau schließenden, versperrbaren Doppeltürchen aus Eisenblech geschlossen werden [4]);
6. der unter diesen Putzöffnungen befindliche Bretterboden muß auf 0,45 m Entfernung mit Metall belegt werden;
7. zwischen je zwei Putzöffnungen darf die Form und Weite der Kamine nicht geändert werden.

1. § 18 enthält die besonderen Vorschriften für die nicht besteigbaren Kamine. Ziff. 1 läßt einen Spielraum, innerhalb dessen die Lichtweiten sich bewegen können. Die MBO. gibt in

§ 24 Ziff. 1 für diesen Fall präzisere Vorschriften: „Solche Kamine müssen im Querschnitt mit einer lichten Weite von 0,18 oder 0,22 oder 0,25 oder 0,30 m hergestellt werden. In solche Kamine von nicht mehr als 0,18 m Lichtweite dürfen nicht mehr als 2, in solche von nicht mehr als 0,22 m Weite nicht mehr als 3, in solche von nicht mehr als 0,25 m Weite nicht mehr als 4, bei 0,30 m Weite nicht mehr als 5 Feuerrohre einmünden." Im übrigen sollte dies auf Feuerungen desselben Stockwerkes beschränkt werden. Ganz abgesehen, daß stark belastete Kamine schlecht ziehen, wird durch den Anschluß mehrerer in verschiedenen Geschossen aufgestellten Öfen an ein gemeinsames Rauchrohr eine Verbindung zwischen den verschiedenen Räumen geschaffen, welche zum Eindringen von Rauch aus einem unten stehenden Ofen in einen höher liegenden Raum Veranlassung geben kann. — Wenn Gasheizungen in gemauerte Züge eingeleitet werden, so sollten diese nicht an kalten Räumen liegen, da sonst die Heizgase stark abgekühlt werden und die sich bildenden Niederschläge die Mauer durchfeuchten. Im übrigen ist zu bemerken, daß eine nähere Bestimmung über die Kamine für Gasheizungen, wie sie z. B. § 88 der badischen BO. vorsieht, in unsrer BO. fehlt.

2. Diese Vorschrift gilt für Kamine aus Metall jeglicher Weite und kommt wohl nur noch bei den in § 17 Ziff. 3 BO. genannten Kaminen außerhalb der Gebäude in Betracht. Bezüglich der eisernen Kaminrohre innerhalb der Gebäude für Dampfkessel siehe § 7 der V. vom 24. Nov. 1909, GVBl. S. 861, die Anlegung und den Betrieb von Dampfkesseln und Dampfgefäßen betreffend, abgedruckt in Anm. 1 zu § 17. Vgl. dazu auch Verordnung über die Dampfbacköfen vom 23. Aug. 1924 GVBl. S. 195.

3. D. h. die Stärke der Scheidewände mehrerer nebeneinander liegender Kamine.

4. Mit ME. vom 19. Sept. 1891 MABl. S. 339 sind für Putztürchen aus Eisenblech auch solche aus Gußeisen als gleichwertig zugelassen. Dagegen kann die Zulassung von Zementtürchen wegen der Unzulänglichkeit des Materiales (Zerspringen bei großer Hitze) nicht in Betracht gezogen werden. ME. vom 31. Jan. 1920 Nr. 4049 a 4. Diese Stellungnahme wurde durchbrochen durch ME. vom 17. Dez 1925 Nr. 3671/11 (MABl. S. 187), durch die die von der Bauwarengroßhandlung Keiner u. Heysinger in Gera aus Zement hergestellten Zement-Schornsteinverschlüsse auf Grund § 13 Abs. III als Ersatz für die genau schließenden versperrbaren Doppeltürchen aus Eisenblech zugelassen wurden. Über etwaige ungünstige Erfahrungen haben die Bezirkspolizeibehörden zu berichten. — Die ME. vom 31. Jan. 1927 Nr. 3671/1 (MABl. S. 6) läßt die von Schlossermeister Th. Reiner in München teils aus Schmiedeeisen, teils aus Beton hergestellten Kaminputztürchen, sowie die von der Firma Jos. Schwend und Co. in Baden-Baden hergestellten Betonkaminputztürchen zu und zwar in feuersicheren Räumen und im Freien, nicht aber für Putzöffnungen in offenen Dachräumen. Dies gilt auch für die von der Firma Müller und Co. in Bayreuth aus Eisenbeton hergestellten Kaminputztürchen. Diese Türchen werden durch Einprägen des Fabrikzeichens und der Firma H. Müller u. Co., Bayreuth kenntlich gemacht (MB. vom 16. März 1929 Nr. 3671/6 MABl. 1929 S. 33); dann für die von der Firma Buderus und Co. Nachf. in Charlottenburg in der Hauptsache aus Eisenbeton hergestellten Kaminputztürchen. Diese sind durch dauerhafte Anbringung des Fabrikzeichens kenntlich gemacht. (MB. vom 2. April 1929 Nr. 3671/13 StAnz. Nr. 81, MABl. S. 49.) — Vgl. dazu noch ME. vom 19. April 1929 Nr. 3671/14 (MABl. S. 49). Zur Ermöglichung der Prüfung, ob es sich bei Verwendung von Zementputztürchen um eine der vom Staatsministerium des Innern zugelassene Bauart handelt, werden künftig versehen sein: 1. die Kaminputztürchen von Th. Reiner mit dem eingeprägten Namen „Th. Reiner"; 2. die Türchen der Firma Schwend mit der Fabrikmarke dieser Firma, darstellend einen rauchenden Kamin, dessen Fuß auf dem unteren Flügel eines S ruht; 3. die Zementschornsteinverschlüsse von Keiner und Heysinger in Gera mit dem Zeichen „KGW".

Durch MB. vom 16. Juni 1930 Nr. 3671/5 (MABl. S. 15) werden die von der Firma J. G. Jahreiß und Sohn in Hof a. d. Saale hergestellten Kaminputztürchen aus Beton widerruflich als Ersatz im Sinne der §§ 18 Ziff. 5 BO. und 24 Ziff. 4 der MBO. in feuersicheren Räumen und im Freien, nicht aber für Putzöffnungen in offenen Dachräumen zugelassen. Die Kaminputztürchen sind durch dauerhafte Anbringung des Fabrikzeichens kenntlich gemacht.

Bemerkung: Mit ME. vom 29. Dez. 1925 Nr. 4306 a I 7 über Wärmewirtschaft (StAnz. 1926 Nr. 2), neuerdings bekannt gemacht durch MB. vom 21. Juni 1929 Nr. 4306 a I 2 (StAnz. Nr. 143) wird nachdrücklich auf die Richtlinien über die wirtschaftliche Ausnützung der Brennstoffe im Hausbrand hingewiesen. Architekten, Baumeister, Bauunternehmer, kurz alle mit dem Bauen beschäftigten Personenkreise sind immer wieder auf die Richtlinien hinzuweisen. Bei der Prüfung der Pläne sind die in den Richtlinien zum Ausdruck gelangten Grundsätze zu beachten und im Vollzuge zu sichern. Auch ist die Bevölkerung immer wieder über die Wichtigkeit und die wirtschaftliche Bedeutung dieser Grundsätze aufzuklären und zu belehren.

Diese Richtlinien über die wirtschaftliche Ausnützung der Brennstoffe im Hausbrand lauten:

I. Abschnitt.

Allgemeines.

Alle Heiz- und Kochanlagen einschließlich der Hauskamine sollen so gebaut und unterhalten werden, daß die Brennstoffe wirtschaftlich ausgenützt werden können. Aufschluß darüber, ob die Anlagen diesen Anforderungen entsprechen, erteilen die Ortsheizämter und staatlichen heiztechnischen Beratungsstellen.

II. Abschnitt.

Besondere Richtlinien für die Ausführung der Heiz- und Kochanlagen.

A. Querschnitt, Größe und Belastung der Kamine.

1. Die Lichtweite nicht besteigbarer Kamine für kleinere Öfen und Herde soll mindestens betragen:
a) wenn nur eine Feuerung einmündet, 200 qcm,
b) wenn nur zwei Feuerungen einmünden, 300 qcm
c) wenn nur drei Feuerungen einmünden, 450 qcm,
d) wenn vier Feuerungen einmünden, 600 qcm.

Mehr als vier Feuerungen sollen in einen nicht besteigbaren Kamin nicht eingeleitet werden.

Bei rechteckigem Querschnitt des Kaminschlauches soll die lange Seite des Rechteckes nicht mehr als das eineinhalbfache seiner Breite betragen.

2. Die innere Weite der besteigbaren Kamine soll mindestens 50 cm im Quadrat betragen. In besteigbare Kamine sollen nicht mehr als sechs gewöhnliche Hausbrandfeuerungen eingeleitet werden.

3. Der einmal angenommene Querschnitt der Kamine soll in Form und Größe gleichmäßig beibehalten werden.

4. Die Kaminzunge soll bei gemauerten Kaminen mindestens in einer Stärke von einem halben Stein = 12 cm hergestellt werden.

5. Die Kamine sind in ausreichender Zahl anzuordnen und so zu verteilen, daß lange Rauchrohrleitungen unnötig werden.

6. Für größere gewerbliche Feuerungsanlagen, größere Heiz- und Kochanlagen, sowie für Kessel der Sammelheizungen und zentralen Warmwasserbereitung sollen eigene Kamine mit runden oder möglichst dem Quadrat sich nähernden Querschnitt nach besonderer Berechnung angelegt werden. Bei Kesselanlagen, deren Belastung wechselt, soll die Kaminanlage entsprechend unterteilt werden.

7. In Häusern mit Sammelheizung sind neben den für die Sammelheizungsanlagen, die Koch- und Waschküchen und die Badeöfen erforderlichen Kaminen noch soviele Kamine vorzusehen, daß in jeder Wohnung mit fünf und mehr heizbaren Räumen mindestens zwei weitere Feuerstellen und in jeder kleineren Wohnung mindestens eine weitere Feuerstelle angeordnet werden können.

B. Verputz der Kamine; Reinigungstüren.

1. Kaminmauern müssen immer von außen auf ihre ganze Höhe verputzt werden. Auf den inneren Verputz kann verzichtet werden, wenn gut geformte Backsteine verwendet und diese sachgemäß verbandet werden.

Die Verwendung von Kaminformsteinen zum Bau der Hauskamine ist wirtschaftlich.

2. a) Die Putzöffnungen der nicht besteigbaren Kamine müssen mit dicht schließenden, mit Schlüssel oder Riegel versperrbaren aus Eisen hergestellten Doppeltüren oder mit Türen, die als Kaminputztüren besonders zugelassen sind, verschlossen werden. Die Mindestlichtweiten der Türen sollen für Kamine mit 14 Zentimeter Weite 12 Zentimeter, für alle übrigen Kamine 19 Zentimeter betragen;

b) die Putzöffnungen der Kamine sind an leicht zugänglichen Stellen und so anzubringen, daß die Reinigung ohne Gefahr für die Arbeiter ausgeführt werden kann;

c) bei langen Rauchröhren und Rauchkanälen müssen die Putzöffnungen in entsprechender Anzahl und an passenden Stellen angebracht sein.

C. Verhinderung von Falschluftzutritt.

1. Werden die Abgase von Gasverbrauchsapparaten in einen Kamin abgeleitet, so gilt nachstehendes:

a) In Neubauten empfiehlt es sich, für die Abzugsrohre eigene Kamine anzulegen. In solche Kamine dürfen keine sonstigen Feuerungen eingeleitet werden;

b) in bestehenden Gebäuden ist nach Möglichkeit ein Rauchkamin als Abzugskamin für die Gasfeuerungen frei zu machen;

c) ist dies unmöglich, dann müssen die Abzugsrohre der Gasfeuerungen geeignete Absperrvorrichtungen erhalten, durch die der Eintritt von Falschluft aus unbenützten Gasverbrauchsapparaten in die Rauchkamine verhindert wird.

2. Waschkesselfeuerungen in Häusern, die mehr als zwei Wohnungen enthalten, sollen nicht in Kamine geleitet werden, die andere Feuerungen aufnehmen.

3. Alle Kamine oder Rauchrohre müssen dicht sein.

4. Die Kamine dürfen nicht ineinander geleitet, Kaminzungen dürfen an der Sohle des Kamins nicht durchbrochen werden.

D. Wärmeschutz der Kamine.

Kamine, Rauchrohre und Rauchkanäle müssen vor starker Abkühlung, Feuchtigkeit und vor den nachteiligen Wirkungen des Windanfalles nach Möglichkeit geschützt werden. Die Führung der Kamine an Außenmauern ist tunlichst zu vermeiden.

E. Kaminführung über Dach.

a) Die Kamine sind — unbeschadet der Vorschriften der beiden Bauordnungen — soweit über die Dachung hinauszuführen, als zur Erzielung eines guten und ungestörten Kaminzuges und aus Gründen der Feuersicherheit notwendig ist;

b) sie sollen nach oben offen ausmünden. —

Im Hinblick auf die Anschlußmöglichkeit von Gasgeräten an Kamine soll hier noch angeführt werden die Bek. d. Staatsmin d.

Inn. vom 21. Juni 1929 Nr. 4306 a I 9 über die Abführung der Abgase von Gasgeräten (StAnz. 143).

Nachstehend werden die von der Versicherungskammer, Abt. für Brandversicherung, München, im Benehmen mit den beteiligten Stellen aufgestellten Richtlinien für die Abführung der Abgase von Gasgeräten zur Beachtung bekannt gegeben.

Richtlinien für die Abführung der Abgase von Gasgeräten.

1. Die Abgase aller zur Raumheizung dienenden Gasgeräte sowie aller dauernd oder vorübergehend benützten Gasgeräte mit größerem Gasverbrauch (z. B. aller Gasbadeöfen, aller Warmwasserdurchlaufautomaten und Vorratsautomaten mit über 1 cbm Stundenverbrauch) müssen aus dem Raum, in dem das Gasgerät aufgestellt ist, mittels feuerhemmender Abgasleitungen sachgemäß ins Freie abgeleitet werden.

Ausnahmen sind zulässig, wenn eine Schädigung von Leben und Gesundheit wegen der Größe der Räume oder infolge reichlicher Raumbelüftung ausgeschlossen scheint (z. B. bei Restaurationsküchen mit reichlicher Entlüftung oder bei weiträumigen Hallen usw.)

2. Sämtliche an Kamine angeschlossenen oder mit eigener ins Freie führender Abgasleitung versehenen Gasgeräte müssen mit einer wirksamen Rückstausicherung für die Abgase versehen sein.

3. Bei Neubauten sind, wenn mit der Verwendung von Gasgeräten nach Ziff. 1 zu rechnen ist, für diese Gasgeräte eigene Kamine oder besondere feuerhemmende Abgasleitungen vorzusehen. In diese Rohre dürfen sonstige Feuerungen nicht eingeleitet werden. Auch wenn bei der Planung von Neubauten noch nicht damit gerechnet wird Gasgeräte aufzustellen, empfiehlt sich die Anlage eines überzähligen Kamins, da die Entwicklung lehrt, daß häufig später doch Gasgeräte aufgestellt werden.

Auch in bestehenden Gebäuden sollen die Gasgeräte eigene Abgasleitungen (Kamine) erhalten. Stößt die Errichtung eigener Abgasleitungen oder das Freimachen eigener Kamine auf erhebliche Schwierigkeiten, so können Gasgeräte an Kamine angeschlossen werden, in die auch die Abgase anderer Feuerstätten eingeleitet sind. Die Auswahl der Kamine hat jedoch dann im Benehmen mit dem zuständigen Kaminkehrermeister zu erfolgen, soferne nicht die zuständige Bezirksverwaltungsbehörde andere Anordnungen trifft. Der Anschluß ist unverzüglich zu beseitigen, wenn infolge dieses Anschlusses Mißstände oder Unzuträglichkeiten auf gesundheitlichem, feuerpolizeilichem oder heiztechnischem Gebiet auftreten.

4. Werden Gasgeräte an Kamine angeschlossen, in die auch andere Feuerstätten münden, so müssen die Gasfeuerungen geeignete Absperrvorrichtungen erhalten, durch die der Eintritt von Falschluft aus unbenützten Gasgeräten in diese Kamine verhindert wird.

Die Absperrvorrichtungen müssen selbsttätig mit dem Gashahn oder durch Wasserdruck wirksam werden. Von Hand zu bedienende Klappen oder Schieber sind unzulässig. Die Absperrvorrichtungen sind zwischen der Rückstausicherung und dem Kamin einzuschalten. Zwischen Kamin und Absperrklappe sind in der Nähe der letzteren Putzöffnungen oder Kontrollöffnungen anzubringen.

Bei bestehenden Anschlüssen von Gasgeräten an Kamine ohne solche Absperrvorrichtungen kann von dem Einbau solange abgesehen werden, als keine Mißstände oder Unzuträglichkeiten auf gesundheitlichem, feuerpolizeilichem oder heiztechnischem Gebiet auftreten.

5. Der Anschluß von Gasgeräten an Zentralheizungskamine ist unter allen Umständen unzulässig; der Anschluß an Kamine für gewerbliche Feuerungen darf nur mit Billigung der Baupolizei erfolgen. Ein besteigbarer Kamin darf für die Abführung der Abgase aus Gasgeräten nur in der Weise benützt werden, daß in einer Ecke dieses Kamines ein eigenes Abgasrohr hochgeführt wird, wenn die Platzverhältnisse das gestatten. An Ventilationsschächte und Dunstkamine dürfen Gasgeräte regelmäßig nicht angeschlossen werden; der Anschluß kann ausnahmsweise mit Billigung der Baupolizei erfolgen, wenn Bedenken hiegegen nicht bestehen.

6. Auch Kamine, an die nur Gasgeräte angeschlossen sind, sowie Abgasleitungen, die durch mehrere Stockwerke führen, müssen zur Ermöglichung der Untersuchung und Reinigung je eine verschließbare Öffnung an der Sohle und in der Nähe der Ausmündung erhalten.

7. Für die Belastung der Kamine, die Abgase von Gasfeuerungen aufnehmen, gelten hinsichtlich des Querschnittes die Bestimmungen der beiden Bauordnungen für Feuerungskamine. Bei günstigen Verhältnissen sind Abweichungen zulässig.

8. Alle Abgasleitungen für Gasgeräte sind sachgemäß auszuführen und zu unterhalten. Insbesondere ist darauf zu achten, daß bei unachtsamem Ineinanderschieben der Rohre eine Verengung oder ein Abschluß des lichten Querschnittes mit Sicherheit vermieden wird (Anbringung von Sicken an gefährdeten Stellen).

9. Die Bezirksverwaltungsbehörden sind befugt, den Vollzug der Richtlinien zu überwachen und Anordnungen zu einer regelmäßigen Prüfung zu treffen.

§ 19[1]).

I Rauchrohre[2]) müssen von Holzteilen 0,45 m, von mit Mörtel verputzten hölzernen Decken 0,25 m abstehen[3]).

II Rauchrohre sind in Kamine einzuleiten[4]); Ausnahmen kann in Notfällen die Baupolizeibehörde in widerruflicher Weise bewilligen[5]).

1. § 19 ist eine für die Bauführung zum Zwecke der Feuersicherheit erlassene Vorschrift, die auch für besteigbare Kamine anwendbar ist.

2. Gegensatz § 17 Ziff. 3 BO. Aus welchem Material diese Rauchrohre hergestellt sein sollen, bestimmt die Bauordnung nicht. Die Richtlinien für die Vornahme der Feuerbeschau, aufgest. v. d. Versicherungskammer, Abt. für Brandversicherung, gebilligt durch ME. vom 1. Juli 1926 Nr. 3744 a 38 (abgedr. bei Hofmiller, Sammlung feuerpol. Vorschriften 1929 S. 32 ff.) bestimmten in Ziff. 8 Abs. III u. IV: Zur Einleitung der Rauchgase in Kamine sind metallene Rauchrohre zu verwenden. Die Rauchrohre sowie deren Einmündungen in Kamine müssen dicht sein. Zement- und Tonrohre sind unzulässig. Lange Rauchrohre und Rauchkanäle müssen Putzöffnungen in entsprechender Anzahl und an passenden Stellen haben. Rauchrohre sind von verputzten Holzteilen (Weißdecken, Holzteilen von Fachwerkwänden usw.) 25 cm, von unverputzten Holzteilen 45 cm entfernt zu halten. Wo Rauchrohre nicht genügend weit von Holzteilen entfernt gehalten werden können, sind sie in 3 cm Abstand mit einem Überrohr zu versehen; der Zwischenraum muß mit unverbrennlichen Stoffen (z. B. Asche, Sand) dicht ausgefüllt sein. Sperrklappen sind in Rauchrohren nur dann zulässig, wenn sie 1/4 des Querschnitts für den Rauchabzug freilassen und für die Reinigung kein Hindernis bieten (vgl. dazu § 21 Ziff. 4 Abs. II BO.). — Unbenutzte Rauchrohröffnungen in Kaminen dürfen nicht mit Lumpen, Papier u. dgl. ausgestopft sein, sondern müssen entweder zugemauert oder mit einer gut schließenden Blechkapsel mit 10 cm langer Zarge verschlossen werden. — Vgl. dazu ME. vom 11. Juni 1922, Wärmewirtschaft betr. (abgedr. bei Hofmiller S. 156 ff.) B. 2. c. und D. —

Da die Bauordnung keine bestimmten Baustoffe vorschreibt, können die Baupolizeibehörden die Verwendung von Rauchrohren aus Eisenbeton gestatten (vgl. ME. vom 22. Jan. 1930 Nr. 3671 b 44). —

3. Aus dem Wortlaut ist zu folgern, daß der Abstand von 0,45 m nur bei freiem Holzwerk zu verlangen ist; wie bei mit Mörtel verputzten hölzernen Decken, so genügen wohl analog 0,25 m auch bei allen mit Mörtelputz feuersicher verkleidetem Holzwerk. Soweit aber die in § 19 Abs. I vorgeschriebenen Entfernungen aus triftigen Gründen nicht eingehalten werden können, läßt sich wohl durch eine Isolierung der metallenen Rauchrohre nach Maßgabe des § 18 Ziff. 2 BO. der erforderliche Grad von Feuersicherheit erzielen. Überziehen der Holzteile mit einem „feuersicheren" Anstrich kann nicht als wirksamer Schutz gegen Entzündung anerkannt werden. Vgl. aut. ME. vom 5. März. 1908 Nr. 853.

ME. vom 20. Jan. 1930 Nr. 3650 a 45 sagt: „Die genaue Einhaltung der Bestimmungen der §§ 19 und 21 Ziff. 2 der allgemeinen Bauordnung sowie der §§ 25 und 27 Abs. II der Münchener Bauordnung ist besonders bei Kleinwohnungsbauten und bei Bauten zu vorübergehenden Zwecken nicht immer möglich. Die Bezirkspolizeibehörden werden ermächtigt, bei Feuerstätten für den häuslichen Gebrauch und für vorübergehende Zwecke Nachsicht von diesen Bestimmungen zu erteilen, insoweit dies ohne Gefährdung der Feuersicherheit geschehen kann. Wie weit im Einzelfall die Nachsicht ausgedehnt werden kann, muß bei der großen Zahl der neuzeitlichen Baustoffe, der Verschiedenheit dieser Stoffe in bezug auf Feuersicherheit und Isolierfähigkeit dem pflichtgemäßen Ermessen der Bezirkspolizeibehörden überlassen werden. Die Nachsicht ist nur für den Einzelfall und nur insoweit zu erteilen, als dringende Gründe vorhanden sind. Im Zweifel ist mit der Versicherungskammer, Abteilung für Brandversicherung ins Benehmen zu treten.

Für die Nachsichterteilung können nur ganz allgemeine Anhaltspunkte gegeben werden:

Zu § 19: Bei feuerhemmenden Decken kann der Abstand der Rauchrohre je nach Beschaffenheit der Decken bis auf 15 cm und bei feuerbeständiger Isolierung der Rauchrohre bis auf 10 cm herabgesetzt werden.

Die Abstände der Rauchrohre von Holzverkleidungen können gleichfalls ermäßigt werden, wenn diese entsprechend isoliert oder sonstwie gesichert werden."

Bezüglich des § 21 Ziff. 2 siehe das.

4. Handelt es sich um einen Verstoß gegen diese Vorschrift, der nicht bei der Bauführung erfolgt ist, so liegt unter Umständen Strafbarkeit gemäß § 368 Ziff. 4 vor; hienach hat der Hauseigentümer und sein Stellvertreter die Pflicht, die Feuerstätten in einem Haus — Bestandteile sind auch die Rauchrohre — in der jeweils notwendigen Weise zum Zwecke der Erhaltung ihres baulichen und brandsicheren Zustandes auszubessern und bei der Vornahme von Änderungen an den bestehenden Feuerstätten zu verhüten, daß ein feuergefährlicher Zustand entsteht. Vgl. ObstLG. 7 S. 160. —

Laut ME. vom 6. Okt. 1922 StAnz. Nr. 233 soll bei der Neuaufstellung von Öfen in schon bestehenden Häusern zur Vermeidung von Gesundheitsschädigungen der Bewohner sowie zur Verhütung von Feuersgefahren der Kaminkehrer gehört werden, da dieser zur Aufschlußerteilung über den baulichen Zustand des Kamins, in dem die neue Feuerungsanlage eingeleitet werden soll, sowie über die Zugverhältnisse, also über die Stellung und Belastung der einzelnen Kamine in erster Linie berufen ist. — Vgl. ferner die Richtlinien über die Wärmewirtschaft, abgedruckt in Bemerkung zu § 18. — (Die Rauchrohre der Öfen in Lichtspieltheatern müssen rauchdicht hergestellt sowie unmittelbar und rauchdicht in vorschriftsmäßige Kamine geführt werden. § 33 der V. vom 20. April 1926 (GVBl. S. 299) über die Sicherheit bei Lichtspielvorführungen (siehe V. Teil).

Hier ist auch auf die ME. vom 22. Jan. 1929 Nr. 3671 b 1 hinzuweisen. Hiernach sind die von der Firma Jos. Schwend in Baden-Baden hergestellten Kamineinsatzsteine „Schwendilator", die bestimmt sind, das Einsetzen des Ofenrohres zu erleichtern, als Bauteile des Kamines nicht anzusehen, sondern lediglich als eine Art Rohrbüchse zu erachten, für die die Bauordnung keine bestimmten Baustoffe vorschreibt.

Die Baupolizeibehörden werden solche Steine, wenn sie nachweislich einwandfrei beschaffen sind, im Einzelfall verwenden lassen können.

5. Ausnahmen sind nur in Notfällen zu gewähren und auch nur in widerruflicher Weise. Erfolgt Widerruf der Ausnahmen, so greift § 368 Ziff. 8 RStGB. Platz, falls nicht entsprechende Abänderung vorgenommen wird.

Rauchrohre sind in Kamine einzuleiten. Die Leitung der Rauchrohre unmittelbar ins Freie kann von der Baupolizeibehörde nur in Notfällen zugelassen werden. Nach der ME. vom 22. Jan. 1930 Nr. 3671 b 44 besteht keine Erinnerung dagegen, daß der Begriff „Notfall" bei Verwendung von Rauchrohren aus Eisenbeton nicht allzustrenge ausgelegt und die unmittelbare Ableitung der Rauchgase durch Eisenbetonrohre ins Freie nicht bloß bei Notstandsarbeiten und bei Bauten zu vorübergehenden Zwecken, sondern auch bei anderen erdgeschoßigen Bauten von behelfsmäßiger Art oder begrenzter Lebensdauer (z. B. bei Wochenendhäusern, Jagdhütten, Verkaufsläden u. ä.) zugelassen wird. Dabei darf aber nur eine Feuerstätte angeschlossen werden. Außerdem dürfen die Eisenbetonrohre nur als senkrechte Leitungen Verwendung finden und müssen an der Sohle eine vorschriftsmäßige Reinigungsöffnung und die in den Bauordnungen vorgeschriebenen Abstände von Holzteilen haben. Den Baupolizeibehörden muß vorbehalten bleiben, weitere im Einzelfall gebotene Auflagen zu machen.

Bezüglich der Dachwohnungen vgl. § 34 Ziff. 6 BO. —

§ 20.

Offene Feuerstätten[1]) dürfen nur an massiven Mauern angebaut werden und müssen, wenigstens soweit Funken und Flammen reichen, mit feuersicherem[2]) Boden umgeben und mit Rauchkutten versehen sein, soferne sie nicht eingewölbt sind.

1. In Lokalen, in welchen Vorräte von Holz oder sonstigen leicht entzündlichen Stoffen lagern oder verarbeitet werden, sind offene Feuerstätten unzulässig; die Öfen in solchen Lokalen müssen von außen heizbar, oder wo dies untunlich ist, mit verschließbaren Vorgelegen versehen sein. § 2 der V. vom 27. Juni 1862, 31. Dez. 1867 die Verhütung von Feuersgefahren betr. (RegBl. 1862 S. 1573; 1868 S. 5).

Vgl. ferner § 25 Abs. I der V. betr. leicht entzündliche flüssige Stoffe vom 9. Juni 1902 GVBl. S. 211. In den Lagerräumen dürfen sich keine Heizkaminöffnungen, Heizeinrichtungen, Gas- und Wassermesser befinden.

Der Rauch ist in Kamine einzuleiten.

2. Feuersicherer Boden, d. h. ein Boden, der feuerhemmende Wirkung hat, also nicht sofort vom Feuer zerstört wird, wenn er einige Zeit dem Feuer ausgesetzt ist. —

§ 21 [1a]) [1b]).

1. Zimmeröfen und geschlossene Herde dürfen nicht auf hölzerne Gestelle aufgesetzt werden [1]).

Wenn sie auf Bretterboden oder Balkenlagen zu stehen kommen, müssen sie gemauerte Sockel oder eiserne, auf einer Pflasterung oder auf Stein- oder Metallplatten ruhende Gestelle haben.

2. Werden Zimmeröfen oder geschlossene Herde im Räumen mit Fach- oder Riegelwänden oder mit Wänden aus verputztem Lattenwerk errichtet, so müssen diese Wände in der Richtung gegen die Heizöffnungen auf 0,60 m, nach allen übrigen Richtungen aber auf mindestens 0,30 m Entfernung, von den Enden der Ofen- oder Herdseiten angerechnet, durch massives Mauerwerk ersetzt werden [2]).

3. Die Heiz- und Aschenabfallöffnungen der Öfen und Herde müssen durch metallene, gut schließende Türchen, die Vorgelegeöffnungen der Kamine unter allen Umständen mit wohlverschließbaren, eisenblechenen Türen abgeschlossen sein.

Der Boden vor den Heiz- und Aschenabfallöffnungen muß gepflastert oder mit Metall belegt oder sonstwie feuersicher sein [3]).

4. Die Heizung darf keine Gefahr für die Gesundheit bieten [4]).

Die Anbringung von Sperrklappen in den Rauchabzugsrohren, welche einen Zimmerofen mit einem Kamine verbinden, ist verboten. Die Vorrichtungen zur Regulierung des Zuges sind lediglich an den Heiztüren anzubringen [5]).

1a. Bek. d. Staatsmin. d. Inn. vom 16. Dez. 1929 Nr. 9100 f 27, Hochbaunormung betr., hier Normen für Ofenbeschlagteile für Kachelöfen und Kachelherde. Der Deutsche Normenausschuß hat die Normung der Ofenbeschlagteile für Kachelöfen und Kachelherde abgeschlossen und die Normenblätter Din. 1289—1297 herausgegeben. Neben dem jeder Normung eigenen Zweck: Erzielung gleichheitlicher Abmessungen, Ermöglichung vereinfachter Herstellungsbedingungen und wirtschaftlicher Massenanfertigung, geringerer Lagerbestände und damit geringeren Kapitalaufwandes sowie der Austauschbarkeit der Einzelteile fanden die heiztechnischen Erfahrungen der neuesten Zeit besondere Berücksichtigung.

Diese Normen werden daher von der bayer. Staatsbauverwaltung übernommen und sind tunlichst in allen Fällen, in denen es sich um Kachelofenheizungen handelt, anzuwenden.

Den Baugenossenschaften, Wohnungsfürsorgegesellschaften, Bauherrn und allen Stellen, denen die Betreuung des Wohnungsbaues obliegt, wird die Übernahme der Normen wärmstens empfohlen.

Die in Frage kommenden Normenblätter Din. 1289—1297 können von der Süddeutschen Verlagsanstalt G. m. b. H. München, Nußbaumstraße 12/0 bezogen werden.

1b. Nach der V. über Koch- und Heizeinrichtungen, bei denen leichtentzündliche flüssige Stoffe verwendet werden, vom 10. Aug. 1928 (GVBl. S. 384) dürfen derartige Stoffe, die bei einem Barometerstand von 760 mm und bei einer Erwärmung auf weniger als 21° C entflammbare Dämpfe entwickeln (z. B. Benzin, Benzol, Dapolin, Casolin, Monopolin, Motalin), in Wohngebäuden nicht verwendet werden. Dieses Verbot gilt nicht für Koch- und Heizeinrichtungen, bei denen lediglich Spiritus verwendet wird. Ausnahmen für einzelne Bauarten der genannten Koch- und Heizeinrichtungen kann das Staatsministerium d. Innern zulassen. Bezüglich der Strafbarkeit s. § 9 daselbst.

1. Die zur Erlangung der baupolizeilichen Genehmigung vorzulegenden Pläne müssen gemäß § 9 Buchst. a Ziff. 2 unter anderen Angaben auch eine solche über die Feuerungseinrichtungen enthalten. Nach § 7 Ziff. 3 ist die Anlegung neuer und die Versetzung oder konstruktive Änderung bestehender Feuerstätten oder Kamine, soweit es sich nicht lediglich um das Setzen von Öfen oder Herden zum häuslichen Gebrauch handelt, als Hauptreparatur oder Hauptänderung anzusehen und daher nach § 6 baupolizeiliche Genehmigung erforderlich. Da die Aufstellung von Öfen und Herden zum häuslichen Gebrauch nicht der Genehmigung bedarf, ist auch die Aufstellung von Gasöfen und Gasherden, soweit sie lediglich dem häuslichen Gebrauche dienen, baupolizeilich nicht genehmigungspflichtig. Bei der Aufstellung von Gasöfen und Gasherden sind aber die Vorschriften des § 21 Ziff. 3 zu beachten. Die Einrichtung von Gasöfen und Gasherden für gewerbliche Zwecke ist baupolizeilich genehmigungspflichtig. Vgl. auch § 7 Anm. 9. — Gasöfen in Lichtspieltheatern sind unzulässig § 33 II der V. vom 20. April 1926 GVBl. S. 229. Vgl. ferner die MinBek. vom 21. Juni 1929 Nr. 4306 a I 9 über die Abführung der Abgase von Gasgeräten, abgedruckt oben bei § 18 am Ende und ME. vom 11. Juni 1922, Wärmewirtschaft betr., II. Abschnitt C.

Bezüglich der Heizanlagen in Waren- und Geschäftshäusern wird auf ME. vom 7. Okt. 1903, die Feuer- und Betriebssicherheit in Waren- und Geschäftshäusern betreffend, verwiesen, insbesondere vgl. Allgemeine Anweisung A II 1 und B II 1.

In Lichtspieltheatern müssen Öfen mit unverrückbar befestigten und unverbrennbaren Schutzmänteln umgeben sein. Vgl. § 33 der V. vom 20. April 1926 über die Sicherheit bei Lichtspielvorführungen (GVBl. S. 299).

Auf die Einhaltung der Bestimmungen in § 21 erstreckt sich auch die Feuerbeschau. V. vom 17. Juni 1898 (GVBl. S. 332).

2. Die Bestimmung in § 21 Ziff. 2 schreibt für die Errichtung von Öfen und Herden schon in Räumen mit teilweisem Holzwerk zum Schutz vor Feuersgefahr einen bestimmten Mindestabstand vor, der selbstverständlich noch viel mehr einzuhalten ist bei Neubauten, bei denen die gesamte Umfassungsmauer aus Holz hergestellt ist; denn hier bedeutet eine für einen massiven Bau unter Umständen noch belanglose Zimmerwand für das ganze Gebäude und die Nachbarschaft eine große Gefahr. Die Ziffer 2 will unter allen Umständen die Schaffung und Fortdauer eines feuergefährlichen Zustandes verhüten. Solange ein solcher Zustand etwa besteht, dauert daher die Strafbarkeit einer Zuwiderhandlung gegen diese Vorschrift fort. Vgl. hiezu Ziff. 8 der Richtlinien für die Vornahme der Feuerbeschau, aufgestellt von der Versicherungskammer, Abt. f. Brandversicherung, gebilligt durch ME. vom 1. Juli 1926 Nr. 3744 a 38; abgedr. bei Hofmiller, Sammlg. feuerpolz. Vorschrift. 1929 S. 32.

Vgl. ME. vom 20. Jan. 1930 Nr. 3650 a 45 angeführt bei § 19 Anm. 3. Bezüglich § 21 Ziff. 2 sagt sie folgendes: „Statt des in Ziff. 2 bzw. Abs. 2 geforderten massiven Mauerwerkes kann auch eine feuerbeständige oder feuerhemmende Schutzschicht zugelassen werden.

Als feuerbeständig gelten z. B. 6 cm starke Monierverkleidungen, Tonplatten auf Ziegeldrahtputz, als feuerhemmend z. B. Rapitzputz, Zement-, Gips- und ähnliche Dielen.

Ist die Schutzschicht lediglich feuerhemmend, so dürfen die Feuerstätten nicht dicht an sie gesetzt werden. Bei Bemessung des Abstandes sind die Isolierfähigkeit und Feuersicherheit des Materials und die Güte der Ausführung zu berücksichtigen. Eisenöfen müssen allseits mindestens 25 cm, Kachelöfen mindestens 12 cm Abstand von feuerhemmenden Schutzschichten haben." —

3. § 21 Ziff. 3 schreibt also massive Herstellung vor. Bewegliche Ofenvorsetzer entsprechen zweifellos wegen ihrer leichten Verschiebbarkeit und Beseitigungsmöglichkeit nicht der genannten Vorschrift; Ofenvorsetzer sind Einrichtungsgegenstände und können jederzeit entfernt werden. Sie sind daher nicht zuzulassen.

4. Die Heizvorrichtungen und Feuerungen müssen so beschaffen sein, daß durch ihren Gebrauch die Gesundheit nicht gefährdet wird. § 10 der V. über Wohnungsaufsicht vom 10. Febr. 1901 (s. Anhang). — Bei der Neuaufstellung von Öfen in bestehenden Häusern soll nach der ME. vom 6. Okt. 1922 (StAnz. Nr. 233) zur Verhütung von Gesundheitsbeschädigungen der Inwohner und von

Feuersgefahren der Kaminkehrer gehört werden, der zur Aufschlußerteilung über den baulichen Zustand des Kamins, in den die Einleitung erfolgen soll, sowie über die Zugverhältnisse, also über die Stellung und Belastung der Kamine Aufschluß zu geben in erster Linie berufen ist. — An den Landbauämtern sind staatliche heiztechnische Beratungsstellen eingerichtet, die in engem Zusammenarbeiten mit den Bezirksverwaltungsbehörden zur Hebung der Brennstoffwirtschaft in häuslichen Feuerstellen für die Errichtung zweckmäßiger und wirtschaftlich wirkender Hausbrandstätten, für die Aufklärung über ihre richtige Instandhaltung und Bedienung und Förderung des Wärmeschutzes der Gebäude sorgen sollen. Vgl. B. vom 12. Mai 1920 StAnz. Nr. 114 in der Fassung vom 20. Okt. 1921 StAnz. Nr. 251 über die Errichtung von staatlichen heiztechnischen Beratungsstellen an den Landbauämtern; daß durch die Maßnahmen durch diese Beratungsstellen in erster Linie die gesundheitlichen Rücksichten besonders betont werden, ist selbstverständlich. Zur möglichen Ausnützung der zur Raumbeheizung erzeugten Wärme wird in den Richtlinien der Bayerischen Landeskohlenstelle für die Wärmewirtschaft des Hausbrandes die Gewinnung eines ausreichenden Wärmeschutzes der Gebäude durch bauliche Maßnahmen vorgeschlagen. Vgl. daselbst. Ferner wird auf die von der Landeskommission für das Hafnergewerbe bearbeiteten und von ihr zu beziehenden „Grundsätze für Kachelofen- und Herdbau" besonders verwiesen, deren Verbreitung durch die Landbauämter laut ME. vom 23. Febr. 1920 nach Möglichkeit zu fördern ist. Nachdem die BO. selbst keine Vorschriften über die Ausführung und Auswahl von Heiz- und Kochanlagen enthält, sondern sich nur auf Vorschriften über die Feuersicherheit beschränkt, empfiehlt es sich bei dem heutigen Brennstoffmangel und Teuerung gerade den Heiz- und Kochanlagen Aufmerksamkeit zu schenken. Sie müssen von einer Bauart und in einem Zustand sein, daß sie eine wirtschaftliche Ausnützung der Brennstoffe gewährleisten; s. auch Bemerkung zu § 18 am Ende.

5. Schon mit ME. vom 8. Jan. 1907 Nr. 24151 wurde die Verwendung der sogenannten Dauerbrandöfen dann nicht beanstandet, wenn die in diesen Öfen angebrachten Sperrklappen bei völliger Schließung noch mindestens ein Viertel des gesamten Querschnittes des Abzugsrohres für den Abzug der Rauchgase freilassen. Nun ist laut ME. vom 2. Mai 1921 Nr. 4306 a I/25, die auch heute noch ihre volle Geltung zu beanspruchen hat, die unbeschränkte Verwendung von Sperrklappen in Rauchabzugsrohren bis auf weiteres im Hinblick auf § 13 Abs. III BO. unter folgenden Voraussetzungen nicht zu beanstanden:

1. Die angebrachten Sperrklappen müssen auch bei völliger Schließung noch mindestens ein Viertel des gesamten Querschnittes des Abzugsrohres für den Abzug der Rauchgase freilassen.

2. Die durchzugsfreie Fläche (mindestens ein Viertel der Querfläche der Sperrklappe) muß einen zusammenhängenden Ausschnitt des Kreises bilden.

3. Die Klappe muß leicht zugänglich, tunlichst leicht herausnehmbar, leicht nachzusehen, zu überwachen und zu reinigen sein.

4. Aus dem Handgriff an der Klappe muß ihre Stellung erkennbar sein.

5. Die Klappe muß so gebaut sein, daß eine Verrußung möglichst verhindert ist.

6. Die Reinigung des Rauchabzugsrohres muß gewährleistet bleiben.

Diese Bestimmungen über Sperrklappen gelten auch für Sperrklappen in Rauchrohren, die Küchenherde mit einem Kamin verbinden. Es empfiehlt sich bestehende Sperrklappen abweichender Bauart unter Hinweis auf ihre Gefahr für die Gesundheit den vorstehenden Bestimmungen möglichst anzupassen.

Auf alte Holzbrandfeuerungsanlagen mit sog. Vorgelegen konnte das Verbot des § 21 Nr. 4 Abs. II ohnehin nicht ohne weiteres Anwendung finden. Im Gegensatz zu den gewöhnlichen Kachel- oder Kohlenbrandöfen mit eisernen Rauchrohrabzügen werden diese alten für Feuerung mit Holz, Reisig usw. bestimmten Anlagen von außen von einem besonderen Vorgelege aus angeheizt. Nach dem Erlöschen des Feuerbrandes muß eine Drosselung des Kaminabzuges stattfinden, damit der durchgeheizte Ofen seinen Zweck der langsamen Wärmeabgabe erfüllt. Die Drosselungsklappe ist dabei in der Kaminanlage selbst angebracht, an die der Ofen oder das Vorgelege unmittelbar angeschlossen ist. Ist die Sperrklappe nicht in einem besonderen Verbindungsrohr zwischen Ofen und Kamin angebracht, sondern im Kamin selbst, so konnte nach dem Wortlaut genannte Bestimmung keine Anwendung finden. Die Beseitigung der Klappe würde die sachgemäße Bedienung eines solchen Ofens unmöglich machen. Vgl. auch ME. vom 7. März 1914 Nr. 4050 d 1. — Mit ME. vom 24. Febr. 1920 wurde die Wärmeregulierungsvorrichtung „Hyg“ System Vogel in München als Rauchrohrklappe für Ofen und Herde widerruflich zugelassen.

§ 22.

I Räucherkammern sind auf feuerfester Unterlage an Wänden und Decken massiv auszuführen und die Öffnungen mit eisenblechenen Türen dicht zu schließen.

II Kommen die Räucherkammern auf den Dachraum zu stehen, so müssen überdies Doppeltüren von Eisenblech an den Eingängen dieser Kammern angebracht und die vor dem Eingange befindlichen Bodenteile feuersicher hergestellt werden [1]).

1. Räucherkammern aus einfachem Eisenblech sind also nicht als massiv im Sinne der §§ 22 und 40 Abs. I BO. anzusehen. Sie müssen daher Zimmeröfen und geschlossenen Herden gleich in der Aufstellung der §§ 21 und 34 Abs. I Ziff. 2 genügen. Vgl. ME. vom 5. Mai 1914 Nr. 4001 a 10. Als Bestandteile der Kamine sind die Räucherkammern ebenso wie die Kamine aus gelegten Backsteinen herzustellen. Zur feuersicheren Herstellung der Bodenteile vor dem Eingang vgl. § 18 Ziff. 6.

Dazu nach Ziff. 7 der Richtlinien für die Vornahme der Feuerschau der Versicherungskammer, Abteilung für Brandversicherung, gebilligt durch ME. vom 1. Juli 1926 Nr. 3744 a 38 (abgedr. bei Hofmiller, Sammlung feuerpolizeilicher Vorschriften S. 32 ff.): „In offenen Dachräumen sind nur gemauerte Räucherkammern zulässig, die auf einer unverbrennlichen Unterlage stehen und mindestens 12 cm stark gemauerte und verputzte Wände und eine verputzte Massivdecke haben. Die Räucherkammer ist mit einer doppelten Eisenblechtüre zu verschließen, die in unverbrennliche Fälze einschlägt. Holzfußböden vor den Räucherkammern sind mindestens in der ganzen Ausdehnung der Türöffnung mit einem 45 cm breiten Bodenblech zu belegen. Rauchschieber zur Umleitung des Rauches dürfen nur innerhalb der Räucherkammern angebracht und nur von innen bedienbar sein. Rauchabzüge von Räucherkammern in Dachräumen müssen innen gemauert sein. Sogenannte Patenträucherkammern aus Eisenblech sind wie Feuerstätten zu beurteilen und dürfen nicht in offenen Dachräumen aufgestellt werden. —

Bemerkung: Zweckmäßig wäre eine ausdrückliche Vorschrift, wie sie § 97 Abs. IV der badischen Landesbauordnung vorsieht:

„Räucherkammern dürfen nicht verputzt werden, bevor sie durch den Kaminfeger untersucht worden sind. Die Aufforderung zur Untersuchung ergeht durch die Ortspolizeibehörde, welcher durch den Bauherrn von der Fertigstellung Anzeige zu erstatten ist."

§ 23.

I Backöfen müssen feuersicher hergestellt sein und Kamine und Vorgewölbe erhalten[1]).

II Von dem Erfordernisse der Kamine und Vorgewölbe kann je nach der Größe, dem Zwecke und der Einrichtung der Backöfen Umgang genommen werden, wenn hiedurch die Feuersicherheit nicht beeinträchtigt wird.

1. Gleichgültig, ob sie sich in einem Gebäude befinden oder ein selbständiges Bauwerk sind. Bei allen größeren derartigen Feuerungsanlagen ist zu verlangen, daß ein den hinsichtlich der Gesundheit der Arbeiter zu stellenden Anforderungen entsprechender Luftraum vor der Heizung geschaffen wird. Vgl. MBO. § 55 Abs. II. — Vgl. ferner § 17 Anm. 3.

über die Dampfbacköfen erging die VO. vom 23. Aug. 1924 GVBl. 195, geändert in § 6 durch V. vom 27. Juli 1928 (GVBl. S. 381). Dieser Verordnung sind auch Richtlinien für den Bau von Dampfbacköfen und ähnlichen Öfen mit Perkinsrohren beigegeben. Nach der V. vom 23. Aug. 1924 werden Dampfbacköfen bis auf weiteres allgemein von Erholung der polizeilichen Genehmigung nach § 24 Abs. III der V. vom 24. Nov. 1909 entbunden. Jede Neuanlage eines Backofens ist der Bezirkspolizeibehörde durch Vermittelung der Ortspolizeibehörde anzuzeigen. In der Anzeige ist anzugeben, wer die Rohre für den Dampfbackofen hergestellt hat, wer sie liefert und wer den Dampfbackofen baut. Ein Nachweis über die Art der Herstellung kann verlangt werden. Die Anzeige ist dreifach einzureichen. Ihr ist eine Zeichnung des Dampfbackofens in einfacher Fertigung beizulegen. Die Bezirkspolizeibehörde nimmt ein Stück der Anzeige zu ihren Akten, ein Stück übermittelt sie dem Gewerbeaufsichtsbeamten, ein Stück mit der Zeichnung des Ofens übersendet sie im rechtsrheinischen Bayern dem bayerischen Revisionsverein in München, Kaiserstr. 14, in der Pfalz dem pfälzischen Revisionsverein in Kaiserslautern. Der Revisionsverein prüft die Zeichnung. Ergeben sich hierbei Beanstandungen, so teilt er sie der Bezirkspolizeibehörde mit, die im Benehmen mit dem Lieferer des Dampfbackofens die Beanstandungen behebt. Nach § 6 der V. gilt für die Ausführung folgendes:

I. Der Dampfbackofen ist entsprechend der Zeichnung auszuführen.

II. Für die Herstellung von Dampfbacköfen gelten die Richtlinien für den Bau von Dampfbacköfen und ähnlichen Öfen mit Perkinsrohren nebst Erläuterungen (Anlage I).

III. Dampfbacköfen sind, soweit nicht betriebstechnische Schwierigkeiten entgegenstehen, möglichst so einzurichten, daß die Heizrohre ausgewechselt werden können.

IV. Die Heizrohre sind — soweit möglich — bei Betriebsunterbrechungen auf Abbrand und Rissebildung zu untersuchen. Schadhafte Rohre sind zur Vermeidung von Drucksteigerungen anzubohren und damit unschädlich zu machen.

V. Die Wartung von Dampfbacköfen ist nur zuverlässigen und gewissenhaften Personen zu übertragen. Für die Wartung gilt das Merkblatt für die Wartung von Dampfbacköfen nebst Erläuterungen (Anlage II).

VI. Im Backraum ist eine genaue Betriebsvorschrift für die Bedienung und Instandsetzung des Dampfbackofens sowie des Merkblattes über die Wartung von Dampfbacköfen unter Glas und Rahmen oder auf eine steife Unterlage aufgezogen und gefirnißt augenfällig auszuhängen. —

Nach der MB. vom 6. Aug. 1926 Nr. 3741 c 8 (StAnz. Nr. 182) werden gemäß § 24 Abs. IV der bayer. Verordnung über die Anlegung und den Betrieb von Dampfkesseln und Dampfgefäßen die

Dampfbacköfen der Firma Max Ketterer in Leipzig-Reudnitz (sogen. „eingemauerte bewegliche Pudöfen) nach Maßgabe der Zeichnungen vom 3. Dez. 1924 zur Anlegung und zum Betrieb in Bayern in stets widerruflicher Weise unter folgenden Bedingungen zugelassen:

1. Die Bestimmungen der V. vom 23. Aug. 1924 über die Dampfbacköfen (GVBl. S. 195 f.) sind genau einzuhalten.

2. Die zur Verwendung kommenden nahtlosen Rohre müssen von einem unparteiischen Sachverständigen abgenommen sein. Die in die Feuerung hineinragenden Enden der Rohre müssen hierbei bereits fertig geschweißt sein und in die Prüfung einbezogen werden. Über das Ergebnis dieser Prüfung ist der Bezirkspolizeibehörde eine Bescheinigung vorzulegen.

3. Die Temperatur in den Backherden darf 250° C nicht überschreiten; die Teilung der vorgeschriebenen Wärmemesser darf nur bis 300° C reichen.

4. Zur Beheizung der Öfen dürfen keine hochwertigen oder schwefelhaltige Brennstoffe verwendet werden; zweckmäßig sollten nur Braunkohlenbriketts verheizt werden. Feinkörnige Kohle ist zu vermeiden. Das Anheizen darf nur langsam erfolgen.

5. Die in die Feuerung hineinragenden Rohrenden sind wöchentlich mindestens 1 mal gründlich zu reinigen und vom Ofenbesitzer oder dessen Stellvertreter auf Abbrand, Beulenbildung oder sonstige Schäden zu untersuchen: schadhafte Rohre sind sofort unwirksam zu machen.

6. Die Heizrohre der Öfen sind nach längstens 10jährigem Gebrauch zu erneuern.

7. Die vorstehenden Bedingungen Ziffer 4—6 sind in die durch die V. vom 23. Aug. 1924 vorgeschriebene „Betriebsvorschrift über die Bedienung und Instandsetzung der Öfen" aufzunehmen.

8. Die Feuertüre des Ofens ist mit einem Schutzkasten aus Eisenblech zu umwehren, der das Herausschlagen von Flammen im Falle eines Zerknalles im Feuerraum zuverlässig verhindert. —

Ferner wird hingewiesen auf Ziff. 10 der Richtlinien der Versicherungskammer, Abt. für Brandversicherung für die Vornahme der Feuerbeschau, gebilligt mit ME. vom 1. Juli 1926 Nr. 9744 a 38, das Backofengewölbe muß von Holzteilen aller Art abgeschieden und mit einem entsprechenden Sicherheitsgewölbe (etwa doppeltes Ziegelpflaster mit Lehmbelag) abgedeckt sein. Der Fußboden vor der Heizöffnung der Backöfen muß unverbrennlich sein. —

§ 24.

[1] Neu anzulegende Malzdörren [1]) müssen mit gut fundierten Mauern in einer Stärke von mindestens 0,25 m bei Ziegeln oder Quadern und 0,45 m bei Bruchsteinen umgeben und gewölbt werden.

II Sämtliche Öffnungen in den Umfassungen des Dörrraumes müssen steinerne Wandungen und feuersichere[2]) Verschlüsse erhalten, die allseitig mindestens 6 cm breite Steinfälze überdecken.

III Der Dunstkamin[3]) darf nur in Stein oder Metall ausgeführt werden und ist mit einer im Brandfalle selbstschließenden metallenen Klappe zu versehen.

1. Die Vorschrift des § 24 bezieht sich zunächst nur auf Malzdarren. Für Hopfendarren enthält die BO. keine nähere Bestimmung. Nach ME. vom 20. Dez. 1896 Nr. 20150 sollen aus Gründen der möglichsten Erleichterung der Lage der Hopfenbauern lediglich die allgemeinen feuerpolizeilichen Vorschriften und die Vorschriften der BO. über Feuerstätten und Kamine §§ 17ff. und über Bauten mit Feuerstätten §§ 40ff. Anwendung finden. Zur Errichtung neuer Hopfendarren ist nach § 7 Ziff. 3 BO. die vorherige polizeiliche Genehmigung und die Vorlage von Plänen erforderlich. Um Änderungen hierin zu vermeiden empfiehlt es sich, die Baupläne den von der Versicherungskammer, Abt. für Brandversicherung, angefertigten Musterplänen möglichst anzupassen und die in dem Merkblatt der Versicherungskammer (abgedr. in der Sammlung feuerpolizeilicher Vorschriften von Hofmiller, 1929 S. 171ff.) bezeichneten Grundsätze bei den verschiedenen Darranlagen zu beachten. Die Grundsätze gelten im allgemeinen für die sogenannten Hausdarren; gewerbliche Darranlagen werden zumeist wie die Malzdarren ausgeführt und müssen wie diese wegen ihrer stärkeren Benützung auch strengeren Anforderungen genügen. — Vgl. ferner Ziff. 13, 14, 15 (über Malzdarren, Flachsdarren, Hopfendarren) die Richtlinien für die Vornahme der Feuerbeschau, aufgestellt von der Versicherungskammer, Abt. für Brandsachen, gebilligt durch ME. vom 1. Juli 1926 Nr. 3744 a 38 (abgedr. bei Hofmiller, Sammlung feuerpolizeilicher Vorschriften S. 32).

2. Früher: „eiserne" Verschlüsse. Abgeändert durch V. vom 3. Aug. 1910.

3. Dunstkamine sind wie andere Kamine im Mauerwerk ausgesparte Röhren, die der Entlüftung des Raumes dienen und deshalb mit Luftklappen in den zu entlüftenden Räumen versehen sind. Der Dunstkamin darf nach § 24 nur in Stein oder Metall ausgeführt werden. Es ist selbstverständlich, daß Dunstkamine auch aus Metall außerhalb des Mauerwerkes hergestellt werden dürfen. Die Dunstabzüge bei Malzdarren müssen mit selbstschließenden Metallklappen versehen werden. (Vgl. auch § 58 Abs. II MBO.). Diese Bestimmungen haben zunächst den Zweck, durch Öffnen oder Schließen der Darre den Zug zu regeln. Die Klappen sollen ferner verhindern, daß durch den Dunstkamin Ruß oder sonstige Ver-

unreinigungen, Regenwasser oder Dunstwasser auf die obere Borde gelangen. Des weiteren dient die Klappe auch feuerpolizeilichen Zwecken. Sie soll auch das Eindringen von Funken in die Darre von oben her verhindern und, falls ein Brand in der Darre entstanden ist, durch ihre selbsttätige Schließung die Zufuhr von Frischluft abschließen.

Für den Vollzug der Bauordnung kommen lediglich die feuerpolizeilichen Zwecke der Klappe in Betracht. Wo in Darren anderweitige Vorrichtungen vorhanden sind, die im Brandfalle die sofortige Abstellung der Frischluftzufuhr ermöglichen, kann von der Anbringung der selbsttätig schließenden Klappe im Wege der Befreiung Umgang genommen werden.

Jedenfalls ist jedoch auch darauf zu sehen, daß zur Verhütung der Ausbreitung eines Feuers vom Darrenraum auf die anstoßenden Räume die eisernen Verschlüsse der Türöffnungen des Darraumes an der äußeren Seite der Darrmauern mit selbstschließenden Vorrichtungen (etwa durch ein Gegengewicht) versehen werden. (Aut. ME. vom 3. Juli 1925 Nr. 3744 a 10.)

5. Höhe der Gebäude und deren Abteilung in Stockwerke.

§ 25[1]).

I Die Gebäude an den Baulinien sowohl als abseits von denselben dürfen nur eine solche Höhe[2]) erhalten, daß mit Rücksicht auf die anliegenden Straßen, freien Plätze, Hofräume[3]) und dergleichen keine Gefährdung der Gesundheit zu befürchten ist und die Anwendung der Feuerlöschgerätschaften gesichert erscheint[4]); insbesondere darf die Höhe der Privatgebäude[5]) an einer Straße, sie mögen neu errichtet oder durch Stockwerkaufsetzung erhöht werden, die Breite der Straße mit Einschluß der Trottoire und etwaiger Vorgärten nicht überschreiten[6]). Ist die Straße ungleich breit, so ist die mittlere Breite zwischen den beiden nächsten Querstraßen maßgebend.

II Ausnahmsweise kann eine größere Höhe von der Baupolizeibehörde mit Rücksicht auf bereits bestehende Nachbargebäude[7]) oder beim Wiederaufbau eines Gebäudes mit Rücksicht auf die frühere Höhe desselben gestattet werden.

III In Straßen unter 12 m Breite kann, abgesehen von vorstehender Ausnahme, eine Höhe bis zu 12 m bewilligt werden[8]).

IV Als Maximalhöhe für Wohngebäude[9]) werden 22 m festgesetzt; auch dürfen dieselben nicht mehr als 5 Geschosse einschließlich etwaiger Zwischengeschosse und Mansardenwohnungen enthalten[10]).

V Bei Eckhäusern ist für die zulässige Gebäudehöhe die breitere der angrenzenden Straßen maßgebend; in der engeren Straße darf aber diese Höhe nur auf die Länge von 18 m beibehalten werden.

VI Die Höhe eines Gebäudes wird in der Mitte der Front von der Unterkante des Sockels bis zur oberen Kante des Dachgesimses gemessen. Wird der Aufbau von Giebeln, Türmen, Dacherkern usw. auf der Frontwand über die hienach zulässige Höhe hinaus beabsichtigt, so werden diese Aufbauten nach dem Durchschnitt ihrer Fläche in die zulässige Gebäudehöhe eingerechnet[11]).

1. In Märkten mit nicht geschlossener Bauweise und auf dem Lande kann von den Bestimmungen des § 25 nach Maßgabe des § 55 BO. Abstand genommen werden.

2. § 2 Abs. II BO. eröffnet noch die Möglichkeit zur weiteren Einschränkung der Gebäudehöhe, als sie § 25 selbst vorsieht. Bezüglich des Abstandes vgl. § 1 Anm. 16.

3. Vgl. § 50 BO. § 1 Anm. 4 a. E. Vgl. auch § 10 der V. über die Sicherheit bei Lichtspielvorführungen vom 20. April 1926 (Anhang V. Teil).

4. Maßgebend soll sein die Rücksicht auf die Gesundheit. Die Zuführung von Licht und Luft zu den Wohnungen muß in ausreichender Weise sichergestellt sein. Bezüglich der feuerpolizeilichen Rücksichten vgl. auch Anweisung für Waren- und Geschäftshäuser A I 3, B I 1 (unten V. Teil).

5. Bei Staatsgebäuden, Kirchen usw. haben die zuständigen Behörden die zulässige Höhe sowie den notwendigen Abstand von anderen Gebäuden festzustellen. Vgl. hiezu § 10.

6. § 25 regelt zunächst nur die Höhe der Privatgebäude an der Straßenseite. Diese Regelung gilt im allgemeinen auch für nur einseitig bebaute Straßen. Bezüglich der Höhe der Rückgebäude und deren Entfernung von den Vordergebäuden enthält die BO. keine nähere Bestimmung. Aber es ist die sinngemäße Anwendung der in § 70 Abs. I MBO. enthaltenen Vorschrift, nach der Rückgebäude von Vordergebäuden usw. mindestens so weit entfernt sein müssen, als die mittlere Höhe der in Frage kommenden Gebäude beträgt, auch im Bereich der allgemeinen BO. gerechtfertigt. Vgl. ME. vom 15. Nov. 1905 Nr. 21 487. Zur Vermeidung von mißlichen Verhältnissen in gesundheitlicher Beziehung muß es ausgeschlossen sein, daß in den engen Höfen der Lichteinfall durch eine schrankenlose Höherführung der Gebäuderückfronten beschränkt wird. § 25 erstreckt

sich daher auf alle zu der betreffenden Straße gehörigen Vorder- und Hintergebäude. Die Straßenbreite bzw. die auf Grund derselben festgesetzte Gebäudehöhe ist demnach auf das Höchstmaß für alle zu der fraglichen Straße gehörigen Gebäude und zwar für alle Seiten derselben zu betrachten. Vgl. ME. vom 17. Sept. 1899 Nr. 17103. Im übrigen ist zu bemerken, daß diese Höhen je nach den Verhältnissen von der Baupolizeibehörde noch beschränkt werden können. Es handelt sich lediglich um ein Höchstmaß. Bezüglich der Ausnahmen vgl. die folgenden Absätze.

7. Nachbargebäude sind die anstoßenden sowie die umliegenden Gebäude derselben Straße.

8. Unter den in Abs. II bezeichneten Voraussetzungen kann also auch in einer Straße unter 12 m Breite unter Umständen eine Höhe von über 12 m bewilligt werden.

9. § 25 setzt hier für Wohngebäude eine Maximalhöhe fest. Die Zulassung von einer Höhe von mehr als 22 m bei anderen als Wohngebäuden wäre bei größerer Straßenbreite nach § 25 Abs. I möglich.

10. Diese Vorschrift beabsichtigt eine zu dichte Bewohnung des Hauses zu verhindern. Nach der Ausdrucksweise der BO. ist unter „Geschoß" auch eine Souterrainwohnung zu verstehen. Vgl. § 7 Ziff. 4 BO., wo ausdrücklich von einem Kellergeschoß die Rede ist. Bei Vorhandensein eines Kellergeschosses (mit Wohnung selbstverständlich) ist zulässig Erdgeschoß und 3 Obergeschosse, sonst über dem Erdgeschoß noch 4 Obergeschosse. Vgl. aut. ME. vom 12. Juni 1899 Nr. 11150.

11. Je nach der Höhe der Umfassungsmauer kann ein Gebäude verschiedene Höhen haben. Abs. VI unterscheidet dabei nicht zwischen Vorder- und Rückgebäuden, weshalb seine Vorschriften für alle Arten von Gebäuden und zwar Vorder-, Rück- und Seitengebäude gelten. Wenn ein Dachgesims nicht vorhanden ist, was auch vorkommen kann, so ist bis zur Oberkante der Umfassungsmauer zu messen. Wenn aber das Dachgesims vorhanden ist, so ist nicht die Höhe der Umfassungsmauer, sondern die obere Kante des Gesimses maßgebend. Pläne, in denen eine Herabsetzung der Gebäudehöhe nach einem unter die Oberkante der Umfassungsmauer künstlich herabgedrückten Dachgesimse bemessen ist, sind zurückzuweisen.

Dacherker werden, wenn sie auf die Frontmauer aufgesetzt sind, nach dem Durchschnitt ihrer Fläche in die zulässige Gebäudehöhe eingerechnet. Werden sie aber hinter der Frontmauer angebracht, so sind sie in sinngemäßer Weise nach dem Durchschnitt jener Fläche, die sich über die höchst zulässige Dachneigung erhebt in die zulässige Gebäudehöhe einzurechnen. Unter der höchsten zulässigen Dachneigung ist das Profil eines Daches von 60° Neigung zu verstehen, dessen Fuß in der höchsten zulässigen Gebäudehöhe gelegen ist. Es ergibt sich sohin grundsätzlich die gleiche Behandlung der Aufbauten wie nach § 30 Abs. II MBO. Ein Unterschied besteht nur insofern, als die Dächer über der zulässigen Fronthöhe nicht steiler als 45° sein dürfen, während anderseits für Aufbauten eine Überschreitung der gesamten zulässigen Frontfläche um 10% zugelassen ist. ME. vom 27. Aug. 1897 Nr. 11005. Bezüglich der Genehmigungspflicht vgl. § 7 Anm. 2.

§ 26.

I Die Abteilung der Gebäude in Stockwerke muß in vollkommen sicherer Weise durch Einwölbung[1]) oder entsprechend starke Balkenlagen[2]) geschehen.

II Die Balken dürfen nicht weiter auseinander gelegt werden, als nach deren Tragkraft und mit Rücksicht auf den Zweck des Gebäudes zulässig ist.

III Dieselben müssen genügend oft auf Tragmauern oder festen Durchzügen ruhen[3]).

IV Wenn zur Scheidung der Stockwerke in Gebäuden mit Feuerstätten nicht wegen besonderer Verhältnisse Einwölbung angeordnet wird, müssen die zur Abteilung der Stockwerke dienenden Balkenlagen in den mit Feuerstätten versehenen Lokalitäten entweder Weißdecken[4]) oder Holzdecken mit an den Fugen aufgenagelten Leisten erhalten[5]).

V Zwischen diesen Decken und den Fußböden der unmittelbar darüber befindlichen Räume sind Fehlböden anzubringen und diese Fehlböden nach erfolgtem Verstriche der Fugen 6—8 cm hoch mit reinem, trockenem und unverbrennlichem Material auszufüllen; Urbau[6]) darf hiezu nicht verwendet werden.

VI Auf gleiche Weise oder durch einen Estrichboden sind auch die Speicherräume von den unmittelbar darunter liegenden Räumen mit Feuerstätten zu trennen.

VII Die Vorschriften der Abs. V und VI sind für Bauten in Märkten und auf dem Lande sowie für Kleinhausbauten (§ 14 Abs. III) nicht bindend[7]).

1. Zur Überdeckung von allen möglichen Räumen dienen Gewölbe. Darunter sind Steindecken zu verstehen, die aus einzelnen sich keilförmig zwischen zwei feste Widerlager (Begrenzungsmauern oder Pfeiler) verspannenden Steinen zusammengesetzt sind und die vermöge der Gestalt und der Zusammenfügung der Steine freischwebend über den Raum erhalten werden. — S. auch §§ 28 Abs. I; 46 Abs. VII; 47 Abs. II und III b; 48 c.

Bezüglich der Ausführung ebener Steindecken vgl. oberpol. Vorschriften vom 12. Febr. 1926 (GVBl. S. 256, abgedruckt im Anhang).

2. Wie stark die Balkenlage zwischen den einzelnen Geschossen sein muß, bestimmt sich nach dem für sie zu verwendenden Material sowie vor allem auch nach der Länge, auf die sie frei zu tragen hat. Die Anbringung von Glasdecken in den Zwischengebälken ist nicht ausgeschlossen.

Bezüglich der Stockwerkstrennung von Waren- und Geschäftshäusern vgl. Anweisung A I 5 ff. und B I 1.

3. Das Auflagern von Trägern von Massivdecken auf eine Feuerungskaminmauer, sowie das Hindurchführen solcher Träger durch eine Kaminmauer kann nur gestattet werden, wenn die Kaminwand durch ein entsprechend starkes Backsteinmauerwerk (Pfeilervormauerung) getrennt wird. Vgl. § 17 Anm. 7.

4. Weißdecken (Plafond) aus Kalk oder Gips. — Laut ME. vom 4. Juli 1929 darf Heraklith als Ersatz für Weißdecken verwendet werden. (S. ME. oben abgedruckt bei § 13.) Das Heraklith muß 15 mm stark verputzt sein.

5. Mit ME. vom 11. Mai 1911 Nr. 4071 b 22 wurde die Gipsstuckdecke der Firma Burkard Schmitt in Würzburg DRP. 199 410 als Ersatz von Weißdecken mit Fehlboden zugelassen: nach ME. vom 21. Okt. 1911 Nr. 4071 b 62 ist die Holzbalkendecke von Dressel, Gera, als Ersatz der vorgeschriebenen Abscheidung der Stockwerke zugelassen. Doch bleibt es der Würdigung der Baupolizeibehörde überlassen, im Einzelfalle je nach den in bezug auf Feuer und Standfestigkeit zu stellenden Anforderungen noch besondere Bedingungen zu stellen oder die Verwendung der Deckenkonstruktion gänzlich zu verbieten. — Als Ersatz für Vollbalkendecken bis 6 m Spannweite wird Gumperts Bogenbalkendecke widerruflich zugelassen. Eine Belastung der Bogenbalken durch Leichtsteinwände, Dachstuhlsäulen usw. ist unzulässig. ME. vom 14. Febr. 1919. (Vgl. Loesti S. 6.) Die von der Terrastgesellschaft Hannover hergestellten Terrastdecken über Balkenlagen wurden unter der Bedingung zugelassen, daß im einzelnen Fall jeweils der Nachweis der Stabilität der Decke erbracht wird und daß das die Terrastdecke tragende Holzgebälke an seiner unteren Seite mit einer Mörteldecke versehen wird. ME. vom 3. Aug. 1909 MABl. S. 646.

Die ME. vom 25. Aug. 1904 MABl. S. 348 läßt Betondecken nach dem System der Firma Kuhe u. Co. Köln (DRGM. 182 100 und 229 251) zur Verwendung als Ersatz für die in Abs. IV und VI vorgeschriebenen Deckenkonstruktionen mit der Maßgabe zu, daß die

Anbringung von Fehlböden entfallen kann, jedoch muß der Zwischenraum zwischen Decke und Fußboden bis zur Balkenoberkante mit unverbrennlichem Material ausgefüllt werden. Die Art des Füllmaterials bestimmt sich nach der Anordnung der Baupolizeibehörde.

Nach der schon gen. ME. vom 4. Juli 1929 wird die Verwendung der Heraklith-Bauweise als Ersatz für die nach § 26 vorgeschriebenen Fehlbodenkonstruktionen mit Sandauffüllung gestattet.

6. Vgl. Anm. 5 am Ende. — Der Herstellung von Zwischenfüllungen ist besonderes Augenmerk zur Vermeidung von Krankheitsherden zu schenken. Nur beispielsweise ist hier die Verwendung von Urbau verboten; hierunter versteht man Schutt vom Abbruch alter Gebäude, unter denen sich besonders leicht Ungeziefer und Fäulnisstoffe befinden können. In § 33 Abs. I MBO. ist besonders hervorgehoben, daß die Verwendung von organischen Stoffen, Bauschutt, Kehricht, Asche, Lösch usw. als Füllmaterial zu unterlassen ist. Als beste Zwischenfüllungen kommen klein geschlagene, vom Staub gereinigte Steine in Betracht, ferner Gipsdielen, Korksteine, Kalktorf, Kieselguhr, grober oder feiner Sand oder Kies in reinem oder geglühtem Zustand, Spreutafeln.

Torfmull darf als Auffüllung nicht verwendet werden, weil es nicht unverbrennlich ist. ME. vom 13. Sept. 1928 Nr. 3671 b 28. — Über die Verhütung von Fehlbodenbränden vgl. ME. vom 29. Dez. 1914 (MABl. S. 463). —

7. Daß aber trotzdem den Rücksichten der Feuersicherheit und Gesundheit Rechnung zu tragen ist, braucht nicht näher ausgeführt zu werden.

Die Worte „soweit für Kleinhausbauten" wurden eingeführt durch V. vom 10. Juli 1918.

§ 27.

Die Fußböden der ebenerdigen Wohn- und jener Arbeitsräume eines neuen Gebäudes, bei welchen es der Betrieb des Geschäftes zuläßt[1]), müssen das Niveau des anstoßenden natürlichen Geländes mindestens um 0,30 m überragen und es kann, wenn es nach der Bodenbeschaffenheit aus gesundheitspolizeilichen Rücksichten notwendig erscheint, auch verlangt werden, daß solche Fußböden, insoweit sie nicht unterkellert sind, entweder um mehr als 0,30 m über das natürliche Gelände gelegt oder von demselben durch eine Betonlage isoliert werden[2]).

1. Bei welchen Wohn- und Arbeitsräumen eines neuen Gebäudes der Geschäftsbetrieb die Höherlegung der Fußböden gestattet, bestimmt sich von Fall zu Fall. Nach allgemeiner An-

schauung fallen Läden und Wirtschaften nicht hierunter zwecks Ermöglichung einer möglichst bequemen und verkehrssicheren Zugänglichkeit von der Straße aus; ebenso Arbeitsräume, in denen Materialien von großem Umfang oder Gewicht verarbeitet werden. Wegen der derzeitigen Wohnungsnot dürfte sich beim Einbau von **Not**wohnungen in Erdgeschossen manchesmal eine geringere Fußbodenhöhe statt der vorgeschriebenen 30 cm über der Höhenlage des anstoßenden Grundes wohl kaum umgehen lassen, vorausgesetzt, daß die in Betracht kommenden Räumlichkeiten unterkellert sind und mit einem Fußbodenbelag aus Holz oder in bezug auf Wärmehaltung gleichwertigen Baustoff versehen werden. — Vgl. auch Anm. 2.

2. Die MBO. § 34 verlangt in diesem Falle, daß die Fußböden und ihre Lager durch eine 0,15 m hohe Betonlage oder in anderer gleich wirksamer Weise vom Erdboden isoliert werden. —

Wenn auch § 27 vor allem nur von neuen Gebäuden spricht, so ist er doch auch auf alte Gebäude anzuwenden, wenn bisher zu Wohn- und Arbeitsräumen nicht verwendete, nicht unterkellerte Räume zu genanntem Zweck benutzt werden sollen. — Bezüglich der Beschaffenheit des Bauplatzes vgl. auch § 5 Abs. I BO.

§ 28.

I Unter Wohnräumen befindliche Keller, Stallungen, Futterräume und Waschküchen, dann Lokale mit starken Feuerungen müssen eingewölbt[1]) werden und es ist bei denselben weiter noch für den nötigen Luftwechsel durch Anlage entsprechender Vorrichtungen zu sorgen.

II In Märkten mit nicht geschlossener Bauweise und auf dem Lande kann bei kleineren unter Wohnräumen befindlichen Stallungen oder Futterräumen (nicht über 30 qm Grundfläche) von Einwölbung Umgang genommen werden; dieselben müssen aber von den Wohnräumen durch Weißdecken, Lehmwickeldecken oder Holzdecken mit an den Fugen aufgenagelten Leisten abgeschieden werden.

III Bei Kleinhausbauten (§ 14 Abs. III) kann für Keller und Waschküchen unter Wohnräumen statt Einwölbung eine Holzbalkenlage mit Fehlboden und Weißdecke oder eine gleichwertige Bauart zugelassen werden[2]).

1. Da Holzdecken einen vollwertigen Ersatz für Massivdecken nicht bieten, ist ihre allgemeine dispensweise Zulassung nicht angängig. ME. vom 19. Juni 1909 Nr. 10302. Einwölbungen zwischen Holzbalken sind als unzulässig zu erachten, nicht aber sonstige Massivdecken. Im übrigen ist die Einwölbung der genannten Räume nur verlangt, soweit über diesen Räumen sich Wohnräume befinden. Ob das Gebäude auch Wohnzwecken dient, ist ohne Belang. Den Wohnräumen sind auch solche Räume gleich zu achten, die zum dauernden Aufenthalt von Menschen bestimmt sind. Zulässige Ausnahmen in Abs. II, III.

2. Abs. III ist durch V. vom 10. Juli 1918 hinzugefügt worden. Es ist besonderes Augenmerk darauf zu richten, daß die Feuchtigkeit nicht dem Holzwerk schaden und nicht in die Wohnräume dringen kann.

6. Höhe und Fenster der Wohn- und Arbeitsräume.

§ 29 [1]).

I Die lichte Höhe der Wohnräume oder der Arbeitsräume muß bei Neubauten, bei neuen An- oder Aufbauten sowie beim Umbau bestehender Gebäude in Städten mit mehr als 10000 Einwohnern auf mindestens 2,60 m bemessen werden. In den anderen Städten und in Märkten mit geschlossener Bauweise genügt eine Höhe von 2,40 m, in anderen Orten eine solche von 2,20 m. Bei Gebäuden, die nur Kleinwohnungen im Sinne des § 62 Abs. VI Ziff. 2 enthalten, sowie bei Kleinhausbauten (§ 14 Absatz III) genügt in Städten und in Märkten mit geschlossener Bauweise für alle Wohngeschosse eine lichte Höhe von 2,30 m [2]).

II Bei den in Abs. I bezeichneten Bauführungen muß jeder Wohnraum [3]), jedes Schlafgemach, jede Küche und jeder Abtritt mindestens ein unmittelbar in Freie gehendes Fenster [4]) von ausreichender Größe [5]) und entsprechender Lage [6]) erhalten.

1. § 29 Abs. I wurde durch die V. vom 10. Juli 1918 geändert. Die frühere Bestimmung in der Fassung vom 3. Aug. 1910 lautete: „Die lichte Höhe der Wohnräume und der Arbeitsräume muß bei Neubauten, bei neuen An- oder Aufbauten sowie beim Umbau bestehender Gebäude auf mindestens 2,60 m in Städten mit mehr als 10000 Einwohnern, 2,40 m in anderen Städten, dann bei Kleinwohnungsbauten (§ 62 Abs. IV Ziff. 2) auch in Städten mit mehr als 10000 Einwohnern, endlich in Märkten mit geschlossener Bauweise, 2,20 m in anderen Orten bemessen werden."

Diese Vorschriften sind gesundheitlicher Natur. Sie gelten nur für Wohnräume und Arbeitsräume, nicht aber für Lagerräume und sonstige unheizbare Räume. Ein Unterschied zwischen Arbeitsräumen, die nur zu vorübergehendem Aufenthalt von Personen bestimmt sind und solchen, die zum dauernden Aufenthalt von Personen dienen, wird nicht gemacht. Es kann auch kein Unterschied dahin gemacht werden, ob die Arbeitsräume gewerblichen oder hauswirtschaftlichen Zwecken dienen. Allenfallsige Härten, die aus dieser Auffassung entstehen können, lassen sich unter Umständen vermeiden. Vgl. §§ 55, 57, 65 Abs. II BO.

Soweit durch V., durch ober- oder ortspolizeiliche Vorschriften weitergehende Bestimmungen über die Beschaffenheit von Wohnungen und Wohnräumen erlassen werden, sind diese bei Würdigung der Baugesuche zu beachten. (Art. 73 Abs. II PStGB.) Vgl. auch § 10 Abs. I der V. vom 10. Febr. 1901 die Wohnungsaufsicht betr.: „Alle Wohnräume, welche als Wohn-, Schlaf- oder Arbeitsräume benutzt werden, sollen hinreichend Luft und Licht, und zwar in der Regel aus dem Freien erhalten."

Im übrigen sind für Kellerwohnungen und Dachwohnungen in § 33 Ziff. 2 und § 34 Ziff. 1 besondere Vorschriften enthalten. — Vgl. ferner §§ 120a, 120b, 120d, 120e und § 147 Abs. I Ziff. 4 GewO. bezüglich der gewerblichen Arbeitsräume. —

2. Durch die weitere Spezialisierung, wie sie durch die V. vom 10. Juli 1918 erfolgt ist, soll vor allem durch Kosteneinsparung das Kleinwohnungswesen in möglichst entgegenkommender Weise gefördert werden.

3. Aus dem Zusammenhang ergibt sich, daß unter „Wohnraum" auch Arbeitsraum zu verstehen ist. Es handelt sich nicht nur um die von Menschen bewohnten sondern überhaupt um die von ihnen im obigen Sinne benutzten Räume.

4. Die Frage, ob § 29 der Errichtung von geschlossenen Veranden vor den Fenstern von Wohn- oder Schlafräumen usw. überhaupt entgegensteht, ist zu verneinen, vorausgesetzt, daß den dahinter liegenden Räumen genügend Licht- und Luftzutritt ermöglicht ist und feuerpolizeiliche Bedenken nicht entgegenstehen. ME. vom 15. Febr. 1893 Nr. 2430.

§ 29 verlangt ferner, daß jeder Abtritt mindestens ein unmittelbar ins Freie gehendes Fenster erhält. Die Einschiebung von Speisen zwischen Abort- und Umfassungsmauer ist daher nicht zuzulassen, schon aus Gründen der Gesundheit und Reinlichkeit. Mit Rücksicht auf die gesundheitlichen Bedenken, die bei dem derzeitigen Wohnungselend besonders betont werden müssen, sowie auf die ebenfalls wegen der Überfüllung der Wohnungen mit Hausrat usw. zu befürchtende mißbräuchliche Verwendung des Luftschachtes als Lager- und Aufbewahrungsraum und auf die Schwierigkeit der Öffnung und Schließung der Fenster vom Abort aus ist allen solchen Bestrebungen bei Neubauten unter allen Umständen entgegenzutreten. Diese Anschauung ist in verschiedenen ME. vertreten. Vgl. z. B. aut. ME. vom 7. Jan. 1900 Nr. 27947;

dann ME. vom 28. Febr. 1914 Nr. 4090 a 11. Es liegt vielmehr eine Verletzung der BO. vor, wenn zugelassen wird, daß entgegen der ausdrücklichen Bestimmung des § 29 Abs. II die Aborte nicht unmittelbar ins Freie gehende Fenster erhalten. Die aut. ME. vom 16. Juli 1925 Nr. 3667 c 5 erklärt besonders, daß die in der oben angeführten ME. vom 7. Jan. 1900 Nr. 27974 enthaltenen Bestimmungen auch heute noch grundsätzlich Beachtung finden müssen. Aus dem der ME. beigegebenen Gutachten ist zu entnehmen: Der Einbau von Speisekammer zwischen Abort und Außenmauer hat eine wesentliche Beeinträchtigung der natürlichen Belichtung und der Lüftung des Abortes zur Folge und damit beachtliche Nachteile. Die Nachteile sind gemindert, wenn lediglich ein Speiseschrank an dieser Stelle eingebaut wird. Der Anreiz zu einer Lagerung von Gegenständen in dem Belichtungs- und Lüftungsraum dürfte hier in erhöhtem Maße gegeben sein, besondere Vorkehrungen hiergegen z. B. Neigung der Zwischendecke wären zu erwägen.

Bezüglich der Städte und Märkte mit geschlossener Bauweise vgl. § 54 Abs. III.

Das Fenster hat unmittelbar ins Freie zu gehen. Dies ist auch der Fall bei Fenstern, die auf einen Lichthof ausmünden, wenn dieser nicht mit einem Glasdach versehen ist, sowie bei Fenstern, die Licht und Luft von einer offenen, nicht verschließbaren Veranda oder Loggia erhalten.

Bezüglich der Aborte in Wirtschaften ist noch zu beachten:

„Die Aborte müssen in möglichster Nähe der Wirtschaftsräume angelegt werden und zwar, wenn erforderlich, für Männer und Frauen, dann für die Gäste und die Wirtsfamilie getrennt, in Gastwirtschaften auch in den oberen Stockwerken. Die Aborträume müssen genügend groß, hell, luftig und beleuchtbar sein; auf ihre Reinhaltung ist strengstens zu achten. Abortanlagen dürfen nicht an oder in der Nähe der Baulinie oder Baufluchtlinie sein." § 10 Abs. VI der ME. vom 30. Dez. 1909 Wirtschaftsgewerbe betreffend, MABl. 1910 S. 1. Ferner:

„Fremdenzimmer und Nebenräume, besonders Schankräume, Küchen, Vorratsräume, Keller (auch Wirtschaftsgärten) müssen den Bedürfnissen entsprechend eingerichtet, von den Wohn- und Schlafräumen der Wirtsfamilie und von den anderen Zwecken dienenden Räumen gehörig abgesondert sein." § 10 Abs. IV der gen. ME. vom 30. Dez. 1909.

5. Ein Maß für die Größe des Fensters ist nicht vorgeschrieben. Es bleibt dies dem Ermessen der Baupolizeibehörde überlassen.

6. Da die bezeichneten Räume ein Fenster von ausreichender Größe und entsprechender Lage erhalten müssen, würde es nicht

genügen, wenn Arbeitsräume und Wohnräume, wozu auch Küchen gehören, nur ein Fenster von gewöhnlicher oder bescheidener Größe haben, das den Bestimmungen des Art. 62 AB.BGB. entspricht. Ein Ausweg wäre dann möglich, wenn der bewegliche Teil solcher Fenster entweder vergrößert oder der Raum nicht als Wohnraum, Schlafgemach oder Küche verwendet wird.

7. Dachungen.

§ 30[1]).

I Die Stärke des Dachstuhlgebälkes, dann die Form und Höhe der Dächer muß nach Lage, Höhe, Tiefe, Breite und Tragkraft der Gebäude, sowie mit Rücksicht darauf bemessen[2]) werden, daß nicht eine übermäßige Höhe bei entstehendem Feuer die Gefahr vermehre[3]).

II Über der zulässigen Fronthöhe der Gebäude dürfen die Dächer nicht steiler als 60° sein[4]).

1. Das Dach bildet einen wesentlichen Bestandteil des Hauses: es ist wichtig für die Erfüllung der wirtschaftlichen Anforderungen und für die Dauer des Gebäudes und ist bestimmend für die Form und Wirkung des Baukörpers. Da die Art seiner Ausführung von großer Wichtigkeit für die Höhe der Baukosten und des späteren Unterhaltungsaufwandes ist, muß auf seine richtige Konstruktion und sorgfältige Ausführung, auf seine zweckentsprechende Form ganz besonders gesehen werden.

2. Soweit Genehmigungspflicht vorliegt, erfolgt die Bemessung der Stärke des Dachstuhlgebälkes der Form und Höhe der Dächer durch die Baupolizeibehörde. Vgl. hiezu § 6 Abs. I, § 7 Ziff. 1 und 4; soweit baupolizeiliche Genehmigung nicht durch andere Bestimmungen vorgeschrieben ist, kann auf die Bestimmung des § 30 eine solche nicht begründet werden. Doch ist darauf hinzuweisen, daß gem. § 12 Abs. II die in den bestehenden Verordnungen oder ortspolizeilichen Vorschriften begründeten baupolizeilichen Anordnungen auch bei solchen Bauten eingehalten werden müssen, zu deren Herstellung, Reparatur oder Abänderung eine polizeiliche Genehmigung oder eine vorgängige Anzeige nicht erforderlich ist. Hieraus ergibt sich, daß auch die Vorschriften des § 30 bei solchen Bauvornahmen zu beachten sind.

Die Baupolizeibehörde wird bezüglich der Form des Daches und des zu verwendenden Dachmateriales nur da beanstanden, wo es das architektonische oder landschaftliche Bild stört oder nicht heimisch ist, soweit gemäß Art. 101 Abs. 3 PStGB. entsprechende baupolizeiliche Vorschriften für Verschönerung oder zum Schutz von Architektur- und Landschaftsbildern vorhanden sind. Doch dürfen die hierauf gegründeten Abänderungen des Bauplanes die Kosten der Bauführung nicht wesentlich vermehren. Vgl. auch § 53 Abs. 4 BO., der in dieser Beziehung eine besondere Bestimmung für Städte von mehr als 20000 Seelen enthält.

3. Bezüglich der Höhe der Gebäude vgl. § 25 Abs. I, wo auch verlangt wird, daß die Anwendung der Feuerlöschgerätschaften gesichert erscheint; bezüglich der Auflegung des Dachfußes auf Brandmauern vgl. § 16 Ziff. 2.

4. Das über dem Dachgesimse beginnende Dach, für welches ein Winkel von nicht über 60° vorgeschrieben ist, umschließt den Dachraum, der unter Umständen bei sehr flachen Dächern auf Null reduziert werden kann.

Als Dachraum im Sinne der BO. kann nur der Raum in Frage kommen, der sich über dem Dachgebälke befindet und auch wie bei Kniestöcken unterhalb des Dachgesimses liegen kann. Senkrechte Dachwände (Umfassungen) sind hier ganz ausgeschlossen, da die Dächer über der zulässigen Fronthöhe der Gebäude, die durch den Dachfuß — Dachgesims — markiert werden, nicht steiler als 60° sein dürfen. Räume mit senkrechten Umfassungen und horizontaler Decke sind, wenn letztere in der Ebene oder unterhalb des Dachfußes liegt, als Stockwerk zu betrachten und als solche baupolizeilich zu behandeln.

Unter der zulässigen Fronthöhe können an sich Dächer steiler als 60° sein, vorausgesetzt, daß sie sich innerhalb der zulässigen Dachneigung bewegen. Vgl. hiezu § 25. — Durch ortspolizeiliche Vorschriften usw. kann aber bestimmt werden, daß auch Dächer unter der zulässigen Fronthöhe nicht steiler als 60° sein dürfen. Vgl. § 2 Abs. II BO.; Art. 101 PStGB.

§ 41 MBO. schreibt noch vor: „Dächer mit mehr als 10° Steigung sind mit entsprechenden Schneefängen zu versehen." Nach § 9 Abs. 2 der Unfallverhütungsvorschriften für Hochbau (GVBl. 1909 S. 655) sind beim Neubau von drei- und mehrgeschossigen Gebäuden mit harter Dachung Schneefanggitter und bei Dächern, deren Steigung mehr als 30° beträgt, auch Dachhaken in genügender Zahl und in solcher Beschaffenheit anzubringen, daß sie die mit Ausbesserungsarbeiten beschäftigten Arbeiter zu tragen vermögen. Bei Turmdächern, an denen Schneefanggitter nicht angebracht werden können, sind mindestens genügend starke Dachhaken vorzusehen.

§ 31.

I Zur Eindeckung der Gebäude darf im allgemeinen vorbehaltlich der in Abs. V und § 56 zugelassenen Ausnahmen nur feuersicheres[1]) Material verwendet werden.

II Diese Bestimmung ist vorbehaltlich der erwähnten Ausnahmen auch für bestehende Gebäude maßgebend, wenn an denselben eine Erneuerung oder konstruktive Änderung des Dachstuhls vorgenommen, oder wenn mindestens die Hälfte einer Dachseite[2]) neu eingedeckt wird und die baulichen Zustände des Gebäudes die Eindeckung mit ortsüblichem feuersicheren Material gestatten.

III Insoferne nach vorstehendem die Reparatur oder teilweise Erneuerung einer nicht feuersicheren Eindeckung zulässig ist, sind die Strohdächer den Schindeldächern gleich zu achten[3]).

IV Bei neuen Ziegeldachungen sind Unterlagen von sog. Strohfiedern unzulässig[4]).

V Für die in § 6 Abs. II bezeichneten Bauten ist in den betreffenden Ortschaften[5]) die Eindeckung mit nicht feuersicherem Material gestattet, wenn dieselben nicht mehr als 30 qm Grundfläche einnehmen oder außerhalb[6]) der Ortschaften aufgeführt werden; Ziegeltrockenstädel sind jedoch auch in letzterem Falle feuersicher einzudecken.

1. Im Gegensatz zu dem Begriff „unverbrennlich", der sich unter allen Umständen gleichbleibt, verlangt der Begriff „feuersicher" lediglich, daß das zur Verwendung gelangende Material Schutz gegen das Umsichgreifen des Feuers gewährt. Die BO. selbst bestimmt nicht, welches Material als feuersicher zu betrachten ist. Die Entscheidung hierüber steht im allgemeinen der Baupolizeibehörde zu. Vgl. die Anm. 2 zu § 13.

Im allgemeinen muß es den Beteiligten überlassen bleiben, der Baupolizeibehörde nachzuweisen, daß die zu verwendende Dachdeckung den zu stellenden Anforderungen entspricht.

Als feuersicheres Material gelten Steine, Ziegel, Schiefer und Metall. Holzzement und Dachpappe können hierfür gelten, wenn sie mit einer feuersicheren Schutzdecke versehen werden, ferner auch andere Stoffe, welche dauernd einen gleichen Schutz gegen Feuerübertragung gewährleisten (vgl. bad. BO. § 68).

Als sog. harte Bedachungen im Sinne des Art. 58 Brandversicherungsgesetzes, die den Grundsätzen der MBO. vom 13. Nov. 1916 (MABl. S. 285) entsprechen, werden laut ME. vom 13. Jan. 1917 (Loesti S. 7) und MB. vom 26. Jan. 1928 (StAnz. Nr. 22) zugelassen:

A. Teer- und Asphaltpappen:

1. Pappoleinklebedach der Dessauer Dachpappen- und Teerproduktenfabrik Röpert & Mathis in Dessau.

2. Koriatdachpappe von A. Jonthof-Hutter & Co., Hamburg.
3. Asphaltinpappe von C. F. Weber A.-G., Bamberg.
4. Lindolitdach von F. Lindenberg, G. m. b. H., Stettin.
5. Asphaltpappe von Büscher & Hoffmann, G. m. b. H. Regenstauf.
6. Teerdachpappe von A. F. Malchow, Dachpappenfabrik in München.
7. Durescopappe von J. Steindler & Co., Altona-Ottensen.
8. Asphaltpappe von Osk. Wollner, Ölsnitz i. Vogtland.
9. Asphaltpappe von J. G. Doerer, Nürnberg.
10. Ankerdachpappe von Hermann Paul, Breslau, mit ME. vom 19. Febr. 1918 Nr. 7109 a 1.
11. Tropenoldachpappe von Schatz & Hübner, G. m. b. H., Hamburg, mit ME. vom 19. Febr. 1918 Nr. 7109 a 1.
12. Teerdachpappe von Peter Beck, Nürnberg-Doos, mit ME. vom 14. Jan. 1920 Nr. 7109 a 1.
13. Dachpappe von E. Hugo Sorg & Co., Saarbrücken, mit ME. vom 14. Mai 1921 Nr. 7109 a 3.
14. Teerdachpappe von Chemische Fabriken Worner A.-G., mit ME. vom 28. Mai 1921 Nr. 7109 a 5.
15. Asphaltdachpappe von Philipp Winkal, Weinsheimerzollhaus, mit ME. vom 30. Aug. 1921 Nr. 7109 a 7.
16. Asphaltfilzpappe von M. Faist, Asphaltfilzfabrik, Krumbach, mit ME. vom 30. Okt. 1922 Nr. 4595 a 4.
17. Dachpappe von Wilhelm Burk in Dorf bei Stuttgart — Prüfungszeugnis der Technischen Hochschule München vom 12. April 1923 —, mit ME. vom 29. Mai 1923 Nr. 4595 a 7; vgl. auch für die folgenden Nrn. MB. vom 26. Jan. 1928 (StAnz. Nr. 22).
18. Asphaltdachpappe von Wilhelm von Sperl, Hof a. d. Saale — Prüfungszeugnis der Landesgewerbeanstalt vom 15. Aug. 1923 —, mit ME. vom 8. Jan. 1924 Nr. 4595 a 13.
19. Bekieste Teerdachpappe von A. W. Andernach in Beuel a. Rh. — Prüfungszeugnis der Technischen Hochschule München vom 31. Mai 1927 —, mit ME. vom 8. Aug. 1927 Nr. 4595 a 3.

B. Teer- und asphaltfreie Pappen:

1. Irispappe von Otto Herr & Co., Hamburg, mit ME. vom 13. Jan. 1917 Nr. 7109 a 7.
2. Berusinpappe von Büscher & Hofmann, G. m. b. H., Regenstauf, mit ME. vom 13. Jan. 1917.
3. Ruberoidpappe von Ruberoidwerke A.-G., Hamburg, mit ME. vom 13. Jan. 1917.
4. Strapazoidpappe von A. W. Andernach, Beuel a. Rh. mit ME. vom 13. Jan. 1917.
5. Ataladachpappe der Atala-Bauartikelgesellschaft, Berlin-Charlottenburg, mit ME. vom 13. Jan. 1917.

6. Asphaltolytdachpappe von Röpert & Mathis, Dessau, mit ME. vom 1. Mai 1917 Nr. 7109 a 3.
7. Bitumitittdachpappe von J. A. Braun, Stuttgart-Cannstadt, mit ME. vom 11. Juni 1920 Nr. 7109 a 4.
8. Rexitekt-Dachpappe von C. F. Weber, Vereinigte Dachpappenfabriken, Ab. Bamberg, mit ME. vom 23. Dez. 1920 Nr. 7109 a 4.
9. Tropemiapappe der Chemischen Fabrik Worms a. Rhein, mit ME. vom 28. Mai 1921 Nr. 7109 a 5.
10. Bonitekt-Dachpappe von C. F. Beer Söhne in Köln a. Rh. — Prüfungszeugnis der Technischen Hochschule München vom 20. Nov. 1923 —, mit ME. vom 29. Dez. 1923 Nr. 4595 a 12.
11. Argyrotekt-Dachpappe der Argyrotekt Dach- und Isolierpappen G. m. b. H., Berlin-Zschopau i. S. — Prüfungszeugnis der Technischen Hochschule München vom 18. Juni 1924 —, mit ME. vom 28. Juni 1924 Nr. 4595 a 4.
12. Wernerit-Dachpappe von Hermann Werner & Co., G. m. b. H. in Zittau i. S. — Prüfungszeugnis der Technischen Hochschule München vom 25. März 1925 —, mit ME. vom 6. April 1925 Nr. 4595 a 1.
13. Aweka-Dachpappe von August Wegelin A.-G. in Kalscheuren-Köln — Prüfungszeugnis der Technischen Hochschule München vom 4. Aug. 1925 —, mit ME. vom 29. Aug. 1925 Nr. 4595 a 2.
14. Teerfreie Dachpappe von Gebrüder Braun in Ulm a. Donau — Prüfungszeugnis der Technischen Hochschule München vom 28. April 1926 —, mit ME. vom 17. Mai 1926 Nr. 4595 a 1.
15. Durumfix-Dachpappe der Asphalt- und Durumfixwerke G. m. b. H., Essen — Prüfungszeugnis der Technischen Hochschule München vom 21. Jan. 1927 —, mit ME. vom 20. April 1927 Nr. 4595 a 2.
16. Strapazoid-Dachpappe von A. W. Andernach in Beuel a. Rh. — Prüfungszeugnis der Technischen Hochschule in München vom 31. Mai 1927 —, mit ME. vom 8. Aug. 1927 Nr. 4595 a 3.
17. Tropenstrapazoid-Dachpappe von A. W. Andernach in Beuel a. Rhein — Prüfungszeugnis der Technischen Hochschule in München vom 31. Mai 1927 —, mit ME. vom 8. Aug. 1927 Nr. 4595 a 3.
18. Emed-Strapazoid-Dachpappe von A. W. Andernach in Beuel a. Rhein — Prüfungszeugnis der Technischen Hochschule in München vom 31. Mai 1927 —, mit ME. vom 8. Aug. 1927 Nr. 4595 a 3.
19. Emed-Alu-Strapazoid-Dachpappe von A. W. Andernach in Beuel a. Rhein — Prüfungszeugnis der Technischen Hochschule in München vom 31. Mai 1927 —, mit ME. vom 8. Aug. 1927 Nr. 4595 a 3.

20. Bitua-Dachpappe von A. W. Andernach in Beuel a. Rh. — Prüfungszeugnis der Technischen Hochschule in München vom 31. Mai 1927 —, mit ME. vom 8. Aug. 1927 Nr. 4595 a 3.

Ausgeschlossen von der Verwendung zur Eindeckung sind gem. ME. vom 1. Febr. und 14. Dez. 1901 MABl. S. 68 und 573 solche Dachziegel, die aus porösem Zement hergestellt und in Teer getaucht oder allseitig mit Teer bestrichen sind. — Bezüglich der Forderung der Unterlegung vgl. § 16 Ziff. 2 Die Gebäude mit Lichtspieltheatern müssen harte Dachungen haben. § 9 der V. vom 20. April 1926 (GVBl. S. 299) über die Sicherheit bei Lichtspielvorführungen (s. V. Teil).

Heraklith darf laut ME. vom 1. Juli 1929 (MABl. S. 63, abgedr. § 13) zur Unterlage für eine als feuersicher anerkannte Dacheindeckung verwendet werden (s. im übr. die gen. ME.).

2. Unter Dachseite versteht man die Dachfläche, welche einer einzelnen Dachstuhlseite entspricht. Nach der Konstruktion des Dachstuhles ergibt sich demnach auch die Zahl der Dachseiten, je nachdem ein Sattel- oder Walm- oder Pultdach vorliegt. ME. vom 3. Okt. 1881 Nr. 12 905.

3. Wenn auch mit dieser Bestimmung den Bestrebungen des Heimatschutzes auf Erhaltung von Strohdächern ein Entgegenkommen gezeigt wird (ME. vom 11. Nov. 1909 Nr. 30320), wünschenswert erscheint dieses Material für die Eindeckung von Gebäuden mit Rücksicht auf die große Feuersgefahr nicht.

4. Als Unterlagematerial, nicht aber als Deckmaterial ist daher auch Heu oder Moos zulässig. Vgl. ObstLG. München 7 S. 153.

5. Also dürfen in Städten nur Bauten mit Kegelstätten, Sommerhäuschen ohne Feuerungsanlagen, offene Schutzdächer, unheizbare Federviehställe, Taubenschläge und dergleichen geringfügige Bauwerke für wirtschaftliche Zwecke mit weichen Dächern versehen werden. Dazu kommen noch in Märkten oder auf dem Lande die in § 6 Abs. II Buchst. b näher bezeichneten Bauten.

6. Bezüglich des Begriffs „außerhalb der Ortschaften“ vgl. § 6 Anm. 21, 22.

§ 32 [1]).

I Bei Dachvorsprüngen und bei überhängenden Gespärren dürfen zwischen den Sparren in der Ebene der Umfassungswände keine Öffnungen belassen werden.

II Hölzerne Dachgesimse müssen durch einen Metallüberzug oder durch Mörtelverputz oder feuersicheren Anstrich [2]) gesichert werden und dürfen beim Anschluß an Nachbargebäude mit ihren Holzteilen nicht unmittelbar aneinanderstoßen, sondern müssen beiderseits auf je 0,25 m Länge durch feuersicheres Material getrennt werden. Bei Kleinhausbauten (§ 14 Abs. III) ist die feuersichere Trennung von hölzernen Dachgesimsen beim Anschluß an Nachbargebäude nur bezüglich des Anschlusses an die nach § 40 Abs. III vorgeschriebene Brandmauer notwendig [3]).

III Bei zusammenhängenden Gebäuden in Städten und Märkten [4]) dürfen Dachrinnen nur aus feuersicherem Material hergestellt werden.

1. Von der Bestimmung des § 32 kann gem. § 55 in Märkten mit nicht geschlossener Bauweise und auf dem Lande insoweit Umgang genommen werden, als dies mit Rücksicht auf die Baulinie, die Feuersicherheit und Gesundheit nach den örtlichen Verhältnissen von der Baupolizeibehörde für zuläßig erachtet wird.

2. Feuersichere Anstriche sind solche Anstriche, die die Feuerentzündlichkeit des Holzes herabmindern. Dazu dienen Farben, Silikatfarbe, gesandelte Ölfarbe oder sonstige Flüssigkeiten, z. B. Wasserglas, Carbolineum.

3. Letzter Satz wurde angefügt durch die V. vom 10. Juli 1918.

4. Demnach sind auf dem Lande hölzerne Dachrinnen zuläßig. Vgl. hiezu auch § 16 Ziff. 6 Satz 2.

8. Kellerwohnungen.

§ 33 [1]).

I Neue Kellerwohnungen dürfen [2]) nur bei günstigen Bodenverhältnissen und in der Regel nur in solchen Straßen [3]), in denen die Höhe der Gebäude die Straßenbreite nicht überschreitet, unter der Voraussetzung hergestellt werden, daß

1. deren Fußböden mindestens 0,50 m über den höchsten Wasserstand [4]) zu liegen kommen;

2. die Wohnräume eine Höhe von mindestens 2,60 m erhalten;

3. die Fensterbrüstungen wenigstens 0,30 m über dem anstoßenden Grunde [5]) oder der Sohle eines gehörig entwässerten Lichtschachtes und die Decken wenigstens 1,50 m über ersterem angebracht werden;

4. die Mauern bei feuchtem Boden durch äußere Isolierungsmauern gegen das Eindringen der Feuchtigkeit geschützt, und die Fußböden auf eine 0,15 m hohe Betonschichte oder ein doppeltes in Zementmörtel gemauertes Backsteinpflaster gelegt werden, endlich

5. [6]) für guten Abfluß des Regenwassers und der Hauswässer vom Gebäude gesorgt ist.

II Die nämlichen Bestimmungen gelten für Küchen-, Arbeits- und Wirtschaftsräume im Kellergeschosse. Für Waschküchen im Kellergeschosse sind sie nur dann anwendbar, wenn es sich um gewerbliche Anlagen handelt [7]).

1. § 55 BO. gestattet für Märkte mit nicht geschlossener Bauweise und auf dem Lande Dispens von den einzelnen Vorschriften des § 33. Doch sind die §§ 10 ff. der V. vom 10. Febr. 1901 die Wohnungsaufsicht betr. zu beachten, wonach alle Räume, die als Wohn-, Schlaf- oder Arbeitsräume benutzt werden sollen, hinreichend Licht und Luft und zwar in der Regel unmittelbar aus dem Freien erhalten und in bezug auf baulichen Zustand, Trockenheit und Reinlichkeit derart beschaffen sein sollen, daß aus ihrer Benützung keine gesundheitlichen Gefahren entstehen.

Im übrigen ist gem. § 7 Ziff. 4 in Märkten mit nicht geschlossener Bauweise und auf dem Lande für die Wohnbarmachung von Räumen im Kellergeschoß baupolizeiliche Genehmigung nicht erforderlich.

2. Als Erdgeschoß gilt nur ein Geschoß, dessen Boden sich dem Erdboden angleicht und es kommt (§ 27 BO.) jene Bezeichnung, soweit Wohn- und Arbeitsräume in Frage stehen, nur einem Geschoß zu, dessen Fußböden die Höhenlage der Umgebung mindestens um 30 cm überragen. Die früheren sog. Souterrainwohnungen bezeichnet die BO. ausdrücklich als Kellerwohnungen. ObstLG. 15 S. 60. Im übrigen ist nach dem Wortlaut die Herstellung von Wohnungen unter dem Erdgeschoß nur ausnahmsweise unter den vorgeschriebenen Voraussetzungen zulässig. Die Baupolizeibehörde hat genau zu prüfen, ob auch die für die Zulässigkeit einer solchen Wohnung notwendigen Voraussetzungen gegeben sind.

3. Darüber, ob solche Kellerwohnungen auch in den Rückgebäuden hergestellt werden dürfen, enthält die BO. keine ausdrückliche Bestimmung; aber derartige Kellerwohnungen können auch an anderen Umfassungen ausnahmsweise zugelassen werden, vorausgesetzt, daß die Entfernung von dem gegenüberstehenden Gebäude der Gebäudehöhe entspricht und mit einem Gleichbleiben dieser Entfernung für die Zukunft zu rechnen ist.

4. Wasserstand, Grund- und Hochwasserstand vgl. § 3 Abs. II.

5. Diese Bestimmung soll einen rein hygienischen Zweck erfüllen. Aus diesem Grunde ist unter dem anstoßenden Grund nur der natürliche Grund sowie die dem Straßenniveau (§ 44 BO.) entsprechend veränderte Höhenlage des natürlichen Grundes, keinesfalls aber eine künstlich hergestellte Vertiefung zwischen Kellerwand und Trottoir zu verstehen.

6. Aus den Ziffern 1—5 ergibt sich, daß Kellerwohnungen, deren Räume nicht nur mit dem Boden, sondern auch mit der Decke vollständig unter der Ebene der Erdoberfläche sich befinden, unzulässig sind. Sie haben wegen der aufsteigenden Erdfeuchtigkeit und der Bodenausdünstungen, ferner wegen ihrer meistens nur mangelhaften Beleuchtung und Lüftung gesundheitliche Nachteile.

7. Letzter Satz wurde auf die V. vom 10. Juli 1918 eingefügt. — Es ist kein Unterschied gemacht, ob die Arbeitsräume nur zum vorübergehenden Aufenthalt von Personen oder zum dauernden Aufenthalt dienen sollen, auch nicht, ob die Arbeitsräume usw. gewerblichen oder hauswirtschaftlichen Zwecken dienen. § 29 und § 33 Abs. II enthalten gesundheitspolizeiliche Vorschriften. — Für Waren- und Geschäftshäuser vgl. Anweisung A I 4, 14, 15, B I 1.

Kellerstallungen sind nicht grundsätzlich ausgeschlossen. Zu verlangen ist größte Reinlichkeit, ständige Zufuhr guter Luft. Als Streu ist möglichst Torfmull zu verwenden. Außerdem sind wasserdichte Böden ohne Holzbrückung, sowie der Anschluß der Stallräume an die öffentliche Wasserleitung und Entwässerung vorzuschreiben zwecks Ermöglichung einer regelmäßigen Durchspülung. ME. vom 24. April 1897 Nr. 1569.

Wegen der Möglichkeit des Erlasses ortspolizeilicher Vorschriften vgl. Art. 94 PStrGB.

Für die Einrichtung von Kegelbahnen unter dem Erdgeschoß dürften auch die Vorschriften des § 33 in Frage kommen.

8. Bei gewerblichen Anlagen sind außerdem noch die Bestimmungen der §§ 120a—c der Reichsgewerbeordnung zu beachten. Dem betreffenden Gewerbetreibenden sind die etwa notwendigen Bedingungen aufzuerlegen, welche zum Schutze der Gesundheit usw. notwendig sind. Die Gewerbeunternehmer sind verpflichtet, die Arbeitsräume usw. so einzurichten und zu unterhalten, daß die Arbeiter gegen Gefahren für Leben und Gesundheit soweit geschützt sind, wie es die Natur des Betriebes gestattet. Insbesondere ist für genügendes Licht, ausreichenden Luftraum und Luftwechsel, Beseitigung des bei dem Betriebe entstehenden Staubes, der dabei entwickelten Dünste und Gase, sowie der dabei entstehenden Abfälle Sorge zu tragen. Ebenso sind diejenigen Vorrichtungen herzustellen, welche vor allem auch gegen die Gefahren, welche aus Fabrikbränden erwachsen können, notwendig sind.

Auch nach § 681 Abs. I BGB. hat der Dienstberechtigte Räume, die er zur Verrichtung der Dienste zu beschaffen hat, so einzurichten und zu unterhalten, daß der Dienstverpflichtete gegen Gefahr für Leben und Gesundheit soweit geschützt ist, als die Natur der Dienstleistung es gestattet.

Vgl. ferner §§ 10f der V. vom 10. Febr. 1901, die Wohnungsaufsicht betr.

9. Dachwohnungen.

§ 34 [1]).

[1] Dachwohnungen oder einzelne heizbare Lokale im Dachraume [2]) sind nur in Gebäuden von nicht mehr als drei Stockwerken über dem Erdgeschoß [3]) und nur unter folgenden Bedingungen [4]) zulässig:

1. Die lichte Höhe solcher Räume muß in Städten mit mehr als 10000 Einwohnern wenigstens 2,50 m und in allen anderen Orten wenigstens 2,30 m betragen und zwar mindestens für die Hälfte der Fußbodenfläche jeder einzelnen Räumlichkeit. Bei Gebäuden, die nur Kleinwohnungen im Sinne des § 62 Abs. VI Ziff. 2 enthalten, sowie bei Kleinhausbauten (§ 14 Abs. III) genügt es auch in Städten mit mehr als 10000 Einwohnern, wenn jeder Wohnraum im Dachgeschoß eine lichte Höhe von 2,30 m auf mindestens die Hälfte der Fußbodenfläche erhält [5]);
2. die einzelnen heizbaren Lokale, sowie die sämtlichen, eine Dachwohnung bildenden Räume müssen von gehörig fundierten, massiven oder doch ausgemauerten Fach- oder Riegelwerkwänden umschlossen sein. Scheidewände aus verputztem Lattenwerk sind nur zulässig, wenn die Herstellung vorschriftsmäßiger Scheidewände nach der Besonderheit des Falles nicht tunlich ist [6]);
3. jedes Gemach muß durch mindestens ein Fenster gehöriges Licht erhalten. Auf eine Gangbelichtung kann verzichtet werden [7]);
4. der Zugang zu solchen Gelassen darf nicht durch einen offenen Dachraum führen, sondern muß nach Ziff. 2 umschlossen und mit einer Decke nach Vorschrift der Ziff. 7 versehen sein;
5. die Stiege muß in Städten und Märkten mit geschlossener Bauweise den Anforderungen des § 54 entsprechen [8]);

6. jede Feuerung muß zur Ableitung des Rauches mit einem Kamine in Verbindung gebracht werden;

7. die Decken der Gemächer müssen nach Vorschrift des § 26 hergestellt werden, während die schrägen Flächen mit Brettern und Lattenverputz oder mit Holzstückung, Lehmumwickelung und Rohrverputz herzustellen sind; am Dachfuße muß für den gehörigen Abfluß des Regenwassers gesorgt werden;

8. die Festigkeit des Dachstuhles darf durch die Herstellung von Dachzimmern oder Dachwohnungen nicht benachteiligt werden.

II Sollen solche in bereits bestehenden Gebäuden eingerichtet werden, so kann in Orten von nicht mehr als 10000 Seelen, wenn gesundheitliche Erwägungen nicht entgegenstehen, das Mindestmaß der lichten Höhe baupolizeilich bis zu 2,20 m zurückgeführt werden.

III Die Herstellung von Dachwohnungen oder einzelnen heizbaren Lokalen über dem Kehlgebälk ist untersagt[2]).

1. Gem. § 55 kann in Märkten mit nicht geschlossener Bauweise und auf dem Lande von den Bestimmungen des § 34 Umgang genommen werden; die Wohnbarmachung von Räumen im Dachgeschoß bedarf keiner Genehmigung. § 7 Ziff. 4. Doch dürfen in allen Gemeinden neuhergestellte Wohnungen und Wohnungsräume ohne polizeiliche Genehmigung nicht bezogen werden. § 9 V. vom 10. Febr. 1901; bezüglich der Benutzung des Dachgeschosses in Waren- und Geschäftshäusern vgl. Anweisung A I 4, 14; B I 1 (unten V. Teil).

2. Als einzelne heizbare Lokale sind selbständige vermietbare Zimmer, Ateliers, auch Mägdekammern usw. anzusehen. — Der Dachraum liegt innerhalb der über dem Dachfuß befindlichen Dachkonstruktion. ME. vom 21. Jan. 1892 Nr. 583 s. auch § 30 Anm. 3.

Zum Begriff des Dachraumes gehört es, daß das Dach eine Neigung hat, welche es nach außen als Dach erscheinen läßt. Gebrochene Dächer, die fast senkrecht auf das Dachgesims abstürzen, sind als Umfassungsmauern aufzufassen und der sich dahinter befindliche Raum ist als Stockwerk, nicht als Dachraum anzusehen und daher nach §§ 25, 26 zu behandeln. —

Der Begriff der Dachwohnung ist nicht erfüllt bei unheizbaren Schlafräumen, wenn sie einzeln oder außerhalb einer Wohnung liegen; sie fallen aber unter den Begriff „Wohnung", wenn sie Bestandteile einer solchen sind; ME. vom 5. Juli 1880 Nr. 10239.

Im übrigen müssen bei der zurzeit bestehenden Wohnungsnot die nicht unerheblichen Bedenken bautechnischer, städtebaulicher, wohnungstechnischer und gesundheitlicher Art etwas zurückstehen.

3. Zwischengeschosse sind als Stockwerke zu behandeln.

4. Diese Bedingungen gelten für neue Dachwohnungen, neue einzelne heizbare Dachräume oder neu herzustellende heizbare Dachräume in einer schon bestehenden Dachwohnung, sowie auch für unheizbare, in einer bestehenden Dachwohnung neu herzustellende Räume (vgl. § 34 Abs. I Ziff. 2).

5. Die Erleichterung für Kleinwohnungen (§ 62 IV) und Kleinhausbauten (§ 14 Abs. III) wurde eingefügt durch die V. vom 7. Okt. 1918 GVBl. S. 359.

6. Vgl. § 43. — Als Ersatz wird laut ME. vom 12. Dez. 1913 Nr.. 4071 b 39 die Robert Ruff'sche Wand vorbehaltlich der bezirkspolizeilichen Prüfung im Einzelfall zugelassen. Diese Wand besteht aus Kopf- und Fußriegel mit Drahtverspannung zwischen diesen und dem Mauerwerk sowie aus Stuckmörtelantrag von mindestens 5 cm Stärke. — Ebenfalls vorbehaltlich der bezirkspolizeilichen Prüfung von Fall zu Fall ist in widerruflicher Weise die Schugkwand als Ersatz zugelassen. ME. vom 27. Juli 1914 Nr. 4071 b 46.

Durch ME. vom 29. Juli 1905 MABl. S. 352 wurde die Luginowand als eine sich vollständig freitragende, feuerfeste Scheidewand und Trennungswand als Ersatz zugelassen und bezüglich der Luginoplattenwand siehe ME. vom 24. Mai 1909 (MABl. S. 400). Vgl. ferner ME. vom 20. Okt. 1906 MABl. S. 443 betr. das von der Kunst- und Dübelsteinfabrik Langenzenn in Bayern hergestellte Zementholz (DRGM. Nr. 284 959 und 285 248).

Nach ME. vom 4. Juli 1929 (abgedr. bei § 13) darf Heraklith zur Herstellung freitragender Zwischenwände in einer Mindeststärke von 5 cm mit beiderseitigem Verputz verwendet werden. Die Wände müssen genügend versteift und verankert werden. Außerdem ist bei Zwischenwänden von größerer Länge und Höhe ein Festigkeitsnachweis zu erbringen.

7. Ziff. 3 Satz 2 wurde neu eingeführt durch die V. vom 10. Juli 1918 GVBl. S. 359. Vgl. auch ME. vom 5. Febr. 1913 Nr. 4051 b 2, nach der gemäß § 29 BO. auch die Wohn- und Schlafräume und die Küchen der Dachwohnungen unmittelbar ins Freie gehende Fenster haben müssen. Dazu nun bestimmt § 34 Abs. I Ziff. 3 nur die Mindestzahl der Fenster und gestattet für die übrigen Räume auch andere genügend Licht gebende Fenster.

8. Nach ME. vom 26. Aug. 1913 Nr. 4059 a 8 müssen auch die Treppen, welche von einem bewohnbaren Dachgeschoß zu dem unmittelbar darüberliegenden Dachraum führen, in Städten und Märkten mit geschlossener Bauweise dem § 54 Abs. II entsprechen.

9. Doch können nach § 43 Abs. III Abteilungen in Dachräumen, ferner die Umfassungen kleiner verschlagartiger Räume aus Latten oder Bretter errichtet werden.

Über dem Kehlgebälk können unheizbare Schlafräume hergestellt werden. Für diese und sonstige zulässige Räume kann jede Art innere Umfassung verwendet werden im Hinblick auf die Bestimmung in § 43 Abs. 3 BO.

Nach § 45 III MBO. aber sind über dem Kehlgebälk Räume nur mit offenen Lattenwänden abzuteilen, s. auch § 43 Anm. 4.

10. Äußere Aufgangsstiegen, Erker- und Oberlichtschachte.

§ 35[1]).

I Hölzerne äußere Aufgangsstiegen sind nur ausnahmsweise bei freistehenden[2]) Gebäuden bis zum ersten Stock (über eine Stiege) zulässig und müssen, wenn sie einer Dachung bedürfen, feuersichere[3]) Eindeckung erhalten.

II In bestehenden Wohngebäuden sind solche Aufgangsstiegen, wenn sie zu höheren Stockwerken führen, bei Vornahme von Hauptreparaturen oder Hauptänderungen in das Innere der Gebäude zu verlegen und in Städten und in Märkten mit geschlossener Bauweise nach Vorschrift des § 54 herzustellen.

1. In Märkten mit nicht geschlossener Bauweise und auf dem Lande kann von den Bestimmungen des § 35 Umgang genommen werden. § 55 BO.

2. Ist nach Lage des Falles nach pflichtgemäßem Ermessen zu beurteilen. Vgl. hiezu die Vorschriften der §§ 41, 44 und 49. Nach letzterer Bestimmung sind enge Reihen zwischen den einzelnen Bauten zu vermeiden.

3. S. Art. 31.

§ 36)[1].

I Hölzerne Erker sind in der Regel unzulässig.

II Nur bei freistehenden[2]) Gebäuden kann deren Herstellung gestattet, zugleich aber Metallüberzug oder feuersicherer Anstrich[3]) vorgeschrieben werden.

1. In Märkten mit nicht geschlossener Bauweise und auf dem Lande kann Dispens erteilt werden. § 55.

2. S. § 35 Anm. 2.

3. Z. B. Silikatfarbe, fein gesiebter Sand auf Ölfarbengrund, Karbolineum, auch Wasserglasverstrich.

§ 37.

I Oberlichtschachte müssen mit Mauern oder ausgemauertem und verputztem Riegel- oder Fachwerk oder in Eisen ausgeführt werden [1]).

II Die Lichtöffnungen in den Dachräumen und die sog. Aufzüge müssen mit einem Verschlusse [2]) versehen sein. Ihre Größe kann mit Rücksicht auf die Feuersicherheit und die Benützungsweise der Dachräume bei den Plangenehmigungen ausdrücklich bestimmt werden.

1. Vgl. hierzu § 13. — Mit ME. vom 5. Sept. 1914 Nr. 4071 b 56 ist die sog. Keßlerwand DRP. Nr. 193 144 zum Abschluß von Licht- und Fahrstuhlschächten widerruflich zugelassen; vgl. auch bezügl. der Luginowand ME. vom 29. Juli 1905 und 24. Mai 1909, MABl. 1905 S. 352 sowie 1909 S. 400 sowie ME. vom 20. Okt. 1906 und 11. Nov. 1907 MABl. 1906 S. 443 und 1907 S. 75 hinsichtlich des sog. Zementholzes der Kunststeinfabrik Langenzenn und die sog. Noriszementdielen der Firma Alt in Nürnberg. Nach der ME. vom 19. Mai 1916 Nr. 3671 b I 5 (MABl. S. 64), können Zementschlackensteine zur Verwendung für Bauteile ohne außergewöhnliche Belastung, für leichte Gewölbe und für Fachwerksmauerungen zugelassen werden, wenn eine entsprechende Druckfestigkeit nachgewiesen ist.

2. Es handelt sich um die einfachen, vor allem an alten Gebäuden bemerkbaren Aufzüge, welche zur Beförderung von Waren und sonstigen Gegenständen von der Straße oder vom Hofraum aus auf die Dachräume dienen. Hierzu ist zu verweisen auch auf die Vorschriften über die sog. Kübel-, Sackaufzüge usw., d. h. Lastenaufzüge ohne festgeführte Förderschalen in § 16 Abs. III der V. über die Einrichtung und den Betrieb von Aufzügen (Aufzugsverordnung) vom 18. Jan. 1927 (GVBl. S. 9), ferner hierzu die Ausführungsbekanntmachung vom 18. Jan. 1927 (GVBl. S. 54) und 25. März 1929 Nr. 3673 d 11 (StAnz. Nr. 71) und ME. vom 8. März 1929 Nr. 3673 d 13 über Änderung der technischen Grundsätze zur Aufzugsverordnung (StAnz. Nr. 62, GVBl. S. 77) und Bek. vom 6. Juli 1929 (GVBl. S. 101) über die Änderung der technischen Grundsätze für den Bau von Aufzügen. — Vgl. ferner ME. über Heuaufzüge in landwirtschaftlichen Betrieben vom 13. Jan. 1930 (GVBl. S. 1).

Der Verschluß der Lichtöffnungen ist aus feuerpolizeilichen Gründen zu verlangen; denn solche Öffnungen erleichtern die Verbreitung eines ausgebrochenen Feuers. Durch den vermehrten Luftzutritt würde auch der im Innern des Hauses entstandene Brand noch verstärkt.

11. Altane, Balkone und Galerien.

§ 38[1]).

I Altanen, Balkone und Galerien[2]) dürfen über die Baulinie nicht mehr als 1,30 m vorspringen[3]), nur in Straßen, welche einschließlich der Trottoire eine Breite von wenigstens 12 m haben[4]), und nur in einer Höhe von mindestens 3,50 m über dem darunter befindlichen Trottoir[5]) oder öffentlichen Wege angebracht werden.

II Sind Vorgärten von mindestens 5 m Tiefe vorhanden, so kann von der Baupolizeibehörde die Herstellung solcher Vorbauten von Grund auf, jedoch höchstens bis 2,50 m über die Baulinien hinaus gestattet werden[6]).

III Erfolgt die Herstellung nicht von Stein oder Metall und stehen die Gebäude nicht frei und entfernt von der Straße, so müssen wenigstens die Untersicht und das Geländer feuersicher gemacht werden.

1. In Märkten mit nicht geschlossener Bauweise und auf dem Lande kann von den Bestimmungen Dispensation erteilt werden. § 55.

2. Die in § 38 bezeichneten Vorbauten sind an sich nicht genehmigungspflichtig; doch ist zu beachten, daß nach § 7 Ziff. 5 die bauliche Änderung der Gebäudefassaden auch in Orten unter 20000 Einwohnern als Hauptreparatur oder als Hauptänderung anzusehen ist, wenn im Interesse der Verschönerung baupolizeiliche Vorschriften erlassen sind. Es kann hier also durch bezirks- oder ortspolizeiliche Vorschrift baupolizeiliche Genehmigung vorgesehen werden, s. Art. 101 Abs. III PStGB., ferner kann gem. § 8 durch ortspolizeiliche Vorschrift angeordnet werden, daß in Städten baupolizeiliche Genehmigung zu erwirken oder daß der Ortspolizeibehörde zur Wahrung bestehender Vorschriften binnen bestimmter Frist vor dem Beginn dieser Anlagen Anzeige zu erstatten ist.

3. Vgl. die Anm. 1 zu § 1 über die Baulinien. Bezüglich der Fälle, in denen ein Vortreten (Vorspringen oder Ausladen) einzelner Gebäudeteile über die Baulinie oder das Zurückrücken von solchen hinter die Baulinie beabsichtigt ist, vgl. ME. vom 14. Juli 1902 Nr. 11966 in Anm. 10 zu § 1. Insbesondere ist hervorzu-

heben, daß es bei Altanen, Balkonen, Galerien, Gesimsen, Verdachungen, Fensterbänken usw. weniger auf die Einhaltung der Baulinie als vielmehr auf die Rücksichtnahme auf die Sicherheit des Verkehrs, auf den erforderlichen Lichtzutritt und auf die ästhetische Erscheinung ankommt. Von der hinsichtlich der Altanen, Balkone und Galerien getroffenen allgemeinen Regelung in § 38 können Abweichungen selbstverständlich nur im Wege der Dispensation erfolgen. Bezüglich der anderen Ausladungen ist das Ermessen der Baupolizeibehörde im einzelnen Fall unter Beachtung der vorbezeichneten Rücksichten entscheidend. Überdies kann hierüber durch ober- oder ortspolizeiliche Vorschriften nähere Regelung getroffen werden.

Bezüglich der Vorsprünge, welche bis zum Erdboden reichen, wie Sockel, Resiliten, Erker, Lisenen vgl. § 1 Anm. 10.

Das Zurücktreten einzelner Bauteile hinter die Baulinie ist seitens der Baupolizeibehörde nicht zu beanstanden, jedoch ist bei Bauten im geschlossenen Bausystem im Anschluß an die Nachbargebäude die Baulinie wieder einzuhalten. Auch in bezug auf das Zurücktreten von Bauteilen hinter die Baulinie können ober- oder ortspolizeiliche Vorschriften erlassen werden.

4. In Straßen mit geringerer Breite sind derartige Balkone usw. unstatthaft.

Das Maß von 1,30 m bildet das Maximum der zulässigen Ausladung eines Balkons usw. Innerhalb dieses Maßes ist das Ermessen der Baupolizeibehörde ausschlaggebend. Die Bestimmungen beziehen sich zweifellos auf Ausladungen in solchen Straßen, in welchen Baulinie, Mauer- und Straßenflucht zusammenfallen.

Bei ungleich breiten Straßen hat die Berechnung nach Maßgabe des § 25 Abs. I letzter Satz offenbar auch dem Wortlaut nach auf § 38 Abs. I Anwendung zu finden. Es ist also die mittlere Breite zwischen den beiden nächsten Querstraßen ausschlaggebend. ME. vom 5. Aug. 1904 Nr. 16913.

5. Diese Bestimmung bezweckt eine Gefährdung des Verkehrs fernzuhalten. Hieraus folgt, daß durch eine der Bestimmung zuwiderlaufende Bauführung nicht nur ein gesetzwidriger, sondern auch ein das öffentliche Interesse beeinträchtigender und deshalb gefahrdrohender Zustand geschaffen wird. Eine Dispensation in diesem Fall dürfte auch nach § 65 Abs. II nicht angängig sein. Vgl. auch ObstLG. 8 S. 32 MABl. 1907 S. 544.

6. Vgl. § 1 Anm. 1.

§ 39[1]).

I Galerien und Gänge, welche sonst nicht zugängliche Wohnräume unter sich oder mit der Stiege, oder welche zwei Gebäude miteinander verbinden[2]), müssen, wenn sie nicht von unten auf massiv fundiert sind, aus unverbrennlichem Material ausgeführt werden.

II Andere Galerien und Gänge müssen von unten mit Lattenverputz, und wenn sie unbedeckt sind, mit feuersicherem Boden und Geländer, wenn sie aber gedeckt sind, mit einer feuersicheren Eindeckung versehen sein, die mindestens 0,05 m unter dem Dachgesimse anzubringen ist.

III Bei Gebäuden von nicht mehr als einem Stockwerk über dem Erdgeschoß ist die Herstellung aus Holz gestattet, jedoch die etwaige Eindeckung feuersicher herzustellen.

1. In Märkten mit nicht geschlossener Bauweise und auf dem Lande ist Dispens zulässig. § 55.

Galerien und Gänge sind an sich nicht genehmigungspflichtig. Doch kann nach § 7 Ziff. 5 durch bezirks- oder ortspolizeiliche Vorschrift (Art. 101 Abs. III PStGB.) und nach § 8 BO. durch ortspolizeiliche Vorschrift baupolizeiliche Genehmigung vorgeschrieben werden.

2. Ein aus der Bedachung heraustretender Verbindungsgang ist ein vortretender Bauteil, ebensogut wie ein Balkon oder eine Galerie. Die geringe Länge des Bauwerkes ist unerheblich. Aus dem Wortlaute des § 39 ergibt sich, daß eine Verbindung zweier Gebäude derart, daß auf dieser Verbindung Personen von einem Gebäude zum andern gehen können, als ein Gang anzusehen ist. Eine solche Verbindung kann nicht als geringfügiges Bauwerk im Sinne des § 6 II a BO. angesehen werden. Vgl. ObstLG. 14 S. 155.

12. Bauten mit Feuerstätten.

§ 40 *).

I Bauten mit Feuerstätten 1) 1a) sind vorbehaltlich der §§ 41 und 42 2) mit massiven Umfassungen von Stein oder Eisen 3) auszuführen 4) und, wenn sie mit anderen Gebäuden zusammenhängend gebaut 5) werden sollen, von diesen durch Brandmauern zu trennen 6).

II Das letztere hat auch dann zu geschehen, wenn ein bestehendes Gebäude in mehrere selbständige Anwesen abgeteilt wird.

---

*) Bezüglich der Errichtung von baulichen Anlagen in der Nähe von Munitionsaufbewahrungsräumen vgl. § 12 Anm. 4.

III 6) Bei Reihenhäusern 7), die mit Einschluß des Dachgeschosses nicht mehr als 2 bewohnbare Obergeschosse haben oder die nur Kleinwohnungen 6) im Sinne des § 62 Absatz VI Ziff. 2 enthalten, kann die Baupolizeibehörde die Herstellung von Brandmauern innerhalb eines Abstandes 8) von 25 m erlassen, doch müssen die einzelnen Gebäude durch Mauern getrennt sein, die bis zur Dachfläche reichen. Bei Kleinhausbauten (§ 14 Abs. III) 6) kann der Abstand der Brandmauern bis auf 40 m vergrößert werden; die einzelnen Gebäude sind jedoch durch Mauern zu trennen, die in einer durchgehenden Stärke von mindestens 0,12 m bis zur Dachfläche reichen.

IV Stallungen oder Lagerplätze für Futter und dergleichen, welche in Gebäuden mit Feuerstätten angebracht werden, müssen von den daneben befindlichen Wohnräumen durch Mauern 9) getrennt sein.

1. Ist in einem Bau (Gebäude) als Ganzem, gleichgültig in welchem Teil, eine Feuerstätte oder wird eine solche erst errichtet, so hat der Bau den Vorschriften des § 40 Abs. I zu entsprechen. Auch Hauptreparaturen oder Hauptänderungen gehören hieher. Zur Feuerstätte sind alle Teile der gesamten Feuerungsanlage, also die Kamine und die zur Aufnahme der Feuerung dienenden Vorrichtungen wie Öfen und Herde zu rechnen. Als Feuerungsanlagen sind nicht die Heizkörper von Warmwasseranlagen und Heißluftanlagen und elektrische Heizkörper zu betrachten. S. auch § 7 Anm. 9; Anm. 1 zu §§ 18 und 21.

Bei Abweichung von einem genehmigten Bauplan, bei welchem sich eine landwirtschaftliche Halle oder ein sonstiges Ökonomiegebäude zunächst als Bau ohne Feuerstätte darstellt, mit der Absicht, diesen Bau durch Einbauen z. B. eines Sägewerkes mit Kesselhaus und Horizontalgatter einem anderen Zwecke zuzuführen, verliert der früher beabsichtigte Bau seine Eigenschaft als „Bau ohne Feuerstätte", weil es sich nicht mehr um eine Halle mit freiem Innenraum für die Unterbringung von Geräten, Wagen usw., sondern um ein Gebäude für ein Sägewerk mit Dampfkessel und Kaminanlage handelt zwecks Verarbeitung von Holz. Wegen der veränderten Bauführung ist der Bau nach §§ 6, 40, 47 BO. genehmigungspflichtig geworden. Vgl. ObstLG. 1920 S. 385.

1a. Aus der Fassung der §§ 40—45 sowie aus ihrem Sinn und Zweck ergibt sich, daß sie nicht bloß die Herstellung, die Errichtung, sondern auch die Beibehaltung von Bauten, die diesen Vorschriften widersprechen, verbieten. (E. des ObstLG. vom 12. Jan. 1928, abgedruckt in BayGemVZ. Sp. 625.)

2. Eine weitere Ausnahme sieht § 56 für das Hochgebirge usw. vor.

3. Als massiv im Sinne des § 40 gilt die sog. Löschbauweise ME. vom 6. Mai 1921 Nr. 4071 b 7. Der Gußbeton muß jedoch nach Zusammensetzung und Mischverhältnis den Anforderungen des § 13 Abs. I entsprechen; hierüber hat die Baupolizeibehörde in Zweifelsfällen zu entscheiden. Dasselbe gilt von der Bauweise des technischen Büros H. Fechner in Charlottenburg, sog. Fechnerwand. ME. vom 7. Mai 1920 Nr. 4071 b 25. — Als massiv gilt ferner die Tauberwand-Bauweise der Steinwerke H. Krebs in Weida, Thüringen, da sie eine besondere Bauweise darstellt, kann die Baupolizeibehörde nach § 15 Abs. V BO. von sich aus Abweichungen von den vorgeschriebenen Mauerstärken bei Nachweis genügender Festigkeit und Tragfähigkeit bewilligen unter Beachtung besonderer Richtlinien. ME. vom 27. Okt. 1921 Nr. 4071 b 32.

Laut aut. ME. vom 18. Dez. 1925 Nr. 3671 b 23 sind die nach der Bauweise „Austback" aus Vollziegeln hergestellten Hohlmauern als massiv im Sinne des § 40 der BO. anzusehen und bedürfen daher in Bayern keiner besonderen ministeriellen Zulassung. Da sie eine besondere Bauweise darstellen, können die Baupolizeibehörden nach § 15 Abs. IV BO. von sich aus Abweichungen von den vorgeschriebenen Mauerstärken bewilligen, wenn im einzelnen Falle genügende Festigkeit und Tragfähigkeit nachgewiesen ist. Für diese Bauweise sind folgende Richtlinien zu beachten:

1. Brand-, Stiegen- und Kellermauern sind als Vollmauern auszuführen.
2. Unter die Balkenlagen sind vier Schichten aus Vollziegelmauern anzuordnen, ebenso sind die Tür- und Fensterumrahmungen als Vollmauerwerk allenfalls unter Anwendung von Beton oder Eisenbeton herzustellen.
3. Die Anwendung von einzelnen Rollschichten ist auf das unbedingt Notwendige zu beschränken, falls nicht mit Zementmörtel oder verlängertem Zementmörtel gemauert wird.
4. Es dürfen nur ausgesuchte, schöne, vollkantige Maschinensteine verwendet werden.
5. Die Binder sind mit den Wandschichten, an die sie stumpf anstoßen, durch Einlagen von Flacheisen in die wagrechte Mörtelfuge zu verbinden.
6. Wird die Mauer in Pfeiler von möglichst großem Trägheitsmoment bei geringstem Materialaufwand zerlegt oder werden netzartige Mauerkörper mit oder ohne Eisenbügel angeordnet, so ist für jeden Anwendungsfall der rechnerische Nachweis der Druckspannung im Mauerwerk beizubringen, unter Bezugnahme auf Mörtelmaterial und Mauerhöhe. Eine schematische Angabe

der zuzulassenden Pressungen muß abgelehnt werden. Die Maximalpressungen sind durch die oberpolizeilichen Vorschriften gegeben.

7. Die Kamine sind aus gelegten Backsteinen mit mindestens 12 cm Wandstärke zu mauern oder es sind Schoferkamine einzubauen.

8. Die Wände haben außen einen wasserabweisenden Verputz zu erhalten.

9. Die Ausfüllung der Hohlräume mit trockenen Füllstoffen, die keine pflanzlichen Beimengungen enthalten, ist wünschenswert; bei vollständig freistehenden Häusern ist sie zu fordern.

10. Für jeden Bau ist Genehmigung besonders zu beantragen. Die Ausführung darf nur durch sachkundige Personen, die sich über ihre Geeignetheit der Polizeibehörde auszuweisen haben, erfolgen.

Vgl. ferner oberpolizeiliche Vorschriften für A Ausführung von Bauwerken aus Eisenbeton, B Ausführung ebener Steindecken, C Ausführung von Bauwerken aus Beton, D Druckversuche an Würfeln bei Ausführung von Bauwerken aus Beton und Eisenbeton vom 12. Febr. 1926 (GVBl. S. 235, s. VII. Teil) vgl. auch ME. vom 20. Nov. 1919 Nr. 9101 b 63 gleichen Betreffs. Der preußische Minister der öffentlichen Arbeiten hat mit Erlaß vom 3. Juni 1919 Musterbeispiele zu den Bestimmungen für die Ausführung von Bauten aus Eisenbeton herausgegeben, die auch in Bayern, soferne nicht in einzelnen besonders gelagerten Fällen die Anwendung genauerer Rechnungsarten angezeigt erscheint, bei den Staatsbauten und bei der Prüfung von Bauvorlagen durch die Baupolizeibehörde zur Anwendung gebracht werden konnten.

Im übrigen liegt der Schwerpunkt der Vorschrift des § 40 Abs. 1 darin, daß die auszuführenden Bauten mit Feuerstätten massive Umfassungen aus Stein oder Eisen haben. Durch die Anordnung der Verwendung feuersicheren Materials soll ein dauernd feuersicherer Zustand geschaffen werden.

4. Im Hinblick auf die Bestimmung des § 12 BO. betrifft § 40 die Bauausführung und dient der Feuersicherheit und Festigkeit der Bauten. Sowohl Art. 101 PStGB. wie auch § 367 Nr. 15 RStGB. sprechen von „Bauten ausführen"; aber aus der Vergleichung mit sonstigen Vorschriften der BO. ergibt sich, daß es sich bei dem Worte „ausführen" nicht ein für allemal um einen ein bestimmtes Tun bezeichnenden Ausdruck handelt, sondern er wechselt mit anderen, das gleiche Tun betreffenden Worten. Der Ausdruck „ausführen" ist daher im bautechnischen, nicht im rechtlichen Sinne des § 367 Ziff. 15 RStGB. aufzufassen, so daß aus dem Wort „ausführen" des § 40 BO. nicht die rechtlichen Folgen gezogen werden dürfen wie aus dem „ausführen" im Sinne des § 367 Ziff. 15. Vgl. ObstLG. Bd. 15 S. 30 MABl. 1915 S. 71.

5. Bei den zusammenhängenden Gebäuden muß es sich um zwei selbständige Gebäude handeln. Dies ist nicht der Fall bei Vergrößerungsbauten oder bei Einbauten. Die Zweckbestimmung ist belanglos. Anders verhält es sich bei verschiedenem Besitzverhältnis.

Die Frage, ob eine zwischen zwei Gebäuden vorhandene Brandmauer genügt, oder ob neben sie noch eine zweite gesetzt werden muß, ist von dem Gesichtspunkt aus zu prüfen, ob die für das zuerst gebaute Haus hergestellte Brandmauer auch gegenüber dem später gebauten oder zu erbauenden Hause alle Eigenschaften hat, die nach § 16 BO. erforderlich sind, um eine völlig sichere Trennung der beiden Gebäude herbeizuführen. ME. vom 1. Aug. 1914 Nr. 4054 a 16. Doch wird es sich empfehlen, soweit nicht eine gemeinsame Mauer hergestellt wird, eine zweite Brandmauer zu verlangen.

Bauten mit Feuerstätten sind also, wenn sie mit anderen Gebäuden zusammenhängend gebaut werden sollen, von diesen durch Brandmauern zu trennen. In der Regel, d. h. in der Mehrzahl der Fälle wird sich aus dieser Vorschrift keine Schwierigkeit ergeben. Im Anschluß an die Ausführungen in ObstLG. 11 S. 235 wird aber bemerkt, daß aus dem angeführten Wortlaute des § 40, wenn noch ein zweiter Bau in Frage stehen muß, nicht geschlossen werden kann, daß regelmäßig jede an der Grenze zu errichtende Umfassung eines Gebäudes mit Feuerstätte als Brandmauer herzustellen ist. Es ist zwar Übung, bei Errichtung von Bauten mit Feuerstätten an der Grenze Brandmauern zu verlangen, schon um eine unbillige Benachteiligung des Zweitbauenden gegenüber dem Erstbauenden zu vermeiden, soweit nicht ein Nachbaranbau nach allgemeiner Vorschrift oder infolge ausdrücklichen Verzichts des Nachbarn, nach herrschender Bausitte oder durch die Eigenart des Baugeländes ausgeschlossen ist. Diese Praxis ist zweifellos zweckmäßig, da dadurch ungünstige Folgen vermieden werden können, die insofern eintreten würden, wenn der spätere Nachbaranbau niedriger bleibt als der frühere Grenzanbau. Doch wird diese Praxis mit Recht eine Einschränkung erfahren müssen, als verlangt werden muß, daß aus dem § 40 gegenüber dem Erstbauenden die Forderung auf Errichtung einer Brandmauer erst dann abgeleitet wird, wenn bereits feststeht oder mit ziemlicher Sicherheit in absehbarer Zeit zu erwarten ist, daß der Nachbar auch wirklich unmittelbar an der Grenze anbauen wird. Die bloße Möglichkeit oder Wahrscheinlichkeit, daß dies einmal, vielleicht erst nach langer Frist, geschehen wird, kann nicht dazu genügen, die Auferlegung der Unkosten und sonstigen Unzukömmlichkeiten zu rechtfertigen, die eine solche Verfügung mit sich bringen wird. Solange nicht greifbare Anhaltspunkte gegeben sind, daß Bauten mit Feuerstätten mit anderen zusammenhängend gebaut werden sollen oder je nach Maßgabe des Bauplatzes und Geländes zusammenhängend gebaut werden müssen, hat die Baupolizeibehörde nicht die Befugnis, bei ihren Anordnungen mit dem Vorhandensein oder der Herstellung des zweiten selbständigen Baues als einer festen Tatsache zu rechnen. Am wenigsten wird dies in kleineren Orten zulässig sein, die erfahrungsgemäß sich nur selten stark entwickeln und bei denen darum auf den weiteren Verlauf einer eingetretenen Baulust keineswegs mit Sicherheit geschlossen werden kann. Diese Anschauung des ObstLG. kann in der Praxis allgemein bestätigt werden. Übrigens ist, wenn die Baupolizeibehörde gegenüber Erstbauenden den § 40 BO. nur mit großer Vorsicht anwendet, eine Gefährdung der baupolizeilichen Interessen nicht leicht zu befürchten, weil sie ja immer noch die Möglichkeit hat, bei der Plangenehmigung des Zweitbauenden den Zwecken des § 40 BO. Rechnung zu tragen. Vgl. ObstLG. 11 S. 232 und 249; 14 S. 302. Die Anschauung, daß jede an der Grenze errichtete Mauer als Brandmauer anzusehen und zu behandeln ist, ist daher rechtsirrig, ebenso auch die Annahme, daß jede Öffnung in einer solchen Mauer bauordnungswidrig wäre und von der Baupolizeibehörde bedingungslos verfügt werden könne. Wenn der Erstbauende die Grenzmauer nicht als Brandmauer aufführt und mit Öffnungen gegen das Nachbargrundstück ohne Verstoß gegen die bau- und feuerpolizeilichen Vorschriften versieht, so handelt es sich nicht um einen bauordnungswidrigen Zustand, weil der Besitzer des Nachbargrundstückes in späterer Zeit auf diesem Grundstück einen Bau mit einer Feuerstätte aufführt. Der Anbauende hat vielmehr unter Beobachtung der Vorschriften der BO. sein Gebäude so aufzuführen, daß keine Feuersgefahr für die Nachbaranwesen entstehen kann. Er hat sohin nach § 40 I eine Brandmauer aufzuführen. —

§ 16 Ziff. 4 verbietet an sich Öffnungen in Brandmauern. Doch kann im Bedürfnisfall von der Baupolizeibehörde Ausnahme gestattet werden. In diesem Fall sind an den Öffnungen Verschlüsse anzubringen. Bei bereits bestehenden Brandmaueröffnungen können jedoch solche Verschlüsse nur im Falle der Vornahme von Hauptreparaturen oder Hauptänderungen angeordnet werden.

Durch die Anordnung der Verwendung feuersicheren Materials soll ein dauernd feuersicherer Zustand geschaffen werden. Daher steht diese Anordnung solange unter strafrechtlichem Schutz, bis ihr genügt ist. Die Verjährung der Straftat im Falle des § 40 Abs. I läuft von dem Zeitpunkte an, an dem die Bauten massive Umfassungen von Stein oder Eisen und, soweit Brandmauern in Frage kommen, diese haben oder die verantwortliche Person den bauordnungswidrigen Zustand nicht mehr ändern kann. Bei der Verfehlung gegen Art. 101 Abs. 1 PStGB. in Verbindung mit § 40 Abs. I BO. handelt es sich um ein Zustands-(Dauer-)delikt. ObstLG. 15 S. 30. —

Es ist zu beachten, daß bei der Frage, ob zu einer Bauführung polizeiliche Genehmigung erforderlich ist, die Gesamtheit der in

Aussicht genommenen Bauarbeiten ins Auge zu fassen ist. Es darf nicht zwischen den einzelnen Teilen desselben Bauvorhabens unterschieden werden. Wenn also einem Bauwerk entgegen der früheren Absicht eine Feuerstätte eingebaut werden soll, so ist von dem Augenblick an, wo das Bauwerk nicht mehr auf der Grundlage der früher erteilten Genehmigung hergestellt wird, für den Beginn einer veränderten neuen Bauführung eine neue baupolizeiliche Genehmigung notwendig. Andernfalls liegt ein Verstoß gegen § 365 Nr. 15 RStGB. vor. Vgl. BayGemZ. 1921 S. 65. Vgl. ferner § 44 Abs. III und § 49, § 16.

6. Abs. III wurde eingefügt durch V. vom 3. Aug. 1910, die den Kleinwohnungsbau erleichternden Bestimmungen durch die V. vom 10. Juli 1918.

7. Reihenhäuser bilden eine für Kleinwohnungen besonders bevorzugte Hausbauform. Es sind dies nach einem einheitlichen Plan angelegte, in eine einheitliche Baugruppe zusammengefaßte mehrere Gebäude, die im Innern voneinander abgeteilt sind, meistens in ihrer Ausstattung ziemlich gleich gehalten und häufig auch mit gemeinschaftlichen Einrichtungen versehen sind. Selbstverständlich sind Reihenhäuser nicht auf Kleinwohnungen allein eingeschränkt.

8. Der Abstand bestimmt sich von Brandmauer zu Brandmauer oder bei freistehenden Häusergruppen von Brandmauer zu Umfassungsmauer.

9. Es genügen also in diesem Falle einfache Mauern, die bis zur Höhe der zu trennenden Mauern zu reichen haben. Bezüglich des Falles, daß Futterräume sich unter Wohnräumen befinden, vgl. § 28.

§ 41[1].

Ausnahmen von Massivbau sind zulässig:

1. bei kleinen Nebengebäuden bis zu 50 qm Grundfläche und einer Wandhöhe bis zu 6 m; diese dürfen aus ausgemauertem Fachwerk hergestellt werden;

2. bei Kleinhausbauten (§ 14 Abs. III); hier dürfen Erdgeschoß und Obergeschoß in ausgemauertem Fachwerk[2]) auf gemauertem Sockel hergestellt werden; soweit es die klimatischen Verhältnisse erfordern, kann entweder Verputz der Außenseite oder Isolierung der Innenseite oder beides verlangt werden;

3. bei Fabrikgebäuden und bei Gebäuden für Werkstatt- und Arbeitsräume[3]) welche mindestens 10 m von der Nach-

bargrenze und 5 m von anderen Gebäuden entfernt sind oder an überragende[4]) Brandmauern[5]) angebaut werden; diese Gebäude dürfen, sofern nicht § 47 Anwendung findet, ebenfalls aus ausgemauertem Fachwerk hergestellt werden;

4. bei Gebäuden zu vorübergehenden Schaustellungen und anderen vorübergehenden Zwecken; diese dürfen mit besonderer Genehmigung von Holz, jedoch stets nur in provisorischer Weise errichtet werden[6]). Notstandsbauten für Zwecke der Kleinwohnungen sind hierher zu rechnen.

1. Abgeändert durch V. vom 10. Juli 1918.

2. Über die Verwendung von Heraklith s. ME. vom 4. Juli 1929 (abgedr. oben bei § 13). Es darf verwendet werden für verputzte Außenwände — entweder als Ausfüllung der Fache von Holz- oder Eisenwerk mit Heraklith von mindestens 12 cm Stärke oder als beiderseitige Verkleidung von Holz- oder Eisenfachwerk von mindestens 5 cm Stärke —, soweit nach den Bauvorschriften (§§ 41, 42, 44, 45 u. 57 B 6) ausgemauertes Fachwerk gestattet ist. Hierbei müssen die Vorschriften über Grenz- und Gebäudeabstände sowie über die Abscheidung durch Brandmauern eingehalten werden. Zur Herstellung von Brandmauern und überall da, wo feuerbeständige Bauweise vorgeschrieben ist, kommt Heraklith nicht in Frage.

Nach der ME. vom 23. Sept. 1920 Nr. 4071 b 44 wurde die Thielsche Wand II als Ersatz für gemauertes Fach- oder Riegelwerk zugelassen. Die in § 41 vorgeschriebene Isolierung kann durch den bei der Thielschen Bauweise vorgesehenen Luftraum als vorhanden angesprochen werden. Den Bezirksverwaltungsbehörden bleibt es überlassen mit Rücksicht auf die Feuersicherheit und Standfestigkeit weitere Auflagen zu machen. Die Thielsche Wand II besteht aus einem Riegelgerippe, dem auf der vorderen und hinteren Seite Hourdis vorgemauert sind, die unter sich mit je 4 Sattelklammern verbunden sind und bei welchen in Abständen von 1,00 bis 1,25 m Höhe ein Binder die durchgebildete vordere und rückwärtige Wand zusammenhält.

Laut ME. vom 18. Febr. 1924 Nr. 4071 b 4 wird der aus trockener Torfstreu, Kalk und Gips bestehende Baustoff „Bucharitstein" des Architekten Maximilian Buchart in München-Nymphenburg zum Ausfüllen der Felder von Fachwerkswänden bei den in § 41 BO. (48 MBO.) bezeichneten Gebäuden in widerruflicher Weise unter folgenden Bedingungen zugelassen:

1. Die Wände sind, insoweit sie Witterungseinflüssen unmittelbar ausgesetzt sind und Räume mit Feuerstätten und Feuersgefahr umschließen, zu verputzen. Im letzteren Falle bemißt sich

der Abstand der Rauchrohre und Öfen vom Holzwerk nach $\frac{\text{§ 19 Abs. I}}{\text{§ 21 Abs. II}}$ der BO. (und nach $\frac{\text{§ 25 Abs. I}}{\text{§ 27 Abs. II}}$ MBO.).

2. Mit Bucharitstein hergestellte Umfassungswände von Wohngebäuden nach § 41 Abs. 2 BO. (§ 48 Abs. 2 MBO.) sind gegen Erdfeuchtigkeit durch Isolierung zu schützen. Die Wandstärke ohne Verputz muß wenigstens 12 cm betragen; der Außenputz ist sorgfältig in verlängertem Zementmörtel herzustellen.

3. Die Traggerippe sind auf Verlangen der Baupolizeibehörden nach den Regeln der Statik zu berechnen.

4. Zu Kellermauern, Brandmauern und Kaminbauten darf der Bucharitstein nicht verwendet werden.

5. Mit Bucharitstein ausgefüllte, nach außen oder innen an Stelle von Verputz mit Holzverkleidung versehene Wände sind nur zulässig bei Bauten ohne Feuerstätten und ohne Feuersgefahr; ferner bei Notbauten für Wohnzwecke nach § 41 Abs. 4 BO. (48 IV MBO.). Eine ausnahmsweise Zulassung solcher Wände auf Grund des § 57 BO. kann eintreten für allseitig freigelegene Bauten und unter dem Vorbehalte, daß keine Gefahr für Nachbargebäude erwächst und die Bestimmungen über Feuerstätten und Kamine eingehalten werden (vgl. ME. vom 22. Jan. 1923 Nr. 4105 a 4). Über etwaige ungünstige Erfahrungen haben die Bezirkspolizeibehörden zu berichten.

3. Unter Arbeitsräumen sind auch Waschküchen für häusliche Zwecke zu verstehen. ME. vom 8. April 1891 Nr. 5597. Hier soll auch die ME. vom 14. Juni 1910 Nr. 4035/16 MABl. S. 396 Erbauung von Dampfsägewerken betr., erwähnt werden, durch welche die Baupolizeibehörde darauf hingewiesen wird, daß die Baupläne für Dampfsägewerke besonders sorgfältig zu prüfen und veranlaßtenfalls der Versicherungskammer zur Äußerung mitzuteilen sind. Bei Dispensgesuchen ist darauf Bedacht zu nehmen, daß, wenn von einzelnen Bestimmungen der BO. abgesehen werden will, in anderer Weise für tunlichste Feuersicherheit zu sorgen ist.

4. D. h. sie müssen in sinngemäßer Anwendung des § 16 Ziff. 1 Abs. 3 die Dachfläche des Fabrikgebäudes usw. um wenigstens 30 cm überragen.

5. Im Sinne des § 16.

6. Wenn die Genehmigung erloschen ist, ist die Beseitigung des Zustandes vorzunehmen, andernfalls liegt Strafbarkeit vor. Vgl. § 368 Nr. 8 RStGB.

Bezüglich der Bauten ohne Feuerstätten s. Anm. 4 a zu § 44.

§ 42.

[1] In Märkten mit nicht geschlossener Bauweise und auf dem Lande brauchen nur die Umfassungswände des Erd=

geschosses der Wohngebäude[1]) massiv hergestellt zu werden, während die oberen Stockwerke auch mit Umfassungswänden von ausgemauertem Fach- oder Riegelwerk ausgeführt werden dürfen[2]).

II Überdies kann in Märkten mit nicht geschlossener Bauweise und auf dem Lande nach Umständen gestattet werden[3]), daß die Umfassungswände des Erdgeschosses der Wohngebäude auf gemauertem Sockel von ausgemauertem Fach- und Riegelwerk, die Umfassungswände der oberen Stockwerke dagegen, insoweit letztere nicht zu Wohnräumen bestimmt sind, in gestücktem und verputztem Fach- oder Riegelwerk oder auch als Blockwände mit oder ohne Verschalung, Verschindelung oder Verschieferung hergestellt werden[4]).

1. Lediglich der Wohngebäude, nicht auch anderen Zwecken dienenden Gebäude; bezüglich der Erleichterungen für gewerbliche Bauten vgl. § 41 und für landwirtschaftliche Gebäude vgl. § 45.

2. Die in Abs. I gewährten Erleichterungen sind unabhängig vom baupolizeilichen Ermessen. — Über die Verwendung von Heraklith vgl. § 41 Anm. 2.

3. Hier greift also das pflichtgemäße Ermessen der Baupolizeibehörde Platz.

4. Die aut. ME. vom 14. Nov. 1894 Nr. 19 828 bestimmt, daß zum Ersatz von gestücktem und verputztem Fach- oder Riegelwerk auch Bretterwände mit Schieferverkleidung als gleichwertig zugelassen werden dürfen. Hierüber entscheidet nach pflichtgemäßem Ermessen die Baupolizeibehörde.

Vgl. ferner § 56 Abs. I und § 57 nebst Anmerkungen.

§ 43[1]).

I Scheidewände[2]) aus Holz sind in Gebäuden mit Feuerstätten nur insoweit zulässig, als auch die Umfassungswände von Holz aufgeführt werden dürfen.

II Scheidewände, welche keine Tragmauern bilden und an ihren beiden Enden an massive Mauern anstoßen, dann von Feuerstätten und Kaminen mindestens 0,45 m entfernt sind, können aus verputztem Lattenwerke hergestellt werden.

III Abteilungen in Dachräumen[3]), ferner die Umfassungen kleiner verschlagartiger Räume[4]) dürfen aus Latten oder Brettern errichtet werden.

1. Was als Scheidewand zu betrachten ist, ist nach den Umständen des Einzelfalles zu beurteilen. Maßgebend hiefür ist die Frage, ob durch die Trennungsmauer verschiedene Räume mit gesonderter Benutzung geschaffen werden wollen. Daran ändert auch der Umstand nichts, daß die Scheidewand eine Öffnung enthält. — (Vgl. Roth, bad. BO. S. 227).

2. Vgl. §§ 34, 41 Ziff. 4, 42 Abs. II; 56 Abs. I.

§ 43 Abs. I läßt Holzscheidewände nur insoweit zu, als auch die Umfassungswände von Holz aufgeführt werden dürfen. Im übrigen sind also Holzscheidewände unzulässig. Aus dem Wortlaut ergibt sich, daß es sich hier also um Scheidewände im Innern der Gebäude handelt. Im übrigen ist zu fordern, daß alle sonstigen Scheidewände, abgesehen also von den in Abs. II und III sowie für Dachwohnungen in § 34 Abs. I Ziff. 2 enthaltenen Erleichterungen, in gleicher Weise wie die Umfassungswände hergestellt werden müssen. S. §§ 20, 21 Ziff. 2; 24 Abs. I; 35 Abs. II; 37 Abs. I; 40 Abs. IV; 46 Abs. VI, VII u. VIII; 48 Buchst. a; 54. — § 49 MBO. sieht vor, daß bloße Scheidewände in Gebäuden mit Feuerstätten von unten auf fundiert und massiv oder wenigstens aus verputztem Riegel- oder Fachwerk mit genügend sicherer Fundierung oder Unterstützung hergestellt werden sollen.

§ 34 Ziff. 2 erklärt Scheidewände aus verputztem Lattenwerk bei Dachwohnungen nur für zulässig, wenn die Herstellung vorschriftsmäßiger Scheidewände nach der Besonderheit des Falles nicht tunlich ist. Im übrigen gibt § 15 Buchst. e für Mittelmauern, die durch Balkenlagen belastet sind, eine entscheidende Vorschrift. Vgl. auch § 15 Abs. 6 BO.

Gem. § 13 Abs. III wurden für unbelastete Scheidewände zugelassen unter anderem: Die von dem Baumeister Chr. Groll aus Koksasche oder Steinkohlenschlacke und Zement hergestellten Steine, ME. vom 18. Mai 1905 MABl. S. 219; die Bimssandzementdielen, System Schelde, ME. vom 9. Aug. 1905 MABl. S. 371; die Noriszementdielen der Gipsdielenfabrik von F. Alt, Nürnberg, ME. vom 19. Jan. 1907 MABl. S. 75. Dazu kommt in widerruflicher Weise die sog. Keßlerwand DRP. Nr. 193144 c ME. vom 5. Sept. 1919 Nr. 4071 b 56; die Kleberwand, ME. vom 23. Juli 1914 Nr. 4021 b 44; die Schugkowand vorbehaltlich der bezirkspolizeilichen Prüfung im Einzelfall, ME. vom 27. Juli 1914 Nr. 4071 b 46; ebenso die Robert Russsche Wand, ME. vom 12. Dez. 1913 Nr. 4071 b 39; die Verwendung von Torfsteinen, ME. vom 27. Okt. 1921 Nr. 4071 b 33 und laut ME. vom 9. Febr. 1922 StAnz. Nr. 38 betr. Verwendung von Holzstabgewebe, wonach Fachwerkkonstruktionen, die beiderseits mit verputztem Holzstabgewebe versehen werden, als Scheidewand nach § 43 zugelassen werden. — Nach ME. vom 4. Juli 1929 (abgedr. bei § 13) ist die Verwendung von Heraklith zur Herstellung freitragender Zwischenwände in einer Mindeststärke von 5 cm mit beiderseitigem Verputz zugelassen. Die Wände müssen genügend versteift und verankert werden. Außerdem ist bei Zwischenwänden von größerer Länge und Höhe ein Festigkeitsnachweis zu erbringen.

3. Hierunter sind Wohnungen nicht zu verstehen. Es handelt sich nur um Abteilungen im offenen Speicherraum. Vgl. auch § 34 Anm. 8.

4. Unter den kleineren verschlagartigen Räumen sind auch solche in den Geschossen unterhalb des Dachraumes zu verstehen.

13. Bauten ohne Feuerstätten.

§ 44.

I Bauten ohne Feuerstätten[1]), welche nicht zur Herstellung, Bearbeitung oder Lagerung größerer Quantitäten leicht entzündlichen oder schwer zu löschenden Materials[2]) bestimmt sind, können[3]) mit ausgemauertem Fach- oder Riegelwerk auf gemauertem Sockel hergestellt werden[4])[4a]).

II Nach Umständen[5]) sind auch Umfassungen aus gestücktem und verputztem Fach- oder Riegelwerke auf gemauertem Sockel zulässig.

III Stoßen solche Bauten[6]) an Gebäude mit Feuerstätten, so müssen sie durch Brandmauern[7]) von denselben getrennt werden.

IV Liegen dieselben von anderen Gebäuden mindestens 5 m und von der Nachbargrenze 2,50 m entfernt, so ist deren Herstellung auch mit Holzwänden auf gemauertem Sockel gestattet[8]).

V Die in § 6 Abs. II bezeichneten Bauten[9]) dürfen in den betreffenden Ortschaften[10]) ohne Rücksicht auf die Entfernung[11]) aus Holz hergestellt werden.

1. Als Feuerstätten kommen nicht die Heizkörper von Warmwasser- und Heißluftanlagen und elektrischen Heizkörpern in Frage. Vgl. § 7 Anm. 9. — § 21 Anm. 1.

Im übrigen ist allgemein anzunehmen, daß durch die Aufstellung einer Lokomobile, eines Backofens, Waschkesselfeuerung usw. einem Ökonomiegebäude die Eigenschaft eines Baues ohne „Feuerstätte" genommen wird. Es ist daher erforderlich, daß der für die Aufstellung der Lokomobile usw. notwendige Raum massiv hergestellt wird, und soweit erforderlich, ist er auch durch Brandmauern von dem anderen nicht massiven Gebäude zu trennen. Doch ist laut ME. vom 10. Juni 1908 Nr. 26435 die Aufstellung eines Benzinmotors nicht als Anlegung eines Baues mit einer Feuerstätte zu betrachten.

2. Im Hinblick auf § 47 Abs. I und IV ist anzunehmen, daß bei Anwendung der Vorschriften der BO. auf landwirtschaftliche Gebäude wie Scheunen, Schupfen usw. § 44 Abs. I u. IV sich nicht auf Stroh und Heu usw. bezieht.

3. Es ist also unabhängig von dem Ermessen der Baupolizeibehörde in das Belieben des Bauherrn gestellt. Aber aus §§ 44 und 45 ist zu entnehmen, daß die in § 44 Abs. I bezeichneten Bauten ohne Feuerstätten, soweit nicht die Ausnahmebestimmungen in § 44 Abs. 2, 4, 5 und in § 45 oder andere auf Grund der Bauordnung bewilligte Vergünstigungen in Frage kommen, **mindestens** mit ausgemauertem Fach- oder Riegelwerk auf gemauertem Sockel hergestellt werden müssen. Die Herstellung eines solchen Baues in Holz, für den jene Ausnahmebestimmungen nicht zutreffen, ist nur mit besonderer Erlaubnis der zuständigen Baupolizeibehörde zulässig.

Da die Bestimmungen der §§ 40—45 vor allem im Interesse der Feuersicherheit erlassen sind, muß angenommen werden, daß ihre Gebote und Verbote nicht bloß die Herstellung eines bauordnungswidrigen Zustandes, sondern auch dessen Aufrechterhaltung untersagen. Daher widerspricht es dem § 44 Abs. I nicht nur Bauten der hier bezeichneten Art, sofern für sie die Ausnahmebestimmungen in § 44 Abs. 2, 4, 5 oder in § 75 nicht zutreffen oder besondere Vergünstigungen (vgl. § 41 Nr. 4, § 65 Abs. 2) nicht bewilligt sind, in Holz herzustellen, sondern auch solche *aus Holz hergestellte Bauten bestehen zu lassen*. (E. d. ObstLG. vom 12. Jan. 1928, abgedr. in BayGemVZ. Sp. 626.)

Abs. I enthält *keine Vorschrift über die Entfernungen von anderen Gebäuden* oder von der Nachbargrenze für Bauten ohne Feuerstätten mit ausgemauertem Fach- oder Riegelwerk auf gemauertem Sockel. Doch ist die Vorschrift des § 49, wonach Winkel und sog. Reihen zwischen den einzelnen Bauten, wo nur immer möglich, vermieden werden müssen, zu beachten. Vgl. § 49 nebst Anmerkungen.

In Märkten mit nicht geschlossener Bauweise und auf dem Lande dürfen Stallungen, Scheunen oder Schupfen, wenn sie an Wohngebäude angebaut werden, aus Holz auf gemauertem Sockel hergestellt werden. Vgl. § 45 Ziff. 1.

4. Die Bestimmung in Abs. I steht in unverkennbarem Zusammenhang mit den im vorhergehenden 12. Unterabschnitt („Bauten mit Feuerstätten") getroffenen Bestimmungen (§§ 40—43). Nach diesen Vorschriften müssen die Bauten grundsätzlich mit „massiven" Umfassungen von Stein oder Eisen ausgeführt werden. Im Gegensatz zu dem grundsätzlichen Erfordernis massiver Umfassungen von Stein oder Eisen für Bauten *mit* Feuerstätten läßt § 44 Abs. I für die Herstellung gewisser Bauten ohne Feuerstätten auch ausgemauertes Fach- oder Riegelwerk zu. Doch ist es selbstverständlich, daß auch Bauten der in § 44 Abs. I bezeichneten Art mit massiven Umfassungen von Stein oder Eisen hergestellt werden können.

4a. Nach § 41 Nr. 4 dürfen Gebäude zu vorübergehenden Zwecken mit besonderer Genehmigung von Holz, jedoch stets nur in provisorischer Weise errichtet werden. Wenn diese Bestimmung sich auch im Abschnitt für „Bauten mit Feuerstätten" befindet, so findet sie doch auch auf Bauten ohne Feuerstätten, die vorübergehenden Zwecken dienen, Anwendung. Wenn schon mit besonderer Genehmigung Gebäude mit Feuerstätten, die vorübergehenden Zwecken dienen, in provisorischer Weise errichtet werden dürfen, so muß dies auch für Gebäude von gleicher Zweckbestimmung, die eine Feuerstätte nicht haben, gelten. (S. auch oben gen. Entsch.)

5. Im Gegensatz zu Abs. I ist nach Abs. II („nach Umständen") das pflichtgemäße Ermessen der Baupolizeibehörde maßgebend.

Laut aut. ME. vom 14. Nov. 1894 Nr. 19831 und 13. Jan. 1895 Nr. 618 wurde zum Ersatz von gestücktem und verputztem Fachwerk oder Riegelwerk auch Bretterverschalung auf gemauertem Sockel mit Schiefer- oder Blechverkleidung nach dem Ermessen der Baupolizeibehörde zugelassen. Die Frage, ob die in Abs. IV festgelegten Entfernungen auch für gestücktes und verputztes Fach- oder Riegelwerk nach Abs. II verlangt werden müssen, ist bei der Prüfung durch die Baupolizeibehörde zu beurteilen. Im allgemeinen dürften diese Entfernungen zu verlangen sein. Über die Verwendung der Heraklith-Bauweise s. Anm. 2 zu § 41 und ME. vom 4. Juli 1929, abgedruckt oben bei § 13.

6. Das Erfordernis, daß eine Brandmauer zu errichten ist, ist nur dann gegeben, wenn der Anbau als selbständiges Gebäude aufzufassen ist und nicht nur als eine Vergrößerung eines schon bestehenden Gebäudes, die mit diesem ein einheitliches Ganzes bildet. Für den Fall, daß ein Gebäude ohne Feuerstätte mit einem anderen Gebäude ohne Feuerstätte zusammenstößt, ist die Errichtung einer Brandmauer nicht erforderlich (Ausnahmen §§ 46—48).

7. Vgl. § 16; § 45 Ziff. 1.

8. Sind diese Entfernungen nicht gegeben, dann sind diese Bauten als Fach- oder Riegelwerk herzustellen. Ausnahmen wieder in § 45 Ziff. 1.

9. § 44 Abs. 1 mit 4 hat auch nicht offene Schutzdächer im Auge. Vgl. ObstLG. 10 S. 32. Diese bedürfen der baupolizeilichen Genehmigung nicht, gleichviel, ob sie geringfügige Bauwerke für wirtschaftliche Zwecke sind oder nicht. ObstLG. 10 S. 16. — Der in Abs. IV verlangte Abstand ist nur von anderen als den in § 6 Abs. II erwähnten Gebäuden einzuhalten.

10. Die Frage, ob ein Bau auf dem Lande, in Märkten oder in der Stadt in Frage steht, ist je nach Lage des einzelnen Falles zu entscheiden. Das Ortschaftenverzeichnis des statistischen Landesamtes kann als Richtschnur behandelt, aber nicht ohne weiteres als maßgebend bezeichnet werden.

Zu erwähnen ist, daß § 6 Abs. 1 hinsichtlich der Baustellen eine Einschränkung nicht enthält. Dagegen ist in § 6 Abs. 2 Buchst. b in dieser Richtung eine Einschränkung der Genehmigungsfreiheit enthalten und zwar geschieht das durch die Worte „in Märkten und auf dem Lande" (Ziff. 1) sowie „außerhalb der Ortschaften" (Ziff. 2).

Die Entscheidung von Fall zu Fall ist auch notwendig, wenn der Bauplatz zwar noch innerhalb des städtischen Burgfriedens, aber doch von den bewohnten Bauquartieren und den Teilen des Stadtgebietes, die in absehbarer Zeit zu städtischen Bauquartieren werden, entfernt gelegen ist, oft mitten unter Feldern, Wiesen und bei Wäldern, die auch ausschließlich landwirtschaftlichen Zwecken dienen. Bei solchen Grundstücken trifft in der Regel nicht zu, daß sie aus den städtischen Einrichtungen besondere Vorteile ziehen. Die städtische Baupolizei wird auch kein wesentliches Interesse daran haben auch auf die Bautätigkeit an solchen Orten einzuwirken. Es können aus Billigkeitsgründen für Bauten auf solchen Grundstücken nicht die Vorschriften angewendet werden, die für Lebensverhältnisse, Entwicklungs- und Bauverhältnisse der Städte aufgestellt sind. Wenn also die Verwendung eines solchen Grundstückes als Bauplatz für Wohn- und Nebengebäude wegen seiner Lage in bewohnten Teilen des Stadtgebietes überhaupt nicht wahrscheinlich ist, so ist es im Hinblick auf seine gegenwärtige Verwendung für Zwecke der Landwirtschaft nicht als städtisches Grundstück, sondern den auf dem Lande gelegenen Grundstücken gleich zu behandeln. —

Ein Stadel ohne Feuerungsanlage z. B. mit nur einem Geschoß und einer Grundfläche von ca. 60 qm, der auch nicht zur Lagerung von feuergefährlichem Material bestimmt ist, würde also nach § 6 Abs. II a BO. nicht in Städten, wohl aber an sonstigen Plätzen nach Buchstabe b weder zur Neuherstellung noch zur Vornahme einer Hauptreparatur oder Hauptänderung einer baupolizeilichen Genehmigung bedürfen. Es wäre im letzteren Falle die Errichtung eines gemauerten Sockels nicht erforderlich. — In Städten dürfen nur die in § 6 Abs. II lit. a, in Märkten und auf dem Lande die in lit. b bezeichneten Bauten aus Holz hergestellt werden.

Im übrigen vgl. § 6 Anm. 8 B 6.

11. Bezüglich des Verbotes der engen Reihen vgl. § 49.

§ 45.

In Märkten mit nicht geschlossener Bauweise und auf dem Lande treten folgende Erleichterungen ein[1]):

1. Werden an Wohngebäude Stallungen, Scheunen oder Schupfen angebaut[2]), so dürfen diese Anbauten aus Holz auf gemauertem Sockel hergestellt werden.

Erfolgt der Anbau unter einem Winkel, so muß, soweit eine Brandmauer geboten ist[3]), die an dieselbe anstoßende Umfassung der Anbauten im einspringenden Winkel auf die Entfernung von 5 m mindestens mit ausgemauertem Fach- oder Riegelwerk[4]) hergestellt werden.

Eine Brandmauer ist nicht geboten, wenn die Grundfläche[5]) der Anbauten nicht mehr als 200 qm beträgt; in diesem Falle genügt statt der Brandmauer eine Mauer[6]), welche bis zur Höhe der Wohnräume reicht.

Beträgt die Grundfläche der Anbauten über 200 qm, jedoch nicht mehr als 400 qm und stößt an die Brandmauer ein gewölbter Raum an[7]), so ist zu ebener Erde ein feuersicherer Tür- und Fensterverschluß der Brandmaueröffnungen nicht geboten[8]).

2. Wenn Stallungen, Scheunen oder Schupfen nicht an das Wohnhaus angebaut werden und von diesem oder anderen Gebäuden[9]) weniger als 5 m oder von der Nachbargrenze weniger als 2,5 m entfernt sind, so müssen nur diejenigen Teile der Umfassungen, welche die vorgeschriebene Entfernung von 5 m bzw. 2,5 m nicht haben, auf die ganze Höhe des Gebäudes mindestens mit ausgemauertem Fach- oder Riegelwerk[10]) hergestellt werden, und auch dies ist nicht geboten, wenn entweder ein solches Nebengebäude nicht mehr als 200 qm Grundfläche einnimmt[11]), oder wenn an einer der sich gegenüberliegenden Gebäudeseiten eine massive Mauer ohne Holzvorsprung vorhanden und das Gebäude[12]) feuersicher eingedeckt ist.

1. Diese Erleichterungen sind nicht in das Belieben der Baupolizeibehörde gestellt. Weitergehende Erleichterungen gewährt § 56 für das Hochgebirge usw. Doch wird das Erfordernis der baupolizeilichen Genehmigung durch § 45 nicht berührt. Vgl. ObstLG. Bd. 2 S. 52.

2. Die hier nur für den Anbau an das Wohngebäude des gleichen Besitzers vorgesehene Begünstigung darf nicht auf Anbauten an andere Gebäude erstreckt werden. In diesem Falle sind die Bestimmungen des § 44 Abs. 1, 2, 4 BO. zu beachten. Wenn aber an ein Wohngebäude und Ökonomiegebäude neuerdings eine Scheune, Stallung oder Schupfe angebaut werden soll, trifft § 45 Ziff. 1 zu, soweit diese Wirtschaftsgebäude, in einem Anwesen zusammengebaut, als eine Einheit zu betrachten sind. Ein Anbau liegt nicht vor, wenn die gemeinsame Umfassungsmauer und der einheitliche Dachbau in dem mit massiven Mauern umgebenen Teil des Gesamtgebäudes die Wohnräume und den Stall zu einer Einheit zusammenfassen, die baulich ein Gebäude für sich darstellt. Der Stall ist hier nicht angebaut, sondern eingebaut. Er stellt sich nur als ein Teil des Wohn- und Ökonomiegebäudes dar.

Die Eigenschaft eines Nebengebäudes als „Heuschupfen" richtet sich ausschließlich nach dessen Bestimmung zur Lagerung von Heu. Seine Größe und bauliche Konstruktion sind gleichgültig. Unter Getreideschupfen werden zur Lagerung von ungedroschenem Getreide und von Stroh dienende, im allgemeinen Sprachgebrauch als „Scheune" oder „Stadel" bezeichnete Baulichkeiten verstanden, gleichviel ob sie massiv oder aus Holz hergestellt sind.

Handelt es sich bei einem Gebäude ungeachtet seiner Größe und baulichen Konstruktion um einen „Schupfen" im Sinne der BO., so fällt er als dichtgeschlossener Schupfen im Gegensatz zu den in § 6 Abs. II b 1 BO. erwähnten, genehmigungsfreien offenen oder mit Lattenwerk geschlossenen Scheunen unter die nach Abs. I genehmigungspflichtigen Nebengebäude. Es ist nur unter der in Abs. II b 2 bestimmten Voraussetzung, daß es außerhalb der Ortschaft gelegen ist, genehmigungsfrei. Vgl. auch ObstLG. München Bd. 6 S. 595. Gem. § 6 Abs. II ist in Märkten und auf dem Lande für offene und nur mit Latten und dergl. geschlossene Schupfen, Holzhütten und Remisen, für gewöhnliche Schweineställe und für sonstige Bauten ohne Feuerungsanlagen mit nur einem Geschosse und höchstens 70 qm Grundfläche im allgemeinen baupolizeiliche Genehmigung nicht erforderlich. Vgl. § 6 Abs. II nebst Anmerkungen; diese Bauten dürfen nach § 44 Abs. V ohne Rücksicht auf die Entfernung aus Holz hergestellt werden. Holzbauten nach § 44 Abs. 5 BO. sind auch nicht in die Gesamtgrundfläche einzurechnen. Die Erleichterungen des § 45 Ziff. 1 kommen somit für die eben geschilderten Bauten nicht in Frage. Die Bestimmung in § 44 Abs. IV kommt für Bauten nach § 45 Ziff. 1 nicht in Betracht, auch wenn die dort vorgeschriebene Entfernung nicht eingehalten werden kann.

Bezüglich des Verbotes der engen Reihe vgl. § 49.

3. S. folgenden Absatz, also wenn die Grundfläche der Anbauten mehr als 200 qm beträgt.

4. Gestücktes Fach- oder Riegelwerk genügt nicht; massives Mauerwerk ist zuläßig, kann jedoch von der Baupolizeibehörde nicht vorgeschrieben werden. Über die Anwendung der Heraklith-Bauweise s. ME. vom 4. Juli 1929, abgedruckt bei § 13, s. auch Anm. 2 zu § 41.

5. Die Zweifelsfrage, ob bei Berechnung der Grundfläche der Anbauten nach Art. 45 Ziff. 1 nur die aus Holz auf gemauertem Sockel hergestellten Anbauten in Rechnung zu ziehen sind oder auch

Anbauten aus massivem oder Fachwerk-Mauerwerk, ist laut aut. ME. vom 30. Mai 1923. Nr. 4050 d 10 dahin zu beantworten, daß lediglich die aus Holz auf gemauertem Sockel hergestellten Anbauten in Betracht zu ziehen sind. Hienach ist zur Abscheidung der Holzbauten vom Wohngebäude im Falle des § 45 Ziff. 1 eine Brandmauer nur dann geboten, wenn die Holzanbauten eine Gesamtfläche von 200 qm überschreiten. Ob, falls diese Voraussetzung nicht erfüllt ist, zur Abscheidung der Wohngebäude von anderen mit ihnen zusammenhängend gebauten Gebäuden etwa aus dem Gesichtspunkt des § 40 Abs. I eine Brandmauer notwendig ist, muß der Würdigung im einzelnen Falle überlassen bleiben. — Zweifel können entstehen, wenn an einem Wohngebäude, ohne daß dazwischen eine Brandmauer besteht, ein Bau ohne Feuerstätte bereits angebaut ist oder durch einen weiteren Anbau von Stallungen, Scheunen oder Schupfen die Gesamtfläche der Anbauten (bisherige und neue zusammengenommen) auf mehr als 200 qm gebracht werden. Der Wortlaut der BO. („Anbau an Wohngebäuden") scheint gegen die Zusammenrechnung der Fläche der bisherigen und neuen Anbauten zu sprechen, da der neue Anbau ja in der Regel nicht mehr unmittelbar an das Wohngebäude zu stehen kommen wird. Es muß aber doch die strengere Auslegung erfolgen, da das Übergreifen von Bränden von Wirtschaftsgebäuden auf Wohnräume oder umgekehrt verhütet werden muß. Mit der Vergrößerung der Anbaufläche nehmen auch die Gefahren des Brandes zu. Bei Anwendung der milderen Auffassung würde auch das Gesetz durch zeitliches Auseinanderlegen der von Anfang an geplanten Anbauten in mehrere gesonderte Bauvornahmen umgangen werden können. Es muß daher nachträglich eine Brandmauer verlangt werden, wenn die Anbauten von Stallungen, Scheunen oder Schupfen an ein Wohngebäude zusammengerechnet erst nachträglich die Gesamtfläche von 200 qm überschreiten. So aut. ME. vom 25. Aug. 1922 Nr. 4050 d 27, wie auch ME. vom 28. Febr. 1897 Nr. 4016 und 3. Nov. 1899 Nr. 21 829. Zur Vermeidung von Härten kann in geeigneten Fällen Befreiung von der Vorschrift gewährt werden. Dies ist besonders veranlaßt, wenn z. B. die Futterböden, die in der Regel hauptsächlich die Brandgefahr hervorrufen (Selbstentzündung, nachlässiges Umgehen mit Feuer oder Licht), nicht unmittelbar an das Wohnhaus grenzen, dann ist zweckmäßigerweise die feuersichere Trennungsmauer nur dann zu erlassen, wenn ihre Ausführung auf besondere Schwierigkeiten stößt oder wenn sonstige Gründe ausnahmsweise die Befreiung rechtfertigen, wobei die Verhältnisse des einzelnen Falles im Hinblick auf die Feuersgefahr doch mit gebotenem Wohlwollen zu würdigen sind. ME. vom 1. Aug. 1905 Nr. 11 853.

6. Da es sich nur um eine Trennungsmauer handelt, sind Öffnungen in derselben wohl zulässig.

7. Gleichgültig was für ein gewölbter Raum und auf welcher Seite.

8. Dies bedeutet eine Ausnahme von § 16 Ziff. 4 Satz 3.

9. Also z. B. ein Gebäude nach § 6 Abs. II kommt nicht in Frage; dazu § 44 Abs. V.

10. Vgl. § 44 Abs. I. Gestucktes Fach- oder Riegelwerk genügt nicht. Massivbau möglich, aber baupolizeilich nicht erzwingbar.

11. Es kann nicht verlangt werden, daß auch solche Nebengebäude, die weniger als 200 qm Grundfläche einnehmen, bis zu einer Entfernung von 2,50 m von der Nachbargrenze mit ausgemauertem Fach- oder Riegelwerk hergestellt werden sollen. ME. vom 18. März 1898 Nr. 4879.

12. Gemäß § 31 ist das neue Gebäude feuersicher einzudecken. Daraus ergibt sich, daß die Bedingung für die schon vorhandenen Gebäude in Betracht kommt, welche vom Neubau weniger als 5 m entfernt sind.

14. Bauten von mehr als gewöhnlicher Ausdehnung und Brandgefahr.

§ 46 [1]).

I Bei Neubauten, deren obere Stockwerke zu größeren Versammlungen oder öffentlichen Lustbarkeiten bestimmt sind, müssen die Zugänge zu den Versammlungs- oder Gesellschaftsräumen mit unverbrennlichen Treppen versehen werden.

II Dasselbe kann bei Fabrikgebäuden von mehr als einem Geschosse gefordert werden.

III Die Baupolizeibehörde kann für die in Abs. I und II bezeichneten Gebäude im Interesse der Gesundheitspflege auch die zur Sicherung einer entsprechenden Ventilation erforderlichen Vorkehrungen anordnen, ohne Rücksicht darauf, ob die fraglichen Lokalitäten sich im Erdgeschoß oder in oberen Stockwerken befinden.

IV Bei derartigen Gebäuden von geringerem Umfange dürfen hölzerne Treppen zugelassen werden, deren Wangen aus Mauerwerk oder anderem unverbrennlichen Materiale bestehen.

V Wohn- und Fabrikgebäude von größerer Ausdehnung müssen auf angemessene Entfernung von der Hauptstiege mit Nebentreppen versehen werden, deren Zahl und Lage die Baupolizeibehörde zu bestimmen hat [2]).

VI Wohngebäude von der im § 25 Abs. IV als zulässig erklärten Maximalhöhe [3]) müssen bis zum Dachboden in massiv gemauerten Stiegenhäusern liegende Treppen von unverbrennlichem Material erhalten.

VII Alle Lokale, welche für größere Versammlungen oder öffentliche Lustbarkeiten bestimmt sind, müssen eine entsprechende Anzahl von Ausgängen erhalten, welche leicht und schnell nach außen sich öffnen lassen [4]). Von den Ausgängen solcher Räume bis zu den Ausgangstüren aus den Gebäuden ins Freie müssen die Hausfluren, Gänge und Treppen eine angemessene Breite, massive Umfassungen und gewölbte Decken erhalten. Die Anzahl der Ausgänge, sowie die Breite derselben, dann die Breite der Gänge, Hausfluren und Treppen hat in jedem einzelnen Falle die Baupolizeibehörde festzusetzen [5]).

VIII Vorstehende Bestimmungen finden auch auf schon bestehende Lokale und Gebäude Anwendung, welche für die bezeichneten Zwecke eingerichtet werden sollen.

1. Vgl. § 68 Ziff. 8. Hienach ist bei Bauführungen im Sinne des § 46 die Versicherungskammer, Abteilung für Brandversicherung, einzuvernehmen. Außer den in § 46 besonders genannten Wohn- und Fabrikgebäuden gehören zu den Bauten von mehr als gewöhnlicher Ausdehnung und Brandgefahr auch Theater, Lichtspielräume, Konzerthäuser, Versammlungssäle, Tanzsäle usw., ferner auch Kirchen, Schulen, Warenhäuser und größere Geschäftshäuser. Vgl. ME. vom 10. Mai 1897 die Bau- und Feuersicherheit der Theater und sonstigen größeren Versammlungslokale betr. (MABl. S. 145).

Über die Anlage und Einrichtung der Lichtspieltheater vgl. V. über die Sicherheit bei Lichtspielvorführungen vom 20. April 1926 (GVBl. S. 299). Lichtspieltheater dürfen nicht in Gebäuden eingerichtet werden, in denen sich Fabriken, Werkstätten oder Lagerräume für feuergefährliche oder leicht brennbare oder schwer zu löschende Gegenstände oder Stoffe befinden.

Auf Grundstücken, auf denen sich Gebäude mit Betrieben oder Lagerräumen der vorbezeichneten Art befinden, dürfen Lichtspieltheater nur angelegt werden, wenn die Flure und Durchfahrten zu dem Lichtspieltheater völlig von denen getrennt sind, die zu den bezeichneten Betrieben oder Lagerräumen führen, und wenn die zuständige Polizeibehörde die sonst getroffenen Sicherheitsmaßnahmen für ausreichend hält. (Vgl. § 3 der V.) Zuständige Polizeibehörde im Sinne dieser Verordnung ist die Bezirkspolizeibehörde, in München der Stadtrat und die Lokalbaukommission im Benehmen mit der Polizeidirektion, in Nürnberg-Fürth die Stadträte im Benehmen mit der Polizeidirektion § 1 (Ziff. 7

d. B.). Bezüglich der staatlichen Polizeibehörden in Augsburg, Würzburg, Regensburg und Hof s. MBek. vom 26. März 1929 (GVBl. S. 52). Vgl. im übrigen § 47 BO. — Die Versicherungskammer, Abteilung für Brandversicherung, ist Prüfstelle für die Bildwerfer und die Einrichtungen des Bildwerferraumes. ME. vom 20. April 1926. — Über vorbeugenden Brandschutz vgl. ME. vom 14. Juli 1926 (StAnz. Nr. 161). —

ME. vom 7. Okt. 1903 die Feuer- und Betriebssicherheit in Waren- und Geschäftshäusern betr. MABl. S. 425. Bezüglich der Errichtung von baulichen Anlagen in der Nähe von Munitionsaufbewahrungsräumen vgl. § 12 Anm. 4.

Bezüglich der Ausschmückung von Versammlungsräumen s. ME. vom 13. Sept. 1928 (StAnz. Nr. 213).

§ 46 verlangt nicht, daß die Gebäude Feuerstätten enthalten.

Laut ME. vom 11. März 1926 Nr. 3671 b 10 darf die „Siedlungsbauweise Albert Wagner in Ludwigshafen für Gebäude, die nach § 46 zu beurteilen sind, nicht verwendet werden (s. § 13 Anm. 4).

2. Vgl. Anweisung für Waren- und Geschäftshäuser A I 9.

3. „Maximalhöhe" bezeichnet sowohl das Höchstmaß von 22 m wie auch die Höchstzahl der Geschosse.

4. Vgl. Anweisung für Waren- und Geschäftshäuser A I 9—12, B I 1.

5. Bezüglich der Flure, Treppen, Höfe, Durchfahrten und Ausgänge in Gebäuden mit Lichtspieltheatern vgl. §§ 10 ff. der V. vom 20. April 1926 (GVBl. S. 299) über die Sicherheit bei Lichtspielvorführungen. Allgemein ist zu bemerken, daß Flure, Treppen, Höfe, Durchfahrten und Ausgänge derart bemessen sein und während der Betriebszeit derart beleuchtet werden müssen, daß das Lichtspieltheater leicht, ordnungsmäßig und gefahrlos auf kürzestem Wege geleert werden kann. Einbauten auf den Fluren und Treppen sind verboten. Die nächsten Wege zu den Ausgängen müssen in den Zuschauerräumen, den Gängen und Treppen durch rote und gut beleuchtete Pfeile an den Wänden gekennzeichnet sein. Die Ausgänge müssen als solche in deutlicher, gut lesbarer Schrift bezeichnet sein.

Alle zur Leerung des Lichtspieltheaters notwendigen Treppen müssen den §§ 39 MBO. und 46 BO. über Haupttreppen entsprechen und auf beiden Seiten aus unverbrennlichen Stoffen oder Hartholz hergestellte Geländer oder Handläufer ohne Ende haben. (Im übrigen siehe V. Teil.)

Erwähnt soll hier noch werden die V. über den Feuerschutz bei theatralischen Vorführungen und bei Schaustellungen von Personen vom 29. Aug. 1927 (GVBl. S. 278). Hiernach unterliegen Räume, in denen theatralische Vorstellungen irgend welcher Art oder Schaustellungen von Personen stattfinden, der fortlaufenden Überwachung durch die zuständigen Bezirkspolizeibehörden, bzw. Polizeidirektionen, darauf, ob sie den feuerpolizeilichen Anforderungen genügen. Den auf Grund der Nachschau getroffenen Anordnungen ist binnen der gesetzten Frist zu entsprechen. Wegen eventueller Einstellung s. § 5 das. vgl. § 48 Anm. 1. —

§ 47[1]).

I Gebäude[2]), welche zur Herstellung, Bearbeitung oder Lagerung größerer Quantitäten leicht entzündlichen oder schwer zu löschenden Materials[2a]) bestimmt sind, müssen mit massiven[3]) Mauern umgeben und, wenn sie mit anderen Gebäuden zusammenhängend gebaut werden sollen[4]), von diesen durch Backsteinbrandmauern[5]) getrennt werden.

II Es kann aber auch eine allseitig freie Lage bis zu 9 m Entfernung von anderen Gebäuden[6]), die Einwölbung, unverbrennliches[7]) Stiegenwerk, dann ein Verschluß der Brandmaueröffnungen nach § 16 Ziff. 4[8]), ein feuerfester Boden und, wenn solche Gebäude mehr als 400 qm Grundfläche haben, deren Abscheidung durch Backsteinbrandmauern in Einzelräume, wie sie dem Betriebe des Geschäfts und der Konstruktion des Baues angemessen sind, gefordert werden.

III Die durch Brandmauern getrennten Räume dürfen verbunden werden[9]):

a) mittels eines unter Ausschluß aller Holzteile aus Eisen oder Stein und Glas konstruierten Balkones, welcher durch in die Langmauer eingefügte Türen von der in § 16 Ziff. 4 Abs. IV näher beschriebenen Beschaffenheit zugänglich ist;

b) durch einen an die Brandmauer anstoßenden Einbau, der den mittelbaren Zugang in den abgetrennten Gebäudeteil ermöglicht; dieser Einbau ist aus mindestens 0,25 m starkem Backsteinmauerwerk herzustellen und in allen Stockwerken zu wölben; derselbe darf weder eine Stiege noch Holzteile enthalten und auch nicht zur Lagerung irgendwelcher Stoffe dienen.

Die Türen des Einbaues müssen die in § 16 Ziff. 4 Abs. IV[10]) vorgeschriebene Beschaffenheit erhalten und im rechten Winkel zur Türe in der Brandmauer stehen; etwaige Fenster sind in der Langmauer an=

zubringen und deren Stöcke und Rahmen aus unverbrennlichem [7]) Materiale herzustellen.

Öffnungen zur unmittelbaren Verbindung der zu trennenden Räume sind in der Brandmauer nur insoweit gestattet, als sie zur Führung von Transmissionswellen unumgänglich nötig sind. Solche Öffnungen müssen an beiden Seiten durch Büchsen geschlossen werden, deren Flanschen in die Brandmauer eingeschraubt sind. Zwischen den Büchsen und der Peripherie der Transmissionswelle ist ein Spielraum von höchstens 15 mm zulässig.

IV Vorstehende Bestimmungen finden keine Anwendung auf Stallungen, Scheunen und Schupfen [11]).

1. S. Ziff. 7 der ME. vom 3. Aug. 1910 Vollzug der BO. betr. MABl. S. 477 (s. IV. Teil).

2. Ob die in Frage kommenden Gebäude Feuerstätten enthalten oder nicht, ist gleichgültig.

Wie sich aus Abs. IV ergibt, wonach die Bestimmungen des § 47 nicht einmal auf Stallungen, Scheunen und Schupfen Anwendung finden, hat § 47 offene Schutzdächer nicht im Auge. § 47 bezieht sich nur auf Gebäude, die mit Mauern umgeben sind, was bei Schutzdächern nicht der Fall ist. Offene Schutzdächer gehören auch nicht zu den „anderen Gebäuden" im Sinne des § 47 Abs. 1, weil sie nach § 44 Abs. 5 ohne Rücksicht auf die Entfernung aus Holz hergestellt werden können. Vgl. ObstLG. 10 S. 92. Doch ist zu beachten, daß nach § 21 der Verordnungen vom $\frac{\text{27. Juni 62}}{\text{21. Dez. 67}}$ die Verhütung von Feuersgefahren betr. (RGBl. S. 1573 bzw. S. 5) größere Vorräte von gewerblichen Fahrnissen und Rohstoffen leicht entzündlicher oder schwer zu löschender Beschaffenheit, wie Werk- und Nutzholz, Fässer, Rinden, Talg, Pech und Wachs nur in solchen Räumen gelagert werden dürfen, welche den einschlägigen Bauvorschriften entsprechen. Im übrigen s. § 21. — Die ME. vom 14. Juni 1910 (MABl. S. 396) ordnet an, daß die Baupläne für Dampfsägewerke besonders sorgfältig zu prüfen und veranlaßtenfalls gemäß §§ 47 und 68 Abs. I Ziff. 8 BO. der Versicherungskammer, Abt. für Brandversicherung, zur Äußerung mitzuteilen sind.

§ 16 Ziff. 1 Abs. III sieht für solche Gebäude vor, daß die Brandmauern in den in § 16 Abs. I angegebenen Stärken 0,30 m über die Dachfläche geführt werden müssen. — § 16 Ziff. 4 Satz 2 verbietet die Anbringung von Öffnungen in den Brandmauern (s. auch Buchst. b Abs. 3).

Vgl. ferner § 68 Ziff. 8, wonach die Versicherungskammer, Abteilung für Brandversicherung, mit ihren Erinnerungen zu hören ist, wenn nicht schon die Zustimmung dieser Behörde vom Gesuchsteller selbst beigebracht wird.

Nach Ziff. 9 das. ist auch die Gewerbeaufsicht zu hören bei Bauführungen für gewerbliche Zwecke, bei welchen Anordnungen zum Schutze der Arbeiter in Frage kommen können.

2a. Vgl. hierzu: V. über den Vollzug des Sprengstoffgesetzes vom 17. Sept. 1881 (GVBl. S. 451) und MB. vom 27. Juli 1905 (GVBl. S. 531), abgeändert 7. Okt. 1915 (GVBl. S. 688), 1. und 27. Nov. 1923 (GVBl. S. 24 und 387), 5. Mai 1925 (GVBl. S. 145) und 9. Jan. 1926 (GVBl. S. 221); MB. über Lagerung von Sprengstoffen und Zündmitteln bei der Ausführung von Sprengarbeiten vom 26. Jan. 1910 (GVBl. S. 46).

V. über leichtentzündliche Stoffe vom 9. Juni 1902 (GVBl. S. 211) und ME. hiezu vom 30. Jan. 1925 (MABl. S. 33). — ME. vom 7. Okt. 1903 die Feuer- und Betriebssicherheit in Waren- und Geschäftshäusern betr. (MABl. S. 425). — Oberpolizeiliche Vorschriften zum Schutze der Arbeiter in chemischen Wäschereien vom 2. Mai 1909 (GVBl. S. 369). — Oberpolizeiliche Vorschriften über Zelluloidbetriebe und Zelluloidlager vom 9. März 1912 (GVBl. S. 77; Anl. geändert 19. Juni 1926 GVBl. S. 326) und MB. hierzu vom 23. März 1912 (MABl. S. 411). — Oberpolizeiliche Vorschriften über Herstellung und Lagerung von Zündhölzern vom 10. Dez. 1922 (GVBl. S. 661). — V. über Herstellung, Aufbewahrung und Verwendung von Azetylen sowie über die Lagerung von Kalziumkarbid vom 21. Dez. 1923, vor allem Anl. A Nr. 26 mit 39 über die Entwicklerräume (GVBl. S. 393, abgedr. durch MB. vom 4. Sept. 1928, MABl. S. 404) Anl. E geändert durch V. vom 3. Juli 1926 (GVBl. S. 332) sowie MB. vom 21. Dez. 1923, 28. Juli und 2. Aug. 1924 und vom 18. Febr. 1926 (GVBl. 1923 S. 405; 1924 S. 174 und 180; 1926 S. 228). — MB. über die Lagerung von Filmen vom 23. Juli 1924 (StAnz. Nr. 173). — V. über die Sicherheit bei Lichtspielvorführungen vom 20. April 1926 (GVBl. S. 299). — V. und oberpolizeiliche Vorschriften über Einstellräume für Kraftfahrzeuge vom 10. Mai 1927 (GVBl. S. 129). — MB. über Aufbewahrung von Putzwolle vom 3. Mai 1928 (MABl. S. 163). — MB. über Richtlinien zur Verhütung von Brandgefahren durch Röntgenfilme vom 5. April 1929 Nr. 3734 b 11 (StAnz. Nr. 241).

Hinsichtlich der verschiedenen Arten von Benzintankanlagen vgl. StAnz. 1925 Nr. 295 und 297; 1926 Nr. 40, 43, 114, 116, 117, 125, 150, 164, 200, 203, 255, 258; 1927 Nr. 180, 181, 235, 248, 265.

S. ferner die oben bei § 12 Anm. 4 ausführlich erwähnte MB.

vom 11. Febr. 1930 (StAnz. Nr. 37) über die Lagerung leichtentzündlicher Flüssigkeiten. (Betrifft den Blitzschutz.)

3. D. h. aus Stein oder Eisen, Eisenfachwerkbau.

4. Gebäude von mehr als gewöhnlicher Brandgefahr müssen, wenn sie mit anderen Gebäuden zusammenhängend gebaut werden sollen, von diesen durch Brandmauern getrennt werden. Das Gebäude von mehr als gewöhnlicher Brandgefahr ist also nach § 47 der Neubau; aber § 47 hat auch entsprechend zur Anwendung zu kommen, wenn an ein solches Gebäude angebaut werden soll.

Wegen des Einflusses der engen Reihe vgl. § 49. Sie hebt den Zusammenhang nicht auf.

5. Die Kalksandsteine des oberbayerischen Hartsteinwerkes Fürstenfeldbruck (früher Reginasteinwerk Emmering) sind zwar gemäß § 13 Abs. III als Ersatz widerruflich zugelassen; aber als Ersatz für Backsteine in Gebäuden mit erhöhter Brandgefahr dürfen sie nicht verwendet werden. ME. vom 17. Mai 1919 Nr. 4071 b 12. Die Schlackenbetonsteine der Fa. Gebrüder Donhauser, Schwandorf sind zu Brandmauern nicht zugelassen; aut. ME. vom 19. Juni 1925 Nr. 3671 b I 13. — Nach ME. vom 11. März 1926 Nr. 3671 b 10 darf die „Siedlungsbauweise" des Albert Wagner in Ludwigshafen a. Rhein für Bauten, die nach § 47 zu beurteilen sind, nicht verwendet werden (s. oben § 13 Anm. 4). — Die Zulassung der Aristosbauweise für Brandmauern im Sinne des § 16 BO. erstreckt sich nicht auf Brandmauern bei Gebäuden nach § 47 BO. Aut. ME. vom 7. Aug. 1925 Nr. 3671 b 9. Vgl. Anm. 2 § 17 und § 16 Anm. 5. Nach ME. vom 22. März 1927 Nr. 3671 b I 5 (StAnz. Nr. 245) werden die von den Süddeutschen Ziegelwerken Lochhausen bei München hergestellten gebrannten Lochziegel widerruflich zur Verwendung bei der Errichtung von Brandmauern zugelassen. — Im übrigen vgl. § 13 nebst Anmerkungen.

6. Vgl. Anweisung für Waren- und Geschäftshäuser A I 1.

7. Feuersichere Verkleidung genügt nicht, auch nicht jede feuersichere Treppe (z. B. aus Eichenholz mit verputzter Untersicht). Unverbrennlich ist z. B. eine Treppe aus Stein oder Zement.

8. Fassung nach der V. vom 3. Okt. 1910, wodurch die Worte „eiserner Tür- und Fensterverschluß" ersetzt werden.

9. Abs. III hat nur auf die Verbindung der in Abs. 2 erwähnten Einzelräume Bezug. Vgl. auch § 48 Buchst. a letzter Satz.

10. Nun Satz 3, 4 und 5.

11. Vgl. § 44 und § 45.

§ 48.

Bei Theatern mit Schnürboden und Versenkungen kann gefordert werden [1]):

a) Trennung des Bühnen- und Zuschauer-Raumes durch zwei mindestens 1 m voneinander entfernt stehende, mindestens 1 m starke und ebenso hoch über die Dachfläche reichende Backsteinbrandmauern[2]), die im Proszeniumsausschnitte durch Backsteingewölbe oder Eisenkonstruktionsteile verbunden sind; — eine weitere Verbindung beider Räume ist nur nach § 47 Abs. III lit a zulässig;

b) die Aufsetzung von Blitzableitern[3]);

c) die Herstellung und Einwölbung von Vorfluren, Treppenräumen, Gängen und Dachaustritten in genügender Menge, ferner die Herstellung und Einwölbung von eigenen Gebäuden oder Räumen für Gasometer und Heizungsanlagen;

d) die Herstellung von Gangböden und Treppen aus unverbrennlichem Materiale[4]);

e) die Verwendung von Gaslicht oder elektrischer Beleuchtung, von Dampf- und Heißwasserheizung und die Herstellung von eisernen Vorhängen, Ventilationsapparaten und Löschvorrichtungen.

1. Bauführungen im Sinne des § 48 sind gem. § 68 Ziff. 8 VO. der Versicherungskammer, Abteilung für Brandsachen, zur Erinnerungsabgabe zu übermitteln. Vgl. hiezu ME. vom 10. Mai 1897 die Bau- und Feuersicherheit der Theater und sonstigen größeren Versammlungslokale betr. MABl. S. 145 sowie V. vom 15. März 1922 betr. vorbeugenden Brandschutz StAnz. Nr. 64; s. ferner § 12. Erwähnt wird noch die V. über den Feuerschutz bei theatralischen Vorführungen und bei Schaustellungen von Personen vom 29. Aug. 1927 (GVBl. S. 278). Als Theater im Sinne dieser V. gelten alle baulichen Anlagen, die für öffentliche theatralische Vorstellungen oder öffentliche Schaustellungen von Personen verwendet werden, wenn die Bühnenanlage mit einem Schnürboden, Galerien oder Laufstegen versehen sind, oder wenn der Flächenraum der Spielbühne 100 qm übersteigt. Nach § 4 unterliegen derartige Räume der fortlaufenden Überwachung durch die zuständige Behörde darauf, ob sie den feuerpolizeilichen Anforderungen genügen. Die zuständige Behörde kann zu diesem Zweck die Räume durch Sachverständige prüfen lassen. Die hiedurch entstehenden Kosten sind, soferne die Prüfung aus Anlaß einer bestimmten Vorstellung erfolgt, von dem Veranstalter dieser Vorstellung, im übrigen von dem Eigentümer der Räume zu tragen. Den auf Grund der Nach-

schau von der zuständigen Behörde getroffenen Anordnungen ist binnen der gesetzten Frist zu entsprechen. Zuständige Behörden sind die Bezirksverwaltungsbehörden, in München, Nürnberg und Fürth die Stadträte im Benehmen mit den Polizeidirektionen.

Laut ME. vom 26. Febr. 1926 Nr. 3734 a 2 über Neu- und Umbauten von Theatern und Saaltheatern (MABl. S. 32) sind die Baupolizeibehörden angewiesen, künftighin vor Genehmigung von Theater-Neu- und Umbauten sich der „Bayerischen Landesbühne, gemeinnützige Städtebund-GmbH. in München, Prinzregententheater" für das rechtsrheinische Bayern und des das Pfälzische Landestheater betreibenden „Pfälzischen Verbandes für freie Volksbildung" mit dem Sitze in Neustadt a. H. Rathaus für die Pfalz als Beratungsstelle zu bedienen und ihnen vor Genehmigung der eingereichten Pläne Gelegenheit zur gutachtlichen Stellungnahme zu geben (s. V. Teil).

2. Als Ersatz für Backsteine in Gebäuden mit erhöhter Brandgefahr dürfen Kalksandsteine nicht verwendet werden. ME. vom 17. Mai 1919 Nr. 4071 b 12. — Laut aut. ME. vom 11. März 1926 Nr. 3671 b 10 darf die „Siedlungsbauweise" des Albert Wagner, Ludwigshafen a. Rh., nicht für Bauten verwendet werden, die nach § 48 zu beurteilen sind.

3. Vgl. MB. über Blitzschutz für Gebäude vom 22. Mai 1899 MABl. 193; ME. über Blitzableiter vom 6. Juli 1912 MABl. S. 767 und 4. April 1913 MABl. S. 256; MB. vom 29. Okt. 1925 Nr. 3758 b 5 über Vorschüsse und Zuschüsse zur Förderung des Blitzschutzes StA. Nr. 251 mit Bek. der Versicherungskammer vom 18. Juli 1929 über Förderung des Blitzschutzes (StAnz. Nr. 168) und 8. Sept. 1926 (StAnz. Nr. 208). Vgl. oben § 12 Anm. 4. — Dazu noch MB. vom 3. April 1929 Nr. 3758 b 3 über Blitzschutzanlagen (StAnz. Nr. 77). Die zu verlangenden Blitzschutzanlagen sind nach den Richtlinien des Ausschusses für Blitzableiterbau „Blitzschutz" (zu beziehen durch die Geschäftsstelle Berlin-Schöneberg, Hauptr. 161) auszuführen.

4. Aus Stein oder Eisen.

15. Winkel, Hofräume und Rückgebäude.

§ 49 [1]).

I Winkel und sogenannte Reihen (Ehegräben usw.) [2]) zwischen den einzelnen Bauten [3]) müssen, wo nur immer möglich, vermieden [4]), unter allen Umständen aber so gepflastert werden [5]), daß ein entsprechender Wasserablauf ermöglicht ist [6]).

II Vorrichtungen zur Einleitung des Inhaltes von Abtritten in solche Reihen sind unzulässig und zur Einleitung von Schmutzwasser nur dann erlaubt, wenn eine hinreichende Spülung mit reinem Wasser bewirkt werden kann [7]).

1. Die privatrechtlichen Verhältnisse der engen Reihen sind durch das BGB. geregelt. Auf die §§ 921, 922 BGB. wird besonders verwiesen. Vgl. auch Meisner, Nachbarrecht II. Auflage, 1908 S. 41 ff.; ferner E. Reuter, Bl. f. a. Vr. 1902 S. 385 ff. Solange die Grenze subjektiv ungewiß ist, wird angenommen, daß die in Betracht kommende Fläche den Nachbarn gemeinschaftlich zusteht. Die in § 921 BGB. ausgesprochene Vermutung geht nicht auf ein Miteigentum des Nachbarn, sondern auf ein gemeinsames Benutzungsrecht der angrenzenden Nachbarn. Es gilt jeder Angrenzer als Eigentümer bis zur Grenze; Ausnahmen hievon auf Grund der §§ 95 und 912 BGB. Eintragung ins Grundbuch ist nicht nötig. Die gemeinsame Benutzung wird durch § 922 BGB. näher geregelt. § 922 behandelt aber nur die privatrechtlichen Verhältnisse der beteiligten Eigentümer und bezieht sich nicht auf Benutzungsnormen und Benutzungsbeschränkungen, die sich aus dem öffentlichen Rechte ergeben. Im übrigen enthält das BGB. selbst keine Bestimmungen über Grenzabstände oder Lichtrecht.

Dagegen sind im bayr. AG.BGB. Bestimmungen enthalten, die im Hinblick auf die Anlage neuer bzw. auf den Schutz vorhandener Fenster einen bestimmten Abstand vorschreiben, den der Bauherr bei der Errichtung neuer Gebäude von der Nachbargrenze einzuhalten hat.

Auf Art. 62—67 AG.BGB. wird verwiesen. Besondere Einschränkungen können noch auf privatrechtlichen Vereinbarungen zwischen den Nachbarn beruhen. Hievon abgesehen, haben noch die öffentlich-rechtlichen Bestimmungen der BO. Einfluß auf die Bebauung eines Grundstücks. In den §§ 44, 45 schreibt sie für Holzbauten gewisse Abstände vor. Im übrigen jedoch enthält sie keine Maßbestimmungen über den Abstand eines Gebäudes gegenüber Nachbargebäuden oder gegenüber der Nachbargrenze. Es besteht hiefür kein zwingendes Bedürfnis, da die Baupolizeibehörde im Hinblick auf die Bestimmung der §§ 40, 49 BO. die Bebauung der Grundstücke in bestimmter Weise regeln kann.

2. Ein absolutes Verbot der Winkel und engen Reihen ist in § 49 nicht enthalten, weil einerseits in vorhandenen Bauanlagen enge Reihen sehr häufig noch bestehen und andererseits das Entstehen von Winkeln und engen Reihen in schon bebauten Ortsgebieten nicht unter allen Umständen vermieden werden kann. Doch ist vor allem bei neuen Bauanlagen, insbesondere da, wo ein noch unbebautes Grundstück bebaut werden soll, darauf zu drängen, daß Winkel und enge Reihen vermieden werden.

Es ist nach Möglichkeit zu verhüten, Gebäude in spitzer Winkelform so gegenüber zu stellen, daß ein Zustand entsteht, den gerade § 49 durch das Verbot der Winkel und engen Reihen vermieden wissen will. Unter „Winkeln" sind spitze Winkel zu verstehen.

Die BO. selbst enthält auch über den Begriff „Reihe" keine nähere Erläuterung. Im engeren Sinn ist darunter die Bauweise zu verstehen, bei der zwischen den einzelnen Gebäuden schmale Grundstücksstreifen vorhanden sind. Die Entstehung dieser Bauweise ist darauf zurückzuführen, daß auf Grund des früheren Rechts (Land- und Statutarrecht) mit jeder Bauführung ein bestimmter Abstand von der Grenze eingehalten werden mußte, damit dem Nachbarn der Zutritt von Licht und Luft nicht völlig genommen wird. In diese engen Grundstreifen mündet gewöhnlich eine Anzahl von Fenstern, die zu Wohn- und Schlafräumen führen. Da bei diesem Zustand von einer genügenden Belichtung und Lüftung der Räume nicht gesprochen werden kann, ist die Handhabung der Praxis vollkommen gerechtfertigt, wenn jeder in gesundheitlicher und feuerpolizeilicher Hinsicht zu rügende Abstand als eine „Reihe" angesehen wird. Wann ein Abstand zu rügen ist, unterliegt von Fall zu Fall der baupolizeilichen Würdigung. Dabei kann die Baupolizeibehörde bei Bemessung des notwendigen Gebäudeabstandes den örtlichen Verhältnissen soweit Rechnung tragen, als dies nach den gegebenen Umständen, vor allem auch angesichts der in Frage kommenden Gebäudehöhe die notwendige Rücksichtnahme auf die Gesundheit und Feuersicherheit gestattet; jedenfalls aber muß hintangehalten werden, daß durch ein allzu enges Zusammenrücken der Gebäude derartige Mißstände geschaffen werden, deren Beseitigung § 49 anstrebt. ME. vom 22. Dez. 1903 Nr. 15745.

Im Gegensatz zu der allgemeinen BO. enthält die MBO. in den §§ 70 und 71 eingehende Abstandsbestimmungen für die Rückgebäude und die Rückfronten der Vordergebäude, sowie für die Seitenfronten der letzteren, soweit sie mehr als 22 m von der Baulinie entfernt sind. Die sonstigen Abstände sind in § 68 MBO. eingehend geregelt. „Ein Gebäudeabstand von weniger als 3,50 m ist unzulässig, bei Vordergebäuden und Flügelbauten muß derselbe, wenn sich beiderseits Mauern mit Fenstern gegenüberstehen, mindestens 7 m betragen." Hienach wäre also ein Gebäudeabstand von weniger als 3,5 m eine enge Reihe. Diese generelle Regelung mag für größere Städte, in welchen sich die Bauweise nach einheitlichen auf möglichste Höhenausnützung gerichteten Bestrebungen entwickelt hat, entsprechen; *sie kann aber nicht für die baulichen Verhältnisse in den kleineren Orten und auf dem Lande in Anwendung kommen*, hier würde die schematische Beurteilung der Abstände nach einer einheitlichen Maßvorschrift zu großen Härten und zu unnötig einschneidenden Eingriffen in das Privateigentum führen. Ganz besonders bei den kleinen bäuerlichen Betrieben. Zur Vermeidung der unerwünschten Mißstände ist aber bei baupolizeilicher Würdigung des einzelnen Falles nicht nur der Abstand, sondern auch die Höhe der Gebäude zu berücksichtigen. *Die enge Reihe unterbricht die geschlossene Bauweise nicht.* Nach Lage der Sache sind vielmehr Gebäude, die lediglich durch eine enge Reihe getrennt werden, als zusammenhängend zu betrachten, weshalb bei Gebäuden mit Feuerstätten gem. § 40 Abs. I und § 44 Abs. III die an enge Reihen angrenzenden Umfassungen als Brandmauern herzustellen sind.

3. Nach dem Wortlaut gilt das Verbot der Winkel und engen Reihen sowohl für Gebäude als auch für andere Bauwerke wie Hofmauern, Einfriedungsmauern usw., weil durch sie der Licht- und Luftzutritt ebenso verhindert werden kann wie durch Umfassungsmauern. S. auch Anm. 4.

4. Winkel und enge Reihen sind, wo nur immer möglich, zu vermeiden. Eine gesetzliche Vorschrift, nach der ein gewisses Verhalten, wo nur immer möglich, geboten oder die Herbeiführung eines gewissen Zustandes, wo nur immer möglich, zu vermeiden ist, entbehrt wegen ihres unbestimmten Inhaltes der Aufstellung eines bestimmten Tatbestandes. *Sie kann daher auch nicht als Strafgesetz oder als eine die Blankettbestimmung des Art. 101 Abs. 1 PStGB. ausfüllende baupolizeiliche Vorschrift im Sinne des Art. 101 Abs. II PStGB. und des § 12 Abs. II BO. gelten. Die Bestrafung der Verletzung dieser Anordnung setzt ein auf einer vorsätzlichen oder fahrlässigen Zuwiderhandlung beruhendes Verschulden voraus.* Ein solches läßt sich aber nicht mit Sicherheit feststellen, wenn in der obrigkeitlichen Anordnung ausgesprochen ist, daß sie, wo nur immer möglich, Beachtung verlangt. Selbst wenn man also in § 49 Abs. I nicht ausschließlich eine Anweisung an die Baupolizeibehörde erblickt, sondern im Falle der Vornahme eines *nicht* genehmigungspflichtigen Baues eine an die Adresse des Bauunternehmers gerichtete Vorschrift, so begründet die Nichtbeachtung der Vorschrift durch den Bauunternehmer nicht dessen Strafbarkeit nach § 367 Ziff. 15 RStGB. oder Art. 101 PStGB. *Die Vorschrift in § 49 Abs. I enthält kein unbedingtes, unbeschränktes Verbot.* Insbesondere gibt sie keine sicheren Anhaltspunkte, unter welchen Umständen die BO. die Entstehung von Winkeln und engen Reihen in der Regel verbieten und unter welchen Voraussetzungen als Ausnahme zulassen will. Im übrigen kann also eine nach § 49 Abs. I BO. getroffene Anordnung der Baupolizeibehörde nur bei genehmigungspflichtigen Bauten mit strafrechtlichem Zwange durchgeführt werden auf Grund der §§ 12 Abs. I, 71 BO. mit § 367 Nr. 15 StGB. als eine bei Genehmigung des Baugesuches gemachte Auflage. — Vgl. auch ObstLG. 8 S. 372.

Gegen die nicht genehmigungspflichtigen Bauten kann bezüglich der engen Reihen und Winkel nur auf Grund der feuer- und sicherheits- sowie reinlichkeits- und gesundheitspolizeilichen Vorschriften vorgegangen werden. Vgl. Entsch. des ObstLG. vom 28. April 1928 abgedruckt in BayGemVZ. 1927 Sp. 540.

§ 49 Abs. I will tunlichst verhindern, daß durch eine Bauvornahme ein Winkel oder eine Reihe entsteht. Er befaßt sich nicht mit der Angelegenheit der Aufhebung bestehender Winkel oder mit der Frage des Bestehenlassens vorhandener Winkel, in deren Nachbarschaft ein Neubau aufgeführt wird. Doch ist die Beseitigung vorhandener Reihen möglichst anzustreben. Dies wird sich in der Regel nur dadurch erreichen lassen, daß beim ersten Umbau an den in Frage kommenden Gebäuden diese Beseitigung vorbereitet wird. Zu diesem Zweck muß die Umfassungsmauer des ersten Anwesens gegen das Nachbaranwesen als Brandmauer so ausgestaltet werden, daß beim seinerzeitigen Umbau des letzteren ein unmittelbarer Anbau an das erstere möglich ist. Die Umfassungsmauer ist dabei an die Grenze zwischen den beiden Anwesen zu setzen. Für den Fall, daß die Reihe gemeinschaftlich ist, und der Nachbar seine Zustimmung zu einer Abänderung verweigert, ist zweckmäßig der Umbau des ersteren Anwesens nur unter solchen Bedingungen zu genehmigen, die die Überbauung der ganzen Reihe durch den Nachbarn beim seinerzeitigen Umbau des 2. Anwesens ermöglichen (Reuter, Bl. f. a. Pr. 52 S. 385 ff.). Im übrigen ist nicht bloß von bestehenden Gebäuden ein entsprechender Abstand zu wahren. Es soll vielmehr auch nicht in solchem Abstand von der Anwesensgrenze gebaut werden, daß dadurch die Entstehung einer Reihe für den Fall späterer Bebauung des Nachbargrundstückes vorbereitet wird. So ergibt sich, daß im Gebiete der geschlossenen Bauweise bei jeder Bauführung entweder an die Grenze gebaut oder von dieser tunlichst ein solcher Abstand eingehalten werden muß, daß bei einem späteren Bau des Nachbarn an die Grenze das Entstehen einer engen Reihe ausgeschlossen ist. Der bezeichnete Grenzabstand kann jedoch für den zuerst Bauenden geringer, als üblich ist, bemessen werden, wenn der Nachbar sich hiemit einverstanden erklärt und sich verpflichtet, bei einer allenfallsigen späteren Bauführung den zur Verhinderung einer Reihe erforderlichen großen Grenzabstand auf sein Grundstück zu übernehmen. In diesem Falle kann auch von der Forderung einer Brandmauer gegen das Nachbargrundstück abgesehen werden. Es besteht dann auch kein Anlaß, überhängendes Gespärre baupolizeilich zu beanstanden. ME. vom 22. Dez. 1903 Nr. 15795. Die Verpflichtung zur Übernahme eines größeren Grenzabstandes schafft für die Baupolizeibehörde nicht erst die Rechtsgrundlage, nach welcher sie im gegebenen Falle das Wegrücken des Nachbarn von der Grenze erzwingen kann. Diese Erklärung, die zu Protokoll der Baupolizeibehörde abgegeben werden kann, die nicht notariell beurkundet oder im Grundbuch eingetragen werden muß, bildet den aktenmäßigen Nachweis, daß der Nachbar seinerzeit über die Sachlage aufgeklärt worden war und sich der Tragweite seiner Erklärung, nämlich einen Teil des an und für sich den Anderen treffenden Grenzabstand auf sich zu nehmen, wohl bewußt war. Diese Erklärung wirkt auch gegenüber dem Rechtsnachfolger.

Es kann auch nicht eine beschränkt persönliche Dienstbarkeit (§ 1090 BGB.) des Inhaltes, daß der Grundstückseigentümer von dem Nachbargebäude bei Errichtung eines Neubaues einen Mindestabstand einzuhalten verpflichtet ist, begründet werden zugunsten einer Gemeinde. Es fehlt hier das Begriffserfordernis, daß sie einem privatrechtlichen wirtschaftlichen Bedürfnisse dienen muß. Es genügt die Abgabe der Erklärung zu Protokoll der Baupolizeibehörde. ME. vom 5. Aug. 1904 Nr. 16478.

Die Baupolizeibehörde hat auch die Frage zu würdigen, ob nicht trotz entgegenstehender Bedenken in Würdigung besonderer Verhältnisse ein geringerer Gebäudeabstand ausnahmsweise zur Vermeidung unverhältnismäßiger Nachteile zugelassen werden soll.

Ausgeschlossen wäre ein Umbau, selbst wenn eine Reihe schon bestände, wenn auf dem beabsichtigten Umbau die schon bestehende Reihe noch erheblich verschlimmert würde. Bei der Würdigung ist die Höhe der in Frage stehenden Gebäude zu berücksichtigen, desgleichen die Belichtung eines Gebäudes auf den übrigen Seiten und ferner die Belichtung des Gebäudeinnern. Eine enge Reihe ist weniger bedenklich auf einer Gebäudeseite, an der nur Fenster für Nebenräume wie Gänge, Treppenhäuser, Bäder, Speisekammer usw. vorhanden sind.

Durch rücksichtslose Ausnützung der nach der BO. zulässigen Bebauungsmöglichkeit könnte die altherkömmliche Bausitte empfindlich gestört und hiedurch der nachbarliche Besitzstand sowie die alte gesunde und schöne Bauweise dauernd geschädigt werden. Es handelt sich hier um die wichtige Voraussetzung eines wirksamen Heimatschutzes für das große Gebiet der Städte- und Ortsbebauung; die für die bereits besiedelten Ortsteile geltende übliche Bauweise und Bausitte ist der Beurteilung eines Baugesuches als örtliche Baunorm zugrunde zu legen. Es erscheint zweckmäßig in zweifelhaften Fällen durch ortspolizeiliche Vorschrift oder durch Baubeschränkung im Sinne des § 2 BO. dies festzusetzen. Vgl. aut. ME. vom 8. Juli 1913 Nr. 4062 a 2.

Es ist zu erstreben die offene Bauweise, wo sie ortsüblich ist, aufrecht zu erhalten. Doch ist es fraglich, ob im einzelnen Falle mangels ausdrücklicher Vorschrift auf der offenen Bauweise da zu bestehen ist, wo ihre Durchführung den wirtschaftlichen Bedürfnissen des Bauwerbers widerspricht. Das wäre z. B. der Fall, wenn das Grundstück beschränkt ist und der Bauwerber daher gezwungen ist, seinen Platz so auszunützen, wie es seine wirtschaftlichen Bedürfnisse zwingend verlangen. ME. vom 11. April 1922 Nr. 4064 a 2.

Die Rücksichten des Städtebaues fordern im Hinblick auf die bauliche Umgebung der Baustelle dringende Berücksichtigung. ME. vom 26. Aug. 1922 Nr. 4059 a 14.

5. Vgl. Anm. 1 und §§ 921, 922 BGB. Soferne nicht äußere Merkmale darauf hinweisen, daß im Falle des § 921 BGB. die Einrichtung einem der Nachbarn allein gehört, wird vermutet, daß die Eigentümer der Grundstücke zur Benützung der Einrichtung (Zwischenräume, Gruben usw.) gemeinschaftlich berechtigt sind. In diesem Falle sind gemäß § 922 BGB. die Unterhaltungskosten von den Nachbarn zu gleichen Teilen zu tragen. Es kann also jeder der Nachbarn verlangen, daß die Pflasterungskosten von jedem zu gleichen Teilen zu tragen sind, da die Pflasterung eine öffentlich-rechtliche Verpflichtung gemäß § 49 Abs. I BO. ist.

6. Um den Wasserablauf zu ermöglichen, muß also die Wasserrinne eine entsprechende Neigung aufweisen und möglichst wasserundurchlässig hergestellt sein. Auf Grund des Art. 73 PStGB. können durch ober- und ortspolizeiliche Vorschriften und in Ermangelung von letzteren durch bezirkspolizeil. Vorschriften nötigenfalls noch weitere Anordnungen zum Schutze gegen die Durchfeuchtung der an die enge Reihe grenzenden Räume getroffen werden. Vgl. auch § 11 und § 16 der V. vom 10. Febr. 1901 die Wohnungsaufsicht betr. Hiernach sollen alle zum Aufenthalt für Menschen dienenden Räume in bezug auf baulichen Zustand, Trockenheit und Reinlichkeit derart beschaffen sein, daß aus ihrer Benutzung gesundheitliche Gefahren nicht entstehen. Die nähere Regelung zur Durchführung dieser Vorschrift hat im Wege ober- oder ortspolizeilicher Vorschriften zu erfolgen.

7. Auf Grund der Art. 73, 93, 94 PStGB. können zur Durchführung der Vorschrift des § 49 BO. weitere Vorschriften erlassen werden.

Bemerkung: Die Kreisregierung von Unterfranken in Aschaffenburg erließ z. B. folgende oberpolizeiliche Vorschrift über die offene Bauweise vom 18. Aug. 1922 (KrABl. S. 22).

Auf Grund des Polizeistrafgesetzbuches Art. 101 Abs. II wird folgende oberpolizeiliche Vorschrift erlassen:

§ 1. Bei Herstellung, dann bei Erweiterung von Wohngebäuden ist die offene Bauweise einzuhalten, sofern nichts anderes bestimmt ist oder die herrschende örtliche Bausitte nichts anderes verlangt oder nicht im Einzelfall aus besonderen Gründen ausdrücklich eine Ausnahme zugelassen wird.

§ 2. Das gleiche gilt für andere Bauführungen jeder Art, auch für genehmigungsfreie, deren Nachbarwohngebäude gegen die

Baustelle zu Fenster haben; Einfriedigungen in der Nähe solcher Wohngebäude müssen so hergestellt werden, daß diesen hinreichender Zutritt von Licht und Luft gewährt bleibt.

§ 3. Winkel und enge Reihen gelten nicht als offene Bauweise.

§ 4. Die Gebäude und Grenzabstände sind von Fall zu Fall festzusetzen.

§ 5. Weitergehende ortspolizeiliche Vorschriften werden nicht berührt.

§ 6. Zuwiderhandlungen werden an Geld bis zu 150 RM. oder mit Haft bestraft.

Bezüglich der Gültigkeit dieser oberpolizeilichen Vorschriften vgl. ObstLG. Urteil vom 18. März 1926 RevReg. II Nr. 18/26, abgedr. in bayer. Verwaltungsblatt 1926 S. 173/174. Diese oberpol. Vorschriften stützen sich auf PStGB. Art. 101 Abs. 2, wonach baupolizeiliche Vorschriften auch zum Zwecke der Gesundheit durch Verordnung oberpoliz. oder ortspolizeilicher Vorschriften erlassen werden können. Sie dienen mit ihrer zweifelsfreien Zweckbestimmung, die offene Bauweise tunlichst aufrecht zu erhalten, den Interessen der Gesundheit der Bevölkerung. Sie verstoßen daher nicht gegen § 49 Abs. I BO. Sie verletzen auch nicht Art. 153 RV. Mit dem Zweck, der sowohl durch die BO. wie auch durch diese oberpol. Vorschriften angestrebt wird, verträgt sich auch nicht deren möglichst enge Auslegung. Durch diese oberpolizeilichen Vorschriften soll die offene Bauweise auch an den Orten, an denen eine gemischte Bauweise herrscht oder sogar die geschlossene Bauweise überwiegt, in der Art bevorzugt werden, daß neue Wohngebäude und sonstige in §§ 1 u. 2 a. a. O. vorgesehene Bauführungen in offener Bauweise zu erstellen sind, wenn nicht die örtliche Bausitte aus einem bestimmten Grund etwas anderes verlangt. Wenn § 3 bestimmt, daß Winkel und enge Reihen nicht als offene Bauweise gelten, so muß dies im Zusammenhang mit §§ 1, 2 in erster Linie die Bedeutung haben, daß derjenige, der in dieser Weise bauen will, nicht geltend machen kann, er halte die offene Bauweise ein. Nach § 2 kann es nur darauf ankommen, ob das Nachbargebäude ein Wohngebäude ist und ob es gegen die Baustelle zu Fenster hat, nicht aber darauf, ob Wohnräume im engeren Sinn (Wohnzimmer und Schlafräume) — im Gegensatz zu Küchen und anderen Nebenräumen — gegen die Baustelle zu gelegen sind und dort hinaus Fenster haben.

§ 50.

¹ Bei allen Wohnhausneubauten müssen Hofräume [1]) vorhanden sein und sollen sowohl die neu anzulegenden, als auch die bereits bestehenden Hofräume in einer den Anforderungen der Feuersicherheit [2]) und Gesundheitspflege entspre-

chenden Größe, welche in jedem einzelnen Falle nach dem Umfange und der Höhe der Gebäude, jedoch nicht auf weniger als ein Viertel der zur Überbauung bestimmten Fläche[3]) zu bemessen ist,[4]) unüberbaut[5]) erhalten werden.

II Solche Hofräume dürfen auch nicht durch Bauten, welche nach § 6 Abs. II polizeilicher Genehmigung nicht bedürfen, weiter verkleinert werden[6]).

III Die Überdachung eines Hofraumes mit Glas kann unter besonderen Verhältnissen gestattet werden[7]).

1. Der Wohnhausneubau muß einen eigenen, entsprechend großen Hofraum haben.

Neubauten sind selbstverständlich auch solche Bauten, die als Ersatz für abgebrannte oder abgebrochene Gebäude hergestellt werden. Vgl. ObstLG. 6 S. 421.

Gebäude, die nicht an einer öffentlichen Straße liegen, sind in der Regel als Rückgebäude zu erachten. Ihre Errichtung setzt ebenso wie die Errichtung eines Hauptgebäudes das Vorhandensein eines Hofraumes im Sinne des § 50 voraus. Solche den Anforderungen der Feuersicherheit und Gesundheit entsprechenden und in ihrem Bestande gesicherte Hofräume müssen sich nach der ME. vom 19. Okt. 1904 Nr. 21 393 vor allem in denjenigen Umfassungsmauern des Rückgebäudes befinden, welche mit Fenstern versehen sind. Ein Anbauen an eine schmale Privatstraße ist also nur dann zulässig, wenn dieselbe von dem betreffenden Bau auf eine seiner Höhe entsprechende Breite durch Zurückrücken von der Weggrenze gebracht ist. Vgl. § 1 Anm. 4 am Ende.

Unter „Hof" ist ein in der Hauptsache leerer, nicht überbauter oder doch nur teilweise angepflanzter Raum zu verstehen, der in einem bestimmten Größenverhältnis zu der überbauten Fläche steht. Er dient in der Hauptsache wirtschaftlichen Zwecken. Er liegt, wo Rückgebäude oder Nachbargebäude, die an einer anderen Straße liegen, in Frage kommen, in den weitaus meisten Fällen auf der Rückseite des Hauptgebäudes (vgl. § 51). Daß er von mehreren Seiten eingeschlossen ist, entspricht vor allem dem landläufigen Begriff des Hofes, Hofraumes in der Stadt. Eine Fläche von geringer Ausdehnung dagegen wird durch die Bepflanzung mit Bäumen und durch die Anlage einiger Rosenbeete zwischen den nötigen Zugangswegen und Umfassungen zum Garten, ist also nicht als Hof zu behandeln. Vgl. ObstLG. Bd. 13 S. 204.

2. Gemäß § 25 BO. muß die Anwendung der Feuerlöschgerätschaften gesichert erscheinen. Bei der Beurteilung der Hofraumfläche ist auch zu beachten, daß vor solchen Wohnungen, die Fenster nur auf der Hofseite haben, entsprechend großer Raum für die Anwendung der Rettungsgeräte möglich ist, z. B. die Anwendung der mechanischen Feuerleiter und des Sprungtuches bei Verqualmung des Treppenhauses.

3. Wenn auch § 25 Abs. I und § 50 Abs. I bezüglich der Höhe des Rückgebäudes keine nähere Bestimmung enthalten, so erscheint nach ME. vom 15. Nov. 1905 Nr. 21487, durch welche die Genehmigung zur Bebauung eines Gebäudes auf Grund dieser BO. versagt wurde, die analoge Anwendung der in § 70 Abs. I MBO. aufgestellten Norm, wonach Rückgebäude von Vordergebäuden usw. mindestens soweit entfernt sein müssen, als die mittlere Höhe der in Frage kommenden Gebäude beträgt, auch im Gebiete der allgemeinen BO. gerechtfertigt.

Die Bemessung der Größe des Hofraumes ist nur an die eine zwingende Vorschrift gebunden, daß der Hofraum nicht weniger als 1/4 der zur Überbauung bestimmten Fläche betragen darf. Im übrigen aber ist sie in das Ermessen der Baupolizeibehörde gestellt, die hiebei nur auf die Feuersicherheit und Gesundheitspflege sowie auf den Umfang und die Höhe der den Hofraum umgebenden Gebäude Rücksicht zu nehmen hat. Die Baupolizeibehörden sind daher je nach der Lage des einzelnen Falles frei in der Wahl der maßgebenden Gesichtspunkte, insbesondere auch darin, ob sie etwa nach dem Vorbild des § 70 MBO. für die Hofbreite die mittlere Höhe der umgebenden Gebäude zugrunde legen wollen. Vgl. aut. ME. vom 11. Dez. 1914 Nr. 4049 c 2/1914.

Auf Grund des Art. 101 Abs. II PStGB. können, wenn aus besonderen Gründen ein örtliches Bedürfnis besteht, allgemein verbindliche Grundsätze zum Vollzug des § 50 BO. aufzustellen, ortspolizeiliche Vorschriften erlassen werden.

Maßgebend ist also im allgemeinen die Größe des Baugrundstückes selbst, nicht etwa die Größe des unbebauten Nachbargrundstückes. Doch können unter Umständen bei einer Dispensation diese Verhältnisse berücksichtigt werden.

4. Kleine Flächen oder sonstige Streifen, die vom eigentlichen Hofraum getrennt sind, werden nicht mit einbezogen. Auch Vorgärten können nicht zur Hoffläche einbezogen werden, da sie später ja aufgelassen werden, wenn aus Verkehrsrücksichten eine Straßenverbreitung erforderlich wird.

5. Die Bauordnung selbst bestimmt nicht ausdrücklich, was man unter einem Überbau im Sinne des § 50 zu verstehen hat; aber schon aus dem allgemeinen Begriff des Überbaues läßt sich entnehmen, daß eine Überbauung eines Hofraumes nicht nur dann vorliegt, wenn die bauliche Anlage in Verbindung mit der Oberfläche des Hofraumes errichtet wird und ihren Unterbau auf der Erdoberfläche des Hofraumes hat. Ein Überbau kann vielmehr auch in einer baulichen Anlage bestehen, die in den über einem Grundstück befindlichen Luftraum hineinragt, auch wenn sie auf diesem Grundstück keine Verbindung mit der Oberfläche hat. Auch für den Begriff des Überbaues im Sinne der §§ 912—916 BGB. ist dies anerkannt. Dazu kommt ferner noch, daß der mit § 50 BO. erfolgte Zweck (nämlich die Rücksicht auf die Feuersicherheit und die Gesundheitspflege) es zwingend erheischt, auch eine solche Hofraumfläche als überbaut zu betrachten, die nur im Luftraum mit einer baulichen Anlage überdeckt ist, weil auch dadurch der freie Zutritt von Luft und Licht gehindert, die Feuersgefahr erhöht und die Löschungsarbeit erschwert wird. Dazu kommt noch die Vorschrift in Abs. III, wonach schon die bloße Überdachung eines Hofraumes mit Glas als Überbau betrachtet wird. Sohin ergibt sich, daß z. B. der in der Höhe des ersten Stockwerkes angebrachte Verbindungsgang zwischen dem Vorder- und Hinterhaus eine Überbauung des Hofraumes darstellt. (Vgl. dazu die Entsch. des ObstLG. vom 24. März 1927, abgedruckt in BayGemVZ. 1927 Sp. 412.)

Im Hinblick auf den Zweck der Vorschrift des § 50 BO. (Rücksicht auf Feuersicherheit und Gesundheitspflege) wurde ferner erkannt, daß diejenige Fläche, über welche sich längs des ersten Stockes des Wohnhauses 3,35 m über der Erdbodensohle ein galerieartig in den Höfraum hinausragender Abortgang hinzieht, als überbaut zu erachten ist. Vgl. ObstLG. 4 S. 164. —

Ferner ist als Überbauung im Sinne des § 50 nur die Herstellung von massiven Gebäuden über dem Straßen- oder Hofniveau, nicht auch die Unterkellerung eines Anwesens zu verstehen. Wenn eine unterirdische Bauanlage an einer außerhalb des Verkehrs liegenden Stelle des Hofraumes in geringer Höhe über das Niveau des Hofraumes herausragt und keinen Anlaß zur Belästigung in irgendeiner Weise bietet, kann nach Lage des Falles dieser Teil des Hofes als unüberbaut gelten. — Weitergehende Beschränkungsmöglichkeit besteht auf Grund des § 2 BO.

6. Wenn auch für die in § 6 Abs. II erwähnten Bauten die Größe des Hofraumes nicht von der Baupolizeibehörde festzusetzen ist, so muß doch immer die Größe nicht weniger als ein Viertel der zur Überbauung bestimmten Fläche bemessen werden. — Die ME. vom 18. Juni 1893 Nr. 2061 sagt: Der Abs. II ist im Zusammenhang mit Abs. I dahin zu verstehen, daß ein Bauunternehmer seinen Hofraum durch an sich nicht genehmigungspflichtige Bauten bis zu einem Viertel der überbauten Anwesensfläche unbedingt, darüber hinaus aber nur nach vorgängiger besonderer Festsetzung der Größe des Hofraumes durch die Baupolizeibehörde verkleinern darf.

7. An sich soll eine Überdachung des Hofraumes nicht erfolgen. Wenn eine Überdachung mit Glas zugelassen wird, so verliert die betreffende Hoffläche ihre Eigenschaft als Hofraum nicht und braucht daher bei der Festsetzung der zu überbauenden Fläche nicht in Rechnung gezogen zu werden. Daß die Feuersicherheit und Gesundheitspflege nicht beeinträchtigt werden dürfen, ist bei Erteilung der Erlaubnis zu berücksichtigen.

§ 51.

I Alle Hofräume, in welchen Rückgebäude zur Benützung als Wohnungen, Arbeitslokalitäten, Magazine oder Stallungen sich befinden oder hergestellt werden, müssen eine den Verhältnissen angemessene Zufahrt von der Straße aus haben, welche mindestens 2,30 m Breite und 2,70 m Höhe erreichen muß[1]).

II Bei unbewohnten kleineren Rückgebäuden[2]) genügt ein äußerer Zugang von 2 m Breite, doch darf die Höhe dieses Zuganges nicht unter 2,70 m betragen.

III Desfallsigen Mängeln bei bestehenden Bauanlagen muß bei Hauptreparaturen oder Hauptänderungen des an die Zufahrt anstoßenden Gebäudeteiles abgeholfen werden[3]).

IV Die Baupolizeibehörde kann nach Lage der Verhältnisse gebotene Erleichterungen für Kleinhäuser (§ 14 Absatz III) zulassen[4]).

1. Vgl. § 1 Anm. 14. — Die Schaffung einer angemessenen Hofzufahrt ist beim Neubau eines Vordergebäudes wie auch beim Neubau eines Rückgebäudes bei den in § 51 gegebenen Voraussetzungen notwendig. Bei bestehenden Anlagen muß bei Hauptreparaturen oder Hauptänderungen des an die Zufahrt anstoßenden Gebäudeteiles allenfallsigen Mängeln abgeholfen werden. Abs. III s. jedoch Anm. 3.

Unter „Wohnungen, Arbeitslokalitäten" fallen alle zum dauernden Aufenthalt von Menschen dienenden Räume. Unter Arbeitslokalitäten sind auch einzelne Räume zu verstehen. Küchen und vorübergehend zu Arbeitszwecken benützte Wohnräume fallen wohl nicht unter den Begriff Arbeitslokalitäten. Dagegen fallen Waschküchen für häusliche Zwecke darunter. Vgl. § 41 Anm. 3.

Bei Würdigung der Frage der Angemessenheit der Zufahrt ist zu beachten, daß die Anwendung der Feuerlöschgeräte gesichert erscheinen muß.

Über die Frage, ob Vordergebäude, die hinter der Baulinie oder hinter der vorderen Bebauungsgrenze zu stehen kommen, eine Zufahrt haben müssen, enthält die BO. keine Bestimmung. Maßgebend für die Beantwortung dieser Frage ist zweifellos § 25 Abs. I BO., wonach für die Gebäude an den Baulinien sowohl als abseits von denselben die Anwendung der Feuerlöschgerätschaften gesichert sein muß, und § 1 Abs. IV BO., wonach von der

Festsetzung von Baulinien Umgang genommen werden kann, wenn für hinreichende Zufahrt gesorgt ist und die Festsetzung weder von den Beteiligten angestrebt wird noch im öffentlichen Interesse geboten ist.

Diese Frage ist also aus feuerpolizeilichen Gesichtspunkten zu beurteilen. Für den Fall, daß auf Grund besonderer Verhältnisse eine allgemeine Regelung geboten sein sollte, so wäre auf Grund des Art. 2 Ziff. 14 PStGB. die Erlassung von ortspolizeilichen Vorschriften zu § 368 Ziff. 8 RStGB. ins Auge zu fassen.

Bei den angegebenen Maßen handelt es sich um Mindestmaße. Die Frage, ob sie den Bedürfnissen genügen, ist nach Lage des Falles zu beurteilen.

2. Dazu gehören zweifellos auch nicht genehmigungspflichtige Bauten, besonders wenn sie auf die Feuersicherheit der Bauanlage von Einfluß sind. Vgl. § 31 Abs. I.

3. Abänderungen der Zufahrt können aber dann nicht angeordnet werden, wenn bei Änderungen im Vordergebäude oder Rückgebäude die Zufahrt nicht berührt wird. Im übrigen ist die Vorschrift auf Vordergebäude, die an der Straße stehen, sowie sinngemäß auch auf Rückgebäude anzuwenden, die selbst wieder Vordergebäude für weiter zurückliegende Rückgebäude sind.

Sind zwei aneinander anstoßende Anwesen mit je einer Durchfahrt im Eigentum einer Person, so darf trotzdem eine der Zufahrten nicht zugebaut werden; denn diese Anwesen bilden nach ihrer Grundrißeinteilung keineswegs ein Anwesen. —

Die Zufahrten sind möglichst gerade anzulegen und stets frei zu halten.

4. Neu eingefügt durch V. vom 10. Juli 1918.

16. Abtritte, Dung- und Versitzgruben.

§ 52.

I Für die Anlage, Einrichtung oder Abänderung, sowie für die Entleerung und bauliche Instandhaltung von Abtritten, Dung- und Versitzgruben in Wohngebäuden oder in unmittelbarer Nähe von Wohnungen, Brunnen oder Brunnenquellen sind die auf Grund des Art. 73 Abs. 1 des Polizeistrafgesetzbuches erlassenen oder künftig ergehenden Vorschriften maßgebend [1]) [2]).

II Dung- und Versitzgruben müssen unter allen Umständen mindestens 1 m von den Umfassungswänden bewohnter Gebäude entfernt hergestellt und erstere überdies so angelegt werden, daß ihr etwaiger Überlauf sich nicht dem Wohnhause nähert[3]).

1. Nach § 8 BO. kann durch ortspolizeiliche Vorschrift angeordnet werden, daß auch zur Herstellung oder wesentlichen Veränderung von Abtritten, Dung- und Versitzgruben polizeiliche Genehmigung zu erwirken oder daß der Ortspolizeibehörde zur Wahrung bestehender Vorschriften binnen bestimmter Frist vor dem Beginne der Ausführung dieser baulichen Anlagen Anzeige zu erstatten ist. — S. § 8 nebst Anmerkungen.

Die BO. selbst enthält noch in den §§ 12, 29, 49 materielle Vorschriften über Abtritte und ihre Bestimmungen sind auch für die Frage maßgebend, in welchen Fällen und unter welchen Voraussetzungen zur Herstellung oder wesentlichen Veränderung von Abtritten die polizeiliche Genehmigung zu erwirken ist. Wenn eine solche zu erwirken ist, so ist nach § 9 BO. die Vorlage von Plänen nötig, bezüglich deren im Falle der Vornahme von Hauptreparaturen und Hauptänderungen § 4 lit. b die nötigen Anordnungen enthält. Der Bauherr hat also bei der Bauvornahme die materiellrechtlichen Bestimmungen der BO. und die nach Maßgabe des Art. 73 Abs. I PStGB. erlassenen Vorschriften einzuhalten, zu der Bauvornahme die polizeiliche Genehmigung zu erwirken und Pläne vorzulegen. Vgl. ObstLG. 11 S. 376.

Auf Grund des Art. 73 PStGB. haben die Kreisregierungen Kammern d. Innern, entsprechende oberpolizeiliche Vorschriften erlassen.

Die Wiederherstellung eines vollkommen beseitigten Abtrittes ist der Neuherstellung gleichzuachten.

Die Bestrafung dessen, der einen Abtritt in einem Wohngebäude oder in unmittelbarer Nähe einer Wohnung ohne die nach polizeilicher Vorschrift erforderliche polizeiliche Genehmigung anlegt, wird dadurch nicht ausgeschlossen, daß durch die Anlage der schon früher vorhanden gewesene von einem andern eigenmächtig zerstörte Abtritt in den früheren Zustand wieder hergestellt wird.

Vgl. ObstLG. München 6 S. 421.

Vgl. ferner § 14 der V. vom 10. März 1901 betr. die Wohnungsaufsicht: die Abortanlagen müssen, unbeschadet der auf Grund des Art. 73 Abs. I PStGB. erlassenen Bestimmungen, so eingerichtet sein, daß ihre Benützung ohne Verletzung von Sitten und Anstand erfolgen kann.

Im übrigen erfordert der Begriff der Dunggrube nicht notwendig eine Vertiefung des Erdbodens. Es ist vielmehr unter einer Dunggrube im Sinne des Art. 73 Abs. I jeder für eine dauernde Lagerung von Dünger bestimmte Platz zu verstehen (vgl. ObstLG. 12 S. 260). — Auch Jauchegruben gehören hierher.

2. Wenn die ortspolizeilichen Vorschriften über die Entfernung der Dunggruben von benachbarten Wohnungen keine Vorschriften enthalten, können in Ermangelung einer solchen hierüber bezirkspolizeiliche Anordnungen an und für sich wohl erlassen werden. Unter den in Art. 73 Abs. I PStGB. in Ermangelung von ortspolizeilichen Vorschriften für zulässig erklärten bezirkspolizeilichen Anordnungen sind allgemein verbindliche Vorschriften im Sinne des Art. 1 Abs. I PStGB. zu verstehen, welche innerhalb des Gebietes ihrer Geltung für jedermann verbindlich sind. (Vgl. Entsch. d. ObstLG. vom 29. März 1900 [MABl. S. 245].) — Die nach Art. 73 zu erlassenden Vorschriften können aus Gründen der öffentlichen Gesundheitspflege auch über die Beschaffenheit bereits bestehender Abtritte sowie über die Art der Entleerung erstreckt werden (ObstLG. 15 S. 191, 5 S. 215).

3. Abs. II bezieht sich lediglich auf Neuanlagen, dagegen nicht auf schon bestehende Dunggruben. Für letztere haben die auf Grund des Art. 73 Abs. I PStGB. erlassenen Vorschriften Anwendung zu finden (vgl. Urt. des ObstLG. vom 29. März 1900, MABl. S. 245).

Auf Grund des Art. 73 PStGB. kann die Verbindung bestehender Abtritte mit öffentlichen Abzugskanälen verboten werden, aber mit Rücksicht auf die allgemeine Fassung und den Zweck des Gesetzes sind auch Vorschriften zulässig, nach denen die Abtritte mit bestehenden öffentlichen Abzugskanälen verbunden werden müssen, und nur in diese entleert werden dürfen (vgl. Entsch. des ObstLG. vom 26. Dez. 1915, abgedr. in MABl. 1916 S. 3).

17. Besondere Bestimmungen.

a) Für Städte und Märkte mit geschlossener Bauweise[1]).

§ 53.

I An bestehende[2]) oder nach den Baulinienplänen neuanzulegende öffentliche Plätze, Straßen und Wege[3]) sollen in der Regel nur Hauptgebäude[3a]) gestellt werden; wegen besonderer Verhältnisse können Ausnahmen gestattet werden[4]).

II Bei dem Anstrich der Gebäude ist die Anwendung der reinen Kalkweiße sowie aller grellen Farben untersagt[5]).

III Wettermäntel[6]) von Holz sind nur bei freistehenden[7]) Gebäuden oder an Mauern ohne Fenster- und Türöffnungen zulässig.

IV In Städten von mehr als 20000 Seelen ist bei allen Neubauten und Hauptreparaturen an der Straßenseite den Anforderungen der Ästhetik zu genügen[8]). Dieser Anforderung zuwiderlaufende Pläne sind abzuändern[9]) und festzusetzen, ohne daß jedoch durch die für notwendig erkannten

Abänderungen die Kosten der Bauführung wesentlich vermehrt werden dürfen.

1. Über offene und geschlossene Bauweise vgl. § 2 Anm. 3. Es handelt sich hier also um Bauten in Orten mit geschlossener Bauweise. — Dazu ObstLG. 8 S. 285.

2. Vgl. Anm. 3 § 1.

3. Vgl. § 1 Anm. 4.

3a. Der wachsende Verkehr mit Kraftfahrzeugen bringt es mit sich, daß vor allem die Besitzer von Einzelwohnhäusern sich eigene Wagenhallen bauen. Hier entstehen nun hauptsächlich im Hinblick auf § 53 Abs. I BO. und auf die besonders für die Gebiete der offenen Bauweise bestehenden baupolizeilichen Bestimmungen Schwierigkeiten. Nach der ME. vom 6. Juni 1928 Nr. 3737 f 15 haben die Baupolizeibehörden in der Handhabung der bestehenden Bestimmungen nach Möglichkeit und unter Würdigung des einzelnen Falles Erleichterungen eintreten zu lassen; dabei ist grundsätzlich daran festzuhalten, daß derartige Einstellhallen nicht vor die Baulinie gestellt werden dürfen. Wohl aber kann eine mit den Bestimmungen über die Einhaltung von Abständen und Zwischenräumen, über die Stellung von Nebengebäuden usw. nicht im Einklang stehende Aufstellung ausnahmsweise dann zugelassen werden, wenn der Bau den schönheitlichen Forderungen entspricht oder wenn durch Bepflanzung mit Bäumen oder mit einer Hecke usw. dafür Sorge getragen wird, daß ein guter Anblick von der Straßenseite aus geschaffen wird. Unter diesen Voraussetzungen wird sich vielfach ein Entgegenkommen unter Befreiung von einzelnen baupolizeilichen Vorschriften ermöglichen lassen.

4. Für die Nebengebäude gibt § 53 Abs. I die Richtpunkte für das baupolizeiliche Ermessen und für die Regel eine ausreichende von der Baulinienfestsetzung unabhängige Handhabe, um etwaige Benachteiligungen des Straßenbildes hintanzuhalten. Die in § 6 Abs. II bezeichneten Bauwerke dürfen als Nebengebäude in Städten und in Märkten mit geschlossener Bauweise nur mit besonderer Bewilligung der Baupolizeibehörde an die Baulinien gestellt werden. Im übrigen bildet aber die Außerachtlassung der Vorschrift des § 53 Abs. I bei der Instruierung der Baugesuche keine Handhabe für die aufsichtliche Aufhebung des rechtskräftig gewordenen Baubescheides, da eine Aufhebung nur aus erheblichen Gründen des öffentlichen Interesses erfolgen kann. ME. vom 14. März 1919 Nr. 4058 d 1. — S. auch § 1 Anm. 10. Bezüglich des Begriffs „Gebäude" vgl. § 1 Anm. 6.

5. In den letzten Jahren läßt sich das Bestreben feststellen, bei Neuanstrich von Fassaden lebhaftere Farben in verschiedenen Tönen zu wählen. Daß dadurch das Ortsbild oft nicht unwesentlich ge-

17*

wonnen hat, läßt sich in vielen Fällen nicht bestreiten. Übertreibungen kann selbstverständlich entgegengetreten werden.

6. Der Begriff Wettermantel erfordert, daß eine Hauswand vorhanden ist, welche durch eine „Wettermantel" genannte, hölzerne Hülle gegen atmosphärische Einflüsse geschützt werden soll. Vgl. ObstLG. 6 S. 179 (abgedr. in MABl. 1905 S. 557).

7. Über den Begriff freistehend entscheidet das baupolizeiliche Ermessen. Vgl. jedoch §§ 41 und 44 BO.

8. Nach Art. 101 Abs. III PStGB. können im Interesse der Verschönerung weitergehende baupolizeiliche Vorschriften durch Verordnung bezirks- oder ortspolizeilicher Vorschriften getroffen werden. Die hierauf gegründeten Abänderungen des Bauplanes dürfen jedoch die Kosten der Bauführung nicht wesentlich vermehren. Dabei ist aber zu beachten, daß polizeiliche Vorschriften, welche schlechthin im Interesse der Verschönerung, Instandhaltung des Äußeren eines Gebäudes vorschreiben, nicht erlassen werden können. Auf Grund des Art. 101 PStGB. können nur baupolizeiliche Vorschriften erlassen werden, d. s. also Vorschriften über Bauführungen welche bei einer bestimmten Bauvornahme vom Bauherrn, Baumeister und Bauhandwerker zu beachten sind. Zu einer Bauvornahme gehört auch die Erneuerung einer Gebäudefassade. Eine Bauvornahme setzt voraus, daß Bauarbeiten vom Eigentümer oder sonst Berechtigten ausgeführt oder wenigstens beabsichtigt werden. In diesem Falle können für die Ausführung der Bauarbeiten bei der Errichtung oder Instandsetzung des Gebäudes oder eines Gebäudeteiles im Interesse der Verschönerung bestimmte Auflagen gemacht werden. Dagegen ist es aber nicht zulässig, auf Grund der genannten Bestimmungen einem Gebäudebesitzer, der eine Bauvornahme weder ausführt noch beabsichtigt, zu einer Änderung des seit langer Zeit schon bestehenden Zustandes, insbesondere zur Erneuerung einer etwa im Laufe der Zeit unschön oder ausbesserungsbedürftig gewordenen Gebäudefassade zu zwingen. — Eine ortspolizeiliche Vorschrift also, die bestimmt, daß das Äußere aller von Straßen oder öffentlichen Plätzen sichtbaren Gebäude und Gebäudeteile stets in gutem und sauberen Zustand zu erhalten ist, kann nicht auf Art. 101 PStGB. gestützt werden, da sie unabhängig von einer Bauführung im Interesse der Verschönerung den Besitzer eines Gebäudes zwingen will, das Äußere des Gebäudes oder Gebäudeteiles stets in gutem Zustand zu erhalten (vgl. Entsch. des ObstLG. vom 18. Nov. 1926 in BayGemVZ. 1927 Sp. 74).

Bezüglich des Heimatschutzes und der heimischen Bauweise vgl. ME. vom 22. Aug. 1923 Nr. 4078 a 70 StAnz. Nr. 194. Die über den Schutz der Baudenkmale und der Pflege der heimischen Bauweise bestehenden Bestimmungen, insbesondere die bezirks- und ortspolizeilichen Bestimmungen, sind zeitgemäß zu ergänzen und unter Berücksichtigung der wirtschaftlichen Verhältnisse und der Forderungen des Heimatschutzes zu vollziehen. Zur sachgemäßen und sachkundigen Beratung können die Bauberatungsstellen, insbesondere die Bauberatungsstelle des Bayr. Landesvereins für Heimatschutz in München, Ludwigstr. 14, Eing. III, Gartenhaus, in Anspruch genommen werden.

9. Die Abänderung des Bauplanes, die übrigens dem Bauherrn auferlegt werden kann (ObstLG. 9 S. 254), hat im Einvernehmen mit dem Bauherrn zu geschehen. Polizeilicher Zwang ist möglichst zu vermeiden. ME. vom 31. März 1909 Nr. 6421 und 17. März 1910 Nr. 4035/4. Wenn schon den Anforderungen der Ästhetik bezüglich der Straßenseite der Gebäude zu genügen ist, so ist solchen zweifellos auch bezüglich der Anpassung derselben in ihrer Nachbarschaft zu genügen. Es ist zulässig eine zur Umgebung in schreiendem Mißverhältnis stehende Gebäudehöhe aus ästhetischen Gründen zu beanstanden. Trotzdem wäre es mit den Bestimmungen des § 53 wohl nicht ohne weiteres zu vereinbaren, wenn z. B. an gewissen Straßen ebenerdige oder einstöckige Häuser ausgeschlossen oder an der Baulinie bestimmter Straßen nur Gebäude mit einer bestimmten Frontlänge zugelassen werden sollten.

§ 54.

I Die Räume, in welche hölzerne Haupttreppen in Wohngebäuden [1]) zu stehen kommen, müssen mit massiven Mauern von mindestens 0,25 m Stärke umgeben [2]) und von den Speichern nach § 26 Abs. V und VI getrennt [3]), die Treppen aber von unten mit einer verputzten Decke versehen werden.

II Auch die vom obersten Stockwerke zu dem Dachraume führenden Treppen müssen zwischen massiven Mauern von vorbezeichneter Stärke liegen. [4]).

III Bei Kleinhausbauten [5]) (§ 14 Abs. III) kann für Treppenraummauern, an die sich hölzerne Stockwerkstreppen bzw. deren Wangen anlehnen, eine Ziegelmauerstärke von 0,12 m zugelassen werden. Beim Einzelhaus können massive Treppenmauern und Trennung von den Speichern nach § 26 Abs. V und VI erlassen werden; die Herstellung einer verputzten Treppenuntersicht ist nur insoweit notwendig, als die Treppe den Abschluß gegen den Keller bildet.

IV Haupttreppen müssen in jedem Stockwerk mit mindestens einem leicht zu öffnenden Fenster von gehöriger Größe versehen sein, welches direkt ins Freie geht [6]).

V Diese Vorschriften sind auf bestehende Gebäude, wo

es möglich ist[7]), dann anzuwenden, wenn wenigstens ein ganzes Stockwerk eine wesentliche Umgestaltung erhält.

VI Die Baupolizeibehörde kann bei Einfamilienhäusern, die mit Einschluß des Dachgeschosses nicht mehr als zwei bewohnbare Obergeschosse haben, dann bei Miethäusern, die mit Einschluß des Dachgeschosses nur ein bewohnbares Obergeschoß haben, die nach den gegebenen Verhältnissen und mit Rücksicht auf die Sicherheit der Personen tunlichen Erleichterungen gewähren[8]).

Bemerkung: § 54 kommt wie § 53 nur für Bauten in Städten und Märkten mit geschlossener Bauweise in Betracht, nicht für Bauten auf dem Lande.

1. Bezüglich der Bauten von mehr als gewöhnlicher Ausdehnung und Brandgefahr vgl. §§ 46, 47 Abs. II, 48 Buchst. c und d nebst den Anmerkungen hiezu. S. ferner die ME. vom 7. Okt. 1903 die Feuer- und Betriebssicherheit in Waren- und Geschäftshäusern betr. (MABl. S. 425).

Im übrigen bezieht sich die Vorschrift des § 54 lediglich auf solche Treppen, die Räume zugänglich machen, welche zum dauernden Aufenthalt für Menschen bestimmt sind. Dies ist bei Wohngebäuden immer anzunehmen. Es kommt daher auf die Absicht des Baugesuchstellers, einen Raum zum dauernden Aufenthalt für Menschen nicht zu benützen, nicht an. — Außerdem gilt § 54 nur für hölzerne Haupttreppen.

2. Die Vorschriften der BO. über die Stärke der Mauern und über die Art ihrer Ausführung beruhen auf statischen Erwägungen. Sie bezwecken eine die Sicherheit gewährleistende einwandfreie Bauweise. Da eine durch A n b l e n d u n g verstärkte Mauer statisch nicht den gleichen Anforderungen wie eine im regelrechten Verbande hergestellte Mauer entspricht, darf die Mauer nicht durch Anblendung die vorgeschriebene Stärke erhalten. Dies ist daher auch in den Fällen des § 54 unzulässig (vgl. ME. vom 15. Juli 1897 Nr. 12515).

Die Vorschrift, daß Räume, in welche hölzerne Haupttreppen in Wohngebäuden zu stehen kommen, mit massiven Mauern von mindestens 0,25 m Stärke umgeben sein müssen, hat in erster Linie feuerpolizeiliche Bedeutung. Bezüglich der Treppenumfassungen genügt es, wenn diejenigen Mauern, an die sich die Stockwerkstreppen bzw. deren Wangen unmittelbar anlehnen, in der Stärke von 25 cm aufgeführt werden (vgl. ME. vom 23. Mai 1884 Nr. 5569). Für die statische Beurteilung kommt § 15 BO. in Betracht; hiernach sind alle Treppenhausmauern, die durch Balkenlagen, Treppenstufen oder Treppenpodeste belastet sind, nach der für belastete Mittelmauern geltenden Bestimmung in § 15 Abs. I Buchst. c BO. zu beurteilen.

Unter die Stärke von 0,25 m kann dabei im Hinblick auf § 54 Abs. I BO. nicht herabgegangen werden, dagegen kann die Baupolizeibehörde gemäß § 15 Abs. I Buchst. c Abs. 2 von einer Verstärkung nach unten ganz oder teilweise absehen, wenn durch statische Berechnung die genügende Tragfähigkeit der Treppenhausmauer nachgewiesen wird. Aut. ME. vom 11. Dez. 1914 Nr. 4049 c 2/1914 II zu § 54. Wegen der Kleinhausbauten und Einzelhauses s. Abs. III.

3. Es sind also Fehlböden anzubringen, die nach erfolgtem Verstriche der Fugen 6—8 cm hoch mit reinem, trockenem und unverbrennlichem Material auszufüllen sind.

4. Die Bestimmung in Abs. II ist auf die Schaffung der Feuersicherheit der bewohnten Räume gegründet. Wenn die innerhalb eines als Wohnung voll ausgebauten Dachstockes gelegene, zum darüberliegenden als Dachraum benützten Kehlgebälk führende Treppe nicht feuersicher hergestellt ist, wird sie im Brandfall zur Gefahr für die Dachgeschoßinwohner. Das ist schon der Fall, wenn die Treppe nicht in Fortsetzung der Haupttreppe liegt wegen des Ausschlusses des Rückweges nach unten. Die innerhalb der vollständig zu Wohnzwecken verwendeten Dachräume zum Kehlgebälk führenden Treppen müssen daher dem § 54 Abs. II entsprechen. Die ME. vom 26. Aug. 1913 Nr. 4059 a 8 spricht aus, daß unter oberstem Stockwerk das zu Wohnzwecken ausgebaute Dachgeschoß zu verstehen ist. Es ist gleichgültig, ob das Dachgeschoß voll oder nur teilweise zu Wohnungen ausgebaut ist. Die Frage, ob auch das Geschoß über dem Kehlgebälk als „oberstes Stockwerk" zu bezeichnen ist, wenn in ihm einzelne unheizbare in § 34 Abs. 3 BO. nicht untersagte Schlafräume u. dergl. hergestellt werden, ist zu verneinen. Vgl. auch § 34 Anm. 2 u. 4. — Wenn auch die Forderung nach Feuersicherheit nicht übertrieben werden soll, so ist auf einen feuersicheren Abschluß gegen den Dachraum unter allen Umständen zu drängen.

5. Abs. III wurde neu eingefügt durch V. vom 10. Juli 1918.

6. Aus sicherheitlichen und gesundheitlichen Gründen muß bei Treppenhäusern für gute Belichtung und für genügend und leicht vorzunehmende Lüftung gesorgt sein.

7. Die Anwendung dieser Vorschriften hat zu erfolgen, soweit dies technisch möglich ist und wo es ohne verhältnismäßige Kosten und Schwierigkeiten geschehen kann. Vgl. ME. vom 25. Sept. 1891 Nr. 14 847.

8. Die Bedenken gegen Treppenhäuser mit Glasdach mindern sich bei Kleinwohnungsbauten mit geringerer Grundfläche und Geschoßzahl. Die Anordnung einer angebauten Treppe gestattet sicherlich eine bessere Ausnützung der Straßen- bzw. Hofseiten für Wohnräume und kann für den Kleinwohnungsbau besonders in größeren Städten mit erhöhten Bodenpreisen eine wesentliche Erleichterung

bieten. Die Sicherheit der Personen ist aber immer aufs genaueste zu berücksichtigen. Eingebaute Treppenhäuser im Sinne des § 38 Abs. 5 MBO. („Alle Stiegenhäuser für Haupttreppen müssen durch unmittelbar ins Freie gehende Fenster beleuchtet werden oder ein mit einer Ventilationsvorrichtung versehenes Glasdach erhalten, dessen Gerippe aus Eisen zu konstruieren ist und an allen Seiten auf den als Brandmauern über Dach geführten Stiegenhausmauern aufruht. Die Lichtfläche des Oberlichtes zwischen den Treppenwangen muß bei einstöckigen Gebäuden [über dem Erdgeschoß] wenigstens 2 qm betragen und mit jedem weiteren Geschoß um je 1 qm zunehmen") können z. Zt. auch in anderen Städten mit mehr als 10000 Einwohnern zugelassen werden. ME. vom 26. Febr. 1920 Nr. 4050 d 29.

b) Für Märkte mit nicht geschlossener Bauweise und für Bauten auf dem Lande, dann im Hochgebirge usw.

§ 55 [1]).

In Märkten mit nicht geschlossener Bauweise [2]) und auf dem Lande sind zwar gleichfalls die Rücksichten auf Feuersicherheit, Festigkeit der Bauführung und auf Gesundheit im allgemeinen maßgebend [3]), jedoch kann von den Bestimmungen der §§ 25, 32, 33, 34, 35, 36, 38 und 39 insoweit Umgang genommen werden [4]), als dies mit Rücksicht auf die Baulinie, die Feuersicherheit und Gesundheit nach den örtlichen Verhältnissen von der Baupolizeibehörde für zulässig erachtet wird [5]).

1. Da § 55 im 17. Titel besondere Bestimmungen enthält, kann nicht verlangt werden, daß die Sondervorschriften der §§ 53 und 54 auf Grund des § 55 eingehalten werden; vielmehr kann auf Grund des § 55 lediglich die Beachtung der allgemeinen Vorschriften in den Titeln 1 bis 16 verlangt werden. Es sind nur nach dem pflichtgemäßen Ermessen der Baupolizeibehörde von einer Reihe von Bestimmungen, die in den genannten Titeln enthalten sind, Erleichterungen möglich. So auch ObstLG. 8 S. 285. Die Vorschriften der §§ 53 und 54 finden also auf Bauten in Märkten mit nicht geschlossener Bauweise und auf dem Lande keine Anwendung. Gemäß Tit. 17 Abt. a kommen sie nur für Städte und Märkte mit geschlossener Bauweise in Betracht.

2. Es handelt sich also nur um Märkte mit nicht geschlossener Bauweise, wobei zu bemerken ist, daß ein Markt nur als geschlossen oder als nicht geschlossen gebaut zu betrachten ist. S. o. § 2 Anm. 3.

3. Daß abgesehen von den in § 55 genannten Rücksichten auf Feuersicherheit, Festigkeit der Bauführung und auf Gesundheit bei der Baulinienziehung und bei allen Bauführungen auch auf dem Lande auf charakteristische heimische Bauformen, auf reizvolle Orts- und Straßenbilder, auf das Gelände und die umgebende Landschaft sorgsamst Rücksicht genommen werden soll, betonen u. a. vor allem die ME. vom 1. Jan. 1904 (MABl. S. 1) betr. Denkmalspflege (oder Pflege der heimischen Bauweise), sowie vom 18. Juli 1905 (MABl. S. 317) und 27. März 1907 (alle ME. sind abgedruckt im Anhang).

4. Erleichterungen können also gewährt werden bezüglich der Gebäudehöhe (§ 25), Dachvorsprünge, Dachgesimse und Dachrinnen (§ 32), der Kellerwohnungen (§ 33), Dachwohnungen (§ 34), der äußeren Aufgangsstiegen (§ 35), der Erker (§ 36), der Altanen, Balkone, Galerien und Gänge (§§ 38 und 39).

5. Durch Beschlußfassung der Baupolizeibehörde.

§ 56.

I Im Hochgebirge, im Bayerischen Walde, in den mit diesem Walde oder mit dem Böhmerwalde in gleicher Höhenlage befindlichen und denselben klimatischen Verhältnissen unterliegenden Waldbezirken der Oberpfalz, im Fichtel- und Rhöngebirge, im Spessart, Odenwalde und im fränkischen Walde kann gestattet werden, daß Wohn- und Nebengebäude in Dörfern mit nicht geschlossener Bauweise, in Weilern und Einöden auch aus Blockwänden mit oder ohne Verschalung, Verschindelung oder Verschieferung auf gemauertem Sockel ausgeführt werden [1]). Bei Nebengebäuden ohne Feuerstätten kann auch von Blockwänden abgesehen werden [2]).

II In den in Abs. I bezeichneten Gegenden kann in Dörfern mit nicht geschlossener Bauweise, dann in Weilern und in Einöden die Verwendung von Holzschindeln zur Eindeckung von Gebäuden von der Baupolizeibehörde unter der Voraussetzung gestattet werden, daß die mit diesem Material einzudeckenden Bauten mindestens 30 m von fremden Gebäuden entfernt sind [3]).

III Die gänzliche oder teilweise Erneuerung einer nicht feuersicheren Eindeckung an bestehenden Gebäuden in den in Abs. I bezeichneten Gegenden ist allgemein ohne Unterscheidung der Eigenschaft und der Bauart der Ortschaften und ohne Rücksicht auf das Eindeckungsmaterial sowie auf die Entfernung der Gebäude unter sich zulässig [4]).

IV Unter „Hochgebirge" werden beim Vollzuge vorstehender Bestimmungen alle Gegenden der Alpen und Voralpen sowie des ihnen angeschlossenen gebirgigen Vorlandes verstanden, bei denen die Höhenlage und die klimatischen Verhältnisse in ähnlicher Weise wie in den übrigen in Abs. I bemerkten Gegenden gestaltet sind.

1. § 56 enthält eine besondere Vorschrift gegenüber dem § 42, der ohnehin schon Ausnahmen vom Massivbau für Märkte mit nicht geschlossener Bauweise und auf dem Lande vorsieht.

Handelt es sich um Bauten von mehr als gewöhnlicher Ausdehnung und Brandgefahr im Sinne der §§ 46, 47 BO., so hat diese Sonderbestimmung auch in den in § 56 bezeichneten Gegenden Anwendung zu finden.

Umfassungen von mit Holz ausgeblocktem Fachwerk sind den Blockwänden gleichzustellen. ME. vom 18. Dez. 1884 Nr. 15 664.

2. Auch hier handelt es sich um eine Abweichung von den an sich für Bauten ohne Feuerstätten geltenden Bestimmungen der §§ 44 und 45. Es sind sonach bei Nebengebäuden ohne Feuerstätten einfache Bretterverschalungen zulässig. Die Erleichterung des § 44 Abs. V für nicht genehmigungspflichtige Bauten gilt auch im Hochgebirge usw. und hängt nicht vom Ermessen der Baupolizeibehörde ab.

Die Entfernung der im Sinne des § 56 einzudeckenden Bauten von fremden Gebäuden hat 30 m zu betragen. Diese Entfernung ist also für Baulichkeiten desselben Anwesens nicht vorgeschrieben.

3. Ausnahme von § 31.

4. Die sonst einschlägigen Bestimmungen des § 31 Abs. II und III finden in den Fällen des § 56 keine Anwendung. Der Begriff des bestehenden Gebäudes ist nicht mehr gegeben bei Abbruch und Wiederaufbau eines Gebäudes, selbst zum selben Zweck oder an derselben Stelle; diese Unterscheidung ist von Bedeutung wegen der in § 56 Abs. II vorgesehenen Entfernung von fremden Gebäuden. Einbauten und Aufbauten ändern am Begriff des bestehenden Gebäudes nichts, wohl aber nach Lage des Falles der Anbau eines neuen Gebäudes. Auf ein solches neues Gebäude könnte Abs. III keine Anwendung finden.

c) Für Villenbauten (Landhäuser).

§ 57.

Bei freistehenden Villen [1]) darf mit baupolizeilicher Bewilligung ausnahmsweise [2]) von den bestehenden Vorschriften [3]) abgewichen werden, wenn hiedurch keinerlei Gefahr für Nachbargebäude erwächst und die Festigkeit der Bauführung nicht beeinträchtigt wird; die Bestimmungen über Feuerstätten und Kamine müssen aber auch in diesem Falle eingehalten werden [4]).

1. Die Vorschriften des § 57 beziehen sich auf Villenbauten in Städten, Märkten und auf dem Lande. Bezüglich der Möglichkeit hinsichtlich der Bebauungsgrenzen wird auf § 4 verwiesen. Die Frage, ob eine Villa als „freistehend" zu betrachten ist, ist von der Baupolizeibehörde zu würdigen.

2. Die in § 57 vorgesehenen überaus weitgehenden Erleichterungen sind durch baupolizeiliche Bewilligung nur bei genügendem Anlaß zu gewähren, der von der Baupolizeibehörde nach pflichtgemäßem Ermessen zu würdigen ist. Dies ergibt sich daraus, daß nur ausnahmsweise von den bestehenden Vorschriften abgewichen werden darf. Daraus folgt auch, daß bei einer Bauänderung oder Reparatur, die nach §§ 6—8 einer Genehmigung nicht bedarf, bei Abweichungsabsicht um Bewilligung bei der Baupolizeibehörde nachzusuchen ist. Nötigenfalls ist auch ein Plan mit vorzulegen.

3. Nach § 65 II können die Kreisregierungen beim Vorhandensein ganz besonderer Verhältnisse von einzelnen Bestimmungen der BO. dispensieren, also der BO. im allgemeinen. Dem System nach ist § 57 eingeschaltet in den Abschnitt der BO.: „Vorschriften für die Bauführung." Daraus ergibt sich, daß § 57 sich lediglich auf die Vorschriften in diesem Abschnitt bezieht. Von den in Abschnitt I der BO. enthaltenen Vorschriften kann daher nur die Kreisregierung Dispens erteilen. So auch ME. vom 4. Aug. 1894 Nr. 13 964 und 29. Aug. 1896 Nr. 16486.

4. § 57 gestattet die Anwendung der sog. „Abelschen Bauweise" (DRP. Nr. 204 735). Sollen dabei Feuerungskamine in die Umfassungs- oder Scheidewände eingebaut werden, so müssen die Holzteile dieser Wände von den Kaminmauern durch mindestens 12 cm starkes Mauerwerk getrennt werden. Zwischen Wandverschalungen und Kaminen ist ein Abstand von mindestens 10 cm einzuhalten, wobei der Zwischenraum durch Einstampfen einer unverbrennlichen fugenlosen Masse wie Beton, Mörtel usw. auszufüllen ist. ME. vom 23. Febr. 1911 Nr. 4049 a 3. — Ebenso ist den Baupolizeibehörden anheimgegeben, die Verwendung des Systems „Mack-Haus", das allerdings den nach § 13 zu stellenden Anforderungen nicht gerecht wird, so daß eine allgemeine Zulassung nicht in Frage kommt, ausnahmsweise bei freistehenden Villen im Rahmen des § 57 zu gestatten. Doch sind dabei die im vorletzten Absatz der ME. vom 9. Febr. 1922 Nr. 4701 b 61 StAnz. Nr. 39 bei der Verwendung von Holzstabgeweben gesetzten Bedingungen zu erfüllen. Die Konstruktion des „Mack-Hauses" besteht aus einem regelrechten Fachwerk, das außen und innen mit Gipsdielen verschalt und dann verputzt wird. Der äußere Verputz soll zum Schutz der nicht wetterfesten Gipsdielen als wasserdichter Zementverputz hergestellt werden. ME. vom 15. April 1922 Nr. 4071 b 11. — Bezüglich der U-Stein-Bauweise vgl. ME. vom 11. Mai 1922 Nr. 4071 b 23. Die aus dieser Entschließung ersichtlichen Erwägungen legen es nahe, die U-Steinbauweise nur im einzelnen Fall nach § 57 für freistehende Einfamilienhäuser zuzulassen. Bezüglich der U-Doppelkammersteinbauweise und U-Kammersteinbauweise s. ME. vom 25. April 1924 Nr. 4071 b 11. — Auch nach der ME. vom 11. Mai 1922 Nr. 4071 b 27 über die Ambibauweise haben die Baupolizeibehörden über deren Zulassung von Fall zu Fall zu befinden. Über die an die Zulassung zu knüpfenden Bedingungen wird auf die ME. verwiesen. Erwähnt wird, daß die Ambibauweise in widerruflicher Weise nur für Kleinhausbauten im Sinne des § 14 III BO., freistehende Häuser (§ 57 BO.) und kleine landwirtschaftliche Gebäude zuzulassen ist, deren Stockwerkshöhe 3,50 m und deren freitragende Balkenlänge 6,0 m nicht überschreitet. — Über die DeWe-Plattenhaus-Holzbauweise vgl. ME. vom 7. Dez. 1926 Nr. 3671 b 49. Die Baupolizeibehörden können, den Nachweis der Standfestigkeit vorausgesetzt, die Errichtung von freistehenden Wohnhäusern und Siedlungsbauten auf Grund des § 57 unter den in der ME. näher bezeichneten Bestimmungen zulassen.

Laut aut. ME. vom 22. Jan. 1923 Nr. 4105 a 4 betr. D. W. Holzhaus können unter der Voraussetzung weiträumiger landhausmäßiger Bebauung und unter dem Vorbehalt, daß keine Gefahr für Nachbargebäude erwächst, die Festigkeit der Bauführung nicht beeinträchtigt wird und die Bestimmungen über Feuerstätten und Kamine eingehalten werden, im Geltungsbereich der BO. Bauweisen, die hinsichtlich Material und Konstruktion den Anforderungen der BO. nicht entsprechen, ausnahmsweise, jedoch ohne Beschränkung der Dauer der Bewilligung auf Grund des § 57 zugelassen werden. Kann dem Bedürfnis nach Anwendung solcher Bauweisen im Rahmen des § 57 im wesentlichen genügt werden, so macht das Ministerium von der Bestimmung des § 13 Abs. III in der Regel keinen Gebrauch.

Nach genannter ME. kommt „die baupolizeiliche Bewilligung auf Grund des § 57 besonders auch für Holzhäuser in Betracht, die dauernd zu Wohnzwecken dienen sollen. Hiebei ist besonders zu beachten, daß § 57 ungeachtet der sonstigen Erleichterungen der Bauweise die Einhaltung der Bestimmungen über Feuerstätten und Kamine fordert. Bei den Holzhäusern, denen zweifellos eine größere Brandgefahr eigen ist als Massivbauten, ist besonderer Nachdruck zu legen auf den einwandfreien Anschluß der Holzteile (Scheidewände, Türstöcke, Balkendecken) an die Kaminmauern und auf die Isolierung der Rauchrohre, wenn die bauordnungsgemäßen Abstände von den Decken und Holzwänden nicht eingehalten werden können. Die Mindestabstände der Zimmeröfen und Herde von Wänden, die Holz unter einem Verputz enthalten (§ 21 Ziff. 2 BO.), sind auch von unverputzten Holzwänden einzuhalten. Die Baupolizeibehörde kann des weiteren den Schutz der Holzwände durch Verputz oder einen Belag aus unverbrennlichem, die Hitzeübertragung hinderndem Material verfügen.

Durch Einrichtung einer Sammelheizung wird zweckmäßig die Anzahl der Feuerstätten verringert. Jedoch ist es nicht angängig, die Verwendung besonderer Herd- oder Ofenkonstruktionen, denen angeblich ein höherer Grad von Feuersicherheit zukommt, vorzuschreiben und in diesem Falle Befreiung von den vorgenannten Bestimmungen zu gewähren, da die dauernde einwandfreie Verwendung solcher Einrichtungen nicht sichergestellt werden kann.

Mit Rücksicht auf die erhöhte Brandgefahr der Holzhäuser ist ihr Abstand von Nachbargebäuden gleicher oder anderer Bauart je nach Grundfläche und Höhenausdehnung mit 15 bis 25 cm von Fall zu Fall festzusetzen, der Abstand von der Grundstücksgrenze also auf 7,5 m oder größer zu bemessen."

IV. Zuständigkeit und Verfahren.

§ 58.

I [1]) Die Anträge und Entwürfe wegen Festsetzung oder Abänderung von Baulinien, Höhenlagen oder Baubeschränkungen [2]) (§§ 1, 2) werden von den Distriktsverwaltungsbehörden [3]) vorbehandelt [4]).

II Sie werden beschieden

1. für kreisunmittelbare Städte von den Regierungen, Kammern des Innern, in erster [5]), vom Staatsministerium des Innern in zweiter und letzter Instanz [6]),
2. im übrigen von den Bezirksämtern in erster, von den Regierungen, Kammern des Innern, in zweiter und letzter Instanz [7]).

III [8]) In der Pfalz steht die Instruktion der bezeichneten Anträge und Projekte für Städte mit mehr als 10000 Einwohnern den Gemeindebehörden zu. Die Bescheidung erfolgt für die vorbezeichneten Städte durch die Kreisregierung, Kammer des Innern. Zu diesem Behufe sind die Akten und Pläne von der Gemeindebehörde mit Gutachten dem Bezirksamte und von diesem mit etwa veranlaßten Erinnerungen der Regierung vorzulegen. Für alle übrigen Gemeinden steht die Instruktion und Bescheidung den Bezirksämtern zu.

1. § 58 behandelt die Frage der Zuständigkeit. Eine verwaltungsrechtliche Zuständigkeit ist (im Gegensatz zu anderen Län-

dern z. B. Preußen) in Baupolizeisachen nicht gegeben (s. Art. 8, 10, 11 und 13 Abs. I Ziff. 3 VGG.). Für den Fall einer späteren gesetzlichen Änderung des bestehenden bayr. Baupolizeirechts erscheint angesichts der in die Privatrechte tief eingreifenden Maßnahmen auf diesem Gebiete die Einführung einer verwaltungsrechtlichen Zuständigkeit angezeigt.

VGH. 2, 183: Die Zuständigkeit des VGH. erstreckt sich nicht auf die letztinstanzielle Entscheidung von Beschwerden wegen Festsetzung neuer oder Abänderung bestehender Baulinien und kann insbesondere nicht auf Art. 8 Ziff. 10 VGG. gestützt werden.

VGH. 34, 212: Die Versagung einer baupolizeilichen Genehmigung infolge festgestellter Bau- oder Straßenbegrenzungslinien enthält noch keine Zwangsabtretung von Grundeigentum oder Zwangsbelastung mit Dienstbarkeit; Beschwerden über solche Baupolizeibescheide unterliegen deshalb einer verwaltungsrechtlichen Würdigung und Entscheidung auch dann nicht, wenn die Baubeschränkung einem Unternehmen dient, für das eine Zwangsabtretung oder Zwangsbelastung zugelassen ist.

VGH. 27, 145: Zur Beschwerde einer Gemeindeverwaltung gegen baupolizeiliche Aufsichtsbescheide, in denen der Gemeinde die Herstellung eines Baulinienplanes auferlegt wird, hat der VGH. zu prüfen, ob jene Auflage gesetzlich begründet erscheint, nicht aber, ob die angefochtenen Bescheide den Intentionen der VO. oder den Direktiven der obersten Polizeistelle entsprechen.

2. Bezieht sich nur auf beschlußmäßige Baubeschränkungen nach § 2. Für solche durch bezirks- oder ortspolizeiliche Vorschrift sind die Bestimmungen des PStGB. Art. 1 ff. maßgebend.

3. Nun „Bezirksverwaltungsbehörden". (Die auf Art. 23 Abs. I Buchst. c SVG. beruhende bisherige Zuständigkeit des Bezirksausschusses ist seit Aufhebung dieses Gesetzes am 1. April 1928 [GemO. 1927, Art. 164, Ziff. 3] wieder beseitigt.)

4. D. i. die gesamte Vorbereitung der Sache bis zur Spruchreife.

5. Danach ist Beschlußbehörde in 1. Instanz die Regierung, Kammer des Innern; nur die Vorbehandlung obliegt dem Stadtrat als Bezirksverwaltungsbehörde. Damit ist jedoch nicht ausgeschlossen, daß der Stadtrat zu den Anträgen und Entwürfen beschlußmäßig Stellung nimmt.

6. Das Staatsministerium des Innern ist 2. und letzte Instanz; es kann jedoch auch, ohne als Instanz angerufen zu sein, von Oberaufsichts wegen eingreifen.

7. Außerdem besteht weiterhin das Recht der Aufsichtsbeschwerde zum Staatsministerium des Innern und die Möglichkeit dessen Eingreifens von Oberaufsichts wegen.

8. Abs. III Satz 1—3 ist gegenstandslos. Sämtlichen pfälzischen Städten mit über 10000 Einwohnern wurde durch die MB. vom 18. Dez. 1919 (GVBl. S. 838) — auf Grund des Art. 17 SVG. —

die Kreisunmittelbarkeit mit Wirkung vom 1. März 1920 an verliehen (ausgenommen bleibt die Stadt St. Ingbert, die nach dem Friedensvertrag zum Saargebiet gehört. Bek. der Regg. der Pfalz vom 13. Febr. 1920 KrABl. S. 86). Es findet somit auf alle pfälzischen Städte über 10000 Einwohnern die Bestimmung in Abs. II Ziff. 1 Anwendung (vgl. auch Art. 2 des pfälzischen Städteverfassungsgesetzes vom 15. Aug. 1908).

§ 59.

I Im Falle des Bedürfnisses[1]) ist die Festsetzung der Baulinie durch die Aufstellung eines Generalbaulinienplanes[2]) vorzubereiten. Dabei finden die §§ 2[3]) und 3[4]) entsprechende Anwendung.

II Wo die Baulinie[5]), die Höhenlage[6]) oder die Baubeschränkungen[6]) noch nicht bestimmt sind, hat deren Festsetzung, soweit hiezu überhaupt ein Bedürfnis[7]) besteht (§§ 1, 2), von Amts wegen zu geschehen; die Gemeinde hat die erforderlichen Pläne[8]) und sonstigen Behelfe[9]) beizubringen[10]). Das Gleiche gilt für die im öffentlichen Interesse gebotenen Baulinienänderungen[11]) und für die Aufstellung von Generalbaulinienplänen[12]).

1. Ob ein Bedürfnis gegeben ist, ist Frage des Einzelfalles. Im allgemeinen wird es dort anzunehmen sein, wo eine rege Bautätigkeit eingesetzt hat oder deren Einsetzen zu erwarten ist und wo, ohne daß die endgültige Festsetzung von Baulinien schon nötig wäre, doch im Hinblick auf die Interessen der Besiedelung, der Wirtschaftsverteilung, des Verkehrs, der Gesundheit, der Erhaltung landschaftlicher besonders schutzbedürftiger Punkte usw. eine gewisse grundlegende Regelung der Bautätigkeit angezeigt erscheint. Nicht zulässig ist es, kleine Orte und Ortsteile, in denen eine größere Bautätigkeit nicht zu erwarten ist und auch sonstige öffentliche Interessen nicht zu schützen sind, überfürsorglich mit Baulinienplänen zu überziehen (ME. vom 18. Juli 1905 MABl. S. 317 und ME. vom 3. Aug. 1910 MABl. S. 477). Vielfach wird sich das Bedürfnis nach einem Generalbaulinienplan über den Gemeindebezirk hinaus erstrecken; insbes. bei größeren Städten (Verkehrsregelung, Schaffung zusammenhängender Grünflächen usw.). Hier müssen, soweit nicht der Staat oder das Reich beteiligt sind, die in Frage stehenden Gemeinden zusammenarbeiten. Es bestimmt daher über die notwendige Zusammenarbeit der größeren Städte mit den angrenzenden Bezirksämtern die ME. vom 2. Nov. 1926 — Nr. 3694 b 4 — folgendes:

„1. Die Verwaltungen der größeren Städte übermitteln den anliegenden Bezirksämtern die für die Entwicklung der Stadt notwendigen großen Richtlinien in Form von Wege- und Siedlungsplänen.

2. Die Bezirksämter legen diese Richtlinien bei der Ausarbeitung von Generalbaulinienplänen für die Gemeinden in der Umgebung der größeren Städte zugrunde und behandeln alle hier auftauchenden Fragen rechtzeitig und von Anfang an im engen Benehmen mit der beteiligten größeren Stadt.

3. Ergeben sich hiebei Schwierigkeiten, die im Wege der Verhandlung nicht beseitigt werden können, so legen die Bezirksämter die Verhandlungen der vorgesetzten Kreisregierung vor, die, wenn auch ihr die Beilegung der Schwierigkeiten nicht gelingt, die Verhandlungen dem Staatsministerium des Innern mit Bericht vorlegt."

2. Über Generalbaulinienpläne s. die ME. vom 1. Jan. 1904 (MABl. S. 1); 18. Juli 1905 (MABl. S. 317); 27. März 1907 Nr. 5876 betr. Heimatschutz; 3. Aug. 1910 (MABl. S. 477) 29. Juli 1918 (MABl. S. 259); 12. April 1920 (MABl. S. 138); 12. April 1920 (StAnz. Nr. 88) und vom 2. Nov. 1926 Nr. 3694 b 4. Ausführliche allgemeine Gesichtspunkte enthält auch die gen. ME. vom 2. Okt. 1912 Nr. 4052 a 35 betr. die Bebauung von Garmisch. Vgl. ferner die Abhandlung von Martius in bayr. VerwBl. 1928 Heft 7 S. 113 ff.

Generalbaulinienpläne sind im einzelnen noch unverbindliche und nur in großen Zügen angelegte Pläne für die Regelung der künftigen Bebauung von Geländeteilen zum Zwecke der Vorbereitung der endgültig festzusetzenden Baulinien und eines einheitlichen Vorgehens in der Festlegung der Hauptverkehrslinien und des Bebauungscharakters (Wohn-, Geschäfts-, Industrieviertel), der Erhaltung und dem Schutze landschaftlicher Schönheiten usw. (s. ME. vom 18. Juli 1905 und 3. Aug. 1910, — s. IV. Teil).

Die ME. vom 3. Jan. 1929 Nr. 3650 b 10 weist darauf hin, daß die Errichtung von Wochenendhäusern unter Umständen zum Entstehen von wilden Siedlungen führen kann (vgl. bayr. VerwBl. 1928 Heft 7 S. 114). Die Baupolizeibehörden sollen deshalb da, wo die Wochenendfrage einen gewissen Umfang annimmt, rechtzeitig dafür Sorge tragen, daß dafür im Generalbaulinienplan oder auf andre Weise im Gemeindebezirk geeignete Geländeabschnitte für derartige Bauten festlegt und die Bebauung selbst durch entsprechende Bauvorschriften in geregelte Bahnen geleitet wird.

Generalbaulinienpläne sind immer nur als die Generalidee zu betrachten, deren einzelne Teile bei der Durchführung noch Veränderungen und Anpassungen unterworfen sein werden. Die wesentlichen Gesichtspunkte der leitenden Generalidee des ursprünglichen Planes müssen jedoch bei der Durchführung erhalten bleiben. Diese werden daher zweckmäßig in einem dem Plane beigefügten Erläuterungsbericht oder in dem behördlichen Beschluß hervorzuheben sein;

ihre Durchführung muß die Baupolizeibehörde mit allen Mitteln anstreben. Das Verfahren für die Festsetzung von Generalbaulinien ist das gleiche wie das für die endgültigen Baulinien.

Auch den Generalbaulinienplänen kommen bereits gewisse Rechtswirkungen zu; s. § 1 Abs. III, § 8 („wo Baulinien in Frage kommen"). — Die Rechtswirkung, die der Aufstellung eines Generalbaulinienplanes ebenso wie der endgültigen Baulinienfestsetzung gegenüber den Beteiligten zukommt, besteht nach der Natur des Generalbaulinienplanes darin, daß die in ihm niedergelegten Grundzüge für die endgültige Baulinienfestsetzung beachtet werden müssen. Eine Beschwerde gegen die Aufstellung eines Generalbaulinienplanes ist daher nur zulässig, soweit sie sich gegen diese Grundzüge richtet; unzulässig also soweit gegen im Generalbaulinienplane vorgesehene Baulinienführung für einzelne Grundstücke gerichtet, da diese nur vorläufig und unverbindlich ist und ein Rechtsschutzbedürfnis noch nicht besteht (ME. vom 7. Mai 1908 Nr. 21 731).

3. Die Festsetzung der Höhenlagen wird bei nicht ebenem Gelände oder bei dessen Lage in oder in der Nähe eines Überschwemmungsgebietes schon bei der Aufstellung eines Generalbaulinienplanes notwendig sein.

Die Aufstellung von Baubeschränkungen wird meist zugleich mit dem Generalbaulinienplan erfolgen müssen. Generalbaulinienpläne können unter Umständen sogar ihre Wirkung verfehlen, wenn nicht auch gleichzeitig das Bebauungssystem festgelegt wird. Bebauungsschemata sind denkbar hinsichtlich der Verteilung der Baumassen in den Bauqartieren, der Bestimmung der Stockwerkszahl und deren Höhe, der Dachformen, der Firstrichtung, hinsichtlich der Umgebung der Gebäude, deren Bepflanzung usw. Die Praxis hat jedoch gezeigt, daß eine zu große Bedeutung dieser schematischen Regelung der Bebauung nicht beigelegt werden darf. (So ist auch in einer ME. vom 11. Juli 1922 ausgesprochen, daß sich zurzeit im Hinblick auf die allgemeine wirtschaftliche Lage Maßnahmen zur Festsetzung eines Überbauungssystems bei Eröffnung neuer Stadtviertel verbieten, so wünschenswert deren künstlerisch einheitliche Gestaltung erscheinen mag. Dies gelte auch von dem Streben nach rhythmischem Zusammenschluß der Firste, der in der Regel nur da möglich sei, wo ganze Straßenzüge in einer Hand zum Ausbau gelangen.)

Baulinienpläne und Bauvorschriften müssen stets eine Einheit bilden (ME. vom 30. Juni 1914 Nr. 4079 a 26).

4. Auch § 4 ist, obwohl hier nicht aufgeführt, entsprechend anzuwenden, da nach § 59 II die erforderlichen Pläne und sonstigen Behelfe beizubringen sind.

5. S. § 1 Anm. 1.

6. S. § 2 Anm. 1 und 2.

7. S. Anm. 1 und ME. vom 25. Jan. 1880 (MABl. S. 74;

Festsetzung nur soweit Bedürfnis; Beschränkung auf das notwendigste Maß, Bedachtnahme auf schon bestehende Verhältnisse); ME. vom 3. Aug. 1910 (MABl. S. 477, s. IV. Teil). Vgl. auch § 1 Abs. IV, der den Baupolizeibehörden weitgehende Befugnis gibt, von Baulinien abzusehen.

ME. vom 30. Juni 1911 Nr. 4078 a 26: für alte Orte mit festem Ortskern wird es häufig genügen, die Baufluchten im Stadtinnern als Baulinien gelten zu lassen — Verfahren nach § 59 wird hier meist entbehrt werden können — und nur für solche Stellen, an denen triftige Gründe des Verkehrs oder der Gesundheit eine Änderung verlangen, eine abweichende Baulinie entweder rechtsgültig festzusetzen oder für einen Baufall vorzumerken. Sehr wichtig ist es dabei oft, die Bebauung von ungeeigneten Stellen, so von alten Stadtgräben, Flußufern usw. fernzuhalten.

Für Orte, deren Erweiterung zwar nach dem Stande der Bautätigkeit planlich geregelt werden muß, bei denen aber doch eine gleichmäßig und organisch fortschreitende Besiedlung nicht zu erwarten ist, ist es nicht notwendig, mit erheblichen Kosten einen Gesamtbauplan ausarbeiten zu lassen, der für das ganze Erweiterungsgebiet schon die Einzelheiten festlegt. Hier wird vielmehr häufig ein Generalbaulinienplan im eigentlichen Sinne des Wortes genügen, der im Ortsinnern die notwendigen Verbesserungen vorsieht und im übrigen den alten Bestand erhält, im Außengebiet aber im wesentlichen lediglich die vorhandenen Wege und die für die Zukunft vorzusehenden durchgehenden Wegzüge, Grünstreifen und Grünflächen gegen Überbauung, allzu nahen Anbau und Zaunabsperrung sichert und auf etwaige Aussichtspunkte und Aussichtswege, die durch Pfeile in der Blickrichtung zu kennzeichnen sind, Bedacht nimmt. Für solche Generalbaulinienpläne, in denen häufig die grünen Straßenbegrenzungslinien überwiegen werden, genügt die gleichzeitige Eintragung in die Katasterpläne und in die topographische Karte.

8. S. § 4; wegen der Kosten § 79 Abs. I.

9. Solche sind: Übersichtspläne, Erläuterungen, Grundbesitzverzeichnisse, unter Umständen auch Photographien usw. — Allen Vorlagen, die sich auf Festsetzung, Einhaltung oder Änderung von Baulinien beziehen, ist unter Hervorhebung der wichtigsten Fragen ein Übersichtsplan beizugeben, aus dem die Lage der betr. Straßenzüge im Orte und zu anderen wichtigen Straßenzügen deutlich zu ersehen ist. Soweit veranlaßt, sind die Pläne durch kurze Erläuterungen dieser baulichen und Verkehrsbeziehungen zu ergänzen. ME. vom 21. Mai 1912 Nr. 4058 a 5.

Die Finanzämter sind nicht verpflichtet, die Anfertigung von Katasterauszügen und Grundbesitzerverzeichnissen unentgeltlich für die Gemeinden vorzunehmen. Wohl aber steht den Gemeinden nach Art. 134 Abs. I AG. zum BGB. das Recht zu, von den Katastereinträgen Einsicht zu nehmen und Abschrift zu fordern, die das

Finanzamt auf Verlangen zu beglaubigen hat. Soweit allerdings unbeglaubigte Auszüge durch das gemeindliche Personal hergestellt werden, entbehren diese Auszüge des amtlichen Charakters. Für die Erteilung einer beglaubigten oder einfachen Abschrift kann von der Gemeinde Gebührenfreiheit nicht beansprucht werden. ME. vom 13. Febr. 1908 Nr. 2402 und FME. vom 29. Febr. 1908 Nr. 5007. Für die Mitwirkung der Grundbuchämter ist § 543 der Dienstanweisung für die Grundbuchämter maßgebend; eine Verpflichtung derselben zur schriftlichen Aufschlußerteilung besteht nicht (ME. vom 25. Jan. 1928 Nr. 3669 c 1).

10. Die Pflicht der Gemeinde zur Beibringung der erforderlichen Pläne und sonstigen Behelfe ist eine durch Art. 101 PStGB. begründete, gesetzliche Verpflichtung im Sinne der Art. 38 GemO., 1869 (Art. 28 GemO. 1927), (vgl. VGH. 27, 145 u. VGH., Urteil vom 24. Juli 1929 in bayr. VerwBl. 1929 S. 377).

11. ME. vom 30. Juni 1914 Nr. 4078 a 26: für die Frage der Aufhebung alter Baulinienpläne kommt es für solche Orte, in denen Baulinienpläne nach ihrer Entwicklung unerläßlich sind, namentlich darauf an, ob die bestehenden Baulinienpläne für die Gegenwart noch von Belang sind, etwa insoferne entweder Straßenverbreiterungen dort vorgesehen sind und als sich auf Grund solcher Baulinienpläne eintretendenfalls Verbreiterungen der Wege wie auch Verbesserungen des Baulinienplanes selbst leichter durchsetzen lassen, als wenn erst völlig neu ein Baulinienplan festgesetzt werden müßte. Frage des Einzelfalles ist es, ob ein solcher Vorteil die Schwäche des Baulinienplanes überwiegt. Zweckmäßig wird hiebei auf dem Plane selbst vermerkt werden, daß der Plan nicht etwa im einzelnen genau eingehalten werden muß, sondern daß er lediglich als Grundlage für die Bebauung im Einzelfall dienen soll.

12. Denkbar sind Anträge auf Feststellung von Generalbaulinienplänen auch seitens Privater (z. B. Terraingesellschaften). In diesen Fällen haben die Antragsteller die Pläne und Behelfe beizubringen, wenn die Aufstellung des Generalbaulinienplanes vorwiegend im privaten Interesse erfolgt. Ist sie jedoch im öffentlichen Interesse gelegen, so hat trotz des Antrags von dritter Seite die Gemeinde die Pflicht zur Beibringung der Pläne und Behelfe.

§ 60.

Wer die Abänderung einer Baulinie, einer Höhenlage oder einer Baubeschränkung (§§ 1, 2) beantragt [1]), hat die Pläne [2]) und die sonstigen Behelfe [3]) beizubringen [4]).

1. Ist jedoch die Abänderung im öffentlichen Interesse gelegen, so hat nach § 59 Abs. II Satz 2 die Gemeinde die Pflicht zur Beibringung der Pläne und Behelfe.

2. S. § 4.

3. S. § 59 Anm. 9.
4. Wegen der Kosten s. § 79 I.

§ 61.

I Vor der Bescheidung der in §§ 59, 60 bezeichneten Anträge und Entwürfe [1]) sind die Pläne [2]) während einer angemessenen [3]) Frist für die Beteiligten [4]) zur Einsichtnahme [5]) aufzulegen [6]). Wer nicht innerhalb [7]) der Auflagefrist Einspruch erhebt, gilt [8]) als zustimmend. Die Auflage ist vorher öffentlich bekanntzugeben [9]) und außerdem den aktenmäßig bekannten Beteiligten durch besondere Zuschrift mitzuteilen [10]). In der öffentlichen Bekanntgabe und in der besonderen Mitteilung ist auf die Folge der Versäumung der Einspruchsfrist hinzuweisen [11]); auch ist darin anzugeben, ob eine Abänderung der Baubeschränkungen beabsichtigt ist [12]).

II Handelt es sich bei derartigen Anträgen und Projekten um Bauanlagen in der Nähe der Gemeindegrenze, so ist auch die beteiligte Nachbargemeinde zu hören [13]).

1. Also für Baulinien, Höhenlagen, Baubeschränkungen und Generalbaulinienpläne.

2. Lediglich die Pläne, nicht auch die sonstigen Verhandlungen. Ein Recht auf Einsicht in die sämtlichen einschlägigen Verhandlungen besteht nicht; die Beteiligten können die Pläne einsehen und Erinnerungen abgeben, dabei auch Abschrift ihrer eigenen protokollarisch abgegebenen Erklärungen verlangen (ME. vom 30. Sept. 1896 Nr. 16 256).

3. Die Angemessenheit bestimmt sich von Fall zu Fall nach billigem Ermessen unter Berücksichtigung der Umstände (Kreis der Beteiligten, Verkehrsverhältnisse usw.).

4. Beteiligte sind diejenigen physischen und juristischen Personen, in deren Rechtskreis durch die Festsetzung der Baulinien, usw. unmittelbar eingegriffen wird, deren Verfügungsrechte über Grundstücke unmittelbar betroffen werden; z. B. Eigentümer, Erbbauberechtigte, Nießbraucher usw. — Die Eintragung als Eigentümer ins Grundbuch ist nicht unter allen Umständen zu verlangen, es kann vielmehr das Vorliegen eines obligatorischen, in gehöriger Form (§ 925 BGB.) abgeschlossenen Vertrags genügen, um jemanden als beteiligt erscheinen zu lassen (ME. vom 19. Juli 1909 Nr. 17 872).

Bei Generalbaulinienplänen wird der Kreis der Beteiligten ein wesentlich engerer sein müssen; denn es ist unmöglich und auch unnötig, hier alle die als beteiligt zu erachten, deren Rechte am Grundstück durch den Generalbaulinienplan berührt werden, zumal dieser ja noch keine endgültige Festsetzung bedeutet. Soweit jedoch Rechte von Grundstückseigentümern schon durch die im Plane oder in den Baubeschränkungen enthaltenen Grundsätze endgültig betroffen sind (z. B. bei Grundstücken, die von der Beobachtung völlig ausgeschlossen sind), sind die Eigentümer auch hier schon als beteiligt zu erachten.

Nach ME. vom 6. März 1898 Nr. 4639 sind die Vorschriften des § 68 auch auf Baulinienfestsetzung und -Änderungen sinngemäß anzuwenden. Es sind daher als Vertreter der Beteiligten in den Fällen des § 68 Ziff. 1—7 die dort bezeichneten Stellen und Behörden zu betrachten.

In den Fällen des § 60 ist die Gemeinde beteiligt. — Bei mehreren am Grundstück Berechtigten, bei Miteigentum (Ehegatten) usw. sind sämtliche Berechtigte, Miteigentümer usw. beteiligt.

Über den Kreis der Beteiligten s. auch Art. 20 I des Gesetzes über die Erschließung von Baugelände (GVBl. 1923 S. 276; siehe IV. Teil).

5. Kann auch durch Vertreter erfolgen.

6. Die Auflegung ist die Sache der beschließenden Behörde; sie wird jedoch zweckmäßig meist nicht bei ihr, sondern da erfolgen, wo sich die meisten Beteiligten befinden.

7. Der Einspruch muß innerhalb der Frist der Behörde zugegangen sein.

8. praesumptio juris et de jure; durch keinen Gegenbeweis entkräftbare Rechtsvermutung für die Zustimmung. Sie wirkt auch gegen den Besitznachfolger.

9. Für die Bekanntgabe ist entweder Veröffentlichung im Amtsblatt oder die Form der Bekanntgabe zu wählen, die in der Gemeinde der Beteiligten ortsüblich ist. S. ME. vom 26. Juli 1922 über die Verkündung der Form orts- und bezirkspolizeilicher Vorschriften (GVBl. S. 372).

10. Allen Beteiligten; jedoch dürfte es bei mehreren Mitbeteiligten genügen, wenn einer von ihnen mit der Weisung verständigt wird, die anderen Mitbeteiligten in Kenntnis zu setzen. Besondere Zuschrift ist nicht etwa nur schriftliche Mitteilung durch Brief, Karte usw., es genügt vielmehr jeder besondere schriftliche Hinweis auf die Auflage der Pläne; z. B. Verständigung durch Zirkular.

11. Der Hinweis ist unbedingt erforderlich, um die Präklusion des Satzes 2 herbeizuführen.

12. Während nach Abs. I die Pläne zur Einsichtnahme aufzulegen sind und den Beteiligten dann freisteht, ihre Erinnerungen abzugeben, schreibt Abs. II ausdrücklich vor, daß die Nachbargemeinde gehört werden muß. — Sie wird auch dann zu hören sein, wenn sich die Baulinien nicht auf ihr Gebiet erstrecken und wenn ihr Interesse infolge der nahen Führung der Baulinie an der Gemeindegrenze berührt wird, die Baulinie ihre Wirkung also über die Gemeindegrenze hinaus ausübt, was auch bei nicht unmittelbar angrenzenden Gemeinden der Fall sein kann (ME. vom 27. Juli 1910 Nr. 40 378).

13. Vgl. über § 79 II und § 99 MBO. — Weitere Rechte als gehört zu werden, stehen der Nachbargemeinde nicht zu; sie kann gegen die seinerzeitige Festsetzung Beschwerde erheben, wenn sie nicht etwa schon vorher die Aufsichtsbehörde anruft.

§ 62.

I [1]) Die Erledigung von Grundabtretungen zu öffentlichen [2]) Plätzen, Straßen oder Wegen fällt dem Übereinkommen [3]) der Gemeinden mit den Beteiligten [4]) anheim [5]) [6]).

II [7]) Wenn ein Übereinkommen nicht erzielt wird [8]), so können die Gemeinden angehalten werden, die Entwehrung nach Art. IA Ziff. 5 und Buchstabe b mit Art. IV des Zwangsabtretungsgesetzes vom 17. November 1837 in der Fassung des Gesetzes vom 9. Mai 1918 (GVBl. 1918 S. 289) [9]) in Anspruch zu nehmen [10]) [11]).

III Bauführungen [12]) in neuen Bauanlagen [13]) dürfen erst dann [14]) bewilligt werden [15]), wenn die Herstellung [16]) des Straßenkörpers für den entsprechenden Teil der Straße von einer Querstraße bis zur nächsten Querstraße [17]) und für die Verbindung mit einer bereits bestehenden Straße gesichert [18]) oder wenigstens Sicherheit [18]) dafür geleistet ist, daß diese Herstellung binnen einer zu bestimmenden Frist erfolge. Ist eine Straße bereits zum Teil mit fertigen Bauten besetzt, ohne daß bisher die Herstellung des Straßenkörpers gesichert worden ist, so hat der Unternehmer von neuen Bauführungen für die Herstellung des Straßenkörpers nur insoweit Sicherheit zu leisten, als die eigenen und die noch unbebauten fremden Grundstücke reichen [19]) [20]).

IV Wurde infolge dieser Auflage der Straßenkörper auf Kosten eines Bauunternehmers [21]) über dessen Bauanlage hinaus längs fremden Grundstücken hergestellt oder gesichert, so darf einem anderen Bauunternehmer ein Neubau auf solchen weiteren Grundstücken nur bewilligt werden, wenn Ersatz für den auf Herstellung [22]) der Straße längs dieser Grundstücke gemachten oder aus der Sicherung der Straßenherstellung erwachsenen, notwendigen Aufwand [23]) geleistet oder durch Kaution gesichert ist. Die gleiche Ersatzpflicht tritt ein, wenn der Straßenkörper auf Kosten der Gemeinde hergestellt worden ist [24]).

V Die Verpflichtung zur Ersatzleistung erstreckt sich jedoch für die nur an einer Straßenseite angrenzenden Eigentümer nicht auf mehr als die Hälfte der für Herstellung [16]) der entsprechenden Straßenstrecke aufgewendeten Kosten. Bei nur einseitig bebaubaren Straßen haben die Anbauenden Ersatz der Straßenherstellungskosten für die ganze Breite der auf sie entfallenden Straßenstrecke zu leisten.

VI Von den Bestimmungen der Abs. III, IV und V kann die Baupolizeibehörde nach Einvernahme der Gemeindebehörde Erleichterungen [25]) gewähren,

1. wenn gemäß § 1 Abs. IV von der Festsetzung der Baulinie Umgang genommen wird,
2. bei Gebäuden für Wohnungen, die höchstens vier Haupträume [26]) mit nicht mehr als 70 qm Gesamtfläche umfassen, gegenseitig vollständig abgeschlossen sind und höchstens zu dreien in jedem Stockwerk auf das nämliche Treppenhaus angewiesen sind.

VII Der Betrag der zu ersetzenden notwendigen [27]) Auslagen wird durch die Baupolizeibehörde auf Grund der vorzulegenden Nachweise festgestellt [28]).

1. a) Abs. I und II in der bisherigen Fassung vom 3. Aug. 1910 bildeten — von einer kleinen textlichen Änderung abgesehen — bereits den § 74 I der allg. BO. vom 30. Juni 1864. Unverändert ging dieser als § 83 I und II in die BO. vom 30. Okt. 1877 über; in der BO. vom 19. Sept. 1881 ist er als § 81, jedoch vermehrt um die Abs. III—V und VII enthalten. Die Revision der BO. von 1890 ließ ihn unverändert. Dagegen vermehrte die Revision der BO. vom 17. Febr. 1901 die Abs. I, III und IV um je 1 Satz. Weitertragende Änderungen brachte die Novelle vom 3. Aug. 1910 durch Einführung der Ersatzpflicht des Späterbauenden (Abs. IV) und der Ersatzpflicht bei nur einseitig bebaubaren Straßen (Abs. V); weiter wurde neu der Abs. VI (Erleichterungen) eingestellt.

Die bedeutendste Änderung schuf die BO. vom 10. Juli 1918 (GVBl. S. 359), indem sie den Abs. II strich und an seine Stelle den jetzigen Abs. II über das Entwehrungsrecht der Gemeinden auf Grund der Abänderung des Zwangsabtretungsgesetzes vom 17. Nov. 1837 durch die Novelle vom 9. Mai 1918 (GVBl. S. 289) setzte.

Außerhalb der BO. gab endlich das Gesetz vom 4. Juli 1923 über die Erschließung von Baugelände (GBBl. S. 273 — s. IV. Teil) die Möglichkeit der Gewinnung der benötigten Verkehrsflächen auf dem Wege der Umlegung.

b) Abs. I regelt die Frage der Grundabtretung für öffentliche Straßen und Plätze. Da die Baulinienfestsetzung auf die Eigentumsverhältnisse der in den Straßenraum fallenden Flächen ohne Folge ist (vgl. die abweichende Ansicht in O. Vorschts Komm. zur MBO. § 5 Anm. 3 C II S. 39 ff.), ist die Frage der Grundabtretung für öffentliche Straßen usw. — vorbehaltlich der Bestimmungen in Abs. II und der Bestimmungen des Gesetzes über die Erschließung von Baugelände (GBBl. 1923 S. 273 — s. IV. Teil) — nur auf dem Wege des Übereinkommens zu lösen. Dieser Weg bleibt der einzige in Gemeinden unter 5000 Einwohnern (abgesehen von der im Baugeländeerschließungsgesetz gegebenen Möglichkeit); versagt er, so bleibt nur die Zuhilfenahme des § 62 Abs. III. Die Auferlegung einer Pflicht zur unentgeltlichen Grundabtretung ist nur im Falle der Enteignung bis zu 25 bzw. 40% und im Falle der Umlegung nach dem Baugeländeerschließungsgesetze bis zu 35% zulässig (über die rechtlichen Bedenken gegen die unentgeltliche Abtretungspflicht im Hinblick auf das Reichsrecht vgl. Anm. 10).

Für die Fälle, in denen Abs. I zu keinem Ergebnis führt, gibt Abs. II unter gewissen Voraussetzungen die Möglichkeit der Enteignung.

Die Handhabe zur Sicherung der Herstellung der benötigten Straßen gibt Abs. III. In neuen Bauanlagen (Bauquartieren) soll erst dann die Baugenehmigung erteilt werden, wenn die Straßenherstellung gesichert oder für ihre Herstellung Sicherheit geleistet ist.

Über Straßensicherungskosten bei neuen Bauanlagen s. ME. vom 7. Jan. 1924 Nr. 4050 d 17 (StAnz. 10).

Die Abs. IV, V und VII behandeln die Frage des Ersatzes der Herstellungskosten durch den späteren Bauunternehmer an den früheren. Abs. VI gewährt gewisse Erleichterungen, insbesondere im Hinblick auf die Förderung des Kleinwohnungsbaues.

c) Die Beschaffung des im Interesse der Allgemeinheit benötigten öffentlichen Verkehrsraums auf dem Wege der vertraglichen Überlassung (Abs. I) führt in den meisten Fällen nicht zum Erfolg. Die Verhältnisse erfordern vielfach die Möglichkeit zwangsweisen Eingreifens. Dieser Forderung trug z. B. schon der Entwurf zur Novelle zum Zwangsenteignungsgesetz vom 13. Aug. 1910, der jedoch nicht Gesetz wurde, Rechnung, indem er ein Enteignungsrecht für Orts- und Gemeindestraßen statuierte.

Während die Gemeinden bisher meist auf dem Wege des Abs. III die Beschaffung des benötigten Verkehrsraumes herbeiführen mußten, brachte das Zwangsabtretungsgesetz vom 17. Nov. 1837 dem lange bestehenden Bedürfnis Rechnung tragend in der Fassung vom 9. Mai 1918 (GVBl. S. 289) die Zwangsenteignung für öffentliche Straßen und Plätze in Ortschaften mit mehr als 5000 Einwohnern. Voraussetzung ist für sie, daß die allgemeinen Bedingungen des Zwangsabtretungsgesetzes erfüllt sind.

Die Neufassung des § 62 Abs. II ist keine ideale Lösung, weil sie die Zwangsenteignung nicht allgemein, sondern nur für gewisse Ortschaften zuläßt, sodann ein langwieriges Verfahren bedingt und endlich den Nachteil hat, daß der Gemeinbedarf an öffentlicher Verkehrsfläche nicht auf Kosten aller aus der Erschließung des Baugeländes Vorteil ziehenden Beteiligten, sondern nur auf Kosten der zufällig von der Abtretung Betroffenen beschafft wird. Es ergab sich das Bedürfnis nach einer diese Nachteile vermeidenden gesetzlichen Regelung. Diese erfolgte nunmehr auch durch das Gesetz vom 4. Juli 1923 über die Erschließung von Baugelände (GVBl. S. 273 — s. IV. Teil) und die VollzBekm. hiezu vom 14. Sept. 1923 (GVBl. S. 317 — s. IV. Teil). Das Gesetz ermöglicht die Beschaffung städtebaulich einwandfreien Gemeinbedarfs, d. i. der Bedarf für den notwendigen öffentlichen Verkehrsraum und für die sonstigen aus Gründen des Gemeinwohls von der Bebauung freizuhaltenden Flächen, und geeigneter Bauplätze unter möglichster Umgangnahme von Geldentschädigung auf dem Wege gegenseitigen Austausches (Neueinteilung, Umlegung) und unter anteilsmäßiger Heranziehung aller an der Werterhöhung des Bauterrains beteiligten Grundeigentümer. Das Gesetz soll jedoch nur dann zur Anwendung kommen, wenn und soweit innerhalb eines Baugeländes diese Zwecke im Verfahren zur Festsetzung von Baulinien nicht ausreichend erreicht werden können. Erst wenn sich also im Baulinienverfahren die Beschaffung des nötigen Verkehrsraumes unmöglich erwiesen hat, ist Raum für Anwendung des Gesetzes. Im übrigen muß auf das Gesetz selbst und die VollzBekm. verwiesen werden; s. weiter Anm. 7.

S. auch die Abhandlung in GemVerwZtg. 1923 S. 649 ff.

2. Unter öffentlichen Plätzen usw. sind hier nicht die öffentlichen Plätze usw. im Sinne des § 1 Abs. 1 Satz 2, also die tatsächlich öffentlichen zu verstehen, sondern öffentliche Straßen usw. im verwaltungsrechtlichen Sinn, d. s. Einrichtungen, die der Staat oder die Gemeinde dem öffentlichen Verkehr darbieten, die dem allgemeinen Gebrauch offen stehen und dienen, weil sie durch einen ausdrücklichen oder stillschweigenden Akt der zuständigen Verwaltungsbehörde hiezu bestimmt, „gewidmet" worden sind. Unerläßliche Voraussetzung ist, daß die öffentliche Gewalt, die eine solche Straße usw. ins Leben ruft, das bürgerlich-rechtliche Verfügungsrecht über Grund und Boden hiezu hat (BlfRA. 72, 553).

Abs. I bezieht sich auf alle öffentlichen Straßen usw., sowohl auf die Anlegung neuer als die Erweiterung oder Regulierung alter.

3. Nach dem Zwangsabtretungsgesetz vom 17. Nov. 1837 war, abgesehen von den Fällen des Art. I A Ziff 13 ein Enteignungsrecht für Ortsstraßen nicht gegeben. Aber auch jetzt noch ist die Aus-

übung von Zwang zur Grundabtretung, insbesondere durch baupolizeiliche Mittel, — außer im Falle des Abs. II oder III — unstatthaft und in keiner gesetzlichen Vorschrift begründet. Ungesetzlich wäre es z. B. bei Genehmigung eines Neubaues in einem Fall des Abs. I die Pflicht aufzuerlegen, das vor der Baulinie liegende Gelände — ev. sogar noch kosten- und lastenfrei — an die Gemeinde abzutreten. — Ebenso kann weiter (— außer Abs. II oder III —) eine Gemeinde nicht verlangen, daß ein Grundbesitzer seinen Zaun, der auf seinem Eigentum steht, auf die festgesetzte Baulinie zurücksetzt und den Raum zwischen Baulinie und Besitzgrenze der Gemeinde überläßt (Entsch. RGZiv. Bd. 55, S. 55 und Bl. f. a. Pr. Bd. 58 S. 405). — S. aber auch Art. 46 des Gesetzes über die Erschließung von Baugelände vom 4. Juli 1923 (s. IV. Teil). — Im übrigen s. Anm. 7.

4. S. § 61 Anm. 4 und Art. 20 des Gesetzes über die Erschließung von Baugelände vom 4. Juli 1923 (s. IV. Teil).

5. Im Falle einer Einigung findet der Eigentümsübergang mit der Auflassung (Einigung) statt (§§ 873, 925 BGB.), da eine Eintragung ins Grundbuch nicht notwendig ist (§ 90 Abs. II GBO.; V. vom 1. Juli 1898 betr. die vom Buchungszwang befreiten Grundstücke, GVBl. S. 377, JMBl. S. 255). Erwirbt die Gemeinde einen Teil eines Grundstückes, so ist dieses auf Antrag aus dem Grundbuch auszuscheiden. Über das Ausbuchungsverfahren s. Dienstanw. f. d. Grundbuchämter vom 27. Febr. 1905 (JMBl. S. 63) § 366 ff.

6. Die Gemeinde kann, falls sie sich weigert, nicht zum Abschluß eines Übereinkommens mit dem Grundeigentümer aufsichtlich gezwungen werden, da ihr auch nach Art. 28 GemO. 1927 keine Pflicht zur Herstellung von Ortsstraßen obliegt. Aufsichtlicher Zwang wäre hier Eingriff in das Selbstverwaltungsrecht der Gemeinde und Auferlegung einer gesetzlich nicht begründeten Verpflichtung.

7. G r u n d a b t r e t u n g: Die durch die Neufassung des Abs. II geschaffene Rechtslage behandelt eingehend die ME. vom 20. Febr. 1925 Nr. 3662 c 1. Da sie auch über die Entstehungsgeschichte sich verbreitet, sei sie im folgenden in ihren grundsätzlichen Ausführungen wiedergegeben:

„Die Beschwerde ..... gibt Veranlassung, die Wechselbeziehungen zwischen § 62 der Bauordnung in seiner derzeitigen Fassung und dem Gesetze vom 9. Mai 1918 über die Abänderung des Zwangsenteignungsgesetzes vom 17. Nov. 1837 zu erörtern.

Vor Erlassung dieses Gesetzes bestand folgender Rechtszustand:

Die Gemeinden hatten keine gesetzliche Möglichkeit, den für ihre Ortsstraßen, Plätze und Wege notwendigen Straßengrund im Wege der Zwangsabtretung zu enteignen. Sie waren daher gezwungen und darauf beschränkt, die Frage der Grundabtretung zu ihren Ortsstraßen, Plätzen und Wegen im baupolizeilichen Verfahren zum Austrage zu bringen. Das Mittel hiezu gab ihnen die freilich nur verordnungsmäßige Bestimmung in § 62 der Bauordnung. Dort ist in Abs. I vorgeschrieben, daß die Erledigungen von Grundabtretungen zu öffentlichen Plätzen, Straßen und Wegen dem Übereinkommen der Gemeinden mit den Beteiligten anheimfalle. Die Erzwingung eines solchen Übereinkommens war, wenn eine Bauführung nicht in Frage kam, nur durch bedingte Festsetzung der Baulinie möglich. Kam eine Bauführung in neuen Bauanlagen in Betracht, so bot sich auf Grund des § 62 Abs. III der Bauordnung die Möglichkeit, die Baugenehmigung insolange zu verweigern, bis die Herstellung des Straßenkörpers sichergestellt war. Zur Herstellung des Straßenkörpers gehört vor allem auch die Grundabtretung. Dieser Rechtszustand war für beide Teile unbefriedigend. Den Gemeinden, denen nach dem Gesetz (Art. 38/29 der beiden Gemeindeverordnungen) lediglich die Unterhaltung der Ortsstraßen oblag, war mit § 62 Abs. III der BO. nur dann gedient, wenn es sich um neue Bauanlagen und um Bauführungen in ihnen handelte, die Grundbesitzer glaubten sich bei Anwendung des § 62 Abs. III der BO. verletzt, weil sie meinten, zu einer Grundabtretung nicht durch einfache Verordnung gezwungen werden zu können.

Man war deshalb schon seit langem bestrebt, den bestehenden Zustand zu ändern. Anlaß hiezu bot der Entwurf des Gesetzes vom 9. Mai 1918 über die Abänderung des Zwangsenteignungsgesetzes. Ein Antrag Kroher bei der Beratung dieses Gesetzes brachte die Wünsche der Städte nach Erlaß eines Enteignungsgesetzes für Ortsstraßen usw. zur Geltung.

Die Gesetzgebungsverhandlungen, insbes. die Verhandlungen des Finanzausschusses vom 28. Nov., 1., 11. und 15. Dez. 1917, die Verhandlungen der Kammer der Abgeordneten vom 10. Jan. 1918 (StBer. Bd. XVII Nr. 417), die Verhandlungen der Kammer der Reichsräte im vereinigten I. und III. Ausschuß der IV. Session 1917, 1918 vom 8. Febr. 1918 und die Verhandlungen der Kammer der Reichsräte vom 18. März 1918 (StBer. Bd. V Nr. 62), endlich die Verhandlungen der Kammer der Abgeordneten vom 26. April 1918 (StBer. Bd. XVIII Nr. 463) geben ein deutliches Bild über die Entwicklung des Gesetzes vom 9. Mai 1918 und die Änderung des § 62 der BO. durch V. vom 10. Juli 1918 (GVBl. S. 359).

Aus den umfangreichen Verhandlungen ist hierher festzustellen, daß der Berichterstatter im Finanzausschuß, ohne widerlegt zu werden, die gesetzliche Zulässigkeit der Bestimmung in § 62 Abs. III der BO. außer jeden Zweifel stellte und die Staatsregierung in Übereinstimmung mit dem Berichterstatter den Standpunkt vertrat, daß § 62 und das Enteignungsrecht sich gegenseitig ergänzen und daß es unbedingt nötig sei, neben § 62 für die richtige Durchführung der Ortsstraßen den Gemeinden das Enteignungsrecht zu geben, wobei es jedoch angezeigt sei, die Fassung des § 62 entsprechend zu ändern. Diese Änderung des § 62 sollte den Zweck haben, auszuschließen, daß trotz der bestehenden Bestimmungen über die Zwangsenteignung der Grundbesitzer auf dem Umwege des § 62 der BO. indirekt zur Abtretung gezwungen werde.

Der Berichterstatter im Finanzausschuß betonte hiebei, es sei der Regierung notwendig erschienen, bei der Zulassung der Zwangsenteignung für Ortsstraßen, die bisher auf Grund des § 62 der BO. von den Gemeinden durchwegs praktisch geforderte unentgeltliche Abtretung des für Straßenzwecke benötigten Grundes auf eine gesetzliche Basis zu stellen. Sie wolle deshalb die unentgeltliche Grundabtretung für Straßenzwecke im Zwangsenteignungsgesetze festlegen. In der Sitzung der Kammer der Abgeordneten vom 10. Jan. 1918 führte der Berichterstatter aus, daß bei nicht freiwilliger Vereinbarung die Zwangsenteignung für Ortsstraßen neben den Bestimmungen des § 62 der BO. und in notwendiger Ergänzung derselben sich wohl denken und rechtfertigen lasse. Es sei hierauf jedoch nicht weiter einzugehen, weil im Laufe der weiteren Verhandlungen auf Anregung der Regierung eine geeignete Regelung der Zwangsabtretung von Straßengrund im Zwangsenteignungsgesetze gefunden worden sei, so daß der § 62 der BO. lediglich für die Herstellung des Straßenkörpers allein mit Ausschluß der Grundabtretung polizeiliche Bestimmungen treffe.

In der Kammer der Reichsräte wurden diese Vorgänge in den Sitzungen vom 8. Febr. und 18. März 1918 von den Berichterstattern dahin zusammengefaßt, die Regierung habe vorgeschlagen, es solle für den Fall der gesetzlichen Einführung des Enteignungsrechtes für Ortsstraßen eine weitere Ergänzung des Zwangsabtretungsgesetzes durch Einschränkung der Entschädigungspflicht eintreten und gleichzeitig § 62 der allgemeinen und § 80 der Münchener BO. in ihrem Abs. II eine neue Fassung erhalten, die es ausschließe, daß auf Grund dieser Bestimmungen Grundeigentümer zu einer unentgeltlichen Abtretung ihres Eigentums in weiterem Umfange angehalten werden könnten, als es nach der neuen Fassung des Zwangsenteignungsgesetzes möglich sei.

Hiezu erklärte die Staatsregierung folgendes:

Die Kammer der Reichsräte habe bereits 1910 gegen das Enteignungsrecht für Ortsstraßen Bedenken getragen, weil nicht eine dem Enteignungsrechte entsprechende Änderung der §§ 62/80 der beiden Bauordnungen sichergestellt sei. Die Regierung habe nunmehr der Kammer der Abgeordneten gegenüber eine solche Änderung der Bauordnungen zugesagt, diese sollten dahin geändert werden, daß die Gemeinden angehalten werden, die Enteignungen durchzuführen, falls sie sich nicht mit dem Grundbesitzer einigten. Auf diese Weise würden die Gemeinden verhindert, mittelbar auf dem Wege der §§ 62/81 der beiden Bauordnungen, wie es jetzt nahezu allgemein üblich wäre, ohne Entschädigung oder gegen nicht zureichende Entschädigung die Beteiligten zur Abtretung von Grundeigentum zu zwingen. Die Rechtslage wäre künftig folgende: die Regel sei die gütliche Vereinbarung. Gelingt sie nicht, so kann der Grundbesitzer im Wege der Enteignung zur Abtretung gezwungen werden, aber nur gegen Entschädigung nach dem Enteignungsgesetz. In alten

Bauanlagen muß der Eigentümer voll entschädigt werden, für neue Bauanlagen sei die Entschädigungspflicht der Gemeinde nach dem neuen Gesetze eingeschränkt, hiernach habe die Gemeinde einerseits die Sicherung, daß sie gegebenenfalls enteignen könne, der Eigentümer aber sei gegen den indirekten Zwang auf unentgeltliche oder nicht vollwertig entschädigte Abtretung von Grund und Boden ebenfalls gesichert.

In der entscheidenden Sitzung der Kammer der Abgeordneten vom 26. April 1918 wurde schließlich noch vom Berichterstatter und von der Staatsregierung ausdrücklich festgestellt, daß für die Gemeinden mit weniger als 5000 Einwohnern, für die das Gesetz vom 9. Mai 1918 keine Geltung habe, die Vorteile des § 62 der BO. aufrechterhalten bleiben.

Festgestellt wird hier, daß das Gesetz vom 9. Mai 1918 auch nach Erlaß der Reichsverfassung, insbes. auch hinsichtlich der Bestimmungen in seinem Art. I Ziff. 5 Geltung beanspruchen kann.

Wenn auch die Gedankengänge in den verschiedenen Verhandlungen über diese wichtige und nicht ganz einfache Frage nicht durchaus übereinstimmend waren, so kann doch als Ergebnis zusammengefaßt werden, daß man beabsichtigte, die bisherige nur auf eine Verordnung gestützte Praxis in Angelegenheiten der Grundabtretung auf eine gesetzliche Grundlage zu stellen, daß man also ein Enteignungsgesetz für Ortsstraßen, Plätze und Wege erlassen, hierin auch die besonderen Fälle der unentgeltlichen Abtretung regeln und gleichzeitig die §§ 62/80 der beiden Bauordnungen „entsprechend" ändern wollte, um wenigstens für den Geltungsbereich des neuen Gesetzes, also für die Städte mit mehr als 5000 Einwohnern, Grundabtretungen auf dem Umwege über §§ 62/81 der beiden Bauordnungen fernerhin auszuschließen.

Von diesen beiden Absichten ist die erste die Erlassung des neuen Enteignungsgesetzes verwirklicht worden. Auch die zweite, die Änderung der beiden Bauordnungen, ist entsprechend der gegebenen Zusicherung und nach dem Inhalte der Verhandlungen in den gesetzgebenden Körperschaften durchgeführt worden (s. V. vom 10. Juli 1918 GVBl. S. 359). Es wäre freilich wohl das einfachste gewesen, die mehrerwähnten Vorschriften der Bauordnungen dahin zu ändern, daß, soweit das neue Zwangsenteignungsgesetz gelte, die zur Straßensicherung erforderliche Grundabtretung mangels gütlicher Einigung lediglich nach den Bestimmungen dieses Gesetzes zulässig sei.

Im Einverständnis mit den Landtagsverhandlungen hat man sich jedoch darauf beschränkt, die beiden Paragraphen lediglich dahin zu ändern, daß Abs. II, der im wesentlichen aussprach, daß die Bestimmung der Baulinie durch die Erledigung der Grundabtretungsfrage nicht aufgehalten sei, gestrichen und an seine Stelle die Bestimmung gesetzt wurde, daß, wenn ein Übereinkommen über die Grundabtretung nicht erzielt werde, die Gemeinde angehalten werden könne, die Entwehrung nach dem Gesetze vom 9. Mai 1918 in Anspruch zu nehmen. § 62 Abs. III der allgemeinen BO. und die entsprechenden Bestimmungen im § 81 der Münchener BO., auf die sich bisher die polizeiliche Einwirkung zur Herbeiführung der Grundabtretung gestützt hat, bleiben vollkommen unverändert.

Die Abänderung der §§ 62/80 Abs. II beider Bauordnungen wurde damit begründet, daß diese Bestimmungen mit der Erlassung des Gesetzes vom 9. Mai 1918 zusammenhängen, das die Zwangsabtretung zu Ortsstraßen, Wegen und Plätzen regele. Durch die neue Fassung dieses Abs. II sollte erreicht werden, daß die Gemeinden, soweit sie diese Möglichkeit haben, künftig auch von ihr Gebrauch machen und nicht, wie dies bisher geschehen ist, und bei den Beratungen über die Abänderung des Zwangsenteignungsgesetzes im Landtag von verschiedenen Seiten beklagt wurde, auf dem Umweg der Versagung der Bewilligung zu neuen Bauführungen die unentgeltliche Abtretung des Straßengrundes den Anliegern gegenüber erzwingen.

Abgesehen davon, daß nach der neuen Fassung der §§ 62 und 80 Abs. II die Gemeinden, wenn ein Übereinkommen über die Grundabtretung nicht erzielt wird, lediglich angehalten werden „können" (also nicht „müssen"), die Entwehrung nach dem neuen Gesetze in Anspruch zu nehmen und daß auch die Frage des Zwanges der Gemeinden zur Durchführung dieser Maßnahmen gewissen Bedenken begegnet, ist klar, daß durch diese Änderung die Absicht, den Gemeinden den in §§ 62/III und 81 der beiden Bauordnungen vorgesehenen Weg zur Erzwingung der Grundabtretung zu verschließen, nicht vollständig erreicht wurde. Die Absichten des Gesetzes sind freilich ein Mittel zur Auslegung des Gesetzes. Die Absicht des Gesetzes muß jedoch, wenn sie Gesetzeskraft gewinnen soll, auch im Wortlaute des Gesetzes zum Ausdruck kommen. Dies ist bei der Änderung der BO. jedenfalls nach der beabsichtigten Richtung nur unvollkommen oder überhaupt nicht geschehen. Die logische Auslegung der BO. führt deshalb bei der unverändert gebliebenen Fassung der im wesentlichen hier einschlägigen Bestimmungen nach wie vor dahin, daß unter der Straßenherstellung auch die Grunderwerbung, die eine neue Voraussetzung für die Herstellung der Straße bildet, zu begreifen ist. Damit behalten §§ 62 Abs. III der allgemeinen und 81 der Münchener Bauordnung nicht nur für die Gemeinden mit einer Einwohnerzahl unter 5000, sondern für alle Gemeinden ihre bisherigen rechtlichen Wirkungen, insbes. auch hinsichtlich der Grundabtretung.

Demnach ist der derzeitige Rechtszustand bei näherer Überlegung nicht unbefriedigend und es besteht deshalb kein Anlaß zu einer weiteren Änderung der Bauordnungen. Das Gesetz vom 9. Mai 1918 hat die Grundsätze festgelegt, nach denen sich im Falle der Erschließung neuer Bauanlagen die Zwangsabtretung zu vollziehen hat. Die Grundsätze sind „soweit die Inanspruchnahme des beteiligten Bauwerbers in Frage kommt, wesentlich andere als die, welche sich bisher beim Vollzuge der § 62 Abs. III und 81 der beiden Bauordnungen aus der Praxis entwickelt haben. Während auf Grund dieser Bestimmungen die Grundabtretung sich auch über das Baugrundstück hinaus auf fremdes Eigentum erstreckt und sich nach der schon oben näher geschilderten Praxis vollzogen hat, ist nach dem Gesetze vom 9. Mai 1918 die Abtretung auf die in den Verkehrsraum fallenden, im Eigentum des Bauwerbers stehenden Flächen beschränkt und nur unter gewissen, im Gesetz ausdrücklich angeführten Voraussetzungen und innerhalb bestimmter Grenzen unentgeltlich, darüber hinaus nur gegen vorgängige volle Entschädigung möglich. Daneben jedoch besteht das Recht der Gemeinde auf Grundabtretung gegenüber dem gesamten in den Verkehrsraum fallenden Grundbesitz, auch soweit er im Eigentum Dritter steht, stets aber nur gegenüber dem jeweiligen Eigentümer.

Nun enthalten § 62 Abs. III der allgemeinen und die entsprechende Bestimmung der Münchener Bauordnung über die Frage der Abtretung überhaupt und über ihren Umfang keinerlei Vorschrift. Ist diese Frage im Einzelfall zu würdigen, so entspricht es zweifellos dem Willen der BO. sowie dem Recht und der Billigkeit, den Umfang der Abtretungspflicht im Einklang und in Übereinstimmung mit dem Gesetz vom 9. Mai 1918 festzusetzen. Hiebei ist eine Änderung oder Ergänzung der Bauordnungen nach keiner Richtung hin notwendig.

Aus diesen Ausführungen ergibt sich, daß es nach wie vor auch für Gemeinden, für die das Gesetz vom 9. Mai 1918 gilt, grundsätzlich zulässig ist, eine Baubewilligung auf dem Wege der §§ 62 Abs. III und 81 der beiden Bauordnungen von der vorherigen Bereinigung der Grundabtretungsfrage abhängig zu machen. Es muß jedoch im Einzelfall pflichtgemäß geprüft werden, ob das Maß der verlangten Abtretung dem derzeitigen Rechtszustand entspricht.

Das Gesetz vom 9. Mai 1918 gibt den Gemeinden, für deren Bezirke es gilt, das Recht, die gesamte in den Verkehrsraum fallende Grundfläche im Wege der Zwangsenteignung in Anspruch zu nehmen und zwar ohne Unterschied, ob diese Flächen im Eigentum des Bauwerbers oder im Eigentum Dritter stehen. Wenn dieser Anspruch der Gemeinden auf Grundabtretung auch in einem Gesetze festgelegt ist, so kann hieraus doch nicht der Schluß gezogen werden, daß schon hierdurch allein die Grundabtretung als Teil der Straßenherstellung bereits „gesichert" sei, wie dies §§ 62 Abs. III/81 der beiden Bauordnungen als Voraussetzung für die Plangenehmigung vorsehen. Der Baupolizeibehörde steht sohin, da diese Bestimmungen der Bauordnung in der grundsätzlichen Frage der Grundabtretung ihre Geltung unverändert weiter beanspruchen können, das Recht zu, diese Sicherung im Rahmen des Gesetzes vor Erteilung der Baugenehmigung zu verlangen. Die „Sicherung" selbst ist aber erst dann gegeben, wenn die Grundabtretung im Rahmen des Gesetzes bindender Weise zugesichert ist, was regelmäßig ohne erheblichen Zeitverlust geschehen und im Hinblick auf die bindenden Bestimmungen des Gesetzes wohl auch mit Erfolg nicht verweigert werden kann. In einer derartigen bindenden Vereinbarung liegt dann auch ein gewisser Zwang für die Gemeinde, die Entwehrung nach dem Gesetze in Anspruch zu nehmen.

Wenn die Baupolizeibehörde bei der Genehmigung eines Bauplanes sohin in den §§ 62 Abs. III/81 der beiden Bauordnungen zulässigen Vorbehalt macht, daß die Baugenehmigung erst wirksam wird, wenn die Grundabtretung entsprechend geregelt ist, so hat sie hierbei folgendes zu beachten:

„Verlangt die Baupolizeibehörde unentgeltliche Abtretung, so ist diese nur insoweit zulässig, als sie sich im Rahmen des Gesetzes vom 9. Mai 1918 hält, denn ihr kann sich der Bewerber nicht entziehen, da die Gemeinde jederzeit entsprechenden Antrag nach dem Gesetz vom 9. Mai 1918 stellen kann. Verlangt die Baupolizeibehörde unentgeltliche Abtretung über den Rahmen des Gesetzes vom 9. Mai 1918 hinaus, dann wäre dies unzulässig, weil es mit einem Gesetze in Widerspruch steht.

Wird die unentgeltliche Abtretung zwar nur im Rahmen des Gesetzes vom 9. Mai 1918, darüber hinaus aber noch weitere Abtretung gegen Entschädigung verlangt, dann ergibt sich insoweit auch für die Gemeinde die Verpflichtung zur vorgängigen Entschädigung. Die Forderung der vorgängigen Grundabtretung durch den Bauwerber kann in diesem Falle in dem verlangten Umfange nur dann als mit den Bestimmungen des Gesetzes in Einklang stehend erachtet werden, wenn die Gemeinde ihre Leistungspflicht mindestens Zug um Zug mit der Leistungspflicht des Bauwerbers erfüllt. Denn es entspricht weder dem Gesetze, das für entgeltliche Abtretung vorgängige Entschädigung verlangt, noch der Billigkeit, eine vorgängige Leistung des Bauwerbers zu verlangen, während die Gemeinde selbst mit ihrer Leistung im Rückstand bleibt. Eine Trennung der unentgeltlichen und der zu entschädigenden Abtretung kann nach der Natur der Sache nicht stattfinden."

Für die Gemeinden bestehen hinsichtlich des Straßengrunderwerbs in Verbindung mit der Sicherung der Straßenherstellung mehrfache Möglichkeiten.

Zu scheiden ist hier zwischen Ortschaften mit unter und mit über 5000 Einwohnern, da durch das Zwangsabtretungsgesetz in der Fassung vom 9. Mai 1918 nur für die Ortsstraßen und öffentl. Plätze „innerhalb von Ortschaften mit mehr als 5000 Einwohnern" ein Enteignungsrecht geschaffen wurde.

Als „Ortschaft" ist hier nicht die Ortschaft als Ortsgemeindebezirk zu verstehen, sondern wie aus den Verhandlungen der 1. Kammer hervorgeht, nur der bebaute, und zwar der zusammenhängend bebaute Teil einer politischen Gemeinde. Dem zusammenhängend bebauten Teile eines Gemeindebezirkes ist gleichzuachten das zwar noch nicht überbaute, aber durch festgestellten Baulinienplan für die Bebauung bereitgestellte Gelände (Verhandlg. der Kammer der Reichsräte im vereinigt. I. und III. Ausschuß der IV. Session 1917/18 vom 8. Febr. 1918 S. 15 und vom 18. März 1918, StenBer. Bd. V Nr. 62). Für die Berechnung der Einwohnerzahl haben Einöden usw., die außerhalb liegen, außer Betracht zu bleiben (StenBer. Kammer d. Reichsräte vom 18. Febr. 1918 V Nr. 62 S. 144).

Weiter ist auseinanderzuhalten die Frage des Erwerbs des Straßengrundes und die Frage der Sicherung der Herstellung des Straßenkörpers. Nach Art. 28 GemO. 1927 sind die Gemeinden nicht zur Herstellung, sondern nur zur Unterhaltung der Ortsstraßen verpflichtet; die Herstellung muß, soweit es sich um neue Bauanlagen handelt, im Wege des § 62 Abs. III herbeigeführt werden.

A. Ortschaften unter 5000 Einwohnern.

1. Normaler Weg des Straßengrunderwerbs: Übereinkommen nach § 62 Abs. I BO. Führt dieser nicht zum Ziel, so kann,
2. wenn es sich um alte Bauanlagen handelt, die Grundabtretung oder ein dieselbe bestimmendes Übereinkommen nur durch bedingte Festsetzung der Baulinie erzwungen werden. Straßenherstellung kann hier nicht von den Anliegern verlangt werden.
3. Handelt es sich um neue Bauanlagen, so kann die Grundabtretung zugleich mit der Sicherung der Straßenherstellung im Wege des § 62 Abs. III BO. erzwungen werden, da zur Straßenherstellung auch die Grundabtretung gehört.
4. Endlich besteht die Möglichkeit, den benötigten Straßengrund im Wege der Neueinteilung nach dem Gesetze über die Erschließung von Baugelände vom 4. Juli 1923 zu beschaffen; die Sicherung der Straßenherstellung muß auch hier noch nach § 62 Abs. III BO. erledigt werden.

B. Ortschaften über 5000 Einwohner.

1. Normaler Weg auch hier Übereinkommen — § 62 I BO.
2. Ist dieser erfolglos, so kann die Gemeinde die Entwehrung nach § 62 Abs. II BO. in Anspruch nehmen. Nach deren Durchführung ist, soweit es sich um neue Bauanlagen handelt, noch das Verfahren nach § 62 Abs. III BO. veranlaßt.
3. Bei neuen Bauanlagen erscheint als grundsätzlich zulässiges und als das zweckmäßigste Verfahren, vom Zwangsabtretungsverfahren nach § 62 Abs. II vorläufig abzusehen und die Grundabtretung zugleich mit der Sicherung der Straßenherstellung im Wege des § 62 Abs. III BO. herbeizuführen. Wegen Entschädigung, des Maßes der Abtretung usw. s. vorstehend. ME. vom 20. Febr. 1925.
4. Verfahren wie unter A 4.

Nach § 62 Abs. II BO. sind die Aufsichtsbehörden berechtigt, nicht verpflichtet, die Gemeinden zum Entwehrungsverfahren anzuhalten. Weigert sich die Gemeinde, einer solchen Aufforderung nachzukommen, so erscheint ein aufsichtlicher Zwang nur in den Fällen möglich, in denen eine Genehmigung ohne Entschädigung in Frage steht. Handelt es sich dagegen um eine Enteignung gegen vorgängige Entschädigung, so erscheint aufsichtlicher Zwang als unzulässige Auferlegung einer gesetzlich nicht begründeten vermögensrechtlichen Leistung, gegen die der Verwaltungsgerichtshof nach Art. 10 Ziff. 2 VGG. angerufen werden kann, da die Bauordnung nicht als ausreichende Rechtsgrundlage zu einem zwangsweisen Vorgehen dieser Art betrachtet werden dürfte.

8. Der Nachweis des erfolglosen Versuchs der Einigung ist Voraussetzung für die Einleitung des Zwangsabtretungsverfahrens.

9. Gesetz vom 17. Nov. 1837 die Zwangsabtretung von Grundeigentum für öffentliche Zwecke betr. in der Fassung vom 13. Aug. 1910 und 9. Mai 1918 (GVBl. 1918 S. 289):

Art. I.

„Eigentümer können angehalten werden, unbewegliches Eigentum für öffentliche, notwendige und gemeinnützige Zwecke abzutreten oder mit einem Erbbaurecht oder einer Dienstbarkeit beschweren zu lassen. Diese Abtretung kann übrigens nur eintreten

A. zu folgenden Unternehmungen:

1.—4. .....

5. Anlegung neuer und Änderung bestehender Staatsstraßen und Distriktsstraßen sowie von Ortsstraßen und öffentlichen Plätzen innerhalb von Ortschaften von mehr als 5000 Einwohnern.

6.—16. .....

.... allein auch in allen diesen Fällen immer nur:

a) nach vorgängiger rechtskräftiger administrativ-richterlicher Entscheidung der betreffenden Kreisregierung, Kammer des Innern, in erster, und des Verwaltungsgerichtshofes — im Falle der Berufung, in zweiter und letzter Instanz, wenn von den beteiligten Eigentümern oder einem derselben bestritten wird, entweder, daß das Unternehmen zu den unter Ziff. 1—18 aufgeführten gehöre, und vom gemeinen Nutzen erfordert werde, oder daß die Abtretung oder Belastung des angesprochenen Eigentums zur zweckmäßigen Verwirklichung desselben notwendig sei, und

b) gegen vorgängige volle Entschädigung. Die Entschädigung ist jedoch für die Abtretung von Grundeigentum zu Ortsstraßen und öffentlichen Plätzen innerhalb der Ortschaften — Buchst. A Ziff. 5 — im Falle der Erschließung neuer Bauanlagen dann ausgeschlossen, wenn für die neue Bauanlage der Baulinienplan und die Bebauungsweise bereits festgesetzt sind und wenn hienach der im Baugelände verbleibende Teil des Grundstückes zu einer selbständigen Bebauung noch geeignet ist und zwar insoweit als die Abtretungsfläche 25 Proeznt des Gesamtgrundstückes nicht übersteigt.

Die Gemeinde ist jedoch befugt, durch örtliche Satzung die Pflicht zur unentgeltlichen Abtretung bis zu 40 Prozent der Gesamtgrundfläche zu erhöhen. Die Erlassung und Änderung dieser Satzung unterliegt der aufsichtlichen Genehmigung.

17. Erschließung von Baugelände zur Verbesserung der Wohnungsverhältnisse der minderbemittelten oder dem Mittelstand angehörigen Bevölkerung.

18. .....

Art. IV.

Die Entwehrung kann unter den Voraussetzungen des Art. I in Anspruch genommen werden:

1. von öffentlichen Stellen und Behörden,
2. von Gemeinden und von denjenigen Gesellschaften und Privaten, denen von der Regierung unter Bedingungen, welche die Erreichung des Zweckes und seiner Gemeinnützigkeit sichern, die Ausführung einzelner im Art. I aufgezählten Unternehmungen eingeräumt wird.

Zur Ausführung eines Unternehmens der im Art. I A Ziff. 17 und 18 bezeichneten Art kann von Gemeinden die Entwehrung auch von Grundstücken in Anspruch genommen werden, die in einer Nachbargemeinde liegen.

Von Privaten kann die Entwehrung zur Ausführung eines Unternehmens der im Art. I A Ziff. 17 und 18 bezeichneten Art nicht in Anspruch genommen werden, von Gesellschaften nur dann, wenn sie als rechtsfähige gemeinnützige Bau- und Siedlungsvereinigungen satzungsgemäß die Einzahlungen der Mitglieder mit nicht mehr als 5 Prozent jährlich verzinsen und den Mitgliedern im Falle der Auflösung nicht mehr als die Einzahlungen ausantworten und wenn jede Änderung der Satzung von der staatlichen Genehmigung abhängig gemacht ist.

Zur Inangriffnahme der vorbezeichneten Unternehmungen können auch Fristen bestimmt werden, mit deren fruchtlosem Ablauf das Unternehmen als rückgängig geworden (Art. XII Abs. 4 des Gesetzes) anzusehen ist."

10. Voraussetzungen sind:

1. Unmöglichkeit der Erzielung eines Übereinkommens,
2. Benötigung der Grundstücksfläche zu einer *öffentlichen* Straße usw.,
3. die Straßenanlage muß sich als notwendiges und gemeinnütziges Unternehmen darstellen. Dies erfordert jedoch nicht den Nachweis einer absoluten Notwendigkeit oder eines unabweisbaren Bedürfnisses; es genügt die *Gemeinnützigkeit* des Unternehmens,
4. Zustimmung des Staatsministeriums des Innern zur Einleitung des Verfahrens (Art. XIV ZwAG.),
5. vorgängige verwaltungsgerichtliche Entscheidung,

6. vorgängige Entscheidung, wenn nicht die Ausnahmefälle des Art. I A b Satz 2 und 3 gegeben sind.

(Im übrigen s. Art. I ZwAG. und die Bem. hiezu im Komm. von Henle; über das Verfahren Art. XIII ff.).

Der Übergang des Eigentums findet mit dem Vollzug der Enteignung (Besitzergreifung nach erfolgter Entschädigungszahlung) statt.

Zur Frage der Enteignung für Ortsstraßen ohne Entschädigung: Die Rechtsgültigkeit des Art. I A b Abs. 1 Satz 2 und Abs. 2 Satz 1 des Zwangsabtr.gesetzes seit dem Inkrafttreten der Reichsverfassung vom 11. Aug. 1919 wird im Hinblick auf Art. 153 Abs. 2 RV. (§ 94 bayr. VerfUrk.) mit Recht bestritten. Vgl. Urteil des ObstLG. vom 2. Juli 1926 (in bayr. VerwBl. 1926); Kiefersauer in GemVerwZ. 1926 S. 803.

Eine entschädigungslose Enteignung konnte bis zum Inkrafttreten der Reichsverfassung durch Landesgesetz angeordnet werden; von da ab kann nach Art. 153 Abs. 2 RV. nur ein Reichsgesetz eine entschädigungslose Enteignung zulassen. Dies hat das Reichsgericht in ständiger Rechtsprechung ausgesprochen; z. B. im Urteil vom 12. Dez. 1924 RGZ. Bd. 109 S. 310: „Wenn nach Artikel 153 Abs. 2 Reichsverfassung grundsätzlich die Enteignung gegen eine angemessene Entschädigung erfolgt, soweit nicht ein Reichsgesetz etwas anderes bestimmt, so ist damit ausgesprochen, daß ein etwas anderes bestimmendes Landesgesetz nicht genügt, um den Anspruch auf eine angemessene Entschädigung zu beseitigen." Vgl. ferner RGZ. Bd. 103 S. 200; Bd. 109 S. 310; Bd. 111 S. 123; Bd. 116 S. 268 und das Urteil vom 28. Febr. 1930 (auszugsweise bei § 1 abgedruckt).

Die bayr. Staatsregierung hält gleichwohl an der Rechtsgültigkeit der genannten Vorschriften fest; die Rechtsprechung dürfte ihr aber hier vermutlich nicht folgen können. Die Beziehung der bayr. Regierung auf Art. 113 EGzBGB. geht übrigens hier fehl; dies gilt auch von dem bei Martius, bayr. VerwBl. 1928 Heft 7 S. 118 gemachten Versuch, die teilweise Entziehung der Entschädigung als „angemessene" Entschädigung darzustellen, da das Gesetz ausdrücklich sagt, daß die Entschädigung in den genannten Fällen ausgeschlossen ist. Das vorstehend Gesagte gilt weiter für Art. 7 Abs. 6 Satz 1 des Gesetzes über die Erschließung von Baugelände vom 4. Juli 1923; auch diese Vorschrift steht mit dem Reichsrecht in Widerspruch. Die in der Vollzugsbekm. zu diesem Gesetz (s. IV. Teil) in Ziff. 23 zu Art. 7 versuchte Rechtfertigung der unentgeltlichen Inanspruchnahme (also Enteignung) mit der durch die Umlegung erfolgten Wertsteigerung dürfte nicht Erfolg haben, da eine Wertsteigerung immer nur beim einzelnen Grundstück in Anrechnung gebracht werden könnte, nicht aber für alle Grundstücke ein fester einheitlicher Hundertsatz hiefür angenommen werden kann.

11. Entschädigung: Bei der Beratung des Art. I ZEG. in der Kammer der Abgeordneten (Sitzung vom 10. Jan. 1918, Verhandlg. d. Kammer der Abgeordneten 1918 [Bd. XVII S. 338]) führt der Berichterstatter Abg. Krober folgende Fälle an, die von Staatsminister Dr. v. Brettreich als zutreffend bezeichnet wurden:

a) Die Ortsstraße schneidet ein Stück vom Grundstück ab, dessen Größe 25% bzw. 40% der Gesamtfläche nicht überschreitet; der im Baugelände verbleibende Grundstücksrest ist selbständig bebauungsfähig, hier ist das ganze abgeschnittene Stück unentgeltlich abzutreten.

b) überschreitet im Falle a) das abgeschnittene Stück 25% bzw. 40% der Gesamtfläche, so ist für die 25% bzw. 40% überschreitende Fläche Entschädigung zu gewähren.

c) Wenn im Falle a) und b) der verbleibende Rest nicht mehr selbständig bebauungsfähig ist, so ist der ganze zur Straße benötigte Grundstücksteil nur gegen volle Entschädigung abzutreten und, falls die Voraussetzungen des Art. III ZEG. gegeben sind, kann sogar die Ablösung des ganzen Grundstücks gegen Entschädigung gefordert werden, wenn nämlich das Reststück im Sinne des Art. III ZEG. nicht mehr für sich allein bewirtschaftungsfähig erscheint.

d) Wenn die Ortsstraße ein Grundstück durchschneidet und die auf beiden Seiten der Straße im Baugelände verbleibenden Grundstücksteile noch selbständig bebauungsfähig sind, so hat bis zu 25% bzw. 40% der Gesamtfläche des durchschnittenen Grundstücks unentgeltliche, darüber hinaus entgeltliche Abtretung zu erfolgen.

e) Sind im Falle d) beide im Baugelände verbleibenden Grundstücksteile nicht mehr selbständig bebauungsfähig, so hat volle Entschädigung für den ganzen zur Straße abzutretenden Grund zu erfolgen und allenfalls hat Art. III ZEG. Anwendung zu finden.

f) Ist im Falle d) das auf der einen Seite der Straße im Baugelände verbleibende Grundstück noch bebauungsfähig, der andere Teil aber nicht, so hat der Grundbesitzer zwar das zur Straße benötigte Stück bis zu 25% bzw. 40% der Fläche des Gesamtgrundstücks unentgeltlich abzutreten; es bleibt aber die Anwendung des Art. III ZEG. vorbehalten.

g) Da sich die unentgeltliche Abtretung nur auf Grundeigentum erstreckt und zwar nur soweit Neubauanlagen in Frage kommen, so ist volle Entschädigung zu gewähren, wenn es sich um ein bestehendes Bauwerk handelt, das ganz oder zum Teil in die Ortsstraße fällt. Auch hier kann Art. III ZEG. anwendbar sein.

Mehrere Grundstücke desselben Eigentümers sind bei der Flächenberechnung einzeln für sich zu nehmen

Im Falle der Enteignung von Zufuhrstraßen zu neuen Baugeländen nach Art. 1 Ziff. 17 ist volle Entschädigung zu zahlen; stellt sich eine Zufuhrstraße jedoch zugleich auch als Ortsstraße in einem neuen Bauquartier dar, so kann der teilweise Ausschluß einer

Entschädigung bis zu 25% bzw. 40% Anwendung finden (Verhandlg. Kammer d. Abg. 1918 Bd. 17 S. 353).

12. Unter „Bauführungen" sind hier nur solche Bauvornahmen zu verstehen, die zur neuen Bauanlage, insbesondere aber zu der herzustellenden Straße, in notwendigem Zusammenhang, in wesentlicher Beziehung stehen (ME. vom 18. Jan. 1906 Nr. 22923: Die Entfernung des Neubaues von der in Betracht kommenden Straße ist belanglos, da dieser von der zu sichernden Straße aus zugänglich ist und daher zu dieser in wesentlicher Beziehung steht).

So wurde z. B. (ME. vom 2. Juni 1897 Nr. 10905) bei Errichtung eines Gartenhauses in einer noch nicht eröffneten Bauanlage eine „Bauführung" im Sinne des Abs. III nicht angenommen, weil zur Schaffung eines Zugangs zu einem Gartenhaus die Eröffnung des neuen Straßenzuges nicht erforderlich erschien, sondern ein schon bestehender Feldweg genügte.

Unter „Bauführungen" im Sinne des Abs. III fallen alle neuen Hauptgebäude, in der Regel wohl auch neue Nebengebäude; ebenso Anbauten an der Straßenseite, wenn die zu überbauende Fläche an und für sich groß genug ist, um für ein selbständiges Gebäude in Betracht zu kommen (ME. vom 2. März 1898 Nr. 4282); dagegen nicht ohne weiteres Hauptänderungen und Hauptreparaturen schon bestehender Gebäude (ME. vom 9. Mai 1883 Nr. 5816).

Dagegen gehören bauliche Anlagen im Sinne des § 8 auf keinen Fall hierher (Zäune, Einfriedigungen, Keller, Brunnenschachte, Anwesensentwässerungen usw.) (ME. vom 10. Mai 1883 Nr. 6856 und vom 29. Okt. 1908 Nr. 25729). Nicht hieher gerechnet wurde auch der Wiederaufbau einer vereinzelt stehenden, bis auf die Sockelmauer niedergebrannten Scheune (ME. vom 2. Okt. 1903 Nr. 17793); jedoch kann der Wiederaufbau insoweit Bedeutung haben, als die Baulinie einzuhalten ist (ME. vom 8. Aug. 1908 Nr. 15996).

13. Neue Bauanlage im Sinne des Abs. III ist die Schaffung neuer Bauquartiere zugleich mit der Eröffnung neuer Straßen und Plätze oder unter Bebauung einer bestehenden, aber noch unbebauten Straße, dagegen ist nicht jeder Neubau auf einer bisher unbebauten Fläche eine „neue Bauanlage". Bei schon bestehenden Bauanlagen ist eine „neue Bauanlage" nur dann anzunehmen, wenn die vorhandene ältere Bebauung in ihrem bisherigen Charakter durch Regelung und Erweiterung bestehender Wege oder Neuanlage von Straßenzügen völlig geändert wird (ME. vom 18. Jan. 1906 Nr. 22923).

Wie lange eine Bauanlage als „neu" zu betrachten ist, ist von Fall zu Fall zu entscheiden. Im allgemeinen wird ein Bauquartier solange neu sein, bis die Bebauung in der Hauptsache durchgeführt ist.

14. Die Herstellung des Straßenkörpers muß vor der Baubewilligung gesichert sein. Die Anwendung des § 62 III ist dann ausgeschlossen, wenn die Baugenehmigung erteilt wurde, ohne die vorherige Sicherung der Straßenherstellung zu verlangen, da sich das Bauvorhaben in diesem Falle nicht mehr als Bauführung in einer neuen Bauvorlage darstellt (ME. vom 9. März 1909 Nr. 31 250). Jedoch können früher übersehene Sicherungen bei späteren Bauführungen im gleichen Anwesen nachgeholt werden.

15. Gegen Dispensation (§ 65 II) vom § 62 III bestehen im allgemeinen keine grundsätzlichen Bedenken, da diese Bestimmung, wenn sie auch zunächst nur das Verfahren bei Erteilung einer Baubewilligung betrifft, doch zugleich materiell-rechtliche Wirkungen hat. — Bei der Würdigung der Dispensationsgesuche ist auch zu prüfen, ob die Baupläne den an die Ausführungen im allgemeinen zu stellenden Anforderungen genügen und ob etwa Veranlassung gegeben ist, die Dispensation von der Erfüllung besonderer Bedingungen abhängig zu machen (ME. vom 4. April 1906 Nr. 5018; 26. Okt. 1908 Nr. 23 332 und 1. Mai 1913 Nr. 4064 c 6).

16. Zur Herstellung des Straßenkörpers gehört insbesondere die Bereitstellung, und, soweit der Bauunternehmer nicht ihr Eigentümer ist, der Erwerb der für die Straße benötigten Grundfläche. Da es sich hier um die Anlage öffentlicher Straßen usw. handelt, muß der Gemeinde das Verfügungsrecht über die Straßenfläche übertragen werden. Dabei wird es in den Fällen, in denen dem Bauunternehmer bisher das Eigentum an dem benötigten Teil der Straßenfläche noch nicht zustand, genügen, wenn er den Eigentümer vertraglich dafür bindet, daß dieser das Eigentum unmittelbar auf die Gemeinde überträgt. Nicht genügt dagegen eine lediglich obligatorische Bindung der Grundstückseigentümer, die Führung der Straße auf ihren Grundstücken zu gestatten.

Die Herstellung des Straßenkörpers muß ordnungsgemäß erfolgen. Was zur ordnungsgemäßen Herstellung gehört, ist von Fall zu Fall durch die Baupolizeibehörde zu entscheiden. Die von den Gemeinden gestellten Anforderungen sind in einer Anzahl von Städten in sog. Straßenbaustatuten (— über deren Rechtsnatur s. die gen. ME. vom 30. April 1914 Nr. 4090 a 10 —) niedergelegt, die einen einheitlichen Vollzug erleichtern (s. z. B. die Bekm. des Stadtmagistrats München vom 1. Okt. 1895 und die Bekm. der Lokalbaukommission München vom 1. Okt. 1895, beide betr. die Herstellung neuer Straßen. Hier ist u. a. gesagt: „Die ordnungsmäßige Herstellung schließt in sich die genaue Einhaltung der Bau- bzw. Vorgartenlinie, die entsprechende Ausscheidung der Fahrbahn und Trottoirflächen, die Einhaltung des festgesetzten Niveaus, die Verwendung des erforderlichen Materials, insbesondere auch der entsprechenden Pflastergattung, sowie die richtige und zweckmäßige Ausführung aller in Betracht kommenden Arbeiten").

Nach örtlichen Verhältnissen kann auch die Pflasterung und Randsteinsetzung und die Herstellung der erforderlichen Überbrückungen zur ordnungsgemäßen Straßenherstellung gehören (ME. vom 3. Jan. 1894 Nr. 21 292); ebenso die Überbrückung eines Grabens (ME. vom 2. Aug. 1911 Nr. 4058 a 26); dagegen nicht die Herstellung ev. Plasterung des Gehsteigs (Trottoirs), da dieser keinen Bestandteil des Straßenkörpers bildet. Gehsteige sind kein notwendiges Zubehör zur Straße, wohl aber gehört der Grund des Gehsteigs (der von diesem überdeckt wird) zur Straße. Gehsteige sind öffentliche Einrichtungen, die in erster Linie der öffentlichen Sicherheit und Bequemlichkeit dienen und zum Zwecke des öffentlichen Verkehrs nicht unbedingt notwendig sind (Entsch. des Bayr. Obst. Gerichtshofs Straff. Bd. 5 S. 74; OLG. München Bd. 4 S. 81; 6 S. 543; 8 S. 331; 9 S. 28. MinABl. 1900 S. 173 und S. 330, VGH. 2, 534). Auch nicht Hausentwässerungen, Wasserleitungen, Alleebaumpflanzungen, Straßenbeleuchtung usw. Die Baubewilligung kann nicht bloß deshalb versagt werden, weil zu letzteren Einrichtungen durch die Gemeinde die Mittel noch nicht bewilligt sind (ME. vom 30. Juli 1896 Nr. 13 370).

Ferner gehören zu den Herstellungskosten des Straßenkörpers da, wo Kanalisation besteht oder in Aussicht genommen ist, jedenfalls die Aufwendungen für die Straßensinkkästen und deren Anschluß an den Kanal, bei Ableitung der Straßenabwässer in Versitzgruben die Kosten der Sinkkästen u. deren Verbindung mit den Versitzgruben (ME. vom 5. März 1914 Nr. 4064 b 7). Ob und in welchem Umfange in die Kosten für die Straßenherstellung auch die Kosten für die Entwässerung gerechnet werden können, ist von Fall zu Fall zu entscheiden. In vielen Fällen wird es nicht zu umgehen sein, mit der Straßenherstellung auch die Herstellung der Straßenentwässerung zu verbinden. Das Maß der Einrechnung der Kosten für die Entwässerungsanlage in die Kosten für die Straßenherstellung muß natürlich dem Bedürfnis für Herstellung der Entwässerungsanlage angepaßt sein. Es dürfte nicht zulässig sein, etwa in die Straßenherstellungskosten die Kosten für einen Straßenkanal auch dann einzunehmen, wenn dieser Kanal nach der örtlichen Lage und den sonstigen Umständen voraussichtlich nicht erforderlich wird.

Da in den meisten Fällen zweckmäßig mit der Straßenherstellung auch die des Straßenkanals, der Elektrischen, Gas- und Wasserleitung usw. verbunden wird, wird sich die Herstellung der Straße durch die Gemeinde selbst empfehlen. Verlangt eine Gemeinde, daß der Straßenkörper durch das gemeindliche Bauamt hergestellt wird, so ist dem im Interesse einer ordentlichen Herstellung nicht entgegenzutreten (ME. vom 5. Mai 1896 Nr. 4678).

Streitigkeiten zwischen Gemeinde und Bauunternehmer über Art und Umfang der Straßenherstellung entscheidet die Baupolizeibehörde. Diese Frage bildet einen Inzidentpunkt in der Entscheidung über das Baugesuch (ObstLG. Civilſ. 1, 129).

Nur die Herstellung, nicht auch die Unterhaltung obliegt dem Bauunternehmer; letztere ist nach Art. 28 GemO. 1927 Pflicht der Gemeinde.

Nur die Herstellung derjenigen Straße ist zu sichern, die den ordnungsmäßigen Zugang zu dem Baugrundstück bildet, die also zu der Bauführung in wesentlicher Beziehung steht. Nicht verlangt werden kann z. B. Sicherung einer Straße, die das Baugrundstück im Hintergrund schneidet, von der aber der Bau selbst durch einen noch selbständig zu bebauenden Bauplatz getrennt wird (ME. vom 18. Sept. 1896 Nr. 17 504).

Bei Eckhäusern kann § 62 Abs. III normalerweise auf jede der beiden Straßen Anwendung finden; ein Straßenbaustatut, das dies ausspricht, steht mit dem Gesetz nicht in Widerspruch. Die Praxis allerdings begnügt sich damit — s. ME. vom 26. Juni 1898 Nr. 12 487; vom 28. Juni 1909 Nr. 15 623 und vom 31. Dez. 1909 Nr. 31 809 — bei Eckhäusern nur zu verlangen, daß in den Fällen, in denen die eine der in Frage stehenden Straßen schon vom Bauunternehmer hergestellt ist, die andere Straße nur bis zur Mitte auf die Länge des gesamten Baugrundstücks gesichert wird, und zwar in der Regel ohne Rücksicht darauf, nach welcher Straße die Hauptfront des Gebäudes zu liegen kommt. Damit soll den Eckhäusern nicht ein Privileg gegenüber anderen Häusern geschaffen, sondern es sollen bei ihnen doppelt entstehende Lasten auf ein gewisses Maß zurückgeführt werden. Diese Praxis kann jedoch nur da in Frage kommen, wo ein allenfallsiges Statut nicht andere, weitergehende Verpflichtungen festlegt.

Bei Errichtung eines Gebäudes auf einem Eckgrundstück in der Weise, daß es nur an eine Straßenseite zu liegen kommt, während es von der andern Straße soweit entfernt steht, daß im Zwischenraum noch ein selbständiges Gebäude aufgeführt werden kann, kann die Sicherung der Straßenherstellung nur für die erstere Straße verlangt werden (ME. v. 13. Jan. 1906 Nr. 26 437; s auch ME. vom 18. Sept. 1896 Nr. 17 804). Wird in einem solchen Falle an der Straße, von der das Gebäude entfernt liegt, ein Zaun errichtet, so kann der Bauherr deswegen nicht zur Bezahlung der Straßenbaukosten oder Sicherheitsleistung für dieselben angehalten werden (ME. vom 10. Mai 1883 Nr. 6856 und vom 13. Jan. 1906 Nr. 26 437).

17. Hierdurch wird das Entstehen von Sackgassen vermieden. Vgl. den ausführlichen § 81 I MBO.: „und zwar zur Vermeidung des Entstehens von Sackgassen für den treffenden Teil der Straße von einer Querstraße bis zur nächsten Querstraße ...“ Nach dem Wortlaut des Abs. III kann nicht verlangt werden, daß die zu eröffnende Straße nach zwei Seiten hin Anschluß an bestehende Straßen haben muß; diese Bestimmung verlangt nur Verbindung mit einer bereits bestehenden Straße. Abs. III will verhindern, daß ein Straßenzug bebaut wird, dessen Herstellung zwar von einer

Querstraße bis zur nächsten Querstraße gesichert ist, der aber einer entsprechenden Verbindung mit einer bereits bestehenden Straße entbehrt und damit der Forderung des § 3 BO. widerspricht, wonach neue Bauanlagen mit schon bestehenden gut verbunden werden müssen.

Eine Sackgasse ist nur dann gegeben, wenn sie eine Verbindung mit einer zweiten Straße nicht besitzt und nach der ganzen Art ihrer Anlage sowie nach dem Baulinienplan eine solche Verbindung auch nicht erhalten kann; dagegen nicht schon dann, wenn eine Straße bei der Erschließung einer neuen Bauanlage zunächst noch nicht in eine andere bereits hergestellte Straße einmündet (s. ME. vom 12. Dez. 1913 Nr. 4052 c 2; a. M., v. Vorscht MBO. zu § 81 Anm. 7).

18. Über die Art der Sicherstellung entscheidet in der Regel die Vereinbarung zwischen Gemeinde und Bauunternehmer, im Streitfall die Baupolizeibehörde. Als Sicherstellung kommt insbesondere in Betracht Eintragung und Vormerkung nach § 883 BGB. oder — im Falle der Herstellung der Straße durch die Gemeinde — Sicherheitsleistung nach §§ 232 ff. BGB. Bei Bauten des Staates usw. wird die Erklärung, daß die Verpflichtung des § 62 III übernommen wird, genügen.

Die Sicherung ist dann gegeben, wenn die Gemeinde erklärt, die Straße zu übernehmen oder in angemessener Zeit selbst herzustellen (ME. vom 11. Nov. 1894 Nr. 18710), also nicht schon dann, wenn der Bauunternehmer die Straße selbst hergestellt hat.

Über Straßensicherungskosten bei neuen Bauanlagen s. ME. vom 7. Jan. 1924 Nr. 4050 d (StAnz. 10).

19. Nach ME. vom 5. Jan. 1914 Nr. 4050 d 2 haben die Vorlagen im Vollzug des § 62 III den Nachweis über das Verhältnis der für öffentliche Straßen und Plätze in Anspruch genommenen Grundabtretung zum Gesamtbesitz der Beteiligten in Hundertteilen unter Beifügung eines Flächenausscheidungsplanes zu enthalten. Der Flächenberechnung sind die Verhältnisse nach dem ursprünglichen Besitzstande zugrunde zu legen.

20. Der Verwaltungsgerichtshof ist nicht zuständig bei Streitigkeiten über Herstellung von Straßentrottoiren auf Grund polizeilicher Vorschriften (VGH. 2, 530) oder über Herstellung von Ortsstraßenstrecken auf Grund des § 62 III BO., da hier die Sicherung der Straßenherstellung lediglich Voraussetzung der baupolizeilichen Genehmigung bzw. der auf Grund des § 10 BO. abzugebenden Erklärung ist und da die BO. nicht einem bestimmten Subjekte eine rechtliche Verpflichtung zur Straßenherstellung auferlegt. (S. Dyroff, Komm. z. VGG. 5. Aufl. zu Art. 8 Ziff. 34 Anm. 11.)

Über „öffentlich-rechtliche Verträge" und die Zuständigkeit der Verwaltungsbehörde s. die gen. ME. vom 30. April 1914 Nr. 4090 a 10.

Mit dieser Frage befaßt sich eingehend das für den Vollzug wichtige Urteil des ObstLG. vom 25. Sept. 1929 — Rev-Reg. I Nr. 50/29 — (abgedruckt in bayr. VerwBl. 1929 Heft 20, S. 377 ff. und BayGemVZ. 1929 Sp. 912). Unter Aufgabe seiner bisherigen, im Urteil vom 9. Okt. 1905 niedergelegten Rechtsanschauung (ObstLGZiv. Bd. 6 S. 561) nimmt es dahin Stellung, daß Forderungen auf Straßensicherung nach § 62 BO. nicht notwendig eine Angelegenheit des öffentlichen Rechts seien. Vereinbarungen zwischen Gemeinde und Unternehmer über eine Verpflichtung zu einer Zahlung oder einer Sicherheitsleistung für die Straßenherstellung seien bürgerlichen Rechts; es handle sich um einen Vertrag, der zur Erreichung eines öffentlich-rechtlichen Zweckes geschlossen werde, die öffentlich-rechtliche Körperschaft verfolge ihn aber mit Mitteln des Privatrechts. Die vertragliche Regelung der Straßenherstellung oder der Sicherheitsleistung sei ein der baupolizeilichen Genehmigung vorausgehender privatrechtlicher Akt; der Rechtsweg für solche Forderungen sonach gegeben.

Außerdem enthält dieses Urteil Ausführungen darüber, ob § 62 BO. überhaupt eine Rechtsgrundlage für die Verpflichtung zur Herstellung einer Straße oder Sicherheitsleistung hierfür enthalte.

Die ME. vom 14. Dez. 1929 — Nr. 3650 bb 13 — weist demgegenüber darauf hin, „daß in Bayern ein Rechtsanspruch auf Erteilung der baupolizeilichen Genehmigung eines Baugesuches überhaupt nicht besteht. Es liegt in der Natur der Sache, daß in einem Gemeinwesen jeder Bau eine Zufahrt haben muß. Aus dieser Erwägung heraus sind die Bestimmungen in § 1 der Bauordnung über die Baulinie (insbesondere auch § 1 Abs. IV „wenn für hinreichende Zufahrt gesorgt ist") und in § 3 „Sicherheit und Bequemlichkeit des Verkehrs" erlassen, die ihrerseits ihre rechtliche Grundlage in Art. 101 Abs. II des PStGB. („Festsetzung und Einhaltung der Bau- und Vorgartenlinien usw.") haben.

Diese Erwägungen haben auch dazu geführt, daß in § 62 der allgemeinen Bauordnung für Bauführungen in neuen Bauanlagen, in denen also regelmäßig Ortsstraßen noch nicht bestehen, die Straßenherstellung oder wenigstens deren Sicherung zur Voraussetzung jeder Baugenehmigung gemacht wird.

In Übereinstimmung mit der Gemeindeordnung von 1869 hat auch die neue Gemeindeordnung vom 17. Okt. 1927 (GVBl. S. 293 ff.) ausdrücklich ausgesprochen, daß die Gemeinden hinsichtlich der Ortsstraßen lediglich die Pflicht der Unterhaltung und Reinhaltung, nicht aber die Pflicht zur Herstellung haben.

Es kann daher in Bayern keinem Zweifel unterliegen, daß eine baupolizeiliche Bewilligung aus Gründen des öffentlichen Wohles erst dann in Frage kommen kann, wenn die Frage der Zufahrtsstraßen einwandfrei gelöst ist. Es wird dabei in Bayern davon ausgegangen, daß die Herstellung neuer Ortsstraßen den Beteiligten obliegt, die als Anlieger und Unternehmer von Bauten an diesen Straßen aus diesen Straßen Vorteile ziehen."

Die ME. vom 14. Dez. 1929 gibt sodann die Weisung: „Bei Baugesuchen in neuen Bauanlagen sind Baubescheide erst dann zu geben, wenn die Voraussetzungen des § 62 Abs. III der Bauordnung durch einwandfreie vertragsmäßige Vereinbarung festgelegt sind."

Die Frage, ob ein solcher Vertrag öffentlich-rechtlicher oder privatrechtlicher Natur ist, läßt die ME. offen und bezeichnet es nur als wichtig, daß diese Vereinbarungen, sei es im bürgerlich-rechtlichen, sei es im öffentlich-rechtlichen Verfahren erzwingbar sind. Zu diesem Zwecke aber dürfen sie nicht lediglich als Bedingung des Baubescheides festgelegt werden.

Gleichzeitig ist in der ME. vom 14. Dez. 1929 angeordnet dafür zu sorgen, daß die Straßenherstellungs- und Sicherheitsforderungen in mäßigen Grenzen gehalten und keineswegs überspannt werden. Die gleiche Anordnung, in Ansehung der Straßensicherung soweit irgend möglich entgegenzukommen, enthält bereits die ME. vom 5. Aug. 1929 — Nr. 3650 a 23 (MABl. S. 114); dies gilt insbesondere für wirtschaftlich schwächere Unternehmer, für gemeinnützige Baugenossenschaften usw. — (S. BayGemVZ. 1930 Sp. 38.) Vgl. dazu ferner die Ausführungen von Schiedermair in BayGem.-VZ. 1930 Sp. 61 f., der hervorhebt, daß „bei Handhabung ihrer Genehmigungstätigkeit die Baupolizeibehörde die Begründung von Verpflichtungen privatrechtlicher Art zugunsten der Gemeinde oder zugunsten eines anderen privatrechtlich rechtsfähigen Subjekts des privaten oder öffentlichen Rechts in den Formen des Privatrechts verlangen kann, so im Wege der Pfandbestellung oder, wenn der Weg der Hypothek- und Grundschuldbestellung gewählt wird, durch Eintragung von Hypotheken oder Grundschulden im Grundbuch. Ist aber dieses Genehmigungsrecht ausgeübt und der Bau fertiggestellt, oder, ohne daß letzteres der Fall ist, die Genehmigung unwiderruflich geworden, so entfällt auch die Möglichkeit mittelbaren Zwanges. Welche Fragen sich aus den vor der Genehmigung gepflogenen Verhandlungen ergeben, welche Beträge der Einzelne zu leisten hat, welche Sicherheiten er zu stellen hat, wenn letztere wieder frei werden, ob eine Aufwertungspflicht besteht, entscheidet nur das bürgerliche Recht ..... Nach der oben erwähnten Entscheidung werden die Gemeinden, wenn sie nicht Gefahr laufen wollen, Verhandlungen zu pflegen, die ihnen keine Rechte verleihen, sich an die Vorschriften des bürgerlichen Rechts halten. Sie haben insbesondere bei Pfandbestellungen an beweglichen Sachen und Rechten die §§ 1204 ff. und 1237 ff. BGB. zu beachten, und sind bei Ausübung der ihnen durch die Sicherheitsleistung gewährten Rechte, insbesondere bei Verwertung der Pfänder an die dort vorgesehenen Beschränkungen gebunden."

21. Von wem die Straße hergestellt wurde, ist gleichgültig. (Der entsprechende § 81 II MBO. besagt allerdings: „von der Gemeinde auf Kosten eines Bauunternehmers ... hergestellt.")

22. Ist eine Straße ordnungsgemäß ausgebaut, so hat spätere Verbesserungen die Gemeinde, nicht der Angrenzer, zu tragen. Wird von der Gemeinde dagegen der Ausbau so vorgenommen, daß sie zunächst einen provisorischen, und erst später einen endgültigen Zustand herstellt, so haben die Bauunternehmer auch für die Kosten dieser Nacharbeit aufzukommen (ME. vom 3. Jan. 1894 Nr. 12292).

23. S. Abs. VII.

24. Der Rückersatz schon endgültig bezahlter Straßenherstellungskosten kann seitens der Gemeinde nicht gefordert werden, sondern nur dann, wenn die Gemeinde sich den Rückersatz vorbehalten hat (ME. vom 7. April 1906 Nr. 4037).

Über die Frage des Rückersatzes von Vorausleistungen Einzelner gem. § 62 Abs. III im Falle einer Umlegung nach dem Gesetz über die Erschließung von Baugelände s. Art. 7 Abs. VIII dieses Gesetzes und Vollz.Bekm. zu Art. 7 Ziff. 36 und 37 (s. IV. Teil).

25. Die Erleichterungen werden sich in der Hauptsache auf die Art und Weise der Straßenherstellung, auf die Sicherheitsleistung und auf die Ersatzpflicht erstrecken. Wegen der Erleichterungen für Kleinwohnungsbauten s. ME. vom 3. Aug. 1910 Ziff. 8 (s. IV. Teil); weiter ME. 7. Jan. 1924 (StAnz. Nr. 10) und gen. ME. vom 20. Jan. 1926 Nr. 3650 bb 1. Ob und in welchem Umfange die erleichternden Bestimmungen des § 62 Abs. VI Ziff. 2 auf Wochenendhäuser anzuwenden sind, wird — nach der ME. vom 3. Jan. 1929, Nr. 3650 b 10 — nur von Fall zu Fall entschieden werden können. „Der Begriff ‚Wochenendhaus' setzt voraus, daß eine andere Wohnung als ‚Hauptwohnung' bereits vorhanden ist. Das Wochenendhaus im eigentlichen Sinne ist also eine zweite, nur vorübergehend benutzte Wohngelegenheit. § 62 Abs. VI Ziff. 2 der BO. bezweckt, die Errichtung von Kleinwohnungen zu fördern, um dadurch die Wohnungsverhältnisse insbes. der wirtschaftlich schwächeren Bevölkerungsschichten zu verbessern. Diese Voraussetzung wird bei der Erstellung von ‚Wochenendhäusern' regelmäßig nicht gegeben sein. Gleichwohl ist nicht zu verkennen, daß der Wochenendbewegung eine gewisse Bedeutung im Sinne der Förderung der Volksgesundheit zukommt."

26. Hierzu zählt auch die Küche (ME. vom 3. Aug. 1910).

27. Wird die Notwendigkeit der einzelnen Auslagen bestritten, so entscheidet hierüber ausschließlich die Baupolizeibehörde.

28. Streitigkeiten über auf Grund des § 62 geleistete Kautionen sind öffentlich-rechtlicher Natur; die Verwaltungsbehörden, nicht die Gerichte, sind daher zuständig. Eine verwaltungsrechtliche Zuständigkeit ist jedoch nicht gegeben.

§ 63.

Sind die Vorlagen den gegebenen Vorschriften nicht entsprechend oder zeigen sich in denselben Fehler, durch welche eine Änderung der gestellten Anträge bedingt wird, so sind sie den Antragstellern unter genauer Bezeichnung der Mängel oder Fehler zur Berichtigung zurückzugeben [1]).

1. Vgl. § 67 Abs. V.

§ 64.

I Von den ergehenden Bescheiden [1]) ist der betreffenden Gemeinde und den sämtlichen Beteiligten [2]) Kenntnis zu geben [3]).
II Ein Exemplar der genehmigten Baulinienpläne ist in der Gemeinderegistratur zu bewahren.

1. Bescheide sind Verfügungen, die eine Entscheidung — entweder Zwischen- oder Endentscheidung — im anhängigen Verfahren enthalten.

2. Baupolizeiliche Bescheide sind reine Verwaltungsverfügungen. Sie können auch in bedingter Form ergehen; gesetzmäßig sind hier alle Bedingungen, die in irgendwelchem Zusammenhang mit der Verfügung stehen (s. Hergt: Polizeibefehle und richterliches Prüfungsrecht, in Bl. f. a. Pr. 62, 378). — S. auch Art. 46 des Gesetzes über die Erschließung von Baugelände (GVBl. 1923 S. 280 — s. IV. Teil).

Baupolizeiliche Bescheide sind der formellen, dagegen nicht der materiellen Rechtskraft fähig. Die formelle Rechtskraft besteht darin, daß der Bescheid nicht mehr mit Beschwerde angefochten werden kann. Von einer materiellen Rechtskraft könnte gesprochen werden, wenn der Inhalt des Bescheides für die Beteiligten und die Behörden bindend wäre (wie dies bei verwalwaltungsrechtlichen Bescheiden der Fall ist; rechtskräftige verwaltungsrichterliche Aussprüche können nur im Wege der Wiederaufnahme des Verfahrens — Art. 26 VGG. — abgeändert werden). Eine materielle Rechtskraft in diesem Sinne besteht jedoch nicht. — Materiell bindet der Bescheid in Bausachen wohl die Beteiligten, nicht aber die Verwaltungsbehörden. Bescheide in Bausachen (auch solche über Festsetzung oder Abänderung von Baulinien) sind rechtlich nicht unabänderlich (VGH. Bd. 34, 214); denn Bausachen sind reine Verwaltungssachen, nur mit der Besonderheit, daß die Beschwerde gegen die Verwaltungsverfügung an eine Frist gebunden ist. Verfügungen in reinen Verwaltungssachen können aber im allgemeinen jederzeit abgeändert oder aufgehoben werden, mag eine Beschwerde eingeräumt, die Frist hiefür abgelaufen sein oder nicht (Seydel, bayr. Staatsrecht 2. Aufl. Bd. II S. 565). Sie haben also keine materielle Rechtskraft. Das RG. vertritt nun (in einem — nicht in einer Bausache ergangenen — Urteil vom 19. Nov. 1921, V 163/21; s. BayZ. 1922 S. 47) allerdings den Standpunkt, daß die Verwaltungsbehörde nicht jederzeit das Recht habe, ihre Verfügungen zurückzunehmen oder abzuändern. Denn obwohl es im allgemeinen in Verwaltungssachen statthaft sei, daß Verfügungen der Behörden, soweit nicht besondere Rechtsbehelfe dagegen gegeben sind oder das Verwaltungsstreitverfahren Platz greift, von ihnen selbst abgeändert werden, so gelte dies dann nicht, wenn die Änderung in wohlerworbene Rechte Dritter eingreife (Entsch. des preuß. OVG. 33, 232). Wollte die Verwaltungsbehörde hier ihre Entscheidung nachträglich wieder ändern, so wäre dadurch eine unerträgliche Rechtsunsicherheit geschaffen. Deshalb müsse den Verwaltungsbehörden das Recht abgesprochen werden, ihre den Beteiligten bekannt gemachten Entscheidungen willkürlich abzuändern. — Diese Ansicht des RG. gilt jedoch nicht für alle Fälle. Wenn es auch sonst anerkannt ist, daß grundsätzlich jene Verfügungen der Verwaltungsbehörden unabänderlich sind, die mit Ermächtigung des Gesetzes subjektive Rechte bestimmter Untertanen begründet haben (s. Fleiner, Institut. des deutschen Verw.Rechts 4. Aufl. S. 192), so muß es hievon doch Ausnahmen geben. In den Fällen nämlich, in denen der Beschluß der Behörde z. B. in wichtigen Teilen durch falsche Angaben, durch Täuschung der Behörde durch die Beteiligten bestimmt wurde, ist der Beschluß aufhebbar (und zwar ex tunc), gleichgültig, ob subjektive Rechte eines Beteiligten oder eines Dritten entstanden sind, es sei denn, daß das Gesetz die Aufhebung ausdrücklich ausgeschlossen hätte. — S. auch die ausdrückliche Bestimmung in § 76 Abs. III.

Die Aufhebung eines formell rechtskräftigen Bescheides soll nur aus erheblichen Gründen des öffentlichen Interesses erfolgen (ME. vom 22. Okt. 1894 Nr. 18258; auch Bl. f. a. Pr. 26, 140).

Soweit Rechtskraft besteht, erstreckt sich deren Wirkung rebus sic stantibus auch auf die Rechtsnachfolger der Beteiligten (Singular- und Universalsukzession). — (S. ObstLG. 8, 321: die Rechtswirkungen der Baulinien, Baubeschränkungen usw. stellen sich als öffentlich-rechtliche Beschränkungen des Eigentums an Grund und Boden dar; und ME. vom 11. März 1921 Nr. 4059 b 2: die Wirksamkeit einer erteilten Baugenehmigung wird durch einen Besitzwechsel nicht berührt; der neue Besitzer tritt in die Rechtsstellung des früheren ein und ist sämtlichen Auflagen unterworfen, die dem Rechtsvorgänger auferlegt waren.)

Das Abhandenkommen eines zu einem Bescheid gehörigen Planes nach dessen Erlassung hat auf die Gültigkeit des Beschlusses keine Wirkung, da der Plan nur zur Erläuterung des Beschlusses dient und der Inhalt auch durch andere Beweismittel als den Plan festgestellt werden kann (ObstLG. 8, 321).

über die Sicherung baupolizeilicher Bescheide durch vertragsmäßige Vereinbarungen zwischen Gemeinde und Beteiligten s. RG. Zivils. 61, 338 (Unzulässigkeit der Eintragung einer beschränkten persönlichen Dienstbarkeit) und ObstLG. Zivils. 3, 412 (Zulässigkeit von Konventionalstrafen). — ObstLG. Zivils. 6, 60 (Zulässigkeit vertraglicher Verpflichtungen privatrechtlicher Natur). — Zur Sicherstellung des Vollzugs baupolizeilicher Anordnungen öffentlich-rechtlicher Natur kann eine Verpflichtung in notarieller Form nicht gefordert werden; diese sind durch Strafverfolgung und Zwangsvollzug zu sichern (Art. 18, 20, 101, 105 PStGB., § 367 Nr. 15 RStGB.). — (ME. vom 17. Sept. 1893 Nr. 16091: unstatthaft ist, die Ausfertigung der Plangenehmigung vom Abschluß einer notariellen Urkunde abhängig zu machen, in der sich der Käufer verpflichtet, den Hofraum nicht weiter zu verbauen.)

Eine Form der Mitteilung baupolizeilicher Bescheide ist nicht vorgeschrieben; ebensowenig eine solche der Zustellung. Zweckmäßig werden alle baupolizeilichen Bescheide gegen Zustellungs- oder Empfangsnachweis ausgehändigt, um eine ev. Prüfung der Einhaltung der Beschwerdefrist zu ermöglichen (vgl. auch Art. 34 Abs. IV des Baugeländeerschließungsgesetzes).

2. S. § 61 Anm. 4.

3. Wegen der Vorlage wichtigerer Baulinienprojekte an das Staatsministerium des Innern s. ME. vom 18. Juli 1905 am Ende (s. unten IV. Teil Ziff. 3).

Durch die ME. vom 4. Nov. 1926 werden die Vollzugsbehörden angewiesen, immer wieder in den Amtsblättern und in der Tagespresse darauf hinzuweisen, daß sich Kauflustige vor Erwerb von Grundstücken bei den Bezirksämtern oder Gemeindebehörden über das Bestehen oder den Verlauf etwaiger Baulinien (Baubeschränkungen usw.) erkundigen, da vielfach Bauplätze gekauft werden, ohne daß die Erwerber sich über die bestehenden Beschränkungen hinsichtlich der Nutzung des Grundstücks unterrichten.

§ 65.

I Die Instruktion und Bescheidung der Gesuche wegen Herstellung von Neubauten [1]) oder Vornahme von Hauptreparaturen [2]) oder Hauptänderungen [2]) an vorhandenen Gebäuden steht den Distriktsverwaltungsbehörden [3]) in erster, den Kreisregierungen, Kammern des Innern, in zweiter und letzter Instanz [4]) zu. In den Städten der Pfalz mit mehr als 10000 Einwohnern steht die Instruktion [5]) der Gesuche den Gemeindebehörden zu. Im Interesse der Beteiligten sind die Verhandlungen tunlichst zu beschleunigen [6]) [7]).

II [8]) Die Kreisregierungen, Kammern des Innern, können beim Vorhandensein ganz besonderer Verhältnisse von einzelnen Bestimmungen der Bauordnung dispensieren; hiebei dürfen jedoch weder öffentliche Interessen, noch Rechte oder erhebliche Interessen eines Dritten beeinträchtigt werden [9]).

1. S. § 6.

2. S. § 7.

3. Nunmehr „Bezirksverwaltungsbehörde"; in den kreisunmittelbaren Städten der Stadtrat.

4. Daneben besteht noch das Oberaufsichtsrecht des Staatsministeriums des Innern.

5. S. § 58 Anm. 9. — Instruktion und Bescheidung steht in allen Städten der Pfalz mit über 10000 Einwohnern dem Stadtrat zu; sonst den Bezirksämtern.

6. S. ME. vom 18. Mai 1922 Nr. 4050 d 19 (StAnz. Nr. 90).

7. Allenfallsiges gewerbepolizeiliches (Gast- und Schankwirtschaft, Privatkrankenanstalten, Theater usw., §§ 16 ff. RGewO.; § § 6 ff. VollzB. GVBl. 1892 S. 62 ff., 1900 S. 1157 ff.; § 68 Ziff. 9 BO.; ME. vom 30. Dez. 1909 betr. Wirtschaftsgewerbe, § 9, MABl. 1910 S. 1 ff.) oder wasserpolizeiliches (§§ 51, 106 II, 115 III VollzVorschr. z. WG. vom 3. Dez. 1907 GVBl. S. 876) Verfahren ist mit dem baupolizeilichen zu verbinden. — § 9 der ME. vom 30. Dez. 1909 betr. Wirtschaftsgewerbe sagt:

„Sind in Bauplänen, die zur baupolizeilichen Genehmigung eingereicht werden, Wirtschaftsräume vorgesehen, so ist dem Bauunternehmer gegen Unterschrift zu eröffnen, daß mit der Bauplatzgenehmigung die Erlaubnis zum Wirtschaftsbetrieb nicht verbunden ist, ein Gesuch in der Richtung vielmehr besonders verbeschieden und unter Umständen abgewiesen wird.

Nur wenn die Erlaubnis sicher erteilt werden wird, ist bei der Verbescheidung des Baugesuches die Behebung von Mängeln in gewerbepolizeilicher Hinsicht anzuordnen." — Eine bei Erteilung einer Wirtschaftserlaubnis auferlegte Bedingung baulicher Änderungen wirkt in dem Sinne aufschiebend, daß die Wirksamkeit der gewerbepolizeilichen Erlaubnis von ihr abhängt (VGH. 19 S. 135, Reger 18 S. 422).

Im Verfahren zur Genehmigung einer gewerblichen Anlage nach § 16 GewO. kommt einer Gemeinde, die nicht als Körperschaft die Wahrung eigener Rechte, insbesondere des Eigentums verfolgt, sondern nur die Sicherung des Naturschutzes oder die Wahrung sonstiger Belange der Allgemeinheit, keine Parteistellung zu (VGH. 41 S. 69). —

8. Während sich Abs. I nur auf Baugesuche bezieht, bezieht sich Abs. II auf alle materiellen Bestimmungen der BO.; also auch auf die Bestimmungen über Baulinien usw.

9. Dispens und Ausnahmen: Keiner Rechtsnorm ist es möglich, die Verhältnisse, deren Regelung sie bezweckt, so umfassend darzustellen, daß ihre Anwendung auf den einzelnen Tatbestand ohne Härte oder ohne Unbilligkeit möglich ist. Dies gilt ganz besonders von baupolizeilichen Normen. Daraus ergibt sich die gesetzgeberische Notwendigkeit, durch Ausnahmevorschriften Anpassung an den einzelnen Tatbestand zu ermöglichen. Die Bauvorschriften fast aller Länder enthalten derartige Ausnahmebestimmungen, die vom Gesetzgeber bei Erlassung der einzelnen Norm nicht gewollte und durch das öffentliche Interesse nicht gebotene Härten und unnötigen, ja schädlichen Zwang vermeiden lassen. Das bayrische Baupolizeirecht kennt eine große Zahl von Ausnahmebestimmungen zum Teil weitgehendster Art; die in der Bauordnung enthaltenen machen diese zu einem äußerst dehnbaren und in der Praxis jedem konkreten Tatbestand anpassungsfähigen Gesetz.

Hinsichtlich des Grades des Zwanges zur Durchführung der Einzelbestimmungen der BO. können wir vier Arten von Vorschriften unterscheiden:

1. Vorschriften, die unbedingt verbindlich und nicht dispensabel sind; an deren Beachtung sowohl die beteiligten Privaten als auch die Baupolizei- und Aufsichtsbehörden gebunden sind und die nur durch Änderung des Gesetzes geändert werden könnten. Beispiele hiefür: BO. §§ 5 (alle Bauplätze müssen den Anforderungen der öffentl. Gesundheitspflege entsprechen); 13 Abs. I (das Baumaterial muß den an Festigkeit und Feuersicherheit zu stellenden und den gesundheitspolizeilichen Anforderungen entsprechen) usw.

2. Vorschriften, die den Bauenden ermächtigen, selbst und unabhängig von einer baupolizeilichen Erlaubnis von der Regel innerhalb bestimmter Grenzen abzuweichen; sie geben dem Bauenden ein Recht auf Ausführung in den zugelassenen Grenzen; z. B. BO. § 42 Abs. I.

3. Vorschriften, von denen eine Abweichung sowohl in verschärfender als auch in erleichternder Form — zumeist unter der Voraussetzung der Einhaltung gewisser Bedingungen — auf Grund einer durch die Baupolizeibehörde gewährten Ausnahme möglich ist; z. B. § 15 Abs. I Buch. d; Buchst. e Abs. 2; Abs. III; § 16 Ziff. 1 Abs. II; Ziff. 2 letzter Satz usw.

4. Vorschriften, von deren Einhaltung auf Grund einer Dispens (Befreiung, Nachsicht) entbunden werden kann; d. s. im allgemeinen alle zwingenden Vorschriften materiellen Inhalts.

Die Mittel sonach, mit denen die Baupolizeibehörden Erleichterungen oder gänzliche Befreiung von Vorschriften eintreten lassen können, sind die „Ausnahme" und die „Dispens". Beide sind

Abweichungen von der baupolizeilichen Regelnorm für den Einzelfall; sie unterscheiden sich dadurch, daß die Ausnahme von der baupolizeilichen Behörde auf Grund gesetzlicher Ermächtigung zur Abweichung von einer baupolizeilichen Einzelbestimmung gewährt wird, während die Dispens (Befreiung) einer durch das Gesetz generell ermächtigten Behörde Abweichung von jeder baupolizeilichen Vorschrift (— wegen der Einschränkungen s. unten —) gestatten kann.

Der Sprachgebrauch der Bauordnung — „Ausnahme" und „Dispens" als terminus technicus der BO. s. z. B. § 25 Abs. III und § 65 Abs. II. — hält Ausnahme und Dispens auseinander, wenn auch das Wort „Ausnahme" in verschiedenem Sinne gebraucht wird (z. B. § 25 Abs. III, § 53 Abs. I und dagegen §§ 31 und 41; in anderen baupolizeilichen Vorschriften ist dies jedoch nicht der Fall (so spricht z. B. § 52 [Überschrift] der oberpol. Vorschriften zum Schutze der bei Tiefbauten beschäftigten Personen vom 4. Sept. 1905 richtig von Dispens, während § 29 [Text und Überschrift] der oberpol. Vorschriften zum Schutze der bei Bauten beschäftigten Personen vom 21. Aug. 1909 von „Ausnahmen" spricht, obwohl es sich hier unverkennbar um Dispens handelt).

Ausnahmevorschriften der BO., die den Baupolizeibehörden das Recht zur Gewährung von Erleichterungen einräumen, sind: §§ 1 Abs. II und IV; 14 Abs. II; 15 Abs. I d, e, Abs. III und IV; 16 Ziff. 1 Abs. II, Ziff. 2, Ziff. 4, Ziff. 6; 19 Abs. II; 23 Abs. II; 25 Abs. II; 28 Abs. II und III; 34 Abs. I Ziff. 3 und Abs. II; 35 Abs. I; 36 Abs. II; 38 Abs. II; 40 Abs. III; 41 Ziff. 4; 42 Abs. II; 44 Abs. II; 46 Abs. IV; 51 Abs. IV; 53 Abs. I; 54 Abs. III und VI; 55; 56 Abs. I und II; 57; 62 Abs. VI.

Dispensvorschrift enthält die BO. eine allgemeine: § 65 Abs. II.

Bei den Ausnahmen handelt es sich meist um weniger wichtige, zum größten Teil in ihren Grenzen bestimmte Abweichungen von der Regel; ihre Gewährung konnte ohne Bedenken den baupolizeilichen Behörden I. Instanz überlassen werden. Die Dispensvorschrift des § 65 Abs. II dagegen gibt den Regierungen — ausnahmsweise auch den Bezirksverwaltungsbehörden —) Zuständigkeit zur Befreiung von den meisten Vorschriften der BO. schlechthin. Eine gewisse Bindung des freien Ermessens der Dispensbehörde war daher nötig; sie erfolgte dadurch, daß als Voraussetzungen für die Dispenserteilung gefordert wurden: Vorliegen ganz besonderer Verhältnisse, Wahrung der öffentlichen Interessen, und Nichtbeeinträchtigung der Rechte oder erheblichen Interessen Dritter.

Die Gewährung von Ausnahmen sowohl als der Dispens ist ins freie Ermessen der zuständigen Behörde gestellt; Ermessen ist hiebei nicht im Sinne von Willkür, sondern im Sinne von pflichtgemäßem Ermessen zu verstehen. Die pflichtgemäße Prüfung der Behörde muß sich in erster Linie darauf erstrecken, ob ein ausreichender Grund für eine Ausnahme bzw. bei der Dispens, ob die „besonderen Verhältnisse“ gegeben sind; weiter, ob die sonstigen vorgeschriebenen Voraussetzungen, bei der Dispens die ausdrücklichen des § 65 Abs. II, erfüllt sind.

Ein subjektives Recht oder ein Anspruch auf Gewährung einer Ausnahme oder Dispens besteht nicht.

Trotzdem muß den Beteiligten das Recht zur Beschwerdeführung nach § 77 im Falle der Versagung einer Ausnahme oder Dispens zugestanden werden.

Dispens im besonderen:

Zuständig sind seit der V. vom 1. Dez. 1902 (GVBl. S. 729) die Kreisregierungen (früher das Staatsministerium des Innern). Die Kreisregierungen sind zuständig für Dispensationen, sowohl bei von Bezirksverwaltungsbehörden als auch bei von ihnen selbst zu erteilenden Genehmigungen, z. B. über Baulinienfestsetzung in unmittelbaren Städten.

Mit ME. vom 7. Nov. 1918 Nr. 4050 d 13; 26. Febr. 1920 Nr. 4050 d 29 und 20. Dez. 1924 Nr. 3650 a 14 wurden die Regierungen zu einem vereinfachten Verfahren in Dispenssachen ermächtigt; sie können die Bezirksverwaltungsbehörde bis auf weiteres ermächtigen, von Bestimmungen der BO. zu dispensieren. Von dieser Ermächtigung wurde insbesondere hinsichtlich der §§ 27, 42, 44, 45 und der §§ 19, 25, 50 Gebrauch gemacht. Hiebei wurde angeordnet, daß in den Fällen, in denen Rücksichten auf Feuersicherheit in Frage stehen, die Äußerung der Versicherungskammer, Abteilung für Brandversicherung einzuholen ist (s. die einzelnen Regierungsentschließungen). Die gleiche Ermächtigung zur Übertragung der Dispensbefugnis gab die ME. vom 16. Febr. 1920 Nr. 4050 d 29 hinsichtlich der Zulassung von eingebauten, dem § 54 BO. nicht entsprechenden Treppenhäusern mit Oberlicht in Städten mit über 10 000 Einwohnern, und zwar für nicht mehr als 2-geschossige Kleinwohnungshäuser für 2 Familien, wobei noch je 1 heizbare Kammer im Dachgeschoß zugelassen ist. Die Ermächtigung der Regierungen zum vereinfachten Dispensverfahren, das praktisch einer Abänderung des § 65 Abs. II BO. gleichkommt, im Wege der Ministerialentschließung, scheint rechtlich bedenklich.

Die Dispensationsbefugnis der Regierung oder Bezirkspolizeibehörde erstreckt sich sowohl auf die Gestattung der Herstellung eines bauordnungswidrigen Zustandes als auch im Falle der strafbaren Herstellung eines solchen auf die Genehmigung des dauernden Fortbestandes desselben. Dagegen kann den zeitweiligen Fortbestand eines bauordnungswidrigen Zustandes die Baupolizeibehörde erster Instanz ohne Gebrauchmachung vom Dispensrecht selbst gestatten, da ihr unbenommen ist, von einer auf Grund des Art. 105 Abs. I, event. Art. 18 Abs. II PStGB. erwirkten richterlichen Ermächtigung zur Beseitigung des bauordnungswidrigen Zustands — die einer Verjährung nicht unterworfen ist — in jedem beliebigen Zeitpunkte Gebrauch zu machen (gen. ME. vom 21. Juni 1895 Nr. 9460; ME. vom 22. Sept. 1898 Nr. 19661 und gen. ME. vom 16. Febr. 1902 Nr. 4792). Auch die widerrufliche Belassung eines vorschriftswidrigen Zustands kann die Baupolizeibehörde gestatten (ME. vom 31. Dez. 1901 Nr. 29093).

Gegen die Versagung einer nachgesuchten Dispens steht das Beschwerderecht gem. § 77 den Beteiligten zu. Wenn auch kein Anspruch auf Dispenserteilung besteht und deren Gewährung ins freie Ermessen der Dispensbehörde gestellt ist, so muß doch den Beteiligten das Recht zugesprochen werden, im Beschwerdeweg prüfen zu lassen, ob die Dispensvergünstigung nicht willkürlich versagt wurde.

Im Falle der Gewährung einer Dispens wird auch den beteiligten Nachbarn und den sonstigen Beteiligten ein Beschwerderecht nach § 77 zuzuerkennen sein; der Nachbar kann durch Gestattung der Nichteinhaltung von Bauvorschriften durch den Bauherrn unter Umständen Schaden erleiden oder es kann die Möglichkeit späterer Schädigung gegeben sein, auf deren Abstellung oder Verhinderung der Nachbar einen Anspruch öffentlich-rechtlicher (nicht ausschließlich privatrechtlicher) Natur haben kann.

Die Möglichkeit einer stillschweigenden Dispenserteilung wird nicht ausnahmslos zu verneinen sein. Im Regelfall wird die Dispensbehörde nicht als befugt zu erachten sein, eine Dispens zu erteilen, ohne daß ein diesbezügl. Antrag gestellt ist. Denn Voraussetzung für die Dispens ist immer das Vorliegen ganz besonderer Verhältnisse; diese müssen aber von dem geltend gemacht werden, der die Dispens erhalten will. Stillschweigende Erteilung einer Dispens ohne Antrag wird daher grundsätzlich nicht anzunehmen sein; dies dürfte ausnahmslos für die Fälle zutreffen, in denen Genehmigungsbehörde und Dispensbehörde verschiedene Behörden sind. Treffen dagegen beide Stellen in der gleichen Behörde zusammen, so können besondere Umstände die Annahme gerechtfertigt erscheinen lassen, daß zugleich mit der Genehmigungserteilung auch Dispens gewährt werden sollte. Aber auch hier wird in der Regel eine stillschweigende Dispenserteilung nicht vorliegen, sondern es wird bei Genehmigungserteilung unter Nichtbeanstandung von Abweichungen von Bauvorschriften wohl meist behördliches Versehen vorliegen.

Wie einerseits auf Erteilung einer Dispens kein Rechtsanspruch besteht, so besteht für den Bauenden anderseits im Falle gewährter Dispens auch keine Verpflichtung von der Dispens beim Bau Gebrauch zu machen; er kann vielmehr auch jetzt noch unter Einhaltung der baupolizeilichen Regelvorschriften bauen (hierin wird eine verbotene Planabweichung, falls die Dispenserleichterungen im Plan eingetragen sind, zumeist nicht erblickt werden können). Hat der Bauherr der bewilligten Dispens entsprechend und unter Einhaltung der gestellten Bedingungen gebaut, so ist sein Bau jeder Anfechtung durch die Baupolizeibehörde entzogen; er stellt sich als ordnungsmäßiger Bau im Sinne der Bauvorschriften dar.

Dispens kann auch unter Bedingungen erteilt werden. Durch diese können nicht nur öffentlich-rechtliche, sondern auch schutzwürdige private Interessen gewährt werden. Die Dispensbehörden haben hier eine Handhabe, durch Bedingungen den Forderungen der allgemeinen Wohlfahrt, des Schutzes des Ortsbildes und der Ästhetik Geltung zu verschaffen.

Bei Nichteinhaltung der gestellten Bedingungen erlischt die gewährte Dispens. Die Einhaltung der Bedingungen kann polizeilich erzwungen werden.

Eine Zurücknahme einer erteilten Dispens ist möglich (wie die Zurücknahme jeder baupolizeilichen Verfügung unter gewissen Voraussetzungen). Die Dispens wird zurückzunehmen sein, wenn die für ihre Gewährung maßgebenden Voraussetzungen weggefallen sind, da dann kein Rechtsgrund für eine Abweichung von den Regelvorschriften der BO. mehr besteht. Nicht nötig ist, daß diese Voraussetzungen in dem Dispensbescheid oder bei den Verhandlungen ausdrücklich erwähnt wurden; es genügt, wenn sie für die Dispenserteilung irgendwie bestimmend waren.

Voraussetzung für die Dispenserteilung ist das „Vorhandensein ganz besonderer Verhältnisse“. Die BO. will nicht, daß aus geringfügigem Anlaß von ihren Vorschriften abgewichen wird; sie hat den Baupolizeibehörden hinreichend Bewegungsraum durch die Aufnahme der zahlreichen Ausnahmevorschriften gegeben. Nur soweit die Verhältnisse so besonders gelagert sind, daß auch — soweit möglich — bei Gewährung von Ausnahmen der Vollzug zu unverhältnismäßiger Härte sich gestalten würde, soll eine Dispens möglich sein. Ob die Voraussetzungen gegeben sind, entscheidet das Ermessen der Dispensbehörde; sie hat hiebei die in Frage stehenden öffentlichen und privaten Interessen entsprechend gegeneinander abzuwägen.

Hiezu sagte der Kommentar von v. Herrmann in Note 2 zu § 65: „Durch die Aufnahme dieses Absatzes in die BO. von 1881 ist einem diesbezüglichen Wunsche des Landtages entgegengekommen.

Es versteht sich von selbst, daß es nicht in der Absicht der BO. liegen kann, die gegebenen baupolizeilichen Vorschriften durch häufige Dispensationen illusorisch zu machen, vielmehr soll nur beim Vorhandensein ganz besonderer Verhältnisse und selbst unter dieser Voraussetzung nur dann, wenn es ohne Beeinträchtigung, sowohl des öffentlichen Interesses als auch der Rechte oder erheblichen Interessen Dritter geschehen kann, dem K. Staatsministerium des Innern (nun Regierung) die Ermächtigung zur Erteilung von Dispensationen zustehen.

Welcher Art die vorausgesetzten „ganz besonderen Verhältnisse“ sein müssen, läßt sich bei der Mannigfaltigkeit der Fälle kaum näher bestimmen; jedenfalls hat aber die BO. nur solche Fälle im Auge, welche auf das betreffende Bauobjekt Bezug haben, nicht auch solche, welche lediglich der Person des Gesuchstellers (wie z. B. die Vermögensverhältnisse und dergl.) entnommen sind. Die Bestimmung in § 65 Abs. 2 hat hauptsächlich den Zweck, in jenen Fällen, in welchen die Anwendung der Bauvorschriften zu unverkennbaren Härten führen würde, im Dispensationswege Abhilfe zu gewähren, soweit dies ohne Schädigung von öffentlichen und Privatinteressen möglich ist."

Diese Ausführungen beanspruchen auch heute noch Geltung, wenn auch die „besonderen Verhältnisse" heute zahlreicher gegeben sein mögen, als damals. Heute müssen im Hinblick auf die Wirtschaftslage, insbes. aber auch auf die Wohnungsnot, alle baupolizeilichen Erleichterungen gewährt werden, soweit sie sich vertreten lassen und soweit sie nötig sind und gewährt werden können, ohne daß damit der Zweck der baupolizeilichen Bestimmungen in Frage gestellt wird (s. auch ME. v. 4. Jan. 1924 Nr. 4050 d — StAnz. Nr. 4).

Eine Dispens kann stattfinden: 1. nur von Vorschriften der Bauordnung, also nicht von ober-, bezirks- oder ortspolizeilichen Vorschriften oder besonderen baupolizeilichen Anordnungen (s. ME. vom 15. Mai 1892 Nr. 7905). Von diesen letzteren Vorschriften können nur die Behörden dispensieren, denen — als solche kommen nur Baupolizeibehörden in Frage — die Befugnis hiezu ausdrücklich in der Vorschrift eingeräumt ist (s. z. B. § 29 der oberpolizeilichen Vorschriften vom 21. Aug. 1909 GVBl. S. 655. § 52 der oberpolizeilichen Vorschriften vom 4. Sept. 1905 GVBl. S. 567, beide s. IX. Teil). Fehlt ein solcher Vorbehalt in einer baupolizeilichen Vorschrift, so kann eine Dispens überhaupt nicht erfolgen. (ME. vom 9. Okt. 1897 Nr. 19 545, 13. Mai 1897 Nr. 9717 und 12. Dez. 1900 Nr. 26 967). Ist ein solcher Vorbehalt gegeben, so unterliegt die Dispensausübung der Staatsaufsicht; es ist insbesondere bei ortspolizeilichen Vorschriften ein Übermaß von Dispensgewährung, das die Rechtssicherheit gefährdet, zu vermeiden (ME. vom 4. Okt. 1904 Nr. 20 476).

Eine Gemeindebehörde kann nicht dadurch, daß sie eine Bestimmung der BO. in ihre ortspolizeilichen Vorschriften aufnimmt, die Dispensbefugnis der Regierung in bezug auf diese Bestimmung aufheben oder sich selbst die Befugnis beilegen, von dieser Bestimmung zu dispensieren. Beides stände in Widerspruch mit der BO. und ist durch Art. 10 PStGB. verpönt (ME. vom 17. Sept. 1893 Nr. 16 091 und vom 9. Juni 1911 Nr. 4054 f 6).

2. Nur von materiellen Vorschriften der BO., nicht von formellen (z. B. nicht von Zuständigkeits- und Verfahrensvorschriften); vgl. aber § 62 BO. Anm. 15.

3. Nur von unbedingt verbindlichen Bestimmungen der BO. (also von Mußvorschriften, nicht von Soll- oder Kann-Vorschriften). Daher Dispens möglich wohl von § 1 Abs. I, soweit es sich um Neubauten handelt, nicht aber von § 1 Abs. II (zu letzteren s.

ME. vom 2. März 1901 Nr. 4236); nicht von § 1 Abs. 4 (ME. vom 10. Juni 1896 Nr. 10 247); nicht von § 16 Ziff. 4 (ME. vom 19. Nov. 1894 Nr. 20 053) usw.

4. Nicht von Bestimmungen, die ohne nähere Anordnung vorschreiben, daß gewissen Anforderungen der Feuersicherheit, Festigkeit oder Gesundheit zu entsprechen ist (z. B. §§ 5; 13; 17 Ziff. 1; 18 Ziff. 2 usw.). Entspricht in solchen Fällen die Bauführung nach der baupolizeilichen Würdigung diesen Anforderungen, so ist die Genehmigung Sache der Baupolizeibehörde; eine Dispens ist nicht nötig und nicht möglich. Wird dagegen gegen diese Anforderungen verstoßen, so wäre eine Dispens schon durch die Natur der Sache ausgeschlossen, da sie nicht gegen öffentliche Interessen erfolgen könnte (ME. vom 10. Juni 1896 Nr. 10 247).

Voraussetzung für eine Dispens ist ferner weder eine rechtskräftige Abweisung eines Gesuches durch die Baupolizeibehörde noch rechtskräftige gerichtliche Bestrafung wegen einer baupolizeilichen Übertretung.

Das Verlangen, daß der Dispens allgemein die rechtskräftige Abweisung eines Baugesuches vorausgehen soll, würde in den Fällen, in denen das Bedürfnis für eine Dispens zweifellos gegeben ist, eine unnötige Verzögerung bedeuten. Es ist deshalb bei derartigen Vorlagen an die Regierung im allgemeinen lediglich zu fordern, daß das Baugesuch vorher in erschöpfender Weise gewürdigt und Art sowie Maß der erbetenen und begutachteten Dispens mit ausdrücklicher Bezugnahme auf die Vorschriften der BO. nach allen Richtungen klargelegt werde. Ob sich zu diesem Zwecke die vorherige förmliche Bescheidung des Gesuches empfiehlt, ist je nach der Rechtslage von Fall zu Fall zu entscheiden (ME. vom 24. Mai 1897 Nr. 10 288).

Strafeinschreitung ist in der Regel nur dann veranlaßt, wenn eine absichtliche Zuwiderhandlung des Bauherrn oder Bauführers gegen baupolizeiliche Vorschriften oder Anordnungen vorliegt und Grund zur Annahme besteht, daß der ordnungswidrige Zustand weder freiwillig noch im Dispenswege behoben wird (ME. vom 22. Dez. 1894 Nr. 22 364).

Dispens kann auch nachträglich, also nach der Bauausführung, erteilt werden. Nachträgliche Dispens wird nur da in Frage kommen, wo es sich um an sich geringfügige Abweichungen von der Vorschrift handelt, deren Einhaltung nachträglich unverhältnismäßige Kosten verursachen würde, nicht aber da, wo absichtliche Verstöße in Frage stehen.

Wird bei Verstößen gegen baupolizeiliche Vorschriften nachträglich Dispens nachgesucht, so ist die baupolizeiliche Behörde nicht verpflichtet, den ordnungswidrigen Zustand etwa bis zur Verbescheidung des Dispensgesuches zu dulden.

Bei der Vorlage von Baudispensgesuchen sind die Punkte, hinsichtlich welcher Dispens erbeten ist, unter Anführung der einschlägigen Paragr. der BO. genau zu bezeichnen (ME. vom 30. Jan. 1900 Nr. 1964). Allenfallsige Beteiligte (auch Amtsarzt, Versicherungskammer usw.), sind vorher zu hören. — Bei Würdigung von Dispensgesuchen ist auch zu prüfen, ob die Baupläne den an die Bauführungen allgemein zu stellenden Anforderungen entsprechen oder ob allenfallsige Bedingungen zu stellen sind (ME. vom 4. April 1906 Nr. 5018, 26. Okt. 1908 Nr. 23332 und 1. Mai 1923 Nr. 4064 c 6).

§ 65 Abs. II ist auf Bauführungen des Staates (§ 10 BO.) nicht anzuwenden; für sie kommt eine Dispens von materiellrechtlichen Bestimmungen der BO. nicht in Frage (ME. vom 6. Dez. 1924 Nr. 3650 a 10); s. § 10 Anm. 1. —

§ 66.

I Für die technische Prüfung der Baupläne, sowie für die Überwachung der plan- und vorschriftsmäßigen Bauführung muß bei den Baupolizeibehörden erster Instanz durch Aufstellung befähigter Sachverständiger [1]) gesorgt werden.

II Zur Überwachung der plan- und vorschriftsgemäßen Ausführung haben die Sachverständigen alle genehmigungspflichtigen Neubauten [2]) einschließlich der bedeutenderen Hauptreparaturen und Hauptänderungen nach erfolgter Vollendung zu besichtigen [3]). Bei sonstigen vollendeten Bauführungen [4]) hat eine Besichtigung nur insoweit zu erfolgen, als es gelegentlich anderer Dienstgeschäfte und ohne Verursachung besonderer Kosten tunlich erscheint.

III Die Sachverständigen haben auch während der Bauausführung, namentlich bei allen größeren und schwierigeren Bauten, desgleichen bei umfangreicheren mit genehmigungspflichtigen Bauführungen zusammenhängenden Abbrucharbeiten, je nach Bedürfnis wiederholt, Nachschau zu halten [5]). Bei einfachen Bauführungen auf dem Lande hat diese Nachschau nur insoweit zu erfolgen, als es gelegentlich anderer Dienstgeschäfte und ohne Verursachung besonderer Kosten tunlich erscheint. Die Sachverständigen haben die Sicherheit der Bauführung zu überwachen und die schleunige Abstellung wahrgenommener Zuwiderhandlungen gegen baupolizeiliche Vorschriften oder Anordnungen sowie die Beseitigung der das Leben, die Gesundheit oder die Sittlichkeit gefährdenden

Zustände durch Benehmen mit den Bauleitern, nötigenfalls durch Anzeige bei der Baupolizeibehörde, auf kürzestem Wege herbeizuführen [6]).

IV Als Gehilfen der Sachverständigen zur Erfüllung der in Abs. III bezeichneten Aufgaben, soweit dieselben nicht eine höhere technische Vorbildung voraussetzen, sind nach Bedürfnis Bauaufseher aus dem Arbeiterstande aufzustellen. Ein Bedürfnis hiezu ist vorwiegend in Gemeinden mit stärker entwickelter Bautätigkeit als gegeben zu erachten. Über das Bestehen eines Bedürfnisses ist erforderlichenfalls im Instanzenwege zu entscheiden.

V Die Aufstellung der erforderlichen Zahl verlässiger und befähigter Bauaufseher [7]) erfolgt von Amts wegen durch die Baupolizeibehörde, welche bezügliche aus den Kreisen der Arbeitgeber und Arbeiter gemachte Vorschläge entsprechend zu würdigen hat.

VI Die Bauaufseher sind amtlich zu verpflichten und unterstehen in bezug auf Dienstaufsicht und Disziplin der Baupolizeibehörde, welche deren Dienstverhältnis durch besondere Vorschrift näher zu regeln hat. In der Dienstvorschrift ist den Bauaufsehern für die Dauer ihrer Funktion die Ausübung eines Bauhandwerks zu untersagen und überhaupt Vorsorge zu treffen, daß den Bauaufsehern eine von den Arbeitgebern und Arbeitern unabhängige Stellung gesichert bleibe.

VII [8]) In den Städten der Pfalz mit mehr als 10000 Einwohnern steht die Aufstellung der erforderlichen Sachverständigen und Bauaufseher behufs der technischen Prüfung der Pläne bzw. der Überwachung der Bauführung den Gemeindebehörden unter Mitwirkung des Bezirksamtes zu, von welchen Behörden auch die Regelung der Bezüge sowie die Festsetzung, Einhebung und Verwendung der Gebühren zu betätigen ist.

1. B e z i r k s b a u m e i s t e r, B e z i r k s t e c h n i k e r: Über die Pflicht der Bezirke zur Aufstellung von Bezirksbaumeistern, deren Dienstverhältnisse, Besoldung, Ernennung, Verpflichtung usw. s. Art. 2 Ziff. 6, Art. 36 der Bezirksordnung von 1927, Art. 78 ff. der GemO. von 1927 (bis zum 1. April 1928 waren bestimmend Art. 20,

26 des DistrRG. i. d. Fassung des Art. 21, 22 des Gemeindebeamtengesetzes vom 15. Juli 1916 [GVBl. S. 113]; außer Kraft gesetzt durch Art. 47 der Bezirksordnung von 1927).

Über die Vorbedingungen für die Anstellung der Bezirksbaumeister bestimmten § 12 Abs. 7 und 8 der VollzAnw. zum SVG. vom 14. Juni 1919 (GVBl. S. 303):

„Vor der Besetzung der Stelle eines Bezirkstechnikers soll in der Regel ein öffentliches Ausschreiben zur Bewerbung ergehen. Vor der endgültigen Wahl ist der Landesverband der Bezirksbaumeister Bayerns zu hören.

Als Mindestvorbildung soll das erfolgreiche Bestehen der Schlußprüfung einer staatlich anerkannten Baugewerkschule und der Nachweis einer mehrjährigen praktischen Tätigkeit im öffentlichen oder privaten Baudienste verlangt werden."

Vereidigung der Bezirksbeamten: VO. vom 3. Mai 1920 (GVBl. S. 191) und MinBekm. vom 14. Juni 1920 (StAnz. 140). — Die Bezirkstechniker sind, wenn sie im Auftrage des Bezirksamts als Gutachter in bau-, feuer-, wasser-, gewerbepolizeilichen Angelegenheiten usw. tätig werden, Organe des Bezirksamts im Sinne des Art. 147 Kostenges. (ME. vom 29. Dez. 1925 Nr. 1214 a 17). — VGH. 32, 29: Ein zur Kontrolle der Bauführung aufgestellter beamteter Sachverständiger, der in seinem Bericht über die Vornahme der Kontrolle eine eigenmächtig vorgenommene Abweichung von der Baulinie festzustellen unterläßt, verletzt eine Amtspflicht nicht nur gegenüber seiner vorgesetzten Dienstbehörde, sondern auch gegenüber allen an der Baulinie Beteiligten. — Strafbestimmung für nachlässige Sachverständige s. PolStGB. Art. 104.

Die ME. vom 4. Jan. 1924 Nr. 4050 d 1 (StAnz. 4) bestimmt, daß sich die Baubeamten des Staates, der Bezirke und Gemeinden eigener Tätigkeit in der Anfertigung von Plänen für Private usw. enthalten sollen; wird den Amtstechnikern ausnahmsweise die Übernahme von Privatarbeiten gestattet, so dürfen sie aber die Revision der von ihnen hergestellten Pläne nicht selbst übernehmen (ME. vom 17. Dez. 1908 Nr. 31 612), auch die Überwachung der von ihnen geleiteten Bauten wird von anderen Sachverständigen übernommen werden müssen (ausgenommen die Fälle des § 10).

Über Bauberatungsstellen s. § 9 Anm. 4.

2. S. § 6.

3. Schlußkontrolle; s. auch § 73 I; wegen der Kosten § 78.

4. S. §§ 6—8.

5. Über Nachschau s. ME. vom 27. Nov. 1895 (MABl. S. 618); dazu § 72 III, § 73 I BO.; auch §§ 35 V und 53 a RGewO. — Wegen der Kosten s. § 78 BO. — Über Abbruchsarbeiten s. § 72 Anm. 4.

6. Unfallverhütung und Bauarbeiterschutz s. unten IX. Teil.

Die Unfallverhütungsvorschriften sind strenge zu vollziehen. Die Amtstechniker haben sorgfältige Kontrolle zu üben und Verfehlungen zur Kenntnis der Baupolizeibehörden zu bringen. Verfehlungen sind abzustellen und ev. zu ahnden (ME. vom 21. Febr. 1906 Nr. 21964); dies gilt auch für Bauvornahmen auf dem Lande (ME. vom 3. März 1908 Nr. 6136). Die ME. vom 21. Juni 1926 (StAnz. 140) gibt erneut Weisung, mit größtem Nachdruck alle Vorkehrungen zu treffen, daß der Vollzug der Bestimmungen über Bauarbeiterschutz sichergestellt wird; auch die Orts- und Bezirkspolizeibehörden haben den Vollzug strengstens zu überwachen.

Über die Pflichten der Gewerberäte s. ME. vom 27. Nov. 1895 (MABl. S. 73). Vgl. ferner die VO. über die Gewerbeaufsichtsbeamten vom 7. Febr. 1907, 18. Juni 1912 u. 12. Jan. 1925 (GVBl. S. 73, 662 u. 69).

7. Nach ME. vom 3. Aug. 1908 Nr. 6136 sind nur solche Personen aufzustellen, die nach ihren technischen Kenntnissen, praktischen Erfahrungen und sittlichen Eigenschaften Gewähr für ein entschiedenes, verständnisvolles Vorgehen, für ein objektives, Vertrauen erweckendes Verhalten gegenüber Arbeitgebern und -nehmern bieten (ME. vom 3. Aug. 1908 Nr. 6136). Die Bauaufseher sind Hilfsbeamte der Polizei nach Art. 102 bayer. AG. StPO. (vgl. ME. vom 5. Dez. 1912 Nr. 4075 a 1).

8. Abs. VII ist gegenstandslos; für die Städte der Pfalz mit über 10000 Einwohnern gilt, da alle unmittelbar, Abs. I. — S. § 58 Anm. 9.

§ 67.

I Jeder nach § 9 einzureichende Bauplan [1]) muß mit einem Duplikate versehen und jedes der beiden Exemplare [2]) von dem Bauherrn [3]), den beteiligten Nachbarn [4]) und dem Planfertiger zum Zeichen der Anerkennung unterschrieben sein [5]).

II Die Unterschrift der beteiligten Nachbarn haben auch die im § 10 bezeichneten Entwürfe zu erhalten.

III Die Ortspolizeibehörde hat, soferne sie nicht selbst zur Bescheidung des Baugesuches zuständig ist, die Vollständigkeit und Richtigkeit der auf dem Plane befindlichen Unterschriften der Beteiligten zu bestätigen [6]) und die vom Standpunkte der Ortspolizei etwa veranlaßten Erinnerungen beizufügen.

IV Verweigern die beteiligten Nachbarn die Planunterschrift, so ist solches auf den Plänen zu bemerken [7]).

V Den gegebenen Vorschriften nicht entsprechende oder fehlerhafte Pläne sind zur Ergänzung oder Berichtigung zurückzugeben [8]).

1. S. die Anm. zu § 9. — Über Bauplanverzeichnisse s. ME. vom 22. Dez. 1894 Nr. 22364.

2. Besteht ein Plan selbst aus mehreren Blättern, so ist jedes Blatt zu unterschreiben.

3. S. § 72 Anm. 6.

4. Nicht alle Nachbarn sind als beteiligt anzusehen, sondern nur diejenigen, deren Grundstücke in baulicher Hinsicht durch das Baugesuch beeinflußt werden. Diese müssen nicht unter allen Umständen Angrenzer sein; es können vielmehr bei engen Straßen die Besitzer gegenüberliegender Grundstücke als beteiligt gelten; diese sind dann auch nach § 77 beschwerdeberechtigt (ME. vom 28. Juli 1889 Nr. 9541). Wer beteiligter Nachbar ist, kann nur im Einzelfall nach Sachlage festgestellt werden. Wird ein rechtlich als Beteiligter zu erachtender nicht nach § 67 gehört, so wird ihm gegenüber der baupolizeiliche Bescheid nicht rechtskräftig (vgl. ME. vom 15. Juni 1926 Nr. 3650 a 14). Auch die Eigentümer öffentlicher Straßen sind als beteiligte Nachbarn zu erachten; ist in solchen Fällen eine Stadt oder Gemeinde beteiligt, so sind die Pläne auf Grund des gefaßten Stadt- bzw. Gemeinderatsbeschlusses von dem 1. Bürgermeister bzw. seinem Stellvertreter zu unterzeichnen — (Art. 101 Abs. III, 145 Abs. VII GemO. von 1869; nun Art. 17 Abs. 1 GemO. von 1927). (Die ME. vom 15. Mai 1896 Nr. 10553 bestimmte, daß die Pläne von der betreffenden Vertretung zu unterzeichnen sind.) Wegen der Unterzeichnung bei Bezirks- oder Kreisgemeinden s. Art. 5 der Bezirksordnung 1927, Art. 5 der Kreisordnung 1297; bei Kirchengemeinden Art. 63 Abs. 9 der KirchGemO. — Bei Baugesuchen, deren Ausführung, wie z. B. bei Reparaturen im Innern von Häusern, keinerlei Einwirkung auf die Nachbargrundstücke haben kann, kann die Unterschrift und Einvernahme der Nachbarn unterbleiben, da in diesen Fällen der Nachbar nicht als beteiligt zu erachten ist.

5. Die nachbarliche Unterschrift hat nicht die Rechtsnatur eines Vertrags, sondern ist lediglich die Abgabe einer öffentlich-rechtlichen Erklärung. Ihre Zurücknahme muß daher jederzeit als zulässig erachtet werden. Für den Fall der Zurücknahme vor Genehmigung des Bauplans ist nach Abs. 4 zu verfahren; Zurücknahme nach Genehmigung ist ohne Wirkung. — Die Unterschrift des Nachbarn ist auch für dessen Rechtsnachfolger bindend.

6. Die Gemeinde haftet für die polizeiliche Beglaubigung von Unterschriften durch ihre Beamten (Urt. des RG. vom 15. Mai 1917 in GemVerwZtg. 1917 S. 608).

Die Bestätigungen sind gebührenpflichtig nach Art. 142, 143 Abs. I Ziff. 4, 164 Kostengesetz vom $\frac{\text{16. Februar 1921}}{\text{18. März 1922}}$ mit § 12

Abs. 1 Ziff. 1 der V. vom 28. Dez. 1914 (GVBl. S. 677) betr. Vollzug des Reichsgerichtskostengesetzes und des Kostengesetzes vom 21. Aug. 1914. — S. auch ME. vom 16. Nov. 1883 (MABl. S. 369).

7. Eine Bestimmung, was für den Fall der Unterschriftsverweigerung zu geschehen hat, fehlt. Die MBO. enthält in § 85 die Bestimmung, daß für den Fall der Unterschriftsverweigerung die Nachbarn aufzufordern sind, ihre Erinnerungen bei Meidung der Nichtberücksichtigung binnen einer bestimmten Frist bei der Baupolizeibehörde vorzubringen; dieses Verfahren kann im Bereich der allgemeinen BO. analog angewandt werden.

Sind die Erinnerungen öffentlich-rechtlicher Art, so würdigt sie die Baupolizeibehörde im baupolizeilichen Verfahren; sind sie privatrechtlicher Art, so ist nach § 69 zu verfahren.

Über das Verfahren bei Verweigerung der Unterschrift s. Bl. f. a. Pr. Bd. 39, 204.

8. Vgl. § 63.

§ 68.

I Bei folgenden Bauführungen[1]) sind die betreffenden Behörden unter Mitteilung der Pläne mit ihren Erinnerungen[2]) zu hören, wenn nicht die Zustimmung dieser Behörden schon von den Gesuchstellern beigebracht wird:

1. bei Bauten in der Umgebung von Besitzungen der Zivilliste der k. Oberststhofmeisterstab, Bauabteilung[3]);
2. bei Bauten in der Umgebung von Privatbesitzungen des Königs das Hofsekretariat[4]);
3. bei Bauten in der Umgebung von Militäreigentum und innerhalb eines Festungs-Rayons-Bezirkes die betreffende Kommandantur (vgl. Reichsgesetz vom 21. Dezember 1871, Reichsgesetzbl. S. 459 ff.);
4. bei Bauführungen an Staatsstraßen[5]), öffentlichen Flüssen[5]), Kanälen[6]), oder in der Nähe von Staatsgebäuden[7]) das betreffende Bauamt; an anderweitem zivilärarialischem Eigentum die betreffende Aufsichtsbehörde[8]);
5. bei Bauten an Eisenbahneigentum oder in einer Entfernung von weniger als 60 m vom nächstgelegenen Schienengeleise die einschlägige Eisenbahnbehörde[9]);
6. bei Bauten in der Umgebung von Gebäuden für Zwecke der Wissenschaft oder Kunst und von monumentalen Bauwerken die Aufsichtsbehörde[10]);

7. in den Landesteilen rechts des Rheins bei Bauten [11]) in Waldungen oder weniger als 437,8 m (1500 Fuß bayerisch) von solchen entfernt, das einschlägige k. Forstamt (Art. 47 des Forstgesetzes in der Fassung vom Jahre 1896, Gesetz- und Verordnungsblatt S. 336) [12]); in der Pfalz ist für isolierte Bauführungen in Waldungen oder in einer Entfernung von weniger als 500 m von der Grenze derselben Art. 37 und 38 des revidierten Forststrafgesetzes für die Pfalz [13]) in der Fassung vom Jahre 1879 (Gesetz- und Verordnungsblatt S. 1433) maßgebend; die in Art. 37 dieses Gesetzes vorbehaltene Genehmigung wird durch die Distriktsverwaltungsbehörde nach Einvernahme des einschlägigen Forstamtes erteilt;
8. bei Bauführungen im Sinne der §§ 46, 47 und 48 die k. Versicherungskammer, Abteilung für Brandversicherung;
9. bei Bauführungen für gewerbliche Zwecke, bei welchen Anordnungen zum Schutze der Arbeiter in Frage kommen können, der Fabriken- und Gewerbeinspektor [14]).

II Wenn den Erinnerungen [15]) der voraufgeführten Behörden nicht entsprochen wird, so ist ihnen von dem betreffenden Beschlusse zur Wahrung des Beschwerderechts Kenntnis zu geben.

1. Da die Baulinien den Zweck haben, Bauführungen zu ermöglichen, so ist § 68 und zwar hinsichtlich der in Ziff. 1—7 bezeichneten Bauführungen auch auf Baulinienfestsetzungen und -Änderungen sinngemäß anzuwenden (ME. vom 6. März 1898 Nr. 4639).

2. S. Abs. II.

3. Nunmehr Verwaltung des ehemaligen Krongutes oder Verwaltung des Wittelsbacher Ausgleichsfonds.

4. Derzeit gegenstandslos.

5. Das betr. Straßen- und Flußbauamt. — Wegen des Begriffs der „öffentlichen Flüsse" s. Art. 1 ff. WG. Hiezu s. auch ME. vom 12. Okt. 1926 (StAnz. Nr. 239) über Bauführungen an Staatsstraßen:

Nach § 68 Abs. I Ziff. 4 der allg. Bauordnung ist bei Bauführungen an Staatsstraßen das Straßen- und Flußbauamt unter Mitteilung der Pläne mit seinen Erinnerungen zu hören.

Diese Bestimmung erfüllt nur dann ihren Zweck, wenn die Pläne noch vor Beginn der Bauführung mitgeteilt werden, da andernfalls etwaigen Einwendungen regelmäßig nicht mehr Rechnung getragen werden kann.

Die Bezirkspolizeibehörden werden angewiesen, den rechtzeitigen Vollzug dieser Bestimmung sicherzustellen.

Es ist von Wichtigkeit, daß die Straßen- und Flußbauämter auch rechtzeitig von Bauführungen Kenntnis erhalten, die in der Nähe neu vorgesehener Straßenzüge geplant sind; es ergeht daher die Weisung, die Pläne für solche Bauführungen ebenfalls dem Straßen- und Flußbauamte rechtzeitig mitzuteilen.

Um dies zu ermöglichen, sind die Straßen- und Flußbauämter angewiesen, von geplanten Verlegungen von Staatsstraßen die zuständigen Ortspolizeibehörden unter Beigabe einfacher Skizzen zu verständigen.

Sinngemäß ist auch zu verfahren bei Festsetzung von Baulinien an Staatsstraßen.

6. Die betr. Kanalbauinspektionen bzw. das Kanalbauamt für Bayern in München.

7. Das betr. Landbauamt, ev. auch d. betr. Universitätsbauamt.

8. D. i. die zur Abgabe rechtsverbindlicher Erklärungen befugte Behörde; im Bereich der inneren Verwaltung die Landesfinanzämter München, Nürnberg und Würzburg und die Zweigstellen Augsburg, Landshut, Regensburg, Bayreuth, Ansbach, Speyer, jeweils Abteilung für Besitz- und Verkehrssteuern, Zweigstelle für bayrische Angelegenheiten. — S. Bekm. vom 20. April 1920 betr. die Zuständigkeit der Kreisregierungen (GVBl. S. 144) und FinMinBek. vom 14. Juli 1922 (StAnz. Nr. 162).

9. Die Reichsbahndirektionen. — § 68 Abs. 1 Ziff. 5 und Abs. II ist sinngemäß auch auf die Lokalbahnen, die nicht im Eigentum der deutschen Reichsbahngesellschaft stehen, anzuwenden (ME. vom 28. März 1927 Nr. 3650 a 12, StAnz. Nr. 72).

Über Bauführungen von schienengleichen Bahnübergängen bestimmt die ME. vom 10. Nov. 1928 Nr. 3650 a 22, StAnz. Nr. 262:

„Die Beseitigung schienengleicher Bahnübergänge, an denen immer wieder Verkehrsunfälle vorkommen, ist aus finanziellen Gründen nur in seltenen Fällen möglich. Es sind daher andere Maßnahmen geboten.

I. Zunächst muß darauf Bedacht genommen werden, daß nicht durch Bauführungen in der Nähe solcher Übergänge die Übersichtlichkeit der beiderseitigen Verkehrswege beeinträchtigt wird. § 68 Abs. I Nr. 5 der Allgemeinen, und § 86 Nr. 5 der Münchener Bauordnung, die auch für Lokalbahnen entsprechend gelten (vgl. ME. vom 28. März 1927, StAnz. Nr. 72), geben eine entsprechende Handhabe. Hiernach ist bei Bauten an Eisenbahn-Eigentum oder in einer Entfernung von weniger als 60 Meter vom nächsten Schienengeleise die einschlägige Eisenbahnbehörde unter Mitteilung der Pläne mit ihren Erinnerungen zu hören, wenn nicht die Zustimmung dieser Behörde bereits von den Gesuchstellern beigebracht wird. Da diese Vorschriften sich jedoch nur auf genehmigungspflichtige Bauten erstrecken, ist Vorsorge zu treffen, daß nicht durch nichtgenehmigungspflichtige Bauführungen in der Nähe solcher Bahnübergänge die für die Sicherheit des Straßen- und Bahnverkehrs notwendige Übersichtlichkeit beeinträchtigt wird. Hier bietet § 8 der Allgemeinen Bauordnung die entsprechende Grundlage. Die Baupolizeibehörden werden daher veranlaßt, auf die Gemeinden, in deren Bereich sich schienengleiche Bahnübergänge befinden, dahin einzuwirken, daß sie entsprechende ortspolizeiliche Vorschriften auf Grund § 8 BO. erlassen,. soweit sie von dieser Möglichkeit noch nicht Gebrauch gemacht haben.

II. Des weiteren ist schon bei der Festsetzung der Baulinien in der Nähe der Wegkreuzungen und der Bahnübergänge auf besonders gute Übersicht zu sehen, wenn dort mit stärkerem Kraftwagen- und Kraftradverkehr gerechnet werden muß."

10. Bei Theaterbauten ist vorher die Beratungsstelle der bayerisch. Landesbühne zu hören (ME. vom 26. Febr. 1926 — MABl. S. 32 — StAnz. Nr. 57).

11. Nach der Begründung zum Forstgesetz ist hier nur die Herstellung neuer Gebäude, auch in schon bestehenden Ansiedlungen, nicht dagegen die untergeordneter Vergrößerungsarbeiten zu verstehen.

12. Art. 47 des Forstgesetzes: „Wenn in Waldungen oder in einer Nähe derselben von 1500 bayerischen Schuhen (437,8 m), was immer für Gebäude, insbesondere zum Zwecke neuer Ansiedelungen oder zur Errichtung von Ziegelbrennereien, Teeröfen oder anderen feuergefährlichen Anlagen, aufgeführt werden wollen, so ist vor Erteilung der baupolizeilichen Genehmigung das Forstamt mit seiner Erinnerung zu vernehmen."

13. Revidiertes Forststrafgesetz für die Pfalz:

Art. 37: „Keinerlei Gebäude darf isoliert in dem Umfange von Waldungen oder in einer Entfernung von weniger als 500 m von der Grenze derselben ohne vorgängige Genehmigung errichtet werden bei Strafe des Niederreißens. Die Entschließungen auf Gesuche dieser Art sollen innerhalb drei Monaten vom Einlauf derselben an erfolgen, und gegenteiligen Falles die Errichtung gestattet sein. Dergleichen schon bestehende Gebäude unterliegen übrigens der Einreißung nicht; auch können sie ohne Genehmigung repariert, wieder aufgebaut und erweitert werden."

Art. 38: „Niemandem, welcher isolierte Gebäude innerhalb des oben festgesetzten Bereiches gegenwärtig bewohnt oder dem nach vorstehendem Artikel die Errichtung von Gebäuden gestattet werden wird, ist es ohne besondere, von der Kreisregierung zu erholende

Ermächtigung erlaubt, in den besagten Gebäuden Werkstätten zum Zurichten oder Verarbeiten von Holz, Holzhöfe oder Magazine zum Holzhandel anzulegen, bei Strafe von fünfundvierzig Mark neben Konfiszierung des Holzes.

Die erteilte Ermächtigung kann, wenn sie zu einer Holzentwendung mißbraucht wird, von der Kreisregierung wieder aufgehoben werden."

14. Nunmehr die Gewerbeaufsichtsbeamten bei den Kreisregierungen, K. d. Innern. Ziff. 9 findet auch auf Bauführungen Anwendung, die gewerbliche Küchen zum Gegenstand haben, wenn bei ihnen Anordnungen zum Schutze des Personals in Frage kommen, wie es bei den Küchen größerer Gasthäuser, Restaurants, Kaffees und dergl. stets der Fall sein wird. Die ständige Beaufsichtigung der gewerblichen Küchen ist Pflicht der Ortspolizeibehörden und der Gewerbeaufsichtsbeamten (ME. vom 4. Juni 1903 Nr. 11786 und vom 19. Nov. 1911 Nr. 26479/II).

15. Die Baupolizeibehörden sind an die Erinnerungen nicht gebunden; diese können aber im Beschwerdeweg weiter verfolgt werden, und zwar sowohl im Wege der Beschwerde nach § 77 unter Einhaltung der 14 tägigen Frist als auch im Wege der Dienstaufsichtsbeschwerde.

Eine Zuständigkeit der Verwaltungsgerichte und des VGH. bei Beschwerden Beteiligter in Verfolgung ihrer Erinnerungen ist nicht gegeben, insoweit es sich nicht (wie bei Ziegelbrennereien, Teeröfen usw.) um gewerbliche Anlagen im Sinne des §§ 16 ff. GewO. handelt. (ME. vom 31. Dez. 1919 Nr. 4050 d 13).

§ 69.

Werden gegen ein baupolizeilich statthaftes Baugesuch Einsprüche aus Privatrechtstiteln erhoben, so haben die Behörden erster Instanz eine gütliche Ausgleichung unter den Beteiligten zu versuchen, bei deren Erfolglosigkeit den baupolizeilichen Bescheid zu erteilen, für Austragung jener Einsprüche aber den Rechtsweg vorzubehalten

Grundsätzlich sind privatrechtliche Einsprüche gegen ein Baugesuch von der Baupolizeibehörde nicht zu berücksichtigen, sondern auf den Rechtsweg zu verweisen.

Sind jedoch Privatrechtstitel und die Verletzung des Privatrechtes liquid, steht also die Berechtigung der privatrechtlichen Ansprüche und deren Verletzung bei Ausführung des vorgelegten Baugesuchs außer Zweifel, so hat die Baupolizeibehörde das Gesuch abzuweisen, da es nicht ihre Aufgabe sein kann, offenbar zwecklose Genehmigungen zu erteilen. Die offenkundig bestehenden zivilrechtlichen Ansprüche müssen sich auf die Zulässigkeit der Bauführung als solcher beziehen. So ist z. B. einem Bauherrn, der auf fremdem Grund gegen den Willen des Grundeigentümers bauen wollte, die Baugenehmigung zu versagen (ME. vom 11. April 1891 Nr. 5692 und vom 19. Juli 1909 Nr. 17272). Das gleiche wird zu gelten haben in den Fällen des § 226 BGB. (Neidbau), § 907 BGB. (unzulässige Anlagen), Art. 62 ff., 67 AG. BGB. (Fenster- und Lichtrechte) usw. (s. III. Teil). — Entbehrt der Einspruch der Begründung, so ist der den Einspruch Erhebende zur Begründung aufzufordern. — (S. auch § 13 des in seinem 2. Abschnitt in Bayern noch nicht eingeführten Gesetzes über die Sicherung von Bauforderungen vom 1. Juni 1909, RGBl. S. 449.)

Vgl. auch GBZtg. 1924, 777; Bl. f. a. Pr. 39, 204; ferner: Helmreich „Zur Auslegung des § 69/87 der Bauordnungen und des § 19 Abs. 1 der RGewO. in bayer. GemVerwZ. 1927. S. 520 ff.

§ 70.

[1]) Bei allen Baugesuchen, bei welchen es sich um gesundheitspolizeiliche Fragen handelt, ist vor der Sachbescheidung das Gutachten der einschlägigen Medizinalbehörde [2]) einzuholen [3]).

1. Vgl. § 5.

2. In 1. Instanz des Bezirksarztes, in 2. Instanz des Kreismedizinalreferenten bzw. in wichtigen Fällen des Kreismedizinalausschusses. — Wegen der Gebühren s. § 78 Abs. 4 u. 5.

3. Die Entscheidung der Baupolizeibehörde ist an das amtsärztliche Gutachten nicht gebunden.

§ 71.

I Bei Genehmigung [1]) der Baugesuche sollen die allenfalls veranlaßten besonderen Anordnungen [2]) nicht bloß durch deutliche Einzeichnung in die Pläne, sondern auch durch ausdrückliche Aufnahme in die Ausfertigung der Genehmigung dem Bauunternehmer kundgegeben werden [3]).

II Sind vom Planrevisor auf dem Bauplane Erinnerungen vorgetragen, so kann auf dieselben in der Ausfertigung der Genehmigung Bezug genommen werden.

1. Über baupolizeiliche Bescheide s. § 64 Anm. 1. Über Genehmigung s. § 6 Anm. 1.

Die Genehmigung kann auch widerruflich und zeitlich begrenzt sein; s. § 19 II und § 41 Ziff. 4. — Die widerrufliche Genehmigung ist wegen der später allenfalls zu verlangenden Entfernung des widerruflich genehmigten Bauwerks bedenklich.

2. Baupolizeiliche Vorschriften nach Art. 101 I PStGB. sind zwar ohne besondere Kundgabe verbindlich (OLG. München 9, 356), es steht jedoch nichts im Wege Einzelvorschriften, zumal wenn im Plane dagegen verstoßen wurde, in die Genehmigung aufzunehmen (ObstLG. 4, 150). — Über unzulässige Einzelanordnungen s. ObstLG. 8, 285; 9, 24; 11, 386; 14, 70; 21, 346 und Urt. vom 30. April 1925 VerwBl. 1925, S. 245 — s. auch § 12 Anm. 6. — Die Verbindung mit anderen Einzelanordnungen, z. B. gewerbe- oder feuerpolizeilichen, ist zulässig. — S. auch ME. über Fernsprecheinrichtungen in Neubauten vom 5. Nov. 1925 (StAnz. 258); hier werden die Baupolizeibehörden angewiesen, bei Genehmigung der Neubauten ein Merkblatt des Reichspostministeriums betr. die Vorbereitung der Fernsprecheinrichtungen bei Baugenehmigungen auszuhändigen.

Durch ME. vom 24. Mai 1925 (StAnz. Nr. 74) werden die Baupolizeibehörden beauftragt, die Baugenehmigung erst dann zu erteilen, wenn ein etwa erforderlicher Nachweis erbracht ist, daß die Baustoffe dem § 13 Abs. I BO. entsprechen.

3. § 71 ist lediglich instruktionelle Vorschrift, von deren Beachtung weder die Rechtsgültigkeit der „besonderen Anordnungen" noch die Strafbarkeit des Bauunternehmers abhängig gemacht ist. Entscheidend ist, ob dem Bauunternehmer der Inhalt der Anordnungen überhaupt zuverlässig bekannt geworden ist (ObstLG. 4, 150; OLG. München 8, 326; 9, 355). Der Bauherr darf erwarten, daß die Anordnungen ihm in geeigneter Weise, wenn auch nicht gerade durch förmliche Aufnahme in den Genehmigungsbeschluß, kundgegeben werden (ObstLG. 11, 232).

§ 72.

I Erst wenn die Bescheidung eines Baugesuches rechtskräftig ist[1]), darf mit den Bauarbeiten, zu denen auch die Herstellung der Baugruben[2]) zu rechnen ist, begonnen werden[3]).

II Von dem Beginn jedes genehmigungspflichtigen Baues und jeder umfangreicheren mit einer genehmigungspflichtigen Bauführung zusammenhängenden Abbrucharbeit[4]) hat der Bauherr[6]) sowohl der Orts- als auch der Distriktspolizeibehörde vorherige Anzeige zu erstatten[5]). Zugleich ist, falls dies nicht bereits mit der Einreichung des Bauplanes geschehen ist, der mit der Bauleitung[6]) betraute Baumeister[6]) oder Bauhandwerker[6]) namhaft zu machen. Dieser hat die Verantwortung durch unterschriftliche Erklärung zu übernehmen[7]).

III Die Baupolizeibehörde kann die als Bauleiter⁶) namhaft gemachte Person beanstanden, wenn diese die für eine sichere Bauführung erforderliche Verlässigkeit⁸) nicht besitzt. Bis zur Behebung des Anstandes kann die Inangriffnahme oder Fortsetzung der Bauarbeiten untersagt werden⁹).

IV Die Ortspolizeibehörde hat unter Zuziehung des Bauherrn⁶) und Bauleiters⁶) für die Aussteckung der Baulinie zu sorgen; wenn besondere Umstände es erfordern, kann die Ortspolizeibehörde auch den in § 66 Abs. I bezeichneten Sachverständigen beiziehen.

1. Rechtskräftig ist der Baubescheid mit Entscheidung der 2. Instanz oder mit Verzicht auf die Beschwerde oder mit Ablauf der Frist des § 77. — Über Rechtskraft s. § 64 Anm. 1. — S. auch § 77 Anm. 1 (ME. vom 23. Juni 1896 Nr. 11 939).

2. Nur soweit die Herstellung von Baugruben der Anfang von Bauarbeiten ist, wird die Genehmigung vorausgesetzt; denn es steht an sich dem Grundeigentümer — abgesehen von etwa bestehenden polizeilichen Verboten — frei, auf seinem Grund und Boden beliebige Vertiefungen vorzunehmen.

3. Ausnahmen von Abs. 1 sind nicht zulässig (vgl. § 91 der MBO., der Ausnahmen zuläßt). Dispens nach § 65 II ist nicht möglich. — Jede Bauarbeit vor rechtskräftiger Genehmigung des Baugesuches ist unzulässig; die Ortspolizeibehörde ist nicht befugt, vor rechtskräftiger Verbescheidung des Gesuches den Baubeginn zu gestatten; eine gleichwohl erteilte Erlaubnis schützt den Bauunternehmer auch dann nicht vor Strafe, wenn er im guten Glauben ist (OLG. München 7, 181); eine vorläufige Genehmigung durch den Vorstand des zuständigen Stadtrats ist ebenso ausgeschlossen wie eine stillschweigende Genehmigung; ein Irrtum hierüber ist belanglos (ObstLG. 16, 143). Reger Sammlung 41, 559.

4. S. § 66 III BO.; Art. 105 PStGB.; § 16 der Hochbau-Unfallverhütungsvorschriften (GVBl. 1909 S. 655); §§ 3, 21 der Tiefbau-Unfallverhütungsvorschriften (GVBl. 1905 S. 567) (s. IX. Teil).

5. Die Anzeigepflicht ist eingeführt, um die Kontrolle nach § 66 zu ermöglichen. — Über Bauvollendungsanzeigen s. § 73 I. — Baubeginnsanzeige ist auch an die bayer. Baugewerksberufsgenossenschaft München zu erstatten (ME. vom 20. Jan. 1903 Nr. 29 449, 30. März 1912 Nr. 94 a 4; ME. vom 17. Jan. 1914 Nr. 4076 a 33 und vom 27. Okt. 1919 Nr. 32 a 2). Die Bezirkspolizeibehörden haben der bayr. Baugewerksberufungsgenossenschaft München bei allen nach der BO. genehmigungspflichtigen Bauten den Baubeginn nach den von der Berufsgenossenschaft kostenlos zur Verfügung gestellten Formblättern anzuzeigen

(ME. vom 21. Oktober 1922 — StAnz. 247; vom 23. April 1924 — StAnz. 96; vom 10. Aug. 1925 — StAnz. 184; vom 14. September 1929 — StAnz. Nr. 215); die Baugewerksberufsgenossenschaft ist nur dann in der Lage, bei den Eigenbauten die Nachweisung der Arbeitslöhne und die Durchführung der Unfallverhütungsvorschriften ordnungsgemäß zu überwachen, wenn ihr die Baubeginnsanzeigen rechtzeitig und vollzählig zugehen.

Regiebauten, Eigenbaunachweise: Die nach §§ 799, 839 RVO. zu erstellenden Nachweise für sog. Regiebauarbeiten sind unmittelbar durch die Unternehmer des Baues dem Vorstande der bayr. Baugewerksberufsgenossenschaft München vorzulegen. — Die Polizeibehörden haben gem. ME. vom 10. Juni 1924 (MABl. S. 102) ein von der Berufsgenossenschaft geliefertes Formblatt, das den Bauherrn auf die Pflicht der Erstellung des Nachweises aufmerksam macht, jeder Ausfertigung der Baugenehmigung beizugeben. S. ME. vom 23. April 1924 (StAnz. Nr. 96); ferner ME vom 30. Dez. 1927 (MABl. 1928 S. 9) und vom 17. Januar 1929 (MABl. 1929 S. 9).

Die Unterlassung der Anzeige vom Baubeginn und der Erholung der baupolizeilichen Genehmigung bilden, da jeweils eines besonderen Entschlusses bedürftig, je eine selbständige Straftat im Sinne des § 74 RStGB. (Realkonkurrenz). Wurde durch fahrlässigen Irrtum über die Genehmigungspflicht die Einholung der Genehmigung unterlassen, so liegt nur eine Übertretung nach § 376 Nr. 15 RStGB. vor, dagegen keine nach § 72 BO., Art. 103 PStGB. (ObstLG. 8, 209).

6. Bauherr, Bauunternehmer, Bauleiter, Baumeister, Bauhandwerker:

a) Bauherr: Wer als Bauherr zu erachten ist, darüber enthält weder das RStGB. (§ 367 Nr. 15) noch das PStGB. (Art. 101) noch die BO. (§§ 67, 72) eine nähere Bestimmung. Nach der Rechtsprechung und Rechtslehre ist Bauherr, wer auf seine Rechnung oder Verantwortung eine bauliche Maßnahme veranlaßt, sei es, daß er die bauliche Tätigkeit selbst ausführt, sei es daß er sie durch andere ausführen läßt. Daß der Bauherr der Eigentümer des Grund und Bodens sei, auf dem gebaut wird, ist keinesfalls erforderlich; auch ein Mieter, Pächter, Nießbraucher oder Erbbauberechtigter kann Veranlassung haben, auf dem seinem Rechte unterworfenen Grundstücke auf seine eigene Rechnung einen Bau auszuführen, an dem gemieteten oder gepachteten Anwesen eine bauliche Änderung vornehmen zu lassen (ObstLG. 3, 14; 8, 69; 9, 254; 27, 228; 27, 246). — S. auch Bl. f. a. Pr. 48, 51; GemVerwZ. 1928, 76.

Keineswegs ist der Grundbesitzer, auf dessen Grund ein Bauwerk steht, als solcher Bauherr, sondern Bauherr ist nur der Grundbesitzer, welcher den Bau auf seine Rechnung und Verantwortung führt oder führen läßt (ObstLG. 3, 13; 3, 69; 4, 355; Reger, Entsch. 4, 76; Ergänzungsband 2, 74).

Die Verwalter fremden Vermögens, die Bauführungen für den Eigentümer des Vermögens unternehmen, sind in diesem Falle dem Bauherrn im Sinne des § 367 Nr. 15 gleichzuachten (ObstLG. 2, 406). — Da auf dem Gebiete des Strafrechts nur physische Personen strafrechtlich verantwortlich sind, so kann eine Firma, die Eigentümerin eines Anwesens ist, nicht zur Verantwortung gezogen werden; dagegen trifft die Verantwortung diejenige physische Person, welche gegebenenfalls die Firma oder Gesellschaft vertreten und den Auftrag zur Herstellung des Baues gegeben hat (ObstLG. 3, 13).

Derjenige, dem der Bauherr das Eigentum an einem Bau vor seiner Vollendung übertragen hat, ist strafbar nach § 367 Nr. 15 RStGB., wenn er trotz Aufforderung eine Abweichung seines Rechtsvorgängers vom genehmigten Bauplan oder einer mit der Genehmigung verbundenen Anordnung zu beseitigen unterläßt (OLG. München 9, 154; ObstLG. 27, 22; BVerwBl. 1298, 26).

b) Bauunternehmer sind diejenigen, welche Bauten für eigene Rechnung ausführen, sei es, daß sie für andere auf Grund eines Abkommens Bauausführungen unternehmen, sei es, daß sie Häuser zum Wiederverkauf bauen (ObstLG. 38, 156). — Bauunternehmer ist eine Person, welche die Ausführung ganzer Bauten, sei es für eigene Rechnung in der Absicht späteren Verkaufs, sei es für Rechnung eines Auftraggebers übernimmt und dabei vorkommende, außerhalb ihres besonderen Handwerkszweiges liegende Arbeiten teils durch andere, zu diesem Zwecke herangezogene selbständige Handwerker — Bauschlosser, Bauschreiner, Dachdecker usw. — ausführen läßt, teils eigene gelernte und ungelernte Hilfskräfte verwendet (OLG. Hamburg in Soergels Jahrbuch 4, 123).

c) Bauleiter: bei der Frage, ob jemand als Bauleiter zu erachten ist, kommt es auf die tatsächliche Entfaltung einer Tätigkeit an, welche als geistige Urheberschaft die mechanischen Kräfte für die mechanische Gestaltung des Baues als eines Ganzen in Bewegung setzt. Voraussetzung ist nur, daß die Anordnungen des Bauleiters die Ausführung eines Bauwerkes als eines Ganzen unmittelbar und in wesentlichen Beziehungen zum Gegenstand haben (vgl. Goltdamm. Archiv 38, 439). Bauleiter ist ohne Rücksicht darauf, ob er den Bauplan entworfen hat oder nicht, derjenige, nach dessen Anweisung die Errichtung eines Bauwerks erfolgt (vgl. Goltdamm. Archiv 39, 323). Nicht notwendig ist, daß derjenige, welcher in dieser Weise als geistiger Urheber des Bauwerks angesehen wird, vom Bauherrn als Bauleiter eigens aufgestellt ist, oder daß er eine besondere Befugnis, einen besonderen Rechtstitel zu jenen Anordnungen nachweist, welche von den Bauhandwerkern befolgt und ausgeführt werden. Die tatsächliche Leitung genügt (vgl. Goltdamm. Archiv 45, 263; 46, 209; ObstLG. 2, 141). — Ein Angeklagter kann sich gegenüber einer Anklage aus § 330 RStGB. nicht darauf berufen, daß er sich nicht für den Bauleiter gehalten habe (RG. Str. 57, 205).

Es ist unerläßlich, daß im Interesse einer geordneten Bauführung und zur Sicherung der bei Bauten beschäftigten Personen eine einheitliche Aufsicht eines Sachverständigen, der für Einhaltung sämtlicher einschlägigen Vorschriften haftet, aufgestellt wird. Die Bestellung eines geeigneten Bauleiters ist Pflicht des Bauherrn. Der Bauleiter kann sich für den Fall seiner Verhinderung vertreten lassen, er haftet aber alsdann für sorgfältige Auswahl des Vertreters, sowie für gewissenhafte Oberaufsicht und Kontrolle. Nach § 27 der oberpolizeilichen Vorschriften vom 21. Aug. 1909 und § 50 der oberpolizeilichen Vorschriften vom 4. Sept. 1905) (beide s. Anhang) haften neben dem Bauleiter auch die von diesem mit der Überwachung der Bauführung betrauten Aufsichtsorgane, ebenso jene Unternehmer von Nebenbetrieben, welche in selbständiger Weise zur Ausführung der Bauten beitragen und die von letzteren mit der Überwachung speziell betrauten Aufsichtsorgane (ME. vom 14. Febr. 1903 Nr. 554).

Über Bauleitung bei Staatsbauten s. ME. vom 23. April 1907 Nr. 5174.

In VGH. 38, 156 (betr. Untersagung des Geschäftsbetriebes eines Bauunternehmers) ist ausgesprochen:

a) Das Gewerbe des Bauunternehmers und Bauleiters ist ein rechtlich einheitliches Gewerbe. Alles, was jemanden als Bauunternehmer unzuverlässig macht, begründet auch seine Unzuverlässigkeit als Bauleiter und umgekehrt.

b) Die Tatsachen, welche die Unzuverlässigkeit des Gewerbetreibenden in bezug auf den Gewerbebetrieb als Bauunternehmer und Bauleiter dartun, können sowohl auf dem Gebiete der beruflichen Sachkunde, als auch auf sittlichem oder wirtschaftlichem Gebiete liegen.

c) Insbesondere genügt es auf wirtschaftlichem Gebiete zur Untersagung des Geschäftsbetriebes, wenn der Unternehmer durch sein Verschulden in Vermögensverfall geraten und namentlich dann, wenn er zur Leistung des Offenbarungseides gezwungen worden ist.

Ferner ist das Vorschieben eines Strohmannes und die mangelhafte Führung des Baubuches geeignet, die wirtschaftliche Unzuverlässigkeit eines Baugewerbetreibenden zu erweisen.

d) Baumeister: Ob jemand als Baumeister zu betrachten ist, entscheidet sich ebenso wie beim Bauleiter nach der Art der tatsächlich entfalteten Tätigkeit (ObLG. 2, 141). Baumeister ist, wer tatsächlich die Errichtung eines Baues dergestalt leitet, daß nach seinen technischen Anordnungen die Herstellung des Baues durch die Bauhandwerker und Arbeiter erfolgt, ohne daß es darauf anzukommen hat, ob er Gewerbetreibender ist und ob er den Meistertitel führt (ObstLG. 2, 141; 8, 69). — Der Begriff des Baumeisters im Sinne des § 367 Nr. 15 StGB. wird nicht durch § 72 bestimmt. Baumeister im Sinne des § 367 Nr. 15 StGB ist derjenige, nach dessen Anordnungen in der Gesamtheit technisch die Errichtung des Baues als Ganzes zu geschehen hat, dessen Tätigkeit als geistige Urheberschaft die mechanischen Kräfte für die mechanische Gestaltung des Baues als eines Ganzen in Bewegung setzt, dessen Anweisungen die Ausführung des Baues als Ganzes unmittelbar und in wesentlichen Beziehungen zum Gegenstande haben. Entscheidend ist hierbei die Tatsache der Bauleitung, nicht die Rechtsgrundlage, auf der sie beruht. Darauf kommt es nicht an, ob der tatsächliche Bauleiter vom Bauherrn gegenüber der Baupolizeibehörde als verantwortlicher Baumeister namhaft gemacht worden ist und ob er selbst seine Verantwortung durch unterschriftliche Erklärung gegenüber der Baupolizeibehörde übernommen hat. Nicht erforderlich ist es für den Begriff des Baumeisters, daß der tatsächliche Bauleiter alle einzelnen für die Ausführung des Bauwerkes notwendigen Anordnungen getroffen und daß er den Bau während der ganzen Bauzeit geleitet hat (ObstLG. v. 21. März 1929 BayGemVZ. 1929 S. 585).

§ 72 braucht die Bezeichnung „Baumeister" nur im technischen Sinne: als Titel darf die Bezeichnung „Baumeister" in Bayern nicht geführt werden, da eine landesrechtliche Vorschrift i. S. des § 133 Abs. II GewO. in Bayern nicht ergangen ist, — Strafbestimmung in § 148 Ziff. 9 e GewO. (s. V. Teil). —

e) Bauhandwerker ist ein Gewerbetreibender, der einzelne Bauarbeiten zur Ausführung selbständig übernimmt (ObstLG. 3, 72; 8, 69).

7. Durch diese Bestimmung soll erreicht werden, daß die gesamte Bauführung unter die einheitliche Aufsicht eines Sachverständigen gestellt wird, der in erster Linie für die plan- und bauordnungsmäßige Bauführung und Beachtung der sonstigen Vorschriften haftet. Mangels einer diesbezüglichen Bestimmung kann diese uneingeschränkte primäre Haftung des Bauleiters gegenüber der Baupolizeibehörde auch nicht durch Vertrag auf andere abgewälzt werden (ObstLG. 31, 1).

8. Die ME. vom 21. Sept. 1926 (StAnz. 220) weist die Baupolizeibehörden an, zur Feststellung, ob im Einzelfalle die Voraussetzungen des § 72 Abs. III gegeben sind, die zuständige Handwerkskammer gutachtlich zu hören. Die Äußerung der Handwerkskammer ist dann zu erholen, wenn der Bauleiter im Bezirke zum ersten Male namhaft gemacht wird. Sie ist aber auch bei bisherigen Bauleitern erforderlich, wenn ihre Verlässigkeit nicht einwandfrei feststeht. — Als Tatsachen, aus denen sich ergibt, daß eine Person wegen Unzuverlässigkeit zur Ausführung oder Leitung eines Baues ungeeignet ist, zu dessen sachgemäßer Ausführung ein höherer Grad praktischer Erfahrung oder technischer Vorbildung erforderlich ist, können auch Handlungen oder Unterlassungen derjenigen in Betracht kommen, die unter der Leitung jener Person mit der Ausführung des Baues betraut sind. — Die Untersagung der Leitung

eines solchen Baues durch eine bestimmte Person kann auch während der Ausführung des Baues erfolgen (ObstLG. 31, 1).

9. S. §§ 35 Abs. V, 35 a 53 a GewO. (s. V. Teil).

§ 73.

I Die Orts- und Distriktspolizeibehörden haben die Einhaltung der Baulinien und der Höhenlagen [1]), sodann bei Privatbauten [2]) den Vollzug der baupolizeilichen Vorschriften und Anordnungen sowie der Maßregeln zum Schutze des Lebens, der Gesundheit und der Sittlichkeit zu überwachen [3]). Binnen acht Tagen nach Vollendung jeder genehmigungspflichtigen Bauführung [4]) ist durch den Bauherrn der Ortspolizei- und durch diese der Distriktspolizeibehörde Anzeige zu erstatten [5]), damit die plan- und vorschriftsmäßige Bauführung durch den in § 66 Abs. I bezeichneten Sachverständigen kontrolliert und je nach dem Ergebnisse weitere Verfügung getroffen werden kann. Bei größeren und schwierigeren Bauten kann durch die Baupolizeibehörde eine gleiche Anzeige auch für den Zeitpunkt der Vollendung der Grundmauern und des Dachstuhles angeordnet werden.

II Bei Zuwiderhandlungen, welche nach § 330, § 367 Ziff. 14 und 15 und § 368 Ziff. 3 und 8 des Strafgesetzbuches für das Deutsche Reich, dann nach Art. 73 Abs. I und Art. 101 des Polizeistrafgesetzbuches mit Strafe bedroht sind, steht den Behörden erster Instanz gemäß Art. 20 Abs. 1 und Art. 105 Abs. II des Polizeistrafgesetzbuches zu, vorbehaltlich der späteren Strafverfolgung soweit nötig die Einstellung der Bauarbeiten und die Beseitigung des ordnungswidrigen Zustandes zu verfügen [6]).

1. Dies gilt auch für Bauführungen des § 10.

2. Dagegen ist bei Bauführungen des § 10 der Vollzug ausschließlich den Aufsichtsbehörden überlassen.

3. S. § 66 Anm. 6.

4. S. §§ 6, 7, 8.

5. Bauvollendungsanzeige. Diese hat keine Bedeutung für die Verjährung s. § 367 Nr. 15 StGB. Anm. 21.

Unter Bauvollendung im Sinne des § 73 I darf ausschließlich die Fertigstellung des Baues im technischen Sinne, die Vollendung der Bauarbeiten verstanden werden. Die Fertigstellung des Rohbaues allein ist noch keine Bauvollendung im Sinne der

BO. Ein Bau ist erst dann vollendet, wenn alle baupolizeilichen Vorschriften und die besonderen Anordnungen und Auflagen erfüllt sind. Zur Vollendung gehören auch die sog. Ausbauarbeiten (Verputzarbeiten, Einsetzen von Fenstern, Türen, Böden, Einbau von Heizungen, sanitären Anlagen usw.), weiter die Verputz- und Anstricharbeiten an der Außenseite, dagegen sind die im Innern (Anstriche usw.) nicht für die Annahme der Bauvollendung erforderlich. (ME. vom 14. März 1929 Nr. 9012 d 10).

6. Die im Abs. II angeführten Gesetzesstellen s. im Anhang (und die Anm. hiezu).

Vorläufige Einschreitung: Bei Verstoß gegen baupolizeiliche Bestimmungen und Schaffung eines ordnungswidrigen Zustands sind die Baupolizeibehörden im Regelfall nicht ohne weiteres befugt, von sich aus die Beseitigung dieses Zustands anzuordnen. Es ist vielmehr die Strafverfolgung einzuleiten, im Verlauf deren Durchführung die Polizeibehörde nach Art. 105 Abs. I PStGB. durch das Gericht zu ermächtigen ist, die Beseitigung des ordnungswidrigen Zustands und die sonst erforderlichen Vorkehrungen zu verfügen.

Hievon schafft Abs. II eine Ausnahme: in den Fällen, in denen dies nötig ist, insbesondere bei Gefahr im Verzuge, kann gem. § 73 Abs. II mit Art. 20 Abs. I und 105 Abs. II PStGB. die Baupolizeibehörde vorläufig einschreiten und die einstweilige Einstellung der Bauarbeiten und die Beseitigung des ordnungswidrigen Zustandes verfügen; jedoch nur vorbehaltlich der Strafverfolgung.

Zuständig ist die Bezirkspolizeibehörde gem. § 25 der Zuständigkeitsverordnung vom 4. Jan. 1872 (RegBl. S. 25; Weber 9 S. 258); — s. auch Art. 105 PStGB. Anm. 4.

Die Entscheidung, ob, wann und in welcher Weise die vorläufige Einschreitung erfolgen soll, steht im Ermessen der Polizeibehörde; Grenze für dieses Ermessen ist die Notwendigkeit. Eine Einschreitung darf weder ohne einen die Notwendigkeit rechtfertigenden Grund vorgenommen, noch darf das durch die Notwendigkeit gebotene Maß überschritten werden.

Voraussetzung für das vorläufige Einschreiten ist, daß die Polizeibehörde einer bereits strafbaren Handlung, mindestens aber einem Versuch gegenübersteht und daß das Einschreiten aus einem öffentlichen Interesse notwendig ist. Dabei ist die Abwendung erheblicher Nachteile nicht als alleinige Bedingung der Zulässigkeit einer vorläufigen Einschreitung zu erachten.

Mit Baueinstellung und Strafanzeige ist unnachsichtlich einzuschreiten, wenn die Baukontrolle für Leben, Gesundheit oder Sittlichkeit gefährliche Zustände festgestellt hat und diese nicht unverzüglich abgestellt werden (ME. vom 16. Okt. 1899 MABl. S. 593).

Bedingung des vorläufigen Einschreitens ist der Vorbehalt der späteren Strafverfolgung. Die Einleitung der Strafverfolgung steht nicht im Belieben der Polizeibehörde, sondern sie ist verpflichtet, alle Fälle einer vorläufigen Einschreitung der gerichtlichen Bestrafung zuzuführen. (Im Falle einer vorläufigen Einstellung der Bauarbeiten ist die Polizeibehörde verpflichtet, die nach ihrer Ansicht vorliegende baupolizeiliche Übertretung der Staatsanwaltschaft zur Anzeige zu bringen. ME. vom 24. Dez. 1891 Nr. 18 763.)

Unter einer vorläufigen Einschreitung können nur solche Maßregeln verstanden werden, die den Gebrauch polizeilicher Zwangsmittel erfordern. — Vorläufiges Einschreiten i. S. der Art. 20 und 105 PStGB. ist jedes Einschreiten der Polizeibehörde vor rechtskräftiger Entscheidung des Strafrichters (ObstLG. vom 26. April 1923 — BayGemVZ. S. 436).

Erfolgt in dem einer vorläufigen Einstellung folgenden Strafverfahren nicht ein Ausspruch nach Art. 105 Abs. I PStGB., so ist die vorläufig verfügte Maßregel umgehend wieder aufzuheben. War die vorläufige Maßregel nicht gerechtfertigt, so bleibt im Falle eines Freispruchs dem Freigesprochenen der allenfallsige Anspruch auf Schadensersatz vorbehalten (Art. 20 Abs. V PStGB.).

Über die Kosten des vorläufigen Einschreitens entscheidet die Verwaltungsbehörde, nicht das Gericht; sie hat die Kostenpflicht auszusprechen und die Kosten festzusetzen (s. Art. 20 I und 105 II PStGB.); in den Fällen des Art. 20 Abs. IV PStGB. jedoch ist die Kostenpflicht dem Ungehorsamen vom Gericht aufzubürden; im Urteil hat Ausspruch hierüber zu erfolgen (Art. 20 IV PStGB. muß hier, obwohl im § 73 Abs. II BO. nicht ausdrücklich genannt, doch für anwendbar erachtet werden, da Abs. IV nur einen Spezialfall des Abs. I darstellt).

Die Fälle des vorläufigen Einschreitens werden jedoch die Ausnahmen zu bilden haben. Soweit ein solches nicht unbedingt erforderlich, ein ordnungswidriger Zustand aber zu beseitigen ist, ist auf Grund der Art. 16, 18, 105 Abs. I PStGB. (s. II. Teil) vorzugehen.

In der Regel wird der Bauunternehmer zuerst unter Androhung mit Strafanzeige und unter Fristsetzung zur Beseitigung des bauordnungswidrigen Zustands aufzufordern sein. Ist diese erfolglos oder liegt ein Fall absichtlichen Zuwiderhandelns, in dem weder freiwillige Beseitigung noch nachträgliche Dispens zu erwarten ist, vor, so wird die Baupolizeibehörde mit Strafeinschreitung vorzugehen haben (ME. vom 22. Dez. 1894 Nr. 22 364). Ausnahmsweise kann Strafeinschreitung aber auch sonst bei böswilligem Zuwiderhandeln zum Schutze der Autorität der Behörde geboten sein (ME. vom 6. Sept. 1897 Nr. 17 761). Strafeinschreitung ist unbedingt notwendig, wenn durch Mängel der Bauführung oder durch Nichtbefolgung der vorgeschriebenen Vorsichtsmaßregeln Bauunfälle verursacht worden sind.

Strafanzeige und im Falle bereits vorliegender Ermächtigung nach Art. 105 Abs. I PStGB. Beseitigung des ordnungswidrigen Zustands ist nicht mehr veranlaßt, wenn bei eigenmächtiger Bauführung ein entsprechender Plan nachträglich vorgelegt und genehmigt und bei fehlerhafter Bauführung der fehlerhafte Zustand entweder beseitigt oder im Wege der Dispens die Belassung des fehlerhaften Zustandes genehmigt wurde (vgl. ObstLG. vom 29. April 1926 in BayVerwBl. 1926, S. 440).

Bei Veräußerung eines Anwesens nach Herstellung eines bauordnungswidrigen Zustands gibt es folgende Möglichkeiten für Strafeinschreitung:

a) Strafverfolgung des früheren Besitzers auf Grund der im § 73 Abs. II bezeichneten Vorschriften und Erwirkung der Beseitigungsbefugnis, die der Rechtsnachfolger dulden muß,

b) bei Unmöglichkeit der Strafverfolgung gegen den früheren Besitzer (wegen Verjährung usw.) kann im objektiven Verfahren die Beseitigungsbefugnis erwirkt werden (§ 42 RStGB.; Art. 18, 105 PStGB.),

c) Strafverfolgung des Rechtsnachfolgers, wenn die Belassung des ordnungswidrigen Zustandes selbst eine strafbare Handlung ist. Zu a—c vgl. ObstLG. 6, 160, 208; 7, 2; 8, 241; 9, 7; 25, 137; 27, 228; ferner BayVerwBl. 1925, 246; 1928, 16; ObstLG. vom 20. Okt. 1927 in BayGemVZ. 1928 S. 98, BayVerwBl. 1928 S. 26.

§ 74.

Die Zulässigkeit des Beziehens neuhergestellter Wohnungen und Wohnungsräume bemißt sich nach den auf Grund des Art. 73 Abs. II des Polizeistrafgesetzbuches erlassenen oder künftig ergehenden Vorschriften [1]).

1. S. § 9 der V. vom 10. Febr. 1901, die Wohnungsaufsicht betr. (GVBl. S. 73; s. VII. Teil) und die Anm. zu Art. 73 Abs. II PStGB. (s. II. Teil). — § 74 fällt aus dem Rahmen der BO. heraus und gehört nicht hieher. — In der Genehmigung zum Bezuge einer Wohnung kann nicht die Genehmigung etwaiger Abweichungen vom Bauplane erblickt werden (ObstLG. 16, 2). —

§ 75.

Werden während der Ausführung eines genehmigten Bauplanes solche Abänderungen beabsichtigt, welche zu ihrer Vornahme einer baupolizeilichen Genehmigung bedürfen würden [1]), wenn sie an dem plangemäß hergestellten Bauwerke vorgenommen werden wollten [2]), so müssen über diese Abweichungen neue Pläne oder Tekturen zu den bisherigen

Plänen gefertigt und wie letztere der instanziellen Bescheidung unterstellt werden.

1. S. §§ 6, 7, 8.

2. Keine strafbare Handlung nach § 367 Nr. 15 RStGB., wenn während der Ausführung eines genehmigten Bauplanes solche Abänderungen ohne baupolizeiliche Genehmigung vorgenommen werden, zu deren Vornahme diese nicht notwendig wäre, wenn sie an dem planmäßig hergestellten Bauwerk vorgenommen werden wollte und die Abweichungen sich nicht als Zuwiderhandlungen gegen etwaige „besondere Anordnungen" darstellen (ObstLG. 2, 341; 5, 107; 10, 122; 11, 386; 12, 346; 15, 70; 15, 89; 17, 57; 20, 385; 27, 246; Urt. des ObstLG. vom 21. Juli 1890 MABl. S. 354; ME. vom 31. Dez. 1907 Nr. 23 371; auch BayVerwBl. 1928, 27; BayGemVZ. 1928, 76).

Auch wenn die Abänderungen einer Genehmigung nicht unterliegen, ist doch § 12 Abs. I in allen Fällen einzuhalten (ObstLG. 8, 69). Ein fahrlässig begangener Verstoß gegen § 367 Nr. 15 RStGB. kann vorliegen, wenn der Täter, insbes. wenn er Baumeister usw. ist, es unterläßt, über die Genehmigungspflicht einer Abweichung vom genehmigten Plan Erkundigungen bei der zuständigen Baupolizeibehörde einzuziehen und sich mit der mündlich erteilten Erlaubnis des Bezirksbaumeisters begnügt (ObstLG. vom 2. März 1925 in BayGemVZ. 1925 S. 543).

§ 76.

I Die erteilte Baubewilligung wird unwirksam[1]), wenn mit dem Baue nicht binnen zwei Jahren von der Zeit der erteilten Genehmigung an begonnen wird[2]).

II In solchen Fällen[3]) kann, je nach Umständen, entweder eine neue Instruktion und Bescheidung des Gesuches stattfinden oder auch nach Konstatierung des unveränderten Fortbestandes der einschlägigen Verhältnisse die Erneuerung der Baugenehmigung durch die zuständige Behörde auf ein weiteres Jahr ausgesprochen werden.

III Die auf Grund unrichtiger Pläne erteilte Baugenehmigung ist unwirksam und kann zu jeder Zeit zurückgenommen werden[4]).

1. Zugleich mit der Baubewilligung erlischt auch eine allenfallsige Dispens nach § 65 II. — Widerrufliche Genehmigungen erlöschen mit dem Widerruf, zeitlich begrenzte mit dem Zeitablauf. — Besitzwechsel ist ohne Einfluß auf Baubewilligung und etwaige Dispens (ME. vom 12. März 1883 Nr. 1302). — Hiezu siehe § 6

Anm. 1. § 76 trifft nicht den Fall, in dem ein Bau ernstlich begonnen und eine Zeit lang fortgeführt, dann aber aus irgendwelchen Gründen eingestellt und nicht vollendet wurde.

Die BO. enthält, abgesehen von § 76, keine Vorschriften darüber, binnen welcher Zeit ein in Angriff genommener Bau vollendet werden muß und wann und in welcher Reihenfolge die einzelnen Bauarbeiten vorzunehmen sind. Für die Reihenfolge der Arbeiten sind die allgemein anerkannten Regeln der Baukunst, möglicherweise auch Unfallverhütungsvorschriften der Bauberufsgenossenschaften oder gemäß § 12 BO. oder § 367 Nr. 14 StGB. getroffene Anordordnungen der Bezirkspolizeibehörde maßgebend.

Wird ein Bau z. B. wegen Mangel an den erforderlichen Geldmitteln eingestellt, so begründet dies für Bauherrn oder Bauleiter noch keine Strafbarkeit nach § 367 Nr. 15 StGB. Möglicherweise kann aber ein Vergehen nach § 330 StGB. in Betracht kommen (ObstLG. vom 10. Febr. 1927 BayVerwBl. 1927 S. 345).

Außerhalb der Bauordnung gibt die VO. zur Behebung der dringendsten Wohnungsnot vom 9. Dez. 1919 (RGBl. S. 1965) in § 11 eine Handhabe zur Fortführung eines eingestellten Baues:

„Werden bei Neubauten, die der Herstellung von Wohnungen dienen können, die Bauarbeiten länger als sechs Monate unterbrochen, so kann der Bezirkswohnungskommissar bei schuldhaftem Verzögern oder bei Leistungsunfähigkeit des Bauherrn das Baugrundstück zugunsten der Gemeinde enteignen, sofern diese bereit und in der Lage ist, den Bau unverzüglich bezugsfähig fertig herzustellen.

Die Enteignung erfolgt nach den Bestimmungen der §§ 3 und 4."

2. Die Frist beginnt mit dem Tage der Rechtskraft des Genehmigungsbeschlusses zu laufen (s. § 72 I) und erlischt mit dem gleichen Tage des übernächsten Jahres von selbst (§ 188 BGB.), ohne daß es einer Ungültigkeitserklärung der Behörde bedarf. Wenn Bauten zum Zwecke des Nachweises des Baubeginnes lediglich zum Schein vorgenommen und dann wieder eingestellt werden, so darf nicht etwa gefolgert werden, daß die Präklusivfrist vom Tage der Einstellung der Bauarbeiten an läuft, sondern es läuft vielmehr hier die Frist rückwirkend vom Tage der Rechtskraft des Genehmigungsbeschlusses an, da in diesem Falle ein Baubeginn im Sinne des Abs. I überhaupt nicht vorgelegen hat. Ob ein Bau ernstlich oder nur zum Schein begonnen wurde, läßt sich nur nach Lage des einzelnen Falles beurteilen.

(Vgl. § 92 I MBO., der die ausdrückliche Bestimmung enthält: „wenn nicht innerhalb eines Jahres, vom Tage der Zustellung derselben an gerechnet, mit dem Bau begonnen, oder wenn die Bauführung ein Jahr lang unterbrochen worden ist.")

3. D. h. also im Falle des Erlöschens der Baugenehmigung durch Ablauf der 2jährigen Frist, ist ein 2faches Verfahren möglich: entweder es findet eine völlig neue Instruktion und Bescheidung

des Gesuches statt, oder es wird die Baugenehmigung auf ein weiteres Jahr erneuert. Die Frist von einem weiteren Jahr muß vom Ablauf der erstmaligen Frist an gerechnet werden; eine andere Auslegung würde der Willkür in der Handhabung des Abs. II Platz geben. Für die Erneuerung der Genehmigung sind durch die Baupolizeibehörde die gleichen Voraussetzungen zu prüfen wie bei einer erstmaligen Genehmigung; auch die Erneuerung wird ausgesprochen auf Grund der bei der Erneuerung bestehenden rechtlichen und tatsächlichen derzeitigen Verhältnisse.

Die Erneuerung erstreckt sich auch auf eine seinerzeit ausgesprochene Dispens, es sei denn, daß sich die für deren Gewährung seinerzeit maßgebenden Umstände geändert hätten. — Auch bei der Erneuerung der Genehmigung können neue Bedingungen durch die Baupolizeibehörde auferlegt werden, da sich der Antrag auf Erneuerung rechtlich als Antrag auf neue Baugenehmigung darstellt.

4. Da die Zurücknahme ins pflichtgemäße Ermessen der Baupolizeibehörde gestellt ist, muß diese Zurücknahme erfolgen, wenn auf Grund der unrichtigen Pläne ein bauordnungswidriger Zustand geschaffen worden ist. — Voraussetzung für die Unwirksamkeit ist, daß die Unrichtigkeit der Pläne durch den Gesuchsteller oder den Planfertiger verschuldet ist. — Folge der Unwirksamkeit ist Verbot der Fortführung der Bauarbeiten und Strafanzeige (Art. 101 und 105; ev. auch Art. 18 II PStGB.).

Die Zurücknahme der Genehmigung ist auch nach Fertigstellung des Gebäudes zulässig. — S. auch § 6 Anm. 1.

§ 77.

I Bei Beschwerdeführungen [1]) in Bausachen muß eine Frist von 14 Tagen bei Vermeidung des Ausschlusses eingehalten werden [2]).

II Das Beschwerderecht steht nicht nur den Bauunternehmern, sondern auch sämtlichen Beteiligten [3]) zu.

1. Über die Zuständigkeit s. §§ 58 und 65. Ihrer Rechtsnatur nach ist die Beschwerde des § 77 eine befristete Verwaltungsbeschwerde.

ME. vom 23. Juni 1896 Nr. 11939: „Endlich wird bemerkt, daß, wenn bei Bescheidungen eines Baugesuches ein beteiligter Nachbar in 2. Instanz unterlegen ist, der Baubeginn erst nach unbenütztem Ablauf der in § 77 I BO. vorgeschriebenen Frist bzw. im Falle rechtzeitig eingelegter Beschwerde erst nach Eintreffen eines abweisenden oberaufsichtlichen Bescheides gestattet werden darf, da uns nur bei solchem Vorgehen das Oberaufsichtsrecht des Staatsministeriums des Innern genügend gewahrt erscheint."

Die Frist des Abs. I wird in Lauf gesetzt, auch wenn eine Beschwerdebelehrung fehlt. (Die Entsch. des VGH. Bd. 41,

S. 72, in der unter Aufgabe des früheren Standpunktes für Verwaltungsrechtssachen ausgesprochen ist, daß beim Mangel einer Beschwerdebelehrung die Rechtsmittelfrist nicht zu laufen beginnt, ist für reine Verwaltungssachen nicht anwendbar, da diese Entscheidung sich auf § 71 VB. zum VGG. stützt, der eine Beschwerdebelehrung ausdrücklich vorschreibt.) Dagegen darf aus einer unrichtigen Beschwerdebelehrung den Beteiligten kein Rechtsnachteil entstehen (vgl. VGH. 41, 72: „denn das neuzeitliche Rechtsempfinden ist verletzt, wenn eine falsche oder unzureichende Beschwerdebelehrung, die von der Autorität der Behörde getragen ist, eine Entziehung des Instanzenzuges zur Folge hätte.")

2. Über die Berechnung der Frist s. §§ 187 I, 188 I BGB.; §§ 221, 222 ZPO.

Zur Wahrung der Beschwerdefrist genügt Einlauf der Beschwerde entweder bei der instruierenden Behörde, oder bei der Behörde, die den angefochtenen Bescheid erlassen hat, oder bei der vorgesetzten Behörde der letzteren. Empfohlen wird jedoch Einreichung der Beschwerde bei der instruierenden Behörde, da diese die vollständigen Akten besitzt. Beschwerden des Stadtrats einer unmittelbaren Stadt gegen von der Regierung, Kammer des Innern, in erster Instanz beschlossene Baulinienfestsetzungen müssen innerhalb der 14 tägigen Frist bei der Regierung eingelaufen sein; Beschwerden dritter Personen dagegen sind bei dem die Sache instruierenden Stadtrat einzureichen (ME. vom 20. Januar 1885 Nr. 888).

Die Einreichung der Beschwerde kann formlos geschehen; eine Beschwerdebegründung ist nicht vorgeschrieben.

3. Über „Beteiligte" s. § 61 Anm. 4, § 67 Anm. 4. Beteiligt sind nicht nur die Nachbarn, sondern auch die Gemeindebehörde und die in § 68 aufgeführten Stellen; nicht dagegen die in § 70 genannte Behörde, da diese eine lediglich gutachtliche Tätigkeit ausübt.

Über Legitimation zur Beschwerde und Beschwerderecht der Beteiligten, die in 1. Instanz nicht gehört wurden, s. VGH. 27 S. 79.

§ 78.

I Bezüglich der Gebühren für die Revision der Pläne über Baulinien und Bauführungen sind die Vorschriften der Verordnung vom 26. Juli 1873 (Regierungsblatt S. 1185) maßgebend. An die Stelle der dort in § 3 Abs. II angeführten Verordnung vom 18. Februar 1872 tritt die Verordnung vom 11. Februar 1875 (Gesetz- und Verordnungsblatt S. 105)[1].

II Der Anspruch der zur Mitwirkung bei der Ausstedung der Baulinie und zur Kontrolle der Bauführung aufgestellten Sachverständigen, sowie der Bauaufseher auf Tagegelder und

Reisekosten bei auswärtigen Dienstgeschäften bemißt sich für die im öffentlichen Dienste angestellten Sachverständigen und die Bauaufseher nach den für dieselben jeweils geltenden Diäten-Regulativen [2]); für die übrigen Sachverständigen haben die Vorschriften der Verordnung vom 11. Februar 1875 [1]) analog in Anwendung zu kommen, wobei diese Sachverständigen den in § 6 lit. f dortselbst aufgeführten Beamten und Bediensteten beizuzählen sind.

III Für die Vornahme von Dienstgeschäften am Wohnsitze oder in einer Entfernung von weniger als 3 Kilometer von demselben können die im Abs. II bezeichneten Sachverständigen sowie die Bauaufseher mit Rücksicht auf die Dauer der hierauf verwendeten Zeit eine Gebühr von 1 bis 6 Mark ansprechen, welche von der Baupolizeibehörde festzusetzen ist. Die Festsetzung kann auch im Wege eines Gebühren-Regulatives erfolgen. Eine anderweitige Regelung der gesamten Bezüge der Sachverständigen und Bauaufseher im Wege des Dienstvertrages bleibt vorbehalten.

IV Die amtlichen Ärzte können für Gutachten, welche sie auf Grund des § 70 abgeben, eine Gebühr in der Regel nicht beanspruchen.

V Müssen dieselben behufs der Abgabe des Gutachtens einen Augenschein und eine Reise vornehmen, so haben sie Anspruch auf Entschädigung für Zeitaufwand und Ersatz der Reisekosten nach Maßgabe der Verordnung vom 20. Dezember 1875, die Vergütung für ärztliche Amtsgeschäfte betreffend (Gesetz- und Verordnungsblatt S. 859) [3]).

VI Die Baupolizeibehörde ist berechtigt, die Ausfertigung der Pläne von der Entrichtung der treffenden Gebühren und Auslagen sowie von der Erlegung eines angemessenen Vorschusses für die Kosten der Baukontrolle abhängig zu machen.

1. Neugeregelt sind die Gebühren für Prüfung von Bauplänen nunmehr durch die VO. vom 10. Sept. 1925 (GVBl. S. 247):

„Unter Aufhebung der VO. vom 3. Sept. 1920, 9. Juni 1923, 14. Aug. 1923 und 29. Nov. 1923 (GVBl. S. 422, 209, 280 und 382) wird mit sofortiger Wirksamkeit folgendes bestimmt:

Bei den in § 78 Abs. I der VO. vom $\frac{\text{17. Februar 1901}}{\text{3. August 1910}}$, 10. Juli 1918 (GVBl. S. $\frac{87}{403}$/359) im Zusammenhalte mit der V. vom 26. Juli 1873 (RegBl. S. 1185) festgesetzten Gebühren für die Prüfung der Pläne über Baulinien und Bauführungen tritt an Stelle der Mark die Reichsmark. — An Stelle des in § 78 Abs. I u. II der VO. angeführten V. vom 11. Febr. 1875 (GVBl. S. 105) tritt die V. vom 20. Mai 1922 (GVBl. S. 297) in der Fassung der V. vom 31. Okt. 1923 (GVBl. S. 375) und vom 29. Jan. 1924 (GVBl. S. 19)." —

Sind umfassende Untersuchungen usw. nötig (z. B. bei ausgedehnten Bauanlagen), so darf für die Revision eines Baulinien- oder Bauplanes eine höhere Gebühr angesetzt werden; diese ist jedoch näher zu begründen. Im übrigen wird auf die VO. vom 26. Juli 1873 (RegBl. S. 1185) verwiesen.

2. Für die Bezirkstechniker sind die jeweiligen Dienstverträge maßgebend. — S. auch MB. vom 16. Juli 1919 betr. Einhebung von Baukontrollgebühren durch die Gemeindebehörden (MABl. S. 118).

3. Die Gebühren für ärztliche Dienstleistungen bei Behörden regeln sich nach den VO. vom 17. Nov. 1902 (GVBl. S. 715), 4. Aug. 1910 (GVBl. S. 415) und vom 15. Jan. 1924 (StAnz. 14).

§ 79.

I Die Kosten der Anfertigung und Revision der Pläne über Baulinien hat derjenige zu tragen, dem nach gegenwärtiger Verordnung die Vorlage solcher Pläne obliegt[1]). Im übrigen fallen die Kosten des Verfahrens einschließlich der Kosten für die Anfertigung und Revision der Pläne über Bauführungen sowie für die Aussteckung der Baulinie und für die Kontrolle der Bauführung im Sinne der §§ 66 und 73 dem Bauunternehmer zur Last.

II Hinsichtlich der Gebührenpflicht der amtlichen Verhandlungen finden die Bestimmungen des Gesetzes über das Gebührenwesen in der Fassung vom Jahre 1899 (Gesetz- und Verordnungsblatt S. 904)[2]) Anwendung. Hienach besteht eine gesetzliche Gebührenfreiheit im allgemeinen und abgesehen von den Fällen des Art. 3 Ziff. 2 und des Art. 231[3]) des Gebührengesetzes nur für jene Amtshandlungen, welche unabhängig von dem Verschulden einer Partei im öffentlichen Interesse von Amtswegen gepflogen werden (Art. 3 Ziff. 1 a. a. O.).[4])

III Kosten, welche durch unbegründete Einsprüche veranlaßt wurden, können demjenigen zur Last gelegt werden, welcher den Einspruch erhoben hat.

1. S. § 59 II und § 60.

2. Nunmehr Kostengesetz vom 16. Febr. 1921, 18. März 1922 (GVBl. S. 133 und 209) Art. 142, 143 sowie MBekm. vom 4. Jan. 1924 (StAnz. Nr. 4).

3. Nunmehr Kostengesetz vom 16. Febr. 1921, 18. März 1922 Art. 3 Ziff. 2 und Art. 170 und MBekm. vom 4. Jan. 1924 (StAnz. 4). — Beschwerden über Kosten sind, soweit Landesrecht maßgebend ist, nur zulässig, wenn die Gegenstandssumme 5 *RM* übersteigt: VO. vom 2. Febr. 1924 (GVBl. S. 57). —

4. Nunmehr Kostengesetz vom 16. Febr. 1921, 18. März 1922 Art. 3 Ziff. 1. — S. weiter Art. 171 I und 143 II Kostengesetz. — Bei Kleinwohnungs- und Siedlungsbauten sind die Baupolizeigebühren möglichst niedrig festzusetzen. ME. vom 7. Jan. 1924 (StAnz. Nr. 20), vom 20. Jan. 1926 Nr. 3650 bb 1 u. vom 22. Nov. 1927 Nr. 3651 c 120.

V. Schlußbestimmungen.

§ 80.

Aufgehoben sind die Verordnung vom 31. Juli 1890, die Bauordnung betreffend (Gesetz- und Verordnungsblatt S. 531), die Verordnung vom 30. August 1890, die Bauordnung für die Pfalz betreffend (Gesetz- und Verordnungsblatt S. 583), dann Abschnitt I und II der Verordnung vom 21. März 1900, die Abänderung und Ergänzung der Bauordnungen betreffend (Gesetz- und Verordnungsblatt S. 217), ferner alle der gegenwärtigen Verordnung entgegenstehenden oder durch dieselbe ersetzten sonstigen Bestimmungen.

§ 81.

Der Zeitpunkt, von welchem ab der Art. 102 des Polizeistrafgesetzbuchs außer Kraft und der Art. 101 des Polizeistrafgesetzbuchs in der Pfalz in Kraft tritt, wird auf den 1. Mai 1901 festgesetzt. Am gleichen Tage tritt gegenwärtige Verordnung in Wirksamkeit.

§ 82.

In der Pfalz gelten für die Ausführung von Neubauten und Baureparaturen, welche vor dem Inkrafttreten gegenwärtiger Verordnung begonnen worden sind, noch die bisherigen Vorschriften.

München, den 17. Februar 1901.

Luitpold,
Prinz von Bayern,
des Königreichs Bayern Verweser.

Dr. Frhr. v. Feilitzsch.

Auf Allerhöchsten Befehl:
Der General-Sekretär:
Ministerialrat v. Kopplstätter.

II. Teil.

Strafrechtliche Bestimmungen.

1. Auszug aus dem Reichsstrafgesetzbuch.

§ 222.

Wer durch Fahrlässigkeit den Tod eines Menschen verursacht, wird mit Gefängnis bis zu drei Jahren bestraft.

Wenn der Täter zu der Aufmerksamkeit, welche er aus den Augen setzte, vermöge seines Amtes, Berufes oder Gewerbes besonders verpflichtet war, so kann die Strafe bis auf fünf Jahre Gefängnis erhöht werden.

§ 230.

Wer durch Fahrlässigkeit die Körperverletzung eines anderen verursacht, wird mit Geldstrafe oder mit Gefängnis bis zu zwei Jahren bestraft.

War der Täter zu der Aufmerksamkeit, welche er aus den Augen setzte, vermöge seines Amtes, Berufes oder Gewerbes besonders verpflichtet, so kann die Strafe auf drei Jahre Gefängnis erhöht werden.

§ 330.

Wer bei der Leitung [1]) oder Ausführung [2]) eines Baues [3]) wider die allgemein anerkannten Regeln der Baukunst [4]) dergestalt handelt [5]), daß hieraus für andere [6]) Gefahr [7]) entsteht, wird mit Geldstrafe oder mit Gefängnis bis zu einem Jahre bestraft [8]).

1. Leiter eines Baues ist der, nach dessen Anordnungen in der Gesamtheit technisch die Errichtung eines Baues als Ganzes zu geschehen hat, mag er auch bestimmte Arbeiten in Akkord gegeben haben. Das tatsächliche Verhältnis zum Bau ist entscheidend.

Zur Leitung eines Baues gehört namentlich auch die Überwachung der Arbeiter. Die Benutzung von Zwischenorganen steht dem Begriff der Bauleitung nicht entgegen. In der bloßen Ausarbeitung des Planes liegt noch keine Bauleitung. Im übrigen s. § 72 BO. Anm. 6. — Ein Angeklagter kann sich gegenüber einer Anklage aus § 330 nicht darauf berufen, daß er sich nicht für den Bauleiter gehalten habe. (RGSt. 57, 205.)

2. Die Ausführung eines Baues umfaßt alle Arbeiten, die zur Herstellung eines Baues gehören. Nach der Praxis des RG. gehören zur Bauausführung namentlich: Herstellung des Baugerüstes, Terrainarbeiten, Errichtung von Schutzvorrichtungen für Publikum und Arbeiter; auch die vorbereitenden Erdarbeiten.

Die bloße Planfertigung ist keine Mitwirkung bei der Bauausführung. — Die Bauausführung erfolgt durch die beim Bau unmittelbar beschäftigten Personen, die Bauhandwerker und Bauarbeiter.

3. „Bau" i. S. des § 330 bezeichnet nach der Rechtsprechung des RG. nicht „Bauwerk", sondern „Bauarbeit oder Bautätigkeit", jede in das Gebiet der Bautätigkeit, des Bauhandwerks fallende Tätigkeit, für deren Vornahme allgemein anerkannte Regeln der Baukunst von solcher Bedeutung sind, daß ein Zuwiderhandeln gegen sie mit Gefahr für andere verbunden ist. (RG. 25, 92; GoldtArch. 56, 219.) Gleichgültig ob Hochbau oder Tiefbau. Auch Abbrucharbeiten und Reparaturen gehören hieher; ebenso Hilfsbauten, Gerüste usw.; nicht jedoch für einen Bau angelegte Sandgruben; wohl aber das Aussehen der Baugrube.

4. Der Begriff der „allgemein anerkannten Regeln der Baukunst" ist nicht schon dadurch erfüllt, daß eine Regel bei völliger wissenschaftlicher Erkenntnis sich als richtig und unanfechtbar darstellt, sondern sie muß auch allgemein anerkannt, d. h. durchweg in den Kreisen der betreffenden Techniker bekannt und als richtig anerkannt sein (RG. 44, 77; 56, 343). Hierher zählen auch als Verstöße Unterlassungen, z. B. Nichtbeaufsichtigung der Arbeiter; Unterlassung der Schutzvorrichtungen usw. — Die allgemein anerkannten Regeln der Baukunst sind in der BO. nicht erschöpft. — Das Mindestmaß von Sorgfalt, das dem Bauunternehmer bei seiner gewerblichen Tätigkeit obliegt, besteht in der Beachtung der baupolizeilichen und sonstigen Vorschriften (GoltdArch. 68, 272; JW. 1910, 45). Dazu kommt, wenn er sich Hilfskräfte bedient, die Pflicht, diese zu beaufsichtigen und anzuleiten, und darüber hinaus kann nach Maßgabe des § 618 BGB. und des § 120a GewO. nach Umständen eine besondere Sorgfalt geboten sein (ObstLG. 20, 353; Reger, Sammlg. 43, 274). — Die Beschäftigung von Arbeitern an einer für sie gefährlichen Stelle eines Bauplatzes ist noch kein „Baukunstfehler" i. S. des § 330 (RGSt. 56, 343). —

5. Vorsätzlich wie fahrlässig. — Das Delikt ist vollendet mit dem Eintritt der Gefahr (kein Dauerdelikt). — Die Verjährung

beginnt spätestens mit Vollendung des Baues; da wo die strafbare Handlung durch Einzelakte bei Bauherstellung begangen, schon mit dem Zeitpunkt, in dem die Ausführung dieser Einzelteile eine Gefahr entstehen ließ.

6. Gefahr für andere ist hier gleich „Gefahr für Leben und Gesundheit anderer"; Gefährdung von Eigentum erfüllt den Tatbestand nicht. Wer die gefährdete Person ist, ist gleichgültig (z. B. auch die Bauhandwerker).

7. Die Gefahr muß gegenwärtig sein; zukünftige Gefahr genügt nicht. Nicht erforderlich Gefahr durch Einsturz usw.; es genügt auch Gefährdung in hygienischer Beziehung (z. B. Veranlassung von Schwammbildung in Neubauten usw.).

8. Idealkonkurrenz mit §§ 222, 230 RStGB. möglich; ebenso mit Art. 101 PolStGB. (ObstLG. 8, 298). Fahrlässige Körperverletzung (§ 232 II RStGB.) kann begangen werden durch Nichtbeachtung baupolizeilicher Vorschriften (ObstLG. 20, 353; Reger, Sammlg. 43, 274).

§ 367.

I Mit Geldstrafe bis zu einhundertfünfzig Reichsmark oder mit Haft wird bestraft:

12. wer[1]) auf öffentlichen[2]) Straßen, Wegen oder Plätzen, auf Höfen, in Häusern und überhaupt an Orten, an welchen Menschen verkehren[3]), Brunnen, Keller, Gruben, Öffnungen oder Abhänge[4]) dergestalt unverdeckt oder unverwahrt läßt, daß daraus Gefahr für andere entstehen kann[5]);

13. wer[6]) trotz der polizeilichen Aufforderung[7]) es unterläßt[8]), Gebäude[9]), welche dem Einsturz drohen[10]), auszubessern oder niederzureißen[11]);

14. [12]) wer Bauten[13]) oder Ausbesserungen von Gebäuden, Brunnen, Brücken, Schleusen oder anderen Bauwerken[13]) vornimmt, ohne die von der Polizei angeordneten[14]) oder sonst erforderlichen Sicherungsmaßregeln[15]) zu treffen;

15. wer[16]) als Bauherr[17]), Baumeister[17]) oder Bauhandwerker[17]) einen Bau[13]) oder eine Ausbesserung, wozu die polizeiliche Genehmigung erforderlich ist[18]), ohne diese Genehmigung oder mit eigenmächtiger Abweichung von dem durch die Behörde genehmigten Bauplane[19]) ausführt oder ausführen läßt[20])[21]).

1. Strafbar nicht nur der Eigentümer, sondern jeder, der tatsächlich über die gefahrdrohende Stelle als Inhaber oder Verwalter verfügt. Haftung des Eigentümers k a n n wegfallen, wenn er die Verwaltung auf eine andere Person überträgt.

2. S. § 1 BO. Anm. 4.

3. Orte, an denen Menschen verkehren, sind nicht notwendig „öffentliche", sondern solche, an denen Menschen „zu verkehren pflegen". (s. ObstLG. vom 22. Sept. 1925, BVerwBl. 1926, 444).

4. Hierunter fallen auch Gräben, geländerlose Brücken usw.

5. Die Möglichkeit einer Gefahr genügt; ebenso Fahrlässigkeit als Verschulden.

6. D. i. jeder Verfügungsberechtigte, nicht nur der Eigentümer oder Verwalter. Die polizeiliche Aufforderung ist an den zu richten, der privatrechtlich verfügungsberechtigt ist (ObstLG. 7, 348).

7. Das Gebot tritt erst in Kraft, nachdem die polizeiliche Aufforderung — gleich in welcher Form — ergangen ist (ObstLG. 2, 298).

Die Entscheidung, ob ein Gebäude dem Einsturz droht, ob die Voraussetzungen für eine polizeiliche Aufforderung nach Ziff. 13 vorliegen, steht den Bezirkspolizeibehörden zu (§ 11 der Zuständigkeitsverordnung vom 4. Jan. 1872 RegBl. S. 25). — Der Umstand, daß ein Gebäude dem Einsturz droht, ist T a t b e s t a n d s m e r k m a l des § 367 Z. 13; d e r S t r a f r i c h t e r h a t d i e s e n U m s t a n d s e l b s t ä n d i g z u p r ü f e n; die Würdigung der Polizeibehörde ist für ihn nicht bindend (so die überwiegende Meinung im Schrifttum und nunmehr auch unter Aufgabe des bisherigen Rechtsstandpunkts des ObstLG. im Urt. vom 19. Nov. 1925 — Verwaltungsblätter 1926 S. 175). Vgl. auch Olshausen b zu § 367 Ziff. 13; Frank XIV zu § 367; Binding, Lehrb. 2 S. 106/107, Schiedermair zu § 367 Nr. 13, zur früheren, nun aufgegebenen Rechtsprechung ObstLG. 2, 298; 4, 412; 8, 162; 11, 101; 16, 106; MABl. 1894 S. 436.

8. Fahrlässigkeit genügt.

9. „Gebäude" sind hier auch Mauern (OLG. München 1, 271). § 367 Ziff. 13 findet auf Staatsgebäude (§ 10 BO.) keine Anwendung.

10. Ursache der Einsturzgefahr gleichgültig (z. B. Baufälligkeit einer Stützmauer infolge Tieferlegung einer Straße (ME. vom 14. Sept. 1908 Nr. 21 444).

11. Bezüglich Beseitigungsbefugnis s. Art. 105 PStGB.

12. Täter ist, wer den Bau vornimmt, d. i. hier nicht nur der Bauführer oder Bauleiter, sondern insbesondere auch der B a u h e r r a l s s o l c h e r (so ständige Rechtsprechung der Zivilsenate des RG. und Olshausen b zu § 367 Ziff. 14; a. M. Frank § 367 XV).

Vollendet ist die Übertretung, sobald die Sicherheitsmaßregel außer acht gelassen ist; die Verjährung beginnt, sobald die Sicherheitsmaßregel nachgeholt ist.

13. „Bau" i. S. des § 367 Nr. 14 und 15 ist das Ergebnis jeder in das Gebiet der Bautätigkeit, für deren Vornahme allgemein anerkannte Regeln der Baukunst von solcher Bedeutung sind, daß ein Zuwiderhandeln gegen sie mit Gefahr für andere verbunden ist. — Im übrigen vgl. § 330 Anm. 3. —

14. Zuständig ist die Bezirkspolizeibehörde (§ 12 der Zust.V. vom 4. Jan. 1872 RegBl. S. 25). — Kein Prüfungsrecht des Strafrichters, ob die erlassene Anordnung sachlich gerechtfertigt war.

15. Gegen Gefahren jeglicher Art, gleich ob für Personen oder Sachen. Wenn ein Bau aus Mangel an Geldmitteln nicht vollendet werden kann, müssen zur Sicherung des unfertigen Gebäudes alle nach den allgem. Regeln der Baukunst oder nach sonstigen Vorschriften erforderlichen oder von der zuständigen Bezirkspolizeibehörde auf Grund der vorstehenden Vorschriften, namentlich nach § 367 Nr. 14 StGB., angeordneten Maßregeln vorgenommen werden (ObstLG. vom 10. Februar 1927 bayer. VerwBl. 1927 S. 345).

Über Unfallverhütungsvorschriften s. § 66 BO. Anm. 6 und IX. Teil.

16. Die in Ziff. 15 genannten Personen sind nebeneinander verantwortlich; eine Übertragung der ausschließlichen Verantwortlichkeit des einen auf den andern ist unstatthaft; ein Wechsel hinsichtlich der Verantwortlichkeit dieser Personen kann stattfinden; der Neueintretende ist dann verantwortlich für Abweichungen nach der Übernahme sowie für Nichtbeseitigung früherer Abweichungen (OLG. München 9, 154; Olshausen Anm. c zu 36, 15). Nicht nach § 367 Nr. 15 ist strafbar, wer als Rechtsnachfolger des Bauherrn die von der Baupolizeibehörde nach § 12 oder § 73 BO getroffenen Anordnungen nicht befolgt. Strafbar ist er als Rechtsnachfolger des ursprünglichen Bauherrn nur, wenn er durch Nichtbefolgung jener Anordnungen, durch Unterlassen der Beseitigung des ordnungswidrigen Zustandes, sonstigen allgemein verbindlichen Vorschriften (vgl. z. B. § 367 Nr. 13 StGB., § 368 Nr. 4 StGB., Art. 73 PStGB.) zuwiderhandelt (ObstLG. vom 20. Okt. 1927 BayGemVZ. 1928 S. 98).

17. Begriff des Bauherrn, Baumeisters, Bauhandwerkers s. § 72 BO. Anm. 6.

18. Unter „polizeilicher Genehmigung" im Sinne der Ziff. 15 ist nur eine baupolizeiliche Genehmigung zu verstehen, wie in den §§ 6—8 BO. vorgesehen, nicht eine polizeiliche Genehmigung überhaupt. Wann eine baupolizeiliche Genehmigung einzuholen ist, bestimmen die BO. (ObstLG. 14, 89) oder sonstige auf Grund des Art. 101 PolStGB. erlassene Verordnungen (s. auch § 6 Anm. 1).

Bei Würdigung der Frage, ob zu Vornahme einer Bauführung polizeiliche Genehmigung erforderlich ist, ist die Gesamtheit der in Aussicht genommenen Bauarbeiten ins Auge zu fassen und nicht zwischen den einzelnen Teilen eines und desselben Bauvorhabens zu unterscheiden (ObstLG. 4, 365; 12, 346; 20, 385).

Genehmigungspflicht muß jedenfalls dann angenommen werden, wenn der genehmigungspflichtige Bau und die — ihrer Art nach und an sich nicht genehmigungspflichtige — bauliche Anlage bautechnisch dergestalt miteinander verbunden werden sollen, daß von einem selbständigen Entstehen oder Bestehen des Baues oder der baulichen Anlage bautechnisch nicht gesprochen werden kann (ObstLG. 12, 346).

Soweit baupolizeiliche Genehmigung nicht erforderlich, fällt ordnungswidriges Bauen nur unter Art. 101 I PStGB.

Der Bauunternehmer, dessen Bauplan unter der Bedingung genehmigt wurde, daß er vor Baubeginn sein vor der Baulinie liegendes Gelände kosten- und lastenfrei an die Gemeinde abzutreten hat, ist nicht strafbar nach § 367 Ziff. 15, wenn er ohne Erfüllung dieser Aufgabe baut (ObstLG. 17, 16).

Wer bei einem Neubau von dem genehmigten Bauplane abweichend Kellerräume zu Wohnzwecken einrichtet, macht sich nicht notwendig nach § 367 Nr. 15 strafbar.

Irrtümliche Belehrung über Genehmigungspflicht durch den Amtstechniker schützt nicht vor Strafe (ObstLG. vom 2. März 1925 in bayr. VerwBlätt. 1925 S. 245).

19. Nicht jede Abweichung vom genehmigten Bauplan ist eigenmächtig und strafbar; Voraussetzung hiefür ist vielmehr, daß es sich um eine Abänderung handelt, zu der nach dem maßgebenden Landesrecht eine baupolizeiliche Genehmigung überhaupt erforderlich ist (ObstLG. 12, 346; 15, 70; 15, 89, 93; 17, 57; 27, 246; ObstLG. vom 21. März 1929 in BayGemVZ. 1929 S. 585).

Für die Bestrafung einer eigenmächtigen Abweichung ist der Umstand ohne Bedeutung, daß es sich lediglich um die Wiederherstellung einer böswillig beschädigten oder zerstörten Anlage handelt (ObstLG. 3, 69).

Auch der Umstand, daß bei der eigenmächtigen Abweichung im übrigen die baupolizeilichen Vorschriften eingehalten werden, schließt die Strafbarkeit nicht aus (ObstLG. 1, 252; OLG. München 5, 235; 6, 421).

Ohne Genehmigung baut auch der, der vor der Genehmigung zu bauen anfängt (OLG. München 7, 181). — Nachträgliche baupolizeiliche Genehmigung begründet keine Straflosigkeit (ObstLG. 2, 355). — Eine Übertretung nach § 367 Nr. 15 liegt nicht vor, wenn jemand, der vor erteilter Baugenehmigung gebaut hat und deswegen bestraft worden ist, nachträglich Baugenehmigung unter verschiedenen Auflagen erhält, diese Auflagen aber nicht erfüllt. Die hier allein in Betracht kommende zweite Alternative des § 367 Nr. 15 erfordert eine eigenmächtige Abweichung vom genehmigten Bauplan. Von einer solchen kann keine Rede sein, solange ein genehmigter Plan gar nicht vorliegt. Nach Genehmigung des Planes hat aber der Bauherr eine bauliche Verrichtung gar nicht mehr vornehmen lassen (ObstLG. vom 27. Jan. 1927, BayGemVZ. 1927 S. 305).

Eigenmächtige Abweichung ist auch jede Nichtbefolgung der dem Plane beigefügten besonderen, gesetzlich begründeten Anordnungen, selbst wenn die Anordnung nicht gerechtfertigt war (ObstLG. 3, 131; 5, 107; OLG. München 3, 398; 4, 404; 5, 216; 6, 171; 253, 675; 8, 326); dies gilt auch von den dem Plane beigefügten Bemerkungen des Planrevisors. — Strafbarkeit besteht selbst dann, wenn die Ausführung der Anordnungen unmöglich ist (ObstLG. 5, 107). — § 367 Nr. 15 ist jedoch nicht anwendbar auf die Nichtbeachtung einer bei der baupolizeilichen Genehmigung des Bauplanes erlassenen besonderen Anordnung, die nicht die Ausführung, sondern die Verwendung des Baues betrifft; denn Anordnungen i. S. des § 12 BO., deren Nichtbeachtung bei Ausführung des Baues den Tatbestand des § 367 Nr. 15 erschöpfen soll, müssen die Ausführung des Baues betreffen (ObstLG. vom 29. April 1915; Reger, Sammlg. 37, 398). —

Die Vornahme von Hauptreparaturen i. S. des § 61 BO. ist ohne Genehmigung zulässig, wenn sie zur Beseitigung einer augenblicklichen Einsturzgefahr notwendig ist. Es darf jedoch ohne Genehmigung nur ein provisorischer, kein endgültiger Zustand geschaffen werden (ObstLG. 24, 72).

Keine Strafbarkeit nach Ziff. 15, wenn während der Ausführung eines genehmigten Planes solche Änderungen ohne Genehmigung vorgenommen werden, zu deren Vornahme Genehmigung nicht erforderlich wäre, wenn sie an dem planmäßig hergestellten Bauwerke vorgenommen werden wollten und die Abweichungen sich nicht als Zuwiderhandlungen gegen besondere Anordnungen darstellen (ObstLG. 2, 341; 17, 57).

20. Als Verschulden genügt Fahrlässigkeit; Rechtsirrtum über die Genehmigungspflicht ist ohne Bedeutung (ObstLG. 2, 48, 122; 3, 69; 4, 150; 12, 333; 20, 251). Bewußtsein der Rechtswidrigkeit ist kein Tatbestandsmerkmal des § 367 Nr. 15. — Fahrlässigkeit (namentlich bei einem Baumeister usw.), wenn unterlassen wird, über die Genehmigungspflicht einer Abweichung vom genehmigten Bauplan Erkundigungen bei der zuständigen Baupolizeibehörde einzuziehen (ObstLG. vom 2. März 1925 in BayGemVZ. 1925 S. 543; vom 21. März 1929 in BayGemVZ. 1929 S. 585).

Der Tatbestand der Ziff. 15 ist gegeben, wenn vorsätzlich oder fahrlässig ohne Genehmigung mit dem Bau begonnen oder vom genehmigten Plan abgewichen wurde. Besteht die Abweichung in der Nichtausführung planmäßiger Bedingungen, so ist der Tatbestand erst mit Vollendung des Baues, und wenn zur Erfüllung der Bedingungen eine Frist bestimmt war, mit fruchtlosem Fristablauf gegeben. Ob mit dem Plan verbundene Bedingungen und Anordnungen gesetzlich begründet sind, hat der Strafrichter zu prüfen; dagegen nicht, ob diese Anordnungen sonst gerechtfertigt sind (ObstLG. 14, 70; OLG. München 1, 365; 2, 51; MABl. 1883 S. 373).

21. Verjährung: Die Verjährung der Übertretungen aus § 367 Nr. 15 beginnt mit dem Abschluß der Ausführung des Baues. Dieser Zeitpunkt ist maßgebend für den Beginn der Verjährung; in diesem Zeitpunkt ist die strafbare Handlung i. S. des § 67 Abs. 4 RStGB. begangen (ObstLG. 15, 30; 17; 81; R. II 442/21; RGSt. 37, 78).

Von da an bis zu der ersten gegen den Angeschuldigten vorgenommenen richterlichen Handlung läuft die Verjährungsfrist. — Die Fortdauer des durch die Ausführung geschaffenen ordnungswidrigen Zustandes ist ohne Belang.

So die Rechtsprechung des Reichsgerichts in StrS.; insbes. in RG. 37, 78. Dieser Ansicht hat sich das bayer. ObstLG., das bisher den Standpunkt einnahm, daß der Bau erst mit der nach § 73 Abs. I BO. zu erstattenden Bauvollendungsanzeige „vollendet" sei, seit der Entsch. vom 4. März 1915 — ObstLG. 15, 30; 17, 81; MinABl. 1915 S. 71 — angeschlossen, so daß die bisher sehr bestrittene Frage nunmehr als erledigt zu betrachten ist. — (Wegen der älteren Rechtsprechung s. ObstLG. 2, 8, 234, 244; 3, 222; 4, 282; 5, 107; 8, 33; 11, 7; OLG. München 3, 12, 286; 4, 96, 481; 5, 76, 140. — Im übrigen siehe die ausführliche Entscheidung ObstLG. 15, 30.) — Ob hinsichtlich einzelner Arbeiten die Verjährung vor Vollendung des ganzen Baues beginnen kann, ist Tatfrage (RGSt. 37, 79; a. M. ObstLG. 1, 255).

Wegen Beseitigung eines bauordnungswidrigen Zustandes s. Art. 18 II, 105 I PStGB. und § 73 II BO.

§ 368.

Mit Geldstrafe bis zu einhundertfünfzig Reichsmark oder mit Haft bis zu vierzehn Tagen wird bestraft:

3. wer ohne polizeiliche Erlaubnis [1]) eine neue Feuerstätte [2]) errichtet oder eine bereits vorhandene an einen anderen Ort verlegt;

4. wer [3]) es unterläßt, dafür zu sorgen, daß die Feuerstätten [2]) in seinem Hause in baulichem und brandsicherem [4]) Zustande unterhalten [5]) oder daß die Schornsteine zur rechten Zeit gereinigt werden [5]);

8. wer die polizeilich vorgeschriebenen Feuerlöschgerätschaften überhaupt nicht oder nicht im brauchbarem Zustande hält oder andere feuerpolizeiliche Anordnungen[6]) nicht befolgt[7]).

1. S. § 7 Ziff. 3 BO.

2. „Feuerstätte" sind alle Teile der gesamten Feuerungsanlage, also nicht nur die Kamine, sondern auch die zur Aufnahme der Feuerung dienenden Vorrichtungen, wie Öfen, Herde usw. (ObstLG. 21, 314 und die dort angegebenen Stellen; s. BO. § 7 Anm. 9).

3. Strafbar ist nur der Hauseigentümer, nicht der Mieter oder sonst Verfügungsberechtigte. — Ein nach § 368 Nr. 4 u. 8 rechtskräftig Bestrafter kann für die nach Eintritt der Rechtskraft liegenden Verfehlungen erneut bestraft werden; diese bilden eine neue Straftat (ObstLG. 22, 21; Reger Sammlg. 44, 82; RG. 51, 241). —

Die Unmöglichkeit der Aufbringung der erforderlichen Geldmittel kann unter Umständen das Verschulden beseitigen (Reger Sammlg. 43, 288; ObstLG. 21, 314).

4. Vgl. §§ 17 ff. BO. — Auch ObstLG. 5, 76; auch ObstLG. vom 19. April 1928 in bayer. VerwBl. 1928 S. 447.

5. Die Verjährung beginnt mit dem Augenblicke, da der Zustand der Feuerstätte in baulicher oder brandsicherer Beziehung genügt, bzw. der Schornstein gereinigt ist (Frank, RStGB. § 368, IV). Der Eigentümer eines Hauses, der eine feuergefährliche Rauchrohranlage schon bei Erwerb des Hauses übernommen hat, ist nicht verantwortlich nach Art. 101 PStGB. und § 368 Nr. 8 RStGB., wohl aber nach § 368 Nr. 4 RStGB. (ObstLG. 6, 100). — S. auch V. über die Kaminkehrer vom 26. März 1903 (GVBl. S. 115).

6. Unter „Anordnungen" sind hier in erster Linie allgemeine Anordnungen (Art. 2 Ziff. 14 PStGB.) zu verstehen; soweit jedoch auf Grund dieser allgemeinen Anordnungen individuelle Anordnungen im Einzelfall getroffen werden können, ist auch deren Nichtbefolgung nach Ziff. 8 strafbar (ObstLG. 1, 421; 5, 202, 397; 8, 285). — Feuerpolizeiliche Anordnungen im Sinne des § 368 Nr. 8 sind auch solche nach § 10 Abs. 3 der BO. vom 17. Juni 1898 betr. die Feuerbeschau (ObstLG. vom 2. Aug. 1923 in Zeitschr. f. Rechtspflege in Bayern 1924 S. 11).

7. Fahrlässigkeit genügt (ObstLG. 5, 202). — S. auch Anm. 3 Abs. 2.

§ 369.

[1] Mit Geldstrafe bis zu einhundertfünfzig Reichsmark oder mit Haft bis zu vier Wochen werden bestraft:

3. Gewerbetreibende[1]), welche in Feuer arbeiten, wenn sie die Vorschriften nicht befolgen[2]), welche von der Polizeibehörde wegen Anlegung und Verwahrung ihrer Feuerstätten, sowie wegen der Art und der Zeit, sich des Feuers zu bedienen, erlassen sind[3]).

1. Täter können nur Gewerbetreibende sein, welche in Feuer arbeiten, einschließlich der gesetzlichen Vertreter des Betriebsherrn.
2. Fahrlässigkeit genügt.
3. Blankettgesetz: die Erlassung der polizeilichen Vorschriften kann gem. Art. 2 Ziff. 16 PStGB. geschehen. Es sind auch Anordnungen im Einzelfalle zulässig.

2. Auszug aus dem bayer. Polizeistrafgesetzbuch

in der Fassung der Gesetze vom 22. Juni 1900 und 6. Juli 1908.

Art. 2.

In bezug auf die Zuständigkeit zur Erlassung der in Art. 1 bezeichneten allgemeinen Vorschriften für die im Strafgesetzbuche für das Deutsche Reich behandelten Materien wird bestimmt:

6. die nach § 366 Ziff. 10 zulässigen Polizeiverordnungen zur Erhaltung der Sicherheit, Bequemlichkeit, Reinlichkeit und Ruhe auf den öffentlichen Wegen, Straßen und Plätzen werden durch ober-, distrikts- oder ortspolizeiliche Vorschriften erlassen;

11. inwieweit in dem Falle des § 367 Ziff. 15 für die Führung oder Ausbesserung eines Baues polizeiliche Genehmigung erforderlich ist, wird durch Verordnung bestimmt;

14. in bezug auf § 368 Ziff. 8 werden die Anordnungen über die polizeilich vorgeschriebenen Feuerlöschgerätschaften, sowie die Feuerlöschordnungen durch distrikts- oder ortspolizeiliche Vorschriften, sonstige feuerpolizeiliche Anordnungen durch Verordnung oder ortspolizeiliche Vorschriften erlassen;

16. die in § 369 Ziff. 3 vorgesehenen Vorschriften über die Anlegung und Verwahrung der Feuerstätten von Gewerbetreibenden, welche in Feuer arbeiten, sowie über die Art und Zeit, sich des Feuers zu bedienen, können durch Verordnung, ober- oder ortspolizeiliche Vorschriften erlassen werden.

Art. 16.

Unterläßt jemand innerhalb der dafür bestimmten Zeit dasjenige zu tun, was ihm auf Grund eines wegen einer Übertretung ergangenen rechtskräftigen Strafurteils durch die zuständige Polizeibehörde auferlegt worden ist[1]), so ist letztere befugt, diese Handlung auf Kosten des Ungehorsamen[2]) vornehmen zu lassen und, vorbehaltlich seiner Verpflichtung zum Ersatze des etwa verursachten Schadens, den von ihr festgestellten Kostenaufwand nach den gesetzlichen Bestimmungen über Beitreibung von Untersuchungskosten, in der Pfalz auf dem Wege des administrativen Zwangsvollzugs, von demselben zu erheben.

1. Wiederholte Bestrafung wegen der gleichen strafbaren Handlung nicht möglich; dafür Erzwingung nach Art. 16. — Die Polizeibehörden haben für Ausführung ihrer Anordnungen eine angemessene Frist zu bestimmen. — Als Strafurteil gilt auch ein Strafbefehl (BGH. 11, 195). — Verfügungen nach Art. 16 sind rein polizeiliche Maßnahmen, keine Verwaltungsrechtssachen oder Verwaltungsstreitsachen.

2. Ist die Beitreibung der Kosten unmöglich (z. B. wegen Mittellosigkeit des Verurteilten), so sind die Kosten auf die Staatskasse (unter Umständen auch auf die Kasse der beteiligten Gemeinden) zu übernehmen; die Übernahme ist durch die Polizeibehörde beschlußmäßig anzuordnen. Wegen der Zwangsbeitreibung s. Art. 6 AG.ZPO. und KO. vom 26. Juni 1899 (GVBl. S. 401).

Art. 18.

I Ist in den Fällen, in welchen nach dem gegenwärtigen Gesetzbuche die Einziehung einzelner Sachen oder die Schließung einer Anstalt zulässig ist, die Verfolgung oder Verurteilung einer bestimmten Person nicht ausführbar, so können die bezeichneten Maßnahmen von dem Richter selbständig erkannt werden[1]).

II Unter denselben Voraussetzungen kann[2]) der Richter selbständig aussprechen, daß die Polizeibehörde berechtigt ist, die in den Art. 73 Abs. III, 105 Abs. I und 130 Abs. IV vorgesehenen Verfügungen zu erlassen[3]).

1. Für die Fälle, in denen Strafverfolgung und Verurteilung einer Person (subjektives Verfahren) aus gleich welchen Gründen

ausgeschlossen ist (Tod des Täters, Unzurechnungsfähigkeit, Unbekanntheit oder Abwesenheit des Täters, Amnestie, mangelnder Antrag, Verjährung usw.), gibt Art. 18 die Möglichkeit der Beseitigung eines ordnungswidrigen Zustandes (objektives Verfahren). Aus welchen Gründen das subjektive Verfahren unmöglich ist, ist gleichgültig (ObstLG. 2, 56); ebenso ist ohne Belang, seit wann der ordnungswidrige Zustand besteht und ob eine Aufforderung zur Beseitigung erging (OLG. 5, 192). Auch bei Freispruch wegen mangelnden subjektiven Verschuldens ist Verfahren nach Art. 18 möglich (OLG. München 1, 500; ObstLG. 24, 72; 27, 228; bayer. VerwBl. 1928, S. 26).

2. Im Falle des Art. 105 Abs. I muß der Richter die Beseitigungsbefugnis auch im objektiven Verfahren aussprechen. Das Wort „kann" soll nicht etwa abweichend von der Bestimmung des Art. 105 Abs. I eine vom Ermessen des Richters abhängige Ermächtigung des Richters statuieren, sondern nur die rechtliche Möglichkeit des Beseitigungsanspruches auch für den Fall der nicht mehr möglichen Verurteilung schaffen, d. h. also die Anwendung des Art. 105 Abs. I auf die Fälle des Art. 18 Abs. II ausdehnen (ObstLG. vom 8. Juni 1925 II 144/25 in bayer. Verwaltungsblätter 1925 S. 246).

3. Verfahren: S. §§ 430 ff. StPO.; deren Anwendbarkeit auf Art. 18 durch konstante Rechtsprechung anerkannt.

Art. 20.

I In Fällen, welche mit Strafe gesetzlich bedroht sind, ist die zuständige Polizeibehörde, vorbehaltlich der späteren Strafverfolgung, soweit nötig, zur vorläufigen Einschreitung befugt [1]).

IV Unterläßt jemand, dasjenige zu tun, was ihm unter Strafe gesetzlich zu tun geboten ist, so steht der Polizeibehörde die Befugnis zu, diese Handlung statt seiner vorläufig vornehmen zu lassen. Der dadurch verursachte Kostenaufwand kann jedoch von dem Ungehorsamen nur auf Grund eines richterlichen Urteils zwangsweise beigetrieben werden [2]).

V War die vorläufig getroffene Maßregel nicht gerechtfertigt, so bleibt dem Freigesprochenen der allenfalsige Anspruch auf Schadenersatz vorbehalten [3]).

1. Über vorläufige Einschreitung siehe § 73 BO. Anm. 6.

2. Kosten: S. Art. 16 Anm. 2. — Das Urteil kann Ausspruch dahin enthalten, daß der Angekl. der Polizeibehörde die ausgelegten Kosten zu ersetzen habe (ObstLG. vom 26. April 1923 BayGemVZ. 23, 436). —

3. Nicht in allen Fällen einer Freisprechung besteht Anspruch auf Schadensersatz, sondern nur dann, wenn die vorläufige Maßregel nicht gerechtfertigt war.

Art. 22b.

I [1]) An Geld bis zu hundertfünfzig Reichsmark oder mit Haft wird bestraft, wer den durch Verordnung oder oberpolizeiliche Vorschriften erlassenen Bestimmungen über Ausgrabungen und Funde von prähistorischen oder historisch merkwürdigen Gegenständen zuwiderhandelt.

II Gleicher Strafe unterliegt, wer den ober-, distrikts- oder ortspolizeilichen Vorschriften zuwiderhandelt, die zum Schutze einheimischer Tier- und Pflanzenarten gegen Ausrottung oder zum Schutze von Orts- und Landschaftsbildern [2]) gegen verunstaltende Reklame erlassen sind [3]).

III In den Fällen des Abs. 2 finden die Vorschriften der Art. 105, 18 Abs. 2 entsprechende Anwendung [3]).

1. Art. 22b ist Blankettgesetz; unzulässig, das Blankett eines Strafgesetzes, das die Bezeichnung der ver- oder gebotenen Handlung nicht enthält, durch eine polizeiliche Anordnung in der Weise auszufüllen, daß die Nichtbefolgung sofort Strafe nach sich zieht. Es darf vielmehr erst dann, wenn den von der polizeilichen Anordnung Betroffenen, die Möglichkeit der Geltendmachung sachlicher und rechtlicher Bedenken gegeben war und hierüber entschieden ist, bei weiterem Ungehorsam die Strafverfolgung eingeleitet werden. — Oberpol. Vorschriften auf Grund des Art. 22b bedürfen der Verkündigung im GVBl. (ObstLG. vom 19. Nov. 1925 BayGemVZ. 1925 S. 161). —

Bezüglich der Geldstrafe nun maßgebend Art. XIV Abs. 3 MV. vom 6. Febr. 1924 und § 2 V. vom 12. Dez. 1924.

2. Über die hiezu ergangenen Bestimmungen s. Handbuch der inneren Verwaltung von Krais-Brettreich-Henle; Abschnitt 5: Natur- und Denkmalpflege. (Achte und neunte Lieferung S. 685 ff.) — Werden auf Grund des Art. 22b ober-, bezirks- oder ortspoliz. Vorschriften zum Schutze einheimischer Pflanzenarten gegen Ausrottung erlassen, so sind diese — ihre wirksame Verkündung vorausgesetzt — rechtsverbindlich, ohne daß den Betroffenen das Recht zustände zu prüfen, ob jene Vorschriften tatsächlich geeignet sind den angestrebten Zweck zu erreichen, und ob die vom Verbot getroffene Handlung geeignet ist, die Ausrottung einer Pflanzenart herbeizuführen oder hierzu beizutragen (ObstLG. vom 19. Nov. 1925 BayGemVZ. 1925, 161).

3. Durch polizeiliche Vorschrift darf die Änderung oder Beseitigung verunstaltender Reklame nicht mit der Folge angeordnet

werden, daß bei Nichtausführung des Auftrags sofort Strafverfolgung eintritt, sondern es muß vorher entschieden werden, ob die Reklamevorrichtung das Orts- oder Landschaftsbild verunstaltet hat (ObstLG. 11, 327). Zur Entscheidung dieser letzteren Frage sind die Verwaltungsbehörden, nicht die Gerichte zuständig. Die Beseitigungsbefugnis darf vom Gericht erst ausgesprochen werden, wenn vorher in einer einer Beschwerde zugänglichen Feststellung der zuständigen Verwaltungsbehörde festgestellt wurde, daß die Reklamevorrichtung das Landschaftsbild verunstaltet (ObstLG. 2, 107; 9, 254; 12, 107 und MB. vom 11. Juli 1911, MABl. S. 463). — Zur Frage der „Verunstaltung" s. ObstLG. vom 19. Nov. 1928 im BVerwBl. 1929 S. 110; über „verwahrloste" Reklamevorrichtungen ME. vom 26. Juni 1928 (StAnz. Nr. 147).

Die Strafverfolgung eines Gewerbetreibenden, der unerlaubterweise auf Bestellung eine Reklametafel angebracht hat, beginnt mit der Vollendung der Arbeit zu verjähren. Spätestens in diesem Zeitpunkt beginnt die Verjährung gegen einen Angestellten des Bestellers, der dessen Auftrag zur Herstellung der Tafel weisungsgemäß dem Gewerbetreibenden übermittelt hat (ObstLG. 15, 17).

Art. 73

I Wer den Verordnungen, ober- oder ortspolizeilichen Vorschriften [1]) oder in Ermangelung der letzteren den distriktspolizeilichen Anordnungen [2]) über Anlage, Einrichtung oder Abänderung, sowie über Entleerung oder bauliche Instandhaltung [3]) von Abtritten, Dung- und Versitzgruben [4]) in Wohngebäuden oder in unmittelbarer Nähe von Wohnungen [5]), Brunnen oder Brunnquellen zuwiderhandelt, wird an Geld bis zu fünfzehn Talern [6]) gestraft.

II Gleicher Strafe unterliegt, wer den Verordnungen, ober- oder ortspolizeilichen Vorschriften zuwiderhandelt, welche aus Rücksichten auf die Gesundheit oder Sittlichkeit über das Beziehen neuhergestellter Wohnungen [5]) oder Wohnungsräume, über die Beschaffenheit und die Belegung von Wohnungen oder Wohnungsräumen und über die polizeiliche Beaufsichtigung des Wohnungswesens erlassen sind.

III In den Fällen des Abs. I und II hat der Richter zu erkennen, daß die Polizeibehörde berechtigt ist, die Beseitigung des vorschriftswidrigen Zustandes, bzw. die Räumung der vorschriftswidrigen Wohnung, zu verfügen [7]).

IV Die nach Maßgabe des gegenwärtigen Artikels erkannten Geldstrafen fließen zu zwei Dritteilen in die Armenkasse des Ortes der Übertretung.

1. S. VO. §§ 8, 29, 49, 52 Abs. II: über den Erlaß ortspolizeilicher Vorschriften ME. vom 22. März 1870 Nr. 2253 (Weber, Sammlung 8, 508); Urt. d. ObstLG. vom 29. März 1900 (MABl. S. 245).

Die Polizeivorschriften nach Art. 73 können auch auf bereits bestehende Anlagen erstreckt werden (MABl. 1876, 96; 1885, 314; 1892, 486; ObstLG. 5, 215 (auch MABl. 1916 S. 3); 6, 2; 15, 191).

2. Anordnungen sind allgemein, d. h. innerhalb ihres Geltungsbereiches für jedermann verbindliche Vorschriften im Sinne des Art. 1 Abs. I PStGB. (ObstLG. 1, 50 und MABl. 1900 S. 245); die zuständige Behörde kann jedoch durch diese allgemeinen Anordnungen zu solchen für den Einzelfall ermächtigt werden (ObstLG. 5, 215).

3. Wiederherstellung einer beseitigten Anlage ist Neuherstellung (ObstLG. 6, 421). Die Verbindung bestehender Abtritte mit öffentlichen Abzugskanälen kann verboten werden; es sind jedoch Vorschriften möglich, die die Verbindung vorschreiben (MABl. 1916 S. 3).

4. Dunggrube ist jeder für dauernde Lagerung von Dünger bestimmte Platz; eine Vertiefung des Erdbodens erfordert der Begriff der Dunggrube nicht (ObstLG. 12, 260).

5. „Wohnung" ist hier im weiteren Sinne zu verstehen; hieher gehören nicht nur die von Menschen bewohnten Räume und Gebäudeteile, sondern auch die sonst von ihnen benützten, von den eigentlichen Wohnungen abgetrennten Arbeitsräume und Werkstätten (s. ObstLG. vom 17. Febr. 1927 im Bayr. VerwBl. 1927 S. 346). Das Beziehen von Arbeitsräumen besteht in dem Verbringen der Arbeitsgeräte in diese Räume und in dem mit der Absicht und dem Zwecke, zur Verrichtung der Arbeit darin zu verbleiben, betätigten Verweilen (ObstLG. 5, 464).

Strafbar ist unter Umständen auch der die Wohnung beziehende Mieter (ObstLG. 7, 13); das „Beziehen" erfordert, daß die Benützung der Wohnung von einer gewissen Dauer ist; es genügt, wenn die Benützung eine vorübergehende ist und ungewiß ist, wann sie endigt.

S. § 9 Abs. I der V. vom 10. Febr. 1901 die Wohnungsaufsicht betr. (s. VIII. Teil).

6. Höchstbetrag der Geldstrafe 150 RM.; Art. XIV Abs. III der RV. vom. 6. Febr. 1924 und § 2 V. vom 12. Dez. 1924.

7. Hiezu s. Art. 105 Abs. I, Art. 18 Abs. II und Art. 20 Abs. I PStGB. — Im Falle des Abs. II kann die Polizeibehörde

nicht nur zur Räumung, sondern auch zur Beseitigung des ordnungswidrigen Zustandes ermächtigt werden. (ObstLG. vom 16. April 1925 BayGemVZ. 25, 544). —

Art. 101.

I [1]) An Geld bis zu einhundertfünfzig Mark [1a]) oder mit Haft werden Bauherrn [2]), Baumeister [2]) und Bauhandwerker [2]) gestraft, wenn sie den baupolizeilichen Vorschriften [3]) zuwiderhandeln [4]).

II Baupolizeiliche Vorschriften [3]) können in bezug auf Festsetzung und Einhaltung der Bau- und Vorgartenlinien, dann zum Zwecke der Feuersicherheit und Festigkeit der Bauführung, sowie der Gesundheit durch Verordnung, ober- oder ortspolizeiliche Vorschrift erlassen werden.

III Im Interesse der Verschönerung können baupolizeiliche Vorschriften [5]) durch Verordnung, distrikts- oder ortspolizeiliche Vorschrift getroffen werden. Die hierauf gegründeten Abänderungen des Bauplanes dürfen jedoch die Kosten der Bauführung nicht wesentlich vermehren [6]).

1. Verhältnis des Art. 101 zu Art. 73 s. ObstLG. 7, 2; zu § 330 RStGB. s. ObstLG. 8, 298.

1a. Bezüglich des Strafmaßes gilt jetzt Art. XIV Abs. III RV. über Vermögensstrafe und Buße vom 6. Febr. 1924 (RGBl. I S. 44) und § 2 V. vom 12. Dez. 1924.

2. S. § 72 BO. Anm. 6.

3. Auf Grund des Art. 101 können nur baupolizeiliche Vorschriften erlassen werden, d. h. solche Polizeivorschriften, die eine Bauvornahme, eine Bauausführung zum Gegenstand haben; also Vorschriften über die Bauführung, die bei einer bestimmten Bauvornahme vom Bauherrn, Baumeister, Bauhandwerker usw. zu befolgen sind. Baupolizeiliche Vorschriften im Sinne des Art. 101 sind nicht besondere Anordnungen für einzelne Personen und für bestimmte Fälle, sondern allgemein verbindliche Vorschriften, sofferne sie eine Bauführung im Sinne der BO. betreffen (ObstLG. 13, 163; 14, 301). Die Nichtbefolgung von Anordnungen der Polizeibehörde, die für den einzelnen Fall ergehen, ist nach Art. 101 Abs. 1 nur dann strafbar, wenn die Polizeibehörde durch allgemein verbindliche Vorschriften, die ihre Grundlage in Art. 101 Abs. 2 oder Abs. 3 haben, zur Erlassung solcher besonderer Anordnungen ermächtigt ist (ObstLG. vom 20. Okt. 1927 — BayGemVZ. 1928 S. 98). — S. auch § 7 BO. Anm. 21.

Art. 101 gibt der Polizeibehörde nicht die Ermächtigung, die

Änderung eines bestehenden Bauwerkes anzuordnen (ObstLG. 9, 175; 13, 7 und 163; 15, 188); die Ermächtigung zu einem Verbot, einen Benzinmotor aufzustellen und in Betrieb zu setzen, kann weder aus § 2 BO. noch aus Art. 101 entnommen werden (ObstLG. 13, 163); eine baupolizeiliche Vorschrift im Sinne des Art. 101 ist die vorläufige Einstellungsverfügung auf Grund des § 73 BO. nicht (ObstLG. 14, 154). Vorschriften nach Art. 101 können sich weder auf den Abbruch von Gebäuden beziehen noch können sie Bebauungsverbote aussprechen (ObstLG. 13, 7 und 163; 14, 70 und 302; 17, 16); sie haben allgemeinen Charakter, dürfen nicht zu einer Verhinderung baulicher Anlagen führen und können nur Bestimmungen für Bauherrn, Baumeister und Bauhandwerker enthalten (ObstLG. 10, 363; 14, 155).

4. Für die Strafbarkeit genügt jedes Verschulden, also auch Fahrlässigkeit (ObstLG. 2, 48; Reger 27, 233); das Bewußtsein der Rechtswidrigkeit ist zum Tatbestand des Art. 101 nicht erforderlich.

Verjährung: Während bei Übertretung nach § 367 Nr. 15 StGB., der die eigenmächtige Ausführung eines Baues unter Strafe stellt, die Verjährung mit dem Abschluß der Ausführung des Baues beginnt (s. § 367 Nr. 15 StGB. Anm. 21), ist bei Übertretung nach Art. 101 PolStG., der das fehlerhafte Bauen unter Strafe stellt, zu scheiden:

a) bildet das wesentliche, die Strafe begründende Merkmal der Übertretung nach Art. 101 die Tatsache der Herstellung eines Baues, so beginnt die Verjährung mit dem Abschluß der Ausführung des Baues;

b) bildet dieses Merkmal das Bestehen eines gesetzwidrigen Zustandes (fehlerhafter Bau), so läuft die Verjährung erst von dem Zeitpunkt der Beseitigung des fehlerhaften Zustandes ab; (s. das ausführliche Urteil ObstLG. 15, 30 und MinABl. 1915 S. 71 und die dort angeführten Entscheidungen). —

Solange ein ordnungswidriger Zustand fortbesteht, dauert die Übertretung fort und kann die Verjährung nicht beginnen (ObstLG. 2, 3 und 238 und 244; 8, 32).

Soweit es sich um genehmigungspflichtige Bauten handelt, kann zwischen Art. 101 Abs. I und § 367 Ziff. 15 RStGB. Gesetzeskonkurrenz bestehen; bei nicht genehmigungspflichtigen Bauten kommt Art. 101 allein zur Anwendung.

Wegen der Beseitigung des ordnungswidrigen Zustandes siehe Art. 105.

5. Siehe Anm. 3. — Baupolizeiliche Vorschriften im Sinne des Abs. III sind solche, die in Beziehung auf eine Bauvornahme getroffen werden, das Gebäude und seine wesentlichen Bestandteile, seine äußere Gestaltung, seine Umfassungsmauern und seine Bedachung treffen. Baupolizeiliche Auflagen, die im Interesse der Verschönerung gemacht werden, können sich daher bei den Umfassungsmauern auf die Fassade, das zu ihrer Herstellung verwendete

Material, ihren Verputz, Anstrich usw. erstrecken (ObstLG. 11, 386; 14, 70—, 13, 7—, auch MABl. 1914, 203). Bebauungsverbote können auf Abs. III nicht gegründet werden (ObstLG. 13, 7). Das Verbot der Beseitigung von Figuren, Wirtsschildern und anderen Hauszierarten ohne baupolizeiliche Genehmigung findet in Art. 101 keine Stütze (ObstLG. 11, 340); polizeiliche Vorschriften, die lediglich im Interesse der Verschönerung die Instandhaltung des Äußeren eines Hauses gebieten, können auf Grund des Art. 101 Abs. 1 u. 3 nicht erlassen werden (ObstLG. vom 18. Nov. 1926 — BayGemVZ. 1927 S. 74). Dem Bauherrn kann nicht auf Grund des Abs. III die Auflage gemacht werden, an seinem Bau bewegliche Beiwerke z. B. Figuren, Fensterläden usw. anzubringen (ObstLG. 11, 386). — Hiezu s. ME. vom 10. Febr. 1925 (MABl. 25, 33) über Denkmalspflege und Heimatschutz und ME. vom 1. Jan. 1904 (MABl. 1904, 1 — siehe VI. Teil).

6. Die Vermehrung darf keine unverhältnismäßige sein und jedenfalls nicht derart, daß das Bauen dadurch verhindert oder wesentlich erschwert oder die Wohnung verteuert wird.

Art. 103.

Baumeister und Bauhandwerker, welche die durch ortspolizeiliche Vorschriften festgesetzten besonderen Verpflichtungen ihres Berufes über Anzeige[1]) unternommener Bauten und Bauarbeiten vernachlässigen, unterliegen einer Geldstrafe bis zu fünfundvierzig Mark[2].)

1. Siehe § 73 Abs. I BO. und § 144 RGewO.

2. nunmehr 150 RM. (Art. 14 Abs. III der RV. vom 6. Febr. 1924) und § 2 der V. vom 12. Dez. 1924. (RGBl. I 775).

Art. 104.

I Obrigkeitlich aufgestellte Sachverständige, welche die ihnen obliegende Untersuchung eines Baues mit Gefahr für Personen oder fremdes Eigentum fahrlässigerweise versäumen[1]), werden, insoferne nicht disziplinäre Ahndung stattfindet, an Geld bis zu neunzig Mark[2]) gestraft.

II Gleicher Strafe unterliegen andere Sachverständige, welche nach übernommenem obrigkeitlichem Auftrage die Untersuchung eines Baues mit Gefahr für Personen oder fremdes Eigentum fahrlässigerweise versäumen.

1. §§ 66 und 73 BO.; § 144 RGewO.

2. nunmehr 150 RM. (s. Art. 14 Abs. III der V. vom 6. Febr. 1924) und § 2 der RV. vom 12. Dez. 1924.

Art. 105.

I In den Fällen des § 367 Ziff. 13—15 und § 368 Ziff. 3 und 4 des Strafgesetzbuchs für das Deutsche Reich und der Art. 101 [und 102] des gegenwärtigen Gesetzes[1]) hat[2]) der Richter im Strafurteile[3]) auszusprechen, daß die Polizeibehörde[4]) berechtigt ist, die Beseitigung des ordnungswidrigen Zustandes[5]) anzuordnen und zu diesem Zwecke der Sicherstellung, Abänderung, den gänzlichen oder teilweisen Abbruch des betreffenden Bauwerkes oder der betreffenden Vorrichtung zu verfügen[6]).

II Besteht Gefahr auf dem Verzuge, so ist die Polizeibehörde berechtigt, die im vorstehenden Absatze bezeichneten Maßregeln, vorbehaltlich der Strafverfolgung, sofort vorzukehren[6]).

1. Der Ausspruch nach Art. 105 ist keine Nebenstrafe (ObstLG. vom 16. April 1925 II 96/1925 in BayGemVZ. 1925 S. 544); trifft daher eine der hier genannten Strafbestimmungen mit einer schwereren rechtlich zusammen, so kann trotzdem Ausspruch nach Art. 105 erfolgen (ObstLG. 2, 406; 16, 60); neben § 147 Abs. 4 GewO. entfällt jedoch Art. 105 (ObLG. 6; 13, 270).

2. Der Richter ist verpflichtet die diesbezügliche Berechtigung der Polizeibehörde auszusprechen; die Berechtigung muß im Strafurteil ausgesprochen werden auch im Falle des Art. 18 Abs. II; über die Art der Beseitigung ist nichts zu bestimmen (ObstLG. 3, 313). Der richterliche Ausspruch muß erfolgen, gleich ob der ordnungswidrige Zustand bei Erlaß des Ausspruches noch besteht oder nicht (OLG. München 5, 76 und 192; ObstLG. 2, 304; 3, 15; 18, 85; ObstLG. vom 2. Aug. 1923 in Zeitschrift f. Rechtspfl. i. B. 1924 S. 11). Ist bei Erlaß des Strafbescheides Ausspruch nach Art. 105 nicht erfolgt, so kann die Beseitigungsbefugnis nicht nachträglich in gesondertem Verfahren, weder nach Art. 105 noch nach Art. 18 ausgesprochen werden (OLG. München 3, 12 und 199; MABl. 1884, 215). Niederschlagung eines Strafverfahrens durch Amnestieerlaß schließt Ausspruch nach Art. 105 nicht aus (ObstLG. 19, 7).

Der Verwaltungsgerichtshof ist nicht zuständig zur Entscheidung über Beschwerden gegen Beschlüsse der Regierung, welche die Beseitigung eines ordnungswidrigen Zustands und die einstweilige Aufbringung der Kosten hiefür zum Gegenstand haben; er hat nicht zu prüfen, ob eine vorläufige Maßregel statthaft oder gerechtfertigt ist, wohl aber kann er prüfen, ob nach Aktenlage die getroffene Verfügung der Behörde als vorläufige Maßregel aufgefaßt war oder nicht (VGH. 1, 219; 11, 56); es steht ihm nicht zu, die unteren

Verwaltungsbehörden zur Erlassung vorsorglicher Maßnahmen anzuhalten (VGH. 12, 423) und auch nicht, die einstweilige Einstellung des Vollzugs zu verfügen (VGH. 18, 235).

Der richterliche Ausspruch nach Art. 105 I wird nicht dadurch hinfällig, daß von zwei Angeklagten, die wegen desselben Baues verurteilt waren, nur der eine das Urteil rechtskräftig werden läßt, während der andere auf Rechtsmitteleinlegung hin freigesprochen wird (ObstLG. 3, 219).

Wegen des Anspruches im objektiven Verfahren s. Art. 18 PStGB.

3. Ausspruch im Strafbefehlsverfahren ist unzulässig (siehe § 447 RStPO.; OLG. München 3, 15).

4. Zuständig ist die Bezirkspolizeibehörde (§ 25 der ZuständigkV. vom 4. Jan. 1872; RegBl. S. 25; Weber 9 S. 258). Die ZuständigkV. bestimmt nur, welche Polizeibehörde die im Urteil ausgesprochene Beseitigungsbefugnis nach außen geltend zu machen hat; sie verleiht jedoch keine weitergehenden Zuständigkeiten. Die Bezirkspolizeibehörde hat daher in allen Fällen zu prüfen, ob sie zur Genehmigung eines Baugesuches im Falle dessen rechtzeitiger Stellung zuständig gewesen oder ob Dispens nötig gewesen wäre. Handelt es sich um eigenmächtige Bauführungen (wäre also die Bezirkspolizeibehörde bei nachgesuchter Genehmigung zu deren Erteilung zuständig gewesen), so kann die Bezirkspolizeibehörde nachträglich die Genehmigung erteilen; handelt es sich um fehlerhafte Bauführung, so kann nachträgliche Dispens nachgesucht werden.

Wird nachträgliche Genehmigung oder Dispens nicht nachgesucht oder nicht erteilt, so steht es im pflichtgemäßen Ermessen der Polizeibehörde, ob und wann sie von der — einer Verjährung nicht unterliegenden — Beseitigungsbefugnis Gebrauch macht. Vorübergehend kann sie jedoch den ordnungswidrigen Zustand gestatten und für die Beseitigung eine Frist oder Bedingungen setzen (s. Rietel-Sutner, PStGB. Art. 105 Anm. 4a. — ME. vom 21. Juni 1895 Nr. 9460 und 22. Sept. 1898 Nr. 19661; Bl. f. adm. Pr. 34, 30, ObstLG. 22, 21; Reger S. 44, 82; ObstLG. vom 8. Juni 1925 in bayer. VerwBlätter 1925 S. 246. — Verpflichtet bleibt nach wie vor der Angeklagte. —

Über die Kosten des Vollzugs der Beseitigung kann Ausspruch im Urteil nicht erfolgen; die Aufbürdung der Beseitigungskosten auf den Hauseigentümer oder sonstwie Beteiligte ist Sache der Polizeibehörde (ObstLG. 16, 60).

Sicherstellung der Beseitigungsbefugnis durch Eintragung ins Grundbuch unzulässig (ObstLG. Zivils. 3, 129).

Im übrigen s. auch Koch: Die Beseitigungsbefugnis nach dem bayerischen Polizeistrafrecht in Bl. f. adm. Pr. Bd. 68/1918 S. 13ff.

5. „Ordnungswidrig" ist sowohl ein durch eigenmächtige, d. h. ohne erforderliche Genehmigung erfolgte Bauführung, als auch ein

durch fehlerhafte, d. h. gegen materielle Bauvorschriften verstoßende Bauführung herbeigeführter Zustand (ObstLG. 1, 252; 2, 52 und 203; 4, 365; 8, 240; 18, 86). — Ordnungswidriger Zustand wird auch geschaffen durch Nichtbefolgung besonderer Anordnungen (ObstLG. 3, 131). Nicht erforderlich ist, daß der Zustand gefahrdrohend ist (ObstLG. 1, 253; 2, 55; 3, 131; 4, 365). — Ordnungswidrig ist ein Zustand nur insoweit, als er ohne erforderliche Genehmigung hergestellt oder geändert wurde. Darüber hinaus darf auch nicht die Polizeibehörde zur Beseitigung des Zustandes ermächtigt werden (ObstLG. 18, 86).

6. Über vorläufige Einschreitung s. § 73 BO. Anm. 6.

III. Teil.

Bürgerlich-rechtliche Bestimmungen.

1. Auszug aus dem Bürgerlichen Gesetzbuch.

§ 93.

Bestandteile einer Sache, die voneinander nicht getrennt werden können, ohne daß der eine oder der andere zerstört oder in seinem Wesen verändert wird (wesentliche Bestandteile), können nicht Gegenstand besonderer Rechte sein.

§ 94.

Zu den wesentlichen Bestandteilen eines Grundstücks gehören die mit dem Grund und Boden fest verbundenen Sachen, insbesondere Gebäude, sowie die Erzeugnisse des Grundstücks, solange sie mit dem Boden zusammenhängen. Samen wird mit dem Aussäen, eine Pflanze wird mit dem Einpflanzen wesentlicher Bestandteil des Grundstücks.

Zu den wesentlichen Bestandteilen eines Gebäudes gehören die zur Herstellung des Gebäudes eingefügten Sachen.

§ 95.

Zu den Bestandteilen eines Grundstücks gehören solche Sachen nicht, die nur zu einem vorübergehenden Zwecke mit dem Grund und Boden verbunden sind. Das gleiche gilt von einem Gebäude oder anderen Werke, das in Ausübung eines Rechtes an einem fremden Grundstücke von dem Berechtigten mit dem Grundstücke verbunden worden ist.

Sachen, die nur zu einem vorübergehenden Zwecke in ein Gebäude eingefügt sind, gehören nicht zu den Bestandteilen des Gebäudes.

§ 226.

Die Ausübung eines Rechts ist unzulässig, wenn sie nur den Zweck haben kann, einem anderen Schaden zuzufügen.

§ 823.

Wer vorsätzlich oder fahrlässig das Leben, den Körper, die Gesundheit, die Freiheit, das Eigentum oder ein sonstiges Recht eines anderen widerrechtlich verletzt, ist dem anderen zum Ersatze des daraus entstehenden Schadens verpflichtet.

Die gleiche Verpflichtung trifft denjenigen, welcher gegen ein den Schutz eines anderen bezweckendes Gesetz verstößt. Ist nach dem Inhalte des Gesetzes ein Verstoß gegen dieses auch ohne Verschulden möglich, so tritt die Ersatzpflicht nur im Falle des Verschuldens ein.

§ 836.

Wird durch den Einsturz eines Gebäudes oder eines anderen mit dem Grundstücke verbundenen Werkes oder durch die Ablösung von Teilen des Gebäudes oder des Werkes ein Mensch getötet, der Körper oder die Gesundheit eines Menschen verletzt oder eine Sache beschädigt, so ist der Besitzer des Grundstücks, sofern der Einsturz oder die Ablösung die Folge fehlerhafter Errichtung oder mangelhafter Unterhaltung ist, verpflichtet, dem Verletzten den daraus entstehenden Schaden zu ersetzen. Die Ersatzpflicht tritt nicht ein, wenn der Besitzer zum Zwecke der Abwendung der Gefahr die im Verkehr erforderliche Sorgfalt beobachtet hat.

Ein früherer Besitzer des Grundstücks ist für den Schaden verantwortlich, wenn der Einsturz oder die Ablösung innerhalb eines Jahres nach der Beendigung seines Besitzes eintritt, es sei denn, daß er während seines Besitzes die im Verkehr erforderliche Sorgfalt beobachtet hat oder ein späterer Besitzer durch Beobachtung dieser Sorgfalt die Gefahr hätte abwenden können.

Besitzer im Sinne dieser Vorschriften ist der Eigenbesitzer.

§ 837.

Besitzt jemand auf einem fremden Grundstück in Ausübung eines Rechtes ein Gebäude oder ein anderes Werk, so trifft ihn an Stelle des Besitzers des Grundstücks die im § 836 bestimmte Verantwortlichkeit.

§ 838.

Wer die Unterhaltung eines Gebäudes oder eines mit einem Grundstücke verbundenen Werkes für den Besitzer übernimmt oder das Gebäude oder das Werk vermöge eines ihm zustehenden Nutzungsrechts zu unterhalten hat, ist für den durch den Einsturz oder die Ablösung von Teilen verursachten Schaden in gleicher Weise verantwortlich wie der Besitzer.

§ 903.

Der Eigentümer einer Sache kann, soweit nicht das Gesetz oder Rechte Dritter entgegenstehen, mit der Sache nach Belieben verfahren und andere von jeder Einwirkung ausschließen.

§ 904.

Der Eigentümer einer Sache ist nicht berechtigt, die Einwirkung eines anderen auf die Sache zu verbieten, wenn die Einwirkung zur Abwendung einer gegenwärtigen Gefahr notwendig und der drohende Schaden gegenüber dem aus der Einwirkung dem Eigentümer entstehenden Schaden unverhältnismäßig groß ist. Der Eigentümer kann Ersatz des ihm entstehenden Schadens verlangen.

§ 905.

Das Recht des Eigentümers eines Grundstücks erstreckt sich auch auf den Raum über der Oberfläche und auf den Erdkörper unter der Oberfläche. Der Eigentümer kann jedoch Einwirkungen nicht verbieten, die in solcher Höhe oder Tiefe vorgenommen werden, daß er an der Ausschließung kein Interesse hat.

§ 906.

Der Eigentümer eines Grundstücks kann die Zuführung von Gasen, Dämpfen, Gerüchen, Rauch, Ruß, Wärme, Geräusch, Erschütterungen und ähnliche von einem anderen Grundstück ausgehende Einwirkungen insoweit nicht verbieten, als die Einwirkung die Benutzung seines Grundstücks nicht oder nur unwesentlich beeinträchtigt oder durch eine Benutzung des anderen Grundstücks herbeigeführt wird, die nach den örtlichen Verhältnissen bei Grundstücken dieser Lage gewöhnlich ist. Die Zuführung durch eine besondere Leitung ist unzulässig.

§ 907.

Der Eigentümer eines Grundstücks kann verlangen, daß auf den Nachbargrundstücken nicht Anlagen hergestellt oder gehalten werden, von denen mit Sicherheit vorauszusehen ist, daß ihr Bestand oder ihre Benutzung eine unzulässige Einwirkung auf sein Grundstück zur Folge hat. Genügt eine Anlage den landesgesetzlichen Vorschriften, die einen bestimmten Abstand von der Grenze oder sonstige Schutzmaßregeln vorschreiben, so kann die Beseitigung der Anlage erst verlangt werden, wenn die unzulässige Einwirkung tatsächlich hervortritt.

Bäume und Sträucher gehören nicht zu den Anlagen im Sinne dieser Vorschriften.

§ 908.

Droht einem Grundstücke die Gefahr, daß es durch den Einsturz eines Gebäudes oder eines anderen Werkes, das mit einem Nachbargrundstücke verbunden ist, oder durch die Ablösung von Teilen des Gebäudes oder des Werkes beschädigt wird, so kann der Eigentümer von demjenigen, welcher nach dem § 836 Abs. 1 oder den §§ 837, 838 für den eintretenden Schaden verantwortlich sein würde, verlangen, daß er die zur Abwendung der Gefahr erforderliche Vorkehrung trifft.

§ 909.

Ein Grundstück darf nicht in der Weise vertieft werden, daß der Boden des Nachbargrundstücks die erforderliche Stütze verliert, es sei denn, daß für eine genügende anderweitige Befestigung gesorgt ist.

§ 912.

Hat der Eigentümer eines Grundstücks bei der Errichtung eines Gebäudes über die Grenze gebaut, ohne daß ihm Vorsatz oder grobe Fahrlässigkeit zur Last fällt, so hat der Nachbar den Überbau zu dulden, es sei denn, daß er vor oder sofort nach der Grenzüberschreitung Widerspruch erhoben hat.

Der Nachbar ist durch eine Geldrente zu entschädigen. Für die Höhe der Rente ist die Zeit der Grenzüberschreitung maßgebend.

§ 913.

Die Rente für den Überbau ist dem jeweiligen Eigentümer des Nachbargrundstücks von dem jeweiligen Eigentümer des anderen Grundstücks zu entrichten.

Die Rente ist jährlich im voraus zu entrichten.

§ 914.

Das Recht auf die Rente geht allen Rechten an dem belasteten Grundstück, auch den älteren, vor. Es erlischt mit der Beseitigung des Überbaues.

Das Recht wird nicht in das Grundbuch eingetragen. Zum Verzicht auf das Recht sowie zur Feststellung der Höhe der Rente durch Vertrag ist die Eintragung erforderlich.

Im übrigen finden die Vorschriften Anwendung, die für eine zugunsten des jeweiligen Eigentümers eines Grundstücks bestehende Reallast gelten.

§ 915.

Der Rentenberechtigte kann jederzeit verlangen, daß der Rentenpflichtige ihm gegen Übertragung des Eigentums an dem überbauten Teile des Grundstücks den Wert ersetzt, den dieser Teil zur Zeit der Grenzüberschreitung gehabt hat. Macht er von dieser Befugnis Gebrauch, so bestimmen sich die Rechte und Verpflichtungen beider Teile nach den Vorschriften über den Kauf.

Für die Zeit bis zur Übertragung des Eigentums ist die Rente fortzuentrichten.

§ 916.

Wird durch den Überbau ein Erbbaurecht oder eine Dienstbarkeit an dem Nachbargrundstücke beeinträchtigt, so finden zugunsten des Berechtigten die Vorschriften der §§ 912 bis 914 entsprechende Anwendung

§ 917.

Fehlt einem Grundstücke die zur ordnungsmäßigen Benutzung notwendige Verbindung mit einem öffentlichen Wege, so kann der Eigentümer von den Nachbarn verlangen, daß sie bis zur Hebung des Mangels die Benutzung ihrer Grundstücke zur Herstellung der erforderlichen Verbindung dulden. Die Richtung des Notwegs und der Umfang des Benutzungsrechts werden erforderlichen Falles durch Urteil bestimmt.

Die Nachbarn, über deren Grundstücke der Notweg führt, sind durch eine Geldrente zu entschädigen. Die Vorschriften des § 912 Abs. 2 Satz 2 und der §§ 913, 914, 916 finden entsprechende Anwendung.

§ 918.

Die Verpflichtung zur Duldung des Notwegs tritt nicht ein, wenn die bisherige Verbindung des Grundstücks mit dem öffentlichen Wege durch eine willkürliche Handlung des Eigentümers aufgehoben wird.

Wird infolge der Veräußerung eines Teiles des Grundstücks der veräußerte oder der zurückbehaltene Teil von der Verbindung mit dem öffentlichen Wege abgeschnitten, so hat der Eigentümer desjenigen Teiles, über welchen die Verbindung bisher stattgefunden hat, den Notweg zu dulden. Der Veräußerung eines Teiles steht die Veräußerung eines von mehreren demselben Eigentümer gehörenden Grundstücken gleich.

§ 921.

Werden zwei Grundstücke durch einen Zwischenraum, Rain, Winkel, einen Graben, eine Mauer, Hecke, Plancke oder eine andere Einrichtung, die zum Vorteile beider Grundstücke dient, von einander geschieden, so wird vermutet, daß die Eigentümer der Grundstücke zur Benutzung der Einrichtung gemeinschaftlich berechtigt seien, sofern nicht äußere Merkmale darauf hinweisen, daß die Einrichtung einem der Nachbarn allein gehört.

§ 922.

Sind die Nachbarn zur Benutzung einer der im § 921 bezeichneten Einrichtungen gemeinschaftlich berechtigt, so kann jeder sie zu dem Zwecke, der sich aus ihrer Beschaffenheit ergibt, insoweit benutzen, als nicht die Mitbenutzung des anderen beeinträchtigt wird. Die Unterhaltungskosten sind von den Nachbarn zu gleichen Teilen zu tragen. Solange einer der Nachbarn an dem Fortbestande der Einrichtung ein Interesse hat, darf sie nicht ohne seine Zustimmung beseitigt oder geändert werden. Im übrigen bestimmt sich das Rechtsverhältnis zwischen den Nachbarn nach den Vorschriften über die Gemeinschaft.

§ 946.

Wird eine bewegliche Sache mit einem Grundstück dergestalt verbunden, daß sie wesentlicher Bestandteil des Grundstücks wird, so erstreckt sich das Eigentum an dem Grundstück auf diese Sache.

§ 951.

Wer infolge der Vorschriften der §§ 946 bis 950 einen Rechtsverlust erleidet, kann von demjenigen, zu dessen Gunsten die Rechtsänderung eintritt, Vergütung in Geld nach den Vorschriften über die Herausgabe einer ungerechtfertigten Bereicherung fordern. Die Wiederherstellung des früheren Zustandes kann nicht verlangt werden.

Die Vorschriften über die Verpflichtung zum Schadensersatze wegen unerlaubter Handlungen sowie die Vorschriften über den Ersatz von Verwendungen und über das Recht zur Wegnahme einer Einrichtung bleiben unberührt. In den Fällen der §§ 946, 947 ist die Wegnahme nach den für das Wegnahmerecht des Besitzers gegenüber dem Eigentümer geltenden Vorschriften auch dann zulässig, wenn die Verbindung nicht von dem Besitzer der Hauptsache bewirkt worden ist.

§ 1004.

Wird das Eigentum in anderer Weise als durch Entziehung oder Vorenthaltung des Besitzes beeinträchtigt, so kann der Eigentümer von dem Störer die Beseitigung der Beeinträchtigung verlangen. Sind weitere Beeinträchtigungen zu besorgen, so kann der Eigentümer auf Unterlassung klagen.

Der Anspruch ist ausgeschlossen, wenn der Eigentümer zur Duldung verpflichtet ist.

§ 1018.

Ein Grundstück kann zugunsten des jeweiligen Eigentümers eines anderen Grundstücks in der Weise belastet werden, daß dieser das Grundstück in einzelnen Beziehungen benutzen darf oder daß auf dem Grundstücke gewisse Handlungen nicht vorgenommen werden dürfen oder daß die Ausübung eines Rechtes ausgeschlossen ist, das sich aus dem Eigentum an dem belasteten Grundstücke dem anderen Grundstücke gegenüber ergibt (Grunddienstbarkeit).

§ 1019.

Eine Grunddienstbarkeit kann nur in einer Belastung bestehen, die für die Benutzung des Grundstücks des Berechtigten Vorteil bietet. Über das sich hieraus ergebende Maß hinaus kann der Inhalt der Dienstbarkeit nicht erstreckt werden.

§ 1020.

Bei der Ausübung einer Grunddienstbarkeit hat der Berechtigte das Interesse des Eigentümers des belasteten Grundstücks tunlichst zu schonen. Hält er zur Ausübung der Dienstbarkeit auf dem belasteten Grundstück eine Anlage, so hat er sie in ordnungsmäßigem Zustande zu erhalten, soweit das Interesse des Eigentümers es erfordert.

§ 1021.

Gehört zur Ausübung einer Grunddienstbarkeit eine Anlage auf dem belasteten Grundstücke, so kann bestimmt werden, daß der Eigentümer dieses Grundstücks die Anlage zu unterhalten hat, soweit das Interesse des Berechtigten es erfordert. Steht dem Eigentümer das Recht zur Mitbenutzung der Anlage zu, so kann bestimmt werden, daß der Berechtigte die Anlage zu unterhalten hat, soweit es für das Benutzungsrecht des Eigentümers erforderlich ist.

Auf eine solche Unterhaltungspflicht finden die Vorschriften über die Reallasten entsprechende Anwendung.

§ 1022.

Besteht die Grunddienstbarkeit auf dem Rechte, auf einer baulichen Anlage des belasteten Grundstücks eine bauliche Anlage zu halten, so hat, wenn nicht ein anderes bestimmt ist, der Eigentümer des belasteten Grundstücks seine Anlage zu unterhalten, soweit das Interesse der Berechtigten es erfordert. Die Vorschrift des § 1021 Abs. 2 gilt auch für diese Unterhaltungspflicht.

§ 1030.

Eine Sache kann in der Weise belastet werden, daß derjenige, zu dessen Gunsten die Belastung erfolgt, berechtigt ist, die Nutzungen der Sache zu ziehen (Nießbrauch).

Der Nießbrauch kann durch den Ausschluß einzelner Nutzungen beschränkt werden.

§ 1090.

Ein Grundstück kann in der Weise belastet werden, daß derjenige, zu dessen Gunsten die Belastung erfolgt, berechtigt ist, das Grundstück in einzelnen Beziehungen zu benutzen, oder daß ihm eine sonstige Befugnis zusteht, die den Inhalt einer Grunddienstbarkeit bilden kann (beschränkte persönliche Dienstbarkeit).

Die Vorschriften der §§ 1020 bis 1024, 1026 bis 1029, 1061 finden entsprechende Anwendung.

2. Auszug aus dem Einführungsges. zum BGB.

Art. 109.

Unberührt bleiben die landesgesetzlichen Vorschriften über die im öffentlichen Interesse erfolgende Entziehung, Beschädigung oder Benutzung einer Sache, Beschränkung des Eigentums und Entziehung oder Beschränkung von Rechten. Auf die nach landesgesetzlicher Vorschrift wegen eines solchen Eingriffes zu gewährende Entschädigung finden die Vorschriften der Art. 25, 53 Anwendung, soweit nicht die Landesgesetze ein anderes bestimmen.

Art. 111.

Unberührt bleiben die landesgesetzlichen Vorschriften, welche im öffentlichen Interesse das Eigentum in Ansehung tatsächlicher Verfügungen beschränken.

Art. 113.

Unberührt bleiben die landesgesetzlichen Vorschriften über die Zusammenlegung von Grundstücken . . . ., dies gilt insbesondere auch von den Vorschriften, welche die durch ein Verfahren dieser Art begründeten gemeinschaftlichen Angelegenheiten zum Gegenstand haben oder welche sich auf den Erwerb des Eigentums, auf die Begründung und Aufhebung von anderen Rechten an Grundstücken und auf die Berichtigung des Grundbuchs beziehen.

Art. 124.

Unberührt bleiben die landesgesetzlichen Vorschriften, welche das Eigentum an Grundstücken zugunsten der Nachbarn noch anderen als den im Bürgerlichen Gesetzbuche bestimmten Beschränkungen unterwerfen. Dies gilt insbesondere auch von den Vorschriften, nach welchen Anlagen sowie Bäume und Sträucher nur in einem bestimmten Abstande von der Grenze gehalten werden dürfen.

3. Auszug aus dem bayer. AusfGes. zum BGB.

Art. 62.

Sind Fenster weniger als 0,60 m von der Grenze eines Nachbargrundstückes entfernt, das mit Gebäuden versehen ist, oder als Hofraum oder Hausgarten dient, so müssen sie auf Verlangen des Eigentümers dieses Grundstücks so eingerichtet werden, daß bis zur Höhe von 1,80 m über dem hinter ihnen befindlichen Boden weder das Öffnen noch das Durchblicken möglich ist. Die Entfernung wird von dem Fuße der Wand, in der sich das Fenster befindet, unterhalb der zunächst an der Grenze befindlichen Außenkante der Fensteröffnung ab gemessen.

Den Fenstern stehen Lichtöffnungen jeder Art gleich.

Art. 63.

Balkone, Erker, Galerien und ähnliche Anlagen, die weniger als 0,60 m von der Grenze eines Nachbargrundstücks abstehen, das mit Gebäuden versehen ist oder als Hofraum oder Hausgarten dient, müssen auf der dem Nachbargrundstücke zugekehrten Seite auf Verlangen des Nachbars mit einem der Vorschrift des Art. 62 entsprechenden Abschlusse versehen werden. Der Abstand wird bei vorspringenden Anlagen von dem zunächst an der Grenze befindlichen Vorsprung ab, bei anderen Anlagen nach Art. 62 Abs. 1 Satz 2 gemessen.

Art. 64.

Die Vorschriften der Art. 62, 63 kommen auch gegenüber einem Grundstücke, das einer öffentlichen Eisenbahnanlage dient, zur Anwendung. Die Fenster und anderen Lichtöffnungen sowie der Abschluß der im Art. 63 bezeichneten Anlagen dürfen jedoch so eingerichtet werden, daß sie das Durchblicken gestatten.

Art. 65

Für Fenster, andere Lichtöffnungen und Anlagen der im Artikel 63 bezeichneten Art, die sich an der Baulinie befinden, gelten die Vorschriften der Art. 62 bis 64 nicht.

Art. 66.

Für die zur Zeit des Inkrafttretens des Bürgerlichen Gesetzbuchs bestehenden Lichtöffnungen, Fenster, Balkone, Erker und ähnlichen Anlagen bleiben die bisherigen Vorschriften in Geltung, soweit sie eine geringere Beschränkung bestimmen als die Artikel 62 bis 65.

Art. 67.

Hat der Eigentümer eines Gebäudes vor dem Inkrafttreten des Bürgerlichen Gesetzbuchs nach den Vorschriften des Preußischen Landrechts durch Zeitablauf das Recht erlangt, daß zum Schutze seiner Fenster vor Verdunkelung mit Anlagen auf einem Nachbargrundstück ein bestimmter Abstand eingehalten werden muß, so gilt dieses Recht als Grunddienstbarkeit.

Das gleiche gilt, wenn der Eigentümer eines Gebäudes vor dem Inkrafttreten des Bürgerlichen Gesetzbuchs nach den Vorschriften des Pfälzischen Rechtes durch Zeitablauf das Recht erlangt hat, Fenster, andere Lichtöffnungen oder Anlagen der im Art. 63 bezeichneten Art zu halten, die den gesetzlichen Vorschriften nicht entsprechen.

Art. 68.

Werden zwei Grundstücke durch eine Mauer geschieden, zu deren Benutzung die Eigentümer der Grundstücke gemeinschaftlich berechtigt sind, so kann der Eigentümer des einen Grundstücks dem Eigentümer des anderen Grundstücks nicht verbieten, die Mauer ihrer ganzen Dicke nach zu erhöhen, wenn ihm nachgewiesen wird, daß durch die Erhöhung die Mauer nicht gefährdet wird.

Der Eigentümer des Grundstücks, von dem aus die Erhöhung erfolgt ist, kann dem Eigentümer des anderen Grundstücks die Benützung des Aufbaus verbieten, bis ihm für die Hälfte oder, wenn nur ein Teil des Aufbaues benutzt werden soll, für den entsprechenden Teil der Baukosten Ersatz geleistet wird. Ist der Bauwert geringer als der Betrag der Baukosten, so bestimmt sich der zu ersetzende Betrag nach dem Bauwerte. Die Ersatzleistung kann auch durch Hinterlegung oder durch Aufrechnung erfolgen. Solange das Verbietungsrecht besteht, hat der Berechtigte den Mehraufwand zu tragen, den die Unterhaltung der Mauer infolge der Erhöhung verursacht.

Wird die Mauer zum Zwecke der Erhöhung verstärkt, so ist die Verstärkung auf dem Grundstück anzubringen, dessen Eigentümer die Erhöhung unternimmt. Der nach Abs. 2 von dem Eigentümer des anderen Grundstücks zu ersetzende Betrag erhöht sich um den entsprechenden Teil des Wertes der zu der Verstärkung verwendeten Grundfläche. Verlangt der Eigentümer des Grundstücks, auf dem die Verstärkung angebracht worden ist, die Ersatzleistung, so ist er verpflichtet, dem Eigentümer des anderen Grundstücks das Eigentum an der zu der Mauer verwendeten Grundfläche seines Grundstücks soweit zu übertragen, daß die neue Grenzlinie durch die

Mitte der verstärkten Mauer geht; die Vorschriften über den Kauf finden Anwendung.

Art. 69.

Ist eine Mauer der im Art. 68 Abs. 1 bezeichneten Art vor dem Inkrafttreten des Bürgerlichen Gesetzbuchs von dem Eigentümer des einen Grundstücks erhöht worden, so finden, soweit nach den bisherigen Vorschriften für die Benützung des Aufbaus seitens des Eigentümers des andern Grundstücks ein Teil der Kosten zu ersetzen oder eine sonstige Vergütung zu leisten ist, die Vorschriften des Art. 68 Abs. 2, 3 Anwendung, es sei denn, daß die Vergütung schon vor dem Inkrafttreten des Bürgerlichen Gesetzbuchs fällig geworden ist.

Art. 70.

Hat zur Zeit des Inkrafttretens des Bürgerlichen Gesetzbuchs der Eigentümer eines Grundstücks auf Grund eines ihm nach den bisherigen Vorschriften gegenüber dem Eigentümer eines Nachbargrundstücks zustehenden Zwangsrechts eine Mauer, durch welche die Grundstücke geschieden werden, zu gemeinschaftlicher Benutzung zu errichten begonnen, so bleiben diese Vorschriften für das Recht und die Pflicht zur Herstellung der Mauer maßgebend.

Ist eine Mauer, durch welche zwei Grundstücke geschieden werden, von dem Eigentümer des einen Grundstücks auf Grund eines ihm nach den bisherigen Vorschriften gegenüber dem Eigentümer des anderen Grundstücks zustehenden Zwangsrechts zu gemeinschaftlicher Benutzung hergestellt worden, so finden an Stelle der bisherigen Vorschriften, nach welchen im Falle der Benutzung der Mauer seitens des Eigentümers des anderen Grundstücks ein Teil der Kosten zu ersetzen ist, die Vorschriften des Art. 68 Abs. 2, 3 entsprechende Anwendung, es sei denn, daß der Ersatzanspruch schon vor dem Inkrafttreten des Bürgerlichen Gesetzbuchs fällig geworden ist.

4. Gesetz über die Sicherung der Bauforderungen.

Vom 1. Juni 1909 (RGBl. S. 449).

(Von diesem Gesetze gelten in Bayern einstweilen nur der I. Abschnitt §§ 1—8; der II. Abschn. betr. „die dingliche Sicherung der Bauforderungen" ist in Bayern durch Verordnung auf Grund des § 9 noch nicht eingeführt.)

§ 4.

Bei Neubauten ist der Bauleiter verpflichtet, an leicht sichtbarer Stelle einen Anschlag anzubringen, welcher den Stand, den Familiennamen und wenigstens einen ausgeschriebenen Vornamen sowie den Wohnort des Eigentümers, und, falls dieser die Herstellung des Gebäudes oder eines einzelnen Teiles des Gebäudes einem Unternehmer übertragen hat, des Unternehmers in deutlich lesbarer und unverwischbarer Schrift enthalten muß. Wird der

Bau von einer Firma als Eigentümer oder Unternehmer ausgeführt, so ist diese oder deren Niederlassungsort anzugeben.

§ 7.

Mit Geldstrafe bis zu einhundertfünzig Mark und im Unvermögensfalle mit Haft bis zu vier Wochen wird bestraft, wer den Vorschriften des § 4 zuwiderhandelt.

IV. Teil.

Baugeländeerschließung.

1. Gesetz über die Erschließung von Baugelände.[1])

Vom 4. Juli 1923 (GVBl. S. 273).

Der Landtag des Freistaates Bayern hat das folgende Gesetz beschlossen:

I. Abschnitt.

Allgemeine Bestimmungen.

Art. 1.

I Bei der Erschließung von Baugelände sind im Generalbaulinienplan und im Baulinienplane die erforderlichen Flächen für den Gemeinbedarf festzulegen. Der Gemeinbedarf umfaßt den Bedarf für den notwendigen öffentlichen Verkehrsraum und für die sonstigen aus Gründen des Gemeinwohls von der Bebauung freizuhaltenden Flächen.

II Soweit die hiernach erforderliche Fläche nicht bereits im Eigentume der Gemeinde steht, geht sie zu Lasten der Gesamtheit der beteiligten Grundeigentümer nach näherer Bestimmung in Art. 2 und 7 ins Eigentum der Gemeinde über.

III Die Bebauungsweise des zu erschließenden Baugeländes ist nach Bedarf durch Bebauungsvorschriften zu regeln.

Die Neueinteilung.

Art. 2.

I Ergibt sich bei der Erschließung von Baugelände innerhalb eines Umlegungsgebiets (Art. 15 Abs. I), daß der Gemeinbedarf oder zweckmäßige Bauplätze im Verfahren zur Festsetzung von Baulinien nicht ausreichend sichergestellt werden können, so können die Grundstücke innerhalb des Umlegungsgebiets nach den Bestimmun-

---

[1]) „Hiezu: Martius, Das bayer. Gesetz über die Erschließung von Baugelände; in GemVerwZtg. 1923 S. 649.

gen dieses Gesetzes gegen den Willen der Grundeigentümer in Anspruch genommen und durch Änderung der Grenzen neu eingeteilt werden (Neueinteilung).

II Eine Neueinteilung kann unter der gleichen Voraussetzung auch sonst stattfinden, wenn die angemessene Bebauung eines Geländes durch Lage, Form, Flächeninhalt der Grundstücke oder in anderer Weise verhindert oder unverhältnismäßig erschwert wird.

Voraussetzungen der Neueinteilung.

Art. 3.

I Die Neueinteilung nach Art. 2 setzt voraus,

1. daß sie dem Gemeinwohle dient,
2. daß für das Baugelände die Baulinien und nach Bedarf die Bebauungsweise bereits festgesetzt sind oder wenigstens ein von der Baupolizeibehörde geprüfter, technisch einwandfreier und allen städtebaulichen Forderungen entsprechender Baulinienplan mit den etwaigen Bebauungsvorschlägen vorliegt,
3. daß mindestens die Hälfte der beteiligten Grundeigentümer, denen zugleich mindestens die Hälfte der beteiligten Grundfläche gehört, der Neueinteilung zustimmt.

II Die Zustimmung mitbeteiligter Grundeigentümer ist nicht erforderlich, wenn das Gemeinwohl die Neueinteilung dringend fordert.

Art. 4.

I Eine Neueinteilung nach Art. 2 wird nur eingeleitet, wenn sie von der Gemeinde oder von beteiligten Grundeigentümern beantragt wird.

II Wenn das Gemeinwohl die Neueinteilung dringend fordert, kann die Aufsichtsbehörde der Gemeinde zur Stellung des Antrags und Durchführung der Neueinteilung eine angemessene Frist setzen, nach deren fruchtlosem Ablauf aber die Neueinteilung an Stelle der Gemeinde selbst beantragen und durchführen. Art. 39 Abs. II findet auch in diesem Falle Anwendung.

Beteiligung.

Art. 5.

I Beteiligt im Sinne des Art. 3 Abs. I Ziff. 3 sind die Eigentümer der in das Unternehmen einbezogenen Grundstücke. Bei herrenlosen Grundstücken gilt der Staat als beteiligt.

II Steht das Eigentum an einem Grundstücke mehreren Personen nach Bruchteilen zu, so haben sie einen gemeinsamen Vertreter zu bestellen. Dabei entscheidet die Mehrheit der Bruchteile, die ein oder mehrere Eigentümer auf sich vereinigen. Bei Gleichheit entscheidet das Los. Ein gemeinsamer Vertreter ist auch zu bestellen, wenn ein Grundstück im Miteigentume zur gesamten Hand steht, soweit das Gesamthandsverhältnis nicht im ehelichen Güterrechte begründet ist. Wird innerhalb einer bestimmten Frist ein Vertreter nicht bestellt, so wird er von Amts wegen von der Baupolizeibehörde ernannt.

III Besteht über das Eigentum an einem Grundstück ein Rechtsstreit und können sich die Streitsteile über die Beteiligung nicht einigen, so gilt vorbehaltlich einer anderen einstweiligen Anordnung des Gerichts bis zur rechtskräftigen Entscheidung der Besitzer als beteiligt. Ist auch der Besitz streitig, so hat die Baupolizeibehörde für die Dauer des Rechtsstreits von Amts wegen einen Vertreter zu bestimmen. Sind die Grenzen mehrerer Grundstücke streitig, so gelten für die Beteiligung die allgemeinen Vorschriften (Abs. I). Die streitigen Flächen werden für die im Verfahren notwendigen Berechnungen und für die Kostenaufbringung gleichmäßig zwischen den Beteiligten geteilt. Die Forderung eines Rückersatzes von Kosten nach beendetem Rechtsstreite wird dadurch nicht berührt.

IV Die Bestimmungen des Bürgerlichen Gesetzbuchs, nach denen eine Erklärung zu ihrer Wirksamkeit der Zustimmung anderer Personen bedarf, kommen im Vollzuge dieses Gesetzes nicht zur Anwendung. § 2113 des Bürgerlichen Gesetzbuchs findet bei Unternehmen nach diesem Gesetz auf Verfügungen der Vorerben keine Anwendung.

Besondere Fälle.

Art. 6.

I Einzelne im Umlegungsgebiet (Art. 15 Abs. I) gelegene besonders wertvolle Grundstücke, die bebaut sind oder in besonderer Weise, z. B. als hochwertige Gärtnereien oder Baumschulen benützt werden und deren Wert einen Ausgleich durch andere Grundstücke wesentlich erschweren würde, können von dem Unternehmen ganz oder teilweise ausgeschlossen werden.

II Im Eigentume des Reiches oder des Landes stehende Grundstücke müssen auf Verlangen der zuständigen Behörde von dem Unternehmen ausgeschlossen werden.

II. Abschnitt. Grundsätze der Neueinteilung.

Art. 7.

I Die zu einem Unternehmen nach Art. 2 zusammengeschlossenen Grundstücke und Grundstücksteile und die im Umlegungsgebiete gelegenen öffentlichen Straßen, Wege und Plätze werden in eine Masse vereinigt.

II Aus dieser Masse wird das nach dem Baulinienplane für den künftigen Gemeinbedarf (Art. 1 Abs. I) bestimmte Gelände ausgeschieden und der Gemeinde überwiesen.

III Die verbleibende Restmasse wird unter die einzelnen Grundeigentümer, die Grundstücke in die Masse eingelegt haben, nach dem Verhältnisse der von ihnen eingelegten Flächen, nach dem Gesichtspunkte bestmöglicher baulicher Verwertung und nach Zweckmäßigkeit und Billigkeit aufgeteilt. Hierbei sollen die Grundstücke möglichst in gleicher Lage wie die eingelegten Grundstücke dem Eigentümer zugewiesen werden; bebaute Grundstücke sind in der Regel vorbehaltlich der erforderlichen anderweitigen Begrenzung dem bisherigen Eigentümer wieder zuzuteilen.

IV Nicht zu vermeidende und anderweit nicht abzufindende Unterschiede bei der Flächenzuteilung sind in Geld anzurechnen.

V Sind die in das Unternehmen einbezogenen Grundstücke desselben Eigentümers verschieden belastet, so sind die an ihre Stelle tretenden Grundstücke beim Fehlen einer anderweitigen Übereinkunft, soweit es zur Wahrung der auf sie übergehenden Rechte erforderlich ist, nach den verschiedenen Belastungen auszuscheiden; Verfügungsbeschränkungen stehen den Belastungen gleich. Das gleiche hat auf Antrag zu geschehen, wenn infolge besonderer Rechtsverhältnisse die Ausscheidung einzelner Grundstücke angezeigt ist.

VI Die Gemeinde kann bis zu 35 vom Hundert der Fläche des in die Masse eingelegten fremden Grundeigentums unentgeltlich und lastenfrei für den Gemeinbedarf in Anspruch nehmen. In diesem Umfange geht dann die von der Gemeinde für den Gemeindebedarf in Anspruch genommene fremde Fläche unentgeltlich und lastenfrei in das Eigentum der Gemeinde über. Wenn die dem einzelnen Eigentümer nach Abs. III neu zuzuteilende Fläche um mehr als 35 vom Hundert kleiner ist als die von ihm ursprünglich eingelegte Fläche, so hat die Gemeinde dem Eigentümer den Unterschied voll zu entschädigen.

VII Durch örtliche Satzung kann der in Abs. VI festgesetzte Hundertsatz ermäßigt werden.

VIII Die für die in Abs. I erwähnten öffentlichen Straßen, Wege und Plätze früher nachweisbar geleisteten unentgeltlichen Grundabtretungen und die zur Erwerbung von Flächen hierfür nachweisbar geleisteten Zahlungen sind bei der Neuzuteilung entsprechend anzurechnen.

Kleinstücke.

Art. 8.

Grundstücke, deren Flächeninhalt so gering ist, daß sie nur durch ein zur Bebauung ungeeignetes Grundstück ersetzt werden könnten (Kleinstücke), sind zur Aufteilung in die Masse einzulegen. Der Wert dieser Grundstücke ist, soweit anderweitiger Ausgleich nicht möglich ist, durch Geld zu entschädigen.

Besondere Geldentschädigungen.

Art. 9.

Neben der Zuweisung von Grundstücken und soweit hierdurch ein vollständiger Ausgleich nicht erzielt werden kann, ist mit Geld zu entschädigen:

1. der Entzug von Gebäuden und deren Bestandteilen oder Zubehör,

2. der Verlust des dem eingelegten Grundstück infolge besonderer natürlicher Eigenschaften oder der darauf gemachten Verwendungen zukommenden Mehrwerts,
3. der Verlust des auf die Benutzung der Gebäude oder die besondere Beschaffenheit oder Benutzung des Grundstücks begründeten Gewerbes (Fabriken, Handelsgärtnereien, Baumschulen, Ton- oder Lehmgruben und dgl.).

Art. 10.

Soweit im übrigen bei Durchführung des Gesetzes im Einzelfalle nachweisbar ein unverhältnismäßiger Schaden verbleibt, ist der Eigentümer in Geld zu entschädigen.

Ermittlung der Entschädigung.

Art. 11.

I Die Ermittlung der Entschädigungsbeträge (Art. 7 Abs. IV, Abs. VI Satz 3, Abs. VIII, Art. 8, 9 und 10) soll alle tatsächlichen und rechtlichen Verhältnisse berücksichtigen, die den Wert der Grundstücke beeinflussen.

II Die infolge der Neueinteilung eintretende Wertsteigerung bleibt für das zu entschädigende Grundstück außer Betracht.

Rechte am Grundstück.

Art. 12.

I Beteiligten, deren Rechte am Grundstück infolge der Neueinteilung erlöschen oder verändert werden, ist der Schaden, den sie durch die Neueinteilung erleiden, besonders zu ersetzen, soweit der Ersatz nicht in den sonst im Verfahren gewährten Entschädigungen inbegriffen ist. Zieht ein Grundeigentümer aus dem Erlöschen oder der Beeinträchtigung des Rechtes am Grundstücke Vorteil, so kann diese Entschädigung ihm in Geld bis zur Höhe dieses Vorteils auferlegt werden; er hat die Entschädigung an die Gemeinde abzuführen.

II Abs. I gilt auch für die Mieter und Pächter (Art. 20 Abs. I Ziff. 2), deren Rechte nach Art. 38 Abs. III erlöschen.

Umlegungsbeitrag.

Art. 13.

I Die nach Art. 7 Abs. VI Satz 3 zu gewährende Entschädigung fällt der Gemeinde endgültig zur Last.

II Die Geldentschädigungen nach Art. 7 Abs. IV, VIII, Art. 8, 9, 10, 12 Abs. I Satz 1 und Abs. II hat die Gemeinde vorschußweise für die Gesamtheit der beteiligten Grundeigentümer zu leisten. Vom Gesamtbetrage dieser Entschädigungen werden die nach Art. 12 Abs. I Satz 2 abzuführenden Beträge abgezogen. Den Rest hebt die Gemeinde von den Grundeigentümern nach einem billigen Maßstab ein, der Flächeninhalt, Lage oder Wert des zugeteilten

Grundstücks und die aus der Neueinteilung für den einzelnen sich ergebenden Vorteile berücksichtigt (Umlegungsbeitrag).

III Gegen den Umlegungsbeitrag werden die von der Gemeinde dem Eigentümer nach Art. 7 Abs. IV, VIII, Art. 8, 9, 10 vorschußweise zu vergütenden Beträge aufgerechnet, soweit nicht die nach Art. 42 daran begründeten Rechte Dritter entgegenstehen.

Art. 14.

I Der Umlegungsbeitrag ist dem Eigentümer auf Antrag bis zum Verkauf oder bis zur Bebauung des Grundstücks gegen eine angemessene Verzinsung zu stunden.

II Die Gemeinde ist bis zum Ablaufe von drei Monaten nach dem Eigentumsübergang (Art. 37 Abs. II) berechtigt, für den Umlegungsbeitrag sowie für den ihr nach Art. 12 Abs. I Satz 2 zu ersetzenden Betrag die Eintragung einer Sicherungshypothek auf dem Grundstücke zu verlangen. Die Hypothek wird im Vorrange vor den auf dem Grundstücke zur Zeit des Eigentumsüberganges (Art. 37 Abs. II) lastenden Reallasten, Hypotheken, Grundschulden und Rentenschulden eingetragen. Die Hypothek erlischt mit der Forderung; der § 1163 Abs. I Satz 2 des BGB. findet keine Anwendung.

III Der Umlegungsbeitrag kann von der Gemeinde nach den Vorschriften über die Erhebung und Beitreibung öffentlicher Abgaben beigetrieben werden.

III. Abschnitt. Verfahren.

Antrag.

Art. 15.

I Der Antrag auf eine Neueinteilung nach Art. 2 ist bei der Baupolizeibehörde unter Darlegung der Verhältnisse anzubringen. Mit dem Antrage sind vorzulegen: Der Baulinienplan mit den etwaigen Bebauungsvorschriften, ein Lageplan, ein Verzeichnis der Grundstücke und Grundstücksteile, die neu eingeteilt werden sollen (Umlegungsgebiet). Der Antrag ist, wenn er nicht von der Gemeinde selbst ausgeht, durch ihre Vermittlung anzubringen.

II Liegt das Umlegungsgebiet in den Bezirken verschiedener Bezirksverwaltungsbehörden, so ist die Baupolizeibehörde zuständig, in deren Bezirk die größere Fläche liegt.

Art. 16.

I Nach Eingang des Antrags und bis zur endgültigen Erledigung des Verfahrens kann die Baupolizeibehörde die Errichtung von Bauten in dem für die Neueinteilung in Aussicht genommenen Gebiete untersagen, wenn durch die Errichtung von Bauten die zweckmäßige Neueinteilung vereitelt oder wesentlich erschwert würde. Die Untersagung begründet keinen Anspruch auf Entschädigung.

II Baulinienplan und Bebauungsvorschriften sind im Zusammenhange mit der Neueinteilung zu würdigen. Sie sollen bis zu der in Art. 34 Abs. I vorgesehenen Vorlage rechtskräftig genehmigt sein.

Vorprüfung.

Art. 17.

I Die Baupolizeibehörde legt die Verhandlungen mit ihrem Gutachten der Regierung, Kammer des Innern, vor. Haben die Grundeigentümer den Antrag gestellt, so erholt die Baupolizeibehörde vorher noch eine Äußerung der Gemeinde.

II Die Regierung, Kammer des Innern, prüft, ob die Voraussetzungen der Art. 2 und 3 Abs. I Ziff. 1, 2, Abs. II erfüllt sind. Ist dies der Fall, so bestimmt sie den Umfang des Umlegungsgebiets und verfügt die Einleitung des Umlegungsverfahrens. Sind die Voraussetzungen nicht erfüllt, so ist der Antrag abzulehnen.

III Gegen die Entscheidung der Regierung ist Beschwerde zum Staatsministerium des Innern zulässig. Die Frist für Einlegung der Beschwerde beträgt vierzehn Tage: sie beginnt mit der Zustellung der Entscheidung.

Vorentwurf.

Art. 18.

I Ist die Einleitung des Umlegungsverfahrens verfügt (Art. 17 Abs. II), so stellt die Gemeinde erforderlichenfalls unter Beiziehung eines im Städtebau erfahrenen Bausachverständigen, dann unter Mitwirkung des zuständigen Messungsamts und der sonst beteiligten Behörden einen Vorentwurf für die Neueinteilung auf. Wenn der Antrag von Grundeigentümern gestellt ist, können die Unterlagen auch von den Antragstellern bei der Gemeinde eingereicht werden. werden.

II Die Gemeinde hat den beteiligten Eigentümern Gelegenheit zur Wahrung ihrer Belange zu geben.

III Nach Abschluß dieser Vorarbeiten legt die Gemeinde die Verhandlungen der Baupolizeibehörde vor.

Erste Tagfahrt.

Art. 19.

I Die Baupolizeibehörde stellt die Beteiligten fest und lädt sie zur ersten Tagfahrt ein.

II Zur Tagfahrt sind ein Bausachverständiger — in der Regel der Verfertiger des Vorentwurfes (Art. 18 Abs. I) — und ein Sachverständiger für Bewertung der Grundstücke beizuziehen. Diese beiden Sachverständigen werden von der Baupolizeibehörde ernannt und vor Beginn ihrer Tätigkeit auf unparteiische Geschäftsführung durch Handgelübde verpflichtet.

III Das zuständige Messungsamt ist zur Tagfahrt einzuladen.

Beteiligte.

Art. 20.

I Beteiligte im Sinne des Art. 19 Abs. I sind außer der Gemeinde und den Eigentümern

1. diejenigen, für die ein Recht im Grundbuch eingetragen oder durch Vormerkung gesichert ist,
2. diejenigen, denen sonst ein Recht an einem neu einzuteilenden Grundstück oder an einem das Grundstück belastenden Rechte zusteht, die Mieter und Pächter, denen das Grundstück auf Grund des Miet- oder Pachtvertrags überlassen ist, und im Falle der Zwangversteigerung oder Zwangsverwaltung der betreibende Gläubiger,
3. soferne einzelne Grundstücke des Umlegungsgebiets zu anderen Gemeinden gehören, auch diese Gemeinden.

II Beteiligte, deren Recht im Grundbuche nicht eingetragen ist, haben auf Verlangen der Gemeinde, eines anderen Beteiligten oder der Baupolizeibehörde ihr Recht glaubhaft zu machen.

III Ist gegen die Richtigkeit des Grundbuchs ein Widerspruch eingetragen oder ist ein Rechtsstreit über ein Recht, das die Beiziehung zum Verfahren begründen würde, anhängig, so gelten auch derjenige, zu dessen Gunsten der Widerspruch eingetragen ist, und im Falle des Rechtsstreits beide Parteien als Beteiligte.

Art. 21.

I Die Ladung zur ersten Tagfahrt (Art. 19) ist öffentlich bekanntzumachen und außerdem der Gemeinde und den beteiligten Eigentümern, Erbbauberechtigten und Nießbrauchberechtigten, deren Aufenthaltsort bekannt und innerhalb des Deutschen Reiches gelegen ist, oder ihren Vertretern schriftlich gegen Nachweis zuzustellen. Ist ein Widerspruch gegen die Richtigkeit des Grundbuchs bei einem der im Satz 1 bezeichneten Beteiligten eingetragen, so ist auch derjenige, zu dessen Gunsten der Widerspruch eingetragen ist, zur Tagfahrt zu laden.

II Der Vorentwurf (Art. 18) muß mit seinen Beilagen von der öffentlichen Bekanntmachung der Ladung an bis zur Tagfahrt in der Gemeinde zur kostenlosen Einsicht der Beteiligten öffentlich aufliegen. In der Ladung ist hierauf sowie auf Art. 22 Abs. III und Art. 24 Abs. I hinzuweisen. Zwischen der Ladung und der Tagfahrt soll eine Frist von mindestens vierzehn Tagen liegen.

Art. 22.

I In der Tagfahrt ist die Neueinteilung darzulegen; über Einwendungen ist, soweit tunlich, zu verhandeln.

II Über die Durchführung der Neueinteilung, ihren Umfang (Umlegungsgebiet) und ihre wesentlichen Grundzüge ist im Wege der Abstimmung Beschluß zu fassen. Für die Beschlußfassung sind die in Art. 3 Abs. I Ziff. 3 festgesetzten Stimmverhältnisse maßgebend.

III Wer in der Tagfahrt nicht erscheint oder nicht abstimmt, gilt als zustimmend.

IV Zustimmende Erklärungen sind unwiderruflich; sie binden auch den Rechtsnachfolger.

Art. 23.

Wird die Durchführung der Neueinteilung beschlossen, so ist alsbald der Umlegungsausschuß zu bilden (Art. 27).

Einwendungen.

Art. 24.

I Einwendungen gegen die Neueinteilung müssen bei Meidung des Ausschlusses in der Tagfahrt geltend gemacht werden. Dies gilt auch, soweit ein Beteiligter gegen vorgesehene Entschädigungen Einwendungen erhebt oder eine nicht vorgesehene Entschädigung in Anspruch nimmt.

II Die erhobenen Einwendungen müssen in der Niederschrift über die Tagfahrt aufgenommen werden. Sie sind dem Umlegungsausschusse zum Versuche gütlicher Beilegung mitzuteilen.

Nachfrist.

Art. 25.

Erbringen Beteiligte, die bei der ersten Tagfahrt weder erschienen noch vertreten waren, den Nachweis, daß sie ohne ihr Verschulden von der Tagfahrt keine Kenntnis erhielten oder am Erscheinen bei der Tagfahrt durch ein Naturereignis oder durch andere unabwendbare Zufälle verhindert waren, so können sie innerhalb vierzehn Tagen nach der Tagfahrt noch Einwendungen bei der Baupolizeibehörde erheben.

Verständigung des Grundbuchamts.

Art. 26.

I Ist die Durchführung der Neueinteilung beschlossen, so übersendet die Gemeinde dem Grundbuchamt ein Verzeichnis der hiervon betroffenen Grundstücke. Ist im Grundbuchblatte für ein solches Grundstück die Anordnung der Zwangsversteigerung oder Zwangsverwaltung eingetragen, so gibt das Grundbuchamt dem Vollstreckungsgerichte von der Einleitung des Neueinteilungsverfahrens Kenntnis.

II Das Grundbuchamt gibt der Gemeinde alle Eintragungen, die von der Übersendung des Verzeichnisses an im Grundbuchblatte für ein darin aufgeführtes Grundstück erfolgen, von Amts wegen bekannt.

Der Umlegungsausschuß.

Art. 27.

I Der Umlegungsausschuß besteht aus einem Beamten der Baupolizeibehörde als Vorsitzenden, einem höheren Beamten des zuständigen Messungsamts, einem Vertreter der Gemeinde, den in Art. 19 Abs. II bezeichneten beiden Sachverständigen und je nach dem Umfange des Umlegungsgebiets zwei bis fünf Vertretern der beteiligten Grundeigentümer. Die Zahl der in den Umlegungsausschuß zu wählenden Vertreter der Grundeigentümer sowie ihrer

Ersatzmänner ist durch einfache Mehrheit der Abstimmenden zu bestimmen. Die zustimmenden und widersprechenden Grundeigentümer wählen ihre Vertreter und die erforderliche Zahl von Ersatzmännern in getrennten Wahlgängen mit einfacher Stimmenmehrheit. Der dem Unternehmen widersprechenden Minderheit steht die Wahl eines Vertreters und eines Ersatzmannes zu.

II Der Umlegungsausschuß bleibt bis zur Beendigung der Neueinteilung in Tätigkeit. Er kann sich eine Geschäftsordnung geben.

Art. 28.

I Die durch die Wahl bestellten Mitglieder des Umlegungsausschusses werden vor Beginn ihrer Tätigkeit von dem Vorsitzenden auf unparteiische Geschäftsführung durch Handgelübde verpflichtet.

II Der Umlegungsausschuß wird von dem Vorsitzenden einberufen. Er beschließt mit Stimmenmehrheit; bei Stimmengleichheit gibt die Stimme des Vorsitzenden den Ausschlag.

III Der Vorsitzende oder das vom Umlegungsausschusse bestellte Ausschußmitglied hat die Beschlüsse auszuführen, den Verkehr mit den Behörden zu führen und den Umlegungsausschuß zu vertreten.

Art. 29.

Der Umlegungsausschuß oder das von ihm bestellte Ausschußmitglied hat als Geschäftsführer des Unternehmens die gemeinschaftlichen Angelegenheiten der beteiligten Eigentümer gerichtlich und außergerichtlich wahrzunehmen.

Umlegungsplan.

Art. 30.

I Der Umlegungsausschuß oder das von ihm bestellte Ausschußmitglied betreibt und überwacht die Neueinteilung. Er stellt im Benehmen mit der Gemeinde, dem Verfertiger des Vorentwurfes, dem zuständigen Messungsamt und den sonst beteiligten Behörden den endgültigen Entwurf für die Neueinteilung mit den erforderlichen Ausführungsbestimmungen (Umlegungsplan) auf.

II Den Beteiligten ist Gelegenheit zur Einsichtnahme in den Umlegungsplan und zur Erhebung etwaiger Einwendungen zu geben. Der Umlegungsausschuß kann die vorläufige Absteckung der Neueinteilung verfügen.

III Der Umlegungsausschuß hat über die noch vorliegenden Einwendungen mit den Beteiligten zu verhandeln, sowie die erforderlichen Wertsermittlungen, die Verhandlungen mit den Behörden und die etwa notwendig werdende Umgestaltung der vorgelegten Pläne und sonstigen Unterlagen des Umlegungsplans durchzuführen.

Art. 31.

Die gewählten Mitglieder des Umlegungsausschusses und die beigezogenen Sachverständigen erhalten als Ersatz für Zeitversäumnis, Reisekosten und sonstige Auslagen eine angemessene Vergütung. Sie wird von der Baupolizeibehörde nach ortsüblichen Sätzen festgesetzt. Gegen die Festsetzung ist binnen vierzehn Tagen von der Zustellung der Festsetzungsverfügung ab Beschwerde zur Regierung, Kammer des Innern, zulässig; diese entscheidet endgültig.

Zweite Tagfahrt.

Art. 32.

I Sind die Verhandlungen soweit abgeschlossen, daß die vorgeschlagene Neueinteilung an der Hand des Umlegungsplans abgesteckt werden kann, so ist eine zweite Tagfahrt abzuhalten.

II Die Ladung zur Tagfahrt ist öffentlich bekanntzumachen und außerdem der Gemeinde und den beteiligten Eigentümern, Erbbauberechtigten und Nießbrauchberechtigten sowie den sonstigen Beteiligten oder ihren Vertretern schriftlich gegen Nachweis zuzustellen. Der Umlegungsplan muß mit seinen Beilagen von der öffentlichen Bekanntmachung der Ladung an bis zur Tagfahrt in der Gemeinde zur kostenlosen Einsicht der Beteiligten öffentlich aufliegen. In der Ladung ist hierauf sowie auf die Vorschrift des Abs. IV hinzuweisen. Zwischen der Ladung und der Tagfahrt soll eine Frist von mindestens vierzehn Tagen liegen.

III In der Tagfahrt ist die Neueinteilung den Beteiligten tunlichst an Ort und Stelle durch den Umlegungsausschuß gegen Nachweis in der Niederschrift zu eröffnen. Im Anschlusse hieran ist mit den noch widersprechenden Beteiligten zu verhandeln und auf Erzielung einer gütlichen Einigung hinzuwirken. Soweit Geldentschädigungen in Frage kommen, hat der Umlegungsausschuß deren Höhe vorläufig festzusetzen und die Festsetzung den Entschädigungsberechtigten und den Entschädigungspflichtigen nachweislich zuzustellen.

IV Neue Einwendungen, die sich auf die nach der ersten Tagfahrt vorgenommenen Änderungen des Entwurfes stützen, müssen bei Meidung des Ausschlusses in der zweiten Tagfahrt geltend gemacht werden. Art. 25 gilt entsprechend.

Art. 33.

Die in der zweiten Tagfahrt abgegebenen Erklärungen sind in der Niederschrift aufzunehmen; zustimmende Erklärungen sind unwiderruflich; sie binden auch den Rechtsnachfolger.

Entscheidung der Regierung, Kammer des Innern.

Art. 34.

I Gelingt es nicht, die gegen den Umlegungsplan erhobenen Einwendungen beizulegen, dann erholt der Umlegungsausschuß die Schlußäußerung der Gemeinde und der Baupolizeibehörde. Diese legt die gesamten Verhandlungen der Regierung, Kammer des Innern, vor.

II Die Regierung entscheidet im verwaltungsrechtlichen Verfahren über den Umlegungsplan und die noch nicht behobenen Einwendungen. Die Entscheidung lautet auf Genehmigung oder auf Ablehnung des Umlegungsplans; die auf Genehmigung lautende Entscheidung kann nach rechtlichem Gehör der Beteiligten auch den Umlegungsplan entsprechend abändern. Die Entscheidung hat einen Ausspruch über die Kosten zu enthalten (Art. 44). Geldentschädigungen sind dieser Entscheidung entrückt.

III Die auf Genehmigung lautende Entscheidung hat die aus dem Gesetze sich ergebenden Zwangsfolgen auszusprechen.

IV Die Entscheidung ist der Gemeinde, den Eigentümern, Erbbauberechtigten und Nießbrauchberechtigten sowie den sonstigen Beteiligten, die gegen das Unternehmen oder die Art seiner Ausführung rechtzeitig Einwendungen erhoben haben, in schriftlicher Ausfertigung zuzustellen. Es genügt, dem einzelnen Beteiligten den ihn betreffenden Teil der Entscheidung zuzustellen.

Beschwerde an den Verwaltungsgerichtshof.

Art. 35.

I Gegen die Entscheidung der Regierung, Kammer des Innern, ist Beschwerde an den Verwaltungsgerichtshof zulässig.

II Die Frist für Einlegung der Beschwerde beträgt vierzehn Tage; sie beginnt mit der Zustellung der Entscheidung.

Umlegungsübersicht.

Art. 36.

I Sind die Einwendungen im Laufe des Verfahrens durch gütliche Einigung oder rechtskräftigen Bescheid (Art. 34, 35) erledigt, so stellt das zuständige Messungsamt im Benehmen mit dem Umlegungsausschusse die für die Eintragungen im Grundbuch und für die Katasterumschreibungen erforderlichen Unterlagen her (Umlegungsübersicht).

II Die Umlegungsübersicht ist der Regierung, Kammer des Innern, vorzulegen, die sie nach erfolgter vermessungs- und katastertechnischer Prüfung durch die zuständige Prüfungsstelle für vollziehbar erklärt und jedem beteiligten Eigentümer einen mit dieser Erklärung versehenen Auszug aus der Umlegungsübersicht zustellt. Dieser Auszug tritt an Stelle einer Erwerbsurkunde hinsichtlich des zugeteilten Grundbesitzes und aller damit in Verbindung stehenden Rechte und Verpflichtungen. Der Auszug wird erst zugestellt, wenn der Beteiligte die ihm auferlegte Entschädigung geleistet hat.

Art. 37.

I In der Vollziehbarerklärung ist der Tag, an dem sich der Eigentumsübergang und die sonstigen im Umlegungsplane vorgesehenen Rechtsänderungen entsprechend der Umlegungsübersicht vollziehen, zu bestimmen.

II Das Eigentum geht an diesem Tage kraft Gesetzes und mit Wirksamkeit gegen Dritte über.

III Der Eigentumsübergang, der durch die Neuerteilung eintritt, ist von staatlichen und gemeindlichen Besitzveränderungsabgaben frei.

Rechte anderer Personen.

Art. 38.

I Mit dem Eigentumsübergang (Art. 37) treten die neuzugeteilten Grundstücke an die Stelle der dafür abgetretenen Grundstücke und erhalten in rechtlicher Beziehung alle Eigenschaften der abgetretenen Grundstücke, soweit dieses Gesetz nicht anders bestimmt.

II Erbbaurechte und dingliche Vorkaufsrechte, soweit sie nicht zugunsten von Personen des öffentlichen Rechtes und von gemeinnützigen Bau- und Siedlungsgesellschaften bestehen, ferner Dienstbarkeiten und Reallasten sowie zugunsten solcher Rechte eingetragene Vormerkungen und Widersprüche erlöschen, es sei denn, daß in der Umlegungsübersicht ein anderes enthalten ist.

III Mietverhältnisse und Pachtverhältnisse, auf Grund deren das eingelegte Grundstück dem Mieter oder Pächter überlassen war, erlöschen, es sei denn, daß der Gegenstand dem Vermieter oder Verpächter ungeschmälert verbleibt oder daß die Umlegungsübersicht ein anderes bestimmt.

IV Das Gelände für den Gemeinbedarf geht lastenfrei auf die Gemeinde über. Hinsichtlich der Lasten treten an seine Stelle die Grundstücke, die seinem bisherigen Eigentümer im Verfahren zugewiesen werden, ferner die Geldentschädigungen, die ihm zur Wertausgleichung gewährt werden, endlich sein etwaiger Anteil an dem Geldersatze, der für den Gemeinbedarf zu leisten ist (Art. 42). In der Umlegungsübersicht können andere Bestimmungen getroffen werden.

V Die auf Kleinstücken (Art. 8) lastenden Rechte erlöschen, wenn nicht in der Umlegungsübersicht anders bestimmt ist.

VI In der Umlegungsübersicht können bleibende Rechte entsprechend der neuen Lage geändert, neue Dienstbarkeiten vorgesehen werden.

Rechtsweg.

Art. 39.

I Wegen der Höhe der in Art. 7 Abs. IV, Abs. VI Satz 3, Abs. VIII, Art. 8, 9, 10, 12 Abs. I Satz 1, Abs. II bezeichneten Ansprüche auf Entschädigung in Geld steht den Beteiligten der Rechtsweg offen.

II Die Klage ist spätestens binnen zwei Monaten nach Eintritt der Rechtskraft der Entscheidung über den Umlegungsplan (Art. 34) zu erheben und von den Beteiligten gegen die Gemeinde, von der Gemeinde gegen den Beteiligten zu richten.

III Diese Vorschriften gelten entsprechend im Falle des Art. 12 Abs. I Satz 2.

IV Die Ausführung des Unternehmens wird durch die Beschreitung des Rechtswegs nicht aufgehalten.

V Erhöhen sich die den Eigentümern zu gewährenden Geldentschädigungen infolge des Ausganges eines Rechtsstreits, so ist der Mehrbetrag durch den Umlegungsausschuß auf die Eigentümer nachträglich zu verteilen. Ermäßigen sich die Geldentschädigungen, so ist der Minderbetrag den Eigentümern im Verhältnis ihrer Beiträge gutzurechnen oder zu erstatten.

Dringendes Gemeinwohl.

Art. 40.

Die vorstehenden Bestimmungen (Art. 15 bis 39) finden sinngemäße Anwendung auf das Verfahren nach Art. 4 Abs. II.

Grundsteuer.

Art. 41.

Die zur Überbauung mit Wohn- und Nebengebäuden bestimmten Grundflächen des Umlegungsgebiets sowie die Hofräume und Hausgärten in diesem Gebiete werden in die Klasse der besten Grundstücke der Ortsflur eingereiht.

Gerichtliche Hinterlegung. Verteilungsverfahren.

Art. 42.

I Die auf Grund des Art. 7 Abs. IV, VI Satz 3, dann der Art. 8, 9, 10 zu leistenden Geldentschädigungen haften, wenn das eingelegte Grundstück mit Rechten Dritter belastet ist, diesen. Die Entschädigung an den Eigentümer kann mit Wirkung gegen den Berechtigten erst bezahlt werden, wenn die Gemeinde oder der Eigentümer vorher dem Berechtigten Mitteilung gemacht hat und seit dem Empfange der Mitteilung ein Monat verstrichen ist. Der Berechtigte kann bis zum Ablaufe der Frist gegenüber der Gemeinde der Zahlung widersprechen. Erhebt ein Berechtigter rechtzeitig Widerspruch gegen die Zahlung der Entschädigung an den Eigentümer, so kann dieser und jeder Berechtigte die Eröffnung eines Verteilungsverfahrens nach den für die Verteilung des Erlöses im Falle der Zwangsversteigerung geltenden Vorschriften verlangen. Die Geldentschädigungen sind in diesem Falle von der Gemeinde (Art. 13) gerichtlich zu hinterlegen.

II *) Abs. I findet keine Anwendung auf Geldentschädigungen, die unter dem Betrage von 300 Mk. liegen.

---

*) s. dazu Ges. vom 14. August 1923 (GVBl. S. 280) zur Änderung des Ges. vom 15. Juni 1898, das Unschädlichkeitszeugnis betr., Art. I. Der vom Staatsministerium der Justiz festgesetzte Betrag ersetzt jeweils auch den im Art. 42 Abs. II des obigen Ges. bezeichneten Betrag von 300 RM., s. ferner V. zum Vollzug des Ges. über das Unschädlichkeitszeugnis vom 22. Nov. 1923 (GVBl.

III Die vorstehenden Vorschriften gelten entsprechend, wenn im Falle des Artikel 12 Abs. I Satz 1 das Recht eines Beteiligten, das infolge der Neueinteilung erlischt oder geändert wird, mit einem Rechte belastet ist.

Eintragungen im Grundbuche.

Art. 43.

Die Regierung, Kammer des Innern, hat das Grundbuchamt unter Mitteilung der Umlegungsübersicht oder eines beglaubigten Auszugs um die erforderlichen Eintragungen in das Grundbuch zu ersuchen und hierbei den Tag des Eigentumsüberganges anzugeben. Bei Eintragungen, von denen Hypotheken, Grundschulden oder Rentenschulden betroffen werden, finden die §§ 42 bis 44 der Grundbuchordnung keine Anwendung. Das Grundbuchamt hat den Besitzer des Hypotheken-, Grundschuld- oder Rentenschuldbriefs zur Vorlegung anzuhalten und nach den §§ 62 Abs. 1, 70 Abs. 1, der Grundbuchordnung zu verfahren.

IV. Abschnitt. Schlußbestimmungen.

Kosten des Verfahrens.

Art. 44.

I Die Kosten des Verfahrens sind von den beteiligten Eigentümern nach Verhältnis der Fläche der zugeteilten Grundstücke zu tragen. Die Verbindlichkeit zum Tragen der Kosten geht mit Einschluß von Zahlungsrückständen auf den Besitznachfolger über. Die Gemeinde ist berechtigt, auf diese Kosten Vorschüsse einzuheben.

II Im Falle der Ablehnung (Art. 17 Abs. II, 34 Abs. II) oder der Nichtweiterverfolgung des Unternehmens haben die Antragsteller die Kosten des Verfahrens zu tragen.

III Kosten, die durch ungerechtfertigte Einwendungen veranlaßt werden, können denen auferlegt werden, welche die Einwendungen erhoben haben.

IV Die Kosten werden durch die Gemeinde nach den Vorschriften über die Erhebung und Beitreibung öffentlicher Abgaben eingezogen.

V Das Verfahren bei der Einleitung und Durchführung der Neueinteilung, das Verfahren der ersten Rechtsstufe, Eintragungen im Grundbuche, die Erteilung von Grundbuchauszügen, endlich Be-

---

S. 381) geändert durch V. vom 2. Sept. 1924 (GVBl. S. 199). Der Betrag, bis zu welchem die Ausgleichung der Wertminderung nach Art. 2 Abs. III des Gesetzes vom 15. Juni 1898 nicht erforderlich ist, wird auf 50 Goldmark festgesetzt. Dieser Betrag ersetzt auch den im Art. 42 Abs. II des Ges. über die Erschließung von Baugelände bezeichneten Betrag von 300 RM.

stätigungen auf den Hypothek-, Grundschuld- und Rentenschuldbriefen, sowie diese Tätigkeit durch die Neueinteilung veranlaßt ist, sind gebühren- und stempelfrei.

Schutzvorschriften.

Art. 45.

Wer Absteckungsvorrichtungen oder andere Merkmale, die zur Vorbearbeitung oder zur Ausführung einer Neueinteilung angebracht wurden, beschädigt oder unbefugt vom Platz entfernt, wird an Geld bis zu 300000 Mk.*) oder mit Haft bestraft, soferne nicht nach anderen gesetzlichen Vorschriften eine schwerere Strafe verwirkt ist.

Besondere Fälle.

Art. 46.

I Auch außerhalb des Umlegungsverfahrens kann die Baupolizeibehörde zur Gewinnung zweckmäßiger Bauplätze die Erteilung der Baugenehmigung davon abhängig machen, daß der Bauherr kleinere zum Abschlusse der eigenen oder einer benachbarten Baustelle erforderliche, selbständig nicht bebaubare Grundflächen gegen Entschädigung erwirbt oder abtritt. Dies gilt auch, wenn nach dem Baulinienplane bisherige Wegteile in das Gebiet des Baulandes fallen.

II Die Gemeinden sind berechtigt, durch ortspolizeiliche Vorschriften anzuordnen, daß Veränderungen der Erdoberfläche, insbesondere die Anlegung von Kies-, Sand-, Kalk-, Lehm-, Ton- und Mergelgruben sowie von Schlacken- und Mullbergen, durch welche die Aufschließung von Baugelände erschwert werden kann, der Genehmigung durch die Baupolizeibehörde bedürfen. Zuwiderhandlungen gegen solche ortspolizeiliche Vorschriften werden an Geld bis zu 300000 Mk.*) oder mit Haft bestraft. Art. 105 des Polizeistrafgesetzbuches findet sinngemäße Anwendung.

Art. 47.

Einen Antrag auf freiwillige Neueinteilung, der durch öffentliche Ausschreibung und durch Auflage bei der Baupolizeibehörde zur Kenntnis der Beteiligten gebracht ist und die Zustimmung der Gemeinde und der Baupolizeibehörde gefunden hat, kann die Regierung, Kammer des Innern, nach Maßgabe und mit den Wirkungen der Art. 36, 37, 38, 42, 43 für vollziehbar erklären, wenn die Voraussetzungen der Art. 2, 3 Abs. I Ziff. 1, 2 gegeben sind und sämtliche an der Neueinteilung Beteiligten (Art. 20) schriftlich zustimmen.

---

*) nunmehr 150 RMk. (Art. XIV Abs. III RV. v. 6. Febr. 1924, RGBl. I S. 44.).

Art. 48.

Findet eine Neueinteilung infolge Einwirkung höherer Gewalt statt, so gelten die Änderungen im Grundbesitze nicht als Änderungen im Sinne des Art. 39 Abs. 3 des Brandversicherungsgesetzes.

Art. 49.

I Der Vollzug dieses Gesetzes durch die Behörden der inneren Verwaltung unterliegt der Oberaufsicht der Staatsministerien des Innern, der Justiz und der Finanzen.

II Diese erlassen die Vorschriften zum Vollzuge dieses Gesetzes.

Art. 50.

Dieses Gesetz wird als dringend bezeichnet. Das Gesamtministerium bestimmt den Tag, an dem das Gesetz in Kraft tritt.

---

2. Bekanntmachung zum Vollzuge des Gesetzes über die Erschließung von Baugelände.

Vom 14. September 1923 (GVBl. S. 317).

Die Staatsministerien der Justiz, des Innern und der Finanzen erlassen auf Grund des Art. 49 des Gesetzes vom 4. Juli 1923 über die Erschließung von Baugelände (GVBl. S. 273) nachstehende Vollzugsvorschriften:

Zu Art. 1.

1. Das Gesetz soll die Möglichkeit geben, bei der Erschließung von Baugelände den Forderungen des Gemeinwohles Rechnung zu tragen und durch Schaffung zweckmäßiger Bauplätze die Bebauung zu erleichtern. Es verfolgt deshalb zwei Zwecke:

a) die Sicherstellung der für den Gemeinbedarf erforderlichen Flächen unter Verteilung der hieraus erwachsenden Lasten auf die Gesamtheit der beteiligten Grundbesitzer,

b) die Gewinnung zweckmäßiger Bauplätze durch eine entsprechende Neueinteilung der Grundstücke.

2. Das Gesetz soll nur zur Anwendung kommen, wenn und soweit innerhalb eines Baugeländes diese Zwecke im Verfahren zur Festsetzung von Baulinien nicht ausreichend erreicht werden können. Es ist deshalb bei der Erschließung von Baugelände in erster Linie stets zu versuchen, im Verfahren zur Festsetzung von Baulinien die erforderlichen Flächen für den Gemeinbedarf und eine zweckmäßige Bebauungsmöglichkeit der beteiligten Grundstücke herbeizuführen. Erst wenn sich dies im Baulinienverfahren als unmöglich erwiesen hat, ist Raum für die Anwendung des Gesetzes. Aber auch dann empfiehlt es sich, die erforderliche Neueinteilung möglichst auf freiwilligem Wege zur Durchführung zu bringen, wie dies Art. 47 des Gesetzes vorsieht.

3. Das Gesetz bezeichnet als Gemeinbedarf den Bedarf für den notwendigen öffentlichen Verkehrsraum und für die sonstigen aus Gründen des Gemeinwohles von der Bebauung freizuhaltenden Flächen. Es verzichtet darauf, den Gemeinbedarf im einzelnen auszuführen, um den Vollzug nicht unnötig zu beschränken.

4. Der notwendige öffentliche Verkehrsraum umfaßt jedenfalls die öffentlichen Straßen, Wege, Fußwege, Radfahrwege, Promenadenwege und Verkehrsplätze einschließlich der sogenannten Inseln und etwaiger Fahrzeughalteplätze.

5. Die sonstigen aus Gründen des Gemeinwohles von der Bebauung freizuhaltenden Flächen bezeichnet das Gesetz nicht im einzelnen. Es will damit den Gemeinden freie Hand lassen und sie nur insoweit beschränken, als ihr pflichtgemäßes Ermessen durch Gründe des Gemeinwohles begrenzt ist. Es fallen jedenfalls hierunter: Grünplätze, Baum- und gärtnerische Anlagen, Parkanlagen, Sport- und Spielplätze mit ihren notwendigen Anlagen, öffentlichen Brunnenanlagen, Schutzgebiete für Naturschönheiten und hervorragende Naturgebilde, Aussichtspunkte, Uferstreifen an Seen und Flüssen und dergleichen, allenfalls auch Flächen für öffentliche Bedürfnisanstalten.

6. Dagegen fallen nicht unter den Begriff Gemeinbedarf die Flächen für private Industriebahnen und das für Industrie und Handel erforderliche Gelände, weil es sich hier um Anlagen handelt, die nur mittelbar dem Gemeinwohl dienen. Dies schließt natürlich nicht aus, daß die Flächen für derartige Anlagen im Generalbaulinienplan und in den Baulinien vorgesehen werden. Die Anwendung des vorliegenden Gesetzes auf solche Anlagen ist jedoch nicht zugelassen. Wenn die Gemeinden einen Einfluß auf die Sicherstellung der Flächen für diese Anlagen gewinnen wollen, so könnte dies lediglich durch eine entsprechende Erweiterung der Bestimmungen des Gesetzes über die Zwangsabtretung vom 17. November 1837 geschehen.

7. Ebensowenig fallen unter den Gemeinbedarf Bauplätze für öffentliche Zwecke.

8. Es ist Pflicht der Gemeinden, sich bei der Bereitstellung des Gemeinbedarfs die notwendige Beschränkung aufzuerlegen. Das Gesetz hat die Absicht, Baugelände zu erschließen, also das Bauen zu erleichtern. Mit dieser Absicht des Gesetzes wäre es nicht zu vereinen, wenn eine Gemeinde durch übermäßige Inanspruchnahme von Flächen für den Gemeinbedarf das Bauen verteuern und dadurch gerade das Gegenteil von dem herbeiführen würde, was das Gesetz bezweckt. Insbesondere hat das Bestreben, den Forderungen des Verkehrs durch Anlage breiter Straßen entgegenzukommen, vielfach zu Übertreibungen geführt, die als abwegig bezeichnet werden müssen. Die Erfahrung hat gelehrt, daß selbst ein sehr erheblicher Verkehr — genügende polizeiliche Regelung vorausgesetzt — sich auf verhältnismäßig schmalen Straßenzügen ungehindert abspielen kann und daß nur in besonders wichtigen Fällen (Durchgangsstraßen

mit starkem Kraftwagenverkehr usw.) breitere Straßenzüge geboten sind. Im übrigen werden die Gemeinden schon im Hinblick darauf, daß der Gemeinbedarf und insonderheit der Verkehrsraum ihnen auch erhebliche finanzielle Lasten für seine Unterhaltung bringt, gezwungen sein, sich möglichste Beschränkung in der Bereitstellung des Gemeinbedarfs aufzuerlegen.

9. Schließlich unterliegt die Frage der Bereitstellung der Flächen für den Verkehrsraum der Würdigung der Aufsichtsbehörden (Art. 17 Abs. II des Gesetzes), die ihrerseits Recht und Pflicht haben übertriebenen Forderungen der Gemeinden entgegenzutreten und dadurch die Absicht des Gesetzes, die Bautätigkeit zu erleichtern, nach Möglichkeit zu sichern.

10. Wegen der Aufstellung von Generalbaulinienplänen wird auf § 59 Abs. I der allgemeinen Bauordnung und auf die Ministerialentschließungen vom 18. Juli 1905 und 3. August 1910 (MABl. S. 317 und 477) hingewiesen.

11. Art. 1 Abs. III des Gesetzes stellt sich als eine Ergänzung des § 2 Abs. II der allgemeinen Bauordnung dar.

Zu Art. 2.

1. Hier wird ausdrücklich ausgesprochen, daß das Gesetz erst dann Anwendung finden soll, wenn seine Zwecke sich nicht im gewöhnlichen Verfahren zur Festsetzung von Baulinien ausreichend erreichen lassen.

2. Das Gesetz findet jeweils nur auf ein bestimmt begrenztes Gelände Anwendung, das als Umlegungsgebiet bezeichnet wird (siehe Art. 15 Abs. I). Die Neueinteilung kann, wenn die in Art. 3 aufgeführten Voraussetzungen gegeben sind, gegen den Willen der Grundeigentümer, also zwangsweise, durchgeführt werden. Ein Zwang ist nach zwei Richtungen zulässig: es kann jeder Beteiligte zur Abtretung des ihn treffenden Anteils an der Fläche des Gemeinbedarfs gezwungen werden und es kann jeder Beteiligte gezwungen werden, seinen Besitz so auszugleichen, daß sämtliche Grundstücke des Umlegungsgebiets zweckmäßig bebaut werden können, wodurch die Bebauungsfähigkeit des gesamten Gebiets ermöglicht und die Schaffung von Wohnungen erleichtert wird.

3. Die zwangsweise Neueinteilung kann durchgeführt werden, wenn es gilt, die Flächen für den Gemeinbedarf unter gleichmäßiger Heranziehung aller Beteiligten sicherzustellen, dann, wenn es gilt, zweckmäßige Bauplätze zu schaffen, insbesondere dann, wenn die angemessene Bebauung eines Geländes durch Raum, Form, Flächeninhalt der Grundstücke oder in anderer Weise verhindert oder unverhältnismäßig erschwert wird, es können aber auch, und das wird die Regel sein, mit der Neueinteilung beide Zwecke des Gesetzes gleichzeitig durchgeführt werden. Insbesondere wird die Sicher-

stellung der Flächen für den Gemeinbedarf unter gleichmäßiger Heranziehung aller Beteiligten in der Regel nicht ohne gleichzeitige Neueinteilung der übrigen beteiligten Grundstücke möglich sein. Abs. II gibt die Möglichkeit, auch gegen die sog. Neidstreifen vorzugehen.

Zu Art. 3.

1. Hier sind die Voraussetzungen der Neueinteilung aufgeführt. Unter Neueinteilung ist hier die zwangsweise Neueinteilung zu verstehen (Art. 2).

2. Um diesen Zwang zu rechtfertigen, muß die Neueinteilung dem Gemeinwohl dienen. Ein Unternehmen dient dem Gemeinwohl, wenn seine Ziele und Zwecke sich über die Belange der Privaten hinaus erheben und Aufgaben berühren, deren Erfüllung dem Staate oder anderen Gemeinwesen zur Förderung des Volkswohles obliegt. Zu prüfen sind hierbei die Belange des Verkehrs, der wirtschaftlichen Entwicklung der Wohnungsfürsorge, der Gesundheit, der Feuersicherheit, der Schönheit der Landschaft und des Städtebildes.

3. Eine weitere Voraussetzung der zwangsweisen Neueinteilung ist, daß mindestens die Hälfte der beteiligten Grundeigentümer, denen zugleich mindestens die Hälfte der beteiligten Grundfläche gehört, der Neueinteilung zustimmt. Eine Neueinteilung kann also im allgemeinen nicht gegen den Willen einer beachtenswerten Minderheit durchgeführt werden. Dies ist nur zulässig, wenn das Gemeinwohl die Neueinteilung **dringend** fordert. Die Voraussetzung, daß ein Unternehmen vom Gemeinwohl dringend gefordert wird, liegt dann vor, wenn dem Unternehmen eine so hervorragende Wichtigkeit beizumessen ist, daß seine Unterlassung dem Volkswohl abträglich wäre. Es ist hier in erster Linie an Rücksichten der öffentlichen Gesundheit, des Verkehrs, der dringenden Wohnungsbeschaffung, der Feuersicherheit und dergl. gedacht.

4. Eine allgemeine Voraussetzung der Neueinteilung ist ferner, daß für das Baugelände die Baulinien und nach Bedarf die Bebauungsweise bereits festgesetzt sind oder wenigstens ein von der Baupolizeibehörde geprüfter technisch einwandfreier und allen städtebaulichen Forderungen entsprechender Baulinienplan mit den etwaigen Bebauungsvorschlägen vorliegt.

5. In vielen Gemeinden lassen die Baulinienpläne viel zu wünschen übrig. Das frühere Bestreben, für jede Gemeinde um jeden Preis einen Baulinienplan aufzustellen, hat im Zusammenhang mit veralteten Anschauungen und bei Zuziehung ungeeigneter Kräfte vielfach Baulinienpläne gezeitigt, die den neuzeitlichen Anforderungen in keiner Weise entsprechen und auch wirtschaftlich abzulehnen sind. Zur Lösung der mit der Erschließung von Baugelände verbundenen Aufgaben müssen geschulte Architekten und wo notwendig auch Tiefbauingenieure beigezogen werden, die auf dem Gebiete des Städtebaues die unerläßlichen Kenntnisse und Erfahrungen besitzen und imstande sind, die oft schwierigen, meist auch auf wirtschaftlichem

Gebiete liegenden Fragen richtig und einwandfrei zu lösen. Die Erfahrung hat übrigens gezeigt, daß der im Städtebau erfahrene Architekt auch die wirtschaftlichen Interessen in durchaus einwandfreier Weise berücksichtigen kann und daß sich bei gutem Willen stets eine den städtebaulichen und den wirtschaftlichen Verhältnissen Rechnung tragende Lösung finden läßt.

6. Mit Genugtuung darf festgestellt werden, daß eine große Zahl von Gemeinden auf diesem Gebiete schon vorbildlich vorgegangen ist. Immerhin wird, ehe an eine Neueinteilung herangetreten wird, stets zu prüfen sein, ob etwa bereits vorliegende Baulinienpläne den neuzeitlichen Anforderungen entsprechen. Vielfach werden die Zwecke des Gesetzes schon durch eine entsprechende Änderung veralteter Baulinienpläne erreicht werden können.

Zu Art. 4.

1. Eine Neueinteilung kann auch von einzelnen Grundbesitzern beantragt werden. Zur Einleitung des Verfahrens ist also eine bestimmte Mehrheit nicht verlangt.

2. Denkbar ist, daß, obwohl das Gemeinwohl ein Unternehmen dringend fordert, weder die Gemeinde noch die beteiligten Eigentümer einen Antrag einbringen. In diesem Falle würde das öffentliche Interesse schweren Schaden leiden. Es ist deshalb vorgesehen, daß die Aufsichtsbehörde in solchen Fällen nach fruchtlosem Anhalten der Gemeinde den Antrag selbst stellt und durchführt.

3. Da dies nur für den Fall vorgesehen ist, daß das Gemeinwohl die Neueinteilung dringend fordert, ergibt sich von selbst, daß dann auch ein Interesse der Gemeinde an der Durchführung des Unternehmens besteht. Ist der Wille der Gemeinde nicht auf die Durchführung gerichtet und auch in dieser Richtung nicht zu beeinflussen, dann muß der Wille der Aufsichtsbehörde den Willen der Gemeinde ersetzen und die Aufsichtsbehörde an Stelle der Gemeinde die sonst der Gemeinde obliegende Aufgabe erfüllen. Da die Angelegenheit gleichwohl eine Angelegenheit der Gemeinde bleibt, sind etwaige Ansprüche aus dem Verfahren auf Geldentschädigung gegen die Gemeinde zu richten. Um Zweifel hierüber auszuschließen, ist deshalb ausdrücklich auf die Bestimmung in Art. 39 Abs. II hingewiesen, wonach die Rechtsansprüche auf Geldentschädigung gegen die Gemeinde zu richten sind.

Zu Art. 5.

1. Die Vorschriften lehnen sich im allgemeinen an die verwandten Vorschriften des neuen Flurbereinigungsgesetzes vom 5. August 1922 (GVBl. S. 433) an (siehe dessen Art. 4 bis 7). Beteiligt sind die Eigentümer der in das Unternehmen einbezogenen Grundstücke. Es wird auf die Begründung zu Art. 4 bis 7 des Entwurfs des Flurbereinigungsgesetzes (Drucksachen des Bayerischen Landtags II. Tagung 1921/22 Beilage 2291) und auf die Aus-

führungsvorschriften zum Flurbereinigungsgesetz vom 9. Februar 1923 (GVBl. S. 33 ff. insbes. S. 44 ff.) verwiesen.

2. Nach Art. 5 Abs. IV des Gesetzes kommen die Bestimmungen des Bürgerlichen Gesetzbuchs, nach denen eine Erklärung zu ihrer Wirksamkeit der Zustimmung anderer Personen bedarf, im Vollzuge des Gesetzes nicht zur Anwendung. Dagegen ist zum Schutze der Minderjährigen und schutzbedürftigen Volljährigen und zum Schutze der Körperschaften, Stiftungen und Anstalten des öffentlichen Rechts oder der unter der Verwaltung einer öffentlichen Behörde stehenden Stiftungen, die nach den bestehenden Vorschriften erforderliche Genehmigung der Erklärungen des gesetzlichen Vertreters, Vormunds, Pflegers oder Nachlaßpflegers durch das Vormundschafts- oder Nachlaßgericht, den Gegenvormund, Beistand oder Familienrat sowie die Genehmigung der Erklärungen des gesetzlichen Vertreters der Körperschaft, Stiftung oder Anstalt durch die Aufsichtsbehörde (im Gegensatz zu Art. 7 Abs. II und III des Flurbereinigungsgesetzes) nicht entbehrlich.

Zu Art. 6.

1. Unter Umständen ist es zweckmäßig, besonders wertvolle Grundstücke von vornherein nicht in das Unternehmen einzubeziehen, um das Unternehmen nicht mit unverhältnismäßig hohen Gegenleistungen zu beschweren.

2. Im Eigentum des Reiches oder der Länder stehende Grundstücke müssen auf Verlangen der zuständigen Behörde von dem Unternehmen ausgeschlossen werden. Diese Bestimmung soll die Möglichkeit zur Wahrung allgemeiner Belange geben. Die Wahrung dieser Belange ist notwendig, weil die besonderen Aufgaben des Reichs und des Staats nicht selten über den örtlich begrenzten Interessenkreis einer Gemeinde hinausgehen. Die Ausnahme rechtfertigt sich durch die besondere Stellung, die diese Körperschaften im öffentlichen Leben einnehmen und die sie auch in Angelegenheiten, in denen sie wie private Wirtschaftssubjekte am allgemeinen Rechtsverkehr teilnehmen, als Träger öffentlicher Interessen erscheinen läßt. Von der Ausnahmebestimmung soll jedoch nur, soweit die öffentlichen Belange es erheischen, Gebrauch gemacht werden; insbesondere soll die Bestimmung keine Handhabe bieten, um eine gesunde bauliche Entwicklung auch nur in einzelnen Gemeinden zu hemmen.

3. Bezüglich der Einbeziehung von Staatsstraßen wird auf die Ausführungen zu Art. 7 verwiesen.

4. Als zuständige Behörde kommt im Regelfall die mit der Verwaltung des Grundstücks beauftragte Behörde in Betracht; bei Grundstücken des Staates entscheidet im Zweifel das zuständige Staatsministerium im Einvernehmen mit dem Staatsministerium der Finanzen.

Zu Art. 7.

1. Art. 7 behandelt die wichtigsten Grundsätze der Neueinteilung.

2. Bei der Erschließung von Baugelände ergeben sich in der Regel drei schwierige Aufgaben: Die Bereitstellung ausreichender Flächen für den Gemeinbedarf (Art. 1 Abs. I), eine möglichst wirtschaftliche Ausnützung des Baugeländes für Bauplätze und die anteilmäßige Heranziehung aller aus der Erschließung Vorteil ziehender Beteiligten zu den Lasten der Erschließung von Baugelände.

3. Das Gesetz vom 9. Mai 1918 (GVBl. S. 289) hat für Staats- und Bezirksstraßen sowie für Ortsstraßen und öffentliche Plätze innerhalb von Ortschaften mit mehr als 5000 Einwohnern die Zwangsenteignung zugelassen und für Ortsstraßen und öffentliche Plätze innerhalb solcher Ortschaften sogar unter gewissen Voraussetzungen eine unentgeltliche Abtretung von Grundeigentum vorgesehen; das gleiche Gesetz und die Reichsverordnung vom 9. Dezbr. 1919 (RGBl. S. 1968) haben zur Erschließung von Baugelände und zur Verbesserung der Wohnungsverhältnisse für gewisse Bevölkerungskreise unter gewissen Voraussetzungen die Zwangsenteignung zugelassen.

4. Durch diese gesetzlichen Maßnahmen sind wohl die beiden ersten Schwierigkeiten, freilich nur in gewissem Umfange überwunden, ein befriedigender Zustand ist jedoch nicht geschaffen. Die Zwangsenteignung, soweit sie überhaupt nunmehr zulässig ist, erweist sich als eine verhältnismäßig noch rohe Maßnahme. Sie ermöglicht wohl an bestimmten Stellen Grundeigentum auch gegen den Willen der Eigentümer für den Gemeinbedarf und für die Bebauung zu erwerben, sie ermöglicht aber nicht einen Ausgleich unter sämtlichen beteiligten Grundbesitzern herbeizuführen. Wer gerade seinen Besitz im Zuge einer Staats- oder Bezirksstraße, einer Ortsstraße oder eines öffentlichen Platzes hat, der muß seinen Grund und Boden, in gewissen Fällen noch dazu zu einem nicht unerheblichen Teile unentgeltlich abtreten, selbst wenn er für sich Vorteile aus der Maßnahme nicht hat. Dagegen kann in nächster Nähe ein Grundeigentümer den größten Vorteil aus der Straße oder dem Platze haben, ohne daß man ihn nach der bisherigen Gesetzgebung zu irgendwelchen Opfern heranziehen kann. Ähnlich ist es mit der Zwangsenteignung für Gewinn von Bauland im Rahmen des erwähnten Gesetzes und mit der Reichsverordnung.

5. Dieser Zustand ist vom Standpunkte der Gerechtigkeit und Billigkeit durchaus unbefriedigend. Das Gesetz hat es sich deshalb zur Aufgabe gemacht, die bestehende Lücke auszufüllen, und stellt sich dar als eine Ergänzung und ein Ausbau der bisherigen Gesetzgebung in der Richtung eines billigen Ausgleiches der bestehenden Interessengegensätze. Diesen Ausgleich sucht es in den wichtigen und grundlegenden Vorschriften des Art. 7 herbeizuführen.

6. Ein Rechtsanspruch auf Teilnahme an dem Unternehmen soll — wie auch in den Gesetzen anderer Länder — den Eigentümern nicht eingeräumt werden. Sind einzelne Grundstücke in offenbar unbilliger Weise nicht in das Unternehmen einbezogen, so wird die Regierung, Kammer des Innern, zu prüfen haben, ob und in welchem Maße hierbei das öffentliche Interesse verletzt ist und allenfalls die Einleitung des Verfahrens ablehnen (Art. 17 Abs. II).

7. Zum Verständnisse des Art. 7 muß man sich vor Augen halten, daß es wohl öffentliche Aufgabe der Gemeinden ist, für Straßen und Plätze zu sorgen, daß aber diese Einrichtungen gleichzeitig Baugelände erschließen und bei richtiger Anlage bisher bebauungsunfähiges Gelände bebauungsfähig machen, damit also ganz wesentlich private Belange fördern. Die Neueinteilung der einzelnen Baugrundstücke für sich allein ist sogar eine in erster Linie die privaten Belange berührende Maßnahme.

8. Aus dieser Bewegung ergibt sich eine festumschriebene Stellung: auf der einen Seite die Gemeinde als derzeitige und künftige Eigentümerin des Geländes für den Gemeinbedarf, auf der anderen Seite die Grundeigentümer, in der Hauptsache wohl als Besitzer von Baugelände, dann aber wohl auch als Besitzer öffentlicher Wege und unter ihnen allenfalls auch die Gemeinde selbst, gewissermaßen als Privatrechtssubjekt, nämlich soweit sie als Besitzerin von Baugelände beteiligt ist. Diese Stellung muß bei der Auslegung des Art. 7 wie des ganzen Gesetzes stets beachtet werden. Es versteht sich von selbst, daß die Gemeinde, soweit sie nur als Besitzerin von Baugelände in Frage kommt, gegenüber den sonstigen Eigentümern eine Sonderstellung nicht einnimmt und daß die übrigen Grundeigentümer, soweit sie Eigentümer von öffentlichen Wegen sind, in Ansehung dieser den sonstigen Eigentümern gleichzustellen sind.

9. Hat die Gemeinde in das Umlegungsgebiet Bauflächen eingelegt, so werden diese Flächen ebenso behandelt wie die Grundflächen anderer beteiligter Eigentümer. Es wird also ihre Fläche um den Anteil gekürzt, der sich durch die Ausscheidung des Gemeinbedarfs errechnet. Die um diesen Anteil gekürzte Fläche wird der Gemeinde wieder überwiesen.

10. Hat die Gemeinde Verkehrs- usw. Flächen eingelegt, dann ist zu unterscheiden:

a) die Verkehrs- usw. Flächen bleiben auch nach dem Umlegungsplane Bestandteile des Gemeinbedarfs, dann fallen sie ohne weiteres als solche wieder an die Gemeinde zurück (Art. 7 Abs. II);

b) die Verkehrs- usw. Flächen werden ganz oder teilweise entbehrlich, dann fallen die entbehrlich gewordenen Flächen in die Restmasse. Sie werden ebenso wie die übrigen zur Restmasse gehörigen Grundstücke behandelt und mit einer um den Anteil für den Gemeinbedarf gekürzten Fläche dem bisherigen Eigentümer, also der Gemeinde zugewiesen. Die nicht entbehrlich gewordenen Flächen kommen im Gemeinbedarfe wieder zum Vorschein und werden mit diesem der Gemeinde überwiesen (Art. 7 Abs. III und II).

11. Die zu einem Unternehmen nach Art. 2 zusammengeschlossenen Grundstücke und Grundstücksteile einschließlich der im Umlegungsgebiet gelegenen öffentlichen Straßen, Wege und Plätze (Plätze hier im weiteren Sinne zu verstehen) werden in eine Masse vereinigt.

12. Diese Masse wird gebildet, um

1. eine rechnerische Grundlage für die anteilmäßige Heranziehung der Gesamtheit der aus dem Unternehmen Vorteil ziehenden Eigentümer zu den Lasten des Gemeinbedarfes zu gewinnen,
2. eine an die bisherigen Grundstückgrenzen nicht mehr gebundene Neueinteilung des Umlegungsgebietes in geeignete Bauplätze zu ermöglichen,

und dadurch den Zweck des Gesetzes zu erfüllen. Die Bildung der Masse ist also unerläßlich und eine der wichtigsten Maßnahmen des Gesetzes.

13. Zur Masse gehören außer dem eigentlichen Baugelände auch die bisherigen öffentlichen Straßen, Wege und Plätze. Diese Flächen werden vielfach bereits im Eigentume der Gemeinde stehen. Bei Staats- und Bezirksstraßen werden meist Staat und Bezirk Eigentümer der Straßenfläche sein. Da der Gemeinbedarf in das Eigentum der Gemeinde übergeht (Art. 7 Abs. VI), können sich bezüglich der von den Staats- und Bezirksstraßen abzutrennenden oder diesen zuzuteilenden Flächen Mißlichkeiten ergeben, die zweckmäßig im Wege besonderer Verhandlungen zwischen Staat und Bezirk einerseits und der Gemeinde anderseits bereinigt werden. Soweit Staatsstraßen in Betracht kommen, bietet übrigens Art. 6 Abs. II die Möglichkeit, entweder die Fläche von der Einbeziehung in das Unternehmen auszuschließen oder für den Fall der Einbeziehung eine den staatlichen Interessen entsprechende Regelung der künftigen Eigentumsverhältnisse an der Straßenfläche auszubedingen.

14. Wo ausnahmsweise bisherige Wegflächen im Eigentume Privater stehen, was bei Erschließung von Bauneuland häufig der Fall sein kann, werden sie wie die übrigen Einlagen der Grundeigentümer behandelt.

15. Nicht zur Masse gehören, auch wenn sie räumlich innerhalb der Grenzen des Umlegungsgebietes liegen, diejenigen Grundstücke, die gemäß Art. 6 des Gesetzes in das Unternehmen nicht einbezogen worden sind.

16. Aus der Masse wird zunächst das nach dem Baulinienplane für den künftigen Gemeinbedarf (Art. 1 Abs. I) bestimmte Gelände ausgeschieden. Es umfaßt:

1. Flächen aus den Grundstücken, die die Grundeigentümer eingelegt haben (Abs. I Halbsatz 1),
2. Bestandteile der früheren öffentlichen Straßen, Wege und Plätze (Abs. I Halbsatz 2), die
a) entweder bereits Eigentum der Gemeinde sind oder
b) im Eigentum anderer Beteiligter stehen.

17. Das gesamte für den Gemeinbedarf ausgeschiedene Gelände wird der Gemeinde zu Eigentum überwiesen. Diese hat sich mit den etwa außer ihr in Betracht kommenden Wegunterhaltungspflichtigen (vgl. Staats- oder Bezirksstraßen usw.) auseinanderzusetzen.

18. Durch diese Ausscheidung der Fläche des Gemeinbedarfes aus der Gesamtmasse wird diese zu Lasten der Gesamtheit gekürzt und die von den beteiligten Grundeigentümern eingelegte Gesamtfläche um die von ihnen für den Gemeinbedarf in Anspruch genommene Fläche zu Lasten aller gemindert.

19. Hierbei ist es gleichgültig, ob die Grundstücke des einzelnen Eigentümers nach dem Baulinienplan ganz, nur zum Teil oder überhaupt nicht in die Fläche des Gemeinbedarfes hineinragen oder fallen. Gerade hierin liegt ein Hauptfortschritt des Gesetzes gegenüber der bisherigen Gesetzgebung, weil hierdurch nicht nur der räumlich am Gemeinbedarf beteiligte Grundeigentümer, sondern jeder in das Unternehmen einbezogene und daraus Vorteil ziehende Eigentümer (und zwar ohne Rücksicht darauf, ob seine Fläche tatsächlich für den Gemeinbedarf in Anspruch genommen wird oder nicht) zu den gemeinsamen Lasten herangezogen wird.

20. Der Abzug der Flächen für den Gemeinbedarf (die Kürzungen) und die Zuteilung der Ersatzgrundstücke erfolgen im Verhältnis des Flächeninhalts der eingelegten Grundstücke und Grundstücksteile, nicht nach deren Wert, weil die Feststellung des Wertes mit zu großen Schwierigkeiten verbunden wäre, ohne daß dadurch nach den anderwärts gewonnenen Erfahrungen eine gerechtere Sachbehandlung verbürgt wäre. Die Starrheit des Flächenmaßstabes wird übrigens noch dadurch gemildert, daß bei der Neuzuteilung auch der Gesichtspunkt bestmöglicher baulicher Verwertung gelten und im übrigen nach Zweckmäßigkeit und Billigkeit verfahren werden soll. Der Abzug vollzieht sich bei dem gewählten Verfahren zwangsläufig im Verhältnis des Flächeninhalts der eingelegten Grundstücke. Die im Umlegungsgebiet gelegenen öffentlichen Straßen, Wege und Plätze bleiben, soweit sie nach Ausweis des Baulinienplanes zur Befriedigung des Gemeinbedarfs herangezogen werden, bei der Feststellung des Flächeninhalts der eingelegten Grundstücke und Grundstücksteile außer Betracht; hingegen zählen die künftig für den Gemeinbedarf entbehrlich werdenden Verkehrsflächen bei der Feststellung des Flächeninhalts mit.

21. Im allgemeinen sollen die Ersatzgrundstücke möglichst in gleicher Lage wie die eingelegten Grundstücke dem Eigentümer zuge-

wiesen werden. Für bebaute Grundstücke duldet diese Regel nur dann eine Ausnahme, wenn der Besitzer selbst die Wiederzuteilung seines Grundstücks nicht wünscht.

22. In welchem Umfange die Gemeinde bei der Aufstellung des Baulinienplanes für ein neuzuerschließendes Baugelände Flächen für den Gemeinbedarf in Anspruch nehmen will, ist ihrem durch die Rücksicht auf den notwendigen öffentlichen Bedarf und das öffentliche Interesse beschränkten pflichtgemäßen Ermessen überlassen (vgl. die Ausführungen zu Art. 1). Diese Frage wird vom Gesichtspunkte des Gemeinwohles aus im Vorverfahren durch die Regierung geprüft (Art. 17). Insbesondere ist die Gemeinde hierbei nicht an den in Abs. VI festgesetzten oder durch örtliche Satzung (Abs. VII) abweichend von dem Gesetze bestimmten Hundertsatz gebunden. Diesem kommt für die Bemessung der Fläche für den Gemeinbedarf keine Bedeutung zu. Ist der bisherige Bestand an öffentlichen Straßen, Wegen und Plätzen für die künftigen Bedürfnisse des Gemeinbedarfs wesentlich zu gering, so kann die Gemeinde aus der Masse auch mehr, als dieser Hundertsatz ausmacht, für den Gemeinbedarf in Anspruch nehmen, immer natürlich in den oben angedeuteten Grenzen (Rücksicht auf den notwendigen öffentlichen Bedarf und das Gemeinwohl). Die Gemeinde muß nur dann den darüber hinausgehenden Bedarf voll entschädigen (Abs. VI Satz 3). Grundstücke, die im Baulinienplan nicht für den Gemeinbedarf ausgeschieden sind, dürfen jedoch zur Befriedigung des Gemeinbedarfs nicht in Anspruch genommen werden.

23. Die für den Gemeinbedarf benötigte Fläche kann bis zu 35 vom Hundert der eingelegten fremden Fläche von der Gemeinde unentgeltlich und lastenfrei in Anspruch genommen werden; diese Bestimmung rechtfertigt sich daraus, daß die beteiligten Grundstücke durch die Neueinteilung erheblich im Werte gesteigert werden. Weitergehende Abtretungen hat die Gemeinde aus eigenen Mitteln voll zu entschädigen. Sie kann diese Entschädigung sowohl in Geld als in Grundstücken leisten. Um die Geldentschädigungen auf das geringst mögliche Maß zurückzuführen, empfiehlt sich die Ausgleichung in Grundstücken. Diese Ausgleichung kann mit Zustimmung der beteiligten Grundeigentümer auch durch geeignete Grundstücke außerhalb des Umlegungsgebietes erfolgen. Die Gemeinde darf die Entschädigungen nicht auf die Gesamtheit der Grundeigentümer abwälzen. Dies würde eine Umgehung des Gesetzes bedeuten, das eine Heranziehung der Grundbesitzer über 35 vom Hundert ihrer Fläche nicht zuläßt.

24. Größe, Lage, Entwicklungsmöglichkeit, wirtschaftliche Verhältnisse und Bedürfnisse der Gemeinwesen sind örtlich verschieden. Es ist deshalb in Abs. VII den Gemeinden vorbehalten, das Maß der für den Gemeinbedarf unentgeltlich und lastenfrei abzutretenden Fläche durch örtliche Satzung zu ermäßigen. Aufsichtlicher Ge-

nehmigung bedarf eine solche Satzung nicht. Eine Erhöhung des Satzes auf über 35 vom Hundert ist nicht zugelassen.

25. Es ist Sache der Gemeinde, zu prüfen, ob sie nach den örtlichen Verhältnissen auch mit einem geringeren Höchstmaß auskommen kann. Sie wird hierbei aus Gründen des Gemeinwohles (Erleichterung des Bauens) wie im eigenen Interesse sich die notwendigen Beschränkungen auferlegen. Da es den Gemeinden überlassen ist, den Hundertsatz zu ermäßigen, ist es auch möglich, innerhalb derselben Gemeinde für die verschiedenen Baugebiete den Höchstsatz verschieden abzustufen. Dies wird dann zweckmäßig und notwendig sein, wenn in der Besiedelungsweise erhebliche Verschiedenheiten bestehen, die einen derartigen Unterschied in der Belastung der Grundeigentümer rechtfertigen, z. B. vornehme Wohn- und Villenviertel im einen, einfache Kleinsiedelungen oder gemeinnützige Bau- und Siedlungsunternehmungen im anderen Baugebiet.

26. Unterläßt eine Gemeinde durch örtliche Satzung den im Gesetze vorgesehenen Hundertsatz zu ermäßigen, so gilt an sich der im Gesetze festgelegte Höchstsatz. Die Gemeinde kann aber dann ebenso wie allgemein innerhalb des von ihr festgesetzten Höchstsatzes auch im einzelnen Baugebiet auf die Ausnützung des vollen Höchstsatzes verzichten, je nachdem ihr die Zwecke der Bauaufschließung eine geringere Inanspruchnahme der Grundbesitzer zweckmäßig erscheinen lassen oder nicht. Insbesondere wird bei gemeinnützigen Bau- und Siedlungsunternehmungen und überall da, wo es gilt, den Preis für den einzelnen Bauplatz oder für das ganze Baugebiet im Interesse des Gemeinwohles nicht zu sehr zu beschweren, dann in einfachen ländlichen Verhältnissen eine Herabsetzung des Hundertsatzes oder ein Verzicht auf die im Gesetze vorbehaltenen Rechte angebracht und geboten sein.

27. Das Gesetz vom 9. Mai 1918 setzt für die unentgeltliche zwangsweise Abtretung von Grund und Boden für Ortsstraßen und Plätze innerhalb von Gemeinden mit mehr als 5000 Einwohnern als untere Grenze 25 vom Hundert fest. Es wird deshalb schon im Hinblick darauf, jedenfalls für Gemeinden mit mehr als 5000 Einwohnern, nicht rätlich sein, in der Satzung unter diesen Hundertsatz herabzugehen. Der Gemeinde bleibt ja immer noch in Fällen, wo dies angebracht ist, der Verzicht auf die sich aus der Satzung ergebenden Rechte.

28. Übrigens wird sich der Hundertsatz der unentgeltlich und lastenfrei für den Gemeinbedarf an die Gemeinde abzutretenden Flächen in der Regel für jedes Umlegungsgebiet je nach Lage des Falles anders berechnen. Es kommen hier das Maß der Fläche für den Gemeinbedarf überhaupt, die Größe des bereits vorhandenen und wieder verwertbaren Verkehrsraumes, die Größe des Umlegungsgebietes u. a. in Betracht.

29. Bei Art. 7 Abs. VI muß unterschieden werden

a) die Abtretung für den Gemeinbedarf überhaupt,

b) das Maß der unentgeltlichen lastenfreien Abtretung für den Gemeinbedarf,

c) die Berechnung der Ersatzfläche des einzelnen Einlegers und der Fall der Entschädigung.

30. Die Gemeinde kann an sich selbst nichts abtreten. Sie scheidet also mit ihrem Eigentum aus der Abtretungspflicht aus. Dies gilt hauptsächlich für den Fall, daß die Gemeinde Straßen-, Weg- oder Platzflächen in die Masse eingelegt hat (Abs. I).

31. Hat sie Bauflächen eingelegt, so steht sie in Ansehung dieser den übrigen Einlegern gleich, d. h. diese ihre Fläche wird der Berechnung der Masse zwar mit zugrunde gelegt, die unentgeltliche und lastenfreie Abtretung des Hundertsatzes der Fläche entfällt jedoch, weil die Gemeinde bereits Eigentümerin ist.

32. Die Abtretung für den Gemeinbedarf kann sohin nur von fremden Grundeigentümern in Anspruch genommen werden.

33. Da bis zu 35 vom Hundert der Fläche des in die Masse eingelegten fremden Eigentums unentgeltlich und lastenfrei für den Gemeinbedarf abgetreten werden müssen, sind um eben diese 35 vom Hundert weniger aus der Restmasse zu verteilen. Zur Herbeiführung der gleichmäßigen Belastung der beteiligten Eigentümer müssen deshalb die Flächen, die jeder einzelne eingelegt hat, um den gleichen Hundertsatz gekürzt werden, so daß die zuzuteilenden Ersatzgrundstücke um dieses Flächenmaß kleiner werden als die eingelegten Grundstücke.

34. Bleiben die zugewiesenen Ersatzgrundstücke hinter diesem Maße noch zurück, ist also der gesetzliche Höchstsatz überschritten, so muß die Gemeinde den Unterschied voll entschädigen.

35. Hierbei muß man sich stets vor Augen halten, daß die Gemeinde gemäß Abs. VII den Höchstsatz des Gesetzes durch örtliche Satzung jederzeit herabsetzen kann. Dann tritt ihre Pflicht zur Entschädigung entsprechend eher ein.

36. Die Frage, ob Vorausleistungen Einzelner nach den §§ 62/81 der beiden Bauordnungen bei einer durch die Baulinienänderung erfolgenden Verlegung der Straße seitens der Gemeinde zurückzuerstatten sind, bemißt sich nach den aus diesen Bestimmungen sich ergebenden Rechtsverhältnissen.

37. Auf diese ist jedoch das Neueinteilungsverfahren insoferne von Einfluß, als bei diesem Verfahren der Gemeinde Grundflächen zugewiesen werden können, für die sie bereits Entschädigung erhalten hat oder ein Beteiligter für die Beschaffung von Straßengrund in Anspruch genommen werden kann, für den er schon z. B. als Erst-Bauender Beiträge geleistet hat. Das Gesetz bestimmt daher in Abs. VIII, daß die für die eingelegten öffentlichen Straßen, Plätze usw. früher nachweisbar geleisteten unentgeltlichen Grundabtretungen oder die Zahlungen hierfür zu berücksichtigen sind. Dies kann bei der Neuzuteilung durch entsprechende Berücksichtigung beim Flächenmaße, bei der Lage und Form des neuzuzuteilenden Grund-

stückes oder durch Zuweisung anderer Vorteile oder schließlich, falls auf diesen Wegen ein Ausgleich nicht möglich ist, in Geld geschehen. Vorausleistungen, die ihre Entschädigung gefunden haben, sei es im Enteignungsverfahren oder nach freier Vereinbarung mit der Gemeinde, scheiden hierbei aus. Dagegen sind unentgeltliche Leistungen für das Straßengelände dem, der sie gemacht hat, seinem Besitznachfolger dann, wenn er nachweist, daß er diesen Betrag im Kaufpreise mitbezahlt hat, gutzurechnen.

Zu Art. 8.

1. Ob ein Grundstück zur Bebauung ungeeignet ist, ist von Fall zu Fall zu entscheiden. Für diese Entscheidung kommen die für das aufzuschließende Gelände bestehenden Bebauungsvorschriften in Betracht.

2. Auch die Besitzer von Kleinstücken sind zu der in Art. 7 Abs. VI festgesetzten Abtretung verpflichtet, da das Gesetz zu ihren Gunsten eine Ausnahme nicht enthält. Werden in die Masse eingelegte Grundstücke nach Art. 8 aufgeteilt, dann sind ihre ehemaligen Besitzer von weiteren Leistungen zum Unternehmen selbstverständlich befreit.

3. Maßgebend für die Beurteilung der Frage, ob ein Grundstück wegen seiner geringeren Fläche zur Bebauung ungeeignet ist, ist der Zeitpunkt der Einleitung der Neueinteilung. Ein Grundstück kann bereits bei der Einleitung der Neueinteilung die Eigenschaft eines Kleinstücks besitzen, es kann aber auch erst durch die in Art. 7 vorgeschriebene Kürzung zu einem solchen werden. In beiden Fällen findet Art. 8 Anwendung.

4. Die in die Masse eingelegten Kleinstücke werden, soweit anderweitiger Ausgleich nicht möglich ist, nach ihrem Werte durch Geld entschädigt.

5. Die Eigentümer der Kleinstücke sind im allgemeinen im Umlegungsverfahren wie andere Beteiligte zu behandeln. Sie haben jedoch keinen Rechtsanspruch auf Zuweisung einer Grundfläche. Die Anwendung des Art. 8 entfällt, wenn das Kleinstück mit anderen bebauten oder mit solchen unüberbauten Grundstücken desselben Eigentümers zusammengelegt werden kann, die bebauungsfähig sind oder durch die Zusammenlegung bebauungsfähig werden, vorausgesetzt, daß nicht die verschiedene Belastung die Zusammenlegung ausschließt.

6. Es ist auch möglich, im Verfahren die Flächen mehrerer Kleinstücke zu gemeinsamem Eigentum zusammenzulegen, wenn die Gesamtfläche der Kleinstücke dadurch bebauungsfähig wird. Die nähere rechtliche Regelung hat in solchen Fällen im Umlegungsplan zu erfolgen.

Zu Art. 9.

1. Die Zuweisung von Ersatzgrundstücken im Verhältnisse zur Fläche der eingelegten Grundstücke wird dann keinen ausreichenden

Ausgleich schaffen, wenn die Eigentümer der eingelegten Grundstücke gleichzeitig besondere damit verbundene Werte aufgeben müssen, so insbesonders auf den eingelegten Grundstücken befindliche Gebäude, dann Werte, die sich aus besonderen natürlichen Eigenschaften oder Verwendungen des eingelegten Grundstückes ergeben, endlich Werte, die sich aus dem auf Benutzung des Gebäudes oder die besondere Beschaffenheit oder Benutzung des Grundstückes begründeten Gewerbe ergeben.

2. Dieser Mehrwert soll, wenn möglich, durch Zuweisung von Grund und Boden ersetzt werden. Selbstverständlich muß bei Bemessung der Entschädigung ein Mehrwert, der erst durch die Neueinteilung bedingt wird, außer Betracht bleiben (Art. 11 Abs. II).

Zu Art. 10.

In der Regel wird der Eigentümer durch die auf Grund des Art. 7 erfolgten Zuweisungen von Grund und Boden und durch die auf Grund des Gesetzes gewährten Geldentschädigungen für das eingelegte Grundstück völligen Ausgleich erhalten. Denkbar ist indessen, daß der Gesamtwert dessen, was der Eigentümer infolge der Neueinteilung und im Verfahren erhält, im einzelnen Falle ausnahmsweise gleichwohl seinen Nachteil nicht ausgleicht, so daß nachweisbar ein unverhältnismäßiger Schaden verbleibt. Um das Recht des Eigentümers auf volle Entschädigung entsprechend den verfassungsrechtlichen Grundsätzen nach jeder Richtung zu gewährleisten, gibt das Gesetz ganz allgemein dem Eigentümer für einen derartigen Ausnahmefall das Recht auf restlose Entschädigung in Geld.

Zu Art. 11.

Für die Ermittlung der Entschädigungsbeträge werden zweckmäßig im allgemeinen die Grundsätze entsprechende Anwendung finden, die für die Bemessung der Entschädigung nach dem Zwangsabtretungsgesetz (Art. V ff.) maßgebend sind. Wenn ein zu entschädigendes Grundstück erst durch die Neueinteilung erhöhten Wert gewinnt, so bleibt dieser Mehrwert billigerweise für die Entschädigung außer Betracht, da für sie nur der ursprüngliche Wert des Grundstücks maßgebend sein kann. Für die Bemessung der nach Art. 7 Abs. IV zu leistenden Geldentschädigungen sollen in der Regel Einheitssätze vereinbart werden.

Zu Art. 12.

1. Art. 12 des Gesetzes behandelt die Entschädigung derjenigen Beteiligten, die Rechte an den Grundstücken des Umlegungsgebiets besitzen.

2. Die Neueinteilung der Grundstücke kann nach der Natur der Sache nicht ohne Einfluß auf die an den Grundstücken bestehenden Rechte sein. Ob und inwieweit derartige Rechte erlöschen oder verändert werden, behandelt Art. 38 des Gesetzes. Soweit die Be-

rechtigten hierdurch Schaden leiden, sollen sie Anspruch auf Entschädigung haben.

3. Dieser Schaden kann im Verfahren, allenfalls auch durch Zuteilung von freigewordenem Grund und Boden oder auf andere Weise abgefunden werden. Wo dies nicht möglich ist, bleibt nur die Entschädigung in Geld.

4. Soweit Schaden nicht entsteht, z. B. wenn infolge der Neueinteilung eine Dienstbarkeit gegenstandslos wird, kommt eine Entschädigung natürlich nicht mehr in Frage. Als Abfindung kommen insbesondere auch die Vorteile in Betracht, die sich aus der Neueinteilung auch für die Berechtigten ergeben. Vielfach wird der neue Eigentümer durch das Erlöschen oder die Veränderung eines Rechtes am Grundstück, für das nach Abs. I Satz 1 Entschädigung gezahlt werden muß, einen Vorteil erlangen. In diesem Falle soll dem begünstigten Eigentümer diese Entschädigung in Geld bis zur Höhe dieses Vorteils auferlegt werden können, da er sonst anderen beteiligten Grundbesitzern gegenüber im Vorteil wäre. Gegen diese Heranziehung zu einer besonderen Leistung steht dem Eigentümer nach Art. 39 des Gesetzes der Rechtsweg offen. Die Gemeinde, an die der Eigentümer die Entschädigung abzuführen hat, hat auf die Auferlegung einer derartigen Leistung auf den begünstigten Eigentümer keinen Rechtsanspruch. Die Auferlegung steht vielmehr im freien Ermessen des Umlegungsausschusses.

5. Abs. II spricht ausdrücklich aus, daß Abs. I auch für die Mieter und Pächter gilt, deren Rechte nach Art. 38 Abs. III des Gesetzes erlöschen. Hier ist der Hinweis notwendig, daß nach Art. 20 Abs. I Ziff. 2 des Gesetzes nur diejenigen Mieter und Pächter als beteiligt gelten, denen das Grundstück auf Grund eines Miet- oder Pachtvertrages überlassen ist. Mieter und Pächter, denen das Grundstück noch nicht überlassen ist, haben keinen selbständigen Entschädigungsanspruch. Sie können ihre etwaigen Rechte lediglich dem Vermieter oder Verpächter gegenüber geltend machen, der seinerseits allenfalls auf Grund des Art. 10 und 11 Abs. I des Gesetzes Schadloshaltung versuchen kann.

Zu Art. 13.

1. Schuldnerin und Forderungsberechtigte der fälligen Geldentschädigungen ist zunächst die Gemeinde. Endgültig Schuldnerin bleibt sie nur hinsichtlich der Entschädigungen nach Art. 7 Abs. VI Satz 3. Die übrigen Geldentschädigungen hat die Gemeinde nur vorschußweise zu leisten.

2. Die bei der Neueinteilung sich ergebende Wertsteigerung des Umlegungsgebietes ist erfahrungsgemäß sehr erheblich und kommt ausschließlich den Eigentümern der eingelegten Grundstücke zugute, so daß es nur billig ist, wenn ihnen die durch die Neueinteilung erforderlich werdenden Aufwendungen, soweit sie der Gemeinde nicht endgültig zur Last fallen, überbürdet werden. Vor der Austeilung

auf die Eigentümer sind hierbei die nach Art. 12 Abs. I Satz 2 der Gemeinde zuzuführenden Leistungen in Abzug zu bringen.

3. Der Verteilungsmaßstab soll der Billigkeit entsprechen; er wird sich nach Flächeninhalt, Lage oder Wert des zugeteilten Grundstücks und nach dem aus der Neueinteilung sich für das einzelne Grundstück ergebenden Vorteil bemessen. Für die Bemessung des Wertes kommt nur der Wert des Grundstückes vor der Neueinteilung in Betracht.

4. Es ist Aufgabe des Umlegungsausschusses, die allgemeinen Grundsätze für den Verteilungsmaßstab aufzustellen.

5. Zur Vereinfachung des Verfahrens sind auf diese Leistungen der Eigentümer jene Entschädigungen anzurechnen, die ihnen von der Gemeinde kraft gesetzlicher Bestimmung zu gewähren sind.

Zu Art. 14.

1. Abs. I soll den Eigentümer davor schützen, daß er den von ihm an die Gemeinde zu zahlenden Umlegungsbeitrag zu ungelegener Zeit zahlen muß. Dem Eigentümer ist daher ein Recht auf Stundung eingeräumt, bis er das Grundstück verkauft oder bebaut.

2. Die Stundung hat gegen angemessene Verzinsung zu erfolgen. Die Höhe des Zinssatzes wird mangels einer gütlichen Einigung der Gemeinde und des Schuldners von der Kreisregierung, Kammer des Innern, festgesetzt. Zweckmäßig wird eine Änderung des Zinssatzes je nach der wirtschaftlichen Entwicklung vorbehalten.

3. Abs. II sichert die Gemeinde für den Eingang des Umlegungsbeitrages, indem er ihr die Befugnis gibt, die Eintragung einer Sicherungshypothek im Vorrang vor den Reallasten, Hypotheken, Grundschulden und Rentenschulden des Grundstücks zu verlangen. Die Gemeinde kann das Verlangen noch während des Umlegungsverfahrens stellen; dann wird die Hypothek in der Umlegungsübersicht (Art. 36) berücksichtigt und auf Grund derselben eingetragen. Die Gemeinde kann das Verlangen aber auch nach der Neueinteilung stellen, dann wird die Hypothek auf Grund des Ersuchens der Gemeinde eingetragen (§ 39 Grundbuchordnung). Mit Rücksicht auf den Grundkredit ist die Befugnis der Gemeinde zeitlich befristet, die Sicherungshypothek muß binnen drei Monaten nach der Neueinteilung beantragt werden. Dadurch wird ein mittelbarer Zwang auf Eintragung ausgeübt.

4. Abs. II Satz 2, der seine reichsrechtliche Grundlage in Art. 113 des Einführungsgesetzes zum Bürgerlichen Gesetzbuch hat, findet seine Rechtfertigung darin, daß die durch die Neueinteilung eintretende Wertsteigerung auch den auf dem Grundstücke lastenden Reallasten, Hypotheken, Grundschulden und Rentenschulden zugute kommt. Es wäre nahegelegen, den Umlegungsbeitrag für eine öffentliche Last des Grundstückes zu erklären. Das Gesetz hat jedoch die Form der Sicherungshypothek gewählt, weil die Haftung des Grundstückes für öffentliche Lasten nach Art. 122 des Ausführungsge-

setzes zum Bürgerlichen Gesetzbuche nach zwei Jahren erlischt, bei der Gewährung der Stundung (Abs. I) also auf die zeitliche Beschränkung der dinglichen Haftung Rücksicht genommen werden müßte.

5. Eine weitere Sicherung der Gemeinde liegt darin, daß der Auszug aus dem rechtskräftigen Bescheid erst zugestellt wird, wenn die Schuldigkeit an die Gemeinde entrichtet ist (Art. 36 Abs. II).

6. Der Zusatz zu Abs. II „die Hypothek erlischt mit der Forderung; der § 1163 Abs. 1 Satz 2 des Bürgerlichen Gesetzbuches findet keine Anwendung" ist notwendig, da ohne diese Vorschrift eine Eigentümergrundschuld (§ 1177 Abs. I des Bürgerlichen Gesetzbuches) entstünde. Der Eigentümer könnte dann hierüber zum Nachteile seiner im Range nachgehenden Gläubiger verfügen.

Zu Art. 15.

Die Leitung des Verfahrens obliegt unbeschadet der selbständigen Tätigkeit des Umlegungsausschusses der Baupolizeibehörde. (Art. 15 Abs. I, Art. 16, Art. 17 Abs. I, Art. 18 Abs. III, Art. 19 Abs. I und II, Art. 25, Art. 27, Art. 31, Art. 32 Abs. IV zweiter Satz).

Zu Art. 16.

Wegen des untrennbaren Zusammenhangs der Neueinteilung mit dem Baulinienplan und den Bebauungsvorschriften müssen diese im Zusammenhang mit der Neueinteilung gewürdigt werden. Der rechtskräftig genehmigte Baulinienplan muß mit der Neueinteilung übereinstimmen. Er soll deshalb einschließlich der Bebauungsvorschriften bis zur Entscheidung über die Neueinteilung rechtskräftig genehmigt sein.

Zu Art. 17.

Die Entscheidung der Regierung, Kammer des Innern, erfolgt im Bureauwege. Rechtsfragen sind in diesem Abschnitte des Verfahrens nicht zu entscheiden.

Zu Art. 18.

1. Für jede Neueinteilung ist es von größter Wichtigkeit, daß rechtzeitig ein im Städtebau erfahrener Bausachverständiger beigezogen wird. Das Schwergewicht des Gesetzes liegt auf dem Gebiete des Städtebaues. Wenn der Gemeinde ein im Städtebau erfahrener Bausachverständiger nicht zur Verfügung steht, so muß sie, dies ist die Bedeutung des Wortes „erforderlichenfalls", einen solchen beiziehen. Ihm obliegt die nötige Einwirkung auf den Generalbaulinienplan und den Baulinienplan und auf die Neueinteilung überhaupt. Insbesondere ist es auch seine Aufgabe, die Fragen des Gemeinbedarfs richtig zu lösen und die bauliche Aufteilung in die richtigen Bahnen zu lenken. Erforderlichenfalls muß er sich der Mitwirkung eines Tiefbauingenieurs wegen der Fragen der Kanalisation, der Wasserversorgung usw. versichern. Ebenso ist andauernde Zusammenarbeit mit dem zuständigen Messungsamte (Art. 27) geboten.

Anl. 1 2. Das Messungsamt erstellt zunächst die Besitzliste nach Musterformblatt Anlage 1 und einen Übersichtsplan.

3. Die Besitzliste wird auf Grund des Katasters angefertigt. Wegflächen und Grundstücksteile, die im Kataster nicht ausgeschieden sind, sind nach dem Katasterplan zu berechnen und zunächst nach dem Muster der Anlage 1 in die Besitzliste einzutragen. Ist die Durchführung der Neueinteilung beschlossen (Art. 22), so tritt an die Stelle des vorläufigen Eintrags der endgültige. Zu diesem Zwecke sind die erforderlichen Messungsverzeichnisse auszuarbeiten und nach erfolgter Prüfung dem zuständigen Grundbuchamt mit dem Antrag auf Eintragung in das Grundbuchamt zuzuleiten.

4. Sind im Kataster mehrere Personen, z. B. Ehegatten, Geschwister usw. als Miteigentümer vorgetragen, so sind sämtliche Miteigentümer in der Besitzliste aufzuführen. Bei Grundstücken von Stiftungen oder von Beteiligten, die unter Vormundschaft stehen oder anderweitig gesetzlich vertreten werden, sind die Vertreter mit Vor- und Zuname, Stand, Wohnort und Hausnummer vorzutragen. Die Übereinstimmung der Besitzliste mit dem Grundsteuerkataster ist von der zuständigen Katasterumschreibbehörde zu bestätigen. Das Grundbuchamt hat zu prüfen, ob die Angaben der Liste mit den Vorträgen im Grundbuch übereinstimmen und die in der Liste für Band und Seite des Grundbuchs vorgesehenen Spalten auszufüllen. Abweichungen sind im Benehmen mit der Katasterumschreibbehörde zu klären. Für die Herbeiführung der Übereinstimmung von Kataster, Grundbuch und Besitzliste ist Sorge zu tragen.

5. Der Übersichtsplan ist aus Katasterabdrucken zusammenzusetzen. Er muß die Grenzen der Steuergemeindebezirke (rot), der Ortsfluren (blau, Pr.-blau), der Bezirke, der politischen Gemeinden, soweit sie sich nicht mit den Grenzen der Steuergemeindebezirke decken (anilinviolett) sowie die Abgrenzung des Umlegungsgebiets (gelbrot, Mennig), ferner die beteiligten Plannummern und die zugehörigen Haus-(Besitz)Nummern ersehen lassen und ist vom Messungsamt abzuschließen. Im übrigen sind die für die Herstellung numerierter Katasterpläne maßgebenden Vorschriften zu beachten.

Zu Art. 19.

1. Eine Form für die Verpflichtung der beiden Sachverständigen schreibt das Gesetz nicht vor. Es ist sohin jede Form zulässig.

2. Zuständiges Messungsamt im Sinne des Gesetzes ist das örtlich zuständige staatliche Messungsamt. Liegt das Umlegungsgebiet in den Bezirken verschiedener Messungsämter, so ist dasjenige Messungsamt zuständig, in dessen Bezirk die größere Fläche liegt. Das Staatsministerium der Finanzen kann für besondere Fälle die Zuständigkeit abweichend von dieser Bestimmung regeln.

Anl. 2

Zu Art. 20.

Zum Zwecke der Feststellung der Beteiligten, soweit sie nicht in der Besitzliste vorgetragen sind, ist ein Lastenverzeichnis nach

Musterformblatt Anlage 2 herzustellen. Dem zuständigen Messungsamt obliegt die Ausfüllung der Spalten 1 mit 4 nach Maßgabe der Besitzliste, dem Grundbuchamt die Prüfung dieser Einträge und die Ausfüllung der Spalten 5 und 6. Die Einträge in die übrigen Spalten werden später vollzogen. (Vgl. die Ausführungen zu Art. 30.)

Zu Art. 22.

1. Der Beschlußfassung der Beteiligten nach Art. 22 Abs. II ist das Unternehmen in dem Umfange, wie er durch die Regierung, Kammer des Innern, in der Vorprüfung (Art. 17 Abs. II) bestimmt ist, zu unterstellen. Über die Durchführung dieses Unternehmens sollen sich die Beteiligten schlüssig werden. Ergeben sich bei der Abstimmung hinsichtlich des Umfangs des Unternehmens Abweichungen, so bedarf es einer nochmaligen Vorlage der Verhandlungen an die Regierung, Kammer des Innern, nicht. Anders liegt die Sache, wenn die bei der Abstimmung angeregten Abweichungen so erheblich sind, daß sie sich als ein ganz neues Unternehmen darstellen würden. In diesem Falle wäre das Unternehmen neu einzuleiten. Wird eine Änderung des Umfangs beschlossen, so ist diese im Übersichtsplan mit ultramarinblauer Farbe, in der Besitzliste durch Beigabe eines Anhangs und im Lastenverzeichnis mit blauer Tinte nachzutragen.

2. Die Abstimmung über die Durchführung des Unternehmens hat den Zweck, die grundsätzliche Stellungnahme der beteiligten Grundeigentümer zum Unternehmen festzulegen (Art. 3 Abs. I Ziff. 3, Art. 5). Hiernach sind für die Abstimmung über die Durchführung des Unternehmens (Art. 22 Abs. II) stimmberechtigt nur die beteiligten Grundeigentümer. Die Beteiligung geht aus dem Verzeichnis der Grundstücke und Grundstücksteile (Art. 15 Abs. I) hervor.

3. Über die Durchführung der Neueinteilung ist gesondert von den übrigen Verhandlungen Beschluß zu fassen. Die Abstimmung hat an der Hand des Verzeichnisses der Grundstücke und Grundstücksteile (Art. 15 Abs. I) durch Namensaufruf zu erfolgen; die Abstimmung ist durch Unterschrift in einer Abstimmungsliste zu beurkunden. Die Abstimmung darf nicht an Bedingungen und Vorbehalte geknüpft werden. Die Abstimmungsliste bildet eine Anlage der Niederschrift und ist vom Verhandlungsleiter zu führen und abzuschließen.

4. Beteiligte, die erst nach Einleitung der Verhandlungen Eigentümer von Grundstücken innerhalb des Umlegungsgebietes geworden sind oder die aus irgend einem anderen Grunde im Verzeichnis nicht aufgeführt sind, haben ihre Rechte durch Vorlage von Grundbuch- oder Katasterauszügen oder durch sonstige Behelfe (notarielle oder gerichtliche Urkunden oder Bestätigungen) nachzuweisen.

5. Beteiligte, die zur Tagfahrt zwar erschienen sind, sich jedoch vor der Abstimmung wieder entfernen, dann Beteiligte, die an der Abstimmung nicht teilnehmen oder sie nicht schriftlich vollziehen, sind so zu behandeln, als ob sie nicht erschienen wären. Hierauf ist vor

der Abstimmung aufmerksam zu machen. Ferner sind die Beteiligten in der Verhandlung darauf hinzuweisen, daß sie, wenn sie nicht abstimmen, als zustimmend gelten (Art. 22 Abs. III).

6. In der Niederschrift oder in der Abstimmungsliste ist festzustellen, welche Beteiligte weder erschienen noch durch Bevollmächtigte vertreten waren.

7. Das Ergebnis der Abstimmung ist nach dem Besitzstande festzustellen. Dabei ist anzugeben, wieviele beteiligte Grundbesitzer für die Durchführung der Neueinteilung gestimmt haben, wieviele als zustimmend anzusehen sind und wieviele dagegen gestimmt haben, ferner welche beteiligte Gesamtfläche auf die Zustimmenden trifft und ob hiernach die in Art. 3 Abs. I Ziff. 3 festgesetzte Mehrheit gegeben ist.

8. Wird die in Art. 3 Abs. I Ziff. 3 festgesetzte Mehrheit nicht erreicht, so gilt das Unternehmen als beruhend. Die Kosten des Verfahrens fallen in diesem Falle nach Art. 44 Abs. II den Antragstellern zur Last (Fall der Nichtweiterverfolgung des Unternehmens).

9. Ein beteiligter Grundeigentümer kann, wenn er auch nach Art. 22 der Durchführung der Neueinteilung zugestimmt hat, immer noch Einwendungen im einzelnen erheben.

Zu Art. 23.

1. Wenn die Durchführung der Neueinteilung beschlossen worden ist, so bedarf es eines Organs für die weiteren Verhandlungen. Deshalb ist alsbald der Umlegungsausschuß zu bilden. Dies hat regelmäßig unmittelbar im Anschluß an die Abstimmung noch in der Tagfahrt zu geschehen, um eine neuerliche Zusammenrufung der beteiligten Grundbesitzer tunlichst zu vermeiden.

2. Auch zu den Wahlen für die Bildung des Umlegungsausschusses sind nur die beteiligten Grundbesitzer berechtigt.

3. Zur Geschäftsvereinfachung wird es sich empfehlen, darauf hinzuwirken, daß im unmittelbaren Anschluß an die Bildung des Umlegungsausschusses von den an der Abmarkung der Ersatzgrundstücke beteiligten Grundeigentümern zwei oder drei Personen bevollmächtigt werden, sie bei der Abmarkung zu vertreten. Die Vollmacht soll jeden Vertreter berechtigen, für jeden beteiligten Grundeigentümer zu handeln.

Zu Art. 24.

Einwendungen können von allen Beteiligten, also auch von den Rechtsbesitzern und von den beteiligten Nachbargemeinden (Art. 20), erhoben werden. Zweckmäßig wird, soweit dies nach dem Stande des Verfahrens bereits möglich ist, sofort über die Einwendungen verhandelt (Art. 22 Abs. I, Art. 24 Abs. II).

Zu Art. 26.

1. Das Grundbuchamt hat die Grundbuchblätter für die im Verzeichnis aufgeführten, durch das Umlegungsverfahren betroffenen

Grundstücke darauf zu prüfen, ob auf ihnen die Anordnung der Zwangsversteigerung oder Zwangsverwaltung eingetragen ist, um bejahendenfalls dem Vollstreckungsgericht die vorgeschriebene Mitteilung zu machen.

2. Da ein Vermerk über die Einleitung des Umlegungsverfahrens nicht eingetragen wird, hat das Grundbuchamt, um imstande zu sein, der Vorschrift des Art. 26 Abs. II zu genügen und die in der Besitzliste eintretenden Änderungen (s. die Vollzugsvorschrift zu Art. 30) der Gemeinde mitzuteilen,, auf eine andere Weise dafür Sorge zu tragen, daß ihm die Einbeziehung eines Grundstücks in das Umlegungsverfahren nicht entgeht. Dies wird ohne besondere Schwierigkeit möglich sein, da die betroffenen Grundstücke regelmäßig in einem Grundbuchbezirk oder in dem gleichen Stadtbezirk gelegen sind und meistens sogar durch fortlaufende Plannummern bezeichnet sein werden.

3. Die der Gemeinde nach Abs. 2 zukommenden Mitteilungen sind an das zuständige Messungsamt weiterzuleiten, das sie zunächst der Besitzliste als Anlagen beizureihen hat.

Zu Art. 27 und 28.

1. Über die Form der bei Bildung des Umlegungsausschusses vorzunehmenden Wahlen enthält das Gesetz keine Vorschriften. Die Beteiligten können daher die Form der Wahl selbst bestimmen. In Ermangelung anderer Bestimmungen ist hierüber einfache Mehrheit entscheidend. Es empfiehlt sich, das Wahlverfahren möglichst einfach zu gestalten, insbesondere die Wahl durch Zuruf zuzulassen. Vorsitzender des Umlegungsausschusses ist ein Beamter der Baupolizeibehörde. Über die Stellvertretung des Vorsitzenden enthält das Gesetz keine Bestimmung. Bei der Wichtigkeit der Sache soll ein Wechsel in der Person des Vorsitzenden überhaupt vermieden werden und der Vorsitz in der Hand des Beamten der Baupolizeibehörde bleiben. Die Bestellung eines Stellvertreters durch den Vorsitzenden soll sich deshalb nur auf einzelne Fälle der Verhinderung beschränken.

2. Der Ausschuß kann sich auch eine Geschäftsordnung geben (Art. 27 Abs. II Satz 2). Es ist also auch die Möglichkeit gegeben, in der Geschäftsordnung Bestimmungen über die Aufstellung eines Stellvertreters des Vorsitzenden im Bedarfsfalle zu geben.

3. Eine Form für die Verpflichtung der durch die Wahl bestellten Mitglieder des Ausschusses schreibt das Gesetz nicht vor. Es ist deshalb jede Form zulässig (vgl. die Ausführungen zu Art. 19). Der Umlegungsausschuß wird von dem Vorsitzenden einberufen. Der Vorsitzende kann aus Zweckmäßigkeitsgründen und wo es sich um beschleunigte Erledigung einzelner Fragen handelt, dieses Recht auch auf ein anderes Mitglied des Ausschusses übertragen z. B. in bautechnischen Angelegenheiten auf den Bausachverständigen in vermessungstechnischen Angelegenheiten auf den höheren Beamten des Messungsamts. Dies kann in der Geschäftsordnung des näheren ge-

regelt werden Art. 27 Abs. II). Das zur Einberufung ermächtigte Mitglied hat den Vorsitzenden rechtzeitig von der Einberufung zu verständigen.

Zu Art. 30.

1. Der Umlegungsplan umfaßt:

1. den Baulinienplan mit den etwaigen Bebauungsvorschriften (Art. 15),
2. den Übersichtsplan und
3. die Besitzliste (VB. zu Art. 18),
4. das Lastenverzeichnis (VB. zu Art. 20),
5. ein nach Steuergemeinden und Plannummern geordnetes für die Fortführung eingerichtetes Verzeichnis der im Umlegungsgebiet gelegenen Grundstücke nebst den dazu gehörigen Flächen und Haus- (Besitz) Nummern (Plannummernverzeichnis),
6. ein Verzeichnis (Flächenverzeichnis)
   a) der für die einzelnen Baublöcke, Straßen, öffentlichen Wege und Plätze innerhalb des Umlegungsgebiets berechneten Flächen, die zusammen die Gesamtfläche des Umlegungsgebietes darstellen,
   b) der entbehrlich werdenden und daher in die Verteilungsmasse fallenden Verkehrs- usw. Flächen und zwar ausgeschieden nach ihren bisherigen Eigentümern (Gemeinden, Bezirke, Staat usw.),
   c) jener Flächen, die zur Befriedigung des Gemeindebedarfs Verkehrswegen des Staates und der Bezirke zuzuteilen sind (bleibender Verkehrsraum),
7. einen Übersichtsplan über die in Aussicht genommene Neueinteilung (Neueinteilungsplan), hergestellt unter Verwendung von Katasterplan- oder Neukartierungsabdrucken,
8. eine Forderungs- und Zuteilungsliste nach Musterformblatt
Anl. 3 Anlage 3,
9. eine Zusammenstellung der Kosten der Umlegung (Materialkosten, Arbeiterlöhne usw.),
Anl. 4 10. eine Entschädigungsliste nach Musterformblatt Anlage 4.

2. Die zur Aufstellung des Umlegungsplans erforderlichen Vermessungen und Abmarkungen, ferner die Katasterplanausarbeitungen und Flächenberechnungen sowie die sonstigen vermessungstechnischen Arbeiten sind, soweit diese Bekanntmachung nicht anders bestimmt, nach den Vorschriften der Dienstanweisung für die Messungsämter zu vollziehen. Wird in besonderen Fällen ausnahmsweise eine hiervon abweichende Sachbehandlung notwendig, so hat das Messungsamt die hierfür maßgebenden Gründe bei Vorlage der Ausarbeitungen zur Prüfung kurz darzulegen. Der vom Messungsamt in den Umlegungsausschuß abgeordnete Beamte kann und soll, soweit es im dienstlichen Interesse gelegen und aus wirtschaftlichen Gründen geboten ist, nicht nur als Ausschußmitglied, sondern auch als Vollzugs-

beamter des Messungsamts mit der Durchführung des Unternehmens befaßt werden.

3. Bei Aufstellung der Forderungs- und Zuteilungsliste ist mittels Schätzung nach dem Katasterplan zu prüfen, ob nicht die Flächenberechnungen der in der Masse vereinigten Grundstücke mit erheblichen Fehlern behaftet sind. Soweit dies der Fall ist, sind die Flächen auf Grund des Katasterplanes neu zu berechnen und hiernach die Gesamtflächen der in Betracht kommenden Besitzstände — also nicht die Flächen der einzelnen Grundstücke — in der Forderungs- und Zuteilungsliste zu berichtigen. Besteht sodann noch Anlaß, auch die Gesamtfläche des Umlegungsgebiets zu berichtigen, so ist die zu behebende Abweichung nach dem Flächenverhältnis auf die Gesamtflächen sämtlicher Besitzstände zu verteilen (Flächenabgleichung). Vgl. das Musterformblatt Anlage 3. Eine der Umlegung vorgängige Vermessung einzelner oder sämtlicher im Umlegungsgebiet gelegener Grundstücke ist nur auf Antrag und Kosten der beteiligten Grundeigentümer vorzunehmen.

4. Fällt das Umlegungsgebiet in zwei oder mehr Gemeindebezirke, so ist schon bei der Ausarbeitung des Neueinteilungsentwurfs auf eine zweckmäßige Regelung der Gemeindebezirksgrenzen Rücksicht zu nehmen. Die bestehenden und in Aussicht zu nehmenden neuen Gemeindebezirksgrenzen sollen im Neueinteilungsplan ersichtlich gemacht werden. Dem vom Umlegungsausschuß zur geeigneten Zeit zu stellenden Antrag auf Abänderung der Gemeindegrenzen ist ein Katasterplan beizugeben, der die bestehenden und die in Aussicht genommenen neuen Gemeindegrenzen sowie die Neueinteilung längs dieser Grenzen ersehen läßt. Die bestehenden Gemeindegrenzen sind hierin durch rote Linien kenntlich zu machen. Die Flächenangaben im Antrage können auf die von einer Gemeinde zur anderen übergehenden Gesamtflächen beschränkt werden.

5. Die Prüfung der messungstechnischen Ausarbeitungen durch die dem zuständigen Messungsamt unmittelbar vorgesetzte Stelle hat, unbeschadet der Schlußprüfung nach Art. 36 Abs. II abschnittweise zu erfolgen und ist jeweils mit tunlichster Beschleunigung vorzunehmen (vgl. hierzu die Ausführungen zu Art. 36).

6. Die durch die Umlegung veranlaßte Regelung der Rechte an den Grundstücken (Art. 12) ist im Lastenverzeichnis nachzuweisen. Die Regelung erfolgt durch den Umlegungsausschuß im Zusammenwirken mit dem Messungsamt und soweit veranlaßt im Benehmen mit den Beteiligten. Sie umfaßt die bereits bestehenden, die künftig wegfallenden, abzuändernden und neuzuschaffenden Rechte.

7. Von jeder nach der Herstellung der Besitzliste bis zum Abschluß der Neueinteilung im Grundbuch zur Eintragung gelangenden Eigentumsänderung hat das Grundbuchamt die Gemeinde zu benachrichtigen. Einer weiteren Mitteilung nach Art. 26 Abs. II des Gesetzes bedarf es daneben nicht. Erfolgt die Umschreibung im Grundsteuerkataster durch das Finanzamt nicht auf Grund des von

dem Grundbuchamt übersendeten Umschreibungsverzeichnisses (§ 20 Abs. 1 der Bekanntmachung des Staatsministeriums der Finanzen vom 23. Februar 1905 über die Fortführung des Grundsteuerkatasters, FinMinBl. S. 39, JMBl. S. 593), so hat das Finanzamt die Gemeinde von der Umschreibung zu benachrichtigen.

8. Befinden sich in der Umlegungsfläche Grundstücke, die nach Art. 6 des Gesetzes von der Neueinteilung ausgeschlossen werden können oder müssen, so ist dies in der Spalte für Bemerkungen der Besitzliste vorzumerken.

Zu Art. 34 und 35.

1. Die Regierung, Kammer des Innern, entscheidet im verwaltungsrechtlichen Verfahren. Dabei hat sie die erhobenen Einwendungen nach allen Richtungen, auch nach den in Art. 3 festgesetzten Voraussetzungen zu würdigen. Das gleiche gilt für den Verwaltungsgerichtshof.

2. Mit Geldentschädigungen hat sich die Regierung überhaupt nicht zu befassen. Sie hat also auch nicht darüber zu entscheiden, ob eine Geldentschädigung, sei es neben der Zuteilung von Grundstücken oder einer sonstigen Abfindung, sei es ohne eine solche zu gewähren ist (vgl. die Vollzugsvorschrift zu Art. 39 Abs. I).

Zu Art. 36.

1. Die Umlegungsübersicht besteht wie das Messungsverzeichnis, aus dem Vortrage, der Flächenberechnung und der Planbeilage. Der Vortrag gründet sich auf den Umlegungsplan, insbesondere auf die Besitzliste und auf die Forderungs- und Zuteilungsliste. Für seine
Anl. 5 äußere Gestaltung ist das Musterformblatt Anlage 5 maßgebend. Die Flächenberechnungen sind in der Hauptsache jene, die auch zur Anfertigung der Forderungs- und Zuteilungsliste verwendet wurden. Die Herstellung der Planbeilage bemißt sich nach den Vorschriften der Dienstanweisung für die Messungsämter.

2. Das Lastenverzeichnis bildet eine Beilage zur Umlegungsübersicht. Sobald die Verhandlungen wegen Regelung der Rechte an den Grundstücken abgeschlossen sind, hat das Messungsamt die endgültige Ausarbeitung und Fertigung des Verzeichnisses vorzunehmen.

3. Nach Fertigstellung der Umlegungsübersicht und des Lastenverzeichnisses sind beide Ausarbeitungen durch den Umlegungsausschuß beschlußmäßig anzuerkennen und sodann durch das zuständige Messungsamt abzuschließen. Die abgeschlossene Umlegungsübersicht wird sodann samt Unterlagen (Handrissen, Abmarkungsprotokollen, Flächenberechnungen) und Umlegungsplan der dem Messungsamt unmittelbar vorgesetzten Stelle zur Schlußprüfung — vgl. den vorletzten Absatz der Ausführungen zu Art. 30 — vorgelegt.

4. Diese leitet nach erfolgter Prüfung die Umlegungsübersicht nebst Umlegungsplan an die Regierung, Kammer des Innern, zur Weiterbehandlung nach Art. 36 Abs. II, während die Unterlagen an

das Messungsamt hinauszugeben sind. Die Vollziehbarerklärung wird der Umlegungsübersicht am Schlusse beigefügt und im Lastenverzeichnis vorgemerkt. Auszüge aus den Umlegungsübersichten für den Amtsgebrauch werden nicht angefertigt. Nach Vollzug der Katasterumschreibung sind die Übersichten zur Verwahrung an das zuständige Messungsamt abzugeben.

Zu Art. 39.

1. Die Entscheidung über Geldentschädigungen steht der Kreisregierung nicht zu (Art. 34 Abs. II Satz 4 des Gesetzes, vgl. die Vollzugsvorschrift zu Art. 34 und 35). Die Klage im ordentlichen Rechtsweg richtet sich gegen die Festsetzung des Umlegungsausschusses nach Art. 32 Abs. II Satz 3 des Gesetzes. Hat der Umlegungsausschuß in einem Falle, in welchem an sich eine Geldentschädigung in Betracht kommen kann, die Zubilligung einer Geldentschädigung unterlassen, weil nach seiner Ansicht ein Schaden nicht entstanden ist, oder ist die Gemeinde mit einer festgesetzten Geldentschädigung nicht einverstanden, weil sie das Vorliegen eines Schadens bestreitet, so ist auch hierüber im ordentlichen Rechtsweg zu streiten. Entzogen ist dem Gerichte nur die Frage, ob die zu dem Anspruch auf Geldentschädigung Anlaß gebende Maßnahme gerechtfertigt ist. Dagegen ist die Bemessung der Entschädigung ganz in die Hände der Gerichte gelegt. Dazu gehört auch die Entscheidung darüber, inwieweit ein durch Geldentschädigung auszugleichender Schaden entstanden ist.

2. Die Ausführung des Unternehmens wird durch die Beschreitung des Rechtsweges nicht aufgehalten. Diese Bestimmung bezweckt, daß das Unternehmen ohne Rücksicht auf etwaige Rechtsstreite und deren Ausgang ausgeführt werden **kann** (nicht **muß**). Ist zu befürchten, daß ein Rechtsstreit ungünstig ausgeht und daß durch den ungünstigen Ausgang das ganze Unternehmen gefährdet wird, so wird es Sache der Beteiligten sein, die Ausführung vorerst noch zurückzustellen.

Zu Art. 42.

Der im Art. 42 Abs. II genannte Betrag von 300 Mk. wird nach Art. I des Gesetzes vom 14. August 1923 zur Änderung des Gesetzes vom 15. Juni 1898, das Unschädlichkeitszeugnis betr. (GVBl. S. 280) durch den jeweils vom Staatsministerium der Justiz festgesetzten Betrag ersetzt.

Zu Art. 43.

1. Das Ersuchen an das Grundbuchamt hat die sämtlichen zur Grundbuchberechtigung erforderlichen Eintragungen und Löschungen (Art. 37, 38) zu enthalten.

2. Von dem Vollzug der Eintragungen der neuen Eigentümer hat das Grundbuchamt das Finanzamt zu verständigen. Einer Eintragung in das Umschreibverzeichnis des Grundbuchamts (§ 579 der Dienstanweisung für die Grundbuchämter) bedarf es nicht.

Zu Art. 46.

Abs. I hat hauptsächlich die sogenannten Neidstreifen, Schikanierzwickel usw. im Auge, deren Beseitigung bisher großem Schwierigkeiten begegnete.

Zu Art. 47.

Die Zustimmung der Beteiligten setzt auch eine Einigung über die Kosten des Verfahrens und des Unternehmens voraus.

München, den 14. September 1923.

Gürtner. Dr. Schweyer. J. V. Dr. v. Deybeck.

Amtsgericht .... **Anlage 1.**

Finanzamt .... Messungsamt ....

Bezirksamt ....

Baulandumlegung ....

in de...... Steuergemeinde ....

Besitzliste.

Vorschriften für die Herstellung der Besitzliste.

1. Änderungen auf Grund der VO. zu Art. 18 sind mit blauer Tinte nachzutragen.

2. Am Schlusse der Besitzliste sind die nach Besitzständen und Steuergemeinden bereits geordneten Einlagen zunächst nach Steuergemeinden und sodann für das ganze Umlegungsgebiet zusammenzustellen.

Zu Anlage 1. Seite . . . . .

Seite des Nachtrags	Plan-Nummer	Benennung und Kulturart	Flächeninhalt nach Hektaren	Flächeninhalt nach Tagwerken	Bonitätsklasse	Grundsteuer-Verhältniszahl	Grundbuch Band	Grundbuch Seite	Bemerkungen
		Hs.-Nr. 1 Forstenhof.	Gemeinde.						
		Stgmde. Forstenhof.							
	573	Forstenhofer Hutung, Weide	1 361	3 99	3	12 0	II	104	der unausgeschiedenen Wegfläche entnommen
	573½	Forstenhofer Weg . .	0 096	0 28	.	. .			
	326	Feldweg ins Hartl .	0 113	0 33	.	. .			
		Summe	1 570	4 60		12 0			
		Hs.-Nr. 2 Forstenhof.	Gebhart Alois und Maria in allg. Gg.						
		I. Stgmde. Forstenhof.							
	v. 561	Kreuzacker	0 899	2 64	6	15 8	II	88	Katasterfläche = 1.489 = 4.37 × 6 = 26.2
	562	Stadtwegacker . . .	0 348	1 02	5	5 1	III	74	
	562½	" Überstoß	0 003	0 01	5	0 1	III	74	
			1 250	3 67		21 0			
		II. Stgmde. Talhofen.							
	1325	Die Sonnenläng, Acker	0 228	0 67	7	4 7	I	113	
	v. 1326	" " "	0 031	0 09	7	0 6	I	113	Katasterfläche = 0.402 = 1.18 × 7 = 8.2
			0 259	0 76		5 3			
		Summe	1 509	4 43		26 3			
		Seite 1	3 079	9 03		38 3			

Die Formblätter Anlage 1 bis 5 können vom Landesvermessungsamt München bezogen werden.

Amtsgericht .... **Anlage 2.**

Finanzamt .... Messungsamt ....

Bezirksamt ....

Baulandumlegung ....

in de..... Steuergemeinde ....

Lastenverzeichnis.

Stand vor der Umlegung.

Zu Anlage 2.

Sachregister				Grundbuch	
Plan-Nummer	Flächeninhalt Hektarem	Benennung und Kulturart	Band und Seite des Grundbuchs	Abteilung II	Abteilung III
1	2	3	4	5	6
		Hs.-Nr. 1 Forstenhof.		Gemeinde	
		Stgmde. Forstenhof.			
573	1.361	Forstenhofer Hutung, Weide	II 104	Weiderecht für Hs.-Nr. 2, 3, 4, 5 u. 6 Forstenhof	—
$573^1/_2$	0.096	Forstenhofer Weg . .	—	—	—
326	0.113	Feldweg ins Hartl .	—	—	—
		Hs.-Nr. 2 Forstenhof.		Gebhart Alois und Maria in allg. Gg.	
		I. Stgmde. Forstenhof.			
$561^1/_2$	0.899	Kreuzacker	II 88	Gehrecht zu Gunsten Pl.-Nr. 565	
562	0.348	Stadtwegacker . . .	III 74	—	Hypothek
$562^1/_2$	0.003	„ , Überstoß	III 74	—	
		II. Stgmde. Thalhofen.			
1325	0.228	Die Sonnenläng, Acker	I 113	Fahrtrecht für die Gemde. Forstenhof	—
$1326^1/_4$	0.031	„ „ „	I 113		—

Stand nach der Umlegung.

Sachregister			Grundbuch		
Plan-Nummer	Flächeninhalt Hektarem	Benennung und Kulturart	Abteilung II	Abteilung III	Bemerkungen
7	8	9	10	11	12
		Hs.-Nr. 1 Forstenhof.	Gemeinde		
		Stgmde. Forstenhof.			
550	0.980	Spiel- und Turnplatz	Weiderecht erlischt	—	
561	0.600	Sonnenstraße			ins Grundbuch einzutragen
574	0.825	Hartlstraße und Brunnenplatz			
589	0.143	Querstraße			
		Hs.-Nr. 2 Forstenhof.	Gebhart Alois und Maria in allg. Gg.		
		Stgmde. Forstenhof.			
551 N	0.810	Baugründe an d. Sonnen- u. Hartlstraße	Gehrecht erlischt		
552 N	0.244	Bauplatz an der Sonnenstraße	—	Hypothek	Ersatzgrundstück für Pl.-Nr. 562 und $568^1/_2$
zur Stgmde.		Forstenhof gezogen!	Fahrtrecht erlischt		

Amtsgericht .... **Anlage 3.**

Finanzamt .... Messungsamt ....

Bezirksamt ....

Baulandumlegung ....

in de..... Steuergemeinde ....

Forderungs- und Zuteilungsliste.

Zu Anlage 3.

Einlage		Gemeinbedarf (Art. 7) 40 %	Zuteilungssoll	Tatsächliche Zuteilung		Mehrzuteilung	Minderzuteilung	Entschädigungsfläche gemäß Art. 7 Abs. IV S. 3 (s. Spalte 2)	Bemerkungen
Plan-Nr.	ha	ha	ha	Pl.-Nr.	ha	ha	ha	ha	
1	2	3	4	5	6	7	8	9	10
	Hs.-Nr. 1 Forstenhof.					Gemeinde			
	Stgmde. Forstenhof.								
573	1.361			550	0.980				
$573^{1}/_{2}$	9.096								
326	0.113								
	1.570								
Flächenberichtigung	+0.140								
Flächenabgleichung	−0.005								
Bleibender Verkehrsraum	− 0.030								
Summe	1.675	0.670	1.005	Summe	0.980		0.025	0.084	
	Hs.-Nr. 2 Forstenhof.			Gebhart Alois und Maria in allg. Gg.					
	I. Stgmde. Forstenhof.								
$561^{1}/_{2}$	0.899			551 N	0.810				
562	0.348			552 N	0.244				
$562^{1}/_{2}$	0.003								
	II. Stgmde. Thalhofen.								
1325	0.228								
$1326^{1}/_{4}$	0.031								
	1.509								
Flächenabgleichung	−0.005								
Summe	1.504	0.602	0.902	Summe	1.054	0.152		0.075	

Vorschriften für die Herstellung der Forderungs- und Zuteilungsliste.

1. Öffentliche Wege, Straßen und Plätze, soweit sie im Baulinienplan zur Befriedigung des Gemeindebedarfs ausgeschieden wurden, sind in der Forderungs- und Zuteilungsliste bei den in Betracht kommenden Besitzständen als „bleibender Verkehrsraum" in Abzug zu bringen. Vgl. Spalte 1 und 2.

2. Am Schlusse der Liste oder in einer Beilage hierzu sind zusammenzustellen:
   a) die für die einzelnen Besitzstände in Spalte 4 ausgewiesenen Flächen (Zuteilungssoll),
   b) die in Spalte 3 vorgetragenen Flächen (Gemeinbedarf),
   c) der bleibende Verkehrsraum nach Spalte 2,
   d) die Flächenberichtigungen nach Spalte 2 (+ und —),
   e) die Flächenabgleichungen nach Spalte 2 (+ und —),
   f) die Einzelsummen a bis e.

Die hiernach sich ergebende Gesamtsumme muß mit der in der Besitzliste festgestellten Gesamtsumme der katastermäßigen Einlagen (Gesamtfläche des Umlegungsgebiets) übereinstimmen.

3. Die Einzelsummen b und c müssen zusammen die Gesamtfläche der aus der Umlegung hervorgehenden öffentlichen Wege und Plätze ergeben.

4. Außerdem sind zusammenzustellen die tatsächlichen Zuteilungen Spalte 6) nach Steuergemeinden, ferner die Mehrzuteilungen und Minderzuteilungen (Spalte 7 und 8), die gleich groß sein müssen, endlich die Entschädigungsfläche nach Spalte 9.

Amtsgericht ....

Anlage 4.

Finanzamt .... Messungsamt ....

Bezirksamt ....

Baulandumlegung ....

in de..... Steuergemeinde ....

Entschädigungsliste.

Bemerkung.

Soweit der Verlust oder Schaden eines Beteiligten unmittelbar einem anderen Beteiligten zugute kommt (z. B. bei Zuteilung eines Gartens usw. an einen anderen Eigentümer), ohne daß ein sonstiger Ausgleich getroffen ist, ist der andere Beteiligte entschädigungspflichtig.

Geldentschädigungen an die Beteiligten

Hs.-Nr.	Name und Wohnort der Beteiligten	Pl.-Nr.	Anrechnung gemäß Art. 7 Abs. VIII	Entschädigungen gemäß Artikel						
				7 Abs. VI S. 3	7 Abs. IV	8	9	10	12 Abs. I S. 1	13 Abs. II

Geldleistungen der Beteiligten — Abgleichungen

Leistungen gemäß Artikel					Summe der Entschädigungen	Summe der Leistungen	Gesamtentschädigung	Gesamtleistung	Bemerkungen
7 Abs. IV bezw. VI S. 3	9	10	12 Abs. II S. 2	12 Abs. II					

Amtsgericht ....

Anlage 5.

Finanzamt .... Messungsamt ....

Bezirksamt ....

Baulandumlegung ....

in de..... Steuergemeinde ....

Umlegungsübersicht.

Geprüft nach Entschließung
vom .... 19......... Nr. ....

In das Grundbuch eingetragen im Monat.................... 19......... .... Im Kataster umgeschrieben im Monat.................... 19.........	Der Vollzug des Plan- und Repertorial-Nachtrages wird bestätigt: Am .... 19......... Messungsamt.

Zu Anlage 5. **Besitzstand vor der Umlegung.**

Pl.-Nr.	Benennung und Kulturart	Flächeninhalt nach Hekt.		Tgw.		Bonitätsklasse	Grundst.-Verh.-Z.		Bemerkungen
	Hs.-Nr. 1 Forstenhof.								**Gemeinde**
	Stgmde. Forstenhof.								
573	Forstenhofer Hutung, Weide .	1	361	3	99	3	12	0	nach Kataster
573 1/2	Forstenhofer Weg	0	096	0	28	—	—	—	nach Kat. u. Meß B. 254/1923
326	Feldweg ins Hartl	0	113	0	33	—	—	—	
	Summe	1	570	4	60		12	6	
	Hs.-Nr. 2 Forstenhof.								**Gebhart Alois und Maria in allg. Gg.**
	I. Stdgmde. Forstenhof.								
561 1/2	Kreuzacker	0	899	2	64	6	15	8	nach Kat. u. Meß B. 254/1923
562	Stadtwegacker	0	348	1	02	5	5	1	„ „ „ Meß Op. 2/1871
562 1/2	„ , Überstoß . .	0	003	0	01	5	0	1	„
	II. Stdgmde. Thalhofen.								
1325	Die Sonnenläng, Acker . . .	0	228	0	67	7	4	7	nach Kat.
1326 1/4	„ „ „ . . .	0	031	0	09	7	0	6	„ „ u. Meß B. 256/1923
	Summe	1	509	4	43		26	3	

Besitzstand nach der Umlegung.

Pl.-Nr.	Benennung und Kulturart	Hekt.		Tgw.		Bonitätsklasse	Grundst.-Verh.-Z.	
550	Spiel- und Turnplatz . . .	0	980	2	88	20	57	6
561	Sonnenstraße	0	600	1	76	—	—	—
574	Hartlstraße und Brunnenplatz	0	825	2	42	—	—	—
589	Querstraße	0	143	0	42	—	—	—
	Summe	2	548	7	48		57	6
551 N	Baugründe an der Sonnen- u. Hartlstraße	0	810	2	38	20	47	6
552 N	Bauplatz an der Sonnenstraße zur Stgmde. Forstenhof gezogen!	0	244	0	71	20	14	2
	Summe	1	054	3	09		61	8

Vorschriften für die Herstellung der Umlegungsübersicht.

1. Am Schlusse der Umlegungsübersicht sind die Einlagen und Zuteilungen zunächst nach Steuergemeinden und sodann für das gesamte Umlegungsgebiet zusammenzustellen.

2. Änderungen, die sich infolge Berichtigungen und infolge Änderungen der Bezirke der Steuergemeinden ergeben, sind lediglich bei den Gesamtflächen der Steuergemeinden und bei der Gesamtfläche des Umlegungsgebiets auszuweisen.

3. Ministerial-Entschließung vom 18. Juli 1905 die Herstellung von Baulinien betr.

(MABl. S. 317.)

An die K. Regierungen, Kammern des Innern, die Distriktsverwaltungs- und Gemeindebehörden.

Nach § 3 der Bauordnung vom 17. Febr. 1901 sollen Straßen und Wege bei der Festsetzung neuer und bei der Abänderung bestehender Baulinien in einer der Sicherheit und Bequemlichkeit des Verkehrs entsprechenden Breite und, soweit es tunlich ist, gerade angelegt werden. Die Bauordnung geht ganz allgemein von dem Grundsatze aus, daß bei der Festsetzung der Baulinien die Anforderungen des Verkehrs, die Bedingungen gesunden Wohnens und gleichzeitig auch schönheitliche Gesichtspunkte zu berücksichtigen sind, sie überläßt es im übrigen dem Vollzuge, die betreffenden Aufgaben jeweils aus den örtlichen Bedürfnissen und den gegebenen Verhältnissen zu lösen. Die Straßenbreite und die Straßenführung sollen also von Fall zu Fall bestimmt werden, wie es die Vielgestaltigkeit des öffentlichen Verkehrs, des Wohnungsbedürfnisses und der industriellen Entwicklung fordert.

Die Erfahrung zeigt aber, daß bei dem Vollzuge dieser Vorschriften der Schwerpunkt regelmäßig auf die „tunlichste Geradeleitung" der Straßen gelegt und diese vielfach ohne Rücksichtnahme auf die bestehenden Verhältnisse überall da gefordert wird, wo nicht die Natur der Herrschaft des Lineals ein Ende setzt. Eine solche Sachbehandlung entspricht keineswegs den Absichten der Bauordnung, ist durchaus unwirtschaftlich und führt zu unnötigen und insoferne unverantwortlichen Eingriffen in fremdes Eigentum.

Der schablonenhaften Anlage schnurgerader, gleich breiter Normalstraßen mit dem ausnahmslosen Rechteckschema und den zur Mode gewordenen langweiligen Abschrägungen der Straßenecken wird häufig ganz zwecklos fremder Grund und Boden unter unnötiger, manchmal nur geringfügiger Anschneidung gutgebauter Häuser geopfert. Auch wird des öfteren vergessen, daß die Baulinien nicht bloß Straßenfluchtlinien, sondern auch Gebäudefluchtlinien sind und daher der Bebauungsfähigkeit der angrenzenden Grundstücke sowie einer praktischen und auch einer gefälligen Bauführung tunlichst Rechnung tragen sollen.

Die Beteiligten werden sich solcher Eingriffe in ihr Eigentum mangels der erforderlichen Sachkenntnis häufig erst dann bewußt, wenn ihnen bei der Bauführung aus der seinerzeit nicht beanstandeten Baulinienfestsetzung Schwierigkeiten entstehen, also in einem Zeitpunkte, in welchen Abänderungen meist nicht mehr tunlich sind. Kurz, es werden so den Gemeinden und den Anwesensbesitzern vielfach Kosten verursacht, die bei einiger Überlegung erspart bleiben könnten.

Daß durch derartige verfehlte Maßnahmen auch schöne Orts- und Straßenbilder ohne Not gewaltsam zerstört, reizvolle Landschaftsbilder beeinträchtigt und den Orten mit entwickelter Bautätigkeit nicht selten ein unsagbar ödes Gepräge aufgedrückt wird, lehrt die Erfahrung.

Es ist daher geboten, die Gemeinden und diejenigen Behörden, welche mit der Instruktion und Genehmigung von Baulinienplänen betraut sind, nachdrücklichst darauf hinzuweisen, welch hervorragende wirtschaftliche und auch schönheitliche Bedeutung der Baulinienführung zukommt und wie an einer wohlbedachten und weitschauenden Anlage dieser Pläne die öffentliche Wohlfahrt in hohem Maße interessiert ist. Hiebei ist auf die unendliche Vielgestaltigkeit der Bedürfnisse hinzuweisen, welche unbedingt fordert, daß mit dem hergebrachten geometrischen Schematismus der Straßenanlegung gründlich gebrochen wird und die möglichste Freiheit im einzelnen waltet, daß gebührende Rücksicht genommen wird auf die Grundbesitz- und Grenzverhältnisse, die Gestaltung und Verwertung der Baublöcke, auf die wachsenden Bedürfnisse gesunden Wohnens, die Erleichterung des Erwerbslebens, die Entwicklung der Industrie, auf den Verkehr und dessen voraussichtliche, künftige Gestaltung namentlich bei Straßenkreuzungen, Brückenköpfen, Bahnhofplätzen u. dgl. Es ist weiter zu achten auf die natürliche Beschaffenheit des Geländes, die umgebende Landschaft, charakteristische Höhenunterschiede, Wasserläufe, Baumbestände, auf Klima, Winde, Besonnung, Fernblicke, Perspektiven, auf Schonung reizvoller Straßenzüge und Plätze, die Geschlossenheit der Straßen- und Platzbilder, auf ortsübliche Bau- und Wohnweise, monumentale oder sonst interessante Gebäude, auf künftige Bedürfnisse an öffentlichen Gebäuden, Anlagen, grünen Erholungsstätten, Kinderspielplätzen mit Ruhebänken, Brunnen u. dgl.

Es ist auch angezeigt, in den Baulinienplänen diejenigen Baulichkeiten, Ausblicke u. dgl., welche bei den Bauführungen berücksichtigt und geschont werden sollen, zu vermerken.

Werden alle bei der Baulinienfestsetzung in Betracht zu ziehenden Bedürfnisse sorgfältig beachtet, so ergibt sich von selbst, daß krumme Straßen, Brechungen und Unregelmäßigkeiten der Baulinien überall da zuzulassen sind, wo das örtliche Bedürfnis und die wünschenswerte Abwechslung im Städtebild hiefür sprechen, daß auch schmale Straßen für besondere Zwecke, wie für ruhige Wohnviertel mit niedrigen Wohnhäusern ihre Vorzüge haben, daß man an Stelle der bisher üblichen wenigen Normalbreiten der Straßen namentlich in größeren Städten eine Fülle von Abstufungen machen muß von den außergewöhnlich breiten Hauptverkehrsstraßen bis zu ganz schmalen Wohnstraßen, kurz, daß jede Straße und jeder Straßenteil so hergestellt werden, wie es der Verkehr, dem sie zu dienen haben, fordert. Daher müssen die Hauptverkehrslinien im voraus richtig erkannt, die wichtigsten Verkehrsmittelpunkte entsprechend verbunden und die Straßen nach dem gesunden Zukunftsbedürfnisse in entsprechender Breite angelegt werden. Auch kann durch einstweilige Genehmigung breiter Vorgärten einer für die Zukunft erwarteten Verkehrsentwicklung Rechnung getragen und doch der Straße bis dahin der Wohncharakter gewahrt bleiben.

Bei wohl überlegter, richtiger Anwendung der heute in maßgebenden Kreisen anerkannten Grundsätze des Städtebaues und bei entsprechender Vorarbeit für die Zukunft durch im einzelnen noch unverbindliche und nur in großen Zügen angelegte Generalbaulinienpläne kann rechtzeitig dafür Sorge getragen werden, daß in gleichem Schritte mit der Entwicklung der Verhältnisse die Geschäftswelt entsprechend breite Verkehrsstraßen, die Industrie ein besonders den Wohnstätten tunlichst entrücktes Gebiet mit dem nötigen Anschlusse an Bahnen und Transportstraßen, die Einwohner aber vom Verkehr möglichst abgeschlossene, daher auch stille, mehr staubfreie und gesündere Wohnviertel erhalten. Dies namentlich dann, wenn gleichzeitig mit der Baulinienfestsetzung, wo nötig, auch das einschlägige Bebauungssystem festgestellt, eine entsprechende Verschiedenheit in Gebäudehöhe und Gebäudeabstand vorgesehen und im Gebiete der offenen Bauweise das Zurückrücken der Gebäude in Gartenanlagen dispensweise da gestattet wird, wo dies gesundheitlichen Rücksichten oder zur Belebung des Straßenbildes dienlich ist.

Entsprechen aber die Baulinien und die Bauführung den verschiedenen praktischen Bedürfnissen, so daß die ganze Anlage des Ortes den Charakter der Zweckmäßigkeit trägt, dann wird die Entwicklung der Orte vielgestaltig und reizvoll und insoferne ist die zweckmäßige und gesunde bauliche Entwicklung eines Ortes auch die Vorbedingung schöner Straßen- und Platzbilder.

Schließlich sei auch noch bemerkt, daß Baulinien nur da gezogen werden sollen, wo wirklich ein Anlaß und Bedürfnis hiezu besteht, und daß es nicht angezeigt ist, kleine Orte und Ortsteile, in welchen eine Bautätigkeit überhaupt nicht zu erwarten ist, überfürsorglich mit Generalbaulinienplänen zu versehen.

Wenn in vorstehendem einige Grundsätze des Städtebaues, wie sie von den ersten Meistern dieser Kunst gelehrt werden, berührt wurden, so geschah das keineswegs zu dem Zwecke, Vorschriften zu geben, wie bei der Festlegung der Straßenzüge zu verfahren sei; die Kunst des Städtebaues läßt sich nicht in Formeln zwängen, es muß das natürliche Empfinden entscheiden. Vielmehr wollte nur gezeigt werden, welch große vor allem wirtschaftliche und finanzielle Bedeutung diesen Fragen für die Gemeinden nicht minder als für die einzelnen zukommt, und daß diese überaus wichtige und schwierige Aufgabe nur von solchen richtig gelöst werden kann, welche in den Fragen des Städtebaues nicht nur besondere technische Schulung für die Straßenführung, die bauliche Ausnützung und entsprechende Ausgleichung der angrenzenden Bauplätze besitzen, sondern auch Blick und Verständnis für die Bedürfnisse und die Entwicklung des örtlichen Verkehrs, des Erwerbslebens und der Industrie. Solche vielseitig geschulte und erfahrene Sachverständige stehen nun, wie die Erfahrung lehrt, den Gemeinden, abgesehen von wenigen Ausnahmen, nicht zur Verfügung. Wirtschaftliche Mängel der Baulinienpläne können aber in der Regel auch von den meist nur aus der Entfernung urteilenden mit der Bauliniengenehmigung befaßten Aufsichtsbehörden und -Stellen nicht durchweg erkannt und beseitigt werden. Denn bei der Anlage der Baulinienpläne liegt der Schwerpunkt in der entsprechenden Vorbereitung und Ausarbeitung an Ort und Stelle, nur dort kann voll und richtig erkannt werden, was der Gemeinde, der Allgemeinheit und den einzelnen not tut.

Angesichts der Bedeutung der Sache ist daher den Gemeinden, größeren wie kleineren, dringendst zu empfehlen, bei der Anlage von umfangreichen oder sonst wegen der in Betracht kommenden wirtschaftlichen und schönheitlichen Interessen wichtigen Fluchtlinienfestsetzungen und Generalplänen stets einen in Frage des Städtebaues geschulten Architekten, wo nötig auch Ingenieur zu Rate zu ziehen, wie dies neuerdings in anerkennenswerter Weise u. a. die Gemeinden Pfersee, Lechhausen, Friedberg, Memmingen getan haben.

Auch erscheint es dringend geboten, die älteren Baulinienpläne gerade jetzt in der Zeit geringer Bautätigkeit einer entsprechenden Revision unterziehen zu lassen.

Die auf Zuziehung geeigneter Sachverständiger verwendeten Auslagen werden durch anderweite Ersparungen und durch den späteren glatten Vollzug weit aufgewogen.

Der Bayerische Verein für Volkskunst und Volkskunde e. V. in München (Damenstiftstr. 5)*) und der Bayerische Architekten- und Ingenieur-Verein in München mit seinen 8 Kreisvereinen haben sich bereit erklärt, den Gemeinden und Behörden auf Wunsch mit Rat und Tat zur Seite zu stehen und Sachverständige zu benennen, welche mit den technischen und wirtschaftlichen Fragen des Städtebaues vertraut und auch bereit sind, auf Grund der nötigen Feststellungen an Ort und Stelle die betreffenden Pläne herzustellen oder doch hiebei beratend mitzuwirken.

Die auf diesem Wege zustande gekommenen wichtigeren Baulinienprojekte sind bis auf weiteres dem K. Staatsministerium des Innern zur Einsichtnahme vorzulegen.

Die K. Regierungen, Kammern des Innern und die Distriktsverwaltungsbehörden werden sich den Vollzug gegenwärtiger Entschließung angelegen sein lassen.

München, den 18. Juli 1905.

Dr. Graf v. Feilitzsch.

---

*) nun Bayerischer Landesverein für Heimatschutz in München, Ludwigstr. 14, 3. Eing. Gartenhaus.

4. Ministerial-Entschließung vom 3. August 1910, Vollzug der Bauordnung betr.

(MABl. S. 477.)

K. Staatsministerium des Innern.

An die K. Regierungen, Kammern des Innern, die Distriktsverwaltungs- und Gemeindebehörden.

Vollzug der Bauordnungen betr.

Zum Vollzug der Verordnung vom 3. August 1910, die Bauordnungen betreffend (GVBl. S. 403), wird hinsichtlich der Änderung der Bauordnung vom 17. Februar 1901 folgendes bemerkt:

Zu § 1.

1. Von besonderer Wichtigkeit für das Wohnungswesen ist in Orten und Gegenden mit sehr entwickelter Bautätigkeit die entsprechende Vorbereitung des Wohnstättenbaues durch zweckmäßige Baulinien- und Generalbaulinienpläne. Es entspricht einem in der Praxis zutage getretenen Bedürfnisse, wenn in § 1 der Bauordnung die bisher auf Städte, Märkte und zusammenhängend gebaute Dörfer, dann auf Staatsstraßen, Distriktsstraßen und Gemeindeverbindungswege beschränkte Pflicht zur Einhaltung der Baulinien nun ganz allgemein für genehmigungspflichtige Bauführungen an öffentlichen Plätzen, Straßen oder Wegen ausgesprochen ist.

Diese Änderung soll im Zusammenhalte mit den Bestimmungen in den §§ 2 und 3 für alle Fälle außer Zweifel stellen, daß durch die Festsetzung von Baulinien- und Generalbaulinienplänen auch abseits geschlossener Ortschaften in freiem Gelände, namentlich in Gegenden, die wegen ihrer landschaftlichen Schönheit für Ansiedelungen gesucht sind und des Schutzes bedürfen, ein wildes rücksichtsloses Bauen hintangehalten werden kann und so beliebte, seit Menschengedenken der Allgemeinheit offenstehende Höhen- und Uferwege, Aussichtspunkte u. dgl. der Allgemeinheit erhalten werden können.

Mit der Änderung des § 1 ist aber keineswegs beabsichtigt, daß künftig diese Gelände, auch wenn kein dringendes Bedürfnis vorhanden ist, mit Baulinienetzen überzogen werden. Ein solches Übermaß würde einer ungesunden Spekulation Vorschub leisten und den Absichten des Heimatschutzes direkt widersprechen. Baulinien- und Generalbaulinienpläne sollen auch künftig, wie schon in der Ministerialentschließung vom 18. Juli 1905 (MABl. S. 317) betont wurde, nur dann festgesetzt und aufgestellt werden, wenn wirklich ein Anlaß und ein Bedürfnis hiezu besteht. Insbesondere ist es nicht zulässig, kleine Orte und Ortsteile, in denen eine größere Bautätigkeit nicht zu erwarten ist und auch sonstige öffentliche Interessen nicht zu schützen sind, überfürsorglich mit derartigen Plänen zu versehen.

§ 1 Abs. IV neuer Fassung gibt daher den Baupolizeibehörden (§ 58) weitgehende Befugnis, von der Forderung der Baulinien abzusehen. Hievon ist namentlich bei rein ländlichen Verhältnissen Gebrauch zu machen.

Da § 1 nur genehmigungspflichtige Bauten trifft, finden diese Bestimmungen auf bauliche Anlagen im Sinne des § 8 der Bauordnung nur dann Anwendung, wenn hiefür die Genehmigungspflicht durch ortspolizeiliche Vorschrift angeordnet ist, was in Gegenden, die eines besonderen Schutzes bedürfen, ohnehin schon der Fall sein wird.

Zu den §§ 2, 3, 4, 11, 59.

2. Im Hinblick auf die hohe Bedeutung sachgemäßer und zweckentsprechender Baulinienpläne für das wirtschaftliche Leben, für das Wohnungs- und Verkehrswesen der Gemeinden, ferner für eine gesundheitlich und ästhetisch befriedigende Entwicklung des Wohnstättenbaues hat das Staatsministerium des Innern die Behörden und Gemeinden unterm 18. Juli 1905 (MABl. S. 317) und durch Entschließung vom 27. März 1907 Nr. 5876 mit eingehenden Anweisungen versehen, die auch künftig genauestens zu beachten sind. Insbesondere wurde darauf hingewiesen, wie wichtig es ist, daß die Ausarbeitung der Baulinienpläne im Städtebau erfahrenen Architekten übertragen wird. Auch wird neuerdings bemerkt, daß es sich empfiehlt, besonders zu schützende Punkte des Geländes, Straßenbilder und Gebäudedenkmäler (auch vorbildliche Bauten der Neuzeit) im Baulinien- oder Generalbaulinienplan auffallend zu kennzeichnen.

Im Vollzuge dieser Entschließung haben erfreulicherweise eine Anzahl Gemeinden mit lebhafter Bautätigkeit unter Heranziehung geschulter Architekten die Umgestaltung der nach dem starren Grundsatze der Geradlinigkeit angelegten, praktisch vielfach undurchführbaren älteren Baulinienpläne herbeigeführt und für neue Baugebiete, Baulinien- oder Generalbaulinienpläne nach den heutigen Grundsätzen des Wohnstättenbaues ausarbeiten lassen. Die Praxis lehrte, daß es notwendig ist, gleichzeitig mit der Festsetzung der Baulinien für das betreffende Gebiet auch die Bebauungsweise — offene oder geschlossene Bauweise, Gebäudeabstand, Gebäudehöhe, Hofraumgröße, Ausschluß lästiger Anlagen und dergl. — im engsten Anschluß an die Bebauungspläne beschlußmäßig festzusetzen. Die Festsetzung der Bebauungsweise kann wie bisher auch künftig allgemein durch orts- oder distriktspolizeiliche Vorschrift nach Art. 101 Abs. II und III des Polizeistrafgesetzbuches erfolgen. Die Baubeschränkungen können aber auch gleichzeitig mit den Baulinien oder in gesondertem Verfahren beschlußmäßig festgesetzt werden. Das gleiche gilt für die Aufstellung von Generalbaulinienplänen (§ 59), für die sich erfahrungsgemäß namentlich da ein Bedürfnis ergibt, wo eine lebhafte Bautätigkeit sprunghaft einsetzt und die Festsetzung von Baulinien noch nicht veranlaßt, aber doch eine gewisse Regelung der Bautätigkeit im Interesse einer planmäßigen Entwicklung der Ansiedlung oder zum Schutze der Landschaft erforderlich ist. Diese in der Praxis vereinzelt schon seit einigen Jahren in der Form der bedingten Bauliniengenehmigung übliche Festsetzung der Bebauungsweise bietet die Möglichkeit einer engen Anpassung der Bauart an die Baulinienpläne und an die praktischen Bedürfnisse des Baugeländes. Durch diese Bestimmung werden die Verordnung vom 16. Mai 1876 (GVBl. S. 347) und § 11 der Bauordnung ersetzt.

3. Im Verfolge der Ministerialentschließung vom 18. Juli 1905, die der starren Auffassung des Baulinienwesens entgegengetreten ist und vollste Anpassung an die praktischen Bedürfnisse forderte, hat das Staatsministerium des Innern einen freieren, beweglicheren Vollzug der Vorschriften über die Baulinien angebahnt, um die in dieser Richtung früher dem baukünstlerischen Schaffen und einem praktischen Wohnstättenbau entgegenstehenden formalen Schranken möglichst zu beseitigen. Diese in mehrjähriger Erfahrung bewährte Praxis hat nunmehr in der Bauordnung selbst (§ 4) Ausdruck gefunden, so daß künftig bei Festsetzung der Baulinien (§ 59) zu bestimmen ist, ob diese als Straßenbegrenzungs-, als Vorgarten-, als Gebäudefluchtlinien, als vordere, seitliche oder rückwärtige Bebauungsgrenze zu gelten haben. Auf diesem Wege können auch Grünplätze im Baublockinneren von der Bebauung freigehalten werden.

4. Die Straßenbegrenzungslinien bestimmen die mit Rücksicht auf den Verkehr nötige Straßenbreite. Wird eine Einzäunung hergestellt, so ist sie unmittelbar an dieser Linie zu errichten.

Die Vorgartenlinie ist Straßenbegrenzungslinie, die im Zusammenhange mit einer dahinterliegenden Baufluchtlinie gedacht ist. Wird eine Einzäunung hergestellt, so ist sie unmittelbar an der Vorgartenlinie zu errichten. Ob eine Einzäunung erfolgen muß, dann wie die Einzäunung beschaffen sein muß und wie die Vorgartenfläche zu verwenden ist, wird durch ortspolizeiliche Vorschrift bestimmt.

Die Gebäudefluchtlinie hat die rechtliche Wirkung, daß die vordere Gebäudeflucht unmittelbar an diese Linie herangerückt werden muß.

Die vorderen, seitlichen und rückwärtigen Bebauungsgrenzen haben die rechtliche Wirkung, daß Gebäude entweder an diese Baulinien gestellt oder in einem beliebigen Abstande hinter diesen Linien errichtet werden dürfen. Die Baupolizeibehörde kann hier auf die Stellung und Richtung des Gebäudes Einfluß nehmen.

Darstellung der Baulinien. In den Baulinienplänen sollen die Baulinien künftig durch schwarze, mit Farbe hinterlegte Linien dargestellt werden. Für die Gebäudefluchtlinien ist rote, für die Straßenbegrenzungs- und Vorgartenlinie grüne, für die vorderen Bebauungsgrenzen blaue, für die seitlichen und rückwärtigen Bebauungsgrenzen violette Farbe anzuwenden und zwar in der Weise, daß die neuen Baulinien durch ununterbrochene Farbbänder, die unverändert bleibenden mit durch Punkte unterbrochenen Farbbändern (|___|○|___|○|___|), die aufzuhebenden durch unterbrochene Farbbänder (|___| |___| |___|) gekennzeichnet werden. Bauliniem, die zwar in Aussicht genommen sind, aber meist noch nicht festgesetzt werden sollen, sind durch nicht hinterlegte Strichlinien (——— ——— ———) von entsprechender Farbe zu kennzeichnen.

Fallen aufzuhebende und beantragte Baulinien zusammen, indem z. B. eine vordere Bebauungsgrenze in eine Gebäudefluchtlinie oder eine Gebäudefluchtlinie in eine Vorgartenlinie umgewandelt werden soll, so kann dies in der Weise dargestellt werden, daß die schwarze Linie mit entsprechendem Farbbande hinterlegt und zugleich ein entsprechendes, unterbrochenes Farbband vorgelegt wird.

Die Maße für die bestehenden Straßen- und Vorgartenbreiten sind schwarz, bei Veränderungen dieser Breiten rot einzuschreiben.

Zu § 8.

5. Um eine Übereinstimmung mit § 7 herbeizuführen, wurde der Abs. II zu § 8 beigefügt.

6. In § 15 werden die Baupolizeibehörden ermächtigt, zur *Förderung des Kleinwohnungsbaues* Erleichterungen hinsichtlich der *Stärke der Mittelmauern* zu gewähren, wenn deren genügende Tragfähigkeit vom Baugesuchsteller nachgewiesen wird.

Zu den §§ 16, 27, 32, 40, 45 und 47.

7. Es ist eine alte Klage, namentlich auf dem Lande, daß die von der Bauordnung vorgeschriebene *Überdachführung der Brandmauer*, insbesondere bei mangelhafter Bauführung, das Eindringen von Regen- und Schneewasser in die anstoßenden Gebäudeteile erleichtert. Die Überdachführung der Brandmauer wurde ferner wegen der damit verbundenen Mehrkosten und auch vom ästhetischen Standpunkt aus bekämpft. Weiter wurde zwecks Einsparung an Raum und an Baukosten der Verzicht auf die bisher vorgeschriebene *Verstärkung der Brandmauer* von oben nach unten angestrebt. Die Erfahrung hat gelehrt, daß unter gewissen im Interesse der Feuersicherheit und Standfestigkeit zu treffenden Vorsichtsmaßregeln von den vorgenannten bisherigen Forderungen der Bauordnung abgesehen werden kann.

Die umfassende Änderung des § 16 sieht wesentliche Erleichterungen nach den angegebenen Richtungen und die Voraussetzungen vor, unter denen diese Erleichterungen gewährt werden können. Für Gebäude mit mehr als 3 Geschossen und für Gebäude mit besonderer Feuersgefahr wird jedoch im Interesse der Feuersicherheit die Vorschrift der Überdachführung der Brandmauer beibehalten.

Die gewährten Erleichterungen kommen hauptsächlich dem *Kleinhausbaue* zugute.

8. Die Bestimmung in § 62 Abs. VI wird es den Baupolizeibehörden ermöglichen, dahin Einfluß zu nehmen, daß namentlich bei Kleinwohnungsbauten die gemeindlichen Forderungen für Straßenherstellung in einem entsprechenden Verhältnisse zu der baulichen Ausnützung des Baugrundes stehen und daß insbesondere gemeinnützige, der Wohnungsfürsorge dienende Unternehmungen gefördert werden. Unter allen Umständen ist auf eine ordnungsmäßige Verbindung des Neubaues mit einer bereits bestehenden Straße zu achten.

Die Vergünstigung des Abs. VI Ziff. 2 darf nur den Gebäuden zugute kommen, die den Voraussetzungen dieser Bestimmung genau entsprechen. Zu den 4 Haupträumen ist auch die Küche zu rechnen.

Die Baupolizeibehörden haben bei Gewährung von Erleichterungen unter sorgfältiger Prüfung der Baupläne darauf zu achten, daß die projektierten Kleinwohnungen nicht ohne weiteres durch nicht genehmigungspflichtige Änderungen zu Großwohnungen gemacht werden können. Erfahren die Kleinwohnungsbauten später eine solche bauliche Änderung, daß sie nicht mehr den Bestimmungen in Abs. VI Ziff. 2 entsprechen, so kann die Gemeinde die Straßensicherungskosten im vollen Umfange nachfordern und es darf die baupolizeiliche Bewilligung zur baulichen Änderung erst erteilt werden, wenn die gemeindliche Forderung erfüllt ist. Bei Gewährung der Erleichterung ist diese Voraussetzung ausdrücklich hervorzuheben.

Beim Vollzug der Münchener Bauordnung sind die vorstehenden Anweisungen sinngemäß zu beachten.

München, den 3. August 1910.

von Brettreich.

---

5. E. d. Staatsm. d. Inn. v. 4. 11. 26 über Grundstückskäufe und Baulinien.

(Bay. StA. Nr. 256.)

An die Regierungen, KdJ., die Bezirks- und Gemeindebeh.

Es kommt immer wieder vor, daß Baulustige Bauplätze kaufen, ohne sich vorher darüber zu unterrichten, ob und welche Baulinien für das betr. Grundstück in Betracht kommen. Der Verkäufer gibt eine solche Auskunft vielfach nicht; er wird gerade dann, wenn die Baulinien für das Grundstück ungünstig verlaufen, geneigt sein, dies zu verschweigen. Reicht der Käufer ein Baugesuch ein, dann erfährt er häufig erst in diesem Zeitpunkte, daß die Baulinienverhältnisse ihm das Bauen überhaupt nicht oder nicht in der geplanten Weise erlauben. Der Geschädigte ist der Käufer, der nur zu gerne geneigt ist, die Schuld den Behörden zuzuschieben. Der Kauf kann dann in der Regel auch nicht rückgängig gemacht werden, weil eben versäumt wurde, die Gültigkeit des Kaufvertrages davon abhängig zu machen, daß das erworbene Grundstück mit Rücksicht auf etwaige Baulinien in der gewünschten Weise ausgenutzt werden kann.

Um die Käufer von Bauplätzen vor solchen Schäden zu bewahren, werden die Bezirksverwaltungsbehörden und die Gemeindebehörden hiermit angewiesen, immer wieder in den Amtsbättern und in der Presse darauf hinzuweisen, daß jeder, der ein Grundstück für Bauzwecke erwerben will, sich vorher bei der Gemeindebehörde oder beim Bezirksamt über den Verlauf der Baulinie erkundigt. Auch sonst sind alle Gelegenheiten, insbes. wenn Siedlungsabsichten bekannt werden, auszunützen, um die Beteiligten vor derartigen Nachteilen zu schützen.

6. E. d. Staatsmin. d. Justiz, d. Inn. u. d. Fin. v. 26. 6. 28. Nr. 3669 c 10 über Grundstückskäufe und Baulinien.

(StAnz. Nr. 152.)

An die Regierungen, K. d. J., die Bezirksverwaltungsbehörden, Amtsgerichte (Grundbuchämter), Notariate, Landbauämter und Messungsämter.

Mit E. vom 4. Nov. 1926 Nr. 3669 c 1 (StAnz. Nr. 256) wurden die Bezirksverwaltungsbehörden und Gemeindebehörden angewiesen, immer wieder in den Amtsblättern und in der Presse darauf hinzuweisen, daß jeder, der ein Grundstück für Bauzwecke erwerben will, sich vorher bei der Gemeindebehörde oder beim Bezirksamt über den Verlauf der Baulinien erkundigt. Ähnliche Anweisungen sind seitens der Staatsministerien der Justiz und der Finanzen an die unterstellten Stellen und Behörden ergangen. Das Staatsministerium des Innern hat nunmehr Plakate herstellen lassen, die in augenfälliger Weise eine Warnung vor Grundstückkäufen ohne vorherige Erkundigung über Baulinien, Baubeschränkungen, Bauverbote, Straßenherstellungskosten, Zulässigkeit gewerblicher Anlagen, Wasser, Licht usw. enthalten.

Die Bezirksverwaltungsbehörden werden beauftragt, je 1 Stück dieser Plakate den Notariaten, Grundbuchämtern, Messungsämtern, sowie den Landbauämtern, soweit sie in ihrem Amtsbezirke ihren Sitz haben, zum Anschlag an geeigneter Stelle zu übermitteln. Ferner werden die Bezirksverwaltungsbehörden veranlaßt, das Plakat an ihren eigenen Amtstafeln und an sonst geeigneten Stellen (insbesonders vor oder in den Räumen des Stadtbauamtes oder des Bezirksbaumeisters), ferner an den Amtstafeln solcher Gemeinden, in denen Baulinien, Baubeschränkungen usw. festgesetzt oder in Aussicht genommen sind, anschlagen zu lassen. Die Notariate, Grundbuchämter, Messungsämter und Landbauämter werden angewiesen, das Plakat an geeigneter Stelle anzuschlagen.

Den Regierungen, K. d. J., wird in nächster Zeit eine größere Anzahl dieser Plakate zur Verteilung nach Maßgabe des zu erwartenden Bedarfs an die ihnen unterstellten Bezirksverwaltungsbehörden zugehen.

Ein etwaiger Mehrbedarf an Plakaten wäre beim Staatsministerium des Innern anzufordern.

Die mit E. vom 4. Nov. 1926 (StAnz. Nr. 256) angeordneten Hinweise in den Amtsblättern und in der Presse haben neben dem Anschlag der Plakate zu erfolgen.

7. ME. vom 2. Nov. 1926 Generalbaulinienplan betr.

Die Entwicklung der Großstädte und größeren Städte vom Standpunkte des Verkehrs, der öffentlichen Gesundheit und des Städtebaues kann nicht an den Stadtgrenzen halt machen. Große Verkehrswege, Bahnlinien, Schiffahrtswege müssen von ihren Ausgangspunkten entsprechend den Forderungen der Allgemeinheit weit vorausschauend in bestimmte Bahnen geleitet werden. Die Wirkungen dieser Maßnahmen erstrecken sich oft weit über die Stadtgrenzen hinaus. Das gleiche ist der Fall bei der Schaffung größerer zusammenhängender Grundflächen in der Umgebung von größeren Städten zur Förderung der Volksgesundheit und für Sportzwecke. Auch die städtebaulichen Forderungen, Festlegung der Bebauungsmöglichkeiten für reine Wohnzwecke, für Industriezwecke usw., wirken vielfach weit über die Stadtgrenzen hinaus. Es liegt im dringenden allgemeinen Interesse, die Regelung aller dieser Fragen rechtzeitig und in weitvorausschauender Weise anzubahnen.

Die Führung in dieser Frage muß, soweit nicht Staat oder Reich beteiligt sind, den beteiligten Stadtverwaltungen überlassen bleiben. Die an die größeren Städte anstoßenden Landgemeinden müssen sich dessen bewußt sein, daß sie bei der baulichen Aufschließung ihres Geländes auf diese großen Fragen Rücksicht nehmen müssen und daß die Außerachtlassung dieser Rücksicht früher oder später zu den größten Mißständen führen kann, die sich dann unter Umständen gegen die Landgemeinden selbst auswirken.

Es ist daher dringend geboten, daß die Verwaltungen der größeren Städte und die umliegenden Bezirksämter bei der Lösung dieser Fragen Hand in Hand arbeiten. Um dieses Zusammenarbeiten zu sichern, ergehen nachstehende Anordnungen:

1. Die Verwaltungen der größeren Städte übermitteln den anliegenden Bezirksämtern die für die Entwicklung der Stadt notwendigen großen Richtlinien in Form von Wege- und Siedlungsplänen.
2. Die Bezirksämter legen diese Richtlinien bei der Ausarbeitung von Generalbaulinienplänen für die Gemeinden und der Um-

gebung der größeren Städte zugrunde und behandeln alle hier auftauchenden Fragen rechtzeitig und von Anfang an im engen Benehmen mit der beteiligten größeren Stadt.

3. Ergeben sich hiebei Schwierigkeiten, die im Wege der Verhandlung nicht beseitigt werden können, so legen die Bezirksämter die Verhandlungen der vorgesetzten Kreisregierung vor, die, wenn auch ihr die Beilegung der Schwierigkeiten nicht gelingt, die Verhandlungen dem Staatsministerium des Innern mit Bericht vorlegt.

V. Teil.

Gewerbepolizeiliche und gewerbliche Betriebe betreffende Bestimmungen.

1. Auszug aus der Reichsgewerbeordnung.

§ 35.

V Der Betrieb des Gewerbes als Bauunternehmer [1]) und Bauleiter [1]) sowie der Betrieb einzelner Zweige des Baugewerbes ist zu untersagen [2]), wenn Tatsachen vorliegen, welche die Unzuverlässigkeit [3]) des Gewerbetreibenden in bezug auf diesen Gewerbebetrieb dartun. Der Untersagung muß nach näherer Bestimmung der Landeszentralbehörde die Anhörung von Sachverständigen [4]) vorangehen, welche zur Abgabe von Gutachten dieser Art nach Bedarf im voraus von der höheren Verwaltungsbehörde ernannt sind. Soweit es sich um die Begutachtung für handwerksmäßige Gewerbebetriebe handelt, erfolgt die Ernennung nach Anhörung der Handwerkskammer (§ 103) des Bezirkes.

VI Ist die Untersagung erfolgt, so kann [5]) die Landeszentralbehörde oder eine andere von ihr zu bestimmende Behörde die Wiederaufnahme des Gewerbebetriebes gestatten, sofern seit der Untersagung mindestens ein Jahr verflossen ist.

VII Personen, welche die in diesem Paragraphen bezeichneten Gewerbe beginnen, haben bei Eröffnung ihres Gewerbebetriebes der zuständigen Behörde hiervon Anzeige zu machen [6]) [7]).

1. Über den Begriff des Bauunternehmers und Bauleiters s. BO. § 72 Anm. 6. — Ein Einschreiten ist nicht nur gegenüber Einzelpersonen, sondern auch gegenüber Personenvereinigungen, juristischen Personen usw. zulässig, nicht aber gegenüber einem im Handelsregister als Firma nicht eingetragenen Baugeschäft.

2. Voraussetzung ist stets der Betrieb eines Gewerbes, also eine gewerbliche Tätigkeit auf eigene Rechnung; daher nicht hieher gehörig Poliere und Bauführer, da nicht selbständige Gewerbetreibende. Möglichkeit zum Einschreiten gegen diese bietet unter Umständen § 53a. Zu den einzelnen Zweigen des Baugewerbes gehören in erster Linie die Handwerke der Maurer, Zimmerer, Steinmetze; dann die Betonarbeiter, Dachdecker, Blitzableitersetzer, Ofensetzer, Bautischler, Bauschlosser, Tüncher, Anstreicher, Dekorationsmaler, Lackierer, Gipser, Stukkateure usw.

3. Die Tatsachen der Unzuverlässigkeit können auf dem Gebiete der beruflichen Sachkunde, auf moralischem und wirtschaftlichem Gebiete liegen. Technische Unzuverlässigkeit z. B. bei Verwendung ungeeigneter Personen. Ein Mangel an beruflicher Sachkunde kann auf fehlender — theoretischer oder praktischer — Vorbildung beruhen; siehe aber § 35 a. — Wirtschaftliche Unzuverlässigkeit bei gewohnheitsmäßigem, leichtfertigen Eingehen von Verpflichtungen gegenüber Bauhandwerkern und -arbeitern, ohne Willen oder Möglichkeit ihnen nachzukommen; dann bei verschuldetem Vermögensverfall; bei Leistung des Offenbarungseides, bei mangelhafter Buchführung (VGH. 38, 156), bei Vorschieben eines Strohmannes (VGH. 34, 77). Die Untersagung kann entweder für den Betrieb des Gewerbes „als Bauunternehmer und Bauleiter" oder für den Betrieb eines bestimmten Zweiges des Baugewerbes oder für den Betrieb des Gewerbes als Bauunternehmer und Bauleiter und zugleich einer oder mehrerer Zweige des Baugewerbes erfolgen, wenn Tatsachen vorliegen, welche dartun, daß der Gewerbetreibende auch hierin unzuverlässig ist. (Landmann, GewO., 8. Aufl. S. 490).

4. Sachverständige s. MBek. vom 21. Mai 1911 Ziff. 6, 7 (nachstehend abgedruckt).

5. Ein Rechtsanspruch besteht nicht; daher auch keine Rechtsmittel gegen die Abweisung.

6. Die Anzeige ist an die Bezirksverwaltungsbehörde zu richten, § 17 der VO. vom 29. März 1892 (GVBl.S. 61); desgleichen zuständig für die Untersagung nach Abs. V.

7. Strafbestimmung: § 148 Ziff. 4.

§ 35 a.

I Mangel an theoretischer Vorbildung kann als eine Tatsache im Sinne des § 35 Abs. 5 gegenüber Bauunternehmern Bauleitern oder Personen, die einzelne Zweige des Baugewerbes betreiben, nicht geltend gemacht werden, wenn sie das Zeugnis über die Ablegung einer Prüfung für den höheren oder mittleren bautechnischen Staatsdienst oder das Prüfungs- oder Reifezeugnis einer staatlichen oder von der zuständigen Landesbehörde gleichgestellten baugewerklichen Fachschule besitzen oder wenn sie Diplomingenieure sind.

II Mangel an theoretischer oder praktischer Vorbildung kann als eine Tatsache im Sinne des § 35 Abs. 5 nicht geltend gemacht werden gegenüber Bauunternehmern und Bauleitern, wenn sie gemäß § 133 die Meisterprüfung im Maurer-, Zimmerer- oder Steinmetzgewerbe bestanden haben, sowie gegenüber Personen, die einzelne Zweige des Baugewerbes betreiben, wenn sie gemäß § 133 die Meisterprüfung in dem von ihnen ausgeübten Gewerbe bestanden haben.

III Die Landes-Zentralbehörden sind befugt, zu bestimmen, welche Prüfungen und Zeugnisse den im Abs. 1 bezeichneten gleichzustellen sind [1]).

1. Siehe die nachstehend abgedruckte MBek. vom 21. Mai 1911. — Nur der Mangel an theoretischer Vorbildung darf im Falle des Abs. I und an theoretischer und praktischer Vorbildung im Falle des Abs. II nicht geltend gemacht werden; dagegen ist auch bei diesen Personen Untersagung nach § 35 möglich, wenn ihre Unzulänglichkeit oder sonstige Unzuverlässigkeit auf andere Tatsachen gestützt wird, als lediglich auf eine mangelhafte technische Vorbildung.

§ 53a.

I Die unteren Verwaltungsbehörden können bei solchen Bauten, zu deren sachgemäßer Ausführung nach dem Ermessen der Behörde ein höherer Grad praktischer Erfahrung oder technischer Vorbildung erforderlich ist, im Einzellfall die Ausführung oder Leitung des Baues durch bestimmte Personen untersagen, wenn Tatsachen vorliegen, aus denen sich ergibt, daß diese Personen wegen Unzuverlässigkeit zur Ausführung oder Leitung des beabsichtigten Baues ungeeignet sind [1]).

II Landesrechtliche Vorschriften, welche den Baupolizeibehörden weitergehende Befugnisse einräumen, bleiben unberührt [2]).

1. Während §§ 35 und 35a die Untersagung des ganzen Gewerbe b e t r i e b e s behandeln, regelt § 53a lediglich die Befugnisse zum Einschreiten bei einzelnen Baufällen. Die Untersagung kann hier ausgesprochen werden, auch wenn Bauführung oder Leitung auf fremde Rechnung geht. Die Frage der Unzuverlässigkeit ist bei § 53a lediglich mit Rücksicht auf den betreffenden Einzelbau zu prüfen. Die Verfügungen können gegen alle Bauausführenden oder -leitenden, also auch gegen bauleitende Poliere ergehen.

2. Siehe § 73 Abs. 3 BO. und Art. 101 PStGB.; weiter nachfolgend abgedruckte Bek. vom 21. Mai 1911; hier auch Regelung der Zuständigkeit.

§ 133.

"Die Befugnis zur Führung des Meistertitels in Verbindung mit einer anderen Bezeichnung, die auf eine Tätigkeit im Baugewerbe hinweist, insbesondere des Titels Baumeister oder Baugewerksmeister wird durch den Bundesrat geregelt. Bis zum Inkrafttreten des Bundesratsbeschlusses darf ein solcher Titel nur dann geführt werden, wenn die Landesregierung über die Befugnis zu seiner Führung Vorschriften erlassen hat, und nur von denjenigen Personen, welche diesen Vorschriften entsprechen. Der Bundesrat kann ferner Vorschriften über die Führung des Meistertitels in Verbindung mit sonstigen Bezeichnungen erlassen, die auf eine Tätigkeit im Handwerke hinweisen [1]).

1. In Bayern ist die Führung des Titels „Baumeister" in Ermangelung gemäß § 133 erlassener Vorschriften verboten; Strafbestimmung: § 148 Ziff. 9c.

2. Bekanntmachungen der K. bayer. Staatsministerien des K. Hauses und des Äußern und des Innern, Baugewerbe betr.

Vom 21. Mai 1911 (GVBl. S. 781).

Zum Vollzuge des Gesetzes vom 7. Januar 1907, betr. die Abänderung der Gewerbeordnung (RGBl. S. 3) wird unter Aufhebung der Bekanntmachung vom 28. März 1907 (GVBl. S. 226) bestimmt:

Zuständigkeit.

1. Zuständig zum Erlaß der Untersagungsverfügungen nach Art. 1 und 3 des Gesetzes (§ 35 Abs. 5 und § 53a GewO.) sowie zur Bescheiderteilung nach Art. 4 (§ 54 Abs. 2 GewO.) ist die Distriktspolizeibehörde, in München die Lokalbaukommission.

Voraussetzungen der Untersagung.

2. Die Anwendung des Art. 1 des Gesetzes vom 7. Januar 1907 setzt den Betrieb eines Gewerbes voraus, also eine gewerbliche Tätigkeit auf eigene Rechnung, gleichviel ob diese Tätigkeit von einzelnen Personen oder von Personenvereinigungen, juristischen Personen u. dgl. ausgeübt wird.

3. Die Tatsachen, welche die Unzuverlässigkeit des Gewerbetreibenden in bezug auf seinen Gewerbebetrieb dartun, können sowohl auf dem Gebiete der beruflichen Sachkunde als auch auf sittlichem oder wirtschaftlichem Gebiete liegen. Letzteres gilt namentlich auch, wenn bei theoretisch und praktisch ausgebildeten Personen (Art. 2 bis § 35a Abs. 2 GewO.) die Unzuverlässigkeit in beruflicher Hinsicht anderen Gründen als mangelhafter technischer Vorbildung entspringt.

Eine solche Unzuverlässigkeit kann z. B. darin liegen, daß ein Baugewerbetreibender gewohnheitsmäßig leichtfertige Verpflichtungen gegenüber Bauhandwerkern und Arbeitern eingeht, denen nachzukommen er außerstande oder nicht gewillt ist, oder daß ein Bauhandwerker vorsätzlich entgegen den Vorschriften des Gesetzes vom 1. Juni 1909 über die Sicherungen der Bauforderungen (RGBl. S. 449) Baugeld unbefugt verwendet oder das Baubuch nicht oder nicht richtig führt.

Besteht begründeter Verdacht, daß ein Baugewerbetreibender Baugeld unbefugt verwendet oder das Baubuch nicht oder nicht richtig führt und deshalb im Sinne des Gesetzes vom 7. Januar 1907 unzuverlässig ist, so kann die Distriktspolizeibehörde in München die Lokalbaukommission, den Nachweis der Verwendung des Baugeldes und die Vorlegung des Baubuches verlangen; weigert sich der Baugewerbetreibende, dem Verlangen nachzukommen, so ist dies bei der Würdigung des Beweisergebnisses (§ 40 Abs. 2, § 54 GewO., Art. 8 Ziff. 8, Art. 21 des Verwaltungsgerichtshof-Gesetzes) entsprechend zu berücksichtigen.

Baugewerkliche Fachschulen.

4. Als baugewerkliche Fachschulen im Sinne des Art. 2 (§ 35a Abs. 1 GewO.) gelten die K. Bauschule (früher Baugewerkschule) in München, die K. Kreisbauschulen (früher Kreisbaugewerkschulen) in Kaiserslautern und Würzburg, die städtischen Bauschulen (früher Baugewerksschulen) in Augsburg, Nürnberg und Regensburg, die früheren Baugewerkschulen in Bamberg und Passau, dann die Meisterschulen für Bauhandwerker in Aschaffenburg, Bamberg und Traunstein.

Verzeichnisse der Baugewerbetreibenden.

5. Die Distriktspolizeibehörden, in München die Lokalbaukommission, haben ein Verzeichnis derjenigen Bauunternehmer zu führen, die sich gegen ihre Berufspflichten verfehlt haben und gegen

die sonstige Tatsachen im Sinne des Art. 1 und 3 (§ 35 Abs. 5 und § 53a GewO.) vorliegen. Aus dem Verzeichnis muß auch die theoretische und praktische Vorbildung der darin aufgeführten Personen zu ersehen sein.

Die Unterlagen für diese Verzeichnisse haben die Handwerkskammern durch Aufstellung von Listen zu liefern, worin besonders unzuverlässige Bauspekulanten aufzuführen wären und zwar unter Angabe ihres Vermögens, ihrer Zahlungs- und Kreditfähigkeit, ob sie bereits in Konkurs geraten sind, den Offenbarungseid abgeleistet haben, ob gegen sie bereits ein Zwangsversteigerungsverfahren anhängig war u. dgl.

Die in den Listen enthaltenen Angaben sollen von den Distriktspolizeibehörden, in München von der Lokalbaukommission, nachgeprüft und durch eigene Erfahrungen und Erhebungen bei den Gerichten, Staatsanwälten, Amtsanwälten und anderen Behörden ergänzt und auf dem laufenden gehalten werden.

Nach dem Ergebnis der Feststellungen ist das weitere zu veranlassen, insbesondere unter Umständen das Untersagungsverfahren einzuleiten.

Gegen Personen, die als sogenannte Strohmänner für andere die Bauerlaubnis nachsuchen, wie gegen solche, die sich eines Strohmanns bedienen, ist in gleicher Weise vorzugehen.

Sachverständige.

6. Die Bestellung von Sachverständigen, welche gemäß Art. 1 (§ 35 Abs. 5 GewO.) nach Bedarf im voraus zu ernennen sind, kommt der Distriktspolizeibehörde, in München der Lokalbaukommission zu.

Ob und für welche Zweige des Baugewerbes Sachverständige zu bestellen sind, bleibt ebenso wie die Frage der Abgrenzung der Sachverständigenbezirke, dem pflichtgemäßen Ermessen jener Behörden überlassen.

7. Als Sachverständige sind bewährte Baugewerbetreibende, insbesondere solche, die zur Führung des Meistertitels berechtigt sind, im Verein mit Amtstechnikern, städtischen und staatlichen Baubeamten zu bestellen.

Soweit eine Begutachtung für handwerksmäßige Betriebe in Frage steht, ist vor der Ernennung der Sachverständigen die zuständige Handwerkskammer zu hören.

8. Hinsichtlich der Vernehmung der Sachverständigen gelten die Vorschriften für Verwaltungsrechtssachen.

Die Gebühren der Sachverständigen sind gemäß Verordnung vom 22. September 1879 (GVBl. S. 1283) nach der Reichsgebührenordnung vom 20. Mai 1898 (RGBl. S. 689) zu bemessen.

Verfahren nach Art. 3 (§ 53a GewOrdn.).

9. In den Fällen einer Untersagung nach Art. 3 (§ 53a GewO.) ist es ohne Belang, ob die Bauausführung oder Leitung auf eigene oder fremde Rechnung stattfindet.

Die Frage der Unzuverlässigkeit ist nach allen Richtungen (wie bei Art. 1 — § 35 Abs. 5 GewO.) ohne Beschränkung durch die Ausnahmen des Art. 2 (§ 35 a GewO.) jedoch lediglich mit Rücksicht auf den einzelnen Bau zu prüfen.

Verfahren nach der Bauordnung.

10. Im Hinblick auf Art. 3 (§ 53 a Abs. 2 GewO.) behalten § 72 Abs. 3 der BO. vom 17. Februar 1901 und § 91 der BO. für München vom 29. Juli 1895 in der Fassung der Verordnung vom 21. März 1900 (GVBl. S. 217) auch fernerhin uneingeschränkte Geltung.

Bei der Würdigung der Baugesuche werden die Baupolizeibehörden Anlaß nehmen, auch die Verlässigkeit des gemäß §§ 72, 91 der Bauordnungen benannten Bauleiters vom Standpunkte des Gesetzes vom 7. Januar 1907 (§§ 35 Abs. 5, 53 a GewO.) zu prüfen.

Die in diesen Fällen zur Beanstandung eines Bauleiters zuständige Distriktspolizeibehörde, in München die Lokalbaukommission, hat vor der Untersagung der Bauführung die nach Art. 1 (§ 35 Abs. 5 GewO.) ernannten Sachverständigen zu hören.

Im übrigen bemißt sich das Verfahren ausschließlich nach den Bestimmungen der Bauordnung.

Kosten.

11. Hinsichtlich der Frage, wer die Kosten des Untersagungsverfahrens zu tragen hat, sind neben den §§ 40, 54, 20, 21 GewO. die Art. 8 Ziff. 8 und Art. 21 Abs. 3 des Verwaltungsgerichtshofgesetzes in Verbindung mit den entsprechend zur Anwendung kommenden Bestimmungen in §§ 91 ff. ZPO. maßgebend. Können die Kosten einer Partei nicht auferlegt werden, so fallen sie der Staatskasse zur Last (vgl. Entsch. des Verwaltungsgerichtshofs Bd. 23 S. 1).

---

3. Ministerial-Entschließung vom 7. Okt. 1903 betr. die Feuer- und Betriebssicherheit in Waren- und Geschäftshäusern.

(MABl. S. 425.)

An die K. Regierungen, Kammern des Innern, Distrikts- und Ortspolizeibehörden dann die Fabriken- und Gewerbeinspektoren.

Die in den letzten Jahren in Warenhäusern und großen Geschäftshäusern vorgekommenen Brandfälle, namentlich jener in Budapest, durch welchen viele Menschenleben dem wütenden Elemente zum Opfer fielen, haben in ernstester Weise die großen Gefahren dargetan, welche bei Bränden in derartigen Gebäuden den Bewohnern derselben, dem dort verkehrenden Publikum und dem daselbst beschäftigten Personale drohen.

Die Fernhaltung und Beseitigung solcher gefahrdrohender Verhältnisse muß mit allen zulässigen und zweckdienlichen Mitteln angestrebt werden.

Es ist deshalb geboten, zum Schutze der in solchen Gebäuden wohnenden und verkehrenden Personen besondere Vorschriften sowohl bezüglich der baulichen Anlage und der gesamten Einrichtung als auch für den Geschäftsbetrieb zu erlassen und dieselben auf die bereits bestehenden wie auf die neu zu errichtenden Warenhäuser und großen Geschäftshäuser zu erstrecken.

Auf Grund des § 368 Ziff. 8 des Reichsstrafgesetzbuches und des Art. 101 Abs. 1 und 2 des Polizeistrafgesetzbuches, ferner zum Schutze der gewerblichen Arbeiter auf Grund der §§ 120a mit d, zum Schutz des kaufmännischen Personals auf Grund des § 139g der Gewerbeordnung enthält die als Anlage angefügte allgemeine Anweisung jene Bestimmungen, welche von den zuständigen Behörden als Schutzmaßnahmen anzuordnen sind.

Hiedurch wird nicht ausgeschlossen, daß je nach den besonderen örtlichen Verhältnissen noch weitergehende Anforderungen, insbesondere bei Neuanlagen, gestellt werden können, während anderseits auch einfacheren Verhältnissen Rechnung getragen werden kann.

Die Distriktspolizeibehörden haben nunmehr die bestehenden Warenhäuser und großen Geschäftshäuser einer genauen Revision zu unterstellen und an der Hand der Anweisung nach Einvernahme von Sachverständigen, insbesondere auch des Feuerwehrkommandos und, wo gewerbliches Personal in Frage kommt, der Gewerbeaufsichtsbeamten, die nötigen Anordnungen ungesäumt zu treffen.

Bei Neuanlagen ist genauestens nach Maßgabe gegenwärtiger Entschließung nach Anhörung der vorbezeichneten Sachverständigen zu verfahren.

Zur Erhaltung der Feuer- und Betriebssicherheit in den Warenhäusern und großen Geschäftshäusern ist ferner eine fortgesetzte Überwachung dringend geboten, welche neben den Ortspolizeibehörden, soweit gewerbliches Personal in Betracht kommt, den Gewerbeaufsichtsbeamten obliegt.

Die K. Regierungen, Kammern des Innern, haben für den Vollzug strengstens Sorge zu tragen.

München, den 7. Oktober 1903.

Dr. Frhr. v. Feilitzsch.

Allgemeine Anweisung für die Feuer- und Betriebssicherheit in Warenhäusern und großen Geschäftshäusern.

A. Warenhäuser.

I.

Bestimmungen für die bauliche Anlage.

a) Bei Neuanlagen.

1. Für diejenigen Umfassungen der Warenhäuser, welche nicht durch Brandmauern abgeschlossen sind, ist ein Abstand von anderen Gebäuden zu fordern, welcher die gegenseitige Übertragung eines Brandes möglichst verhindert. Wie weit das in § 47 der Bauordnung bzw. § 53 der Münchener Bauordnung bezeichnete Höchstmaß von 9 m hiefür ausreichend ist, muß der Prüfung in jedem einzelnen Falle überlassen werden; als ein für alle Fälle ausreichendes Maß kann dasselbe nicht erachtet werden. Insbesondere wird der Abstand von anderen Gebäuden bei Einrichtung von Verkaufsräumen in mehreren Obergeschossen entsprechend der zunehmenden Höhe der Verkaufsräume über dem Straßenniveau zu vergrößern sein.

2. Wohnungen, Werkstätten oder andere zum längeren Aufenthalte einer größeren Anzahl von Menschen dienende Räume sind über den Geschäftsräumen nicht zulässig.

3. Der Fußboden des obersten zum Aufenthalte von Menschen dienenden Geschosses darf nur in einer solchen Höhe über dem Straßenniveau sich befinden, daß die Rettung von Personen mittels der vorhandenen Feuerlöschgeräte ermöglicht ist.

4. Das Keller- und Dachgeschoß darf zu Verkaufs- und Ausstellungszwecken nicht benützt werden.

Ob und inwieweit das Dachgeschoß zu anderen geschäftlichen Zwecken Verwendung finden darf, unterliegt besonderer Prüfung und Genehmigung der Behörde.

5. Eiserne Konstruktionsteile (Säulen, Unterzüge, Deckenträger u. dgl.) sind glutsicher einzuhüllen. Eine Umhüllung der an den Außenflächen der Gebäude gelegenen Teile ist nicht erforderlich. Jedoch sind Fenstervorbauten oben feuersicher abzudecken und die Trennung der Geschosse an den Außenflächen und Hoffronten behufs Verhinderung der Übertragung eines Feuers in obere Geschosse durch unverbrennliche starke Gesimse zu betätigen.

6. Alle Decken der Verkaufs- und Ausstellungsräume sind in feuerfester Weise herzustellen. In gleicher Weise ist das Kellergeschoß vom Erdgeschoß zu trennen.

Eine unmittelbare Verbindung des Keller- und Dachgeschosses mit den Innenräumen des Gebäudes ist nur ausnahmsweise zulässig.

7. Auslagefenster sind derart zu konstruieren, daß ihr Sturz 30 cm unter den Deckenabschluß herabreicht und die Umfassungswand auf 1 m Höhe über dem Fenstersturze feuerfest geschlossen wird.

Eine Verminderung dieser Maße ist zulässig, wenn das Auslagefenster gegen den Innenraum feuersicher abgeschlossen wird.

Werden Auslagefenster in das Kellergeschoß hinabgeführt, so sind sie gegen die Kellerräume feuersicher abzuschließen.

8. Auslagekästen, welche als Vorbauten an den Außenflächen angebracht sind, müssen aus unverbrennlichem Materiale hergestellt werden.

9. Der Breite von Ausgängen, Treppenfluren und Treppen ist nach der aus dem Betriebsplan zu entnehmenden Zahl der verkehrenden Personen einschließlich des Betriebspersonals zu bemessen.

Treppen müssen in verschiedenen Richtungen und in solcher Anzahl angebracht werden, daß von jedem Punkte des Gebäudes aus eine solche auf höchstens 25 cm Entfernung erreichbar ist. Dieselben müssen in Treppenhäusern untergebracht werden, in ihrer Anlage den Anforderungen der §§ 38, 39, 40 der Münchener Bauordnung genügen und mit einem der Sicherheit entsprechenden Ausgang ins Freie bzw. auf die Straße versehen sein. Alle Verbindungen dieser Treppenhäuser und ihrer Ausgänge mit den Geschäftsräumen sind feuer- und rauchsicher abzuschließen. Die Treppenhäuser sind mit Vorrichtungen zu versehen, welche eine wirksame Entlüftung sicherstellen und vom Erdgeschosse aus bedient werden können.

10. Innere Treppen zur Verbindung der Verkaufs- und Ausstellungsräume unter sich, welche zum Verkehr des Publikums nötig sind, bedürfen keiner Abschlüsse, werden aber bei der Bemessung der nach Ziff. 9 erforderlichen Treppen nicht in Anrechnung gebracht. Über denselben ist eine Entlüftungsvorrichtung herzustellen, die von einer außerhalb der Verkaufsräume gelegenen gesicherten Stelle des Erdgeschosses aus gehandhabt werden kann.

11. Anderweitige Deckendurchbrüche für Nebentreppen, welche zum Verkehre der Angestellten nötig sind, Aufzüge und dergleichen sind feuersicher abzuschließen.

12. Ausgangstüren müssen nach außen aufschlagend und leicht beweglich eingerichtet werden. Kanten- und Schubriegel sind unzulässig; der Verschluß muß von innen leicht zu öffnen sein. Die Türen, welche von den Geschäftsräumen zu den in Ziff. 9 bezeichneten Treppenhäusern führen, werden als feuersicher betrachtet, wenn sie den Vorschriften in Ziff. 1 und 2 der Entschließung des K. Staatsministeriums des Innern vom 20. Dezember 1902 (MABl. S. 681) genügen.*)

13. Die Fenster in oberen Geschossen müssen, um Unfällen durch Herabfallen größerer Scheiben vorzubeugen, durch Sprossen angemessen geteilt oder besonders gesichert werden. Etwa ein Drittel der Fenster jedes Arbeitsraumes muß zu öffnende Flügel mit einer freien Öffnung von mindestens 0,60 : 1,10 m Größe erhalten.

---

*) Vgl. ME. vom 28. X. 1905 (MABl. S. 515).

14. Größere Lager- und Packräume müssen von den übrigen Geschäftsräumen feuer- und rauchsicher getrennt sein.

Werden solche im Keller untergebracht, so sind sie durch massive Mauern in einzelne Abteilungen zu trennen, deren Grundfläche in der Regel 400 qm nicht überschreiten soll. Öffnungen in diesen Mauern sind feuersicher abzuschließen. Die Treppen dürfen nirgends in unmittelbarer Verbindung mit den übrigen Treppen des Gebäudes stehen und müssen unmittelbar ins Freie ausmünden. Die Zahl dieser Treppen und Ausgänge ist nach Bedarf festzustellen. Für geeignete, tunlichst von außen zu handhabende Entlüftungsvorrichtungen ist Sorge zu tragen, soferne nicht genügend Fenster vorhanden sind.

Werden solche Lager- und Packräume im Dachgeschosse nach Ziff. 4 Abs. 2 genehmigt, so sind auch hier Einzelräume von der Größe, wie im Kellergeschosse vorgeschrieben ist, zu schaffen. Das Holzwerk ist mit einem haltbaren feuersicheren Verputze zu umkleiden. Die Zugänge zu denselben müssen durch die in Ziff. 9 vorgeschriebenen Treppenhäuser erfolgen.

Werden Aufzüge im Gebäudeinnern bis in das Dachgeschoß nach Ziff. 4 Abs. 2 genehmigt, so sind sie innerhalb des letzteren allseitig feuerfest zu umschließen und mit einem allseitig feuerfest umschlossenen Vorraum zu versehen.

15. Die Maschinen- und Heizräume sind durch feuerfeste Wände von den übrigen Kellerräumen zu trennen, etwaige Öffnungen sind feuer- und rauchsicher abzuschließen.

b) Für bestehende Warenhäuser.

16. Vorstehende Bestimmungen gelten auch für bestehende Gebäude. Soweit sich der Erfüllung der Vorschriften in Ziff. 1, 6, 9, 12 und 14 erhebliche Schwierigkeiten entgegenstellen, ist die erforderliche Feuer- und Betriebssicherheit durch anderweitige geeignete Auflagen anzustreben.

An Stelle der Bestimmung in Ziff. 2 tritt folgende Vorschrift: Wohnungen, Werkstätten oder andere zum längeren Aufenthalte einer größeren Anzahl von Menschen dienende Räume dürfen über den Geschäftsräumen nur dann bestehen, wenn die Trennung von solcher Beschaffenheit ist, daß sie die Übertragung eines Brandes verhindert und wenn außerdem für den Fall eines Brandes in den Geschäftsräumen die Möglichkeit eines sicheren Ausganges mittels einer eigenen Treppe aus den darüber befindlichen Wohnungsräumen und dergleichen gewährleistet ist.

II.

Bestimmungen für den Betrieb.

Für Neuanlagen und bestehende Anlagen.

1. Die Einrichtung einer Zentralheizung ist bei Neuanlagen unbedingt zu fordern.

Heizkörper und Heizröhren der Zentralheizungen sind gegen die Berührung durch besonders leicht entzündliche Gegenstände zu schützen.

Eiserne Öfen müssen mit starken, unverrückbar befestigten Ofenschirmen versehen sein.

Die Rauchrohrleitungen von den Öfen zu den Kaminen müssen möglichst kurz geführt sein; gegebenen Falles sind dieselben geeignet zu umhüllen.

Die Heizöffnungen der Öfen sind gegen das Herausfallen von Brennstoffen möglichst zu versichern; die Aufbewahrung von Heizmaterial in der Nähe der Öfen darf nur in geschlossenen feuersicheren Gefäßen erfolgen.

Petroleum- und Spiritus-Kocher und -Öfen sind verboten.

Gasöfen, Gaskocher und dergleichen sind tunlichst zu vermeiden; event. ist bei ihrer Aufstellung, die nur mit distriktspolizeilicher Genehmigung erfolgen darf, mit besonderer Vorsicht zu verfahren.

2. Petroleumbeleuchtung, Spiritusbeleuchtung und ähnliche Beleuchtungsarten dürfen nicht zugelassen werden; die Benützung von schweren Mineralölen zur Beleuchtung der Geschäftsräume mit Ausnahme der Verkaufs- und Ausstellungsräume ist zulässig, falls eine zentrale Gas- oder elektrische Beleuchtungsanlage nicht vorhanden ist. Stehlampen dürfen in den Geschäftsräumen nicht benützt werden; Hängelampen mit Schutzblechen gegen die Decke sind sicher zu befestigen und von brennbaren Gegenständen geeignet entfernt zu halten.

3. Gasbeleuchtung darf nur dann neu eingerichtet werden, wenn eine zentrale elektrische Beleuchtungsanlage nicht vorhanden ist.

Die Gasmesser sind nicht unter Treppen aufzustellen; die Herstellung besonderer, feuersicher umschlossener und mit Tageslicht hinreichend beleuchteter Räume für die Unterbringung der Gasmesser kann gefordert werden. Die Gasleitung muß auch außerhalb des Gebäudes abstellbar sein.

Ausgeschlossen ist sowohl die Verwendung beweglicher Gasarme als auch von Stehlampen.

Die Beleuchtungskörper sind tunlichst über den Verkehrswegen anzuordnen und müssen gegen die Berührung mit brennbaren Gegenständen entsprechend geschützt werden.

4. Elektrische Beleuchtungsanlagen müssen den vom Verbande Deutscher Elektrotechniker aufgestellten Sicherheitsvorschriften entsprechen und in angemessenen Fristen spezieller fachmännischer Prüfung unterstellt werden.

Alle elektrischen Leitungen, welche äußerlichen Beschädigungen ausgesetzt sind, müssen hiegegen in völlig ausreichender Weise geschützt werden.

Elektrische Beleuchtungskörper sind tunlichst über den Verkehrswegen anzuordnen. Sie dürfen sich nicht in der unmittelbaren Nähe leicht brennbarer Stoffe befinden oder von solchen Stoffen umhüllt werden.

Glühlampen, die sich in der Nähe brennbarer Stoffe befinden oder von brennbaren Stoffen berührt werden können, sind durch eine zweite Glocke oder in ähnlich sicherer Weise (Gitter usw.) zu schützen.

Bogenlampen müssen Vorrichtungen erhalten, die das Herabfallen glühender Kohlenteilchen sicher verhüten.

5. Die Beleuchtung der Auslagen und Schaufenster darf nur von außen oder in der Art erfolgen, daß sich zwischen dem Schaufenster und den Beleuchtungskörpern nebst Leitungen starke genau abschließende Glasscheiben befinden.

Glühlampen mit besonderen Schutzglocken (Gittern) und in Röhren sicher verlegten elektrischen Leitungen innerhalb der Schaufenster sind nur dann zulässig, wenn die letzteren feuersicher gegen den Innenraum abgeschlossen sind.

6. Notbeleuchtung ist an allen zum Ausgange dienenden Türen und Ausgängen einzurichten und bei eintretender Dunkelheit in Betrieb zu setzen. Zur Notbeleuchtung sind Kerzen in Laternen, Rüböllampen oder solche elektrische Lampen, welche durch eine besondere Betriebsquelle gespeist werden, zu verwenden. Auf die Notbeleuchtung finden die vorstehenden Sicherheitsvorschriften sinngemäße Anwendung.

7. In allen Verkaufs-, Ausstellungs-, Lager- und Packräumen müssen Gänge von entsprechender Breite bestehen, welche in möglichst gerader Richtung zu den Ausgängen führen und frei von allen Hindernissen gehalten werden müssen. Die Breite und Lage derselben ist in den der baupolizeilichen Genehmigung zugrunde liegenden Plänen einzuzeichnen; für die Bemessung derselben ist die Höchstzahl der zu erwartenden Besucher nebst der Zahl der Angestellten maßgebend.

Treppen, Treppenpodeste, Vestibüle und Korridore sind gleichfalls dauernd von allen Verkehrshindernissen durch Waren u. dgl. freizuhalten. Ausschmückungen an und auf Treppen sollen tunlichst vermieden werden; wo solche nötig sind, müssen sie aus feuersicherem Materiale hergestellt werden.

Die Haupt- und Notausgänge sind als solche mit großer Schrift kenntlich zu machen; die nächsten Wege zu ihnen sind, soweit erforderlich, durch Richtungspfeile an den Wänden zu bezeichnen.

An den zu den Ausgängen führenden Verkehrswegen des Erdgeschosses dürfen besonders leicht entzündliche Gegenstände nicht aufgestellt werden.

Ferner dürfen in der Nähe der Ausgänge behufs Erhaltung der vorgeschriebenen Breite Verkaufstische oder sonstige Gegenstände nicht aufgestellt werden.

Vorhänge dürfen an den zu den Treppen und Ausgängen führenden Türen nicht angebracht werden; zur Verhinderung des Zuges sind Windfänge zulässig. Durch die geöffneten Türflügel darf der Verkehr in den Korridoren, Treppenhäusern usw. nicht behindert werden, namentlich dürfen die Treppenhäuser nicht über die freie Treppenlaufbreite hinaus beschränkt werden.

8. Hinter den durchbrochenen Brüstungen der Galerien muß ein 1 bis 2 m breiter Raum von allen Gegenständen freigehalten werden. Leicht brennbare Gegenstände dürfen an den Brüstungen sowie an Säulen und Treppengeländern nicht derart aufgehängt werden, daß dadurch eine Übertragung des Feuers ermöglicht wird.

9. Die Lagerung brennbarer Gegenstände soll nicht höher als 1,5 m unter den Decken erfolgen; bei höherer Lagerung sind behufs Einschränkung eines Feuers an geeigneten Stellen etwa 1 m hohe Schutzstreifen aus unverbrennbarem Materiale unten den Decken anzubringen.

10. Beleuchtungsgegenstände, Kocheinrichtungen u. dgl. dürfen nur in besonderen hiezu geeigneten Räumen brennend vorgezeigt werden.

11. Rauchen ist in den Verkaufs-, Ausstellungs-, Lager- und Packräumen verboten. Dies ist durch Anschläge in ausreichender Zahl und Größe mit deutlicher Aufschrift kenntlich zu machen.

12. Leicht verbrennliche Abfälle dürfen in den Geschäftsräumen nicht angehäuft werden und hat ihre Beseitigung jeden Tag noch vor Schluß des Geschäftes zu erfolgen.

Die Lagerung von Feuerwerkskörpern und zur Selbstentzündung neigender Stoffe ist in solchen Räumen verboten.

13. Die Feuerlöscheinrichtungen und die besonderen für einen Brandfall dienenden Angriffs- und Rettungswege sind nach näherer Anordnung auszuführen und dauernd betriebsfähig zu erhalten; auf Verlangen ist eine Feuermelde-Vorrichtung herzustellen. Wird die Herstellung einer solchen nicht verlangt, so sind Hinweise betreffs des nächstgelegenen Feuermelders an geeigneten Stellen anzubringen.

14. Bei größeren Anlagen sind auf Verlangen geeignete Alarm-, Regen- und Brausevorrichtungen herzustellen sowie eine gutgeschulte Feuerwache einzurichten, deren Mannschaftszahl sich nach der Größe des Betriebes richtet, die mindestens aber aus zwei Mann bestehen muß. Die Angestellten müssen über das, was sie beim Ertönen der Alarmvorrichtung im Interesse der Sicherheit zu tun haben, durch eine Instruktion genau unterrichtet gehalten werden. Diese Instruktion ist dem Feuerwehr-Kommando auf Verlangen zur Prüfung mitzuteilen.

15. Es ist Vorsorge zu treffen, daß eine Überfüllung der Verkaufs- und Ausstellungsräume nicht stattfindet. Zu diesem Behufe sind veranlaßtenfalls eigene Kommissäre zur Überwachung abzuordnen.

B. Große Geschäftshäuser.

(Große Betriebe, welche bei ausgedehnten Geschäftsräumen, einem zahlreichen Personal und einem lebhaften bedeutenden Verkehr des Publikums nur einzelne bestimmte Artikel führen [Modewaren-, Weißzeug-, Schuhwaren-, Bekleidungsgeschäfte und dergleichen]).

I.

Bestimmung für die bauliche Anlage.

1. Bei Neuanlagen gelten die Vorschriften für Warenhäuser unter A I Ziff. 1, 3, 5, 6 Abs. 1, 7 mit 13, 14 mit der Änderung in Abs. 3 und 4, daß die Unterbringung von Lager- und Packräumen sowie die Einrichtung von Aufzügen ohne besondere Genehmigung zulässig ist, daß aber die dort hiefür getroffenen Bestimmungen bei Anlage von Lager- und Packräumen sowie Aufzügen ebenfalls zu beachten sind, dann unter A I Ziff. 15 und 16 Abs. 2.

An Stelle der Vorschrift für Warenhäuser unter A I Ziff. 4 tritt nachfolgende Bestimmung:

„Das Kellergeschoß darf nur mit besonderer Bewilligung zu Verkaufs- und Ausstellungszwecken benützt werden.

Das Dachgeschoß darf zu Verkaufs- und Ausstellungszwecken nicht benützt werden."

2. Bei bestehenden Gebäuden sind nur jene Anforderungen zu stellen, die sich ohne erhebliche Schwierigkeiten und bedeutenden Aufwand durchführen lassen, insoferne nicht durch den bisherigen Zustand besondere Gefahren für das Personal und Publikum sich ergeben.

II.

Bestimmungen für den Betrieb.

1. Bei Neuanlagen gelten die Vorschriften für Warenhäuser unter A II Ziff. 1 mit 14.

2. Bei bestehenden Betrieben sind zu beachten die Vorschriften für Warenhäuser unter A II Ziff. 1 Abs. 2 mit 5, Ziff. 2, 3 Abs. 2 mit 4, Ziff. 4, 6 mit 14.

An Stelle von Ziff. 5 tritt nachfolgende Bestimmung:

„Die Beleuchtung der Auslagen und Schaufenster soll im allgemeinen nur von außen erfolgen. Beleuchtungskörper innerhalb der Auslagen sind nur dann zulässig, wenn die letzteren feuersicher gegen den Innenraum abgeschlossen sind, oder wenn die Beleuchtungskörper gegen jede Möglichkeit einer Berührung mit den ausgelegten Gegenständen vollständig gesichert sind."

3. Auf Lagerhäuser und dergleichen, in welchen größere Mengen leicht entzündlicher Stoffe gelagert sind und in denen ein zahlreiches Personal beschäftigt ist, haben die vorstehenden Bestimmungen unter B sinngemäße Anwendung zu finden.

4. Verordnung über die Sicherheit bei Lichtspielvorführungen.

Vom 20. April 1926 (GVBl. S. 299).

Gemäß § 368 Nr. 8 des RStrGB. und Art. 2 Ziff. 14 des PStrGB. erläßt das Staatsministerium des Innern nachstehende Verordnung über die Sicherheit bei Lichtspielvorführungen.

I. Allgemeine Bestimmungen.

Geltungsbereich, Verantwortlichkeit, zuständige Polizeibehörde.

§ 1.

1. Die nachstehende Verordnung findet Anwendung
a) auf öffentliche Lichtspielvorführungen,
b) auf nicht öffentliche Lichtspielvorführungen in Räumen, die von ihrem Besitzer gewerbsmäßig oder gegen Entgelt zur Verfügung gestellt werden,
c) auf Lichtspielvorführungen, die unter den Voraussetzungen von a und b von Vereinen veranstaltet werden,
d) auf Lichtspielvorführungen in Schulen und für sonstige Lehrzwecke bei öffentlichen Stellen und Behörden.

2. Die Räume und sonstigen Einrichtungen zur Vorführung von Lichtspielen im Sinne des Abs. 1 müssen den Anforderungen dieser Verordnung entsprechen.

3. Verantwortlich für die Einhaltung der Bestimmungen dieser Verordnung — mit Ausnahme der Betriebsvorschriften für den Vorführer — ist bei Lichtspielvorführungen unter a) und b) der Unternehmer, unter c) der Vereinsvorstand, unter d) der Leiter der Schule oder der Vorstand der öffentlichen Stelle oder Behörde.

4. Ist der Unternehmer nicht unbeschränkt geschäftsfähig oder nicht volljährig oder nicht ortsansässig oder sind mehrere Unternehmer vorhanden oder besitzt ein Unternehmer mehrere Lichtspielunternehmungen, so müssen verantwortliche Vertreter ernannt und der zuständigen Polizeibehörde schriftlich namhaft gemacht werden. Der Vertreter gilt der Polizeibehörde gegenüber als Unternehmer.

5. Während der Vorstellung muß die in Abs. 3 als verantwortlich bezeichnete Person oder ihr Vertreter stets persönlich zugegen oder durch eine geeignete Person vertreten sein.

6. Für die Einhaltung der Betriebsvorschriften für den Vorführer ist der Lichtspielvorführer verantwortlich.

7. Zuständige Polizeibehörde im Sinne dieser Verordnung ist die Bezirkspolizeibehörde, in München der Stadtrat und die Lokalbaukommission im Benehmen mit der Polizeidirektion, in Nürnberg-Fürth die Stadträte im Benehmen mit der Polizeidirektion.

Anmeldung, Abnahme und Überwachung.

§ 2.

1. Mit der Vorführung von Lichtspielen darf unbeschadet der Vorschriften des Art. 32 PStrGB. erst begonnen werden, wenn die

zuständige Polizeibehörde eine Bescheinigung darüber erteilt hat, daß sämtliche Räume und Einrichtungen des Theaters dieser Verordnung entsprechen, daß die Bildwerfer vorschriftsmäßig eingerichtet und aufgestellt sind und daß für ihre sachgemäße Bedienung gesorgt ist. Vor Erteilung der Bescheinigung ist der Versicherungskammer, Abteilung für Brandversicherung, der Feuerwehr und dem Gewerbeaufsichtsbeamten Gelegenheit zur Äußerung zu geben.

2. Den mit der Besichtigung und Überwachung beauftragten Beamten der Polizei, der Versicherungskammer und der Feuerwehr, den zuständigen Gewerbeaufsichtsbeamten und den technischen Aufsichtsbeamten der Berufsgenossenschaft der Feinmechanik und Elektrotechnik ist der Zutritt zu allen Räumen des Lichtspieltheaters jederzeit zu gestatten.

II. Anlage und Einrichtung der Lichtspieltheater.

A. Örtliche Lage.

Allgemeines.

§ 3.

1. Lichtspieltheater dürfen nicht in Gebäuden eingerichtet werden, in denen sich Fabriken, Werkstätten oder Lagerräume für feuergefährliche oder leicht brennbare oder schwer zu löschende Gegenstände oder Stoffe befinden.

2. Auf Grundstücken, auf denen sich Gebäude mit Betrieben oder Lagerräumen der vorbezeichneten Art befinden, dürfen Lichtspieltheater nur angelegt werden, wenn die Flure und Durchfahrten zu dem Lichtspieltheater völlig von denen getrennt sind, die zu den bezeichneten Betrieben oder Lagerräumen führen, und wenn die zuständige Polizeibehörde die sonst getroffenen Sicherheitsmaßnahmen für ausreichend hält.

Theater für mehr als 2000 Personen.

§ 4.

Lichtspieltheater für mehr als 2000 Personen müssen Hauptausgänge nach verschiedenen öffentlichen Straßen haben. Hiervon darf nur dann abgesehen werden, wenn zwischen den Hauptausgängen und der Straße Höfe, Gärten oder Vorplätze von solchen Abmessungen liegen, daß sie die gesamte Personenzahl aufzunehmen vermögen, wobei für drei Personen mindestens je ein m² Grundfläche gerechnet wird.

Theater bis zu 2000 Personen.

§ 5.

1. Lichtspieltheater für eine Besucherzahl bis zu 2000 Personen müssen derart liegen, daß die Haupteingänge und Ausgänge an einer öffentlichen durchgehenden oder wenigstens mit einem Wagenumlenkplatz versehenen und den Verkehrsverhältnissen entsprechenden öffentlichen Straße liegen.

Theater bis zu 200 Personen.

§ 6.

Für Lichtspieltheater mit einer Besucherzahl unter 200 Personen genügt es, wenn die Ausgänge nach einem Hofe von genügenden

Abmessungen führen. Der Hof muß durch eine Durchfahrt oder Zufahrt mit der Straße in Verbindung stehen, die mindestens 3,40 m breit ist.

Besondere Anforderungen.

§ 7.

1. Die Zu- und Durchfahrten und die Flure innerhalb der Theater, die zu ihrer Leerung benutzt werden, dürfen keine Öffnungen in den Decken haben. In den Wänden der Zu- und Durchfahrten dürfen ausnahmsweise Öffnungen zugelassen werden, wenn die Gesamtbreite größer ist als die nach der Besucherzahl mindestens vorgeschriebene.

2. Die Lichtspieltheater dürfen mit den übrigen Räumen des Hauses, insbesondere mit Wohnräumen, Hauseingängen und Treppenräumen nicht verbunden sein und sind einschließlich der Bedürfnisanstalten von den übrigen Räumen des Hauses vollständig zu trennen.

3. Bei günstigen Verhältnissen kann eine Verbindungstüre, welche den in § 21 Abs. IV der Münchener und § 16 Ziff. 4 der allgemeinen Bauordnung angegebenen Anforderungen entspricht, von den Lichtspielräumen zu den übrigen Räumen des Hauses mit Ausnahme von Wohnräumen zugelassen werden, wenn diese Türe in einen Vorplatz führt, als Notausgangstüre für den Bildwerferraum nicht in Betracht kommt und in keiner Weise die Sicherheit der Hausbewohner gefährdet.

4. Bei Theatern für mehr als 600 Besucher kann die Bereitstellung weiterer Kassenräume zur Entlastung der ersten Kasse und geregelten Verteilung bei großem Andrange verlangt werden. Die Forderung von Schranken bleibt für den Einzelfall vorbehalten.

B. Wände und Decken.

Umfassungswände.

§ 8.

Die Umfassungswände der Lichtspieltheater, die Wände aller notwendigen Treppen, Flure, Zu- und Durchfahrten, die Wände von Rauch- und Luftabzügen, sowie von Oberlichtern zwischen Decke und Dach müssen aus Stein oder aus anderen im Feuer gleichwertigen Baustoffen in bauordnungsgemäßer Stärke und Beschaffenheit hergestellt sein. Die Wände von Rauch- und Luftabzügen müssen 30 cm über Dach geführt werden. Tür- und Fensteröffnungen in den Umfassungswänden müssen von Nachbargrenzen, anderen Baulichkeiten auf dem Grundstück und gegenüberliegenden Teilen des eigenen Gebäudes einen Abstand von mindestens 6 m wahren, soweit die Bauordnungen nicht größere Abstände vorschreiben.

Decken.

§ 9.

Für die Decken gelten die Bestimmungen der Bauordnungen. Die Gebäude müssen harte Dachung haben.

C. Flure, Treppen, Höfe, Durchfahrten und Ausgänge.

Allgemeines. § 10.

Flure, Treppen, Höfe, Durchfahrten und Ausgänge müssen derart bemessen und während der Betriebszeit derart beleuchtet werden, daß das Lichtspieltheater leicht, ordnungsmäßig und gefahrlos auf kürzestem Wege geleert werden kann. Einbauten auf den Fluren und Treppen sind verboten. Die nächsten Wege zu den Ausgängen müssen in den Zuschauerräumen, den Gängen und Treppen durch rote und gut beleuchtete Pfeile an den Wänden gekennzeichnet sein. Die Ausgänge müssen als solche in deutlicher, gut lesbarer Schrift bezeichnet sein.

Flure. § 11.

1. Die Flure, die zur Leerung des Lichtspieltheaters dienen, müssen mindestens so breit sein, daß für die ersten 600 Plätze auf je 40 Personen, darüber hinaus auf je weitere 60 Personen mindestens 1 m Flurbreite entfällt. In keinem Falle dürfen sie eine geringere Breite als 2 m haben. Wandtische, Wandsitze, Bordbretter u. dgl. dürfen höchstens 15 cm vorspringen. Die vorschriftsmäßige Breite der Flure darf dadurch oder durch Türflügel und Kleiderablagen nicht eingeschränkt werden. Schaukästen in den Verkehrsräumen sind verboten.

2. Stufen im Zuge von Fluren sind verboten. Treppen von höchstens fünf Stufen können ausnahmsweise bei Lichtspieltheatern bis zu 600 Personen zugelassen werden, wenn sie sowohl durch Stufenbeleuchtung als auch von oben her gut beleuchtet sind und mindestens eine von diesen Beleuchtungen an die Notbeleuchtung angeschlossen ist.

3. Rampen dürfen höchstens ein Gefälle von 1 : 10 haben; das Gefälle darf vor und hinter Treppen erst in einem Abstande gleich der Laufbreite der Treppe beginnen.

Treppen. § 12.

1. Alle zur Leerung des Lichtspieltheaters notwendigen Treppen müssen den §§ 39 der Münchener und 46 der allgemeinen Bauordnung über Haupttreppen entsprechen und auf beiden Seiten aus unverbrennlichen Stoffen oder Hartholz hergestellte Geländer oder Handläufer ohne freie Enden haben.

2. Notwendige Treppen dürfen nicht freitragend sein und nicht mit Kellerräumen in Verbindung stehen. Sie müssen in besonderen Treppenhäusern liegen, die durch Fenster in den Umfassungswänden Licht und Luft unmittelbar von der Straße oder von einem vorschriftsmäßigen Hof erhalten. Treppen, die zur Leerung der Ränge dienen, dürfen nicht unmittelbar in den Zuschauerraum ausmünden, sondern müssen besondere Flure oder Vorräume haben, deren Ausgänge so anzuordnen sind, daß bei gleichzeitiger Leerung des Saalparketts und des Ranges keine Gegenströmungen entstehen.

3. Die Gesamtbreite der Treppen ist so zu bemessen, daß bei Lichtspieltheatern bis zu 600 Personen auf je 60 Besucher, und bei größeren Lichtspieltheatern darüber hinaus auf je weitere 80 Besucher eine Treppenbreite von 1 m entfällt. Die Treppen sollen zwischen den Handläufern gemessen mindestens 1,25 m und höchstens 2,50 m breit sein.

4. Freitreppen müssen vor den Ausgangstüren Absätze von mindestens 1,25 m Breite haben und sind, soweit sie notwendige Treppen sind, nur bis zu einer Höhe von 2 m über dem Gelände zulässig. Wendeltreppen sind nicht zulässig.

5. Die Treppenstufen müssen einen Auftritt von mindestens 30 cm Breite haben und dürfen nicht höher als 16 cm sein. Türen, die zu den Treppen führen, müssen von ihnen einen Abstand von der Breite der Türflügel, mindestens jedoch von 1,25 m haben.

6. Vorschläge unterhalb von Treppen sind verboten.

Ausgänge.

§ 13.

1. Die Gesamtbreite der ins Freie führenden Ausgänge ist wie die der Flure zu berechnen. Türen bis zu 1,50 m Breite sind zulässig, wenn der Hauptflügel 1 m breit ist und der festgestellte Flügel durch einen einzigen Griff von oben nach unten und in Höhe von etwa 1,20 m über dem Fußboden von innen leicht zu öffnen ist.

2. Sind in demselben Theater mehrere Lichtspieltheater oder neben einem Lichtspieltheater noch andere Theater, Versammlungsräume oder andere wirtschaftlich getrennte Räume vorhanden, so dürfen die Besucher nicht auf gemeinsame Flure, Treppen, Aborte und Ausgänge angewiesen sein.

D. Türen und Fenster.

Türen.

§ 14.

1. Die Türen müssen nach außen aufschlagen und dürfen keine über den Boden vorstehende Schwelle haben.

2. Die Verschlüsse der Türen des Zuschauerraums müssen durch einen einzigen Griff in der Richtung von oben nach unten und in Höhe von etwa 1,20 m über dem Fußboden von innen leicht zu öffnen sein. Die geöffneten Türflügel müssen an den Wänden durch selbsttätige Federn festgehalten werden. Kanten- und Schubriegel sind an den Türen verboten.

Fenster.

§ 15.

1. Die Fenster des Zuschauerraumes müssen mindestens einen beweglichen und von innen leicht und mit einem einzigen Griffe zu öffnenden Flügel haben. Gitter dürfen an den Fenstern nur derart angebracht werden, daß sie sich zugleich mit den Fenstern öffnen lassen und das Aufschlagen nicht hindern.

2. Fenster, die nach Lichthöfen hinausgehen, müssen aus einem Eisenrahmen mit Scheiben aus Draht- oder Elektroglas bestehen, die so befestigt sind, daß sie unter Hitzeeinwirkung nicht herausfallen.

E. Zuschauerraum.

Allgemeines. § 16.

1. Der Fußboden des Saalparketts muß an der untersten Sitzreihe in der Höhe des anstoßenden Geländes liegen. Die letzte Reihe im Zuschauerraum muß mindestens 2,30 m Deckenhöhe haben.

2. Bei den Lichtspieltheatern ist in der Regel nur ein Rang zulässig, sofern es sich nicht um Umwandlung von bestehenden Volltheatern in Lichtspieltheater handelt und die für Volltheater gültigen Bauvorschriften eingehalten werden. Die lichte Höhe unterhalb des Ranges muß mindestens 2,30 m betragen. Der Rang darf höchstens 10 Sitzreihen hintereinander angeordnet enthalten. Werden mehr als 10 Sitzreihen angeordnet, so sind für je 10 Sitzreihen völlig getrennte Flurumgänge mit besonderen Treppen vorzusehen.

3. Wand- und Deckenbekleidungen aus Stoff sind unzulässig.

Gänge und Ausgänge. § 17.

1. Gänge und Ausgänge müssen in solcher Zahl vorhanden und so verteilt sein, daß eine ordnungsmäßige und leichte Leerung gewährleistet ist. Für die Berechnung der Gesamtbreite der Gänge und Ausgänge sind die Vorschriften des § 11 maßgebend. Es müssen mindestens zwei Ausgänge vorhanden sein; bei Theatern mit mehr als 600 Besuchern müssen sie auf zwei entgegengesetzten Langseiten liegen.

2. Die Gänge im Zuschauerraume müssen als Hauptgänge mindestens 1,50 m, im übrigen mindestens 1 m breit sein. Die Gänge im Saalparkette dürfen keine Stufen und nur ein Gefälle von höchstens 1 : 10 haben. Treppenstufen im Range müssen einen Auftritt von mindestens 30 cm Breite haben und dürfen nicht höher als 16 cm sein. Jede Stufe muß eine eigene Beleuchtung haben, die an eine von der Hauptbeleuchtung unabhängige Kraftquelle angeschlossen ist.

Feste Sitzplätze. § 18.

Werden in dem Zuschauerraume dauernde Sitzplätze eingerichtet, so müssen, soweit nicht im Einzelfall andere Sitze zugelassen werden, unverrückbare Klappsitze verwendet werden. Ein Sitz muß mindestens 50 cm breit sein. Die Sitzreihen müssen bei Klappsitzen und Bänken mindestens 80 cm, sonst 1 m tief sein. Abgesehen von diesen Mindesttiefen der einzelnen Sitzreihen muß die freie Durchgangsbreite zwischen den einzelnen Sitzreihen mindestens 45 cm betragen. Die vordersten Sitzplätze müssen mindestens 3 m von der Bildwand entfernt sein.

Bewegliche Sitzplätze. § 19.

Wird der Zuschauerraum nur gelegentlich mit Tischen, Stühlen und Bänken versehen, so sind für den Verkehr innerhalb des Raumes die Gänge sinngemäß nach den in § 18 gegebenen Vorschriften vorzusehen und fest abzugrenzen. Werden Stühle oder Bänke reihenweise aufgestellt, so ist ein Reihenabstand von 1 m einzuhalten. Die Stühle oder Bänke in den einzelnen Reihen sind so miteinander zu verbinden, daß sie während des Gebrauchs nicht verschoben werden können.

§ 20.

Stehplätze dürfen nicht vorgesehen werden.

Aushang der Sitzplatzanordnung.

§ 21.

Für jede in Aussicht genommene Benutzung des Lichtspieltheaters ist ein besonderer Plan aufzustellen, aus dem die Lage und Breite der Gänge, die Ausgangstüren, die Anordnung, Zahl und Größe der Sitzplätze, die Gänge, Treppen, Ausgänge und die Notbeleuchtung ersichtlich sind. Die Pläne sind der zuständigen Polizeibehörde vorzulegen und nach deren Zustimmung an einer den Besuchern zugänglichen Stelle und leicht sichtbar im Theater auszuhängen. Die durch die Pläne festgelegte Ordnung darf ohne Genehmigung der zuständigen Polizeibehörde nicht geändert werden.

F. Kleiderablagen und Verkaufsstellen.

Kleiderablagen.

§ 22.

1. Kleiderablagen dürfen nicht an Flureinengungen liegen und müssen so angeordnet und verteilt sein, daß die ordnungsmäßige Leerung des Theaters nicht gestört wird. Sie müssen mit Ausgabetischen versehen sein. Die Tische müssen gegen seitliche Zugänge zum Zuschauerraum und gegen Ausgänge in den Fluren soweit zurückliegen, daß die Flurbreite vor den Tischen diejenige, die nach der Besucherzahl mindestens nötig sind, um wenigstens ein Drittel übertrifft. Eingebaute Pfeiler dürfen dabei auf die Flurbreite nicht angerechnet werden, zwischen ihnen und der Vorderkante der Ausgabetische muß ein mindestens 1,25 m breiter Zwischenraum liegen.

2. Bei Zwang zur Benutzung der Kleiderablage muß die Anzahl der Kleiderhaken der Zahl der Sitzplätze entsprechen. Auf je 20 Kleiderhaken ist mindestens eine Ausgabetischlänge von 1 m vorzusehen.

Verkaufsstellen, Warteräume und Bedürfnisanstalten.

§ 23.

1. Verkaufsstellen für Waren und Getränke sind im Zuschauerraum, in Fluren oder Vorplätzen und in Treppenhäusern verboten; im übrigen dürfen sie nur mit Genehmigung der zuständigen Polizeibehörde eingerichtet werden. Für die Einrichtung gelten sinngemäß die Vorschriften des § 22.

2. Ausreichende Warteräume und Bedürfnisanstalten sind einzurichten. Warteräume dürfen die Ausgänge nicht behindern.

G. Beleuchtung.

Allgemeines. § 24.

1. Die elektrische Beleuchtung des Zuschauerraums oder ein Teil dieser Beleuchtung, durch den insbesondere eine ausreichende Beleuchtung der Gänge gewährleistet wird, muß jedenfalls von einer Stelle aus eingeschaltet werden können, die außerhalb des Bildwerferraumes in nächster Nähe eines Haupteinganges geeignet gelegen und auffallend gekennzeichnet ist. Die Anlage muß so beschaffen sein, daß bei Brand oder sonstiger Störung im Bildwerferraume die Beleuchtungsanlage des Zuschauerraums nicht gefährdet werden kann. Die Gänge und Türen des Zuschauerraums müssen besonders gut beleuchtet sein.

2. Freihängende Beleuchtungskörper müssen sorgfältig, und, wenn sie schwer sind oder hoch hängen, doppelt befestigt sein. Die Zuleitungen elektrischer Lampen dürfen nicht zur Aufhängung benutzt werden. Die Beleuchtungskörper müssen mit ihrer Unterkante mindestens 2 m über Fußbodenhöhe liegen. Glocken- und Kugellampen müssen mit einem Drahtschutznetze versehen sein, soferne Bogenlichtlampen verwendet werden.

Überwachung der Anlage. § 25.

Die Beleuchtungsanlagen sind vor der Ingebrauchnahme und dann alljährlich von einem von der Kreisregierung, Kammer des Innern, anerkannten Sachverständigen zu untersuchen. Das Ergebnis der Untersuchung ist der zuständigen Polizeibehörde vorzulegen.

Elektrische Beleuchtung. § 26.

1. Für elektrische Beleuchtungsanlagen sind die Vorschriften des Verbandes Deutscher Elektrotechniker für die Einrichtung und den Betrieb elektrischer Starkstromanlagen maßgebend. Ein Schaltungsschema, aus dem die Gruppeneinteilung der Beleuchtung des Zuschauerraums hervorgeht, ist in unmittelbare Nähe der Hauptschalttafel deutlich sichtbar auszuhängen.

2. Transformatoren- und Ölschalteranlagen dürfen sich nur in Räumen befinden, die so gelegen sind, daß im Brandfalle oder beim Zerknallen dieser Anlagen jede Gefährdung der Zuschauer ausgeschlossen ist.

Gasbeleuchtung. § 27.

Gasbeleuchtung ist unzulässig.

Mineralöle. § 28.

Mineralöle dürfen zur Beleuchtung nur ausnahmsweise und nur mit Genehmigung der zuständigen Polizeibehörde verwendet werden.

H. Notbeleuchtung.

Allgemeines. § 29.

1. Außer der Hauptbeleuchtung ist eine von ihr völlig unabhängige Notbeleuchtung vorzusehen, die so bemessen sein muß, daß

sich die Besucher auch bei vollständigem Versagen der Hauptbeleuchtung zurechtfinden können. Die Türen des Zuschauerraumes, die Flure, Treppen, Höfe, Durchfahrten und Ausgänge sind besonders gut zu beleuchten und zwar sind unmittelbar ins Freie führende Türen durch rote Lampen zu kennzeichnen. Die Notlampen im Zuschauerraume dürfen während des Betriebes nur soweit abgeblendet werden, daß die Türen noch voll beleuchtet bleiben.

2. Es ist dafür zu sorgen, daß die Notbeleuchtung während der ganzen Dauer der Betriebszeit brennen kann oder bei Relaisschaltung betriebsfähig ist. Betriebszeit ist die Zeit vom Einlasse der Besucher bis zu dem Zeitpunkte, zu dem der letzte Besucher das Theater verlassen hat.

3. Als Notbeleuchtung kann eine von einer besonderen Kraftquelle gespeiste Notbeleuchtung mit Relaisschaltung zugelassen werden, wenn die Einrichtung die nötige Gewähr für Betriebssicherheit bietet.

4. Die Kraftquellen der Notlampen müssen jederzeit auf ihre jeweilige Leistungsfähigkeit nachprüfbar sein. Die Glühlampen müssen mindestens 6 Kerzen Lichtstärke haben.

Theater über 600 Personen.

§ 30.

In Lichtspieltheatern mit über 600 Besuchern darf zur Notbeleuchtung nur elektrisches Licht verwendet werden. Die Notbeleuchtung ist so einzurichten, daß entweder jede Notlampe ihre eigene und unmittelbar mit ihr verbundene Kraftquelle besitzt, oder daß die Notlampen von einer zentralen Kraftquelle gespeist werden, die von der Hauptleitung unabhängig ist. Die Lampen müssen mit der zugehörigen Kraftquelle durch unverzweigte und in Panzer- oder Peschelrohren verlegte Leitungen verbunden sein.

Theater bis zu 600 Personen.

§ 31.

1. Für Lichtspieltheater bis zu 600 Besuchern können zur Notbeleuchtung verwendet werden:

a) elektrische Beleuchtung der in § 30 Satz 2 angegebenen Art,

b) Rüböl, oder Kerzenlampen.

2. Mit Mineralöl oder Spiritus gespeiste Lampen oder Karbidlampen dürfen zur Notbeleuchtung nicht verwendet werden.

J. Heizung.

Sammelheizung.

§ 32.

1. Bei Erwärmung des Lichtspieltheaters durch Sammelheizung müssen die Wände, Decken und Türen des Heizraumes den baupolizeilichen Bestimmungen entsprechen.

2. Offen liegende Dampf- und Wasserheizrohre sind mit Wärmeschutzmitteln zu verkleiden oder durch abnehmbare Drahtnetze, Bleche oder dgl. gegen Berührung zu schützen.

3. Kanäle für die Leitung heißer Luft müssen gemauert und innen und außen verputzt oder betoniert und so angelegt sein, daß sie von Staub leicht gereinigt werden können. Ihre Austrittsöffnungen müssen mindestens 25 cm von leicht brennbaren Stoffen entfernt sein.

4. Heizkörper in Kleiderablagen müssen mit unverbrennbaren Schutzmänteln versehen sein.

Ofenheizung.

§ 33.

1. Öfen müssen mit unverrückbar befestigten und unverbrennbaren Schutzmänteln umgeben sein. Die Rauchrohre der Öfen müssen rauchdicht hergestellt sowie unmittelbar und rauchdicht in vorschriftsmäßige Kamine geführt werden.

2. Gasöfen sind unzulässig.

K. Lüftung.

§ 34.

1. Der Zuschauerraum soll mindestens zwei unmittelbar ins Freie führende Türen oder Fenster haben, die so gelegen sind, daß eine ausreichende Entlüftung möglich ist. Kann auf diese Weise eine genügende Entlüftung nicht erreicht werden, so kann die zuständige Polizeibehörde die Einrichtung einer künstlichen Entlüftungsanlage vorschreiben.

2. Jedes abgeschlossene Treppenhaus muß im oberen Teil eine Entlüftungseinrichtung haben, die eine wirksame Entlüftung ermöglicht und vom Erdgeschosse bedient werden kann. Die jeweilige Stellung der Entlüftungseinrichtung muß im Erdgeschoß erkennbar sein.

L. Feuerlöschvorrichtungen.

§ 35.

Die zuständige Polizeibehörde kann für die Wasserversorgung, die Feuerlösch- und Feuermeldeeinrichtungen und die Stellung einer Feuerwache besondere Anordnungen treffen.

M. Betriebsvorschriften.

Beleuchtung u. a.

§ 36.

Es ist verboten, die Notlampen mit Papier oder anderen Stoffen zu verhüllen. Alle Not- und Richtungslampen müssen solange noch Zuschauer anwesend sind, brennend erhalten werden. Die Hauptbeleuchtung ist bei jeder Pause, bei jeder Betriebsstörung und nach Schluß der Vorführung sofort einzuschalten. Die Person, die nach § 1 Abs. 3 und 4 die Verantwortung trägt, ist verpflichtet, rechtzeitig vor Beginn jeder Vorführung den ordnungsmäßigen Zustand der Notbeleuchtungsanlage zu prüfen, insbesondere darüber zu wachen, daß die Batterie vorschriftsmäßig aufgeladen und angeschlossen und daß der selbsttätige Umschalter in Ordnung ist. Ausschmückungen aus Papier oder anderen leicht entflammbaren Stofsen dürfen im Zuschauerraume nicht angebracht werden. Stoffvorhänge jeder Art an den Ein- und Ausgängen dieses Raumes sind verboten. Die als Eingänge zum Theater bestimmten Türen und Gänge dürfen nur im Falle der Gefahr oder am Schlusse der letzten Vorführung als Ausgänge benützt werden. Während des Betriebs sind die Besucher nach den einzelnen Akten durch die ordentlichen Ausgänge und Notausgänge zu entlassen. Die Betriebsleitung hat durch geeignete Aufsichtspersonen für Durchführung dieser Anordnung zu sorgen. Im Zuschauerraum und in den damit zusammenhängenden Räumen dürfen Bildstreifen nicht verwahrt werden.

Rauchverbot. § 37.

1. Im Zuschauerraume, den Rückzugswegen und solchen Räumen, welche die Sicherheit des Rückzugsweges im Brandfalle beeinträchtigen, ferner im Bildwerfer- und Musikraum ist es verboten, zu rauchen, brennende Zigarren, Zigaretten oder Pfeifen mitzubringen, sowie Zigarren, Zigaretten oder Tabak feilzubieten oder zu verkaufen. An den Eingängen sind Zigarrenablagen in genügender Zahl anzubringen. Das Rauchverbot ist durch besonderen Anschlag kenntlich zu machen.

2. In anderen Räumen des Lichtspieltheaters kann die zuständige Polizeibehörde Ausnahmen zulassen.

3. Die Person, die nach § 1 Abs. 3 und 4 die Verantwortung trägt, hat für die Durchführung dieses Verbots zu sorgen und die Angestellten entsprechend anzuweisen.

Sicherung des Rückzugsweges. § 38.

1. Es ist verboten, in den Gängen des Zuschauerraums Tische, Bänke oder Stühle aufzustellen, ebenso ist das Stehenbleiben der Zuschauer in den Gängen unstatthaft.

2. Die Türen des Zuschauerraums, die Flure, Ausgänge, Treppen, Durchfahrten und Höfe, die zur Leerung des Theaters dienen, müssen während der ganzen Betriebszeit für den Verkehr freigehalten und vorschriftsmäßig beleuchtet werden.

Aushang. § 39.

Anschläge der in den §§ 36, 37, 38 enthaltenen Vorschriften sind in genügender Anzahl, deutlich lesbar und gut beleuchtet im Lichtspieltheater auszuhängen.

III. Bildwerferraum.

A. Bauart und Größe.

Wände und Ausgang. § 40.

1. Der Bildwerferraum muß mit mindestens einen Stein starken Wänden umgeben sein und eine den Anforderungen der Bauordnungen entsprechende Decke haben. Er darf außer den Schau- und Bildöffnungen keine Verbindung mit dem Zuschauerraume ha-

ben. Er muß mit einer Lichtöffnung versehen sein, die unmittelbar ins Freie oder in einen ungeschlossenen Lichtschacht führt. Aus dem Bildwerferraume muß ein Weg unmittelbar ins Freie führen und so gelegen sein, daß die Ausgänge des Zuschauerraums bei einem Brande nicht gefährdet werden. Ist der Rückzugsweg des Vorführers bei der Aufstellung mehrerer Bildwerfer beeinträchtigt, so muß ein weiterer Ausgang angelegt werden.

2. Tür- und Fensteröffnungen im Bildwerferraume haben gegen aufwärts schlagende Flammen ein Schutzdach von mindestens 50 cm Ausladung zu erhalten, das an jeder Stelle oberhalb der Öffnung mindestens noch 30 cm übergreift.

3. Der Rückzugsweg für den Vorführer ist freizuhalten.

Abmessungen.

§ 41.

Bildwerferräume mit einem Bildwerfer müssen bei einer kleinsten Längenabmessung von 2 m eine Grundfläche von mindestens 6 m² und eine lichte Höhe von mindestens 2,80 m haben; bei Aufstellung jedes weiteren Bildwerfers erhöht sich die vorgeschriebene Mindestfläche des Bildwerferraums um je 3 m². Die Deckenhöhe am Standorte des Vorführers darf nicht geringer sein als 2 m. Steht der Bildwerferraum mit einem Nebenraum in Verbindung, der die gleichen Anforderungen erfüllt und insbesondere einen ins Freie führenden Ausgang hat, so kann das Maß von 6 m² für die Grundfläche unterschritten werden, falls die zuständige Polizeibehörde es für zulässig erachtet, keinesfalls jedoch unter 4 m².

Schauöffnungen.

§ 42.

Die Schauöffnungen dürfen höchstens 250 cm² groß sein. Die Bildöffnungen dürfen nicht größer sein, als es der Strahlendurchgang erfordert. Beide Arten von Öffnungen sind mit in Eisenrahmen oder in Zementputz fest verlegten Glasscheiben von mindestens 5 mm Stärke rauchdicht abzuschließen. Außerdem sind die Öffnungen mit einem mindestens 5 mm starken Eisenschieber auszurüsten, der in Führungen sicher und leicht gangbar geführt ist, so daß ein Klemmen oder Herausspringen vermieden wird. Die Schieber müssen sich im Falle eines Brandes (z. B. infolge Durchbrennen eines kurzen Bildstreifens) augenblicklich selbsttätig schließen und außerdem von Hand bedienbar sein.

Fenster.

§ 43.

Die Fenster des Bildwerferraums, sowie der mit ihm in Verbindung stehenden Nebenräume müssen mindestens ein Viertel m² groß mit gewöhnlichem Glas verdeckt und so eingerichtet sein, daß sie sich bei einem Brande durch den dabei entstehenden Überdruck leicht und selbsttätig öffnen. Die Anbringung von Riegeln an den Fenstern ist verboten.

Türen.

§ 44.

Die Türen, die aus dem Bildwerferraum und aus den mit ihm in Verbindung stehenden Nebenräumen führen, dürfen von innen nicht versperrbar sein und müssen nach außen aufschlagen. Sie müssen derart eingerichtet sein, daß sie sich von innen durch Druck und von außen durch Zug leicht öffnen lassen und selbsttätig wieder zufallen.

Treppen.

§ 45.

1. Führt der Ausgang über eine Treppe, so muß sie mindestens 90 cm breit und mit Handleisten versehen sein. Ihr Steigungsverhältnis darf höchstens 1 : 1 sein. Innerhalb des Bildwerferraums darf ein Teil der Treppe bis zu einer größten Höhe von 1,50 m liegen.

2. Leitern sind als einziger Zugang zu dem Bildwerferraume verboten.

B. Beleuchtung.

Elektrische Anlagen.

§ 46.

1. Im Bildwerferraume dürfen nur solche elektrische Anlagen, die für die Beleuchtung, Heizung und Entlüftung des Raumes und für den Bildwerfer und die Umspulvorrichtung nötig sind, sowie ein einpoliger Schalter zur Einschaltung der Hauptbeleuchtung des Zuschauerraums vorhanden sein.

2. Die gesamte elektrische Anlage des Bildwerferraums muß auch von einer außerhalb gelegenen Stelle aus ausgeschaltet werden können.

3. Die Beleuchtung darf nur durch elektrische, unter Luftabschluß brennende Lampen erfolgen, die mit einem Drahtschutzkorb oder mit einer Überglocke zu versehen sind.

Widerstände.

§ 47.

Die elektrischen Widerstände müssen mit einem schrägen oder gewölbten Dache versehen oder so hoch angebracht sein, daß die Ablage von Gegenständen auf ihnen nicht möglich ist. Bewegliche Widerstände dürfen weder unmittelbar unter dem Bildwerfer noch in der Nähe der Umwicklungsvorrichtung aufgestellt sein.

Notbeleuchtung.

§ 48.

Bei ungünstigen Zugangsverhältnissen kann auch für die Rückzugswege des Bildwerferraums der Anschluß an die Notbeleuchtung gefordert werden.

Überwachung.

§ 49.

Für die elektrische Anlage sind die Vorschriften des Verbandes Deutscher Elektrotechniker maßgebend. Die Anlage ist vor der Ingebrauchnahme und sodann alljährlich von einem von der Kreisregierung, Kammer des Innern, anerkannten Sachverständigen zu prüfen. Die über die Prüfung ausgestellten Bescheinigungen sind der zuständigen Polizeibehörde vorzulegen.

C. Heizung und Lüftung.

Heizung. § 50.

1. Für die Heizung sind Öfen nur dann zulässig, wenn ihre Feueröffnungen außerhalb des Bildwerferraumes liegen.

2. Die Öfen oder Heizkörper müssen mindestens 1 m vom Bildwerfer entfernt liegen und auf allen Seiten mit einem Schutzgitter umgeben sein, dessen oberer Teil dachförmig abgeschrägt ist, so daß Gegenstände darauf nicht gelagert werden können.

3. Die Verwendung eiserner Öfen und von Gasöfen ist keinesfalls statthaft.

Lüftung. § 51.

Die zuständige Polizeibehörde kann die Einrichtung einer mechanischen Entlüftungsanlage oder eines Entlüftungsschachtes vorschreiben.

D. Bildstreifenschutz.

Bildstreifenvorrat. § 52.

Im Bildwerferraume darf höchstens der Tagesbedarf an Bildstreifen aufbewahrt werden. Die Bildstreifenrollen müssen mit Ausnahme je einer, die sich auf dem Bildwerfer und der Umspulvorrichtung befinden dürfen, in einem besonderen Behälter untergebracht sein, der in einer möglichst großen Entfernung vom Bildwerfer und in mindestens 1 m Höhe über dem Fußboden anzubringen ist.

Bildstreifenbehälter. § 53.

Der Bildstreifenbehälter soll grundsätzlich aus Hartholz hergestellt sein. Er ist durch senkrechte Wände in Fächer einzuteilen, die je eine Bildstreifenrolle aufnehmen. Jedes Fach ist für sich durch einen in senkrechter Richtung beweglichen Schieber abzuschließen, der in Nuten läuft, durch sein eigenes Gewicht herunterfällt, dicht schließt und nicht herausnehmbar ist.

Bildstreifenrollen. § 54.[1])

1. Die Bildstreifenspulen müssen in Trommeln eingeschlossen und so beschaffen sein, daß bei einem Brande des außerhalb der Trommeln befindlichen Bildstreifenteils der Trommelinhalt gegen Entflammung möglichst geschützt wird. Erforderlich ist hierzu fer-

---

[1]) M. V. vom 31. Oktober 1929 Nr. 3743 a b 36 über die Sicherheit bei Lichtspielvorführungen. (StAnz. Nr. 255).

Nach § 54 Abs. I der VO. vom 20. April 1926 über die Sicherheit bei Lichtspielvorführungen (GVBl. S. 299) müssen die Seitenwände der für die Aufnahme der Bildstreifenspulen bestimmten Trommeln mit Öffnungen versehen sein, die zur Verhütung des Durchschlagens von Flammen mit engmaschigem Drahtgewebe zu verschließen sind. Als engmaschiges Drahtgewebe sind Drahtgeflechte anzusehen, die 49 bis 64 Maschen auf 1 qcm haben.

ner, daß der Bildstreifen durch einen möglichst engen und genügend langen von Metallteilen begrenzten Spalt ein- und austritt, der bei der Vorführung selbsttätig geschlossen gehalten wird. Die Seitenwände der Trommeln müssen mit Öffnungen versehen sein, die zur Verhütung des Durchschlagens von Flammen mit engmaschigem Drahtgewebe zu verschließen sind.

2. Die Trommeln müssen so eingerichtet sein, daß eine Vorführung bei geöffneter Trommel wirksam verhindert wird.

Klebstoff.

§ 55.

Im Bildwerferraume darf leicht entflammbarer Klebstoff höchstens in einer Menge von 30 g vorhanden sein. Der Klebstoff ist in dichtschließenden Gefäßen in möglichster Entfernung vom Bildwerfer aufzubewahren.

Umwickel-Vorrichtung.

§ 56.

Die Umwickel-Vorrichtung muß mindestens 1,50 m vom Bildwerfer entfernt sein, jedoch so, daß der Vorführer bei ihrer Bedienung den Bildwerfer stets im Auge behalten kann.

E. Sonstige Einrichtungen.

Bildwerfertisch.

§ 57.

Der Tisch des Bildwerfers muß aus unverbrennbarem Stoffe hergestellt sein und an geeigneter Stelle einen Metallbehälter zum Ablegen gebrauchter Kohlenstücke haben, dessen Boden mit Sand bedeckt sein muß.

Feuerlöschgerät.

§ 58.

Im Bildwerferraume soll Wasserleitung vorhanden sein. Neben dem Bildwerfer muß ein ausreichend großer, mit Wasser gefüllter Eimer und eine schwer entflammbare Decke (Feuerschutzdecke) oder ein nasser Scheuerlappen bereit gehalten werden.

Sonstige Geräte.

§ 59.

Im Bildwerferraume dürfen im übrigen nur die für den Betrieb unbedingt erforderlichen Geräte und Einrichtungsgegenstände vorhanden sein, die sämtlich aus schwer entflammbaren Stoffen hergestellt sein müssen.

Sitzgelegenheit.

§ 60.

Für den Vorführer muß im Bildwerferraum oder in dessen Nähe eine Sitzgelegenheit, eine Kleiderablage und eine Waschgelegenheit bereit gestellt werden.

Den im Lichtspieltheater beschäftigten Personen ist eine besondere Abortanlage, die möglichst in der Nähe des Bildwerferraums liegen soll, zur Verfügung zu stellen.

F. Betriebsvorschriften für den Vorführer.

Zulassung.

§ 61.

Die mit der selbständigen Bedienung des Bildwerfers beauftragte Person muß im Besitz eines von einer deutschen Vorführer-

Prüfstelle ausgestellten Vorführerzeugnisses sein (VO. vom 14. April 1924, GVBl. S. 142 und Min.-Bek. vom gleichen Tage, MABl. S. 62), das den in § 2 genannten Personen auf Verlangen jederzeit vorzulegen ist.

Standort. § 62.

1. Der Vorführer muß den Bildwerfer, solange er im Betrieb ist, ständig beaufsichtigen und darf bei vorübergehendem Verlassen des Bildwerferraumes die Bedienung nur einer berufenen Person überlassen.

2. Sind gleichzeitig mehrere Bildwerfer in Betrieb, die zur ununterbrochenen Vorführung von Bildstreifen dienen, so muß jeder Bildwerfer durch einen besonderen Vorführer bedient werden, sofern nicht die Bauart der Bildwerfer die Bedienung durch einen Vorführer ohne Gefahr gestattet.

Verantwortung. § 63.

Der Vorführer hat dafür zu sorgen, daß die Bestimmungen für die Aufbewahrung der Bildstreifen und für die Einrichtung der Bildwerferräume unter III D und E dieser Verordnung beachtet werden und daß die Ausgänge des Vorführungsraumes und seiner etwaigen Nebenräume stets freigehalten werden.

Verbote. § 64.

1. Verboten ist:
   a) das Niederlegen von Bildstreifen in der Nähe der Lampe des Bildwerfers,
   b) die Unterbringung von Kleidungsstücken im Bildwerferraume, soweit sie nicht in Schränken erfolgt, die aus unverbrennbaren Stoffen hergestellt sind,
   c) das Rauchen und Dulden des Rauchens im Bildwerferraum und in den mit ihm in Verbindung stehenden Nebenräumen, sowie das Betreten dieser Räume mit offenem Lichte, brennenden Zigarren, Zigaretten oder Pfeifen und das Anzünden von Streichhölzern,
   d) das Betreten des Bildwerfer- Umwickel- oder Aufbewahrungsraumes durch Unbefugte und das Dulden derartiger Besuche,
   e) das übermäßig schnelle Vorführen der Bildstreifen.

2. Das Rauchverbot ist durch besonderen Anschlag kenntlich zu machen.

Aushang. § 65.

Ein Abdruck der vorstehenden Bestimmungen (§§ 61—64) und der Vorschriften unter III D und E dieser Verordnung ist an den Eingangstüren des Bildwerferraums und mit ihm in Verbindung stehenden Nebenräume deutlich lesbar und gut beleuchtet auszuhängen.

IV. Vorschriften für den Bildwerfer.

Lampengehäuse.

§ 66.

1. Das Lampengehäuse der Bildwerfer muß doppelwandig, mit einem schrägen Dach versehen und innen mit Asbest oder einem sonstigen Wärmeschutzmittel ausgekleidet, sowie so eingerichtet sein, daß glühende Teilchen nicht aus dem Gehäuse herausfallen können. Zwischen dem äußeren und inneren Mantel muß ein Abstand von mindestens 2,5 cm vorhanden sein. Der äußere Mantel ist mit Luftöffnungen zu versehen, die eine genügende Kühlung gewährleisten.

2. Das Lampengehäuse muß so lang sein, daß der Abschluß der Rückwand mindestens 20 cm von der hintersten Stellung der Lichtquelle entfernt bleibt. Die Rückwand muß innen mit unverbrennlichen Stoffen bekleidet sein.

3. Der Boden des Gehäuses muß an der offenen Seite über die Wände hinausragen und an den Kanten mindestens 2 cm nach oben umgebogen sein, so daß glühende Teile nicht nach unten fallen können.

4. Die durch die Lichtquelle etwa entstehenden Verbrennungsgase sind soweit notwendig aus dem Lampengehäuse unmittelbar ins Freie oder in einen Abzugsschacht oder Kamin abzuführen.

5. Die Bestimmungen in Abs. 2 und 3 finden nur dann Anwendung, wenn Kondensor-Bogenlampen oder solche Spiegellampen verwendet werden, bei denen die Rückwand des Lampenhauses nicht durch die Spiegelfassung gebildet wird.

Schutz des Betriebsbildstreifens.

§ 67.

1. Der Bildstreifen ist von einer vorschriftsmäßigen Rolle abzurollen. Er muß sich dabei mit gleichbleibender Geschwindigkeit und zwangläufig auf eine gleiche Rolle aufwickeln. Der zwischen beiden Rollen befindliche Bildstreifen soll möglichst kurz sein und muß, soweit er sich im Wirkungsbereiche der Wärme- und Lichtstrahlen befindet, wirksam gegen Entzündung geschützt werden. Hohe Wärmegrade im Bildfenster sind hierbei besonders zu berücksichtigen. Beim Reißen oder fehlerhaften Laufen dürfen Teile des Bildstreifens mit dem Lampengehäuse nicht in Berührung kommen.

2. Das Fenster des Bildwerfers muß eine von Hand bedienbare Abblendung und eine Schutzvorrichtung besitzen, die einen selbsttätigen Abschluß bewirkt, sobald die Laufgeschwindigkeit des Bildstreifens so gering wird, daß seine Entzündung im oder am Bildfenster möglich ist. Es muß ferner so beschaffen sein, daß die Übertragung eines Brandes auf die übrigen Bildstreifenteile nach Möglichkeit verhindert wird.

Lichtquelle.

§ 68.

1. Als Lichtquelle für den Bildwerfer ist grundsätzlich elektrisches Licht zu verwenden.

2. Abweichend von der Vorschrift in Ziffer 1 kann die zuständige Polizeibehörde in besonderen Fällen die Verwendung von

Kalklicht oder von ähnlichen Lichtquellen zulassen, wenn die nachstehenden Bestimmungen beachtet werden:

a) Brenner, bei denen sich das Gasgemenge nicht erst im Augenblicke des Austritts aus dem Brenner bildet, dürfen nur ausnahmsweise und nur dann zugelassen werden, wenn vor der Austrittsöffnung eine Schutzvorrichtung vorhanden ist, die ein Zurückschlagen der Flamme in den Brenner verhütet. Außerdem müssen Vorkehrungen getroffen sein, die ein Rückströmen der Gase von der einen zu der anderen Gasquelle wirksam verhindern.

b) Falls Brennerschläuche verwendet werden, müssen sie gegen Abrutschen von den Stutzen gesichert werden. Die Flamme darf nicht mit offenem Licht entzündet werden. Zweckmäßigerweise sind dazu Cereisenapparate zu verwenden.

c) Es dürfen nur solche Gasflaschen verwendet werden, deren Ventile den Normen des Normenausschusses der Deutschen Industrie (Dinorm, Blatt 477) entsprechen. Die Leitungen und Anschlüsse für Sauerstoff müssen außerdem durch blauen Anstrich besonders kenntlich gemacht werden. An den Armaturen und Druckminderungsventilen für Sauerstoff und andere oxydierende Gase dürfen öl- und fetthaltige Dichtungsstoffe nicht verwendet werden. Verbrennliche Dichtungsstoffe sind zu vermeiden.

d) Gasflaschen müssen so aufgestellt werden, daß beim Zerknall einer Flasche jede Gefährdung der Zuschauer ausgeschlossen ist. Im Zuschauerraume dürfen Gasflaschen nicht aufgestellt werden. Bei Aufstellung im Bildwerferraume können für besondere Systeme Ausnahmen zugestanden werden.

e) Die Vorratsgasflaschen sind im Freien oder in einem feuersicher abgeschlossenen und gut gelüfteten Raume zu lagern. Bei der Lagerung im Freien müssen die Gasflaschen gegen die unmittelbare Einwirkung der Sonnenstrahlen geschützt werden und zwar, wenn sie auf Verkehrsplätzen lagern, durch hölzerne Kasten oder ein Segeltuchzelt. In jedem Falle sind die Gasflaschen gegen Umfallen gesichert zu lagern. Beim Transport ist dafür zu sorgen, daß sie nicht geworfen oder gestoßen werden.

V. Ausnahmen und Übergangsbestimmungen.

A. Ausnahmen für Lichtspieltheater.

Zulassung von Vorräumen beim Bildwerferraum.

§ 69.

Die zuständige Polizeibehörde kann bei günstigen allgemeinen Ausgangsverhältnissen zulassen, daß der Ausgang aus dem Bildwerferraume durch einen Vorraum erfolgt, wenn sich ein unmittelbarer Ausgang ins Freie nicht herstellen läßt. Der Ausgang aus dem Vorraume darf aber auf keinen Fall in den Zuschauerraum oder in einen Raum führen, der zur Leerung des Zuschauerraums benutzt wird. Der Vorraum darf ferner nicht zur Lagerung irgendwelcher Gegenstände, insbesondere von Bildstreifen, verwendet werden.

Zulassung weiterer Ausnahmen.

§ 70.

Die Kreisregierungen, Kammern des Innern, können weitere Ausnahmen oder Milderungen von einzelnen Bestimmungen dieser Verordnung im Einzelfalle je nach den örtlichen Verhältnissen nach Anhörung der zuständigen Polizeibehörde, der Versicherungskammer, Abteilung für Brandversicherung, der Feuerwehr und des Gewerbeaufsichtsbeamten zulassen. Dies kann insbesondere geschehen, wenn ausschließlich schwer entflammbare Bildstreifen verwendet werden, d. h. solche, die nach Entzündung der Gefahrquelle weder weiterbrennen, noch entflammbare oder verbrennliche Zersetzungsgase nachentwickeln.

B. Ausnahmen für Wander- und nichtgewerbsmäßige Vereinslichtspiele.

Bildwerferprüfung.

§ 71.

1. In Orten oder in Fällen, in denen den vorstehenden Bestimmungen entsprechende Bildwerferräume zu solchen Zwecken nicht vorhanden sind und die Einrichtung solcher Räume wegen des nur unregelmäßig auftretenden Bedürfnisses zu unbilligen Härten führen würde, kann die zuständige Polizeibehörde die in § 73 aufgeführten weiteren Ausnahmen zulassen, soferne geprüfte Bildwerfer verwendet werden.

2. Ein eine Ausnahme rechtfertigender Wanderlichtspielbetrieb liegt nicht vor, wenn ein Unternehmer ein bestimmtes Gebiet planmäßig bereist und die gleichen Säle in regelmäßigen Zeitabständen zur Vorführung von Lichtspielen benützt.

Prüfstellen für Bildwerfer.

§ 72.

1. Für die Prüfung von Bildwerfern sowie für sicherheitstechnische Einrichtungen des Bildwerferraumes wird das Staatsministerium des Innern nach Bedarf eine Prüfstelle errichten.

2. Die Prüfung erfolgt nach beigefügten Richtlinien.

3. Die von einer Prüfstelle ausgestellten Prüfungsbescheinigungen haben für das ganze Reichsgebiet Gültigkeit.

Ausnahmen.

§ 73.

1. Bei Verwendung eines Bildwerfers der Klasse A der beigefügten Richtlinien kann auf den Bildwerferraum verzichtet werden, wenn der Bildwerfer im Freien aufgestellt wird und die Lichtstrahlen durch ein Fenster oder eine Tür, die als Rückzugsweg nicht in Frage kommt, auf die Bildwand im Zuschauerraume geworfen werden.

2. Bei Verwendung eines Bildwerfers der Klasse B kann ferner auf die Durchführung der unter III A, B, D und in §§ 66 Abs. 4 gegebenen Bestimmungen verzichtet werden, soweit sie durch das Fehlen des Bildwerferraums ihre Erledigung gefunden haben.

3. Bei Verwendung eines Bildwerfers der Klasse C können ebenfalls die in vorstehendem Abs. 2 angeführten Erleichterungen gewährt werden. Beträgt die Zahl der zugelassenen Zuschauer nicht mehr als 50, so kommen nur die Vorschriften im Abschnitt I und im Abschnitt III F dieser Verordnung in Anwendung, falls nach dem Urteile der zuständigen Polizeibehörde unter Berücksichtigung der örtlichen Verhältnisse ein Anlaß zu weiteren Sicherheitsmaßnahmen nicht besteht.

4. Die Gewährung der Erleichterungen ist davon abhängig zu machen, daß für die Aufstellung des Bildwerfers der jeweils günstigste Platz z. B. im Nebenraum oder auf einer Galerie gewählt wird, der möglichst außer Sicht und Nähe der Zuschauer sowie derartig liegen soll, daß die Rückzugswege weder beengt noch gefährdet werden. Außerdem müssen die Bildstreifenbehälter stets vorschriftsmäßig beschaffen und außerhalb des Zuschauerraumes aufgestellt sein. Sie dürfen sich niemals im Bereiche der Rückzugswege befinden. Die Bildstreifen dürfen im Zuschauerraum nicht umgerollt und nicht aus den Trommeln herausgenommen werden.

5. Andere Lichtquellen als elektrisches Licht dürfen nur ganz ausnahmsweise zugelassen werden, falls nach Lage des Falles Bedenken irgendwelcher Art nicht bestehen.

6. Bildwerfer der Klassen B und C dürfen mit einer Stillstandsvorrichtung nur versehen sein, wenn dies in der Zulassungsbescheinigung der Prüfstelle vorgesehen ist.

7. Ausgänge und Treppen brauchen nur eine Breite von 1 m für 90 Besucher aufzuweisen.

Abnahme geprüfter Bildwerfer. § 74.

Die Bildwerfereinrichtung ist durch die zuständige Polizeibehörde abzunehmen. Hierbei ist die Zulassungsbescheinigung für die betreffende Bildwerferklasse, das Vorhandensein aller Bildwerferteile und die vorschriftsmäßige Zusammensetzung des Bildwerfers gemäß Stückliste zu prüfen.

C. Ausnahme für Schullichtspiele usw.

Allgemeines. § 75.

Bei Lichtspielvorführungen in Schulen oder für sonstige Lehrzwecke bei öffentlichen Stellen und Behörden kann die zuständige Polizeibehörde Ausnahmen von den Bestimmungen dieser Verordnung zulassen, insbesondere genehmigen, daß ausnahmsweise von der Unterbringung des Bildwerfers in einem besonderen Raum abgesehen wird, wenn lediglich geprüfte Bildwerfer Verwendung finden und eine ordnungsmäßige Abnahme der Bildwerfereinrichtung und der für die Vorführung in Aussicht genommenen Räumlichkeiten sichergestellt ist.

Vorführer.

§ 76.

1. Für den Vorführer gilt § 1 Abs. II der Ministerialbekanntmachung vom 14. April 1924 (MABl. S. 62).

2. Schüler dürfen zur selbständigen Bedienung des Bildwerfers nur bei Vorführungen im Unterricht und nur dann zugelassen werden, wenn sie das sechzehnte Lebensjahr vollendet haben und der zuständige Lehrer die Verantwortung übernimmt.

Genehmigung.

§ 77.

Ausnahmen gemäß § 75 dürfen nur unter folgenden Voraussetzungen genehmigt werden:

a) Die Vorführungs- und Aufbewahrungstrommeln dürfen nur außerhalb des Zuschauerraums gefüllt und geleert werden und müssen vorschriftsmäßig beschaffen sein. Nicht benutzte Bildstreifen müssen in vorschriftsmäßigen Behältern außerhalb des Zuschauerraums aufbewahrt werden. Im Zuschauerraum darf nur der auf dem Bildwerfer befindliche Bildstreifen vorhanden sein.

b) Wenn der Bildwerfer im Zuschauerraum aufgestellt wird, dürfen sich im Umkreise von mindestens 2 m um ihn keine Zuschauer befinden. Keinesfalls darf der Bildwerfer in der Nähe der Rückzugswege aufgestellt werden.

c) Neben dem Bildwerfer muß ein mit Wasser gefüllter Eimer und ein nasser Scheuerlappen oder eine schwerentflammbare Decke (Feuerschutzdecke) bereit gehalten werden.

d) Das Rauchen oder das Hantieren mit offenen Flammen in der Nähe des Apparates ist verboten.

e) Der Zuschauerraum muß derartig mit Ausgängen versehen sein, daß die anwesenden Zuschauer ihn schnell und ordnungsmäßig verlassen können. Größere Räume wie Aulen, Zeichensäle, Laboratorien müssen mindestens zwei Ausgänge besitzen, die möglichst an gegenüberliegenden Seiten liegen sollen.

f) Es dürfen nur die gewöhnlich vorhandenen Sitzgelegenheiten benützt werden. Das Stehen auf den Gängen und an den Ausgängen ist unter allen Umständen verboten.

g) Die Schüler sind darüber zu belehren, daß sie im Fall eines Brandes den Raum ruhig und geordnet zu verlassen haben.

D. Übergangs- und Strafbestimmungen.

§ 78.

1. Vorstehende Verordnung tritt sofort in Kraft.

2. Für bereits bestehende Lichtspielunternehmungen gelten die Bestimmungen des Abschnitts II mit Ausnahme derjenigen unter M nur insoweit, als aus überwiegenden Gründen der öffentlichen

Sicherheit ihre Durchführung unbedingt erforderlich ist. Die zuständige Polizeibehörde hat festzustellen, welche Änderungen im Einzelfalle vorzunehmen sind, und eine Frist hierfür zu bestimmen. Im Beschwerdefall entscheidet die Kreisregierung, Kammer des Innern, endgültig.

3. Die Bildwerferräume bestehender Lichtspieltheater müssen bis zum 1. April 1927 den Bestimmungen des Abschnitts III dieser Verordnung angepaßt werden. Die Vorschriften der §§ 58, 59 und des Abschnitts III F treten jedoch in jedem Falle gleichzeitig mit dieser Verordnung in Kraft.

4. Bis zum gleichen Zeitpunkte (1. April 1927) müssen die Vorschriften des Abschnitts IV erfüllt sein.

§ 79.

Zuwiderhandlungen gegen die Vorschriften dieser Verordnung werden mit Geldstrafe bis zu 60 RM oder mit Haft bis zu vierzehn Tagen bestraft.

Richtlinien für die Typenprüfung der Bildwerfer.

1. Die Typen werden in feuersicherheitlicher Hinsicht geprüft. Es sind darnach drei Klassen zu unterscheiden:

Klasse A:

Bildwerfer, bei denen der im Bildfenster stillgesetzte Bildstreifen vor Ablauf der ersten Minute entflammt wird.

Klasse B:

Bildwerfer, bei denen der im Bildfenster stillgesetzte Bildstreifen nach Ablauf der ersten Minute, aber vor Ablauf der ersten 60 Minuten entflammt wird.

Klasse C:

Bildwerfer, bei denen der im Bildwerfer stillgesetzte Bildstreifen innerhalb 60 Minuten nicht entflammt wird.

2. Für die Prüfung sind noch folgende Bestimmungen zu beachten:

a) Die Feuerschutztrommeln müssen auswechselbar sein.

b) Das Lampengehäuse muß derart gekühlt sein, daß ein darauf gelegtes größeres Bildstreifenstück bei normalem Betriebe des Bildwerfers innerhalb 10 Minuten nicht entflammt wird.

c) Die Widerstände müssen ein den Bestimmungen des § 47 entsprechendes Gehäuse haben und derart zum Bildwerfer stehen, daß der fehlerhaft laufende Bildstreifen nicht mit ihnen in Berührung kommen kann. Sie dürfen nicht mittels Kurbeln oder dgl. eine Einschaltung zulassen, die ungünstiger ist als diejenige, die bei der Ermittelung der Entflammbarkeit als ungünstigste angenommen worden ist.

d) Vorrichtungen zum Stillsetzen des Bildstreifenschaltwerkes sind zugelassen:
bei solchen Bildwerfern der Klasse B, bei denen eine Entflammung nicht vor Ablauf der ersten 10 Minuten eintritt und die Stillegung nur dadurch möglich ist, daß der Vortragende oder Vorführer einen Stillstandshebel oder Kontakt betätigt und bei allen Bildwerfern der Klasse C.

e) Die Entflammungszeiten sind mit schwarzen, nicht viragiertem Titelstreifen zu ermitteln und zwar, wenn sich der Bildwerfer im Dauerzustande befindet, d. h. unter den im Betriebe gebräuchlichen Verhältnissen mindestens bereits 10 Minuten gebrannt hat. Lichtquelle, Kondensor und Bildfenster müssen bei der Prüfung die nach den Konstruktionsverhältnissen mögliche ungünstige Stellung zueinander einnehmen. Feuerschutzmittel wie Kuvetten, Glasplatten u. dgl., die beim normalen Betriebe vorhanden sind und ohne vorschriftswidrigen, erheblichen Eingriff nicht wirkungslos gemacht werden können, dürfen bei der Prüfung eingeschaltet werden. Feuerschutzmittel, die durch einfache Fahrlässigkeit oder Herumlegen eines Hebels oder auf ähnliche Weise außer Wirksamkeit gesetzt werden können, dürfen bei der Prüfung nicht verwendet werden.

Die Prüfung hat sich auf Antrag auch auf die Verwendung einer zugelassenen Ersatzbeleuchtung zu erstrecken.

3. Dem Prüfungsantrag muß eine Stückliste beigefügt werden, in der alle zugehörigen Teile aufgeführt sind. Alle Gegenstände, z. B. die Widerstände, die Teile für eine Ersatzbeleuchtung usw. müssen mit Nummern versehen sein, die mit denen der Stückliste übereinstimmen.

4. Die Prüfungsbescheinigung muß nachstehende Angaben erhalten:

a) Mit welchen Lichtquellen die Prüfung erfolgt ist.

b) Die Klassenzuteilung für die verschiedenen Lichtquellen.

c) Die Stückliste der Zubehörteile und der Nummer, die sie tragen. Die Zubehörteile der Ersatzbeleuchtung sind besonders kenntlich zu machen.

d) Den Vermerk, ob der Bildwerfer mit Stillstandsvorrichtung zugelassen wird.

e) Den Vermerk, daß der Bildwerfer den Forderungen der Verordnung und der Richtlinien für die Prüfung entspricht.

München, den 20. April 1926.

Stützel.

5. Bek. des Staatsmin. des Innern vom 20. April 1926 Nr. 3743 a b 16 über die Prüfung von Bildwerfern. (StAnz. 102).

Auf Grund § 72 der Verordnung vom 20. April 1926 über die Sicherheit bei Lichtspielvorführungen (GVBl. 1926 S. 299) wird die Versicherungskammer, Abt. für Brandversicherung, München, als Prüfstelle für die Prüfung von Bildwerfern sowie für sicherheitstechnische Einrichtungen des Bildwerferraumes bestellt.

Die Versicherungskammer zieht ihrerseits zu den anfallenden Arbeiten zu:

a) je einen Vertreter der Polizeidirektion und der Lokalbaukommission München,

b) die Branddirektion München,

c) einen Vertreter der Deutschen kinotechnischen Gesellschaft.

Für die Prüfungen gelten die der eingangs erwähnten Verordnung beigefügten Richtlinien.

6. Bek. des Staatsmin. des Inn. vom 3. August 1928 Nr. 3743 a b 18 über die Prüfung von Bildwerfern. (StAnz. 179).

Auf Grund des § 72 der Verordnung vom 20. April 1926 über die Sicherheit bei Lichtspielvorführungen (GVBl. S. 299) wird in Ergänzung der Bekanntmachung vom gleichen Tage Nr. 3743a/b 16 (StAnz. Nr. 102) bestimmt, daß die Versicherungskammer, Abteilung für Brandversicherung, als Prüfstelle für die Prüfung von Bildwerfern sowie für sicherheitstechnische Einrichtungen des Bildwerferraumes zu den anfallenden Arbeiten auch einen Vertreter des Bayer. Revisionsvereins oder des Pfälz. Revisionsvereins beiziehen kann.

7. ME. v. 26. Febr. 1926 Nr. 3734 a 2 über Neu- und Umbauten von Theatern und Saaltheatern.

(MABl. S. 32).

An die Baupolizeibehörden.

Nach den Erfahrungen, die gelegentlich der von der Bayerischen Landesbühne oder dem Pfälzischen Landestheater außerhalb der Landeshauptstadt veranstalteten Theatervorstellungen gemacht worden sind, hat es sich vielfach erwiesen, daß Theater und Saaltheater-Neu- und Umbauten nicht den praktischen Zwecken entsprechend eingerichtet sind. Es zeigte sich, daß oft bei großen Unkosten bauliche Einrichtungen getroffen wurden, die durchaus den praktischen Erfahrungen widersprechen.

Es kann keinem Zweifel unterliegen, daß ungeeignete Bühnenräume auch den künstlerischen Wert einer Vorstellung beeinträchtigen. Diese Erkenntnis hat daher auch schon mehrfach Unternehmer von Neu- und Umbauten von Theatern und Saaltheatern veranlaßt, kostspielige Umbauten vorzunehmen, die aber, weil die Erfahrung über die Art der Einrichtung einfacherer Bühnen fehlt, nicht den gewünschten Zweck erreichen konnten.

Um diese Unzulänglichkeiten zu beseitigen und um gleichzeitig auch ihre eigenen, vom Gesichtspunkte der Kunsterziehung und Kunstförderung aus beachtenswerten Zwecke zu fördern, da sie in der Regel selbst auf solchen Bühnen zu spielen haben, haben sich daher die Bayerische Landesbühne, gemeinnützige Städtebund GmbH. in München, Prinzregententheater, für das rechtsrheinische Bayern und der das Pfälzische Landestheater betreibende Pfälzische Verband für freie Volksbildung mit dem Sitze in Neustadt a. H., Rathaus, für die Pfalz bereit erklärt, ihren Rat bei Neu- und Umbauten von Theatern und Saaltheatern außerhalb Münchens kostenlos zur Verfügung zu stellen und als Beratungsstelle für zweckentsprechende Bühneneinrichtung tätig zu sein.

Beide Unternehmungen werden staatlich unterstützt und beaufsichtigt und unterhalten Wanderschauspielgruppen mit dem Zweck der Veranstaltung von künstlerisch wertvollen Theatervorstellungen. Durch ihre mehrjährige Tätigkeit im Wanderbühnenbetrieb haben sie sich umfassende Kenntnisse über die Art der Einrichtung einfacherer Bühnen erworben und können daher den Beteiligten durch diese kostenlose Beratung gute Dienste leisten.

Die Baupolizeibehörden werden daher angewiesen, künftighin vor Genehmigung von solchen Theater-Neu- und Umbauten sich dieser Beratungsstelle zu bedienen und ihnen vor Genehmigung der eingereichten Pläne Gelegenheit zur gutachtlichen Stellungnahme zu geben.

---

8. Verordnung über die Dampfbacköfen vom 23. Aug. 1924.

(GVBl. S. 195, geändert durch V. vom 27. Juli 1928 (GVBl. S. 381).

Staatsministerium des Innern und für Soziale Fürsorge.

Die Staatsministerien des Innern und für Soziale Fürsorge erlassen gemäß Art. 131 Abs. I und II des PStGB. und §§ 24 Abs. III und 40 der Verordnung vom 24. November 1909 über die Anlegung und den Betrieb von Dampfkesseln und Dampfgefäßen nachstehende Verordnung:

§ 1.

Dampfbacköfen werden bis auf weiteres allgemein von Erholung der polizeilichen Genehmigung nach § 24 Abs. III der VO. vom 24. November 1909 entbunden.

§ 2.

Jede Neuanlage eines Dampfbackofens ist der Bezirkspolizeibehörde durch Vermittlung der Ortspolizeibehörde anzuzeigen. In der Anzeige ist anzugeben, wer die Rohre für den Dampfbackofen hergestellt hat, wer sie liefert und wer den Dampfbackofen baut. Ein Nachweis über die Art der Herstellung kann verlangt werden. Die Anzeige ist dreifach einzureichen. Ihr ist eine Zeichnung des Dampfbackofens in einfacher Fertigung beizulegen.

§ 3.

Bestehende Dampfbacköfen sind bis spätestens 1. Dezember 1924 der Bezirkspolizeibehörde durch Vermittlung der Ortspolizeibehörde anzuzeigen. In der Anzeige ist anzugeben, wer die Rohre für den Dampfbackofen gebaut hat. Ein Nachweis über die Art der Herstellung kann verlangt werden. Die Anzeige ist dreifach einzureichen. Ist eine Zeichnung des Dampfbackofens vorhanden, so ist sie beizulegen. Ist eine Zeichnung nicht vorhanden und kann sie auch nicht nachgeliefert werden, so kann die Behörde die Bauart des Ofens durch eine Ortsbesichtigung durch den Sachverständigen feststellen lassen.

§ 4.

Die Bezirkspolizeibehörde nimmt ein Stück der Anzeige zu ihren Akten, ein Stück übermittelt sie dem Gewerbeaufsichtsbeamten, ein Stück mit der Zeichnung des Ofens übersendet sie im rechtsrheinischen Bayern dem Bayerischen Revisionsverein in München, Kaiserstraße 14, in der Pfalz dem Pfälzischen Revisionsverein in Kaiserslautern.

§ 5.

Der Revisionsverein prüft die Zeichnung. Ergeben sich hierbei Beanstandungen, so teilt er sie der Bezirkspolizeibehörde mit, die im Benehmen mit dem Lieferer des Dampfbackofens die Beanstandungen behebt.

§ 6.

I Der Dampfbackofen ist entsprechend der Zeichnung auszuführen.

II Für die Herstellung von Dampfbacköfen gelten die Richtlinien für den Bau von Dampfbacköfen und ähnlichen Öfen mit Perkinsrohren nebst Erläuterungen (Anlage I).

III Dampfbacköfen sind, soweit nicht betriebstechnische Schwierigkeiten entgegenstehen, möglichst so einzurichten, daß die Heizrohre ausgewechselt werden können.

IV Die Heizrohre sind — soweit möglich — bei Betriebsunterbrechungen auf Abbrand und Rissebildung zu untersuchen. Schadhafte Rohre sind zur Vermeidung von Drucksteigerungen anzubohren und damit unschädlich zu machen.

V Die Wartung von Dampfbacköfen ist nur zuverlässigen und gewissenhaften Personen zu übertragen. Für die Wartung gilt das

Merkblatt für die Wartung von Dampfbacköfen nebst Erläuterungen. (Anlage II).

VI Im Backraum ist eine genaue Betriebsvorschrift für die Bedienung und Instandsetzung des Dampfbackofens sowie des Merkblatts über die Wartung von Dampfbacköfen unter Glas und Rahmen oder auf eine steife Unterlage aufgezogen und gefirnißt augenfällig auszuhängen.

§ 7.

Die Gewerbeaufsichtsbeamten haben Mängel, die sie bei ihren regelmäßigen Betriebsuntersuchungen am Dampfbackofen wahrnehmen, den Bezirkspolizeibehörden mitzuteilen.

§ 8.

I Die Bezirkspolizeibehörden haben auf Grund dieser Mitteilungen oder soferne sonst Anhaltspunkte dafür vorliegen, daß den Bestimmungen des § 6 zuwidergehandelt wird, die erforderlichen Anordnungen zu erlassen.

II Erweist sich eine Prüfung oder Untersuchung des Dampfbackofens als notwendig, dann hat die Bezirkspolizeibehörde auf Kosten des Besitzers des Dampfbackofens diese durch den Revisionsverein herbeizuführen. Der Besitzer des Dampfbackofens hat alle zur Prüfung und Untersuchung erforderlichen Werkzeuge und Instrumente sowie das notwendige Hilfspersonal unentgeltlich zur Verfügung zu stellen. §§ 46 und 47 der VO.. vom 24. November 1909 gelten entsprechend.

§ 9.

Zuwiderhandlungen gegen §§ 2, 3 und 6 dieser VO. werden an Geld bis zu 150 Mark bestraft. Art. 131 Abs. II des PStGB. findet Anwendung.

§ 10.

Die Bekanntmachungen des Staatsministeriums des Innern vom 3. Dezember 1923 Nr. 4141 c (MABl. S. 81), vom 22. Febr. 1924 Nr. 4141 c 4 (MABl. S. 27, StA. Nr. 46), vom 20. März 1924 Nr. 4141 c 7 (MABl. S. 57, StA. Nr. 69) werden außer Kraft gesetzt.

§ 11.

Vorstehende Verordnung tritt mit ihrer Verkündung in Kraft.

Anlage I: Richtlinien für den Bau von Dampfbacköfen und ähnlichen Öfen mit Perkinsrohren.

Anlage I.

Richtlinien für den Bau von Dampfbacköfen und ähnlichen Öfen mit Perkinsrohren.

1. Es dürfen nur nahtlose Rohre aus gutem Werkstoff und von tadelloser Beschaffenheit verwendet werden, die vor dem Einbau einem Versuchsdruck mit 800 kg/cm² unterzogen worden sind. Der Wasserdruckversuch ist nach dem Schließen eines Endes der Rohre vorzunehmen und der Nachweis darüber durch Werksbescheinigung zu erbringen.

2. Die Rohre sind mit einer derartigen Neigung einzubauen und derart mit Flüssigkeit zu füllen, daß während des Betriebes die Teile der Rohre, die dem Feuer unmittelbar ausgesetzt sind oder im Mauerwerk liegen, stets mit Flüssigkeit gefüllt bleiben. Die Heizflächen der Heizrohre sind derart zu bemessen, daß ihnen nicht mehr Wärme zugeführt wird, als sie abgeben können, und daß eine gleichmäßige Wärmeübertragung gesichert ist.

3. In jedem durch Dampfrohre unmittelbar beheizten Herd des Dampfbackofens ist ein zuverlässiger Wärmemesser anzubringen, dessen Meßbereich bis 360° C reicht, und dessen Stand außerhalb des Ofens an einer Teilung leicht abgelesen werden kann. Die Wärmemesser sind derart einzubauen, daß sie die wirkliche Temperatur im Backraum anzeigen.

4. Die Feuerräume der Dampfbacköfen müssen mit Öffnungen — Feuer- und Reinigungstüren, Explosionsklapen — von derartiger Größe versehen sein, daß ein gefahrloser Ausgleich etwa auftretenden Innendrucks ermöglicht wird. Die Verschlüsse der Öffnungen dürfen dem Innendruck keinen erheblichen Widerstand entgegensetzen. Die Öffnungen sind so anzuordnen, daß Verletzungen des Bedienungspersonals vermieden werden.

Erläuterungen.

Zu 1: Da während des Betriebes eine Steigerung des Druckes bis zum kritischen Druck möglich ist, müssen starkwandige nahtlose, sogenannte Perkinsrohre, verwendet werden, die mit dem üblichen Versuchsdruck von 800 kg/cm² geprüft sind. Der Wasserdruckversuch wird nach dem Zuschweißen des einen Rohrendes vorgenommen. Der Nachweis des befriedigenden Verlaufs ist durch eine Werksbescheinigung zu erbringen.

Zu 2: Die richtige Neigung und Füllung der Rohre ist von größter Wichtigkeit für die Betriebssicherheit. Im allgemeinen ist eine Neigung der Rohre von mindestens 1,5 v. H. nach unten zum Feuerraum üblich. Die Flüssigkeitsfüllung muß derart bemessen werden, daß die Feuerstutzen und der im Mauerwerk liegende Rohrteil auch im ungünstigen Verdampfungszustand mit Flüssigkeit gefüllt bleiben, und daß durch die Volumenvergrößerung der Füllung auch bei Erreichung der kritischen Temperatur keine unzulässige Beanspruchung entsteht. Der Verdampfungszustand ist stets dann ungünstig, wenn die Wärmezufuhr größer ist als die Wärmeabgabe; dies kann nicht nur im laufenden Betriebe, sondern auch schon bei unvorsichtigem Anheizen eintreten. Der Innendruck in den Rohren kann sich dann bis zum kritischen Druck und die Temperatur des Flüssigkeitsinhalts bis zur kritischen Temperatur steigern, so daß die den Feuerenden der Rohre noch weiter zugeführte Wärme sich nur in Erwärmung der Rohre auswirkt, die unter Überschreitung der Streckgrenze des Werkstoffs zu Ausbeulungen der Rohre und zu Rissen führen kann. Auch ein nur feiner Riß kann aber bei dem hohen Innendruck ein Aufreißen der Rohre und einen plötzlichen

Druckausgleich zur Folge haben, wodurch erfahrungsgemäß nicht nur Materialschäden, sondern öfters auch Verletzungen oder trotz des verhältnismäßig geringen Flüssigkeitsinhalts schwere Verbrühungen des Bedienungspersonals verursacht werden.

Die Größe der feuerberührten Heizflächen der Rohre muß dem Heizwert des Heizmaterials, den Abmessungen der Rohre und der Lage der Rohrreihe im Feuerraum angepaßt werden. Die unterste Rohrreihe muß einen entsprechenden Abstand vom Rost halten. Einer Vergrößerung der Heizflächen durch Abbrand des Mauerwerks der Rohrwand des Ofens muß auch durch sorgsame Wartung vorgebeugt werden. Soweit es möglich ist, soll durch die Bauart der Öfen die Auswechselung schadhafter Rohre erleichtert werden.

Zu 3: Die Dampfbacköfen haben oft zwei und mehr unmittelbar beheizte Herde, und es erscheint geboten, in jedem von ihnen die Temperatur laufend zu verfolgen, wenn auch die höchste Temperatur nur in dem sogenannten scharfen Herde auftritt. Die zur Temperaturmessung verwendeten Wärmemesser müssen wirklich zuverlässig sein, die oft gebrauchten gewöhnlichen Pyrometer genügen erfahrungsgemäß nicht[1]). Die Wärmemesser dürfen im Herd nicht in den kalten Ecken angebracht sein, weil sie dann bis zu 30° C und mehr zu gering anzeigen. Zu geringe Angaben wirken aber ebenso wie die Angaben unzuverlässiger Wärmemesser schädlich, da sie das Bedienungspersonal täuschen und in eine nicht vorhandene Sicherheit wiegen, die wiederholt explosionsartige Rohrbrüche gezeitigt hat.

Zu 4: Die Größe der einzelnen Öffnung sollte nicht unter 250 × 100 mm betragen, wenn sie auch zum Reinigen benutzt werden soll. Der freie Querschnitt aller für den Druckausgleich bei Rohrbrüchen und Rauchgasexplosionen in Betracht kommender Öffnungen soll so bemessen werden, daß ein Druckausgleich schnell und gefahrlos ermöglicht wird, und die Öffnungen sollen möglichst so liegen, daß Verletzungen auch durch etwa herausgeschleuderte glühende Kohlen vermieden werden. Je nach den örtlichen Verhältnissen können auch weitere Schutzvorrichtungen für das Bedienungspersonal vorgesehen werden.

Anlage II.

Merkblatt für die Wartung von Dampfbacköfen.

1. Heize den Dampfbackofen stets, insbesondere aber nach Betriebsunterbrechungen, langsam an und beobachte dabei den Wärmemesser. Sei besonders vorsichtig bei künstlichem oder starkem natürlichen Zug.

2. Wirf niemals soviel Heizstoff auf, daß sich seine Oberfläche der untersten Rohrlage nähert oder sie gar berührt.

3. Überschreite in keinem Herd und zu keiner Zeit eine Temperatur von 300° C.

---

[1]) Nach den Erfahrungen haben sich Quecksilberthermometer und Metallausdehnungs-Pyrometer bewährt.

4. Reinige die Heizenden der Rohre mindestens einmal wöchentlich von Flugasche.

5. Reinige die Heizenden der Rohre bei jeder Betriebsunterbrechung gründlich und prüfe sie dabei auf ihren Zustand (starke Abzunderungen, Ausbeulungen, Risse), soweit dies möglich ist.

6. Veranlasse die Auswechselung von Rohren, die stark abgebrannt sind, Ausbeulungen oder Risse aufweisen, oder bohre sie derart an, daß die Flüssigkeit ausläuft, und eine schädliche Drucksteigerung in ihnen dadurch ausgeschlossen wird.

7. Sorge dafür, daß das Mauerwerk der Rohrwand stets in seiner ursprünglichen Stärke erhalten bleibt und keine Vergrößerung der Flächen der Heizenden der Rohre eintritt.

Bemerkung: Dieses Merkblatt und die vom Ofenlieferer erhaltene Ofenbehandlungsvorschrift sind an jedem Ofen oder in jedem Ofenbetriebsraum auszuhängen.

Erläuterungen.

Zu 1, 2 und 3: Das langsame Anheizen unter allmählicher Steigerung der Temperatur ist nötig, damit nicht dem Wasserinhalt der Rohre mehr Wärme zugeführt wird, als er aufnehmen kann. Nach Betriebsunterbrechungen empfiehlt es sich, den Ofen am Abend vor der Wiederaufnahme der Arbeit eine Stunde mäßig vorzuheizen. Wenn beim Anheizen, solange in den Herden noch keine Wärmeabgabe erfolgt, oder beim Betriebe und besonders nach Betriebsunterbrechungen, die Wärmezufuhr zu groß wird, können die Rohre glühend werden, und dadurch kann eine Explosion der Rohre und des Ofens herbeigeführt werden, die schwere Verletzungen und Verbrühungen des Bedienungspersonals zur Folge haben kann. Die Heizstoffschicht darf aus dem gleichen Grunde nie zu stark sein, ein möglichst großer Abstand von der unteren Rohrreihe ist erforderlich, niemals dürfen die Rohre vom Heizstoff unmittelbar berührt werden. Der Einbau von Wärmemessern, deren Temperaturanzeigung außen an einer Teilung abgelesen werden kann, dient zur Prüfung, daß in keinem Herd, auch nicht in dem scharfen Herd, die höchste zulässige Temperatur von 300° C überschritten wird. Die Wärmemesser sind daher nicht nur beim Anheizen, sondern auch im Betriebe dauernd zu beobachten, und je nach der Temperaturzunahme ist die Feuerung, d. h. die Zufuhr von Heizstoffen und von Verbrennungsluft laufend zu regeln. Eine zu späte Regelung kann besonders dann schädliche Folgen haben, wenn der natürliche Schornsteinzug sehr stark ist oder künstliche Luftzufuhr durch einen Ventilator stattfindet.

An Öfen mit mehreren Herden kann durch einen Vergleich der Temperaturangaben der einzelnen Wärmemesser ein Schluß auf ihr richtiges Anzeigen gezogen werden. Ergeben sich in dieser Beziehung Zweifel, so ist jedesmal sofort eine Nachprüfung zu veranlassen. Das kann z. B. so geschehen, daß der Wärmemesser in einen Eimer mit Wasser eingetaucht wird, dessen Inhalt durch Hineinwerfen eines glühenden Eisenstückes kochend erhalten wird. Die dann abgelesene

Abweichung von 100° nach oben oder unten gibt über die Größe des Fehlers Aufschluß. Ratsamer ist es, die Nachprüfung durch einen Sachverständigen vornehmen zu lassen. Die Bereithaltung eines Ersatzwärmers empfiehlt sich für alle Fälle.

Die feuerberührte Heizfläche der Heizrohre wird nach der Art des Heizstoffes und nach der Größe und Lage der Rohre bestimmt. Meist wird mit Braunkohlenbriketts oder doch mit Heizstoffen verhältnismäßig geringen Heizwerts gefeuert. Werden dann entgegen der Voraussetzung hochwertige Heizstoffe verwandt, so ergeben sich auch höhere Verbrennungstemperaturen. Solchen Änderungen muß durch sorgsame Wartung Rechnung getragen werden, um der Gefahr der zu schnellen Erhitzung und der Überhitzung der Rohre vorzubeugen.

Zu 4 bis 6: An den im Feuerraum liegenden Feuerenden der Rohre setzen sich Flugasche und Ruß, der bei unvollständiger Verbrennung der Kohle entsteht, ab. Diese Ablagerungen müssen regelmäßig, mindestens aber einmal wöchentlich, entfernt werden, weil sie sonst festbrennen und dadurch nicht nur die Wärmeübertragung verschlechtern, sondern vor allen Dingen die rechtzeitige Erkennung von Schäden an den Heizenden der Rohre erschweren und deren vorzeitiges Schadhaftwerden begünstigen. Eine besonders sorgfältige Reinigung der Heizenden hat bei jeder Betriebsunterbrechung zu erfolgen in Verbindung mit einer möglichst eingehenden Prüfung auf Abzunderung, Ausbeulung und Risse. Wenn Zweifel über den Zustand auftreten, empfiehlt sich immer die Zuziehung eines Sachverständigen. Sobald starke Abzunderungen oder Ausbeulungen der Rohre festgestellt werden oder Risse erkennbar sind oder vermutet werden, ist am besten die sofortige Auswechselung der betreffenden Rohre zu veranlassen; geht dies nicht, so sind die schadhaften Rohre derart anzubohren, daß ihr Flüssigkeitsinhalt sich entleert und somit ein gefährlicher Druck in ihnen nicht mehr entstehen kann.

Zu 7: Das Gleichgewicht zwischen der Wärmezufuhr zu den Heizenden der Rohre und deren Wärmeabgabe kann erheblich gestört werden, wenn die feuerberührte Heizfläche der Rohre durch Abbrand des Mauerwerks der Rohrwand vergrößert wird. Deshalb muß unbedingt dafür gesorgt werden, daß die Rohrwand im ursprünglichen Zustand erhalten bleibt. Wird Abbrand des Mauerwerks festgestellt, so muß die Instandsetzung schnellstens veranlaßt werden.

9. E. d. Staatsmin. d. Inn. v. 23. Okt. 1924 Nr. 3649 c 1 über das Pfuschertum im Baugewerbe.

An die Regierungen, KdI. u. d. BezirksverwBeh.

Es wird darüber geklagt, daß das Pfuschertum im Baugewerbe immer mehr überhand nimmt.

Nach §§ 94 Abs. II und 72 Abs. II der Münchener und der allgem. Bauordnung ist entweder schon bei der Einreichung des Bauplanes oder bei der Einreichung der Baubeginnanzeige der mit der Bauleitung betraute Baumeister oder Bauhandwerker namhaft zu machen. Dieser hat die Verantwortung für die Bauleitung durch unterschriftliche Erklärung zu übernehmen.

§§ 94 Abs. II und 72 Abs. III der beiden Bauordnungen geben der Baupolizeibehörde das Recht, die als Bauleiter namhaft gemachte Person zu beanstanden, wenn diese die für eine sichere Bauführung erforderliche Verlässigkeit nicht besitzt. Bis zur Behebung des Anstandes kann die Inangriffnahme oder Fortsetzung der Bauarbeiten untersagt werden.

Von dieser Bestimmung, deren strengste Befolgung für eine sichere Bauführung und zur Vermeidung von Bauunfällen unerläßlich ist, scheint in der letzten Zeit nicht in dem gebotenen Umfange Gebrauch gemacht worden zu sein.

Es ergeht daher die Weisung, diese Bestimmung bei jedem genehmigungspflichtigen Bau auf das strengste zu handhaben.

Von jeder auf Grund dieser Bestimmung erfolgten Beanstandung eines Bauleiters hat die Baupolizeibehörde künftig sofort der zuständigen Handwerkskammer, und, wo für den Bezirk eine Bausachinnung besteht auch dieser Mitteilung zu machen.

Auch wird darüber geklagt, daß im Gebiete der allgemeinen Bauordnung bei Ausführung der unter § 8 der Bauordnung fallenden baulichen Anlagen vielfach grobe Verstöße gegen die Regeln der Baukunst vorkommen. Da insbesondere die Herstellung oder wesentliche Veränderung von Brunnenschachten, Kellern, Haus- und Straßenkanälen meist mit erheblicher Gefahr für die damit beschäftigten Arbeiter verbunden ist, ist es geboten, wenigstens die letztgenannten Arbeiten, soweit nicht bereits geschehen, durch ortspolizeiliche Vorschriften nach § 8 der allgemeinen Bauordnung unter die Genehmigungspflicht zu stellen.

Die Bezirksämter haben hierwegen, soweit veranlaßt, das weitere einzuleiten und bis 1. Februar 1925 an die Regierungen zu berichten, in welchen Gemeinden ortspolizeiliche Vorschriften nach § 8 der allgem. Bauordnung noch nicht erlassen sind. Gleichzeitig sind die Gründe hierfür anzugeben.

Die Regierungen legen die Berichte alsbald hieher vor.

10. E. d. Staatsmin. d. Inn. v. 21. Sept. 1929 Nr. 3649 c 19 an die Regierungen, K. d. J. und die Bezirksverwaltungsbehörden über das Pfuschertum im Baugewerbe.

Nach § 91 Abs. II der Münchener und § 72 Abs. III der allgem. Bauordnung können die Baupolizeibehörden die als Bauleiter namhaft gemachte Person beanstanden, wenn diese die für eine sichere Bauführung erforderliche Verlässigkeit nicht besitzt.

Die Baupolizeibehörden werden angewiesen, zur Feststellung, ob im Einzelfalle diese Voraussetzung gegeben ist, die zuständige Handwerkskammer gutachtlich zu hören. Die Äußerung der Handwerkskammer ist dann zu erholen, wenn der Bauleiter im Bezirke zum ersten Male namhaft gemacht wird. Sie ist aber auch bei bisherigen Bauleitern erforderlich, wenn ihre Verlässigkeit nicht einwandfrei feststeht.

VI. Teil.

Denkmal- und Heimatschutz.

1. Verordnung über die Errichtung von Denkmälern.

Vom 27. März 1919 (GVBl. S. 119).

Auf Grund des Artikels 101 Abs. 3 des Polizeistrafgesetzbuchs wird verordnet:

1. Die Errichtung, Wiederherstellung, Instandsetzung, Änderung oder Beseitigung von Denkmälern auf oder an öffentlichen Straßen, Wegen oder Plätzen bedarf der baupolizeilichen Genehmigung.
2. Das gleiche gilt für Denkmäler in Friedhöfen mit Ausnahme der Denkmäler für Einzelgräber oder Familiengrabstätten, dann für Denkmäler, die nicht auf oder an öffentlichen Straßen, Wegen oder Plätzen errichtet sind oder errichtet werden, aber von dort gesehen werden können und geeignet sind, das landschaftliche oder Ortsbild wesentlich zu beeinflussen.
3. Eine Anlage, die im Zusammenhange mit einem Denkmale zur Ausgestaltung seiner Umgebung hergestellt ist oder hergestellt wird, gilt als Bestandteil des Denkmals.

---

2. Bekanntmachung, Errichtung von Denkmälern betr.

Vom 31. Juli 1920 (KMBl. S. 353).

Die Ministerialbekanntmachung vom 27. März 1919 Nr. 10105 (Bayer. Staatsanzeiger Nr. 83, KMBl. S. 32, MABl. S. 68) wird abgeändert und erhält folgende Fassung:

Zum Vollzuge der Verordnung über die Errichtung von Denkmälern vom 27. März 1919 (GVBl. S. 119) werden folgende Anordnungen erlassen:

1. Denkmäler im Sinne dieser Verordnung sind öffentlich aufgestellte Bildwerke aus Stein, Metall, Holz, oder anderen Stoffen, wie Standbilder, Gedenksäulen, Gedenktafeln, Bildstöcke, Wegkreuze, Brunnen, dann zu Denkmalszwecken ausgeführte, der Öffentlichkeit gewidmete Garten- und Parkanlagen oder Heldenhaine, soweit sie umfriedet oder mit einer baulichen Anlage versehen sind, unter Umständen auch öffentlich aufgestellte Naturgebilde aus Stein oder Holz.

2. I Gesuche um Erteilung der baupolizeilichen Genehmigung zur Errichtung, Wiederherstellung, Instandsetzung, Änderung oder Beseitigung eines Denkmals sind an die Bezirkspolizeibehörde, in München an die Lokalbaukommission, zu richten.

II Dem Gesuche sind folgende Unterlagen beizugeben:

a) ein Lageplan von der durch die Vorschriften der Bauordnungen verlangten Beschaffenheit;

b) eine zeichnerische Darstellung des Entwurfs im Maßstabe von 1 : 10, bei größeren Anlagen im Maßstabe von 1 : 20, mit Angabe des Materials, dann des Urhebers des Entwurfs und der Personen, denen die Ausführung und gegebenenfalls die künstlerische Leitung übertragen werden soll;

c) Lichtbildansichten des Denkmalplatzes, aus denen die Lage des Denkmals von allen Seiten her und seine Wirkung auf das Orts- und Straßenbild ersehen werden kann. In eine der Ansichten wäre das Denkmal in seinen Umrissen einzuzeichnen. Nach Möglichkeit wäre auch am Platze des zu errichtenden Denkmals ein Zweimeterstab in senkrechter Stellung mit abzubilden; die Standorte für die Lichtbildaufnahmen sowie der Punkt, an dem der Maßstab aufgestellt ist, wären im Lageplan anzugeben;

d) ein Modell des Denkmals, wenn ein solches in einer Form angefertigt ist, die seine Versendung ohne besondere Schwierigkeiten ermöglicht;

e) gegebenenfalls eine zeichnerische Darstellung der etwa beabsichtigten Ausgestaltung des Standplatzes in der unmittelbaren Umgebung des Denkmals;

f) Angaben über die Höhe der in Aussicht genommenen Gesamtaufwendungen für das Denkmal.

III Betrifft das Gesuch nur einfache Gedenktafeln an Häusern, Instandsetzungsarbeiten oder geringfügige Änderungen an bestehenden Denkmälern, durch die der Gesamteindruck nicht oder nur unwesentlich geändert wird, so kann die Beibringung der Unterlagen ganz oder zum Teil erlassen werden. Bei größeren Anlagen können noch weitere Unterlagen gefordert werden.

IV Die Entwürfe und Pläne sind nicht gerollt, sondern stets gefaltet einzureichen.

3. I Die Denkmalsentwürfe für kreisunmittelbare Städte sind der Regierung, Kammer des Innern, zur unmittelbaren Weiterleitung an das Staatsministerium für Unterricht und Kultus vorzulegen. Die Weisung des Ministeriums ist für die baupolizeiliche Verbescheidung hinsichtlich der künstlerischen Beurteilung maßgebend.

II Die Denkmalsentwürfe für die einem Bezirksamt unterstellten Gemeinden sind von dem Bezirksamte zunächst dem zuständigen Landbauamte zur Begutachtung zuzuleiten. Das Landbauamt gibt sein Gutachten insbesondere darüber ab, ob der baupolizeilichen Genehmigung vom künstlerischen und technischen Standpunkt aus Bedenken entgegenstehen. Dieses Gutachten dient dem Bezirksamt als Grundlage für die weitere Durchführung des Genehmigungsverfahrens. Bei Denkmalsentwürfen, die vom Bayer. Landesverein für Heimatschutz in München entworfen oder begutachtet sind, entfällt die Begutachtung durch das Landbauamt in künstlerischer Hinsicht.

III Gegen den bezirksamtlichen Beschluß ist Beschwerde zur Regierung, Kammer des Innern, zulässig (Bauordnung § 65). Die Regierung legt die Verhandlungen unmittelbar dem Staatsministerium für Unterricht und Kultus vor; die hierauf ergehende Weisung des Ministeriums ist in bezug auf die künstlerische Würdigung für die Verbescheidung der Beschwerde durch die Regierung maßgebend.

Handelt es sich um größere Denkmalsanlagen oder um vorwiegend bildhauerische Arbeiten oder hält das Landbauamt oder das Bezirksamt aus einem sonstigen Grunde die Einholung einer ministeriellen Weisung hinsichtlich der künstlerischen Beurteilung des Entwurfes für angezeigt, so hat das Bezirksamt vor der Beschlußfassung die Verhandlungen der Regierung, Kammer des Innern, zur unmittelbaren Weiterleitung an das Staatsministerium für Unterricht und Kultus vorzulegen. Die hierauf ergehende Weisung des Ministeriums ist für die weitere Durchführung des baupolizeilichen Genehmigungsverfahrens bindend.

5. I Bei dem Staatsministerium für Unterricht und Kultus wird eine Sachverständigenkommission gebildet, der zwei Architekten, zwei Bildhauer und ein Maler sowie die erforderlichen Stellvertreter angehören. Die Kommission wird alle zwei Jahre neu zusammengesetzt.

II Die Kommission prüft die dem Staatsministerium für Unterricht und Kultus gemäß Ziff. 3 Abs. I und III und Ziff. 4 dieser Bekanntmachung vorgelegten Denkmalsentwürfe vom künstlerischen Standpunkt und gibt über sie ihr Gutachten ab.

6. Zur Vereinfachung des Verfahrens und zur Ersparung unnötiger Kosten wird es wesentlich beitragen, wenn von den Unternehmern schon möglichst frühzeitig, vor der Einreichung eines förmlichen Gesuches, um baupolizeiliche Genehmigung und vor der endgültigen Wahl des Platzes und des Künstlers sowie vor der Inangriffnahme der künstlerischen Entwurfsarbeiten von dem Vorhaben der Denkmalserrichtung Anzeige erstattet wird. Die Anzeige kann an die zuständige Bezirkspolizeibehörde oder an das zuständige Landbauamt gerichtet werden; die Landbauämter werden den Unternehmern hinsichtlich der künstlerischen Gestaltung des Denkmals beratend zur Seite stehen.

7. Das Verfahren ist in allen Teilen möglichst zu beschleunigen.

München, den 31. Juli 1920.

Dr. Matt. Dr. Schweyer.

---

3. Ministerial-Entschließung vom 1. Januar 1904 betr. Denkmalspflege (oder Pflege der heimischen Bauweisen)[1].

(MABl. S. 1.)

An die K. Regierungen, Kammern des Innern, die Distriktsverwaltungsbehörden, K. Bauämter und Gemeindebehörden.

Die von dem K. Staatsministerium des Innern gepflogenen Erhebungen haben erfreulicherweise ergeben, daß eine Reihe größerer und kleinerer Gemeinden durch Erlassung ortspolizeilicher Vorschriften auf Grund der Bestimmungen in Art. 101 Abs. 3 des PStGB. für Erhaltung der aus alter Zeit überkommenen historisch und künstlerisch wertvollen Baudenkmäler, Befestigungsanlagen und dergl. Sorge getragen haben und daß sie diese Gebäude sowohl gegen stilwidrige Änderungen im Innern und am Äußern wie auch gegen unschöne und stilwidrige Umbauung auf benachbartem Bauterrain entsprechend schützen.

Besonders zu begrüßen ist es, daß in einigen dieser Vorschriften der Form und Eindeckung der Dächer, der Notwendigkeit des Mauerverputzes, der Fernhaltung unschöner, das Architektur- und Landschaftsbild störender Reklameschilder[2]) und Aufschriften an Gebäuden, Mauern und dergl., dann der Anlage der Vorgärten gebührendes Augenmerk zugewendet ist.

Die K. Regierungen, Kammern des Innern, die Distriktsverwaltungsbehörden und die K. Bauämter werden es sich angelegen sein lassen, dahin zu wirken, daß den bestehenden Vorschriften ein entsprechender Vollzug gesichert bleibt und daß auch an anderen Orten mit monumentalen oder geschichtlich und künstlerisch interessanten Bauten für die Erhaltung und den Schutz dieser Gebäude

---

[1]) Auf die „Richtpunkte für das Bauen im Sinne des Heimatschutzes", aufgestellt vom bayerischen Landesverein für Heimatschutz e. V. in München, 1929, wird hingewiesen.

[2]) Vgl. hiezu die wichtige ME. vom 26. Juni 1928 Nr. 3678 p3 über verunstaltende Reklame (StAnz. Nr. 147), in der die Bezirksverwaltungsbehörden besonders angewiesen werden auf die Beseitigung der verwahrlosten, unschönen und verunstaltenden Reklame hin zu wirken. S. dazu noch die MB. vom 11. Juli 1911 (MABl. S. 463) über den Schutz der Orts- und Landschaftsbilder gegen verunstaltende Reklame.

einschließlich ihres plastischen und malerischen Schmuckes, dann wo reizvolle Stadt-, Straßen- oder Platzbilder vorhanden sind, für deren Erhaltung tunlichst Sorge getragen werde.

Hierauf ist übrigens nicht bloß bei der baupolizeilichen Prüfung der Baupläne Bedacht zu nehmen, sondern auch bei der Festsetzung der Höhenlage und der Baulinien, welch' letztere unter Vermeidung endloser Geradlinigkeit und unter tunlichster Schonung aller den Plätzen und Straßen zum Schmucke gereichenden Gebäude, Anlagen (Bäume) und dergl. anzulegen sind. Hier sei noch darauf hingewiesen, daß die Bau- und Baulinienführung auch auf die umgebende Landschaft Rücksicht nehmen soll.

Ein besonderes Augenmerk ist jenen Orten zuzuwenden, welche sich durch eine charakteristische heimische Bauform auszeichnen. In einer Reihe dieser Orte, namentlich im bayerischen Gebirge, besteht die Gefahr, daß der heimische Baustil durch Erbauung unschöner großstädtischer Miet- und Gasthäuser sowie durch andere Bauten ähnlicher Art mehr und mehr verdrängt oder doch das reizvolle Gesamtbild solcher Orte ganz wesentlich beeinträchtigt werde. Es ist dies um so bedauerlicher, als gerade hier ohne Mehrkosten, ja meist sogar mit geringerem Aufwande der bodenständigen Bauweise Rechnung getragen werden könnte. Dabei ist auch zu erwägen, daß die charakteristische Anlage dieser Orte einen Hauptanziehungsgrund für die Fremden bildet.

Eine charaktervolle, eigenartige Architektur der Wohnhäuser in den einzelnen Orten und Gegenden kann nur bestehen, wenn aus dem örtlichen Bedürfnisse heraus und möglichst mit Verwendung der heimischen Baustoffe gebaut wird. Die örtliche Überlieferung (im Grundriß, Aufbau und Einzelmotiven) muß im Bauen wieder lebendig werden; auf ihrem Grunde sollen die neuen Bedürfnisse der Gegenwart mit Verwendung der neuen technischen Hilfsmittel befriedigt werden. Nur so wird die außerordentliche Mannigfaltigkeit der Bauweise, welche in den einzelnen Gegenden so reizvoll vor Augen tritt, auch bei Neubauten sich erhalten lassen.

Die K. Regierungen und die Distriktsverwaltungsbehörden werden erwägen, ob und wie weit etwa die Erlassung ortspolizeilicher Vorschriften nach den vorbezeichneten Richtungen angezeigt und die Forderung geboten ist, daß bei Neubauten und Umbauten auf die heimische Bauweise und die Umgebung tunlichst Rücksicht genommen werde. Veranlaßtenfalls ist an die betreffenden Gemeindeverwaltungen mit entsprechender Anregung heranzutreten.

Die in der Anlage gegebenen Gesichtspunkte sollen den Behörden bei ihrem weiteren Vorgehen auf Grund des Art. 101 Abs 3 des PStrGB. zur Richtschnur dienen.

Die Distriktsverwaltungsbehörden haben ein Verzeichnis der in ihrem Bezirke vorhandenen geschichtlich oder architektonisch interessanten Baudenkmäler anzulegen und hiewegen auch mit den K. Landbauämtern ins Benehmen zu treten.

Hiebei wird auf die Ministerial-Bekanntmachung vom 13. Oktober und 10. November 1892, die Inventarisation der Kunstdenkmale Bayerns betreffend, verwiesen (MABl. S. 447 und 525).

Den Verwaltungen der mittelbaren Gemeinden ist, soweit veranlaßt, Auszug aus diesem Verzeichnisse mit entsprechender Anweisung zu übersenden.

Ist eines dieser Baudenkmäler in Gefahr, so sind sofort, event. auf Grund des Art. 159 Ziff. 4 der diesrheinischen und der Art. 91 Ziff. 4 der Pfälzer Gemeindeordnung, die erforderlichen Einleitungen zu treffen und gleichzeitig die K. Regierung, Kammer des Innern, sowie das Generalkonservatorium der Kunstdenkmale Bayerns zu benachrichtigen.

Im übrigen ist — namentlich auf dem Lande — darauf hinzuwirken, daß das Verständnis für die Bedeutung solcher Baudenkmäler bei den Gemeindebehörden und in den breiten Schichten der Bevölkerung mehr und mehr geweckt und gefördert werden, denn das allgemeine Interesse der Bevölkerung für solche Werke ist der beste Schutz für deren Erhaltung.

Zu der Einsicht der Gemeindebehörden wird vertraut, daß sie in pietätvoller Würdigung des geschichtlichen, künstlerischen und ethischen Wertes der aus der Vorzeit überkommenen Baudenkmäler, diesen Meisterwerken der Vorfahren, ausgiebigen Schutz zuteil werden lassen.

Da den kleineren Städten und den Landgemeinden für die Anfertigung und die Beurteilung einschlägiger Bauprojekte geeignete, künstlerisch geschulte Kräfte zurzeit in der Regel nicht zur Verfügung stehen, wird denselben empfohlen, sich hiewegen gegebenenfalls an die Kreisgesellschaften des bayerischen Architekten- und Ingenieurvereins oder an den Verein für Volkskunst und Volkskunde, e. V. in München, an letzteren namentlich auch in Fragen der heimischen volkstümlichen Bauweise, unmittelbar oder durch Vermittlung der K. Bezirksämter zu wenden, wo sie, soweit nötig, Rat, Aufschluß und Anregung finden werden. Das erstrebenswerte Ziel dieses Teiles der Heimatpflege soll es aber sein, daß die Baumeister der einzelnen Orte und Gegenden selbst danach trachten, an der möglichsten Erhaltung des örtlichen Gepräges der Architektur unter schonender Rücksichtnahme auf die alten charakteristischen Denkmäler und Bauformen sowie durch passende Eingliederung der Neubauten in den alten Rahmen der Umgebung tatkräftig mitzuarbeiten und der schlichten einfachen Bauweise — namentlich auf dem Lande — wieder zu ihrem Rechte zu verhelfen. Die auf Grund des Art. 101 Abs. 3 des PStrGB. fernerhin ergehenden Vorschriften sind dem K. Staatsministerium des Innern in 4 Exemplaren vorzulegen.

München, den 1. Januar 1904.

Dr. Frhr. von Feilitzsch. Dr. von Wehner.

Anlage.

Richtpunkte für Erlassung ortspolizeilicher Vorschriften nach Art. 101 Abs. 3 des Polizeistrafgesetzbuches.

1. Die alten Befestigungswerke mit ihren Gräben, Stadtmauern, Toren, Türmen und sonstigen Zubehörungen sind tunlichst zu erhalten; für jede bauliche Änderung an denselben ist baupolizeiliche Genehmigung zu fordern.

2. Bauliche Veränderungen im Innern oder am Äußern sonstiger Gebäude von geschichtlicher oder künstlerischer Bedeutung sind der polizeilichen Genehmigung zu unterstellen. Hiebei wäre zu bedingen, daß bei dem Umbau oder bei der Veränderung solcher Bauwerke dem Stile und Charakter derselben Rechnung zu tragen ist.

3. Bei allen Neubauten oder Umbauten in der Nähe der Befestigungswerke oder in der Umgebung von Gebäuden der in Ziff. 2 bezeichneten Art soll gleichfalls dem Charakter dieser Bauwerke tunlichst Rechnung getragen werden. Dabei wäre besonders darauf zu achten, daß der Neubau in den Maßverhältnissen sich passend in das Gesamtbild einfüge und auch im Aufwand der Einzelmotive und Schmuckformen die alte Umgebung nicht beeinträchtige.

Zur Vermeidung von Störungen im Stadtbilde soll ferner die Form und das Eindeckungsmaterial der Dächer beachtet werden.

4. Die Erhaltung schöner Ortsstraßen und Platzbilder ist zunächst bei der Ziehung der Baulinien im Auge zu behalten, wobei natürlich auf die Herrschaft des Lineales verzichtet werden muß. Im übrigen soll bei Neubauten, speziell in den älteren Teilen der Ortschaften, die tunlichste Rücksichtnahme auf die heimische Bauweise, wobei wieder die Form und die Eindeckung der Dächer in Betracht kämen, zur Pflicht gemacht werden.

5. Für sonstige Neubauten, namentlich in neuen Bauanlagen, wird es genügen, wenn im allgemeinen auf die Forderungen der Ästhetik verwiesen wird; auch können Vorschriften über den Verputz des ordinären Rohmauerwerkes und über die zulässige Steilheit der Mansarddächer nur begrüßt werden.

4. M. E. v. 10. Febr. 1925 Nr. 3679 a/1 über Denkmalspflege und Heimatschutz.

(MABl. S. 33.)

In letzter Zeit sind durch Errichtung von Neubauten in zahlreichen Fällen reizvolle Orts- und Landschaftsbilder wesentlich beeinträchtigt worden. Es ist Sache der Baupolizeibehörden, derartigen Mißständen rechtzeitig vorzubeugen. Vielfach hat sich ergeben, daß baupolizeiliche Vorschriften, die ein erfolgreiches Eingreifen in dieser Richtung hätten ermöglichen können, nicht bestehen. Es wird deshalb auf die gemeinsame Entschließung des Staatsministeriums des Innern beider Abteilungen vom 1. Jan. 1904 (MABl. S. 1 ff.) zur Beachtung hingewiesen. Von besonderer Wichtigkeit ist der Schlußsatz dieser Entschl., der besonderer Beachtung empfohlen wird. Auch die Landbauämter sind berufen, Rat, Aufschluß oder Anregung zu geben; sie werden angewiesen, dem Ersuchen der Baupolizeibehörden in dieser Richtung zu entsprechen.

Wegen der Erlassung von bezirks- oder ortspolizeilichen Vorschriften im Sinne des Art. 101 Abs. III PStGB. wird auf die für die Erlassung solcher Vorschriften gegebenen Richtpunkte (Anlage zur erwähnten Entschl. vom 1. Jan. 1904) hingewiesen.

---

5. Ministerial-Entschließung vom 27. März 1907, Heimatschutz betr.

An die K. Regierungen von Oberbayern und von Schwaben und Neuburg, Kammern des Innern.

K. Staatsministerium des Innern.

In den Ministerialentschließungen vom 1. Januar 1904 und vom 18. Juli 1905 (MABl. S. 1 bzw. S. 317) ist bemerkt, daß bei der Baulinienziehung und bei allen Bauführungen auf charakteristische heimische Bauformen, auf reizvolle Orts- und Straßenbilder, auf das Gelände und die umgebende Landschaft sorgsamst Rücksicht genommen werden soll. Es wurde darauf hingewiesen, wie namentlich in kleineren Orten und auf dem Lande schlichte, die großstädtischen Architekturformen vermeidende Bauten mit einfachen klaren Umrissen, bescheidener Höhe und ruhiger Dachform dazu beitragen werden, der Ortschaft ihren behaglichen Charakter, der Landschaft ihre ungeschmälerte Wirkung zu wahren.

Diese Grundsätze gelten in besonderem Maße für die Ansiedelungen im Gebirge und an Gebirgsseen, wo leider gegen diese Forderungen des Heimatschutzes vielfach gröblich verstoßen wird. Es ist eine wichtige Aufgabe der Distriktsverwaltungs- und Gemeindebehörden, sorgsamst darüber zu wachen, daß unserem Lande dieser Reichtum an Schönheit erhalten bleibe, daß er nicht durch rücksichtslose unersättliche bauliche Ausnützung des Grund und Bodens, nicht durch häßliche, aufdringliche Bauten geschmälert und verdorben werde. Das Privatinteresse kann auch hier nicht für sich allein Berücksichtigung fordern; die Bauunternehmer müssen den höher stehenden Interessen der Allgemeinheit durch Maßhalten in der Ausnützung des Eigentums ein Opfer bringen.

Es ist übrigens auch im eigensten wirtschaftlichen Interesse der Gemeinden und ihrer Inwohner gelegen, daß die Schönheit des Ortes und der Umgebung, die so viele Fremde dorthin führt, ungeschmälert erhalten bleibe, wie es anderseits auch dem Interesse der Anwesensbesitzer dient, wenn rechtzeitig die Vorbedingungen für gute Verkehrsmöglichkeit und behagliches Wohnen geschaffen werden.

All diesen Anforderungen kann aber nur dann gebührend Rechnung getragen werden, wenn das Bauen rechtzeitig in geregelte Bahnen gewiesen wird. Zu diesem Zwecke ist es notwendig, vor allem diejenigen Punkte festzustellen, die wegen ihres landschaftlichen Reizes unter allen Umständen von einer Bebauung frei gehalten werden müssen. Für deren Sicherstellung ist sodann, insbesondere bei der Baulinienfestsetzung, Sorge zu tragen. Ferner empfiehlt es sich, für Geländeteile, in welchen in absehbarer Zeit die Bautätigkeit einsetzen wird, zunächst nur für die Behörde, die Richtpunkte aufzustellen, welche seinerzeit für die Handhabung der Baupolizei Maß geben sollen. Auch wird es sachförderlich sein, in einem Generalplan die künftigen Hauptstraßenzüge einzutragen.

Wird dann später ein Gebiet der Bebauung zugeführt, so ist nach Maßgabe des bestehenden Bedürfnisses durch Festsetzung der Bau- und Vorgartenlinien sowie durch Erlassung baupolizeilicher Vorschriften die zulässige Bebauung bindend festzusetzen. Auch ist es wünschenswert, bei der Erschließung eines Geländes für Bauzwecke im Vollzuge des § 1 und des § 62 der Bauordnung einen Teil der Gesamtfläche zur Schaffung von Anlageplätzen und dergl. auszuscheiden und der Gemeinde zu überweisen.

Als Richtpunkte für die Vorarbeiten zu den Bebauungsplänen und -Vorschriften sowie für diese selbst sollen folgende allgemeine Bemerkungen dienen.

Was die Seeufer betrifft, so ist darauf zu achten, daß ein möglichst breiter Streifen Uferland von Gebäuden freigehalten und unter Ausscheidung des Wagenverkehrs für Promenaden und Erholungsplätze ausgestaltet werde, oder daß mindestens sehr geräumige Durchblicke auf den See offen bleiben.

Die baupolizeilichen Vorschriften werden Bestimmungen treffen über die Bauform und Bauweise (offen, mit großen Zwischenräumen), über die Maximalfrontlänge und -Höhe, über schönheitlich befriedigende Gestaltung der Gebäude namentlich an den dem See und den Verkehrswegen zugewendeten Seiten, dann über die Einfriedigungen (Beschaffenheit, Höhe) und dergl. Sehr zu wünschen ist ein Zurücksetzen der Gebäude in offene Gärten, deren Bäume und Sträucher dann gewissermaßen von der Architektur zur Landschaft überleiten. Zu diesem Behufe ist von der Dispensation weitgehendster Gebrauch zu machen.

Für die Bebauung von Berg- und Hügelgelände ist durch entsprechende Baulinienziehung (tunlichste Trennung von Fahr- und Fußgängerwegen) und durch örtliche Bauvorschriften vorzusehen, daß dem auf der Höhe Wohnenden und Wandernden der Fernblick weder durch Gebäudereihen, noch durch hohe Mauern und sonstige Einfriedigungen der Anwesensgrenzen ständig verschlossen wird. Die Hangwege sollen sich der Form des Geländes innig anschmiegen und gegen die Talseite tunlichst von Gebäuden frei bleiben oder nur mit mäßig hohen, durch große Zwischenräume getrennten, in Gärten gelagerten Häusern bebaut werden.

Die örtlichen Vorschriften über die Bebauung des Berg- und Hügelgeländes sollen bestimmen, wie weit die Höhenstraßen einseitig oder doppelseitig bebaut werden dürfen, wo offene und wo geschlossene Bauweise, wo Einfamilienhäuser gefordert oder Gruppenbauten zugelassen sind, welche Gebäudehöhe gestattet wird u. dergl.

Daß bei Aufstellung der Bebauungsgrundsätze, der Bebauungspläne und -Vorschriften die Mitarbeit erfahrener, in solchen Fragen geschulter Architekten (Ministerialentschließung vom 18. Juli 1905, MABl. S. 322) unentbehrlich ist, bedarf keiner näheren Darlegung. Die hierauf erwachsenen Kosten werden sich reichlich lohnen; sie dürfen seitens der Gemeinden nicht gescheut werden, da es sich hier um hervorragend wichtige Aufgaben, um sehr bedeutende wirtschaftliche Interessen der Gemeinden handelt, um Aufgaben, die durch ein verständnisvolles und opferwilliges Zusammenwirken der Gemeinden und der Beteiligten eine befriedigende Lösung finden können und finden müssen, bevor es zu spät ist.

Im einzelnen finden die Verwaltungsbehörden beachtenswerte Anregungen in der Monatsschrift des Bayer. Vereins für Volkskunst und Volkskunde (vgl. insbesonders Jahrgang 1906 S. 99 ff., 1907 S. 16 ff.).

Die für vorstehendes in Frage kommenden Distriktsverwaltungsbehörden sind mit weiterer Weisung zu versehen und anzuhalten, die aufgestellten Bebauungsgrundsätze, dann die etwa veranlaßten Bebauungspläne und örtlichen Bauvorschriften jeweils noch im Entwurfe hieher in Vorlage zu bringen. Zunächst ist unter Darlegung der Verhältnisse zu berichten, für welche Orte und Gelände Vorkehrungen im Sinne der obigen Anregungen veranlaßt sind, zugleich sollen zunächst die bereits genehmigten Baulinienpläne der an Gebirgsseen angrenzenden Gemeinden hieher vorgelegt werden.

6. Verordnung über die Errichtung von Bauten für Umspanner (Transformatoren) vom 5. Mai 1922.

(GVBl. S. 277.)

Auf Grund des Polizeistrafgesetzbuches Art. 101 erläßt das Gesamtministerium des Freistaats Bayern nachstehende Verordnung:

§ 1.

Bauten für Umspanner (Transformatoren) dürfen, auch soweit sie nicht nach §§ 6—10 der beiden Bauordnungen baupolizeilicher Genehmigung bedürfen, nur mit Genehmigung der Bezirkspolizeibehörde errichtet werden.

§ 2.

Solche Bauten dürfen, seien sie nach §§ 6—10 der beiden Bauordnungen oder nach § 1 dieser Verordnung genehmigungspflichtig, nach ihrem Standort, ihren Baustoffen, ihrer Bauweise, Gestaltung und Bauform das Orts- und Landschaftsbild nicht verunstalten. Die Bezirkspolizeibehörde hat die hiernach erforderlichen Auflagen im Genehmigungsbescheide festzusetzen. Die hierauf begründeten Änderungen des Bauplanes dürfen jedoch die Kosten der Bauführung nicht wesentlich vermehren.

§ 3.

Gegen den Bescheid der Bezirkspolizeibehörde ist innerhalb einer von dem Tage nach der Zustellung laufenden Frist von 14 Tagen Beschwerde zur Regierung, Kammer des Innern, zulässig; diese entscheidet endgültig.

§ 4.

Zuwiderhandlungen gegen § 1, ferner gegen die nach § 2 Satz 2 festgesetzten Auflagen werden an Geld bis zu 1500 Mk.*) oder mit Haft bestraft. Art. 105 Abs. I und II des Polizeistrafgesetzbuchs findet Anwendung.

§ 5.

Diese Verordnung tritt mit ihrer Verkündigung in Kraft.

---

7. M. E. vom 31. Okt. 1924 Nr. 3650 a 5 betr. Dachformen der Umspannerhäuschen.

Bei der Würdigung der Dachformen für Umspannerhäuschen nach der VO. vom 5. Mai 1922 (GVBl. S. 277) ist folgendes zu beachten:

Für die Einfügung der Transformatorentürme in das Landschafts- oder Ortsbild ist von ausschlaggebender Bedeutung die Form

*) Nunmehr 150 RM. (Art. XIV Abs. III V. v. 6. Febr. 1924 (RGBl. S. 44).

der Bedachung. Es besteht vielfach noch Unklarheit darüber, welche Dachform im Einzelfalle als die geeignetste anzusehen ist. Daher werden über diese Frage einige allgemeine Anhaltspunkte gegeben.

Es kommen hauptsächlich zwei Grundformen von Dächern in Betracht, das Satteldach mit zwei Giebeln und das Zeltdach.

Das Giebeldach ist zwar konstruktiv die einfachste Form, es wird jedoch bei freistehenden Bauten schönheitlich im allgemeinen nur dann befriedigen, wenn es über einen langgestreckten Grundriß gelegt wird. Diese Grundrißform wird bei Transformatorentürmchen nur selten vorliegen. Immerhin kann auch bei nahezu quadratischem Grundriß diese Dachform unter bestimmten Voraussetzungen anwendbar sein, beispielsweise inmitten einer Ortsstraße, die lauter Giebelhäuser aufweist, oder dann, wenn die Umgebung die Betonung einer bestimmten Richtung des Transformatorenhauses erfordert.

Bei Verbescheidung von Baugesuchen, welche Transformatorentürme mit Satteldächern vorsehen, wird daher stets sorgfältig zu prüfen sein, ob die Voraussetzungen für eine befriedigende Einfügung in das Orts- und Landschaftsbild gegeben sind.

Als viel allgemeiner verwendbar und in den meisten Fällen als günstiger ist die Form des Zeltdaches anzusehen, da dasselbe in jeder Hinsicht symmetrische Erscheinung zeigt und in bezug auf die Stellung zur Umgebung als in sich abgeschlossene kubische Form neutral wirkt. Daher wird die Verwendung dieser Dachform im allgemeinen nicht zu beanstanden sein, wenn sie in den Baugesuchen vorgeschlagen ist.

Der öfters geäußerte Einwand, daß die Verwendung des Zeltdaches eine geringe Erhöhung des Mauerwerks bedingt, wird dadurch hinfällig, daß andererseits eine Verbilligung gegenüber dem Satteldach eintritt durch den Wegfall der beiden Giebel bei gleichbleibender Dachfläche.

Für die Leitungsführung bietet die Anwendung der Zeltdachform den Vorteil, daß sie eine größere Freiheit in der Stellung des Transformatorenturmes zuläßt.

Die vorstehenden Richtlinien beziehen sich nur auf die zwei Grundformen der Dachausbildung, die Prüfung hinsichtlich der Dachneigung, der Dacheindeckung und der Ausbildung in Einzelheiten richtet sich nach den jeweiligen besonderen Verhältnissen und ist im Einzelfalle zu würdigen.

VII. Teil.

Vorwiegend bautechnische Bestimmungen.

1. Oberpolizeiliche Vorschriften für die Aufstellung und Prüfung von Tragfähigkeitsnachweisen bei Bauwerken vom 25. März 1918 (GVBl. S. 251).

Auf Grund des Art. 101 des Polizeistrafgesetzbuchs für das Königreich Bayern vom 26. Dezember 1871 in der Fassung des Gesetzes vom 22. Juni 1900 (GVBl. S. 484) erläßt das K. Staatsministerium des Innern die nachstehenden oberpolizeilichen Vorschriften:

I. Allgemeine Vorschriften.

§ 1.

Bei der Aufstellung und Prüfung von Tragfähigkeitsnachweisen für Bauwerke jeder Art sind die in den gegenwärtigen Vorschriften bestimmten Belastungsgrundlagen, zulässigen Beanspruchungen und allgemeinen Leitsätze zu beachten.

§ 2.

Tragfähigkeitsnachweise, die nach den bestehenden oder gegenwärtigen Vorschriften einer baupolizeilichen Prüfung unterstellt werden müssen, sind durch Zeichnungen, statische Berechnungen und Beschreibungen in übersichtlicher und prüfbarer Form zu erbringen und vom Bauherrn sowie vom Verfasser zu unterschreiben. Besteht ein Tragfähigkeitsnachweis aus mehreren getrennten Vorlagen, dann ist jede dieser Vorlagen zu unterzeichnen.

§ 3.

Im Zweifelsfalle entscheidet über die Notwendigkeit der Beibringung und den Umfang des Tragfähigkeitsnachweises die Baupolizeibehörde. Auf Verlangen ist ein Tragfähigkeitsnachweis auch für Bauwerke zu erbringen, die vorübergehenden Zwecken dienen sollen.

II. Belastungsgrundlagen.

§ 4.

Eigengewichte von Baustoffen und Baukörpern.

a) Kies, Erden, Füllstoffe.	kg/qcm
Erde, Sand, Lehm, Kies trocken	1700
" " " " naß	2000

Portlandzement, lose eingefüllt	1400
„ eingerüttelt	1900
Koksasche und gewöhnliche Schlacke	700
Granulierte Hochofenschlacke	850
Bimssteinsand und Bimssteinkies	700
Torfmulle, lose geschüttet	150
„ fest gestampft	400
Basaltschotter	1650
Granitschotter	1600
Kalk- und Sandsteinschotter	1500

b) Mörtel und Beton. kg/cbm

Kalkmörtel und Traßkalkmörtel	1800
Zementmörtel und Traßzementmörtel	2100
Zementkalkmörtel	2000
Gipsguß	1000
Gipskalkmörtel (Rabitzmörtel)	1500
Beton mit Eiseneinlagen	2400
Zementbeton aus Kies, Granit-, Basalt-, Kalksteinschotter u. dgl., Mischungsverhältnis bis 1 : 7	2300
desgl. bei Mischungsverhältnissen mit größeren Zuschlagsmengen	2200
Zementbeton aus Steinkohlenschlacke oder Bimskies mit oder ohne Bimssandbeimengung	1100
desgl. mit Beimengung von gewöhnlichem Sand	1500

c) Natürliche Bausteine kg/cbm

Granit, Gneis	2800
Syenit, Porphyr	2800
Basalt	3000
Marmor	2700
Muschelkalk	2800
Kalkstein, dicht	2600
„ porig	2200
Sandstein feinkörnig, dicht (Buntsandstein usw.)	2600
Sandstein grobkörnig	2200
Kalktuff dicht, Trachyttuff	2000
Tuffstein porig, Bimsstein	1500
Nagelfluhe	2200
Schiefer	2700

d) Künstliche Bausteine. kg/Stück

Backstein, Reichsform	3,3
„ Münchner Form	4,3
Klinker, Reichsform	4,0
„ Münchner Form	5,5

Poröse Vollsteine, Form 6,5/12/25 cm	2,0
„ „ „ 7,5/12/25 cm	2,3
„ „ „ 10/12/25 cm	3,0
Rheinische Schwemmsteine, Form 6,5/12/25 cm	1,4
„ „ „ 7,5/12/25 cm	1,7
„ „ „ 9,5/12/25 cm	2,1
Kalksandstein, Reichsform	4,0

e) Mauerwerk aus

	kg/cbm
Bruchsteinen, Gneis, Granit und anderen Massengesteinen	2700
desgleichen Kalkstein	2400
„ Sandstein	2300
„ Schiefer	2600
Backsteinen in Kalkmörtel	1600
„ „ Zementkalkmörtel	1700
„ „ Portlandzementmörtel	1750
Klinkern	1900
Porigen Vollsteinen	1400
Lochsteinen in verlängertem Zementmörtel	
bei 20 cm starken Mauern	1450
„ 15 cm „ „	1300
„ 10 cm „ „	1100
Schwemmsteinen	1000
Kalksandsteinen	1900
Kunstsandsteinen	2100
Korksteinen, schwarz in Zementmörtel	1950
„ gewöhnlich in Gipsmörtel	600

f) Fußbodenbelage, Estriche, Verschalungen.

	kg/cbm
Zementestrich	2200
Gipsestrich	2100
Terrazzo	2000
Asphaltestrich	1600
Steinholzbelage	1600
Tonfliesen	2000
Korkplatten, weiß als Unterlage und Schalung	300
„ , schwarz als „ „ „	560
Gipsdielen	750
Zementdielen aus Kies, Sand und Portlandzement	2200
Schlackendielen mit Zement oder Gips als Bindemittel	1100
Glas	2600
Linoleum	1200
Rohrmattenputz auf Latten oder Schalung	35 kg/qm

g) Bauhölzer.

	kg/cbm
Fichtenholz lufttrocken	550

Sonstige einheimische Nadelhölzer lufttrocken	650
Eiche lufttrocken	900
Buche lufttrocken	800
Yellowpine lufttrocken	800
Pitchpine lufttrocken	900
Australische Harthölzer	1100

h) Metalle.

	kg/cbm
Schweißeisen	7800
Flußeisen	7850
Stahl	8000
Gußeisen	7250
Blei	12000
Kupfer gewalzt	9000
Zinn gehämmert oder gewalzt	7400
Zink gewalzt	7200
Glockenmetall	8800

i) Zwischendecken.

	kg/qm
Holzbalken 16/24 cm, Mittenabstand 1 m, mit 3,5 cm starkem Fußboden	70
Holzbalken 16/24 cm, Mittenabstand 0,8—0,9 m, mit 3,5 cm starkem Fußboden, Rohrmattenputz	105
Holzbalken 16/24 cm, Mittenabstand 0,8—0,9 m, mit 3,5 cm starkem Fußboden, Fehlboden, 8 cm hoher Auffüllung und Rohrmattenputz	250
Kappengewölbe aus gewöhnlichen Backsteinen, ½ Stein stark, mit Übermauerung, ohne Auffüllung und Fußboden	250
Kappengewölbe, wie vor, aus porösen Steinen	190

Die Eigengewichte von hier nicht angegebenen Deckenarten insbesondere von Stein- und Steineisendecken sind von Fall zu Fall zu ermitteln.

k) Dächer.

	kg/qm geneigte Dachfläche
Einfaches Ziegeldach aus Strangfalzziegeln einschl. Sparren geneigte Dachfläche 12/15 cm, 0,8—0,9 m Mittenabstand und Latten	70
Doppeltes Ziegeldach aus Biberschwänzen mit Sparren und Latten wie vor	95
Doppeltes Ziegeldach, wie vor, mit Schalung und Dachpappe, Isolier- und Dachplatten	110
Falzziegeldach, einschl. Sparren und Latten wie vor	75
Hohlziegeldach (Mönch- und Nonnendach) einschl. Sparren und Latten wie vor und Vermörtelung	120
wie vor, jedoch Mönch und Nonne aus einem Stück	105

Schieferdach einschl. Sparren wie vor, Schalung und Pappunterlage	75
Zink- und Kupferblechdach in Leisten- oder doppelter Falzausführung einschl. Sparren wie vor und Schalung . . .	40
Einfaches Teerpappdach einschl. Sparren wie vor und Schalung	35
Doppelpappdach einschl. Sparren und Schalung wie vor .	55
Holzzementdach einschl. Sparren 14/18 cm, 0,8—0,9 m Mittenabstand, Schalung und Kieslage 7 cm hoch	185
Glasdach auf Eisensprossen	30

§ 5.

Schneelast.

1. Die Schneelast ist mit 75 kg/qm Grundrißfläche anzunehmen. Bei Dachneigungen bis 1 : 1,25 (rd. 38°) ist diese Belastung mit ihrem vollen Betrag, bei solchen 1 : 1 (45°) nur mit 50 kg, bei 1 : 0,75 (53°) mit 25 kg anzunehmen; bei Neigung 1 : 0,5 (63°) kann sie entfallen. Zwischenwerte sind gradlinig einzuschalten.
2. Bei der Berechnung ist sowohl Vollbelastung wie Teilbelastung anzunehmen.
3. Besteht die Möglichkeit, daß der von Teilen der Dachfläche abgleitende Schnee auf anderen Teilen des Daches liegen bleibt, so ist er an diesen Stellen mit seinem vollen Gewicht in die Berechnung einzusetzen.
4. Bei Bauten im Gebirg ist die Schneelast den örtlichen Verhältnissen entsprechend größer anzunehmen.
5. Bei Ingenieurbauten sind außerdem die jeweils gültigen Sondervorschriften zu beobachten.

§ 6.

Winddruck.

1. Der Druck auf die zur Windrichtung senkrechte Fläche ist mit 150 kg/qm in Rechnung zu stellen. Die Windrichtung ist in der Regel horizontal anzunehmen. Der auf eine Dachfläche senkrecht zur Neigungslinie wirkende Winddruck W beträgt 150 $\sin^2 \alpha$ (kg/qm), wobei mit α der Neigungswinkel der getroffenen Dachfläche bezeichnet wird. Die Wirkung in Richtung der geneigten Fläche kann bei Dächern ohne Aufbauten in der Regel vernachlässigt werden. Aus vorstehender Formel ergeben sich folgende Werte:

α =	25°	30°	35°	40°	45°	50°	55°	60°	65°	70°
W =	27	37	49	62	75	88	101	112	123	132 kg/qm.

2. Bei Hallen, die durch große Öffnungen dem Winde ständig oder zeitweise das Eindringen ermöglichen, ist auch ein von innen nach außen wirkender Winddruck von 30 kg/qm auf Wand- und Dachflächen in Betracht zu ziehen mit Ausnahme

der unmittelbar getroffenen Teile der Innenflächen, die mit 150 kg/qm nach Vorschrift Ziffer 1 zu belasten sind.

3. Vorragende Dächer, Vordächer oder Dächer offener Hallen (ohne Wände) müssen auch der Belastung eines unter 10° Neigung gegen die Horizontale nach oben gerichteten Winddruckes entsprechen.
4. Bei Stegen für den Verkehr von Fußgängern oder Waren kann der Winddruck auf die voll belastete Brücke mit 75 kg/qm angenommen werden.
5. Bei Ingenieurbauten sind außerdem die jeweils geltenden Sondervorschriften zu beachten.

§ 7.

Nutzlasten.

a) Verkehrslasten.

1. Besondere Belastungen durch ruhende oder bewegliche Lasten, wie lagernde Stoffe, Akten, Bücher, Geldschränke, Menschen. Maschinenanlagen jeder Art, sowie die vorwiegend bei Ingenieurbauten vorkommenden Belastungen durch rollende Last, sind von Fall zu Fall nach Größe und Wirkung unter Beachtung der jeweils gültigen Sondervorschriften zu bestimmen und in Rechnung zu stellen.
2. In normalen Fällen ist anzunehmen

	kg/qm
für Menschengedränge, gewöhnliches	360
„ „ dichtestes	540
„ Dachböden in Wohngebäuden und Zwischendecken in Kleinwohnungen	150
„ Zwischendecken in Wohngebäuden	200
„ Treppen in Wohngebäuden	350
„ Decken und Treppen in Versammlungsräumen, Tanzsälen, Turn- und Exerzierhallen	500
„ Decken und Treppen in Fabriken und Geschäftsgebäuden, Mindestbelastung	350
(die tatsächliche Nutzlast ist in allen Fällen nachzuweisen; die angegebene Mindestbelastung ist gegebenenfalls dem Nachweis entsprechend zu erhöhen).	
„ Decken in Schulgebäuden	300
„ Decken unter Mannschaftsstuben und Gängen in Kasernen	350
„ Treppen in Schulgebäuden und Kasernen	400
„ Treppen in Theatern	500
„ Decken unter Durchfahrten und befahrbaren Hofräumen	900
„ Balkone	400
„ Abschlußgeländer von Treppen und Balkonen eine in Holmhöhe nach außen wirkende Seitenkraft von	

40 kg/m. In Theatern, Versammlungsräumen, sowie überall dann, wenn bei einer Panik Massenandrang an die Geländer zu befürchten ist, muß die Seitenkraft mit 100 kg/m angenommen werden.
für Dachteile (Sprossen, Sparren usw.), die bei Ausbesserungs- oder Reinigungsarbeiten oder aus sonstigen Gründen ausnahmsweise von Menschen betreten oder zum Tragen von Hilfsgerüsten benützt werden müssen, eine Einzellast von . . . . . . 100 kg.

b) Eigengewichte lagernder Stoffe. kg/cbm

1	Aktengerüste und Schränke in Registraturen, Bibliotheken usw. einschl. der Hohlräume mindestens	500
2	Waren	
	Papiere, Akten, Bücher	1000
	Stroh und Heu, Packhöhe bis 2 m	70
	Stroh und Heu, Packhöhe 2—4 m	80
	Stroh und Heu, Packhöhe 4—6 m	90
	Stroh und Heu, Packhöhe 6—8 m	100
	Stroh und Heu, gepreßt	280
	Weizen oder Roggen	770
	Hafer	520
	Mehl (lose)	500
	Mehl (in Säcken), belastet bei 6 Sacklagen den qm mit 750 kg	
	Malz	560
	Hopfen in Säcken	170
	Hopfen in zylindrischen Hopfenbüchsen	470
	Hopfen in zylindrischer Form in Hopfentuch eingenäht oder gepreßt	290
	Hülsenfrüchte (Erbsen, Bohnen)	850
	Kartoffeln	700
	Rüben	700
	Salz	800
	Zucker	750
	Brennholz	400
	Torf	600
	Braunkohlen	650
	Steinkohlen, große Stücke	1200
	Steinkohlen, kleine Stücke	900
	Koks, trocken	450
	Eis	920
	Zement (lose)	1400
	Zement (eingerüttelt)	1900
	Kalk, gebrannt	1000

III. Zulässige Beanspruchungen.

§ 8.

a) Baugrund.

1. Die Beschaffenheit des Baugrundes ist in zweifelhaften Fällen durch Schürfgruben oder genügend tiefe Bohrungen festzustellen.
2. Die Höchstbeanspruchung innerhalb der für die einzelnen Bodenarten nachstehend angegebenen Grenzwerte ist nur dann zulässig, wenn Erschütterungen des Bauwerkes oder Beeinträchtigungen der Bodenfestigkeit durch Grundwasser, Tagwasser oder andere Einflüsse ausgeschlossen sind.

	kg/qcm
Mäßig feuchter Sand, lose gelagerter trockener Lehm und Ton	1,5—2,0
Fester, feinkörniger Sand, fest gelagerter trockener Ton, sowie Kies mit Schichten von geringem Sandgehalt	1,5—3,0
Trockener, wenig tonhaltiger, festgelagerter grober Sand, Kies	2,5—4,0
Sehr fester, trockener Mergel und Tegel, Flinz	3,0—5,0

Fels darf nach Beseitigung der Verwitterungsschicht mit $^2/_3$ der im nächsten Absatz für das betreffende Gestein angegebenen Werte beansprucht werden.

3. Für Gründungen bei Ingenieurbauten sind außerdem noch die bestehenden besonderen Vorschriften maßgebend.

b) Natürliche Bausteine.

1. Die natürlichen Bausteine dürfen auf Druck mit $^1/_{15}$ der durch Versuche nachgewiesenen Druckfestigkeit beansprucht werden.
2. Wenn kein Nachweis erbracht wird, sind folgende Werte zulässig

	kg/qcm
Granit	60
Grünstein von Ludwigsstadt	60
Buntsandstein aus Heigenbrücken, Kronach u. Bayreuth	20
desgleichen von der unterfränkischen Saale und aus der Pfalz	35
Keuper- und Grünsandstein von Abbach und Bodenwöhr	15
desgleichen von Oberdachstetten und Eltmann	20
Molassesandstein vom Allgäu, von Peißenberg und Murnau	40
Nürnberger weiche Sandsteine	10
Nürnberger harte Sandsteine	20
Grauwacke von Ludwigsstadt	60
Muschelkalk von Marktbreit, Randersacker, Münnerstadt	35
Muschelkalk, sehr dichter von Kronach	60

	kg/qcm
Jurakalk, dichter, von Pappenheim	40
Jurakalk von Kelheim und Abensberg	25
Juradolomit von Pappenheim, Lohstadt bei Kelheim	40
desgleichen von Parsberg, Artelshofen und Velden in Mittelfranken	25
Marmor vom Untersberg	40
Granitmarmor (Kieselkalkstein) von Neubeuern	40
Fichtelgebirgsmarmor	40
Nagelfluh von Höllriegelskreuth	15
desgleichen von Brannenburg	20
Tuffstein von Huglfing	8

3. Bei freistehenden Säulen und Pfeilern ist für das Schlankheitsverhältnis $\frac{h}{b} = 6$ nur $^2/_3$, für $\frac{h}{b} = 12$ nur $^1/_3$ der nach Ziff. 1 und 2 zulässigen Druckfestigkeiten anzunehmen. Zwischenwerte sind geradlinig einzuschalten.

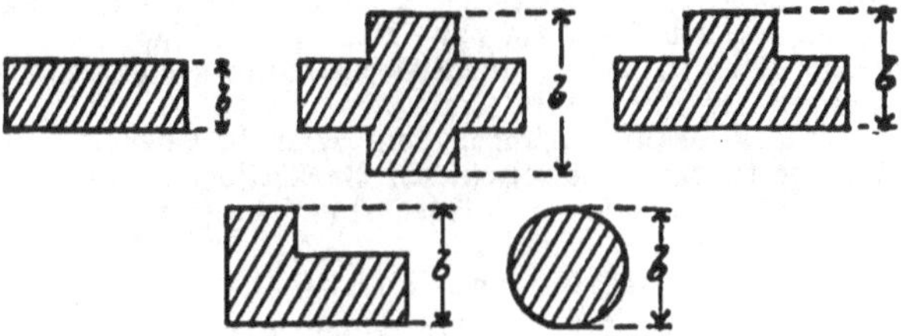

c) Mauerwerk.

1. Auf Druck ist zulässig

	kg/qcm
Gewöhnliches Ziegelmauerwerk in Kalkmörtel	7
Gewöhnliches Ziegelmauerwerk in Kalkzementmörtel	9
Gewöhnliches Ziegelmauerwerk in Portlandzementmörtel	12
Ziegelmauerwerk aus hartgebrannten Maschinensteinen in Portlandzementmörtel	15
Bestes Klinkermauerwerk in Portlandzementmörtel	20
Mauerwerk aus porigen Steinen	5
Mauerwerk aus Kalksandsteinen in Kalkmörtel	7
Mauerwerk aus Kalksandsteinen in Portlandzementmörtel	12
Gemischtes Bruchsteinmauerwerk aus lagerhaften Steinen in Portlandzementmörtel	9
Bruchsteinmauerwerk aus zugerichteten Steinen, deren zulässige Beanspruchung mindestens 20 kg/qcm beträgt, Portlandzementmörtel	12
Schichtenmauerwerk (zulässige Beanspruchung der Steine mindestens 30 kg/qcm) in Portland-Zementmörtel	18

Quadermauerwerk darf bis zu $^2/_3$ der für die verwendeten Steine zulässigen Beanspruchung, höchstens aber mit 50 kg/qcm beansprucht werden.

2. Für freistehende Säulen und Pfeiler gelten die nachfolgenden Bestimmungen unter d, Ziffer 2.

d) Beton.[1])

1. Beton darf bei ruhender Last auf Druck bis zu $^1/_5$ seiner nach 28 tägiger Erhärtung nachgewiesenen Würfelfestigkeit, höchstens aber mit 50 kg/qcm beansprucht werden.
2. Bei Stützen, freistehenden Säulen und Pfeilern ist für das Schlankheitsverhältnis $\frac{h}{b} = 5$ nur ½, für $\frac{h}{b} = 10$ nur ¼ der nach Ziff 1 zulässigen Beanspruchung anzunehmen. (Vgl. § 8 b Ziffer 3.)
3. Für Stampfbeton in einfachen Baukörpern ist bei einem Mischungsverhältnis von höchstens 12 Raumteilen Sand und Schotter (Kies) auf 1 Raumteil Portlandzement eine Druckbeanspruchung von 8 kg/qcm ohne Nachweis zulässig.
   Wird die Würfelfestigkeit nachgewiesen, dann treten die Bestimmungen der Ziffer 1 in Kraft.
4. Die zulässigen Beanspruchungen von Beton in Eisenbetonbauwerken sind in den oberpolizeilichen Vorschriften für die Ausführung von Bauwerken aus Eisenbeton festgesetzt.

e) Eisen und Stahl.

1. Bei Anrechnung der Wirkung der ständigen Last, der Nutzlast und der Schneebelastung ist zulässig

	kg/qcm
Flußeisen auf Zug, Druck und Abscherung	1200
Gußeisen auf Druck	1000
Gußeisen auf Zug	250
Gußeisen auf Abscherung und Biegung	500
Stahlformguß auf Druck, Biegung und Abscherung . .	1200
Gewalzter oder geschmiedeter Stahl auf Zug, Druck und Abscherung	1400

2. Bei Anrechnung sämtlicher Belastungen einschließlich der Wirkungen aus Winddruck, Wärmeschwankungen usw. können die unter Ziff. 1 angegebenen Werte um ¼ erhöht werden.
3. Auf Abscherung ist für Nieten nur 0,8, für konisch gedrehte, in die Bohrungen satt eingetriebene Bolzen nur 0,9, für gewöhnliche Schrauben nur 0,6, der in Ziffer 1 und 2 angegebenen Beanspruchung zulässig. Der Leibungsdruck darf bei Nieten und konischen Bolzen das 2,5 fache, bei Schrauben das 2,0 fache

[1]) S. Buchstabe C § 4 der oberpolizeilichen Vorschriften vom 12. Febr. 1926. (GVBl. 263).

der in Ziff. 1 und 2 angegebenen Scherbeanspruchung nicht überschreiten. Hierbei ist für Nieten und konisch gedrehte Bolzen der Bohrungsdurchmesser, für Schrauben der Schaftdurchmesser in Rechnung zu stellen.

4. Die zulässigen Beanspruchungen von Eisen in Eisenbetonbauwerken sind in den oberpolizeilichen Vorschriften für die Ausführung von Bauwerken aus Eisenbeton festgesetzt.

f) Drähte und Bleche.	kg/qcm
Eisendraht, blank gezogen auf Zug	2100
Eisendraht, geglüht auf Zug	1000
Tiegelstahldraht auf Zug	5000
Kupferdraht, elektrolytisch hergestellt auf Zug . . .	1100
Kupferdraht, mit Antimon hergestellt auf Zug . . .	1400
Wellblech aus Flußeisen auf Biegung	1000
Wellblech aus Zink auf Biegung	150
Wellblech aus Zink auf Zug und Druck	200

g) Holz.

1. Zulässige Beanspruchung von	Nadelholz kg/qcm	Eichenholz kg/qcm
Auf Zug	100	120
„ Biegung	90	110
„ Druck in der Faserrichtung	70	90
„ „ senkrecht zur „	20	40
„ Abscherung in der „	10	20
„ „ senkrecht zur „	30	60

2. Für Bauten, die einem vorübergehenden Zwecke dienen sollen (Rüstungen, Schuppen, Ausstellungshallen usw.), dürfen die Spannungswerte unter Ziffer 1 um ¼ erhöht werden.

IV. Allgemeine Leitsätze für die statische Berechnung.

§ 9.

1. Die statische Berechnung ist für die einzelnen Belastungen in der Regel getrennt durchzuführen, wobei für jeden Teil des Tragwerkes die ungünstigsten Laststellungen und Angriffe in Betracht zu ziehen sind. Aus diesen einzelnen Wirkungen sind sodann die größten Summen der gleichgerichteten Kräfte (Momente) nach den beiden in § 8 Buchst. e Ziff. 1 und 2 angegebenen Wirkungsgruppen zu bilden. Maßgebend ist jener Fall, der den größeren Querschnitt ergibt.
2. Als rechnungsmäßige Stützweite eines Trägers ist der Mittenabstand der Lagerstühle oder Platten, bei Lagerung unmittelbar auf dem Mauerwerk, die um mindestens $^1/_{20}$ vergrößerte Lichtweite anzunehmen.

3. Die in der Berechnung von Eisenkonstruktionen in besonderen Fällen zu berücksichtigenden Wärmeschwankungen werden mit — 20° und + 40° Celsius begrenzt. Diese Höchstwerte gelten nur für Konstruktionen, die im Freien sowohl der unmittelbaren Einwirkung der Sonne, wie kalter Luftströmungen ausgesetzt sind und können bei entsprechendem Schutz der Konstruktionen gegen die Wärmeschwankungen ermäßigt werden. Die Ausdehnungsziffer für 1° Celsius ist bei Eisen mit 0,000012 anzunehmen.
4. Gedrückte Stäbe bei Eisen- und Holzkonstruktionen (Säulen, Pfeiler, Stützen usw.) müssen in der Regel nach der Formel $F = S\ (1 + \omega) = S \left(1 + \frac{k \cdot s^2 \cdot F}{\Phi}\right)$ berechnet werden.

Hierbei ist F die volle Querschnittsfläche des Stabes, S die notwendige Querschnittsfläche des Stabes ohne Berücksichtigung der Knickung, s die Knicklänge des Stabes, Φ das in Betracht zu ziehende Trägheitsmoment der vollen Fläche und k eine vom Baustoff abhängige Ziffer, die beträgt: für Walzeisen 0,00013, für Gußeisen 0,0006, für Holz 0,0002.

Die Baupolizeibehörde ist befugt, auch andere bewährte Knickformeln zuzulassen oder vorzuschreiben.
5. Exzentrisch belastetete Druckglieder sind auf Druck und Biegung zu berechnen. Hierbei ist der etwa auf das Mauerwerk ausgeübte Kantendruck zu bestimmen. Die Füße von Eisenständern sind so anzunehmen, daß eine gleichmäßige Verteilung des Druckes auf die Unterlage stattfindet.

V. Schlußbestimmungen.

§ 10.

Bei Bauwerken, deren Ausführung nach den bestehenden Vorschriften weder der baupolizeilichen Genehmigung bedarf noch durch Behörden von Amts wegen geleitet oder beaufsichtigt wird, hat der Unternehmer vor Beginn der Bauarbeiten der Baupolizeibehörde Anzeige zu erstatten, wenn die statische Sicherheit des Bauwerkes aus den Plänen allein nicht zu erkennen ist und nach den anerkannten Regeln der Baukunst durch eine statische Berechnung nachgewiesen werden muß.

Wenn eine höhere technische Prüfung der Pläne vor der Anzeige nicht stattgefunden hat, kann die Baupolizeibehörde die Vorlage eines Tragfähigkeitsnachweises unter der Voraussetzung verlangen, daß nach ihrem Ermessen ungenügende Sicherheit des Bauwerkes Gefahr für Personen oder fremdes Eigentum mit sich bringen könnte.

Die Baupolizeibehörde ist berechtigt, den Beginn oder die Fortsetzung der Bauarbeiten so lange zu untersagen, bis die Prüfung des Nachweises vollzogen ist, und bis die hierbei sich ergebenden Beanstandungen behoben sind.

Zugleich mit der Anzeige ist die mit der Bauleitung betraute Person namhaft zu machen, welche die Verantwortung durch unterschriftliche Erklärung zu übernehmen hat.

Die Baupolizeibehörde kann die als Bauleiter bestellte Person beanstanden, wenn diese die für eine sichere Bauführung erforderliche Verlässigkeit nicht besitzt. Bis zur Behebung des Anstandes kann die Inangriffnahme oder Fortsetzung der Bauarbeiten untersagt werden.

§ 11.

Verantwortlich für die Beachtung gegenwärtiger Vorschriften bei Aufstellung des Tragfähigkeitsnachweises und für die Richtigkeit der statischen Berechnung ist der als Verfasser Unterzeichnete.

§ 12.

Der verantwortliche Bauleiter oder die von ihm mit der Ausführung der den Gegenstand des Tragfähigkeitsnachweises bildenden Konstruktionen besonders beauftragte Person, neben diesen der Unternehmer, haben durch unterschriftliche Erklärung die Verantwortung zu übernehmen für die feste, sichere, dem geprüften Tragfähigkeitsnachweis entsprechende Ausführung und für die Wahl eines Baumaterials, das den rechnerischen Voraussetzungen den in Fachkreisen als üblich anerkannten Bedingungen sowie den Anordnungen und Vorschriften der Baupolizeibehörde genügt.

§ 13.

Bei Bauwerken, deren Ausführung von Behörden von Amts wegen geleitet oder überwacht wird, sind an Stelle der §§ 2, 3, 10, 11, 12 die jeweils gültigen besonderen Vorschriften maßgebend.

§ 14.

Für Eisenbetonbauwerke sind an Stelle der Teile I, IV und V gegenwärtiger Vorschriften die oberpolizeilichen Vorschriften für die Ausführung von Bauwerken aus Eisenbeton anzuwenden.

§ 15.

Die Erlassung ergänzender, den örtlichen Bedürfnissen Rechnung tragender ortspolizeilicher Vorschriften bleibt vorbehalten.

Die in § 17 Abs. IV der Bauordnung für die Haupt- und Residenzstadt der Lokalbaukommission erteilte Befugnis bleibt unberührt.

§ 16.

Die in der Ministerialentschließung vom 16. März 1912 (MABl. Inneres S. 495 mit 582) Absatz II erteilte Weisung, daß die mit der Entschließung veröffentlichten Grundlagen für die Tragfähigkeitsberechnungen von Hochbauten bei der baupolizeilichen Prüfung der Baugesuche entsprechend zu beachten sind, ist durch gegenwärtige Vorschrift ersetzt.

München, den 25. März 1918.

Dr. v. Brettreich.

---

2. M. E. vom 1. April 1926 Nr. 3671 bb betr. Vorschriften über Beton u. Eisenbeton. (StA. Nr. 77).

(Auszug.)

Die oberpolizeilichen Vorschriften für die Ausführung von Bauwerken aus Eisenbeton vom 25. März 1918 (GVBl. S. 225 bis 247)nebst Anhang (GVBl. S. 248 bis 250) sind durch die oberpolizeilichen Vorschriften vom 12. Februar 1926 (GVBl. Nr. 8 S. 235—271) ersetzt worden.

In Kraft bleiben bis auf weiteres die oberpolizeilichen Vorschriften für die Aufstellung und Prüfung von Tragfähigkeitsnachweisen bei Bauwerken vom 25. März 1918 (GVBl. S. 251—264), die lediglich in ihrem Abschnitt III Buchstabe d „Beton" eine Ergänzung durch die Bestimmungen in Buchstabe C § 4 der neuen oberpolizeilichen Vorschriften vom 12. Februar 1926 (GVBl. S. 263) erfahren haben.

Die neuen Vorschriften treten am 1. April 1926 in Kraft.

---

3. Oberpolizeiliche Vorschriften für A. Ausführung von Bauwerken aus Eisenbeton; B. Ausführung ebener Steindecken; C. Ausführung von Bauwerken aus Beton; D. Druckversuche an Würfeln bei Ausführung von Bauwerken aus Beton und Eisenbeton vom 12. Febr. 1926.

(GVBl. S. 235.)

Geändert durch oberpolizeiliche Vorschriften vom 21. Dezember 1927 über die Ausführung von Bauwerken aus Eisenbeton und Beton.

(GVBl. S. 360.)

(Die Änderungen sind im Texte berücksichtigt.)

Auf Grund des Art. 101 Abs. II des PStrGB. erläßt das Staatsministerium des Innern im Anschluß an die Bestimmung des Deutschen Ausschusses für Eisenbeton vom September 1925 die nachstehenden oberpolizeilichen Vorschriften.

A.

Bestimmungen für Ausführung von Bauwerken aus Eisenbeton.

Vorbemerkung.

Entwurf und Bauausführung von Eisenbetonbauten fordern eine gründliche Kenntnis dieser Bauweise. Daher darf der Bauherr nur solche Unternehmer damit betrauen, die diese Kenntnis haben und eine sorgfältige Ausführung gewährleisten (vgl. §§ 222, 230, 330 und 367, Ziff. 14 und 15 RStrGB. sowie § 831 BGB.)[1].

---

[1]) RStGB. § 222. Wer durch Fahrlässigkeit den Tod eines Menschen verursacht, wird mit Gefängnis bis zu drei Jahren bestraft.

Wenn der Täter zu der Aufmerksamkeit, welche er aus den Augen setzte, vermöge seines Amtes, Berufes oder Gewerbes besonders verpflichtet war, so kann die Strafe bis auf fünf Jahre Gefängnis erhöht werden.

§ 230. Wer durch Fahrlässigkeit die Körperverletzung eines anderen verursacht, wird mit Geldstrafe bis zu 900 Mark oder mit Gefängnis bis zu zwei Jahren bestraft.

War der Täter zu der Aufmerksamkeit, welche er aus den Augen setzte, vermöge seines Amtes, Berufes oder Gewerbes besonders verpflichtet, so kann die Strafe auf drei Jahre Gefängnis erhöht werden.

§ 330. Wer bei der Leitung oder Ausführung eines Baues wider die allgemein anerkannten Regeln der Baukunst dergestalt handelt, daß hieraus für andere Gefahr entsteht, wird mit Geldstrafe bis zu 900 Mark oder mit Gefängnis bis zu einem Jahr bestraft.

§ 367. Mit Geldstrafe bis zu 150 Mark oder mit Haft wird bestraft:

14. wer Bauten oder Ausbesserungen von Gebäuden, Brunnen, Brücken, Schleusen oder anderen Bauwerken vornimmt, ohne die von der Polizei angeordneten oder sonst erforderlichen Sicherungsmaßregeln zu treffen;

15. wer als Bauherr, Baumeister oder Bauhandwerker einen Bau oder eine Ausbesserung, wozu die polizeiliche Genehmigung erforderlich ist, ohne diese Genehmigung oder mit eigenmächtiger Abweichung von dem durch die Behörde genehmigten Bauplane ausführt oder ausführen läßt.

BGB. § 831. Wer einen anderen zu einer Verrichtung bestellt, ist zum Ersatz des Schadens verpflichtet, den der andere in Ausführung der Verrichtung einem Dritten widerrechtlich zufügt. Die Ersatzpflicht tritt nicht ein, wenn der Geschäftsherr bei der Auswahl der bestellten Person und, sofern er Vorrichtungen oder Gerätschaften zu beschaffen oder die Ausführung der Verrichtung zu leiten

Ebenso darf der Unternehmer als verantwortliche Bauleiter nur solche Persönlichkeiten heranziehen, die diese Bauart gründlich kennen; zur Aufsicht der Arbeiten sind nur geschulte Poliere oder zuverlässige Vorarbeiter zu verwenden, die bei Eisenbetonbauten schon mit Erfolg tätig gewesen sind.

Teil I. Allgemeine Vorschriften.

§ 1. Geltungsbereich.

Die Bestimmungen sind für alle Bauausführungen maßgebend, bei denen Beton in Verbindung mit gewalztem Eisen (Stahl) derart verwendet wird, daß beide Baustoffe gemeinsam zur Übertragung der äußeren Kräfte nötig sind. Sie gelten auch für fabrikmäßig hergestellte Eisenbetonbauteile und für Eisenbetondecken mit Einlagen aus Voll- und Hohlsteinen und anderen Füllkörpern, wenn diese zur Spannungsübertragung nicht herangezogen werden. Im übrigen sind für Decken aus Steinen mit Eiseneinlagen (Steineisendecken) die „Bestimmungen für Ausführung ebener Steindecken" maßgebend (s. Abschnitt B).

§ 2. Bauvorlagen.

1. Bei Bauwerken, die ganz oder zum Teil aus Eisenbeton hergestellt werden sollen, müssen aus den zur baupolizeilichen Prüfung vorzulegenden Zeichnungen, statischen Berechnungen und erforderlichenfalls beizubringenden Beschreibungen zu ersehen sein: die Gesamtanordnung, die Belastungsannahmen, die Querschnitte der einzelnen Teile, die genaue Gestalt und Lage der Eiseneinlagen, die Bewegungsfugen u. dgl., ferner Art, Ursprung und Beschaffenheit der Baustoffe, die zum Beton verwendet werden sollen, ihr Mischungsverhältnis (vgl. § 6) und die gewährleisteten Würfelfestigkeiten[1]) des Betons nach 28 tägiger Erhärtung (vgl. § 19 Ziff. 1).

2. Die statischen Berechnungen müssen die Sicherheit des Bauwerks nach diesen Bestimmungen in übersichtlicher und prüfbarer Form nachweisen. Hierzu müssen außer den notwendigen Übersichts-

---

hat, bei der Beschaffung oder der Leitung die im Verkehr erforderliche Sorgfalt beobachtet oder wenn der Schaden auch bei Anwendung dieser Sorgfalt entstanden sein würde.

Die gleiche Verantwortlichkeit trifft denjenigen, welcher für den Geschäftsherrn die Besorgung eines der im Abs. 1 Satz 2 bezeichneten Geschäfte durch Vertrag übernimmt.

[1]) Unter Würfelfestigkeit ist hier und im folgenden die Druckfestigkeit von Würfeln zu verstehen, die nach den „Bestimmungen für Druckversuche an Würfeln bei Ausführung von Bauwerken aus Beton und Eisenbeton" (s. Abschnitt D) angefertigt und geprüft worden sind.

plänen und Skizzen der Belastungsannahmen die Zeichnungen der Querschnitte und Auflagerenden für die wichtigen Balken, Unterzüge, Rahmen und Stützen mit allen durch Maße festgelegten Eiseneinlagen beigefügt werden. Auf Verlangen der Baupolizeibehörde sind vor Beginn der Ausführung die maßgebenden Bewehrungspläne mit Eisenauszügen zur Prüfung vorzulegen. Über die einheitlichen Bezeichnungen im Eisenbetonbau siehe Anlage zu A.

3. Bei noch unerprobter Bauweise kann die Baupolizeibehörde die Zulassung vom Ausfall von Probeausführungen und Belastungsversuchen abhängig machen. Diese Belastungsversuche sind bis zum Bruche durchzuführen.

4. Auf Anfordern sind Proben der Baustoffe beizufügen.

5. Der Bauherr, der Entwurfsverfasser und vor dem Beginn der Arbeiten auch der ausführende Unternehmer haben die Vorlagen zu unterschreiben. Wird die Ausführung einem anderen Unternehmer übertragen, so ist dies der Baupolizeibehörde sofort mitzuteilen.

§ 3. Vorläufiger Festigkeitsnachweis.

Der Unternehmer ist verpflichtet, auf Anfordern der Baupolizeibehörde vor Baubeginn nachzuweisen, daß die für den Bau in Aussicht genommenen Mischungen die gewährleisteten Würfelfestigkeiten (vgl. § 19 Ziff. 1) ergeben.

§ 4. Bauleitung.

Die Namen des verantwortlichen Bauleiters und seiner für die Baustelle bestimmten örtlichen Vertreter sind der Baupolizeibehörde bei Beginn der Bauarbeiten anzugeben; jeder Wechsel ist sofort mitzuteilen.

Während der Bauausführung muß entweder der verantwortliche Bauleiter oder einer seiner Vertreter auf der Baustelle anwesend sein.

§ 5. Die Baustoffe.

Die Eigenschaften der zu verwendenden Baustoffe sind auf Anfordern der Baupolizeibehörde durch Zeugnisse nachzuweisen. Streitfälle sind im baupolizeilichen Verfahren auszutragen [1])

1. Zement. Verwendet werden darf nur langsam bindender Zement, der den jeweils gültigen, amtlich anerkannten deutschen Normen für Lieferung und Prüfung von Zement entspricht.

Die Zeugnisse über die Beschaffenheit müssen Angaben über Raumbeständigkeit, Bindezeit, Mahlfeinheit, Zug- und Druckfestigkeit enthalten.

---

[1]) Es empfiehlt sich, bei wichtigen Bauwerken Proben der Baustoffe in Gegenwart der Baupolizei zu entnehmen und unter Verschluß für den Fall späterer Nachprüfung bis etwa ein Jahr nach Abnahme des Bauwerkes aufzubewahren.

Da erfahrungsgemäß die Abbindezeit eines Zements wechseln kann, muß der Unternehmer durch wiederholte Abbindeproben auf der Baustelle feststellen, daß kein schnell bindender Zement verwendet wird.

Bei Prüfung nach den Normen für Portland- Eisenportland- und Hochofenzement müssen die im folgenden angegebenen Mindestfestigkeiten erreicht werden:

a) für gewöhnlichen, langsam bindenden Portland-, Eisenportland- und Hochofenzement:

	nach 7 Tagen (1 Tag in feuchter Luft, 6 Tage unter Wasser) kg/cm²	nach 28 Tagen (1 Tag in feuchter Luft, 27 Tage unter Wasser) kg/cm²	nach 28 Tagen (1 Tag in feuchter Luft, 6 Tage unter Wasser, 21 Tage in Luft von Zimmertemperatur [15—20 °C]) kg/cm²
Druckfestigkeit	180	275	350
Zugfestigkeit .	8	—	30

b) für hochwertigem Zement: (Normenzement und Tonerdezement):

	nach 3 Tagen (1 Tag in feuchter Luft, 2 Tage unter Wasser) kg/cm²	nach 28 Tagen (1 Tag in feuchter Luft, 6 Tage unter Wasser, 21 Tage in Luft) kg/cm²
Druckfestigkeit	250	500
Zugfestigkeit .	25	40

Die Zemente sind in der Ursprungspackung (Fabrikpackung) auf der Verwendungsstelle anzuliefern. Der hochwertige Zement muß durch seine Packung deutlich als solcher gekennzeichnet sein.

Die Zemente dürfen nur in Einzelräumen oder innerhalb von Räumen nur in deutlich abgetrennten Abteilungen (Verschläge) gelagert werden, in denen andere Baustoffe, besonders solche, bei denen nach dem äußeren Aussehen und der Verpackung die Möglichkeit zu Verwechslungen gegeben ist (z. B. nicht den Normen entsprechende Zemente, gemahlene Baukalke, Traß), nicht aufbewahrt werden dürfen. Es müssen Tafeln mit der Bezeichnung des in den einzelnen Räumen und Abteilungen lagernden Materials angebracht sein. Beim Verbringen der Zemente von der Lagerstätte zur Verwendungsstelle dürfen nur Baustoffe in der entsprechenden Menge mitbefördert werden, die als Zuschlag zur Betonmasse dienen.

2. Sand, Kies und andere Zuschläge.

a) Im Sinne dieser Bestimmungen sind zu verstehen:
unter Sand: Gruben-, Fluß-, See-, Brech- oder Quetschsand, Schlackensand[1]), (gekörnte Hochofenschlacke geeigneter Zusammensetzung), Bimssand[1]) u. dgl. bis zu höchstens 5 mm Korngröße;
unter Kies: natürliche Kiesgraupen, Kiessteine, Kiesel, Bimskies[2]) von 5 mm Korngröße aufwärts;
unter Kiessand: das natürliche Gemenge von Sand und Kies;
unter Steingrus oder -splitt: zerkleinertes Gestein zwischen etwa 5 und etwa 25 mm Korngröße.

b) Sand, Kies, Steingrus oder -splitt und zerkleinerte Hochofenstückschlacke sollen möglichst gemischtkörnig zusammengesetzt sein; sie dürfen keine schädlichen Beimengungen enthalten. In Zweifelsfällen ist der Einfluß von Beimengungen durch Versuche festzustellen[3]).

c) Für Bauteile, die laut polizeilicher Vorschrift feuersicher sein müssen, dürfen nur solche Zuschlagstoffe verwandt werden, die im Beton dem Feuer widerstehen.

d) Zweckmäßig wird das Korn der Zuschläge so gehalten, daß die Hohlräume des Gemisches möglichst gering werden. Die gröbsten Körner der Zuschläge müssen sich noch zwischen die Eiseneinlagen einbringen lassen, ohne die Eisen zu verschieben.

e) Die als Zuschlag verwendeten Baustoffe sollen in der Regel mindestens die gleiche Festigkeit besitzen, wie der erhärtete Mörtel des Betons. Die Steine sollen wetterbeständig sein.

---

[1]) Bimssand und Bimskies eignen sich nur zur Herstellung leichter, poriger, geringbeanspruchter Bauteile. Das gleiche gilt für Schlackensand, der schaumig gefallen ist.

[2]) Siehe vorstehende Note.

[3]) Es läßt sich nicht allgemein und erschöpfend bestimmen, wie die Baustoffe beschaffen sein müssen, aus denen der Beton hergestellt wird. Lehm, Ton und ähnliche Beimischungen wirken schädlich auf seine Festigkeit, wenn sie am Sand und Kies festhaften. Sind sie in geringen Mengen im Sand fein verteilt, ohne an den Körnern zu haften, so schaden sie in der Regel nicht.

Braunkohlenteile, die in verschiedenen Flußkiessanden vorkommen, können schädlich wirken, wenn sie in größeren Mengen vorhanden sind.

3. Wasser. Das Wasser darf keine Bestandteile enthalten, die die Erhärtung des Betons beeinträchtigen. Im Zweifelsfall ist seine Brauchbarkeit vorher durch Versuche festzustellen.

4. Eisen (Stahl). Das Eisen muß den Mindestforderungen genügen, die in den Normalbedingungen für die Lieferung von Eisenbauwerken, Normalblatt 1000 des Normenausschusses der Deutschen Industrie enthalten sind. Das Eisen darf zum Zwecke der Prüfung weder abgedreht noch abgeschmiedet oder ausgewalzt werden; es ist also stets in der Dicke zu prüfen, wie es angeliefert wird.

Anzahl und Durchführung der Versuche richten sich ebenfalls nach den genannten Vorschriften.

Der Kaltbiegeversuch soll in der Regel auf jeder Baustelle durchgeführt werden; dabei muß der lichte Durchmesser der Schleife an der Biegestelle gleich dem doppelten Durchmesser des zu prüfenden Rundeisens sein (bei Flacheisen gleich der doppelten Dicke). Auf der Zugseite dürfen dabei keine Risse entstehen.

Für Bauteile, die besonders ungünstigen, rechnerisch nicht faßbaren Beanspruchungen ausgesetzt sind, kann die Baupolizeibehörde ausnahmsweise die Prüfung auf Zug verlangen.

a) Eisen (Handelseisen)[1]. Für die Zugfestigkeit muß der in den oben genannten Vorschriften angegebene Mindestwert, 3700 kg/cm², eingehalten werden.

b) Stahl St 48. Mit St 48 ist ein hochwertiger Kohlenstoffstahl bezeichnet, dessen Zugfestigkeit nachweislich zwischen den Grenzen 4800 und 5800 kg/cm² liegt und der eine Bruchdehnung von mindestens 18% hat.

Der Stahl muß durch eine eingewalzte durchlaufende Marke vor der Verwechslung mit gewöhnlichem Eisen (Handelseisen) geschützt sein.

§ 6. Zubereitung der Betonmasse.

1. Betongemenge. Sand, Kies, Steingrus und -splitt werden nach Raumteilen, Zement nach Gewicht bemessen, alles aber in Raumteilen zugesetzt.

Zur Umrechnung von Gewichtsteilen auf Raumteile ist der Zement lose in ein Hektolitergefäß einzufüllen und zu wägen.

2. Das Betongemenge soll soviel Zement, Sand, Kies oder Kiessand, Steingrus oder -splitt enthalten, daß ein dichter Beton entsteht, der rostsichere Umhüllung der Eiseneinlagen gewährleistet. Es muß mindestens 300 kg Zement in 1 m³ fertig verarbeiteten Betons im Bauwerk enthalten. Bei Brücken und anderen Bauwerken, die wegen besonders ungünstiger Verhältnisse einen erhöhten Rostschutz verlangen, kann eine größere Mindestmenge Zement gefordert, bei Eisenbetonkörpern größerer Abmessungen, deren

[1] Im allgemeinen hat das Handelseisen die nach den deutschen Normen für St 37 verlangten Eigenschaften.

Beanspruchung wesentlich hinter den zulässigen Werten zurückbleibt, eine entsprechend geringere Menge zugelassen werden, wenn für den Rostschutz der Eiseneinlagen Sorge getragen wird.

Weiter darf bei Hochbauten, die dem Einfluß von Feuchtigkeit nicht ausgesetzt sind, die Mindestmenge an Zement auf 270 kg in 1 m³ fertig verarbeiteten Betons herabgesetzt werden, wenn die Zusammensetzung der Zuschlagstoffe derart ist, daß ein genügend dichter Beton [1]) gewährleistet wird.

Die Baupolizei kann den Nachweis des Einganges beim Mischen und Betonieren verlangen.

3. Die in § 19 geforderten Würfelfestigkeiten des Betons $W e_{28}$ und $W b_{28}$ sind nachzuweisen.

Es bedeuten:

$W e_{28}$ = Würfelfestigkeit erdfeuchten Betons nach 28 Tagen,

$W b_{28}$ = Würfelfestigkeit von Beton in der gleichen Beschaffenheit, wie er im Bauwerk verarbeitet wird, nach 28 Tagen [2]).

4. Mischweise. Die Betonmasse kann von Hand, muß aber bei größeren Bauausführungen durch geeignete Maschinen gemischt werden. Das Mischungsverhältnis muß an der Mischstelle mit deutlich lesbarer Schrift angeschlagen sein und sich beim Arbeitsvorgang leicht feststellen lassen.

a) Bei Handmischung ist die Betonmasse auf einer gut gelagerten, kräftigen, dichtschließenden Pritsche oder sonst auf ebener, schlecht absaugender und fester Unterlage herzustellen. Zunächst sind Sand, Kiessand oder Grus mit dem Zement trocken mindestens dreimal zu mischen, bis sie ein gleichfarbiges Gemenge ergeben; dann ist das Wasser allmählich zuzusetzen. Das Ganze ist noch solange zu mischen, bis es eine gleichmäßige Betonmasse bildet. Werden ausnahmsweise Zuschläge von mehr als 25 mm Korngröße verwendet, so sind sie vorher zu nässen und, wenn nötig, zu reinigen.

b) Bei Maschinenmischung wird das gesamte Gemenge zunächst trocken und hierauf unter allmählichem Wasserzusatz so lange noch weiter gemischt, bis es eine innig gemischte, gleichmäßige Betonmasse bildet.

Die Mischdauer kann als ausreichend angesehen werden, wenn die Steine allseitig von innig gemischtem, gleichfarbigem Mörtel umgeben sind.

---

[1]) Vgl. Graf, Der Aufbau des Mörtels im Beton, Verlag Julius Springer, Berlin 1923 S. 1 sowie S. 25 bis 27 und Abb. 21.

[2]) Vgl. die „Bestimmungen für Druckversuche an Würfeln bei Ausführung von Bauwerken aus Beton und Eisenbeton".

Die Einführung einer Konsistenzprobe (Steifeprobe) bleibt vorbehalten, bis die Versuche zur Feststellung des Zusammenhanges zwischen Wasserzusatz, Konsistenz (Steife) und Würfelfestigkeit abgeschlossen sind.

§ 7. Verarbeitung der Betonmasse.

1. Die Betonmasse soll alsbald nach dem Mischen und ohne Unterbrechung verarbeitet werden. Nur in Ausnahmefällen darf sie einige Zeit unverarbeitet liegen bleiben — bei trockener und warmer Witterung nicht über eine Stunde, bei nasser und kühler nicht über zwei Stunden —, muß aber gegen Witterungseinflüsse wie Sonne, Wind, starken Regen usw., geschützt und unmittelbar vor Verwendung umgeschaufelt werden. In allen Fällen muß sie vor Beginn des Abbindens verarbeitet sein.

2. Bei dem Einbringen der Betonmasse ist darauf zu achten, daß die Mischung gleichmäßig bleibt. Gröbere Zuschlagsteile, die sich abgesondert haben, sind mit dem Mörtel wieder zu vermengen.

Die Anwendung gespritzten Betons für Eisenbetontragteile hängt von besonderer baupolizeilicher Erlaubnis ab.

3. Die Massen sind nacheinander so zeitig (frisch auf frisch) einzubringen, daß sie untereinander ausreichend fest binden. Bei Plattenbalken sind Steg und Platte in einem Arbeitsvorgang zu betonieren, soweit es die Abmessungen der Bauteile zulassen. Die Betonierungsabschnitte sind an die wenigst beanspruchten Stellen zu legen.

4. Die Betonmasse ist in einem dem Wasserzusatz entsprechenden Maße mit passend geformten Geräten zu verdichten und so durchzuarbeiten, daß Luftblasen entweichen und der Beton die für ihn bestimmten Räume vollständig ausfüllt. Der Beton muß so weich verarbeitet werden, daß der Mörtel die Eiseneinlagen vollständig und dicht umschließt.

Wird für einzelne Bauteile mit geringer Eisenbewehrung ausnahmsweise erdfeuchter Beton verwendet, so ist in Schichten von höchstens 15 cm Stärke zu stampfen.

5. Die Oberfläche abgebundener Schichten ist vor dem Fortsetzen des Betonierens aufzurauhen, von losen Bestandteilen zu reinigen und anzunässen. Sodann ist ein dem Mörtel der Betonmasse entsprechender Zementmörtelbrei aufzubringen, wobei streng darauf zu achten ist, daß dieser Mörtelbrei nicht schon abgetrocknet ist oder abgebunden hat, bevor die neue Betonschicht hergestellt wird.

§ 8. Betonieren bei Frost.

Wenn bei Temperaturen unter 0° betoniert werden muß, sind Vorsichtsmaßnahmen zu treffen, um den Beton während des Abbindens vor Kälte zu schützen.

Bei leichtem Frost bis etwa — 3° ist darauf zu achten, daß keine gefrorenen Baustoffe verwendet werden. Erforderlichenfalls ist das Wasser anzuwärmen. Der fertige Beton ist bis zur genügenden Erhärtung frostsicher abzudecken.

Bei stärkerem Frost als — 3° darf nur ausnahmsweise betoniert werden. Hierbei ist in geeigneter Weise durch Anwärmen des Wassers und der Zuschlagstoffe sowie durch Umschließen und Heizen der Arbeitsstelle dafür zu sorgen, daß der Beton ungestört abbinden und erhärten kann. Dabei darf aber dem Beton das zum Abbinden und Erhärten erforderliche Wasser nicht durch zu große Hitze entzogen werden.

An gefrorene Bauteile darf nicht anbetoniert werden. Durch Frost beschädigte Betonteile sind zu beseitigen.

§ 9. Einbringen des Eisens.

1. Das Eisen ist vor Verwendung von Schmutz, Fett und losem Rost zu befreien.

2. Besondere Sorgfalt ist zu verwenden auf die vorgeschriebene Form und die richtige Lage der Eisen sowie auf eine gute Verknüpfung der durchlaufenden Zug- oder Druckeisen mit Verteilungseisen und Bügeln.

3. Während des Betonierens sind die Eisen in der richtigen Lage festzuhalten und mit der Betonmasse dicht zu umkleiden.

4. Die Eisen dürfen mit Zementbrei nur unmittelbar vor dem Einbetonieren eingeschlämmt werden, da ein angetrockneter Zementanstrich den Verbund zwischen Eisen und Beton stört.

§ 10. Herstellung der Schalungen.[1])

1. Alle Rüstungen und Einschalungen sind tragfähig herzustellen; sie müssen ausreichend widerstandsfähig gegen die auf sie einwirkenden Kräfte sein und leicht und gefahrlos wieder entfernt werden können (vgl. Ziffer 7). Bei Gußbeton ist auf ausreichende Standfestigkeit der Schalung besonderer Wert zu legen; bei ihrer Herstellung ist auf das Quellen des Holzes Rücksicht zu nehmen. Die Stützen oder Lehrbögen sind auf Keile, Sandkästen, Schrauben oder andere Ausrüstungsvorrichtungen zu stellen, durch deren allmähliches Lüften das Lehrgerüst langsam ohne Stöße und Erschütterungen gesenkt werden kann.

2. Lehrgerüsteisen als alleinige Unterstützung von Deckenschalungen sind nur bis zu einer Spannweite von 2,5 m zulässig. Es ist verboten, Baustoffe auf solche Einschalungen abzustürzen oder aufzustapeln. Bei größerer Spannweite sind End- und Zwischenstützen anzuwenden, wenn nicht ihre Entbehrlichkeit statisch nachgewiesen ist.

3. Bei allen unterstützten Lehrgerüsten dürfen gestoßene, d. h. aufeinandergesetzte Unterstützungshölzer nur bis zu zwei Dritteln der gesamten Stützen verwendet werden. Die umgestoßenen Stützen müssen, wenn Balken vorhanden sind, unter diesen angeordnet, im übrigen möglichst gleichmäßig auf die ganze Fläche verteilt wer-

---

[1]) Bei Aufstockung von Gebäuden sind besondere Vorkehrungen zur Sicherung der unteren, im Betriebe befindlichen Stockwerke zu treffen.

den. Die Schnittflächen gestoßener lotrechter Stützen müssen wagrecht sein und dicht aufeinander passen. An der Stoßstelle sind sie durch aufgenagelte, mindestens 0,70 m lange, hölzerne Laschen gegen Ausbiegen und Knicken zu sichern. Bei Stützen aus Rundholz sind drei, bei solchen aus Vierkantholz vier Laschen für jeden Stoß zu verwenden. Mehr als einmal gestoßene Stützen sind unzulässig. Wegen der Knickgefahr ist der Stoß nicht ins mittlere Drittel der Stützen zu legen. Stützen unter 7 cm Zopfstärke sind unzulässig.

4. Stützen mit Ausziehvorrichtung oder eiserner Verlängerung gelten als nicht gestoßen, wenn die Verbindung haltbar und wirksam ist.

5. Besondere Aufmerksamkeit verdient die sachgemäße Verteilung der Stützenlasten auf den Erdboden. Die Stützen müssen eine unverrückbare Unterlage aus Holz (starken Brettern, Bohlen, Kanthölzern) erhalten und sind im Stockwerksbau so anzuordnen, daß die Last der oberen Stützen unmittelbar auf die darunterstehenden übertragen wird. Einpressen der Rüstungsstützen in die Lagerhölzer wird erforderlichenfalls vermindert durch Zwischenlagen aus Eisen oder Hartholz. Bei nicht tragfähigem oder gefrorenem Untergrunde sind besondere Sicherungen anzuwenden.

6. Bei Schalungsgerüsten für Ingenieurbauten sowie für mehrgeschoßige Hochbauten mit Stockwerkshöhen über 5 m kann ein rechnerischer Festigkeitsnachweis verlangt werden. Hierbei sind die oberpolizeilichen Vorschriften für die Aufstellung und Prüfung von Tragfähigkeitsnachweisen bei Bauwerken sinngemäß anzuwenden (vgl. § 15 Ziffer 1).

Stützen von 5 m Länge und darüber sind nach der Längen- und Tiefenrichtung untereinander abzuschwerten und knicksicher auszubilden.

Wo bei Herstellung von Decken und Gewölben, die mehr als 8 m vom Fußboden entfernt sind, oder bei schwer lastenden Bauteilen nicht abgebundene Lehrgerüste verwendet werden, sind die Stützen aus besonders starken oder gekuppelten Hölzern zu fertigen, wagrecht miteinander zu verbinden und durch doppelte Kreuzstreben besonders zu sichern.

7. Bei Herstellung der Schalungen für Hochbauten ist darauf Rücksicht zu nehmen, daß bei der Ausschalung einige Stützen (sogen. Notstützen) weiter stehen bleiben können, ohne daß daran und an den darüberliegenden Schalbrettern gerührt zu werden braucht. In mehrgeschoßigen Gebäuden sind die Notstützen derart übereinander anzuordnen, daß alle Stützkräfte in gerade Fortsetzung weitergeführt werden. Bei den üblichen Spannweiten genügt eine Notstütze unter der Mitte jedes Balkens und der Mitte von Deckenfeldern, die mehr als 3 m Spannweite haben. Bei Unterzügen und langen Balken können noch weitere Notstützen verlangt werden.

8. Vorm Einbringen des Betons sind die Schalungen zu reinigen und gegebenenfalls anzunässen; Fremdkörper im Innern der Schalungen sind zu beseitigen. Schalungen von Säulen müssen am Fuß und am Ansatz der Auskragungen, Schalungen tiefer Träger an der Unterseite Reinigungsöffnungen haben.

9. Während des Betonierens sind die Einschalungen und ihre Unterlagen genau nachzuprüfen. Insbesondere sind während des Betonierens einer Decke im Geschoß darunter die Keile, wenn erforderlich, nachzutreiben.

§ 11. Schalungsfristen und Ausschalen.

1. Kein Bauteil darf ausgeschalt, d. h. keine Schalung oder Stützung eher beseitigt werden, als bis der Beton ausreichend erhärtet ist, Schalung und Stützung entlastet sind und der verantwortliche Bauleiter sich durch Untersuchung des Bauteils davon überzeugt und die Ausschalung angeordnet hat. Wegen der Notstützen vgl. § 10 Ziffer 7 und § 11 Ziffer 4.

2. Bis zur genügenden Erhärtung des Betons sind die Bauteile gegen die Einwirkung des Frostes und gegen vorzeitiges Austrocknen zu schützen.

3. Die Fristen zwischen der Beendigung des Betonierens und der Ausschalung sind abhängig von der Witterung, der Stützweite, dem Eigengewicht der Bauteile und der Art des verwendeten Zements.

Besondere Vorsicht ist bei Bauteilen (z. B. Dächern und Dachdecken) geboten, die beim Ausschalen nahezu schon die volle rechnungsmäßige Last haben.

Bei günstiger Witterung (niedrigste Tagestemperatur über 5°) gelten im allgemeinen folgende Ausschalungsfristen:

Tafel I.

	Für die seitliche Schalung der Balken und die Einschalung d. Stützen od. Pfeiler	Für die Schalung der Deckenplatten	Für die Stützung der Balken und weitgespannten Deckenplatten
Bei Verwendung von Handelszement mindestens . . .	3 Tage	8 Tage	3 Wochen
Bei Verwendung von hochwertigem Zement (vgl. § 5, Ziff. 1) mindestens	2 Tage	4 Tage	8 Tage

Bei großen Stützweiten und Abmessungen sind die Ausschalungsfristen unter Umständen auf das Doppelte der vorgenannten Zahlen zu verlängern.

Bei kühler Witterung (niedrigste Tagestemperatur zwischen + 5° und 0°) muß der verantwortliche Bauleiter mit Rücksicht auf das langsamere Erhärten des Zements bei kühler Witterung durch Untersuchung des Bauteils besonders sorgfältig prüfen, ob der Beton ausreichend erhärtet ist und ob nicht die oben angegebenen Schalungsfristen entsprechend verlängert werden müssen.

Tritt während der Erhärtung Frost ein, so sind die Ausschalungsfristen mindestens um die Dauer der Frostzeit zu verlängern. Bei Wiederaufnahme der Arbeiten nach dem Frost und vor jeder weiteren Ausschalung ist der Beton darauf zu untersuchen, ob er abgebunden hat und genügend erhärtet, nicht nur hart gefroren ist.

Bei kühler Witterung und bei Frostwetter kann die Baupolizeibehörde in besonderen Fällen die Entscheidung über die Ausschalungsfristen von dem Ausfall von Festigkeitsversuchen mit Probebalken abhängig machen.

4. Die Notstützen (vgl. § 10 Ziffer 7) sollen nach der Ausschalung noch wenigstens 14 Tage, bei Verwendung hochwertigen Zements wenigstens noch 8 Tage erhalten bleiben. Bei Frost sind diese Fristen um die Dauer der Frostzeit zu verlängern. In besonderen Fällen kann die Baupolizeibehörde Ausnahmen zulassen.

5. Beim Ausschalen sind die Stützen und Lehrbögen zunächst abzusenken; es ist verboten, sie ruckweise wegzuschlagen und abzuzwängen. Auch sonst ist jede Erschütterung dabei zu vermeiden.

6. Über den Gang der Arbeiten hat der ausführende Unternehmer ein Tagebuch zu führen, woraus die Zeitabschnitte für die Ausführung der einzelnen Arbeiten stets nachgewiesen werden können. Frosttage sind darin unter Angabe der Grade und der Stunde ihrer Messung besonders zu vermerken.

Das Tagebuch ist den Aufsichtsbeamten auf Verlangen vorzuzeigen.

7. Läßt sich eine Benutzung der Decken in den ersten Tagen nach der Herstellung nicht vermeiden, so ist besondere Vorsicht geboten.

Es ist verboten, Lasten (Steine, Balken, Bretter, Träger usw.) auf frisch hergestellte Decken abzuwerfen oder abzukippen oder Baustoffe, die nicht sofort verwendet werden, auf noch nicht ausgeschalten Decken aufzustapeln.

§ 12. Prüfung während der Ausführung. Probebelastungen.

1. Die Baupolizeibehörde kann während der Bauausführung Anfertigung und Prüfung von Probekörpern verlangen. Die Probekörper hat der Unternehmer auf der Baustelle herzustellen, auf

Verlangen der Baupolizeibehörde in Gegenwart des Baupolizeibeamten. Sie sind anzufertigen und zu prüfen nach den „Bestimmungen für Druckversuche an Würfeln bei Ausführung von Bauwerken aus Beton und Eisenbeton".

2. Die Festigkeitsprüfung kann auf der Baustelle oder an anderer Prüfungsstelle mit einer Druckpresse, deren Zuverlässigkeit von einer staatlichen Versuchsanstalt bescheinigt ist, oder in einer staatlichen Prüfungsanstalt vorgenommen werden.

3. Wegen der Schwierigkeit einer nachträglichen Prüfung muß vor dem Betonieren der verantwortliche Bauleiter die plangemäße Anordnung und die Querschnitte der Eisen prüfen. Nachträgliches Aufstemmen des Betons ist möglichst zu vermeiden.

4. Probebelastungen sollen auf den unbedingt notwendigen Umfang beschränkt werden. Sie sind bei Hochbauten nicht vor 45 tägiger Erhärtung des Betons vorzunehmen und nur in ganz besonderen Fällen bis zum Bruch durchzuführen, wenn es ohne Schädigung des Gesamtbauwerks möglich ist.

Wird hochwertiger Zement (vgl. § 5 Ziffer 1) verwendet, so können die Probebelastungen je nach der Spannweite bereits nach 21 bis 28 Tagen vorgenommen werden.

5. Bei Deckenplatten und Balken ist die Probebelastung folgendermaßen vorzunehmen:

Die Belastung ist so anzubringen, daß sie in sich beweglich ist und der Durchbiegung der Decke folgen kann.

Bei Belastung eines Deckenfeldes soll, wenn mit p die gleichmäßig verteilte Verkehrslast bezeichnet wird, die Probelast den Wert von 1,5 p nicht übersteigen.

Bei Nutzlasten über 1000 kg/m² kann die Probelast bis zur einfachen Nutzlast ermäßigt werden.

6. Bei Probebelastungen von Brückenbauten und anderen Bauwerken, bei denen sichtbare Zugrisse im Beton vermieden werden sollen, sind höchstens die wirklichen, der Berechnung zugrunde gelegten Verkehrslasten aufzubringen, z. B. Menschengedränge (oder eine diesem gleichwertige Belastung), Eisenbahnzug, auch in Bewegung, Dampfwalze usw. Auf keinen Fall darf aber die volle rechnungsmäßige Last bald nach den Ausrüsten aufgebracht werden.

7. Die Probelast muß mindestens 6 Stunden liegen bleiben: danach erst ist die größte Durchbiegung zu messen. Die bleibende Durchbiegung ist frühestens 12 Stunden nach Beseitigung der Probelast festzustellen.

Abgesehen vom Einfluß etwaiger Auflagersenkungen darf bei Balken auf zwei Stützen die bleibende Durchbiegung höchstens 1/4 der gemessenen Gesamtdurchbiegung betragen.

§ 13. Anzeigen an die Baupolizeibehörden.

Der Baupolizeibehörde ist bei genehmigungspflichtigen Anlagen schriftlich anzuzeigen:

1. der beabsichtigte Beginn der Betonarbeiten, bei Hochbauten in jedem einzelnen Geschoß;
2. die beabsichtigte Entfernung der Schalungen und Stützen;
3. der Wiederbeginn der Betonarbeiten nach längeren Frostzeiten.

Die Anzeigen müssen, wenn die Baupolizeibehörde nicht ausdrücklich anders bestimmt, spätestens 48 Stunden vor dem Beginn der Arbeiten oder vor der beabsichtigten Entfernung der Schalungen und Stützen der Baupolizeibehörde vorliegen.

Teil II. Konstruktionsgrundsätze und Leitsätze für die statische Berechnung.

§ 14. Konstruktionsgrundsätze.

Allgemeine Vorschriften.

1. Haken der Eiseneinlagen. Die Zugeisen sind an ihren Enden mit halbkreisförmigen oder spitzwinkeligen Haken zu versehen, deren lichter Durchmesser mindestens gleich dem 2,5fachen des Eisendurchmessers ist.

2. Der lichte Krümmungshalbmesser von abgebogenen Eisen muß das 10- bis 15fache des Eisendurchmessers betragen.

3. Stoßverbindungen der Zugeiseneinlagen. Zugeiseneinlagen sind möglichst nicht zu stoßen. In einem Querschnitt von Balken und Zuggliedern soll nur ein Stoß liegen.

Die Stöße können einwandfrei durch Spannschlösser ausgebildet werden, die aus Muffen mit Gegengewinden bestehen.

Geschweißte Stöße müssen einwandfrei und nach einem bewährten Verfahren ausgeführt werden, das einen vollen Ersatz des gestoßenen Querschnitts gewährleistet, wobei durch allseitig eingebettete und mit Endhaken versehene Zulageeisen für eine erhöhte Sicherheit zu sorgen ist.

Sollen die Eiseneinlagen durch Überdeckung gestoßen werden, so sind die Enden nebeneinander zu legen und mit Rundhaken zu versehen; die Überdeckungslänge muß mindestens das 40fache des Eisendurchmessers betragen.

Die Ausbildung der Stöße durch Überdeckung ist bei den Trageisen in Zuggliedern und bei den über 20 mm starken Zugeisen in Balken nicht zulässig.

4. Geknickte und gebogene Zugeisen, durch deren Beanspruchung ein Absprengen der Betonumhüllung eintreten kann, sollen vermieden werden; sie sind durch kreuzende gerade Eisen zu ersetzen.

5. Die Betondeckung der Eiseneinlagen an der Unterseite von Platten soll mindestens 1 cm, bei Bauten im Freien 1,5 cm stark sein; die Überdeckung der Bügel an den Rippen und bei Säulen muß überall mindestens 1,5 cm, bei Bauten im Freien 2 cm betragen. Bei sehr großen Abmessungen (Schleusen-, Brückenbauten u. dgl.) und besonders schwierigen Verhältnissen empfiehlt es sich, mit der Überdeckung der Eiseneinlagen über 2 cm hinauszugehen. Bei Eisenbetonbauten außergewöhnlicher Art, namentlich bei Verwendung von Formeisen, sind besondere Maßnahmen zu treffen.

Bauwerke und Bauteile, die der Einwirkung von zementschädlichen Wässern, Säuren, Säuredämpfen, schädigenden Salzlösungen, Ölen, schwefeligen Rauchgasen (z. B. bei Brücken über Eisenbahngleisen) u. dgl. oder hohen Hitzegraden (z. B. bei Fabrikschornsteinen) ausgesetzt sind, erfordern auch im Eisenbeton besondere Schutzmaßnahmen.[1]) Wenn nicht besondere Verkleidungen angeordnet werden, wird außer der Verwendung eines dichten Betons, eines sorgfältig ausgeführten Zementputzes, geeigneter Schutzanstriche usw. eine Vergrößerung der Betondeckschicht bis auf 4 cm (ohne Putz) in Betracht zu ziehen sein.

In Räumen mit gewerblichen Betrieben und mit starkem Verkehr muß die Oberseite der Decken gegen Abnutzung gesichert werden, und zwar entweder, indem die Decken mindestens 1 cm stärker hergestellt werden, als statisch nötig, unter Verwendung eines besonders widerstandsfähigen Betons an der Oberseite, oder durch Anordnung eines dauerhaften Belags oder Estrichs.

6. Fabrikmäßig hergestellte Eisenbetonplatten und -balken müssen beim Transport vor dem Zerbrechen geschützt werden, gegebenenfalls durch eine hinreichend starke Eisenbewehrung in der besonders zu kennzeichnenden Druckzone.

Sondervorschriften für bestimmte Bauteile.

7. Platten. Die Nutzhöhe h der Platten mit Hauptbewehrung nach einer Richtung soll mindestens betragen bei beiderseits freier Auflagerung $^1/_{27}$ der Stützweite (vgl. § 17 Ziffer 2), bei durchlaufenden oder eingespannten Platten $^1/_{27}$ der größten Entfernung der Momentennullpunkte. Falls diese Nullpunktsentfernung nicht nachgewiesen wird, kann sie zu $^4/_5$ der Stütz-

---

[1]) Schädigende Einwirkungen können eintreten, wenn gleichzeitig Feuchtigkeit vorhanden ist oder hinzutreten kann. Trockene Säuren, Salze u. dgl. wirken im allgemeinen nicht schädlich.

weite angenommen werden. Die Nutzhöhe h kreuzweise bewehrter Platten muß mindestens betragen bei beiderseits freier Auflagerung $1/_{30}$ der kürzeren Stützweite (vgl. § 17 Ziff. 8), bei durchlaufenden oder eingespannten Platten $1/_{30}$ der größten Entfernung der Momentennullpunkte, mindestens aber $1/_{40}$ der Stützweite.

Die Mindeststärke d der Platten ist 8 cm. Ausgenommen hievon sind Dachplatten, Rippendecken (vgl. Ziffer 8) oder untergehängte Decken, die nur zum Abschluß dienen oder nur zwecks Reinigung u. dgl. begangen werden sowie fabrikmäßig hergestellte (vgl. Ziffer 6) fertig verlegte Eisenbetonplatten.

Die Trageisen in Decken-, Dach- und Fahrbahnplatten dürfen in der Gegend der größten Momente im Felde höchstens 15 cm voneinander entfernt sein.

An Verteilungseisen sind auf 1 m Tiefe mindestens 3 Rundeisen von 7 mm Stärke oder eine größere Anzahl dünnerer Eisen mit gleichem Gesamtquerschnitt vorzusehen.

Die aufgebogenen Eisen durchlaufender Platten sollen, soweit sie als Zugeisen für die negativen Momente wirken, genügend weit ins Nachbarfeld bei annähernd gleicher Feldweite durchschnittlich bis auf $1/_5$ der Stützweite eingreifen, sofern die Aufnahme der Momente nicht genau nachgewiesen wird.

8. Eisenbetonrippendecken.[1]) Unter Eisenbetonrippendecken werden (aufgelöste) Decken mit höchstens 70 cm lichtem Rippenabstand verstanden, die zur Erzielung der ebenen Unteransicht statisch unwirksame Hohlstein- oder andere Füllkörper-Einlagen enthalten können.

Die Stärke der Druckplatte muß mindestens $1/_{10}$ des lichten Rippenabstandes und darf nicht kleiner als 5 cm sein.

In der Druckplatte quer zu den Rippen sind auf 1 m Tiefe mindestens 3 Rundeisen von 7 mm Stärke anzuordnen. In den Rippen müssen Bügel liegen, wenn der lichte Rippenabstand größer wird als 40 cm.

Die Decken müssen zur Lastverteilung Querrippen von der Stärke und Bewehrung der Tragrippen erhalten, und zwar bei Deckenstützweiten von 4—6 m eine Querrippe, bei Stützweiten über 6 m mindestens zwei. Bestehen die Füllkörper aus gebrannten Hohlsteinen oder gleich festen anderen Baustoffen, so sind Bügel und lastverteilende Querrippen entbehrlich.

Die Mindestnutzhöhe der Rippendecken ist die gleiche wie bei vollen Eisenbetonplatten (vgl. § 17 Ziffer 6).

---

[1]) Für die Steineisendecken, d. h. mit Eisen bewehrte Steindecken mit oder ohne Betondruckschicht, bei denen die Steine zur Aufnahme von Druckspannungen herangezogen werden und die Betonschicht 5 cm Stärke nicht erreicht, gelten die „Bestimmungen für Ausführung ebener Steindecken“ (s. Abschnitt B).

9. Pilzdecken. Als Pilzdecken sind kreuzweise bewehrte Eisenbetonplatten zu bezeichnen, die ohne Vermittlung von Balken

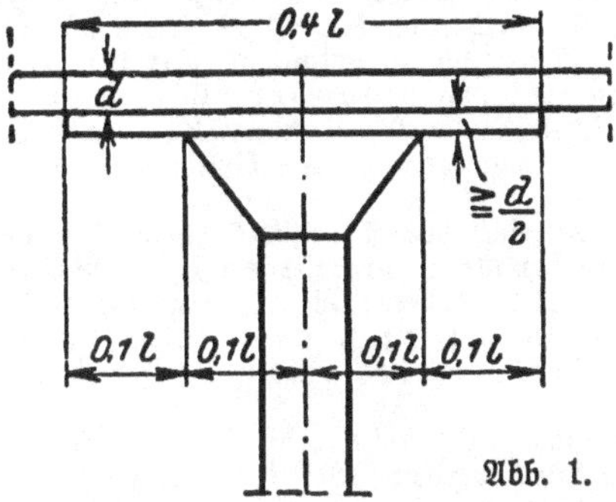

Abb. 1.

unmittelbar auf Eisenbetonsäulen ruhen und mit diesen biegungsfest verbunden sind.

Um die biegungsfeste Verbindung von Platte und Säule zu ermöglichen, soll die Achsenlänge des Säulenquerschnittes nicht kleiner sein als $^1/_{20}$ der in gleicher Richtung gemessenen Stützweite l, mindestens aber 30 cm, wobei l von Säulenmitte zu Säulenmitte gemessen wird, und auch nicht kleiner als $^1/_{15}$ der Stockwerkshöhe. (Über die Berechnung der Säulen vgl. § 17 Ziffer 15 und 16 und § 18 Ziffer 6—10). Bei Decken ohne Verstärkung muß die Achsenlänge des Säulenkopfes an der Unterkante der Deckenplatte gemessen, mindestens $^2/_9$ l betragen. Für Decken mit Verstärkung gelten die Maße der Abb. 1 und 2.

Die Plattendicke darf nicht kleiner als 15 cm sein und auch nicht kleiner als $^1/_{32}$ der größeren der beiden Stützweiten für Decken bzw. $^1/_{40}$ für Dächer.

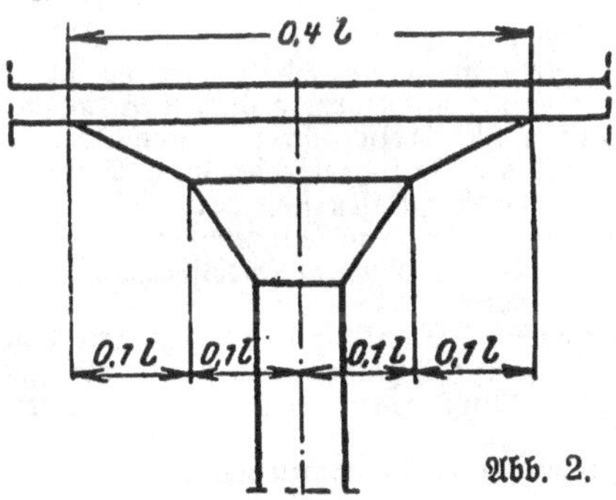

Abb. 2.

Die Eiseneinlagen müssen wie beim durchlaufenden Träger dem Verlauf der Biegungsmomente und Querkräfte angepaßt werden.

10. Balken und Plattenbalken. Die Nutzhöhe h muß mindestens $^1/_{20}$ der Stützweite (vgl. § 17 Ziffer 10) betragen.

Liegen die Deckeneisen gleichlaufend mit den Hauptbalken, so sind rechtwinklig zu ihnen besondere Eisen oben anzuordnen, die die Mitwirkung der anschließenden Platte auf die berechnete Breite sichern, und zwar wenigstens 8 Rundeisen von 7 mm Stärke auf 1 m Balkenlänge.

In den Rippen soll der geringste lichte Eisenabstand nach jeder Richtung in der Regel mindestens gleich dem Eisendurchmesser und nicht kleiner als 2 cm sein. Wenn sich geringere Abstände nicht vermeiden lassen, so muß durch einen feinen und fetten Mörtel für eine dichte Umhüllung der einzelnen Eisen besonders gesorgt werden.

Im allgemeinen sollen nicht mehr als 2 Reihen Eisen übereinander angeordnet werden. Bei besonderen Verhältnissen sind Ausnahmen gestattet.

Mit Rücksicht auf die Querkräfte sind — auch bei freier Auflagerung der Balken — einige abgebogene Eisen bis über das Auflager hinwegzuführen.

In Balken und Plattenbalken sind stets Bügel anzuordnen, um den Zusammenhang zwischen Zug- und Druckgurt zu gewährleisten.

11. Säulen. In Säulen mit Längseisen und mit gewöhnlicher Bügelbewehrung darf bei voller Ausnutzung der zulässigen Beanspruchung σb der Querschnitt der Längsbewehrung *Fe* höchstens 3 % des Betonquerschnitts ausmachen. Die Mindestlängsbewehrung soll sein bei einem Verhältnis von Säulenhöhe bis zur kleinsten Dicke der Säule $\frac{h}{s} \geqq 10$ 0,8 %, bei einem Verhältnis $\frac{h}{s} = 5$ 0,5 % des Betonquerschnitts. Zwischenwerte sind entsprechend einzuschalten. Als Säulenhöhe ist bei Hochbauten stets die volle Stockwerkshöhe in Rechnung zu stellen. Wird die Säule mit einem größeren Betonquerschnitt ausgeführt, als statisch erforderlich ist, so braucht das Bewehrungsverhältnis nur auf den statisch erforderlichen Betonquerschnitt bezogen zu werden. Die Längseisen sind durch Bügel zu verbinden, deren Abstand, von Mitte gemessen, nicht größer als die kleinste Säulendicke sein und nicht über die zwölffache Stärke der Längsstäbe hinausgehen darf.

Als umschnürte Säulen sind solche mit Querbewehrung nach der Schraubenlinie (Spiralbewehrung) und gleichwertigen Wicklungen[1]) oder mit Ringbewehrung versehene Säulen mit kreis-

[1]) Die Gleichwertigkeit ist nachzuweisen.

förmigem Kernquerschnitt anzusehen, bei denen das Verhältnis der Ganghöhe der Schraubenlinie oder des Abstandes der Ringe zum Durchmesser des Kernquerschnitts kleiner als $^1/_5$ ist. Der Abstand der Schraubenwindungen oder der Ringe soll nicht über 8 cm hinausgehen.

Die Längsbewehrung *Fe* muß mindestens $^1/_3$ der Querbewehrung *Fs* (vgl. § 18 Ziffer 7) sein und darf außerdem nicht weniger als 0,8 % und nicht mehr als 3 % des Flächeninhalts *Fb* ausmachen.

Stützen, deren Höhe (Stockwerkshöhe) mehr als das 20fache der kleinsten Querschnittsdicke oder deren Querschnitt weniger als 25/25 cm beträgt, sind nur ausnahmsweise (z. B. bei Fenstersäulen) zulässig.

Sondervorschriften für Eisenbahnbrücken.

12. Bei Platten, Balken und Plattenbalken unter Eisenbahngleisen dürfen nicht mehr als zwei Reihen Eisen übereinander angeordnet werden. Der Durchmesser der Eisen darf 40 mm nicht überschreiten. Der lichte Abstand der Eisen muß stets mindestens gleich ihrem Durchmesser und darf nicht kleiner als 2 cm sein.

Die zur Aufnahme der Schubspannungen dienenden Eisen sind nach dem doppelten oder mehrfachen Strebesystem symmetrisch zur senkrechten Querschnittsachse des Trägers aufzubiegen. Aussparungen im Balken (Nischen und Durchbrechungen) zur Gewichtsersparnis sind nicht zulässig.

13. Die Bettung, gerechnet von der Oberkante der Dichtungsschutzschicht bis zur Schwellenoberkante, muß mindestens 40 cm betragen.

§ 15. Belastungsannahmen.

Für die Belastungsannahmen gelten die oberpolizeilichen Vorschriften für die Aufstellung und Prüfung von Tragfähigkeitsnachweisen bei Bauwerken.

§ 16. Einfluß der Temperaturschwankungen und des Schwindens.

Bei gewöhnlichen Hochbauten können die Temperaturschwankungen und das Schwinden in den statischen Berechnungen unberücksichtigt bleiben.

1. Dem Einfluß der Temperaturschwankungen und des Schwindens ist durch Anordnung von Trennungsfugen Rechnung zu tragen.

Mit Rücksicht auf das Schwinden sind die Bauteile nach dem Einbringen des Betons möglichst lang feucht zu halten und vor Einwirkung der Sonnenstrahlen zu schützen.

2. Bei Tragwerken, bei denen die Temperaturveränderung beträchtliche Spannungen hervorruft, muß ihr Einfluß berücksichtigt werden. Als Grenzen der durch Änderung der Lufttemperatur bedingten Temperaturschwankung in den Bauteilen sind je nach den klimatischen Verhältnissen — 5° bis — 10° (in ganz

besonderen Fällen, z. B. bei Talsperrmauern noch tiefer) und $+25^{0}$ bis $+30^{0}$ anzunehmen. In dem Festigkeitsnachweis ist in der Regel mit einer mittleren Temperatur bei der Ausführung von $+10^{0}$ und demnach mit einem Temperaturunterschied von 15 bis 20^{0} zu rechnen.

Bei statisch unbestimmten Tragwerken ist dem Einfluß des Schwindens auf die statisch unbestimmten Größen durch die Annahme eines Temperaturabfalls von 15^{0} Rechnung zu tragen.

Als Wärmeausdehnungszahl für Beton ist $1:10^{5}$ anzunehmen.

3. Bei Bauteilen, deren geringste Abmessung 70 cm und mehr beträgt oder die durch Überschüttung oder andere Vorkehrungen Temperaturänderungen weniger ausgesetzt sind, können die oben angegebenen Temperaturunterschiede um 5^{0} ermäßigt werden.

§ 17. Ermittlung der äußeren Kräfte.

1. Bei der Berechnung der unbekannten Größen statisch unbestimmter Tragwerke und der elastischen Formänderungen aller Tragwerke ist mit einem für Druck und Zug im Beton gleich großen Elastizitätsmaß $Eb = 210\,000$ kg/cm² zu rechnen.

Das Trägheitsmoment ist aus dem vollen Betonquerschnitt mit oder ohne Einschluß des zehnfachen Eisenquerschnitts zu ermitteln, wobei hier im allgemeinen die wirksame Breite eines Plattenbalkens mit dem Mittelwert $6\,d + b_0 + 2\,b\,s$ (vgl. Abb. 8) in Rechnung zu stellen ist.

Für die Spannungsermittlung und Querschnittsbemessung gilt $Eb = 140\,000$ kg/cm².

In den Gleichungen bedeuten

g gleichmäßig verteilte ständige Last } je Längeneinheit des untersuchten
p gleichmäßig verteilte Verkehrslast } Plattenstreifens oder Balkens;

ferner ist

$$q = g + p$$

Platten mit einer Hauptbewehrung nach einer Richtung.

2. Die Stützweite ist

a) bei beiderseits frei aufgelagerten oder eingespannten Platten gleich der Lichtweite zuzüglich der Plattenstärke in Feldmitte,

b) bei durchlaufenden Platten gleich der Entfernung der Auflagermitten oder der Achsen der stützenden Unterzüge.

Ist die Länge eines Auflagers geringer als die Plattenstärke in Feldmitte, so ist seine Sicherheit besonders nachzuweisen.

3. Die Momente durchlaufender Platten sind im allgemeinen für die ungünstigste Laststellung nach den Regeln für frei drehbar gelagerte durchlaufende Träger zu bestimmen.

a) Negative Feldmomente. Bei durchlaufenden Platten zwischen Eisenbetonträgern brauchen wegen des Verdrehungswiderstandes der Träger die negativen Feldmomente aus veränderlicher Belastung nur mit der Hälfte ihres Wertes berücksichtigt zu werden.

b) Mindestwert für positive Feldmomente. Ergibt sich auf Grund der für durchlaufende Tragwerke geltenden Beziehungen für das größte positive Feldmoment ein kleinerer Wert, als bei voller beiderseitiger Einspannung eintreten würde, so ist der Querschnittsberechnung der für beiderseitige volle Einspannung geltende Wert des Feldmomentes zugrunde zu legen.

c) Berücksichtigung der Einspannung. Bei Berechnung des Moments in den Feldmitten darf eine Einspannung an Endauflagern nur so weit berücksichtigt werden, als sie durch bauliche Maßnahmen gesichert und rechnerisch nachweisbar ist.

Wenn freie Auflagerung im Mauerwerk angenommen wird, muß gleichwohl durch obere Eiseneinlagen und einen ausreichenden Betonquerschnitt an der Unterseite einer doch vorhandenen, unbeabsichtigten Einspannung Rechnung getragen werden; dies ist namentlich bei Rippendecken mit oder ohne Ausfüllung der Zwischenräume zu beachten.

d) In dem Sonderfall gleicher Stützweiten oder auch ungleicher Stützweiten, bei denen die kleinste, noch mindestens 0,8 der größten ist, dürfen in Hochbauten bei gleichmäßig verteilter Belastung q die Momente durchlaufender Platten wie folgt berechnet werden:

Positive Feldmomente. Bei Decken mit Auflagerverstärkungen, deren Breite mindestens $^1/_{10}\, l$ und deren Höhe mindestens $^1/_{30}\, l$ (Abb. 3) beträgt,

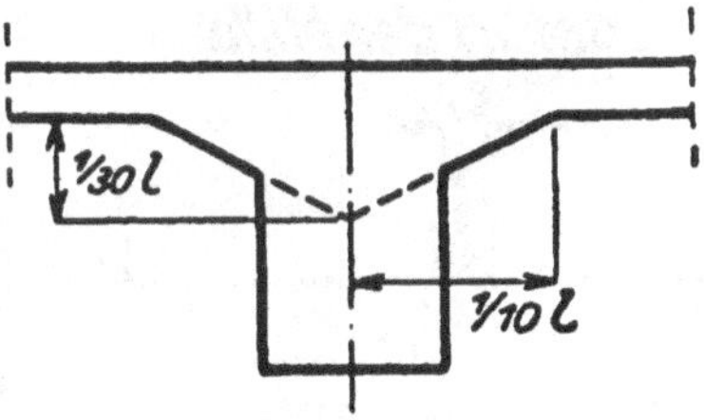

Abb. 3.

(1) in den Endfeldern $\max M = \frac{1}{12} \cdot p \cdot l^2$

(2) in den Innenfeldern $\max M = \frac{1}{18} \cdot q \cdot l^2$.

Sind keine oder kleinere Auflageverstärkungen vorhanden, so sind die entsprechenden Momente zu erhöhen auf $\frac{1}{11} \cdot q \cdot l^2$ bzw. $\frac{1}{15} \cdot q \cdot l^2$.

Stützenmomente.

(3) Bei Platten über nur zwei Feldern $M_s = -\frac{1}{8} \cdot q \cdot l^2$

bei Platten mit drei oder mehr Feldern

(4) an der Innenseite des Randfeldes $M_s = -\frac{1}{9} \cdot q \cdot l^2$

(5) an den übrigen Innenstützen $M_s = -\frac{1}{10} \cdot q \cdot l^2$

Negative Feldmomente.

(6) $$\min M = \frac{l^2}{24} \cdot \left(g - \frac{p}{2} \right).$$

4. Einzellasten oder Streckenlasten. (Abb. 4a u. 4b). Platten von der Stützweite l mit oder ohne verteilende Deckschicht von der Stärke s, die Einzellasten oder Streckenlasten (z. B. Raddrücke oder Maschinenfüße) aufzunehmen haben, sind bei Laststellung in Plattenmitte zu berechnen wie plattenförmige Balken von der Breite $b_1 = \frac{2}{3} l$ oder $b_1 = t_2 + 2s$. Bei Laststellung am Auflager beträgt die zulässige Breite $b_2 = \frac{1}{3} \cdot l$ oder $t_2 + 2s$. In beiden Fällen ist das größere der beiden Maße zu wählen. Zwischenwerte für b bei anderen Laststellungen sind angemessen einzuschalten.

In der Richtung der Zugeisen ist eine Lastverteilung auf die Länge $c = t_1 + 2s$ zulässig.

Es wird angenommen, daß sich die Einzellast oder Streckenlast gleichmäßig auf die Fläche $b_1 \cdot c$ bzw. $b_2 \cdot c$ verteilt.

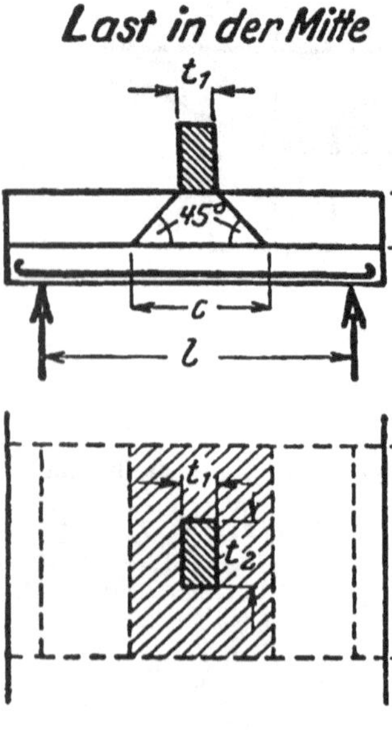

Abb. 4a.

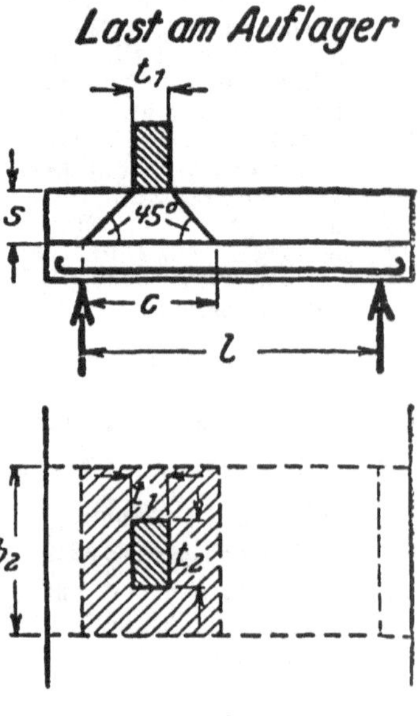

Abb. 4b.

5. Stützkräfte durchlaufender Deckenplatten. Bei Ermittlung der Lasten, die von durchlaufenden Platten auf die sie stützenden Balken oder Mauern übertragen werden, dürfen die Kontinuitätswirkungen vernachlässigt werden. Das Belastungsfeld eines Deckenbalkens kann mithin bei gleichmäßig verteilter Belastung beiderseits bis zur Mitte der anstoßenden Deckenfelder gerechnet werden.

6. Eisenbetonrippendecken. Werden in Eisenbetondecken Hohlsteine oder Füllkörper eingelegt (vgl. § 14 Ziffer 8), so dürfen sie zur Spannungsübertragung nicht mit herangezogen werden. Die Tragfähigkeit der Eisenbetonplatte zwischen den Rippen ist auf Anfordern nachzuweisen. Durchlaufende Hohlsteindecken müssen im Bereiche der negativen Momente, die von den Rippen nicht mehr aufzunehmen sind, aus vollem Beton hergestellt werden.

7. Decken aus fertig verlegten Eisenbetonbauteilen. Die vorstehenden Bestimmungen gelten auch für Decken aus nebeneinandergereihten balkenartigen Einzelgliedern, die in den Fugen in voller Höhe wirksam verbunden sind. Bezüglich der Nutzhöhe gelten die Bestimmungen über Balken und Platten.

Kreuzweise bewehrte Platten und Pilzdecken.

8. Rechteckige kreuzweise bewehrte Platten, die ringsum frei aufliegen oder eingespannt sind oder sich über mehrere Felder erstrecken, sind, wenn nicht eine genaue Untersuchung auf Grund der Plattentheorie (z. B. mittels Reihenentwicklung oder Anwendung der Gewebetheorie) durchgeführt wird, durch zwei Scharen von Längs- und Querstreifen zu ersetzen, die je nach den vorliegenden Auflagerbedingungen als einfache oder eingespannte oder durchlaufende Träger zu berechnen sind. Für die Stützweite gilt die Angabe unter Ziffer 2).

a) Unter der Voraussetzung, daß die Ecken der Platten gegen Abheben gesichert sind, können, wenn die Platten nicht mehr als doppelt so lang wie breit sind, für den Spannungsnachweis die von Marcus[1]) angegebenen Gleichungen benutzt werden.
Bei gleichförmig verteilter Belastung dürfen insbesondere die folgenden Gleichungen der Querschnittsbemessung zugrunde gelegt werden, wobei die Platte durch einen Rost von Längs- und Querbalken (Streifen) ersetzt gedacht ist.
Bezeichnungen:
l_x = Stützweite der Streifen in der x-Richtung
q_x = Lastanteil der Streifen in der x-Richtung.
M_x = Biegungsmomente der Streifen in der x-Richtung.

---

[1]) Vgl. Dr.-Ing. Marcus, Die vereinfachte Berechnung biegsamer Platten. (Verlag Julius Springer, Berlin 1925.)

l_y = Stützweite der Streifen in der y-Richtung,
q_y = Lastanteil der Streifen in der y-Richtung,
M_y = Biegungsmomente in der y-Richtung.

α) Grenzfall der ringsum frei aufliegenden Platten. (Abb. 5).

(7) Lastanteile:

$$q_x = q \cdot \frac{l_y^4}{l_x^4 + l_y^4}$$

$$q_y = q \cdot \frac{l_x^4}{l_x^4 + l_y^4}$$

(8) Feldmomente:

$$M_x = q_x \cdot \frac{l_x^2}{8} \cdot \nu_a$$

$$M_y = q_y \cdot \frac{l_y^2}{8} \cdot \nu_a$$

Hierbei ist

$$\nu_a = 1 - \frac{5}{6} \cdot \frac{l_x^2 \cdot l_y^2}{l_x^4 + l_y^4}$$

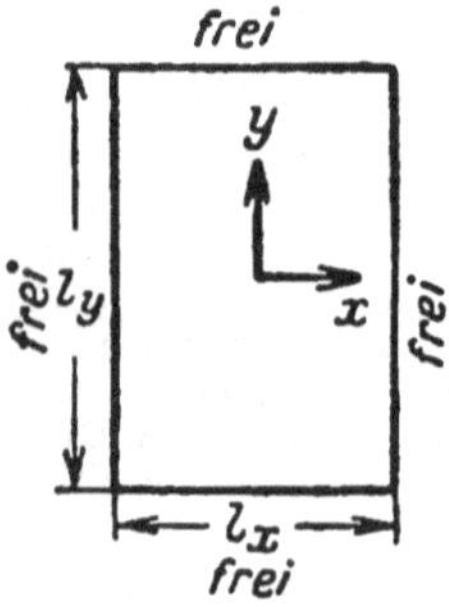

Abb. 5.

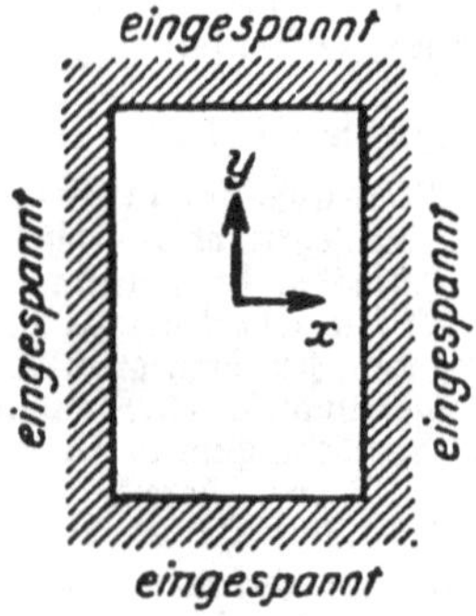

Abb. 6.

β) Grenzfall der ringsum eingespannten Platten (Abb. 6).

(9) Lastanteile:

$$q_x = q \cdot \frac{l_y^4}{l_x^4 + l_y^4}$$

$$q_y = q \cdot \frac{l_x^4}{l_x^4 + l_y^4}$$

(10) Feldmomente:

$$M_x = + q_x \cdot \frac{l_x^2}{24} \cdot \nu_b$$

$$M_y = + q_y \cdot \frac{l_y^2}{24} \cdot \nu_b.$$

Hierbei ist

$$\nu_b = 1 - \frac{5}{18} \cdot \frac{l_x^2 \cdot l_y^2}{l_x^4 + l_y^4}$$

$$(11)\begin{cases}\text{Einspannmomente:} & M_x = -q \cdot \frac{l_x^2}{12} \cdot \frac{l_y^4}{l_x^4 + l_y^4} \\ & M_y = -q \cdot \frac{l_y^2}{12} \cdot \frac{l_x^4}{l_x^4 + l_y^4}\end{cases}$$

b) Der in den Gleichungen für die Feldmomente auftretende Faktor ν berücksichtigt die Wirkung der Drillungsmomente. Die obigen Werte für ν dürfen nur dann eingesetzt werden, wenn für die Aufnahme der Drillungsmomente durch Bewehrungseisen Sorge getragen ist; andernfalls ist $\nu = 1$ zu setzen.

c) Wenn die Ecken der Platten gegen Abheben nicht gesichert sind, so ist in den Gleichungen für die Feldmomente $\nu = 1$ zu setzen.

9. Die Werte für die Biegungsmomente und Querkräfte von Pilzdecken (vgl. § 14 Ziffer 9) sind sowohl für die Decke als für die Säulen nach den Regeln der Plattentheorie (z. B. mittels Reihenentwicklung oder Anwendung der Gewebetheorie) zu berechnen, wobei die Drillungsmomente zu berücksichtigen sind.

Die Teile des Säulenkopfes, die unterhalb einer Neigung von 45° gegen die Wagerechte liegen (s. Abb. 1 und 2), dürfen zur Spannungsübertragung nicht herangezogen werden und gelten beim Spannungsnachweis als nicht vorhanden. Die Mindestabmessungen der Säulenköpfe müssen im übrigen den Maßen der Abbildung 1 oder 2 entsprechen.

Für den wirksamen Querschnitt eines Eisenstabes mit dem Querschnitt Fe, dessen Achse mit der Normalen einer beliebigen Schnittebene den Winkel α einschließt, darf der Wert $Fe \cdot \cos \alpha$ eingeführt werden.

Wenn keine genaue Untersuchung nach der Plattentheorie durchgeführt wird, so können die trägerlosen Decken durch zwei sich kreuzende Scharen von Längs- und Querbalken ersetzt werden, die als durchlaufende Balken mit elastisch eingespannten Stützen oder als Stockwerkrahmen ebenso zu behandeln sind, als ob sie in der querlaufenden Stützenflucht auf einer stetigen Unterlage aufruhten, und die im Gegensatz zu den ringsum auflagernden Platten in jeder Richtung für die volle und ungünstigste Belastung berechnet werden müssen.

Die stellvertretenden Rahmen dürfen so berechnet werden, daß für die Momentenermittlung nur der Biegungswiderstand der Stützen des unmittelbar anschließenden oberen und unteren Stockwerkes berücksichtigt wird.

Die Riegel der stellvertretenden Rahmen haben die Stützweite l_x und l_y, die Querschnittsbreite l_y bzw. l_x und als Querschnittshöhe die Deckenstärke d.

Um die Spannungen zu bestimmen, die durch die zugehörigen Biegungsmomente M_x und M_y in der Platte hervorgerufen werden, wird jedes Deckenfeld in einen inneren Teil $ABDC$ von der Breite $\frac{l}{2}$ und zwei äußere Teile $ABFE$ und $CDHG$ jeweils von der Breite $\frac{l}{4}$ zerlegt (Abb. 7). Der innere Teil wird als **Feldstreifen**, die äußeren Teile werden als **Gurtstreifen** bezeichnet.

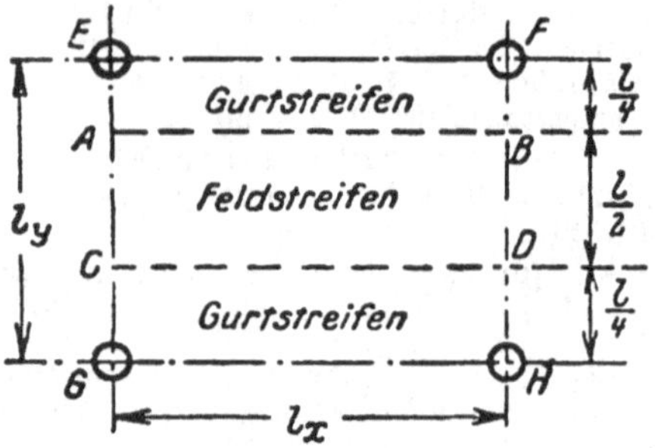

Abb. 7.

Von den für einen Riegel des stellvertretenden Rahmens ermittelten positiven (oder negativen) Feldmomenten haben der Feldstreifen 45 % und die beiden Gurtstreifen zusammen 55 % aufzunehmen, während von den negativen Biegungsmomenten in den Säulenfluchten 25 % dem Feldstreifen und 75 % den beiden Gurtstreifen zuzuweisen sind.

Wird von einer genauen Berechnung nach der Plattentheorie oder von der angeführten Näherungsberechnung mit stellvertretenden Rahmen abgesehen, so können, wenn die Stützenabstände in allen Feldern einer Reihe gleich oder nur so weit ungleich sind, daß der kleinste noch mindestens 0 8 des größten ist, zur Errechnung der Momente MF der Feldstreifen und MG der Gurtstreifen die nachstehenden Gleichungen unmittelbar benutzt werden, die für die Querschnittsbreite 1 gelten. Voraussetzung ist hiebei, daß die Decken gemäß Abb. 1 oder 2 über den Säulenköpfen verstärkt werden. Bei Decken ohne Verstärkung (vgl. § 14 Ziffer 9) sind die nach den Gleichungen (12) und (13) errechneten Werte der positiven Momente um 25 % zu erhöhen.

In den Gleichungen (12) bis (16) ist zur Bestimmung von weite M_x und M_y (vgl. Ziff. 8) für l jeweils l_x und l_y zu setzen.

a) **Außenfeld.**

$$(12)\qquad \begin{cases} M_F = l^2 \cdot \left(\frac{g}{16} + \frac{p}{13}\right) \\ M_G = l^2 \cdot \left(\frac{g}{13} + \frac{p}{11}\right) \end{cases}$$

Die vorstehenden Formeln gelten für Decken, die auf den Außenwänden frei aufruhen oder bei denen die Außenstützen als Pendelsäulen ausgebildet sind. Werden die letzteren biegungsfest an die Decken angeschlossen und durchgehende Stürze in Verbindung mit den Decken angeordnet, so dürfen die nach den Formeln (12) errechneten Werte der Biegungsmomente um 20 % ermäßigt werden.

b) Innenfeld.

(13)
$$\begin{cases} M_F = l^2 \cdot \left(\frac{g}{32} + \frac{p}{16}\right) \\ M_G = l^2 \cdot \left(\frac{g}{26} + \frac{p}{13}\right). \end{cases}$$

c) Stützmomente längs der ersten inneren Stützungsreihe.

(14)
$$\begin{cases} M_F = -\frac{l^2}{24} \cdot (g + p) \\ M_G = -\frac{l^2}{8} \cdot (g + p) \end{cases}$$

d) Stützenmomente in den übrigen Stützenreihen.

(15)
$$\begin{cases} M_F = -\frac{l^2}{30} \cdot (g + p) \\ M_G = -\frac{l^2}{10} \cdot (g + p). \end{cases}$$

e) Die am oberen Ende der unteren und am unteren Ende der oberen Säulen aufzunehmenden Biegungsmomente (vgl. auch § 17 Ziffer 15) sind nach den Formeln

(16)
$$\begin{cases} M_u = \mp P \cdot \frac{l}{12} \cdot \frac{c_u}{c_o + 1 + c_u} \\ M_o = \pm P \cdot \frac{l}{12} \cdot \frac{c_o}{c_o + 1 + c_u} \end{cases}$$

zu ermitteln. Hierbei ist P die gesamte Verkehrslast eines Feldes mit den Seitenlängen l_x und l_y,

$$c_o = \frac{l}{h_o} \cdot \frac{J_o}{J_d},$$

$$c_u = \frac{l}{h_u} \cdot \frac{J_u}{J_d},$$

J_d : das Trägheitsmoment der Decke, bezogen auf die Feldbreite,
J_u : das Trägheitsmoment der unteren Säule,
J_o : das Trägheitsmoment der oberen Säule,
h_o : die Höhe der oberen Säule (Stockwerkshöhe),
h_u : die Höhe der unteren Säule (Stockwerkshöhe).

Die vorstehenden Formeln gelten auch für Außensäulen, die mit der Decke biegungsfest verbunden sind, wenn P durch $(G + P)$ ersetzt wird, wobei G die gesamte ständige Last eines Feldes mit den Seitenlängen l_x und l_y ist.

f) In den Randfeldern darf für den zur Auflagerlinie parallel laufenden Feldstreifen der Wert $\frac{3}{4} M_F$ und für den unmittelbar am Rand angrenzenden Gurtstreifen der Wert $\frac{1}{2} M_G$ der Querschnittsbemessung zugrundegelegt werden, wobei MF bezw. MG die für normale Innenfelder gültigen Biegungsmomente der Feld- bezw. Gurtstreifen bedeuten.

Balken und Plattenbalken.

10. Die Stützweite ist

a) bei beiderseits frei aufliegenden Balken die Entfernung der Auflagermitten,

b) bei außergewöhnlich großen Auflagerlängen die um 5 % vergrößerte Lichtweite,

c) bei durchlaufenden Balken die Entfernung zwischen den Mitten der Stützen bzw. Unterzüge.

Ist die Länge eines Auflagers ausnahmsweise geringer als 5 % der Lichtweite, so ist die Sicherheit des Auflagers nachzuweisen.

11. Momente durchlaufender Balken sind im allgemeinen für ungünstigste Laststellung nach den Regeln für frei drehbar gelagerte durchlaufende Träger zu ermitteln.

a) Negative Feldmomente. Bei durchlaufenden Plattenbalken im Hochbau, die mit Unterzügen oder Säulen fest verbunden sind, brauchen wegen des Verdrehungswiderstandes der Unterzüge und des Biegungswiderstandes der Säulen die negativen Feldmomente aus veränderlicher Belastung nur mit $^2/_3$ ihres Wertes berücksichtigt zu werden.

Im Sonderfall gleicher oder um höchstens 20 % ungleicher Stützweiten l dürfen bei Plattenbalken die negativen Feldmomente eines entlasteten Feldes angenommen werden zu

$$\min M = \frac{1}{24} \cdot l^2 \cdot \left(g - \frac{2}{3} \cdot p \right)$$

b) Mindestwert für positive Feldmomente. Ergibt sich auf Grund der für durchlaufende Tragwerke geltenden Beziehungen für das größte positive Feldmoment ein kleinerer Wert als bei voller beiderseitiger Entspannung eintreten würde, so ist der Querschnittsberechnung der für beiderseitige volle Einspannung geltende Wert des Feldmomentes zugrunde zu legen.

c) Berücksichtigung der Einspannung. Ist bei Hochbauten die Stützenbreite gleich oder größer als der fünfte Teil der Stockwerkshöhe, so sind durchgehend ausgebildete Balken nicht mehr als durchgehend, sondern als an der Stütze voll eingespannt zu berechnen. Hierbei ist vorausgesetzt, daß die Balken mit der Stütze biegungsfest verbunden sind oder daß eine entsprechende Auflast an den Stützen vorhanden ist. Als Stützweite ist dabei die um 5 % vergrößerte Lichtweite zu rechnen.

12. Querkräfte. Die zur Ermittlung der Schub- und Haftspannungen maßgebenden Querkräfte durchlaufender Balken dürfen bei Hochbauten mit überwiegend ruhenden Lasten für Vollbelastung aller Felder bestimmt werden. Ebenso genügt Annahme der Vollbelastung zur Bestimmung der Querkräfte für Balken mit beiderseits freier Auflagerung.

Dagegen sind rollende Lasten in jeweils ungünstigster Stellung vorzusehen. Bei Durchfahrten, Hofunterkellerungen, Brücken und ähnlichen Bauwerken sind Verkehrslasten streckenweise anzunehmen, wenn sich dadurch Größtwerte der Querkräfte ergeben.

13. Stützkräfte durchlaufender Balken oder Plattenbalken. Bei Ermittlung der Last, die von Balken auf Mauern, Hauptunterzüge oder Säulen übertragen wird, dürfen die Kontinuitätswirkungen vernachlässigt werden. Die Stützkräfte können also unter der Annahme frei aufliegender, über allen Innenstützen gestoßener Balken ermittelt werden.

14. Plattendicke und Plattenbreite. Die Druckplatte eines Plattenbalkens muß mindestens 8 cm stark sein (wegen Druckplattenstärke von Eisenbetonrippendecken vgl. § 14 Ziffer 8). Die zulässige Breite b der Druckplatte ist

a) bei beiderseitigen Plattenbalken nach Abb. 8

$$b = 12d + b_o + 2b_s$$

und nicht größer als der Abstand der Feldmitten und als die halbe Balkenstützweite,

b) bei einseitigen Plattenbalken nach Abb. 9

$$b = 4{,}5d + b_s + b_1.$$

und nicht größer als die halbe lichte Rippenentfernung $+ \frac{b_o}{2}$ und als ein Viertel der Balkenstützweite.

Die Deckenverstärkung darf mit keiner flacheren Neigung als 1:3 und ihre Breite $b\ s$ mit höchstens $3d$ in Rechnung gestellt werden. Sind Deckenverstärkungen nicht vorhanden, so ist $b\ s$ gleich Null zu setzen.

Säulen und Rahmen.

15. Eisenbetonsäulen in fester Verbindung mit Balken sind ausnahmsweise auf Verlangen der Baupolizeibehörde auf Biegung

zu untersuchen, insbesondere bei Brücken und anderen Ingenieurbauten.

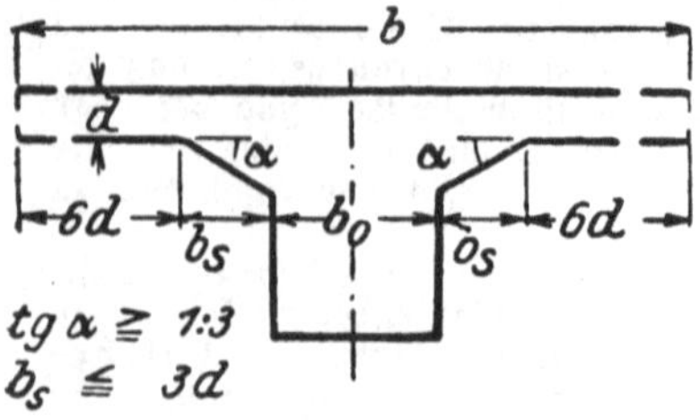

Abb. 8.

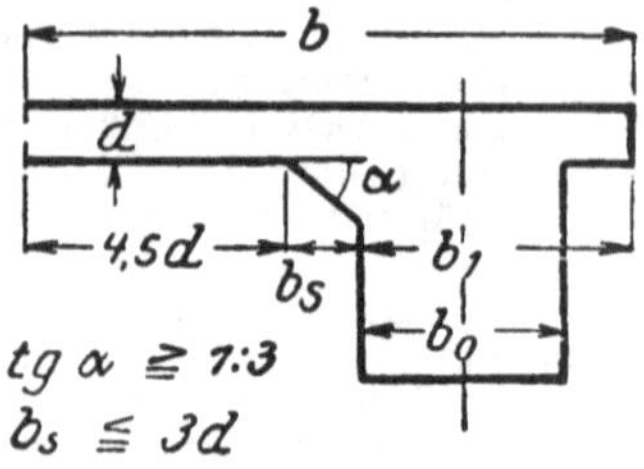

Abb. 9.

Bei den üblichen Hochbauten brauchen die Innensäulen, die mit Eisenbetonbalken biegungsfest verbunden sind, im allgemeinen nur auf mittigen Druck, nicht auf Rahmenwirkung berechnet zu werden. Bei Randsäulen solcher Tragwerke jedoch sind, wenn keine genaue Berechnung der Rahmenwirkung angestellt wird, die Biegungsmomente am Kopfe und am Fuße (Abb. 10) mit Hilfe der Gleichungen

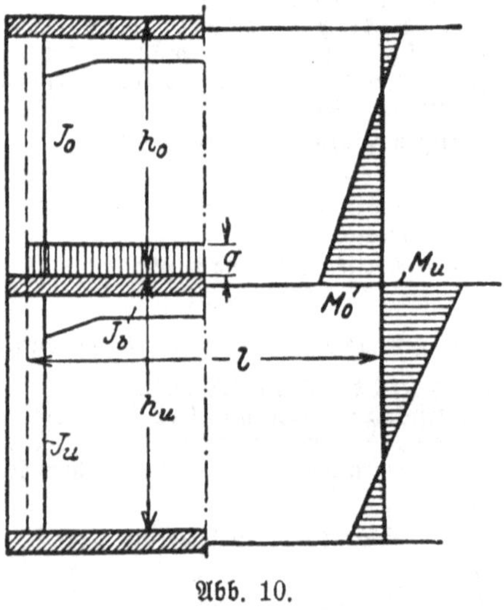

Abb. 10.

$$(18)\qquad \begin{cases} M_u = -q \cdot \dfrac{l^2}{12} \cdot \dfrac{c_u}{c_o + 1 + c_u} \\ M_o = +q \cdot \dfrac{l^2}{12} \cdot \dfrac{c_o}{c_o + 1 + c_u} \end{cases}$$

zu bestimmen. Hierbei ist

$$c_o = \frac{l}{h_o} \cdot \frac{J_o}{J_b},$$

$$c_u = \frac{l}{h_u} \cdot \frac{J_u}{J_b},$$

J_b: das Trägheitsmoment des Balkens oder Plattenbalkens (vgl. § 17 Ziff. 1, 2. Abs.). Wegen der übrigen Bezeichnungen vgl. die Gleichungen (16).

Werden die Balken entsprechend § 17 Ziffer 11 als frei drehbar gelagerte durchlaufende Träger berechnet, die Momente in den Randsäulen jedoch nach den Gleichungen (18) bestimmt, so dürfen die positiven Momente der Endfelder um den Wert

$$\frac{1}{2}(M_o - M_u) = q \cdot \frac{l^2}{24} \cdot \frac{c_o + c_u}{c_o + 1 + c_u}$$

vermindert werden.

16. In Hochbauten dürfen die Stützkräfte zur Bemessung der Säulenquerschnitte und der Fundamente ermittelt werden unter Annahme allerseits frei aufliegender statisch bestimmt gelagerter Platten und Balken, so daß Zuschläge für Kontinuität und wechselweise Feldbelastung nicht in Rechnung gestellt zu werden brauchen (vgl. § 17 Ziffer 13).

Brücken unter Eisenbahngleisen.

17. Bei der statischen Berechnung von Brücken unter Eisenbahngleisen ist mit Einzellasten zu rechnen, wobei aber in der Richtung rechtwinklig zur Stützweite eine Verteilung der Einzellasten unter 45° bis zur Oberkante der tragenden Teile angenommen werden kann.

§ 18. Ermittlung der inneren Kräfte.

1. Rechnungsannahmen. Die Spannungen im Querschnitt des auf Biegung oder des auf Biegung mit Achskraft beanspruchten Körpers sind unter der Annahme zu berechnen, daß sich die Dehnungen wie die Abstände von der Nullinie verhalten. Die zulässige Beanspruchung des Betons auf Druck und des Eisens auf Zug sowie die zulässigen Schub- und Haftspannungen haben zur Voraussetzung, daß das Eisen alle Zugspannungen im Querschnitt aufnimmt, daß also von einer Mitwirkung des Betons auf Zug ganz abgesehen wird.

2. Für die Bemessung der Bauteile ist das Verhältnis der Elastizitätsmaße von Eisen und Beton zu $n = 15$ anzunehmen.

3. Bei der Berechnung der Biegungsspannungen dürfen einbetonierte Schienen zur Befestigung von Transmissionen bis zu 50 % ihres Gesamtquerschnitts in Rechnung gestellt werden.

4. Schubspannungen. In Balken sind die Schubspannungen τ_0 nachzuweisen.

Geht der ohne Rücksicht auf abgebogene Eisen oder Bügel errechnete Wert der Schubspannung über 14 kg/cm² hinaus, so sind die Abmessungen der Rippe zu vergrößern, bis dieser Wert erreicht oder unterschritten wird.

In Balken oder Balkenfedern, in denen die größte Schubspannung τ_0 bei Handelszement nicht über 4 kg/cm², bei hochwertigem Zement nicht über 5,5 kg/cm² hinausgeht, wird kein rechnerischer Nachweis der Schubsicherung gefordert. Ist die größte Schubspannung über 4 bzw. 5,5 kg/cm², so sind alle Schubspannungen auf der betreffenden Feldseite ganz durch abgebogene Eisen oder Bügel oder beides zusammen aufzunehmen (Schubsicherung).

Die Schubspannung τ_0 ist zu berechnen aus der Gleichung

(19) $$\tau_0 = \frac{Q}{b_0 \cdot z},$$

worin b_0 bei Plattenbalken die Stegbreite und z den Abstand des Schwerpunktes der Eisen vom Druckmittelpunkt und Q die Querkraft bedeuten.

Die Grundlinie des Schubdiagramms soll in die halbe Höhe zwischen Unterkante und Oberkante des Balkens gelegt werden.

5. Haftspannungen. Die Haftspannungen τ_1 brauchen nicht berechnet zu werden, wenn die Enden der Eisen mit runden oder spitzwinkligen Haken versehen und dabei die Eisen nicht stärker als 25 mm sind.

Wenn nur gerade Eisen mit oder ohne Bügel vorhanden sind, ist die Haftspannung aus der Gleichung

(20) $$\tau_1 = \frac{Q}{u \cdot z}$$

zu berechnen. (u = Umfang der Eisen.)

Sind dagegen so viele Eisen abgebogen, daß sie zusammen mit den Bügeln imstande sind, die gesamten schrägen Zugspannungen allein aufzunehmen, so ist für die Berechnung der Haftspannungen an den unteren gerade geführten Eisen nur die halbe Querkraft in Ansatz zu bringen.

6. Stützen mit gewöhnlicher Bügelbewehrung. Mittiger Druck. Bei Stützen ohne Knickgefahr und mit gewöhnlicher Bügelbewehrung (vgl. § 14 Ziffer 11 Abs. 1) berechnet sich die zulässige mittige Belastung aus der Formel

(21) $$P = \sigma_b \cdot (F_b + 15\, F_e) = \sigma_b \cdot F_i,$$

worin σ_b die zulässige Druckspannung des Betons für Stützen

$F\,b$ die Querschnittfläche des Betons und $F\,e$ diejenige der Längseisen bedeuten.

7. Umschnürte Säulen. Mittiger Druck. Bei umschnürten Säulen (vgl. § 14 Ziffer 11 Abs. 2) und anderen umschnürten Druckgliedern mit kreisförmigem Kernquerschnitt soll die zulässige mittige Last aus der Formel

(22) $$P = \sigma_b \cdot (F_k + 15\,F_e + 45\,F_s\,) - \sigma_b \cdot F_i,$$

berechnet werden. Hierbei bedeuten F_k den Querschnitt des umschnürten Kerns (durch die Mitte der Querbewehrungseisen begrenzt), $F_s = \frac{\pi \cdot D \cdot f}{s}$, wenn D den mittleren Krümmungsdurchmesser der Querbewehrungseisen, f den Querschnitt der letzteren und s ihren Abstand in Richtung der Säulenachse (von Mitte zu Mitte) bezeichnen.

Dabei muß sein

(23) $$F_i = (F_k + 15\,F_e + 45\,F_s\,) \leqq 2\,F_b$$

Quadratischen oder rechteckipen Umschnürungen wird keine Erhöhung der Tragfähigkeit zuerkannt. Nach dieser Art bewehrte Säulen und Druckglieder sind nach Ziffer 6 zu berechnen.

8. Knickberechnung mittig belasteter Stützen. Mittig belastete Stützen, deren Höhe bei quadratischem und rechteckigem Querschnitt mehr als das 15 fache, bei umschnürten Kernquerschnitt mehr als das 13 fache der kleinsten Stützendicke beträgt, sind auf Knicksicherheit zu untersuchen. Hierzu ist statt der Gleichungen (21) und (22) die folgende zu verwenden:

(24) $$\omega \cdot P = \sigma_b \,\text{zul} \cdot F_i$$

worin ω die Knickzahl, d. i. das Verhältnis der zulässigen Druckbeanspruchung $\sigma\,b\;zul$ zur zulässigen Knickbeanspruchung $\sigma\,k\;zul$ darstellt und aus der Tafel in § 19 Ziffer 3 zu entnehmen ist.

Als Höhe der Stützen ist bei Hochbauten stets die volle Stockwerkshöhe in Rechnung zu stellen.

Ist bei rechteckigen Stützen das Ausknicken nach der Ebene des kleinsten Trägheitsmomentes durch Aussteifung oder dgl. mit voller Sicherheit ausgeschlossen, so ist unter s die größere Querschnittseite zu verstehen.

9. Außermittiger Druck. Ist eine Stütze außermittig belastet oder ist die Möglichkeit vorhanden, daß sie seitliche Kräfte erhält, so darf die aus der Gleichung

(25) $$\sigma = \frac{P}{F_i} \pm \frac{M}{W_i}$$

errechnete Kantenpressung den im § 19 Ziff. 4 angegebenen Wert nicht überschreiten. Die Gleichung (25) darf auch dann noch angewendet werden, wenn sich daraus auf der einen Seite eine Zugspannung ergibt, die nicht größer ist als $^1/_5$ der zulässigen Betondruckspannung (Abb. 11). Geht die Zugspannung über dieses Maß hinaus, so muß die Zugzone bei der Spannungsberechnung außer Ansatz bleiben.

In die Gleichung (25) ist für F_i der jeweils zutreffende Klammerwert aus den Gleichungen (21) und (22) einzusetzen und W_i dem Querschnitt $F_b + 15 F_e$ entsprechend zu bilden.

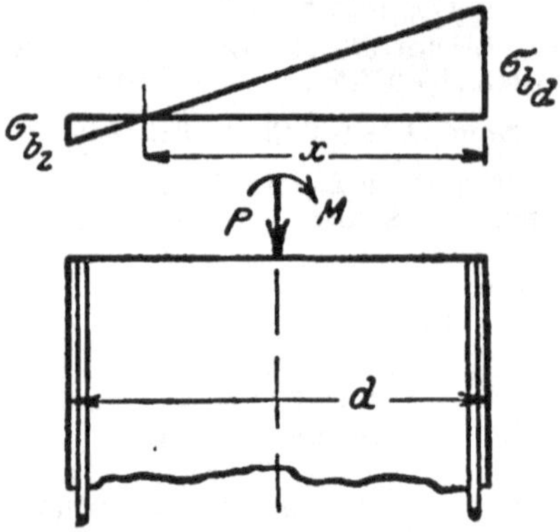

Abb. 11.

Die Eiseneinlagen sind in jedem Falle so zu berechnen, daß sie ohne Mitwirkung des Betons alle Zugspannungen aufnehmen können.

10. Knickberechnung außermittig belasteter Stützen. Geht das Verhältnis der Stützenhöhe zur kleinsten Stützendicke über die im 1. Absatz der Ziff. 8 angegebenen Grenzen hinaus, so ist in der Gleichung (25) P durch $\omega \cdot P$ zu ersetzen. Die Knickzahl ω ist der im § 19 Ziff. 3 enthaltenen Tafel zu entnehmen.

Die beiden letzten Absätze der Ziffer 8 gelten auch hier.

§ 19. Zulässige Beanspruchungen.

1. Die zulässigen Beanspruchungen des Betons sind sowohl von der Würfelfestigkeit $W_{e\,28}$ als auch von $W_{b\,28}$ abhängig. Dabei bedeuten:

$W_{e\,28}$ = Würfelfestigkeit erdfeuchten Betons nach 28 Tagen,

$W_{b\,28}$ = Würfelfestigkeit von Beton in der gleichen Beschaffenheit, wie er im Bauwerk bearbeitet wird, nach 28 Tagen[1]).

Die Würfelfestigkeiten sind festzustellen nach den „Bestimmungen für Druckversuche an Würfeln bei Ausführung von Bauwerken aus Beton und Eisenbeton" und müssen sein:

---

[1]) Vgl. Fußnote 2 S. 511.

a) bei Verwendung von Handelszement . . $W_{e\,28} \geqq 200$ kg/cm²
und außerdem . . . . $W_{b\,28} \geqq 100$ „ .
b) bei Verwendung von hochwertigem Zement $W_{e\,28} \geqq 275$ „
und außerdem . . . . $W_{b\,28} \geqq 130$ „ ,
c) in besonderen Fällen, in denen die zulässige Beanspruchung des Betons auf Grund des Festigkeitsnachweises abgestuft wird, für weich oder flüssig angemachten und entsprechend der Verarbeitung im Bauwerk behandelten Beton:

$W_{b\,28} \geqq \nu \cdot \sigma_{zul}$, wobei der Beiwert ν den Tafeln II und IV unter Ziffer 2 und 4 zu entnehmen ist, und außerdem

$W_{e\,28} \geqq 250$ kg/cm².

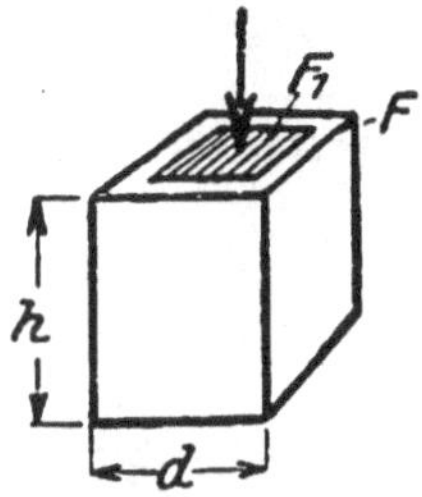

Abb. 12.

2. Mittiger Druck (vgl. Tafel II auf S. 482)

Teilbelastung.

Wenn bei Auflagequadern, Gelenksteinen usw. die eine Fläche F nur in einem mittig gelegenen Teile F_1 auf Druck beansprucht wird und dabei $h \geqq d$ ist (Abb. 12), so gilt für die zulässige Beanspruchung in der Teilfläche F_1 die Formel

(26) $$\sigma_1 = \sigma \cdot \sqrt[3]{\frac{F}{F_1}},$$

wobei σ die in der Tafel angegebene zulässige Beanspruchung ist.

Tafel II.

		Zulässige Beanspruchungen in kg/cm² bei Stützen ohne Knickgefahr im allgemeinen	in Brücken
1	Handelszement: $W_{e\,28} \geqq 200$ kg/cm² . . . und außerdem $W_{b\,28} \geqq 100$ kg/cm² . . .	35 kg/cm²	30 kg/cm²
2	Hochwertiger Zement: $W_{e\,28} \geqq 275$ kg/cm² . . . und außerdem $W_{e\,28} \geqq 130$ kg/cm² . . .	45 „	40 „
3	In besonderen Fällen bei Nachweis der Würfelfestigkeit: $W_b \geqq \nu \cdot \sigma_{zul}$ . . . . . und außerdem $W_{e\,28} \geqq 250$ kg/cm² . . .	$\sigma_{zul} = \frac{W_{b\,28}}{3}$ jedoch nicht mehr als 60 kg/cm²	$\sigma_{zul} = \frac{W_{b\,28}}{4}$ mehr als 50 kg/cm²

3. Stützen mit Knickgefahr sind mit vorstehenden Beanspruchungen für die ω-fache Stützenbelastung zu bemessen, wobei die

Knickzahl ω abhängig ist vom Schlankheitsgrad (Höhe der Stütze *h* — vgl. § 18 Ziffer 8 — geteilt durch die kleinste Stützendicke *s*) gemäß nachstehender Tafel.

Tafel III.

$\frac{h}{s}$	Knickzahl $\omega = \frac{\sigma_{b\,zul}}{\sigma_{k\,zul}}$	$\frac{\Delta\omega}{\Delta\frac{h}{s}}$
1. für quadratische u. rechteckige Stützen mit einfacher Bügelbewehrung		
15	1,0	
20	1,25	0,05
25	1,75	0,10
2. für umschnürte Stützen		
13	1,0	
20	1,7	0,1
25	2,7	0,2

Zwischenwerte sind gradlinig einzuschalten.

4. Reine Biegung und Biegung mit Längskraft. Die zulässigen Beanspruchungen der folgenden Tafel gelten in:

Spalte a:

- für mindestens 20 cm hohe volle Rechteckquerschnitte,
- für Balken und Plattenbalken zur Aufnahme von Stützmomenten,
- für Pilzdecken (vgl. § 14 Ziff. 9 und § 17 Ziffer 9),
- für Rahmen, Bogen und Stützen als Teile rahmenartiger Tragwerke, wenn diese ausführlich nach der Rahmentheorie berechnet werden, und zwar bei gewöhnlichen Hochbauten unter Annahme ungünstigster Laststellung, bei anderen Bauten außerdem unter Berücksichtigung der Wärmewirkung, des Schwindens sowie der Reibungs- und Bremskräfte;

Spalte b:

- für Platten von mindestens 10 cm Stärke in Hochbauten einschließlich Fabriken ohne wesentliche Erschütterungen,
- für Balken, Plattenbalken, außermittig belastete Stützen und andere Tragwerke, soweit sie nicht unter a fallen,
- für Stützenquerschnitte von Balken und Plattenbalken der Spalte c;

Spalte c:

- für Platten von weniger als 10 cm Stärke,
- für die unmittelbar starken Erschütterungen ausgesetzten Bauteile in Hochbauten,

für Platten und Träger der Fahrbahntafel in Straßenbrücken und Durchfahrten bei weniger als 50 cm Überschüttungshöhe;

Spalte d:

für Balkenbrücken unter Eisenbahngleisen. Werden die Brems- und Anfahrkräfte und der Einfluß der Temperaturschwankungen und des Schwindens berücksichtigt, so dürfen die in Spalte d genannten zulässigen Spannungen um 30% erhöht werden. Dabei dürfen aber die ohne diese Kräfte errechneten Spannungen die dort genannten Werte nicht überschreiten.

In den Spalten c und d ist ein Stoßzuschlag bis 50% berücksichtigt. Ist ein höherer Stoßzuschlag geboten, so sind die stoßenden Lasten entsprechend zu erhöhen.

Tafel IV.

		Zulässige Beanspruchungen in kg/cm			
		a	b	c	d
		Beton auf Druck			
1	Handelszement: $W_{e\,28} \geqq 200$ kg/cm² und außerdem $W_{b\,28} \geqq 100$ kg/cm²	50	40	35	—
2	Hochwertiger Zement: $W_{e\,28} \geqq 275$ kg/cm² und außerdem $W_{b\,28} \geqq 130$ kg/cm²	60	50	40	—
3	In besonderen Fällen bei Nachweis der Würfelfestigkeit . . .	$\sigma_{zul} = \frac{W_{b28}}{2}$	$\sigma_{zul} = \frac{W_{b28}}{2{,}5}$	$\sigma_{zul} = \frac{W_{b28}}{3{,}5}$	$\sigma_{zul} = \frac{W_{b28}}{5}$
		jedoch nicht mehr als			
	$W_{b\,28} \geqq \nu \cdot \sigma_{zul}$ . . und außerdem $W_{c\,28} \geqq 250$ kg/cm²	70	60	45	40
		Eisen (Stahl) auf Zug			
4	Eisen (Handelseisen) .	1200	1200	1000	800
5	Stahl St 48 nur in Verbindung mit Beton nach 2 oder 3[1]) .	1500	1500	1250	1000

[1]) Da die eingeleiteten Versuche mit hochwertigem Zement in Verbindung mit Stahl noch nicht abgeschlossen sind, bleibt die Anwendung der in Ziffer 5 genannten Spannungen in Hochbauten zunächst nur auf Platten beschränkt.

5. Die Schubspannung τ_0 des Betons darf bei Handelszement 4 kg/cm^2, bei hochwertigem Zement 5,5 kg/cm^2 nicht überschreiten (vgl. § 18 Ziffer 4).

6. Die zulässige Drehungsspannung des Betons ist für rechteckige Querschnitte gleich der Schubspannung $\tau_0 = 4$ kg/cm^2.

7. Die zulässige Haftspannung τ_1 (Gleitwiderstand) beträgt 5 kg/cm^2 (vgl. § 18 Ziffer 5).

Anlage.

Einheitliche Bezeichnungen im Eisenbetonbau.

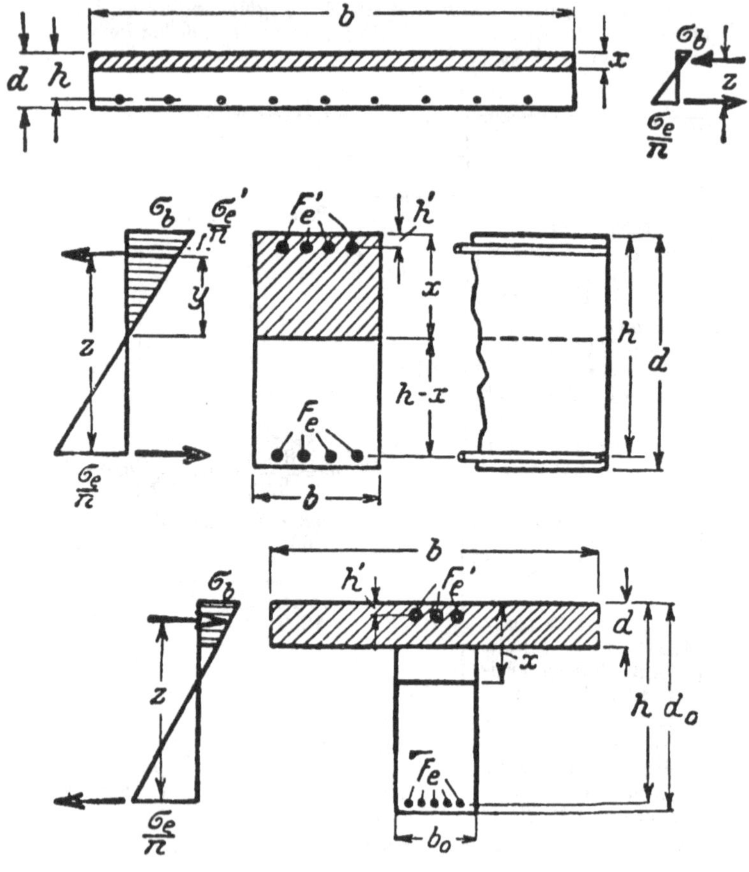

x = Abstand der Nullinie vom gedrückten Rand.
y = Abstand des Druckmittelpunktes von der Nullinie.
z = Abstand des Druckmittelpunktes vom Zugmittelpunkt.
F_b = Betonquerschnitt ohne Abzug der Eiseneinlagen, geometrischer Querschnitt.
F_e = Gesamtquerschnitt der Eisen eines Druckgliedes, insbesondere der Längseisen mittig belasteter Säulen.
F_k = Querschnitt des umschnürten Betonkerns bei umschnürten Säulen.
F_s = Querschnitt der in Längseisen umgewandelten Umschnürung.
E_b = Elastizitätsmaß des Betons.
E_e = Elastizitätsmaß des Eisens.
$n = \frac{E_e}{E_b}$ = Verhältnis der beiden Elastizitätsmaße.
F_e = Querschnitt der Zugeisen bei Biegung.
F'_e = Querschnitt der Druckeisen bei Biegung.
σ_b = Druckspannung des Betons bei Biegung und in Säulen.
σ_e = Zugspannung des Eisens bei Biegung
σ'_e = Druckspannung des Eisens bei Biegung
} Zustand II (Ausschluß der Betonzugspannungen).

σ_{bz} = Zugspannung des Betons
σ_{bd} = Druckspannung des Betons
σ_{ez} = Zugspannung des Eisens
σ_{ed} = Druckspannung des Eisens.
} im Zustand I (Mitwirk. d. Betonzugspannung).

τ_0 = Schubspannung des Betons im Zustand II.
τ_1 = Haftspannung des Betons am Eisen.
d = Gesamthöhe bei Rechteckbalken und Platten.
d_0 = Gesamthöhe bei Plattenbalken.
h = Abstand des Schwerpunktes der gezogenen Eisen vom gedrückten Rand, Nutzhöhe.
h' = Abstand des Schwerpunktes der gedrückten Eisen vom gedrückten Rand.
b = nutzbare Druckgurtbreite bei Plattenbalken, Breite von Rechteckquerschnitten.
b_0 = Rippenbreite bei Plattenbalken.
u = Umfang der Eisen.
$f_e = \frac{F_e}{b}$ = Zugeisenquerschnitt auf die Breiteneinheit.
$f'_e = \frac{F'_e}{b}$ = Druckeisenquerschnitt auf die Breiteneinheit.

B.

Bestimmungen für Ausführung ebener Steindecken.

Die „Bestimmungen für Ausführung von Bauwerken aus Eisenbeton" sind auch für ebene Decken aus Steinen mit Eiseneinlagen anzuwenden, wenn in den nachfolgenden Bestimmungen nichts anderes vorgeschrieben ist.

I. Allgemeines.

§ 1. Begriffsfestsetzungen und Geltungsbereich.

a) Steineisendecken im Sinne dieser Bestimmungen sind mit Eisen bewehrte Steindecken mit oder ohne Betondruckschicht, bei denen die Steine (Voll- oder Hohlsteine) zur Aufnahme von Druckspannungen herangezogen werden und die Betondruckschicht 5 cm Stärke nicht erreicht.

b) Eisenlose Steindecken. Für diese Decken sind die Vorschriften in Abschnitt V maßgebend.

c) Eisenbetonrippendecken sind Decken mit höchstens 70 cm lichtem Rippenabstand und einer mindestens 5 cm starken Druckplatte. Die Decken können zur Erzielung der ebenen Unteransicht statisch unwirksame Hohlstein- oder andere Füllkörpereinlagen enthalten. Sie fallen unter die „Bestimmungen für Ausführung von Bauwerken aus Eisenbeton".

§ 2. Belastungsannahmen.

Für die Belastungsannahmen gelten die oberpolizeilichen Vorschriften für die Aufstellung und Prüfung von Tragfähigkeitsnachweisen bei Bauwerken.

§ 3. Höhe der Decken und Deckensteine.

Für die Abmessungen der Decken gelten die Vorschriften über Deckenstärken in den „Bestimmungen für Ausführung von Bauwerken aus Eisenbeton" mit der Maßgabe, daß die Deckenstärke mindestens 10 cm betragen muß. Ausgenommen hievon sind Dacheindeckungen, die mindestens 6 cm stark sein müssen. (Vgl. § 14 Ziffer 7 der genannten Bestimmungen.)

Die größte Höhe der Deckensteine darf nicht mehr als 20 cm betragen.

§ 4. Prüfung und Behandlung der Deckensteine.

Es ist sorgfältig darüber zu wachen, daß die verwendeten Steine auch wirklich von gleicher Güte sind wie jene, auf welche sich die Prüfungszeugnisse amtlicher Versuchsanstalten beziehen. Die Prüfungen sind daher nötigenfalls auf Veranlassung der Baupolizeibehörde an einer ausreichenden Anzahl von Probesteinen zu wiederholen. Die Steine müssen vor der Bearbeitung gründlich durchfeuchtet und während der Abbinde- und Erhärtungszeit ausreichend angenäßt werden.

§ 5. Anfängersteine.

Bei Steindecken Kleinescher Art sind sogenannte Anfänger- und Trägerummantelungssteine nur zulässig, wenn sie über der Aussparung für den Trägerflansch mindestens 7 cm stark sind. Sie dürfen Löcher von höchstens 2 cm Durchmesser erhalten. Die Wandstärke darf aber an keiner Stelle weniger als 2 cm betragen.

Werden Anfänger- und Trägerummantelungssteine verwendet, so müssen die Eisen durch Hochbiegen bis an den Trägersteg herangeführt werden.

§ 6. Druckschicht aus Beton und Steinen.

Betondruckschichten dürfen nur dann als statisch wirksam in Rechnung gestellt werden, wenn sie mindestens 3 cm stark sind. Bei einer Stärke von 5 cm und mehr sind die Decken als Eisenbetonrippendecken mit Füllkörpern gemäß § 14 Ziffer 8 der „Bestimmungen für Ausführung von Bauwerken aus Eisenbeton" zu behandeln. Bei Steindecken sind die Stirnflächen der Steine zu vermauern, so daß die Stoßfugen Druckkräfte übertragen können.

§ 7. Spannweite der Decken.

Die Stützweite der Steineisendecken darf die 27fache Nutzhöhe nicht überschreiten und höchstens 6,50 m betragen. Weiter gespannte Decken müssen als Eisenbetonrippendecken (§ 14 Ziff. 8 der „Bestimmungen für Ausführung von Bauwerken aus Eisenbeton") ausgebildet werden.

Für Dachdecken kann ausnahmsweise eine geringere Nutzhöhe als $^1/_{27}$ der Stützweite zugelassen werden, wenn vorschriftsmäßige Prüfungen die Tragfähigkeit solcher Decken erwiesen haben.

§ 8. Eiseneinlagen.

In jeder Fuge soll nicht mehr als ein Eisen liegen. Bei der Verwendung von Rundeisen muß die Mörtelstärke unterhalb der Eisen mindestens 1 cm, bei Flacheisen (Bandeisen) mindestens ½ cm betragen.

Die Fugen mit Eiseneinlagen müssen mindestens 2 cm stark sein, wenn nicht die Rücksicht auf allseitige Umhüllung der Eisen in mindestens 0,5 cm Stärke eine größere Fugenbreite erfordert [1].

---

[1] Bei Decken mit 10 cm hohen Steinen und bei Verwendung von Flacheisen können geringe Abweichungen von der verlangten Fugenbreite mit Rücksicht auf die Fugenteilung zugelassen werden.

Die Eiseneinlagen dürfen ausnahmsweise in verschiedenen Fugen verschiedenen Querschnitt haben. Bei Decken aus Steinen Kleinescher Art ist es in besonderen Fällen geringer Spannweite und besonders kleiner Nutzlast gestattet, die Eiseneinlagen mehrerer Fugen auf einen Eisen- und Fugenquerschnitt zu vereinigen, wobei jedoch nur höchstens zwei nebeneinanderliegende Fugen ohne Eiseneinlage sein dürfen.

§ 9. Schutzpflicht.

Alle Steineisendecken sind zur Verhütung der Abnutzung der tragenden Teile mit einer besonderen Schutzschicht zu versehen. Zu diesem Zweck darf ein genügend widerstandsfähiger Belagstoff im 1—2 cm Stärke verwendet werden.

II. Ermittlung der äußeren Kräfte.

§ 10. Decken zwischen Mauerwerk.

Decken, die beiderseits auf Mauerwerk aufliegen, sind mit einem Moment von $\frac{q \cdot l^2}{8}$ zu berechnen; nur wenn die erforderliche Einspannung nachgewiesen werden kann und die Decken gleichzeitig mit dem Mauerwerk hergestellt werden, darf mit $\frac{q \cdot l^2}{10}$ gerechnet werden. In diesem Falle ist abwechselnd ein Eisen nach oben abzubiegen und das andere gradlinig durchzuführen. Bei Verwendung von Flacheisen (Bandeisen) sind obere Eisen in der erforderlichen Anzahl anzuordnen.

Wenn freie Auflagerung im Mauerwerk angenommen wird, muß gleichwohl durch obere Eiseneinlagen einer etwa doch vorhandenen, unbeabsichtigten Einspannung Rechnung getragen werden.

§ 11. Decken zwischen eisernen Trägern.

Decken, die beiderseits auf den unteren Flanschen eiserner Träger aufliegen und dicht an die Stege dieser Träger anschließen, sowie Decken, die auf gestelzten Auflagern über den Unterflanschen eiserner Träger aufliegen und bei denen eine Verspannung zwischen Decke und Trägeroberflansch durch Beton hergestellt wird, dürfen als teilweise eingespannt angesehen und nach der Gleichung $M = \frac{q \cdot l^2}{10}$ berechnet werden. Dabei ist vorausgesetzt, daß die gestelzten Auflager aus Beton im Mischungsverhältnis 1 : 4 bestehen und mit einer Neigung — nicht steiler als 3 : 1 — an die Decken anschließen. Die Eiseneinlagen sind dann ebenso anzuordnen und zu behandeln wie nach § 10.

§ 12. Ansteigende Decken (Treppen).

Ansteigende Steindecken (Treppenläufe) gelten im allgemeinen nicht als halb eingespannte Decken und müssen wie frei aufliegende Decken mit $M = \frac{q \cdot l^2}{8}$ berechnet werden.

Ausnahmsweise kann jedoch auch mit $\frac{q \cdot l^2}{10}$ gerechnet werden, wenn besondere Vorkehrungen für eine sichere Einspannung getroffen sind (Umbiegen der oberen Eisen um die Flanschen).

Für die Länge l und die Einheitslast q ist die Grundrißprojektion des Treppenlaufes einzuführen.

§ 13. Durchlaufende Steineisendecken.

Durchlaufende Steineisendecken gleicher Stützweiten oder auch ungleicher Stützweiten, bei denen die kleinste noch mindestens 0,8 der

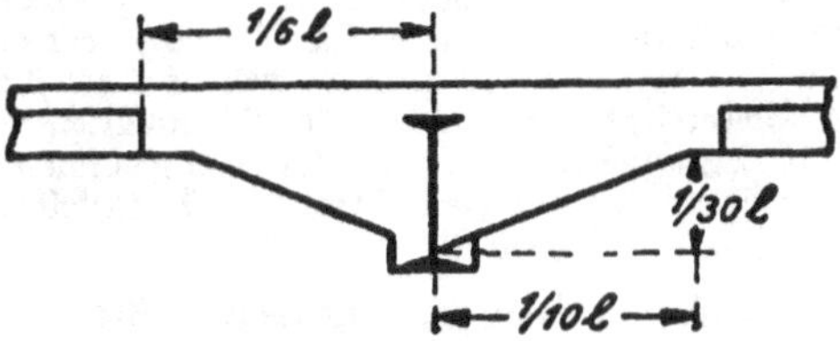

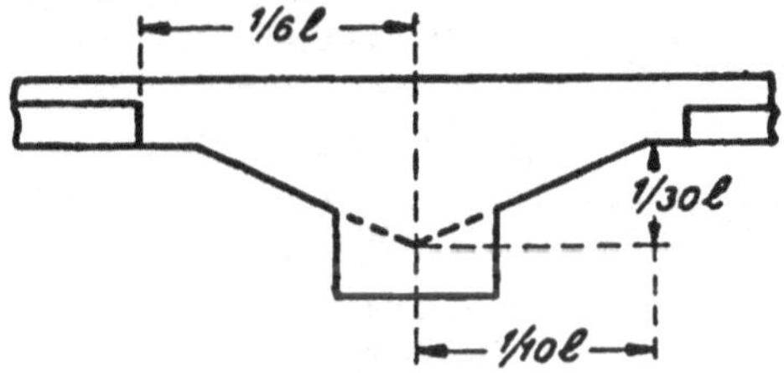

größten ist, dürfen im Falle gleichmäßig verteilter Belastung berechnet werden nach dem Moment $\frac{q \cdot l^2}{15}$ in den Innenfeldern und $\frac{q \cdot l^2}{11}$ in den Endfeldern. Erhalten die Steineisendecken an ihren Innenstützen Auflager-Verstärkungen, deren Breite mindestens $^1/_{10}\,l$ und deren Höhe mindestens $^1/_{30}\,l$, gemäß Abbildung beträgt, so dürfen diese Decken für die Innenfelder mit $\frac{q \cdot l^2}{18}$, für die Endfelder mit $\frac{q \cdot l^2}{12}$ berechnet werden. Als negative Stützmomente sind bei Decken über nur 2 Feldern $M_s = -\frac{1}{8} q \cdot l^2$, mit 3 oder mehr Feldern an der Innenstütze des Randfeldes $M_s = -\frac{1}{9} q \cdot l^2$, an den übrigen Innenstützen $M_s = -\frac{1}{10} q \cdot l^2$ anzunehmen.

Im Bereiche der negativen Momente, also in einer Breite von $^1/_6\, l$ zu beiden Seiten der Innenstützen ist voller Beton zu verwenden. Auf die gleiche Breite müssen die aufgebogenen Deckeneisen in das Nachbarfeld eingreifen. Bei den aus eisernen Trägern gebildeten Balken können die Deckeneisen um den oberen Trägerflansch gehakt werden; dann müssen zur Aufnahme der negativen Momente, soweit der volle Beton reicht, obere Eisen in der hierfür erforderlichen Stärke und Anzahl über die Träger hinweggelegt werden. Die Betondeckung über den Trägern muß mindestens 4 cm stark sein.

Werden Steineisendecken zwischen Eisenbetonbalken gespannt, so können sie als Druckquerschnitt dieser Balken nur insoweit in Rechnung gestellt werden, als der volle Beton der Deckenfelder reicht.

III. Ermittlung der inneren Kräfte.

§ 14. Elastizitätsmaß.

Die Spannungen im Deckenquerschnitt sind unter der Annahme zu berechnen, daß das Elastizitätsmaß des Steinkörpers ein Fünfzehntel von dem des Eisens beträgt.

§ 15. Druckfestigkeit.

Als Druckquerschnitt gilt der volle Beton- und Steinquerschnitt ohne Abzug etwaiger Hohlräume in den Steinen.

Die Steindruckfestigkeit S wird bestimmt als Mittelwert aus den Ergebnissen von etwa 10 Versuchen als die Spannung bei dem Bruch, bezogen auf den Steinquerschnitt bei Abzug etwaiger Hohlräume. Bei der Prüfung soll der Druck in der Richtung ausgeübt werden, in der die Steine beansprucht werden.

IV. Zulässige Spannungen.

§ 16. Biegungsspannungen.

Die in der folgenden Tafel angegebenen Beanspruchungen sind unter folgenden Voraussetzungen zulässig:

a) Bei der Herstellung der Steindecken ist Zementmörtel im Mischungsverhältnis 1 : 4 mit höchstens 7% Weißkalkzusatz zu verwenden.

b) Die Betondruckschicht von mindestens 3 cm Stärke (vgl. § 6) muß im Mischungsverhältnis von 1 R.-T. Zement auf 4 R.-T. Kiessand hergestellt sein.

Art des Bauwerks oder des Bauteils	Biegdruckspannung σ_s bezw. σ_b in kg/cm²		Eisenzugspannung σ_e in kg/cm²
	bei Steindecken ohne statisch wirksame Betonschicht	bei Steindecken mit Betondruckschicht von mindestens 3 cm, aber weniger als 5 cm Stärke	
a) Decken in Hochbauten mit vorwiegend ruhenden Lasten	1/7 der nachgewiesenen Steindruckfestigkeit S, höchstens 36	36	1200
b) Decken in Fabriken u. dergl. die der unmittelbaren Einwirkung von Erschütterungen ausgesetzt sind, sowie Treppen	1/8 S, höchstens 30	30	1000
c) Decken in Durchfahrten und Hofunterkellerungen, sowie sonstige Decken, die sehr stark erschütlert werden (z. B. durch schwere Maschinen)	1/9 S, höchstens 27	27	900

§ 17. Schubspannungen.

Die zulässige Schubspannung τ_0 der Deckensteine wird auf 2,5 kg/cm² festgesetzt. Bei größerer Schubspannung sind Vollsteine oder Vollbeton zu wählen und die Schubspannungen im Bereiche der höheren Werte vollständig durch Eisen aufzunehmen.

Die Schubspannung wird aus der Gleichung $\tau_0 = \frac{Q}{b^0 \cdot z}$ ermittelt, worin bedeuten: Q die Querkraft, b_0 die auf 1 m Deckenbreite nach Abzug der Hohlräume noch vorhandene gesamte Stein- und Fugenbreite und z den Abstand des Eisenschwerpunktes vom Druckmittelpunkte. Die angegebenen Werte für τ_0 und b_0 gelten auch für Decken mit Betondruckschicht.

§ 18. Haftspannungen.

Die zulässige Haftspannung τ_1 beträgt bei Rundeisen 4,5 kg/cm², bei Flacheisen 3 kg/cm². Überschreiten die Haftspannungen diese Maße, so sind Rundeisen zu wählen und mit Haken zu versehen.

V.

§ 19. Eisenlose Steindecken.

Auf ebene Decken ohne Eiseneinlagen sind vorstehende Vorschriften nicht anwendbar.

Solche Decken sind, falls sie aus Steinen Kleinescher oder ähnlicher Art unter Verwendung guter Materialien (Mörtel wie bei den Steineisendecken) sachgemäß ausgeführt werden und Vorkehrungen zur Aufnahme des wagerechten Schubes getroffen sind, auf Grund bisheriger Erfahrungen und Probebelastungen mit folgenden Spannweiten zulässig:

bei Wohngebäuden:
bis = 1,30 m bei 10 cm hohen Steinen
bis = 1,40 m bei 12 cm hohen Steinen
bei Fabrikgebäuden:
bis = 1,00m bei 10 cm hohen Steinen
bis = 1,10 m bei 12 cm hohen Steinen

wobei vorausgesetzt wird, daß die Schalung mit Stich von 3 bis 5 cm ausgeführt wird.

VI.

§ 20. Neue Bauweisen.

Anträge auf Zulassung neuer Bauweisen für ebene Steindecken mit und ohne Eiseneinlagen sind dem Staatsministerium des Innern mit den notwendigen Beschreibungen der Bauteile und Ausführung, den Zeichnungen und statischen Berechnungen, den Steinproben und dem Gutachten einer staatlichen Prüfungsstelle[1]) zur Zulassung vorzulegen.

C.

Bestimmungen für Ausführung von Bauwerken aus Beton.

Vorbemerkung.

1. Unter Beton wird im allgemeinen ein Gemenge von Mörtel und Zuschlägen verstanden. Der Mörtel setzt sich zusammen aus dem Bindemittel, Sand und Wasser; Zuschläge sind Kies, Steingrus oder -splitt oder Steinschlag (Schotter u. dgl.) (vgl. § 6 Ziffer 2).

---

[1]) Das bautechnische Laboratorium der Technischen Hochschule München und das Materialprüfungsamt der Bayerischen Landesgewerbeanstalt in Nürnberg.

Als Beton im Sinne der nachfolgenden Vorschriften gilt nur Zementbeton, bei dem als Bindemittel Portlandzement, Eisenportlandzement, Hochofenzement oder andere als Zement anerkannte Bindemittel benutzt werden[1]) (vgl. § 6 Ziffer 1).

Je nach der Verwendung des Betons können Zuschläge von Traß, Kalk u. dgl. beigegeben werden (vgl. § 7 Ziffer 2 c).

2. Entwurf und Bauausführung von Bauten aus Beton fordern eine gründliche Kenntnis dieser Bauweise. Daher darf der Bauherr nur solche Unternehmer damit betrauen, die diese Kenntnis haben und eine sorgfältige Ausführung gewährleisten (vgl. §§ 222, 230, 330 und 367 Ziffer 14 und 15 RStGB. sowie § 831 BGB.[2]). Ebenso

---

[1]) Für die Herstellung von Beton aus Traß, Kalk und ähnlichen Bindemitteln ohne nennenswerten Zusatz von Zement haben diese Bestimmungen somit keine Gültigkeit.

[2]) RStGB. § 222. Wer durch Fahrlässigkeit den Tod eines Menschen verursacht, wird mit Gefängnis bis zu drei Jahren bestraft.

Wenn der Täter zu der Aufmerksamkeit, welche er aus den Augen setzte, vermöge seines Amtes, Berufes oder Gewerbes besonders verpflichtet war, so kann die Strafe bis auf fünf Jahre Gefängnis erhöht werden.

§ 230. Wer durch Fahrlässigkeit die Körperverletzung eines anderen verursacht, wird mit Geldstrafe bis zu 900 Mark oder mit Gefängnis bis zu zwei Jahren bestraft.

War der Täter zu der Aufmerksamkeit, welche er aus den Augen setzte, vermöge seines Amtes, Berufes oder Gewerbes besonders verpflichtet, so kann die Strafe auf drei Jahre Gefängnis erhöht werden.

§ 330. Wer bei der Leitung oder Ausführung eines Baues wider die allgemein anerkannten Regeln der Baukunst dergestalt handelt, daß hieraus für andere Gefahr entsteht, wird mit Geldstrafe bis zu 900 Mark oder mit Gefängnis bis zu einem Jahre bestraft.

§ 367. Mit Geldstrafe bis zu 150 Mark oder mit Haft wird bestraft:

14. wer Bauten oder Ausbesserungen von Gebäuden, Brunnen, Brücken, Schleusen oder anderen Bauwerken vornimmt, ohne die von der Polizei angeordneten oder sonst erforderlichen Sicherungsmaßregeln zu treffen;
15. wer als Bauherr, Baumeister oder Bauhandwerker einen Bau oder eine Ausbesserung, wozu die polizeiliche Genehmigung erforderlich ist, ohne diese Genehmigung oder mit eigenmächtiger Abweichung von dem durch die Behörde genehmigten Bauplane ausführt oder ausführen läßt.

BGB. § 831. Wer einen anderen zu einer Verrichtung bestellt, ist zum Ersatz des Schadens verpflichtet, den der Andere in Ausführung der Verrichtung einem Dritten widerrechtlich zufügt. Die Ersatzpflicht tritt nicht ein, wenn der Geschäftsherr bei der Ausdarf der Unternehmer zur Aufsicht der Arbeiten nur geschulte Poliere oder zuverlässige Vorarbeiter verwenden, die bei Betonbauten schon mit Erfolg tätig gewesen sind.

---

§ 1. Geltungsbereich.

Diese Bestimmungen sind für alle Ausführungen von Bauwerken aus Beton maßgebend.

§ 2. Bauvorlagen.

1. Bei Bauwerken, die ganz oder zum Teil aus Beton hergestellt werden sollen, müssen aus den zur baupolizeilichen Prüfung vorzulegenden Zeichnungen, statischen Berechnungen und erforderlichenfalls beizubringenden Beschreibungen zu ersehen sein: die Gesamtanordnung, die Belastungsannahmen, die Querschnitte der einzelnen Teile, Bewegungsfugen, Gelenke u. dgl., ferner Art, Ursprung und Beschaffenheit der Baustoffe, die zum Beton verwendet werden sollen, ihr Mischungsverhältnis, die gewählte Betonart (vgl. §§ 7 und 8) und die gewährleisteten Würfelfestigkeiten des Betons nach 28 tägiger Erhärtung [1]).

2. Die statischen Berechnungen müssen die Sicherheit des Bauwerks in übersichtlicher und prüfbarer Form nachweisen.

3. Auf Anfordern sind Proben der Baustoffe beizufügen.

4. Der Bauherr, der Entwurfsverfasser und vor dem Beginn der Arbeiten auch der ausführende Unternehmer haben die Vorlagen

---

wahl der bestellten Person und, sofern er Vorrichtungen oder Gerätschaften zu beschaffen oder die Ausführung der Verrichtung zu leiten hat, bei der Beschaffung oder der Leitung die im Verkehr erforderliche Sorgfalt beobachtet oder wenn der Schaden auch bei Anwendung dieser Sorgfalt entstanden sein würde.

Die gleiche Verantwortlichkeit trifft denjenigen, welcher für den Geschäftsherrn die Besorgung eines der im Abs. 1 Satz 2 bezeichneten Geschäfte durch Vertrag übernimmt.

[1]) Unter Würfelfestigkeit ist hier und im folgenden die Druckfestigkeit von Würfeln zu verstehen, die nach den „Bestimmungen für Druckversuche an Würfeln bei Ausführung von Bauwerken aus Beton und Eisenbeton" angefertigt und geprüft worden sind.

Es bedeuten

$W_{e\,28}$ = Würfelfestigkeit erdfeuchten Betons nach 28 Tagen,
$W_{b\,28}$ = Würfelfestigkeit von Beton in der gleichen Beschaffenheit, wie er im Bauwerk verarbeitet wird, nach 28 Tagen.

Die Einführung einer Konsistenzprobe (Steifeprobe) bleibt vorbehalten, bis die Versuche zur Feststellung des Zusammenhanges zwischen Wasserzusatz, Konsistenz (Steife) und Würfelfestigkeit abgeschlossen sind.

zu unterschreiben. Wird die Ausführung während der Bauzeit einem anderen Unternehmer übertragen, so ist dies der Baupolizeibehörde sofort mitzuteilen.

§ 3. Vorläufiger Festigkeitsnachweis.

Der Unternehmer ist verpflichtet, auf Anfordern der Baupolizeibehörde vor Baubeginn nachzuweisen, daß die für den Bau in Aussicht genommenen Mischungen die gewährleisteten Würfelfestigkeiten ergeben.

§ 4. Zulässige Beanspruchung.

1. Die größte Druckbeanspruchung des Betons für ruhende Last darf $^1/_5$ der Würfelfestigkeit $W_{e\,28}$ nicht überschreiten und nicht größer sein als 50 kg/cm². Bei weichem und Gußbeton darf sie außerdem nicht größer sein als $\frac{W_{b\,28}}{3}$. Ausnahmsweise können bei Gelenken und anderen besonderen Bauteilen höhere Beanspruchungen zugelassen werden. Die Zugfestigkeit des Betons bleibt bei der Berechnung der größten Druckspannung unbeachtet.

2. Bei Stützen und Pfeilern ist die Druckbeanspruchung (bei außermittiger Belastung die größte Kantenpressung) mit zunehmendem Verhältnis von Höhe (Länge) zur kleinsten Dicke abzumindern und höchstens anzunehmen:

für das Verhältnis 1:1 zu $^1/_1$ }
für das Verhältnis 5:1 zu $^1/_2$ } der nach Ziffer 1 sonst zulässigen Beanspruchung.
für das Verhältnis 10:1 zu $^1/_4$ }

Zwischenwerte sind gradlinig einzuschalten.

Stützen und Pfeiler mit einem Verhältnis von Höhe zur kleinsten Dicke größer als 10 sind nur in besonderen Fällen zulässig. Die zulässige Beanspruchung muß alsdann unter der für Pfeiler mit einem Verhältnis von Höhe zur kleinsten Dicke gleich 10 zugelassen bleiben.

3. Ist eine Stütze außermittig belastet oder kann sie seitliche Kräfte erhalten, so sind die größten Kantenpressungen zu ermitteln (vgl. Ziffer 2).

4. Bei Biegung mit Druck ist eine Zugspannung von $\frac{1}{20}$ der zulässigen Druckbeanspruchung gestattet.

§ 5. Bauleitung.

Die Namen des verantwortlichen Bauleiters und seiner für die Baustelle bestimmten örtlichen Vertreter sind der Baupolizeibehörde bei Beginn der Bauarbeiten anzugeben; jeder Wechsel ist sofort mitzuteilen.

Während der Bauausführung muß entweder der verantwortliche Bauleiter oder einer seiner Vertreter auf der Baustelle anwesend sein.

§ 6. Die Baustoffe.

Die Eigenschaften der zu verwendenden Baustoffe sind auf Anfordern der Baupolizeibehörde durch Zeugnisse nachzuweisen. Streitfälle sind im baupolizeilichen Verfahren auszutragen.

1. Zement. Verwendet werden darf nur langsam bindender Zement, der den jeweils gültigen, amtlich anerkannten deutschen Normen für Lieferung und Prüfung von Zement entspricht.

Die Zeugnisse über die Beschaffenheit müssen Angaben über Raumbeständigkeit, Bindezeit, Mahlfeinheit, Zug- und Druckfestigkeit enthalten.

Da erfahrungsgemäß die Abbindezeit eines Zements wechseln kann, muß der Unternehmer durch wiederholte Abbindeproben auf der Baustelle feststellen, daß kein schnell bindender Zement verwendet wird.

Bei Prüfung nach den Normen[1]) für Portland-, Eisenportland- und Hochofenzement müssen die im folgenden angegebenen Mindestfestigkeiten erreicht werden:

a) für gewöhnlichen, langsambindenden Portland- Eisenportland- und Hochofenzement:

	nach 7 Tagen (1 Tag in feuchter Luft, 6 Tage unter Wasser) kg/cm²	nach 28 Tagen (1 Tag in feuchter Luft, 27 Tage unter Wasser) kg/cm²	nach 28 Tagen (1 Tag in feuchter Luft, 6 Tage unter Wasser, 21 Tage in Luft von Zimmertemperatur [15—20° C]) kg/cm²
Druckfestigkeit	180	275	350
Zugfestigkeit .	8	—	30

b) für hochwertigen Zement: (Normenzement und Tonerdezement):

	nach 3 Tagen (1 Tag in feuchter Luft, 2 Tage unter Wasser) kg/cm²	nach 28 Tagen (1 Tag in feuchter Luft, 6 Tage unter Wasser, 21 Tage in Luft) kg/cm²
Druckfestigkeit	250	500
Zugfestigkeit .	25	40

[1]) Für diese Zemente kann der Wasserzusatz zum Normenmörtel nicht nach den Normen bestimmt werden. Bis zur Herausgabe der Normen für hochwertige Zemente wird empfohlen, 8 % der Gewichtsteile des trockenen Gemenges anzunehmen.

Die Zemente sind in der Ursprungspackung (Fabrikpackung) auf der Verwendungsstelle anzuliefern. Der hochwertige Zement muß durch seine Packung deutlich als solcher gekennzeichnet sein.

Die Zemente dürfen nur in Einzelräumen oder innerhalb von Räumen nur in deutlich abgetrennten Abteilungen (Verschläge) gelagert werden, in denen andere Baustoffe, besonders solche, bei denen nach dem äußeren Aussehen und der Verpackung die Möglichkeit zu Verwechslungen gegeben ist (z. B. nicht den Normen entsprechende Zemente, gemahlene Baukalke, Traß), nicht aufbewahrt werden dürfen. Es müssen Tafeln mit der Bezeichnung des in den einzelnen Räumen und Abteilungen lagernden Materials angebracht sein. Beim Verbringen der Zemente von der Lagerstätte zur Verwendungsstelle dürfen nur Baustoffe in der entsprechenden Menge mitbefördert werden, die als Zuschlag zur Betonmasse dienen.

2. Sand, Kies und andere Zuschläge.

a) im Sinne dieser Bestimmungen ist zu verstehen:

unter Sand: Gruben-, Fluß-, See-, Brech- oder Quetschsand, Schlackensand[1]) (gekörnte Hochofenschlacke geeigneter Zusammensetzung), Bimssand[1]) u. dgl. bis zu höchstens 5 mm Korngröße;

unter Kies: natürliche Kiesgraupen, Kiessteine, Kiesel, Bimskies[1]) von 5 mm Korngröße aufwärts bis etwa 70 mm größter Abmessung;

unter Kiessand: das natürliche Gemenge von Sand und Kies;

unter Steingrus oder -splitt: zerkleinertes Gestein zwischen etwa 5 und etwa 25 mm Korngröße;

unter Steinschlag (Schotter): von Hand oder mit der Maschine zerkleinertes Gestein zwischen etwa 25 und etwa 70 mm größter Abmessung.

b) Sand, Kies, Steingrus oder -splitt, Steinschlag (Schotter) und zerkleinerte Hochofenstückschlacke sollen möglichst gemischtkörnig zusammengesetzt sein; sie dürfen keine schädlichen Beimengungen enthalten. In Zweifelsfällen ist der Einfluß von Beimengungen durch Versuche festzustellen[2]).

---

[1]) Bimssand und Bimskies eignen sich nur zur Herstellung leichter, poriger, gering beanspruchter Bauteile. Das gleiche gilt für Schlackensand, der schaumig gefallen ist.

[2]) Es läßt sich nicht allgemein und erschöpfend bestimmen, wie die Baustoffe beschaffen sein müssen, aus denen der Beton hergestellt wird. Lehm, Ton und ähnliche Beimischungen wirken schädlich auf seine Festigkeit, wenn sie am Sand und Kies festhaften. Sind sie in geringen Mengen im Sand fein verteilt, ohne an den Körnern festzuhaften, so schaden sie in der Regel nicht.

Braunkohlenteile, die in verschiedenen Flußkiessanden vorkommen, können schädlich wirken, wenn sie in größeren Mengen vorhanden sind.

c) Zweckmäßig wird das Korn der Zuschläge so gehalten, daß die Hohlräume des Gemisches möglichst gering werden.

d) Die als Zuschlag verwendeten Baustoffe sollen in der Regel mindestens die gleiche Festigkeit besitzen, wie der erhärtete Mörtel des Betons[1]). Die Steine sollen wetterbeständig sein.

e) Größere druckfeste Steine können in den Beton eingebettet werden, wenn es Zweck, Art und Abmessungen des Betonkörpers zulassen. Sie müssen sachgemäß verteilt werden, und es muß innerhalb des Betonkörpers ausreichend weiche Betonmasse verwendet werden, um eine vollständig dichte Umschließung dieser Einlagen zu erzielen.

f) Für Bauteile, die laut polizeilicher Vorschrift feuersicher sein müssen, dürfen nur solche Zuschlagstoffe verwendet werden, die im Beton dem Feuer widerstehen.

3. Wasser. Das Wasser darf keine Bestandteile enthalten, die die Erhärtung des Betons beeinträchtigen. Im Zweifelfall ist seine Brauchbarkeit vorher durch Versuche festzustellen.

§ 7. Zubereitung der Betonmasse.

1. Betonmenge. Sand, Kies, Steingrus und -splitt und Steinschlag werden nach Raumteilen, Zement nach Gewicht bemessen, alles aber in Raumteilen zugesetzt.

Zur Umrechnung von Gewichtsteilen auf Raumteile ist der Zement lose in ein Hektolitergefäß einzufüllen und zu wägen.

2. Mischweise. Die Betonmasse kann von Hand, muß aber bei größeren Bauausführungen durch geeignete Maschinen gemischt werden. Das Mischungsverhältnis muß an der Mischstelle mit deutlich lesbarer Schrift angeschlagen sein und sich beim Arbeitsvorgang leicht feststellen lassen.

a) Bei Handmischung ist die Betonmasse auf einer gut gelagerten, kräftigen, dicht abschließenden Pritsche oder sonst auf ebener, schlecht absaugender und fester Unterlage herzustellen. Zunächst sind Sand, Kiessand oder Grus sowie gröbere Zuschläge mit dem Zement trocknen mindestens dreimal zu mischen, bis sie ein gleichfarbiges Gemenge ergeben; dann ist das Wasser allmählich zuzusetzen, und hierauf ist das Ganze noch solange zu mischen, bis es eine gleichmäßige Betonmasse bildet.

b) Bei Maschinenmischung wird das gesamte Gemenge zunächst trocken und hierauf unter allmählichem Wasserzusatz so lange noch weiter gemischt, bis es eine innig gemischte, gleichmäßige Betonmasse bildet.

---

[1]) Weiche Gesteine, schwach gebrannte Ziegel u. dgl. sind nur zu Füllbeton geeignet.

c) Sollen außer Zement noch andere Stoffe (Traß, Kalk u. dgl.) in Pulverform zugesetzt werden, so muß dies während der Trockenmischung so geschehen, daß eine innige Mischung gewährleistet ist.

d) Die Mischdauer kann als ausreichend angesehen werden, wenn die Steine allseitig von innig gemischtem, gleichfarbigem Mörtel umgeben sind.

3. Wasserzusatz. Der Wasserzusatz richtet sich nach der Art der Baustoffe, dem Mischungsverhältnis, der Witterung, dem Feuchtigkeitsgehalt und der Wasseraufnahmefähigkeit der Baustoffe sowie nach der Verwendung des Betons.

a) Erdfeuchte Betonmasse (vgl. § 8 Ziffer 2). Die Betonmasse gilt als erdfeucht, wenn beim Formen eines Handballens die innere Handfläche sichtlich naß wird; sie enthält nur so viel Wasser, daß erst bei beendigtem Stampfen an der Oberfläche Wasser austritt.

Erdfeuchte Betonmasse muß gestampft werden.

b) Weiche Betonmasse (vgl. § 8 Ziffer 3 und 4). Weiche Betonmasse enthält so viel Wasser, daß die Ränder der durch einen Stampfstoß hervorgerufenen Vertiefung eine kurze Zeit stehen und nur langsam verlaufen.

c) Flüssige Betonmasse (vgl. § 8 Ziffer 5). Flüssige Betonmasse enthält so viel Wasser, daß sie breiig fließt. Stampfen ist unmöglich. Die Masse ist so zu verteilen, daß keine Hohlräume entstehen.

§ 8. Verarbeitung der Betonmasse.

1. Allgemeine Bestimmung. Die Betonmasse soll alsbald nach dem Mischen eingebracht und ohne Unterbrechung verarbeitet werden. Nur in Ausnahmefällen darf sie einige Zeit unverarbeitet liegen bleiben — bei trockener und warmer Witterung nicht über eine Stunde, bei nasser und kühler nicht über zwei Stunden —, muß aber gegen Witterungseinflüsse, wie Sonne, Wind, starken Regen usw. geschützt und unmittelbar vor Verwendung umgeschaufelt werden. In allen Fällen muß die Betonmasse vor Beginn des Abbindens verarbeitet sein.

Bei dem Einbringen der Betonmasse ist darauf zu achten, daß die Mischung gleichmäßig bleibt. Gröbere Zuschlagteile, die sich abgesondert haben, sind mit dem Mörtel wieder zu vermengen.

2. Stampfbeton. Die Betonmasse darf in die Verwendungsstelle (Baugrube, Verschalung) nur schichtenweise und nur in solcher Höhe eingebracht werden, daß die fertig gestampfte Schicht in der Regel nicht stärker ist als 15—20 cm (je nach Wassergehalt der Masse).

Die einzelnen Schichten sollen, wo es die Bauausführung gestattet, rechtwinklig zu der im Bauwerk auftretenden Druckrichtung und, wo dies nicht möglich ist, gleichlaufend mit der Druckrichtung eingebracht werden.

Die Massen sind nacheinander so zeitig (frisch auf frisch) einzustampfen, daß die einzelnen Schichten untereinander ausreichend fest binden. Es ist unbedingt erforderlich, daß vor dem Weiterarbeiten auf einer soeben fertig gestampften Schicht die Oberfläche dieser Schicht durch Abkehren mit Stahlbesen, Kelle oder sonstwie gehörig gesäubert und aufgerauht wird.

Treten frische Stampfschichten mit bereits abgebundenen in Berührung (Weiterarbeiten am nächsten Tage), so muß für ausreichend festen Zusammenschluß der Betonschichten gesorgt werden. Neben einer geeigneten Gliederung der in Betracht kommenden Betonkörper selbst (z. B. stufenartige Abtreppungen, Verzahnungen) ist die Oberfläche der zuletzt gestampften Schicht sofort nach Beendigung der Stampfarbeit gehörig aufzurauhen. Diese erhärtete und aufgerauhte Oberfläche ist vor dem Fortsetzen des Betonierens von losen Bestandteilen zu reinigen und anzunässen, sodann ist ein dem Mörtel der Betonmasse entsprechender Zementmörtelbrei aufzubringen. Es ist streng darauf zu achten, daß dieser Mörtelbrei nicht schon abgetrocknet ist oder abgebunden hat, bevor die neue Betonschicht hergestellt wird.

Für erdfeuchte Betonmasse sind quadratische oder rechteckige Stampfer von 12 bis 16 cm Seitenlänge und 12 bis 17 kg Gewicht zu verwenden, wenn nicht mechanisch betriebene benutzt werden. Für weiche Betonmasse können leichtere und anders geformte Stampfer verwendet werden.

Die Stampfarbeit erhöht innerhalb gewisser Grenzen die Festigkeit, und zwar bei erdfeuchter Betonmasse mehr als bei weicher. Die Verwendung erdfeuchter Betonmasse empfiehlt sich nur dort, wo ausgiebige Stampfarbeit von Hand oder durch Maschinen gesichert ist. Besondere Sorgfalt ist auf das Stampfen der Ecken und Randschichten (längs der Verschalung) zu verwenden. Die einzelnen Stampfflächen sollen sich etwas überdecken.

3. Schüttbeton. Schüttbeton kommt hauptsächlich für die Herstellung unter Wasser in Frage. Die Betonmasse muß in weichem Zustand eingebracht werden[1]).

Das Schütten geschieht in Trichtern oder Senkkästen, bei geringen Wassertiefen auch unmittelbar aus dem Fördergefäß. Freier Fall der Betonmasse durch das Wasser muß vermieden werden. Deshalb sind die Trichter vor dem Versenken mit Betonmasse zu füllen und während des Schüttens stets genügend gefüllt zu halten; die Senkkasten sind geschlossen bis an die Schütthöhe herabzulassen.

[1]) Das Auswaschen des Zements kann durch geringen Zusatz von hydraulischem Kalk oder Fettkalk abgemindert werden.

Die Massen sind nacheinander so zeitig (frisch auf frisch) einzubringen, daß sich die einzelnen Schichten untereinander ausreichend fest binden können. Beim Aufbringen neuer Schichten auf abgebundenen Beton muß der darauf abgesetzte Schlamm durch geeignete Mittel (z. B. Absaugen) entfernt werden, damit eine gute Verbindung der Schichten stattfindet. Stärker beanspruchte Bauteile (z. B. Schleusenböden) sind ohne Unterbrechung in Tag- und Nachtschichten auszuführen.

Das Wasser in der Baugrube ist ruhig, d. h. ohne Strömung und Auftrieb zu erhalten, da fließendes oder aufquellendes Wasser den Zement aus dem Beton ausspülen würde.

4. Weicher Beton. Er wird hauptsächlich im Eisenbetonbau verwendet, wo er zur satten Umschließung der Eiseneinlagen und Ausfüllung der oft engen Zwischenräume zwischen den Eiseneinlagen unerläßlich ist, wenn die Bauteile nicht gegossen werden.

Weiche Betonmasse verlangt weniger große Stampfarbeit als erdfeuchte.

5. Gußbeton. Die Betonmasse muß genügend flüssigen Mörtel enthalten, der alle Hohlräume der Zuschläge (Kies, Schotter) ausfüllt. In den Zuschlägen müssen alle Korngrößen entweder gleichmäßig oder in stetiger Abstufung ihrer Menge enthalten sein.

Der Wasserzusatz darf nicht größer sein, als es die Fließbarkeit des Betons erfordert; er ist vor der Bauausführung durch Versuche festzustellen und wird zweckmäßig durch eine Konsistenzprobe (Steifeprobe) nachgeprüft.

Die Gußbetonmasse muß in dicht schließenden Maschinen gemischt werden, die keinen Mörtel auslaufen lassen.

Bei dem Befördern und Einbringen der Betonmasse ist darauf zu achten, daß keine Entmischung eintritt.

Gröbere Zuschlagteile, die sich beim Einbringen der Betonmasse abgesondert haben, sind mit dem Mörtel wieder zu vermengen.

Kann die Betonmasse nicht von selbst überall hinfließen, so ist mit geeigneten Geräten nachzuhelfen, daß sie den Schalungsraum, auch die Ecken und Außenflächen satt ausfüllt. Eine Entmischung durch zu weites Verziehen muß jedoch ausgeschlossen sein.

Kann nicht der ganze Bauteil in einem Guß betoniert werden, so muß er in hohen Schichten hergestellt werden. Zu diesem Zweck sind bei größerer Ausdehnung einzelne Bauabschnitte zu bilden, die ohne Arbeitsunterbrechung hergestellt werden müssen.

Muß die Arbeit so lange unterbrochen werden, daß der eingebrachte Beton vor der Einbringung der nächsten Schicht begonnen hat, abzubinden, so ist für ausreichend festen Zusammenschluß der Schichten dadurch zu sorgen, daß der in Betracht kommende Betonkörper zweckmäßig gegliedert und die Oberfläche der zuletzt gegossenen Schicht möglichst unregelmäßig und rauh gestaltet wird. Dazu können Bruchsteine, Felsblöcke, Stücke von starken Rundeisen,

Schienenstücke oder dgl. bis zur Hälfte ihrer Höhe oder Länge als Dübel in die noch nicht erhärtete Schicht eingelassen werden. Auch empfiehlt es sich, durch vorübergehend eingelegte Hölzer Vertiefungen herzustellen. Unter allen Umständen müssen vor dem Weiterbetonieren Schlammschichten beseitigt werden, die sich an der Oberfläche gebildet haben. Die Oberfläche ist vor vollständiger Erhärtung rauh zu kehren oder zu kratzen.

Wird der Beton mit Hilfe von Rinnen oder dgl. eingebracht, so soll die Rinnenneigung im Regelfalle zwischen 1 : 2 und 1 : 2½ liegen. Flachere Rinnenneigungen bedingen zu hohen Wasserzusatz, steilere können zu einer Entmischung des Betons führen. Keinesfalls darf die Rinnenneigung flacher sein als 1 : 3.

Fließt der Beton unmittelbar aus einer schrägen Rinne, so darf die Fallhöhe höchstens 2 m betragen. Bei lotrechtem Ausfluß ist die Fallhöhe durch die Entmischungsgefahr begrenzt. Das letzte Rinnenstück ist während des Betonierens ständig zu bewegen, um Kegelbildung und Kiesnester zu vermeiden.

Wird der Gußbeton mit Gefäßen eingebracht, so ist für gleichmäßige Verteilung über die ganze Grundfläche zu sorgen. Die Fallhöhe darf auch in diesem Fall nur so groß sein, daß keine Entmischung eintritt.

6. Spritzbeton. Die Anwendung gespritzten Betons für Tragteile hängt von besonderer baupolizeilicher Genehmigung ab.

7. Füllbeton. Füllbeton kommt in erdfeuchtem, weichem oder flüssigem Zustand da zur Anwendung, wo es sich um die Herstellung wenig beanspruchter zusammenhängender Massen handelt. Seine Verarbeitung richtet sich nach Material und Zweck.

§ 9. Betonieren bei Frost.

Wenn bei Temperaturen unter 0° betoniert werden muß, sind Vorsichtsmaßnahmen zu treffen, um den Bau während des Abbindens vor Kälte zu schützen.

Bei leichtem Frost bis etwa —3° ist darauf zu achten, daß keine gefrorenen Baustoffe verwendet werden. Erforderlichenfalls ist das Wasser anzuwärmen. Der fertige Beton ist bis zur genügenden Erhärtung frostsicher abzudecken.

Bei stärkerem Frost als —3° darf nur ausnahmsweise betoniert werden. Hierbei ist in geeigneter Weise durch Anwärmen des Wassers und der Zuschlagstoffe sowie durch Umschließen und Heizen der Arbeitsstelle dafür zu sorgen, daß der Beton ungestört abbinden und erhärten kann. Dabei darf aber dem Beton das zum Abbinden und Erhärten erforderliche Wasser nicht durch zu große Hitze entzogen werden.

An gefrorene Bauteile darf nicht anbetoniert werden. Durch Frost beschädigte Betonteile sind zu beseitigen.

§ 10. Herstellung der Schalungen.

1. Alle Rüstungen und Einschalungen sind tragfähig herzustellen; sie müssen ausreichend widerstandsfähig gegen die auf sie einwirkenden Kräfte sein und leicht und gefahrlos wieder entfernt werden können. Bei Gußbeton ist auf ausreichende Standfestigkeit der Schalung besonderer Wert zu legen, bei ihrer Herstellung auf das Quellen des Holzes Bedacht zu nehmen. Die Stützen oder Lehrbögen sind auf Keile, Sandkästen, Schrauben oder andere Ausrüstungsvorrichtungen zu stellen, durch deren allmähliches Lüften das Lehrgerüst langsam ohne Stöße und Erschütterungen gesenkt werden kann.

2. Bei allen unterstützten Lehrgerüsten dürfen gestoßene, d. h. aufeinandergesetzte Unterstützungshölzer nur bis zu zwei Dritteln der gesamten Stützen verwendet werden. Die ungestoßenen Stützen müssen möglichst gleichmäßig auf die ganze Fläche verteilt werden. Die Schnittflächen gestoßener lotrechter Stützen müssen wagrecht sein und dicht aufeinander passen. An der Stoßstelle sind die durch aufgenagelte, mindestens 0,70 m lange, hölzerne Laschen gegen Ausbiegen und Knicken zu sichern. Bei Stützen aus Rundholz sind drei, bei solchen aus Vierkantholz vier Laschen für jeden Stoß zu verwenden. Mehr als einmal gestoßene Stützen sind unzulässig. Wegen der Knickgefahr ist der Stoß nicht ins mittlere Drittel der Stützen zu legen. Stützen unter 7 cm Zopfstärke sind unzulässig.

3. Stützen mit Ausziehvorrichtung oder eiserner Verlängerung gelten als nicht gestoßen, wenn die Verbindung haltbar und wirksam ist.

4. Besondere Aufmerksamkeit verdient die sachgemäße Verteilung der Stützenlasten auf den Erdboden. Die Stützen müssen eine unverrückbare Unterlage aus Holz (starken Brettern, Bohlen, Kanthölzern) erhalten und sind im Stockwerksbau so anzuordnen, daß die Last der oberen Stützen unmittelbar auf die darunter stehenden übertragen wird. Einpressen der Rüstungsstützen in die Lagerhölzer wird erforderlichenfalls vermindert durch Zwischenlagen aus Eisen oder Hartholz. Bei nicht tragfähigem oder gefrorenem Untergrund sind besondere Sicherungen anzuwenden.

5. Bei Schalungsgerüsten für Ingenieurbauten sowie für mehrgeschoßige Hochbauten mit Stockwerkshöhen über 5 m kann ein rechnerischer Festigkeitsnachweis verlangt werden. Hierbei sind die oberpolizeilichen Vorschriften für die Aufstellung und Prüfung von Tragfähigkeitsnachweisen bei Bauwerken sinngemäß anzuwenden.

Stützen von 5 m Länge und darüber sind nach der Längen- und Tiefenrichtung untereinander abzuschwerten und knicksicher auszubilden.

Wo bei Herstellung von Decken und Gewölben, die mehr als 8 m vom Fußboden entfernt sind, oder bei schwer lastenden Bauteilen nicht abgebundene Lehrgerüste verwendet werden, sind die

Stützen aus besonders starken oder gekuppelten Hölzern zu fertigen, wagrecht miteinander zu verbinden und durch doppelte Kreuzstreben besonders zu sichern.

6. Vorm Einbringen des Betons sind die Schalungen zu reinigen und gegebenenfalls anzunässen; Fremdkörper im Innern der Schalung sind zu beseitigen. Schalungen von Säulen müssen am Fuß Reinigungsöffnungen haben.

§ 11. Schalungsfristen und Ausschalen.

1. Kein Bauteil darf ausgeschalt, d. h. keine Schalung oder Stützung eher beseitigt werden, als bis der Beton ausreichend erhärtet ist, Schalung und Stützung entlastet sind und der verantwortliche Bauleiter sich durch Untersuchung des Bauteils davon überzeugt und die Ausschalung angeordnet hat.

2. Bis zur genügenden Erhärtung des Betons sind die Bauteile gegen die Einwirkung des Frostes und gegen vorzeitiges Austrocknen zu schützen.

3. Die Fristen zwischen der Beendigung des Betonierens und der Ausschalung sind von der Art, Größe und Beanspruchung des Betonkörpers und von der Witterung abhängig.

Besondere Vorsicht ist bei Bauteilen geboten, die beim Ausschalen nahezu schon die volle rechnungsmäßige Last haben.

4. Tritt während der Erhärtung Frost ein, so sind die sonst erforderlichen Ausschalungsfristen mindestens um die Dauer der Frostzeit zu verlängern. Bei Wiederaufnahme der Arbeiten nach dem Frost und vor jeder weiteren Ausschalung ist der Beton darauf zu untersuchen, ob er abgebunden hat und genügend erhärtet, nicht nur hart gefroren ist.

§ 12. Prüfung während der Ausführung. Probebelastungen.

1. Die Baupolizeibehörde kann während der Bauausführung Anfertigung und Prüfung von Probekörpern verlangen. Die Probekörper hat der Unternehmer auf der Baustelle herzustellen, auf Verlangen der Baupolizeibehörde in Gegenwart des Baupolizeibeamten. Sie sind anzufertigen und zu prüfen nach den „Bestimmungen für Druckversuche an Würfeln bei Ausführung von Bauwerken aus Beton und Eisenbeton".

2. Die Festigkeitsprüfung kann auf der Baustelle oder an anderer Prüfungsstelle mit einer Druckpresse, deren Zuverlässigkeit von einer staatlichen Versuchsanstalt bescheinigt ist, oder in einer staatlichen Prüfungsanstalt vorgenommen werden.

3. Probebelastungen sollen auf den unbedingt notwendigen Umfang beschränkt werden. Sie sind nicht vor 45 tägiger Erhärtung des Betons vorzunehmen.

Bei Probebelastungen von Brückenbauten und anderen Bauwerken, bei denen sichtbare Zugrisse im Beton vermieden werden sollen, sind höchstens die wirklichen, der Berechnung zugrunde gelegten Verkehrslasten aufzubringen, z. B. Menschengedränge (oder eine diesem gleichwertige Belastung), Eisenbahnzug, auch in Bewegung, Dampfwalze usw. Auf keinen Fall darf aber die volle rechnungsmäßige Last bald nach dem Ausrüsten aufgebracht werden.

D.

Bestimmungen für Druckversuche an Würfeln bei Ausführung von Bauwerken aus Beton und Eisenbeton.

§ 1. Betonmasse.

Der Wasserzusatz für die zur Feststellung von $W_{e\,28}$[1]) bestimmten Probekörper ist sowohl bei Beton- wie bei Eisenbetonbauten so zu bemessen, daß eine erdfeuchte Betonmasse entsteht.

Die zur Feststellung von $W_{b\,28}$[1]) bestimmten Probekörper sind aus Betonmassen gleicher Art, gleicher Aufbereitung und gleichen Feuchtigkeitsgehalts anzufertigen, wie sie für den Beton des Bauwerkes oder Bauteils verwendet werden.

§ 2. Arbeitsstelle.

Die Probekörper sind an einem Orte herzustellen, der vor Regen, Zugluft, Kälte und strahlender Wärme geschützt und von der Lagerstelle bereits fertiger Körper getrennt ist, damit keine Erschütterung auf die frisch hergestellten Körper einwirken kann; die Form ist auf eine etwa 5 cm hohe Sandunterlage zu stellen.

§ 3. Anzahl der Probekörper.

Für jede Versuchsreihe sind in der Regel drei Körper in unmittelbarer Arbeitsfolge herzustellen.

§ 4. Formen, Stampfer und anderes Arbeitsgerät.

1. Zur Herstellung der Probekörper sind eiserne Würfelformen von 20 oder 30 cm Seitenlänge mit ebenen Seitenflächen zu verwenden[2]) (Abb. 1).

---

[1]) $W_{e\,28}$ = Würfelfestigkeit erdfeuchten Betons nach 28 Tagen.
$W_{b\,28}$ = Würfelfestigkeit von Beton in der gleichen Beschaffenheit, wie er im Bauwerk verarbeitet wird, nach 28 Tagen.

[2]) Bei Beton mit gröberen Zuschlagsstoffen können Formen von 30 cm Seitenlänge verwendet werden, bei feinerem Beton, wie er bei Eisenbetonbauten Verwendung findet, sind Formen von 20 cm Seitenlänge zu benutzen.

Abb. 1.

2. Zum Stampfen erdfeuchter und weicher Betonmasse sind quadratische Normalstampfer von 12 cm Seitenlänge und 12 kg Gewicht zu benutzen (Abb. 2). Zum Durcharbeiten flüssiger Betonmasse in der Form sind Arbeitsgeräte zu benutzen, wie sie auch zum Durcharbeiten des Betons am Bau gebraucht werden.

3. Zur Führung der Stampfer und Arbeitsgeräte an den Wandungen der Form und zum Halten der überstehenden Betonmasse dient ein eiserner, 20 bzw. 30 cm hoher Rahmen, der auf die Form bündig mit ihren Innenflächen aufgesetzt wird.

§ 5. Einlegen, Stampfen und Durcharbeiten der Betonmasse.

Erdfeuchte und weiche Betonmasse ist in zwei Schichten einzubringen, deren Höhe bei Würfeln von 20 cm Kantenlänge etwa je 12 cm, bei Würfeln von 30 cm Kantenlänge etwa je 18 cm beträgt.

Um eine gute Verbindung der Schichten zu erzielen, muß die Oberfläche der ersten aufgerauht werden, ehe die zweite eingebracht wird.

Flüssige Betonmasse ist hintereinander einzufüllen.

Bei grober und steinreicher Betonmasse empfiehlt es sich, um am Würfelkörper dichte Kanten und Ecken zu erzielen, ihr vor dem Einfüllen etwas Mörtel zu entnehmen und ihn an den Kanten der Form vorzulegen.

Jede Schicht ist zunächst zu ebnen. An den Wandungen der Form muß mit einem passenden Gerät (Kelle) hinuntergestoßen werden, um etwa anliegende Steine hinabzudrücken und die Bildung von Nestern oder Hohlräumen zu verhindern.

Wie beim Bauwerk die einzelnen Schichten am besten reihenweise gestampft werden, so wird auch bei Herstellung der Probekörper zweckmäßig nach Abb. 3a bzw. 3b verfahren.

Die Hubhöhe des frei herabfallenden Stampfers soll betragen:
bei Würfeln von 30 cm Kantenlänge 25 cm,
bei Würfeln von 20 cm Kantenlänge 15 cm.

Beim Würfel von 30 cm Kantenlänge (Abb. 3a) sollen auf jede der neuen Stampfstellen jeweils drei Schläge, beim Würfel von 20 cm Kantenlänge (Abb. 3b) auf jede der vier Stampfstellen ebenfalls 3 Schläge kommen. Die einzelnen Stampfstellen sind in der in Abb. 3a und 3b angegebenen Reihenfolge viermal zu stampfen, so daß jede Stampfstelle im ganzen zwölf Schläge erhält.

Wenn das Stampfen beendigt und der Aufsatzrahmen entfernt ist, muß der überstehende Beton, der für Anfertigung weiterer Probekörper nicht mehr verwendet werden darf, beseitigt und die Oberfläche der eingestampften Masse mit den Formrändern bündig mit stählernem Lineal so abgezogen werden, daß sie eben und möglichst glatt wird. Hohlräume sind dabei mit Mörtel aus der übrigen Betonmasse auszufüllen.

Handelt es sich um weichen Beton, so müssen die Körper nach Abnahme des Rahmens so lange unberührt bleiben, bis der Beton etwas angezogen hat. Dann erst darf die überstehende Betonmasse abgestrichen, und es muß weiter verfahren werden, wie vorstehend beschrieben.

Bei flüssigem Beton ist ohne Aufsatzrahmen zu arbeiten und so lange Betonmasse nachzufüllen, bis kein Absacken mehr eintritt und das an der Oberfläche auftretende Wasser abgelaufen ist. Die Probekörper müssen hiernach noch unberührt bleiben, bis der Beton etwas angezogen hat. Dann ist weiter zu verfahren wie bei den Proben aus weichem Beton.

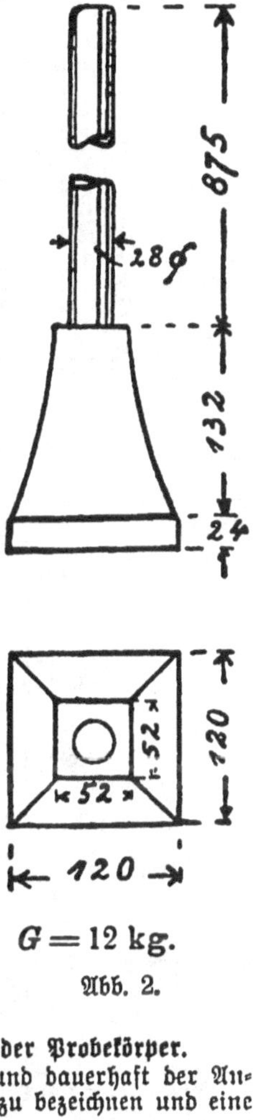

Abb. 2.

§ 6. Behandlung und Aufbewahrung der Probekörper.

1. An jedem Probekörper sind deutlich und dauerhaft der Anfertigungstag und das Mischungsverhältnis zu bezeichnen und eine Erkennungsmarke anzubringen.

2. Die Probekörper sollen mindestens 24 Stunden in der Form bleiben. Sind dann die vier Formwände entfernt, so sollen die Körper weitere 24 Stunden auf der Formplatte ruhen. Danach sind sie bis zum Tage der Prüfung oder des Versandes in einem

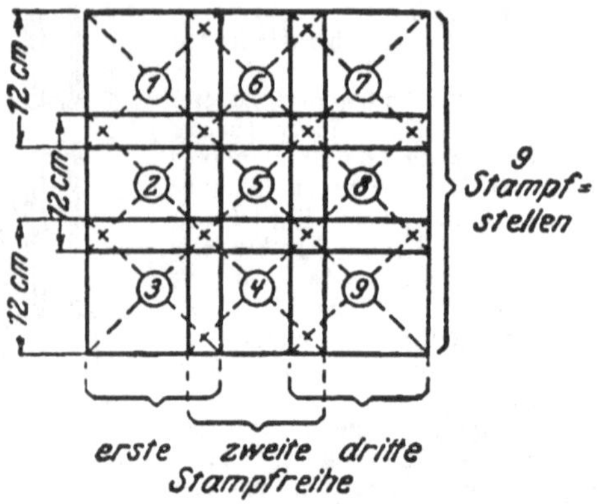

Abb. 3a.

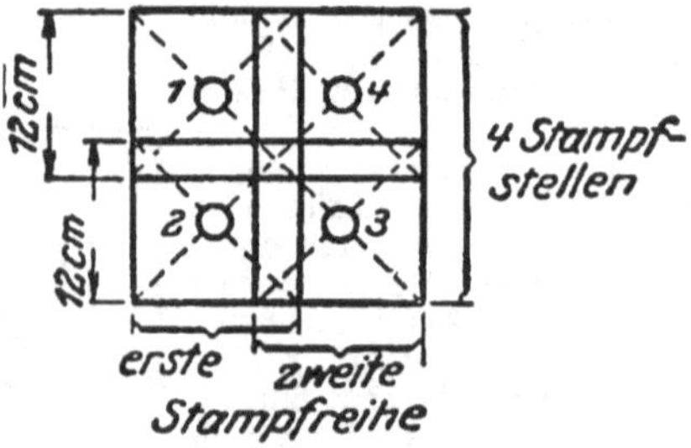

Abb. 3b.

geschlossenen frostfreien Raum auf einem Lattenrost so zu lagern, daß die Luft allseitig Zutritt hat. Die Probekörper müssen vom zweiten Tage an bis zum Tage der Prüfung oder des Versandes mit Tüchern bedeckt sein. Die Tücher sind vom zweiten bis zum siebenten Tage feucht zu halten.

Bei Platzmangel können auf derart abgelagerte Reihen von Betonkörpern bis zu vier weitere Schichten aufgesetzt werden.

3. Beim Versand müssen die Probekörper in trockenes Sägemehl oder dgl. verpackt werden.

4. In die Niederschrift über die Anfertigung und Prüfung der Probekörper sind Angaben über Luftwärme[1]), Witterung und Art der Lagerung einzutragen.

§ 7. Druckversuch.

1. Die maßgebende Prüfung der Probekörper erfolgt 28 Tage nach ihrer Herstellung. Es soll jedoch zulässig sein, wenn die Erhärtung der Körper durch kalte Witterung verlangsamt ist (vgl. Fußnote 1), die maßgebende Prüfung dieser Körper erst nach 45 Tagen vorzunehmen.

2. Um vorschriftsmäßig hergestellte Probekörper durch Druckversuche zu prüfen, bedarf es in der Regel mindestens 5 Wochen. Wenn diese Zeit nicht zur Verfügung steht, wird unter Umständen schon ein Druckversuch mit 7 Tage alten Probekörpern auf die nach 28 Tagen zu erwartende Festigkeit schließen lassen; außerdem muß aber der Nachweis mit 28 Tage alten Probekörpern erbracht werden.

3. Vor der Prüfung ist festzustellen, ob die Druckflächen eben und gleichlaufend sind. Unebene oder nicht gleichlaufende Flächen müssen abgeglichen werden. Die aufgebrachte Abgleichsschicht soll bei der Prüfung annähernd die Festigkeit des Betonkörpers haben. Auch das Gewicht und die Abmessungen der Körper sind vor der Prüfung festzustellen.

4. Die Würfelfestigkeiten sind auf Maschinen zu ermitteln, deren Zuverlässigkeit von einer staatlichen Versuchsanstalt bescheinigt sein muß. Die Zuverlässigkeit ist vor jeder Benutzung vom Prüfenden neu festzustellen. Bei dieser Feststellung ist zu beachten, daß der Kolben im Zylinder leicht gleiten muß, ohne daß Flüssigkeit an den Manschetten austritt. Wenn beim Anpumpen der Presse in der bei der Prüfung angewendeten Belastungsgeschwindigkeit vor Einbringen des Probekörpers das Manometer über eine bestimmte Marke ausschlägt, die bei der Eichung der Maschine festzulegen ist, so ist Reibung vorhanden, die beseitigt werden muß (Herausheben des Zylinders, Nachsehen der Manschetten, Prüfung der Druckflüssigkeit).

Wird der Druck durch Federdruckmesser gemessen, so sind deren zwei anzubringen. Von ihnen ist nur der eine (der Gebrauchsdruckmesser) dauernd zu benutzen. Der zweite muß abstellbar sein; er dient zur Prüfung des Gebrauchsdruckmessers und ist nur zu diesem Zweck anzustellen und dann gleichzeitig mit abzulesen. Ergeben sich hierbei andere Unterschiede als bei der ursprünglichen Prüfung der Maschine, so ist der Gebrauchsdruckmesser nachzu-

---

[1]) Die Luftwärme ist von Einfluß auf die Erhärtung des Betons; warme Witterung beschleunigt, kalte verlangsamt die Erhärtung.

prüfen und nötigenfalls eine neue Krafttafel (Tafel für die Beziehungen zwischen Druckmesseranzeigen und Druckkraft) aufzustellen.

5. Vor Einbringung des Probekörpers ist zu prüfen, ob die Kugelschale leicht beweglich ist.

Beim Einbauen des Probekörpers ist Zwischenlegen von Blei, Pappe, Filz oder dgl. unzulässig.

Der Probekörper muß ganz besonders langsam an die obere Druckplatte angedrückt werden und sich mit seiner ganzen Fläche möglichst gleichzeitig an sie anlegen. Erst wenn dies erreicht ist, darf langsam mit dem Aufbringen der Last begonnen werden.

6. Der Druck ist — wenn nicht ausdrücklich anders bestimmt — senkrecht zur Stampfrichtung, d. h. auf zwei Seitenflächen des Würfels, auszuüben. Er ist langsam und stetig zu steigern, ungefähr derart, daß die Spannung im Probekörper in der Sekunde um 2 bis 3 kg/cm^2 zunimmt.

7. Für die Würfelfestigkeit maßgebend ist nicht etwa die Belastung beim Auftreten von Rissen, sondern die Höchstbelastung. Diese ist erreicht, wenn das Manometer trotz Nachpumpens von Druckwasser bei der vorgeschriebenen Belastungsgeschwindigkeit nicht mehr steigt.

8. Maßgebend ist der Mittelwert aus den Festigkeitszahlen einer Versuchsreihe (in der Regel von drei Probekörpern).

Schlußbestimmungen.

§ 1.

Bei Bauwerken der in den vorstehenden Bestimmungen erwähnten Art, deren Ausführung nach den bestehenden Vorschriften weder der baupolizeilichen Genehmigung bedarf, noch durch Behörden von Amts wegen geleitet oder beaufsichtigt wird, hat der Unternehmer vor Beginn der Bauarbeiten der Baupolizeibehörde Anzeige zu erstatten, wenn nach den anerkannten Regeln der Baukunst die statische Sicherheit des Bauwerkes durch eine statische Berechnung nachgewiesen werden muß.

Wenn eine höhere technische Prüfung der Pläne vor der Anzeige nicht stattgefunden hat, und wenn nach dem Ermessen der Baupolizeibehörde ungenügende Sicherheit des Bauwerkes Gefahr für Personen oder fremdes Eigentum mit sich bringen könnte, kann die Baupolizeibehörde die Einreichung der in § 2 der Abschnitte A und C bezeichneten Bauvorlagen ganz oder zum Teil verlangen.

Die Baupolizeibehörde ist berechtigt, den Beginn oder die Fortsetzung der Bauarbeiten so lange zu untersagen, bis die Prüfung der Bauvorlagen vollzogen ist und bis die bei der Prüfung festgestellten Beanstandungen behoben sind.

Die mit der Bauleitung betraute Person hat die Verantwortung durch unterschriftliche Erklärung zu übernehmen.

Die Baupolizeibehörde kann die als Bauleiter bestimmte Person beanstanden, wenn diese die für eine sichere Bauführung erforderliche Verlässigkeit nicht besitzt. Bis zur Behebung des Anstandes kann die Inangriffnahme oder Fortsetzung der Bauarbeiten untersagt werden.

§ 2.

Verantwortlich für die Richtigkeit der im § 2 der Abschnitte A und C geforderten Vorlagen, insbesondere der statischen Berechnung, sowie für die Beachtung gegenwärtiger Vorschriften bei Aufstellung derselben ist der als Verfasser Unterzeichnete.

§ 3.

Der verantwortliche Bauleiter oder die von ihm mit der Aufsicht auf die Ausführung des Bauwerkes besonders beauftragte Person, neben diesen der Unternehmer und die von ihm mit der örtlichen Aufsicht beauftragte Person haben durch unterschriftliche Erklärung die Verantwortung zu übernehmen für die feste und sichere Ausführung des Bauwerkes nach Maßgabe gegenwärtiger Vorschriften, ferner dafür, daß fertige Bauteile keine Beschädigungen bei Ausführung von Bauarbeiten anderer Art, insbesondere von Installationsarbeiten, erleiden.

§ 4.

Bei Bauarbeiten der in den vorstehenden Bestimmungen erwähnten Art, deren Ausführung durch Behörden von Amts wegen geleitet oder überwacht wird, sind die jeweils gültigen besonderen Vorschriften maßgebend.

§ 5.

Der verantwortliche Bauleiter muß einen Abdruck vorstehender Bestimmungen zur Hand haben.

§ 6.

Die Erlassung ergänzender, den örtlichen Bedürfnissen Rechnung tragender ortspolizeilicher Vorschriften bleibt vorbehalten.

§ 7.

Bauherren, Baumeister und Bauhandwerker, die den zwingenden Bestimmungen vorstehender Vorschriften in den Abschnitten A, B und C und den §§ 1 und 5 vorstehender Schlußbestimmungen zuwiderhandeln, werden an Geld bis zu 150 *RM* oder mit Haft bestraft.

§ 8.

Diese oberpolizeilichen Vorschriften treten am 1. April 1926 in Kraft. Mit dem gleichen Zeitpunkt treten die oberpolizeilichen Vorschriften vom 25. März 1918 für die Ausführung von Bauwerken aus Eisenbeton samt Anhang (GVBl. 1918 S. 225 bis 247) außer Kraft.

München, den 12. Februar 1926.

Stützel.

---

4. ME. vom 16. Oktober 1929 Nr. 3673 e 2 über Fabrikschornsteine und andere Turmschornsteine.

(StAnz. Nr. 242.)

An die Regierungen, Kammern des Innern, und die Bezirkspolizeibehörden.

Als Grundlagen für die Berechnung der Standfestigkeit hoher freistehender Schornsteine haben mit sofortiger Wirkung Din. 1056 zu gelten.

Die im Staatsanzeiger Nr. 207/1921 abgedruckte ME. vom 3. Sept. 1921 Nr. 4073 c 2 tritt damit außer Kraft.

Din. 1056 kann vom Deutschen Normenausschuß, Anschrift Dinorm Berlin NW. 7, Dorotheenstraße 47, bezogen werden.

Din 1056.[1])

Deutsche Normen.

5. Grundlagen für die Berechnung der Standfestigkeit hoher, freistehender Schornsteine.

Inhalt

---

1) „Wiedergabe erfolgt mit Genehmigung des Deutschen Normenausschusses. Maßgebend sind die jeweils neuesten Ausgaben der Normblätter, die durch den Beuth-Verlag GmbH., Berlin S 14, Dresdenerstr. 97, zu beziehen sind."

I. Allgemeines.

Vorbemerkung.

Die in der vollen Breite einer Seite gedruckten Bestimmungen gelten für gemauerte Schornsteine und Eisenbetonschornsteine,

die auf der linken Hälfte nur für gemauerte Schornsteine.

die auf der rechten Hälfte nur für Eisenbetonschornsteine.

§ 1. Geltungsbereich.

1. Die Grundlagen sind maßgebend für:

alle gemauerten, freistehenden Schornsteine aus Ziegeln, Kalksandsteinen oder anderen geeigneten Steinen und aus Betonsteinen ohne die Standfestigkeit erhöhende, senkrechte Eiseneinlagen.

alle freistehenden Schornsteine, bei denen Beton in Verbindung mit gewalztem Eisen (Stahl) derart verwendet wird, daß beide Baustoffe gemeinsam zur Übertragung der äußeren Kräfte nötig sind. Die Schornsteine können dabei zwischen Schalung gegossen oder gestampft oder aus besonderen Beton-Formsteinen aufgemauert werden.

2. Für Berechnung und Ausführung der Beton- und Eisenbetonbauteile der Schornsteine sind die jeweils gültigen amtlich anerkannten „Bestimmungen des Deutschen Ausschusses für Eisenbeton"[1]) sinngemäß maßgebend.

§ 2. Bauvorlagen.

1. Bei jedem Schornsteinbau, jeder Höherführung vorhandener Schornsteine und dem nachträglichen Einbrechen von

---

[1]) Letzte Fassung September 1925, und zwar:
A Bestimmungen für Ausführung von Bauwerken aus Eisenbeton (DIN. 1045)
C Bestimmungen für Ausführung von Bauwerken aus Beton (DIN. 1047)
D Bestimmungen für Druckversuche an Würfeln bei Ausführung von Bauwerken aus Beton und Eisenbeton (DIN. 1048).

Öffnungen in die Wandungen bestehender Schornsteine, z. B. zur Herstellung neuer Fuchsöffnungen und dergl. sind der zuständigen Behörde die nach den jeweiligen Baupolizei-Vorschriften maßgebenden zeichnerischen und rechnerischen Unterlagen[1]) und Nachweise vorzulegen, insbesondere auch über die gewährleisteten Druckfestigkeiten.

2. Bei noch unerprobter Bauweise, insbesondere bei Schornsteinen aus Beton-Formsteinen mit ausgegossenen Hohlräumen kann die zuständige Behörde die Zulassung vom Ausfall von Probeausführungen und Belastungs-Bruchversuchen (Systemprüfung) abhängig machen.

§ 3. Vorläufiger Festigkeitsnachweis.

1. Der Auftragnehmer ist bei Annahme größerer als der in § 10, Ziff. 2, angegebenen Werte verpflichtet, auf Anfordern der zuständigen Behörde vor Genehmigungserteilung nachzuweisen, daß das Mauerwerk aus den für den Schornstein in Aussicht genommenen Baustoffen die gewährleistete Druckfestigkeit ergibt.

1. Der Auftragnehmer ist verpflichtet, auf Anfordern der zuständigen Behörde vor Genehmigungserteilung nachzuweisen, daß die für den Bau in Aussicht genommenen Mischungen die vorgeschriebenen Würfelfestigkeiten (§ 10, Ziff. 2) ergeben.

2. Dieser Nachweis ist zu führen durch Beibringung vorschriftsmäßiger Prüfzeugnisse (§ 5) über die als Mittel aus mindestens 3 Proben festgestellte Bruchfestigkeit von:

Mauerkörpern nach 28 tägiger Erhärtung. Die Probekörper sind mit ringausschnittförmiger Grundfläche von mindestens 50 cm mittlerer Seitenlänge und annähernd gleicher Höhe und in gleichem Verbande aufzumauern. Die Mörtelstoffe haben den für die Ausführungen gewählten zu entsprechen.

Betonwürfeln nach den Vorschriften. Für die Proben gelten die „Bestimmungen für Druckversuche an Würfeln bei Ausführung von Bauwerken aus Beton und Eisenbeton (DIN 1048).

§ 4. Baustoffe.

1. Die Eigenschaften der zu verwendenden Baustoffe sind auf Anfordern der zuständigen Behörde durch vorschriftsmäßige Prüfzeugnisse (§ 5) nachzuweisen.

---

[1]) In den Bauvorlagen sind die durch DIN. 1044 und 1350 festgesetzten allgemeinen einheitlichen Bezeichnungen für Festigkeitsberechnungen und Zeichnungen anzuwenden.

2. Für die **einzelnen Baustoffe** gilt dabei allgemein folgendes:

a) **Ziegel, Kalksandsteine, Beton- und andere Steine** dürfen nur dann zum Schornsteinbau verwendet werden, wenn sie brauchbar und zuverlässig sind. Vorschriftsmäßige Prüfzeugnisse sind (§ 5) beizubringen:

1. über die **Druckfestigkeit**[1]) der **Ziegel, Kalksandsteine, Beton- und anderen Steine**. Die Prüfung ist nach DIN 105 vorzunehmen, wobei das Mittel aus je 10 Proben maßgebend ist. Bei Ringziegeln oder Ringsteinen werden die Druckkörper aus paarweise aufeinander gemauerten ganzen Steinen hergestellt;
2. über deren **Wasseraufnahmefähigkeit** und **Frostbeständigkeit**;
3. über das **Vorhandensein in Wasser leicht löslicher Salze und schädlicher Beimengungen** (Kalk und Schwefelkies) in den Ziegeln;
4. über die als Mittel aus je mindestens 10 Proben normengemäß bestimmte **Druck- und Zugfestigkeit** des zu den Probekörpern verwendeten kellengerecht einzufüllenden **Mörtels** nach 28tägiger Erhärtung.

b) Für die Verwendungsfähigkeit von Zement, Sand, Kies, Grus, Steinschlag, Wasser und Eisen gelten die „Bestimmungen für Ausführung von Bauwerken aus Eisenbeton" (DIN. 1045).

3. Die für die Beurteilung der Eignung der Schornsteinziegel, Kalksandsteine, Beton- und dergl. Steine maßgebenden grundlegenden Prüfungen nach § 3, Ziff. 2 und § 4, Ziff. 2, Abs. a_4 sind in der Regel nur einmal durchzuführen. Die übrigen in § 4, Ziff. 2, Abs. a_1 bis a_3 genannten Prüfungen sind alle 5 Jahre zu wiederholen. In besonderen Fällen sind alle Prüfungen auf Anfordern der zuständigen Behörde auch in kürzeren Zeiträumen zu wiederholen.

§ 5. Prüfzeugnisse.

Als **vorschriftsmäßig** werden nur Urzeugnisse oder wiederholte Zeugnisausfertigungen über Prüfungen anerkannt, die vor nicht länger als 5 Jahren in einer reichsdeutschen staatlichen oder in einer anderen als gleichwertig anerkannten technischen Prüfanstalt vorgenommen worden sind.

§ 6. Mörtel.

Der Mörtel soll aus 1 Raumteil Zement, 3 bis 4 Raumteilen Kalk und 10 bis 12 Raumteilen

Bei Herstellung der Schornsteine aus einzelnen Beton-Formsteinen soll der Mörtel aus

[1]) Hierbei sind entsprechend der Beanspruchung im Mauerwerk die Querschnitte voll, also ohne Abzug der Löcher in Rechnung zu stellen.

Sand bestehen. Zementreichere Mörtel sind in der Regel nicht zulässig.

1 Raumteil Zement und 3 Raumteilen Sand bestehen; bei den Mauerfugen kann der Zement bis zu 1/4 durch einen gleichen Raumteil Weißkalk ersetzt werden.

II. Grundlagen für die Berechnung der Standfestigkeit.

§ 7. Eigenlast.

1. Bei der Standfestigkeitsberechnung ist die Eigenlast des Schornsteins nach der wirklichen Einheitseigenlast des zu verwendenden Mauerwerks zu ermitteln.

2. Wird die Eigenlast bei Verwendung von
a) Ziegeln oder Kalksandsteinen zu mehr als 1800 kg/m³,
b) Beton oder Beton-Formsteinen ohne Eiseneinlage zu mehr als 2200 kg/m³

angegeben, so ist die Richtigkeit dieser Werte nachzuweisen. Dieser Nachweis ist durch vorschriftsmäßige Prüfzeugnisse (§ 5) über das Raumgewicht des Mauerwerks zu erbringen, ermittelt an ganzen Mauerwerkkörpern der im § 3, Ziff. 2, genannten Größe.

1. Die Einheitseigenlast des Eisenbetons ist in der Regel mit **2400 kg/m³** in Rechnung zu stellen. Abweichungen sind nachzuweisen.

§ 8. Winddruck.

1. Als maßgebender in wagerechter Richtung wirkender Winddruck ist der Wert

$$w = 120 + 0{,}6 \cdot h \text{ (in kg/m}^2\text{, auf volle kg gerundet)}$$

in Rechnung zu stellen, wobei h (in m) die gesamte Schornsteinhöhe vom anliegenden Gelände ab gemessen bedeutet.

2. Etwaiger Einfluß der Saugwirkung auf der der Windrichtung entgegengesetzten Seite ist in diesem Werte w enthalten.

3. Der durch anstoßende oder benachbarte Gebäude gewährte Schutz des Schornsteins gegen den Winddruck ist unberücksichtigt zu lassen.

4. Als Winddruckfläche ist die lotrechte Achsschnittfläche einer Schornsteinsäule anzusehen. Bei eckigen Schornsteinen ist dieser Schnitt rechtwinklig zu zwei gegenüberliegenden Flächen zu legen.

5. Bedeutet F den Flächeninhalt dieses Schnittes in m², so ist die Windkraft $W = n \cdot F \cdot w$.

Der Wert n ist anzunehmen:

bei runden Schornsteinen zu: $n = 0{,}67$,

bei achteckigen Schornsteinen zu: $n = 0{,}71$,

bei quadratischen oder rechteckigen Schornsteinen zu: $n = 1{,}00$.

6. Diese Werte gelten auch dann, wenn der Wind übereck weht. Diese Windrichtung ist für die Bestimmung der Randspannung eckiger Schornsteine maßgebend.

7. Als Angriffspunkt der auf eine Schornsteinsäule wirkenden Windkraft ist der Schwerpunkt des lotrechten Achsschnittes dieser Säule anzusehen.

§ 9. Form und Ausdehnung der Berechnung.

1. Die Berechnung ist ziffernmäßig auszuführen und auf die Ermittlung der in den einzelnen Schornsteinteilen auftretenden Höchstspannungen zu erstrecken. Das gilt mindestens für die Grundbausohle, die Sockelaufstandsfuge, für die durch Fuchs- und Raumöffnungen geschwächten Querschnitte und für sämtliche übrigen Sockelabsätze, für die in Dachhöhe liegende Fuge teilweise eingebauter Schornsteine und für alle übrigen Absätze — Trommeln — des Schaftes. Bei gleichen Trommelhöhen kann von weiteren Spannungsnachweisen abgesehen werden, wenn die Spannungen gleichmäßig mit den Wanddicken stetig abnehmen.

2. Für Schornsteine, deren Unterbau in regelrechtem Verbande mit den Konstruktionsmauern des zugehörigen Gebäudes aufgeführt wird, ist die Berechnung in der Regel nur für den freistehenden Oberteil erforderlich.

3. Die Wandstärke der Schornsteine muß

mindestens 18,5 cm betragen.

mindestens 15 cm betragen.

§ 10. Zulässige Spannungen.

A. Mauerwerk.

1. Die Druckspannungen im Mauerwerk sind unter Berücksichtigung des in § 8 festgesetzten Winddrucks unter Vernachlässigung der Zugfestigkeit des Mörtels zu berechnen. Die Fugen dürfen sich hierbei rechnungsmäßig aber höchstens bis zur Schwerpunktsachse öffnen.

2. Bezeichnet $\sigma_{d\,zul}$ die größte im Mauerwerk zulässige Druck-

A. Eisenbeton.

1. Die in dem Eisenbeton-Verbundkörper auftretenden Zug- und Druckspannungen sind unter Berücksichtigung des in § 8 festgesetzten Winddruckes zu berechnen, wobei die Zugspannungen nur vom Eisen aufzunehmen sind.

2. Die zulässigen Beanspruchungen des Betons sind von den Würfelfestigkeiten $W_{e\,28}$ und bei

spannung in kg/cm² und h' die Entfernung der betrachteten Fuge in m von der Schornsteinmündung ab gemessen, so darf die unter Beachtung von Ziff. 1 berechnete Druckspannung σ_d — unter der Voraussetzung kunstgerechter und sorgfältiger Ausführung und ausreichender Erhärtung des Mörtels — an der am stärksten belasteten Kante eines Querschnittes höchstens den Wert

$\sigma_d = 0{,}40 \cdot \sigma_{d\,zul} + 0{,}15 \cdot h'$

erreichen, sofern dieser Wert nicht größer ist als $\sigma_{d\,zul}$.

Der Wert $\sigma_{d\,zul}$ ist in der Regel anzunehmen mit

a) für gewöhnliches Mauerwerk in Kalkmörtel aus 1 Raumteil Kalk zu 3 bis 4 Raumteilen Sand:
$\sigma_{d\,zul} = 7$ kg/cm²,

b) für das gleiche Mauerwerk in dem in § 6 vorgeschriebenen Mörtel:
$\sigma_{d\,zul} = 10$ kg/cm²,

c) für Mauerwerk aus Hartbrandziegeln von mindestens 250 kg/cm² nachgewiesener Steinfestigkeit u. dem in § 6 vorgeschriebenen Mörtel:
$\sigma_{d\,zul} = 14$ kg/cm²,

d) für Mauerwerk aus Klinkern von mindestens 350 kg/cm² nachgewiesener Steinfestigkeit und dem in § 6 vorgeschriebenen Mörtel:
$\sigma_{d\,zul} = 18$ kg/cm²,

e) für Mauerwerk aus Kalksandsteinen, Beton- und anderen Steinen:
$\sigma_{d\,zul} = 1/8$ der jeweilig Verwendung weichen Betons von $W_{b\,28}$ abhängig.

Dabei bedeuten:

$W_{e\,28}$ = Würfelfestigkeit erdfeuchten Betons nach 28 Tagen,

$W_{b\,28}$ = Würfelfestigkeit von Beton in der gleichen Beschaffenheit, wie er im Bauwerk verarbeitet wird, nach 28 Tagen.

Die Würfelfestigkeiten sind festzustellen nach den „Bestimmungen für Druckversuche an Würfeln bei Ausführung von Bauwerken aus Beton und Eisenbeton" (DIN 1048) und müssen **mindestens** betragen:

a) bei Verwendung von Handelszement:
$W_{e\,28} = 200$ kg/cm²
und außerdem:
$W_{b\,28} = 100$ kg/cm²

b) bei Verwendung von hochwertigem Zement:
$W_{e\,28} = 275$ kg/cm²
und außerdem:
$W_{b\,28} = 130$ kg/cm².

3. Bei Berechnung auf **reine Biegung und Biegung mit Längskraft**

bei monolithischen Beton-Schornsteinen und

bei Eisenbeton-Schornsteinen aus Beton-Formsteinen,

unter Berücksichtigung der Eigen- und Windlast,

ohne Berücksichtigung der Wärmewirkung gelten die zulässigen Beanspruchungen der folgenden Tafel:

nachgewiesenen Mauerwerkfestigkeit.

3. Kommen für das vorstehend unter a) bis e) aufgeführte Mauerwerk höhere Werte in Ansatz, so ist der in § 3, Ziff. 2, geforderte Nachweis beizubringen. Hierbei darf der Wert aber 1/8 der nachgewiesenen Mauerwerkfestigkeit nicht überschreiten und keinesfalls mehr als 25 kg/cm² betragen.

4. Die festgesetzten Werte sind Grenzwerte und dürfen nicht überschritten werden.

		Zulässige Beanspruchungen in kg/cm²
1.	Handelszement: $W_{e\ 28} \geqq$ 230 kg/cm² und außerdem: $W_{b\ 28} \geqq$ 120 kg/cm²	30+0,1h' aber nicht mehr als 40
2.	Hochwertiger Zement: $W_{e\ 28} \geqq$ 275 kg/cm² und außerdem: $W_{b\ 28} \geqq$ 130 kg/cm²	36+0,1h' aber nicht mehr als 50
3.	Handelseisen auf Zug	1200

4. Die Schubspannung τ_0 des Betons darf bei Handelszement 4 kg/cm², bei hochwertigem Zement 5,5 kg/cm² nicht überschreiten.

5. Die zulässige Haftspannung τ_1 (Gleitwiderstand) beträgt 5 kg/cm².

B. Betongründungen.

6. Für Gründungen aus Zementbeton gelten die jeweiligen amtlichen „Bestimmungen für Ausführung von Bauwerken aus Beton“ (DIN 1047).

C. Baugrund.

7. Die höchste Randspannung, mit der unter Berücksichtigung des Windmomentes der Baugrund belastet wird, darf bei gutem Baugrund in der Regel 3 kg/cm² nicht übersteigen und nur in Ausnahmefällen 4 kg/cm² erreichen.

8. Dabei ist die Bedingung zu erfüllen, daß sich die Grundplatte auf der Windseite nicht vom Boden abhebt, wobei die auf den Gründungsabsätzen aufliegende Erdlast nicht in Rechnung gestellt werden darf.

III. Schornsteinausstattung.

§ 11. Steigeisen und Schutzbügel.

Die Ausführung der Steigeisen und Schutzbügel muß den Bestimmungen der Unfallverhütungsvorschriften entsprechen.

§ 12. Blitzschutzanlagen.

Für die Herstellung und Unterhaltung der Blitzschutzanlagen sind die „Leitsätze über den Schutz der Gebäude gegen Blitz" des Ausschusses für Blitzableiterbau maßgebend.

§ 13. Schutzfutter und Eisenbewehrung.

1. Bei Schornsteinen für Hüttenöfen sowie zur Abführung schädlicher saurer Gase ist das Futter bis zur Mündung zu führen.

2. Durch geeignete Vorkehrungen ist dafür zu sorgen, daß sich das Futter ungehindert ausdehnen kann.

3. Bei Ziegelschornsteinen ist an den Stellen, wo kein Schutzfutter vorgesehen ist, eine Eisen-Ringbewehrung anzubringen, deren Querschnitt mindestens einem Tausendstel des Flächeninhaltes des zugehörigen lotrechten Wandschnittes gleich sein muß. Wird die Ringbewehrung beim Bau weggelassen, so ist sie beim Auftreten von Rissen nachträglich anzubringen, und die Risse sind zu beseitigen.

3. Die senkrechte Eisenbewehrung F_e ergibt sich aus der statischen Berechnung unter Berücksichtigung des Eigengewichtes und des Winddruckes ohne Wärmewirkung. Zur Aufnahme der Wärmespannungen ist die senkrechte Eisenbewehrung mit dem Querschnitt F_e um 0,1 % des wagerechten Schornsteinquerschnittes F_{bw} zu erhöhen, also auf $F_e + \frac{0,1}{100} \cdot F_{bw}$

Zur Aufnahme der Ringsspannungen ist mindestens eine wagerechte Eisenbewehrung von 0,3 % des zugehörigen senkrechten Wandquerschnittes F_{bs} vorzusehen, also $\frac{0,3}{100} \cdot F_{bs}$; doch darf die senkrechte und wagerechte Eisenbewehrung des Schaftes zusammen nicht kleiner als 50 kg Eisen je 1 m³ Beton sein.

Beträgt der Temperaturabfall in der Betonwandung mehr als 100°, so sind entsprechende Vorkehrungen zur Herabsetzung dieses Unterschiedes zu treffen.

4. Bei Verfeuerung von Braunkohle ist das Futter bis zur Mündung zu führen.

§ 14. Mündungsabdeckung.

Die Schornsteinmündungen sind mit einer ausreichend dicken Platte aus Gußeisen oder säure- und feuerbeständigem

Steinzeug abzudecken, andernfalls ist ein genügend starker Ring mit Spannverschluß unterhalb der Mündung anzubringen.

§ 15. Meßgeräte.

Im Fuchskanal oder im Schornsteinfuß sind Einrichtungen vorzusehen, mit denen die Temperatur, Zugstärke und Geschwindigkeit der in den Schornstein eintretenden Gase jederzeit gemessen werden können.

IV. Anzeigen an die zuständige Behörde und Ingebrauchnahme.

§ 16. Anzeigen.

1. Der Bauausführende hat der zuständigen Behörde rechtzeitig den beabsichtigten Beginn des Grundbaues und des Aufbaues anzuzeigen.

2. Der zuständigen Behörde sind schriftlich anzuzeigen:

a) der beabsichtigte Beginn der Betonarbeiten,

b) die beabsichtigte Entfernung der Schalungen und Stützen,

c) der Wiederbeginn der Betonarbeiten nach längeren Frostzeiten.

Die Anzeigen müssen, sofern die zuständige Behörde nicht ausdrücklich anders bestimmt, spätestens 48 Stunden vor dem Beginn der Arbeiten oder vor der beabsichtigten Entfernung der Schalungen und Stützen der zuständigen Behörde vorliegen.

§ 17. Ingebrauchnahme.

Die Schornsteine dürfen erst in Gebrauch genommen werden, wenn sie genügend ausgetrocknet, vorsichtig und allmählich angewärmt und durch die zuständige Behörde abgenommen worden sind.

---

6. ME. vom 29. Jan. 1924 Nr. 4153 b 1 über Turmkamine.

(StAnz. Nr. 25), geändert durch

M. E. vom 7. II. 29 Nr. 3754 a 1 (StAnz. Nr. 35).

An die Bezirksverwaltungsbehörden.

Im Frühjahr 1922 hat die Versicherungskammer, Abt. für Brandversicherung, ein Merkblatt über die Kehrfristen an die Bezirksverwaltungsbehörden hinausgegeben. In § 7 dieses Merkblattes ist vorgesehen, daß Dampfkessel und sogen. Turmkamine jährlich wenigstens einmal durch den Kaminkehrer untersucht und nach Bedarf gereinigt werden müssen und daß solche Kamine von dieser Bestimmung befreit werden können, wenn eine amtliche Untersuchung durch Sachverständige und längere Beobachtung ergaben, daß der Rußansatz infolge rauchschwacher Feuerung oder infolge Selbstreinigung des Kamins auf ein geringes Maß beschränkt wird.

Soweit die Bezirksverwaltungsbehörden ihre Kehrordnungen entsprechend diesem Merkblatt aufgestellt haben, haben sie auch den Sachverständigen zu bestellen. Sie sind in der Auswahl des Sachverständigen nur durch ihr pflichtgemäßes Ermessen beschränkt. Außer dem Bezirksbaumeister kommt als Sachverständiger auch der Bayerische Revisionsverein oder ein Kaminkehrermeister in Betracht, der die heiztechnische Prüfung mit Erfolg bestanden hat oder nachweisen kann, daß er sich technisch weiterbildet; der Nachweis kann u. a. durch den regelmäßigen Besuch der technischen Vereinigungen geführt werden.

Die ME. vom 4. Dez. 1924 Nr. 37 b 6 (StAnz. Nr. 283) wird aufgehoben.

---

7. Entschl. d. Staatsmin. d. Inn. vom 2. 5. 28. Nr. 3650 a 7 betr. baupolizeiliche Zulassung von Gewächshaus-Typen des Reichsverbands des Deutschen Gartenbaues.

(StAnz. Nr. 103.)

An die Regierungen, K. d. J., die Bezirksverwaltungsbeh. und Landbauämter.

Der Reichsverband des Deutschen Gartenbaues e. V. (Berlin-NW 40, Kronprinzenufer 27) hat, um dem Frühgemüsebau und der Blumenzucht eine größere Ausdehnung zu geben, Typenentwürfe für Treibhausanlagen ausgearbeitet, die dazu dienen sollen, die Anschaffungs- und Unterhaltungskosten der Treibanlagen möglichst herabzusetzen. Nach Prüfung der vorgelegten Zeichnungen, statischen Berechnungen und Baubeschreibungen für Type 1 (Gurkenhaus mit fester Verglasung), Type 2 (Tomatenhaus mit aufgelegten Fenstern) und Type 3 (Tomatenhaus mit fester Verglasung) besteht gegen deren baupolizeiliche Zulassung unter Abweichung von den Grundsätzen der oberpolizeilichen Vorschriften v. 25. 3. 1918 über die Aufstellung und Prüfung von Tragfähigkeitsnachweisen bei Bauwerken (GVBl. S. 251) keine Erinnerung, wenn folgende Bedingungen erfüllt werden:

1. die Glashäuser dürfen in der Regel von anderen Personen als jenen, die dort beruflich zu tun haben, nicht betreten werden;

2. die Glasdächer sind unter allen Umständen stets schneefrei zu halten;

3. der den Typen zugrunde gelegte Winddruck von 50 kg/qm gilt nur für Gegenden mit normalen Windverhältnissen und ist daher, wenn es die örtlichen Verhältnisse gebieten (z. B. im Gebirge in wenig geschützten Lagen oder auch etwa in Teilen der oberbayerischen Hochebene) entsprechend zu erhöhen; in Zweifelsfällen ist die Landeswetterwarte zu hören.

4. Sollen Gewächshäuser mit einer Länge von mehr als 50 m erbaut werden, so ist noch ein besonderer Verband zur Erzielung der Längsfestigkeit vorzusehen und nachzuweisen.

5. Vor Errichtung der Gewächshäuser ist festzustellen, ob der Baugrund die nach den statischen Berechnungen vorgesehenen Belastungen (bei Typ 1: 2,7 kg/qcm, bei Typ 2: 1,3 kg/qcm, bei Typ 3: 0,5 kg/qcm) verträgt. Verneinendenfalls sind die Fundamente entsprechend der geringeren Tragfähigkeit des Bodens zu verstärken; ihre Standfestigkeit ist dann besonders nachzuweisen.

6. Der Betonsockel ist stets auf Frosttiefe, also mindestens auf 1 m unter der Erdoberkante zu gründen.

7. Wegen der in Gewächshäusern vorhandenen erhöhten Rostgefahr sind bei Typ 3 die vorgesehenen Gasrohre von 48 mm äußerem Durchmesser mit fettem Zementmörtel sorgfältig auszugießen, um inneren Anrostungen zu begegnen. Hierbei wird es sich der besseren Auswechselbarkeit wegen empfehlen, die Rohre nicht unmittelbar in den Betonsockel einzubetonieren, sondern auf einen ausreichend bemessenen Rundeisendorn von 40 mm Durchmesser aufzusetzen (Einbindlänge in Beton und Rohr je 35 cm).

8. Wegen der gesteigerten Rost- bzw. Fäulnisgefahr ist in sämtlichen Gewächshäusern der Anstrich aller Eisen- und Holzteile dauernd sorgsam zu unterhalten, weil nur dann die Standfestigkeit der Häuser gewährleistet ist.

9. Vor Genehmigung von Großanlagen ist aus Gründen des Heimatschutzes ein Gutachten des zuständigen Landbauamts zu erholen.

10. Die übereinstimmung der im Einzelfalle vorgelegeten Baupläne mit den Typenplänen ist von der Baupolizeibehörde jeweils genau zu prüfen.

---

8. Entschl. d. Staatsm. d. Inn. v. 11. 10. 29 Nr. 3649 f 14 über Fragen der Baupolizei, hier Prüfung der Baustoffe.

An die Regierungen, K. d. J., die Bezirkspolizeibehörden, die Landbauämter und die Univ.-Bauämter.

Nach Mitteilung der Staatsministerien des Innern von Württemberg, Baden und Hessen kommen für diese Länder folgende Materialprüfungsämter in Betracht:

1. Württemberg:

Materialprüfungsanstalt der technischen Hochschule Stuttgart, befaßt sich mit der Prüfung von Baustoffen und einzelnen Konstruktionsteilen auf ihre Zug-, Druck- und Knickfestigkeit, Dauerhaftigkeit und Feuerbeständigkeit;

2. Baden:

a) die chemisch-technische Prüfungs- und Versuchsanstalt an der Technischen Hochschule in Karlsruhe (für chemisch-technische Untersuchungen),

b) die bautechnische Versuchsanstalt für Beton und Eisenbeton an der Technischen Hochschule in Karlsruhe,

c) die Versuchsanstalt für Holz, Steine und Eisen an der Technischen Hochschule in Karlsruhe,

d) die Untersuchungsanstalt für bituminöse Baustoffe an der Technischen Hochschule in Karlsruhe,

e) das städtische Untersuchungsamt Mannheim (für technische Untersuchungen);

3. Hessen:

die staatliche Materialprüfungsanstalt an der technischen Hochschule in Darmstadt, befaßt sich mit der Prüfung und Begutachtung aller Werkstoffe wie Stahl, Eisen, Nichteisenmetalle, Beton, natürliche und künstliche Steine, Holz, Öle, Farben usw.

Gutachten dieser Anstalten über Materialprüfungen sind auch in Bayern ohne weiteres anzuerkennen.

Ferner sind, um eine möglichst weitgehende Gleichmäßigkeit in der Sachbehandlung herbeizuführen, Baustoffe, für die eine Zulassung der oben erwähnten Min. nachgewiesen wird, im Rahmen dieser Zulassung bis auf weiteres auch in Bayern nach den Bestimmungen in §§ 17 Abs. I und 13 Abs. I der beiden Bauordnungen nicht zu beanstanden.

VIII. Teil.

Wohnungsaufsicht.

1. Verordnung über die Wohnungsaufsicht.

Vom 10. Februar 1901 (GVBl. S. 73).

Wir finden Uns bewogen, auf Grund des Art. 73 Abs. II und III des Polizeistrafgesetzbuches für das Königreich Bayern vom 26. Dezember 1871 in der Fassung des § 2 des Gesetzes vom 22. Juni 1900 — Gesetz- und Verordnungsblatt 1900 S. 484 — zu verordnen wie folgt:

Bestellung der Wohnungsaufsicht.

§ 1.

I In allen Gemeinden des Königreichs ist eine polizeiliche Beaufsichtigung der Wohnungen und Wohnungsräume einzuführen.

II Die Wohnungsaufsicht hat im allgemeinen den Zweck, dem Wohnungswesen fortgesetzt sorgsames Augenmerk zuzuwenden, auf Verbesserung der Wohnungsverhältnisse, namentlich der Minderbemittelten, hinzuwirken, Mißstände zu beseitigen und hienach das Geeignete vorzukehren.

Zuständigkeit.

§ 2.

Die Handhabung der Wohnungsaufsicht obliegt den Ortspolizeibehörden, in München dem Stadtmagistrate bzw. der kgl. Polizeidirektion und der Lokalbaukommission auf Grund der bestehenden Zuständigkeitsbestimmungen.

Wohnungskommissionen.

§ 3.

I Nach Maßgabe des Bedürfnisses sind in größeren Städten, dann in sonstigen Orten mit dichter Bevölkerung eigene Wohnungskommissionen zu bestellen.

II Die Zahl der Mitglieder der Wohnungskommission wird durch Beschluß der Gemeindeverwaltung (Magistrat, Gemeindeausschuß, Gemeinderat) bestimmt. Durch dieselbe erfolgt auch die Wahl der Mitglieder und zwar auf die Dauer der Wahlperiode, in magistratischen Gemeinden auf je 6 Jahre. Es wird hiebei auch auf eine Vertretung des ärztlichen Standes Rücksicht zu nehmen sein.

III Die Tätigkeit der Mitglieder der Wohnungskommission ist eine ehrenamtliche, wobei jedoch nicht ausgeschlossen ist, daß für besondere Mühewaltung einzelner Mitglieder von der Gemeindevertretung eine Vergütung bestimmt und gewährt wird. Die Mitglieder sind auf gewissenhafte unparteiische Geschäftsführung und Wahrung der Amtsverschwiegenheit handgelübdlich zu verpflichten. Durch die Gemeindeverwaltung ist eine Geschäftsordnung zu erlassen.

Wohnungsinspektoren.

§ 4.

I Im Bedürfnisfalle sind der Wohnungskommission eigene durch die Gemeinde aufzustellende Wohnungsinspektoren als Hilfsorgane beizugeben.

II Je nach den örtlichen Verhältnissen kann der Dienst eines Wohnungsinspektors einem Gemeindebediensteten neben anderen Verrichtungen übertragen werden.

III Die Aufgabe der Wohnungsinspektoren ist durch eine Dienstanweisung zu regeln, welche von der Ortspolizeibehörde nach Einvernahme der Wohnungskommission zu erlassen ist.

Wohnungserhebung (Enquete).

§ 5.

Insoferne es zur Gewinnung eines Überblicks über die Wohnungsverhältnisse geboten erscheint, sind durch die Gemeinde unter Mitwirkung der zur Wohnungsaufsicht berufenen Organe Wohnungserhebungen zu veranstalten. Das Ergebnis dieser Erhebungen bildet die Grundlage für die zur Beseitigung von Mißständen weiter veranlaßten Anordnungen.

Umfang der Wohnungsaufsicht.

§ 6.

I Alle Gebäude und Gebäudeteile, welche zum Aufenthalte für Menschen als Wohn-, Schlaf- oder Arbeitsräume dienen, sowie die dazu gehörigen Küchen, Aborte, Zugänge, Keller oder sonstigen Räume unterliegen der polizeilichen Wohnungsaufsicht.

II Die den Gewerbeaufsichtsorganen obliegende Kontrolle der Arbeitsräume wird hierdurch nicht berührt.

Ausübung der Wohnungsaufsicht im allgemeinen.

§ 7.

I Den mit Ausübung der Wohnungsaufsicht betrauten Organen ist der Zutritt in die der Aufsicht unterstehenden Räume zu gestatten.

II Die Aufsichtsbeamten haben sich beim Betreten fremder Wohnungen anzumelden, sich unaufgefordert über ihre Person und ihren Dienst zu legitimieren und die Wohnungsbesichtigung zu einer Zeit und in einer Weise vorzunehmen, daß hiedurch eine Belästigung der Beteiligten tunlichst ferngehalten wird.

Abstellung von Mißständen.

§ 8.

I Werden bei Ausübung der Wohnungsaufsicht Mißstände wahrgenommen, so ist deren Abstellung zunächst im Wege der Belehrung und Mahnung zu versuchen.

II Ist die Beseitigung beanstandeter Mißstände auf diese Weise nicht zu erreichen, so haben da, wo besondere Organe mit Ausübung der Wohnungsaufsicht betraut sind, diese an die Ortspolizeibehörde Anzeige zu erstatten.

III Die Ortspolizeibehörde hat hinsichtlich der zu ihrer Kenntnis gelangenden Mißstände, soweit dieselben auf vorstehende Weise nicht beseitigt werden können, nach Maßgabe der gesetzlichen Bestimmungen und der vorliegenden besonderen Verhältnisse weitere Verfügung zu treffen.

IV Müssen althergebrachte Verhältnisse und Zustände aus gesundheitlichen Rücksichten beanstandet werden, so ist deren allmähliche Beseitigung unter Vorsteckung einer entsprechenden Frist ins Auge zu fassen.

Beziehen von Neubauten.

§ 9.

I Neuhergestellte Wohnungen und Wohnungsräume dürfen ohne polizeiliche Genehmigung nicht bezogen werden.[1])

II Diese Genehmigung ist schriftlich zu erteilen und darf erst erfolgen, wenn die betreffenden Wohnungen oder Wohnungsräume vollständig fertiggestellt und genügend ausgetrocknet sind.

III Zuständig zur Erteilung der Genehmigung ist die Ortspolizeibehörde, im München die Lokalbaukommission.

Luft und Licht für Wohnräume.

§ 10.

I Alle Räume, welche als Wohn-, Schlaf- oder Arbeitsräume benützt werden, sollen hinreichend Luft und Licht und zwar in der Regel unmittelbar aus dem Freien erhalten.

II Ausnahmen können von der Ortspolizeibehörde bei solchen Gebäuden gestattet werden, welche vor Erlaß dieser Vorschriften entstanden sind. Hiebei darf jedoch den etwa früher erlassenen bau- oder gewerbepolizeilichen Anordnungen kein Eintrag geschehen.

Beschaffenheit der zum Aufenthalte für Menschen bestimmten Räume.

§ 11.

Alle zum Aufenthalt für Menschen dienenden Räume sollen in bezug auf baulichen Zustand, Trockenheit und Reinlichkeit derart beschaffen sein, daß aus ihrer Benützung gesundheitliche Gefahren nicht entstehen.

---

[1]) S. Anm. 1 zu § 17 Abs. II.

Belegung der Schlafräume.

§ 12.

Schlafräume sollen für die hierin untergebrachten Personen einen genügenden Luftraum enthalten und dürfen nicht in einer Weise belegt werden, welche den Anforderungen der Sittlichkeit zuwiderläuft. In einzelnen Orten ist veranlaßtenfalls das Mindestmaß des Luftraumes durch ortspolizeiliche Regelung festzusetzen.

Heizvorrichtungen und Feuerungen.

§ 13.

Die Heizvorrichtungen und Feuerungen müssen so beschaffen sein, daß durch ihren Gebrauch die Gesundheit nicht gefährdet wird.

Aborte.

§ 14.

Die Abortanlagen müssen, unbeschadet der auf Grund des Artikel 73 Absatz I des Polizei-Strafgesetzbuches erlassenen Bestimmungen, so eingerichtet sein, daß ihre Benützung ohne Verletzung von Sitte und Anstand erfolgen kann.

Schlafgängerwesen.

§ 15.

I Jedem Schlafgänger ist eine eigene Lagerstätte zur Verfügung zu stellen.

II Bei der Unterbringung von Schlafgängern ist die Trennung nach dem Geschlechte durchzuführen; auch für die Zugänge zu den Schlafstellen haben die Rücksichten der Sittlichkeit Beachtung zu finden.

III Die an Schlafgängerinnen vergebenen Räume müssen von innen verschließbar, jedenfalls aber mit einem Riegel versehen sein.

IV Die als Schlafstellen benützten Räume dürfen in bezug auf die Möglichkeit einer Rettung bei Feuersgefahr keinem Bedenken unterliegen.

Ober- und ortspolizeiliche Vorschriften.

§ 16.

I Die nähere Regelung der in den §§ 10—15 einschließlich behandelten Verhältnisse wie auch der Erlaß weiterer einschlägiger Anordnungen, so namentlich hinsichtlich der Unterbringung des gewerblichen und häuslichen Dienstpersonals, hat, soweit veranlaßt, im Wege ober- und ortspolizeilicher Vorschriften zu erfolgen.

II Auf dem Lande, dann in Märkten und Städten mit ländlichen Verhältnissen können bei Handhabung der Bestimmungen in §§ 10—13 Erleichterungen insoweit gewährt werden, als einerseits die Durchführung einzelner Bestimmungen unverhältnismäßige Schwierigkeiten mit sich bringen würde und andererseits gesundheitliche und sittliche Gefahren nicht zu befürchten sind.

Staatsaufsicht.

§ 17.

I Die den Gemeinden vorgesetzten Aufsichtsbehörden haben unter Mitwirkung des Amtsarztes darüber zu wachen, daß den Bestimmungen über die Handhabung der Wohnungsaufsicht überhaupt sowie insbesondere über die Aufstellung von Wohnungskommissionen und Wohnungsinspektoren sowie über die Veranstaltung von Wohnungserhebungen entsprechend Rechnung getragen wird, und haben nötigenfalls im Aufsichtswege das Geeignete anzuordnen.

II In Hof-, Staats-, Kultus- und Stiftungsgebäuden wird die Wohnungsaufsicht nach Maßgabe der Bestimmungen gegenwärtiger Verordnung durch die zur Überwachung dieser Gebäude zuständigen Organe ausgeübt [1].)

§ 18.

Durch gegenwärtige Verordnung bleiben die einschlägigen Vorschriften des bürgerlichen Rechts, welche bestimmte Anforderungen an Wohn-, Schlaf- oder Arbeitsräume stellen, unberührt.

---

2. ME. vom 23. 5. 28 Nr. 1591 a 1 über die Durchführung der Wohnungsaufsicht.

(MABl. S. 65.)

An die Regg., K. d. J., die Bezirksämter und die Gemeindebehörden.

Die Durchführung der Verordnung über die Wohnungsaufsicht vom 10. 2. 1901 (GVBl. S. 73) hat in den Nachkriegsjahren not-

---

[1]) „Die im Bereich der früheren bayerischen Verkehrsverwaltung seinerzeit neu hergestellten Wohnungen waren der Wohnungsaufsicht der Ortspolizeibehörden nicht unterworfen, vielmehr wurde die Wohnungsaufsicht im Bereich der früheren bayerischen Verkehrsverwaltung von deren Organen, soweit ihnen die Gebäudeüberwachung dabei zustand, ausgeübt.

Insoweit durch den Übergang der bayerischen Verkehrsanstalten an das Reich die Reichsbahnverwaltung an deren Stelle trat, darf bis auf weiteres angenommen werden, daß die Sonderstellung nach § 17 Abs. II der Verordnung vom 10. Februar 1901 ebenfalls unter die in § 12 des Staatsvertrages vom 31. März 1920 (RGBl. S. 774) aufgezählten Befugnisse fällt. Hinsichtlich der Folgerungen, die aus der späteren Umwandlung der deutschen Reichsbahn in eine Gesellschaft gezogen werden müssen, wird dem Standpunkt der Entschließung des Staatsministeriums des Innern vom 7. Februar 1927 Nr. 3650 a/a 1 beigetreten.

Sonach sind auch hinsichtlich der Handhabung der Wohnungsaufsicht die den ehemals bayerischen Staatsbahnstellen eingeräumten öffentlich-rechtlichen Befugnisse auf die Reichsbahngesellschaft übergegangen." (ME. v. 3. März 1927 Nr. 1850 b 12.)

gedrungenermaßen hinter den anderen Notwendigkeiten des Wohnungswesens zurücktreten müssen. Dies hat im Laufe der Zeit zu immer größeren Mißständen geführt. Es ist dringend geboten, daß sich die Gemeinden wieder jenen Pflichtaufgaben ernstlich zuwenden. Die Möglichkeit dazu bietet ihnen die Geschäftsentlastung, die sie durch die Lockerung der Wohnungszwangswirtschaft erfahren.

Hienach werden die Gemeindeaufsichtsbehörden angewiesen, bei den unterstellten Gemeinden auf die alsbaldige Wiederaufnahme der Wohnungsaufsicht hinzuwirken.

Dabei kommen außer der eingangs erwähnten Verordnung selbst in Betracht:

1. Die Entschließungen des Staatsministeriums des Innern
   a) vom 12. 4. 1901 Nr. 8672 (abgedruckt in der Zeitschrift für Wohnungswesen in Bayern, Jahrgang I Nr. 1),
   b) vom 12. 9. 1907 Nr. 20852 (ebenda Jahrgang V Nr. 6),
   c) vom 9. 6. 1913 Nr. 3905 e 2 (MABl. S. 568),
   d) vom 18. 1. 1917 Nr. 3902 a 3 (MABl. S. 5).
2. die auf Grund der VO. ergangenen Oberpolizeilichen Vorschriften der Regierungen, K. d. J.
3. die von einzelnen Regierungen, K. d. J. (nämlich der Pfalz, von Oberfranken, Mittelfranken, sowie Unterfranken und Aschaffenburg) erlassenen Dienstanweisungen für die Wohnungskommissionen, Wohnungsinspektoren und Ortspolizeibehörden.

Außerdem wird ausdrücklich darauf aufmerksam gemacht, daß nunmehr auch die Darlehen zur Instandsetzung von Wohngebäuden, sowie die Zusatzdarlehen aus dem Landeswohnungsfürsorgefonds, zur Errichtung von Einfamilienhäusern für minderbemittelte, kinderreiche Familien in Städten mit besonders großer Wohnungsnot und in Notstandsbezirken für die Zwecke der Wohnungsaufsicht nutzbar gemacht werden können.

Bis zum 1. Oktober 1928 haben die Regierungen, K. d. J., und die Bezirksämter, letztere durch Vermittlung der vorgesetzten Regierung, über den Stand der Wohnungsaufsicht in den unmittelbaren Städten und Bezirken eingehend zu berichten.

IX. Teil.

Bauarbeiterschutz und Unfallverhütung.

1. Oberpolizeiliche Vorschriften zum Schutze der bei Bauten beschäftigten Personen.

Vom 21. August 1909 (GVBl. S. 655).

Auf Grund des Art. 101 Abs. I und II des Polizeistrafgesetzbuches für das Königreich Bayern (GVBl. 1900 S. 484), dann des § 120e Abs. II der Reichsgewerbeordnung, erlassen die K. Staatsministerien des Königlichen Hauses und des Äußern, dann des Innern die nachstehenden Oberpolizeilichen Vorschriften.

Materialien, Geräte und Maschinen.

§ 1.

Alle bei der Herstellung von Gerüsten und anderen provisorischen Bauvorrichtungen zur Verwendung kommenden Materialien, Geräte und Maschinen müssen sich stets in gutem, vollkommen gebrauchsfähigen Zustande befinden.

Allgemeine Bestimmungen für Gerüste.

§ 2.

I Alle Gerüste, sowohl die stehenden wie die hängenden und die auf sogenannten Auslegern aufgeführten, müssen den fachmännischen Grundsätzen und dem jeweiligen Zweck entsprechend in genügender Festigkeit hergestellt und unterhalten werden.

II Ungleichmäßige und übermäßige Belastung der Gerüste ist verboten.

III Eigenmächtige Änderungen an den Gerüsten, insbesondere das Herausnehmen von Klammern und Hölzern, das Entfernen von Schutzbrettern und Dielen, sind den Arbeitern zu verbieten.

IV Zu Arbeiten auf Gerüsten dürfen Personen, die als Epileptiker oder als mit Schwindel behaftet bekannt sind, ferner Taubstumme nicht verwendet werden.

Gerüstständer.

§ 3.

I Die Gerüstständer müssen in der Erde entsprechend tief eingegraben oder auf Holzunterlagen (Schwellen) sicher und unverrückbar befestigt werden.

Schutz gegen Verschiebungen der Gerüste.

§ 4.

I Die Gerüste sind mit den nötigen Streichstangen zu versehen; diese müssen entsprechend befestigt und bei stärkerer Belastung noch durch untergenagelte Knaggen, Eisenklammern, Steifhölzer oder ähnliche Hilfsmittel unterstützt werden.

II Zur Verhütung von Längen- und Seitenverschiebungen der Gerüste müssen genügend starke Verschwertungen (Diagonalverstrebungen) angebracht werden; insbesondere sind die Gerüstleitern bei verhältnismäßig weit von einander liegenden Gerüstgeschossen fest, nötigenfalls kreuzweise abzusteifen.

Gerüstbelag, Bordbretter, Brustwehren, Lauftreppen.

§ 5.

I Die zum Gerüstbelage verwendeten Bretter müssen eine ihrer Belastung entsprechende Stärke haben, dicht aneinander und so gelegt werden, daß das Aufschnappen oder Ausweichen ausgeschlossen ist. Die Gerüst-(Netz)riegel (Hebel) dürfen nicht zu weit auseinander liegen, müssen entsprechend aufgelagert und genügend stark sein.

II Gerüstgeschosse, auf denen gearbeitet wird, oder die von Arbeitern begangen werden müssen, sind mit Bretterbelag und da, wo sie von den Wänden abstehen, innen und außen mit gehörig befestigten Brustwehren und Bordbrettern zu versehen. Ebenso ist das Gerüstgeschoß, über dem gearbeitet wird, dicht abzudecken und mit Bordbrettern zu umgeben. Die Bordbretter müssen an den Bretterbelag dicht anschließen.

III Leiter- und Stangengerüste für Maler- und Stukkaturarbeiten, sowie Gerüste, die nur zum Zweck des Abscharrierens von Sandsteinfassaden errichtet sind, bedürfen in den einzelnen Geschossen auf der Innenseite keiner Bordbretter und Brustwehren, wenn der Bretterbelag nicht mehr als 30 cm von der Mauer absteht und wenn außerdem in der Höhe des untersten Geschosses eine breite Schutzvorrichtung das Herabfallen von Gegenständen auf den Erdboden verhindert.

IV Lauftreppen sind mit einem festen Geländer und mit Bordbrettern zu versehen und in einer solchen Breite anzulegen, daß sie das Ausweichen zweier Personen gestatten.

V Aus den Gerüstbrettern, Gerüstlatten und sonstigen zur Verwendung gelangenden Holzteilen müssen vorstehende Nägel entfernt werden.

Patentgerüste.

§ 6.

An allen Patentgerüsten ist eine gut begehbare Steigleiter anzubringen. Der Gerüstbelag muß mindestens 50 cm breit sein.

Hängegerüste.

§ 7.

Die Verwendung von Hängekörben und Hängeflößen ist nur mit besonderer baupolizeilicher Genehmigung und nur für solche Reparaturen zulässig, zu deren Ausführung ein größerer Materialaufwand nicht notwendig ist. Diese Gerüste müssen gegen Absturz genügend versichert und vor der Verwendung auf ihre Tragfähigkeit geprüft werden.

Besondere Schutzgerüste.

§ 8.

I Bei allen Arbeiten, bei denen eine erhebliche Gefahr des Absturzes von Personen oder des Herunterfallens von Bauteilen und Werkzeugen besteht, sind besondere Schutzgerüste anzubringen.

II Sind diese Schutzgerüste lediglich zum Schutze der unterhalb arbeitenden Personen, nicht auch für den Verkehr von Personen bestimmt, so sollen sie so hergestellt werden, daß sie nicht ohne weiteres betreten werden können.[1])

Schutzmaßnahmen bei Dacharbeiten.

§ 9.

I Bei Neubauten ist Sorge zu tragen, daß zur Sicherheit der Dacharbeiter das vorhandene Gerüst des Rohbaues solange stehen bleibt, bis die Eindeckung des Daches und alle anderen Arbeiten am Dache vollendet sind.

II Beim Neubau von drei- und mehrgeschossigen Gebäuden mit harter Dachung sind Schneefanggitter und bei Dächern, deren Neigung mehr als 30° beträgt, auch Dachhaken in genügender Zahl und in solcher Beschaffenheit anzubringen, daß sie die mit Ausbesserungsarbeiten beschäftigten Arbeiter zu tragen vermögen. Bei Turmdächern, an denen Schneefanggitter nicht angebracht werden können, sind mindestens genügend starke Dachhaken vorzusehen.

III Bei Reparaturen ist zur Sicherung der Dacharbeiten am Fuße des Daches eine Vorrichtung anzubringen, die das Abrutschen von Menschen und Material zu verhindern imstande ist.

IV Zur Ausführung von Arbeiten an steilen Dächern und an anderen gefährlichen Gebäudestellen sind, sofern hiezu nicht genügend sichere Schutzgerüste hergestellt werden können, Sicherheitsgürtel und starke Leinen bereitzustellen. Die Arbeiter sind zum Gebrauche derselben anzuhalten.

---

[1]) Im Hinblick auf den Zweck der Anordnung — Schutz der bei Bauten beschäftigten Personen gegen Gefahren an Leib und Leben — muß angenommen werden, daß § 8 Abs. II nicht eine sogenannte Sollvorschrift, sondern eine zwingende Mußvorschrift enthält, wie die anderen dem gleichen Zwecke dienenden, ausdrücklich als Mußvorschrift sich gebenden Anordnungen in §§ 1—7, 9, 1 usw. Urt. ObstLG. vom 2. Juni 1910 MABl. S. 620.

V Das Eindecken und Anstreichen von Glasdächern darf nur dann vorgenommen werden, wenn unter denselben in entsprechender Höhe ein mit Brettern abgedecktes Gerüst angebracht ist.

Überhandmauern.

§ 10.

I Das Überhandmauern nach außen ist gestattet, wenn ein tragfähiges, die Arbeiter gegen Absturz sicherndes Schutzgerüst auf der Außenseite vorhanden ist.

II Ohne ein solches Schutzgerüst ist das Überhandmauern nach außen nur gestattet bei Bauten, die nur aus Erdgeschoß und Kniestock bestehen, bei Erbauung von Dampfschornsteinen und da wo es nicht möglich ist, ein Gerüst aufzustellen; in diesen Fällen ist für die Sicherung der Arbeiter anderweitig Sorge zu tragen.

Leitern.

§ 11.

I Alle bei Arbeiten an Gebäuden verwendeten Leitern müssen den Austritt entsprechend überragen und, auch wenn sie nur zu Maler-, Tüncher- oder ähnlichen Arbeiten dienen sollen, so befestigt werden, daß sie weder unten abrutschen noch oben überschlagen oder ausweichen können.

II Die Sprossen müssen in den Leitern gut befestigt sein und dürfen nicht durch aufgenagelte Holzstücke ersetzt werden.

III Der Transport von Lasten auf Leitern ist nur zulässig, wenn eine anderweitige Beförderung nicht möglich ist.

IV Leitern dürfen nicht als Laufgänge oder als Gerüstgeschosse verwendet werden.

Aufbringen des Baumaterials.

§ 12.

Während des Aufbringens (Aufziehens[1]) der Balken oder anderen Baumaterials, während des Verlegens der Tramhölzer und während des Aufstellens des Dachstuhls hat, wenn nicht genügende Vorkehrung zur Sicherung getroffen ist, jede Beschäftigung unter den Arbeitsstellen zu ruhen.

Aufzüge.

§ 13.

I Die Material-Aufzüge sind, soweit dies nach der Konstruktion möglich ist, so zu versichern, daß Unfälle ausgeschlossen werden. Insbesondere müssen sie, soweit möglich, vollständig eingeschalt und, wenn im Innern von Bauten befindlich, von Stockwerk zu Stockwerk abgebolzt werden. Die Getriebe dieser Aufzüge sind mit Doppelhaken und mit Sperrvorrichtungen zu versehen.

---

[1]) Über das Verhältnis des § 12 der Oberpol. Vorschr. zur RGewO. und zu baupolizeilichen Vorschriften s. RGSt. 56, 343.

II Bei Bauaufzügen mit Maschinenbetrieb sind außerdem folgende Vorkehrungen zu treffen:

1. Die Ein- und Auslade-Öffnungen sind gegen unbefugtes Hineintreten und gegen ein Herausfallen der Ladung entsprechend zu sichern.
2. An den Ladestellen ist eine Tafel anzubringen, welche die größte zulässige Belastung angibt und bei den zur Förderung von Personen nicht bestimmten Aufzügen die Aufschrift trägt: „Mitfahren von Personen verboten."
3. Werden die Fördergefäße zum Zwecke des Beladens und Entladens betreten, so müssen sie an den Ladestellen selbsttätig derart feststellbar sein, daß der Aufzug von einer anderen Stelle aus nicht in Bewegung gesetzt werden kann.
4. Ist der Aufzug zur Förderung von Personen bestimmt, so muß das Fördergefäß auf Mannshöhe ringsum Wände, eine Decke und eine ausreichende Fangvorrichtung besitzen und darf eine Fahrgeschwindigkeit von 1,5 m in der Sekunde nicht überschritten werden.
5. Alle Triebwerksteile, die Seile und Ketten müssen für die Gesamtförderlast fünffache Sicherheit darbieten und stets in bestem Zustand erhalten werden.
6. Die Aufzüge dürfen nur von Personen aufgestellt und bedient werden, die mit allen Vorrichtungen vollkommen vertraut sind.

Untersuchung der Gerüste und Aufzüge.

§ 14.

Alle Teile der Gerüste, das zu diesen verwendete Bindezeug, dann die Aufzugsvorrichtungen mit ihrem Tauwerk und sonstigem Zubehör müssen in entsprechenden Zwischenräumen sorgfältig untersucht werden.

Beseitigung der Gerüste und Absteifungen.

§ 15.

I Es ist Sorge zu tragen, daß bei dem Abbruch der Gerüste und bei dem Entfernen von Absteifungen Personen unter diesen nicht unnütz verweilen.

II Die zur Herstellung von Betondecken, Gewölben und Bogen angebrachten Gerüste dürfen erst dann entfernt werden, wenn die hergestellten Bauteile genügend erhärtet sind und die Aufnahme des entstehenden Seitendrucks durch genügend feste Widerlager gesichert ist.

Abbrucharbeiten.

§ 16.

I Der Abbruch von Gebäuden oder Gebäudeteilen darf nur unter sachverständiger Leitung und Aufsicht erfolgen. Hiebei sind ausreichende Vorsichtsmaßregeln zum Schutze der Personen gegen herabfallende Gegenstände zu treffen. Ein Umwerfen ganzer Wände oder sonstiger Gebäudeteile ist nur bei besonderen Verhältnissen gestattet. Sprengungen dürfen nur mit Erlaubnis der Distriktspolizeibehörde vorgenommen werden.

II Für die entsprechende Absteifung von Bauwerken, die durch den Abbruch anstoßender Bauteile ihre Stütze verlieren, ist Sorge zu tragen.

III Aus Abbruchholz vorstehende Nägel sind zu entfernen oder umzuschlagen.

IV Bauschutt ist beim Aufschütten und Aufladen zur Vermeidung des Staubes ausreichend zu begießen.

V Steinrutschen müssen während der Benützung bedeckt sein. Es ist Sorge zu tragen, daß die Steine am Ausgange der Rutsche nicht mit der Hand entfernt werden.

Baugruben und Ausschachtungen.

§ 17.

I Baugruben und Gräben müssen eine der Standfestigkeit des Materials entsprechende Böschung erhalten oder gut abgesteift werden.

II Neben vorhandenen Bauwerken ist der Aushub der Baugruben und die Herstellung der Fundamente mit besonderer Vorsicht und nur nach Vornahme der nötigen Absteifungen auszuführen. Das gleiche gilt für das Unterfangen bereits bestehender Fundamentmauern.

III Zur Herstellung und Zurückbauung von Ausschachtungen jeder Art dürfen nur fachmännisch ausgebildete Arbeiter verwendet werden.

Abschluß und Überdeckung der Öffnungen.

§ 18.

I Öffnungen in den Balken-(Träger-)lagen und Gewölbedecken, insbesondere für solche Treppen, Lichtschachte und Aufzüge, ferner Kalkgruben und andere beim Verkehr der Bauarbeiter in Betracht kommende Vertiefungen der Baustelle sind mit hinreichend festem Brustgeländer einzufriedigen oder mit Brettern fest zu überdecken.

II Alle Balken-(Träger-)lagen, auf oder über denen gearbeitet wird, müssen in genügender Breite mit Brettern abgedeckt und gegen Öffnungen durch feste Brustgeländer abgeschlossen werden.

III Öffnungen, unter denen ein Personenverkehr stattfindet, sind mit entsprechend hohen Bordbrettern zu versehen, um das Herabfallen von Gegenständen zu verhindern.

IV Tür- und Fensteröffnungen, die zu nicht gedeckten Räumen oder ins Freie führen und für den Personenverkehr Gefahr bieten, sind entsprechend abzuschließen.

Sandstreuen.

§ 19.

Bei Glatteis und bei Frostwetter müssen die Gerüstbretter, Treppen und Laufbahnen ausreichend mit Sand bestreut werden.

Das gleiche muß an den oberen Mauerflächen beim Aufbringen von Balkenlagen, Eisenschienen und dergleichen geschehen.

Abschluß nicht genügend erleuchteter Baustellen.

§ 20.

Nach Eintritt der Dunkelheit ist den Arbeitern das Betreten nicht genügend erleuchteter Rohbauten und das Verweilen in diesen zu untersagen. Auch ist der Zutritt soweit tunlich durch Abschließen der Zugänge zu verhindern.

Vorsichtsmaßregeln beim Einsteigen in Schachte.

§ 21.

I Vor dem Einfahren oder Einsteigen in Brunnenschachte, Abortgruben und Kanäle ist festzustellen, ob dort keine das Leben oder die Gesundheit gefährdende Gase vorhanden sind; sind solche vorhanden, ist für deren Beseitigung zu sorgen.

II Der zuerst einsteigende Arbeiter ist anzuseilen.

Abhaltung von Zugluft.

§ 22.

Die im Innern von Gebäuden, insbesondere von Neubauten, beschäftigten Bauarbeiter sind, soweit es nach Art der Arbeit veranlaßt ist, während der kalten Jahreszeit durch Fenster, Türen oder andere entsprechende Vorrichtungen gegen Luftzug und sonstige schädliche Witterungseinflüsse zu schützen.

Koks- und Kohlenfeuer.

§ 23.

Offene Koks- und Kohlenfeuer dürfen zum Austrocknen und Erwärmen der Räume nicht verwendet werden.

Unterkunftsräume.

§ 24.

I Bei allen Bauten, bei denen mehr als zehn Arbeiter gleichzeitig beschäftigt werden, sollen zur Benützung während der Arbeitspausen entsprechend große, gegen die Unbilden der Witterung allseitig geschützte, genügend belichtete, lüftbare und bei kalter Witterung geheizte Unterkunftsräume mit Holzfußböden und ausreichender Sitzgelegenheit zur Verfügung gestellt werden.

II Die Unterkunftsräume sind entsprechend rein zu halten und dürfen nicht als Lager- oder Aufbewahrungsräume für Baumaterialien benützt werden.

III In den Unterkunftsräumen ist an geeigneter, jedem Arbeiter zugänglicher Stelle unter Verschluß des Paliers oder seines Stellvertreters ein Verbandkasten anzubringen. In diesem ist Verbandzeug in hinreichender Menge und gebrauchsfähigem Zustande bereit zu halten und reinlich aufzubewahren.

IV Bei Bauten der im Abs. I bezeichneten Art kann die Baupolizeibehörde erforderlichen Falles die Bereitstellung von Speisewärme-Einrichtungen für die Arbeiter fordern.

Trinkgelegenheit.

§ 25.

I Auf jeder Baustelle ist zum Genusse geeignetes Wasser nebst den erforderlichen Trinkgefäßen bereit zu stellen.

II Die Verabreichung von Bier oder anderen geistigen Getränken auf der Baustelle während der Arbeitszeit ist zu untersagen.

III Betrunkenen Arbeitern ist das Betreten der Baustelle oder das Fortsetzen der Arbeit auf der Baustelle nicht zu gestatten.

Aborte.

§ 26.

I Bei allen Bauten sind den Arbeitern geeignete, für die Geschlechter getrennte, genügend erhellte, lüftbare, reinlich gehaltene und nach Bedarf desinfizierte Aborte in ausreichender Anzahl zur Verfügung zu stellen.

II Die Verunreinigung der Bauten ist verboten.

Verantwortlichkeit.

§ 27.

Verantwortlich für den Vollzug dieser Vorschriften sind zunächst der mit der Bauleitung betraute Baumeister oder Bauhandwerker, der nach den Vorschriften der Bauordnung die verantwortliche Bauleitung übernommen hat, neben diesem diejenigen auf dem Bau beschäftigten Aufsichtspersonen, denen die Überwachung der Bauausführung von dem Bauleiter besonders übertragen ist, außerdem innerhalb ihres Geschäftskreises jene Unternehmer von Nebenbetrieben, die in selbständiger Weise zur Ausführung der Bauten beitragen, und die von diesen mit der Überwachung besonders betrauten Aufsichtspersonen.

Bekanntgabe der Vorschriften.

§ 28.

Gegenwärtige Vorschriften müssen auf jeder Baustelle, wo mehr als 10 Arbeiter gleichzeitig beschäftigt werden an einem leicht zugänglichen Orte in Plakatform sichtbar angebracht werden.

Ausnahmen.

§ 29.

Die Baupolizeibehörde kann bei dem Vorhandensein besonderer Verhältnisse, namentlich bei einfacheren Bauten auf dem Lande, von einzelnen Bestimmungen der vorstehenden Vorschriften Ausnahmen zulassen, soweit nicht öffentliche Interessen entgegenstehen. Die Ausfertigung der Zulassung ist auf der Baustelle aufzulegen.

Ortspolizeiliche Vorschriften.

§ 30.

Die Erlassung weitergehender ortspolizeilicher Vorschriften nach Maßgabe des bestehenden Bedürfnisses bleibt vorbehalten.

Aufhebung der älteren Vorschriften.

§ 31.

Die oberpolizeilichen Vorschriften zum Schutze der bei Bauten beschäftigten Personen vom 24. Juli 1904 (GVBl. S. 257) werden aufgehoben.

---

2. Oberpolizeiliche Vorschriften zum Schutze der bei Tiefbauten beschäftigten Personen.

Vom 4. September 1905 (GVBl. S. 567).

Auf Grund des Art. 101 des Polizeistrafgesetzbuches für das Königreich Bayern vom 26. Dezember 1871 in der durch das Gesetz vom 22. Juni 1900 (Gesetz- und Verordnungsblatt S. 484) geänderten Fassung, dann des § 120 e Abs. II der Reichsgewerbeordnung erlassen die K. Staatsministerien des Königlichen Hauses und des Äußern und des Innern die nachstehenden oberpolizeilichen Vorschriften.

I. Allgemeine Vorschriften.

Ausführung der Bauarbeiten im allgemeinen.

§ 1.

Sämtliche Arbeiten bei Tiefbauten, insbesondere an Gerüsten und anderen provisorischen Bauvorrichtungen, müssen den Rücksichten auf Leben und Gesundheit der Arbeiter entsprechend fest und sicher ausgeführt und durch hiezu befähigte Personen geleitet und beaufsichtigt werden.

Materialien, Geräte, Maschinen. Regelmäßige Untersuchung.

§ 2.

Die bei dem Baubetriebe sowie bei den provisorischen Bauanlagen zur Verwendung kommenden Materialien, Geräte und Maschinen müssen sich stets in gutem, vollkommen gebrauchsfähigem und zweckentsprechendem Zustande befinden und in angemessenen Zwischenräumen sorgfältig untersucht werden.

Arbeiten von besonderer Art und Gefahr.

§ 3.

Bei Arbeiten, welche besondere Kenntnisse erfordern oder mit besonderer Gefahr verbunden sind, insbesondere bei der Aufstellung und Abtragung von Rüstungen jeder Art, bei Brems- und Seilbahnbetrieb, bei maschinellen Anlagen, beim Schiffahrtsbetrieb, bei Abbruch und Sprengarbeiten dürfen nur fachkundige, geübte und zuverlässige Personen verwendet werden.

Gebrechliche Personen.

§ 4.

Personen, von denen dem Arbeitgeber bekannt ist, daß sie an körperlichen Gebrechen leiden, dürfen nur bei Arbeiten beschäftigt werden, welche sie ohne Gefahr für sich und andere ausüben können.

Die Zugänge zur Arbeitsstätte.

§ 5.

I Durch Anlage sicherer Zugänge und durch geeignete Vorkehrungen (Treppen, Leitern, Stege usw.) ist dafür zu sorgen, daß die Arbeiter die ihnen auf den Baustellen zugewiesenen Arbeitsplätze ohne Gefahr erreichen und verlassen können.

II Bei Dunkelheit sind während des Betriebes die Arbeitsstellen und deren Zugänge ausreichend zu beleuchten.

III Das Betreten der Baustelle nach Schluß der Arbeit ist zu untersagen und soweit tunlich durch Abschließen der Zugänge zu verhindern.

Abschluß der Öffnungen.

§ 6.

Alle beim Verkehr der Arbeiter in Betracht kommenden Vertiefungen der Baustelle, wie Luken, Fundamentgruben, Schachtlöcher, Kalkgruben, sind sicher einzufriedigen oder sicher zu überdecken.

Rettungsvorkehrungen.

§ 7.

I Zur Ausführung von Arbeiten an besonders ausgesetzten Stellen müssen, soferne hiezu nicht genügend sichere Schutzgerüste hergestellt sind, Sicherheitsgürtel und starke Leinen vorrätig gehalten werden. Die Arbeiter sind zum Gebrauche derselben anzuhalten.

II Bei allen mit der Gefahr des Ertrinkens verbundenen Arbeiten nächst und auf dem Wasser sind Rettungsvorkehrungen (Kähne, Seile, Haken, Rettungsringe oder -Bälle und dergl.) an geeigneter Stelle bereit zu halten.

Schutzbrillen.

§ 8.

Bei Arbeiten, welche die Gefahr der Augenbeschädigung durch Steinsplitter, Funken u. dgl. mit sich bringen, sind Schutzbrillen bereit zu halten; die Arbeiter sind zum Gebrauche derselben anzuhalten.

Sandstreuen.

§ 9.

Bei Glatteis und Frostwetter müssen die Gerüstbretter, Treppen und Laufdielen sowie die dem Verkehr dienenden Wege und Stege innerhalb der Baustelle ausreichend mit Sand oder dgl. bestreut werden.

Trinkgelegenheit.

§ 10.

I Auf jeder Baustelle ist zum Genusse geeignetes Wasser nebst den erforderlichen Trinkgefäßen bereit zu stellen.

II Die Verabreichung von Bier und anderen geistigen Getränken auf der Baustelle während der Arbeitszeit ist zu untersagen.

III Betrunkenen Arbeitern ist das Betreten der Baustelle oder das Fortsetzen der Arbeit auf derselben nicht zu gestatten.

Aborte.

§ 11.

Bei allen Bauten sind den Arbeitern geeignete, für die Geschlechter getrennte, genügend erhellte, lüftbare, reinlich gehaltene und nach Bedarf desinfizierte Aborte in ausreichender Zahl zur Verfügung zu stellen.

Unterkunftsräume.

§ 12.

I Bei länger dauernden Betrieben an gleichen oder benachbarten Stellen, bei denen mehr als 10 Arbeiter gleichzeitig beschäftigt werden, sollen zur Benützung während der Arbeitspausen entsprechend große, gegen die Unbilden der Witterung allseitig geschützte, genügend belichtete, lüftbare und bei kalter Witterung geheizte Unterkunftsräume mit Holzfußböden und ausreichender Sitzgelegenheit zur Verfügung gestellt werden.

II Die Unterkunftsräume sind entsprechend rein zu halten und dürfen nicht als Lager- oder Aufbewahrungsräume für Baumaterialien benützt werden.

III In denselben ist an geeigneter, jedem Arbeiter zugänglicher Stelle ein Verbandkasten anzubringen, in welchem Verbandzeug in hinreichender Menge und in gebrauchsfähigem Zustande bereit zu halten und reinlich aufzubewahren ist. Eine Anleitung über die erste Hilfeleistung bei Unglücksfällen ist an leicht zugänglicher Stelle in Plakatform anzubringen.

IV Das Aufsichtspersonal soll für Ausübung der Nothilfe bei Unglücksfällen zuverlässig geschult sein.

V Bei Bauten der in Abs. I bezeichneten Art kann die Distriktspolizeibehörde erforderlichenfalls die Bereitstellung von Speisewärmvorrichtungen fordern.

II. Gerüste, Leitern, Abbrucharbeiten und dergleichen.

Allgemeine Bestimmungen für Gerüste.

§ 13.

I Alle Gerüste müssen den fachmännischen Grundsätzen und dem jeweiligen Zwecke entsprechend in genügender Festigkeit hergestellt und unterhalten werden.

II Ungleichmäßige und übermäßige Belastung der Gerüste ist verboten.

III Eigenmächtige Änderungen an den Gerüsten, insbesondere das Herausnehmen von Klammern und Hölzern, das Entfernen von Schutzbrettern und Dielen, sind den Arbeitern zu verbieten.

Gerüstständer.

§ 14.

Die Gerüstständer müssen in einer der Beanspruchung entsprechenden Weise mittels Holzunterlagen (Schwellen) oder durch Eingrabung oder Einrammung sicher und unverrückbar mit dem Untergrunde verbunden werden.

Schutz gegen Verschiebungen der Gerüste.

§ 15.

I Die Gerüste sind mit den nötigen Streichstangen zu versehen, die entsprechend befestigt und bei stärkerer Belastung noch durch untergenagelte Knaggen, Eisenklammern, Steifhölzer oder ähnliche Hilfsmittel unterstützt werden müssen.

II Zur Verhütung von Längen- und Seitenverschiebungen der Gerüste müssen genügend starke Diagonalverstrebungen angebracht werden.

Gerüstbelag, Bordbretter, Brustwehren, Lauftreppen, Stege.

§ 16.

I Die zum Gerüstbelag verwendeten Hölzer müssen eine ihrer Belastung entsprechende Stärke haben, dicht aneinander und so gelegt werden, daß das Aufschnappen oder Ausweichen derselben ausgeschlossen ist.

II Gerüstgeschosse, auf welchen gearbeitet wird, oder welche von Arbeitern begangen werden müssen, sind mit Bretterbelag und da, wo sie von Wänden abstehen, innen und außen mit gehörig befestigten Brustwehren und Bordbrettern zu versehen. Die Bordbretter müssen an den Bretterbelag dicht anschließen.

III Aus den Gerüstbrettern, Gerüstlatten und sonstigen zur Verwendung gelangenden Holzteilen sind vorstehende Nägel zu entfernen.

IV Lauftreppen und Stege sind mit festen Geländern zu versehen und in einer solchen Breite anzulegen, daß sie das Ausweichen zweier Personen gestatten.

Hängekörbe, Hängeböden.

§ 17.

Die Verwendung von Hängekörben und Hängeböden ist nur mit besonderer distriktspolizeilicher Genehmigung und nur für solche Bauvornahmen zulässig, zu deren Ausführung ein größerer Materialaufwand nicht notwendig ist. Diese Gerüste müssen vor der Verwendung auf ihre Tragfähigkeit geprüft und gegen Absturz genügend versichert werden.

Besondere Schutzgeräte.

§ 18.

I Bei allen Arbeiten, bei denen eine erhebliche Gefahr des Absturzes von Personen oder des Herunterfallens von Bauteilen und Werkzeugen besteht, sind besondere Schutzgerüste anzubringen.

II Sind letztere lediglich zum Schutze der unterhalb arbeitenden Personen, nicht auch für den Verkehr von Personen bestimmt, so sollen sie so hergestellt werden, daß sie nicht ohne weiteres betreten werden können.

Leitern.

§ 19.

I Leitern müssen den Austritt entsprechend überragen und so befestigt werden, daß sie weder unten abrutschen, noch oben überschlagen oder ausweichen können.

II Die Sprossen müssen in denselben gut befestigt sein und dürfen nicht durch aufgenagelte Holzstücke ersetzt werden.

III Der Transport von Lasten auf Leitern ist verboten.

IV Leitern dürfen nicht als Laufgänge oder als Gerüstgeschosse verwendet werden.

Aufstellen und Abbrechen der Gerüste, Aufbringen des Baumaterials.

§ 20.

I Während des Aufstellens der Gerüste und des Aufbringens (Aufziehens) der Gerüsthölzer oder anderer Baumaterialien hat, wenn nicht genügende Vorkehrung zur Sicherheit getroffen ist, jede andere Beschäftigung an den betreffenden Stellen zu ruhen.

II Desgleichen ist Sorge zu tragen, daß bei dem Abbruch der Gerüste und bei dem Entfernen von Absteifungen ein unnützes Verweilen von Arbeitern unter denselben nicht stattfindet.

Abbrucharbeiten.

§ 21.

I Bei Abbrucharbeiten sind ausreichende Vorsichtsmaßregeln zum Schutze der Personen gegen herabfallende Gegenstände zu treffen. Ein Umwerfen ganzer Wände oder sonstiger Bauteile ist nur mit Erlaubnis der Distriktspolizeibehörde gestattet. Sprengungen dürfen nur mit Erlaubnis der Distriktspolizeibehörde vorgenommen werden.

II Für die entsprechende Absteifung von Bauwerken, welche durch den Abbruch anstoßender Bauteile ihre Stütze verlieren, ist Sorge zu tragen.

III Aus Abbruchholz vorstehende Nägel sind zu entfernen oder umzuschlagen.

IV Bauschutt ist beim Aufschütten und Aufladen zur Vermeidung des Staubens ausreichend zu begießen.

III. Erdarbeiten.

Arbeiten an Erd- und Felswänden.

§ 22.

I Es darf nur an Erd- und Felswänden gearbeitet werden, deren Neigung der Standfähigkeit des Materials entspricht. Wo dies nicht der Fall und eine entsprechende Abböschung nicht möglich ist, sind die Wände durch Sicherheit gewährende Absteifungen zu stützen.

II Dies gilt auch für Baugruben und Gräben jeder Art, die nötigenfalls regelrecht auszuschalen und stets am oberen Rande mit Bordbrettern zu versehen sind.

III Das Arbeiten an überhängenden Wänden ist verboten, desgleichen das Unterhöhlen der Wände und das lotrechte Abarbeiten über Brusthöhe.

§ 23.

I Wird eine steile Erd- oder Felswand durch Abkeilen, Sprengen oder in anderer Weise gelöst, so muß im Bereiche der Gefahr während dieser Verrichtung und solange die Absturzfläche nicht von losen, absturzdrohenden Teilen gereinigt ist, die regelmäßige Arbeit ausgesetzt bleiben.

II Außerdem sind solche Wände vor dem Arbeitsbeginn, namentlich bei Regen, Frost oder Tauwetter, auf das Vorhandensein von einsturzdrohenden Teilen zu prüfen und nötigenfalls zu sichern.

Arbeiten neben vorhandenen Bauwerken.

§ 24.

I Neben vorhandenen Bauwerken ist der Aushub der Baugruben, die Lagerung des Aushubmaterials und die Herstellung der Fundamente mit besonderer Vorsicht und nur nach Vornahme der nötigen Absteifungen, veranlaßten Falles stückweise, auszuführen.

Das gleiche gilt für das Unterfangen bereits bestehender Fundamentmauern.

II Nach Regengüssen sind die Sicherungen auf ihre Haltbarkeit besonders zu prüfen.

Einfüllen der Baugruben und Gräben.

§ 25.

Beim Zuschütten der Baugruben und Gräben dürfen die Aussteifungen erst dann entfernt werden, wenn sie durch das Einfüllen entbehrlich geworden sind.

Brunnenschachte.

§ 26.

Brunnenschachte müssen bei Grabung in nicht felsigem Boden und einer Tiefe von mehr als 1,5 m ausgeschalt werden. Bei der Aufmauerung darf die Verschalung stets nur soweit entfernt werden, als es durch die Aufmauerung notwendig wird.

Vorsichtsmaßregeln beim Einsteigen in Schachte.

§ 27.

I Vor dem Einfahren und Einsteigen in Brunnenschachte, Abortgruben, Kanäle und andere unterirdische Hohlräume ist festzustellen, ob in denselben keine das Leben oder die Gesundheit gefährdende Gase vorhanden sind; gegebenenfalls ist für die Beseitigung derselben Sorge zu tragen.

II Der zuerst einsteigende Arbeiter ist anzuseilen.

IV. Transport.

Beschaffenheit der Transportbahnen im allgemeinen.

§ 28.

Die Transportbahnen mit allem Zubehör sind stets in gutem, die Tragfähigkeit des Untergrundes und die Fahrgeschwindigkeit berücksichtigenden Zustand zu erhalten und müssen möglichste Sicherheit gegen Ausspringen, Um- und Abstürzen der Wagen gewährleisten.

Das Bahngefälle.

§ 29.

I Die Gefälle der Transportbahnen (Laufdielen, Geleise) sind so zu bemessen, daß die Transportgeräte durch die Hemmvorrichtungen (Bremsen, Fangvorrichtungen) an jeder beliebigen Stelle zum Stehen gebracht werden können.

II Sind die Schienen infolge Kälte oder Nässe glatt geworden, so müssen sie mit Sand und dergleichen bestreut werden.

Verkehrsvorschriften, Kippwagen, Bremsen.

§ 30.

I Einzeln bewegte Wagen dürfen nur in angemessenen Abständen aufeinander folgen. Jeder derselben muß gebremst werden können.

II Kippwagen müssen mit leicht zu handhabenden, ein selbsttätiges Kippen verhindernden Feststellvorrichtungen versehen sein.

III Geschlossene Züge müssen mit sicheren Kuppelvorrichtungen und einer genügenden Anzahl rasch und sicher wirkender Bremsen versehen sein.

Überlastung der Wagen. Personentransport.

§ 31.

I Die Überlastung der Wagen ist bei allen Bahnen verboten.

II Die Benützung der Transportbahnen zur Beförderung der Arbeiter ist nur bei betriebssicherem Geleise zu gestatten.

Rollbahnstege.

§ 32.

I Bei Rollbahnstegen muß zwischen dem Rollwagen und den Geländern beiderseits genügend Raum für eine Person vorhanden sein.

II Die Rollbahnstege sind in ganzer Breite abzudecken.

Bremsbahnen.

§ 33.

I Bremsbahnen (Bremsberge) müssen mit zuverlässig wirkender Bremse versehen sein. Die Verbindung der Transportgefäße untereinander und mit dem Förderseil oder der Förderkette muß so sicher sein, daß eine selbsttätige Lösung ausgeschlossen ist.

II Das Betreten des Bremsberges während der Fahrt ist zu verbieten.

Seilbahnen.

§ 34.

I Wo die Wagen einer Seilbahn und dergleichen mit der Unterkante 2,50 m oder weniger vom Boden abstehen, ist der Verkehr unter der Bahn durch Geländer von mindestens 1 m Höhe sicher abzuschließen.

II Begangene oder befahrene Wege, über welche Seilbahnen und dgl. hinführen, müssen an den Übergängen durch Schutzdächer oder Schutznetze gesichert werden.

Signalvorrichtungen.

§ 35.

Zwischen der Abgangs- und Endstation müssen bei Brems- und Seilbahnen sowie ähnlichen Anlagen zuverlässig wirkende Signalvorrichtungen, welche gegenseitige Verständigung ermöglichen, vorhanden sein.

V. Arbeiten unter Anwendung von Preßluft.

Altersgrenze der Arbeiter, ärztliche Untersuchung.

§ 36.

I Zur Arbeit in verdichteter Luft dürfen nur durchaus gesunde Personen, welche das 20. Lebensjahr vollendet und das 50. Lebensjahr nicht überschritten haben, zugelassen werden.

II Die Arbeiter müssen vor der erstmaligen Verwendung im Betriebe ärztlich untersucht und gehörig unterwiesen werden. Die Untersuchung ist in angemessenen Zwischenräumen und nach jeder vorausgegangenen Gesundheitsstörung zu wiederholen. Die Verwendung oder Wiederverwendung der Arbeiter darf nur auf Grund ärztlicher Bescheinigung über deren Tauglichkeit erfolgen. Bei Arbeiten unter einem Überdruck von mehr als 1½ Atmosphären muß für den Bedarfsfall rasche ärztliche Hilfeleistung bereitgestellt sein.

Arbeitsschichten, Ein- und Ausschleusen.

§ 37.

I Die Arbeitsschichten sind nach Maßgabe der Zunahme des Überdruckes entsprechend abzukürzen.

II Das Ein- und Ausschleusen ist langsam unter allmählicher Ausgleichung des Luftdruckes auszuführen. Beim Ausschleusen muß für je $^1/_{10}$ Atmosphären Druckminderung bei einem Überdruck bis zu 1½ Atmosphären ein Zeitraum von mindestens 1 Minute, bei einem Überdruck von mehr als 1½ Atmosphären ein Zeitraum von mindestens 2 Minuten verwendet werden.

III Bei jeder Schleuse muß ein gut funktionierender Manometer und Kontrollmanometer vorhanden sein.

Signalvorrichtungen.

§ 38.

Die unter Preßluft arbeitenden Personen müssen durch Signalvorrichtungen in den Stand gesetzt werden, sich jederzeit mit den oberirdischen Betriebsstätten in Verbindung zu setzen.

Schleusenräume.

§ 39.

I Der zum Ein- und Ausschleusen benützte Raum muß eine solche Größe haben, daß auf jede der gleichzeitig durchzuschleusenden Personen mindestens 0,75 cbm Raum entfällt und der Gesamtinhalt desselben mindestens 2,5 cbm umfaßt.

II Wird mit einem Überdruck von mehr als 1½ Atmosphären gearbeitet, so muß eine entsprechend eingerichtete Sanitätsschleuse mit Vorkammer und Ruhebett, Telephon und elektrischer Beleuchtungsvorrichtung vorhanden sein.

III Die verbrauchte Luft ist stets rechtzeitig zu erneuern.

Schutz der Schleusen gegen Sonnenwärme.

§ 40.

Die Schleusen sind im Sommer vor der unmittelbaren Einwirkung der Sonne mit Matten oder Stroh zu schützen und durch Begießen mit Wasser zu kühlen.

Beförderung der Materialien.

§ 41.

Alle Materialien und Werkzeuge müssen mittels der Förderkübel in den Caisson verbracht werden. Das Hinunterwerfen durch den Einsteig- oder Förderschacht ist zu verbieten.

Wasser- und Luftdruckproben.

§ 42.

Die Schleusen und Schachtrohre sind vor jeder erstmaligen Inbetriebnahme, ferner nach jeder länger als 12 Monate dauernden Unterbrechung des Gebrauches mit Wasser- oder Luftdruck zu proben. Letzterer muß das Doppelte des Luftdruckes betragen, mit dem die Schleuse arbeiten soll, beziehungsweise bei der ersten Probe einer neuen Schleuse das Doppelte desjenigen Druckes, für welchen sie berechnet wurde.

VI. Baumaschinen.

Einfriedigung, Schutzvorrichtungen.

§ 43.

I Bei allen maschinellen Einrichtungen sind im Verkehrsbereich der Arbeiter die gefahrdrohenden beweglichen Teile, soweit es der Betrieb zuläßt, einzufriedigen oder mit Schutzvorrichtungen zu versehen.

II Besonders gefahrbringende Orte sind durch Warnungstafeln und dgl. kenntlich zu machen oder abzuschließen.

Bedienung von Motoren und Transmissionen.

§ 44.

I Die bei Motoren und Transmissionen beschäftigten Arbeiter sind anzuhalten, anschließende Kleidung zu tragen.

II Personen unter 16 Jahren sind von der Bedienung und Beaufsichtigung von Motoren und Transmissionen auszuschließen.

Hebewerke.

§ 45.

I Hebezeuge aller Art sind mit der Angabe über die größte zuverlässige Belastung zu versehen; dieselben dürfen niemals über letztere hinaus beansprucht werden. Alle Triebwerksteile, die Seile und Ketten müssen für die Gesamtförderlast mindestens fünffache Sicherheit bieten.

II Das Anhängen der zu hebenden Gegenstände hat in sicherer Weise zu erfolgen.

III Die Beförderung von Personen mittels Hebewerken, die nur für Lastentransporte bestimmt sind, ist verboten.

§ 46.

Unter den in einem Hebezug hängenden Lasten darf niemand Stellung nehmen oder Arbeit verrichten; ist dies unumgänglich nötig, so ist die Last vorher abzufangen.

§ 47.

Hebezeuge mit Kurbelantrieb müssen mit Sicherheitskurbeln und mit einer wirksamen Steuervorrichtung versehen sein, soferne sie nicht selbstsperrend sind. Soll das Hinablassen der Last durch das Eigengewicht geschehen, so muß eine zuverlässige Bremse vorhanden sein.

VII. Schlußbestimmungen.

Anzeigepflicht. Bauleiter.

§ 48.

I Über den Beginn und die voraussichtliche Dauer umfangreicherer Tiefbauten, bei welchen mehr als zehn Arbeiter gleichzeitig beschäftigt werden, hat der Unternehmer der Distriktspolizeibehörde Anzeige zu erstatten. Zugleich ist die mit der Bauleitung betraute Person namhaft zu machen, welche die Verantwortung durch unterschriftliche Erklärung zu übernehmen hat.

II Auf regelmäßig wiederkehrende Tiefbauarbeiten, wie Bach-, Graben-, Kanal-Räumungen, Frühjahrs- und Herbstwegreparaturen und dgl. findet diese Bestimmung keine Anwendung.

Polizeiliche Überwachung der Bauten.

§ 49.

I Die Distriktspolizeibehörde kann die als Bauleiter bestellte Person beanstanden, wenn diese die für eine sichere Bauführung erforderliche Verlässigkeit nicht besitzt. Bis zur Behebung des Anstandes kann die Inangriffnahme oder Fortsetzung der Bauarbeiten untersagt werden.

II Die Distriktspolizeibehörde kann erforderlichenfalls Nachschau bei den Bauten durch geeignete Sachverständige anordnen. Die Kosten dieser Kontrolle hat der Unternehmer zu tragen.[1])

---

[1]) Durch V. vom 4. Febr. 1929 über die polizeiliche Überwachung von Tiefbauarbeiten (GVBl. S. 13): wurde als Bezirksverwaltungsbehörde im Sinne des § 49 Abs. II der oberpolizeilichen Vorschriften zum Schutze der bei Tiefbauarbeiten beschäftigten Personen vom 4. Sept. 1905 (GVBl. S. 567) für den Bezirk der Stadt München die Lokalbaukommission München bestimmt.

Verantwortlichkeit.

§ 50.

Verantwortlich für den Vollzug gegenwärtiger Vorschriften sind zunächst der Unternehmer oder die von diesem mit der Bauleitung betraute Person, ferner diejenigen bei dem Bau beschäftigten Aufsichtsorgane, denen die Überwachung der Bauausführung von dem Bauleiter besonders übertragen ist, außerdem innerhalb ihres Geschäftskreises jene Unternehmer von Nebenbetrieben, welche in selbständiger Weise zur Ausführung der Bauten mit beitragen und die von diesen mit der Überwachung besonders betrauten Aufsichtsorgane.

Bekanntgabe der Vorschriften.

§ 51.

Die Vorschriften müssen auf jeder Baustelle, wo regelmäßig mehr als 10 Arbeiter beschäftigt werden, an einem leicht zugänglichen Orte in Plakatform sichtbar angebracht oder den einzelnen Arbeitern übergeben werden.

Dispensation.

§ 52.

Die Distriktspolizeibehörde kann unter besonderen Verhältnissen, namentlich bei einfacheren Bauten, von einzelnen Bestimmungen der vorstehenden Vorschriften entbinden, soweit nicht öffentliche Interessen entgegenstehen.

Bauführungen der Zivilliste und des Staatsärars.

§ 53.

Für die Bauführungen der Zivilliste und des Staatsärars gelten an Stelle der Zuständigkeitsbestimmungen in den §§ 12, 17, 48, 49 und 52 die jeweils bestehenden besonderen Vorschriften.

Ortspolizeiliche Vorschriften.

§ 54.

Die Erlassung weitgehender ortspolizeilicher Vorschriften nach Maßgabe des bestehenden Bedürfnisses bleibt vorbehalten.

Bergwerksbetrieb.

§ 55.

Gegenwärtige Vorschriften finden keine Anwendung auf die der Aufsicht der Bergbehörden unterstehenden Tiefbauten.

---

3. Entschl. d. Staatsmin. f. Soz. Fürs. u. d. Inn. vom 30. 4. 28 Nr. 32 f 1 betr. Statistik der Unfälle bei Eisenbetonbauten.

(MABl. S. 53.)

An die Bezirkspolizeibehörden.

Unter Bezugnahme auf die Entschließung des Staatsministeriums des Innern vom 2. April 1914 (MABl. S. 195) werden die vom

Deutschen Ausschuß für Eisenbeton neubearbeiteten Leitsätze für das Verfahren bei Aufstellung der Unfallstatistik für Beton- und Eisenbetonbauten nachstehend bekanntgegeben. Die neuen, im Benehmen mit dem Deutschen Betonverein aufgestellten Leitsätze sehen insofern eine Erweiterung der Unfallstatistik vor, als in dem Abschnitt „Sonstige Fälle" auch die Berichterstattung auf solche Fälle von Schäden ausgedehnt werden soll, die bei Nichtbeseitigung zu einem Unfall führen würden.

Leitsätze des Deutschen Ausschusses für Eisenbeton für das Verfahren bei Aufstellung der Unfallstatistik für Beton- und Eisenbetonbauten (1927).

Einleitung.

Der Deutsche Ausschuß für Eisenbeton betrachtet es als eine seiner Aufgaben, durch die Ermittlung der Ursachen von Unfällen bei Beton- und Eisenbetonbauten und Bekanntgabe der Ergebnisse an die Fachwelt zur Verminderung der Unfälle beizutragen. Als Ausgangspunkt für die Verfolgung der einzelnen Fälle dienen die dem Ausschuß hierüber zugehenden Mitteilungen, auch solche aus der Presse.

Liste der Sachverständigen.

Die Unfallursache wird möglichst durch einen Sachverständigen festgestellt, der dem Deutschen Ausschuß gegenüber die Verpflichtung übernommen hat, an der Unfallstatistik nach Maßgabe dieser Leitsätze mitzuwirken.

Den Sachverständigen liegt es besonders ob, alle ihnen bekannt werdenden bedeutsamen Unfälle bei Beton- und Eisenbetonbauten dem Deutschen Ausschuß für Eisenbeton zu melden.

Die Namen der in Bayern wohnenden Sachverständigen sind aus der nachfolgenden Liste zu ersehen.

Verfahren bei Unfällen, bei denen ein Einschreiten der Staatsanwaltschaft in Betracht kommt.

Erfordert ein Unfall das Einschreiten der Staatsanwaltschaft, so ist von der Baupolizeibehörde in der Anzeige an die Staatsanwaltschaft ausdrücklich hervorzuheben, daß der Unfall sich bei einem Beton- oder Eisenbetonbau ereignet hat. Die Staatsanwaltschaft wird hierdurch in die Lage versetzt, mit der Feststellung der Unfallursache einen aus der Liste auszuwählenden Sachverständigen zu betrauen. Gleichzeitig hat die Baupolizeibehörde dem Deutschen Ausschuß für Eisenbeton Mitteilung zu machen. Dieser setzt sich sodann mit der Staatsanwaltschaft unmittelbar in Verbindung, um nach Abschluß des Verfahrens auf Grund der dann von der Staatsanwaltschaft oder dem Gericht erforderten Akten den Unfallbericht aufzustellen.

Die durch die Heranziehung des Sachverständigen im gerichtlichen Verfahren entstehenden Kosten festzusetzen und einzuziehen ist Sache des Gerichts.

Verfahren bei Unfällen, bei denen die Staatsanwaltschaft nicht einschreitet.

Ereignet sich ein Unfall, bei dem die Staatsanwaltschaft nicht einschreitet, so hat die Baupolizeibehörde, sofern sich für sie im Hinblick auf ein polizeilich wahrzunehmendes Interesse Anlaß zum Einschreiten ergibt und sie die Entsendung eines Sachverständigen an die Unfallstelle für erwünscht hält, einen solchen aus der Liste auszuwählen und ihn unter gleichzeitiger Benachrichtigung des Deutschen Ausschusses für Eisenbeton um Feststellung der Unfallursache zu ersuchen. Die Baupolizeibehörde hat dem Deutschen Ausschuß für Eisenbeton nach Abschluß aller Ermittlungen unter Beifügung der Akten von den gefundenen Feststellungen Mitteilung zu machen.

Die durch die Heranziehung des Sachverständigen entstehenden Kosten trägt in diesem Falle der Ausschuß. Die Berechnung wird im allgemeinen nach der Gebührenordnung des Verbandes Deutscher Architekten- und Ingenieur-Vereine erfolgen.

Sonstige Fälle.

Es ist dem Deutschen Ausschuß für Eisenbeton erwünscht, die Berichterstattung auch auf Fälle von Schäden auszudehnen, die bei Nichtbeseitigung zu einem Unfall führen würden. Außer den Baupolizeibehörden sind die Sachverständigen in erster Linie auch dazu berufen, dem Ausschuß über solche Fälle, wenn erforderlich unter Beifügung von Zeichnungen oder Skizzen, so ausführlich Mitteilung zu machen, daß darnach im Rahmen der Unfallstatistik berichtet werden kann.

Die Kosten werden vom Deutschen Ausschuß für Eisenbeton erstattet.

Aufstellung der Statistik.

Der Deutsche Ausschuß für Eisenbeton veröffentlicht die Unfallberichte in geeigneten technischen Zeitschriften.

In diesen Veröffentlichungen werden nähere Angaben über den Ort des Unfalles und Namen des Unternehmers im allgemeinen vermieden. Auch wird in den Fällen, in denen ein gerichtliches Verfahren schwebt, vor dessen Beendigung keine Veröffentlichung von Untersuchungsergebnissen erfolgen.

Geschäftsstelle.

Alle Schreiben in Sachen dieser Unfallstatistik sind an den Deutschen Ausschuß für Eisenbeton, Berlin W 8, Wilhelmstraße 86/II (Reichsverkehrsministerium) zu richten.

Verzeichnis der in Bayern wohnenden Sachverständigen.

Glatt, Adolf, Studienprofessor, Augsburg, Frickingerstraße 3. T.-A.: Glatt, Augsburg, Frickingerstraße 3.

Bosch, Joh. Bapt., Dr.-Ing., städt. Oberbaudirektor, München, Romanstraße 95/I. T.-A.: Bosch, Tiefbau, München, Jakobsplatz.

Luft, Wilhelm, Dipl.-Ing., München, Weinstraße 8. T.-A.: Luft, München, Weinstraße 8.

Rank, Josef, Dr. Ing. e. h., Kommerzienrat und Architekt, Mitinhaber der Firma Gebr. Rank, München, Lindwurmstraße 88. T.-A.: Baurank, München.

Schmeer, Franz, Professor, München, Adalbertstraße 98. T.-A.: Schmeer, München, Adalbertstraße 98.

Schulz, Max, München, Linprunstraße 76, Direktor der Firma Schulz & Kling A.-G., München. T.-A.: Direktor Schulz, München, Linprunstraße 76.

Spangenberg, Heinrich, o. Professor an der Technischen Hochschule in München. T.-A.: Spangenberg, München, Föhringer Allee 2.

Steppes, Karl, Ingenieur und Fabrikbesitzer, München 8, Franziskanerstraße 15. T.-A.: Petrachemie für Steppes, München.

Hager, Karl, Professor, Geh. Baurat, Direktor der Bayer. Landesgewerbeanstalt in Nürnberg, Gewerbemuseumsplatz 2. T.-A.: Professor Hager, Nürnberg, Gewerbemuseumsplatz 2.

X. Teil.

Bestimmungen verschiedenen Inhalts.

1. MB., Vollzug des Art. 8 des Schulbedarfsgesetzes betr.

Vom 25. Mai 1906 (KMBl. S. 313).

Im Hinblick auf Art. 8 Abs. 1 des Schulbedarfgesetzes vom 28. Juli 1902 werden über Umfang und Beschaffenheit der dem Lehrpersonal an den Volksschulen gebührenden

Dienstwohnungen

nachstehende Vorschriften erlassen.

I. Hinsichtlich des Umfangs der Dienstwohnungen von Volksschullehrern in Gemeinden unter 2500 Seelen wird bei der Neuanlage von Schulhäusern zu beachten sein, daß eine solche Wohnung unter Umständen auch einem dienstälteren Lehrer mit großer Familie Raum zu bieten hat. Eine derartige Familiendienstwohnung wird deshalb in der Regel zu umfassen haben:

4 heizbare Zimmer mit einem Flächenraume von zusammen 75—85 qm (darunter ein Wohnzimmer von zirka 25 qm Flächenraum),
1 mit Dunstabzugskamin versehene Küche von 12—16 qm,
1 Kammer für einen Dienstboten von 8—10 qm,
1 Speisekammer von 5—7 qm,
1 Abort,
Keller- und Speicherraum, sowie ein Raum zum Lagern der Brennmaterialien und eine Waschküche von 20—25 qm.

Hiezu wird folgendes bemerkt:

1. Dienstwohnungen in den Schulgebäuden müssen von den eigentlichen Schulräumen möglichst abgesondert werden.

2. Die Wohn- und Schlafzimmer, die Küche und der Abort einer Lehrerwohnung sind womöglich so anzulegen, daß sie innerhalb eines Wohnungsverschlusses gelegen und von einem Vorplatze (Flur) aus direkt zugänglich sind.

3. Der Abort darf weder mit der Küche noch mit Wohnräumen in unmittelbarer Türverbindung stehen; eine solche ist auch zwischen Küche und Wohnräumen, wenn irgend tunlich, zu vermeiden.

4. Die lichte Höhe der Wohn- und Schlafzimmer kann besonders in Gegenden mit rauhem Klima zur leichteren Erwärmung bis auf 2,50 m ermäßigt werden. Als Wohn- oder Schlafräume zu benützende Zimmer und Kammern im Dachraum mit abgeschrägten Zimmerdecken sollen über der Hälfte ihrer Bodenfläche eine lichte Höhe von 2,50 m, keinesfalls aber unter 2,30 m haben, müssen vollkommene feuersichere Zugänge, allseitig selbständige und gegen extreme Temperaturen entsprechend geschützte Wände erhalten.

5. Wenn in demselben Gebäude mehrere Dienstwohnungen angelegt werden, sind die Keller- und Speicherteile, sowie die Anteile zur Lagerung der Brennmaterialien der einzelnen Nutznießer verschließbar einzurichten. Die Benützung der gemeinschaftlichen Waschküche und des gemeinschaftlichen Hofraums ist durch eine Instruktion zu regeln.

6. In Gemeinden, welche mit öffentlichen Hauswasserleitungen versehen sind, ist ein Strang, wenn irgend tunlich, auch in die Küche und Waschküche der Dienstwohnungen einzuleiten; andernfalls muß, wo immer die Terrainverhältnisse es gestatten, bei der Neuanlage für einen leichten Wasserbezug aus der Nähe des die Dienstwohnung umgebenden Geländes gesorgt werden.

7. Wo Dienstgründe vorhanden sind, deren Bewirtschaftung mit Viehhaltung bisher durch den Inhaber des Dienstes stattfand, oder wo von der Verpachtung der Grundstücke zur Selbstbewirtschaftung und Viehhaltung aus bringenden in örtlichen Verhältnissen begründeten Ursachen übergegangen werden muß, sind dem Lehrpersonale die erforderlichen, nach der Größe der Dienstgründe zu bemessenden Wirtschaftsräume in gegendüblichem Umfange zur Verfügung zu stellen. Wo es die örtlichen Verhältnisse bedingen, kann auch die Herstellung eines Backofens und einer Räucherkammer als erforderlich erklärt werden.

8. Waschküchen sind in der Regel in besonderen Gebäuden einzurichten, können indes bei günstigen Terrainverhältnissen auch im Keller der Dienstwohngebäude angebracht werden, wenn sie von außen zugänglich gemacht, gewölbt, gegen die übrigen Kellerräume vollständig abgeschlossen und mit einem besonderen Dunstkamine versehen werden und wenn eine entsprechende Wasserableitung möglich ist.

9. Wo die klimatischen oder sonstigen Verhältnisse es erfordern, kann die Anbringung von Winterfenstern und von Fensterläden angeordnet werden.

II. Dienstwohnungen von Volksschullehrerinnen, dann im Falle des Art. 4 Abs. 1 des angeführten Gesetzes von Schulverwesern müssen die Führung eines selbständigen Haushalts ermöglichen.

Eine derartige Wohnung wird bei der Neuanlage von Schulhäusern in Gemeinden unter 2500 Seelen in folgendem Umfange anzulegen sein:

2 heizbare Zimmer mit einem Flächenraume von zusammen 30—36 qm,
1 Küche von 8—10 qm oder ein weiteres Zimmer von 10 bis 15 qm mit einem Kochofen,
1 Kammer von 10—12 qm wenn irgend tunlich,
1 Abort,
Keller- und Speicherraum, sowie ein Raum zum Lagern der Brennmaterialien und eine Waschgelegenheit.

Die oben in Abschnitt I Ziff. 1—4, 6 und 9 gegebenen Vorschriften sind auch hieher bezüglich.

III. Dienstwohnzimmer der übrigen Lehrpersonen (ständige Schulverweser, Schulverweserinnen, Hilfslehrer und Hilfslehrerinnen) müssen bei Neuanlage von Schulhäusern einen Umfang von 25 qm enthalten und heizbar sein. Wenn die Dienstwohnungen dieser Lehrpersonen im Dachgeschoß untergebracht werden müssen, sind die Bestimmungen in Abschnitt I Ziff. 4 entsprechend zu beachten. Außerdem ist diesem Lehrpersonal ein eigener Abortanteil, ein Raum zum Lagern des Brennmaterials und zur Aufbewahrung von Packmaterialien (Kisten und Koffern) einzuräumen. Statt eines großen Zimmers können den Lehrpersonen dieser Kategorie zwei kleinere benachbarte Zimmer zugewiesen werden. Für die Wohnzimmer der einzelstehenden Lehrpersonen, insbesondere der Schulverweserinnen und Hilfslehrerinnen empfiehlt sich die Aufstellung eines Ofens mit Kochvorrichtung bester Konstruktion. Die Dienstwohnzimmer dieser Kategorie müssen von den übrigen Wohnungen genügend abgesondert sein und eine hygienisch einwandfreie Lage im Gebäude erhalten.

IV. Die in Abschnitt I—III gegebenen Vorschriften sind auch zur Anwendung zu bringen, wenn Gemeinden über 2500 Seelen ausnahmsweise die Bereitstellung einer Dienstwohnung von der Kreisregierung auferlegt wird.

V. Bestehende Dienstwohnungen, welche den im Abschnitt I bis III für die Neuanlage gegebenen Vorschriften nicht entsprechen, sind, unbeschadet der zur Beseitigung von Mißständen ergehenden aufsichtlichen oder polizeilichen Anordnungen, nur allmählich mit diesen Vorschriften in Übereinstimmung zu bringen. Dies hat namentlich zu erfolgen, wenn in bestehenden Schul- und Dienstwohngebäuden Erweiterungs- und Umbauten vorzunehmen sind. Hiebei ist auf die Leistungsfähigkeit und Belastung der beteiligten Gemeinden gebührende Rücksicht zu nehmen. Leistungsschwachen Gemeinden sind die notwendigen Verbesserungen mit tunlichster Schonung, die hygienisch vordringlichen zuerst aufzuerlegen. Bei der Besetzung von Schulstellen in leistungsschwachen Gemeinden mit nicht ganz entsprechenden Dienstwohnungen ist Rücksicht auf den Familienstand der Bewerber zu nehmen, falls die K. Regierungen nicht in der Lage sein sollten, durch ergiebige Staats- und Kreisfondszuschüsse die Wohnungsverhältnisse zu verbessern.

VI. Die Vorschriften in Abschnitt I—III über Umfang und Beschaffenheit der Dienstwohnungen gelten nicht für die Bemessung der Mietentschädigungen, wenn Gemeinden an Stelle der Bereitstellung von Dienstwohnungen die Gewährung von Wohnungsentschädigungen ausnahmsweise gestattet wird, oder wenn gemäß Art. 8 Abs. 2 a. a. O. überhaupt nur eine Verpflichtung zur Gewährung einer Wohnungsentschädigung besteht, oder wenn zur Festsetzung der statutarischen Anfangsgehalte die ortsüblichen Mietzinse gemäß Art. 13 Abs. 2 a. a. O. zu bestimmen sind. Die Entschädigungen für Mietwohnungen von der in Art. 8 Abs. 1 Satz 2 a. a. O. angegebenen Beschaffenheit sind in diesen Fällen nach Maßgabe der allgemeinen Wohnungs- und Mietverhältnisse der beteiligten Gemeinden und insbesondere nach dem Umfange der Wohnungen anderer am gleichen Orte zur Miete wohnender öffentlicher Bediensteter von gleicher sozialer Stellung und Berufsbildung zu bemessen.

München, den 25. Mai 1906.

Dr. von Wehner.

---

2. MB., bauliche Anlage und Einrichtung der Schulhäuser und Gesundheitspflege in den Volksschulen betr.

Vom 15. April 1913 (KMBl. S. 115).

Über die Erbauung und Einrichtung der Schulhäuser für die Volksschulen und über die Gesundheitspflege in den Volksschulen bestehen in mehreren Regierungsbezirken schon seit Jahren Vorschriften, die zum Teil erheblich weitergehende Anforderungen stellen als die durch wichtige Neuerungen und Fortschritte auf den Gebieten des Bauwesens und der Gesundheitspflege überholte Ministerialentschließung vom 16. Januar 1867.

Die Vorschriften der Regierungen weichen in zahlreichen Einzelheiten voneinander ab; auch haben viele Gemeinden mit anerkennenswertem Opfersinn gewetteifert das Volksschulwesen in baulicher und gesundheitlicher Beziehung über die bestehenden Vorschriften hinaus zu fördern. Aus diesen Verhältnissen heraus hat sich eine zunehmende Unsicherheit hinsichtlich des Umfanges jener Anforderungen entwickelt, die auf dem Gebiete des Bauwesens und der Gesundheitspflege bei den Volksschulen regelmäßig eingehalten werden sollen und unter allen Umständen erfüllt werden müssen. Infolgedessen bestehen Klagen einerseits darüber, daß die Schulaufsichtsbehörden durch zu weit gehende Anforderungen das gemeindliche Selbstverwaltungsrecht unnötigerweise beschränken und die Gemeinden überlasten, anderseits darüber, daß die gesundheitlichen und schultechnischen Bedürfnisse durch die Aufsichtsbehörden und die Gemeinden nicht immer genügend wahrgenommen werden. Es fehlt auch nicht an Klagen darüber, daß der Wetteifer der Gemeindeverwaltungen schon öfter zur Überschätzung des Bedürfnisses und zur Hintansetzung der gebotenen Rücksichtnahme auf die gemeindliche Leistungsfähigkeit geführt habe, ohne daß aufsichtlich auf angemessene Einschränkung hingewirkt worden sei. Um in den gedachten Richtungen mehr Sicherheit und Gleichmäßigkeit anzubahnen, werden unter Aufhebung aller entgegenstehenden Vorschriften die nachfolgenden Bestimmungen erlassen:

Erster Abschnitt.

Allgemeine Bestimmungen über die Erbauung, bauliche Änderung und Einrichtung der Schulhäuser für Volksschulen.

Lage des Bauplatzes.

§ 1.

I Für Schulhausbauten eignen sich am besten leicht zugängliche, sonnige, allseitig freigelegene, etwas erhöhte, ebene Plätze. Läßt sich die Lage an einem Abhange nicht vermeiden, so ist der Bauplatz in entsprechender Ausdehnung einzuebnen, so daß für das Schulhaus und seine nächste Umgebung eine ebene Fläche verfügbar wird und der Abhang die Belichtung des Schulhauses nicht beeinträchtigt.

II Die Nähe von verkehrsreichen, geräuschvollen Plätzen und Straßen, von belästigenden oder gesundheitsgefährdenden Betrieben, von Sümpfen und stehenden Gewässern ist tunlichst zu vermeiden.

III Bei der Wahl des Bauplatzes muß auf die Versorgung des Schulhauses mit einwandfreiem Wasser und auf Gelegenheit zur Ableitung der Abwässer Bedacht genommen werden.

IV Weiter ist auf Reinheit, Trockenheit und technisch günstige Beschaffenheit des Baugrundes zu achten. Wenn die erforderlichen Aufschlüsse nicht auf andere Weise (in der Nähe aufgeführte Bauten, Brunnenanlagen, Kiesgruben u. dgl.) gewonnen werden können, sind Schürfgruben anzulegen.

V In einem Überschwemmungsgebiete darf nur dann gebaut werden, wenn ein hochwasserfreier Platz im Schulort oder in dessen Umgebung nicht zur Verfügung steht. Auch Plätze mit einem der Oberfläche bis auf 2 m nahekommenden Grundwasserstand oder andere feuchte Grundstücke dürfen nur ausnahmsweise dann gewählt werden, wenn ein einwandfreier Bauplatz in angemessenem Umkreise nicht vorhanden ist. In solchen Fällen muß das Erdgeschoß hochgelegt und der Bauplatz durch besondere Maßnahmen (Ziehen von Gräben, Einlegung von Röhren, Ersatz der oberen Bodenschichten durch reines Material) möglichst verbessert werden.

VI Der Bauplatz soll eine solche Aufstellung des Schulhauses ermöglichen, daß für die Fenster an der Längsseite der Schulzimmer in der Höhe der Fensterbrüstung ein Lichteinfallswinkel von höchsten 35° zur Wagrechten gemessen dauernd gesichert ist.

Größe des Bauplatzes. § 2.

I Der Bauplatz muß hinreichend Raum für das Schulhaus und etwaige Nebengebäude, ferner für einen Turnplatz bieten. Auf dem Lande soll der Bauplatz womöglich so bemessen werden, daß auch ein Garten angelegt werden kann. Von Anlegung eines Turnplatzes kann abgesehen werden, wenn in nicht zu weiter Entfernung vom Schulhaus ein geeigneter Platz zur Verfügung steht.

II Der Bauplatz soll endlich für allenfallsige spätere Erweiterung des Schulhauses ausreichend Raum bieten.

Bauart der Schulhäuser. § 3.

I Die Schulhäuser sollen im Äußeren einfach aber würdig gehalten sein und sich gut in das Orts- und Straßenbild einfügen. Im übrigen richtet sich die Bauart der Schulhäuser in erster Linie nach den allgemein geltenden Bauvorschriften. Auf Dauerhaftigkeit und Feuersicherheit der Gebäude ist besonders Bedacht zu nehmen.

II Auch dann, wenn die Bestimmungen des § 1 Abs. V nicht Platz greifen, sind geeignete Vorkehrungen zu treffen, um das Eindringen von Feuchtigkeit mit Sicherheit zu vermeiden. Die Umfassungs- und Zwischenmauern müssen unterhalb der Kellerdecken und mindestens 0,30 m über dem anschließenden Gelände durch wagrechte, wasserundurchlässige Einlagen gegen aufsteigende Bodenfeuchtigkeit geschützt werden. Das ganze Schulhaus ist zu unterkellern, soweit dies nicht durch felsige Beschaffenheit des Baugrundes erschwert ist; in letzterem Falle sind die nicht unterkellerten Fußböden durch wasserundurchlässigen Einlagen, die mit denen der Mauern wasserdicht zusammenhängen, zu schützen. Der Fußboden des Erdgeschosses ist mindestens 0,60 m hoch über das an die Umfassungsmauern anschließende Gelände zu legen. Zur Auffüllung unter den Fußböden darf nur trockenes und reines, von verwesbaren Stoffen freies Material (z. B. Sand, Kies, Schotter) verwendet werden. Zur Ableitung des Niederschlagwassers soll längs der äußeren Grundmauern ein Traufpflaster mit Gefäll nach außen an gebracht werden. Im Traufpflaster dürfen Öffnungen für Wandobstbaumzucht ausgespart werden.

III Alle Schulhausbauten sind mit Blitzableitern zu versehen. (S. Entschließung des K. St.-M. des Innern vom 6. Juli 1912, MABl. S. 767.)

Form und Größe der Schulzimmer. § 4.

I Die Schulzimmer sollen rechteckig sein; ihre Länge soll sich zur Tiefe ungefähr wie 3:2 verhalten. Geringfügige Abweichung von der rechtwinkligen Anlage ist zulässig, zumal wenn sie durch die Gestalt des Bauplatzes oder die Baulinienführung bedingt ist.

II Zur Feststellung der Größe neuer oder bei einem Umbau zu vergrößernder Schulzimmer ist die voraussichtliche durchschnittliche

Belegung zu ermitteln. Hiebei ist in Gemeinden und Schulsprengeln, in denen während der letzten 10 Jahre keine oder nur eine geringe Zunahme der Bevölkerung stattgefunden hat, der Durchschnitt der werktagsschulpflichtigen Kinder aus den letzten zehn Schuljahren bei stärkerer Bevölkerungszunahme der Durchschnitt aus den letzten 5—3 Jahren zugrunde zu legen. Daneben sind alle Verhältnisse zu berücksichtigen, die voraussichtlich eine wesentliche Zu- oder Abnahme der Schülerzahl zur Folge haben werden.

III Beträgt die so ermittelte durchschnittliche Schülerzahl 60 bis 70, so muß die Bodenfläche des Schulzimmers mindestens 70 qm betragen. Bei geringerer durchschnittlicher Belegung darf die Bodenfläche um so viele Quadratmeter verkleinert werden, als die Kinderzahl unter 60 zurückbleibt. Übersteigt die durchschnittliche Schülerzahl 70, so muß die Bodenfläche um so viele Quadratmeter vergrößert werden, als die Schülerzahl 70 übersteigt. In keinem Falle darf jedoch die Länge eines Schulzimmers mehr als 11 m und die Tiefe mehr als 7,20 m betragen.

IV Die lichte Höhe der Schulzimmer muß mindestens 3,50 m und wenn das Schulzimmer für 80 oder mehr Kinder bestimmt ist, 4 m betragen. In freistehenden Schulhäusern kann auf 3,20 m heruntergegangen werden, wenn die voraussichtliche Schülerzahl nicht mehr als 50 beträgt.

Lage der Schulzimmer.

§ 5.

Die Lage nach Südost, Süd, Südwest ist im allgemeinen wegen der größeren Helligkeit und des keimtötenden Einflusses des Sonnenlichtes vorzuziehen. Die Nordlage empfiehlt sich nur für Räume, in denen ausschließlich Zeichenunterricht erteilt wird.

Belichtigung und Beleuchtung der Schulzimmer.

§ 6.

I Die Fenster der Schulzimmer sind so anzubringen, daß die Schulkinder das Tageslicht hauptsächlich von der linken Seite aus erhalten. Lichteinfall von vorn und von rechts ist unzulässig.

II Die Glasfläche der linksseitigen Fenster muß mindestens $1/_9$ der Fußbodenfläche betragen; dementsprechend müssen die lichten Maueröffnungen dieser Fenster zusammen mindestens $1/_6$ der Fußbodenfläche ausmachen. Die Fenster sollen möglichst nahe an die Decke reichen. Ihr oberer Rand soll nicht mehr als 0,30 m unter der Decke, die Brüstung nicht weniger als 1,20 m über dem Fußboden liegen.

III Die Mauerpfeiler zwischen den Fenstern an der Hauptfensterwand sind möglichst schmal zu halten und nach innen abzuschrägen; sie dürfen an der inneren Wandfläche gemessen die Breite von 1 m nicht überschreiten.

IV Für sämtliche Fenster der Schulzimmer müssen von innen anzubringende Winterfenster vorhanden sein.

V Die Fensterscheiben müssen farblos und durchsichtig sein. Undurchsichtige Fensterscheiben dürfen nur im unteren Teil der Fensterflügel und nur dann angebracht werden, wenn es aus besonderen Gründen geboten ist.

VI Zur Abhaltung des unmittelbaren Sonnenlichts sind an jedem Fenster der Ost-, Südost-, Süd-, Südwest- und Westseite helle, dichte, nicht gemusterte Zugvorhänge anzubringen, die geschlossen seitlich über die Fensternische hinausreichen und geöffnet den Lichteinfall nicht beeinträchtigen.

VII Findet in einer Schule Abendunterricht statt, so sind die Schulzimmer mit ausreichender künstlicher Beleuchtung zu versehen; auch die Zugänge zu den Schulzimmern und die Aborte sind zu beleuchten.

Lüftung der Schulzimmer.

§ 7.

Zur Lufterneuerung in den Schulzimmern genügt im allgemeinen die Lüftung durch die Fenster und Türen. Alle Fenster und Winterfenster müssen so hergestellt sein, daß sie leicht vollständig geöffnet werden können; zum Feststellen der geöffneten Fenster müssen geeignete Vorrichtungen angebracht sein. In jedem Schulzimmer müssen mindestens zwei Fenster im oberen Teile Klappflügel erhalten, die um wagrechte Achsen drehbar sind. Die Klappflügel der Fenster und Winterfenster müssen durch eine Stellvorrichtung so miteinander verbunden sein, daß sie gleichzeitig geöffnet und geschlossen werden können. Die Stellvorrichtung muß von unten aus mühelos zu bedienen sein.

Heizung der Schulzimmer.

§ 8.

I Die künstliche Erwärmung der Schulzimmer kann durch Zentralheizung oder durch Öfen geschehen.

II Die Zentralheizung kann nur für größere Schulhäuser und nur da empfohlen werden, wo das Heizmaterial nicht zu teuer kommt und für die Bedienung und Behebung etwaiger Schäden der Anlage geschultes Personal zur Verfügung steht. Für die Zentralheizung dürfen nur bewährte Systeme und glatte Heizkörper ohne Verkleidung gewählt werden; der Entwurf und die Ausführung der Anlage ist Sachverständigen zu übertragen, die in diesem Fache besondere Erfahrungen besitzen.

III Bei Einzelheizung ist darauf zu achten, daß die Öfen nicht zu klein gewählt werden; unter Umständen werden an Stelle eines großen Ofens besser zwei kleinere verwendet. Die Öfen werden am besten an der Längswand aufgestellt, die der Hauptfensterwand gegenüber liegt. Die Beheizung soll vom Schulzimmer aus erfolgen, da hiedurch die Lufterneuerung befördert wird. Eiserne Öfen müssen mit einem Mantel versehen sein.

Decken, Wände, Fußböden und Türen der Schulzimmer.

§ 9.

I Die Decken der Schulzimmer müssen möglichst schalldicht hergestellt, verputzt und weiß getüncht werden.

II Die Innenwände der Schulzimmer müssen, um das Eindringen des Schalles tunlichst zu verhüten, mindestens ein Stein stark sein. Die Wände der Schulzimmer müssen glatt sein und getüncht werden. Die Tünchung muß einfarbig, licht, matt, giftfrei und haltbar sein; bis zu einer Höhe von ungefähr 1,50 m vom Boden herauf ist ein dunklerer Farbton zu wählen; an die Stelle der Tünchung kann hier ein abwaschbarer (Öl-, Emailfarben-) Anstrich treten.

III Die Fußböden müssen eben, möglichst dicht, warmhaltend, dauerhaft und leicht zu reinigen sein. Diese Bedingungen erfüllt am besten ein Riemenboden aus hartem Holz. Böden aus steinähnlicher Masse sind nur als Unterlage für Linoleum gestattet. Es empfiehlt sich die Holzböden mit Öl einzulassen.

IV Die Eingangstüre für die Schulkinder wird zweckmäßig in der vorderen Hälfte der inneren Längswand des Schulzimmers angebracht. Die Türen der Schulzimmer müssen sich nach außen öffnen.

Hauseingang, Gänge u. Treppen.

§ 10.

I Vor den Haustüren der Schulhäuser oder den Aufgangstreppen zu den Haustüren sind, wenn es die Verhältnisse zulassen, leicht zu reinigende (gepflasterte) Zugänge herzustellen. Vor den Haustüren sind leicht zu reinigende und genügend große Vorrichtungen zum Abstreifen des Schmutzes von der Fußbekleidung anzubringen.

II Die Haustüren müssen sich nach außen öffnen; sie sind genügend breit anzulegen.

III Die Gänge und Treppen müssen durch ins Freie gehende Fenster genügend belichtet und lüftbar sein.

IV Die Haupteingänge müssen mindestens 2 m Breite haben.

V Die Treppen können aus Stein oder Holz hergestellt werden; am besten bewähren sich auch in bezug auf Feuersicherheit Treppen aus Eichenholz. Holztreppen müssen an der Unterseite verputzt werden.

VI Die Höhe der Treppenstufen soll nicht über 0,16 m, die Stufenbreite nicht unter 0,29 m betragen. Die Treppen sind an beiden Seiten mit Geländern zu versehen; letztere sollen so ausgeführt werden, daß das Hinabrutschen über das Geländer unmöglich ist.

VII Treppen, die zu Schulzimmern führen, dürfen nicht unter 1,50 m, solche, die von mehr als 250 Schülern benützt werden, nicht unter 2 m breit sein. Die Stockwerkstreppen müssen durch Absätze unterbrochen sein, Wendeltreppen und gewendelte Stufen sind unzulässig.

VIII Soferne nicht besondere Kleiderräume vorgesehen werden können, sind auf den Gängen der Schülerzahl entsprechende Vorrichtungen zum Aufhänger der Überkleider und Kopfbedeckungen sowie zur Aufbewahrung von Überschuhen, Holzschuhen usw. anzubringen.

IX Die Wände und Decken der Gänge, Treppen und Kleiderräume sind weiß zu tünchen. Bis zu einer Höhe von ungefähr 1,30 m vom Boden herauf ist dunklerer Farbenton zu wählen; an Stelle der Tünchung wird hier zweckmäßig ein abwaschbarer Anstrich verwendet.

Aborte.

§ 11.

I Die Aborte sind womöglich gegen Norden oder Osten anzulegen. Sie dürfen innerhalb der Umfassungsmauern des Schulhauses nur dann angebracht werden, wenn entweder ausgiebige Wasserspülung eingerichtet oder auf andere Weise das Eindringen lästiger Gase in die übrigen Räume des Schulhauses wirksam ausgeschlossen wird. In allen anderen Fällen sind die Abortanlagen in einem massiven Anbau unterzubringen, der vom Schulhause unmittelbar oder über einen geschützten Gang betreten wird.

II Für Knaben und Mädchen müssen getrennte Aborte mit je einem Vorraum vorgesehen werden. In jedem Aborte für Knaben muß ein Pißraum vorhanden sein. Auf je 40 Knaben und auf je 30 Mädchen muß mindestens ein Sitzabteil treffen.

III Werden die Aborte für Knaben und Mädchen nebeneinander eingerichtet, so sind sie durch eine bis zur Decke reichende Mauer, die zugehörigen Vorräume durch eine mindestens 2,40 m hohe Mauer zu trennen. Zwischen den einzelnen Sitzabteilen sind mindestens 2,40 m hohe Scheidewände anzubringen. Hölzerne Scheidewände sollen wie die Türen der Aborte unten etwa 15 cm vom Boden abstehen und müssen leicht abwaschbar sein.

IV Die Aborte müssen hell und durch ins Freie gehende Fenster mit Klappflügeln lüftbar sein. Die Klappflügel müssen durch eine Stellvorrichtung von unten leicht zu öffnen und zu schließen sein. Auch jeder Vorraum soll, wenn irgend tunlich, ein solches Fenster erhalten. Die Türen der Sitzabteile müssen von innen mit Riegeln verschließbar gemacht werden. Es empfiehlt sich, den Riegelverschluß so einzurichten, daß die von innen verriegelte Türe im Notfalle durch einen Schlüssel von außen geöffnet werden kann.

V Die Breite der einzelnen Sitzabteilungen muß mindestens 0,80m, die Länge mindestens 1,50 m betragen.

VI Der Pißraum soll bei entsprechender Länge mindestens eine Breite von 1,50 m erhalten. Pißwände und Pißrinnen müssen vollkommen wasserdicht hergestellt werden.

VII Die Fußböden der Aborte sind wasserdicht und bei Pißräumen derart herzustellen, daß gegen einen Ablauf ein Gefälle vorhanden ist. In mehrgeschossigen Abortanlagen darf zu den Zwischendecken Holz nicht verwendet werden.

VIII Wo Wasserleitung vorhanden ist, soll in den Vorräumen eine Waschvorrichtung angebracht werden.

IX Die Einrichtung der Wasserspülung ist nur da zu empfehlen, wo ausreichend Wasser zur Verfügung steht und die Abfälle und Abwässer einwandfrei abgeleitet werden können; weitere Voraussetzung ist, daß die Anlage frostsicher ausgeführt werden kann.

X Wo Wasserspülung nicht eingerichtet werden kann, müssen die Abfallstoffe in Gruben gesammelt werden. Die Gruben werden am besten an der Nordseite angelegt. Sie müssen stets außerhalb des Schulgebäudes liegen; sie sind vollständig unabhängig von der nächsten Umfassungsmauer und mindestens 0,20 m davon entfernt anzulegen. Die Gruben müssen aus Backsteinmauerwerk in Zementmörtel oder aus Beton hergestellt und wasser- und luftdicht eingedeckt werden. Sie sind allseitig mit einem mindestens 0,20 m starken Lattenschlag und wo dies nicht möglich ist, mit einem anderen gleichwertigen Isolierungsmittel (z. B. Asphalt) zu umgeben. Ihre Innenflächen müssen mit einem dauerhaften, glatten, wasserdichten Zementverputz versehen werden. Die Entleerungsöffnungen sind mit doppelten eisernen Deckeln zu verschließen. Die Abortgruben sind mit den Aborten im Innern der Schulhäuser durch genügend weite, von den Gebäudemauern allseits isolierte Grubenhälse mit ausreichendem Gefälle zu verbinden. Für die Ausführung der Grubenhälse gelten die gleichen Bestimmungen wie für die Ausführung der Gruben. Die Sohle der Grubenhälse ist mit schwachem Gefälle zur Sohle der Abortgruben zu führen, so daß die Flüssigkeit in die Grubenhälse hineinspült.

XI Die Gruben sind so groß anzulegen, daß sie nicht zu häufig geräumt werden müssen.

XII Die Fallrohre der Aborte müssen wasserdicht und glatt sein und, wenn nicht Spülung eingerichtet ist, wenigstens 0,25 m lichte Weite haben. Sie sind mit der gleichen Weite als Entlüftungsrohre mindestens 1 m hoch über das Dach hinauszuführen und mit einem Regendach abzudecken. Bei Wasserspülung sind eiserne Fallrohre mit einer lichten Weite von ungefähr 0,12 m zu verwenden. Die Einfallrohre der Sitzaborte müssen in möglichst spitzem Winkel in das Hauptrohr münden. Besondere Sorgfalt ist auf dichten Anschluß des Fallrohres an den Grubenhals zu verwenden.

XIII Polizeivorschriften, die hinsichtlich der Herstellung der Aborte strengere Anforderungen stellen, bleiben durch die vorstehenden Bestimmungen unberührt.

Beseitigung der Hausabfälle und Niederschlagwässer.

§ 12.

I Für Kehricht, Asche und sonstige trockene Hausabfälle sind besondere, abgedeckte Gruben anzulegen, soferne nicht regelmäßige Abfuhr der in Tonnen gesammelten Abfälle eingeführt ist.

II Die Hausabwässer müssen innerhalb des Schulhauses in eisernen, über Dach entlüfteten Röhren geführt werden. Sie sind auch außerhalb des Schulhauses bis zur Einleitung in einen Kanal oder bis zur sonstigen unschädlichen Ableitung in geschlossenen Röhren zu leiten. Wo die Hausabwässer nicht in dieser Weise beseitigt werden können, sind für sie besondere, genügend große, undurchlässige und luftdicht abgeschlossene Gruben herzustellen. Die Ausgüsse innerhalb des Hauses müssen von den Abfallrohren geruchlos abgeschlossen werden (Syphons).

III Das Dachwasser ist durch Dachrinnen und Abfallrohre zu sammeln und, wenn es nicht einer Entwässerungsanlage zugeführt werden kann, von der nächsten Umgebung des Schulhauses abzuleiten.

Wasserversorgung. § 13.

I Jedes Schulhaus muß mit Wasser von genügender Menge und einwandfreier Beschaffenheit versehen sein. Wenn das erforderliche Wasser nicht einer als einwandfrei bekannten Wasserleitung entnommen werden kann, ist es von einer Untersuchungsanstalt für Nahrungs- und Genußmittel auf seine Brauchbarkeit zu untersuchen und vom Bezirksarzte zu begutachten.

II Wo eine Wasserleitung nicht benützt werden kann, empfiehlt sich die Anlage einer eigenen Wasserleitung für das Schulhaus. Die Leitung muß so ausgeführt werden, daß jede Verunreinigung des Wassers sowohl am Ursprung als während der Zuleitung ausgeschlossen ist.

III Wird das Schulhaus mit einer Wasserleitung versehen, so soll in jedem Stockwerk ein Auslauf mit Ausguß vorgesehen werden.

IV In dritter Linie kommt die Anlage eines Brunnens in Betracht. Hiebei ist darauf zu achten, daß jede Verunreinigung des Brunnens und seiner Umgebung unmöglich gemacht wird. Insbesondere ist die Nähe von Abort- und Abwässergruben, Dunggruben und Jauchekanälen zu vermeiden. Die Bodenoberfläche rings um den Brunnen muß Gefälle vom Brunnen weg erhalten. Bei jedem Brunnen ist eine Brunnenschale anzubringen. Das Abwasser ist vom Schulhausgrundstück in geschlossenen Röhren abzuleiten.

Waschgelegenheit, Bäder. § 14.

I In oder bei jedem Schulhause muß für die Kinder Gelegenheit zum Händewaschen vorhanden sein. Wo keine Wasserleitung vorhanden ist, muß wenigstens in jedem Schulzimmer eine unzerbrechliche Waschschüssel und eine Kanne mit Wasser bereitgestellt werden.

II Für größere Schulhäuser ist die Einrichtung von Brausebädern zu empfehlen. Die Baderäume müssen heizbar sein und ins Freie führende Fenster erhalten.

Schulbänke (Tische). § 15.

I Die Bänke müssen in ausreichender Zahl vorhanden und der Größe der Kinder angepaßt sein. Eine Schulbank ist im allgemeinen für die Körpergröße eines Kindes als passend zu erachten, wenn bei wagrecht auf der Sitzbank aufliegendem Oberschenkel die ganze Fußsohle auf dem Fußrost ruht.

II Die Bänke müssen so beschaffen sein, daß eine ungünstige Körperhaltung vermieden wird. Die Tischplatte muß gegen den Körper des Schülers geneigt sein. Die Bänke müssen mit Rückenlehne und Fußrosten versehen sein. Der Anteil jedes Schülers an der Banklänge (die Sitzbreite) soll nicht unter 0,50 m betragen.

III Bei der Neuanschaffung von Schulbänken dürfen nur solche mit höchstens 4 Sitzen gewählt werden. Das Sitzbrett der Schulbank muß unter die Tischplatte hinreichen oder senkrecht mit dem Innenrand der Tischplatte abschneiden. Bei Bänken mit mehr als zwei Sitzen müssen entweder die Tischplatten oder die Sitze beweglich (zum Klappen eingerichtet) sein. Die Bänke sollen leicht zu reinigen sein; dieser Anforderung entsprechen am besten Bänke, die auf Schienen laufen oder umgelegt werden können.

IV Die K. Regierungen, Kammern des Innern, können bestimmen, welche Arten von Schulbänken zulässig sind, die Gemeinden dürfen jedoch hinsichtlich des Bezuges der Bänke nicht auf bestimmte Geschäfte beschränkt werden.

V Die Aufstellung der Bänke soll so erfolgen, daß zwischen den einzelnen Bankreihen, an der Fensterwand und an der Rückwand ein mindestens 0,50 m breiter Gang bleibt; die dem Ofen zunächst stehenden Bänke sollen mindestens 1 m von dem Ofen entfernt sein. Die Bänke sind so aufzustellen, daß die Kinder das durch die Fenster einfallende Tageslicht von der linken Seite her erhalten.

Wohnräume für das Lehrpersonal, Gemeindezimmer.

§ 16.

I Bezüglich der für das Lehrpersonal vorzusehenden Dienstwohnräume usw. gelten die Bestimmungen des Schulbedarfgesetzes vom 28. Juli 1902 Artikel 8 und der Ministerialbekanntmachung vom 25. Mai 1906. (KMBl. S. 315.) Wenn Dienstwohnungen in Schulgebäuden untergebracht werden, so müssen sie von den Schulräumen abgesondert werden und einen vom Zugang für die Schüler getrennten Zugang erhalten.

II Gemeindliche Geschäftszimmer, die in Schulhäusern eingerichtet werden, müssen außerhalb der Lehrerwohnungen liegen. Für solche gemeindliche Diensträume ist jedenfalls dann ein eigener Zugang von außen anzulegen, wenn in ihnen während der Schulzeit regelmäßiger amtlicher Geschäftsverkehr stattfindet. In diesem Falle ist auch ein eigener von den Schulaborten getrennter Abort anzulegen.

Nebengebäude. Anlagen.

§ 17.

Waschküchen werden zweckmäßig in Nebengebäuden untergebracht. Für den Einbau von Waschküchen in Schulhäuser ist Abschnitt I Ziffer 8 der Ministerialentschließung vom 25. Mai 1906 (KMBl. S. 315) zu beachten. Wenn genügende Sicherheit gegen das

Eindringen von Feuchtigkeit in das Gebäude gegeben ist, können Waschküchen auch in das Dachgeschoß eingebaut werden. Räume, die zu einem landwirtschaftlichen Betriebe dienen sollen, dürfen innerhalb der Umfassungsmauern des Schulgebäudes nicht untergebracht werden.

Turn- u. Spielplatz. § 18.

I Der Turnplatz muß mindestens in solcher Größe angelegt werden, daß auf jedes der ihn gleichzeitig benützenden Kinder eine Fläche von 3 qm trifft. Entsprechend große Höfe können als Turnplatz benützt werden. Sehr zu empfehlen ist die Bereitstellung erheblich größerer freier Plätze, die zum Turnen und für Bewegungsspiele verwendet werden können.

II Der Boden des Turn- und Spielplatzes soll leichtes Gefäll aufweisen, trocken, eben und fest sein; lästige Staubbildung soll tunlichst verhindert werden. Die Anpflanzung von Bäumen an den Rändern größerer Turn- und Spielplätze ist wünschenswert.

Zweiter Abschnitt.

Anordnungen und Winke für die Gesundheitspflege in den Volksschulen.

Reinhaltung des Schulhauses. § 19.

I Im ganzen Schulhause muß stets die größte Reinlichkeit herrschen. Zu diesem Zwecke ist zunächst das Einschleppen von Schmutz dadurch auf ein möglichst geringes Maß zurückzuführen, daß die Zugänge zum Schulhause von der Straße aus möglichst rein gehalten und daß die Schulkinder zur Benützung der Abstreifvorrichtungen streng angehalten werden.

II Es ist darauf zu dringen, daß die Kinder möglichst reinlich gekleidet zur Schule kommen. Kleidungsstücke, die abgelegt werden, dürfen nicht in den Schulzimmern selbst, sondern müssen auf Gängen oder in besonderen Räumen aufbewahrt werden.

III In den Schulzimmern und Gängen sind mit Wasser gefüllte Spucknäpfe und in den Schulzimmern auch Behälter für Abfälle aufzustellen. Ihre Benützung ist den Kindern zur Pflicht zu machen. Das Ausspucken auf den Boden ist strengstens zu untersagen.

IV Die Decken und Wände der Schulzimmer, Gänge und Treppen und der Kleiderräume müssen mindestens alle 3 Jahre getüncht werden. Der dunkler gehaltene untere Teil der Tünchung (§ 9 Abs. II, § 10 Abs. IX) ist mindestens alle 2 Jahre zu erneuern; abwaschbare Anstriche sind jedenfalls dann auszubessern oder zu erneuern, wenn sie schadhaft geworden sind.

V Fußbodenteile, die rissig oder uneben geworden sind oder deren Holz Fäulniserscheinungen aufweisen, müssen erneuert werden; kleinere Fugen im Boden sind auszuspänen oder auszukitten; wo sich diese Maßnahme nicht mehr als wirksam erweist, muß der ganze Fußboden umgelegt oder erneuert werden.

VI Die Fußböden der Schulzimmer und Gänge und die Treppen sind wöchentlich mindestens 2 mal feucht aufzuwischen; zur besseren Bindung des Staubes können feuchte Sägespäne verwendet werden. Gleichzeitig sind auch die Bänke (Tischplatten, Sitze, Fußtritte) und die Fensterbretter feucht abzuwischen und die Spucknäpfe zu entleeren. Besondere Sorgfalt ist der Reinigung der Aborte zuzuwenden. Die Sitze und Fußböden sind mindestens 2 mal wöchentlich, außerdem so oft sie beschmutzt werden, feucht zu reinigen. Türen, Fenster, Wände der Aborte müssen nach Bedarf gereinigt, die Pißrinnen stets frei gehalten werden; wo keine Wasserspülung vorhanden ist, empfiehlt es sich, die Pißrinnen und, soweit sie benetzt werden, die Pißwände nach Bedarf mit Steinöl zu bestreichen.

VII Mindestens 3 mal im Jahre (in den Weihnachts-, Oster- und Sommerferien) hat eine Hauptreinigung des Schulhauses zu erfolgen. Dabei sind die Wände und Decken unter Schonung des Anstriches abzukehren, die Einrichtungsgegenstände, die Türen, Fenster, die abwaschbaren Wandanstriche und schließlich die Fußböden und Treppen gründlich zu reinigen. Geölte Fußböden sind nach der Reinigung und Trocknung nachzuölen. Hiebei ist darauf zu achten, daß einerseits auf den nicht abgenützten Stellen kein Öl stehen bleibt, andererseits die abgetretenen Stellen vollständig mit Öl gesättigt werden.

VIII In den Hofräumen, auf den Turn- und Spielplätzen ist jede Verunreinigung und das Herumstreuen von Papier, Speiseabfällen untersagt.

IX Die Mittel für die Besorgung der vorgeschriebenen Reinigungsarbeiten und zur Beschaffung der erforderlichen Geräte usw. sind gemäß Art. 1 des Schulbedarfgesetzes von den Gemeinden zu beschaffen. Die Gemeindeverwaltungen haben zur pünktlichen und sorgfältigen Ausführung der vorgeschriebenen Reinigungsarbeiten im Vertragswege verlässige erwachsene Personen aufzustellen. Auf Grund der Schulpflicht dürfen Schulpflichtige weder von den Schulaufsichtsbehörden noch von dem Lehrpersonal oder von den Gemeindeverwaltungen zu Reinigungsarbeiten im Schulhause herangezogen werden. Die Beteiligung Schulpflichtiger an der Reinigung des Schulhauses ist mithin nur insoweit nicht zu beanstanden, als erwachsene Personen, welche die Reinigung übernommen haben, sich hierbei der Mithilfe der eigenen Kinder oder von sonntagsschulpflichtigen Dienstboten oder sonstiger Lohnarbeiter bedienen. Dem Lehrpersonal ist es aber nicht verwehrt, Schulkinder zu nicht anstrengenden Ordnungsarbeiten (z. B. Abwischen der Schultafel, Aufheben auf dem Boden liegender Gegenstände u. dgl.) heranzuziehen, zumal wenn solche Verrichtungen für den Schulbetrieb erforderlich sind oder aus erzieherischen Gründen angeordnet werden. Die örtlichen Schulaufsichtsbehörden und das Lehrpersonal haben bei der Gemeindeverwaltung und erforderlichen Falles bei der vorgesetzten Verwaltungsbehörde Abhilfe anzuregen, wenn die Reinigungsarbeiten nicht ordentlich vorgenommen werden.

Heizung. § 20.

I Die Heizanlagen müssen so bedient werden, daß die Schulzimmer schon zu Beginn der Schulzeit genügend erwärmt sind und während der Schulstunden auf einer Temperatur von 16—18° C erhalten werden. Eine Temperatur von 20° C darf auf keinen Fall überschritten werden. Zur Prüfung der Temperatur muß in jedem Schulzimmer an einer Innenwand und zwar mindestens 3 m vom Ofen entfernt in einer Höhe von ungefähr 1,60 m über dem Fußboden ein Thermometer aufgehängt sein.

II Soferne es der Raumverhältnisse wegen nicht zu vermeiden ist, daß Schulkinder in der Nähe des Ofens sitzen, muß vor dem geheizten Ofen ein ungefähr 1,50 m hoher und den Ofen der Breite nach vollständig deckender Ofenschirm aufgestellt werden.

III Solange geheizt wird, soll regelmäßig (etwa wöchentlich) eine Versetzung der Schüler, die in der Nähe des Ofens, an den Fenstern oder an der Türe sitzen, vorgenommen werden.

Lüftung. § 21.

I In den Schulzimmern sind während des Unterrichts bei genügender Außenwärme einzelne Fenster im ganzen, bei geringer Außenwärme nach Bedarf die oberen Klappflügel offen zu halten; Zugluft ist zu vermeiden.

II Während der Pausen, in denen die Schüler das Schulzimmer verlassen, sind ohne Rücksicht auf die Außenwärme einige Fenster für kurze Zeit ganz zu öffenen. Bei kalter Außenluft ist jedoch darauf zu achten, daß die Räume nicht zu stark abgekühlt werden; bei großem Wärmeunterschiede zwischen Innen- und Außenluft genügen wenige Minuten zur Lufterneuerung. Nach Beendigung des Unterrichts sind die Schulzimmer täglich ausgiebig zu lüften. Das gleiche hat auch zwischen Vormittags- und Nachmittagsunterricht zu geschehen, wenn nicht auswärts wohnende Schulkinder während der Mittagspause mangels anderer Unterkunft im Schulzimmer bleiben müssen.

III Auch die Gänge und die Kleiderräume sind entsprechend (an warmen Tagen während des Unterrichts, an kalten Tagen wenigstens nach Schluß des Unterrichts) zu lüften.

IV Besonders ausgiebig sind die Aborte zu lüften.

Körperhaltung der Schüler. § 22.

I Der Oberkörper soll aufrecht gehalten werden. Ein Anpressen der Brust gegen die Tischkante ist zu vermeiden. Die Schultern sollen gleich hoch stehen. Beim Schreiben und Lesen soll der Kopf nur wenig gegen die Pultfläche geneigt werden. Schreibhefte und

Schreibtafeln sollen nicht seitlich, sondern vor die Mitte der Brust gelegt werden.

II Die richtige Körperhaltung kann nicht ununterbrochen eingehalten werden; der Unterricht ist deshalb so einzurichten, daß die Körperhaltung öfters wechseln kann; auch sollen ab und zu kurze gemeinsame Freiübungen eingeschaltet werden.

Kleidung der Schüler. § 23.

Der Lehrer hat dafür zu sorgen, daß die Schüler bei Betreten des Schulzimmers die gegen Kälte, Wind, Nässe schützenden Überkleider (Mäntel, Halstücher, Überschuhe, Holzschuhe) ablegen; bei Durchnässung und großer Kälte empfiehlt sich ein Wechsel der (Strümpfe und) Schuhe; es ist dahin zu trachten, daß wenigstens jene Schulkinder, die einen weiteren Schulweg zurückzulegen haben, Hausschuhe und Strümpfe im Schulhause hinterlegen; für ärmere Kinder sollten Strümpfe und Hausschuhe unentgeltlich zur Verfügung gestellt werden.

Ernährung der Schüler. § 24.

Wenn Schulkinder wegen der Entfernung ihrer Wohnung vom Schulorte während der Mittagspause nicht nach Hause gehen können, so soll möglichst Vorsorge getroffen werden, daß ihnen eine warme Mittagskost (Suppe) verabreicht wird. Wenigstens soll sich das Lehrpersonal öfters überzeugen, ob solche Kinder mit Nahrungsmitteln versehen sind, und wenn sich in dieser Hinsicht wiederholt Mängel ergeben, der Aufsichtsbehörde Mitteilung machen.

Hautpflege der Schüler. § 25.

I Das Lehrpersonal soll darauf dringen, daß die Kinder reinlich zur Schule kommen, daß insbesondere das Gesicht, die Ohren und Hände regelmäßig gewaschen, die Nägel gereinigt und die Haare gekämmt werden.

II Wenn sich ein Schulkind erheblich beschmutzt hat, so ist auf sofortige Reinigung zu dringen. Wo Brausebäder zur Verfügung stehen, ist auf möglichst allgemeine Benützung zu sehen.

Schonung der Augen, Bekämpfung der Kurzsichtigkeit. Sorge für Schwerhörige. § 26.

I Die Schultafeln für den Massenunterricht sind so anzubringen, daß sie gut belichtet sind und von allen Plätzen aus gut übersehen werden können. Sie müssen rein und schwarz und dürfen nicht glänzend sein; der Anstrich ist bei Abnützung alsbald zu erneuern. Die übrigen dem Massenunterrichte dienenden Gegenstände (Wandkarten, Erdkugeln, Anschauungsbilder usw.) sollen genügende Größe, kräftige Farben und weithin deutlich erkennbare Zeichnung aufweisen.

II An Schulbüchern, Heften, Schreibtafeln dürfen nur die vorgeschriebenen Muster benützt werden.

III Grelles Sonnenlicht ist während des Unterrichts durch Schließen der Vorhänge abzudämpfen. Bei ungenügender Belichtung ist das Lesen und Schreiben auszusetzen und hat die Anfertigung feiner Handarbeiten zu unterbleiben. Kindern, bei denen sich Neigung zur Kurzsichtigkeit kundgibt, ist die Anfertigung feiner Handarbeiten überhaupt zu verbieten.

IV Der Unterricht ist so einzurichten, daß die Augen abwechselnd für die Nähe und die Ferne eingestellt werden müssen; beim Lesen und Schreiben (Handarbeiten) ist darauf zu sehen, daß die Augen in gehörigem Abstand von den Büchern, Heften (Handarbeitsgegenständen) bleiben.

V Das Tragen von Brillen ist nur auf ärztliches Zeugnis hin zu gestatten; andererseits ist bei Kindern, denen das Tragen einer Brille von ärztlicher Seite angeraten ist, darauf zu sehen, daß sie die Brille während des Unterrichts benützen.

VI Schwachsichtigen oder Kurzsichtigen Schülern sind möglichst Plätze in den vorderen Bänken und in der Nähe der Fenster anzuweisen.

VII Schwerhörige Kinder sollen ihren Platz möglichst in der Nähe des Lehrers erhalten.

Erkrankungen von Schülern. § 27.

I Wenn sich bei einem Schüler während des Unterrichtes bedenkliche Krankheitserscheinungen zeigen, so ist der Schüler auf geeignete Weise heimzubefördern.

II Bei dem Auftreten von übertragbaren Krankheiten unter den Schulkindern, in der Umgebung der Schulkinder oder im Schulhause, sind bezüglich der Fernhaltung der Schulkinder vom Schulbesuch und des Fernbleibens des Lehrers vom Unterrichte die Vorschriften über die Bekämpfung übertragbarer Krankheiten genau zu beachten. (MB. vom 9. Mai 1911 — GVBl. S. 426.) Insbesondere darf die Wiederzulassung erkrankter oder ansteckungsverdächtiger Schulkinder zum Unterricht erst erfolgen, wenn entweder die vorgeschriebene Frist abgelaufen ist oder das vorgeschriebene ärztliche (amtsärztliche) Zeugnis beigebracht wird.

III Für eine behördlich angeordnete Desinfektion von Schulräumen und Lehrerwohnungen hat die Gemeinde zu sorgen.

IV Schülern, die mit Ungeziefer (Läusen) oder einem Ausschlag am Kopf, im Gesicht, an den Händen behaftet sind, müssen tunlichst von den übrigen Kindern getrennte Plätze angewiesen werden. Das Lehrpersonal hat erforderlichen Falles der örtlichen Schulaufsichtsbehörde Anzeige zu erstatten, damit die Erziehungsberechtigten auf die Notwendigkeit einer Behandlung aufmerksam gemacht werden. Wird von den Erziehungsberechtigten nicht abgeholfen, so ist behufs weiteren Einschreitens Anzeige an die Distriktspolizeibehörde zu erstatten.

V Wenn sich bei Schulkindern Zeichen von Schwachsichtigkeit, Kurzsichtigkeit, Schwerhörigkeit, Wirbelsäuleverkrümmung, von Fallsucht, Schwachsinn, Geistesstörung, überhaupt von Gebrechen bemerkbar machen, welche die Teilnahme am Unterricht erschweren oder eine dauernde Schädigung des Körper- oder Geisteszustandes befürchten lassen, so hat der Lehrer den Bezirksarzt (Schularzt) bei der nächsten dienstlichen Besichtigung der Schule auf die Kinder aufmerksam zu machen. Besteht Bedenken gegen längeres Zuwarten, so ist den Erziehungsberechtigten nahezulegen, daß sie eine anderweitige ärztliche Untersuchung veranlassen. Im übrigen wird auf Ziffer 5 Buchstabe e Absatz II der Vollzugsvorschriften zur Verordnung vom 4. Juni 1903 über die Schulpflicht verwiesen.

Belehrung der Schulkinder über Gesundheitspflege.

§ 28.

I Die Lehrer sollen die Schulkinder bei sich bietender Gelegenheit über die wichtigsten gesundheitlichen Maßnahmen belehren. Hieher gehören vor allem die regelmäßige Reinigung der Zähne und der Mundhöhle, die ausgiebigen Körperwaschungen, das Baden, die Meidung alkoholhaltiger Getränke und des Rauchens.

II Schulkinder der oberen Klassen sind gelegentlich auch auf die Gefahren der Verunreinigung von Wunden und auf die Behandlung frischer Wunden aufmerksam zu machen; dabei soll die Anlegung einfacher Verbände gelehrt werden. In jeder Schule soll ein Verbandkästchen allen Lehrern zugänglich sein. Das Kästchen darf nur kleine Einzelverbände von verschiedener Größe in besonderer Packung enthalten. Die Päckchen dürfen nur zu Notverbänden und zu Übungszwecken, nicht aber zur fortlaufenden Behandlung Verletzter verwendet werden. Verbandstoffe, die zu Übungszwecken gebraucht wurden, dürfen zur Wundbehandlung nicht mehr benützt werden.

Dritter Abschnitt.

Bauliche und gesundheitliche Überwachung der Schulgebäude und der Volksschulen.

Überwachung durch die Gemeindeverwaltungen, das Lehrpersonal u. die Schulaufsichtsbeamten.

§ 29.

I Die den Gemeinden nach Artikel 1 des Schulbedarfgesetzes obliegende Sorge für die Bereitstellung des Schulbedarfs schließt auch die Verpflichtung zur baulichen Instandhaltung der Schulhäuser und zur Erhaltung und Ergänzung der notwendigen Schuleinrichtung in sich. Hieraus ergibt sich für die Gemeindeverwaltungen auch die Pflicht zur fortlaufenden Überwachung der Schulhäuser und ihrer Einrichtung.

In der Regel werden einschlägige Mängel und Bedürfnisse früher als von gemeindlichen Beauftragten vom Volksschullehrpersonal und von den örtlichen Schulaufsichtbeamten wahrgenommen werden. Letzteren steht es zu, bei der Gemeindeverwaltung Abhilfe anzuregen und erforderlichen Falles amtliche Untersuchung und Anordnung durch die vorgesetzten Verwaltungsbehörden herbeizuführen.

II Die den Beamten der Distriktsverwaltungsbehörden und den Bezirksärzten obliegenden Besichtigungen der Schulhäuser geben den örtlichen Schulaufsichtbeamten und dem Lehrpersonal Gelegenheit zur Erörterung der baulichen und gesundheitlichen Verhältnisse der Schulhäuser sowie des Gesundheitszustandes der Schulkinder. Die bei den Distriktsverwaltungsbehörden aufgestellten bautechnischen Beamten können beauftragt werden, in ihrem Dienstbezirke die Schulhäuser von Zeit zu Zeit zu besichtigen.

III Auch den Distriktsschulinspektoren und den Stadtschulreferenten sowie den von den Kreisregierungen abgeordneten Schulaufsichtbeamten kommt es zu die Abstellung der bei ihren Schulbesuchen wahrgenommenen baulichen und gesundheitlichen Mängel anzuregen.

Schulärzte.

§ 30.

I An vielen Orten sind auf Kosten von Gemeinden oder Distrikten mit schulaufsichtlicher Genehmigung für die Untersuchung der Schulkinder eigene Schulärzte (Fachärzte) aufgestellt. Der Wert dieser freiwilligen Wohlfahrtseinrichtung kommt namentlich dann zur Geltung, wenn die Schulärzte sich nicht auf die Feststellung gesundheitlicher Mängel beschränken, sondern mit den Schulaufsichtsbehörden und dem Lehrpersonal, den Eltern oder sonstigen Erziehungsberechtigten der Schulpflichtigen und den Amtsärzten in Fühlung treten. Wo ein solches Zusammenwirken zu erwarten ist und geeignete Ärzte zur Vornahme der Untersuchungen bereit sind, soll die Aufstellung von Schulärzten weiter gefördert werden.

II Bei der Verschiedenheit der örtlichen Verhältnisse und, da es sich um eine freiwillige Einrichtung handelt, wird von einer allgemeinen gleichmäßigen Regelung der Aufstellung von Schulärzten und ihrer Tätigkeit abgesehen; aus schulaufsichtlichen Erwägungen werden aber folgende Richtpunkte allgemein verbindlich vorgeschrieben:

1. Durch die Aufstellung von Schulärzten kann und darf die Zuständigkeit der Schulaufsichtbehörden und der Amtsärzte nicht ausgeschaltet und nicht verkürzt werden.
2. Die Untersuchungen der Schulkinder sind den Eltern oder sonstigen Erziehungsberechtigten rechtzeitig vorher bekannt zu geben und müssen unterbleiben, wenn es die Erziehungsberechtigten ausdrücklich verlangen. Nur wenn die Untersuchung zur Verhütung der Verbreitung einer übertragbaren Krankheit geboten erscheint, kann sie auch gegen den Willen der Erziehungsberechtigten angeordnet werden.
3. Bei den körperlichen Untersuchungen ist das Zart- und Schamgefühl der Kinder sorglichst zu schonen. Knaben und Mädchen sind stets getrennt zu untersuchen.
4. Den Eltern oder sonstigen Erziehungsberechtigten ist die An-

wesenheit bei der Untersuchung ihrer Kinder zu gestatten; dadurch wird auch Gelegenheit zu Aufklärungen über die Notwendigkeit ärztlicher Behandlung, über Körperpflege, Ernährung, Berufswahl und ähnliche Fragen gegeben.

5. Mit den schulärztlichen Untersuchungen darf, Notfälle ausgenommen, eine ärztliche Behandlung der Schulkinder nicht verbunden werden. Die Schulärzte und die Schulaufsichtsbehörden haben sich jeder Beeinflussung der Erziehungsberechtigten hinsichtlich der Wahl der Ärzte für die Behandlung der Kinder zu enthalten.
6. Die Schulärzte und die Lehrer sind verpflichtet, die Ergebnisse der Untersuchungen Unberufenen gegenüber geheim zu halten. Schriftliche Aufzeichnungen über die Ergebnisse der Untersuchungen sind als amtliche Schriftstücke zu behandeln und sorgfältig zu verwahren.
7. Dienstanweisungen für Schulärzte bedürfen der schulaufsichtlichen Genehmigung durch die Regierung, Kammer des Innern, auf Grund vorheriger gutachtlicher Einvernahme der äußeren Schulbehörden.

III Die durch die schulärztlichen Untersuchungen bedingten Störungen oder Unterbrechungen des Unterrichts sind schulaufsichtlich nicht zu beanstanden, aber auf das unentbehrliche Maß zu beschränken.

München, den 15. April 1913.

Dr. von Knilling.

---

3. ME. vom 15. April 1913. Bauliche Anlage und Einrichtung der Schulhäuser und Gesundheitspflege in den Volksschulen betr.

(KMBl. S. 139.)

An die K. Regierungen, Kammern des Innern.

Für den Vollzug der vorstehenden Bekanntmachung werden folgende Erläuterungen und Anweisungen gegeben:

I Die im ersten Abschnitte der Bekanntmachung enthaltenen Mindestforderungen sind allgemein verbindlich für die schulaufsichtliche Würdigung und Genehmigung von Schulhausneubauten und von solchen umfangreicheren baulichen Änderungen von Schulhäusern, bei denen den neuen Bestimmungen nach den örtlichen Verhältnissen Rechnung getragen werden kann. Das K. Staatsministerium des Innern für Kirchen- und Schulangelegenheiten behält sich vor, aus besonders dringenden Gründen Ausnahmen zuzulassen, die sich nach den örtlichen Verhältnissen mit der gebotenen Rücksicht auf die Gesundheit der Schulkinder und der Lehrer sowie mit den Anforderungen des Schulbetriebs vereinbaren lassen.

II Die Durchführung der neuen Bestimmungen wird gegenüber den Zuständen in zahlreicheren älteren Schulhäusern wesentliche Besserungen in gesundheitlicher und schultechnischer Beziehung zur Folge haben, gleichwohl aber nicht zu einer merklichen Erhöhung jenes Bauaufwandes führen, der schon seit mehreren Jahren bei Schulhausneubauten in der Regel üblich war; denn den neuen Bestimmungen sind hinsichtlich der Ausmaße und der Ausstattung der Schulhausbauten im allgemeinen jene Anforderungen zugrunde gelegt, die schon seit mehreren Jahren auch unter einfacheren Verhältnissen eingehalten wurden und sich bewährt haben.

III Aus wohl erwogenen Gründen wurde soviel als möglich davon abgesehen, die Anwendung bestimmter, wenn auch bewährter Neuerungen auf dem Gebiete der Baustoff-Erzeugung und der Bauausführung vorzuschreiben oder nur zu empfehlen. Auch bei der schulaufsichtlichen Würdigung und Genehmigung der Bauverhandlungen sind Anordnungen tunlichst zu vermeiden, die als Bevorzugung bestimmter Geschäftsunternehmer aufgefaßt werden oder wirken könnten. Die Gemeinden sollen aber aufsichtlich nicht gehindert werden, sich erprobte Neuerungen auf Grund zuverlässiger sachverständiger Beratung zunutze zu machen.

IV Bei der schulaufsichtlichen Würdigung der Bauverhandlungen und bei der dazu gehörigen oberärztlichen und obertechnischen Prüfung der gemeindlichen Vorlagen ist im Auge zu behalten, daß auch bei Schulhausbauten das gemeindliche Selbstverwaltungsrecht nicht ausgeschaltet, sondern nur insoweit beschränkt ist, als es die schulaufsichtlich wahrzunehmenden gesundheitlichen und schultechnischen Rücksichten und die baupolizeilichen Vorschriften gebieten. Soweit es die Vorschriften über die staatsaufsichtliche Überwachung der gemeindlichen Vermögensverwaltung zulassen, ist auch bei Schulhausbauten ein zu weit gehender Aufwand zu beanstanden, zumal, wenn er mit der Leistungsfähigkeit der Gemeinden nicht zu vereinbaren ist.

V Besonderes Gewicht ist darauf zu legen, daß die Schulhausbauten sorgfältigst und unter Verwendung durchaus einwandfreier Baustoffe ausgeführt werden. Zu diesem Zweck ist allenthalben auf genügende Überwachung der Bauausführung durch verlässige Sachverständige zu dringen. Das ist um so mehr geboten, als die Erfahrung zeigt, daß selbst solche Gemeinden, die bei der Feststellung der Bauprojekte über das Bedürfnis hinauszugehen geneigt waren, bei der Bauausführung in unangebrachter Weise zu sparen suchten. Eigenmächtiges Abweichen von den genehmigten Bauplänen und Kostenanschlägen, Verwendung minderwertiger Baustoffe, Wahl unzuverlässiger oder nicht genügend leistungsfähiger Baumeister und Lieferanten haben schon häufig dazu geführt, daß Gemeinden zwar anfänglich Einsparungen zu erzielen glaubten, später aber zu teueren

Nacharbeiten und fortgesetzten Ausbesserungen gezwungen waren; es ist hier namentlich an die höchst mißlichen Schädigungen der Schulhäuser durch Feuchtigkeit und Auftreten des Hausschwammes zu erinnern.

VI Durch die neuen Vorschriften soll die Erbauung neuer Schulhäuser verhindert werden, die in gesundheitlicher und in schultechnischer Beziehung zu wünschen übrig lassen. Die Gemeinden, namentlich die weniger leistungsfähigen, sollen aber nicht gedrängt werden, ältere Schulhäuser, die ihrem Zwecke bisher anstandslos gedient haben und die nach ihrem allgemeinen Zustande billigen Anforderungen noch für längere Zeit genügen können, nur aus dem Grunde durch Neubauten zu ersetzen oder eingreifend abzuändern, weil diese Schulhäuser den neuen Bestimmungen nicht voll entsprechen. Hiebei kommt auch die Erwägung in Betracht, daß beim Umbau älterer Gebäude die Kosten nicht immer in befriedigendem Verhältnisse zur erreichbaren Verbesserung stehen.

VII In Schulsälen, die dem § 4 der neuen Vorschriften entsprechen, wird auf das einzelne Schulkind erheblich mehr Luftraum und Bodenfläche treffen als nach Abschnitt I Buchstabe d der Ministerialentschließung vom 16. Januar 1867 zu fordern war. Hiemit will für Neubauten und Umbauten eine günstigere Belegung gesichert, nicht aber angeordnet werden, daß überall da, wo ältere Schulzimmer enger belegt sind, ohne weiteres auf Teilung der betreffenden Schulen oder Schulabteilungen oder auf Vergrößerung oder Ersatz der vorhandenen Schulzimmer zu dringen ist.

VIII Die Anordnungen und Winke im zweiten Abschnitt der neuen Vorschriften, namentlich die Bestimmungen über die Reinhaltung der Schulräume, sind auch in den älteren Schulhäusern durchzuführen, soweit es die örtlichen Verhältnisse irgend zulassen.

München, den 15. April 1913.

Dr. von Knilling.

---

4. ME. vom 19. August 1924 über die bauliche Anlage und Einrichtung der Schulhäuser und der Dienstwohnungen der Volksschullehrer.

(MABl. S. 125.)

Die verminderte Leistungsfähigkeit der Gemeinden läßt es angezeigt erscheinen, von den Mindestforderungen der MinBek. vom 25. Mai 1906 und vom 15. April 1913 (MABl. 1906 S. 313, 1913 S. 115) hinsichtlich des Umfanges und der Beschaffenheit der Dienstwohnungen der Volksschullehrer und hinsichtlich der baulichen Anlage und Einrichtung der Schulhäuser Ausnahmen zuzulassen. Für die Dauer der bestehenden Schwierigkeiten werden daher die Reg., K. d. J., ermächtigt, bei Neu- und Umbauten von Schulhäusern auf Antrag der Gemeindeverwaltungen Erleichterungen nach folgenden Richtungen zu gewähren:

A. Zur MinBek. vom 25. Mai 1906:

Abschn. I Eingang: Der Gesamtflächenraum der 4 Zimmer einer Dienstwohnung erster Ordnung kann auf 70—80 Quadratmeter, jener des Wohnzimmers auf 20 Quadratmeter, jener der Waschküche auf 15—20 Quadratmeter beschränkt werden. Es genügt ferner, wenn von den 4 Zimmern 3 heizbar sind.

Abschn. I Ziff. 4: Die lichte Höhe der Wohn- und Schlafzimmer kann nach den Vorschriften der allgemeinen Bauordnung bemessen werden.

Abschn. II Abs. II: Dienstwohnungen zweiter Ordnung genügen, wenn sie nur ein heizbares Wohnzimmer von 20—24 Quadratmeter und die übrigen Räume umfassen.

Abschn. III: Für das heizbare Dienstwohnzimmer einer Dienstwohnung dritter Ordnung kann ein Flächenausmaß von mindestens 20 Quadratmeter zugelassen werden.

B. Zur MinBek. vom 15. April 1913:

§ 3 Abs. II:

Die Unterkellerung kann auf die für den Schulbedarf und für die im Schulhaus etwa vorhandenen Dienstwohnungen benötigten Kellerräume beschränkt werden, wenn der Untergrund vollkommen trocken ist und zur Verhütung von Hausschwamm entsprechende bauliche Vorkehrungen getroffen werden. Bei vollständiger Unterkellerung genügt eine Höhenlage des Erdgeschoßfußbodens von 45 cm über dem höchsten umgebenden Gelände.

§ 4 Abs. IV:

Die lichte Höhe der Schulzimmer von 4 bzw. 3,5 m kann auf 3,5 bzw. 3,2 m jene von 3,2 auf 3 m vermindert werden, falls das Schulhaus eine allseits freie Lage besitzt.

§ 6 Abs. II:

Bei Schulzimmern mit dauernd unbehindertem Lichteinfall kann die Glasfläche der linksseitigen Fenster auf ein Zehntel, der lichten Maueröffnungen dieser Fenster auf ein Siebentel der Fußbodenfläche vermindert werden. Die Höhe der Fensterbrüstungen kann auf 1 m ermäßigt werden.

§ 10 Abs. VII:

Treppen, die zu Schulzimmern führen, können in einer Mindestbreite von 1,3 und 1,8 m (statt 1,5 und 2 m) ausgeführt werden.

§ 11 Abs. III:

Für Scheidewände zwischen den einzelnen Sitzabteilen der Aborte genügt eine Höhe von 2,2 m.

§ 11 Abs. V:

Sitzaborte für die Schulkinder sind von 75 cm Breite und 1,3 m Länge ausreichend.

Allenfalls angestrebte weitergehende Erleichterungen in den Mindestanforderungen können nur auf Grund eingehender Darlegung der Verhältnisse nach Maßgabe des Vorbehalts in Ziff. I Satz 2 der ME. vom 15. April 1913 (MABl. S. 139) vom Staatsministerium für Unterricht und Kultus zugelassen werden.

---

5. MB. vom 16. Juli 1923 über den Einbau von Schulküchen in Schulhäusern.

(KMBl. S. 88, MAB. S. 67.)

Der Verein für wirtschaftliche Frauenschulen auf dem Lande hat gebeten, darauf hinzuwirken, daß die Gemeinden bei Schulhausneubauten auf dem Lande auf die Bedeutung und Zweckmäßigkeit des Einbaus einer Schulküche aufmerksam gemacht werden.

Diese Bitte erscheint begründet. Die Einrichtung von Schulküchen ist ein Bedürfnis. Es fehlt vor allem auf dem Lande, aber auch in den Städten weiten Volkskreisen zum Nachteil des Familienlebens wie der gesamten Volkswirtschaft an der nötigen hauswirtschaftlichen Schulung. Da Schulküchen auch zugleich zum Waschen und Bügeln benützt werden können, lassen sie sich für verschiedene Gebiete des hauswirtschaftlichen Unterrichts auf dem Lande, vor allem auch für die Abhaltung landwirtschaftlicher Wanderhaushaltungskurse nutzbar machen.

Augenblicklich wird für die meisten Gemeinden die Hauptschwierigkeit in den sehr hohen Beschaffungskosten für die Kücheneinrichtung liegen. Diese vorübergehende Schwierigkeit kann aber um so weniger ein Hindernis bilden, der Anregung schon jetzt Rechnung zu tragen, als sich der Einbau einer Schulküche mit Vorratsraum und die Benützung eines Speicherabteils zum Trocknen von Wäsche bei der Errichtung von Schulhausneubauten in vielen Fällen ohne große Mehrkosten erreichen lassen wird, besonders dann, wenn die örtlichen Verhältnisse den Einbau der Küche im Kellergeschoß zulassen. Da die Räume nur vorübergehend benützt werden, können die Ansprüche an die natürliche Belichtung gegenüber den für die Schulsäle geltenden Bestimmungen wesentlich herabgesetzt werden. Der Erlaß besonderer Bauvorschriften kommt wegen der Verschiedenartigkeit der Verhältnisse nicht in Betracht; die Räume müssen unter allen Umständen trocken sein und unmittelbar ins Freie gehende Fenster besitzen.

Die Bezirks- und Stadtschulbehörden sowie die Regierungen, Kammern des Innern, werden angewiesen, bei der Aufstellung und Prüfung von Plänen für Schulhausneu- und Umbauten in geeigneten Fällen auf die Berücksichtigung der vorstehenden Anregungen hinzuwirken.

6. ME. vom 5. November 1925 Nr. 3649 a 6 betreffend Vorbereitung der Fernsprecheinrichtungen in Neubauten.

(StAnz. Nr. 258.)

An die Baupolizeibehörden der unmittelbaren Städte, dann an die Bezirksämter.

Es ist unwirtschaftlich und verfehlt, in neuen Gebäuden die Einrichtungen für den Fernsprecher erst dann auszuführen, wenn Mauern und Wände fertiggestellt, bemalt oder mit Tapeten bekleidet sind. Es empfiehlt sich daher bei Neubauten, wie dies bei elektrischen Starkstromanlagen für Licht und Kraft üblich ist, die notwendigen Mauerdurchbrüche, Aussparungen, Deckenöffnungen, Dübellöcher usw. für die zu erwartenden Fernsprecheinrichtungen bereits beim Bau vorzubereiten.

Zur geeigneten Verständigung der Bauherrn und Bauunternehmer hat das Reichspostministerium ein Merkblatt ausgearbeitet, das alles Wissenswerte enthält.

Die Baupolizeibehörden der unmittelbaren Städte werden hiermit angewiesen, bei der Plangenehmigung ein Stück dieses Merkblattes dem Bauherrn oder dem Bauunternehmer auszuhändigen und hiebei auf die Wichtigkeit der Befolgung der im Merkblatt gegebenen Anregungen hinzuweisen.

Im gewissen Umfange trifft das Merkmal auch für ländliche Bezirke zu. Es werden deshalb auch die Bezirksämter angewiesen, in geeigneten Fällen das Merkblatt dem Bauherrn oder Bauunternehmer mit entsprechender Belehrung auszuhändigen.

Es wird ferner darauf hingewiesen, daß es für Hausbesitzer und Mieter von großem Vorteil ist, den Verlauf derartiger verdeckter Leitungen (sei es für Fernsprechzwecke oder auch für Starkstromleitungen für Licht und Kraft) zu kennen und planmäßig festzulegen. Auch hierauf wollen die Baupolizeibehörden die Beteiligten gelegentlich immer wieder hinweisen.

Die Merkblätter sind bei den zuständigen Oberpostdirektionen zu erhalten. Die Baupolizeibehörden wollen ihren erstmaligen Bedarf bis zum 15. Dezember 1925 unmittelbar oder durch Vermittelung der Ortspostanstalten den zuständigen Oberpostdirektionen bekannt geben.

---

7. ME. über Maßnahmen gegen Brandfälle vom 14. Juli 1926.

(StAnz. Nr. 161).

(Auszugsweise:)

. . . . hiernach ergehen folgende Anordnungen:

I. . . . . .

II. Pflichten der Baupolizei:

Schon bei der Prüfung der Baupläne ist genau darauf zu achten, daß die Bestimmungen über feuersicheres Bauen genau eingehalten werden. Dies ist notfalls durch revisorische Einzeichnungen in die Pläne oder durch entsprechende Sonderauflagen sicherzustellen. Sodann hat sich die Überwachung der plan- und vorschriftsgemäßen Ausführung der Bauten nach §§ 66—94 der beiden Bauordnungen ganz besonders auf die Belange der Feuersicherheit zu erstrecken. Hierzu ist notwendig, daß die Bauten noch im Rohbau eingehend überwacht werden, da nur in diesem Zustande des Baues etwaige Zuwiderhandlungen (fehlerhafte Auflagerung der Kamine, mangelhafter Verputz der Kamine, Einfügung von Balken und anderen Holzteilen in Kaminmauern [Fehlbodenbrände], Anbringung von Holzverschalungen an Kaminen, unmittelbarer Anbau von Kaminen an die Balkenlagen von Fachwerkmauern usw.) noch festgestellt und ohne erheblichen Aufwand abgestellt werden können. Es ist zweckmäßig, mit Feststellungen dieser Art, insbesondere soweit die baulichen Verhältnisse an Kaminen in Frage kommen, auch die Kaminkehrer zu betrauen, denen nach der Verordnung vom 26. März 1903 §§ 1 und 2 Abs. IV die Pflege der Kamine und Feuerstätten obliegt.

Die Belange der Feuersicherheit, die im einzelnen hier nicht aufgezählt werden können, sind auch nach Fertigstellung der Bauten gut zu überwachen. Dies gilt insbesondere für die ordnungsgemäße Beschaffenheit der Sockel der Öfen, Herde und sonstigen Feuerstätten, der Bodenbretter, Kaminputztürchen, der Bodenbretter vor diesen, der Rauchrohre, der Brandmauern, der Öffnungen in solchen und ihrer Verschlüsse, dann für die Feststellung offenkundiger grober feuergefährlicher Verfehlungen bei elektrischen Inneneinrichtungen (Leitungen und Motore), für den guten Zustand der Blitzschutzeinrichtungen und vieles andere mehr.

Durch andauernde Beratung und unausgesetzte Achtsamkeit in allen hier einschlägigen Fragen muß die Zahl der auf fehlerhafte Bauweise, vorschriftswidrige Feuerungsanlagen, mangelhafte elektrische Inneneinrichtungen usw. zurückzuführenden Brände allmählich herabgemindert werden. . . .

---

8. Verordnung und oberpolizeiliche Vorschriften über Einstellräume für Kraftfahrzeuge und über die Einstellung von solchen vom 10. Mai 1927.

(GVBl. S. 129)

abgeändert durch VO. vom 14. Oktober 1927 (GVBl. S. 346).

A.

Allgemeine Vorschriften für die Errichtung von Einstellgebäuden.

Anzeigepflicht.

§ 1. [I] Wer einen Raum zur Einstellung von Kraftwagen errichten oder verwenden will, hat der Bezirkspolizeibehörde Anzeige zu erstatten und vorbehaltlich besonderer bau- oder gewerbepolizeilicher Genehmigung die Anordnungen der Bezirkspolizeibehörde zu erfüllen.

II In Zufahrten, Durchfahrten und Pavillonzwischenräumen dürfen Kraftwagen außer zu vorübergehenden Zwecken nicht eingestellt werden.

Zufahrten.

§ 2. Sollen in einer Anlage mehr als 20 Kraftwagen eingestellt werden, so muß eine Zufahrt von 4,8 m Breite und 2,7 m Höhe vorgesehen werden. Statt einer Zufahrt können auch zwei Zufahrten von je 2,4 m Breite und 2,7 m Höhe gefordert werden.

Geschützte Gebiete.

§ 3. In geschützten Wohnvierteln, sowie 200 m im Umkreise von Kirchen, Schulen, Krankenhäusern und Heilanstalten, dann 100 m im Umkreise von öffentlichen Gebäuden sonstiger Art kann die Genehmigung zur Errichtung von Einstellgebäuden für mehr als 10 Wagen versagt werden.

B.

Vorschriften für die Beschaffenheit der Einstellgebäude.

Bauart.

§ 4. I Auf Einstellgebäude finden die baupolizeilichen Vorschriften und die im Vollzuge der gegenwärtigen Vorschriften getroffenen besonderen Anordnungen Anwendung.

II Überschreitet die überbaute Fläche der Gesamtanlage 1000 qm, so sind durch bauordnungsgemäße Brandmauern Brandabschnitte von höchstens 1000 qm herzustellen. Wird die Anlage in Einzelboxen aus feuerbeständigen*) Baustoffen aufgeteilt, so können hinsichtlich der Aufteilung in Brandabschnitte Erleichterungen gewährt werden.

---

*) Als feuerbeständig gelten z. B.:
- Gemauerte, mindestens 12 cm starke Wände,
- 10 cm starke Betonwände,
- 6 cm starke Eisenbetonwände,
- ausgemauertes Eisenfachwerk, dessen Eisenteile glutsicher ummantelt sind,
- Eisenbetondecken, 12 cm starke Ziegelsteindecken, deren etwaige Eisenteile, Unterzüge und Stützen glutsicher ummantelt sind,
- Fußböden aus Beton,
- Elektrofliesen oder Drahtglas, das 5 cm tief in die Mauer eingreift,
- Treppen aus Eisenbeton,
- Dächer aus Eisenbeton oder Eisen, wenn sämtliche Eisenteile glutsicher ummantelt sind,

Wände und Nachbarräume.

§ 5. I Bei Einstellräumen müssen, soferne die Bauordnung keine andere Bauart vorschreibt, mindestens die Wände aus feuerhemmenden*) Baustoffen bestehen. Bei freistehenden Anlagen, insbesondere bis zu zwei Kraftwagen kann hiervon abgesehen werden.

II Einstellräume dürfen weder in unmittelbarer, noch in mittelbarer Verbindung mit Räumen stehen, die eine Feuerstätte oder eine Beleuchtung mit offenem Licht haben oder zur Lagerung oder Verarbeitung leichtentzündlicher Stoffe dienen. Ferner darf mit Treppenhäusern, Zugängen, Durchgängen oder Durchfahrten, die zu Wohn- oder Arbeitsräumen führen, oder mit tiefer gelegenen Räumen oder Schächten keine solche Verbindung bestehen.

Decken.

§ 6. Die Decken der Einstellräume müssen öffnungslos und feuerhemmend sein. Sind Einstellräume in Geschossen übereinander angeordnet oder sind über den Einstellräumen Räume zum Aufenthalt oder Verkehr von Menschen, so müssen die Wände und Decken der Einstellräume feuerbeständig sein. Für einzelne Gelasse für Wagenführer sind bei besonderen Verhältnissen Ausnahmen zulässig.

Fußboden.

§ 7. Der Fußboden der Einstellräume muß feuerbeständig und flüssigkeitsdicht sein. Bei kleineren freistehenden Einstellgebäuden kann hiervon abgesehen werden. Entwässerungsschächte in und vor den Einstellräumen müssen Ölabscheider haben.

Arbeitsgruben.

§ 8. Arbeitsgruben sind nur zulässig, wenn eine wirksame selbsttätige Entlüftung gewährleistet ist.

Heizung.

§ 9. Die Heizung der Einstellräume muß so beschaffen sein, daß sich Dämpfe der Betriebsstoffe nicht daran entzünden können. Diese Anforderung gilt als erfüllt, wenn die Heizung den vom Ausschusse für die Behandlung feuergefährlicher Angelegenheiten (München,

---

Als feuerhemmend gelten z. B.:
- Wände aus ausgemauertem und verputztem Fachwerk, glutsicher ummanteltes Holzwerk,
- Rabitzdecken und -wände: Zement- und Gipsdielen; Weißdecken: Holzzement; Zementestrich auf Holzunterlage;
- Türen, die hinsichtlich ihrer Bauart dem § 16 der BO. entsprechen; Treppen aus Stein, Eichenholztreppen mit verputzter Untersicht.

*) S. Fußnote zu § 4.

Polytechnischer Verein, Briennerstraße 8, IV. Aufgang) aufgestellten und in der Anlage I abgedruckten Grundsätzen für die Beheizung Anlage von Räumen zur Lagerung brennbarer Flüssigkeiten entspricht.

Beleuchtung.

§ 10. I Einstellräume dürfen nur beleuchtet werden durch:

a) elektrische Glühlampen, wenn sie mindestens 1,5 m über dem Fußboden fest angebracht sind;

b) tragbare elektrische Glühlampen, wenn sie auch die Fassungen umschließende Überglocken, Drahtschutzkörbe und eine mit wasserdichten Isolierhüllen umgebene Kabelleitung haben;

c) Außenbeleuchtung jeder Art, wenn sie durch fest eingemauerte starke Glasscheiben von den Innenräumen abgeschlossen ist.

II Elektrische Anlagen müssen den Vorschriften, Regeln, Normen und Leitsätzen des Verbandes Deutscher Elektrotechniker entsprechen. Einstellräume sind bis zu einer Höhe von 1,5 m über dem Fußboden als zerknallgefährliche Betriebsstätten nach den Vorschriften des Verbandes Deutscher Elektrotechniker zu behandeln. Außerdem gelten die in Anlage II abgedruckten Grundsätze. Anlage II

Entlüftung.

§ 11. Jeder Einstellraum muß dicht über dem Fußboden Entlüftungsöffnungen haben. Für größere Einstellräume, besonders im Keller, kann zur Förderung des Luftwechsels künstliche Entlüftung verlangt werden. Funkenbildende Teile elektrisch angetriebener Entlüfter müssen außerhalb der Räume und der Entlüftungsrohre liegen.

Werkstätten und sonstige Räume.

§ 12. I Ausbesserungs-, Lackier- und sonstige Werkstätten, worin mit Feuer oder offenem Lichte gearbeitet wird oder worin leicht brennbare Stoffe verwendet werden, müssen den baupolizeilichen Bestimmungen entsprechen. Sie dürfen nur in offenen Höfen angelegt werden. Sie sind von anstoßenden Gebäudeteilen durch öffnungslose Mauern und erforderlichenfalls durch feuerbeständige Decken zu trennen.

II Wasch- und sonstige Aufenthaltsräume müssen einen gesicherten Rückzugsweg haben.

C.

Betriebsvorschriften.

Rauchen usw.

§ 13. Das Rauchen und jede Benützung von offenem Licht insbesondere von Azetylenlampen aller Art, sowie funkenerzeugende Verrichtungen sind in den Einstellräumen verboten. Laternen von Kraftwagen sind, wenn sie nicht elektrisches Licht haben, vor

Einstellung der Wagen auszulöschen; sie dürfen in Einstellräumen auch nicht angezündet werden. Feldschmieden, Lötvorrichtungen usw. sind nur in besonderen Ausbesserungswerkstätten oder im Freien, 5 m von den Türen der Einstellräume entfernt, zugelassen.

Putzwolle.

§ 14. Gebrauchte Putzwolle und Putzlappen dürfen in Einstellräumen nur in feuerhemmenden, dichtverschließbaren Behältern aufbewahrt werden.

Karbid.

§ 15. Karbid darf in Einstellräumen nur in dicht schließenden Gefäßen bis zu einer Höchstmenge von 5 kg aufbewahrt werden; jede Einwirkung von Feuchtigkeit muß ausgeschlossen sein. Die Karbidbehälter der Laternen dürfen nicht in den Einstellräumen aufgefüllt oder entleert werden.

Betriebsstoff.

§ 16. I Vorräte von Betriebsstoffen sowie leere Behälter sind in gesonderten, den Bestimmungen über die Lagerung brennbarer Flüssigkeiten entsprechenden Lagern oder Behältern unterzubringen. Außer den in den Kraftwagen befindlichen Betriebsstoffen darf nur ein zerknallsicheres Blechgefäß (Kanister mit höchstens 15 Liter Inhalt) im Einstellraume vorhanden sein.

II Alle zum Um- und Einfüllen von Treibmitteln dienenden Gefäße müssen zerknallsicher sein.

Ausbesserungswerkstätten.

§ 17. In Ausbesserungswerkstätten, worin mit offenem Feuer gearbeitet wird oder funkenerzeugende Verrichtungen vorgenommen werden, dürfen Kraftwagen nur mit dicht verschlossenen Betriebsstoffbehältern verbracht werden. Auch entleerte Betriebsstoffbehälter müssen dicht verschlossen sein. Jedes Hantieren mit Betriebsstoffen, insbesondere das Füllen und Entleeren von Betriebsstoffbehältern ist in Ausbesserungswerkstätten verboten.

Löschmittel.

§ 18. In den Einstellräumen sind wirksame Löschmittel (Handfeuerlöscher, Asbestdecken usw.) bereitzuhalten. Sonstige feuerpolizeiliche Anordnungen sind zu erfüllen.

Elektrisch betriebene Kraftwagen.

§ 19. I Kraftwagen mit Verbrennungsmotoren dürfen mit Kraftwagen, die elektrisch mit Akkumulatoren betrieben werden, in einem Raume nicht ständig zusammen eingestellt werden.

II Batterien dürfen in Einstellräumen nicht aufgeladen werden.

Warnungstafeln.

§ 20. Die Bestimmungen der §§ 13 mit 19 sind in jedem Einstellraume sichtbar und an zugänglicher Stelle anzuschlagen. Am

Eingange jedes Einstellraumes ist folgender Anschlag augenfällig und dauerhaft anzubringen:

„Einstellraum für Kraftwagen!
Zutritt Unbefugten verboten!
Nicht Rauchen!
Kein Feuer! Kein offenes Licht!"

D.

Schluß- und Strafbestimmungen.

Krafträder.

§ 21. I Diese Vorschriften gelten sinngemäß für Krafträder, wobei je fünf Krafträder einem Kraftwagen gleichzuachten sind.

Bestehende Anlagen.

II Bestehende Anlagen müssen mit den gegenwärtigen Vorschriften in Einklang gebracht werden, soferne die öffentliche Sicherheit dies erheischt. Die Bezirkspolizeibehörden können für die Ausführung der erforderlichen Maßnahmen entsprechende Fristen gewähren.

Staatliche usw. Anlagen.

§ 22. Für Einstellräume im Eigentume des Reiches, des Staates, der Feuerwehren und der Sanitätskolonnen können Ausnahmen zugelassen werden.

Elektrische Kraftwagen, Traktoren usw.

§ 23. Vorstehende Vorschriften finden abgesehen von § 19 Abs. I keine Anwendung auf elektrisch mit Akkumulatoren betriebene Kraftwagen und auf Kraftwagen, deren Motoren mit Flüssigkeiten betrieben werden, die erst bei einer Erwärmung auf mehr als 55° C entflammbare Dämpfe entwickeln.

Ausnahmen.

§ 24. Die Bezirksverwaltungsbehörden können auf Antrag unter besonderen Verhältnissen Ausnahmen von einzelnen Bestimmungen dieser Vorschriften, bei Ausnahmen von den Bestimmungen in §§ 4 mit 12 im Benehmen mit der Versicherungskammer, Abteilung für Brandversicherung, zulassen, soweit es ohne Gefährdung der öffentlichen Sicherheit geschehen kann.

§ 25. Weitergehende ortspolizeiliche Vorschriften bleiben unberührt.

Strafbestimmungen.

§ 26. Zuwiderhandlungen gegen diese Vorschriften werden nach Art. 101 Abs. I des PStrGB. und §§ 366 Nr. 10, 368 Nr. 8

RStrGB. bestraft, soweit nicht andere gesetzliche Vorschriften eine schwerere Strafe androhen.

München, den 10. Mai 1927. Stützel.

Anlage I

Grundsätze für die Beheizung von Räumen zur Lagerung brennbarer Flüssigkeiten.

Die Räume dürfen beheizt werden durch:

a) Fugendichte, von außen zu beheizende Kachelöfen ohne Durchsichten oder Nischen aus Metall, wenn der Ofen keine Vorsprünge oder Flächen aufweist, die zum Auflegen von Gegenständen Gelegenheit bieten.

Der Raum mit der Feuerung darf mit dem Einstellraum in keiner Verbindung stehen. Im Einstellraume darf der Ofen entweder erst in einer Höhe von 1,50 m aus der Wand heraustreten oder er ist auf die gleiche Höhe in 10 cm Abstand vom Ofen durch eine mit dem Fußboden und den Wänden gasdicht verbundene Schutzwand aus Blech, Monier, Rabitz oder sonstigen feuerhemmenden und gasdichten Stoffen zu umgeben.

b) Niederdruckdampf- und Warmwasserheizung mit Feuerung, die außerhalb des Raumes liegt. Wenn die Heizkörper und die Heizrohre tiefer als 2 m liegen, müssen sie in 20 cm Abstand durch Drahtgitter oder durchlochte Eisenbleche so umschlossen werden, daß auf die Schutzvorrichtung nichts abgelegt werden kann.

c) Hochdruckdampfheizung mit Feuerung, die außerhalb liegt, jedoch nur, wenn die Heizrohre mindestens 2 m hoch liegen und mit Schutzvorrichtungen wie unter b versehen sind.

d) Elektrische Heizung. Heizgeräte dürfen auch bei Wärmestauungen an keiner Stelle einen höheren Oberflächenwärmegrad als 110 ° C aufweisen (Anwendung von Reglern, Drahtgittern oder durchlochten Blechen in mindestens 10 cm Abstand vom Heizgerät). Alle Heizleiter sind gasdicht einzuschließen. Elektrische Strahlungsöfen mit offenen Glühkörpern sind unzulässig.

e) Gasheizung. Gasheizkörper müssen einschließlich der Frischluftzuführungs- und Abzugsleitung gegen den zu beheizenden Raum vollkommen gasdicht sein. Zur Frischluft- und Abzugsleitung dürfen nur dichtverschraubte oder an den Verbindungsstellen geschweißte Eisenrohre verwendet werden. Das Anzünden der Gasflamme darf nur außerhalb des zu beheizenden Raumes möglich sein. Die Mauerbüchse für die Zündöffnung der Gasfeuerung muß in einem Stücke vom Heizkörper bis an die Außenseite der Wand des zu beheizenden Raumes durchgeführt sein. Die Heizkörper müssen in mindestens 1,50 m Höhe über dem Fußboden angebracht und überdeckt sein, so daß keinerlei Gegenstände auf den Heizkörper abgelegt werden können. Der Oberflächenwärmegrad darf selbst bei Luftstauungen nicht mehr als 200° C aufweisen.

Anlage II

Grundsätze für die elektrische Beleuchtung von Kraftwageneinstellräumen.

1. Festverlegte Leitungen.

a) Leitungen dürfen in Kraftwagenräumen nur soweit verlegt werden, als sie für die Räume unbedingt nötig sind.

b) Festverlegte Leitungen sind nur in geschlossenen Rohren oder als Kabel oder kabelähnliche Leitungen zulässig. Unter 1,5 m Höhe ist nur Stahlpanzerrohr oder eisenbewehrtes Kabel zulässig.

2. Biegsame Leitungen.

Als Anschlußschnüre sind NLH- oder NWK-Leitungen nach den „Vorschriften für isolierte Leitungen in Starkstromanlagen" zu verwenden.

3. Schalter, Steckvorrichtungen, Sicherungen und Lampen.

a) Schalter und Steckvorrichtungen müssen, sofern sie nicht zerknallsicher ausgeführt sind, mindestens 1,5 m über dem Fußboden angebracht sein.

b) Sicherungen im Innern der Wagenräume sind nur in mindestens 1,5 m Höhe und nur in zerknallsicher gekapselter Ausführung zulässig.

c) Feste Beleuchtungen sind nicht unter 1,5 m über dem Fußboden anzubringen. Der Leitungsschutz ist in den Beleuchtungskörper einzuführen.

d) Lampen sind mit starken Überglocken, die auch die Fassungen abschließen und bei Gefahr der Beschädigung mit Schutzkörben zu versehen.

4. Handleuchter und Handgeräte.

Handleuchter und Handgeräte sind nur in zerknallsicherer Ausführung zulässig.

---

9. E. d. Staatsmin. d. Inn. u. f. Landwirtsch. u. Arb. (Abt. Arbeit) vom 2. Januar 1929, Nr. 3737 f 32 über die Unterbringung von Kraftfahrzeugen in Einstellräumen.

An die Regierungen, Kammern des Innern, und die Bezirksverwaltungsbehörden.

Wie statistische Feststellungen ergeben haben, ist die Zahl der Todesfälle infolge Vergiftung durch die Auspuffgase von Kraftfahrzeugen in Einstellhallen beträchtlich. Dies zeigt, daß die Gefahren der Gasvergiftung in Kraftwageneinstellräumen nicht hinlänglich bekannt sind und nicht genügend beachtet werden. Mit Rücksicht auf diese Vergiftungsgefahr läßt § 8 der VO. und der Oberpol. Vorschriften über Einstellräume für Kraftfahrzeuge und über die Einstellung von solchen vom 10. 5. 1927 (GVBl. S. 129) Arbeitsgruben in Einstellgebäuden nur zu, wenn eine wirksame, selbsttätige Entlüftung gewährleistet ist. Diese Forderung stößt unbegreiflicherweise immer wieder auf den Widerstand der Kraftwagenbesitzer, obwohl gerade bei Arbeiten in Putzgruben die Gefahr der Gasvergiftung besonders groß ist. Auch wenn der Motor in geschlossenen Räumen ohne ausreichende Entlüftung läuft, ist die Gefahr der Gasvergiftung durch die Auspuffgase sehr erheblich. Wegen der Gasvergiftungsgefahr darf das Ingangsetzen des Kraftwagenmotors nur dann erfolgen, wenn für genügende Lüftung gesorgt ist. Diese ist entweder durch Offenhaltung der Garagentür oder durch künstliche Lüftung zu erzielen. Es empfiehlt sich außerdem, die Abführung der Verbrennungsgase ins Freie durch ein an die Auspufföffnung dicht anschließbares Rohr zu bewerkstelligen. Das Laufenlassen des Kraftwagenmotors in nicht entlüfteten Garagen ist lebensgefährlich. Auch wenn Kraftwagenführer in der geschlossenen Garage schlafen, besteht die Gefahr der Gasvergiftung.

Die Bezirksverwaltungsbehörden werden daher veranlaßt, die Kraftwagenbesitzer auf diese Gefahren aufmerksam zu machen und zur Beobachtung der erforderlichen Vorsichtsmaßnahmen bei der Unterbringung von Kraftwagen in Einstellräumen anzuhalten.

---

10. Bek. d. Staatsmin. d. Inn. v. 5. April 1929 Nr. 3734 b 11 über Richtlinien zur Verhütung von Brandgefahren durch Röntgenfilme

(StAnz. Nr. 81, MABl. S. 33.)

Zur Verhütung von Brandgefahren, die durch Röntgenfilme, insbesondere in Krankenanstalten entstehen können, werden nachfolgende Richtlinien aufgestellt:

1. In allen Räumen, in denen mit Filmen gearbeitet wird, ist das Rauchen und die Benutzung von Zündhölzern zu verbieten.

2. Röntgenfilme sollen nicht frei umherliegen; sie sind in Behältern, welche die Wärme schlecht leiten (Hartholz, feste Pappe, Vulkanfiber u. dgl.) aufzubewahren. Werden Kästen oder Schränke aus Metall verwendet, so empfiehlt es sich, durch Isolierung mit Asbest oder dergl. einen Schutz gegen äußere Wärmeeinwirkung zu schaffen; solche feuerschützende Schränke werden auch bereits fabrikmäßig hergestellt und sind im Handel erhältlich.

3. Nicht mehr benötigte und unbrauchbare Filme werden zweckmäßig an Aufkäufer abgegeben. Von einer Vernichtung in den Krankenhäusern selbst, die ganz besondere Sachkenntnis und Vorsichtsmaßnahmen erfordert, ist abzusehen.

4. Zur Erhöhung der Feuersicherheit ist es wünschenswert, größere Mengen von Röntgenfilmen in besonderen Lagerräumen aufzubewahren, die durch massive Wände, Decken und Fußböden und durch feuersichere Türen von den Nebenräumen abgeschlossen werden.

5. Ferner empfiehlt es sich, den Raum für Röntgenfilme mit einer besonderen Entlüftungseinrichtung von möglichst großem Querschnitt zu versehen, die im Falle eines Brandes oder einer Schwelung den gefährlichen Rauchgasen sofortigen Abzug gewährt. — Hierbei ist zu beachten, daß der Abzugsschacht nicht in den allgemeinen Schornstein geleitet wird, aus dem sonst Funken oder erhitzte Gase in den Röntgenraum eindringen können. Der Abzugsschacht muß genügend groß und aus feuerbeständigen Baustoffen hergestellt sein. Zur Entlüftung können auch die Fenster dienen, wenn sie wenigstens teilweise so eingerichtet werden, daß bei einem geringen, im Raum auftretenden Überdruck Öffnungen entstehen, die ein rasches Entweichen der Gase ermöglichen. Beim Fehlen anderer Entlüftungseinrichtungen soll ein Fenster von mindestens ½ qm Größe vorhanden sein, das möglichst leicht, mit gewöhnlichem Glas verdeckt und so eingerichtet ist, daß es sich bei einem Brande durch den entstehenden Überdruck leicht und selbsttätig nach außen öffnet. Riegel dürfen an diesem Fenster nicht angebracht sein.

6. Unzulässig ist die Unterbringung von Röntgenfilmen in der Nähe von Feuerstätten, Heizanlagen, Beleuchtungskörpern oder von Lagern feuergefährlicher Stoffe, wie Benzin, Spiritus und dergleichen.

7. In Röntgenfilm-Lagerräumen dürfen keine ungeschützten elektrischen Leitungen verwendet oder Gasflammen gebrannt werden, zur Beleuchtung dürfen nur elektrische Glühlampen mit Schutzumkleidung verwendet werden. Müssen bei Instandsetzungsarbeiten im Aufbewahrungsraum Lötlampen, Schweißgeräte, Holzkohlenöfen verwandt werden, so sind die Filme vorher zu entfernen.

8. In Röntgenfilmlagerräumen ist für Wasserentnahmestellen und für die Bereitstellung von Feuerlöschgeräten Sorge zu tragen.

Diese Richtlinien sind bei bereits bestehenden Röntgeneinrichtungen unschwer durchzuführen und genügen wenigstens dem dringendsten Bedürfnis nach Sicherheitsmaßnahmen gegen die Feuergefahr der Röntgenfilme.

Bei Neuanlagen, besonders von größeren Krankenanstalten, ist die Schaffung eines besonderen feuersicheren Röntgenbaues mit kräftigen Löschvorrichtungen (Hydranten, Hydrantenauslässe auch an Decken), zu empfehlen.

XI. Teil.

Oberpolizeiliche Vorschriften der Kreisregierungen.

Oberbayern:

OV. betr. die Anlage, Instandsetzung und ordnungsgemäße Erhaltung von Aborten, Dung-, Jauchen- und Versitzgruben vom 29. Oktober 1907 (KrABl. S. 193) / 27. Oktober 1910 (KrABl. S. 195);

OV. zum Vollzuge der VO. vom 12. Febr. 1901 betr. die Wohnungsaufsicht vom 19. Januar 1904 (KrABl. S. 37) / 4. Dezember 1909 (KrABl. S. 231).

Niederbayern:

OV. über Wohnungsaufsicht vom 28. Juli 1908 (KrABl. S. 102);

OV. über Anlage und Instandhaltung von Aborten, Dung- und Versitzgruben vom 6. Dez. 1910 (KrABl. S. 141).

Pfalz:

OV. betr. Wohnungsaufsicht vom 17. Oktober 1902 (KrABl. S. 162) / 26. Oktober 1907 (KrABl. S. 95).

Oberpfalz:

OV. betr. Einrichtung und Betrieb der Bäckereien und Konditoreien vom 3. Nov. 1906 (KrABl. S. 139);

OV. betr. die Wohnungsaufsicht vom 26. Juli 1908 (KrABl. S. 91);

OV. über Aborte, Dung- und Versitzgruben vom 1. Nov. 1910 (KrABl. S. 151).

Oberfranken:

OV. betr. die Anlage, Einrichtung oder Abänderung, sowie Entleerung und bauliche Instandhaltung von Abtritten, Dung- und Versitzgruben in Wohngebäuden oder in unmittelbarer Nähe von Wohnungen, Brunnen oder Brunnenquellen vom 25. Jan. 1911 (KrABl. S. 17);

OV. betr. die Wohnungsaufsicht vom 9. Mai 1908 (KrABl. S. 77).

Mittelfranken:

OV. betr. Wohnungsaufsicht vom 20. Mai 1903 (KrABl. S. 67) / 27. Febr. 1908 (KrABl. S. 15);

OV. betr. die Anlage von Abtritten, Dung- und Versitzgruben vom 6. Jan. 1911 (KrABl. S. 5, 12).

Unterfranken:

OV. über die Wohnungsaufsicht vom 8. April 1910 (KrABl. S. 25) / 15. Juli 1919 (KrABl. S. 39).

OV. über Abtritte, Versitzgruben und Dunggruben (Düngergruben, Düngerstätten und Jauchegruben) vom 4. Nov. 1910 (KrABl. S. 75);
OV. über die offene Bauweise vom 6. Sept. 1922 (KrABl. Nr. 8).

Schwaben:

OV. über die Wohnungsaufsicht vom 23. Dez. 1909 (KrABl. S. 225);
OV. betr. die Anlage, Einrichtung und Abänderung, sowie über die Entleerung und bauliche Instandhaltung von Aborten, Dung- und Versitzgruben vom $\frac{\text{20. November 1910 (KrABl. S. 155)}}{\text{16. April 1921 (KrABl. S. 23)}}$.

Sachregister.

Die Zahlen bedeuten die Seiten.

F.

H.

L.

T.

V.

Z.

In „**Schweitzers braunen Handausgaben**" erschienen:

Angestellten-Versicherungsgesetz. Erläutert von Senatspräs. Meinel, München. 3. Aufl. (508 S.) 1926. geb. 16.50

Aufenthalts- und Freizügigkeitsgesetz. Mit Vollz.-Vorschr. u. den einschläg. Gesetzen (z. B.: Zigeunergesetz). Von MinRat Dr. Gg. Ziegler, München. 4. Aufl. (210 S.) 1930. geb. 7.70

Ausführungsgesetz, Bayer., zum Bürgerl. Gesetzbuch. Mit den einschläg. Verordnungen. Erläutert von Landg.-Dir. H. Steinert, Kempten. (216 S.) 1930. geb. 8.80

Beamtenbesoldungsgesetz, Bayer. 2. Auflage bearb. von MinRat. A. Legat, München (455 S.) 1928. geb. 9.—

Berggesetz, Bayer. 3. Aufl. bearbeitet von ORR. L. Nothaas und RR. H. Miesbach (988 S.) 1927. geb. 28.50

Bürgerliches Gesetzbuch (Kleiner Staudinger) auf Grund von J. von Staudingers Kommentar bearb. v. ObLGR. F. Keidel, München. 2. Aufl. (1229 S.) 1920. geb. 9.—

Ertragssteuergesetze, Die Bayer., Bd. I: Grund- u. Haussteuergesetz. Mit den Vollzugsvorschriften. Erläutert von Regierungsrat Dr. H. Berolzheimer, Speyer. (110 S.) 1922. geb. 3.—
Bd. II: Gewerbsteuergesetz. Mit Vollzugsvorschriften. 2. Aufl. Erläutert von RA. Dr. R. Wassermann, München. (285 S.) 1927. geb. 8.50
Bd. III: Hausiersteuergesetz. Mit den einschlägigen Gesetzen und den Vollzugs-Vorschriften erläutert von Reg.-Rat L. Jacob, Pegnitz. 2. Aufl. (239 S.) 1923. geb. 4.60

Fischereigesetz, Das bayer., mit der Landesfischereiordnung und den sonstigen Vollzugsvorschriften. Erläutert von Minist.-Rat J. Bleyer, München. 3. durchgearb. und ergänzte Auflage. 8°. (310 S.) 1925. geb. 12.—

Flurbereinigungs-Gesetz, Bayer. Mit den Vollzugsvorschriften. Erläutert v. Ministerialrat Dr. G. Seubelt im Bay. Staatsmin. f. Landwirtschaft. (404 S.) 1923. Mit Nachtrag. kart. 6.40

Gemeinde-, Bezirks- u. Kreisordnung, Bayer. Erl. v. Geh.-R. Prof. Dr. W. Laforet, Würzburg, Staatsrat v. Jan, München u. RR. M. Schattenfroh, München. Lfg. 1—6 (763 S.) 1927/28. 23.90
— — Die wahlrechtlichen Bestimmungen der. Erl. v. Staatsrat H. v. Jan, München. 8°. (283 S.) kart. 4.40

Geschlechtskrankheiten, Gesetz zur Bekämpfung der Erläutert von Dr. A. Hellwig, Landgerichts-Dir. in Potsdam. (500 S.) 1929. geb. 11.50

Gesetz über die Angelegenheiten der freiwilligen Gerichtsbarkeit erläutert von Fritz Keidel, Rat am Bayerischen Obersten Landesgericht. 3. Auflage. 8°. (V, 486 S.) 1925. geb. 18.50

J. Schweitzer Verlag (Arthur Sellier) München, Berlin, Leipzig.

In „Schweitzers braunen Handausgaben“ erschienen:

Grundstücksmiete. Von Bürgermeister Dr. Kiefersauer in Mindelheim.
Bd. I: Mieterschutz und Wohnungsmangel. 3. Auflage. (VIII, 363 S.) 1927. geb. 10.—
Bd. II: Mietzinsbildung und Mietzinssteuer mit den Ausführungsbestimmungen. 2. Aufl. erläutert von Dr. F. Kiefersauer. (VIII, 304 S.) 1924. geb. 7.50
— **Ergänzungsband 1929** (241 S.) 1929. geb. 7.—

Handelsgesetzbuch. für das Deutsche Reich v. 10. V. 1897. Von Justizrat Dr. H. Frankenburger, München. 5. Auflage. (711 S.) 1921. geb. 5.—

Jagdgesetz, Bayer. Mit allen einschl. Bestimmungen. Erl. v. Landgerichtsrat Dr. Behr, Regensburg. (498 S.) 1919. geb. 5.—

Jugendwohlfahrtsgesetz u. d. Bayer. Jugendamtsgesetz mit den VollzBest. u. ergänz. Gesetzen u. VerwVO. Erl. von ObLGR. J. Schiedermair, München (468 S.) 1926. geb. 16.30

Konkursordnung, mit den einschlägigen Gesetzen. Erl. von Staatsrat im bayer. Justiz-Min. Dr. Karl Meyer. 3. Aufl. bearb. von Staatsrat J. Bleyer im bayer. Justiz-Min. (655 S.) 1928. geb. 21.—

Kraftfahrrecht. Kraftfahrzeugverkehrsges. u. -Verkehrsordnung. Mit den Vollz.-Vorschr. d. Reichs u. Bayerns. Erl. von W. von Hellingrath u. A. Michel †. I. Teil: 5. Aufl. bearb. v. W. v. Hellingrath. (265 S.) 1930. steif brosch. 6.—, geb. 7.—
II. Teil: Vollzugsvorschriften (290 S.) 1928. steif brosch. 4.80

Ödlandgesetz, Bayer. Mit den Vollzugsvorschr. u. einschläg. Gesetzen. Von Oberreg.-Rat Dr. Wörner im Bayer. Staatsm. f. Landwirtsch. (VII, 259 S.) 1925. geb. 6.60

Polizeistrafgesetzbuch, Bayer. u. d. Übertretungsabschnitt d. StGB. Mit den Vollz.-Vorschr. Erläutert von ObLGRat J. Schiedermair. (288 S.) 1922. geb. 5.—

Reichs- und Staatsangehörigkeitsgesetz v. 22. VII. 13 unter bes. Berücksichtigung der bayer. Verhältnisse. Erläutert von MinRat Jakob Woeber, in München. 4. Aufl. bearb. v. OReg.-Rat K. A. Fischer, Pfaffenhofen. (272 S.) 1928. Mit Nachtrag 1930. geb. 9.—
Nachtrag allein —.50

Schulaufsichtsgesetz, Das bayer. Mit sämtlichen einschlägigen Vorschriften. Erläutert von ObReg.-Rat Braun, Augsburg. 8°. (287 S.) 1925. geb. 8.20

Verfassungsurkunde des Freistaats Bayern. Mit den einschlägigen Gesetzen, dem Konkordat u. den Verträgen mit den protestantischen Kirchen. Erl. von Reg.-Rat Dr. Jakob Kratzer in München. 8°. (374 S.) 1925. geb. 9.—

J. Schweitzer Verlag (Arthur Sellier) München, Berlin, Leipzig.

FSC
www.fsc.org
MIX
Papier | Fördert gute Waldnutzung
FSC® C083411

Kolibri 360 GmbH
Ferdinand-Jühlke-Straße 7
99095 Erfurt, Deutschland
produktsicherheit@kolibri360.de